简体横排

前四史

漢書

下册

〔汉〕班　固　撰
〔唐〕颜师古　注

中華書局

汉书卷六十三

武五子传第三十三

师古曰："诸帝子传皆言王，而此独云子者，以戾太子在其中也。"

孝武皇帝六男。卫皇后生戾太子，赵婕妤生孝昭帝，王夫人生齐怀王闳，①李姬生燕剌王旦、广陵厉王胥，②李夫人生昌邑哀王髆。③

①师古曰："闳音宏。"

②师古曰："不知官秩，故云李姬。谥法'暴戾无亲曰剌'。剌音来葛反。"

③师古曰："髆音博。"

戾太子据，元狩元年立为皇太子，年七岁矣。初，上年二十九乃得太子，甚喜，为立禖，①使东方朔、枚皋作禖祝。②少壮，诏受《公羊春秋》，③又从瑕丘江公受《穀梁》。及冠就宫，上为立博望苑，④使通宾客，从其所好，故多以异端进者。元鼎四年，纳史良娣，⑤产子男进，号曰史皇孙。⑥

①师古曰："禖，求子之神也，解在《枚皋传》。"

②师古曰："祝，禖之祝辞。"

③师古曰："少壮者，言渐长大也。少读如本字。"

④师古曰："取其广博观望也。"

⑤韦昭曰："良娣，太子之内官也。太子有妃，有良娣，有孺子，凡三等。"师古曰："娣音弟。"

⑥张晏曰："皆以舅氏姓为氏，以相别也。"师古曰："进者，皇孙名。"

武帝末，卫后宠衰，江充用事。充与太子及卫氏有隙，①恐上晏驾后为太子所诛，会巫蛊事起，充因此为奸。是时，上春秋高，意多所恶，以为左右皆为蛊道祝诅,穷治其事。丞相公孙贺父子,阳石、诸邑公主,②及皇后弟子长平侯卫伉皆坐诛。③语在《公孙贺》、《江充传》。

①师古曰:"充为直指使者,劾太子家车行驰道上,没入车马,太子求充,充不听也。"

②师古曰:"两公主。"

③师古曰:"伉音抗,又音刚。"

充典治巫蛊,既知上意,白言宫中有蛊气,入宫至省中,坏御座掘地。上使按道侯韩说、御史章赣、黄门苏文等助充。①充遂至太子宫掘蛊,得桐木人。时上疾,辟暑甘泉宫,②独皇后、太子在。③太子召问少傅石德,④德惧为师傅并诛,因谓太子曰:"前丞相父子、两公主及卫氏皆坐此,今巫与使者掘地得征验,不知巫置之邪,将实有也,无以自明,可矫以节收捕充等系狱,⑤穷治其奸诈。且上疾在甘泉,皇后及家吏请问皆不报,⑥上存亡未可知,而奸臣如此,太子将不念秦扶苏事耶?"⑦太子急,然德言。

①师古曰:"说读曰悦。赣音贡。"

②师古曰:"辟读曰避。"

③师古曰:"在京师。"

④师古曰:"石庆子。"

⑤师古曰:"矫,托也,托诏命也。"

⑥苏林曰:"家吏,皇后吏也。"臣瓒曰:"太子称家,家吏是太子吏也。"师古曰:"既言皇后及家吏,此为皇后吏及太子吏耳。瓒说是也。"

⑦韦昭曰:"始皇死,赵高诈杀扶苏而立胡亥也。"

征和二年七月壬午,乃使客为使者收捕充等。按道侯说疑使者有(诏)〔诈〕,不肯受诏,〔1〕客格杀说。御史章赣被创突亡,自归甘泉。太子使舍人无且①持节夜入未央宫殿长秋门,因长御倚华②具白皇后,发中厩车载射士,③出武库兵,发长乐宫卫,告令百官曰江充反。乃斩充以徇,炙胡巫上林中。④遂部宾客为将率,与丞相刘屈氂等战。长安中扰乱,言太子反,以故众不肯附。太子兵败,亡,不得。⑤

①师古曰:"且音子闾反。"

②郑氏曰:"长音长者。"如淳曰:"《汉仪注》女长御比侍中,皇后见娙娥以下,长御称谢。倚华,字也。"师古曰:"倚音于绮反。"

③师古曰:"中厩,皇后车马所在也。"

④服虔曰:"作巫蛊之胡人也。炙,烧也。"师古曰:"胡巫受充意指,妄作蛊状,太子特忿,且欲得其情实,故以火炙之,令毒痛耳。"

⑤师古曰:"太子出亡,而吏追捕不得也。"

上怒甚,群下忧惧,不知所出。①壶关三老茂上书曰:②"臣闻父者犹天,母者犹地,子犹万物也。故天平地安,阴阳和调,物乃茂成;父慈母爱,室家之中,子乃孝顺。阴阳不和则万物夭伤,父子不和则室家(散)〔丧〕亡。[2]故父不父则子不子,君不君则臣不臣,虽有粟,吾岂得而食诸!③昔者虞舜,孝之至也,而不中于瞽叟;④孝己被谤,伯奇放流,⑤骨肉至亲,父子相疑。何者? 积毁之所生也。由是观之,子无不孝,而父有不察。(令)〔今〕皇太子为汉適嗣,⑥[3]承万世之业,体祖宗之重,亲则皇帝之宗子也。江充,布衣之人,间阎之隶臣耳,⑦陛下显而用之,衔至尊之命以迫蹴皇太子,⑧造饰奸诈,群邪错谬,是以亲戚之路隔塞而不通。⑨太子进则不得上见,退则困于乱臣,独冤结而亡告,不忍忿忿之心,起而杀充,恐惧逋逃,⑩子盗父兵以救难自免耳,臣窃以为无邪心。《诗》云:'营营青蝇,止于藩;恺悌君子,无信谗言;谗言罔极,交乱四国。'⑪往者江充谗杀赵太子,天下莫不闻,其罪固宜。⑫陛下不省察,深过太子,⑬发盛怒,举大兵而求之,三公自将,智者不敢言,辩士不敢说,臣窃痛之。臣闻子胥尽忠而忘其号,⑭比干尽仁而遗其身,⑮忠臣竭诚不顾铁钺之诛⑯以陈其愚,志在匡君安社稷也。⑰《诗》云:'取彼谮人,投畀豺虎。'⑱唯陛下宽心慰意,少察所亲,⑲毋患太子之非,亟罢甲兵,无令太子久亡。⑳臣不胜倦倦,㉑出一旦之命,待罪建章阙下。"书奏,天子感寤。

①师古曰:"计无所出。"

②师古曰:"壶关,上党之县也。荀悦《汉纪》云令狐茂,《班史》不载其姓,不知

于何得也。”

③师古曰:“《论语》云齐景公问政于孔子,孔子对曰:'君君,臣臣,父父,子子。'公曰:'善哉!信如君不君,臣不臣,父不父,子不子,虽有粟,吾岂得而食诸!'言父子君臣之道不立,则国必危亡,仓廪虽多,吾不得食也。”

④师古曰:“中,当也。瞽叟,舜父也。言不当其意也。中音竹仲反。”

⑤师古曰:“孝己、伯奇并已解于上。”

⑥师古曰:“適读曰嫡。”

⑦师古曰:“隶,贱也。”

⑧师古曰:“蹴音千六反。”

⑨师古曰:“鬲与隔同。”

⑩师古曰:“逋,亡也。”

⑪师古曰:“《小雅·青蝇》之诗也。营营,往来之貌也。藩,篱也。恺,乐;悌,易也。言青蝇来往,止于藩篱,变白作黑,谗人构毁,间亲令疏,乐易之君子不当信用。若谗言无极,则四国亦以交乱,宜深察也。”

⑫师古曰:“充宜得罪也。”

⑬师古曰:“以太子为罪过而深责之。”

⑭师古曰:“忘,亡也。吴王杀之,被以恶名,失其善称号。”

⑮师古曰:“比干,殷之贤臣,以道谏纣,纣怒杀之,而剖其心也。”

⑯师古曰:“铁,所以斫人,如今莝刃也,音肤。”

⑰师古曰:“匡,正也。正其失也。”

⑱师古曰:“《小雅·巷伯》之诗。言谮诉之人,诚可疾恶,愿投与猛兽食之。畀音必寐反。”

⑲师古曰:“父子之道,天性之亲也。”

⑳师古曰:“亟,急也,音居力反。”

㉑师古曰:“惓读曰拳,解在《刘向传》。”

太子之亡也,东至湖,①臧匿泉鸠里。②主人家贫,常卖屦以给太子。太子有故人在湖,闻其富赡,使人呼之③而发觉。吏围捕太子,太子自度不得脱,④即入室距户自经。山阳男子张富昌为卒,足蹴开户,新安令史李寿趋抱解太子,主人公遂格斗死,皇孙二人皆并遇害。上既伤太子,乃下诏曰:“盖行疑赏,所以申信也。其封李寿为邘侯,⑤张富昌为题侯。"⑥

①师古曰:"湖,县名,今虢州阌乡、湖城二县皆其地也。"

②师古曰:"泉鸠水今在阌乡县东南十五里,见有戾太子冢,冢在涧东也。"

③师古曰:"赡,足也。"

④师古曰:"度音大各反。"

⑤韦昭曰:"邘在河内。"师古曰:"为其解救太子也。邘音于。"

⑥孟康曰:"县名也。"晋灼曰:"《地理志》无也。《功臣表》食邑钜鹿。"师古曰:"晋说是也。"

久之,巫蛊事多不信。上知太子惶恐无他意,而车千秋复讼太子冤,上遂擢千秋为丞相,而族灭江充家,焚苏文于横桥上,①及泉鸠里加兵刃于太子者,初为北地太守,后族。上怜太子无辜,乃作思子宫,为归来望思之台于湖。②天下闻而悲之。

①(师古)〔孟康〕曰:[4]"横音光。"师古曰:"即横门渭桥也。"

②师古曰:"言己望而思之,庶太子之魂来归也。其台在今湖城县之西,阌乡之东,基趾犹存。"

初,太子有三男一女,女者平舆侯嗣子尚焉。及太子败,皆同时遇害。卫(侯)〔后〕、史良娣葬长安城南。[5]史皇孙、皇孙妃王夫人及皇女孙葬广明。①皇孙二人随太子者,与太子并葬湖。②

①苏林曰:"苑名也。"

②师古曰:"今太子冢北有二冢相次,则二皇孙也。"

太子有遗孙一人,史皇孙子,王夫人男,年十八即尊位,是为孝宣帝。帝初即位,(帝)〔下〕诏曰:[6]"故皇太子在湖,未有号谥,岁时祠,其议谥,置园邑。"有司奏请:"礼'为人后者,为之子也',故降其父母不得祭,①尊祖之义也。陛下为孝昭帝后,承祖宗之祀,制礼不逾闲。②谨行视孝昭帝所为故皇太子起位在湖,③史良娣冢在博望苑北,亲史皇孙位在广明郭北。④谥法曰'谥者,行之迹也',愚以为亲谥宜曰悼(皇),母曰悼后,[7]比诸侯王园,置奉邑三百家。故皇太子谥曰戾,置奉邑二百家。史良娣曰戾夫人,置守冢三十家。园置长丞,周卫奉守如法。"以湖阌乡邪里聚为戾园,⑤长安白亭东为戾后园,广明成乡为悼园。皆改葬焉。

①师古曰:"谓本生之父母也。"

②师古曰:"闲犹限也。"

③文颖曰:"位,冢位也。"师古曰:"行音下更反。"

④如淳曰:"亲谓父也。"

⑤(师古)〔孟康〕曰:〔8〕"阅,古闻字,从门中臭。建安中正作(闻)〔阅〕。"师古
　　曰:"臭,举目使人也。臭音许密反。阅字本从臭,其后转讹误,遂作门中受
　　耳。而郭璞乃音汝授反,盖失理远耳。"

后八岁,有司复言:"《礼》'父为士,子为天子,祭以天子'。悼园宜
称尊号曰皇考,立庙,因园为寝,以时荐享焉。益奉园民满千六百家,以
为奉明县。尊戾夫人曰戾后,置园奉邑,及益戾园各满三百家。"

齐怀王闳与燕王旦、广陵王胥同日立,皆赐策,各以国土风俗申戒
焉,曰:"惟元狩六年四月乙巳,皇帝使御史大夫汤①庙立子闳为齐王,②
曰:乌呼! 小子闳,受兹青社。③朕承天序,惟稽古,建尔国家,④封于东
土,世为汉藩辅。乌呼! 念哉,共朕之诏。⑤惟命不于常,⑥人之好德,克
明显光;义之不图,俾君子怠。⑦悉尔心,允执其中,天禄永终;⑧厥有愆
不臧,乃凶于乃国,而害于尔躬。⑨呜呼! 保国乂民,可不敬与! 王其戒
之!"⑩闳母王夫人有宠,闳尤爱幸,立八年,薨,无子,国除。

①师古曰:"张汤。"

②师古曰:"于庙授策也。"

③张晏曰:"王者以五色土为太社,封四方诸侯,各以其方色土与之,苴以白
　　茅,归以立社。"

④师古曰:"言考于古道而立子为王。"

⑤师古曰:"共读曰恭。言敬听我诏。"

⑥师古曰:"言皇天无亲,惟德是辅,善则得之,恶则失之。"

⑦师古曰:"言人若好德,则能明显有光辉;若不图于义,则君子懈怠,无归附
　　之者。图,谋也。俾,使也。"

⑧师古曰:"能尽尔心,信执中和之(得)〔德〕,〔9〕则能终天禄者也。"

⑨师古曰:"臧,善也。乃,汝也。"

⑩师古曰:"保,安也。乂,治也。与读曰欤。"

燕剌王旦赐策曰:"呜呼！小子旦,受兹玄社,建尔国家,封于北土,世为汉藩辅。呜呼！薰鬻氏虐老兽心,以奸巧边氓。①朕命将率,徂征厥罪。②万夫长,千夫长,三十有二帅,③降旗奔师。④薰鬻徙域,⑤北州以妥。⑥悉尔心,毋作怨,毋作棐德,⑦毋乃废备。⑧非教士不得从征。⑨王其戒之！"

① 服虔曰:"薰鬻,尧时匈奴号也。"孟康曰:"氓音萌。"师古曰:"虐老,谓贵少
　　壮而食甘肥,贱者老而与粗恶也。兽心,言贪暴而无仁义也。氓,庶人。薰
　　音勋。鬻音育。"

② 师古曰:"徂,往也。"

③ 张晏曰:"时所获三十二帅也。"

④ 如淳曰:"昆邪王偃其旗鼓而来降也。"

⑤ 张晏曰:"匈奴徙东。"

⑥ 孟康曰:"古绥字也。"臣瓒曰:"妥,安也。"师古曰:"瓒说是也。妥音他
　　果反。"

⑦ 服虔曰:"棐,薄也。"师古曰:"棐,古匪字也。匪,非也。"

⑧ 师古曰:"御边之备不可废。"

⑨ 张晏曰:"士不素习不得应召。"

旦壮大就国,为人辩略,博学经书杂说,好星历数术倡优射猎之事,招致游士。及卫太子败,齐怀王又薨,旦自以次第当立,上书求入宿卫。上怒,下其使狱。后坐臧匿亡命,削良乡、安次、文安三县。武帝由是恶旦,后遂立少子为太子。

帝崩,太子立,是为孝昭帝,赐诸侯王玺书。旦得书,不肯哭,曰:"玺书封小。①京师疑有变。"遣幸臣寿西长、孙纵之、王孺等之长安,②以问礼仪为名。王孺见执金吾广(乂)〔意〕,③〔10〕问帝崩所病,④立者谁子,年几岁。广意言待诏五莋宫,⑤宫中谨言帝崩,诸将军共立太子为帝,年八九岁,葬时不出临。⑥归以报王。王曰:"上弃群臣,无语言,盖主又

不得见，甚可怪也。"复遣中大夫至京师上书言："窃见孝武皇帝躬圣道，
孝宗庙，慈爱骨肉，和集兆民，德配天地，明并日月，威武洋溢，⑦远方执
宝而朝，增郡数十，斥地且倍，⑧封泰山，禅梁父，巡狩天下，远方珍物陈
于太庙，德甚休盛，⑨请立庙郡国。"奏报闻。时大将军霍光秉政，褒赐
燕王钱三千万，益封万三千户。且怒曰："我当为帝，何赐也！"遂与宗室
中山哀王子刘长、齐孝王孙刘泽等结谋，诈言以武帝时受诏，得职吏事，
修武备，备非常。⑩

　　①张晏曰："文少则封小。"
　　②师古曰："之，往也。"
　　③师古曰："郭广〔义〕〔意〕。"
　　④师古曰："因何病而崩。"
　　⑤师古曰："莋读与柞同。"
　　⑥师古曰："临音力禁反。"
　　⑦师古曰："洋溢，言盛多也。洋音羊。"
　　⑧师古曰："斥，开也。"
　　⑨师古曰："休，美也。"
　　⑩如淳曰："诸侯不得治民与职事，是以为诈言受诏，得知职事，发兵为备也。"

　　长于是为旦命令群臣曰："寡人赖先帝休德，①获奉北藩，亲受明
诏，职吏事，领库兵，饬武备，②任重职大，夙夜兢兢，子大夫将何以规佐
寡人？且燕国虽小，成周之建国也，③上自召公，下及昭、襄，④于今千
载，岂可谓无贤哉？寡人束带听朝三十餘年，曾无闻焉。其者寡人之不
及与？⑤意亦子大夫之思有所不至乎？其咎安在？方今寡人欲挢邪防
非，章闻扬和，⑥抚慰百姓，移风易俗，厥路何由？子大夫其各悉心以
对，寡人将察焉。"

　　①师古曰："休，美也。"
　　②师古曰："饬读与勅同。饬，整也。"
　　③师古曰："自周以来即为燕国，言以久远。"
　　④师古曰："召公，谓召公奭也。昭、襄，六国时燕之二王也。召读曰邵。"
　　⑤师古曰："与读曰歟。"

⑥师古曰："挢,正也。章,表也。挢与矫同,其字从手也。"

群臣皆免冠谢。郎中成轸谓旦曰："大王失职,独可起而索,不可坐而得也。①大王壹起,国中虽女子皆奋臂随大王。"旦曰："前高后时,伪立子弘为皇帝,诸侯交手事之八年。②吕太后崩,大臣诛诸吕,迎立文帝,天下乃知非孝惠子也。我亲武帝长子,反不得立,上书请立庙,又不听。立者疑非刘氏。"

①师古曰："失职,谓当为汉嗣而不被用也。索,求也。"

②师古曰："交手,谓拱手也。"

即与刘泽谋为奸书,言少帝非武帝子,大臣所共立,天下宜共伐之。使人传行郡国,以摇动百姓。泽谋归发兵临淄,与燕王俱起。旦遂招来郡国奸人,赋敛铜铁作甲兵,数阅其车骑材官卒,建旌旗鼓车,旄头先殴,①郎中侍从者著貂羽,黄金附蝉,②皆号侍中。旦从相、中尉以下,勒车骑,发民会围,大猎文安县,以讲士马,须期日。③郎中韩义等数谏旦,旦杀义等凡十五人。会缾侯刘成知泽等谋,④告之青州刺史隽不疑,不疑收捕泽以闻。天子遣大鸿胪丞治,连引燕王。有诏弗治,而刘泽等皆伏诛。益封缾侯。

①师古曰："殴与驱同。"

②晋灼曰："以翠羽饰冠也。"师古曰："貂羽,以貂尾为冠之羽也。附蝉,(谓)〔为〕金蝉以附冠前也。[11]凡此旄头先驱,皆天子之制。而貂羽附蝉,又天子侍中之饰,王僭为之。"

③师古曰："讲,习也。须,待也。"

④师古曰："缾侯,菑川靖王子也。缾音步丁反。"

久之,旦姊鄂邑盖长公主、①左将军上官桀父子与霍光争权有隙,皆知旦怨光,即私与燕交通。旦遣孙纵之等前后十馀辈,多赍金宝走马,②赂遗盖主。上官桀及御史大夫桑弘羊等皆与交通,数记疏光过失与旦,令上书告之。桀欲从中下其章。③旦闻之,喜,上疏曰："昔秦据南面之位,制一世之命,威服四夷,轻弱骨肉,显重异族,废道任刑,无恩宗室。其后尉佗入南夷,陈涉呼楚泽,④近狎作乱,内外俱发,⑤赵氏无炊火焉。⑥高皇帝览踪迹,观得失,见秦建本非是,故改其路,规土连城,布王子孙,⑦是以支叶扶疏,异姓不得间也。⑧今陛下承明继成,⑨委任公卿,群臣连与成朋,非毁宗室,⑩肤受之诉,日骋于廷,恶吏废法立威,主恩不及下究。⑪臣闻武帝使中郎将苏武使匈奴,见留二十年不降,还置为典属国。⑫今大将军长史敞无劳,为搜粟都尉。⑬又将军都郎羽林,⑭道上移跸,⑮太官先置。⑯臣旦愿归符玺,入宿卫,察奸臣之变。”

①张晏曰:“食邑鄂,盖侯王信妻也。”师古曰:“为盖侯妻是也,非王信。信者,武帝之舅耳,不取鄂邑主为妻,当是信子顷侯充耳。”

②师古曰:“走马,马之善走者。”

③师古曰:“下音胡稼反。”

④师古曰:“呼音火故反。”

⑤师古曰:“狎,习也。近习之人,谓赵高也。”

⑥韦昭曰:“赵,秦之别氏。”师古曰:“无炊火,言绝祀也。”

⑦师古曰:“规,画也。”

⑧师古曰:“间音工苋反。”

⑨师古曰:“承圣明之后,继已成之业。”

⑩师古曰:“与谓党与也。”

⑪师古曰:“究,竟也。言不终竟于下。”

⑫师古曰:“亶音但。”

⑬师古曰:“杨敞也。”

⑭张晏曰:“都试郎、羽林也。”师古曰:“都,大也,谓大会试之。汉光禄挈令‘诸当试者,不会都所,免之’。”

⑮如淳曰:“移犹传也。”

⑯师古曰:“《昭纪》云‘诈令人为燕王旦上书’,又云上曰‘朕知此书诈也。将军都郎属耳,燕王何以得知之?’而此传乃云旦自上疏,此下又云帝觉有诈,遂亲信光,参错不同,疑此传为误。”

是时昭帝年十四,觉其有诈,遂亲信霍光,而疏上官桀等。桀等因谋共杀光,废帝,迎立燕王为天子。旦置驿书,往来相报,许立桀为王,外连郡国豪桀以千数。旦以语相平,平曰:“大王前与刘泽结谋,事未成

而发觉者，以刘泽素夸，好侵陵也。平闻左将军素轻易，车骑将军少而
骄，臣恐其如刘泽时不能成，又恐既成，反大王也。”旦曰：“前日一男子
诣阙，自谓故太子，长安中民趣乡之，①正谨不可止，②大将军恐，出兵陈
之，以自备耳。我帝长子，天下所信，何忧见反？”后谓群臣：“盖主报言，
独患大将军与右将军王莽。③今右将军物故，④丞相病，幸事必成，征不
久。”令群臣皆装。

　　①师古曰：“乡读曰向。”

　　②师古曰：“人众既多，故谨哗也。”

　　③张晏曰：“天水人也，字稚叔。”

　　④师古曰：“谓死也。”

　　是时天雨，虹下属宫中①饮井水，（水泉）〔井水〕竭。[12]厕中豕群出，
坏大官灶。②乌鹊斗死。鼠舞殿端门中。③殿上户自闭，不可开。天火烧
城门。大风坏宫城楼，折拔树木。流星下堕。后姬以下皆恐。王惊病，
使人祠葭水、台水。④王客吕广等知星，为王言“当有兵围城，期在九月
十月，汉当有大臣戮死者。”语具在《五行志》。

　　①师古曰：“属犹注也，音之欲反。”

　　②师古曰：“厕，养豕圈也。圈音胡困反。”

　　③师古曰：“端门，正门也。”

　　④晋灼曰：“《地理志》葭水在广平南和，台水在雁门。”师古曰：“葭音家。台
　　　音怡。”

　　王愈忧恐，谓广等曰：“谋事不成，妖祥数见，兵气且至，奈何？”会盖
主舍人父燕仓知其谋，告之，由是发觉。丞相赐玺书，部中二千石逐捕
孙纵之及左将军桀等，皆伏诛。旦闻之，召相平曰：“事败，遂发兵乎？”
平曰：“左将军已死，百姓皆知之，不可发也。”王忧懑，①置酒万载宫，会
宾客群臣妃妾坐饮。王自歌曰：“归空城兮，狗不吠，鸡不鸣，横术何广
广兮，固知国中之无人！”②华容夫人起舞曰：“发纷纷兮寘渠，③骨籍籍
兮亡居。④母求死子兮，妻求死夫。裴回两渠间兮，君子独安居！”⑤坐者
皆泣。

①师古曰:"懑音满,又音闷,解在《司马迁传》。"

②苏林曰:"广音旷。"臣瓒曰:"术,道路也。"师古曰:"广读如本字。此歌意,
　言身死之后,国当空也。"

③孟康曰:"窴音瑱。发历瑱挂岸也。"臣瓒曰:"窴塞沟渠。"师古曰:"瓒说是
　也。窴音徒(一)〔千〕反。"〔13〕

④师古曰:"籍籍,从横貌也。居,处也。"

⑤师古曰:"置酒之宫,池沼所在,其间有渠,故即其所见以为歌辞也。"

有赦令到,王读之,曰:"嗟乎! 独赦吏民,不赦我。"因迎后姬诸夫
人之明光殿,王曰:"老虏曹为事当族!"① 欲自杀。左右曰:"党得削
国,②幸不死。"后(妃)〔姬〕夫人共啼泣止王。〔14〕会天子使使者赐燕王玺
书曰:"昔高皇帝王天下,建立子弟以藩屏社稷。先日诸吕阴谋大逆,刘
氏不绝若发,赖绛侯等诛讨贼乱,尊立孝文,以安宗庙,非以中外有人,
表里相应故邪? 樊、郦、曹、灌,携剑推锋,③从高〔皇〕帝垦菑除害,〔15〕耘
锄海内,④〔当此之时,头如蓬葆〕,⑤〔16〕勤苦至矣,然其赏不过(诸)〔封〕
侯。〔17〕今宗室子孙曾无暴衣露冠之劳,裂地而王之,分财而赐之,父死子
继,兄终弟及。今王骨肉至亲,敌吾一体,⑥乃与他姓异族谋害社稷,亲
其所疏,疏其所亲,有逆悖之心,无忠爱之义。如使古人有知,当何面目
复(举)〔奉〕齐酎见高祖之庙乎!"⑦〔18〕

①师古曰:"曹,辈也。"

②师古曰:"党音他朗反。"

③师古曰:"樊哙、郦商、曹参、灌婴等。"

④师古曰:"菑,古灾字。"

⑤服虔曰:〔19〕〔"头久不理,如蓬草羽葆也。"师古曰:"草丛生曰葆,音保。"〕

⑥师古曰:"言若四肢之一也。"

⑦师古曰:"古人谓先人。"

旦得书,以符玺属医工长,①谢相二千石:"奉事不谨,死矣。"即以
绶自绞。后夫人随旦自杀者二十馀人。天子加恩,赦王太子建为庶人,
赐旦谥剌王。旦立三十八年而诛,国除。

①师古曰："属,委也。医工长,王官之〔主〕医者也。〔20〕属音之欲反。"

后六年,宣帝即位,封旦两子,庆为新昌侯,贤为(定安)〔安定〕侯,〔21〕又立故太子建,是为广阳顷王,二十九年薨。子穆王舜嗣,二十一年薨。子思王璜嗣,二十年薨。子嘉嗣。王莽时,皆废汉藩王为家人,嘉独以献符命封扶美侯,赐姓王氏。

广陵厉王胥赐策曰："呜呼! 小子胥,受兹赤社,建尔国家,封于南土,世世为汉藩辅。古人有言曰:'大江之南,五湖之间,其人轻心。扬州保强,①三代要服,不及以正。'②呜呼! 悉尔心,祇祇兢兢,乃惠乃顺,③毋桐好逸,毋迩宵人,④惟法惟则!⑤《书》云'臣不作福,不作威',⑥靡有后羞。王其戒之!"⑦

①李奇曰："保,恃也。"

②师古曰："要服,次荒服之内者也。正,政也。要音一遥反。"

③师古曰："祇祇,敬也。兢兢,慎也。言当慈惠于下,忠顺于上也。"

④应劭曰："无好逸游之事,迩近小人也。"张晏曰："桐音同。"师古曰："桐音通。桐,轻脱之貌也。"

⑤师古曰："言当依法则。"

⑥师古曰："《周书·洪范》云'臣无有作威作福也'。"

⑦师古曰："言宜戒慎,勿令后有羞辱之事也。"

胥壮大,好倡乐逸游,力扛鼎,①空手搏熊彘猛兽。动作无法度,故终不得为汉嗣。

①师古曰："扛,举也,音江。"

昭帝初立,益封胥万三千户,元凤中入朝,复益万户,赐钱二千万,黄金二千斤,安车驷马宝剑。及宣帝即位,封胥四子圣、曾、宝、昌皆为列侯,又立胥小子弘为高密王。所以褒赏甚厚。

始,昭帝时,胥见上年少无子,有觊欲心。①而楚地巫鬼,②胥迎女巫李女须,使下神祝诅。③女须泣曰："孝武帝下我。"左右皆(服)〔伏〕。④〔22〕言"吾必令胥为天子"。胥多赐女须钱,使祷巫山。⑤会昭帝崩,胥曰:

"女须良巫也!"杀牛塞祷。⑥及昌邑王征,复使巫祝诅之。后王废,胥寝信女须等,⑦数赐予钱物。宣帝即位,胥曰:"太子孙何以反得立?"复令女须祝诅如前。又胥女为楚王延寿后弟妇,数相馈遗,通私书。⑧后延寿坐谋反诛,辞连及胥。有诏勿治,赐胥黄金前后五千斤,它器物甚众。胥又闻汉立太子,谓姬南等曰:"我终不得立矣。"乃止不诅。后胥子南利侯宝坐杀人夺爵,还归广陵,与胥姬左修奸。事发觉,系狱,弃市。相胜之奏夺王射陂草田以赋贫民,⑨奏可。胥复使巫祝诅如前。

①师古曰:"觊音冀。"

②师古曰:"言其土俗尊尚巫鬼之事。"

③师古曰:"女须者,巫之名也。"

④师古曰:"见女须云武帝神下,故伏而听之。"

⑤师古曰:"即楚地之巫山也。"

⑥师古曰:"以为因祷祝诅而崩也。塞音先代反。"

⑦师古曰:"寝,古浸字也。寖,渐也,益也。"

⑧师古曰:"馈亦馈字。"

⑨张晏曰:"射水之陂,在射阳县。"

胥宫园中枣树生十馀茎,茎正赤,叶白如素。池水变赤,鱼死。有鼠昼立舞王后廷中。胥谓姬南等曰:"枣水鱼鼠之怪甚可恶也。"居数月,祝诅事发觉,有司按验,胥惶恐,药杀巫及宫人二十馀人以绝口。公卿请诛胥,天子遣廷尉、大鸿胪即讯。①胥谢曰:"罪死有馀,诚皆有之。②事久远,请归思念具对。"胥既见使者还,置酒显阳殿,召太子霸及子女董訾、胡生等夜饮,③使所幸八子郭昭君、家人子赵左君等鼓瑟歌舞。④王自歌曰:"欲久生兮无终,长不乐兮安穷!⑤奉天期兮不得须臾,⑥千里马兮驻待路。⑦黄泉下兮幽深,人生要死,何为苦心!⑧何用为乐心所喜,出入无惊为乐亟。⑨蒿里召兮郭门阅,⑩死不得取代庸,身自逝。"⑪左右悉更涕泣奏酒,⑫至鸡鸣时罢。胥谓太子霸曰:"上遇我厚,今负之甚。我死,骸骨当暴。幸而得葬,薄之,无厚也。"即以绶自绞死。及八子郭昭君等二人皆自杀。天子加恩,赦王诸子皆为庶人,赐谥曰厉王。立六十四年而诛,国除。

①师古曰:"就问也。"

②师古曰:"诚,实也。"

③师古曰:"董訾、胡生,皆女名。"

④师古曰:"八子,姬妾之秩号也。家人子,无官秩者也。"

⑤师古曰:"人所以欲久生者,贵其安豫无有终极,而我在生,长不欢乐,焉用穷尽年寿也。"

⑥张晏曰:"奉天子期,当死,不得复延年。"

⑦张晏曰:"二卿亭驿待以答诏命。"

⑧师古曰:"言人生必当有死,无假劳心怀悲戚。"

⑨韦昭曰:"悰亦乐也,音裁宗反。亟,数,亦疾也,谓不久也。言人生以何为乐,但以心志所喜好耳。今我出入皆无欢怡,不得久长也。喜音许吏反。亟音邱吏反。"

⑩师古曰:"蒿里,死人里。"

⑪师古曰:"言死当自去,不如他徭役得顾庸自代也。逝,合韵音上列反。"

⑫师古曰:"更,互也。奏,进也。更音工衡反。"

后七年,元帝复立胥太子霸,是为孝王,十三年薨。子共王意嗣,①三年薨。子哀王护嗣:十六年薨,无子,绝。后六年,成帝复立孝王子守,是为靖王,立二十年薨。子宏嗣,王莽时绝。

①师古曰:"共读曰恭。"

初,高密哀王弘本始元年以广陵王胥少子立,九年薨。子顷王章嗣,三十三年薨。子怀王宽嗣,十一年薨。子慎嗣,王莽时绝。

昌邑哀王髆天汉四年立,十一年薨,子贺嗣。立十三年,昭帝崩,无嗣,大将军霍光征王贺典丧。①玺书曰:"制诏昌邑王:②使行大鸿胪事少府乐成、③宗正德、光禄大夫吉、④中郎将利汉⑤征王,乘七乘传诣长安邸。"夜漏未尽一刻,以火发书。其日中,贺发,晡时至定陶,行百三十五里,侍从者马死相望于道。郎中令龚遂谏王,令还郎谒者五十馀人。贺到济阳,求长鸣鸡,⑥道买积竹杖。⑦过弘农,使大奴善以衣车载女子。⑧

至湖,⑨使者以让相安乐。⑩安乐告遂,遂入问贺,贺曰:"无有。"遂曰:
"即无有,何爱一善以毁行义! 请收属吏,⑪以渐洒大王。"⑫即捽善,属
卫士长行法。⑬

①师古曰:"(今)〔令〕为丧主。"〔23〕

②师古曰:"太后玺书。"

③师古曰:"史乐成。"

④师古曰:"丙吉也。"

⑤师古曰:"不知姓。"

⑥师古曰:"鸣声长者也。"

⑦文颖曰:"合竹作杖也。"

⑧师古曰:"凡言大奴者,谓奴之尤长大者也。"

⑨师古曰:"即湖县。"

⑩张晏曰:"使者,长安使人也。"师古曰:"让,责也。"

⑪师古曰:"以善付吏也。属音之欲反。其下亦同。"

⑫师古曰:"渐,浸也。洒,濯也。渐音子颠反。洒音先礼反。"

⑬师古曰:"捽,持头也。卫士长,主卫之官。捽音材兀反。"

贺到霸上,大鸿胪郊迎,驷奉乘舆车。王使仆寿成御,郎中令遂参
乘。且至广明东都门,遂曰:"礼,奔丧望见国都哭。此长安东郭门也。"
贺曰:"我嗌痛,不能哭。"①至城门,遂复言,贺曰:"城门与郭门等耳。"
且至未央宫东阙,遂曰:"昌邑帐在是阙外驰道北,②未至帐所,有南北
行道,马足未至数步,大王宜下车,乡阙西面伏,哭尽哀止。"③王曰:
"诺。"到,哭如仪。

①师古曰:"嗌,喉咽也,音益。"

②文颖曰:"吊哭帐也。"师古曰:"是谓此。"

③师古曰:"乡读曰向。"

王受皇帝玺绶,袭尊号。即位二十七日,行淫乱。大将军光与群臣
议,白孝昭皇后,废贺归故国,赐汤沐邑二千户,故王家财物皆与贺。及
哀王女四人各赐汤沐邑千户。语在《霍光传》。国除,为山阳郡。

初贺在国时,数有怪。尝见白犬,高三尺,无头,其颈以下似人,而

冠方山冠。后见熊,左右皆莫见。又大鸟飞集宫中。王知,恶之,辄以问郎中令遂。遂为言其故,语在《五行志》。王卬天叹曰:"不祥何为数来!"①遂叩头曰:"臣不敢隐忠,数言危亡之戒,大王不说。②夫国之存亡,岂在臣言哉?愿王内自揆度。③大王诵《诗》三百五篇,人事浃,王道备,④王之所行中《诗》一篇何等也?⑤大王位为诸侯王,行污于庶人,⑥以存难,以亡易,宜深察之。"后又血污王坐席,王问遂,遂叫然号曰:"宫空不久,祅祥数至。血者,阴忧象也。宜畏慎自省。"贺终不改节。居无何,征。既即位,后王梦青蝇之矢积西阶东,可五六石,以屋版瓦覆,⑦发视之,青蝇矢也。以问遂,遂曰:"陛下之《诗》不云乎?⑧'营营青蝇,至于藩;恺悌君子,毋信谗言。'⑨陛下左侧谗人众多,如是青蝇恶矣。⑩宜进先帝大臣子孙亲近以为左右。如不忍昌邑故人,⑪信用谗谀,必有凶咎。愿诡祸为福,皆放逐之。⑫臣当先逐矣。"贺不用其言,卒至于废。

①师古曰:"卬读曰仰。"

②师古曰:"说读曰悦。"

③师古曰:"度音徒各反。"

④师古曰:"浃,彻也,音子牒反。"

⑤师古曰:"言王所行,皆不合法度。王自谓当于何《诗》之文也。中音竹仲反。"

⑥师古曰:"污,浊秽。"

⑦师古曰:"版瓦,大瓦也。"

⑧苏林曰:"犹言陛下所读之《诗》也。"

⑨师古曰:"已解于上。"

⑩师古曰:"恶即矢也。越王句践为吴王尝恶,亦其义也。"

⑪师古曰:"如,若也。不忍谓不能疏远也。"

⑫师古曰:"诡犹反。"

大将军光更尊立武帝曾孙,是为孝宣帝。即位,心内忌贺,元康二年遣使者赐山阳太守张敞玺书曰:"制诏山阳太守:其谨备盗贼,察往来过客。毋下所赐书!"①敞于是条奏贺居处,著其废亡之效,②曰:"臣敞地节三年五月视事,故昌邑王居故宫,奴婢在中者百八十三人,闭大门,开小门，廉吏一人为领钱物市买，朝内食物，③它不得出入。④督盗一人别主徼循，察往来者。以王家钱取卒，迵宫清中备盗贼。⑤臣敞数遣丞吏行察。⑥四年九月中，臣敞入视居处状，故王年二十六七，为人青黑色，小目，鼻末锐卑，少须眉，身体长大，疾痿，行步不便。⑦衣短衣大绔，冠惠文冠，⑧佩玉环，簪笔持牍趋谒。⑨臣敞与坐语中庭，阅妻子奴婢。臣敞欲动观其意，即以恶鸟感之，曰：'昌邑多枭。'故王应曰：'然。前贺西至长安，殊无枭。复来，东至济阳，乃复闻枭声。'臣敞阅至子女持辔，⑩故王跪曰：'持辔母，严长孙女也。'臣敞故知执金吾严延年字长孙，女罗紨，⑪前为故王妻。察故王衣服言语跪起，清狂不惠。⑫妻十六人，子二十二人，其十一人男，十一人女。昧死奏名籍及奴婢财物簿。臣敞前书言：'昌邑哀王歌舞者张修等十人，无子，又非姬，但良人，无官名，王薨当罢归。太傅豹等擅留，以为哀王园中人，所不当得为，⑬请罢归。'故王闻之曰：'中人守园，疾者当勿治，相杀伤者当勿法，欲令亟死，太守奈何而欲罢之？'⑭其天资喜由乱亡，终不见仁义如此。⑮后丞相御史以臣敞书闻，奏可。皆以遣。"上由此知贺不足忌。

①师古曰："密令警察，不欲宣露也。"

②师古曰："著，明也。"

③师古曰："每旦一内之。"

④师古曰："食物之外皆不得妄有出入。"

⑤李奇曰："迵，遮也。"邓展曰："令其宫中清靖，不得妄有异人也。"师古曰："以王家钱顾人为卒也。"

⑥师古曰："行音下更反。"

⑦师古曰："痿，风痹疾也，音人佳反。"

⑧苏林曰："治狱法冠也。"孟康曰："今侍中所著也。"服虔曰："武冠也，或曰赵惠文王所服，故曰惠文。"晋灼曰："柱后惠文，法冠也。但言惠文，侍中冠。孟说是也。"

⑨师古曰："簪笔，插笔于首也。牍，木简也。"

⑩师古曰："贺之子女名持辔。"

⑪师古曰："罗紨，其名也。紨音敷。"

⑫苏林曰："凡狂者,阴阳脉尽浊。今此人不狂似狂者,故言清狂也。或曰,色理清徐而心不慧曰清狂。清狂,如今白痴也。"

⑬师古曰："于法不当然。"

⑭师古曰："亟,急也,音居力反。"

⑮师古曰："喜,好也。由,从也。喜音许吏反。"

其明年春,乃下诏曰："盖闻象有罪,舜封之,骨肉之亲,析而不殊。①其封故昌邑王贺为海昏侯,食邑四千户。"②侍中卫尉金安上上书言："贺天之所弃,陛下至仁,复封为列侯。贺嚚顽放废之人,不宜得奉宗庙朝聘之礼。"奏可。贺就国豫章。

①师古曰："析,分也。殊,绝也。"

②师古曰："海昏,豫章之县。"

数年,扬州刺史柯奏贺①与故太守卒史孙万世交通,万世问贺："前见废时,何不坚守毋出宫,斩大将军,而听人夺玺绶乎?"贺曰："然。失之。"万世又以贺且王豫章,不久为列侯。贺曰："且然,②非所宜言。"有司案验,请逮捕。制曰："削户三千。"后薨。

①师古曰："柯者,刺史之名也。"

②师古曰："谓亦将如此。"

豫章太守廖奏言："舜封象于有鼻,①死不为置后,以为暴乱之人不宜为太祖。②海昏侯贺死,上当为后者子充国;③充国死,复上弟奉亲;奉亲复死,是天绝之也。陛下圣仁,于贺甚厚,虽舜于象无以加也。宜以礼绝贺,以奉天意。愿下有司议。"议皆以为不宜为立嗣,国除。

①师古曰："廖,太守名也。有鼻在零陵,今鼻亭是也。廖音聊。"

②师古曰："谓一国之始祖。"

③师古曰："上谓由上其名于有司。"

元帝即位,复封贺子代宗为海昏侯,传子至孙,今见为〔侯〕。〔24〕

赞曰:巫蛊之祸,岂不哀哉! 此不唯一江充之辜,亦有天时,非人力所致焉。建元六年,蚩尤之旗见,其长竟天。后遂命将出征,略取河南,建置朔方。其春，戾太子生。自是之后，师行三十年，兵所诛屠夷灭死者不可胜数。及巫蛊事起，京师流血，僵尸数万，①太子子父皆败。故太子生长于兵，与之终始，何独一巫臣哉！秦始皇即位三十九年，内平六国，外攘四夷，死人如乱麻，暴骨长城之下，头卢相属于道，②不一日而无兵。由是山东之难兴，四方溃而逆秦。秦将吏外畔，贼臣内发，乱作萧墙，祸成二世。③故曰“兵犹火也，弗戢必自焚”，④信矣。是以仓颉作书，“止”“戈”为“武”。⑤圣人以武禁暴整乱，止息干戈，非以为残而兴纵之也。《易》曰：“天之所助者顺也，人之所助者信也；君子履信思顺，自天祐之，吉无不利也。”⑥故车千秋指明蛊情，章太子之冤。千秋材知未必能过人也，以其销恶运，遏乱原，⑦因衰激极，道迎善气，⑧传得天人之祐助云。⑨

①师古曰：“僵，偃也，音居羊反。”

②师古曰：“卢，额骨也。属，连也，音之欲反。”

③师古曰：“萧墙谓屏墙也，解在《五行志》。”

④师古曰：“《左传》隐四年卫有州吁之乱，公问于众仲曰：‘州吁其成乎？’对曰：‘兵犹火也，不戢将自焚也。’言兵不可妄动，久而不戢，则自焚烧。戢，敛也。”

⑤师古曰：“武字从止，从戈，所谓会意。”

⑥师古曰：“《易·上系》辞也。”

⑦师古曰：“遏，止也，音一曷反。”

⑧师古曰：“激去至极之灾，引致福善之气也。道读曰导。”

⑨师古曰：“传，引也。”

【校勘记】

〔1〕　按道侯说疑使者有（诏）〔诈〕，不肯受诏，　钱大昭说“诏”当作“诈”。按景祐、殿本都作“诈”。

〔2〕　父子不和则室家（散）〔丧〕亡，　景祐、殿本都作“丧”。

〔3〕　（令）〔今〕皇太子为汉适嗣，　钱大昭说“令”当作“今”。按景祐、殿、局本

都作"今"。

〔4〕　(师古)〔孟康〕曰：　景祐、殿本都作"孟康"，此误。

〔5〕　卫(侯)〔后〕、史良娣葬长安城南。　钱大昭说"侯"当作"后"。按景祐、殿、局本都作"后"。

〔6〕　帝初即位，(帝)〔下〕诏曰：　景祐、殿本都作"下"。王先谦说作"下"是。

〔7〕　愚以为亲谥宜曰悼(皇)，母曰悼后。　王念孙说景祐本无"皇"字是。

〔8〕　(师古)〔孟康〕曰："阌，古阃字，从门中昃。建安中正作(闻)阃。"　景祐、殿本"师古"作"孟康"，"闻"作"阃"，此误。

〔9〕　信执中和之(得)〔德〕，　景祐、殿本都作"德"，此误。

〔10〕　王孺见执金吾广(义)〔意〕，　景祐、殿本都作"广意"，注同。按下文作"广意"。

〔11〕　(谓)〔为〕金蝉以附冠前也。　景祐、殿本都作"为"。

〔12〕　饮井水，(水泉)〔井水〕竭。　景祐本作"井水"。王念孙说景祐本是。

〔13〕　置音徒(一)〔千〕反。　景祐、殿本都作"千"。王先谦说作"千"是。

〔14〕　后(妃)〔姬〕夫人共啼泣止王。　景祐、汲古、殿、局本都作"姬"，此误。

〔15〕　从高〔皇〕帝垦菑除害，　景祐、殿本都有"皇"字。

〔16〕　〔当此之时，头如蓬葆〕，　景祐、殿本有此八字，此脱。

〔17〕　然其赏不过(诸)〔封〕侯。　景祐、殿本都作"封"。王先谦说作"封"是。

〔18〕　当何面目复(举)〔奉〕齐酎见高祖之庙乎！　景祐、殿本都作"奉"。王先谦说作"奉"是。

〔19〕　〔服虔曰〕：　宋祁说，浙本注文"头"字上有此三字。又此注二十字，景祐、殿本有，此脱。

〔20〕　王官之〔主〕医者也。　景祐、殿本都有"主"字。王先谦说有"主"字是。

〔21〕　贤为(定安)〔安定〕侯，　景祐、殿本都作"安定"。王先谦说作"安定"是。

〔22〕　左右皆(服)〔伏〕。　景祐、殿本都作"伏"。

〔23〕　(今)〔令〕为丧主。　景祐、殿本都作"令"，此误。

〔24〕　今见为〔侯〕。　景祐、殿本都有"侯"字。

汉书卷六十四上

严朱吾丘主父徐严终王贾传第三十四上

师古曰："分严安以后为下卷。"

严助，会稽吴人，严夫子子也，①或言族家子也。②郡举贤良，对策百
馀人，武帝善助对，繇是独擢助为中大夫。后得朱买臣、吾丘寿王、司马
相如、主父偃、徐乐、严安、东方朔、枚皋、胶仓、终军、严葱奇等，并在左
右。是时征伐四夷，开置边郡，军旅数发，内改制度，朝廷多事，娄举贤
良文学之士。③公孙弘起徒步，数年至丞相，开东阁，延贤人与谋议，朝
觐奏事，因言国家便宜。上令助等与大臣辩论，中外相应以义理之
文，④大臣数诎。⑤其尤亲幸者，东方朔、枚皋、严助、吾丘寿王、司马相
如。相如常称疾避事。朔、皋不根持论，上颇俳优畜之。⑥唯助与寿王
见任用，而助最先进。

①张晏曰："夫子，严忌也。"

②师古曰："亦云夫子之族子也。"

③师古曰："娄，古屡字。"

④师古曰："中谓天子之宾客，若严助之辈也。外谓公卿大夫也。"

⑤师古曰："谓计议不如助等，每诎服也，音丘勿反。"

⑥师古曰："论议委随，不能持正，如树木之无根柢也。"

建元三年，闽越举兵围东瓯，东瓯告急于汉。时武帝年未二十，以
问太尉田蚡。蚡以为越人相攻击，其常事，又数反覆，不足烦中国往救
也，自秦时弃不属。①于是助诘蚡曰："特患力不能救，德不能覆，诚能，
何故弃之？且秦举咸阳而弃之，何但越也！②今小国以穷困来告急，天
子不振，尚安所诉，③又何以子万国乎？"④上曰："太尉不足与计。吾新

即位,不欲出虎符发兵郡国。"乃遣助以节发兵会稽。会稽守欲距法,不为发。⑤助乃斩一司马,谕意指,⑥遂发兵浮海救东瓯。未至,闽越引兵罢。

①师古曰:"言不臣属于中华。"

②师古曰:"举,总也。言总天下乃至京师皆弃也。"

③师古曰:"振,举也,起也。安,焉也。"

④师古曰:"子谓畜为臣子也。"

⑤师古曰:"以法距之,为无符验也。"

⑥师古曰:"以天子意指晓告之。"

后三岁,闽越复兴兵击南越。南越守天子约,不敢擅发兵,而上书以闻。上多其义,①大为发兴,遣两将军将兵诛闽越。淮南王安上书谏曰:

①师古曰:"多犹重也。"

陛下临天下,布德施惠,缓刑罚,薄赋敛,哀鳏寡,恤孤独,养耆老,振匮乏,盛德上隆,和泽下洽,近者亲附,远者怀德,天下摄然,①人安其生,自以〔没〕身不见兵革。[1]今闻有司举兵将以诛越,臣安窃为陛下重之。②越,方外之地,劗发文身之民也。③不可以冠带之国法度理也。自三代之盛,胡越不与受正朔,④非强弗能服,威弗能制也,以为不居之地,不牧之民,不足以烦中国也。⑤故古者封内甸服,⑥封外侯服,⑦侯卫宾服,⑧蛮夷要服,⑨戎狄荒服,⑩远近势异也。自汉初定已来七十二年,吴越人相攻击者不可胜数,然天子未尝举兵而入其地也。

①孟康曰:"摄,安也,音奴协反。"

②师古曰:"重,难也。"

③晋灼曰:"《淮南》云'越人劗发',张揖以为古翦字也。"师古曰:"劗与翦同,(晋)〔张〕说是也。"[2]

④师古曰:"与读曰豫。"

⑤师古曰:"地不可居,而民不可牧养也。"

⑥师古曰:"封内谓封圻千里之内也。甸服,主治王田以供祭祀也。"

⑦师古曰:"封外,千里之外也。侯,候也,为王者斥候。"

⑧服虔曰："侯服之外，又有卫服。宾，宾见于王也。侯卫二服同为宾也。"

⑨师古曰："又在侯卫之外而居九州之〔地〕〔内〕也。[3]要，言以文德要来之耳，音一遥反。"

⑩师古曰："此在九州之外者也。荒，言其荒忽绝远，来去无常也。"

　　臣闻越非有城郭邑里也，处溪谷之间，篁竹之中，①习于水斗，便于用舟，地深昧而多水险，②中国之人不知其势阻而入其地，虽百不当其一。得其地，不可郡县也；攻之，不可暴取也。以地图察其山川要塞，相去不过寸数，而间独数百千里，③阻险林丛弗能尽著。④视之若易，行之甚难。天下赖宗庙之灵，方内大宁，戴白之老不见兵革，⑤民得夫妇相守，父子相保，陛下之德也。越人名为藩臣，贡酎之奉，不输大内，⑥一卒之用不给上事。⑦自相攻击而陛下发兵救之，是反以中国而劳蛮夷也。⑧且越人愚戆轻薄，负约反覆，其不(可)用天子之法度，[4]非一日之积也。⑨壹不奉诏，举兵诛之，臣恐后兵革无时得息也。

①服虔曰："竹丛也。音皇。"师古曰："竹田曰篁。"

②师古曰："昧，暗也。言多草木。"

③师古曰："间，中间也。或八九百里，或千里也。"

④师古曰："不可尽载于图也。著音竹助反。"

⑤师古曰："戴白，言白发在首。"

⑥应劭曰："越国僻远，珍奇之贡，宗庙之祭皆不与也。大内，都内也，国家宝藏也。"师古曰："《百官公卿表》云治粟属官有都内令丞也。"

⑦师古曰："给，供也。"

⑧师古曰："疲劳中国之人于蛮夷之地。"

⑨师古曰："积，久也。"

　　间者，数年岁比不登，民待卖爵赘子以接衣食，①赖陛下德泽振救之，得毋转死沟壑。四年不登，五年复蝗，民生未复。②今发兵行数千里，资衣粮，入越地，③舆轿而隃领，④抏舟而入水，⑤行数百千里，夹以深林丛竹，水道上下击石，⑥林中多蝮蛇猛兽，⑦夏月暑时，欧泄霍乱之病相随属也，⑧曾未施兵接刃，死伤者必众矣。前时南海王反，陛下先臣使将军间忌将兵击之,⑨以其军降,处之上淦。⑩后复反,会天暑多雨,楼船卒水居击棹,⑪未战而疾死者过半。亲老涕泣,孤子谑号,⑫破家散业,迎尸千里之外,裹骸骨而归。悲哀之气数年不息,长老至今以为记。曾未入其地而祸已至此矣。

①如淳曰:"淮南俗卖子与人作奴婢,名为赘子,三年不能赎,遂为奴婢。"师古曰:"赘,质也。一说,云赘子者,谓令子出就妇家为赘婿耳。赘婿解在《贾谊传》。"

②师古曰:"生谓生业。复音(拱)〔扶〕目反。"〔5〕

③师古曰:"资犹赍。"

④服虔曰:"轿音桥梁,谓隘道舆车也。"臣瓒曰:"今竹舆车也,江表作竹舆以行是也。"项昭曰:"陵绝水曰轿,音旗庙反。领,山领也。不通船车,运转皆担舆也。"师古曰:"服音、瓒说是也。项氏谬矣。此直言以轿过领耳,何云陵绝水乎!又旗庙之音无所依据。隃与逾同。"

⑤师古曰:"挖,曳也,音它。"

⑥师古曰:"谓船触石,难以行也。"

⑦师古曰:"蝮,恶蛇也,音敷福反,解在《田儋传》。"

⑧师古曰:"泄,吐也,音弋制反。属音之欲反。"

⑨文颖曰:"先臣,淮南厉王长也。间忌,人姓名。"师古曰:"《淮南王传》作简忌,此本作间,转写字误省耳。"

⑩苏林曰:"淦音耿弇之弇。"师古曰:"音工含反。"

⑪师古曰:"言常居舟中水上,而又有击棹行舟之役,故多死也。棹音直孝反。"

⑫师古曰:"谑,古啼字。"

臣闻军旅之后,必有凶年,言民之各以其愁若之气,薄阴阳之和,感天地之精,①而灾气为之生也。陛下德配天地,明象日月,恩至禽兽,泽及草木,一人有饥寒不终其天年而死者,为之凄怆于心。今方内无狗吠之警,②而使陛下甲卒死亡,暴露中原,沾渍山谷,边境之民为之早闭晏开,③晷不及夕,④臣安窃为陛下重之。⑤

①师古曰:"薄,迫也。"

②师古曰："方内，中国四方之内也。"

③师古曰："晏，晚也。言有兵难，故边城早闭而晚开也。"

④师古曰："龗，古朝字也。言忧危亡不自保也。"

⑤师古曰："重，难也。"

不习南方地形者，多以越为人众兵强，能难边城。①淮南全国之时，多为边吏，②臣窃闻之，与中国异。③限以高山，人迹所绝，车道不通，天地所以隔外内也。其入中国必下领水，领水之山峭峻，漂石破舟，④不可以大船载食粮下也。越人欲为变，必先田馀干界中，⑤积食粮，乃入伐材治船。边城守候诚谨，越人有入伐材者，辄收捕，焚其积聚，虽百越，奈边城何！且越人绵力薄材，⑥不能陆战，又无车骑弓弩之用，然而不可入者，以保地险，而中国之人不能其水土也。⑦臣闻越甲卒不下数十万，所以入之，五倍乃足，⑧辁车奉馕者，不在其中。⑨南方暑湿，近夏瘅热，⑩暴露水居，蝮蛇蠚生，⑪疾疠多作，兵未血刃而病死者什二三，虽举越国而虏之，不足以偿所亡。⑫

①服虔曰："为边城作难也。"

②师古曰："全国谓未分为三之时也。淮南人于边为吏，与越接境，故知其地
　　形也。"

③师古曰："言其风土不同。"

④师古曰："言水流湍急，石为之漂转，触破舟船也。漂音匹遥反。"

⑤韦昭曰："越邑，今鄱阳县也。"

⑥孟康曰："绵音灭，薄力也。"师古曰："绵，弱也，言其柔弱如绵，读如本字。
　　孟说非也。"

⑦师古曰："能，堪也。"

⑧师古曰："不下，言不减也。汉军多之五倍，然后可入其地也。"

⑨师古曰："辁，引也，音晚。馕亦饷字。"

⑩师古曰："瘅，黄病，音丁干反。"

⑪师古曰："蠚，毒也，音壑。"

⑫师古曰："举谓总取也。"

臣闻道路言，闽越王弟甲弑而杀之，①甲以诛死，其民未有所属。

陛下若欲来内,处之中国,使重臣临存,②施德垂赏以招致之,此必携幼扶老以归圣德。若陛下无所用之,则继其绝世,存其亡国,建其王侯,以为畜越,③此必委质为藩臣,世共贡职。④陛下以方寸之印,丈二之组,填抚方外,⑤不劳一卒,不顿一戟,⑥而威德并行。今以兵入其地,此必震恐,以有司为欲屠灭之也,必雉兔逃入山林险阻。⑦背而去之,则复相群聚;留而守之,历岁经年,则士卒罢勌,食粮乏绝,⑧男子不得耕稼(种树)〔树种〕,[6]妇人不得纺绩织纴,⑨丁壮从军,老弱转饷,⑩居者无食,行者无粮。民苦兵事,亡逃者必众,随而诛之,不可胜尽,盗贼必起。

①师古曰:"甲者,闽王弟之名。"

②师古曰:"存谓省问之。"

③李奇曰:"如人畜养六畜也。"师古曰:"直谓畜养之耳,非六畜也。"

④师古曰:"共读曰供。"

⑤师古曰:"组者,印之绶。"

⑥师古曰:"顿,坏也。一曰顿读曰钝。"

⑦师古曰:"如雉兔之逃窜而入山林险阻之中。"

⑧师古曰:"罢读曰疲。勌亦倦字。"

⑨师古曰:"树,植也。机缕曰纴。纴音人禁反。"

⑩师古曰:"饷亦饟字。"

臣闻长老言,秦之时尝使尉屠睢击越,①又使监禄凿渠通道。②越人逃入深山林丛,不可得攻。留军屯守空地,旷日(持)〔引〕久,士卒劳倦,越(乃)出击之。[7]秦兵大破,乃发适戍以备之。③当此之时,外内骚动,百姓靡敝,④行者不还,往者(菓)〔莫〕反,[8]皆不聊生,亡逃相从,群为盗贼,于是山东之难始兴。此老子所谓"师之所处,荆棘生之"者也。⑤兵者凶事,一方有急,四面皆从。臣恐变故之生,奸邪之作,由此始也。《周易》曰:"高宗伐鬼方,三年而克之。"⑥鬼方,小蛮夷;高宗,殷之盛天子也。以盛天子伐小蛮夷,三年而后克,言用兵之不可不重也。

①张晏曰:"郡都尉,姓屠名睢也。"

②张晏曰:"监郡御史也,名禄。"

③师古曰:"适读曰谪。"

④师古曰:"靡,散也,音縻。"

⑤师古曰:"老子《道经》之言也。师旅行,必杀伤士众,侵暴田亩,故致荒残而生荆棘也。"

⑥师古曰:"《既济》九三爻辞。"

　　臣闻天子之兵有征而无战,言莫敢(挍)〔校〕也。①〔9〕如使越人蒙(死)徼幸以逆执事之颜行,②〔10〕厮舆之卒有一不备而归者,③虽得越王之首,臣犹窃为大汉羞之。陛下以四海为境,九州为家,八(蔬)〔薮〕为囿,江(海)〔汉〕为池,④〔11〕生民之属皆为臣妾。人徒之众足以奉千官之共,⑤租税之收足以给乘舆之御。玩心神明,秉执圣道,负黼依,⑥冯玉几,⑦南面而听断,号令天下,四海之内莫不向应。⑧陛下垂德惠以覆露之,⑨使元元之民安生乐业,则泽被万世,传之子孙,施之无穷。天下之安犹泰山而四维之也,⑩夷狄之地何足以为一日之闲,⑪而烦汗马之劳乎!《诗》云"王犹允塞,徐方既来",⑫言王道甚大,而远方怀之也。臣闻之,农夫劳而君子养焉,⑬愚者言而智者择焉。臣安幸得为陛下守藩,以身为鄣蔽,人臣之任也。边境有警,爱身之死而不毕其愚,非忠臣也。⑭臣安窃恐将吏之以十万之师为一使之任也!⑮

①师古曰:"(挍)〔校〕,计也。不敢与计强弱曲直。"

②文颖曰:"颜行犹雁行,在前行,故曰颜也。"师古曰:"蒙,犯也。行音胡郎反。"

③张晏曰:"厮,微;舆,众也。"师古曰:"厮,析薪者。舆,主驾车者。此皆言贱役之人。"

④师古曰:"八薮,谓鲁有大野,晋有大陆,秦有杨汙,宋有孟诸,楚有云梦,吴越之间有具区,齐有海隅,郑有圃田。"

⑤师古曰:"千官犹百官也,多言之耳。共读曰供。"

⑥师古曰:"负,背也。白与黑画为斧文,谓之黼也。依读曰扆。扆形如屏风而曲之,画以黼文,张于户牖之间。"

⑦师古曰:"冯读曰凭。"

⑧师古曰:"向读曰响。"

⑨师古曰:"露谓使之沾润泽也。或露或覆,言养育也。"

⑩师古曰："维谓联系之。"

⑪如淳曰："得其地物，不足为一日閒暇之虞也。"

⑫师古曰："《大雅·常武》之诗。犹，道也。允，信也。塞，满也。既，尽也。言王道信充满于天下，则徐方淮夷尽来服也。"

⑬师古曰："言农夫勤力于耕稼，所得五谷以养君子也。"

⑭师古曰："毕，尽也，尽言其意也。"

⑮师古曰："言汉发一使镇抚之，则越人宾服，不烦兵往。"

是时，汉兵遂出，〔未〕逾领，[12]适会闽越王弟馀善杀王以降。汉兵罢。上嘉淮南之意，美将卒之功，乃令严助谕意风指于南越。①南越王顿首曰："天子乃幸兴兵诛闽越，死无以报！"即遣太子随助入侍。

①师古曰："风读曰讽，以天子之意指讽告也。"

助还，又谕淮南曰："皇帝问淮南王：使中大夫玉上书言事，闻之。朕奉先帝之休德，夙兴夜〔寐〕(昧)，[13]明不能烛，①重以不德，②是以比年凶菑害众。③夫以眇眇之身，托于王侯之上，内有饥寒之民，南夷相攘，④使边骚然不安，朕甚惧焉。今王深惟重虑，⑤明太平以弼朕失，称三代至盛，际天接地，人迹所及，咸尽宾服，藐然甚惭⑥嘉王之意，靡有所终，⑦使中大夫助谕朕意，告王越事。"

①师古曰："烛，照也。"

②师古曰："重音直用反。"

③师古曰："菑，古灾字。"

④师古曰："攘谓相侵夺也，音人羊反。"

⑤师古曰："惟，思也。虑，计也。"

⑥如淳曰："王之所言藐然，闻之甚惭也。"师古曰："藐，远也。言不可及也。藐音武卓反。"

⑦师古曰："靡，无也。终，极也。"

助谕意曰："今者大王以发屯临越事上书，陛下故遣臣助告王其事。王居远，事薄遽，不与王同其计。①朝有阙政，遗王之忧，②陛下甚恨之。夫兵固凶器，明主之所重出也，③然自五帝三王禁暴止乱，非兵，未之闻也。汉为天下宗，操杀生之柄，④以制海内之命，危者望安，乱者卬治。⑤今闽越王狼戾不仁，⑥杀其骨肉，离其亲戚，所为甚多不义，又数举兵侵陵百越，并兼邻国，以为暴强，阴计奇策，入燔寻阳楼船，⑦欲招会稽之地，以践句践之迹。⑧今者，边又言闽王率两国击南越。陛下为万民安危久远之计，使人谕告之曰：'天下安宁，各继世抚民，禁毋敢相并。'有司疑其以虎狼之心，贪据百越之利，或于逆顺，不奉明诏，则会稽、豫章必有长患。且天子诛而不伐，焉有劳百姓苦士卒乎？⑨故遣两将屯于境上，震威武，扬声乡。⑩屯曾未会，⑪天诱其衷，闽王陨命，辄遣使者罢屯，毋后农时。⑫南越王甚嘉被惠泽，蒙休德，愿革心易行，身从使者入谢。⑬有狗马之病，不能胜服，⑭故遣太子婴齐入侍；病有瘳，愿伏北阙，望大廷，以报盛德。闽王以八月举兵于冶南，⑮士卒罢倦，⑯三王之众相与攻之，因其弱弟馀善以成其（谋）〔诛〕。〔14〕至今国空虚，遣使者上符节，请所立，不敢自立，以待天子之明诏。此一举，不挫一兵之锋，不用一卒之死，而闽王伏辜，南越被泽，威震暴王，义存危国，此则陛下深计远虑之所出也。事效见前，⑰故使臣助来谕王意。"

①如淳曰："薄，迫也。言事迫，不暇得先与王共议之。或曰薄，语助也。"师古曰："薄，迫，是也。遽，速也，音其据反。"

②师古曰："言朝政有阙，乃使王有忧也。遗犹与也。"

③师古曰："重，难也。"

④师古曰："操，执持也，音千高反。"

⑤师古曰："卬读曰仰，谓仰而望之。"

⑥师古曰："狼性贪戾，凡言狼戾者，谓贪而戾。"

⑦师古曰："汉有楼船贮在寻阳也。"

⑧师古曰："先是越王勾践称霸中国，今越王欲慕之。句音工侯反。"

⑨师古曰："王者之兵，但行诛耳，无有战斗，故云不伐也。"

⑩师古曰："乡读曰响。"

⑪师古曰："言兵未尽集。"

⑫师古曰："令及农时，不待后也。"

⑬师古曰："革，改也。"

⑭师古曰:"服谓朝服也。"

⑮苏林曰:"山名也,今名东冶,属会稽。"

⑯师古曰:"罢读曰疲。"

⑰师古曰:"见,显也。前谓目前。"

于是王谢曰:"虽汤伐桀,文王伐崇,诚不过此。臣安妄以愚意狂言,陛下不忍加诛,使使者临诏臣安以所不闻,①臣不胜厚幸!"助由是与淮南王相结而还。上大说。②

①师古曰:"先未闻者今得闻也。"

②师古曰:"说读曰悦。"

助侍燕从容,①上问助居乡里时,助对曰:"家贫,为友婿富人所辱。"②上问所欲,对愿为会稽太守。于是拜为会稽太守。数年,不闻问。③赐书曰:"制诏会稽太守:君厌承明之庐,④劳侍从之事,怀故土,⑤出为郡吏。会稽东接于海,南近诸越,⑥北枕大江。⑦间者,阔焉久不闻问,具以《春秋》对,毋以苏秦从横。"⑧助恐,上书谢称:"《春秋》天王出居于郑,不能事母,故绝之。⑨臣事君,犹子事父母也,臣助当伏诛。陛下不忍加诛,愿奉三年计最。"⑩诏许,因留侍中。有奇异,辄使为文,⑪及作赋颂数十篇。

①师古曰:"从容,闲语也。从音千容反。"

②师古曰:"友婿,同门之婿。"

③师古曰:"无善声。"

④张晏曰:"承明庐在石渠阁外。直宿所止曰庐。"

⑤师古曰:"怀,思也。"

⑥师古曰:"越种非一,故言诸。"

⑦师古曰:"枕,临也。"

⑧师古曰:"从音子容反。"

⑨师古曰:"周惠王之子襄王也。弟叔带有宠于惠后,欲立之,故襄王避难而
　　出奔也。僖二十四年经书:'天王出居于郑。'《公羊传》曰:'王者无外,此其
　　言出何? 不能乎母也。'"

⑩如淳曰:"旧法,当使丞奉岁计,(令)〔今〕躬自欲入奉也。"〔15〕晋灼曰:"最,凡

要也。"

⑪师古曰："谓非常之文。"

　　后淮南王来朝,厚赂遗助,交私论议。及淮南王反,事与助相连,上
薄其罪,欲勿诛。①廷尉张汤争,以为助出入禁门,腹心之臣,而外与诸
侯交私如此,不诛,后不可治。助竟弃市。

①师古曰："以其过为轻小。"

　　朱买臣字翁子,吴人也。家贫,好读书,不治产业,常艾薪樵,卖以
给食,①担束薪,行且诵书。其妻亦负戴相随,数止买臣毋歌呕道中。②
买臣愈益疾歌,妻羞之,求去。买臣笑曰："我年五十当富贵,今已四十
馀矣。女苦日久,待我富贵报女功。"③妻恚怒曰："如公等,终饿死沟中
耳,何能富贵?"买臣不能留,即听去。其后,买臣独行歌道中,负薪墓
间。故妻与夫家俱上冢,见买臣饥寒,呼饭饮之。④

①师古曰："艾读曰刈。给,供也。"

②师古曰："呕读曰讴,音一侯反。"

③师古曰："女皆读曰汝。"

④师古曰："饭谓饲之,音扶晚反。饮音於禁反。"

　　后数岁,买臣随上计吏为卒,将重车至长安,①诣阙上书,书久不
报。待诏公车,粮用乏,上计吏卒更乞匄之。②会邑子严助贵幸,荐买
臣。召见,说《春秋》,言《楚词》,帝甚说之,③拜买臣为中大夫,与严助
俱侍中。是时方筑朔方,公孙弘谏,以为罢敝中国。④上使买臣难诎弘,
语在《弘传》。后买臣坐事免,久之,召待诏。

①师古曰："买臣身自充卒,而与计吏将重车也。载衣食具曰重车。重音直
　　用反。"

②师古曰："更音工衡反。乞音气。匄音工大反。"

③师古曰："说读曰悦。"

④师古曰："罢读曰疲。"

　　是时,东越数反覆,买臣因言："故东越王居保泉山,①一人守险,千

人不得上。今闻东越王更徙处南行，去泉山五百里，居大泽中。今发兵浮海，直指泉山，陈舟列兵，席卷南行，可破灭也。"上拜买臣会稽太守。上谓买臣曰："富贵不归故乡，如衣绣夜行，今子何如？"买臣顿首辞谢。诏买臣到郡，治楼船，备粮食、水战具，须诏书到，军与俱进。②

①师古曰："泉山即今泉州之山也，临海，去海十馀里。保者，保守之以自固也。说者乃云保是地名，失之矣。"

②师古曰："须，待也。"

初，买臣免，待诏，常从会稽守邸者寄居饭食。①拜为太守，买臣衣故衣，怀其印绶，步归郡邸。直上计时，会稽吏方相与群饮，②不视买臣。买臣入室中，守邸与共食，食且饱，少见其绶。③守邸怪之，前引其绶，视其印，会稽太守章也。守邸惊，出语上计掾吏。皆醉，大呼曰："妄诞耳！"④守邸曰："试来视之。"其故人素轻买臣者入〔内〕视之，〔16〕还走，疾呼曰："实然！"坐中惊骇，白守丞，⑤相推排陈列中庭拜谒。买臣徐出户。有顷，长安厩吏乘驷马车来迎，⑥买臣遂乘传去。⑦会稽闻太守且至，发民除道，县吏并送迎，车百馀乘。入吴界，见其故妻、妻夫治道。买臣驻车，呼令后车载其夫妻，到太守舍，置园中，给食之。⑧居一月，妻自经死，买臣乞其夫钱，令葬。⑨悉召见故人与饮食诸尝有恩者，皆报复焉。⑩

①师古曰："饭音扶晚反。"

②师古曰："直读曰值。"

③师古曰："见，显示也。"

④师古曰："诞，大言也。呼音火故反。次下亦同。"

⑤服虔曰："守邸丞也。"张晏曰："汉旧郡国丞长吏与计吏俱送计也。"师古曰："张说是也。谓之守丞者，系太守而言也。守音式授反。"

⑥张晏曰："故事，大夫乘官车驾驷，如今州牧刺史矣。"

⑦师古曰："传音张恋反。"

⑧师古曰："食读曰饲。"

⑨师古曰："乞音气。"

⑩师古曰："复音扶目反。"

居岁馀，买臣受诏将兵，与横海将军韩说等俱击破东越，① 有功。征入为主爵都尉，列于九卿。

①师古曰："说读曰悦。"

数年，坐法免官，复为丞相长史。张汤为御史大夫。始买臣与严助俱侍中，贵用事，汤尚为小吏，趋走买臣等前。后汤以廷尉治淮南狱，排陷严助，买臣怨汤。及买臣为长史，汤数行丞相事，知买臣素贵，故陵折之。买臣见汤，坐床上弗为礼。① 买臣深怨，常欲死之。② 后遂告汤阴事，汤自杀，上亦诛买臣。买臣子山拊③ 官至郡守，右扶风。

①师古曰："言不动容以礼之也。为音于伪反。"

②师古曰："致死以害之。"

③如淳曰："拊音夫。"

吾丘寿王字子赣，赵人也。年少，以善格五召待诏。① 诏使从中大夫董仲舒受《春秋》，高材通明。迁侍中中郎，坐法免。上书谢罪，愿养马黄门，上不许。② 后愿守塞扞寇难，复不许。久之，上疏愿击匈奴，诏问状，寿王对良善，复召为郎。

①苏林曰："博之类，不用箭，但行枭散。"孟康曰："格音各。行伍相各，故言各。"刘德曰："格五，棋行。《簺法》曰簺白乘五，至五格不得行，故云格五。"

　师古曰："即今戏之簺也。音先代反。"

②师古曰："请于黄门供养马之事。"

稍迁，会东郡盗贼起，拜为东郡都尉。上以寿王为都尉，不复置太守。是时，军旅数发，年岁不熟，多盗贼。诏赐寿王玺书曰："子在朕前之时，知略辐凑，① 以为天下少双，海内寡二。及至连十馀城之守，任四千石之重，② 职事并废，盗贼从横，③ 甚不称在前时，何也？"寿王谢罪，因言其状。

①师古曰："言其无方而至，若车轮之归于毂。"

②师古曰："郡守、都尉皆二千石，以寿王为都尉，不置太守，兼总二任，故云四千石也。"

③师古曰："从音子庸反。"

后征人为光禄大夫侍中。丞相公孙弘奏言："民不得挟弓弩。十贼彍弩，百吏不敢前，①盗贼不辄伏辜，免脱者众，害寡而利多，此盗贼所以蕃也。②禁民不得挟弓弩，则盗贼执短兵，短兵接则众者胜。以众吏捕寡贼，其势必得。盗贼有害无利，则莫犯法，刑错之道也。臣愚以为禁民毋得挟弓弩便。"上下其议。寿王对曰：

①张晏曰："彍音郭。"师古曰："引满曰彍。"

②师古曰："蕃亦多也，音扶元反。"

臣闻古者作五兵，非以相害，以禁暴讨邪也。①安居则以制猛兽而备非常，有事则以设守卫而施行阵。及至周室衰微，上无明王，诸侯力政，强侵弱，众暴寡，海内抗敝，②〔是以〕巧诈并生。〔是以〕知者陷愚，[17]勇者威怯，苟以得胜为务，不顾义理。故机变械饰，所以相贼害之具不可胜数。于是秦兼天下，废王道，立私议，灭《诗书》而首法令，③去仁恩而任刑戮，④堕名城。杀豪桀，⑤销甲兵，折锋刃。其后，民以穬锄棰梃相挞击，⑥犯法滋众，盗贼不胜，⑦至于赭衣塞路，群盗满山，卒以乱亡。故圣王务教化而省禁防，知其不足恃也。

①师古曰："五兵谓矛、戟、弓、剑、戈。"

②师古曰："抗，讹尽也，音五官反。"

③师古曰："以法令为首。"

④师古曰："去，除也。"

⑤师古曰："堕，毁也，音火规反。"

⑥师古曰："穬，摩田之器也。棰，马杕也。梃，大杖也。穬音忧。棰音之累反。梃音大鼎反。"

⑦师古曰："滋，益也。不胜，言不可胜也。"

今陛下昭明德，建太平，举俊材，兴学官，三公有司或由穷巷，起白屋，裂地而封，①宇内日化，方外乡风，②然而盗贼犹有者，郡国二千石之罪，非挟弓弩之过也。《礼》曰男子生，桑弧蓬矢以举之，明示有事也。③孔子曰："吾何执？执射乎？"④大射之礼，自天子降及庶人，三代之道也。《诗》云"大侯既抗,弓矢斯张,射夫既同,献尔发功",⑤言贵中也。⑥愚闻圣王合射以明教矣,未闻弓矢之为禁也。且所为禁者,为盗贼之以攻夺也。攻夺之罪死,然而不止者,大奸之于重诛固不避也。臣恐邪人挟之而吏不能止,良民以自备而抵法禁,⑦是擅贼威而夺民救也。⑧窃以为无益于禁奸,而废先王之典,使学者不得习行其礼,大不便。

①师古曰:"白屋,以白茅覆屋也。寿王言此者,并以讥公孙弘。"

②师古曰:"乡读曰向。"

③师古曰:"有四方扞御之事。"

④师古曰:"《论语》载孔子之言。"

⑤师古曰:"《小雅·宾之初筵》之诗也。侯,所以居的,以皮为之。天子射豹侯,诸侯射熊侯,卿大夫射麋侯,士射鹿豕侯。抗,举也。射夫,众射者也。同,同耦也。言既举大侯,又张弓矢,分耦而射,则献其发矢中的之功也。"

⑥师古曰:"中音竹仲反。"

⑦师古曰:"抵,触也。"

⑧师古曰:"擅,专也。"

书奏,上以难丞相弘。弘诎服焉。

及汾阴得宝鼎,武帝嘉之,荐见宗庙,臧于甘泉宫。群臣皆上寿贺曰:"陛下得周鼎。"寿王独曰非周鼎。上闻之,召而问之,曰:"今朕得周鼎,群臣皆以为然,寿王独以为非,何也? 有说则可,无说则死。"寿王对曰:"臣安敢无说! 臣闻周德始乎后稷,长于公刘,大于大王,①成于文武,显于周公,德泽上昭,天下漏泉,②无所不通。上天报应,鼎为周出,故名曰周鼎。今汉自高祖继周,亦昭德显行,布恩施惠,六合和同。至于陛下,恢廓祖业,功德愈盛,天瑞并至,珍祥毕见。昔秦始皇亲出鼎于彭城而不能得,天祚有德而宝鼎自出,此天之所以与汉,乃汉宝,非周宝〔也〕。"〔18〕上曰:"善。"群臣皆称万岁。是日,赐寿王黄金十斤。后坐事诛。

①师古曰:"公刘,后稷曾孙也。大王,文王之祖,则古公亶父也。"

②师古曰:"昭,明也。漏,言润泽下霑如屋之漏。"

主父偃，齐国临菑人也。学长短从横术，①晚乃学《易》、《春秋》、百家之言。游齐诸子间，②诸儒生相与排傡，不〔客〕〔容〕于齐。[19]家贫，假贷无所得，③北游燕、赵、中山，皆莫能厚，客甚困。以诸侯莫足游者，元光元年，乃西入关见卫将军。④卫将军数言上，上不省。资用乏，留久，诸侯宾客多厌之，乃上书阙下。朝奏，暮召入见。所言九事，其八事为律令，一事谏伐匈奴，曰：

①服虔曰："苏秦法百家书说也。"师古曰："长短解在《张汤传》。从横说在《艺文志》。"

②师古曰："诸子，诸侯王子。"

③师古曰："贷音土得反。"

④师古曰："卫青。"

臣闻明主不恶切谏以博观，忠臣不避重诛以直谏，是故事无遗策而功流万世。今臣不敢隐忠避死，以效愚计，愿陛下幸赦而少察之。

《司马法》曰："国虽大，好战必亡；天下虽平，忘战必危。"①天下既平，天子大恺，②春蒐秋狝，诸侯春振旅，秋治兵，所以不忘战也。③且怒者逆德也，兵者凶器也，争者末节也。古之人君一怒必伏尸流血，故圣王重行之。④夫务战胜，穷武事，未有不悔者也。

①师古曰："司马穰苴善用兵，著书言兵法，谓之《司马法》。一说司马，古主兵之官，有军陈用兵之法。"

②应劭曰："大恺，周礼还师振旅之乐也。"

③师古曰："春为阳中，其行木也；秋为阴中，其行金也。金、木，兵器所资，故于此时蒐狝治兵也。蒐，蒐索也，取不孕者。狝，应杀气也。振，整；旅，众也。狝音先浅反。"

④师古曰："重，难也。"

昔秦皇帝任战胜之威，蚕食天下，并吞战国，海内为一，功齐三代。务胜不休，欲攻匈奴，李斯谏曰："不可。夫匈奴无城郭之居，委积之守，迁徙鸟举，难得而制。轻兵深入，粮食必绝；运粮以行，重不及事。得其地，不足以为利；得其民，不可调而守也。①胜必弃之，非民父母。靡敝中国，甘心匈奴，②非完计也。"秦皇帝不听，遂使蒙恬将兵而攻胡，却地千里，以河为境。地固泽卤，不生五谷，③然后发天下丁男以守北河。暴兵露师十有馀年，死者不可胜数，终不能逾河而北。是岂人众之不足，兵革之不备哉？其势不可也。又使天下飞刍挽粟，④起于黄、腄、琅邪负海之郡，转输北河，⑤率三十钟而致一石。⑥男子疾耕不足于粮饷，⑦女子纺绩不足于帷幕。百姓靡敝，孤寡老弱不能相养，道死者相望，⑧盖天下始叛也。

①李奇曰："不可和调也。"
②师古曰："靡，散也，音縻。其下类此。"
③师古曰："地多沮泽而咸卤。"
④师古曰："运载刍槀，令其疾至，故曰飞刍也。挽谓引车船也，音晚。"
⑤师古曰："黄、腄，二县名也，并在东莱。言自东莱及琅邪缘海诸郡，皆令转输至北河也。腄音直瑞反，又音谁。"
⑥师古曰："六斛四斗为钟。计其道路所费，凡用百九十二斛，乃得一石至。"
⑦师古曰："饷亦饟字。"
⑧师古曰："道死谓死于路也。"

及至高皇帝定天下，略地于边，闻匈奴聚代谷之外而欲击之。御史成谏曰："不可。夫匈奴，兽聚而鸟散，从之如搏景，①今以陛下盛德攻匈奴，臣窃危之。"高帝不听，遂至代谷，果有平城之围。高帝悔之，乃使刘敬往结和亲，然后天下亡干戈之事。

①师古曰："搏，击也。搏人之阴景，言不可得也。"

故兵法曰："兴师十万，日费千金。"秦常积众数十万人，虽有覆军杀将，系虏单于，①适足以结怨深仇，不足以偿天下之费。夫匈奴行盗侵驱，所以为业，天性固然。②上自虞夏殷周，固不程督，③禽兽畜之，不比为人。夫不上观虞夏殷周之统，而下循近世之失，此臣之所以大恐，百姓所疾苦也。且夫兵久则变生，事苦则虑易。④使边境之民靡敝愁苦，将吏相疑而外市，⑤故尉佗、章邯得成其私，⑥而秦政不行，权分二子，此得失之效也。故《周书》曰："安危在出令，存亡在所用。"⑦愿陛下孰计之而加察焉。

①师古曰："覆音芳目反。"

②师古曰："来侵边境而敺略人畜也。敺与驱同,其字从攵,音普木反。"

③师古曰："程,课也。督,视责也。"

④师古曰："言思虑变易,失其常也。"

⑤张晏曰："与外国交市已利,若章邯之比也。"

⑥师古曰："佗音徒何反。"

⑦师古曰："此《周书》者,本《尚书》之馀。"

是时,徐乐、严安亦俱上书言世务。书奏,上召见三人,谓曰："公皆安在?何相见之晚也!"①乃拜偃、乐、安皆为郎中。偃数上疏言事,迁谒者,中郎,中大夫。岁中四迁。

①师古曰："言皆者,各在何处。"

偃说上曰："古者诸侯地不过百里,强弱之形易制。今诸侯或连城数十,地方千里,缓则骄奢易为淫乱,急则阻其强而合从①以逆京师。今以法割削,则逆节萌起,②前日朝错是也。今诸侯子弟或十数,而適嗣代立,③馀虽骨肉,无尺地之封,则仁孝之道不宣。愿陛下令诸侯得推恩分子弟,以地侯之。彼人人喜得所愿,上以德施,实分其国,必稍自销弱矣。"于是上从其计。又说上曰："茂陵初立,天下豪桀兼并之家,乱众民,皆可徙茂陵,内实京师,外销奸猾,此所谓不诛而害除。"上又从之。

①师古曰："从音子容反。"

②师古曰："萌谓事之始生,如草木之萌芽也。"

③师古曰："適读曰嫡。"

尊立卫皇后及发燕王定国阴事,偃有功焉。大臣皆畏其口,赂遗累千金。或说偃曰："大横!"①偃曰："臣结发游学四十馀年,身不得遂,②亲不以为子,昆弟不收,宾客弃我,我陌日久矣。丈夫生不五鼎食,死则五鼎亨耳!③吾日暮,故倒行逆施之。"④

①师古曰："横音胡孟反。"

②师古曰："遂犹达也。"

③张晏曰："五鼎食，牛、羊、豕、鱼、麋也。诸侯五，卿大夫三。"师古曰："五鼎
　亨之，谓被镬亨之诛。"

④师古曰："暮言年齿老也。倒行逆施，谓不遵常理。此语本出伍子胥，偃述
　而称之。"

偃盛言朔方地肥饶，外阻河，蒙恬筑城以逐匈奴，内省转输戍漕，广
中国，灭胡之本也。上览其说，下公卿议，皆言不便。公孙弘曰："秦时
尝发三十万众筑北河，终不可就，①已而弃之。"朱买臣难诎弘，遂置朔
方，本偃计也。

①师古曰："就，成也。"

元朔中，偃言齐王内有淫失之行，①上拜偃为齐相。至齐，遍召昆
弟宾客，散五百金予之，数曰：②"始吾贫时，昆弟不我衣食，宾客不我内
门，③今吾相齐，诸君迎我或千里。吾与诸君绝矣，毋复入偃之门！"乃
使人以王与姊奸事动王。王以为终不得脱，恐效燕王论死，乃自杀。

①师古曰："失读曰佚，音尹一反。"

②师古曰："数，责也。数音所具反"

③师古曰："衣音于既反。食读曰饲。内门，谓内之于门中也。"

偃始为布衣时，尝游燕、赵，及其贵，发燕事。赵王恐其为国患，欲
上书言其阴事，为居中，不敢发。及其为齐相，出关，即使人上书，告偃
受诸侯金，以故诸侯子多以得封者。及齐王以自杀闻，上大怒，以为偃
劫其王令自杀，乃征下吏治。偃服受诸侯之金，实不劫齐王令自杀。上
欲勿诛，公孙弘争曰："齐王自杀无后，国除为郡，入汉，偃本首恶，非诛
偃无以谢天下。"乃遂族偃。

偃方贵幸时，客以千数，及族死，无一人视，独孔车收葬焉。上闻
之，以车为长者。

徐乐，燕(郡)无终人也。[20]上书曰：

臣闻天下之患，在于土崩，不在瓦解，古今一也。

　　何谓土崩？秦之末世是也。陈涉无千乘之尊，尺土之地，身非王公大人名族之后，〔无〕乡曲之誉，[21] 非有孔、曾、墨子之贤，陶朱、猗顿之富也。然起穷巷，奋棘矜，① 偏袒大呼，天下从风，② 此其故何也？由民困而主不恤，下怨而上不知，俗已乱而政不修，此三者陈涉之所以为资也。此之谓土崩。故曰天下之患在乎土崩。

　①师古曰：“棘，戟也。矜者，戟之把也。时秦销兵器，故但有戟之把耳。矜音
　　　巨巾反。此下亦同。”
　②师古曰：“呼音火故反。”

　　何谓瓦解？吴、楚、齐、赵之兵是也。七国谋为大逆，号皆称万乘之君，带甲数十万，威足以严其境内，财足以劝其士民，然不能西攘尺寸之地，① 而身为禽于中原者，此其故何也？非权轻于匹夫而兵弱于陈涉也，当是之时先帝之德未衰，而安土乐俗之民众，故诸侯无竟外之助。② 此之谓瓦解。故曰天下之患不在瓦解。

　①师古曰：“攘谓侵取汉地。”
　②师古曰：“竟读曰境。其下同。”

　　由此观之，天下诚有土崩之势，虽布衣穷处之士或首难而危海内，① 陈涉是也，况三晋之君或存乎？② 天下虽未治也，诚能无土崩之势，虽有强国劲兵，不得还踵而身为禽，③ 吴楚是也，况群臣百姓，能为乱乎？此二体者，安危之明要，贤主之所留意而深察也。

　①师古曰：“首难谓首唱而作难也。”
　②师古曰：“韩、赵、魏三国本共分晋，故称三晋。”
　③师古曰：“还读曰旋。”

　　间者，关东五谷数不登，年岁未复，① 民多穷困，重之以边境之事，② 推数循理而观之，民宜有不安其处者矣。不安故易动，易动者，土崩之势也。故贤主独观万化之原，明于安危之机，修之庙堂之上，而销未形之患也。其要期使天下无土崩之势而已矣。故虽有强国劲兵，陛下逐走兽，射飞鸟，弘游燕之囿，淫从恣之观，极驰骋之乐自若。③ 金石丝竹之声不绝于耳，帷幄之私俳优朱儒之笑不乏于前，而天下无宿忧。④ 名

何必夏、子,俗何必成、康!⑤虽然,臣窃以为陛下天然之质,宽仁之资,
而诚以天下为务,则禹、汤之名不难侔,而成、康之俗未必不复兴也。⑥
此二体者立,然后处尊安之实,扬广誉于当世,亲天下而服四夷,馀恩遗
德为数世隆,南面背依摄袂而揖王公,⑦此陛下之所服也。⑧臣闻图王不
成,其敝足以安。⑨安则陛下何求而不得,何威而不成,奚征而不服哉?⑩

　　①师古曰:"复音扶目反。"
　　②师古曰:"重音直用反。"
　　③师古曰:"自若者,言如其常,无所废损也。从读曰纵。"
　　④师古曰:"宿,久也。"
　　⑤服虔曰:"夏,禹也。子,汤也。汤,子姓。"
　　⑥师古曰:"侔,等也。"
　　⑦师古曰:"依读曰扆。已解于上。"
　　⑧师古曰:"服,事也。"
　　⑨师古曰:"言其敝末之法,犹足自安也。"
　　⑩〔师古曰:"奚,何也。"〕〔22〕

【校勘记】

〔1〕　自以〔没〕身不见兵革。　　钱大昭说,"自以"下脱"没"字。按景祐、殿本
　　　都有"没"字。
〔2〕　(晋)〔张〕说是也。　　景祐、殿本都作"张"。王先谦说作"张"是。
〔3〕　而居九州之(地)〔内〕也。　　景祐、殿本都作"内"。王先谦说作"内"是。
〔4〕　其不(可)用天子之法度,　　景祐、殿本都无"可"字。
〔5〕　复音(拱)〔扶〕目反。　　景祐、殿本都作"扶",此误。
〔6〕　男子不得耕稼(种树)〔树种〕,　　景祐、殿本都作"树种"。
〔7〕　旷日(持)〔引〕久,士卒劳倦,越(乃)出击之。　　景祐本"持"作"引","越"
　　　下无"乃"字。
〔8〕　行者不还,往者(菓)〔莫〕反,　　景祐、汲古、殿、局本都作"莫",此误。
〔9〕　言莫敢(挍)〔校〕也。　　景祐、汲古、殿、局本都作"校",注同。
〔10〕　如使越人蒙(死)徼幸以逆执事之颜行,　　景祐本无"死"字。

〔11〕 八(蔬)〔薮〕为囿,江(海)〔汉〕为池，　景祐、殿本"蔬"都作"薮","海"都作
　　　　"汉"。

〔12〕 〔未〕逾领，　宋祁说,一本"逾"上有"未"字。王念孙说一本是。

〔13〕 夙兴夜(昧)〔寐〕，　景祐、殿本都作"寐"。王先谦说作"寐"是。

〔14〕 因其弱弟馀善以成其(谋)〔诛〕。　殿本作"诛"。王先谦说殿本是。

〔15〕 (令)〔今〕躬自欲入奉也。　景祐本作"今"。殿本"躬"作"助"。

〔16〕 其故人素轻买臣者入〔内〕视之，　王念孙说景祐本有"内"字是。

〔17〕 (是以)巧诈并生,〔是以〕知者陷愚，　景祐、殿本"是以"二字都在"巧诈
　　　　并生"下。

〔18〕 乃汉宝,非周宝〔也〕。　景祐、殿本都有"也"字。

〔19〕 不(客)〔容〕于齐。　钱大昭说"客"疑当作"容"。按景祐、殿本都作
　　　　"容",《史记》同。

〔20〕 徐乐,燕(郡)无终人也。　景祐本无"郡"字。王念孙、王先谦都说燕是
　　　　国名,"郡"字不当有。

〔21〕 〔无〕乡曲之誉，　王念孙说《史记》有"无"字,此脱,则文义不明。

〔22〕 〔师古曰:"奚,何也。"〕　景祐、殿本都有此注。

汉书卷六十四下

严朱吾丘主父徐严终王贾传第三十四下

师古曰："此卷首尚载严、朱、吾丘、主父、徐者，存其本书题目，以示不变易也。"

严安者，临菑人也。以故丞相史上书，曰：

臣闻《邹(衍)〔子〕》曰：①[1]"政教文质者，所以云救也，②当时则用，过则舍之，③有易则易(也)〔之〕，④[2]故守一而不变者，未睹治之至也。"今天下人民用财侈靡，车马衣裘宫室皆竞修饰，调五声使有节族，⑤杂五色使有文章，重五味方丈于前，以观欲天下。⑥彼民之情，见美则愿之，是教民以侈也。侈而无节，则不可赡，⑦民离本而徼末矣。⑧末不可徒得，⑨故搢绅者不惮为诈，带剑者夸杀人以矫夺，⑩而世不知愧，故奸轨浸长。⑪夫佳丽珍怪固顺于耳目，故养失而泰，乐失而淫，礼失而采，⑫教失而伪。伪、采、淫、泰，非所以范民之道也。⑬是以天下人民逐利无已，犯法者众。臣愿为民制度以防其淫，使贫富不相耀以和其心。心既和平，其性恬安。恬安不营，则盗贼销；盗贼销，则刑罚少；刑罚少，则阴阳和，四时正，风雨时，草木畅茂，五谷蕃孰，六畜遂字，⑭民不夭厉，和之至也。⑮

①师古曰："邹衍之书也。"

②师古曰："以救敝。"

③师古曰："非其时则废置也。"

④师古曰："可变易者则易也。"

⑤苏林曰："族音奏。"师古曰："节，止也。奏，进也。"

⑥孟康曰："观犹显也。"师古曰："显示之，使其慕欲也。"

⑦师古曰："赡，足也。"

⑧师古曰："徼，要求也，音工尧反。"

⑨师古曰："徒，空也。"

⑩师古曰："夸，大也，竞也。矫，伪也。"

⑪师古曰："浸，渐也。"

⑫如淳曰："采，饰也。"师古曰："采者，文过其实也。"

⑬师古曰："范谓为之立法也。"

⑭师古曰："蕃，多也。遂，成也。字，生也。蕃音扶元反。"

⑮师古曰："厉，病也。"

臣闻周有天下，其治三百馀岁，成康其隆也，刑错四十馀年而不用。及其衰，亦三百馀年，故五伯更起。①伯者，常佐天子兴利除害，诛暴禁邪，匡正海内，以尊天子。五伯既没，贤圣莫续，天子孤弱，号令不行。诸侯恣行，强陵弱，众暴寡。田常篡齐，六卿分晋，并为战国，此民之始苦也。于是强国务攻，弱国修守，合从连衡，驰车毂击，②介胄生虮虱，民无所告诉。

①师古曰："伯读曰霸。（晋）〔更〕音工衡反。[3]以下并同。"

②师古曰："车毂相击，言其众多也。从音子容反。"

及至秦王，蚕食天下，并吞战国，称号皇帝，一海内之政，坏诸侯之城。销其兵，铸以为钟虡①示不复用。元元黎民得免于战国，逢明天子，人人自以为更生。②乡使秦缓刑罚，薄赋敛，③省繇役，贵仁义，贱权利，上笃厚，下佞巧，变风易俗，化于海内，则世世必安矣。秦不行是风，循其故俗，为知巧权利者进，笃厚忠正者退，法严令苛，谄谀者众，④（曰）〔日〕闻其美，（章）〔意〕广心逸。[4]欲威海外，使蒙恬将兵以北攻强胡，辟地进境，⑤戍于北河，飞刍挽粟以随其后。又使尉屠睢将楼船之士攻越，使监禄凿渠运粮，深入越地，越人遁逃。旷日持久，粮食乏绝，越人击之，秦兵大败。秦乃使尉佗将卒以戍越。当是时，秦祸北构于胡，南挂于越，⑥宿兵于无用之地，⑦进而不得退。行十馀年，丁男被甲，丁女转输，苦不聊生，自

经于道树,死者相望。及秦皇帝崩,天下大畔。陈胜、吴广举陈,⑧
武臣、张耳举赵,项梁举吴,田儋举齐,景驹举郢,周市举魏,韩广举
燕,穷山通谷,豪士并起,不可胜载也。然本皆非公侯之后,非长官
之吏,⑨无尺寸之势,起闾巷,杖棘矜,应时而动,不谋而俱起,不约
而同会,壤长地进,至乎伯王,⑩时教使然也。秦贵为天子,富有天
下,灭世绝祀,穷兵之祸也。故周失之弱,秦失之强,不变之患也。

①师古曰:"虡,悬钟者也。解在《贾山》、《司马相如》传。"

②师古曰:"言天下既免战国之苦,若逢明圣之主则可以更生,而秦皇反为虐
　政以残害也。"

③师古曰:"乡读曰向。"

④师古曰:"谲,古诡字。"

⑤师古曰:"辟读曰闢。"

⑥师古曰:"挂,悬也。"

⑦师古曰:"宿,留也。"

⑧师古曰:"举谓起兵也。"

⑨师古曰:"长官谓一官之长也。"

⑩张晏曰:"长,进益也。"师古曰:"言其稍稍攻伐,进益土境,以至强大也。长
　音竹两反。伯读曰霸。"

　　今徇南夷,朝夜郎,降羌僰,略薉州,建城邑,①深入匈奴,燔其
龙城,②议者美之。此人臣之利,非天下之长策也。今中国无狗吠
之警,而外累于远方之备,靡敝国家,③非所以子民也。④行无穷之
欲,甘心快意,结怨于匈奴,非所以安边也。祸挐而不解,兵休而复
起,⑤近者愁苦,远者惊骇,非所以持久也。今天下锻甲摩剑,矫箭
控弦,⑥转输军粮,未见休时,此天下所共忧也。夫兵久而变起,事
烦而虑生。今外郡之地或几千里,⑦列城数十,形束壤制,⑧带胁诸
侯,⑨非宗室之利也。上观齐晋所以亡,公室卑削,六卿大盛也;下
览秦之所以灭,刑严文刻,欲大无穷也。今郡守之权非特六卿之重
也,地几千里非特闾巷之资也,甲兵器械非特棘矜之用也,以逢万
世之变,则不可胜讳也。⑩

①张晏曰："荝,貉也。"师古曰："荝与秽同。"
②师古曰："燔,烧也。龙城,匈奴祭天处。燔音扶元反。"
③师古曰："累音力瑞反。"
④师古曰："子谓养之如子也。"
⑤师古曰："挐,相连引也,音女居反。"
⑥师古曰："矫,正曲使直也。控,引也。"
⑦师古曰："几音钜依反。次下亦同。"
⑧孟康曰："言其土地形势,足以束制其民。"
⑨师古曰："带者,言诸侯之于郡守,譬若佩带,谓轻小也。胁谓其威力足以胁之也。一曰带在胁旁,附著之义也。"
⑩师古曰："言不可尽讳者,言必灭亡也。"

后以安为骑马令。①
①师古曰："主天子之骑马也。骑音其寄反。"

终军字子云,济南人也。少好学,以辩博能属文闻于郡中。①年十八,选为博士弟子。至府受遣,②太守闻其有异材,召见军,甚奇之,与交结。军揖太守而去,至长安上书言事。武帝异其文,拜军为谒者给事中。
①师古曰："属音之欲反。"
②师古曰："博士弟子属太常。受遣者,由郡遣诣京师。"

从上幸雍祠五畤,获白麟,一角而五蹄。①时又得奇木,其枝旁出,辄复合于木上。上异此二物,博谋群臣。②军上对曰:
①师古曰："每一足有五蹄也。"
②师古曰："访其徵应也。"

臣闻《诗》颂君德,《乐》舞后功,异经而同指,明盛德之所隆也。南越窜屏葭苇,与鸟鱼群,①正朔不及其俗。有司临境,而东瓯内附,闽王伏辜,南越赖救。北胡随畜薦居,②禽兽行,虎狼心,上古未能摄。大将军秉钺,单于犇幕;③票骑抗旌,昆邪右衽。④是泽南洽而威北畅也。⑤若罚不阿近，举不遗远，设官竢贤，县赏待功，⑥能者进以保禄，罢者退而劳力，⑦刑于宇内矣。⑧履众美而不足，怀圣明而不专，⑨建三宫之文质，章厥职之所宜，⑩封禅之君无闻焉。⑪

①师古曰："葭，芦也，成长则曰苇。葭音加。"

②苏林曰："薦，草也。"师古曰："苏说非也。薦读曰荐。荐，屡也。言随畜牧屡易故居，不安住也。《左传》'戎狄荐居'者也。"

③师古曰："犇，古奔字。"

④师古曰："抗，举也。右衽，从中国化也。昆音下门反。"

⑤师古曰："洽，溥也。畅，达也。"

⑥师古曰："竢，古俟字。次下亦同。"

⑦师古曰："罢读曰疲，谓不堪职任者也。劳力，归农亩也。"

⑧师古曰："刑，法也，言成法于宇内也。一曰，刑，见也。"

⑨师古曰："言自谦也。"

⑩服虔曰："三宫，明堂、辟雍、灵台也。"郑氏曰："于三宫班政教，有文质者也。"

⑪张晏曰："前世封禅之君不闻若斯之美也。"

夫(人)〔天〕命初定，万事草创，①[5]及臻六合同风，九州共贯，必待明圣润色，祖业传于无穷。②故周至成王，然后制定，而休徵之应见。③陛下盛日月之光，垂圣思于勒成，专神明之敬，奉燔瘗于郊宫，④献享之精交神，积和之气塞明，⑤而异兽来获，宜矣。昔武王中流未济，白鱼入于王舟，俯取以燎，群公咸曰"休哉！"⑥今郊祀未见于神祇，而获兽以馈，⑦此天之所以示飨，而上通之符合也。宜因昭时令日，改定告元，⑧苴(以)白茅于江淮，[6]发嘉号于营丘，以应缉熙，⑨使著事者有纪焉。⑩

①师古曰："谓始受命之君也。"

②师古曰："润色谓光饰之。"

③师古曰："休，美也。徵，证也。"

④师古曰："燔，祭天也。瘗，祭地也。祭天则烧之，祭地则薶之。郊宫，谓泰畤及后土也。"

⑤师古曰："塞，荅也。明者，明灵，亦谓神也。"

⑥师古曰："谓伐纣时。解在《董仲舒传》。"

⑦师古曰："以馈谓充祭俎也。"

⑧张晏曰："改元年以告神祇也。"师古曰："昭，明也。令，善也。"

⑨服虔曰："苴，作席也。"张晏曰："江淮职贡三脊茅为藉也。"孟康曰："嘉号，封禅也。泰山在齐分野，故曰营丘也。或曰登封泰山以明姓号也。"师古曰："苴音祖，又音子豫反。非苞苴之苴也。"

⑩师古曰："谓史官也。纪，记也。"

盖六鹢退飞，逆也；①白鱼登舟，顺也。②夫明暗之徵，上乱飞鸟，下动渊鱼，③各以类推。今野兽并角，明同本也；④众支内附，示无外也。若此之应，殆将有解编发，削左衽，袭冠带，要衣裳，而蒙化者焉。⑤斯拱而竢之耳！⑥

①张晏曰："六鹢退飞，象诸侯畔逆，宋襄公伯道退也。"

②张晏曰："周，木德也。舟，木也。殷，水德。鱼，水物。鱼跃登舟，象诸侯顺周，以纣畀武王也。"臣瓒曰："时论者未以周为木殷为水也。谓武王伐殷而鱼入王舟，象征而必获，故曰顺也。"师古曰："瓒说是也。"

③师古曰："乱，变也。"

④师古曰："并，合也。兽皆两角，今此独一，故云并也。"

⑤师古曰："要衣裳谓著中国之衣裳也。编读曰辫。要音一遥反。"

⑥师古曰："拱手而待之，言其即至。"

对奏，上甚异之，由是改元为元狩。后数月，越地及匈奴名王有率众来降者，时皆以军言为中。①

①师古曰："中音竹仲反。"

元鼎中，博士徐偃使行风俗。①偃矫制，②使胶东、鲁国鼓铸盐铁。③还，奏事，徙为太常丞。御史大夫张汤劾偃矫制大害，法至死。偃以为《春秋》之义，大夫出疆，有可以安社稷，存万民，颛之可也。④汤以致其法，不能诎其义。有诏下军问状，军诘偃曰："古者诸侯国异俗分，百里不通，时有聘会之事，安危之势，呼吸成变，故有不受辞造命颛己之宜；今天下为一，万里同风，故《春秋》'王者无外'。偃巡封域之中，称以出疆何也？且盐铁，郡有馀臧，⑤正二国废，国家不足以为利害，而以安社稷存万民为辞，何也？"又诘偃："胶东南近琅邪，北接北海，鲁国西枕泰山，东有东海，受其盐铁。偃度四郡口数田地，⑥率其用器食盐，不足以并给二郡邪？将势宜有馀，而吏不能也？何以言之？偃矫制而鼓铸者，欲及春耕种赡民器也。⑦今鲁国之鼓，当先具其备，⑧至秋乃能举火。此言与实反者非？⑨偃已前三奏，无诏，⑩不惟所为不许，⑪而直矫作威福，以从民望，干名采誉，⑫此明圣所必加诛也。'枉尺直寻'，孟子称其不可；⑬今所犯罪重，所就者小，⑭偃自予必死而为之邪？⑮将幸诛不加，欲以采名也？"⑯偃穷诎，服罪当死。军奏："偃矫制颛行，非奉使体，请下御史徵偃即罪。"⑰奏可。上善其诘，有诏示御史大夫。

①师古曰："行音下更反。"

②师古曰："矫，托也。托言受诏也。"

③如淳曰："铸铜铁，扇炽火，谓之鼓。"

④师古曰："颛与专同。下亦类此。"

⑤师古曰："先有畜积。"

⑥师古曰："度，计也，音大各反。"

⑦师古曰："赡，足也。"

⑧师古曰："备者犹今言调度。"

⑨师古曰："重问之。"

⑩师古曰："不报听也。"

⑪师古曰："惟，思也。"

⑫师古曰："干，求也。采，取也。"

⑬师古曰："孟子，孟轲也。八尺曰寻。《孟子》之书曰陈代问于孟子曰：'枉尺直寻，若可为也。'孟子曰：'子过矣。枉己者未有能直人者也。'寻长而尺短。故陈代言所直者多，而所曲者少，则可为之。孟子以为苟有小曲，则害于大直，故不可也。"

⑭师古曰："就，成也。"

⑮师古曰："予，许也。"

⑯师古曰："幸，冀也。"

⑰师古曰："徵，召也。即，就也。"

初,军从济南当诣博士,步入关,关吏予军繻。①军问:"以此何为?"吏曰:"为复传,②还当以合符。"军曰:"大丈夫西游,终不复传还。"弃繻而去。军为谒者,使行郡国,③建节东出关,关吏识之,曰:"此使者乃前弃繻生也。"军行郡国,所见便宜以闻。还奏事,上甚说。④

①张晏曰:"繻音须。繻,符也。书帛裂而分之,若券契矣。"苏林曰:"繻,帛边也。旧关出入皆以传。传(须)〔烦〕,因裂繻头合以为符信也。"〔7〕师古曰:"苏说是也。"

②师古曰:"复,返也。谓返出关更以为传。复音扶福反。传音张恋反。次下亦同。"

③师古曰:"行音下更反。其后亦同。"

④师古曰:"说读曰悦。"

当发使(使)匈奴,①〔8〕军自请曰:"军无横草之功,②得列宿卫,食禄五年。边境时有风尘之警,臣宜被坚执锐,当矢石,启前行。③驽下不习金革之事,今闻将遣匈奴使者,臣愿尽精厉气,奉佐明使,画吉凶于单于之前。臣年少材下,孤于外官,④不足以亢一方之任,⑤窃不胜愤懑。"诏问画吉凶之状,上奇军对,擢为谏大夫。

①师古曰:"汉朝欲遣人为使于匈奴也。"

②师古曰:"言行草中,使草偃卧,故云横草也。"

③师古曰:"行音下郎反。"

④师古曰:"孤,远也。外官谓非侍卫之臣也。"

⑤师古曰:"亢,当也,音抗。"

南越与汉和亲,乃遣军使南越,说其王,欲令入朝,比内诸侯。军自请:"愿受长缨,必羁南越王而致之阙下。"①军遂往说越王,越王听许,请举国内属。天子大说,②赐南越大臣印绶,壹用汉法,以新改其俗,令使者留填抚之。③越相吕嘉不欲内属,发兵攻杀其王,及汉使者皆死。语在《南越传》。军死时年二十馀,故世谓之"终童"。

①师古曰:"言如马羁也。"

②师古曰:"说读曰悦。"

③师古曰:"填音竹刃反。"

　　王褒字子渊，蜀人也。宣帝时修武帝故事，讲论六艺群书，博尽奇异之好，征能为《楚辞》九江被公，① 召见诵读，益召高材刘向、张子侨、华龙、柳褒等待诏金马门。② 神爵、五凤之间，天下殷〔当〕〔富〕，〔9〕数有嘉应。上颇作歌诗，欲兴协律之事，丞相魏相奏言知音善鼓雅琴者渤海赵定、梁国龚德，皆召见待诏。于是益州刺史王襄欲宣风化于众庶，闻王褒有俊材，请与相见，使褒作《中和》、《乐职》、《宣布诗》，③ 选好事者令依《鹿鸣》之声习而歌之。时氾乡侯何武为僮子，选在歌中。④ 久之，武等学长安，歌太学下，转而上闻。宣帝召见武等观之，皆赐帛，谓曰："此盛德之事，吾何足以当之！"

　　①师古曰："被，姓也，音皮义反。"

　　②师古曰："华音户化反。"

　　③师古曰："中和者，言政治和平也。乐职者，言百官各得其职也。宣布者，风化普洽，无所不被。"

　　④师古曰："氾音凡。"

　　褒既为刺史作颂，① 又作其传，② 益州刺史因奏褒有轶材。③ 上乃徵褒。既至，诏褒为圣主得贤臣颂其意。褒对曰：

　　①师古曰："即上《中和》、《乐职》、《宣布诗》也。以美盛德，故谓之颂也。"

　　②师古曰："解释颂歌之义及作者之意。"

　　③师古曰："轶与逸同。"

　　夫荷旃被毳者，难与道纯绵之丽密；① 羹〔黎〕唅糗者，〔10〕不足与论太牢之滋味。② 今臣辟在西蜀，③ 生于穷巷之中，长于蓬茨之下，④ 无有游观广览之知，顾有至愚极陋之累，⑤ 不足以塞厚望，应明指。⑥ 虽然，敢不略陈愚而抒情素！⑦

　　①师古曰："纯，丝也。"谓织为缯帛之丽，丝纩之密也。一说，纯绵，不杂绵也。"

　　②服虔曰："唅音含。师古曰："糗即今之熬米麦所为者，音丘九反，又音昌少反。"

　　③师古曰："辟读曰僻。"

④师古曰:"蓬茨,以蓬盖屋也。茨音才私反。"

⑤师古曰:"顾犹反也。累音力瑞反。"

⑥师古曰:"塞,当也。"

⑦师古曰:"抒犹泄也,音食汝反。"

记曰:共惟《春秋》法五始之要,①在乎审己正统而已。夫贤者,国家之器用也。所任贤,则趋舍省而功施普;②器用利,则用力少而就效众。故工人之用钝器也,劳筋苦骨,终日矻矻。③及至巧冶铸干将之朴,清水焠其锋,④越砥敛其咢,⑤水断蛟龙,陆刜犀革,⑥忽若彗氾画涂。⑦如此,则使离娄督绳,公输削墨,⑧虽崇台五增,延袤百丈,而不溷者,工用相得也。⑨庸人之御驽马,亦伤吻敝策而不进于行,⑩匈喘肤汗,人极马倦。及至驾啮膝,骖乘旦,⑪王良执靶,⑫韩哀附舆,⑬纵驰骋骛,忽如景靡,⑭过都越国,蹶如历块;⑮追奔电,逐遗风,⑯周流八极,万里壹息。何其辽哉? 人马相得也。⑰故服絺绤之凉者,不苦盛暑之郁燠;⑱袭貂狐之燠者,不忧至寒之凄怆。⑲何则? 有其具者易其备。贤人君子,亦圣(主)〔王〕之所以易海内也。〔11〕是以呕喻受之,⑳开宽裕之路,以延天下英俊也。㉑夫竭知附贤者,必建仁策;索人求士者,必树伯迹。㉒昔周公躬吐捉之劳,故有圄空之隆;㉓齐桓设庭燎之礼,故有匡合之功。㉔由此观之,君人者勤于求贤而逸于得人。㉕

①服虔曰:"共,敬之。"张晏曰:"要,《春秋》称'元年春王正月',此五始也。"师古曰:"元者气之始,春者四时之始,王者受命之始,正月者政教之始,公即位者一国之始,是为五始。共读曰恭。"

②师古曰:"趋读曰趣。普,博也。"

③应劭曰:"矻矻,劳极貌。"如淳曰:"健作貌也。"师古曰:"如说是也。矻音口骨反。"

④师古曰:"焠谓(尧)〔烧〕而内水中以坚之也。〔12〕锋,刃芒端也。焠音千内反。"

⑤晋灼曰:"砥(百)〔石〕出南昌,〔13〕故曰越也。"师古曰:"咢,刃旁也,音五各反。"

⑥师古曰:"刜,截也,音之兖反,又音徒官反。"

⑦师古曰：“彗，帚也。氿，氿洒地也。涂，泥也。如以帚埽氿洒之地，以刀画泥中，言其易。”

⑧张晏曰：“离娄，黄帝时明目者也。”应劭曰：“公输，鲁般，性巧者也。”师古曰：“督，察视也。”

⑨师古曰：“溷，乱也，音胡顿反。”

⑩师古曰：“吻，口角也。策，所以击马也。”

⑪孟康曰：“良马低头，口至郄，故曰啮郄。”张晏曰：“驾则旦至，故曰乘旦。”师古曰：“乘音食证反。”

⑫张晏曰：“王良，邮无恤，字伯乐。”晋灼曰：“靶音霸，谓辔也。”师古曰：“参验《左氏传》及《国语》、《孟子》，邮无恤、邮良、刘无止、王良，总一人也。《楚辞》云‘骥踌躇于敝辇，遇孙阳而得代’。王逸云孙阳，伯乐姓名也。《列子》云伯乐，秦穆公时人。考其年代不相当，张说云良字伯乐，斯失之矣。”

⑬应劭曰：“《世本》‘韩哀作御’。”师古曰：“宋衷云韩哀，韩文侯也。时已有御，此复言作者，加其精巧也。然则善御者耳，非始作也。”

⑭师古曰：“乱驰曰骛。景靡者，如光景之徙靡也。”

⑮师古曰：“如经历一块，言其(起)〔速〕疾之甚。〔14〕块音口内反。”

⑯师古曰：“《吕氏春秋》云‘遗风之乘’，言马行尤疾，每在风前，故遗风于后。今此言逐遗风，则是风之遗逸在后者，马能逐及也。”

⑰师古曰：“辽谓所行远。”

⑱师古曰：“郁，热气也。燠，温也，音於六反。”

⑲师古曰：“凄怆，寒冷也。煗音乃短反。”

⑳应劭曰：“呕喻，和悦貌。”师古曰：“呕音於付反。”

㉑师古曰：“裕，饶也。”

㉒师古曰：“伯读曰霸。”

㉓师古曰：“一饭三吐飱，一沐三捉发，以宾贤士，故能成太平之化，刑措不用，囹圄空虚也。”

㉔应劭曰：“有以九九求见桓公，桓公不纳。其人曰：‘九九小术，而君不纳之，况大于九九者乎！’于是桓公设庭燎之礼而见之。居无几，隰朋自远而至，齐桓(逐)〔遂〕以霸。”〔15〕师古曰：“九九，计数之书，若今算经也。匡谓一匡天下也。合谓九合诸侯。”

㉕师古曰：“逸，闲也。”

人臣亦然。昔贤者之未遭遇也，图事揆策则君不用其谋，陈见悃诚则上不然其信，①进仕不得施效，斥逐又非其愆。是故伊尹勤于鼎俎，太公困于鼓刀，②百里自鬻，宁子饭牛，③离此患也。④及其遇明君遭圣主也，运筹合上意，谏诤即见听，进退得关其忠，任职得行其术，去卑辱奥渫而升本朝，⑤离疏释蹻而享膏粱，⑥剖符锡壤而光祖考，传之子孙，以资说士。⑦故世必有圣知之君，而后有贤明之臣。故虎啸而（冽风）〔风冽〕，⑧〔16〕龙兴而致云，蟋蟀俟秋唫，蜉蝣出以阴。⑨《易》曰："飞龙在天，利见大人。"⑩《诗》曰："思皇多士，生此王国。"⑪故世平主圣，俊艾将自至，⑫若尧、舜、禹、汤、文、武之君，获稷、契、皋陶、伊尹、吕望，⑬明明在朝，穆穆列布，⑭聚精会神，相得益章。⑮虽伯牙操递钟，⑯逢门子弯乌号，⑰犹未足以喻其意也。

①师古曰："悃，至也，音口本反。"

②师古曰："勤于鼎俎，谓负鼎俎以干汤也。鼓刀，谓屠牛于朝歌也。"

③师古曰："鬻，卖也。《吕氏春秋》云百里奚之未遇时也，虞亡而虏缚，鬻以五羊之皮。公孙枝得而悦之，献诸穆公。饭牛，解在《邹阳传》。鬻音弋六反。"

④师古曰："离，遭也。"

⑤张晏曰："奥，幽也。渫，狎也，污也。言敝奥渫污，不章显也。"师古曰："渫音先列反。"

⑥应劭曰："离此疏食，释此木蹻也。"臣瓒曰："以绳为蹻也。"师古曰："蹻（自）〔即〕今之鞋耳。〔17〕瓒说是也。蹻音居略反。"

⑦师古曰："谈说（也）〔之〕士传以为资也。"〔18〕

⑧师古曰："冽冽，风貌也，音列。"

⑨孟康曰："蜉蝣，渠略也。"师古曰："蟋蟀，今之促织也。蜉蝣，甲（患）〔虫〕也，〔19〕好丛聚而生也，朝生而夕死。蝣音由，字亦作蝤，其音同也。"

⑩师古曰："《乾卦》九五爻辞也。言王者居正阳之位，贤才见之，则利用也。"

⑪师古曰："《大雅·文王》之诗也。思，语辞也。皇，美也。言美哉，此众多贤士，生此周王之国也。"

⑫师古曰："艾读曰乂。"

⑬师古曰:"契读与禼同,字本作偰,后从省耳。"

⑭师古曰:"明明,察也。穆穆,美也。"

⑮师古曰:"章,明也。"

⑯晋灼曰:"递音递迭之递。二十四钟各有节奏,击之不常,故曰递。"臣瓒曰:"《楚辞》云'奏伯牙之号钟'。号钟,琴名也。马融《笛赋》曰'号钟高调'。伯牙以善鼓琴,不闻说能击钟也。"师古曰:"琴名是也,字既作递,则与《楚辞》不同,不得即读为号,当依晋音耳。"

⑰师古曰:"逢门,善射者,即逢蒙也。乌号,弓名也。并解在前也。"

　　故圣主必待贤臣而弘功业,俊士亦俟明主以显其德。上下俱欲,骧然交欣,千载壹合,论说无疑,翼乎如鸿毛过顺风,沛乎如巨鱼纵大壑。①其得意若此,则胡禁不止,曷令不行?②化溢四表,横被无穷,遐夷贡献,万祥毕溱。③是以圣王不遍窥望而视已明,不单顷耳而听已聪,④恩从祥风翱,德与和气游,⑤太平之责塞,优游之望得;⑥遵游自然之势,恬淡无为之场,休徵自至,寿考无疆,雍容垂拱,永永万年,何必偃仰诎信若彭祖,呴嘘呼吸如侨、松,⑦眇然绝俗离世哉!⑧《诗》云"济济多士,文王以宁",⑨盖信乎其以宁也!

①师古曰:"巨亦大也。沛音普大反。"

②师古曰:"胡、曷皆何也。"

③师古曰:"溱字与臻同。"

④师古曰:"单,尽极也。顷读曰倾。"

⑤师古曰:"翱,翔也。"

⑥师古曰:"塞,满也。"

⑦如淳曰:"《五帝纪》彭祖,尧舜时人。《列仙传》彭祖,殷大夫也,历夏至商末,寿年七百。"师古曰:"信读曰伸。呴嘘,皆开口出气也。侨,王侨;松,赤松子,皆仙人也。呴音许于反。嘘音虚。"

⑧师古曰:"眇然,高远之意也。"

⑨师古曰:"亦《文王》之诗也。济济,盛貌也。言文王能多用贤人,故邦国得以安宁也。"

　　是时,上颇好神仙,故褒对及之。

上令褒与张子侨等并待诏,数从褒等放猎,①所幸宫馆,辄为歌颂,第其高下,以差赐帛。议者多以为淫靡不急,上曰:"'不有博弈者乎,为之犹贤乎已!'②辞赋大者与古诗同义,小者辩丽可喜。③辟如女工有绮縠,音乐有郑卫,④今世俗犹皆以此虞说耳目,⑤辞赋比之,尚有仁义风谕,⑥鸟兽草木多闻之观,贤于倡优博弈远矣。"顷之,擢褒为谏大夫。

①师古曰:"放,士众大猎也,一曰游放及田猎。"

②师古曰:"此《论语》载孔子之辞也。言博弈虽非道艺,无事为之,犹贤也。弈,今之围(其)〔棋〕也。"〔20〕

③师古曰:"喜,好也,音许吏反。"

④师古曰:"辟读曰譬。"

⑤师古曰:"虞与娱同。说读曰悦。"

⑥师古曰:"风读曰讽。"

其后太子体不安,苦忽忽善忘,不乐。诏使褒等皆之太子宫虞侍太子,①朝夕诵读奇文及所自造作。疾平复,乃归。②太子喜褒所为《甘泉》及《洞箫颂》,③令后宫贵人左右皆诵读之。

①师古曰:"之,往也。"

②师古曰:"复音扶目反。"

③师古曰:"喜音许吏反。"

后方士言益州有金马碧鸡之宝,可祭祀致也,宣帝使褒往祀焉。褒于道病死,上闵惜之。

贾捐之字君房,贾谊之曾孙也。元帝初即位,上疏言得失,召待诏金马门。

初,武帝征南越,元封元年立儋耳、珠厓郡,皆在南方海中洲居,①广袤可千里,②合十六县,户二万三千馀。其民暴恶,自以阻绝,数犯吏禁,吏亦酷之,率数年壹反,杀吏,汉辄发兵击定之。自初为郡至昭帝始元元年,二十馀年间,凡六反叛。至其五年,罢儋耳郡并属珠厓。至宣帝神爵三年,珠厓三县复反。反后七年,甘露元年,九县反,辄发兵击定之。元帝初元元年,珠厓又反,发兵击之。诸县更叛,连年不定。③上与有司议大发军,捐之建议,以为不当击。上使侍中驸马都尉乐昌侯王商诘问捐之曰:"珠厓内属为郡久矣,今背畔逆节,而云不当击,长蛮夷之乱,亏先帝功德,经义何以处之?"④捐之对曰:

①师古曰:"居海中之洲也。水中可居者曰洲。"

②师古曰:"袤,长也。"

③师古曰:"更音工衡反。"

④师古曰:"于《六经》之内,当何者之科条也。"

臣幸得遭明盛之朝,蒙危言之策,无忌讳之患,①敢昧死竭卷卷。②

①师古曰:"危言,直言也。言出而身危,故云危言。《论语》称孔子曰:'邦有道,危言(行危)〔危行〕。'"〔21〕

②师古曰:"卷读与拳同。"

臣闻尧舜,圣之盛也,禹入圣域而不优,①故孔子称尧曰"大哉",《韶》曰"尽善",禹曰"无间"。②以三圣之德,地方不过数千里,〔西〕被流沙,〔22〕东渐于海,朔南暨声教,迄于四海,③欲与声教则治之,不欲与者不强治也。④故君臣歌德,⑤含气之物各(德)〔得〕其宜。〔23〕武丁、成王,殷、周之大仁也,⑥然地东不过江、黄,西不过氐、羌,南不过蛮荆,北不过朔方。是以颂声并作,视听之类咸乐其生,越裳氏重九译而献,⑦此非兵革之所能致。及其衰也,南征不还,⑧齐桓捄其难,⑨孔子定其文。⑩以至乎秦,兴兵远攻,贪外虚内,务欲广地,不虑其害。然地南不过闽越,北不过太原,而天下溃畔,祸卒在于二世之末,⑪长城之歌至今未绝。

①臣瓒曰:"禹之功德,载入圣人区域,但不能优泰耳。"

②师古曰:"《论语》称孔子曰'大哉,尧之为君也',又曰'《韶》,尽美矣,又尽善也',又曰'禹,吾无间然矣'。《韶》,舜乐名。间音工苋反。"

③师古曰:"此引《禹贡》之辞。渐,入也,一曰浸也。朔,北方也。暨,及也。迄,至也。"

④师古曰:"与读曰豫。"

⑤师古曰："言皆有德可歌颂。"

⑥师古曰："武丁,殷之高宗。"

⑦晋灼曰："远国使来,因九译言语乃通也。"张晏曰："越不著衣裳,慕中国化,遣译来著衣裳也,故曰越裳也。"师古曰："张说非也。越裳自是国名,非以袭衣裳始为称号。王充《论衡》作越尝,此则不作衣裳之字明矣。"

⑧师古曰："谓昭王也。(谓)〔为〕楚所溺也。"〔24〕

⑨师古曰："谓襄王也。初为太子,而惠王欲立王子带,齐桓公为首止之盟,以定太子之位。事在《左传》僖五年。"

⑩张晏曰："孔子作《春秋》,夷狄之国虽大,自称王者皆贬为子。"

⑪师古曰："卒,终也。"

赖圣汉初兴,为百姓请命,平定天下。至孝文皇帝,闵中国未安,偃武行文,则断狱数百,民赋四十,丁男三年而一事。①时有献千里马者,诏曰："鸾旗在前,属车在后,②吉行日五十里,师行(二)〔三〕十里,〔25〕朕乘千里之马,独先安之?③于是还马,与道里费,而下诏曰："朕不受献也,其令四方毋求来献。"当此之时,逸游之乐绝,奇丽之赂塞,郑卫之倡微矣。夫后(官)〔宫〕盛色〔26〕则贤者隐处,佞人用事则诤臣杜口,而文帝不行,故谥为孝文,庙称太宗。至孝武皇帝元狩六年,太仓之粟红腐而不可食,④都内之钱贯朽而不可(挍)〔校〕。⑤〔27〕乃探平城之事,⑥录冒顿以来数为边害,籍兵历马,因富民以攘服之。⑦西连诸国至于安息,东过碣石以玄菟、乐浪为郡,⑧(比)〔北〕却匈奴万里,更起营塞,〔28〕制南海以为八郡,则天下断狱万数,民赋数百,造盐铁酒榷之利以佐用度,犹不能足。当此之时,寇贼并起,军旅数发,父战死于前,子斗伤于后,女子乘亭鄣,孤儿号于道,老母寡妇饮泣巷哭,⑨遥设虚祭,想魂乎万里之外。淮南王盗写虎符,阴聘名士,关东公孙勇等诈为使者,是皆廓地泰大,征伐不休之故也。

①如淳曰："常赋岁百二十,岁一事。时天下民多,故出赋四十,三岁而一事。"

②师古曰："鸾旗,编以羽毛,列系橦旁,载于车上,大驾出,则陈于道而先行。属车,相连属而陈于后也。属音之欲反。"

③师古曰："安之,言何所适往。"

④师古曰："粟久腐坏,则色红赤也。"

⑤师古曰："(按)〔校〕谓数计也。"

⑥师古曰："追计其事,故言探。"

⑦师古曰："攘,却也。"

⑧师古曰："乐音洛。浪音郎。"

⑨师古曰："泪流被面以入于口,故言饮泣也。"

今天下独有关东,关东大者独有齐楚,民众久困,连年流离,离其城郭,相枕席于道路。①人情莫亲父母,莫乐夫妇,至嫁妻卖子,法不能禁,义不能止,此社稷之忧也。今陛下不忍恓恓之忿,欲驱士众挤之大海之中,②快心幽冥之地,非所以救助饥馑,保全元元也。《诗》云"蠢尔蛮荆,大邦为雠",③言圣人起则后服,中国衰则先畔,动为国家难,自古而患之久矣,何况乃复其南方万里之蛮乎!骆越之人父子同川而浴,相习以鼻饮,与禽兽无异,本不足郡县置也。颛颛独居一海之中,④雾露气湿,多毒草虫蛇水土之害,人未见虏,战士自死。又非独珠厓有珠犀瑇瑁也,⑤弃之不足惜,不击不损威。其民譬犹鱼鳖,何足贪也!

①如淳曰："席音藉。"师古曰："席即藉也,不劳借音。"

②师古曰："挤,坠也,音子诣反,又子奚反。"

③师古曰："《诗·小雅·采芑》之诗也。蠢,动貌也。蛮荆,荆州之蛮也。言敢与大国为雠敌也。"

④师古曰："颛与专同。专专犹区区也,一曰圜貌也。"

⑤师古曰："瑇瑁,文甲也。瑇音代。瑁音妹。"

臣窃以往者羌军言之,暴师曾未一年,兵出不逾千里,费四十馀万万,大司农钱尽,乃以少府禁钱续之。①夫一隅为不善,费尚如此,况于劳师远攻,亡士毋功乎!求之往古则不合,施之当今又不便。臣愚以为非冠带之国,《禹贡》所及,《春秋》所治,皆可且无以为。②愿遂弃珠厓,专用恤关东为忧。

①师古曰："少府钱主供天子,故曰禁钱。"

②师古曰："为犹用也。"

对奏,上以问丞相御史。御史大夫陈万年以为当击;丞相于定国以为:"前日兴兵击之连年,护军都尉、校尉及丞凡十一人,还者二人,卒士及转输死者万人以上,费用三万万馀,尚未能尽降。今关东困乏,民难摇动,捐之议是。"上乃从之。遂下诏曰:"珠厓虏杀吏民,背畔为逆,今廷议者或言可击,或言可守,或欲弃之,其指各殊。朕日夜惟思议者之言,羞威不行,则欲诛之;狐疑辟难,则守屯田;①通于时变,则忧万民。夫万民之饥饿,与远蛮之不讨,危孰大焉? 且宗庙之祭,凶年不备,况乎辟不嫌之辱哉! 今关东大困,仓库空虚,无以相赡,又以动兵,非特劳民,凶年随之。其罢珠厓郡。民有慕义欲内属,便处之;②不欲,勿强。"珠厓由是罢。

①师古曰:"辟读曰避。次下亦同。"

②师古曰:"欲有来入内郡者,所至之处,即安置之。"

捐之数召见,言多纳用。时中书令石显用事,捐之数短显,①以故不得官,后稀复见。而长安令杨兴新以材能得幸,与捐之相善。捐之欲得召见,谓兴曰:"京兆尹缺,使我得见,言君兰,②京兆尹可立得。"兴曰:"县官尝言兴瘉薛大夫,③我易助也。君房下笔,言语妙天下,④使君房为尚书令,胜五鹿充宗远甚。"捐之曰:"令我得代充宗,君兰为京兆,京兆郡国首,尚书百官本,天下真大治,士则不隔矣。捐之前言平恩侯可为将军,⑤期思侯并可为诸曹,⑥皆如言;又荐谒者满宣,立为冀州刺史;言中谒者不宜受事,宦者不宜入宗庙,立止。相荐之信,不当如是乎!"⑦兴曰:"我复见,言君房也。"捐之复短石显。兴曰:"显鼎贵,⑧上信用之。今欲进,弟从我计,⑨且与合意,即得入矣。"

①师古曰:"谈说其长短。"

②张晏曰:"杨兴字。"

③张晏曰:"瘉,〔胜〕也。[29]薛广德为御史大夫。"师古曰:"瘉与愈同。"

④师古曰:"于天下最为精妙耳。"

⑤张晏曰:"许嘉也。"

⑥师古曰:"期思侯,当是贲赫之后嗣也,而表不载。"

⑦师古曰："冀相荐之效,当如前所言诸事见纳用。"

⑧如淳曰："鼎音钉,言方且欲贵矣。"师古曰："方且,是也。读如(今)〔本〕字。"〔30〕

⑨师古曰："弟,但也。"

捐之即与兴共为荐显奏,曰："窃见石显本山东名族,有礼义之家也。持正六年,未尝有过,明习于事,敏而疾见,出公门,入私门。①宜赐爵关内侯,引其兄弟以为诸曹。"又共为荐兴奏,曰："窃见长安令兴,幸得以知名数召见。兴事父母有曾氏之孝,②事师有颜闵之材,③荣名闻于四方。明诏举茂材,列侯以为首。为长安令,吏民敬乡,④道路皆称能。观其下笔属文,则董仲舒;进谈动辞,则东方生;置之争臣,则汲直;⑤用之介胄,则冠军侯;施之治民,则赵广汉;抱公绝私,则尹翁归。兴兼此六人而有之,守道坚固,执义不回,⑥临大节而不可夺,国之良臣也,可试守京兆尹。"

①师古曰："言自公庭出,即归其家,不妄交游。"

②师古曰："曾参也。"

③师古曰："颜回,闵子骞。"

④师古曰："乡读曰向。"

⑤张晏曰："汲黯方直,故世谓之汲直。"

⑥师古曰："回,邪也。"

石显闻知,白之上。乃下兴、捐之狱,令皇后父阳平侯禁与显共杂治,奏："兴、捐之怀诈伪,以上语相风,更相荐誉,①欲得大位,漏泄省中语,(冈)〔罔〕上不道。〔31〕《书》曰:'谗说殄行,震惊朕师。'②《王制》:'顺非而泽,不听而诛。'③请论如法。"

①师古曰："风读曰讽。更音工衡反。"

②师古曰："《虞书·舜典》之辞也。言谗巧之说,殄绝君子之行,震惊我众。"

③师古曰："《礼记·王制》云:'行伪而坚,言伪而辩,学非而博,顺非而泽,以疑众,杀。'谓人有坚为辩言,不以诚质,学于非道,虽博无用,饰非文过,辞语顺泽,不听教命,有如此者,皆诛杀也。"

捐之竟坐弃市。兴减死罪一等,髡钳为城旦。成帝时,至部刺史。

赞曰:《诗》称'戎狄是膺,荆舒是惩',①久矣其为诸夏患也。汉兴,征伐胡越,于是为盛。究观淮南、捐之、主父、严安之义,深切著明,②故备论其语。世称公孙弘排主父,张汤陷严助,石显谮捐之,察其行迹,主父求欲鼎亨而得族,严、贾出入禁门招权利,死皆其所也,亦何排陷之恨哉!

①师古曰:"《鲁颂·閟宫》之诗也。膺,当也。惩,创刈也。言鲁僖公与齐桓举义兵,北当戎狄,南创荆蛮与群舒以靖难。"

②师古曰:"究,极也。"

【校勘记】

〔1〕臣闻《邹》(衍)〔子〕曰: 景祐、殿、局本都作"子"。

〔2〕有易则易(也)〔之〕。 景祐、殿本都作"之"。

〔3〕(晋)〔更〕音工衡反。 景祐、殿、局本都作"更",此误。

〔4〕(曰)〔日〕闻其美,(章)〔意〕广心逸。 景祐、殿、局本都作"日"作"意",此误。

〔5〕夫(人)〔天〕命初定,万事草创, 景祐、殿、局本字都作"天"。王先谦说作"天"是。

〔6〕苴(以)白茅于江淮, 王先谦说"以"字衍。按殿本无"以"字。

〔7〕传(须)〔烦〕,因裂繻头合以为符信也。 景祐、殿本都作"烦"。王先谦说作"烦"是。

〔8〕当发使(使)匈奴, 景祐本不重"使"字。王念孙说,按注文则正文似只有一"使"字。

〔9〕天下殷(当)〔富〕, 景祐、殿、局本都作"富",此误。

〔10〕羹(黎)〔藜〕晗糗者, 景祐、殿本都作"藜"。杨树达说作"藜"是。

〔11〕亦圣(主)〔王〕之所以易海内也。 景祐、殿本都作"王",《文选》同。

〔12〕焠谓(尧)〔烧〕而内水中以坚之也。 景祐、殿、局本都作"烧",此误。

〔13〕砥(百)〔石〕出南昌, 景祐、殿本都作"石",此误。

〔14〕　言其(起)〔速〕疾之甚。　　景祐、殿本都作“速”。

〔15〕　齐桓(逐)〔遂〕以霸。　　景祐、殿、局本都作“遂”,此误。

〔16〕　故虎啸而(冽风)〔风冽〕,　　景祐、殿本都作“风冽”,《通鉴》同。

〔17〕　跻(自)〔即〕今之鞋耳。　　景祐、殿本都作“即”。

〔18〕　谈说(也)〔之〕士传以为资也。　　景祐、汲古、殿、局本都作“之”,此误。

〔19〕　蜉蝣,甲(患)〔虫〕也,　　景祐、殿、局本都作“虫”,此误。

〔20〕　奕,今之围(其)〔棋〕也。　　景祐、局本作“棋”,殿本作“碁”。此误,汲古本又误作“甚”。

〔21〕　邦有道,危言(行危)〔危行〕。　　景祐、殿、局本都作“危行”,此误倒。

〔22〕　〔西〕被流沙,　　景祐、殿本都有“西”字,此脱。

〔23〕　含气之物各(德)〔得〕其宜。　　景祐、殿、局本都作“得”。

〔24〕　(谓)〔为〕楚所溺也。　　景祐、殿、局本都作“为”。

〔25〕　师行(二)〔三〕十里　　景祐、殿本都作“三”,此误。

〔26〕　夫后(官)〔宫〕盛色　　景祐、殿本都作“宫”,此误。

〔27〕　贯朽而不可(挍)〔校〕。　　景祐、殿本都作“校”,注同。

〔28〕　(比)〔北〕却匈奴万里,更起营塞,　　景祐、殿、局本都作“北”,此误。

〔29〕　瘉,〔胜〕也。　　景祐、殿本都有“胜”字,此脱。

〔30〕　读如(今)〔本〕字。　　殿、局本作“本”。王先谦说作“本”是。

〔31〕　(冈)〔罔〕上不道。　　景祐、殿、局本都作“罔”,此误。

汉书卷六十五

东方朔传第三十五

东方朔字曼倩，①平原厌次人也②武帝初即位，征天下举方正贤良文学材力之士，待以不次之位，③四方士多上书言得失，自衒鬻者以千数，④其不足采者辄报闻罢。⑤朔初来，上书曰："臣朔少失父母，长养兄嫂。年十三学书，三冬文史足用。⑥十五学击剑。十六学《诗》《书》，⑦诵二十二万言。十九学孙吴兵法，战阵之具，钲鼓之教，⑧亦诵二十二万言。凡臣朔固已诵四十四万言。又常服子路之言。⑨臣朔年二十二，长九尺三寸，目若悬珠，齿若编贝，⑩勇若孟贲，⑪捷若庆忌，⑫廉若鲍叔，⑬信若尾生。⑭若此，可以为天子大臣矣。臣朔昧死再拜以闻。"

①师古曰："倩音千见反。"

②师古曰："《高祖功臣表》有厌次侯爰类，是则厌次之名也其来久矣，而说者乃云后汉始为县，于此致疑，斯未通也。厌音一涉反，又音一琰反。"

③师古曰："不拘常次，言超擢也。"

④师古曰："衒，行卖也。鬻亦卖也。衒音州县之县，又音工县反。"

⑤师古曰："报云天子已闻其所上之书，而罢之令归。"

⑥如淳曰："贫子冬日乃得学书，言文史之事足可用也。"

⑦师古曰："学剑，遥击而中之，非斩刺也。"

⑧师古曰："钲鼓，所以为进退士众之节也。钲音正。"

⑨服虔曰："无宿诺。"

⑩师古曰："编，列次也，音鞭。"

⑪师古曰："孟贲，卫人，古之勇士也。《尸子》说云：'人谓孟贲生乎？曰勇。贵乎？曰勇。富乎？曰勇。三者人之所难，而皆不足以易勇，故能慑三军，服猛兽也。'"

⑫师古曰："王子庆忌也。射之，矢满把不能中；驷马追之不能及也。"

⑬师古曰："齐大夫也，与管仲分财，自取其少。而说者乃妄解云鲍焦，非也。焦自介士耳。"

⑭师古曰："尾生，古之信士，与女子期于梁下，待之不至，遇水而死。一曰即微生高也。"

朔文辞不逊，高自称誉，上伟之，①令待诏公车，②奉禄薄，未得省见。③

①师古曰："以为大奇也。"

②师古曰："公车令属卫尉，上书者所诣也。"

③师古曰："不被省纳，不得见于天子也。奉音扶用反。其下并同。"

久之，朔绐驺朱儒，①曰："上以若曹无益于县官，②耕田力作固不及人，临众处官不能治民，从军击虏不任兵事，无益于国用，徒索衣食，③今欲尽杀若曹。"朱儒大恐，啼泣。朔教曰："上即过，叩头请罪。"居有顷，闻上过，朱儒皆号泣顿首。上问："何为？"对曰："东方朔言上欲尽诛臣等。"上知朔多端，召问朔："何恐朱儒为？"对曰："臣朔生亦言，死亦言。朱儒长三尺馀，奉一囊粟，钱二百四十。臣朔长九尺馀，亦奉一囊粟，钱二百四十。朱儒饱欲死，臣朔饥欲死。臣言可用，幸异其礼；不可用，罢之，无令但索长安米。"上大笑，因使待诏金马门，稍得亲近。

①文颖曰："朱儒之为驺者也。"师古曰："朱儒，短人也。驺本厩之御驺也，后人以为骑，谓之驺骑。"

②师古曰："若，女也。曹，辈也。"

③如淳曰："索，尽也。"师古曰："音先各反。下云索长安米亦同也。"

上尝使诸数家射覆，①置守宫盂下，射之，皆不能中。②朔自赞曰："臣尝受《易》，请射之。"③乃别蓍布卦而对曰：④"臣以为龙又无角，谓之为蛇又有足，跂跂脉脉善缘壁，是非守宫即蜥蜴。"⑤上曰："善。"赐帛十匹。复使射他物，连中，辄赐帛。⑥

①师古曰："数家，术数之家也。于覆器之下而置诸物，令暗射之，故云射覆。数音所具反。覆音芳目反。"

②师古曰:"守宫,虫名也。术家云以器养之,食以丹砂,满七斤,捣治万杵,以
　点女人体,终身不灭,若有房室之事,则灭矣。言可以防闲淫逸,故谓之守
　宫也。今俗呼为辟宫,辟亦御扞之义耳。盂,食器也,若钵而大,今之所谓
　钵盂也。钵音拨。"

③师古曰:"赞,进也。"

④师古曰:"别,分也,音彼列反。"

⑤师古曰:"跋跋,行貌也。脉脉,视貌也。《尔雅》云'蝾螈,蜥蜴;蜥蜴,蝘蜓,
　守宫'。是则一类耳。扬雄《方言》云其在泽中者谓之蜥蜴。故朔曰是非守
　宫则蜥蜴也。蜥音先历反。蜴音余赤反。蝾音荣。螈音原。蝘音乌典反。
　蜓音殄。"

⑥师古曰:"中音竹仲反。其下并同。"

　　时有幸倡郭舍人,滑稽不穷,①常侍左右,曰:"朔狂,幸中耳,非至
数也。②臣愿令朔复射,朔中之,臣榜百,不能中,臣赐帛。"③乃覆树上寄
生,令朔射之。朔曰:"是窭薮也。"④舍人曰:"果知朔不能中也。"朔曰:
"生肉为脍,乾肉为脯;著树为寄生,盆下为窭薮。"上令倡监榜舍人,舍
人不胜痛,呼謈。⑤朔笑之曰:"咄!口无毛,声謷謷,(尻)〔尻〕益高。"⑥〔1〕
舍人恚曰:"朔擅诋欺天子从官,当弃市。"⑦上问朔:"何故诋之?"对曰:
"臣非敢诋之,乃与为隐耳。"⑧上曰:"隐云何?"朔曰:"夫口无毛者,狗
窦也;声謷謷者,鸟哺鷇也;⑨尻益高者,鹤俛啄也。"⑩舍人不服,因曰:
"臣愿复问朔隐语,不知,亦当榜。"即妄为谐语曰:⑪"令壶龃,老柏涂,
伊优亚,狋吽牙。何谓也?"⑫朔曰:"令者,命也。壶者,所以盛也。⑬龃
者,齿不正也。老者,人所敬也。柏者,鬼之廷也。⑭涂者,渐洳径也。⑮
伊优亚者,辞未定也。狋吽牙者,两犬争也。"舍人所问,朔应声辄对,变
诈锋出,莫能穷者,左右大惊。上以朔为常侍郎,遂得爱幸。

①师古曰:"幸倡,倡优之见幸遇者也。滑音骨。滑稽,解在《公孙弘传》。"

②师古曰:"至,实也。"

③师古曰:"榜,击也,音步行反。"

④苏林曰:"窭音贫窭之窭,薮音数钱之数。窭薮,钩灌,四股钩也。"师古曰:
　"窭薮,戴器也,以盆盛物戴于头者,则以窭薮荐之,今卖白团饼人所用者是

也。寄生者,芝菌之类,淋潦之日,著树而生,形有周圍象窭数者,今关中俗亦呼为寄生。非为茑之寄生寓木宛童有(林)〔枝〕叶者也。[2]故朔云'著树为寄生,盆下为窭数'。明其常在盆下。今读书者不晓其意,谓射覆之物覆在盆下,辄改前'覆守宫盂下'为盆字,失之远矣。《杨恽传》云:'鼠不容穴,衔窭数也。'盆下之物有饮食气,故鼠衔之,四股铁钩,非所衔也。"

⑤服虔曰:"暬音暴。"邓展曰:"呼音骹箭之骹。暬音瓜瓟之瓟。"师古曰:"邓音是也。谓痛切而叫呼也,与《田蚡传》'呼服'音义皆同。一曰,邓音近之。暬,自冤痛之声也。舍人榜痛,乃呼云暬。今人痛甚,则称阿暬,音步高反。是故朔逐韵而嘲之云'口无毛,声謷謷'也。"

⑥邓展曰:"咄音貂裘之貂也。"师古曰:"咄,叱咄之声也,音丁骨反。邓说非也。謷音敖。"

⑦师古曰:"诋,毁辱也,音丁礼反。"

⑧师古曰:"隐谓隐语也。"

⑨项昭曰:"凡鸟哺子而活者为鷇,生而自啄曰雏。"师古曰:"(雏)〔鷇〕音口豆反。"[3]

⑩师古曰:"俛即俯字也。俯,低也。啄,鸟觜也。俛又音免。啄音竹救反。"

⑪师古曰:"谐者,和韵之言也。"

⑫张晏曰:"龃音樝梨之樝。"应劭曰:"狋音银。"师古曰:"龃音侧加反,又,壮加反。涂音丈加反。优音一侯反。亚音乌加反。狋音五伊反。吽音五侯反。"

⑬师古曰:"盛,受物也,音时政反。"

⑭师古曰:"言鬼神尚幽暗,故以松柏之树为廷府。"

⑮师古曰:"渐洳,浸湿也。渐音子廉反。洳音人庶反。"

久之,伏日,①诏赐从官肉。大官丞日晏不来,②朔独拔剑割肉,谓其同官曰:"伏日当蚤归,③请受赐。"既怀肉去。大官奏之。朔入,上曰:"昨赐肉,不待诏,以剑割肉而去之,何也?"朔免冠谢。上曰:"先生起自责也。"朔再拜曰:"朔来!朔来!受赐不待诏,何无礼也!拔剑割肉,壹何壮也!割之不多,又何廉也!归遗细君,又何仁也!"④上笑曰:"使先生自责,乃反自誉!"复赐酒一石,肉百斤,归遗细君。

①师古曰:"三伏之日也,解在《郊祀志》。"

②师古曰:"晏,晚也。"

③师古曰:"蚤古早字。"

④师古曰:"细君,朔妻之名。一说,细,小也,朔自比于诸侯,谓其妻曰小君。"

初,建元三年,微行始出,北至池阳,西至黄山,①南猎长杨,东游宜春。②微行常用饮酎已。③八九月中,与侍中常侍武骑及待诏陇西北地良家子能骑射者期诸殿门,故有"期门"之号自此始。微行以夜漏下十刻乃出,常称平阳侯。④旦明,入山下驰射鹿豕狐兔,手格熊罴,驰骛禾稼稻粳之地。⑤民皆号呼骂詈,⑥相聚会,自言鄠杜令。令往,欲谒平阳侯,诸骑欲击鞭之。令大怒,使吏呵止,猎者数骑见留,乃示以乘舆物,久之乃得去。时夜出夕还,后赍五日粮,会朝长信宫,⑦上大欢乐之。是后,南山下乃知微行数出也,然尚迫于太后,未敢远出。丞相御史知指,⑧乃使右辅都尉徼循长杨以东,⑨右内史发小民共待会所。⑩后乃私置更衣,⑪从宣曲以南十二所,中休更衣,⑫投宿诸宫,⑬长杨、五柞、倍阳、宣曲尤幸。⑭于是上以为道远劳苦,又为百姓所患,乃使太中大夫吾丘寿王与待诏能用算者二人,举籍阿城以南,⑮盩厔以东,宜春以西,提封顷亩,及其贾直,⑯欲除以为上林苑,属之南山。⑰又诏中尉、左右内史表属县草田,欲以偿鄠杜之民。⑱吾丘寿王奏事,上大说称善。⑲时朔在傍,进谏曰:

①晋灼曰:"宫名,在槐里。"

②师古曰:"宜春宫也,在长安城东南。说者乃以为在鄠,非也。在鄠者,自是宜春观耳,在长安城西,岂得言东游也?"

③师古曰:"酎,酒新孰以祭宗庙也。酎音纣。解在《景纪》。"

④如淳曰:"平阳侯曹寿尚帝姊,时见尊宠,故称之。"

⑤师古曰:"稻,有芒之谷总称也。粳,其不黏者也,音庚。"

⑥师古曰:"呼音火故反。"

⑦师古曰:"五日一朝长信宫,故赍五日粮也。长信,太后之宫也。"

⑧师古曰:"指谓天子之意也。"

⑨师古曰:"徼,遮绕也。循,行视也。戒备非常也。徼音工钓反。"

⑩师古曰:"共读曰供。"

⑪师古曰："为休息易衣之处,亦置宫人。"

⑫师古曰："宣曲,宫名,在昆明池西。"

⑬师古曰："昼休更衣,夜则别宿于诸宫。"

⑭师古曰："倍阳,即斄阳也,其音同耳,宫名,在鄠县也。"

⑮师古曰："举计其数而为簿籍也。阿城,本秦阿房宫也,以其墙壁崇广,故俗呼为阿城。"

⑯师古曰："提封,亦谓提举四封之内,总计其数也。贾读曰价。"

⑰师古曰："属,连也,音之欲反。"

⑱师古曰："时未为京兆、冯翊、扶风,故云中尉及左右内史也。草田谓荒田未耕垦也。"

⑲师古曰："说读曰悦。"

　　臣闻谦逊静悫,天表之应,应之以福;①骄溢靡丽,天表之应,应之以异。今陛下累郎台,恐其不高也;②弋猎之处,恐其不广也。如天不为变,则三辅之地尽可以为苑,何必盩厔、鄠、杜乎!③奢侈越制,天为之变,上林虽小,臣尚以为大也。

①师古曰："悫,谨也,音口角反。"

②师古曰："郎,堂下周屋。"

③师古曰："中尉及左右内史则为三辅矣,非必谓京兆、冯翊、扶风也。学者疑此言为后人所增,斯未达也。"

　　夫南山,天下之阻也,南有江淮,北有河渭,其地从汧陇以东,商雒以西,①厥壤肥饶。汉兴,去三河之地,止霸产以西,都泾渭之南,此所谓天下陆海之地,②秦之所以虏西戎兼山东者也。其山出玉石,金、银、铜、铁、豫章、檀、柘,异类之物,不可胜原,③此百工所取给,万民所卬足也。④又有粳稻梨栗桑麻竹箭之饶,土宜姜芋,水多鼃鱼,⑤贫者得以人给家足,无饥寒之忧。故酆镐之间号为土膏,其贾亩一金。⑥今规以为苑,绝陂池水泽之利,而取民膏腴之地,上乏国家之用,下夺农桑之业,弃成功,就败事,损耗五谷,⑦是其不可一也。且盛荆棘之林,而长养麋鹿,广狐兔之苑,大虎狼之虚,⑧又坏人冢墓,发人室庐,令幼弱怀土而思,耆老泣涕而悲,是其不可二也。斥而营之，垣而围之，⑨骑驰东西，车骛南北，⑩又有深沟大渠，夫一日之乐不足以危无堤之舆，⑪是其不可三也。故务苑囿之大，不恤农时，非所以强国富人也。

①服虔曰："商与上雒二县也。"师古曰："汧，汧水也。陇，陇坻也。"

②师古曰："高平曰陆，关中地高故称耳。海者，万物所出，言关中山川物产饶富，是以谓之陆海也。"

③师古曰："原，本也。言说不能尽其根本。"

④师古曰："印音牛向反。"

⑤师古曰："芋，草名，其叶似藕荷而长，不圆，其根正白可食。蝇即蛙字也，似虾蟆而小，长脚，盖人亦取食之。"

⑥师古曰："贾读曰价。"

⑦师古曰："耗，减也，音呼到反。"

⑧师古曰："虚读曰墟。"

⑨师古曰："斥，却也。"

⑩师古曰："乱驰曰骛。"

⑪苏林曰："堤，限也。舆，乘舆也。无限，若言不訾也。不敢斥天子，故言舆也。"张晏曰："一日之乐，谓田猎也。无堤之舆，谓天子富贵无堤限也。"师古曰："张说是也。〔堤〕音丁奚反。"〔4〕

　　夫殷作九市之宫而诸侯畔，①灵王起章华之台而楚民散，②秦兴阿房之殿而天下乱。粪土愚臣，忘生触死，③逆盛意，犯隆指，罪当万死，不胜大愿，愿陈《泰阶六符》，④以观天变，不可不省。

①应劭曰："纣于宫中设九市。"

②师古曰："楚灵王作章华之台，纳亡人以实之，卒有乾谿之祸也。章华台在华容城也。"

③师古曰："忽忘其生而触死罪也。"

④孟康曰："泰阶，三台也。每台二星，凡六星。符，六星之符验也。"应劭曰："《黄帝泰阶六符经》曰：'泰阶者，天之三阶也。上阶为天子，中阶为诸侯公卿大夫，下阶为士庶人。上阶上星为男主，下星为女主。中阶上星为诸侯三公，下星为卿大夫。下阶上星为元士，下星为庶人。三阶平则阴阳和，风雨时，社稷神祇咸获其宜，天下大安，是为太平。三阶不平，则五神乏祀，日

有食之,水润不浸,稼穑不成,冬雷夏霜,百姓不宁,故治道倾。天子行暴令,好兴甲兵,修宫榭,广苑囿,则上阶为之奄奄疏阔也。'以孝武皆有此事,故朔为陈之。"

是日因奏《泰阶》之事,上乃拜朔为太中大夫、给事中,赐黄金百斤。然遂起上林苑,如寿王所奏云。

久之,隆虑公主子昭平君①尚帝女夷安公主,隆虑主病困,以金千斤钱千万为昭平君豫赎死罪,上许之。隆虑主卒,昭平君日骄,醉杀主傅,狱系内官。②以公主子,廷尉上请请论。③左右人人为言:"前又入赎,陛下许之。"上曰:"吾弟老有是一子,死以属我。"④于是为之垂涕叹息,良久曰:"法令者,先帝所造也,用弟故而诬先帝之法,吾何面目入高庙乎!又下负万民。"乃可其奏,哀不能自止,左右尽悲。朔前上寿,曰:"臣闻圣王为政,赏不避仇雠,诛不择骨肉。《书》曰:'不偏不党,王道荡荡。'⑤此二者,五帝所重,三王所难也。陛下行之,是以四海之内元元之民各得其所,天下幸甚!臣朔奉觞,昧死再拜上万岁寿。"上乃起,入省中,夕时召让朔,⑥曰:"传曰:'时然后言,人不厌其言'。⑦今先生上寿,时乎?"⑧朔免冠顿首曰:"臣闻乐太甚则阳溢,哀太甚则阴损,阴阳变则心气动,心气动则精神散,精神散而邪气及。销忧者莫若酒,臣朔所以上寿者,明陛下正而不阿,因以止哀也。愚不知忌讳,当死。"先是,朔尝醉入殿中,小遗殿上,⑨劾不敬。有诏免为庶人,待诏宦者署,因此(时)〔对〕复为中郎,[5]赐帛百匹。

①师古曰:"虑音庐。"

②服虔曰:"主傅,主之官也。"如淳曰:"礼有傅姆。说者又曰傅者老大夫也,汉使中行说傅翁主也。"师古曰:"傅姆是也。服说失之。内官,署名,解在《律历志。》"

③师古曰:"论决其罪也。"

④师古曰:"老乃有子,言其晚孕育也。属音之欲反。"

⑤师古曰:"《周书·洪范》之辞也。荡荡,平坦之貌。"

⑥师古曰:"让,责也。"

⑦师古曰:"《论语》称孔子问公叔文子于公明贾曰:'信乎夫子不言不笑不取

乎?'对曰:'夫子时然后言,人不厌其言;乐然后笑,人不厌其笑。义然后取,人不厌其取。'"

⑧师古曰:"言所上寿岂谓时乎?"

⑨师古曰:"小遗者,小便也。"

初,帝姑馆陶公主号窦太主,①堂邑侯陈午尚之。午死,主寡居,年五十馀矣,近幸董偃。始偃与母以卖珠为事,偃年十三,随母出入主家。左右言其姣好,②主召见,曰:"吾为母养之。"因留第中,教书计相马御射,③颇读传记。至年十八而冠,出则执辔,入则侍内。为人温柔爱人,以主故,诸公接之,名称城中,号曰董君。主因推令散财交士,令中府曰:④"董君所发,一日金满百斤,钱满百万,帛满千匹,乃白之。"⑤安陵爰叔者,爰盎兄子也;与偃善,谓偃曰:"足下私侍汉主,挟不测之罪,将欲安处乎?"⑥偃惧曰:"忧之久矣,不知所以。"⑦爰叔曰:"顾城庙远无宿宫,又有萩竹籍田,⑧足下何不白主献长门园?⑨此上所欲也。如是,上知计出于足下也,则安枕而卧,长无惨怛之忧。久之不然,上且请之,于足下何如?"偃顿首曰:"敬奉教。"入言之主,主立奏书献之。上大说,⑩更名窦太主园为长门宫。主大喜,使偃以黄金百斤为爰叔寿。

①如淳曰:"窦太后之女也,故曰窦太主也。"

②师古曰:"姣,美丽也,音狡。"

③师古曰:"计谓用算也。"

④师古曰:"中府,掌金帛之臧者也。"

⑤师古曰:"言不满此数者,皆恣与之。"

⑥师古曰:"不测者,言其深也。安处,何以自安处也。一曰,身挟大罪,乃欲自安而居处者乎?"

⑦师古曰:"以,用也。不知用何计也。"

⑧如淳曰:"其间虽有地,皆有萩竹籍田,无可作宿观也。"师古曰:"如说非也。萩即楸字也。言有楸树及竹林可游玩,而籍田所在,上又须躬亲行事,当有宿宫,故宜献此园。"

⑨如淳曰:"窦太主园在长门。长门在长安城东南。园可以为宿馆处所,故献之。"

⑩师古曰:"说读曰悦。"

　　叔因是为董君画求见上之策,令主称疾不朝。上往临疾,问所欲,主辞谢曰:"妾幸蒙陛下厚恩,先帝遗德,奉朝请之礼,备臣妾之仪,①列为公主,赏赐邑人,②隆天重地,死无以塞责。③一日卒有不胜洒扫之职,④先狗马填沟壑,窃有所恨,不胜大愿,愿陛下时忘万事,养精游神,从中掖庭回舆,枉路临妾山林,⑤得献觞上寿,娱乐左右。如是而死,何恨之有!"上曰:"主何忧?幸得愈。恐群臣从官多,大为主费。"上还。有顷,主疾愈,起谒,上以钱千万从主饮。后数日,上临山林,主自执宰敝膝,⑥道入登阶就坐。坐未定,上曰:"愿谒主人翁。"主乃下殿,去簪珥,⑦徒跣顿首谢曰:"妾无状,⑧负陛下,身当伏诛。陛下不致之法,顿首死罪。"有诏谢。主簪履起,之东箱自引董君。⑨董君绿帻傅韝,⑩随主前,伏殿下。主乃赞:⑪"馆陶公主胞人臣偃昧死再拜谒。"⑫因叩头谢,上为之起。有诏赐衣冠上。⑬偃起,走就衣冠。主自奉食进觞。当是时,董君见尊不名,称为"主人翁",饮大欢乐。主乃请赐将军列侯从官金钱杂缯各有数。于是董君贵宠,天下莫不闻。郡国狗马蹴鞠剑客辐凑⑭董氏。常从游戏北宫,驰逐平乐,观鸡鞠之会,角狗马之足,⑮上大欢乐之。于是上为窦太主置酒宣室,使谒者引内董君。

①师古曰:"请音才姓反。"

②师古曰:"既别得赏赐,又所食之邑入其租赋也。"

③师古曰:"塞,补也。"

④师古曰:"卒读曰猝。洒音信,又音山豉反。"

⑤应劭曰:"公主园中有山,谦不敢称第,故托山林也。"服虔曰:"主所豫作庙陵,故曰山林。"师古曰:"山林,应说是也。不当请帝临其冢墓也。"

⑥师古曰:"为贱者之服。"

⑦师古曰:"珥,珠玉饰耳者也,音饵。"

⑧师古曰:"状,形貌也。无状,犹言无颜面以见人也。一曰,自言所行丑恶无善状。"

⑨师古曰:"之,往也。"

⑩应劭曰:"宰人服也。"韦昭曰:"韝形如射韝,以缚左右手,于事便也。"师古

曰：“绿帻，贱人之服也。傅，著也。韝即今之臂韝也。傅读曰附。韝音工
侯反。”

⑪师古曰：“赞，进也。进传谒辞。”

⑫师古曰：“胞与庖同。”

⑬师古曰：“上，上坐。”

⑭师古曰：“蹴音千六反。鞠音钜六反。解在《艺文志》。”

⑮师古曰：“角犹校也。”

是时，朔陛戟殿下，①辟戟而前曰：“②“董偃有斩罪三，安得入乎？”
上曰：“何谓也？”朔曰：“偃以人臣私侍公主，其罪一也。败男女之化，而
乱婚姻之礼，伤王制，其罪二也。陛下富于春秋，方积思于《六经》，留神
于王事，驰骛于唐虞，折节于三代，偃不遵经劝学，反以靡丽为右，奢侈
为务，③尽狗马之乐，极耳目之欲，行邪枉之道，径淫辟之路，④是乃国家
之大贼，人主之大蜮。⑤偃为淫首，其罪三也。昔伯姬燔而诸侯惮，⑥
奈何乎陛下？”上默然不应，良久曰：“吾业以设饮，后而自改。”朔曰：“不
可。夫宣室者，先帝之正处也，非法度之政不得入焉。故淫乱之渐，其
变为篡，是以竖貂为淫而易牙作患，⑦庆父死而鲁国全，⑧管蔡诛而周室
安。”上曰：“善。”有诏止，更置酒北宫，引董君从东司马门。东司马门更
名东交门。⑨赐朔黄金三十斤。董君之宠由是日衰，至年三十而终。后
数岁，窦太主卒，与董君会葬于霸陵。是后，公主贵人多逾礼制，自董
偃始。

①师古曰：“持戟列陛侧。”

②师古曰：“辟音频亦反。”

③师古曰：“右，尊也。”

④师古曰：“径，由也。辟读曰僻。”

⑤师古曰：“蜮，魅也，音或。说者以为短狐，非也。短狐，射工耳，于此不当其
义。今俗犹（河）〔云〕魅蜮也。”〔6〕

⑥应劭曰：“惮，敬也。敬其节直也。”师古曰：“伯姬，宋恭姬也。遇火灾，待姆
不出而死也。”

⑦师古曰：“竖貂、易牙皆齐桓公臣也。管仲有病，桓公往问之曰：‘将何以教

寡人?'管仲曰:'愿君之远易牙、竖貂。'公曰:'易牙亨其子以快寡人,尚可疑邪?'对曰:'人之情非不爱其子,其子之忍,又将何有于君?'公曰:'竖貂自宫以近寡人,犹可疑邪?'对曰:'人之情非不爱其身也,其身之忍,又将何有于君?'公曰:'诺。'管仲死,尽逐之,而公食不甘,宫不治。居三年,公曰:'仲父不亦过乎?'于是皆复召,即反之。明年,公有病,易牙、竖貂相与作乱,塞宫门,筑高墙,不通人。有一妇人逾垣入,至公所。公曰:'我欲食。'妇人曰:'吾无所得。'又曰:'我欲饮。'妇人曰:'吾无所得。'公曰:'何故?'对曰:'易牙、竖貂相与作乱,塞宫门,筑高墙,不通人,故无所得。'公慨然叹涕出,曰:'嗟乎!圣人所见岂不远哉?若死者有知,我将何面目见仲父乎!'蒙衣袂而绝乎寿宫,虫流出于户,盖以杨门之扉,三月不葬。"

⑧师古曰:"庆父,鲁桓公子,庄公弟也。庄公薨,庆父杀庄公之子闵公而欲作乱,不克,奔莒。其后僖公立,以赂求之于莒,莒人归之,及密乃缢而死。僖公乃定其位。"

⑨苏林曰:"以偃从此门入,交会于内,故以名焉。"

时天下侈靡趋末,①百姓多离农亩。上从容问朔:"吾欲化民,岂有道乎?"②朔对曰:"尧舜禹汤文武成康上古之事,经历数千载,尚难言也,臣不敢陈。愿近述孝文皇帝之时,当世耆老皆闻见之。贵为天(下)〔子〕,⁽⁷⁾富有四海,身衣弋绨,③足履革舄,④以韦带剑,⑤莞蒲为席,⑥兵木无刃,⑦衣缊无文,⑧集上书囊以为殿帷,⑨以道德为丽,以仁义为准。⑩于是天下望风成俗,昭然化之。今陛下以城中为小,图起建章,左凤阙,右神明,⑪号称千门万户;木土衣绮绣,狗马被缋罽;⑫宫人簪瑇瑁,垂珠玑;⑬设戏车,教驰逐,饰文采,蔹珍怪;⑭撞万石之钟,击雷霆之鼓,⑮作俳优,舞郑女。上为淫侈如此,而欲使民独不奢侈失农,事之难者也。⑯陛下诚能用臣朔之计,推甲乙之帐燔之于四通之衢,⑰却走马示不复用,⑱则尧舜之隆宜可与比治矣。《易》曰:'正其本,万事理;失之豪厘,差以千里。'⑲愿陛下留意察之。"

①师古曰:"趋读曰趣。末谓工商之业。"

②师古曰:"从音千容反。"

③师古曰:"弋,黑色也。绨,厚缯,音徒奚反。"

④师古曰:"革,生皮也。不用柔韦,言俭率也。"

⑤师古曰:"但空用韦,不加饰。"

⑥师古曰:"莞,夫离也,今谓之葱蒲。以莞及蒲为席,亦尚质也。莞音完,又音官。"

⑦服虔曰:"兵器如木而无刃,言不大冶兵器也。"

⑧师古曰:"缊,乱絮也。言内有乱絮,上无文彩也。缊音於粉反。"

⑨师古曰:"集谓合聚也。"

⑩师古曰:"丽,美也。准,平法也。"

⑪如淳曰:"阙名也。"师古曰:"凤阙,阙名。神明,台名也。"

⑫师古曰:"缋,五彩也。罽,织毛也,即氍毹之属。"

⑬师古曰:"璹瑁,文甲也。玑,珠之不圜者。璹音代。瑁音昧。玑音居依反,又音钜依反。"

⑭师古曰:"藗,古藜字。"

⑮师古曰:"言其声震大也。"

⑯师古曰:"失农谓失农业也。"

⑰应劭曰:"帐多故以甲乙第之耳。"孟康曰:"《西域传》赞云'兴造甲乙之帐,络以随珠和璧,天子袭翠被,凭玉几,而处其中'也。"师古曰:"谓推而去之。燔,焚烧也。"

⑱师古曰:"却,退也。走马,善走之马也。"

⑲师古曰:"今《易》无此文,已解于上也。"

朔虽诙笑,①然时观察颜色,直言切谏,上常用之。自公卿在位,朔皆敖弄,无所为屈。②

①师古曰:"诙,嘲戏也。诙笑,谓嘲谑,发言可笑也。诙音恢。其下诙啁、诙谐并同。"

②师古曰:"敖读曰傲。为音于伪反。"

上以朔口谐辞给,①好作问之。②尝问朔曰:"先生视朕何如主也?"朔对曰:"自唐虞之隆,成康之际,未足以谕当世。臣伏观陛下功德,陈五帝之上,在三王之右。③非若此而已,诚得天下贤士,公卿在位咸得其人矣。譬若以周邵为丞相,④孔丘为御史大夫,⑤太公为将军,⑥毕公高拾遗于后,⑦弁严子为卫尉,⑧皋陶为大理,⑨后稷为司农,⑩伊尹为少府,⑪子赣使外国,⑫颜闵为博士,⑬子夏为太常,⑭益为右扶风,⑮季路为执金吾,⑯契为鸿胪,⑰龙逢为宗正,⑱伯夷为京兆,⑲管仲为冯翊,⑳鲁般为将作,㉑仲山甫为光禄,㉒申伯为太仆,㉓延陵季子为水衡,㉔百里奚为典属国,㉕柳下惠为大长秋,㉖史鱼为司直,㉗蘧伯玉为太傅,㉘孔父为詹事,㉙孙叔敖为诸侯相,子产为郡守,㉚王庆忌为期门,㉛夏育为鼎官,㉜羿为旄头,㉝宋万为式道候。㉞上乃大笑。

①师古曰:"给,捷也。"

②师古曰:"故动作之而问以言辞也。"

③师古曰:"右亦高上也。"

④师古曰:"周公旦、邵公奭二人也。"

⑤应劭曰:"御史大夫职典制度文章。"

⑥师古曰:"太公,吕望也。知战陈征伐之事,故云为将军。"

⑦师古曰:"毕公高,文王之子也,为周太师,故云拾遗也。"

⑧师古曰:"以其有勇。"

⑨师古曰:"以其作士,士亦理官。"

⑩师古曰:"主播种。"

⑪应劭曰:"伊尹善亨割,大官属少府,故令作之也。"

⑫师古曰:"以其有辩说。"

⑬师古曰:"颜回、闵子骞为皆有德行也。"

⑭师古曰:"以有文学故为太常也。而应劭(曰)以子夏两字总合为夔,〔8〕解云夔知乐,故可以为太常,此说非也。"

⑮应劭曰:"益作舜虞,掌山泽之官也。诸苑多在右扶风,故令作之。"

⑯师古曰:"亦以有勇力。"

⑰应劭曰:"离作司徒,敬敷五教。是时诸侯王治民,鸿胪主诸侯王也。"师古曰:"契读与离同,字本作偰,盖后从省耳。"

⑱师古曰:"关龙逢,桀之臣也,忠谏而死也。以其直,无所阿私。"

⑲应劭曰:"帝曰'伯夷,汝作秩宗。'秩宗,主郊庙。京兆与太常同典斋祀,故令为之。"

⑳应劭曰:"管仲定民之居,寄军令于内政,终令匡霸,故令为冯翊也。"

○21师古曰："以其巧也。般与班同。"

○22晋灼曰："光禄，主三大夫谏正之官，取其柔亦不茹，刚亦不吐。"

○23应劭曰："申伯，周宣王之舅也。太仆主大驾亲御，职又密近，故用亲亲也。"

○24应劭曰："水衡主池苑。季子，吴人，故使为之。"师古曰："季子即吴公子札。"

○25应劭曰："癸，秦人。秦近西戎，晓其风俗，故令为之。"

○26师古曰："惠，鲁大夫展禽也。食采柳下，谥曰惠。以其贞洁，故为大长秋。"

○27师古曰："史鱼，卫大夫史鳎也。《论语》称孔子曰：'直哉史鱼，邦有道如矢，邦无道如矢。'"

○28如淳曰："太傅傅人主使无过。伯玉欲寡其过，故令为之。"师古曰："蘧伯玉，卫大夫也，名瑗。蘧音渠。"

○29应劭曰："孔父正色而立于朝，则莫敢过而致难乎其君，故为詹事。"师古曰："孔父，宋大夫也。父读曰甫。"

○30师古曰："善治邦邑也。"

○31应劭曰："以其劲捷，可为期门郎也。"师古曰："王庆忌即王子庆忌也。"

○32（或）〔师古〕曰："〔9〕夏育，卫人，力举千钧。鼎官，今殿前举鼎者也。"

○33应劭曰："羿善射，故令为旄头。今以羽林为之，发正上向而长衣绣衣，在乘舆车前。"师古曰："羿音诣。"

○34师古曰："万，宋闵公臣，亦有勇力也。式，表也。表道之候，若今之武候引驾。"

是时朝廷多贤材，上复问朔："方今公孙丞相、儿大夫、①董仲舒、夏侯始昌、司马相如、吾丘寿王、主父偃、朱买臣、严助、汲黯、胶仓、终军、严安、徐乐、司马迁之伦，皆辩知闳达，溢于文辞，②先生自视，何与比哉？"③朔对曰："臣观其舌齿牙，树颊胲，④吐唇吻，擢项颐，⑤结股脚，连脽尻，⑥遗蛇其迹，行步偶旅，⑦臣朔虽不肖，尚兼此数子者。"朔之进对澹辞，皆此类也。⑧

①师古曰："公孙弘及儿宽也。儿音五奚反。"

②师古曰："溢者，言其有馀也。"

③师古曰："何与犹言何如也。"

④师古曰："颊肉曰胲，音改。"

⑤师古曰:"颐,颔下也,音怡。"

⑥师古曰:"脽,臂也,音谁。"

⑦师古曰:"遗蛇犹逶迤也。偊旅,曲躬貌也。蛇音移。偊音禹。"

⑧师古曰:"澹,古赡字也。赡,给也。"

武帝既招英俊,程其器能,用之如不及。① 时方外事胡越,内兴制
度,国家多事,自公孙弘以下至司马迁皆奉使方外,或为郡国守相至公
卿,而朔尝至太中大夫,后常为郎,与枚皋、郭舍人俱在左右,诙啁而
已。② 久之,朔上书陈农战强国之计,因自讼独不得大官,欲求试用。其
言专商鞅、韩非之语也,指意放荡,颇复诙谐,辞数万言,终不见用。朔
因著论,设客难己,用位卑以自慰谕。其辞曰:

①师古曰:"程谓量计之也。如不及者,恐失之也。"

②师古曰:"啁与嘲同,音竹交反。"

　　客难东方朔曰:"苏秦、张仪一当万乘之主,而都卿相之位,①
泽及后世。今子大夫修先王之术,慕圣人之义,讽诵《诗》《书》百家
之言,不可胜数,著于竹帛,唇腐齿落,服膺而不释,② 好学乐道之
效,明白甚矣;自以智能海内无双,则可谓博闻辩智矣。然悉力尽
忠以事圣帝,旷日持久,官不过侍郎,位不过执戟,意者尚有遗行
邪?③ 同胞之徒无所容居,其故何也?"④

①如淳曰:"都,居也。"

②师古曰:"服膺,俯服其胸臆也。释,废置也。"

③师古曰:"可遗之行,言不尽(言)〔善〕也。"〔10〕

④苏林曰:"胞音胞胎之胞也,言亲兄弟。"

　　东方先生喟然长息,仰而应之曰:"是固非子之所能备也。彼
一时也,此一时也,岂可同哉? 夫苏秦、张仪之时,周室大坏,诸侯
不朝,力政争权,相禽以兵,并为十二国,未有雌雄,① 得士者强,失
士者亡,故谈说行焉。身处尊位,珍宝充内,外有廪仓,泽及后世,
子孙长享。今则不然。圣帝流德,天下震慑,诸侯宾服,② 连四海
之外以为带,③ 安于覆盂,④ 动犹运之掌,⑤ 贤不肖何以异哉? 遵天

之道,顺地之理,物无不得其所;故绥之则安,动之则苦;尊之则为将,卑之则为虏;抗之则在青云之上,抑之则在深泉之下;用之则为虎,不用则为鼠;虽欲尽节效情,安知前后? 夫天地之大,士民之众,竭精谈说,并进辐凑者不可胜数,悉力募之,困于衣食,或失门户。⑥使苏秦、张仪与仆并生于今之世,曾不得掌故,安敢望常侍郎乎! 故曰时异事异。

①师古曰:"十二国,谓鲁、卫、齐、楚、宋、郑、魏、燕、赵、中山、秦、韩也。"

②师古曰:"慑,恐也,音之涉反。"

③师古曰:"言如带之相连也。"

④师古曰:"言不可倾摇。"

⑤师古曰:"言至易。"

⑥师古曰:"言不得所由入也。一曰,谓被诛戮,丧其家室也。"

　　"虽然,安可以不务修身乎哉!《诗》云:'鼓钟于宫,声闻于外。'①'鹤鸣于九皋,声闻于天。'②苟能修身,何患不荣! 太公体行仁义,七十有二(延)〔乃〕设用于文武,[11]得信厥说,③封于齐,七百岁而不绝。此士所以日夜孳孳,敏行而不敢怠也。④辟若鹍鸧,飞且鸣矣。⑤传曰:'天不为人之恶寒而辍其冬,⑥地不为人之恶险而辍其广,君子不为小人之匈匈而易其行。'⑦'天有常度,地有常形,君子有常行;君子道其常,小人计其功。'⑧《诗》云:'礼义之不愆,何恤人之言?'⑨故曰:'水至清则无鱼,人至察则无徒,⑩冕而前旒,所以蔽明;黈纩充耳,所以塞聪。'⑪明有所不见,聪有所不闻,举大德,赦小过,无求备于一人之义也。⑫枉而直之,使自得之;优而柔之,使自求之;揆而度之,使自索之。⑬盖圣人教化如此,欲自得之;自得之,则敏且广矣。⑭

①师古曰:"《小雅·白华》之诗也。言苟有于中,必形于外也。"

②师古曰:"《小雅·鹤鸣》之诗也。言处卑而声彻其高远。"

③师古曰:"设,施也。信读曰伸。"

④师古曰:"孳与孜同。敏,勉也。"

⑤师古曰："鹡鸰,雍渠,小青雀也,飞则鸣,行则摇,言其勤苦也。辟读曰譬。
　　鹡音脊。鸰音零。"

⑥师古曰："辍,止也。"

⑦师古曰："訇訇,谨议之声。"

⑧师古曰："道,由也。"

⑨师古曰："《逸诗》也。愆,过也。恤,忧也。"

⑩师古曰："徒,众也。"

⑪如淳曰："黈纩音工苟反。谓以玉为填,用黈纩县之也。"师古曰:如说非也。
　　黈,黄色也。纩,绵也。以黄绵为丸,用组悬之于冕,垂两耳旁,示不外听,
　　非玉填之县也。"

⑫师古曰："《论语》仲弓问政于孔子,孔子曰:'赦小过,举贤才。'周公谓鲁公
　　曰:'故旧无大故,则不弃也,毋求备于一人。'故朔引此言也。士有百行,功
　　过相除,不可求备也。"

⑬师古曰："枉,曲也。索亦求也。度音徒各反。"

⑭师古曰："敏,疾也。"

　　　"今世之处士,魁然无徒,廓然独居,①上观许由,下察接舆,计
同范蠡,忠合子胥,②天下和平,与义相扶,寡耦少徒,固其宜也,③
子何疑于我哉?若夫燕之用乐毅,秦之任李斯,郦食其之下齐,说
行如流,曲从如环,所欲必得,功若丘山,海内定,国家安,是遇其时
也,子又何怪之邪!语曰'以筦窥天,以蠡测海,④以莛撞钟',⑤岂
能通其条贯,考其文理,发其音声哉!⑥繇是观之,譬犹鼱鼩之袭
狗,⑦孤豚之咋虎,⑧至则靡耳,何功之有?⑨今以下愚而非处士,虽
欲勿困,固不得已,此适足以明其不知权变而终惑于大道也。"

①师古曰："魁读曰块。"

②师古曰："许由,尧让以天下而耻闻之。楚狂接舆阳狂匿迹。范蠡佐句践,
　　功成而退。子胥忠谏,至死不易。"

③师古曰："耦,合也。徒,众也。"

④服虔曰："筦音管。"张晏曰："蠡,瓠瓢也。"师古曰："筦,古管字。蠡音来奚
　　反。瓢音平摇反。"

⑤文颖曰:"谓橐莲也。"师古曰:"音唐丁反。"

⑥师古曰:"考,究也。"

⑦服虔曰:"音纵劬。"如淳曰:"鯖鮈,小鼠也,音精劬。"

⑧师古曰:"孤豚,孤特之豚也。咋,啮也,音仕客反。"

⑨师古曰:"靡,碎灭也。耳,语辞。"

又设非有先生之论,其辞曰:

非有先生仕于吴,进不称往古以厉主意,退不能扬君美以显其功,默(嘿)〔然〕无言者三年矣。[12]吴王怪而问之,曰:"寡人获先人之功,寄于众贤之上,夙兴夜寐,未尝敢怠也。今先生率然高举,远集吴地,①将以辅治寡人,诚窃嘉之,体不安席,食不甘味,目不视靡曼之色,耳不听钟鼓之音,虚心定志欲闻流议者三年于兹矣。②今先生进无以辅治,退不扬主誉,窃不为先生取之也。盖怀能而不见,是不忠也;见而不行,主不明也。③意者寡人殆不明乎?"非有先生伏而唯唯。④吴王曰:"可以谈矣,寡人将竦意而览焉。"⑤先生曰:"於戏!⑥可乎哉? 可乎哉?⑦谈何容易!⑧夫谈有悖于目拂于耳谬于心而便于身者,⑨或有说于目顺于耳快于心而毁于行者,⑩非有明王圣主,孰能听之?"吴王曰:"何为其然也? '中人已上可以语上也。'⑪先生试言,寡人将听焉。"

①师古曰:"率然犹飒然。"

②师古曰:"流,末流也,犹言馀论也。"

③师古曰:"见,显也。"

④师古曰:"唯唯,恭应也,音弋癸反。"

⑤师古曰:"竦,企待也。"

⑥师古曰:"於读曰乌。戏读曰呼。"

⑦师古曰:"言不可。"

⑧师古曰:"不见宽容,则事不易,故曰何容易也。易,弋豉反。"

⑨师古曰:"悖,逆也。拂,违戾也。悖音布内反。拂音佛。"

⑩师古曰:"说读曰悦。"

⑪师古曰:"引《论语》载孔子之言。中品之人则可以与言上道也。"

先生对曰："昔者关龙逢深谏于桀,而王子比干直言于纣,此二臣者,皆极虑尽忠,闵王泽不下流,而万民骚动,①故直言其失,切谏其邪者,将以为君之荣,除主之祸也。今则不然,反以为诽谤君之行,无人臣之礼,②果纷然伤于身,蒙不辜之名,③戮及先人,为天下笑,故曰谈何容易!是以辅弼之臣瓦解,而邪谄之人并进,〔遂〕及蜚廉、恶来(辈)〔革〕等。④〔13〕二人皆诈伪,巧言利口以进其身,阴奉琱瑑刻镂之好以纳其心。⑤务快耳目之欲,以苟容为度。遂往不戒,身没被戮,宗庙崩阤,国家为虚,⑥放戮圣贤,亲近谗夫。《诗》不云乎?'谗人罔极,交乱四国',⑦此之谓也。故卑身贱体,说色微辞,⑧愉愉呴呴,终无益于主上之治,⑨则志士仁人不忍为也。将俨然作矜严之色,深言直谏,上以拂主之邪,下以损百姓之害,⑩则忤于邪主之心,历于衰世之法。⑪故养寿命之士莫肯进也,遂居(家)〔深〕山之间,〔14〕积土为室,编蓬为户,弹琴其中,以咏先王之风,亦可以乐而忘死矣。是以伯夷叔齐避周,饿于首阳之下,后世称其仁。如是,邪主之行固足畏也,故曰谈何容易!"

①师古曰:"闵,病也。"

②师古曰:"不省其忠而被以此罪也。"

③师古曰:"蒙,被也。"

④苏林曰:"二人皆纣时邪佞人也。"孟康曰:"蜚廉善走。"师古曰:"蜚,古飞字。"

⑤师古曰:"琱与雕同,画也。瑑谓刻为文也,音篆。"

⑥师古曰:"阤,隤也。音直氏反。虚读曰墟。"

⑦师古曰:"《小雅·青蝇》之诗也。解在《戾太子传》。"

⑧师古曰:"说读曰悦。"

⑨师古曰:"愉愉,颜色和也。呴呴,言语顺也。呴音许于反。"

⑩师古曰:"拂与弼同。损,减也。"

⑪师古曰:"忤,逆也。历犹经也,离也。"

于是吴王惧然易容,①捐荐去几,危坐而听。②先生曰:"接舆避世,箕子被发阳狂,③此二人者,皆避浊世以全其身者也。使遇明王圣主,得清燕之閒,宽和之色,④发愤毕诚,⑤图画安危,揆度得失,⑥上以安主体,下以便万民,则五帝三王之道可几而见也。⑦故伊尹蒙耻辱负鼎俎和五味以干汤,⑧太公钓于渭之阳以见文王。心合意同,谋无不成,计无不从,诚得其君也。深念远虑,引义以正其身,推恩以广其下,本仁祖义,⑨褒有德,禄贤能,诛恶乱,总远方,一统类,美风俗,此帝王所由昌也。上不变天性,下不夺人伦,则天地和洽,远方怀之,故号圣王。臣子之职既加矣,于是裂地定封,爵为公侯,传国子孙,名显后世,民到于今称之,以遇汤与文王也。太公、伊尹以如此,龙逢、比干独如彼,岂不哀哉!故曰谈何容易!”

①师古曰:“惧然,失守之貌也。惧音居具反。”

②师古曰:“捐荐席而去冯几,自贬损也。”

③师古曰:“解并在《邹阳传》。”

④师古曰:“閒读曰闲。闲,暇也。”

⑤师古曰:“毕,尽也。”

⑥师古曰:“图,谋;画,计也。”

⑦师古曰:“几,庶几。”

⑧师古曰:“蒙,冒也,犯也。”

⑨师古曰:“以仁为本,以义为始。”

　　于是吴王穆然,①俛而深惟,仰而泣下交颐,曰:“嗟乎!余国之不亡也,绵绵连连,殆哉,世〔之〕不绝也!”②〔15〕于是正明堂之朝,齐君〔臣〕之位,〔16〕举贤材,布德惠,施仁义,赏有功;躬节俭,减后宫之费,损车马之用;放郑声,远佞人,③省庖厨,去侈靡;卑宫馆,坏苑囿,填池堑,以予贫民无产业者;开内藏,振贫穷,存耆老,恤孤独;薄赋敛,省刑辟。行此三年,海内晏然,天下大洽,阴阳和调,万物咸得其宜;国无灾害之变,民无饥寒之色,家给人足,畜积有馀,囹圄空虚;④凤凰来集,麒麟在郊,甘露既降,朱草萌牙;远方异俗之人乡风慕义,⑤各奉其职而来朝贺。故治乱之道,存亡之端,若此易见,而君人者莫肯为也,臣愚窃以为过。故《诗》云:"王国克生,惟周之桢,济济多士,文王以宁。"⑥此之谓也。

①张晏曰:"穆音默。"师古曰:"穆然,静思貌。"

②师古曰:"殆,危也。"

③师古曰:"远,离也,音于万反。"

④师古曰:"畜读曰蓄。"

⑤师古曰:"乡读曰向。"

⑥师古曰:"《大雅·文王》之诗也。言文王之国生此多士为周室桢干之臣,所以安宁也。"

朔之文辞,此二篇最善。其馀有《封泰山》,《责和氏璧》及《皇太子生禖》,《屏风》,《殿上柏柱》,《平乐观赋猎》,八言、七言上下,①《从公孙弘借车》,凡〔刘〕向所录朔书具是矣。②〔17〕世所传他事皆非也。③

①晋灼曰:"八言、七言诗,各有上下篇。"

②师古曰:"刘向《别录》所载。"

③师古曰:"谓如《东方朔别传》及俗用五行时日之书,皆非实事也。"

赞曰:"刘向言少时数问长老贤人通于事及朔时者,①皆曰朔口谐倡辩,不能持论,喜为庸人诵说,②故令后世多传闻者。而扬雄亦以为朔言不纯师,行不纯德,其流风遗书蔑如也。③然朔名过实者,以其诙达多端,不名一行,应谐似优,不穷似智,正谏似直,秽德似隐。非夷齐而是柳下惠,戒其子以上容:④"首阳为拙,⑤柱下为工;⑥饱食安步,以仕易农;依隐玩世,诡时不逢。⑦其滑稽之雄乎!⑧朔之诙谐,逢占射覆,⑨其事浮浅,行于众庶,童儿牧竖莫不眩耀。而后世好事者因取奇言怪语附著之朔,故详录焉。⑩

①师古曰:"与朔同时也。"

②师古曰:"喜音许吏反。为音于伪反。"

③师古曰:"言辞义浅薄,不足称也。"

④师古曰:"容身避害也。"

⑤应劭曰:"伯夷、叔齐不食周粟,饿死首阳山,为拙。"

⑥应劭曰："老子为周柱下史，朝隐，故终身无患，是为工也。"

⑦如淳曰："依违朝隐，乐玩其身于一世也。反时直言正谏，则与富贵不相逢矣。"臣瓒曰："行与时诡而不逢祸害也。"师古曰："瓒说是也。诡，违也。"

⑧师古曰："雄谓为之长帅也。"

⑨如淳曰："逢占，逢人所问而占之也。"师古曰："此说非也。逢占，逆占事，犹云逆刺也。"

⑩师古曰："言此传所以详录朔之辞语者，为俗人多以奇异妄附于朔故耳。欲明传所不记，皆非其实也。而今之为《汉书》学者，犹更取他书杂说，假合东方朔之事以博异闻，良可叹矣。他皆类此。著音直略反。"

【校勘记】

〔1〕（尻）〔尻〕益高。　王先慎说"尻"当作"尻"，从"九"。按各本皆误。

〔2〕非为茑之寄生寓木宛童有（林）〔枝〕叶者也。　景祐、殿、局本都作"枝"，此误。

〔3〕（雏）〔縠〕音口豆反。　景祐、殿、局本都作"縠"，此误。

〔4〕〔堤〕音丁奚反。　殿本有"堤"字。

〔5〕因此（时）〔对〕复为中郎，　殿、局本都作"对"。王先谦说作"对"是。

〔6〕今俗犹（河）〔云〕魅蜮也。　景祐、殿本都作"云"，局本作"呵"。

〔7〕贵为天（下）〔子〕，　景祐、殿、局本都作"子"，此误。

〔8〕而应劭（曰）以子夏两字总合为爨，　景祐、殿本无"曰"字。

〔9〕（或）〔师古〕曰：　王先谦说"或"字误，当作"师古"。按各本皆误。

〔10〕言不尽（言）〔善〕也。　景祐、殿本都作"善"。王先谦说作"善"是。

〔11〕七十有二（延）〔乃〕设用于文武，　景祐、殿、局本都作"乃"，此误。

〔12〕默（默）〔然〕无言者三年矣。　景祐、殿本都作"然"。

〔13〕〔遂〕及蜚廉、恶来（辈）〔革〕等。　景祐、殿本都有"遂"字，"辈"作"革"。

〔14〕遂居（家）〔深〕山之间，　景祐、殿本都作"深"。

〔15〕殆哉，世〔之〕不绝也！　景祐、殿本都有"之"字。

〔16〕齐君〔臣〕之位，　景祐、殿、局本都有"臣"字。

〔17〕凡〔刘〕向所录朔书具是矣。　景祐、殿本都有"刘"字。

汉书卷六十六

公孙刘田王杨蔡陈郑传第三十六

公孙贺字子叔，北地义渠人也。贺祖父昆邪，①景帝时为陇西守，以将军击吴楚有功，封平曲侯，著书十馀篇。②

①师古曰："昆音户门反。"

②师古曰："《艺文志》阴阳家有《公孙浑邪》十五篇是也。"

贺少为骑士，从军数有功。自武帝为太子时，贺为舍人，及武帝即位，迁至太仆。贺夫人君孺，卫皇后姊也，贺由是有宠。元光中为轻车将军，军马邑。后四岁，出云中。后五岁，以车骑将军从大将军青出，有功，封南窌侯。①后再以左将军出定襄，无功，坐酎金，失侯。复以浮沮将军出五原二千馀里，无功。②后八岁，遂代石庆为丞相，封葛绎侯。时朝廷多事，督责大臣。③自公孙弘后，丞相李蔡、严青翟、赵周三人比坐事死。④石庆虽以谨得终，然数被谴。初贺引拜为丞相，不受印绶，顿首涕泣，曰："臣本边鄙，以鞍马骑射为官，材诚不任宰相。"上与左右见贺悲哀，感动下泣，曰："扶起丞相。"贺不肯起，上乃起去，贺不得已拜。出，左右问其故，贺曰："主上贤明，臣不足以称，恐负重责，从是殆矣。"⑤

①臣瓒曰："《茂陵中书》云封南奅侯，表亦作奅。"师古曰："窌、奅二字同耳，音普教反。"

②师古曰："沮音子闾反。"

③师古曰："督谓察视也。"

④师古曰："比，频也。"

⑤师古曰："殆，危也。"

贺子敬声,代贺为太仆,父子并居公卿位。敬声以皇后姊子,骄奢不奉法,征和中擅用北军钱千九百万,发觉,下狱。是时诏捕阳陵朱安世不能得,上求之急,贺自请逐捕安世以赎敬声罪。上许之。后果得安世。安世者,京师大侠也,闻贺欲以赎子,笑曰:"丞相祸及宗矣。南山之竹不足受我辞,斜谷之木不足为我械。"① 安世遂从狱中上书,告敬声与阳石公主私通,② 及使人巫祭祠诅上,且上甘泉当驰道埋偶人,③ 祝诅有恶言。下有司案验贺,穷治所犯,遂父子死狱中,家族。

①师古曰:"斜,谷名也,其中多木。械谓桎梏也。言我方欲告丞相事,狱辞且多,械系方久,故云然也。斜音弋奢反。"

②师古曰:"武帝女。"

③师古曰:"甘泉宫在北山,故欲往皆言上也。刻木为人,象人之形,谓之偶人。偶,并也,对也。"

巫蛊之祸起自朱安世,成于江充,遂及公主、皇后、太子,皆败。语在《江充》、《戾园传》。①

①师古曰:"《武五子传》叙戾太子谥戾,而置园邑,故云戾园也。"

刘屈氂,武帝庶兄中山靖王子也,① 不知其始所以进。

①师古曰:"屈音丘勿反,又音其勿反。"

征和二年春,制诏御史:"故丞相贺倚旧故乘高势而为邪,① 兴美田以利子弟宾客,不顾元元,无益边谷,② 货赂上流,③ 朕忍之久矣。终不自革,④ 乃以边为援,⑤ 使内郡自省作车,⑥ 又令耕者自转,⑦ 以困农烦扰畜者,重马伤耗,武备衰减;⑧ 下吏妄赋,百姓流亡;又诈为诏书,以奸传朱安世。⑨ 狱已正于理。其以涿郡太守屈氂为左丞相,分丞相长史为两府,以待天下远方之选。⑩ 夫亲亲任贤,周唐之道也。以澎户二千二百封左丞相为澎侯。"⑪

①师古曰:"帝为太子,贺已为舍人,故云旧故。"

②如淳曰:"戍边卒粮乏,不能为方计以益之也。"

③师古曰:"丞相贪冒,受赂于下,故使众庶货赂上流执事者也。"

④师古曰："革，改也。"

⑤如淳曰："使内郡自作车，耕者自转，所以饶边，饶边所以行恩施，为己名援也。或曰以胡为援也。"

⑥服虔曰："诈令内郡自省作车转输也。边屯无事之时，宜自治作车，以给军用。"师古曰："令郡自省减诸馀功用而作车也。省音所领反。"

⑦文颖曰："自输谷于边。"

⑧师古曰："重谓怀孕者也。言转运之劳，畜产疲困，故（反）使怀孕者为之伤耗，[1]以减武备也。耗音呼到反。"

⑨师古曰："传，逮捕也。"

⑩师古曰："待得贤人当拜为右丞相。"

⑪服虔曰："澎音彭。"晋灼曰："东海县。"

其秋，戾太子为江充所谮，杀充，发兵入丞相府，屈氂挺身逃，亡其印绶。①是时上避暑在甘泉宫，丞相长史乘疾置以闻。②上问："丞相何为？"对曰："丞相秘之，未敢发兵。"上怒曰："事籍籍如此，何谓秘也？③丞相无周公之风矣。周公不诛管蔡乎？"乃赐丞相玺书曰："捕斩反者，自有赏罚。以牛车为橹，④毋接短兵，多杀伤士众。⑤坚闭城门，毋令反者得出。"

①师古曰："挺，引也。独引身而逃难，故失印绶也。"

②师古曰："置谓所置驿也。"

③师古曰："籍籍犹纷纷也。"

④师古曰："橹，楯也。远与敌战，故以车为橹，用自蔽也。一说橹，望敌之楼也。"

⑤师古曰："用短兵则士众多死伤。"

太子既诛充发兵，宣言帝在甘泉病困，疑有变，奸臣欲作乱。上于是从甘泉来，幸城西建章宫，诏发三辅近县兵，部中二千石以下，丞相兼将。太子亦遣使者挢制①赦长安中都官囚徒，②发武库兵，命少傅石德及宾客张光等分将，使长安囚如侯持节发长水及宣曲胡骑，③皆以装会。侍郎莽通使长安，因追捕如侯，告胡人曰："节有诈，勿听也。"遂斩如侯，引骑入长安，又发辑濯士，以予大鸿胪商丘成。④初，汉节纯赤，以太子持赤节，故更为黄旄加上以相别。太子召监北军使者任安发北军兵，安受节已，闭军门不肯应太子。太子引兵去，欧四市人⑤凡数万众，至长乐西阙下，逢丞相军，合战五日，死者数万人，血流入沟中。⑥丞相附兵浸多，⑦太子军败，南奔覆盎城门，得出。⑧会夜司直田仁部闭城门，坐令太子得出，丞相欲斩仁。御史大夫暴胜之谓丞相曰："司直，吏二千石，当先请，奈何擅斩之？"丞相释仁。⑨上闻而大怒，下吏责问御史大夫曰："司直纵反者，丞相斩之，法也，大夫何以擅止之？"胜之皇恐，自杀。及北军使者任安，坐受太子节，怀二心，司直田仁纵太子，皆要斩。上曰："侍郎莽通获反将如侯，长安男子景建从通获少傅石德，可谓元功矣。大鸿胪商丘成力战获反将张光。其封通为重合侯，建为德侯，成为秺侯。⑩诸太子宾客，尝出入宫门，皆坐诛。其随太子发兵，以反法族。吏士劫略者，皆徙敦煌郡。⑪以太子在外，始置屯兵长安诸城门。后二十馀日，太子得于湖。语在《太子传》。⑫

①师古曰："挢与矫同，其字从手。矫制，托称诏命也。"

②师古曰："京师诸官府。"

③师古曰："长水，校名，宣曲，宫也，并胡骑所屯。今鄠县东长水乡即旧营校之地。"

④师古曰："楫濯士，主用楫及濯行船者也。短曰楫，长曰濯。楫音集，字本从木，其音同耳。濯字本亦作櫂，并音直孝反。"

⑤师古曰："欧与驱同。"

⑥师古曰："沟，街衢之旁通水者也。"

⑦师古曰："浸，渐也。"

⑧师古曰："长安城南出东头第一门曰覆盎城门，一号杜门。"

⑨师古曰："释，放也。"

⑩孟康曰："秺音妒，在济阴成武，今有亭。"

⑪师古曰："非其本心，然被太子劫略，故徙之也。"

⑫师古曰："湖，县名。"

其明年，贰师将军李广利将兵出击匈奴，丞相为祖道，送至渭桥①与广利辞决。广利曰："愿君侯早请昌邑王为太子。②如立为帝，君侯长何忧乎?"③屈氂许诺。昌邑王者,贰师将军女弟李夫人子也。贰师女为屈氂子妻,故共欲立焉。是时治巫蛊狱急,内者令郭穰告丞相夫人以丞相数有谴,使巫祠社,祝诅主上,有恶言,及与贰师共祷祠,欲令昌邑王为帝。有司奏请案验,罪至大逆不道。有诏载屈氂厨车以徇,④要斩东市,妻子枭首华阳街。贰师将军妻子亦收。贰师闻之,降匈奴,宗族遂灭。

　　①师古曰:"祖者,送行之祭,因设宴饮焉。"
　　②如淳曰:"《汉仪注》列侯为丞相,称君侯。"师古曰:"《杨恽传》丘常谓恽为君侯,是则通呼列侯之尊称耳,非必在于丞相也。如氏之说,不为通矣。"
　　③师古曰:"如,若也。"
　　④师古曰:"厨车,载食之车也。徇,行示也。"

　　车千秋,本姓田氏,其先齐诸田徙长陵。①千秋为高寝郎。②会卫太子为江充所谮败,久之,千秋上急变讼太子冤,③曰:"子弄父兵,罪当笞;天子之子过误杀人,当何罪哉!臣尝梦见一白头翁教臣言。"是时,上颇知太子惶恐无他意,乃大感寤,召见千秋。至前,千秋长八尺馀,体貌甚丽,武帝见而说之,④谓曰:"父子之间,人所难言也,公独明其不然。此高庙神灵使公教我,公当遂为吾辅佐。"立拜千秋为大鸿胪。⑤数月,遂代刘屈氂为丞相,封富民侯。千秋无他材能术学,又无伐阅功劳,⑥特以一言寤意,旬月取宰相封侯,世未尝有也。后汉使者至匈奴,单于问曰:"闻汉新拜丞相,何用得之?"⑦使者曰:"以上书言事故。"单于曰:"苟如是,汉置丞相,非用贤也,妄一男子上书即得之矣。"使者还,道单于语。武帝以为辱命,欲下之吏。良久,乃贳之。⑧

　　①师古曰:"刘敬所言徙关东大族者。"
　　②师古曰:"高庙卫寝之郎。"
　　③师古曰:"所告非常,故云急变也。"
　　④师古曰:"说读曰悦。"
　　⑤师古曰:"当其立见而即拜之,言不移时也。"
　　⑥师古曰:"伐,积功也。阅,经历也。"

⑦师古曰:"言此人何以得为相也。"

⑧师古曰:"赀,宽纵也,谓释放之也。其下亦同。"

　　然千秋为人敦厚有智,居位自称,逾于前后数公。①初,千秋始视事,见上连年治太子狱,诛罚尤多,群下恐惧,思欲宽广上意,尉安众庶。②乃与御史、中二千石共上寿颂德美,劝上施恩惠,缓刑罚,玩听音乐,养志和神,为天下自虞乐。③上报曰:"朕之不德,自左丞相与贰师阴谋逆乱,巫蛊之祸流及士大夫。④朕日一食者累月,乃何乐之听? 痛士大夫常在心,既事不咎。⑤虽然,巫蛊始发,诏丞相、御史督二千石求捕,⑥廷尉治,未闻九卿廷尉有所鞠也。⑦曩者,江充先治甘泉宫人,转至未央椒房,⑧以及敬声之畴、李禹之属谋入匈奴,有司无所发,今丞相亲掘兰台蛊验,所明知也。至今馀巫颇脱不止,⑨阴贼侵身,远近为蛊,朕愧之甚,何寿之有? 敬不举君之觞! 谨谢丞相、二千石各就馆。⑩书曰:'毋偏毋党,王道荡荡。'⑪毋有复言。"⑫

①师古曰:"言称其职也。"

②师古曰:"尉安之字,本无心也,是以《汉书》往往存古体字焉。"

③师古曰:"虞与娱同。"

④师古曰:"谓与太子战死者也。"

⑤师古曰:"言既往之事,不可追咎。"

⑥师古曰:"督,察视也。"

⑦师古曰:"鞠,问也。"

⑧师古曰:"椒房,殿名,皇后所居也。以椒和泥涂壁,取其温而芳也。"

⑨师古曰:"言往往尚为蛊也。"

⑩师古曰:"谢,告也。馆,(宫)〔官〕舍也。"〔2〕

⑪师古曰:"《周书·洪范》之辞也。"

⑫师古曰:"不许其更请。"

　　后岁馀,武帝疾,立皇子钩弋夫人男为太子,①拜大将军霍光、车骑将军金日磾、御史大夫桑弘羊及丞相千秋,并受遗诏,辅道少主。②武帝崩,昭帝初即位,未任听政,③政事壹决大将军光。千秋居丞相位,谨厚有重德。每公卿朝会,光谓千秋曰:"始与君侯俱受先帝遗诏,今光治内,君侯治外,宜有以教督,使光毋负天下。"④千秋曰:"唯将军留意,即天下幸甚。"终不肯有所言。光以此重之。每有吉祥嘉应,数褒赏丞相。讫昭帝世,国家少事,百姓稍益充实。始元六年,诏郡国举贤良文学士,问以民所疾苦,于是盐铁之议起焉。⑤

①师古曰:"钩弋,宫名也,昭帝母赵婕妤居之,故号钩弋夫人也。"

②师古曰:"道读曰导。"

③师古曰:"年幼,故未堪听政。"

④师古曰:"督,视也。"

⑤师古曰:"议罢盐铁之官,令百姓皆得煮盐铸铁,因总论政治得失也。"

千秋为相十二年,薨,谥曰定侯。初,千秋年老,上优之,朝见,得乘小车入宫殿中,故因号曰"车丞相"。子顺嗣侯,官至云中太守,宣帝时以虎牙将军击匈奴,坐盗增卤获自杀,国除。

桑弘羊为御史大夫八年,自以为国家兴榷筦之利,①伐其功,②欲为子弟得官,怨望霍光,与上官桀等谋反,遂诛灭。

①师古曰:"榷谓专其利使入官也。筦即管字也,义与幹同,皆谓主也。榷解在《昭纪》。"

②师古曰:"自矜其功也。"

王䜣,济南人也。①以郡县吏积功,稍迁为被阳令。②武帝末,军旅数发,郡国盗贼群起,绣衣御史暴胜之使持斧逐捕盗贼,以军兴从事,诛二千石以下。胜之过被阳,欲斩䜣,䜣已解衣伏质,③仰言曰:"使君颛杀生之柄,威震郡国,④今复斩一䜣,不足以增威,不如时有所宽,以明恩贷,⑤令尽死力。"胜之壮其言,贳不诛,因与䜣相结厚。

①师古曰:"䜣字与欣同。"

②孟康曰:"故千乘县也。被音罢。"师古曰:"音皮彼反。"

③师古曰:"质,锧也,欲斩人皆伏于锧上也。锧音竹林反。"

④师古曰:"为使者,故谓之使君。使音所吏反。颛与专同。"

⑤师古曰:"贳犹假也,言饶假之。贳音土戴反。"

胜之使还,荐䜣,征为右辅都尉,守右扶风。上数出幸安定、北地,过扶风,宫馆驰道修治,供张办。① 武帝嘉之,驻车,拜䜣为真,视事十馀年。昭帝时为御史大夫,代车千秋为丞相,封宜春侯。明年薨,谥曰敬侯。

①师古曰:"供音居用反。张音竹亮反。"

子谭嗣,以列侯与谋废昌邑王立宣帝,① 益封三百户。薨,子咸嗣。王莽妻即咸女,莽篡位,宜春氏以外戚宠。② 自䜣传国至玄孙,莽败,乃绝。

①师古曰:"与读曰豫。"

②张晏曰:"莽讳取同姓,故氏侯邑也。"师古曰:"此说非也。若云王氏则与莽族相涉,故以侯号称之耳。莽本以与谭得姓不同,祖系各别,故为婚娶,既非私窃,不须避讳,讳亦不可掩也。"

杨敞,华阴人也。给事大将军莫府,为军司马,霍光爱厚之,稍迁至大司农。元凤中,稻田使者燕苍知上官桀等反谋,以告敞。敞素谨畏事,不敢言,乃移病卧。① 以告谏大夫杜延年,延年以闻。苍、延年皆封,敞以九卿不辄言,故不得侯。② 后迁御史大夫,代王䜣为丞相,封安平侯。

①师古曰:"移病,(请以)〔谓移〕书言病。[3] 一曰以病而移居也。"

②师古曰:"闻之不即告言也。"

明年,昭帝崩。昌邑王征即位,淫乱,大将军光与车骑将军张安世谋欲废王更立。议既定,使大司农田延年报敞。敞惊惧,不知所言,汗出洽背,徒唯唯而已。① 延年起至更衣,② 敞夫人遽从东箱③ 谓敞曰:"此国大事,今大将军议已定,使九卿来报君侯。君侯不疾应,与大将军同心,犹与无决,④ 先事诛矣。"延年从更衣还,敞、夫人与延年参语许诺,⑤ 请奉大将军教令,遂共废昌邑王,立宣帝。宣帝即位月馀,敞薨,谥曰敬侯。子忠嗣,以敞居位定策安宗庙,益封三千五百户。

①师古曰:"唯唯,恭应之辞也,音弋癸反。"

②师古曰:"古者延宾必有更衣之处也。"

③师古曰:"遽,速也。"

④师古曰:"与读曰豫。"

⑤师古曰:"三人共言,故云参语。"

忠弟恽,字子幼,①以忠任为郎,补常侍骑。②恽母,司马迁女也。恽始读外祖《太史公记》,颇为《春秋》。以材能称。好交英俊诸儒,名显朝廷,擢为左曹。霍氏谋反,恽先闻知,因侍中金安上以闻,召见言状。霍氏伏诛,恽等五人皆封,恽为平通侯,迁中郎将。

①师古曰:"恽音於粉反。"

②师古曰:"为骑郎而常侍,故谓之常侍骑也。"

郎官故事,令郎出钱市财用,给文书,乃得出,名曰"山郎"。①移病尽一日,辄偿一沐,②或至岁馀不得沐。其豪富郎,日出游戏,或行钱得善部。③货赂流行,传相放效。④恽为中郎将,罢山郎,移长度大司农,以给财用。⑤其疾病休谒洗沐,皆以法令从事。郎、谒者有罪过,辄奏免,荐举其高弟有行能者,至郡守九卿。郎官化之,莫不自厉,绝请谒货赂之端,令行禁止,宫殿之内翕然同声。由是擢为诸吏光禄勋,亲近用事。

①张晏曰:"山,财用之所出,故取名焉。"

②晋灼曰:"五日一洗沐也。"师古曰:"言出财用者,虽非休沐,常得在外也。贫者实病,皆以沐假偿之也。"

③师古曰:"郎官之职,各有主部,故行钱财而择其善,以招权也。"

④师古曰:"放音斧往反。"

⑤应劭曰:"长,久也。一岁之调度也。"苏林曰:"簿书给缣之长也。"师古曰:"应说是也。言总计一岁所须财用,及文书之调度,而移大司农,以官钱供给之,更不取于郎也。"

初,恽受父财五百万,及身封侯,皆以分宗族。后母无子,财亦数百万,死皆予恽,恽尽复分后母昆弟。再受訾千馀万,皆以分施。其轻财好义如此。

恽居殿中,廉絜无私,郎官称公平。然恽伐其行治,①又性刻害,好发人阴伏,同位有忤己者,必欲害之,以其能高人。由是多怨于朝廷,与太仆戴长乐相失,卒以是败。②

①师古曰:"自矜其节行及政治之能也。"

②师古曰:"卒,终也。"

长乐者,宣帝在民间时与相知,及即位,拔擢亲近。长乐尝使行事(隶)〔肄〕宗庙,①〔4〕还谓掾史曰:"我亲面见受诏,副帝(隶)〔肄〕,秺侯御。"②人有上书告长乐非所宜言,事下廷尉。长乐疑恽教人告之,亦上书告恽罪:"高昌侯车犇入北掖门,③恽语富平侯张延寿曰:'闻前曾有犇车抵殿门,④门关折,马死,而昭帝崩。今复如此,天时,非人力也。'左冯翊韩延寿有罪下狱,恽上书讼延寿。郎中丘常谓恽曰:'闻君侯讼韩冯翊,当得活乎?'恽曰:'事何容易! 胫胫者未必全也。⑤我不能自保,⑥真人所谓鼠不容穴衔窭数者也。'⑦又中书谒者令宣持单于使者语,视诸将军、中朝二千石。⑧恽曰:'冒顿单于得汉美食好物,谓之殠恶,单于不来明甚。'⑨恽上观西阁上画人,指桀纣画谓乐昌侯王武曰:'天子过此,一二问其过,可以得师矣。'⑩画人有尧舜禹汤不称,而举桀纣。恽闻匈奴降者道单于见杀,恽曰:'得不肖君,大臣为画善计不用,自令身无处所。⑪若秦时但任小臣,诛杀忠良,竟以灭亡;令亲任大臣,即至今耳。⑫古与今如一丘之貉。'⑬恽妄引亡国以诽谤当世,无人臣礼。又语长乐曰:'正月以来,天阴不雨,此《春秋》所记,夏侯君所言。⑭行必不至河东矣。'⑮以主上为戏语,尤悖逆绝理。"

①服虔曰:"兼行天子事,先(隶)〔肄〕习威仪也。"师古曰:"肄音弋二反。"

②师古曰:"我副帝(隶)〔肄〕而秺侯乃为御耳。御谓御车也。秺音丁故反。"

③师古曰:"犇,古奔字也。"

④师古曰:"抵,触也,音丁礼反。"

⑤师古曰:"胫胫,直貌也。"

⑥师古曰:"言我尚不能自保,讼人何以得活。"

⑦李奇曰:"真人,正人也。"如淳曰:"所以不容穴,坐衔窭数自妨,故不得入穴。"师古曰:"窭数,戴器也。窭音其羽反。数音山羽反。解在《东方朔

传》。恽自云今之讼人,亦于己有妨。”

⑧师古曰:“谓译者所录也。视读曰示。”

⑨师古曰:“时使者云单于欲来朝,故恽云不来。”

⑩师古曰:“过此谓经过此也。问其过,谓桀纣之过恶。”

⑪师古曰:“无处所谓死灭也。”

⑫师古曰:“言国祚长远,可以至今犹不亡也。”

⑬师古曰:“言其同类也。貉,兽名,似狐而善睡,音胡各反。”

⑭张晏曰:“夏侯胜谏昌邑王曰:‘天久阴不雨,臣下必有谋上者。’《春秋》无久阴不雨之异也。汉史记胜所言,故曰‘《春秋》所记’,谓说《春秋》灾异者耳。”师古曰:“《春秋》有不雨事,说者因论久阴,附著之也。张谓汉史为《春秋》,失之矣。”

⑮张晏曰:“后土祠在河东,天子岁祠之。”

　　事下廷尉。廷尉定国考问,左验明白,①奏:“恽不服罪,而召户将尊,②欲令戒饬富平侯延寿,③曰‘太仆定有死罪数事,朝暮人也。④恽幸与富平侯婚姻,今独三人坐语,侯言“时不闻恽语”,自与太仆相触也’。⑤尊曰:‘不可。’恽怒,持大刀,曰:‘蒙富平侯力,得族罪!⑥毋泄恽语,令太仆闻之乱馀事。’⑦恽幸得列九卿诸吏,宿卫近臣,上所信任,与闻政事,⑧不竭忠爱,尽臣子义,而妄怨望,称引为祆恶言,⑨大逆不道,请逮捕治。”上不忍加诛,有诏皆免恽、长乐为庶人。

①师古曰:“定国,于定国也。左,证左也,言当时在其左右见此事者也。”

②苏林曰:“直主门户者也。”师古曰:“户将,官名,主户卫,属光禄也。”

③师古曰:“饬与敕同。富平侯张延寿也。”

④师古曰:“言不久活也。”

⑤师古曰:“令延寿证云恽无此语,长乐诬之也。”

⑥师古曰:“恽言富平侯依太仆言而证之,则我得罪至于族灭,深怨之辞也。”

⑦文颖曰:“勿使太仆闻恽此语。”师古曰:“乱馀事者,恐长乐心忿,更加增其馀罪状也。”

⑧师古曰:“与读曰豫。”

⑨师古曰:“祆与妖同。”

恽既失爵位，家居治产业，起室宅，以财自娱。岁馀，其友人安定太守西河孙会宗，知略士也，与恽书谏戒之，为言大臣废退，当阖门惶惧，为可怜之意，①不当治产业，通宾客，有称(举)〔誉〕。[5]恽宰相子，少显朝廷，一朝〔以〕晻昧语言见废，②[6]内怀不服，报会宗书曰：

①师古曰："阖，闭也。"

②师古曰："晻与暗同。"

恽材朽行秽，文质无所底，①幸赖先人馀业得备宿卫，遭遇时变以获爵位，终非其任，卒与祸会。②足下哀其愚，蒙赐书，教督以所不及，③殷勤甚厚。然窃恨足下不深惟其终始，④而猥随俗之毁誉也。⑤言鄙陋之愚心，若逆指而文过，⑥默而息乎，恐违孔氏"各言尔志"之义，⑦故敢略陈其愚，唯君子察焉！

①师古曰："底，致也，音之履反。"

②师古曰："卒亦终也。"

③师古曰："蒙，蔽；督，视〔也〕。"[7]

④师古曰："惟，思也。"

⑤师古曰："猥，曲也。"

⑥师古曰："逆足下之意指，而自文饰其过。"

⑦师古曰："《论语》云颜回季路侍，子曰'盍各言尔志'，故恽引之。"

恽家方隆盛时，乘朱轮者十人，位在列卿，爵为通侯，总领从官，与闻政事，①曾不能以此时有所建明，以宣德化，又不能与群僚同心并力，陪辅朝廷之遗忘，已负窃位素餐之责久矣。②怀禄贪势，不能自退，遭遇变故，横被口语，③身幽北阙，妻子满狱。当此之时，自以夷灭不足以塞责，④岂意得全首领，复奉先人之丘墓乎？伏惟圣主之恩，不可胜量。君子游道，乐以忘忧；小人全躯，说以忘罪。⑤窃自思念，过已大矣，行已亏矣，长为农夫以没世矣。是故身率妻子，戮力耕桑，灌园治产，以给公上，⑥不意当复用此为讥议也。

①师古曰："与读曰豫。"

②师古曰："素，空也。不称其职，空食禄也。"

③师古曰:"横音胡孟反。"

④师古曰:"塞,补也。"

⑤师古曰:"说读曰悦。"

⑥师古曰:"充县官之赋敛也。"

　　夫人情所不能止者,圣人弗禁,故君父至尊亲,①送其终也,有时而既。②臣之得罪,已三年矣。田家作苦,岁时伏腊,亨羊炰羔,斗酒自劳。③家本秦也,能为秦声。妇,赵女也,雅善鼓瑟。奴婢歌者数人,酒后耳热,仰天拊缶④而呼乌乌。⑤其诗曰:"田彼南山,芜秽不治,种一顷豆,落而为萁。人生行乐耳,须富贵何时!"⑥是日也,拂衣而喜,奋袖低卬,⑦顿足起舞,诚淫荒无度,不知其不可也。⑧恽幸有馀禄,方籴贱贩贵,逐什一之利,此贾竖之事,污辱之处,恽亲行之。下流之人,众毁所归,不寒而栗。⑨虽雅知恽者,犹随风而靡,⑩尚何称誉之有!董生不云乎?"明明求仁义,常恐不能化民者,卿大夫意也;明明求财利,常恐困乏者,庶人之事也。"⑪故"道不同,不相为谋。"⑫今子尚安得以卿大夫之制而责仆哉!

①师古曰:"父至亲,君至尊。"

②张晏曰:"丧不过三年,臣见放逐,降居三月,复初。"师古曰:"既,已也。"

③师古曰:"炰,毛炙肉也,即今所谓燖也。炰音步交反。燖音一高反。劳音来到反。"

④应劭曰:"缶,瓦器也,秦人击之以节歌。"师古曰:"缶即今之盆类也。"

⑤师古曰:"李斯上书云:'击瓮叩缶,弹筝搏髀,而呼乌乌快耳者,真秦声也。'是关中旧有此曲也。"

⑥张晏曰:"山高而在阳,人君之象也。芜秽不治,言朝廷之荒乱也。一顷百亩,以喻百官也。言豆者,贞实之物,当在囷仓,零落在野,喻己见放弃也。其曲而不直,言朝臣皆谄谀也。"师古曰:"萁,豆茎也,音基。须,待也。"

⑦师古曰:"裦,古衣袖字。"

⑧师古曰:"自谓为可也。"

⑨师古曰:"栗,竦缩也。"

⑩师古曰:"言逐众议,皆相毁也。"

⑪师古曰："引董仲舒之辞也。《仲舒传》作皇皇也。"

⑫师古曰："《论语》载孔子之辞，恽又引之。为音于伪反。"

夫西河魏土，文侯所兴，有段干木、田子方之遗风，①漂然皆有节概，知去就之分。②顷者，足下离旧土，临安定，安定山谷之间，昆戎旧壤，③子弟贪鄙，岂习俗之移人哉？于今乃睹子之志矣。④方当盛汉之隆，愿勉旃，毋多谈。⑤

①应劭曰："段干木、田子方，魏贤人也。"

②师古曰："漂然，高远意。概，度量也。漂音匹遥反。概音工代反。分音扶问反。"

③文颖曰："昆夷之地也。"

④师古曰："言岂随安定贪鄙之俗而易其操乎？平生谓子为达道，今乃见子之志与我不同〔者〕也。"〔8〕

⑤师古曰："旃，之也。言子当自勉励以立功名，不须多与我言也。"

又恽兄子安平侯谭为典属国，谓恽曰："西河太守建平杜侯①前以罪过出，今征为御史大夫。侯罪薄，又有功，且复用。"恽曰："有功何益？县官不足为尽力。"恽素与盖宽饶、韩延寿善，谭即曰："县官实然，盖司隶、韩冯翊皆尽力吏也，俱坐事诛。"会有日食变，骑马猥佐成上书告恽：②"骄奢不悔过，日食之咎，此人所致。"章下廷尉案验，得所予会宗书，宣帝见而恶之。廷尉当恽大逆无道，③要斩。妻子徙酒泉郡。谭坐不谏正恽，与相应，有怨望语，免为庶人。召拜成为郎，诸在位与恽厚善者，未央卫尉韦玄成、京兆尹张敞及孙会宗等，皆免官。

①师古曰："杜延年。"

②如淳曰："骑马，以给驿使乘之。佐，主猥马吏也。有吏有佐名成者。"

③师古曰："当谓处断其罪。"

蔡义，河内温人也。以明经给事大将军莫府。家贫，常步行，资礼不逮众门下，好事者相合①为义买犊车，令乘之。数岁，迁补覆盎城门候。②

　　①师古曰："言众敛钱物。"

　　②师古曰："门侯,主侯时而开闭也。"

　　久之,诏求能为《韩诗》者,征义待诏,久不进见。义上疏曰:"臣山东草莱之人,行能亡所比,容貌不及众,然而不弃人伦者,窃以闻道于先师,自托于经术也。愿赐清閒之燕,①得尽精思于前。"上召见义,说诗,甚说之,②擢为光禄大夫、给事中,进授昭帝。数岁,拜为少府,迁御史大夫,代杨敞为丞相,封阳平侯。又以定策安宗庙益封,加赐黄金二百斤。

　　①师古曰："燕,安息也。閒读曰闲。"

　　②师古曰："下说读曰悦。"

　　义为丞相时年八十馀,短小无须眉,貌似老妪,行步俛偻,①常两吏扶夹乃能行。时大将军光秉政,议者或言光置宰相不选贤,苟用可颛制者。②光闻之,谓侍中左右及官属曰:"以为人主师当为宰相,何谓云云?③此语不可使天下闻也。"

　　①师古曰："俛即俯字也。偻,曲背也。偻音力主反。"

　　②师古曰："颛与专同。其后类此。"

　　③师古曰："云云,众语,谓有不选贤之言也。"

　　义为相四岁,薨,谥曰节侯。无子,国除。

　　陈万年字幼公,沛郡相人也。为郡吏,察举,至县令,迁广陵太守,①以高弟入为右扶风,迁太仆。

　　①师古曰："屡被察廉及举荐,故得迁之也。"

　　万年廉平,内行修,然善事人,赂遗外戚许、史,倾家自尽,尤事乐陵侯史高。丞相丙吉病,中二千石上谒问疾。①遣家丞出谢,谢已皆去,万年独留,昏夜乃归。及吉病甚,上自临,问以大臣行能。吉荐于定国、杜延年及万年。万年竟代定国为御史大夫,八岁病卒。

　　①师古曰："上谒,若今通名也。"

子咸字子康,年十八,以万年任为郎。有异材,抗直,数言事,刺讥近臣,书数十上,迁为左曹。万年尝病,召咸教戒于床下,语至夜半,咸睡,头触屏风。万年大怒,欲杖之,曰:"乃公教戒汝,汝反睡,不听吾言,何也?"咸叩头谢曰:"具晓所言,大要教咸谄也。"①万年乃不复言。

①师古曰:"大要,大归也。谄,古谄字也。"

万年死后,元帝擢咸为御史中丞,总领州郡奏事,课第诸刺史,内执法殿中,公卿以下皆敬惮之。是时中书令石显用事颛权,咸颇言显短,显等恨之。时槐里令朱云残酷杀不辜,有司举奏,未下。①咸素善云,云从刺候,教令上书自讼。②于是石显微伺知之,白奏咸漏泄省中语,下狱掠治,③减死,髡为城旦,因废。

①师古曰:"天子未下其章也。"

②晋灼曰:"云从咸刺探伺候事之轻重,咸因教令上书。"

③师古曰:"掠,笞击也,音力向反。"

成帝初即位,大将军王凤以咸前指言石显,有忠直节,奏请咸补长史。迁冀州刺史,奉使称意,征为谏大夫。复出为楚内史,北海、东郡太守。坐为京兆尹王章所荐,章诛,咸免官。起家复为南阳太守。所居以杀伐立威,豪猾吏及大姓犯法,辄论输府,①以律程作司空,②为地曰木杵,舂不中程,或私解脱钳钛,衣服不如法,③辄加罪笞。督作剧,不胜痛,④自绞死,岁数百千人,久者虫出腐烂,家不得收。其治放严延年,其廉不如。所居调发属县所出食物以自奉养,⑤奢侈玉食。⑥然操持橡史,⑦郡中长吏皆令闭门自敛,不得逾法。公移敕书曰:⑧"即各欲求索自快,是一郡百太守也,何得然哉!"下吏畏之,豪强执服,⑨令行禁止,然亦以此见废。咸,三公子,少显名于朝廷,而薛宣、朱博、翟方进、孔光等仕宦绝在咸后,皆以廉俭先至公卿,而咸滞于郡守。

①师古曰:"府谓郡之府。"

②师古曰:"司空,主行役之官。"

③师古曰:"钳在颈,钛在足,皆以铁为之。钳音其炎反。钛音弟。"

④师古曰:"作程剧苦,又被督察,笞罚既多,故不胜痛也。"

⑤师古曰："调,徒钓反。"

⑥师古曰："玉食,美食如玉也。"

⑦师古曰："操,执也,音(于向)〔千高〕反。"〔9〕

⑧师古曰："公然移书以约敕也。"

⑨师古曰："执读曰杕,音之涉反。"

时车骑将军王音辅政,信用陈汤。咸数赂遗汤,予书曰:"即蒙子公力,得入帝城,死不恨。"①后竟征入为少府。少府多宝物,属官咸皆钩校,发其奸臧,②没入辜榷财物。③官属及诸中宫黄门、钩盾、掖庭官吏,举奏按论,畏咸,皆失气。为少府三岁,与翟方进有隙。方进为丞相,奏"咸前为郡守,所在残酷,毒螫加于吏民。主守盗,受所监。④而官媚邪臣陈汤以求荐举。苟得无耻,不宜处位。"咸坐免。顷之,红阳侯立举咸方正,为光禄大夫给事中,方进复奏免之。后数年,立有罪就国,方进奏归咸故郡,以忧死。

①师古曰："子公,汤之字。"

②师古曰："钩音工侯反。"

③师古曰："辜,〔罪也〕。〔10〕榷,专固也。"

④如淳曰："律,主守而盗直十金,弃市。"师古曰："受所监法,解在《景纪》。"

郑弘字稚卿,泰山刚人也。①兄昌字次卿,亦好学,皆明经,通法律政事。次卿为太原、涿郡太守,弘为南阳太守,皆著治迹,条教法度,为后所述。次卿用刑罚深,不如弘平。迁淮阳相,以高弟入为右扶风,京师称之。代韦玄成为御史大夫。六岁,坐与京房论议免,语在《房传》。

①师古曰："稚,古稚字。"

赞曰:所谓盐铁议者,起始元中,征文学贤良问以治乱,皆对愿罢郡国盐铁酒榷均输,①务本抑末,毋与天下争利,然后〔教〕化可兴。〔11〕御史大夫弘羊以为此乃所以安边竟,制四夷,②国家大业,不可废也。当时相诘难,颇有其议文。至宣帝时,汝南(相)〔桓〕宽次公③治《公羊春秋》，[12]举为郎，至庐江太守丞，博通善属文，推衍盐铁之议，增广条目，极其论难，著数万言，④亦欲以究治乱，成一家之法焉。其辞曰：⑤"观公卿贤良文学之议，'异乎吾所闻'。⑥闻汝南朱生言，当此之时，英俊并进，贤良茂陵唐生、文学鲁国万生之徒六十有馀人咸聚阙庭，舒六艺之风，陈治平之原，知者赞其虑，仁者明其施，勇者见其断，⑦辩者骋其辞，断断焉，行行焉，⑧虽未详备，斯可略观矣。中山刘子推言王道，挢当世，反诸正，⑨彬彬然弘博君子也。⑩九江祝生奋史鱼之节，发愤懑，讥公卿，⑪介然直而不挠，⑫可谓不畏强围矣。桑大夫据当世，合时变，上权利之略，虽非正法，钜儒宿学不能自解，⑬博物通达之士也。然摄公卿之柄，不师古始，放于末利，⑭处非其位，行非其道，果陨其性，以及厥宗。⑮车丞相履伊吕之列，当轴处中，括囊不言，容身而去，⑯彼哉！彼哉！⑰若夫丞相、御史两府之士，不能正议以辅宰相，成同类，长同行，阿意苟合，以说其上，⑱'斗筲之徒，何足选也！'"⑲

①师古曰："酒榷均输解在《武纪》及《食货志》。"

②师古曰："竟读曰境。"

③师古曰："次公者，宽之字。"

④师古曰："即今之所行《盐铁论》十卷是也。"

⑤师古曰："谓（相）〔桓〕宽总评议其善恶。"

⑥师古曰："《论语》载子张之言，言不与己志同也，故宽引〔之〕。"[13]

⑦师古曰："断音丁唤反。"

⑧师古曰："断断，辩争之貌；行行，刚强之貌也。断音牛斤反。行音胡浪反。"

⑨师古曰："正曲曰挢。诸，之也。挢读（曰）〔与〕矫同，[14]其字从手。"

⑩师古曰："彬彬，文章貌也，音彼旻反。"

⑪师古曰："懑音满，又莫本反。"

⑫师古曰："挠，曲也，音女教反。"

⑬师古曰："解，释也，言理不出于弘羊也。"

⑭师古曰："放，纵也，谓纵心于利也。一说放，依也，音方往反。《论语》称孔子曰'放于利而行，多怨'也。"

⑮师古曰："性，生也，谓与上官桀谋反诛也。"

⑯师古曰："括，结也。《易·坤卦》六四爻辞曰'括囊，无咎无誉'，言自闭慎如囊之括结也。"

⑰师古曰："《论语》云或问子西，孔子曰：'彼哉！彼哉！'言彼人者，无足称也。"

⑱师古曰："说读曰悦。"

⑲师古曰："筲，竹器也，容一斗。选，数也。《论语》云子贡问曰：'今之从政者何如？'孔子曰：'噫，斗筲之人，何足选也！'言其材器小劣，不足数也。筲音所交反。选音先阮反。噫，叹声也。噫音於其反。"

【校勘记】

〔1〕　故(反)使怀孕者为之伤殟，　殿本无"反"字。

〔2〕　馆，(宫)〔官〕舍也。　景祐、汲古、殿、局本都作"官"，此误。

〔3〕　(请以)〔谓移〕书言病。　景祐、殿本都作"谓移"。

〔4〕　长乐尝使行事(隶)〔肄〕宗庙，　景祐、殿、局本都作"肄"。注及下文同。

〔5〕　不当治产业，通宾客，有称(举)〔誉〕。　景祐、殿本都作"誉"。杨树达说作"誉"是。

〔6〕　一朝〔以〕晻昧语言见废，　殿本有"以"字。王先谦说有"以"字是。

〔7〕　蒙，蔽；督，视〔也〕。　景祐、殿、局本都有"也"字。

〔8〕　今乃见子之志与我不同〔者〕也。　景祐、殿本都有"者"字。

〔9〕　音(于向)〔千高〕反。　景祐、殿本都作"千高"，此误。

〔10〕　辜，〔罪也〕。　景祐、殿本都有"罪也"二字。

〔11〕　然后〔教〕化可兴，　钱大昭说南监本、闽本都有"教"字。按殿本有，景祐本无。

〔12〕　汝南(相)〔桓〕宽次公治《公羊春秋》，　景祐、殿、局本都作"桓"。

〔13〕　故宽引〔之〕。　景祐本有"之"字，他本都脱。

〔14〕　挢读(曰)〔与〕矫同，　景祐、殿、局本都作"与"。

汉书卷六十七

杨胡朱梅云传第三十七

杨王孙者,孝武时人也。学黄老之术,家业千金,厚自奉养生,亡所不致。①及病且终,先令其子,②曰:"吾欲裸葬,以反吾真,③必亡易吾意。④死则为布囊盛尸,入地七尺,既下,从足引脱其囊,以身亲土。"其子欲默而不从,重废父命,⑤欲从(其)〔之〕,心又不忍,〔1〕乃往见王孙友人祁侯。⑥

①师古曰:"致,至也。"

②师古曰:"先令,为遗令。"

③师古曰:"裸者,不为衣衾棺椁者也。反,归也。真者,自然之道也。裸音郎果反。"

④师古曰:"易,改也。"

⑤师古曰:"重,难也。"

⑥师古曰:"祁侯缯贺之孙承嗣者,名它。"

祁侯与王孙书曰:"王孙苦疾,仆迫从上祠雍,未得诣前。①愿存精神,省思虑,进医药,厚自持。窃(聞)〔闻〕王孙先令裸葬,〔2〕令死者亡知则已,若其有知,是戮尸地下,将裸见先人,窃为王孙不取也。且《孝经》曰'为之棺椁衣衾',是亦圣人之遗制,何必区区独守所闻?②愿王孙察焉。"

①师古曰:"诣,至也。至前,言(求)〔来〕见也。"〔3〕

②师古曰:"区区,小意也。"

王孙报曰:"盖闻古之圣王,缘人情不忍其亲,故为制礼,今则越之,①吾是以裸葬,将以矫世也。②夫厚葬诚亡益于死者,而俗人竞以相

高,靡财单币,腐之地下。③或乃今日入而明日发,④此真与暴骸于中野
何异! 且夫死者,终生之化,而物之归者也。归者得至,化者得变,是物
各反其真也。反真冥冥,亡形亡声,乃合道情。夫饰外以华众,厚葬以
鬲真,⑤使归者不得至,化者不得变,是使物各失其所也。且吾闻之,精
神者天之有也,形骸者地之有也。⑥精神离形,各归其真,故谓之鬼,鬼
之为言归也。其尸块然独处,岂有知哉?⑦裹以币帛,鬲以棺椁,支体络
束,口含玉石,欲化不得,郁为枯腊,千载之后,棺椁朽腐,乃得归土,就
其真宅。繇是言之,焉用久客!⑧昔帝尧之葬也,窾木为匮,葛藟为缄,⑨
其穿下不乱泉,上不泄殠。⑩故圣王生易尚,死易葬也。⑪不加功于亡用,
不损财于亡谓。⑫今费财厚葬,留归鬲至,死者不知,生者不得,是谓重
惑。於戏! 吾不为也。"⑬

　　①师古曰:"言逾礼而厚葬也。"

　　②师古曰:"正曲曰矫。"

　　③师古曰:"靡,散也。单,尽也。"

　　④师古曰:"言见发掘也。"

　　⑤师古曰:"鬲与隔同。其后并类此。"

　　⑥师古曰:"文子称天气为魂。延陵季子云'骨肉下归于土',是以云然。"

　　⑦师古曰:"块音口对反。"

　　⑧师古曰:"言不用久为客也。繇读与由同。"

　　⑨服虔曰:"窾音款。款,空也,空木为匮。"师古曰:"匮即椟字也。椟,小棺
　　　也。藟,葛蔓也。一曰,藟亦草名,葛之类也。缄,束也。藟音力水反。缄
　　　音工咸反。"

　　⑩师古曰:"乱,绝也。"

　　⑪师古曰:"尚,崇也。言生死皆俭约也。"

　　⑫师古曰:"谓者,名称也,亦指趣也。"

　　⑬师古曰:"於读曰乌。戏读曰呼。"

　　祁侯曰:"善。"遂裸葬。

　　胡建字子孟,河东人也。孝武天汉中,守军正丞,①贫亡车马,常步

与走卒起居，所以尉荐走卒，甚得其心。②时监军御史为奸，穿北军垒垣以为贾区，③建欲诛之，乃约其走卒④曰："我欲与公有所诛，吾言取之则取，斩之则斩。"于是当选士马日，监御史与护军诸校列坐堂皇上，⑤建从走卒趋至堂皇下拜谒，因上堂〔皇〕，[4]走卒皆上。建指监御史曰："取彼。"走卒前曳下堂皇。建曰："斩之。"遂斩御史。护军诸校皆愕惊，不知所以。建亦已有成奏在其怀中，遂上奏曰："臣闻军法，立武以威众，诛恶以禁邪。今监御史公穿军垣以求贾利，⑥私买卖以与士市，不立刚毅之心，勇猛之节，亡以帅先士大夫，尤失理不公。用文吏议，不至重法。《黄帝李法》曰：⑦'壁垒已定，穿窬不繇路，是谓奸人，奸人者杀。'⑧臣谨按军法曰：'正亡属将军，将军有罪以闻，⑨二千石以下行法焉。'⑩丞于用法疑，⑪执事不诿上，⑫臣谨以斩，昧死以闻。"制曰："《司马法》曰'国容不入军，军容不入国'，何文吏也？⑬三王或誓于军中，欲民先成其虑也；或誓于军门之外，欲民先意以待事也；⑭或将交刃而誓，致民志也。⑮建又何疑焉？"建繇是显名。

①师古曰："南北军各有正，正又置丞，而建未得真官，兼守之。"

②师古曰："尉者，自上安之也。荐者，举籍也。"

③师古曰："坐卖曰贾，为卖物之区也。区者，小室之名，若今小庵屋之类耳。故卫士之屋谓之区庐，宿卫（官）〔宫〕外士称为区士也。[5]贾音古。其下亦同。"

④师古曰："约，束也。"

⑤师古曰："校者，军之诸部校也。室无四壁曰皇。"

⑥师古曰："公谓显然为之。"

⑦苏林曰："狱官名也。《天文志》'左角李，右角将'。"孟康曰："兵书之法也。"师古曰："李者，法官之号也，总主征伐刑戮之事也，故称其书曰《李法》。苏说近之。"

⑧师古曰："窬，小窦也，音逾。繇读与由同。下皆类此。"

⑨师古曰："言军正不属将军。将军有罪过，得表奏之。"

⑩孟康曰："二千石谓军中校尉、都尉之属。"

⑪孟康曰："丞属军正，斩御史于法有疑。"

⑫师古曰："诿，累也。言执事者，当见法即行，不可以事累于上也。诿音女瑞
　　反。累音力瑞反。"

⑬师古曰："《司马法》亦兵书之名也，解在《主父偃传》。诏言在于军中，何用
　　文吏议也。"

⑭师古曰："虑谓计念也。先意谓先为之意也。"

⑮师古曰："欲致民勇志，使不奔北。"

　　后为渭城令，治甚有声。值昭帝幼，皇后父上官将军安与帝姊盖主
私夫丁外人相善。外人（矫）〔骄〕恣，[6]怨故京兆尹樊福，使客射杀之。
客臧公主庐，吏不敢捕。渭城令建将吏卒围捕。盖主闻之，与外人、上
官将军多从奴客往，犇射追吏，①吏散走。主使仆射劾渭城令游徼伤主
家奴。建报亡它坐。②盖主怒，使人上书告建侵辱长公主，射甲舍门。③
知吏贼伤奴，辟报故不穷审。④大将军霍光寝其奏。后光病，上官氏代
听事，下吏捕建，建自杀。吏民称冤，至今渭城立其祠。

①师古曰："犇，古奔字也。奔走赴之而射也。"

②服虔曰："言游徼奉公，无它坐也。"

③师古曰："甲舍即甲第，公主之宅。"

④苏林曰："辟，回也。报，论也。断狱（也）为报。故言有故也。不穷审，〔不〕
　　穷尽其事也。"[7]师古曰："苏说非也。言为游徼避罪而妄报文书，故不穷治
　　也。辟读曰避。"

　　朱云字游，鲁人也，徙平陵。少时通轻侠，借客报仇。①长八尺馀，
容貌甚壮，以勇力闻。年四十，乃变节从博士白子友受《易》，又事前将
军萧望之受《论语》，皆能传其业。好倜傥大节，②当世以是高之。

①师古曰："借，助也，音子夜反。"

②师古曰："倜音吐历反。"

　　元帝时，琅邪贡禹为御史大夫，而华阴守丞嘉上封事，①言："治道
在于得贤，御史之官，宰相之副，九卿之右，②不可不选。平陵朱云，兼
资文武，忠正有智略，可使以六百石秩试守御史大夫，以尽其能。"上乃

下其事问公卿。太子少傅匡衡对，以为："大臣者，国家之股肱，万姓所瞻仰，明王所慎择也。传曰下轻其上爵，贱人图柄臣，则国家摇动而民不静矣。③今嘉从守丞而图大臣之位，欲以匹夫徒(走)〔步〕之人而超九卿之右，〔8〕非所以重国家而尊社稷也。自尧之用舜，文王于太公，犹试然后爵之，又况朱云者乎？云素好勇，数犯法亡命，受《易》颇有师道，其行义未有以异。今御史大夫禹洁白廉正，经术通明，有伯夷、史鱼之风，海内莫不闻知，而嘉(很)〔猥〕称云，④〔9〕欲令为御史大夫，妄相称举，疑有奸心，渐不可长，宜下有司案验以明好恶。"嘉竟坐之。

①师古曰："守华阴县丞者，其人名嘉。"

②师古曰："右言在上也。"

③师古曰："上爵，大官也。图，谋也。柄臣，执权之(官)〔臣〕。"〔10〕

④师古曰："(很)〔猥〕，曲也。"

是时，少府五鹿充宗贵幸，为《梁丘易》。自宣帝时善《梁丘氏》说，元帝好之，欲考其异同，令充宗与诸《易》家论。充宗乘贵辩口，①诸儒莫能与抗，皆称疾不敢会。有荐云者，召入，摄齋登堂，②抗首而请，③音动左右。既论难，连拄五鹿君，④故诸儒为之语曰："五鹿岳岳，朱云折其角。"⑤繇是为博士。

①师古曰："乘，因也。言因藉尊贵之权也。"

②师古曰："齋，衣下之裳，音子私反。"

③师古曰："抗，举也。"

④师古曰："拄，剌也，距也，音竹庾反。"

⑤师古曰："岳岳，长角之貌。"

迁杜陵令，坐故纵亡命，会赦，举方正，为槐里令。时中书令石显用事，与充宗为党，百僚畏之。唯御史中丞陈咸年少抗节，不附显等，而与云相结。云数上疏，言丞相韦玄成容身保位，亡能往来，①而咸数毁石显。久之，有司考云，疑风吏杀人。②群臣朝见，上问丞相以云治行。丞相玄成言云暴虐亡状。③时陈咸在前，闻之，以语云。云上书自讼，咸为定奏草，求下御史中丞。事下丞相，丞相部吏考立其杀人罪。④云亡入长安,复与咸计议。丞相具发其事,奏:"咸宿卫执法之臣,幸得进见,漏泄所闻,以私语云,为定奏草,欲令自下治,⑤后知云亡命罪人,而与交通,云以故不得。"⑥上于是下咸、云狱,减死为城旦。咸、云遂废锢,终元帝世。

①李奇曰:"不能有所前却也。"师古曰:"《周书·君奭》之篇称周公曰:'惟文王尚克修和有夏,有若虢叔、闳夭、散宜生、泰颠、南宫括。'又曰'亡能往来'。故云引此以为言也。"

②师古曰:"风读曰讽。"

③师古曰:"无善状也。"

④师古曰:"立,成也。"

⑤师古曰:"咸为御史中丞,而奏请下中丞,故云自下治。"

⑥师古曰:"吏捕之不得。"

至成帝时,丞相故安昌侯张禹以帝师位特进,甚尊重。云上书求见,公卿在前。云曰:"今朝廷大臣上不能匡主,下亡以益民,皆尸位素餐,①孔子所谓'鄙夫不可与事君','苟患失之,亡所不至'者也。②臣愿赐尚方斩马剑,断佞臣一人以厉其馀。"③上问:"谁也?"对曰"安昌侯张禹。"上大怒,曰:"小臣居下讪上,廷辱师傅,④罪死不赦!"御史将云下,云攀殿槛,槛折。⑤云呼曰:⑥"臣得下从龙逢、比干游于地下,足矣!⑦未知圣朝何如耳?"⑧御史遂将云去。于是左将军辛庆忌免冠解印绶,叩头殿下曰:"此臣素著狂直于世。⑨使其言是,不可诛;其言非,固当容之。臣敢以死争。"庆忌叩头流血。上意解,然后得已。及后当治槛,上曰:"勿易! 因而辑之,以旌直臣。"⑩

①师古曰:"尸,主也。素,空也。尸位者,不举其事,但主其位而已。素餐者,德不称官,空当食禄。"

②师古曰:"皆《论语》所载孔子之言也。苟患失其宠禄,则言行僻邪,无所不至也。"

③师古曰:"尚方,少府之属官也,作供御器物,故有斩马剑,剑利可以斩马也。"

④师古曰:"讪,谤也,音所谏反,又音删。"

⑤师古曰:"槛,轩前栏也。"

⑥师古曰:"呼,叫也,音火故反。"

⑦师古曰:"关龙逢,桀臣,王子比干,纣之诸父,皆以谏而死,故云然。"

⑧师古曰:"言杀直臣其声恶。"

⑨师古曰:"著,表也。言此名久彰表。"

⑩师古曰:"辑与集同,谓补合之也。旌,表也。"

云自是之后不复仕,常居鄠田,时出乘牛车从诸生,所过皆敬事焉。薛宣为丞相,云往见之。宣备宾主礼,因留云宿,从容谓云曰:①"在田野亡事,且留我东阁,可以观四方奇士。"云曰:"小生乃欲相吏邪?"②宣不敢复言。

①师古曰:"从音七庸反。"

②师古曰:"小生谓其新学后进。言欲以我为吏乎?"

其教授,择诸生,然后为弟子。九江严望及望兄子元,字仲,能传云学,皆为博士。望至泰山太守。

云年七十馀,终于家。病不呼医饮药。遗言以身服敛,棺周于身,土周于椁,①为丈五坟,葬平陵东郭外。

①师古曰:"棺周于身,小棺裁容身也。土周于椁,冢圹裁容椁也。"

梅福字子真,九江寿春人也。少学长安,明《尚书》、《穀梁春秋》,为郡文学,补南昌尉。①后去官归寿春,数因县道上言变事,②求假轺传,③诣行在所条对急政,④辄报罢。

①师古曰:"豫章之县。"

②师古曰:"附县道之使而封奏也。变谓非常之事。"

③师古曰:"小车之传也。轺音遥。传音张恋反。"

④师古曰:"条对者,一一条录而对之。"

是时成帝委任大将军王凤,凤专势擅朝,而京兆尹王章素忠直,讥刺凤,为凤所诛。王氏浸盛,①灾异数见,群下莫敢正言。福复上书曰:

①师古曰:"浸,渐也。"

　　臣闻箕子佯狂于殷，而为周陈《洪范》；叔孙通遁秦归汉，制作仪品。①夫叔孙先非不忠也，②箕子非疏其家而畔亲也，③不可为言也。昔高祖纳善若不及，从谏若转圜，④听言不求其能，举功不考其素。⑤陈平起于亡命而为谋主，韩信拔于行陈而建上将。⑥故天下之士云合归汉，⑦争进奇异，知者竭其策，愚者尽其虑，勇士极其节，怯夫勉其死。合天下之知，并天下之威，是以举秦如鸿毛，取楚若拾遗，⑧此高祖所以亡敌于天下也。⑨孝文皇帝起于代谷，⑩非有周召之师，伊吕之佐也，⑪循高祖之法，加以恭俭。当此之时，天下几平。⑫繇是言之，循高祖之法则治，不循则乱。何者？秦为亡道，削仲尼之迹，灭周公之轨，⑬坏井田，除五等，礼废乐崩，王道不通，故欲行王道者莫能致其功也。孝（文）〔武〕皇帝好忠谏，[11]说至言，⑭出爵不待廉茂，庆赐不须显功，⑮是以天下布衣各厉志竭精以赴阙廷自衒鬻者不可胜数。汉家得贤，于此为盛。使孝武皇帝听用其计，升平可致。⑯于是积尸暴骨，快心胡越，故淮南（安王）〔王安〕缘间而起。[12]所以计虑不成而谋议泄者，以众贤聚于本朝，⑰故其大臣势陵不敢和从也。⑱方今布衣乃窥国家之隙，见间而起者，蜀郡是也。⑲及山阳亡徒苏令之群，蹈藉名都大郡，求党与，索随和，⑳而亡逃匿之意。此皆轻量大臣，亡所畏忌，国家之权轻，故匹夫欲与上争衡也。

①师古曰："遁，逃也。"

②师古曰："先犹言先生也。一曰，先谓在秦时。"

③师古曰："箕子，纣之诸父，故言疏家畔亲也。"

④师古曰："不及，恐失之也。转圜，言其顺也。"

⑤师古曰："直取其功，不论其旧行及所从来也。"

⑥师古曰："立以为大将军。"

⑦师古曰："言四面而至。"

⑧师古曰："鸿毛喻轻。拾遗，言其易也。"

⑨师古曰："亡读曰无。"

⑩师古曰："从代而来即帝位。"

⑪师古曰:"召读曰邵。"

⑫师古曰:"几音距依反。"

⑬师古曰:"轨,法也。"

⑭师古曰:"说读曰悦。"

⑮师古曰:"谓谏争合意即得官爵,不由荐举及军功也。廉,廉吏也。茂,茂材也。"

⑯张晏曰:"民有三年之储曰升平。"

⑰师古曰:"本朝,汉朝也。"

⑱服虔曰:"臣势陵君也。"师古曰:"谓淮南大臣相内史之属也。"

⑲孟康曰:"成帝鸿嘉中广汉男子郑躬等反是也。"

⑳李奇曰:"求索与己和及随己者。"

　　士者,国之重器;得士则重,失士则轻。《诗》云:"济济多士,文王以宁。"①庙堂之议,非草茅所当言也。臣诚恐身涂野草,尸并卒伍,故数上书求见,辄报罢。臣闻齐桓之时有以九九见者,桓公不逆,欲以致大也。②今臣所言非特九九也,陛下距臣者三矣,此天下士所以不至也。昔秦武王好力,任鄙叩关自鬻;③缪公行伯,繇余归德。④今欲致天下之士,民有上书求见者,辄使诣尚书问其所言,言可采取者,秩以升斗之禄,赐以一束之帛。若此,则天下之士发愤懑,吐忠言,⑤嘉谋日闻于上,天下条贯,国家表里,烂然可睹矣。⑥夫以四海之广,士民之数,能言之类至众多也。然其傀桀指世陈政,言成文章,质之先圣而不缪,施之当世合时务,⑦若此者,亦亡几人。⑧故爵禄束帛者,天下之厎石,高祖所以厉世摩钝也。⑨孔子曰:"工欲善其事,必先利其器。"⑩至秦则不然,张诽谤之罔,以为汉欧除,倒持泰阿,授楚其柄。⑪故诚能勿失其柄,天下虽有不顺,莫敢触其锋,此孝武皇帝所以辟地建功为汉世宗也。⑫今不循伯者之道,⑬乃欲以三代选举之法取当时之士,犹察伯乐之图,求骐骥于市,而不可得,亦已明矣。故高祖弃陈平之过而获其谋,⑭晋文召天王,齐桓用其仇,⑮(亡)〔有〕益于时,不顾逆顺,此所谓伯道者也。〔13〕一色成体谓之醇,白黑杂合谓之驳。欲以承平之法治暴秦之绪，⑯犹以乡饮酒之礼理军市也。

①师古曰："《大雅·文王》之诗也。已解于上。"

②师古曰："九九，算术，若今《九章》、《五曹》之辈。"

③师古曰："秦武王即孝公之孙，惠文王之子也。任鄙，力士也。"

④师古曰："即秦穆公。伯读曰霸。繇读曰由。"

⑤师古曰："懑音满。"

⑥师古曰："烂然，分明之貌也。"

⑦师古曰："质，正也。"

⑧师古曰："无几，言不多也。几音居岂反。"

⑨师古曰："厎，细石也，音之履反，又音祇。"

⑩师古曰："《论语》载孔子之言也。工以喻国政，利器喻贤材。"

⑪师古曰："泰阿，剑名，欧冶所铸也。言秦无道，令陈涉、项羽乘间而发，譬倒
　　持剑而以把授与人也。"

⑫师古曰："辟读曰闢。"

⑬师古曰："伯读曰霸。次下亦同。"

⑭师古曰："盗嫂受金之事。"

⑮师古曰："召天王，谓狩于河阳也。用其仇，谓以管仲为相。并解于上。"

⑯师古曰："绪谓馀业也。"

　　今陛下既不纳天下之言，又加戮焉。夫瓡鹊遭害，则仁鸟增
逝；①愚者蒙戮，则知士深退。②间者愚民上疏，多触不急之法，或下
廷尉，而死者众。③自阳朔以来，天下以言为讳，朝廷尤甚，④群臣皆
承顺上指，莫有执正。何以明其然也？取民所上书，陛下之所善，
试下之廷尉，廷尉必曰："非所宜言，大不敬。"以此卜之，一矣。故
京兆尹王章资质忠直，敢面引廷争，孝元皇帝擢之，以厉具臣而矫
曲朝。⑤及至陛下，戮及妻子。且恶恶止其身，王章非有反畔之辜，
而殃及家。折直士之节，结谏臣之舌，群臣皆知其非，然不敢争，天
下以言为戒，最国家之大患也。愿陛下循高祖之轨，杜亡秦之
路，⑥数御《十月》之歌，⑦留意《亡逸》之戒，⑧除不急之法，下亡讳
之诏，博览兼听，谋及疏贱，令深者不隐，远者不塞，所谓"辟四门，

明四目"也。⑨且不急之法,诽谤之微者也。"往者不可及,来者犹可追。"方今君命犯而主威夺,⑩外戚之权日以益隆,陛下不见其形,愿察其景。建始以来,日食地震,以率言之,三倍春秋,水灾亡与比数。⑪阴盛阳微,金铁为飞,此何景也!⑫汉兴以来,社稷三危。吕、霍、上官皆母后之家也,亲亲之道,全之为右,⑬当与之贤师良傅,教以忠孝之道。今乃尊宠其位,授以魁柄,⑭使之骄逆,至于夷灭,⑮此失亲亲之大者也。自霍光之贤,不能为子孙虑,故权臣易世则危。《书》曰:"毋若火,始庸庸。"⑯势陵于君,权隆于主,然后防之,亦亡及已。⑰

①师古曰:"鶒,鸱也。仁鸟,鸾凤也。鶒音缘。"

②师古曰:"蒙,被也。"

③师古曰:"以其所言为不急而罪之也。"

④师古曰:"妨人之口,法禁严切。"

⑤师古曰:"具臣,具位之臣无益者也。矫,正也。"

⑥师古曰:"杜,塞也。"

⑦孟康曰:"福讥切王氏。《十月》之诗,刺后族太盛也。"师古曰:"《诗·小雅·十月之交》篇也。"

⑧师古曰:"《周书》篇名也,周公作之以戒成王。"

⑨师古曰:"《虞书·舜典》曰'辟四门,明四目',言开四门以致众贤,则明视于四方也。"

⑩师古曰:"君命犯者,谓大臣犯君之命。"

⑪师古曰:"言其极多,不可比较而数也。"

⑫张晏曰:"河平二年,沛郡铁官铸铁如星飞上去,权臣用事之异也。"苏林曰:"'言之不从,是谓不艾,则金不从革。'景,象也。何象,言将危亡也。"

⑬师古曰:"务全安之,此为上。"

⑭师古曰:"以斗为喻也,斗身为魁。"

⑮师古曰:"夷,平也,谓平除之。"

⑯师古曰:"《周书·洛诰》之辞也。庸庸,微小貌也。言火始微小,不早扑灭则至炽盛。大臣贵擅,亦当早图黜其权也。"

⑰师古曰:"已,语终辞。"

上遂不纳。

成帝久亡继嗣，福以为宜建三统，封孔子之世以为殷后，复上书曰：

臣闻“不在其位，不谋其政”。政者职也，位卑而言高者罪也。越职触罪，危言世患，虽伏质横分，臣之愿也。①守职不言，没齿身全，死之日，尸未腐而名灭，虽有景公之位，伏历千驷，臣不贪也。②故愿壹登文石之陛，涉赤墀之涂，③当户牖之法坐，④尽平生之愚虑。亡益于时，有遗于世，⑤此臣寝所以不安，食所以忘味也。愿陛下深省臣言。⑥

①师古曰：“伏质，斩刑也。横分，谓身首分离也。”

②师古曰：“景公，齐景公也。《论语》云：‘齐景公有马千驷，死之日，民无得而称焉。’故引之也。”

③应劭曰：“以丹淹泥涂殿上也。”

④师古曰：“户牖之间谓之扆，言负扆也。法坐，正坐也。听朝之处，犹言法官、法驾也。坐音才卧反。”

⑤师古曰：“遗，留也。”

⑥师古曰：“省，察也。”

臣闻存人所以自立也，雍人所以自塞也。善恶之报，各如其事。昔者秦灭二周，夷六国，①隐士不显，佚民不举，②绝三统，灭天道，是以身危子杀，厥孙不嗣，③所谓雍人以自塞者也。故武王克殷，未下车，存五帝之后，封殷于宋，绍夏于杞，④明著三统，示不独有也。是以姬姓半天下，迁庙之主，流出于户，⑤所谓存人以自立者也。今成汤不祀，殷人亡后，陛下继嗣久微，殆为此也。《春秋经》曰：“宋杀其大夫。”《杞梁传》曰：“其不称名姓，以其在祖位，尊之也。”⑥此言孔子故殷后也，虽不正统，封其子孙以为殷后，礼亦宜之。何者？诸侯夺宗，圣庶夺適。⑦传曰“贤者子孙宜有土”，而况圣人，又殷之后哉！昔成王以诸侯礼葬周公，而皇天动威，雷风著灾。⑧今仲尼之庙不出阙里，⑨孔氏子孙不免编户，⑩以圣人而歆匹夫之祀，非皇天之意也。今陛下诚能据仲尼之素功，以封其子孙，⑪则国家必获其福，又陛下之名与天亡极。何者？追圣人素功，封其子孙，未有法也，后圣必以为则。不灭之名，可不勉哉！

①师古曰："二周，东周、西周君也。六国，齐、楚、韩、魏、赵、燕。"

②师古曰："佚与逸同。"

③张晏曰："身为燕丹、张良所谋，子二世见杀。孙谓子婴。"

④师古曰："谓封黄帝之后于蓟，帝尧之后于祝，帝舜之后于陈，并杞、宋，是为五帝。"

⑤李奇曰："言其多。"

⑥师古曰："事在僖二十五年。《穀梁》所云'在祖位'者，谓孔子本宋孔父之后，防叔奔鲁，遂为鲁人。今宋所杀者亦孔父之后留在宋者，于孔子为（祀）〔祖〕列，〔14〕故尊而不名也。"

⑦如淳曰："夺宗，始封之君尊为诸侯，则夺其旧为宗子之事也。夺適，文王舍伯邑考而立武王是也。孔子虽庶，可为殷后。"师古曰："適读曰嫡。"

⑧师古曰："《尚书大传》云：'周公疾，曰："吾死必葬于成周，示天下臣于成王也。"周公死，天乃雷雨以风，禾尽偃，大木斯拔。国恐，王与大夫开金縢之书，执书以泣曰："周公勤劳王家，予幼人弗及知。"乃不葬于成周而葬之于毕，示天〔下〕不敢臣。'"〔15〕

⑨师古曰："阙里，孔子旧里也。言除此之外，更无祭祀孔子者也。"

⑩师古曰："列为庶人也。"

⑪师古曰："素功，素王之功也。《穀梁传》曰'孔子素王'。"

福孤远，又讥切王氏，故终不见纳。

〔初〕，武帝时，〔16〕始封周后姬嘉为周子南君，至元帝时，尊周子南君为周承休侯，位次诸侯王。使诸大夫博士求殷后，分散为十馀姓，郡国往往得其大家，推求子孙，绝不能纪。①时匡衡议，以为："王者存二王后，所以尊其先王而通三统也。其犯诛绝之罪者绝，而更封他亲为始封君，上承其王者之始祖。《春秋》之义，诸侯不能守其社稷者绝。今宋国已不守其统而失国矣，则宜更立殷后为始封君，而上承汤统，非当继宋之绝侯也，宜明得殷后而已。今之故宋，推求其嫡，久远不可得；虽得其嫡，嫡之先已绝，不当得立。《礼记》孔子曰：'丘，殷人也。'先师所共传，

宜以孔子世为汤后。"上以其语不经,②遂见寝。至成帝时,梅福复言宜
封孔子后以奉汤祀。绥和元年,立二王后,推迹古文,以《左氏》、《穀
梁》、《世本》、《礼记》相明,遂下诏封孔子世为殷绍嘉公。语在《成纪》。
是时,福居家,常以读书养性为事。

　　①师古曰:"不自知其昭穆之数也。"

　　②师古曰:"不合于经也。"

　　至元始中,王莽颛政,①福一朝弃妻子,去九江,至今传以为仙。其
后,人有见福于会稽者,变名姓,为吴市门卒云。②

　　①师古曰:"颛读与专同。"

　　②师古曰:"其后谓弃妻子去之后。"

　　云敞字幼(儒)〔孺〕,〔17〕平陵人也。师事同县吴章,章治《尚书经》为
博士。平帝以中山王即帝位,年幼,莽秉政,自号安汉公。以平帝为成
帝后,不得顾私亲,帝母及外家卫氏皆留中山,不得至京师。莽长子宇,
非莽鬲绝卫氏,①恐帝长大后见怨。宇与吴章谋,夜以血涂莽门,若鬼
神之戒,冀以惧莽。章欲因对其咎。事发觉,莽杀宇,诛灭卫氏,谋所联
及,死者百馀人。章坐要斩,磔尸东市门。初,章为当世名儒,教授尤
盛,弟子千馀人,莽以为恶人党,皆当禁(固)〔锢〕,〔18〕不得仕宦。门人尽
更名他师。②敞时为大司徒掾,自劾吴章弟子,收抱章尸归,棺敛葬之,③
京师称焉。车骑将军王舜高其志节,比之栾布,表奏以为掾,荐为中郎
谏大夫。莽篡位,王舜为太师,复荐敞可辅职。④以病免。唐林言敞可
典郡,擢为鲁郡大尹。更始时,安车征敞为御史大夫,复病免去,卒
于家。

　　①师古曰:"鬲读与隔同。"

　　②师古曰:"更以他人为师,讳不言是章弟子。"

　　③师古曰:"棺音工唤反。敛音力赡反。"

　　④师古曰:"为辅弼之任。"

赞曰："昔仲尼称不得中行，则思狂狷。①观杨王孙之志，贤于秦始皇远矣。世称朱云多过其实，〔故曰〕：〔19〕"盖有不知而作之者，我亡是也。"②胡建临敌敢断，武昭于外。③斩伐奸隙，军旅不队。梅福之辞，合于《大雅》，虽无老成，尚有典刑；殷监不远，夏后所闻。④遂从所好，全性市门。云敞之义，著于吴章，为仁由己，再入大府，⑤清则濯缨，何远之有？⑥

①师古曰："《论语》载孔子曰：'不得中行而与之，必也狂狷乎！狂者进取，狷者有所不为。'中行，中庸也。狷，介也。言不必得中庸之人与之论道，则思狂狷，犹愈于顽嚚无识者也。狷音子掾反。"

②师古曰："《论语》称孔子之言也。疾时人妄有述作，非有实也。"

③师古曰："昭，明也。"

④师古曰："《大雅·荡》之诗曰'虽无老成人，尚有典刑'，言今虽无其人，尚有故法可案用也。又曰'殷监不远，在夏后之时'，言殷视夏桀之亡，可为戒也。赞引此者，谓梅福请封孔子后，是案武王克商之法而行之。又视秦灭二周，夷六国，不为立后，自取丧亡，可为戒也。"

⑤师古曰："《论语》称孔子曰：'为仁由己，而由人乎哉！'此赞引之。再入大府，谓初为大司徒掾，后为车骑将军掾也。"

⑥师古曰："《楚辞·渔父》之歌曰：'沧浪之水清，可以濯我缨；沧浪之水浊，可以濯我足。'遇治则仕，遇乱则隐，云敞谢病去职，近于此义也。"

【校勘记】

〔1〕　欲从(其)〔之〕，心又不忍。　钱大昭说闽本"其"作"之"。按景祐、殿本都作"之"。

〔2〕　窃(闻)〔闻〕王孙先命裸葬，　景祐、汲古、殿、局本都作"闻"，此误。

〔3〕　言(求)〔来〕见也。　景祐、殿本都作"来"。王先谦说作"来"是。

〔4〕　因上堂〔皇〕，　钱大昭说"堂"下脱"皇"字。按殿本有。

〔5〕　宿卫(官)〔宫〕外士称为区士也。　景祐、殿本都作"宫"。王先谦说作"宫"是。

〔6〕　外人(矫)〔骄〕恣，　景祐、殿本都作"骄"。

〔7〕 报,论也。断狱(也)为报。故言有故也。不穷审,〔不〕穷尽其事也。
　　　景祐、殿、局本都无"也"字。殿、局本都有"不"字。王先谦说无"也"字
　　　有"不"字是。

〔8〕 欲以匹夫徒(走)〔步〕之人而超九卿之右,　景祐、殿本都作"步"。

〔9〕 而嘉(偎)〔猥〕称云,　景祐、殿、局本都作"猥"。注同。

〔10〕 柄臣,执权之(官)〔臣〕。　景祐、殿本都作"臣"。

〔11〕 孝(文)〔武〕皇帝好忠谏,　景祐、殿、局本都作"武"。王先谦说作
　　　"武"是。

〔12〕 故淮南(安王)〔王安〕缘间而起,　景祐、殿、局本都作"王安"。

〔13〕 (亡)〔有〕益于时,不顾逆顺,此所谓伯道者也。　王念孙说,"亡"当为
　　　"有",盖涉后文"亡益于时,有遗于世"而误。

〔14〕 于孔子为(祀)〔祖〕列,　景祐、殿本都作"祖"。王先谦说作"祖"是。

〔15〕 示天〔下〕不敢臣。　景祐、殿、本都有"下"字。王先谦说有"下"字是。

〔16〕 〔初〕,武帝时,　钱大昭说,"武帝"上闽本有"初"字。按殿本有,景祐
　　　本无。

〔17〕 云敞字幼(儒)〔孺〕,　景祐、殿本都作"孺"。王先谦说作"孺"是。

〔18〕 皆当禁(固)〔锢〕,　景祐、殿本都作"锢"。

〔19〕 〔故曰〕　二字据景祐、殿本补。

汉书卷六十八

霍光金日磾传第三十八

霍光字子孟,票骑将军去病弟也。父中孺,河东平阳人也,①以县吏给事平阳侯家②与侍者卫少兒私通而生去病。中孺吏毕归家,娶妇生光,因绝不相闻。久之,少兒女弟子夫得幸于武帝,立为皇后,去病以皇后姊子贵幸。既壮大,乃自知父为霍中孺,未及求问。会为票骑将军击匈奴,道出河东,河东太守郊迎,负弩矢先驱,③至平阳传舍,遣吏迎霍中孺。中孺趋入拜谒,将军迎拜,因跪曰:"去病不早自知为大人遗体也。"中孺扶服叩头,④曰:"老臣得托命将军,此天力也。"去病大为中孺买田宅奴婢而去。还,复过焉,乃将光西至长安,时年十餘岁,任光为郎,稍迁诸曹侍中。去病死后,光为奉(常)〔车〕都尉⁽¹⁾光禄大夫,出则奉车,入侍左右,出入禁闼二十餘年,⑤小心谨慎,未尝有过,甚见亲信。

①师古曰:"中读曰仲。"

②师古曰:"县遣吏于侯家供事也。"

③师古曰:"郊迎,迎于郊界之上也。先驱者,导其路也。"

④师古曰:"服音蒲北反。"

⑤师古曰:"宫中小门谓之闼。"

征和二年,卫太子为江充所败,而燕王旦、广陵王胥皆多过失。是时上年老,宠姬钩弋赵倢伃有男,①上心欲以为嗣,命大臣辅之。察群臣唯光任大重,可属社稷。②上乃使黄门画者画周公负成王朝诸侯以赐光。③后元二年春,上游五柞宫,病笃,光涕泣问曰:"如有不讳,谁当嗣者?"④上曰:"君未谕前画意邪?⑤立少子,君行周公之事。"光顿首让曰:"臣不如金日磾。"日磾亦曰:"臣外国人,不如光。"上以光为大司马大将

军,日䃅为车骑将军,及太仆上官桀为左将军,搜粟都尉桑弘羊为御史
大夫,皆拜卧内床下,⑥受遗诏辅少主。明日,武帝崩,太子袭尊号,是
为孝昭皇帝。帝年八岁,政事壹决于光。

①师古曰:“婕伃居钩弋宫,故称之。”

②师古曰:“任,堪也。属,委也。任音壬。属音之欲反。”

③师古曰:“黄门之署,职任亲近,以供天子,百物在焉,故亦有画工。”

④师古曰:“不讳,言不可讳也。”

⑤师古曰:“谕,晓也。”

⑥师古曰:“于天子所卧床前拜职。”

先是,后元年,侍中仆射莽何罗与弟重合侯通谋为逆,①时光与金
日䃅、上官桀等共诛之,功未录。武帝病,封玺书曰:“帝崩发书以从
事。”遗诏封金日䃅为秺侯,上官桀为安阳侯,光为博陆侯,②皆以前捕
反者功封。时卫尉王莽子男忽侍中,③扬语曰:④“帝(病)〔崩〕,〔2〕忽常在
左右,安得遗诏封三子事!⑤群儿自相贵耳。”光闻之,切让王莽,⑥莽鸩
杀忽。

①师古曰:“莽音莫户反。”

②文颖曰:“博,大。陆,平。取其嘉名,无此县也,食邑北海、河〔间〕、东(城)
〔郡〕。”〔3〕师古曰:“盖亦取乡聚之名以为国号,非必县也,公孙弘平津乡则
是矣。”

③师古曰:“即右将军王莽也,其子名忽。”

④师古曰:“扬谓宣唱之。”

⑤师古曰:“安犹焉。”

⑥师古曰:“切,深也。让,责也。”

光为人沈静详审,长财七尺三寸,①白皙,疏眉目,美须頿。②每出入
下殿门,止进有常处,郎仆射窃识视之,不失尺寸,③其资性端正如此。
初辅幼主,政自己出,④天下想闻其风采。⑤殿中尝有怪,一夜群臣相惊,
光召尚符玺郎,⑥郎不肯授光。光欲夺之,郎按剑曰:“臣头可得,玺不
可得也!”光甚谊之。明日,诏增此郎秩二等。众庶莫不多光。⑦

①师古曰:“财与才同。”

②师古曰："皙,洁白也。顠,颊毛也。皙音先历反。顠音人占反。"

③师古曰："识,记也,音式志反。"

④师古曰："自,从也。"

⑤师古曰："采,文采。"

⑥师古曰："恐有变难,故欲收（其）〔取〕玺。"〔4〕

⑦师古曰："多犹重也。以此事为多足重也。"

光与左将军桀结婚相亲,光长女为桀子安妻。有女年与帝相配,①桀因帝姊鄂邑盖主内安女后宫为倢伃,②数月立为皇后。父安为票骑将军,封桑乐侯。光时休沐出,桀辄入代光决事。桀父子既尊盛,而德长公主。③公主内行不修,近幸河间丁外人。桀、安欲为外人求封,幸依国家故事以列侯尚公主者,光不许。又为外人求光禄大夫,欲令得召见,又不许。长主大以是怨光。而桀、安数为外人求官爵弗能得,亦惭。自先帝时,桀已为九卿,位在光右。④及父子并为将军,有椒房中宫之重,⑤皇后亲安女,光乃其外祖,而顾专制朝事,⑥繇是与光争权。⑦

①晋灼曰："《汉语》光嫡妻东闾氏生安夫人,昭后之母也。"

②师古曰："鄂邑,所食邑,为盖侯所尚,故云盖主也。"

③师古曰："怀其恩德也。"

④师古曰："右,上也。"

⑤师古曰："椒房殿,皇后所居。"

⑥师古曰："顾犹反也。"

⑦师古曰："繇读与由同。"

燕王旦自以昭帝兄,常怀怨望。及御史大夫桑弘羊建造酒榷盐铁,为国兴利,伐其功,①欲为子弟得官,亦怨恨光。于是盖主、上官桀、安及弘羊皆与燕王旦通谋,诈令人为燕王上书,言："光出都肄郎羽林,道上称趯,②太官先置。③又引苏武前使匈奴,拘留二十年不降,还乃为典属国,而大将军长史敞亡功为搜粟都尉。④又擅调益莫府校尉。⑤光专权自恣,疑有非常。臣旦愿归符玺,入宿卫,察奸臣变。"候司光出沐日奏之。桀欲从中下其事,⑥桑弘羊当与诸大臣共执退光。书奏,帝不肯下。

　①师古曰："伐，矜也。"

　②孟康曰："都，试也。肄，习也。"师古曰："谓总阅试习武备也。"

　③师古曰："供饮食之具。"

　④师古曰："杨敞也。"

　⑤师古曰："调，选也。莫府，大将军府也。调音徒钓反。"

　⑥师古曰："下谓下有司也，音胡稼反。"

　明旦，光闻之，止画室中不入。①上问："大将军安在？"左将军桀对曰："以燕王告其罪，故不敢入。"有诏召大将军。光入，免冠顿首谢，上曰："将军冠。②朕知是书诈也，将军亡罪。"光曰："陛下何以知之？"上曰："将军之广明，都郎属耳。③调校尉以来未能十日，燕王何以得知之？且将军为非，不须校尉。"④是时帝年十四，尚书左右皆惊，而上书者果亡，捕之甚急。桀等惧，白上小事不足遂，⑤上不听。

　①如淳曰："近臣所止计画之室也，或曰雕画之室。"师古曰："雕画是也。"

　②师古曰："令复著冠也。"

　③师古曰："之，往也。广明，亭名也。属耳，近耳也。属音之欲反。"

　④文颖曰："帝云将军欲反，不由一校尉。"

　⑤师古曰："遂犹竟也。不须穷竟也。"

　后桀党与有谮光者，上辄怒曰："大将军忠臣，先帝所属以辅朕身，①敢有毁者坐之。"自是桀等不敢复言，乃谋令长公主置酒请光，伏兵格杀之，因废帝，迎立燕王为天子。事发觉，光尽诛桀、安、弘羊、外人宗族。燕王、盖主皆自杀。光威震海内。昭帝既冠，遂委任光，讫十三年，百姓充实，四夷宾服。

　①师古曰："属，委也，音之欲反。其下亦同。"

　元平元年，昭帝崩，亡嗣。武帝六男独有广陵王胥在，群臣议所立，咸持广陵王。王本以行失道，先帝所不用。光内不自安。郎有上书言："周太王废太伯立王季，文王舍伯邑考立武王，唯在所宜，①虽废长立少可也。广陵王不可以承宗庙。"言合光意。光以其书视丞相敞等，②擢郎为九江太守,即日承皇太后诏,遣行大鸿胪事少府乐成、宗正德、光禄大夫吉、中郎将利汉迎昌邑王贺。

①师古曰:"太伯者,王季之兄。伯邑考,文王长子也。"

②师古曰:"视读曰示。敞即杨敞也。"

贺者,武帝孙,昌邑哀王子也。既至,即位,行淫乱。光忧懑,①独以问所亲故吏大司农田延年。延年曰:"将军为国柱石,②审此人不可,何不建白太后,③更选贤而立之?"光曰:"今欲如是,于古尝有此否?"④延年曰:"伊尹相殷,废太甲以安宗庙,后世称其忠。⑤将军若能行此,亦汉之伊尹也。"光乃引延年给事中,阴与车骑将军张安世图计,⑥遂召丞相、御史、将军、列侯、中二千石、大夫、博士会议未央宫。光曰:"昌邑王行昏乱,恐危社稷,如何?"群臣皆惊鄂失色,⑦莫敢发言,但唯唯而已。田延年前,离席按剑,曰:"先帝属将军以幼孤,寄将军以天下,以将军忠贤能安刘氏也。今群下鼎沸,社稷将倾,且汉之传谥常为孝者,以长有天下,令宗庙血食也。如今汉家绝祀,⑧将军虽死,何面目见先帝于地下乎?今日之议,不得旋踵。⑨群臣后应者,臣请剑斩之。"光谢曰:"九卿责光是也。天下匈匈不安,光当受难。"⑩于是议者皆叩头,曰:"万姓之命在于将军,唯大将军令。"⑪

①师古曰:"懑音满,又音闷。"

②师古曰:"柱者,梁下之柱;石者,承柱之础也。言大臣负国重任,如屋之柱及其石也。"

③师古曰:"立议而白之。"

④师古曰:"光不涉学,故有此问也。"

⑤师古曰:"《商书·太甲篇》曰'太甲既立,弗明,伊尹放诸桐'是也。"

⑥师古曰:"图,谋也。"

⑦师古曰:"凡言鄂者,皆谓阻碍不依顺也,后字作愕,其义亦同。"

⑧师古曰:"如,若也。"

⑨师古曰:"宜速决。"

⑩师古曰:"受其忧责也。"

⑪师古曰:"言一听之也。"

　　光即与群臣俱见白太后,具陈昌邑王不可以承宗庙状。皇太后乃车驾幸未央承明殿,诏诸禁门毋内昌邑群臣。王入朝太后还,乘辇欲归温室,中黄门宦者各持门扇,王入,门闭,昌邑群臣不得入。王曰:"何为?"大将军跪曰:"有皇太后诏,毋内昌邑群臣。王曰:"徐之,何乃惊人如是!"光使尽驱出昌邑群臣,置金马门外。车骑将军安世将羽林骑收缚二百馀人,皆送廷尉诏狱。令故昭帝侍中中臣侍守王。光敕左右:"谨宿卫,卒有物故自裁,令我负天下,有杀主名。"①王尚未自知当废,谓左右:"我故群臣从官安得罪,而大将军尽系之乎。"②顷之,有太后诏召王。王闻召,意恐,乃曰:"我安得罪而召我哉!"太后被珠襦,③盛服坐武帐中,侍御数百人皆持兵,期门武士陛戟,陈列殿下。④群臣以次上殿,召昌邑王伏前听诏。光与群臣连名奏王,尚书令读奏曰:

　　①师古曰:"卒读曰猝。物故,死也。自裁,自杀也。"

　　②师古曰:"安,焉也。"

　　③如淳曰:"以珠饰襦也。"晋灼曰:"贯珠以为襦,形若今革襦矣。"师古曰:"晋说是也。"

　　④师古曰:"陛戟谓执戟以卫陛下也。"

　　丞相臣敞、①大司马大将军臣光、车骑将军臣安世、②度辽将军臣明友、③前将军臣增、④后将军臣充国、⑤御史大夫臣谊、⑥宜春侯臣谭、⑦当涂侯臣圣、⑧随桃侯臣昌乐、⑨杜侯臣屠耆堂、⑩太仆臣延年、⑪太常臣昌、⑫大司农臣延年、⑬宗正臣德、⑭少府臣乐成、⑮廷尉臣光、⑯执金吾臣延寿、⑰大鸿胪臣贤、⑱左冯翊臣广明、⑲右扶风臣德、⑳长信少府臣嘉、㉑典属国臣武、㉒京辅都尉臣广汉、㉓司隶校尉臣辟兵、㉔诸吏文学光禄大夫臣迁、㉕臣畸、㉖臣吉、㉗臣赐、臣管、臣胜、臣梁、臣长幸、㉘臣夏侯胜、㉙太中大夫臣德、㉚臣印㉛昧死言皇太后陛下:臣敞等顿首死罪。(大)〔天〕子所以永保宗庙总壹海内者,[5]以慈孝礼谊赏罚为本。孝昭皇帝早弃天下,亡嗣,臣敞等议,礼曰"为人后者为之子也",昌邑王宜嗣后,遣宗正、大鸿胪、光禄大夫奉节使征昌邑王典丧。服斩缞,㉜亡悲哀之心，[6]废礼谊，居道上不素食，③使从官略女子载衣车，内所居传舍。始至谒见，立为皇太子，常私买鸡豚以食。受皇帝信玺、行玺大行前，③就次发玺不封。③从官更持节，⑤引内昌邑从官驺宰官奴二百馀人，常与居禁闼内敖戏。自之符玺取节十六，⑤朝暮临，⑥令从官更持节从。⑨为书曰："皇帝问侍中君卿：⑩使中御府令高昌奉黄金千斤，赐君卿取十妻。"大行在前殿，发乐府乐器，引内昌邑乐人，击鼓歌吹作俳倡。⑪会下还，上前殿，⑫击钟磬，召内泰壹宗庙乐人辇道牟首，⑬鼓吹歌舞，悉奏众乐。发长安厨三太牢具祠阁室中，⑭祠已，与从官饮啖。⑮驾法驾，皮轩鸾旗，驱驰北宫、桂宫，弄彘斗虎。⑯召皇太后御小马车，⑰使官奴骑乘，游戏掖庭中。与孝昭皇帝宫人蒙等淫乱，诏掖庭令敢泄言要斩。

①师古曰："杨敞也。"

②师古曰："张子孺。"

③师古曰："范明友。"

④师古曰："韩增。"

⑤师古曰："赵充国。"

⑥师古曰："蔡谊。"

⑦师古曰："王䜣子。"

⑧师古曰："姓魏也。"

⑨师古曰："姓赵，故苍梧王赵光子。"

⑩师古曰："故胡人。"

⑪师古曰："杜延年。"

⑫师古曰："蒲侯苏昌。"

⑬师古曰："田延年。"

⑭师古曰："刘向父。"

⑮师古曰："姓史也。"

⑯师古曰："李光。"

⑰师古曰："李延寿。"

⑱师古曰："韦贤。"

⑲师古曰:"田广明。"

⑳师古曰:"周德。"

㉑师古曰:"不知姓。"

㉒师古曰:"苏武。"

㉓师古曰:"赵广汉。"

㉔师古曰:"不知姓。"

㉕师古曰:"王迁。"

㉖师古曰:"宋畸。"

㉗师古曰:"景吉。"

㉘师古曰:"并不知姓也。"

㉙李奇曰:"同官同名,故以姓别也。"

㉚师古曰:"不知姓。"

㉛师古曰:"赵充国子也。"

㉜师古曰:"典丧服,言为丧主也。斩缞,谓缞裳下不缉,直斩(斩)割之而已。[7] 缞音步千反。"

㉝师古曰:"素食,菜食无肉也。言王在道常肉食,非居丧之制也。而郑康成解《丧服》素食云'平常之食',失之远矣。素食,义亦见《王莽传》。"

㉞孟康曰:"汉初有三玺,天子之玺自佩,行玺、信玺在符节台。大行前,昭帝柩前也。"韦昭曰:"大行,不反之辞也。"

㉟师古曰:"玺既国器,常当缄封,而王于大行前受之,退还所次,遂尔发漏,更不封之,得令凡人皆见,言不重慎也。"

㊱师古曰:"更音工衡反。次下亦同。"

㊲师古曰:"之,往也。自往至署取节也。"

㊳师古曰:"临,哭临也,音力禁反。"

㊴师古曰:"更互执节,从至哭临之所。"

㊵师古曰:"昌邑之侍中名君卿也。"

㊶师古曰:"俳优,谐戏也。倡,乐人也。俳音排。"

㊷如淳曰:"下谓柩之入冢。葬还不居丧位,便处前殿也。"师古曰:"下音胡稼反。"

㊸郑氏曰:"祭泰壹神乐人也。"孟康曰:"牟首,地名也,上有观。"如淳曰:"辇道,阁道也。牟首,屏面也。以屏面自隔,无哀戚也。"臣瓒曰:"牟首,池名

也，在上林苑中。方在衰绖而辇游于池，言无哀戚也。"师古曰："召泰壹乐
人，内之于辇道牟首而鼓吹歌舞也。牟首，瓒说是也。屏面之言，失之远
矣。又左思《吴都赋》云'长涂牟首'，刘逵以为牟首阁道有室屋也，此说更
无所出。或者思及逵据此'辇道牟首'便误用之乎？"

㊹如淳曰："《黄图》北出中门有长安厨，故谓之厨城门。阁室，阁道之有室者。
不知祷何淫祀也。"

㊺师古曰："啖，食也，音徒敢反。"

㊻师古曰："皮轩鸾旗皆法驾所陈也。北宫、桂宫并在未央宫北。"

㊼张晏曰："皇太后所驾游宫中辇车也。汉厩有果下马，高三尺，以驾辇。"师
古曰："小马可于果树下乘之，故号果下马。"

太后曰："止！①为人臣子当悖乱如是邪！"②王离席伏。尚书令复读曰：

①师古曰："令且止读奏。"

②师古曰："责王也。悖，乖也，音布内反。"

　　取诸侯王、列侯、二千石绶及墨绶、黄绶以并佩昌邑郎官者免
奴。①变易节上黄旄以赤。②发御府金钱刀剑玉器采缯，赏赐所与游
戏者。与从官官奴夜饮，湛沔于酒。③诏太官上乘舆食如故。食监
奏未释服未可御故食，④复诏太官趣具，无关食监。⑤太官不敢具，
即使从官出买鸡豚，诏殿门内，以为常。⑥独夜设九宾温室，⑦延见
姊夫昌邑关内侯。祖宗庙祠未举，为玺书使使者持节，以三太牢祠
昌邑哀王园庙，称嗣子皇帝。⑧受玺以来二十七日，使者旁午，⑨持
节诏诸官署征发，凡千一百二十七事。文学光禄大夫夏侯胜等及
侍中傅嘉数进谏以过失，使人簿责胜，⑩缚嘉系狱。荒淫迷惑，失
帝王礼谊，乱汉制度。臣敞等数进谏，不变更，⑪日以益甚，恐危社
稷，天下不安。

①师古曰："免奴谓免放为良人者。"

②师古曰："以刘屈氂与戾太子战，加节上黄旄，遂以为常。贺今辄改之。"

③师古曰："湛读曰沈，又读曰耽。沈沔，荒迷也。"

④师古曰："释谓解脱也。"

⑤师古曰："趣读曰促。关，由也。"

⑥师古曰："内，入也。令每日常入鸡豚也。"

⑦师古曰："于温室中设九宾之礼也。九宾，解在《叔孙通传》。"

⑧师古曰："时在丧服，故未祠宗庙而私祭昌邑哀王也。"

⑨如淳曰："旁午，分布也。"师古曰："一从一横为旁午，犹言交横也。"

⑩师古曰："簿音步户反。簿责，以文簿具责之。"

⑪师古曰："更，改也。"

臣敞等谨与博士臣霸、臣隽舍、①臣德、臣虞舍、臣射、臣仓议，皆曰："高皇帝建功业为汉太祖，孝文皇帝慈仁节俭为太宗，今陛下嗣孝昭皇帝后，行淫辟不轨。②《诗》云：'籍曰未知，亦既抱子。'③五辟之属，莫大不孝。④周襄王不能事母，《春秋》曰'天王出居于郑'，繇不孝出之，绝之于天下也。⑤宗庙重于君，陛下未见命高庙，不可以承天序，奉祖宗庙，子万姓，当废。"臣请有司御史大夫臣谊、宗正臣德、太常臣昌与太祝以一太牢具，告祠高庙。臣敞等昧死以闻。

①晋灼曰："隽姓，舍名也。下有臣虞舍，故以姓别之。"师古曰："隽音辞阮反，又音字阮反。"

②师古曰："轨，法也。辟读曰僻。"

③师古曰："《大雅·抑》之诗。卫武公刺厉王也。籍，假也。此言假令人云王尚幼少，未有所知，亦已长大而抱子矣，实不幼少也。"

④师古曰："五辟即五刑也。辟音频亦反。"

⑤师古曰："襄王，惠王子也。僖二十四年经书'天王出居于郑'。《公羊传》曰：'王者无外，此其言出何？不能乎母也。'繇读与由同。"

皇太后诏曰："可。"光令王起拜受诏，王曰："闻天子有争臣七人，虽无道不失天下。"①光曰："皇太后诏废，安得天子！"乃即持其手，②解脱其玺组，奉上太后，扶王下殿，出金马门，群臣随送。王西面拜，曰："愚戆不任汉事。"起就乘舆副车。大将军光送至昌邑邸，光谢曰："王行自绝于天，臣等驽怯，不能杀身报德。臣宁负王，不敢负社稷。愿王自爱，臣长不复见左右。"③光涕泣而去。群臣奏言："古者废放之人屏于远方，不及以政，④请徙王贺汉中房陵县。"太后诏归贺昌邑，赐汤沐邑二千户。昌邑群臣坐亡辅导之谊,陷王于恶,光悉诛杀二百馀人。出死,号呼市中⑤曰:"当断不断,反受其乱。"⑥

　①师古曰:"引《孝经》之言。"

　②师古曰:"即,就也。"

　③师古曰:"言不复得侍见于左右。"

　④师古曰:"言不豫政令。"

　⑤师古曰:"呼音火故反。"

　⑥师古曰:"悔不早杀光等也。"

光坐庭中,会丞相以下议定所立。广陵王已前不用,及燕剌王反诛,其子不在议中。近亲唯有卫太子孙号皇曾孙在民间,咸称述焉。光遂复与丞相敞等上奏曰:"《礼》曰:'人道亲亲故尊祖,尊祖故敬宗。'(太)〔大〕宗亡嗣,择支子孙贤者为嗣。[8]孝武皇帝曾孙病已,武帝时有诏掖庭养视,至今年十八,师受《诗》、《论语》、《孝经》,躬行节俭,慈仁爱人,可以嗣孝昭皇帝后,奉承祖宗庙,子万姓。臣昧死以闻。"皇太后诏曰:"可。"光遣宗正刘德至曾孙家尚冠里,洗沐赐御衣,太仆以轺猎车迎曾孙就斋宗正府,入未央宫见皇太后,封为阳武侯。①已而光奉上皇帝玺绶,谒于高庙,是为孝宣皇帝。明年,下诏曰:"夫褒有德,赏元功,古今通谊也。大司马大将军光宿卫忠正,宣德明恩,守节秉谊,以安宗庙。其以河北、东武阳益封光万七千户。"与故所食凡二万户。赏赐前后黄金七千斤,钱六千万,杂缯三万疋,奴婢百七十人,马二千疋,甲第一区。

　①师古曰:"解并在《宣纪》。轺音零。"

自昭帝时,光子禹及兄孙云皆中郎将,云弟山奉车都尉侍中,领胡越兵。光两女婿为东西宫卫尉,昆弟诸婿外孙皆奉朝请,为诸曹大夫,骑都尉,给事中。党亲连体,根据于朝廷。光自后元秉持万机,及上即位,乃归政。上谦让不受,诸事皆先关白光,然后奏御天子。光每朝见,上虚己敛容,礼下之已甚。①

　①师古曰:"下音胡稼反。"

光秉政前后二十年,地节二年春病笃,车驾自临问光病,上为之涕泣。光上书谢恩曰："愿分国邑三千户，以封兄孙奉车都尉山为列侯，奉兄票骑将军去病祀。"事下丞相御史，即日拜光子禹为右将军。

光薨，上及皇太后亲临光丧。太中大夫任宣与侍御史五人持节护丧事。中二千石治莫府冢上。① 赐金钱、缯絮，绣被百领，衣五十箧，璧珠玑玉衣，② 梓宫、③ 便房、黄肠题凑各一具，④ 枞木外臧椁十五具。⑤ 东园温明，⑥ 皆如乘舆制度。载光尸枢以辒辌车，⑦ 黄屋左纛，⑧ 发材官轻车北军五校士军陈至茂陵，以送其葬。谥曰宣成侯。发三河卒穿复土，起冢祠堂，置园邑三百家，长丞奉守如旧法。

① 如淳曰："典为冢者。"

② 师古曰："《汉仪注》以玉为襦，如铠状连缀之，以黄金为缕，要巳下玉为札，长尺，广二寸半为甲，下至足，亦缀以黄金缕。"

③ 服虔曰："棺也。"师古曰："以梓木为之，亲身之棺也。为天子制，故亦称梓宫。"

④ 服虔曰："便房，藏中便坐也。"苏林曰："以柏木黄心致累棺外，故曰黄肠。木头皆内向，故曰题凑。"如淳曰："《汉仪注》天子陵中明中高丈二尺四寸，周二丈，内梓宫，次楩椁，柏黄肠题凑。"师古曰："便房，小曲室也。如氏以为楩木名，非也。"

⑤ 服虔曰："在正臧外，婢妾臧也。或曰厨厩之属也。"苏林曰："枞木，柏叶松身。"师古曰："《尔雅》及《毛诗传》并云枞木松叶柏身，桧木乃柏叶松身耳。苏说非也。枞音七庸反。桧音工阔反，字亦作栝。"

⑥ 服虔曰："东园处此器，形如方漆桶，开一面，漆画之，以镜置其中，以悬尸上，大敛并盖之。"师古曰："东园，署名也，属少府。其署主作此器也。"

⑦ 文颖曰："辒辌车，如今丧辒车也。"孟康曰："如衣车有窗牖，闭之则温，开之则凉，故名之辒辌车也。"臣瓒曰："秦始皇道崩，秘其事，载以辒辌车，百官奏事如故，此不得是辒车类也。案杜延年奏，载霍光枢以辌车，驾大厩白虎駠，以辒车驾大厩白鹿駠为倅。"师古曰："辒辌本安车也，可以卧息。后因载丧，饰以柳翣，故遂为丧车耳。辒者密闭，辌者旁开窗牖，各别一乘，随事为名。后人既专以载丧，又去其一，总为藩饰，而合二名呼之耳。倅，副也，音千内反。"

⑧ 师古曰："解在《高纪》也。"

　　既葬,封山为乐平侯,以奉车都尉领尚书事。天子思光功德,下诏曰:“故大司马大将军博陆侯宿卫孝武皇帝三十有馀年,辅孝昭皇帝十有馀年,遭大难,躬秉谊,率三公九卿大夫定万世册以安社稷,天下蒸庶咸以康宁。功德茂盛,朕甚嘉之。复其后世,畴其爵邑,① 世世无有所与,功如萧相国。② 明年夏,封太子外祖父许广汉为平恩侯。复下诏曰:“宣成侯光宿卫忠正,勤劳国家。善善及后世,③ 其封光兄孙中郎将云为冠阳侯。”

　　① 应劭曰:“畴,等也。”师古曰:“复音方目反。”

　　② 师古曰:“与读曰豫。”

　　③ 师古曰:“善善者,谓褒宠善人也。”

　　禹既嗣为博陆侯,太夫人显改光时所自造茔制而侈大之。① 起三出阙,筑神道,北临昭灵,南出承恩,② 盛饰祠室,辇阁通属永巷,而幽良人婢妾守之。③ 广治第室,作乘舆辇,加画绣絪冯,黄金涂,④ 韦絮荐轮,⑤ 侍婢以五采丝挽显,游戏第中。⑥ 初,光爱幸监奴冯子都,常与计事,及显寡居,与子都乱。⑦ 而禹、山亦并缮治第宅,走马驰逐平乐馆。云当朝请,数称病私出,⑧ 多从宾客,张围猎黄山苑中,使苍头奴上朝谒,⑨ 莫敢谴者。而显及诸女,昼夜出入长信宫殿中,亡期度。⑩

　　① 师古曰:“茔,墓域也,音营。”

　　② 服虔曰:“昭灵、承恩,皆馆名也。”李奇曰:“昭灵,高祖母冢园也。”文颖曰:“承恩,宣平侯冢园也。”师古曰:“服说是也,文、李并失之。”

　　③ 晋灼曰:“阁道乃通属至永巷中也。”师古曰:“此亦其冢上作辇阁之道及永巷也,非谓掖庭之永巷也。”

　　④ 如淳曰:“絪亦茵。冯(所谓)〔谓所〕冯者也,[9] 以黄金涂饰之。”师古曰:“茵,蓐也,以绣为茵冯而黄金涂舆辇也。”

　　⑤ 晋灼曰:“御辇以韦缘轮,著之以絮。”师古曰:“取其行安,不摇动也。著音张吕反。”

　　⑥ 师古曰:“挽谓牵引车辇也,音晚。”

　　⑦ 晋灼曰:“《汉语》东间氏亡,显以婢代立,素与冯殷奸也。”师古曰:“监奴,谓奴之监知家务者也,殷者,子都之名。”

⑧师古曰："请音才姓反。"

⑨文颖曰："朝当用谒，不自行而令奴上谒者也。"师古曰："上谒，若今参见尊贵而通名也。"

⑩师古曰："长信宫，上官太后所居。"

宣帝自在民间闻知霍氏尊盛日久，内不能善。光薨，上始躬亲朝政，御史大夫魏相给事中。显谓禹、云、山："女曹不务奉大将军馀业，①今大夫给事中，他人壹间，女能复自救邪？"②后两家奴争道，③霍氏奴入御史府，欲蹋大夫门，御史为叩头谢，乃去。人以谓霍氏，④显等始知忧。会魏大夫为丞相，数燕见言事。平恩侯与侍中金安上等径出入省中。时霍山自若领尚书，⑤上令吏民得奏封事，不关尚书，群臣进见独往来，⑥于是霍氏甚恶之。

①师古曰："女音汝。曹，辈也。"

②师古曰："间音居苋反。"

③师古曰："谓霍氏及御史家。"

④师古曰："告语也。"

⑤师古曰："自若犹言如故也。"

⑥师古曰："谓各各得尽言于上也。"

宣帝始立，立微时许妃为皇后。显爱小女成君，欲贵之，私使乳医淳于衍行毒药杀许后，①因劝光内成君，代立为后。语在《外戚传》。始许后暴崩，吏捕诸医，劾衍侍疾亡状不道，下狱。吏簿问急，②显恐事败，即具以实语光。光大惊，欲自发举，不忍，犹与。③会奏上，因署衍勿论。④光薨后，语稍泄。于是上始闻之而未察，⑤乃徙光女婿度辽将军未央卫尉平陵侯范明友为光禄勋，次婿诸吏中郎将羽林监任胜出为安定太守。数月，复出光姊婿给事中光禄大夫张朔为蜀郡太守，群孙婿中郎将王汉为武威太守。顷之，复徙光长女婿长乐卫尉邓广汉为少府。更以禹为大司马，冠小冠，亡印绶，罢其右将军屯兵官属，特使禹官名与光俱大司马者。⑥又收范明友度辽将军印绶，但为光禄勋。及光中女婿赵平为散骑骑都尉光禄大夫将屯兵，又收平骑都尉印绶。诸领胡越骑、羽林及两宫卫将屯兵,悉易以所亲信许、史子弟代之。

①师古曰:"乳医,视产乳之疾者。乳音而树反。"

②师古曰:"簿音步户反。"

③师古曰:"犹与,不决也。与读曰豫。"

④师古曰:"署者,题其奏后也。"

⑤师古曰:"未知其虚实。"

⑥苏林曰:"特,但也。"

禹为大司马,称病。禹故长史任宣候问,禹曰:"我何病? 县官非我家将军不得至是,①今将军坟墓未干,尽外我家,②反任许、史,夺我印绶,令人不省死。"③宣见禹恨望深,④乃谓曰:"大将军时何可复行!⑤持国权柄,杀生在手中。廷尉李种、王平,⑥左冯翊贾胜胡及车丞相女婿少府徐仁皆坐逆将军(竟)〔意〕下狱死。[10]使乐成小家子得幸将军,至九卿封侯。⑦百官以下但事冯子都、王子方等,⑧视丞相亡如也。⑨各自有时,今许、史自天子骨肉,贵正宜耳。大司马欲用是怨恨,愚以为不可。"禹默然。数日,起视事。

①如淳曰:"县官谓天子。"

②师古曰:"外谓疏斥之。"

③师古曰:"不自省有过也。"

④师古曰:"望,怨也。"

⑤师古曰:"言今何得复如此也。"

⑥师古曰:"种音冲。"

⑦师古曰:"即上所云少府乐成者也。使者,其姓也,字或作史。"

⑧服虔曰:"皆光奴。"

⑨师古曰:"亡如犹言无所象似也。"

显及禹、山、云自见日侵削,数相对啼泣,自怨。山曰:"今丞相用事,县官信之,尽变易大将军时法令,以公田赋与贫民,发扬大将军过失。又诸儒生多窭人子,①远客饥寒,喜妄说狂言,②不避忌讳,大将军常雠之,③今陛下好与诸儒生语,人人自使书对事,多言我家者。尝有上书言大将军时主弱臣强,专制擅权,今其子孙用事,昆弟益骄恣,恐危宗庙,灾异数见,尽为是也。其言绝痛,山屏不奏其书。后上书者益黠,尽奏封事,辄(使)〔下〕中书令出取之,[11]不关尚书,益不信人。"显曰:"丞相数言我家,独无罪乎?"山曰:"丞相廉正,安得罪? 我家昆弟诸婿多不谨。又闻民间讙言霍氏毒杀许皇后,④宁有是邪?"显恐急,即具以实告山、云、禹。山、云、禹惊曰:"如是,何不早告禹等! 县官离散斥逐诸婿,用是故也。此大事,诛罚不小,奈何?"于是始有邪谋矣。

①师古曰:"窭,贫而无礼,音其羽反。"

②师古曰:"喜音许吏反。"

③师古曰:"言嫉之如仇雠也。"

④师古曰:"讙,众声也,音(计)〔许〕爰反。"[12]

初,赵平客石夏善为天官,①语平曰:"荧惑守御星,御星,太仆奉车都尉也,不黜则死。"平内忧山等。云舅李竟所善张赦见云家卒卒,②谓竟曰:"今丞相与平恩侯用事,可令太夫人言太后,先诛此两人。移徙陛下,在太后耳。"长安男子张章告之,事下廷尉。执金吾捕张赦、石夏等,后有诏止勿捕。山等愈恐,相谓曰:"此县官重太后,故不竟也。③然恶端已见,又有弑许后事,陛下虽宽仁,恐左右不听,久之犹发,发即族矣,不如先也。"④遂令诸女各归报其夫,皆曰:"安所相避?"⑤

①师古曰:"晓星文者。"

②师古曰:"卒读曰猝,匆遽之貌也。"

③师古曰:"重,难也。竟,穷竟其事也。"

④师古曰:"言先反。"

⑤师古曰:"言无处相避,当受祸也。"

会李竟坐与诸侯王交通,辞语及霍氏,有诏云、山不宜宿卫,免就第。光诸女遇太后无礼,①冯子都数犯法,上并以为让,②山、禹等甚恐。显梦第中井水溢流庭下,灶居树上,又梦大将军谓显曰:"知捕儿不?③亟下捕之。"④第中鼠暴多,与人相触,以尾画地。鸮数鸣殿前树上。⑤第门自坏。云尚冠里宅中门亦坏。巷端人共见有人居云屋上,彻瓦投地,就视,亡有,大怪之。禹梦车骑声正讙来捕禹,举家忧愁。山曰:"丞相擅减宗庙羔、菟、蛙，⑥可以此罪也。"谋令太后为博平君置酒，⑦召丞相、平恩侯以下，使范明友、邓广汉承太后制引斩之，因废天子而立禹。约定未发，云拜为玄菟太守，太中大夫任宣为代郡太守。山又坐写秘书，显为上书献城西第，入马千匹，以赎山罪。书报闻。⑧会事发觉，云、山、明友自杀，显、禹、广汉等捕得。禹要斩，显及诸女昆弟皆弃市。唯独霍后废处昭台宫。与霍氏相连坐诛灭者数千家。

①服虔曰："光诸女自以（为）〔于〕上官太后为姨母，〔13〕遇之无礼。"

②师古曰："总以此事责之也。"

③师古曰："知儿见捕否？"

④苏林曰："且疾下捕之。"师古曰："亟音居力反。"

⑤师古曰："鸮，恶声之鸟也。古者室屋高大，则通呼为殿耳，非止天子宫中。其语亦见《黄霸传》。鸮音羽骄反。"

⑥如淳曰："高后时定令，敢有擅议宗庙者，弃市。"师古曰："羔、菟、蛙所以供祭也。"

⑦文颖曰："宣帝外祖母也。"

⑧师古曰："不许之。"

上乃下诏曰："乃者东织室令史张赦使魏郡豪李竟报冠阳侯云谋为大逆，①朕以大将军故，抑而不扬，冀其自新。今大司马博陆侯禹与母宣成侯夫人显及从昆弟子冠阳侯云、乐平侯山诸姊妹婿谋为大逆，欲诖误百姓。赖（祖宗）〔宗庙〕神灵，〔14〕先发得，咸伏其辜，②朕甚悼之。诸为霍氏所诖误，事在丙申前，未发觉在吏者，皆赦除之。男子张章先发觉，以语期门董忠，忠告左曹杨恽，恽告侍中金安上。恽召见对状，后章上书以闻。侍中史高与金安上建发其事，③言无入霍氏禁闼，卒不得遂其谋，④皆雠有功。⑤封章为博成侯，忠高昌侯，恽平通侯，安上都成侯，高乐陵侯。"

①师古曰："解在《宣纪》也。"

②师古曰："事发而捕得。"

③师古曰："言共立意发之也。"

④师古曰："遂，成也。"

⑤晋灼曰：“雒，等也。”师古曰：“言其功相等类也。”

初，霍氏奢侈，茂陵徐生曰：“霍氏必亡。夫奢则不逊，不逊必侮上。侮上者，逆道也。在人之右，众必害之。①霍氏秉权日久，害之者多矣。天下害之，而又行以逆道，不亡何待！”乃上疏言：“霍氏泰盛，陛下即爱厚之，宜以时抑制，无使至亡。”书三上，辄报闻。其后霍氏诛灭，而告霍氏者皆封。人为徐生上书曰：“臣闻客有过主人者，见其灶直突，傍有积薪，客谓主人，更为曲突，远徙其薪，不者且有火患。主人嘿然不应。俄而家果失火，邻里共救之，幸而得息。于是杀牛置酒，谢其邻人，灼烂者在于上行，②馀各以功次坐，而不录言曲突者。人谓主人曰：‘乡使听客之言，不费牛酒，终亡火患。③今论功而请宾，曲突徙薪亡恩泽，焦头烂额为上客耶？’主人乃寤而请之。今茂陵徐福数上书言霍氏且有变，宜防绝之。乡使福说得行，则国亡裂土出爵之费，臣亡逆乱诛灭之败。往事既已，而福独不蒙其功，唯陛下察之，贵徙薪曲突之策，使居焦发灼烂之右。”④上乃赐福帛十疋，后以为郎。

①师古曰：“右，上也。”

②师古曰：“灼谓被烧炙者也。行音胡（浪）〔郎〕反。”〔15〕

③师古曰：“乡读曰向。次下亦同也。”

④师古曰：“右，上也。”

宣帝始立，谒见高庙，大将军光从骖乘，上内严惮之，若有芒刺在背。后车骑将军张安世代光骖乘，天子从容肆体，甚安近焉。①及光身死而宗族竟诛，故俗传之曰：“威震主者不畜，霍氏之祸萌于骖乘。”②

①师古曰：“肆，放也，展也。近音钜靳反。”

②师古曰：“萌谓始生也。”

至成帝时，为光置守冢百家，吏卒奉祠焉。元始二年，封光从父昆弟曾孙阳为博陆侯，千户。

金日磾字翁叔，①本匈奴休屠王太子也。②武帝元狩中，票骑将军霍去病将兵击匈奴右地，多斩首，虏获休屠王祭天金人。其夏，票骑复西过居延,攻祁连山,大克获。于是单于怨昆邪、休屠居西方多为汉所破,③召其王欲诛之。昆邪、休屠恐,谋降汉。休屠王后悔,昆邪王杀之,并将其众降汉。封昆邪王为列侯。日磾以父不降见杀,与母阏氏、弟伦俱没入官,输黄门养马,时年十四矣。

　　①师古曰:"磾音丁奚反。"

　　②师古曰:"休音许虬反。屠音储。"

　　③师古曰:"昆音下门反。"

　　久之,武帝游宴见马,①后宫满侧。日磾等数十人牵马过殿下,莫不窃视,②至日磾独不敢。日磾长八尺二寸,容貌甚严,马又肥好,上异而问之,具以本状对。上奇焉,即日赐汤沐衣冠,拜为马监,迁侍中驸马都尉光禄大夫。日磾既亲近,未尝有过失,上甚信爱之,赏赐累千金,出则骖乘,入侍左右。贵戚多窃怨,曰:"陛下妄得一胡儿,反贵重之!"上闻,愈厚焉。

　　①师古曰:"方于宴游之时,而召阅诸马。"

　　②师古曰:"视宫人。"

　　日磾母教诲两子,甚有法度,上闻而嘉之。病死,诏图画于甘泉宫,署曰"休屠王阏氏"。①日磾每见画常拜,乡之涕泣,然后乃去。②日磾子二人皆爱,为帝弄儿,常在旁侧。弄儿或自后拥上项,③日磾在前,见而目之。④弄儿走且啼曰:"翁怒。"上谓日磾:"何怒吾儿为?"其后弄儿壮大,不谨,自殿下与宫人戏,日磾适见之,恶其淫乱,遂杀弄儿。弄儿即日磾长子也。上闻之大怒,日磾顿首谢,具言所以杀弄儿状。上甚哀,为之泣,已而心敬日磾。

　　①师古曰:"题其画。"

　　②师古曰:"乡读曰向。"

　　③师古曰:"拥,抱也。"

　　④师古曰:"目,视怒也。"

　　初,莽何罗与江充相善,及充败卫太子,何罗弟通用诛太子时力战得封。后上知太子冤,乃夷灭充宗族党与。何罗兄弟惧及,①遂谋为

逆。日䃅视其志意有非常，心疑之，阴独察其动静，与俱上下。②何罗亦
觉日䃅意，以故久不得发。是时上行幸林光宫，③日䃅小疾卧庐。④何罗
与通及小弟安成矫制夜出，共杀使者，发兵。明旦，上未起，何罗亡何从
外入。⑤日䃅奏厕心动，⑥立入坐内户下。须臾，何罗褎白刃从东箱
上，⑦见日䃅，色变，走趋卧内欲入，⑧行触宝瑟，僵。日䃅得抱何罗，因
传曰：“莽何罗反！”⑨上惊起，左右拔刃欲格之，上恐并中日䃅，⑩止勿
格。日䃅捽胡投何罗殿下，⑪得禽缚之，穷治皆伏辜。繇是著忠孝节。⑫

　　①师古曰：“及谓及于祸也。”
　　②师古曰：“上下于殿也。”
　　③服虔曰：“甘泉一名林光。”师古曰：“秦之林光宫，胡亥所造，汉又于其旁起
　　　甘泉宫。”
　　④师古曰：“殿中所止曰庐。”
　　⑤师古曰：“无何犹言无故也。”
　　⑥师古曰：“奏，向也。日䃅方向厕而心动。”
　　⑦师古曰：“置刃于衣襃中也。襃，古袖字。”
　　⑧师古曰：“趋读曰趣，向也。卧内，天子卧处。”
　　⑨师古曰：“传谓传声而唱之。”
　　⑩师古曰：“中音竹仲反。”
　　⑪孟康曰：“胡音互。捽胡，若今相僻卧轮之类也。”晋灼曰：“胡，颈也，捽其颈
　　　而投殿下也。”师古曰：“晋说是也。捽音才乞反。”
　　⑫师古曰：“繇读与由同。”

　　日䃅自在左右，目不忤视者数十年。①赐出宫女，不敢近。上欲内
其女后宫，不肯。其笃慎如此，上尤奇异之。②及上病，属霍光以辅少
主，③光让日䃅。日䃅曰：“臣外国人，且使匈奴轻汉。”于是遂为光副。
光以女妻日䃅嗣子赏。初，武帝遗诏以讨莽何罗功封日䃅为秺侯，④日
䃅以帝少不受封。辅政岁馀，病困，大将军光白封日䃅，卧授印绶。一
日，薨，赐葬具冢地，送以轻车介士，军陈至茂陵，谥曰敬侯。

　　①师古曰：“忤，逆也。”
　　②师古曰：“笃，厚也。”

③师古曰："属音之欲反。"

④师古曰："秅音丁故反。"

日磾两子，赏、建，俱侍中，与昭帝略同年，共卧起。赏为奉车、建驸马都尉。及赏嗣侯，佩两绶，上谓霍将军曰："金氏兄弟两人不可使俱两绶邪？"霍光对曰："赏自嗣父为侯耳。"上笑曰："侯不在我与将军乎？"光曰："先帝之约，有功乃得封侯。"时年俱八九岁。宣帝即位，赏为太仆，霍氏有事萌牙，上书去妻。①上亦自哀之，独得不坐。元帝时为光禄勋，薨，亡子，国除。元始中继绝世，封建孙当为秅侯，奉日磾后。

①师古曰："萌牙者，言始有端绪，若草之始生。"

初，日磾所将俱降弟伦，字少卿，为黄门郎，早卒。日磾两子贵，及孙则衰矣，而伦后嗣遂盛，子安上始贵显封侯。

安上字子侯，少为侍中，惇笃有智，宣帝爱之。颇与发举楚王延寿反谋，①赐爵关内侯，食邑三百户。后霍氏反，安上传禁门闼，无内霍氏亲属，②封为都成侯，至建章卫尉。薨，赐冢茔杜陵，谥曰敬侯。四子，常、敞、岑、(哭)〔明〕。[16]

①师古曰："与读曰豫。"

②师古曰："禁，止也。门闼，宫中大小之门也。传声而止诸门闼也。"

(今)〔岑〕、明皆为诸曹中郎将，[17]常光禄大夫。元帝为太子时，敞为中庶子，幸有宠，帝即位，为骑都尉光禄大夫，中郎将侍中。元帝崩，故事，近臣皆随陵为园郎，敞以世名忠孝，太后诏留侍成帝，为奉车水衡都尉，至卫尉。敞为人正直，敢犯颜色，左右惮之，唯上亦难焉。①病甚，上使使者问所欲，以弟岑为托。上召岑，拜为(郎)使主客。②[18]敞子涉本为左曹，上拜涉为侍中，使待幸绿车载送卫尉舍。③须臾卒。敞三子，涉、参、饶。

①师古曰："臣下皆敬惮，唯有天子一人，亦难之。"

②服虔曰："官名，属鸿胪，主胡客也。"

③李奇曰："辇绿车，常设以待幸也。临敞病〔困〕，拜子为侍中，[19]以此车送，欲敞见其荣宠也。"如淳曰："幸绿车常置左右以待召载皇孙，今遣涉归，以

皇孙车载之,宠之也。"晋灼曰:"《汉注》绿车名皇孙车,太子有子乘以从。"

师古曰:"如、晋二说是也。"

涉明经俭节,诸儒称之。成帝时为侍中骑都尉,领三辅胡越骑。① 哀帝即位,为奉车都尉,至长信少府。而参使匈奴,匈奴中郎将,② 越骑校尉,关〔内〕都尉,[20] 安定、东海太守。饶为越骑校尉。

①师古曰:"胡越骑之在三辅者,若长水、长杨、宣曲之属是也。"

②师古曰:"以其出使匈奴,故拜为匈奴中郎将也。"

涉两子,汤、融,皆侍中诸曹将大夫。① 而涉之从父弟钦举明经,为太子门大夫,哀帝即位,为太中大夫给事中,钦从父弟迁为尚书令,兄弟用事。帝祖母傅太后崩,钦使护作,② 职办,擢为泰山、弘农太守,著威名。平帝即位,征为大司马司直、京兆尹。帝年幼,选置师友,大司徒孔光以明经高行为孔氏师,京兆尹金钦以家世忠孝为金氏友。徙光禄大夫侍中,秩中二千石,封都成侯。

①师古曰:"将亦谓中郎将也。"

②师古曰:"监主葬送之事也。"

时王莽新诛平帝外家卫氏,召明礼少府宗伯凤① 入说为人后之谊,白令公卿、将军、侍中、朝臣并听,② 欲以内厉平帝而外塞百姓之议。③ 钦与族昆弟秺侯当俱封。初,当曾祖父日磾传子节侯赏,而钦祖父安上传子夷侯常,皆亡子,国绝,故莽封钦、当奉其后。当母南即莽母功显君同产弟也。当上南大行为太夫人。④ 钦因缘谓当:"诏书陈日磾功,亡有赏语。当名为以孙继祖也,自当为父、祖父立庙。⑤ 赏故国君,使大夫主其祭。"⑥ 时甄邯在旁,庭叱钦,⑦ 因劾奏曰:"钦幸得以通经术,超擢侍帷幄,重蒙厚恩,封袭爵号,⑧ 知圣朝以世有为人后之谊。前遭故定陶太后背本逆天,孝哀不获厥福,乃者吕宽、卫宝复造奸谋,至于反逆,咸伏厥辜。太皇太后惩艾悼惧,⑨ 逆天之咎,非圣诬法,大乱之殃,诚欲奉承天心,遵明圣制,专壹为后之谊,以安天下之命,数临正殿,延见群臣,讲习《礼经》。孙继祖者,谓亡正统持重者也。赏见嗣日磾,后成为君,持大宗重,则《礼》所谓‘尊祖故敬宗’,大宗不可以绝者也。钦自知与当俱拜同谊,即数扬言殿省中,教当云云。⑩当即如其言,则钦亦欲为父明立庙而不入夷侯常庙矣。进退异言,颇惑众心,乱国大纲,开祸乱原,诬祖不孝,罪莫大焉。尤非大臣所宜,大不敬。秺侯当上母南为太夫人,失礼不敬。”莽白太后,下四辅、公卿、大夫、博士、议郎,皆曰:“钦宜以时即罪。”⑪谒者召钦诣诏狱,钦自杀。邯以纲纪国体,亡所阿私,忠孝尤著,益封千户。更封长信少府涉子右曹汤为都成侯。汤受封日,不敢还归家,以明为人后之谊。益封之后,莽复用钦弟遵,封侯,历九卿位。

①如淳曰:“宗伯,姓。”

②师古曰:“白令皆听之。”

③师古曰:“塞,止也。”

④文颖曰:“南,名也。大行,官名也。当上名状于大行也。”邓展曰:“当上南为太夫人,恃莽姨母故耳。为父立庙,非也。”

⑤晋灼曰:“当是赏弟建之孙,此言自当为其父及祖父建立庙也。”

⑥如淳曰:“以赏故国君,使大夫掌其祭事。”臣瓒曰:“当是支庶上继大宗,不得顾其外亲也。而钦见当母南为太夫人,遂尊其(祖父)〔父祖〕以续日磾,[21]不复为后赏,而令大夫主赏祭事。”师古曰:“瓒说是也。”

⑦师古曰:“于朝庭中叱之也。”

⑧师古曰:“重音直用反。”

⑨师古曰:“艾读曰乂。乂,创也。”

⑩师古曰:“云云者,多言也。谓上所陈以孙继祖也。”

⑪师古曰:“即,就也。”

赞曰:霍光以结发内侍,起于阶闼之间,确然秉志,谊形于主。①受襁褓之托,任汉室之寄,当庙堂,拥幼君,摧燕王,仆上官,②因权制敌,以成其忠。处废置之际,临大节而不可夺,遂匡国家,安社稷。拥昭立宣,光为师保,虽周公、阿衡,何以加此!③然光不学亡术,暗于大理,阴妻邪谋,④立女为后,湛溺盈溢之欲,以增颠覆之祸,⑤死财三年,宗族诛夷,⑥哀哉!昔霍叔封于晋,⑦晋即河东,光岂其苗裔乎?金日磾夷狄亡国,羁虏汉庭,而以笃敬寤主,忠信自著,勒功上将,传国后嗣,世名忠孝,七世内侍,何其盛也！本以休屠作金人为祭天主,故国赐姓金氏云。

①师古曰:"形,见也。"

②师古曰:"仆,顿也,音赴。"

③师古曰:"阿衡,伊尹官号也。阿,倚也。衡,平也。言天子所倚,群下取平也。"

④晋灼曰:"不扬其过也。"

⑤师古曰:"湛读曰沈。"

⑥师古曰:"财与才同。"

⑦师古曰:"霍叔,文王之子,武王之弟也。"

【校勘记】

〔1〕 光为奉(常)〔车〕都尉、　景祐、殿、局本都作"车"。

〔2〕 帝(病)〔崩〕,　景祐、殿本都作"崩"。

〔3〕 食邑北海、河〔间〕、东(城)〔郡〕。　齐召南说"河"下脱"间"字,"城"则"郡"之讹,见《恩泽侯表》。

〔4〕 故欲收(其)〔取〕玺。　景祐、殿本都作"取"。

〔5〕 (大)〔天〕子所以永保宗庙总壹海内者,　钱大昭说"大"当作"天"。按景祐、殿、局本都作"天"。

〔6〕 遣宗正、大鸿胪、光禄大夫奉节使征昌邑王典丧。服斩缞,㉜亡悲哀之心。　钱大昭说,典丧,为丧主也,颜以"典丧服"为句,失其指矣。杨树达说钱说是,《昌邑王传》云"霍光征王贺典丧",其明证也。

〔7〕 直斩(斩)割之而已。　景祐、殿本都不重"斩"字。

〔8〕 (太)〔大〕宗亡嗣,择支子孙贤者为嗣。　王念孙说"太宗"当为"大宗",各本皆误。

〔9〕 冯(所谓)〔谓所〕冯者也,　景祐、殿、局本都作"谓所",此误倒。

〔10〕 皆坐逆将军(竟)〔意〕下狱死。　朱一新说"竟"当为"意"。按景祐、殿、局本都作"意"。

〔11〕 辄(使)〔下〕中书令出取之。　景祐、殿本都作"下"。

〔12〕　劋，众声也，音（计）〔许〕爰反。　　景祐、殿、局本都作"许"，此误。

〔13〕　光诸女自以（为）〔于〕上官太后为姨母，　景祐、殿、局本都作"于"，此误。

〔14〕　赖（祖宗）〔宗庙〕神灵，　景祐、殿本都作"宗庙"。

〔15〕　行音胡（浪）〔郎〕反。　　景祐、殿本都作"郎"。

〔16〕　四子，常、敞、岑、（哭）〔明〕。　　景祐、殿、局本都作"明"，此误。

〔17〕　（今）〔岑〕、明皆为诸曹中郎将，　景祐、殿、局本都作"岑"，此误。

〔18〕　上召岑，拜为（郎）使主客。　　景祐、殿本都无"郎"字。

〔19〕　临敞病〔困〕，拜子为侍中，　景祐、殿本都有"困"字。王先谦说有"困"字是。

〔20〕　关〔内〕都尉，　景祐、殿本都有"内"字。宋祁说当删。

〔21〕　遂尊其（祖父）〔父祖〕以续日磾，　景祐、殿本都作"父祖"。

汉书卷六十九

赵充国辛庆忌传第三十九

赵充国字翁孙,陇西上邽人也,① 后徙金城令居。② 始为骑士,以六郡良家子③ 善骑射补羽林。为人沈勇有大略,少好将帅之节,而学兵法,通知四夷事。④

①师古曰:"邽音圭。"

②师古曰:"令音零。"

③服虔曰:"金城、陇西、天水、安定、北地、上郡是也。"师古曰:"陇西、天水、安定、北地、上郡、西河是也。昭帝分陇西、天水置金城。充国武帝时已为假司马,则初以六郡良家子者非金城也。此名数正与《地理志》同也。"

④师古曰:"通知者,谓明晓也。"

武帝时,以假司马从贰师将军击匈奴,大为虏所围。汉军乏食数日,死伤者多,充国乃与壮士百馀人溃围陷陈,贰师引兵随之,遂得解。身被二十馀创,贰师奏状,诏征充国诣行在所。武帝亲见视其创,嗟叹之,拜为中郎,迁车骑将军长史。

昭帝时,武都氐人反,① 充国以大将军护军都尉将兵击定之,迁中郎将,将屯上谷,② 还为水衡都尉。击匈奴,获西祁王,③ 擢为后将军,兼水衡如故。

①师古曰:"氐音丁奚反。"

②师古曰:"领兵屯于上谷也。将音子亮反。"

③文颖曰:"匈奴王也。"

与大将军霍光定册尊立宣帝,封营平侯。本始中,为蒲类将军征匈奴,斩虏数百级,还为后将军、少府。匈奴大发十馀万骑,南旁塞,至符奚庐山，①欲入为寇。亡者题除渠堂降汉言之，遣充国将四万骑屯缘边九郡。②单于闻之，引去。

①师古曰："旁，依也，音步浪反。"

②文颖曰："五原、朔方之属也。"师古曰："九郡者，五原、朔方、云中、代郡、雁门、定襄、北平、上谷、渔阳也。四万骑分屯之，而充国总统领之。"

是时，光禄大夫义渠安国使行诸羌，①先零豪言愿时渡湟水北，②逐民所不田处畜牧。安国以闻。充国劾安国奉使不敬。是后，羌人旁缘前言，抵冒渡湟水，③郡县不能禁。元康三年，先零遂与诸羌种豪二百馀人解仇交质盟诅。④上闻之，以问充国，对曰："羌人所以易制者，以其种自有豪，数相攻击，势不壹也。往三十馀岁，西羌反时，亦先解仇合约攻令居，⑤与汉相距，五六年乃定。至征和五年，先零豪封煎等通使匈奴，⑥匈奴使人至小月氏，⑦传告诸羌曰：'汉贰师将军众十馀万人降匈奴。羌人为汉事苦。⑧张掖、酒泉本我地，地肥美，可共击居之。'以此观匈奴欲与羌合，非一世也。间者匈奴困于西方，闻乌桓来保塞，恐兵复从东方起，数使使尉黎、危须诸国，设以子女貂裘，欲沮解之。⑨其计不合。疑匈奴更遣使至羌中，道从沙阴地，出盐泽，过长坑，入穷水塞，南抵属国，与先零相直。⑩臣恐羌变未止此，且复结联他种，宜及未然为之备。"⑪后月馀，羌侯狼何果遣使至匈奴藉兵，⑫欲击鄯善、敦煌以绝汉道。⑬充国以为："狼何，小月氏种，在阳关西南，势不能独造此计，疑匈奴使已至羌中，先零、罕、开乃解仇作约。⑭到秋马肥，变必起矣。宜遣使者行边兵豫为备，敕视诸羌，毋令解仇，⑮以发觉其谋。"于是两府复白遣义渠安国行视诸羌，分别善恶。安国至，召先零诸豪三十馀人，以尤桀黠，皆斩之。⑯纵兵击其种人，斩首千馀级。于是诸降羌及归义羌侯杨玉等恐怒，亡所信乡，⑰遂劫略小种，背畔犯塞，攻城邑，杀长吏。安国以骑都尉将骑三千屯备羌，至浩亹，⑱为虏所击，失亡车重兵器甚众。⑲安国引还，至令居，以闻。是岁，神爵元年春也。

①师古曰："行音下更反。"

②师古曰："零音怜。"孟康曰："豪，帅长也。"师古曰："湟水出金城临羌塞外，

东入河。湟水之北是汉地。湟音皇。”

③师古曰:"旁,依也。抵冒,犯突而前。旁音步浪反。冒音莫北反。”

④师古曰:"羌人无大君长,而诸种豪递相杀伐,故每有仇雠,往来相报。今解仇交质者,自相亲结,欲入汉为寇也。”

⑤师古曰:"合约,共为要契也。”

⑥师古曰:"煎读曰翦。”

⑦师古曰:"氐音支。”

⑧师古曰:"事,使役。”

⑨师古曰:"设谓(闻)〔开〕许之也。[1]沮,坏也。欲坏其计,令解散之。沮音才汝反。”

⑩师古曰:"直,当也。”

⑪师古曰:"未然者,其计未成。”

⑫师古曰:"藉,借也。”

⑬师古曰:"鄯音善。”

⑭苏林曰:"罕、开在金城南。”师古曰:"罕、开,羌之别种也。此下言'遣开豪雕库宣天子至德,罕、开之属皆闻知明诏',其下又云'河南大开、小开',则罕羌、开羌姓族殊矣。开音口坚反。而《地理志》天水有罕开县,盖以此二种羌来降,处之此地,因以名县也。而今之羌姓有罕开者,总是罕开之类,合而言之,因为姓耳。变开为井,字之讹也。”

⑮师古曰:"行音下更反。视读曰示。示,语之也。其下并同。”

⑯师古曰:"桀,坚也,言不顺从也。黠,恶也,为恶坚也。”

⑰师古曰:"恐中国泛怒,不信其心,而纳向之。乡读曰向。”

⑱师古曰:"浩音诰。亹音门。水名也,解在《地理志》。”

⑲师古曰:"重音直用反。”

时充国年七十馀,上老之,使御史大夫丙吉问谁可将者,充国对曰:"亡逾于老臣者矣。”上遣问焉,曰:"将军度羌虏何如,当用几人?”① 充国曰:"百闻不如一见。兵难隃度,②臣愿驰至金城,图上方略。③然羌戎小夷,逆天背畔,灭亡不久,愿陛下以属老臣,勿以为忧。”④ 上笑曰:"诺。”

①师古曰:"度,计也,音大各反。其下亦同。”

②郑氏曰:"隃,遥也,三辅言也。"师古曰:"隃读曰遥。"

③师古曰:"图其地形,并为攻讨方略,俱奏上也。"

④师古曰:"属,委也,音之欲反。"

充国至金城,须兵满万骑,①欲渡河,恐为虏所遮,即夜遣三校衔枚先渡,②渡辄营陈,会明,毕,遂以次尽渡。虏数十百骑来,出入军傍。充国曰:"吾士马新倦,不可驰逐。此皆骁骑难制,又恐其为诱兵也。击虏以殄灭为期,小利不足贪。"令军勿击。遣骑候四望陿中,亡虏。③夜引兵上至落都,④召诸校司马,谓曰:"吾知羌虏不能为兵矣。使虏发数千人守杜四望陿中,兵岂得入哉!"⑤充国常以远斥候为务,行必为战备,止必坚营壁,尤能持重,爱士卒,先计而后战。遂西至西部都尉府,⑥日飨军士,⑦士皆欲为用。虏数挑战,充国坚守。捕得生口,言羌豪相数责曰:"语汝亡反,今天子遣赵将军来,年八九十矣,善为兵。今请欲一斗而死,可得邪!"

①师古曰:"须,待也。"

②师古曰:"衔枚者,欲其无声,使虏不觉。"

③文颖曰:"金城有三陿,在南六百里。"师古曰:"山峭而夹水曰陿。四望者,陿名也。陿音狭。"

④服虔曰:"山名也。"

⑤师古曰:"杜,塞也。"

⑥孟康曰:"在金城。"

⑦师古曰:"日飨饫之。"

充国子右曹中郎将卬,将期门佽飞、羽林孤儿、胡越骑为支兵,至令居。虏并出绝转道,①卬以闻。有诏将八校尉与骁骑都尉、金城太守合疏捕山间虏,②通转道津渡。

①师古曰:"并犹俱也。转道,运粮之道也。并读如字,又音步朗反。"

②苏林曰:"疏,搜索也。"师古曰:"疏字本作迹,言寻迹而捕之也。"

初,罕、开豪靡当儿使弟雕库来告都尉曰先零欲反,后数日果反。雕库种人颇在先零中,都尉即留雕库为质。充国以为亡罪,乃遣归告种豪："大兵诛有罪者,明白自别,毋取并灭。①天子告诸羌人,犯法者能相捕斩,除罪。斩大豪有罪者一人,赐钱四十万,中豪十五万,下豪二万,大男三千,女子及老小千钱,又以其所捕妻子财物尽与之。"充国计欲以威信招降罕、开及劫略者,解散虏谋,徼极乃击之。②

①师古曰:"言勿相和同,自取灭亡。"

②师古曰:"徼,要也,要其倦极者也。徼音工尧反。"

时上已发三辅、太常徒弛刑,①三河、颍川、沛郡、淮阳、汝南材官,金城、陇西、天水、安定、北地、上郡骑士、羌骑,与武威、张掖、酒泉太守各屯其郡者,合六万人矣。酒泉太守辛武贤奏言:"郡兵皆屯备南山,北边空虚,势不可久。或曰至秋冬乃进兵,此虏在竟外之册。②今虏朝夕为寇,土地寒苦,汉马不能冬,③屯兵在武威、张掖、酒泉万骑以上,皆多羸瘦。可益马食,以七月上旬赍三十日粮,分兵并出张掖、酒泉合击罕、开在鲜水上者。虏以畜产为命,今皆离散,兵即分出,虽不能尽诛,宣夺其畜产,虏其妻子,④复引兵还,冬复击之,大兵仍出,虏必震坏。"⑤

①师古曰:"弛刑谓不加钳钛者也。弛之言解也,音式尔反。"

②师古曰:"竟读曰境。"

③师古曰:"能读曰耐。"

④师古曰:"宣读曰但。"

⑤师古曰:"仍,频也。"

天子下其书充国,令与校尉以下吏士知羌事者博议。充国及长史董通年以为:"武贤欲轻引万骑,分为两道出张掖,回远千里。①以一马自佗负三十日食,②为米二斛四斗,麦八斛,又有衣装兵器,难以追逐。勤劳而至,虏必商军进退,稍引去,③逐水屮,入山林。④随而深入,虏即据前险,守后阸,以绝粮道,必有伤危之忧,为夷狄笑,千载不可复。⑤而武贤以为可夺其畜产,虏其妻子,此殆空言,非至计也。⑥又武威县、张掖日勒皆当北塞,有通谷水草。⑦臣恐匈奴与羌有谋,且欲大入,幸能要杜张掖、酒泉以绝西域,⑧其郡兵尤不可发。先零首为畔逆,它种劫略。⑨故臣愚册,欲捐罕、开暗昧之过,隐而勿章,先行先零之诛以震动之，宜悔过反善，因赦其罪，选择良吏知其俗者抚循和辑，⑩此全师保胜安边之册。"天子下其书。公卿议者咸以为先零兵盛，而负罕、开之助，⑪不先破罕、开，则先零未可图也。

①师古曰："回谓路纡曲也，音胡悔反。"

②师古曰："佗音徒何反。凡以畜产载负物者皆为佗。"

③师古曰："商，计度也。"

④师古曰："屮，古草字。"

⑤师古曰："复音扶目反。"

⑥师古曰："殆，仅也。"

⑦师古曰："日勒。张掖之县。"

⑧师古曰："要，遮也。杜，塞也。"

⑨师古曰："言被劫略而反叛，非其本心。"

⑩师古曰："抚，古抚字。辑与集同。"

⑪师古曰："负，恃也。"

上乃拜侍中乐成侯许延寿为强弩将军，即拜酒泉太守武贤为破羌将军，①赐玺书嘉纳其册。以书敕让充国曰：②

①师古曰："即，就也，就其郡而拜之。"

②师古曰："让，责也。"

皇帝问后将军，甚苦暴露。将军计欲至正月乃击罕羌，羌人当获麦，已远其妻子，①精兵万人欲为酒泉、敦煌寇。边兵少，民守保不得田作。今张掖以东粟石百馀，刍稿束数十。②转输并起，百姓烦扰。将军将万馀之众，不早及秋共水草之利争其畜食，③欲至冬，虏皆当畜食，④多藏匿山中依险阻，将军士寒，手足皲瘃，⑤宁有利哉？将军不念中国之费，欲以岁数而胜微，⑥将军谁不乐此者！⑦

①师古曰："徙其妻子令远居而身来为寇也。"

②师古曰："皆谓直钱之数，言其贵。"

③师古曰："此畜谓畜产牛羊之属也。食谓谷麦之属也。一曰畜食，畜之所食，即谓草也。"

④师古曰："此畜读曰蓄。蓄，聚积也。"

⑤文颖曰："皲，坼裂也。瘃，寒创也。"师古曰："皲音军。瘃音竹足反。"

⑥师古曰："久历年岁，乃胜小敌也。数音所具反。"

⑦师古曰："言凡为将军者，皆乐此。"

今诏破羌将军武贤将兵六千一百人，敦煌太守快将二千人，长水校尉富昌、酒泉(侯)〔候〕奉世将婼、月氏兵四千人，①〔2〕亡虑万二千人。②赍三十日食，以七月二十二日击罕羌，入鲜水北句廉上，③去酒泉八百里，去将军可千二百里。将军其引兵便道西并进，虽不相及，使虏闻东方北方兵并来，分散其心意，离其党与，虽不能殄灭，当有瓦解者。已诏中郎将卬将胡越饮飞射士、步兵二校，益将军兵。

①服虔曰："婼音兒，羌名也。"苏林曰："婼音兒遮反。"师古曰："苏音是也。"

②师古曰："亡虑，大计也，解在《食货志》。"

③服虔曰："句音钩。"师古曰："句廉，谓水岸曲而有廉棱也。"

今五星出东方，中国大利，蛮夷大败。①太白出高，用兵深入敢战者吉，弗敢战者凶。将军急装，因天时，诛不义，万下必全，勿复有疑。

①张晏曰："五星所聚，其下胜。羌人在西，星在东，则为汉。"

充国既得让，以为将任兵在外，便宜有守，以安国家。①乃上书谢罪，因陈兵利害，曰：

①师古曰："言为将之道，受任行兵于外，虽受诏命，若有便宜，则当(国)〔固〕守以取安利也。"〔3〕

臣窃见骑都尉安国前幸赐书，择羌人可使使罕，谕告以大军当至，汉不诛罕，以解其谋。恩泽甚厚，非臣下所能及。臣独私美陛下盛德至计亡已，故遣开豪雕库宣天子至德，罕、开之属皆闻知明诏。今先零羌杨玉(此羌之首帅名王)〔4〕将骑四千及煎巩骑五千，阻石山木，候便为寇，①罕羌未有所犯。今置先零，先击罕，释有罪，诛亡辜，②起壹难，就两害，诚非陛下本计也。

①师古曰:"谓依阻山之木石以自保固。"

②师古曰:"释,置也,放也。"

　　臣闻兵法"攻不足者守有馀",又曰"善战者致人,不致于人"。①今罕羌欲为敦煌、酒泉寇,饬兵马,练战士,以须其至,②坐得致敌之术,以逸击劳,取胜之道也。今恐二郡兵少不足以守,而发之行攻,释致虏之术而从为虏所致之道,③臣愚以为不便。先零羌虏欲为背畔,故与罕、开解仇结约,然其私心不能亡恐汉兵至而罕、开背之也。臣愚以为其计常欲先赴罕、开之急,以坚其约,先击罕羌,先零必助之。今虏马肥,粮食方饶,击之恐不能伤害,适使先零得施德于罕羌,坚其约,合其党。④虏交坚党合,精兵二万馀人,迫胁诸小种,附著者稍众,莫须之属不轻得离也。⑤如是,虏兵寖多,⑥诛之用力数倍,臣恐国家忧累繇十年数,不二三岁而已。⑦

①师古曰:"皆兵法之辞也。致人,引致而取之也。致于人,为人所引也。"

②师古曰:"饬,整也。须,待也。饬与敕同也。"

③师古曰:"释,废也。"

④师古曰:"施德,自树恩德也。"

⑤服虔曰:"莫须,小种羌名也。"

⑥师古曰:"寖,渐也。"

⑦师古曰:"累音力瑞反。繇与由同。"

　　臣得蒙天子厚恩,父子俱为显列。臣位至上卿,爵为列侯,犬马之齿七十六,为明诏填沟壑,死骨不朽,亡所顾念。独思惟兵利害至孰悉也,于臣之计,先诛先零已,则罕、开之属不烦兵而服矣。先零已诛而罕、开不服,涉正月击之,得计之理,又其时也。以今进兵,诚不见其利,唯陛下裁察。

六月戊申奏,七月甲寅玺书报从充国计焉。

　　充国引兵至先零在所。虏久屯聚,解弛,①望见大军,弃车重,欲渡湟水,②道阸狭,充国徐行驱之。或曰逐利行迟,③充国曰:"此穷寇不可迫也。缓之则走不顾,急之则还致死。"④诸校皆曰:"善。"虏赴水溺死者数百，降及斩首五百馀人，卤马牛羊十万馀头，车四千馀两。兵至罕地，令军毋燔聚落刍牧田中。⑤罕羌闻之，喜曰："汉果不击我矣！"豪靡忘使人来言："愿得还复故地。"⑥充国以闻，未报。靡忘来自归，充国赐饮食，遣还谕种人。护军以下皆争之，曰："此反虏，不可擅遣。"充国曰："诸君但欲便文自营，⑦非为公家忠计也。"⑧语未卒，玺书报，令靡忘以赎论。后罕竟不烦兵而下。

①师古曰："解读曰懈。弛，放也。"

②师古曰："重音直用反。"

③师古曰："逐利宜疾，今行太迟。"

④师古曰："谓更回还尽力而死战。"

⑤师古曰："不得燔烧人居及于田亩之中刈刍放牧也。"

⑥服虔曰："靡忘，羌帅名也。"

⑦师古曰："苟取文墨之便而自营卫。便音频面反。"

⑧师古曰："为音于伪反。"

其秋，充国病，上赐书曰："制诏后将军：闻苦脚胫、寒泄，①将军年老加疾，一朝之变不可讳，②朕甚忧之。今诏破羌将军诣屯所，为将军副，急因天时大利，吏士锐气，以十二月击先零羌。即疾剧，留屯毋行，独遣破羌、强弩将军。"时羌降者万馀人矣。充国度其必坏，欲罢骑兵屯田，以待其敝。作奏未上，会得进兵玺书，中郎将卬惧，使客谏充国曰："诚令兵出，破军杀将以倾国家，将军守之可也。即利与病，又何足争？一旦不合上意，遣绣衣来责将军，将军之身不能自保，③何国家之安？"充国叹曰："是何言之不忠也！本用吾言，羌虏得至是邪？④往者举可先行羌者，吾举辛武贤，⑤丞相御史复白遣义渠安国，竟沮败羌。⑥金城、湟中谷斛八钱，吾谓耿中丞，⑦籴二百万斛谷，羌人不敢动矣。⑧耿中丞请籴百万斛，乃得四十万斛耳。义渠再使，且费其半。失此二册，羌人故敢为逆。失之毫厘，差（之）〔以〕千里，⁽⁵⁾是既然矣。今兵久不决，四夷卒有动摇，相因而起，⑨虽有知者不能善其后，羌独足忧邪！⑩吾固以死守之，明主可为忠言。"遂上屯田奏曰：

①师古曰:"胫,膝以下骨也。寒泄,下利也。言其患足胫又苦下利。胫音下定反。泄音息列反。"

②师古曰:"恐其死。"

③师古曰:"绣衣谓御史。"

④师古曰:"言豫防之,可无今日之寇也。"

⑤师古曰:"行音下更反。"

⑥师古曰:"沮,坏也,音才汝反。"

⑦服虔曰:"耿寿昌也,为司农中丞。"

⑧师古曰:"言豫储粮食,可以制敌。"

⑨师古曰:"卒读曰猝。"

⑩师古曰:"言傥如此,则所忧不独在羌。"

　　臣闻兵者,所以明德除害也,故举得于外,则福生于内,不可不慎。臣所将吏士马牛食,月用粮谷十九万九千六百三十斛,盐千六百九十三斛,茭藁二十五万二百八十六石。①难久不解,繇役不息。又恐它夷卒有不虞之变,②相因并起,为明主忧,诚非素定庙胜之册。③且羌虏易以计破,难用兵碎也,故臣愚以为击之不便。

①师古曰:"茭,乾刍也。藁,禾秆也。石,百二十斤。秆音工旱反。"

②师古曰:"卒读曰猝。"

③师古曰:"庙胜,谓谋于庙堂而胜敌也。"

　　计度临羌东至浩亹,①羌虏故田及公田,民所未垦,可二千顷以上,其间邮亭多坏败者。臣前部士入山,伐材木大小六万馀枚,皆在水次。愿罢骑兵,留弛刑应募,及淮阳、汝南步兵与吏士私从者,合凡万二百八十一人,用谷月二万七千三百六十三斛,盐三百八斛,分屯要害处。冰解漕下,缮乡亭,浚沟渠,②治湟陕以西道桥七十所,令可至鲜水左右。田事出,赋人二十晦。③至四月草生,发郡骑及属国胡骑伉健各千,俸马什二,就草,④为田者游兵。以充入金城郡,益积畜,省大费。⑤今大司农所转谷至者,足支万人一岁食。谨上田处及器用簿,⑥唯陛下裁许。

①师古曰:"度音大各反。"

②师古曰："漕下,以水运木而下也。缮,补也。浚,深治也。"

③师古曰："田事出,谓至春人出营田也。赋谓班与之也。晦,古亩字。"

④师古曰："倅,副也。什二者,千骑则与副马二百匹也。伉音口浪反。"

⑤师古曰："畜读曰蓄。"

⑥师古曰："簿音步户反。"

上报曰："皇帝问后将军,言欲罢骑兵万人留田,即如将军之计,虏当何时伏诛,兵当何时得决? 孰计其便,复奏。"充国上状曰:

　　臣闻帝王之兵,以全取胜,是以贵谋而贱战。战而百胜,非善之善者也,故先为不可胜以待敌之可胜。①蛮夷习俗虽殊于礼义之国,然其欲避害就利,爱亲戚,畏死亡,一也。今虏亡其美地荐草,②愁于寄托远遁,骨肉离心,人有畔志,而明主般师罢兵,③万人留田,顺天时,因地利,以待可胜之虏,虽未即伏辜,兵决可期月而望。羌虏瓦解,前后降者万七百馀人,及受言去者凡七十辈,④此坐支解羌虏之具也。

①师古曰："此兵法之辞也。言先自完坚,令敌不能胜我,乃可以胜敌也。"

②师古曰："荐,稠草。"

③邓展曰："般音班。班,还也。"

④如淳曰："羌胡言欲降,受其言遣去者。"师古曰："如说非也。谓羌受充国之言,归相告喻者也。羌虏即羌贼耳,无豫于胡也。"

　　臣谨条不出兵留田便宜十二事。步兵九校,①吏士万人,留屯以为武备,因田致谷,威德并行,一也。又因排折羌虏,令不得归肥饶之墬,②贫破其众,以成羌虏相畔之渐,二也。居民得并田作,不失农业,三也。③军马一月之食,度支田士一岁,④罢骑兵以省大费,四也。至春省甲士卒,循河湟漕谷至临羌,以际羌虏,⑤扬威武,传世折冲之具,五也。以闲暇时下所伐材,⑥缮治邮亭,充入金城,六也。兵出,乘危徼幸,⑦不出,令反畔之虏窜于风寒之地,离霜露疾疫瘃堕之患,⑧坐得必胜之道,七也。亡经阻远追死伤之害,八也。内不损威武之重,外不令虏得乘间之势,九也。⑨又亡惊动河南大开、小开⑩使生它变之忧，十也。治湟陿中道桥，令可至鲜水，以制西域，信威千里，⑪从枕席上过师，十一也。⑫大费既省，繇役豫息，以戒不虞，十二也。留屯田得十二便，出兵失十二利。臣充国材下，犬马齿衰，不识长册，唯明诏博详公卿议臣采择。

①师古曰："一部为一校也。"

②师古曰："墬，古地字。"

③师古曰："并，且也，读如本字，又音步浪反。"

④师古曰："度音大各反。"

⑤师古曰："眹亦示字。"

⑥师古曰："闲读曰闲。"

⑦师古曰："言不可必胜。"

⑧师古曰："离，遭也。堕谓因寒瘃而堕指者也。"

⑨师古曰："间谓军之间隙者也。"

⑩服虔曰："皆羌种，在河西之河南也。"

⑪师古曰："信读曰申。"

⑫郑氏曰："桥成军行安易，若于枕席上过也。"

上复赐报曰："皇帝问后将军，言十二便，闻之。虏虽未伏诛，兵决可期月而望，期月而望者，谓今冬邪，谓何时也？将军独不计虏闻兵颇罢，且丁壮相聚，攻扰田者及道上屯兵，复杀略人民，将何以止之？又大开、小开前言曰：'我告汉军先零所在，兵不往击，久留，得亡效五年时不分别人而并击我？'①其意常恐。今兵不出，得亡变生，与先零为一？将军孰计复奏。"充国奏曰：

①如淳曰："此语谓本始五年伐先零，不分别大小开本意，是以大小开有此言也。"

臣闻兵以计为本，故多算胜少算。先零羌精兵今馀不过七八千人，失地远客，分散饥冻。罕、开、莫须又颇暴略其羸弱畜产，畔还者不绝，皆闻天子明令相捕斩之赏。臣愚以为虏破坏可日月冀，远在来春，故曰兵决可期月而望。窃见北边自敦煌至辽东万一千五百餘里,乘塞列隧有吏卒数千人,虏数大众攻之而不能害。今留步士万人屯田,地势平易,多高山远望之便,部曲相保,为堑垒木樵,①校联不绝,②便兵弩,饬斗具。③烽火幸通,势及并力,以逸待劳,兵之利者也。臣愚以为屯田内有亡费之利,外有守御之备。骑兵虽罢,虏见万人留田为必禽之具,其土崩归德,宜不久矣。从今尽三月,虏马羸瘦,必不敢捐其妻子于他种中,远涉河山而来为寇。又见屯田之士精兵万人,终不敢复将其累重还归故地。④是臣之愚计,所以度虏且必瓦解其处,⑤不战而自破之册也。至于虏小寇盗,时杀人民,其原未可卒禁。⑥臣闻战不必胜,不苟接刃;攻不必取,不苟劳众。诚令兵出,虽不能灭先零,亶能令虏绝不为小寇,则出兵可也。⑦即今同是⑧而释坐胜之道,从乘危之势,往终不见利,空内自罢敝,⑨贬重而自损,非所以视蛮夷也。⑩又大兵一出,还不可复留,湟中亦未可空,如是,繇役复发也。且匈奴不可不备,乌桓不可不忧。今久转运烦费,倾我不虞之用以澹一隅,⑪臣愚以为不便。校尉临众幸得承威德,奉厚币,拊循众羌,谕以明诏,宜皆乡风。⑫虽其前辞尝曰“得亡效五年”,宜亡它心,不足以故出兵。臣窃自惟念,奉诏出塞,引军远击,穷天子之精兵,散车甲于山野,虽亡尺寸之功,偷得避慊之便,⑬而亡后咎餘责,此人臣不忠之利,非明主社稷之福也。臣幸得奋精兵,讨不义,久留天诛,⑭罪当万死。陛下宽仁,未忍加诛,(今)〔令〕臣数得执计。⑮〔6〕愚臣伏计孰甚,不敢避斧钺之诛,昧死陈愚,唯陛下省察。

①师古曰:“樵与谯同,谓为高楼以望敌也,音才消反。”

②如淳曰:“播校相连也。”师古曰:“此校谓用木自相贯穿以为固者,亦犹《周易》‘荷校灭耳’也。《周礼》‘校人掌王马之政’,‘六厩成校’,盖用关械阑养马也。《说文解字》云‘校,木囚也’,亦谓以木相贯,遮阑禽兽也。今云校联不绝,言营垒相次。”

③师古曰:“便,利也。饬,整也,其字从力。”

④师古曰:“累重谓妻子也。累音力瑞反。重音直用反。”

⑤师古曰:“各于其处自瓦解。”

⑥师古曰："卒读曰猝。"

⑦师古曰："亶读曰但。"

⑧师古曰："俱不能止小寇盗。"

⑨师古曰："罢读曰疲。"

⑩师古曰："视读曰示。"

⑪师古曰："澹，古赡字。赡，给也。"

⑫师古曰："谕，晓告之。乡读曰向。"

⑬师古曰："偷，苟且也。慊亦嫌字。"

⑭师古曰："言不早殄灭贼也。"

⑮师古曰："数音所角反。其下亦同。"

充国奏每上，辄下公卿议臣。初是充国计者什三，中什五，最后什八。有诏诘前言不便者，皆顿首服。丞相魏相曰："臣愚不习兵事利害，后将军数画军册，其言常是，臣任其计可必用也。"① 上于是报充国曰："皇帝问后将军，上书言羌虏可胜之道，今听将军，将军计善。其上留屯田及当罢者人马数。将军强食，慎兵事，自爱！"上以破羌、强弩将军数言当击，又用充国屯田处离散，恐虏犯之，于是两从其计，诏两将军与中郎将卬出击。强弩出，降四千馀人，破羌斩首二千级，中郎将卬斩首降者亦二千馀级，而充国所降复得五千馀人。诏罢兵，独充国留屯田。

①师古曰："任，保也。"

明年五月，充国奏言："羌本可五万人军，凡斩首七千六百级，降者三万一千二百人，溺河湟饥饿死者五六千人，定计遗脱与煎巩、黄羝俱亡者不过四千人。羌靡忘等自诡必得，① 请罢屯兵。"奏可，充国振旅而还。

①师古曰："诡，责也。自以为忧，责言必能得之。"

所善浩星赐迎说充国，① 曰："众人皆以破羌、强弩出击，多斩首获降，虏以破坏。然有识者以为虏势穷困，兵虽不出，必自服矣。将军即见，宜归功于二将军出击，非愚臣所及。如此，将军计未失也。"充国曰："吾年老矣，爵位已极，岂嫌伐一时事以欺明主哉！兵势，国之大事，当为后法。老臣不以馀命壹为陛下明言兵之利害,卒死,谁当复言之者?"②卒以其意对。③上然其计,罢遣辛武贤归酒泉太守官,充国复为后将军卫尉。

①邓展曰:"浩星,姓,赐,名也。"

②师古曰:"卒读曰猝。"

③师古曰:"卒,终也。"

其秋,羌若零、离留、且种、儿库①共斩先零大豪犹非、杨玉首,②及诸豪弟泽、阳雕、良儿、靡忘皆帅煎巩、黄羝之属四千馀人降汉。封若零、弟泽二人为帅众王,离留、且种二人为侯,儿库为君,阳雕为言兵侯,良儿为君,靡忘为献牛君。初置金城属国以处降羌。

①师古曰:"且,子闾反。"

②文颖曰:"犹非,人名也。"师古曰:"犹非及杨玉,二人也。《宣纪》作酋非,而此传作犹字,疑纪误。"

诏举可护羌校尉者,时充国病,四府举辛武贤小弟汤。充国遽起奏:"汤使酒,不可典蛮夷。①不如汤兄临众。"时汤已拜受节,有诏更用临众。后临众病免,五府复举汤,汤数醉酗羌人,②羌人反畔,卒如充国之言。

①师古曰:"使酒,因酒以使气,若今言恶酒者。"

②师古曰:"酗音况务反。"师古曰:[7]"即酗字也。醉怒曰酗。"

初,破羌将军武贤在军中时与中郎将卬宴语,①卬道:"车骑将军张安世始尝不快上,②上欲诛之,卬家将军以为安世本持橐簪笔③事孝武帝数十年,见谓忠谨,宜全度之。④安世用是得免。"及充国还言兵事,武贤罢归故官,深恨,上书告卬泄省中语。卬坐禁止而入至充国莫府司马中乱屯兵⑤下吏,自杀。

①师古曰:"闲宴时共语也。"

②如淳曰:"所为行不可上意。"

③张晏曰:"橐,契橐也。近臣负橐簪笔,从备顾问,或有所纪也。"师古曰:"橐,所以盛书也。有底曰囊,无底曰橐。簪笔者,插笔于首。橐音丁各反,

　又音托。"

④师古曰："全安而免度之，不令丧败也。"

⑤如淳曰："方见禁止而入至充国莫府司马中。司马中，律所谓营军司马
　　中也。"

充国乞骸骨，赐安车驷马、黄金六十斤，罢就第。朝庭每有四夷大
议，常与参兵谋，问筹策焉。①年八十六，甘露二年薨，谥曰壮侯。传子
至孙钦，钦尚敬武公主。主亡子，主教钦良人习诈有身，名它人子。钦
薨，子岑嗣侯，习为太夫人。岑父母求钱财亡已，忿恨相告。岑坐非子
免，国除。元始中，修功臣后，复封充国曾孙伋为营平侯。②

①师古曰："与读曰豫。"

②师古曰："伋音汲。"

初，充国以功德与霍光等列，画未央宫。成帝时，西羌尝有警，上思
将帅之臣，追美充国，乃召黄门郎杨雄即充国图画而颂之，①曰：

①师古曰："即，就也。于画侧而书颂。"

　　明灵惟宣，戎有先零。先零昌狂，侵汉西疆。汉命虎臣，惟后
将军，整我六师，是讨是震。①既临其域，谕以威德，有守矜功，谓之
弗克。请奋其旅，于罕之羌，天子命我，从之鲜阳。②营平守节，娄
奏封章，③料敌制胜，威谋靡亢。④遂克西戎，还师于京，鬼方宾服，
罔有不庭。⑤昔周之宣，有方有虎，⑥诗人歌功，乃列于《雅》。⑦在汉
中兴，充国作武，赳赳桓桓，亦绍厥后。⑧

①师古曰："震合韵音真。"

②应劭曰："酒泉太守辛武贤自将万骑出张掖击羌。宣帝使充国共武贤讨罕、
　　开于鲜水之阳也。"

③师古曰："娄，古屡字。"

④师古曰："料，量也。亢，当也。合韵音康。"

⑤师古曰："鬼方，言其幽昧也。庭，来帝庭也。一说庭，直也。"

⑥张晏曰："方叔、邵虎也。"

⑦师古曰："《大雅》、《小雅》之诗也。"

⑧师古曰:"赳赳,劲也。桓桓,威也。绍厥后谓继周之方、邵也。"

充国为后将军,徙杜陵。辛武贤自羌军还后七年,复为破羌将军,征乌孙至敦煌,后不出,征未到,病卒。子庆忌至大官。

辛庆忌字子真,少以父任为右校丞,随长罗侯常惠屯田乌孙赤谷城,与歙侯战,①陷陈却敌,惠奏其功,拜为侍郎,迁校尉,将吏士屯焉耆国。还为谒者,尚未知名。元帝初,补金城长史,举茂材,迁郎中车骑将(军),⑻朝庭多重之者。转为校尉,迁张掖太守,徙酒泉,所在著名。

①师古曰:"歙即翕字也。歙侯,乌孙官名。"

成帝初,征为光禄大夫,迁左曹中郎将,至执金吾。始武贤与赵充国有隙,后充国家杀,辛氏至庆忌为执金吾,坐子杀赵氏,左迁酒泉太守。岁馀,大将军王凤荐庆忌"前在两郡著功迹,征入,历位朝廷,莫不信乡。①质行正直,仁勇得众心,通于兵事,明略威重,任国柱石。②父破羌将军武贤显名前世,有威西夷。臣凤不宜久处庆忌之右。"③乃复征为光禄大夫、执金吾。数年,坐小法左迁云中太守,复征为光禄勋。

①师古曰:"乡读曰向。"

②师古曰:"任,堪也。"

③师古曰:"右,上也。"

时数有灾异,丞相司直何武上封事曰:"虞有宫之奇,晋献不寐;①卫青在位,淮南寝谋。故贤人立朝,折冲厌难,胜于亡形。②《司马法》曰:'天下虽安,忘战必危。'夫将不豫设,则亡以应卒;③士不素厉,则难使死敌。是以先帝建列将之官,近戚主内,异姓距外,故奸轨不得萌动而破灭,④诚万世之长册也。光禄勋庆忌行义修正,柔毅敦厚,⑤谋虑深远。前在边郡,数破敌获虏,外夷莫不闻。乃者大异并见,未有其应。加以兵革久寝。《春秋》大灾未至而豫御之,⑥庆忌宜在爪牙官以备不虞。"⑦其后拜为右将军诸吏散骑给事中,岁馀徙为左将军。

①应劭曰:"晋献公欲伐虞,以宫之奇在,寝不寐。"

②师古曰:"厌,抑也。未有祸难之形,豫胜之也。厌音一叶反。"

③师古曰:"卒读曰猝,谓暴也。"

④师古曰:"始生曰萌。"

⑤师古曰:"和柔而能沈毅也。《尚书·咎繇谟》曰'扰而毅'。扰亦柔也。今流俗书本柔字作果者,妄改之。"

⑥师古曰:"庄十八年'公追戎于济西'。《公羊传》曰:'此未有伐中国者,言追何? 大其未至而豫御也。'"

⑦师古曰:"虞,度也。言有寇难非意所度也。"

庆忌居处恭俭,食饮被服尤节约,然性好舆马,号为鲜明,唯是为奢。为国虎臣,遭世承平,匈奴、西域亲附,敬其威信。年老卒官。长子通为护羌校尉,中子遵函谷关都尉,少子茂水衡都尉出为郡守,皆有将帅之风。宗族支属至二千石者十馀人。

元始中,安汉公王莽秉政,见庆忌本大将军凤所成,三子皆能,欲亲厚之。是时莽方立威柄,用甄丰、甄邯以自助,丰、邯新贵,威震朝廷。水衡都尉茂自见名臣子孙,兄弟并列,不甚诎事两甄。时平帝幼,外家卫氏不得在京师,而护羌校尉通长子次兄素与帝从舅卫子伯相善,①两人俱游侠,宾客甚盛。及吕宽事起,莽诛卫氏。两甄构言诸辛阴与卫子伯为心腹,有背恩不说安汉公之谋。②于是司直陈崇举奏其宗亲陇西辛兴等侵陵百姓,威行州郡。莽遂按通父子、遵茂兄弟及南郡太守辛伯等,皆诛杀之。辛氏繇是废。③庆忌本狄道人,为将军,徙昌陵。昌陵罢,留长安。

①师古曰:"次兄,其字也。兄读如本字,亦读曰况。"

②师古曰:"说读曰悦。"

③师古曰:"繇读与由同。"

赞曰:秦汉已来,山东出相,山西出将。秦将军白起,郿人;①王翦,频阳人。汉兴,郁郅王围、甘延寿,②义渠公孙贺、傅介子,成纪李广、李蔡、杜陵苏建、苏武,上邽上官桀、赵充国,襄武廉褒,狄道辛武贤、庆忌,皆以勇武显闻。苏、辛父子著节,此其可称列者也,其馀不可胜数。何则？山西天水、陇西、安定、北地处势迫近羌胡，民俗修习战备，高上勇力鞍马骑射。故《秦诗》曰："王于兴师，修我甲兵，与子皆行。"③其风声气俗自古而然，今之歌谣慷慨，风流犹存耳。

①师古曰："郿，扶风之县也，音媚。"
②师古曰："围为强弩将军，见《艺文志》。郁音於六反。郅音质。"
③师古曰："《小戎》之诗也，解在《地理志》。"

【校勘记】

〔1〕　设谓(闻)〔开〕许之也。　景祐、殿本都作"开"。王先谦说作"开"是。

〔2〕　长水校尉富昌、酒泉(侯)〔候〕奉世将婼、月氏兵四千人，　沈钦韩说，"侯"当为"候"，奉世即冯奉世。

〔3〕　若有便宜，则当(国)〔固〕守以取安利也。　王先谦说，"国"当为"固"。按景祐、殿、局本都作"固"。

〔4〕　(此羌之首帅名王)　钱大昭说，闽本无"此羌"句。按景祐本无此句。

〔5〕　失之毫厘，差(之)〔以〕千里，　景祐、殿本都作"以"。

〔6〕　(今)〔令〕臣数得执计。　景祐、殿本都作"令"。王先谦说作"令"是。

〔7〕　师古曰：　王先谦说前"师古"误。按各本皆误。

〔8〕　迁郎中车骑将(军)，　刘敞、齐召南、沈钦韩都说"军"字衍。

汉书卷七十

傅常郑甘陈段传第四十

傅介子，北地人也，①以从军为官。先是龟兹、楼兰皆尝杀汉使者，②语在《西域传》。至元凤中，介子以骏马监求使大宛，因诏令责楼兰、龟兹国。

①师古曰："《赵充国传》赞云'义渠公孙贺、傅介子'然则介子北地义渠人也。"

②服虔曰："龟兹音丘慈。"

介子至楼兰，责其王教匈奴遮杀汉使："大兵方至，王苟不教匈奴，匈奴使过至诸国，何为不言？"王谢服，言："匈奴使属过，①当至乌孙，道过龟兹。"介子至龟兹，复责其王，王亦服罪。介子从大宛还到龟兹，龟兹言："匈奴使从乌孙还，在此。"介子因率其吏士共诛斩匈奴使者。还奏事，诏拜介子为中郎，迁平乐监。

①师古曰："属，近也。近始过去。属音之欲反。"

介子谓大将军霍光曰："楼兰、龟兹数反覆而不诛，无所惩艾。①介子过龟兹时，其王近就人，易得也，②愿往刺之，以威示诸国。"大将军曰："龟兹道远，且验之于楼兰。"于是白遣之。

①师古曰："艾读曰乂。"

②师古曰："附近而亲就，言不相猜阻也。"

介子与士卒俱赍金币，扬言以赐外国为名。至楼兰，楼兰王意不亲介子，介子阳引去，至其西界，使译谓曰："汉使者持黄金锦绣行赐诸国，①王不来受，我去之西国矣。"即出金币以示译。译还报王，王贪汉物，来见使者。介子与坐饮，陈物示之。饮酒皆醉，介子谓王曰："天子使我私报王。"②王起随介子入帐中,屏语,③壮士二人从后刺之,刃交胸,立死。其贵人左右皆散走。介子告谕以"王负汉罪,天子遣我来诛王,当更立前太子质在汉者。汉兵方至,毋敢动,动,灭国矣!"遂持王首还诣阙,公卿将军议者咸嘉其功。上乃下诏曰:"楼兰王安归尝为匈奴间,候遮汉使者,④发兵杀略卫司马安乐、光禄大夫忠、期门郎遂成等三辈,及安息、大宛使,盗取节印献物,⑤甚逆天理。平乐监傅介子持节使诛斩楼兰王安归首,县之北阙,以直报怨,⑥不烦师众。其封介子为义阳侯,食邑七百户。士刺王者皆补侍郎。"

①师古曰:"遍往赐之。"

②师古曰:"谓密有所论。"

③师古曰:"屏人而独共语也。"

④师古曰:"(间)〔言〕为匈奴之间(为)〔而〕候伺。"[1]

⑤晋灼曰:"此安息、大宛远遣使献汉,而楼兰王使人盗取所献之物也。"师古曰:"节及印,汉使者所赍也。献物,大宛等使所献也。楼兰既杀汉使,又杀诸国使者。"

⑥师古曰:"《论语》载孔子言曰'以直报怨,以德报德',言怨于我者则直道而报之。故诏引之也。"

介子薨,子敞有罪不得嗣,国除。元始中,继功臣世,复封介子曾孙长为义阳侯,王莽败,乃绝。

常惠,太原人也。少时家贫,自奋应募,随栘中监苏武使匈奴,①并见拘留十馀年,昭帝时乃还。汉嘉其勤劳,拜为光禄大夫。

①师古曰:"栘中,厩名也,音移。解在《昭纪》。"

是时,乌孙公主上书言:"匈奴发骑田车师,①车师与匈奴为一,共侵乌孙,唯天子救之!"汉养士马,议欲击匈奴。会昭帝崩,宣帝初即位,本始二年,遣惠使乌孙。公主及昆弥皆遣使,因惠言:"匈奴连发大兵击乌孙,取车延、恶师地,收其人民去,使使胁求公主,②欲隔绝汉。昆弥愿发国半精兵,自给人马五万骑,尽力击匈奴。唯天子出兵以救公主、昆弥！”于是汉大发十五万骑,五将军分道出,③语在《匈奴传》。

①师古曰:“车师,西域国名也。”

②师古曰:“胁谓以威迫之也。”

③师古曰:“祁连将军田广明、蒲类将军赵充国、武牙将军田顺、度辽将军范明
　友、前将军韩增。”

以惠为校尉,持节护乌孙兵。昆弥自将翕侯以下五万馀骑①从西
方入至右谷蠡庭,②获单于父行及嫂居次,③名王骑将以下三万九千人,
得马牛驴骡橐佗五万馀匹,羊六十馀万头,乌孙皆自取卤获。惠从吏卒
十馀人随昆弥还,未至乌孙,乌孙人盗惠印绶节。惠还,自以当诛。④时
汉五将皆无功,天子以惠奉使克获,遂封惠为长罗侯。复遣惠持金币还
赐乌孙贵人有功者,惠因奏请龟兹国尝杀校尉赖丹,未伏诛,请便道击
之,宣帝不许。大将军霍光风惠以便宜从事。⑤惠与吏士五百人俱至乌
孙,还过,发西国兵二万人,令副使发龟兹东国二万人,乌孙兵七千人,
从三面攻龟兹,兵未合,先遣人责其王以前杀汉使状。王谢曰:“乃我先
王时为贵人姑翼所误耳,我无罪。”惠曰:“即如此,缚姑翼来,吾置
王。”⑥王执姑翼诣惠,惠斩之而还。

①师古曰:“翕即翕字也。翕侯,乌孙官号也。”

②师古曰:“谷音鹿。蠡音黎。”

③晋灼曰:“匈奴女号,若言公主也。”师古曰:“行音胡浪反。”

④师古曰:“谓失印绶及节为辱命。”

⑤师古曰:“言至前所专命而行也。风读曰讽。”

⑥师古曰:“置犹放。”

后代苏武为典属国,明习外国事,勤劳数有功。甘露中,后将军赵
充国薨,天子遂以惠为右将军,典属国如故。宣帝崩,惠事元帝,三岁
薨,谥曰壮武侯。传国至曾孙,建武中乃绝。

郑吉,会稽人也,以卒伍从军,数出西域,由是为郎。吉为人强执,
习外国事。①自张骞通西域,李广利征伐之后,初置校尉,屯田渠黎。至

宣帝时，吉以侍郎田渠黎，积谷，因发诸国兵攻破车师，迁卫司马，使护鄯善以西南道。②

①师古曰："强力而有执志者。"

②师古曰："鄯音善。"

神爵中，匈奴乖乱，日逐王先贤掸欲降汉，①使人与吉相闻。吉发渠黎、龟兹诸国五万人迎日逐王，口万二千人，小王将十二人随吉至河曲，颇有亡者，吉追斩之，遂将诣京师。汉封日逐王为归德侯。

①师古曰："掸音缠。"

吉既破车师，降日逐，威震西域，遂并护车师以西北道，故号都护。①都护之置自吉始焉。

①师古曰："并护南北二道，故谓之都。都犹大也，总也。"

上嘉其功效，乃下诏曰："都护西域骑都尉郑吉，拊循外蛮，宣明威信，①迎匈奴单于从兄日逐王众，击破车师兜訾城，②功效茂著。其封吉为安远侯，食邑千户。"吉于是中西域而立莫府，③治乌垒城，镇抚诸国，诛伐怀集之。汉之号令班西域矣，④始自张骞而成于郑吉。语在《西域传》。

①师古曰："《礼》云东夷、北狄、西戎、南蛮，然夷蛮戎狄亦四方之总称耳，故史传又云百蛮也。"

②师古曰："訾音子移反。"

③师古曰："中西域者，言最处诸国之中，近远均也。中音竹仲反。"

④师古曰："班，布也。"

吉薨，谥曰缪侯。子光嗣，薨，无子，国除。元始中，录功臣不以罪绝者，封吉曾孙永为安远侯。

甘延寿字君况，北地郁郅人也。少以良家子善骑射为羽林，投石拔距绝于等伦，①尝超逾羽林亭楼，由是迁为郎。试弁，为期门，②以材力爱幸。稍迁至辽东太守，免官。车骑将军许嘉荐延寿为郎中谏大夫，使西域都护骑都尉,与副校尉陈汤共诛斩郅支单于,封义成侯。薨,谥曰壮侯。传国至曾孙,王莽败,乃绝。

①应劭曰:"投石,以石投人也。拔距,即下超逾羽林亭楼是也。"张晏曰:"《范蠡兵法》飞石重十二斤,为机发,行二百步。延寿有力,能以手投之。拔距,超距也。"师古曰:"投石,应(劭)〔说〕是也。[2]拔距者,有人连坐相把据地,距以为坚而能拔取之,皆言其有手掣之力。超逾亭楼,又言其趫捷耳,非拔距也。今人犹(言)〔有〕拔爪之戏,[3]盖拔距之遗法。"

②孟康曰:"弁,手搏。"

陈汤字子公,山阳瑕丘人也。少好书,博达善属文。①家贫匄贷无节,不为州里所称。②西至长安求官,得太官献食丞。数岁,富平侯张勃与汤交,高其能。初元二年,元帝诏列侯举茂材,勃举汤,汤待迁,父死不犇丧,③司隶奏汤无循行,勃选举故不以实,坐削(二百户)〔户二百〕,[4]会薨,因赐谥曰缪侯。④汤下狱论。后复以荐为郎,数求使外国。久之,迁西域副校尉,与甘延寿俱出。

①师古曰:"属音之欲反。"

②师古曰:"匄,乞也。贷音吐得反。"

③师古曰:"犇,古奔字。"

④师古曰:"以其缪举人也。"

先是,宣帝时匈奴乖乱,五单于争立,呼韩邪单于与郅支单于俱遣子入侍,汉两受之。后呼韩邪单于身入称臣朝见,郅支以为呼韩邪破弱降汉,不能自还,即西收右地。会汉发兵送呼韩邪单于,郅支由是遂西破呼偈、坚昆、丁令,①兼三国而都之。怨汉拥护呼韩邪而不助己,困辱汉使者江乃始等。初元四年,遣使奉献,因求侍子,愿为内附。汉议遣卫司马谷吉送之。御史大夫贡禹、博士匡衡以为《春秋》之义"许夷狄者不壹而足",②今郅支单于乡化未(淳)〔醇〕,③[5]所在绝远,宜令使者送其子至塞而还。吉上书言:"中国与夷狄有羁(靡)〔縻〕不绝之义,[6]今既养全其子十年,德泽甚厚,空绝而不送,近从塞还,示(捐弃)〔弃捐〕不畜，④〔7〕使无乡从之心。⑤弃前恩，立后怨，不便。议者见前江乃始无应敌之数，知勇俱困，以致耻辱，即豫为臣忧。臣幸得建强汉之节，承明圣之诏，宣谕厚恩，不宜敢桀。⑥若怀禽兽，加无道于臣，则单于长婴大罪，⑦必遁逃远舍，不敢近边。⑧没一使以安百姓，国之计，臣之愿也。愿送至庭。”⑨上以示朝者，禹复争，以为吉往必为国取悔生事，不可许。右将军冯奉世以为可遣，上许焉。既至，郅支单于怒，竟杀吉等。自知负汉，又闻呼韩邪益强，遂西奔康居。康居王以女妻郅支，郅支亦以女予康居王。康居甚尊敬郅支，欲倚其威以胁诸国。⑩郅支数借兵击乌孙，深入至赤谷城，杀略民人，(欧)〔敺〕畜产，⑪〔8〕乌孙不敢追，西边空虚，不居者且千里。郅支单于自以大国，威名尊重，又乘胜骄，不为康居王礼，怒杀康居王女及贵人、人民数百，或支解投都赖水中。⑫发民作城，日作五百人，二岁乃已。又遣使责阖苏、大宛诸国岁遗，⑬不敢不予。汉遣使三辈至康居求谷吉等死，⑭郅支困辱使者，不肯奉诏，而因都护上书言：“居困厄，愿归计强汉，遣子入侍。”⑮其骄嫚如此。

①服虔曰：“呼偈，小国名，在匈奴北。”师古曰：“偈音起厉反。令与零同。”

②师古曰：“言(制节)〔节制〕之，〔9〕不皆称其所求也。”

③师古曰：“乡读曰向。不杂曰醇。醇，一也，厚也。”

④师古曰：“畜谓爱养也。”

⑤师古曰：“乡读曰向。向从谓向化而从命也。”

⑥师古曰：“言郅支畏威，当不敢桀黠也。”

⑦师古曰：“婴犹带也。”

⑧师古曰：“舍，止也。”

⑨师古曰：“单于庭。”

⑩师古曰：“倚音於绮反。”

⑪师古曰：“(欧)〔敺〕与驱同。下皆类此。”

⑫师古曰：“支解谓〔解〕截其四支也。〔10〕都赖，郅支水名。”

⑬师古曰：“胡广云康居北可一千里有国名奄蔡，一名阖苏。然则阖苏即奄蔡也。岁遗者，年常所献遗之物。遗音弋季反。”

⑭师古曰：“死，尸也。”

⑮师古曰："故为此言以调戏也。归计谓归附而受计策也。"

建昭三年，汤与延寿出西域。汤为人沈勇有大虑，多策谋，喜奇功，①每过城邑山川，常登望。既领外国，与延寿谋曰："夷狄畏服大种，其天性也。西域本属匈奴，今郅支单于威名远闻，侵陵乌孙、大宛，常为康居画计，欲降服之。如得此二国，北击伊列，西取安息，南排月氏、山离乌弋，数年之间，城郭诸国危矣。②且其人剽悍，③好战伐，数取胜，久畜之，必为西域患。郅支单于虽所在绝远，蛮夷无金城强弩之守，如发屯田吏士，敺从乌孙众兵，④直指其城下，彼亡则无所之，守则不足自保，⑤千载之功可一朝而成也。"延寿亦以为然，欲奏请之，汤曰："国家与公卿议，大策非凡所见，事必不从。"⑥延寿犹与不听。⑦会其久病，汤独矫制发城郭诸国兵、车师戊己校尉屯田吏士。延寿闻之，惊起，欲止焉。汤怒，按剑叱延寿曰："大众已集会，竖子欲沮众邪？"⑧延寿遂从之，部勒行陈，益置扬威、白虎、合骑之校，⑨汉兵胡兵合四万馀人，延寿、汤上疏自劾奏矫制，陈言兵状。

①师古曰："喜音许吏反。"
②服虔曰："山离乌弋不在(二)〔三〕十六国中，⁽¹¹⁾去中国二万里。"师古曰："谓西域国为城郭者，言不随畜牧迁徙，以别于匈奴也。"
③师古曰："剽，轻也。悍，勇也。剽音频妙反，又音匹妙反。悍音胡幹反。"
④师古曰："敺，帅之令随从也。"
⑤师古曰："之，往也。保，安也。"
⑥师古曰："言凡庸之人，不能远见，故坏其事也。"
⑦师古曰："与读曰豫。"
⑧师古曰："沮，止也，坏也，音才汝反。"
⑨张晏曰："西域陈法之名也。"师古曰："张说非也。一校则别为一部军，故称校耳。汤特新置此等诸校名，以为威声也。"

即日引军分行，别为六校，其三校从南道逾葱领径大宛，其三校都护自将，发温宿国，从北道入赤谷，过乌孙，涉康居界，至阗池西。而康居副王抱阗将数千骑，寇赤谷城东，①杀略大昆弥千馀人，敺畜产甚多。

从后与汉军相及，颇寇盗后重。②汤纵胡兵击之，杀四百六十人，得其所略民四百七十人，还付大昆弥，其马牛羊以给军食。又捕得抱阗贵人伊奴毒。

①文颖曰："阗音填。"

②师古曰："重谓辎重也，音直用反。"

入康居东界，令军不得为寇。①间呼其贵人屠墨见之，②谕以威信，与饮盟遣去。径引行，未至单于城可六十里，止营。复捕得康居贵人贝色子男开牟以为导。贝色子即屠墨母之弟，③皆怨单于，由是具知郅支情。

①师古曰："勿抄掠。"

②师古曰："间谓密呼也。"

③师古曰："母之弟即谓舅也。"

明日引行，未至城三十里，止营。单于遣使问汉兵何以来，应曰："单于上书言居困阸，愿归计强汉，身入朝见。天子哀闵单于弃大国，屈意康居，故使都护将军来迎单于妻子，恐左右惊动，故未敢至城下。"使数往来相答报。延寿、汤因让之：①"我为单于远来，而至今无名王大人见将军受事者，②何单于忽大计，失客主之礼也！③兵来道远，人畜罢极，食度且尽，④恐无以自还，愿单于与大臣审计策。"

①师古曰："让，责也。"

②师古曰："名王，诸王之贵者。受事，受教命而供事也。"

③师古曰："忽，忘也。"

④师古曰："罢读曰疲。度音大各反。"

明日，前至郅支城都赖水上，离城三里，止营傅陈。①望见单于城上立五采幡织，②数百人披甲乘城，③又出百馀骑往来驰城下，步兵百馀人夹门鱼鳞陈，④讲习用兵。城上人更招汉军曰"斗来！"⑤百馀骑驰赴营，营皆张弩持满指之，骑引却。颇遣吏士射城门骑步兵，骑步兵皆入。延寿、汤令军闻鼓音皆薄城下，⑥四面围城，各有所守，穿堑，塞门户，卤楯为前，戟弩为后，卬射城中楼上人，⑦楼上人下走。土城外有重木城，从木城中射，颇杀伤外人。外人发薪烧木城。夜，数百骑欲出外，迎射杀之。

①师古曰："傅读曰敷。敷，布也。"

②师古曰："织读曰帜，音式志反。"

③师古曰："乘谓登之备守也。"

④师古曰："言其相接次，形若鱼鳞。"

⑤师古曰："更，互也，音工行反。"

⑥师古曰："薄，迫也。"

⑦师古曰："印读曰仰。"

初，单于闻汉兵至，欲去，疑康居怨己，为汉内应，又闻乌孙诸国兵皆发，自以无所之。①郅支已出，复还，曰："不如坚守。汉兵远来，不能久攻。"单于乃被甲在楼上，诸阏氏夫人数十皆以弓射外人。外人射中单于鼻，诸夫人颇死。单于下骑，传战大内。②夜过半，木城穿，中人却入土城，乘城呼。③时康居兵万馀骑分为十馀处，四面环城，亦与相应和。④夜，数犇营，不利，辄却。⑤平明，四面火起，吏士喜，大呼乘之，⑥钲鼓声动地。康居兵引却。汉兵四面推卤楯，并入土城中。单于男女百馀人走入大内。汉兵纵火，吏士争入，单于被创死。军候假丞杜勋斩单于首，得汉使节二及谷吉等所赍帛书。诸卤获以畀得者。⑦凡斩阏氏、太子、名王以下千五百一十八级，生房百四十五人，降房千馀人，赋予城郭诸国所发十五王。⑧

①师古曰："之，往也。"

②师古曰："下骑谓下楼而骑马也。传战，转战也。大内，单于之内室也。言且战且行而入内室。"

③师古曰："乘，登也。呼音火故反。次下亦同。"

④师古曰："环，绕也，音患。和音胡卧反。"

⑤师古曰："犇，古奔字也。"

⑥师古曰："乘，逐也。"

⑦师古曰："畀，予也。各以与所得人。畀音必寐反。"

⑧师古曰："赋谓班与之也。所发十五王，谓所发诸国之兵，共围郅支王

者也。"

　　于是延寿、汤上疏曰:"臣闻天下之大义,当混为一,①昔有唐虞,今有强汉。匈奴呼韩邪单于已称北藩,唯郅支单于叛逆,未伏其辜,大夏之西,以为强汉不能臣也。②郅支单于惨毒行于民,大恶通于天。臣延寿、臣汤将义兵,行天诛,赖陛下神灵,阴阳并应,天气精明,陷陈克敌,斩郅支首及名王以下。宜县头槀街蛮夷邸间,③以示万里,明犯强汉者,虽远必诛。"事下有司。丞相匡衡、御史大夫繁延寿④以为:"郅支及名王首更历诸国,蛮夷莫不闻知。⑤《月令》春'掩骼埋胔'之时,⑥宜勿县。"车骑将军许嘉、右将军王商以为:"春秋夹谷之会,优施笑君,孔子诛之,⑦方盛夏,首足异门而出。宜县十日乃埋之。"有诏将军议是。

　　①师古曰:"混,同也,音胡本反。"
　　②师古曰:"谓汉为不能使郅支臣服也。"
　　③晋灼曰:"《黄图》在长安城门内。"师古曰:"槀街,街名,蛮夷邸在此街也。邸,若今鸿胪客馆也。崔浩以为槀当为橐,橐街即铜驼街也。此说失之。铜驼街在雒阳,西京无也。"
　　④师古曰:"繁音蒲何反。"
　　⑤师古曰:"更音工衡反。"
　　⑥应劭曰:"禽兽之骨曰骼。骼,大也。鸟鼠之骨曰胔。胔,可恶也。"臣瓒曰:"枯骨曰骼,有肉曰胔。"师古曰:"瓒说是也。骼音工客反。胔音才赐反。"
　　⑦师古曰:"夹谷,地名,即祝其也。定十年'公会齐侯于夹谷,孔子摄相事,齐侯奏宫中之乐,俳优侏儒戏于前,孔子历阶而上曰:"匹夫侮诸侯者,罪应诛。"于是斩侏儒,首足异处,齐侯惧,有惭色'。施者,优人之名。夹音颊。"

　　初,中书令石显尝欲以姊妻延寿,延寿不取。及丞相、御史亦恶其矫制,皆不与汤。①汤素贪,所卤获财物入塞多不法。②司隶校尉移书道上,系吏士按验之。汤上疏言:"臣与吏士共诛郅支单于,幸得禽灭,万里振旅,③宜有使者迎劳道路。④今司隶反逆,收系按验,是为郅支报仇也!"上立出吏士,令县道具酒食以过军。既至,论功,石显、匡衡以为:"延寿、汤擅兴师矫制,幸得不诛,如复加爵土,则后奉使者争欲乘危徼幸,生事于蛮夷,⑤为国招难,渐不可开。"元帝内嘉延寿、汤功,而重违衡、显之议,⑥议久不决。

①师古曰:"与犹许。"

②师古曰:"不法者,私自取之,不依军法。"

③师古曰:"师入曰振旅。振,整也。旅,众也。"

④师古曰:"劳音力到反。"

⑤师古曰:"(若如)〔如,若〕也。"[12]

⑥师古曰:"重,难也。"

故宗正刘向上疏曰:"郅支单于囚杀使者吏士以百数,事暴扬外国,伤威毁重,群臣皆闵焉。①陛下赫然欲诛之,意未尝有忘。西域都护延寿、副校尉汤承圣指,倚神灵,总百蛮之君,搅城郭之兵,②出百死,入绝域,遂蹈康居,屠五重城,搴歙侯之旗,③斩郅支之首,县旌万里之外,扬威昆山之西,扫谷吉之耻,立昭明之功,万夷慑伏,莫不惧震。④呼韩邪单于见郅支已诛,且喜且惧,乡风驰义,稽首来宾,⑤愿守北藩,累世称臣。立千载之功,建万世之安,群臣之勋莫大焉。昔周大夫方叔、吉甫为宣王诛猃狁而百蛮从,其《诗》曰:'啴啴焞焞,如霆如雷,显允方叔,征伐猃狁,蛮荆来威。'⑥《易》曰:'有嘉折首,获(非)〔匪〕其丑。'⑦[13]言美诛首恶之人,而诸不顺者皆来从也。今延寿、汤所诛震,虽《易》之折首、《诗》之雷霆不能及也。论大功者不录小过,举大美者不疵细瑕。《司马法》曰'军赏不逾月',欲民速得为善之利也。盖急武功,重用人也。吉甫之归,周厚赐之,其《诗》曰:'吉甫燕喜,既多受祉,来归自镐,我行永久。'⑧千里之镐犹以为远,况万里之外,其勤至矣!延寿、汤既未获受祉之报,反屈捐命之功,久挫于刀笔之前,⑨非所以劝有功历戎士也。昔齐桓公前有尊周之功,⑩后有灭项之罪,⑪君子以功覆过而为之讳行事。⑫贰师将军李广利捐五万之师,靡亿万之费,经四年之劳,⑬而廑获骏马三十匹,⑭虽斩宛王毋鼓之首,⑮犹不足以复费,⑯其私罪恶甚多。孝武以为万里征伐,不录其过,遂封拜两侯、三卿、二千石百有馀人。今康居国强于大宛,郅支之号重于宛王,杀使者罪甚于留马,而延寿、汤不烦汉士,不费斗粮,比于贰师,功德百之。⑰且常惠随欲击之乌孙,郑吉迎自来之日逐,犹皆裂土受爵。故言威武勤劳则大于方叔、吉甫,列功覆过则优于齐桓、贰师,近事之功则高于安远、长罗,⑱而大功未著,小恶数布,臣窃痛之! 宜以时解县通籍,⑲除过勿治,尊宠爵位,以劝有功。”

①师古曰:“闵,病也。”

②师古曰:“揽,总持之也。其字从手。”

③师古曰:“搴,拔也,音骞。”

④师古曰:“慑,恐也,音之涉反。”

⑤师古曰:“驰义,慕义驱驰而来也,乡读曰向。”

⑥师古曰:“《小雅·采芑》之诗也。啴啴,众也。焞焞,盛也。言车徒既众且盛,有如雷霆,故能克定猃狁而令荆土之蛮亦畏威而来也。啴音他丹反。焞音他回反。”

⑦师古曰:“《离》上九爻辞也。嘉,善也。丑,类也。言王者出征,克胜斩首,多获非类,故以为善。”

⑧师古曰:“《小雅·六月》之诗也。镐,地名,非丰镐之镐。此镐及方皆在周之北。时猃狁侵镐及方,至于泾阳。吉甫薄伐,自镐而还。王以燕礼乐之,多受福赐,以其行役有功,日月长久故也。”

⑨师古曰:“捐弃其躯命,言无所顾也。挫,屈折也。刀笔谓吏也。”

⑩师古曰:“谓伐楚责苞茅,及会王太子于首止。”

⑪师古曰:“项,国名也。《春秋》僖十七年夏,灭项。《公羊传》曰:‘齐灭之也。不言齐,为桓公讳也。桓常有继绝存亡之功,故君子为之讳。’”

⑫师古曰:“行事谓灭项之事也。”

⑬师古曰:“靡,散也,音縻。”

⑭师古曰:“厔与仅同。仅,少也。”

⑮师古曰:“《西域传》作毋寡,而此云毋鼓,鼓寡声相近,盖戎狄之言不甚谛也。”

⑯师古曰:“复,偿也,音扶目反。”

⑰师古曰:“百倍胜之。”

⑱师古曰:“安远侯郑吉,长罗侯常惠也。”

⑲孟康曰："县，罪未竟也，如言县罚也。通籍，不禁止，令得出入也。"

于是天子下诏曰："匈奴郅支单于背畔礼义，留杀汉使者、吏士，甚逆道理，朕岂忘之哉！所以优游而不征者，重动师众，劳将帅，①故隐忍而未有云也。今延寿、汤睹便宜，乘时利，结城郭诸国，擅兴师矫制而征之，赖天地宗庙之灵，诛讨郅支单于，斩获其首，及阏氏贵人名王以下千数。虽逾义干法，②内不烦一夫之役，不开府库之臧，因敌之粮以赡军用，立功万里之外，威震百蛮，名显四海。为国除残，兵革之原息，边竟得以安。③然犹不免死亡之患，罪当在于奉宪，朕甚闵之！其赦延寿、汤罪，勿治。"诏公卿议封焉。议者皆以为宜如军法捕斩单于令。匡衡、石显以为："郅支本亡逃失国，窃号绝域，非真单于。"元帝取安远侯郑吉故事，封千户，衡、显复争。乃封延寿为义成侯，赐汤爵关内侯，食邑各三百户，加赐黄金百斤。告上帝、宗庙，大赦天下。拜延寿为长水校尉，汤为射声校尉。

　　①师古曰："重，难也。"

　　②师古曰："干，犯也。"

　　③师古曰："竟读曰境。"

延寿迁城门校尉，护军都尉，薨于官。成帝初即位，丞相衡复奏"汤以吏二千石奉使，颛命蛮夷中，①不正身以先下，而盗所收康居财物，戒官属曰绝域事不覆校。虽在赦前，不宜处位。"汤坐免。

　　①师古曰："颛与专同。"

后汤上书言康居王侍子非王子也。按验，实王子也。汤下狱当死。太中大夫谷永上疏讼汤曰："臣闻楚有子玉得臣，文公为之仄席而坐；①赵有廉颇、马服，强秦不敢窥兵井陉；②近汉有郅都、魏尚，匈奴不敢南乡沙幕。③由是言之，战克之将，国之爪牙，不可不重也。盖'君子闻鼓鼙之声，则思将率之臣'。④窃见关内侯陈汤，前使副西域都护，忿郅支之无道，闵王诛之不加，⑤策虑愊亿，义勇奋发，⑥卒兴师奔逝，横厉乌孙，逾集都赖，⑦屠三重城，斩郅支首，报十年之逋诛，雪边吏之宿耻，⑧

威震百蛮,武畅西海,汉元以来,征伐方外之将,未尝有也。今汤坐言事非是,幽囚久系,历时不决,执宪之吏欲致之大辟。昔白起为秦将,南拔郢都,北坑赵括,以纤介之过,赐死杜邮,⑨秦民怜之,莫不陨涕。今汤亲秉钺,席卷喋血万里之外,⑩荐功(宗)〔祖〕庙,〔14〕告类上帝,⑪介胄之士靡不慕义。以言事为罪,无赫赫之恶。《周书》曰:'记人之功,忘人之过,宜为君者也。'⑫夫犬马有劳于人,尚加帷盖之报,⑬况国之功臣者哉!窃恐陛下忽于鼓鼙之声,不察《周书》之意,而忘帷盖之施,庸臣遇汤,卒从吏议,⑭使百姓介然有秦民之恨,⑮非所以厉死难之臣也。"书奏,天子出汤,夺爵为士伍。

①师古曰:"子玉,楚大夫也,得臣其名也。《春秋》僖二十八年,子玉帅师与晋文公战于城濮,楚师败绩。晋师三日馆谷,而文公犹有忧色,曰:'得臣犹在,忧未歇也。'及楚杀子玉,公喜而后可知也。《礼记》曰'有忧者仄席而坐',盖自贬也。仄,古侧字也。"

②师古曰:"廉颇,赵将也。马服君赵奢亦赵将也。井陉之口,赵之西界山险道也。"

③师古曰:"乡读曰向。"

④师古曰:"《礼》之《乐记》曰'鼓鼙之声讙,讙以立动,动以进众。君子听鼓鼙之声,则思将率之臣'也。"

⑤师古曰:"闵,忧也。"

⑥师古曰:"愊亿,愤怒之貌也。愊音皮逼反。"

⑦如淳曰:"逾,远也。远集郅支都赖水上也。"师古曰:"卒读曰猝。厉,度也。逾读曰遥。"

⑧师古曰:"逋,亡也。"

⑨师古曰:"地名也,在咸阳西也。"

⑩师古曰:"如席之卷。言其疾也。喋血,解在《文纪》。"

⑪张晏曰:"谓以所征之国事类告天也。"

⑫师古曰:"《尚书》之外逸书也。"

⑬师古曰:"《礼记》称孔子云:'敝帷弗弃,为薶马也;敝盖弗弃,为薶狗也'。"

⑭师古曰:"以庸臣之礼待遇之也。卒,终也。"

⑮师古曰:"介然犹耿耿。"

　　后数岁,西域都护段会宗为乌孙兵所围,驿骑上书,愿发城郭敦煌兵以自救。①丞相王商、大将军王凤及百僚议数日不决。凤言:"汤多筹策,习外国事,可问。"上召汤见宣室。汤击郅支时中寒病,两臂不诎申。汤入见,有诏毋拜,示以会宗奏。汤辞谢,曰:"将相九卿皆贤材通明,小臣罢癃,不足以策大事。"②上曰:"国家有急,君其毋让。"对曰:"臣以为此必无可忧也。"上曰:"何以言之?"汤曰:"夫胡兵五而当汉兵一,何者?兵刃朴钝,弓弩不利。今闻颇得汉巧,然犹三而当一。又兵法曰'客倍而主人半然后敌',今围会宗者人众不足以胜会宗,唯陛下勿忧!且兵轻行五十里,重行三十里,今会宗欲发城郭敦煌,历时乃至,所谓报仇之兵,非救急之用也。"上曰:"奈何? 其解可必乎? 度何时解?"③汤知乌孙瓦合,不能久攻,④故事不过数日,⑤因对曰:"已解矣!"诎指计其日,曰:"不出五日,当有吉语闻。"⑥居四日,军书到,言已解。大将军凤奏以为从事中郎,莫府事壹决于汤。汤明法令,善因事为势,纳说多从。常受人金钱作章奏,卒以此败。

　　①师古曰:"西域城郭诸国及敦煌兵也。"
　　②师古曰:"罢读曰疲。"
　　③师古曰:"度音徒各反。"
　　④师古曰:"瓦合谓碎瓦之杂居不齐同。"
　　⑤师古曰:"故事谓以旧事测之。"
　　⑥师古曰:"吉,善也。善谓兵解之事。"

　　初,汤与将作大匠解万年相善。自元帝时,渭陵不复徙民起邑。成帝起初陵,数年后,乐霸陵曲亭南,更营之。万年与汤议,以为:"武帝时工杨光以所作数可意①自致将作大匠,及大司农中丞耿寿昌造杜陵赐爵关内侯,将作大匠乘马延年以劳苦秩中二千石;②今作初陵而营起邑居,成大功,万年亦当蒙重赏。子公妻家在长安,儿子生长长安,不乐东方,宜求徙,可得赐田宅,俱善。"汤心利之,即上封事言:"初陵,京师之地,最为肥美,可立一县。天下民不徙诸陵三十馀岁矣,关东富人益众,多规良田,役使贫民,③可徙初陵,以强京师,衰弱诸侯,又使中家以下得均贫富。汤愿与妻子家属徙初陵，为天下先。"于是天子从其计，果起昌陵邑，后徙内郡国民。万年自诡三年可成，④后卒不就，⑤群臣多言其不便者。下有司议，皆曰："昌陵因卑为高，积土为山，度便房犹在平地上，⑥客土之中不保幽冥之灵，浅外不固，卒徒工庸以钜万数，至难脂火夜作，⑦取土东山，且与谷同贾。⑧作治数年，天下遍被其劳，国家罢敝，府臧空虚，⑨下至众庶，熬熬苦之。⑩故陵因天性，据真土，处势高敞，旁近祖考，前又已有十年功绪，⑪宜还复故陵，勿徙民。"上乃下诏罢昌陵，语在《成纪》。丞相御史请废昌陵邑中室，⑫奏未下，人以问汤："第宅不〔得彻〕〔彻，得〕毋复发徙？"⑬〔15〕汤曰："县官且顺听群臣言，犹且复发徙之也。"

①师古曰："可天子之意。"

②师古曰："姓乘马，名延年。乘音食孕反。"

③师古曰："规，画也，自占为疆界也。"

④师古曰："诡，责也，自以为忧责也。"

⑤师古曰："卒，终也。就亦成也。"

⑥师古曰："度音徒各反。"

⑦师古曰："難，古然字也。"

⑧师古曰："贾读曰价。"

⑨师古曰："罢读曰疲。"

⑩师古曰："熬熬，众愁声。"

⑪师古曰："绪谓端次也。"

⑫师古曰："徙人新所起室居。"

⑬师古曰："问其不被发彻，更移徙邪？"

时成都侯商新为大司马卫将军辅政，素不善汤。商闻此语，白汤惑众，下狱治，按验诸所犯。汤前为骑都尉王莽上书言："父早死，（犯）〔独〕不封，〔16〕母明君共养皇太后，尤劳苦，①宜封。"竟为新都侯。后皇太后同母弟苟参为水衡都尉，死，子伋为侍中，②参妻欲为伋求封，汤受其金五十斤，许为求比上奏。③弘农太守张匡坐臧百万以上，狡猾不道，有诏即讯，④恐下狱，使人报汤。汤为讼罪，得逾冬月，许谢钱二百万，皆此类也。事在赦前。后东莱郡黑龙冬出，人以问汤，汤曰："是所谓玄门开。微行数出，出入不时，故龙以非时出也。"又言当复发徙，传相语者十馀人。丞相御史奏："汤惑众不道，妄称诈归异于上，非所宜言，大不敬。"廷尉增寿议，以为："不道无正法，⑤以所犯剧易为罪，⑥臣下(丞)〔承〕用失其中，〔17〕故移狱廷尉，⑦无比者先以闻，⑧所以正刑罚，重人命也。明主哀悯百姓，下制书罢昌陵勿徙吏民，已申布。汤妄以意相谓且复发徙，虽颇惊动，所流行者少，百姓不为变，不可谓惑众。汤称诈，虚设不然之事，非所宜言，大不敬也。"制曰："廷尉增寿当是。⑨汤前有讨郅支单于功，其免汤为庶人，徙边。"又曰："故将作大匠万年佞邪不忠，妄为巧诈，多赋敛，烦繇役，兴卒暴之作，⑩卒徒蒙辜，死者连属，⑪毒流众庶，海内怨望，虽蒙赦令，不宜居京师。"于是汤与万年俱徙敦煌。

①师古曰："《莽传》言莽母渠，今此云明君。则明君者字也。"

②师古曰："伋音汲。"

③师古曰："比，例也，音必寐反。"

④师古曰："就其所居考问之。"

⑤晋灼曰："增寿，姓赵也。"

⑥师古曰："易音弋豉反。"

⑦如淳曰："如今谳罪轻重。"

⑧师古曰："比谓相比附也。"

⑨师古曰："当谓处正其罪也。"

⑩师古曰："卒读曰猝。"

⑪师古曰："蒙，被也，属音之欲反。"

久之，敦煌太守奏："汤前亲诛郅支单于，威行外国，不宜近边塞。"诏徙安定。

议郎耿育上书言便宜，因冤讼汤曰："延寿、汤为圣汉扬钩深致远之威，雪国家累年之耻，讨绝域不羁之君，系万里难制之虏，岂有比哉！先帝嘉之，仍下明诏，宣著其功，①改年垂历，传之无穷。②应是，南郡献白虎，边陲无警备。会先帝寝疾，然犹垂意不忘，数使尚书责问丞相，趣立其功。③独丞相匡衡排而不予，封延寿、汤数百户，此功臣战士所以失望也。孝成皇帝承建业之基，乘征伐之威，兵革不动，国家无事，而大臣倾邪，谗佞在朝，曾不深惟本末之难，以防未然之戒，欲专主威，排妒有功，使汤块然④被冤拘囚，不能自明，卒以无罪，老弃敦煌，正当西域通道，令威名折冲之臣旋踵及身，复为郅支遗虏所笑，诚可悲也！至今奉使外蛮者，未尝不陈郅支之诛以扬汉国之盛。夫援人之功以惧敌，弃人之身以快谗，⑤岂不痛哉！且安不忘危，盛必虑衰，今国家素无文帝累年节俭富饶之畜，⑥又无武帝荐延⑦枭俊禽敌之臣，独有一陈汤耳！⑧假使异世不及陛下，尚望国家追录其功，封表其墓，以劝后进也。汤幸得身当圣世，功曾未久，反听邪臣鞭逐斥远，使亡逃分窜，死无处所。⑨远览之士，莫不计度，⑩以为汤功累世不可及，而汤过人情所有，⑪汤尚如此，虽复破绝筋骨，暴露形骸，犹复制于唇舌，为嫉妒之臣所系虏耳。此臣所以为国家尤戚戚也。"书奏，天子还汤，卒于长安。

①师古曰："仍，频也。"

②师古曰："谓改年为竟宁也。不以此事，盖当其年，上书者附著耳。"

③师古曰："趣读曰促。"

④师古曰："块然，独处之意，如土块也。音口内反。"

⑤师古曰："援，引也，音爰。"

⑥师古曰："畜读曰蓄，谓府库也。"

⑦如淳曰："荐延，使群臣荐士而延纳之。"

⑧师古曰："枭谓斩其首而县之也。俊谓敌之魁率，郅支是也。《春秋左氏传》曰'得俊曰克'。"

⑨师古曰："分谓散离也。《虞书·舜典》曰'分北三苗'。"

⑩师古曰："度音大各反。"

⑪师古曰："言汤所犯之罪过，人情共有此事耳，非特诡异深可诛责也。"

死后数年，王莽为安汉公秉政，既内德汤旧恩，又欲谄皇太后，以讨郅支功尊元帝庙称高宗。以汤、延寿前功大赏薄，及候丞杜勋不赏，乃益封延寿孙迁千六百户，追谥汤曰破胡壮侯，封汤子冯为破胡侯，勋为讨狄侯。

段会宗字子松,天水上邽人也。竟宁中,以杜陵令五府举为西域都护、骑都尉光禄大夫,西域敬其威信。三岁,更尽还,① 拜为沛郡太守。以单于当朝,徙为雁门太守。数年,坐法免。西域诸国上书愿得会宗,阳朔中复为都护。

　　① 如淳曰:"边吏三岁一更,下言终更皆是也。"师古曰:"更,工衡反。其下并同。"

会宗为人好大节,矜功名,与谷永相友善。谷永闵其老复远出,予书戒曰:"足下以柔远之令德,复典都护之重职,① 甚休甚休!② 若子之材,可优游都城而取卿相,何必勒功昆山之仄,总领百蛮,怀柔殊俗? 子之所长,愚无以喻。③ 虽然,朋友以言赠行,敢不略意。④ 方今汉德隆盛,远人宾服,傅、郑、甘、陈之功没齿不可复见,愿吾子因循旧贯,毋求奇功,⑤ 终更亟还,亦足以复雁门之踦。⑥ 万里之外以身为本。愿详思愚言。"

　　① 师古曰:"柔,安也。柔远,言能安远人。《虞书·舜典》曰'柔远能迩'。"

　　② 师古曰:"休,美也。"

　　③ 师古曰:"言子思虑深长,当不待己晓告也。"

　　④ 师古曰:"赠行谓将别相赠也。略意,略陈本意也。"

　　⑤ 师古曰:"贯,事也。"

　　⑥ 应劭曰:"踦,只也。会宗从沛郡下为雁门,又坐法免,为翎只不偶也。"师古曰:"亟,急也。复犹补也。亟音居力反。踦音居宜反。"

会宗既出。诸国遣子弟郊迎。小昆弥安日前为会宗所立,德之,① 欲往谒,诸翎侯止不听,遂至龟兹谒。城郭甚亲附。② 康居太子保苏匿率众万馀人欲降,会宗奏状,汉遣卫司马逢迎。③ 会宗发戊己校尉兵随司马受降。司马畏其众,欲令降者皆自缚,保苏匿怨望,举众亡去。会宗更尽还,以擅发戊己校尉之兵乏兴,有诏赎论。拜为金城太守,以病免。

　　① 师古曰:"怀会宗之恩德也。"

　　② 师古曰:"谓城郭诸国。"

③师古曰:"迎之于道,随所到而逢之,故曰逢迎也。"

岁馀,小昆弥为国民所杀,诸翎侯大乱。征会宗为左曹中郎将光禄大夫,使安辑乌孙,①立小昆弥兄末振将,②定其国而还。

①师古曰:"辑与集同。"

②服虔曰:"人姓名也。"师古曰:"其名也。昆弥之兄不可别举姓也。"

明年,末振将杀大昆弥,会病死,汉恨诛不加。元延中,复遣会宗发戊己校尉诸国兵,即诛末振将太子番丘。①会宗恐大兵入乌孙,惊番丘,亡逃不可得,即留所发兵垫娄地,②选精兵三十弩,③径至昆弥所在,召番丘,责以"末振将骨肉相杀,杀汉公主子孙,未伏诛而死,使者受诏诛番丘"。即手剑击杀番丘。官属以下惊恐,驰归。小昆弥乌犁靡者,末振将兄子也,勒兵数千骑围会宗,会宗为言来诛之意:"今围守杀我,如取汉牛一毛耳。宛王郅支头县槀街,乌孙所知也。"昆弥以下服,曰:"末振将负汉,诛其子可也,独不可告我,令饮食之邪?"④会宗曰:"豫告昆弥,逃匿之,为大罪。即饮食以付我,伤骨肉恩,故不先告。"昆弥以下号泣罢去。会宗还奏事,公卿议会宗权得便宜,以轻兵深入乌孙,即诛番丘,⑤宣明国威,宜加重赏。天子赐会宗爵关内侯,黄金百斤。

①师古曰:"番音步安反。"

②服虔曰:"垫音垫陉之垫。"郑氏曰:"娄音赢。"师古曰:"垫音丁念反。娄音楼。"

③李奇曰:"三十人,人持一弩。"

④师古曰:"饮音於禁反。食读曰饲。次下亦同。"

⑤师古曰:"即,就也。"

是时,小昆弥季父卑爰疐①拥众欲害昆弥,汉复遣会宗使安辑,与都护孙建并力。明年,会宗病死乌孙中,年七十五矣,城郭诸国为发丧立祠焉。

①师古曰:"疐音竹二反。"

赞曰:自元狩之际,张骞始通西域,至于地节,郑吉建都护之号,讫王莽世，凡十八人，皆以勇略选，然其有功迹者具此。廉褒以恩信称，郭舜以廉平著，孙建用威重显，其馀无称焉。陈汤傥荡，不自收敛，①卒用困穷，议者闵之，故备列云。

①师古曰："傥荡，无行检也。荡音荡。"

【校勘记】

〔1〕 (间)〔言〕为匈奴之间(为)〔而〕候伺。 景祐、殿本"间"作"言"，"为"作"而"。

〔2〕 投石，应(劢)〔说〕是也。 景祐、殿本都作"说"，此误。

〔3〕 今人犹(言)〔有〕拔爪之戏， 景祐、殿本都作"有"，此误。

〔4〕 坐削(二百户)〔户二百〕， 景祐、殿本都作"户二百"。

〔5〕 今郅支单于乡化未(滀)〔醇〕， 景祐、殿本都作"醇"。王先谦说"滀"字误。

〔6〕 中国与夷狄有羁(靡)〔縻〕不绝之义， 景祐、殿本都作"縻"。王先谦说作"縻"是。

〔7〕 示(捐弃)〔弃捐〕不畜， 景祐、殿本都作"弃捐"。

〔8〕 杀略民人，(欧)〔敺〕畜产， 景祐、殿、局本都作"敺"，注同。

〔9〕 言(制节)〔节制〕之， 景祐、殿本都作"节制"。

〔10〕 支解谓〔解〕截其四支也。 景祐、殿本都有"解"字。

〔11〕 山离乌弋不在(二)〔三〕十六国中， 景祐、殿、局本都作"三"。

〔12〕 (若如)〔如若〕也。 景祐、殿、局本都作"如若"，此误倒。

〔13〕 获(非)〔匪〕其丑。 景祐、殿本都作"匪"，《通鉴》《易》今本并同。

〔14〕 荐功(宗)〔祖〕庙， 景祐、殿本都作"祖"。

〔15〕 第宅不(得彻)〔彻，得〕毋复发徙？ 景祐、殿、局本都作"彻得"。王文彬说此误倒。

〔16〕 父早死，(犯)〔独〕不封， 景祐、殿、局本都作"独"。

〔17〕 臣下(丞)〔承〕用失其中， 景祐、殿、局本都作"承"。

汉书卷七十一

隽疏于薛平彭传第四十一

隽不疑字曼倩，勃海人也。① 治《春秋》，为郡文学，进退必以礼，名闻州郡。

①师古曰："隽音字兖反，又辞兖反。"

武帝末，郡国盗贼群起，暴胜之为直指使者，衣绣衣，持斧，逐捕盗贼，督课郡国，① 东至海，以军兴诛不从命者，② 威振州郡。胜之素闻不疑贤，至勃海，遣吏请与相见。不疑冠进贤冠，带櫑具剑，③ 佩环玦，④ 褒衣博带，⑤ 盛服至门上谒。⑥ 门下欲使解剑，不疑曰："剑者君子武备，所以卫身，不可解。请退。"吏白胜之。胜之开阁延请，望见不疑容貌尊严，衣冠甚伟，胜之踊履起迎。⑦ 登堂坐定，不疑据地曰："窃伏海濒，闻暴公子威名旧矣，⑧ 今乃承颜接辞。凡为吏，太刚则折，太柔则废，威行施之以恩，然后树功扬名，永终天禄。"⑨ 胜之知不疑非庸人，⑩ 敬纳其戒，深接以礼意，问当世所施行。门下诸从事皆州郡选吏，⑪ 侧听不疑，莫不惊骇。至昏夜，罢去。胜之遂表荐不疑，征诣公车，拜为青州刺史。

①师古曰："督谓察视之。"

②师古曰："有所追捕及行诛罚，皆依兴军之制。"

③应劭曰："櫑具，木擽首之剑，櫑落壮大也。"晋灼曰："古长剑首以玉作井鹿卢形，上刻木作山形，如莲花初生未敷时。今大剑木首，其状似此。"师古曰："晋说是也。櫑音磊。擽音匹遥反。"

④师古曰："环，玉环也。玦即玉佩之玦也。带环而又著玉佩也。《礼记》曰'孔子佩象环'也。"

⑤师古曰："褒，大裾也。言著褒大之衣、广博之带也。而说者乃以为朝服垂

褒之衣,非也。"

⑥师古曰:"上谒,若今通名也。"

⑦文颖曰:"蹑音缅。"师古曰:"履不著跟曰蹑。蹑谓纳履未正,曳之而行,言
　　其遽也。蹑音山尔反。"

⑧师古曰:"濒,崖也。公子,胜之字也。旧,久也。濒音频,又音宾。"

⑨师古曰:"树,立也。"

⑩师古曰:"庸,常也。"

⑪师古曰:"选州郡吏之最者乃得为从事。"

久之,武帝崩,昭帝即位,而齐孝王孙刘泽交结郡国豪杰谋反,欲先
杀青州刺史。不疑发觉,收捕,皆伏其辜。擢为京兆尹,赐钱百万。京
师吏民敬其威信。每行县录囚徒还,①其母辄问不疑:"有所平反,活几
何人?"②即不疑多有所平反,母喜笑,为饮食语言异于他时;或亡所出,
母怒,为之不食。故不疑为吏,严而不残。

①师古曰:"省录之,知其情状有冤滞与不也。今云虑囚,本录声之去者耳,音
　　力具反。而近俗不晓其意,讹其文遂为思虑之虑,失其源矣。行音下
　　更反。"

②如淳曰:"反音幡。幡,奏使从轻也。"师古曰:"几音居起反。"

始元五年,有一男子乘黄犊车,建黄旐,①衣黄襜褕,著黄冒,②诣北
阙,自谓卫太子。③公车以闻,④诏使公卿将军中二千石杂识视。⑤长安
中吏民聚观者数万人。右将军勒兵阙下,以备非常。丞相御史中二千
石至者(立)〔并〕莫敢发言。[1]京兆尹不疑后到,叱从吏收缚。或曰:"是
非未可知,且安之。"⑥不疑曰:"诸君何患于卫太子! 昔蒯聩违命出奔,
辄距而不纳,《春秋》是之。⑦卫太子得罪先帝,亡不即死,今来自诣,此
罪人也。"遂送诏狱。

①师古曰:"旐,旌旗之属,画龟蛇曰旐。"

②师古曰:"襜褕,直裾禅衣。襜音昌瞻反。褕音踰。冒所以覆冒其首,即今
　　之下裙冒也。"

③师古曰:"戾太子。"

④师古曰:"公车,主受章奏者。"

⑤师古曰："杂，共也。有素识之者，令视知其是非也。"

⑥师古曰："安犹徐也。"

⑦师古曰："蒯聩，卫灵公太子。辄，蒯聩子也。蒯聩得罪于灵公而出奔晋。及灵公卒，使辄嗣位，而晋赵鞅纳蒯聩于戚，欲求入卫。鲁哀公三年春，齐国夏、卫石曼姑帅师围戚。《公羊传》曰：'曼姑受命于灵公而立辄，曼姑之义固可以距蒯聩也。辄之义可以立乎？曰可。奈何？不以父命辞王父命也。'"

天子与大将军霍光闻而嘉之，曰："公卿大臣当用经术明于大谊。"繇是名声重于朝廷，①在位者皆自以不及也。大将军光欲以女妻之，不疑固辞，不肯当。久之，以病免，终于家。京师纪之。后赵广汉为京兆尹，言："我禁奸止邪，行于吏民，至于朝廷事，不及不疑远甚。"廷尉验治何人，竟得奸诈。②本夏阳人，姓成名方遂，居湖，③以卜筮为事。有故太子舍人尝从方遂卜，谓曰："子状貌甚似卫太子。"方遂心利其言，几得以富贵，④即诈自称诣阙。廷尉逮召乡里识知者张宗禄等，方遂坐诬罔不道，要斩东市。一〔云〕姓张名延年。⑤〔2〕

①师古曰："繇读与由同。"

②师古曰："凡不知姓名及所从来者，皆曰何人。他皆类此。"

③师古曰："湖，县名。"

④师古曰："几读曰冀。"

⑤师古曰："故《昭纪》谓之张延年。"

疏广字仲翁，东海兰陵人也。少好学，明《春秋》，家居教授，学者自远方至。征为博士太中大夫。地节三年，立皇太子，选丙吉为太傅，广为少傅。数月，吉迁御史大夫，广徙为太傅，广兄子受字公子，亦以贤良举为太子家令。受好礼恭谨，敏而有辞。①宣帝幸太子宫，受迎谒应对，及置酒宴，奉觞上寿，辞礼闲雅，上甚欢说。②顷之，拜受为少傅。

①师古曰："敏谓所见捷利。"

②师古曰："说读曰悦。"

太子外祖父特进平恩侯许伯以为太子少,白使其弟中郎将舜监护太子家。上以问广,广对曰:"太子国储副君,师友必于天下英俊,不宜独亲外家许氏。且太子自有太傅少傅,官属已备,今复使舜护太子家,视陋,非所以广太子德于天下也。"①上善其言,以语丞相魏相,相免冠谢曰:"此非臣等所能及。"广繇是见器重,数受赏赐。②太子每朝,因进见,太傅在前,少傅在后。父子并为师傅,朝廷以为荣。

①师古曰:"视读曰示。言独亲外家,示天下以浅陋。"

②师古曰:"繇读与由同。"

在位五岁,皇太子年十二,通《论语》、《孝经》。广谓受曰:"吾闻'知足不辱,知止不殆','功遂身退,天之道'也。①今仕(宦)〔官〕至二千石,〔3〕宦成名立,如此不去,惧有后悔,岂如父子相随出关,归老故乡,以寿命终,不亦善乎?"受叩头曰:"从大人议。"即日父子俱移病。②满三月赐告,广遂称笃,上疏乞骸骨。上以其年笃老,皆许之,加赐黄金二十斤,皇太子赠以五十斤。公卿大夫故人邑子设祖道,供张东都门外,③送者车数百两,辞决而去。及道路观者皆曰:"贤哉二大夫!"或叹息为之下泣。

①师古曰:"此皆《老子》之言,广引之。殆,危也。遂,成也。"

②师古曰:"移病即移书言病也。一曰以病而移居。"

③苏林曰:"长安东郭门也。"师古曰:"祖道,饯行也,解在《景十三王》及《刘屈氂传》。供音居共反。张音竹亮反。"

广既归乡里,日令家共具设酒食,①请族人故旧宾客,与相娱乐。数问其家金馀尚有几所,趣卖以共具。②居岁馀,广子孙窃谓其昆弟老人广所爱信者曰:"子孙几及君时颇立产业基址,③今日饮食(废)〔费〕且尽。〔4〕宜从丈人所,劝说君买田宅。"④老人即以闲暇时为广言此计,⑤广曰:"吾岂老悖不念子孙哉?⑥顾自有旧田庐,⑦令子孙勤力其中,足以共衣食,与凡人齐。今复增益之以为赢馀,但教子孙怠堕耳。贤而多财,则损其志;愚而多财,则益其过。且夫富者,众人之怨也;吾既亡以教化子孙,不欲益其过而生怨。又此金者,圣主所以惠养老臣也,故乐与乡党宗族共飨其赐,以尽吾馀日,不亦可乎!"于是族人说服。⑧皆以寿终。

①师古曰:"日日设之也。共读曰供。其他类此。"

②师古曰:"几所犹言几许也。趣读曰促。"

③师古曰:"几读曰冀。"

④邓展曰:"宜令意自从丈人所出,无泄吾言也。"师古曰:"丈人,庄严之称也,故亲而老者皆称焉。"

⑤师古曰:"闲即闲字也。"

⑥师古曰:"悖,惑也,音布内反。"

⑦师古曰:"顾,思念也。"

⑧师古曰:"说读曰悦。"

于定国字曼倩,东海郯人也。①其父于公为县狱史,郡决曹,决狱平,罗文法者于公所决皆不恨。②郡中为之生立祠,号曰于公祠。

①师古曰:"郯音谈。"

②师古曰:"罗,罹也,遭也。"

东海有孝妇,少寡,亡子,养姑甚谨,姑欲嫁之,终不肯。姑谓邻人曰:"孝妇事我勤苦,哀其亡子守寡。我老,久累丁壮,奈何?"①其后姑自经死,②姑女告吏:"妇杀我母。"吏捕孝妇,孝妇辞不杀姑。吏验治,孝妇自诬服。具狱上府,③于公以为此妇养姑十馀年,以孝闻,必不杀也。太守不听,于公争之,弗能得,乃抱其具狱,哭于府上,④因辞疾去。太守竟论杀孝妇。郡中枯旱三年。后太守至,卜筮其故,于公曰:"孝妇不当死,前太守强断之,咎党在是乎?"⑤于是太守杀牛自祭孝妇冢,因表其墓,天立大雨,岁孰。郡中以此大敬重于公。

①师古曰:"累,古累字也,音力瑞反。"

②师古曰:"不欲累妇,故自杀。"

③师古曰:"府,郡之曹府也。上音时掌反。"

④师古曰:"具狱者,狱案已成,其文备具也。"

⑤师古曰:"党音他朗反。"

定国少学法于父,父死,后定国亦为狱史,郡决曹,补廷尉史,以选与御史中丞从事治反者狱,以材高举侍御史,迁御史中丞。会昭帝崩,昌邑王征即位,行淫乱,定国上书谏。后王废,宣帝立,大将军光领尚书事,条奏群臣谏昌邑王者皆超迁。定国繇是为光禄大夫,①平尚书事,甚见任用。数年,迁水衡都尉,超为廷尉。

①师古曰:"繇与由同。"

定国乃迎师学《春秋》,身执经,北面备弟子礼。为人谦恭,尤重经术士,虽卑贱徒步往过,定国皆与钧礼,①恩敬甚备,学士咸(声)〔称〕焉。[5]其决疑平法,务在哀鳏寡,罪疑从轻,加审慎之心。朝廷称之曰:"张释之为廷尉,天下无冤民;②于定国为廷尉,民自以不冤。"③定国食酒至数石不乱,④冬月请治谳,饮酒益精明。⑤为廷尉十八岁,迁御史大夫。

①师古曰:"钧礼犹言亢礼。"

②师古曰:"言决罪皆当。"

③师古曰:"言知其宽平,皆无冤枉之虑。"

④如淳曰:"食酒犹言喜酒也。"师古曰:"若依如氏之说,食字当音嗜,此说非也。下叙定国子永乃言嗜酒耳。食酒者,谓能多饮,费尽其酒,犹云食言焉。今流俗书本辄改食字作饮字,失其真也。"

⑤师古曰:"谳,平议也,音鱼列反。"

甘露中,代黄霸为丞相,封西平侯。三年,宣帝崩,元帝立,以定国任职旧臣,敬重之。时陈万年为御史大夫,与定国并位八年,论议无所拂。①后贡禹代为御史大夫,数处驳议,②定国明习政事,率常丞相议可。③然上始即位,关东连年被灾害,民流入关,言事者归咎于大臣。④上于是数以朝日引见丞相、御史,⑤入受诏,条责以职事,曰:"恶吏负贼,妄意良民,⑥至亡辜死。或盗贼发,吏不亟追而反系亡家,⑦后不敢复告,以故浸广。⑧民多冤结,州郡不理,连上书者交于阙廷。二千石选举不实,是以在位多不任职。⑨民田有灾害,吏不肯除,收趣其租,以故重困。⑩关东流民饥寒疾疫,已诏吏转漕,虚仓廪开府臧相振救,赐寒者衣,至春犹恐不赡。⑪今丞相、御史将欲何施以塞此咎?⑫悉意条状,陈朕过失。"⑬定国上书谢罪。

①师古曰:"言不相违戾也。拂音佛。"

②师古曰:"言与定国不同。"

③师古曰:"(言事者)〔天子皆〕可定国所言。"〔6〕

④师古曰:"言事者谓上书陈事也。"

⑤师古曰:"五日一听朝,故云朝日也。"

⑥师古曰:"贼发不得,恐负其殿,故妄疑善人,致其罪也。"

⑦师古曰:"亟,急也,不急追贼,反禁系失物之家。"

⑧师古曰:"寖,渐也。"

⑨师古曰:"谓令长丞尉。"

⑩师古曰:"趣读曰促。重音直用反。"

⑪师古曰:"赡,足也。"

⑫师古曰:"塞,补也。"

⑬师古曰:"悉,尽也。"

永光元年,春霜夏寒,日青亡光,上复以诏条责曰:"郎有从东方来者,言民父子相弃。①丞相、御史案事之吏匿不言邪? 将从东方来者加增之也? 何以错缪至是?②欲知其实。方今年岁未可预知也,即有水旱,其忧不细。公卿有可以防其未然,救其已然者不? 各以诚对,③毋有所讳。"定国惶恐,上书自劾,归侯印,乞骸骨。上报曰:"君相朕躬,不敢怠息,④万方之事,大录于君。⑤能毋过者,其唯圣人。方今承周秦之敝,俗化陵夷,⑥民寡礼谊,阴阳不调,灾咎之发,不为一端而作,自圣人推类以记,不敢专也,况于非圣者乎!⑦日夜惟思所以,未能尽明。⑧经曰:'万方有罪,罪在朕躬。'⑨君虽任职,何必颛焉?⑩其勉察郡国守相(郡)〔群〕牧,〔7〕非其人者毋令久贼民。永执纲纪,务悉聪明,强食慎疾。"⑪定国遂称笃,固辞。上乃赐安车驷马、黄金六十斤,罢就第。数岁,七十馀薨,谥曰安侯。

①师古曰:"以遭饥馑不能相养。"

②师古曰:"错,互也。缪,违也。谓吏及东方人言不相同也。"

③师古曰:"言能防救已不,宜各以实对。"

④师古曰：“息谓自休息。”

⑤师古曰：“大录，总录也。”

⑥师古曰：“言颓替也。”

⑦师古曰：“非圣者谓常人。”

⑧师古曰：“所以，所由也。言何由致此灾。”

⑨师古曰：“此《论语·尧曰篇》载殷汤伐桀告天之辞。”

⑩师古曰：“颛与专同。事不专由君也。”

⑪师古曰：“悉，尽也。”

子永嗣。少时，耆酒多过失，①年且三十，乃折节修行，以父任为侍中中郎将、长水校尉。定国死，居丧如礼，孝行闻。由是以列侯为散骑光禄勋，至御史大夫。尚馆陶公主施。施者，宣帝长女，成帝姑也，贤有行，永以选尚焉。上方欲相之，会永薨。子恬嗣。恬不肖，薄于行。

①师古曰：“耆读曰嗜。”

始定国父于公，其闾门坏，父老方共治之。①于公谓曰：“少高大闾门，令容驷马高盖车。我治狱多阴德，未尝有所冤，子孙必有兴者。”至定国为丞相，永为御史大夫，封侯传世云。

①师古曰：“闾门，里门也。”

薛广德字长卿，沛郡相人也。以《鲁诗》教授楚国，龚胜、舍师事焉。萧望之为御史大夫，除广德为属，数与论议，器之，①荐广德经行宜充本朝。②为博士，论石渠，③迁谏大夫，代贡禹为长信少府、御史大夫。

①师古曰：“以为大器也。”

②师古曰：“经明行修，宜于本朝任职也。”

③张晏曰：“石渠，阁名也。”

广德为人温雅有酝藉。①及为三公，直言谏争。始拜旬日间，上幸甘泉，郊泰畤，礼毕，因留射猎。广德上书曰：“窃见关东困极，人民流离。陛下日撞亡秦之钟，听郑卫之乐，②臣诚悼之。今士卒暴露，从官劳倦，愿陛下亟反宫，③思与百姓同忧乐，天下幸甚。”上即日还。其秋，上酎祭宗庙，出便门，④ 欲御楼船，广德当乘舆车，免冠顿首曰："宜从桥。"诏曰："大夫冠。"广德曰："陛下不听臣，臣自刎，以血污车轮，陛下不得入庙矣！"⑤ 上不说。⑥ 先驱光禄大夫张猛进曰：⑦"臣闻主圣臣直。乘船危，就桥安，圣主不乘危。御史大夫言可听。"上曰："晓人不当如是邪！"⑧ 乃从桥。

①服虔曰："宽博有馀也。"师古曰："酤言如酤酿也。藉，有所荐藉也。酤音於问反。藉，才夜反。"

②师古曰："撞音丈江反。"

③师古曰："亟，急也。"

④师古曰："长安城南面西头第一门。"

⑤师古曰："言不以理，终不得立庙也。一曰以见死伤，犯于齐絜，不得入庙祠也。"

⑥师古曰："说读曰悦。"

⑦师古曰："先驱，导乘舆也。驱与驱同。猛，张骞之孙。"

⑧师古曰："谓谏争之言，当如猛之详善也。"

后月馀，以岁恶民流，① 与丞相定国、大司马车骑将军史高俱乞骸骨，皆赐安车驷马、黄金六十斤，罢。广德为御史大夫，凡十月免。东归沛，太守迎之界上。沛以为荣，县其安车传子孙。②

①师古曰："岁恶，年谷不熟也。"

②师古曰："县其所赐安车以示荣也。致仕县车，盖亦古法。韦孟诗云'县车之义，以洎小臣'也。"

平当字子思，祖父以訾百万，自下邑徙平陵。① 当少为大行治礼丞，功次补大鸿胪文学，察廉为顺阳长，栒邑令，② 以明经为博士，公卿荐当论议通明，给事中。每有灾异，当辄傅经术，言得失。③ 文雅虽不能及萧望之、匡衡，然指意略同。

①师古曰："下邑，梁国之县也。"

②师古曰："栒音询。"

③师古曰："傅读曰附。"

　　自元帝时,韦玄成为丞相,奏罢太上皇寝庙园,当上书言:"臣闻孔子曰:'如有王者,必世而后仁。'①三十年之间,道德和洽,制礼兴乐,灾害不生,祸乱不作。今圣汉受命而王,继体承业二百馀年,孜孜不怠,政令清矣。然风俗未和,阴阳未调,灾害数见,意者大本有不立与?②何德化休征不应之久也!祸福不虚,必有因而至者焉。宜深迹其道而务修其本。③昔者帝尧南面而治,先'克明俊德,以亲九族',而化及万国。④《孝经》曰:'天地之性人为贵,人之行莫大于孝,孝莫大于严父,严父莫大于配天,则周公其人也。'⑤夫孝子善述人之志,周公既成文武之业而制作礼乐,修严父配天之事,知文王不欲以子临父,故推而序之,上极于后稷而以配天。⑥此圣人之德,亡以加于孝也。高皇帝圣德受命,有天下,尊太上皇,犹周文武之追王太王、王季也。此汉之始祖,后嗣所宜尊奉以广盛德,孝之至也。《书》云:'正稽古建功立事,可以永年,传于亡穷。'"⑦上纳其言,下诏复太上皇寝庙园。

　　①师古曰:"《论语》载孔子之言也。言治天下者,三十年然后仁道成著也。"

　　②师古曰:"与读曰欤。"

　　③师古曰:"迹谓求其踪迹也。"

　　④师古曰:"《虞书·尧典》序尧之德曰:'克明俊德,以亲九族。九族既睦,平章百姓。百姓昭明,协和万邦。'故云然也。"

　　⑤师古曰:"言严谓尊严。"

　　⑥师古曰:"言文王始受命,宜为周之始祖。乃追王太王、王季,以及后稷,是不以卑临尊。"

　　⑦师古曰:"今文《泰誓》之辞。言能正考古道以立功立事,则可长年享国。"

　　顷之,使行流民幽州,①举奏刺史二千石劳徕有意者,②言勃海盐池可且勿禁,以救民急。③所过见称,奉使者十一人为最,迁丞相司直。坐法,左迁朔方刺史,④复征入为太中大夫给事中,繇迁长信少府、大鸿胪、光禄勋。⑤

　　①师古曰:"行音下更反。"

　　②师古曰:"劳徕谓劝勉也。劳者,恤其勤劳也。徕者,以恩招徕也。劳音卢到反。徕音卢代反。"

③师古曰:"恣民煮盐,官不专也。"

④师古曰:"武帝初置朔方郡,别令刺史监之,不在十三州之限。"

⑤师古曰:"絫,古累字。"

先是太后姊子卫尉淳于长白言昌陵不可成,下有司议。当以为作治连年,可遂就。①上既罢昌陵,以长首建忠策,复下公卿议封长。当又以为长虽有善言,不应封爵之科。坐前议不正,左迁钜鹿太守。②后上遂封长。当以经明《禹贡》,使行河,③为骑都尉,领河堤。

①师古曰:"就亦成也。"

②师古曰:"前议谓罢昌陵。"

③师古曰:"《尚书·禹贡》载禹治水次第,山川高下,当明此经,故使行河也。行音下更反。"

哀帝即位,征当为光禄大夫诸吏散骑,复为光禄勋,御史大夫,至丞相。以冬月,赐爵关内侯。明年春,上使使者召,欲封当。①当病笃,不应召。室家或谓当:"不可强起受侯印为子孙邪?"当曰:"吾居大位,已负素餐之责矣,起受侯印,还卧而死,死有馀罪。今不起者,所以为子孙也。"遂上书乞骸骨。上报曰:"朕选于众,以君为相,视事日寡,辅政未久,阴阳不调,冬无大雪,旱气为灾,朕之不德,何必君罪?君何疑而上书乞骸骨,归关内侯爵邑?使尚书令谭赐君养牛一,上尊酒十石。②君其勉致医药以自持。"后月馀,卒。子晏以明经历位大司徒,封防乡侯。汉兴,唯韦、平父子至宰相。③

①如淳曰:"《汉仪注》御史大夫为丞相,更春乃封,故先赐爵关内侯。"李奇曰:"(一)以冬月非封侯时,[8]故且先赐爵关内侯也。"师古曰:"李说是也。"

②如淳曰:"律,稻米一斗得酒一斗为上尊,稷米一斗得酒一斗为中尊,粟米一斗得酒一斗为下尊。"师古曰:"稷即粟也。中尊者宜为黍米,不当言稷。且作酒自有浇醇之异为上中下耳,非必系之米。"

③师古曰:"韦谓韦贤也。"

彭宣字子佩,淮阳阳夏人也。①治《易》,事张禹,举为博士,迁东平

太傅。禹以帝师见尊信，荐宣经明有威重，可任政事，繇是入为右扶
风，②迁廷尉，以王国人出为太原太守。③数年，复入为大司农、光禄勋、
右将军。哀帝即位，徙为左将军。岁馀，上欲令丁、傅处爪牙官，乃策宣
曰："有司数奏言诸侯国人不得宿卫，将军不宜典兵马，处大位。朕唯将
军任汉将之重，而子又前取淮阳王女，婚姻不绝，非国之制。使光禄大
夫曼赐将军黄金五十斤、安车驷马，其上左将军印绶，以关内侯归家。"

　　①师古曰："夏音假。"

　　②师古曰："繇读与由同。"

　　③李奇曰："初，汉制王国人不得在京师。"

　　宣罢数岁，谏大夫鲍宣数荐宣。会元寿元年正月朔日蚀，鲍宣复〔上
言〕〔言，上〕乃召宣为光禄大夫，〔9〕迁御史大夫，转为大司空，封长平侯。

　　会哀帝崩，新都侯王莽为大司马，秉政专权。宣上书言："三公鼎足
承君，一足不任，则覆乱美实。①臣资性浅薄，年齿老眊，②数伏疾病，昏
乱遗忘，愿上大司空、长平侯印绶，乞骸骨归乡里，竢寘沟壑。"③莽白太
后，策宣曰："惟君视事日寡，功德未效，迫于老眊昏乱，非所以辅国家，
绥海内也。使光禄勋丰册诏君，其上大司空印绶，便就国。"莽恨宣求
退，故不赐黄金安车驷马。宣居国数年，薨，谥曰顷侯。传子至孙，王莽
败，乃绝。

　　①师古曰："美实谓鼎中之实也。《易·鼎卦》九四爻辞曰：'鼎折足，覆公𫗧。'
　　　　𫗧，食也。故宣引以为言。覆音芳目反。"

　　②师古曰："眊与耄同。"

　　③师古曰："竢，古俟字。"

　　赞曰：隽不疑学以从政，临事不惑，遂立名迹，终始可述。疏广行止
足之计，免辱殆之絫，①亦其次也。于定国父子哀鳏哲狱，为任职臣。②
薛广德保县车之荣，平当逡遁有耻，彭宣见险而止，③异乎"苟患失之"
者矣。④

　　①师古曰："絫音力瑞反。"

②应劭曰:"哲,智也。"郑氏曰:"当言折狱。"师古曰:"哀鳏,哀恤鳏寡也。哲狱,知狱情也。"

③师古曰:"遁读与巡同。"

④师古曰:"《论语》称孔子曰:'鄙夫不可与事君。其未得之,患得之;既得之,患失之。苟患失之,无所不至矣。'谓其患于失位而为倾邪也。赞言当、宣二人立操有异于此矣。"

【校勘记】

〔1〕 丞相御史中二千石至者(立)〔并〕莫敢发言。　各本都作"立"。王念孙说"立"当为"并"。王先谦说《通鉴》亦作"并"。

〔2〕 一〔云〕姓张名延年。　王念孙说"一"下本有"云"字,《汉纪》正作"一云姓张名延年"。

〔3〕 今仕(宦)〔官〕至二千石,　景祐、殿本都作"官"。

〔4〕 今日饮食(废)〔费〕且尽。　景祐、殿本都作"费"。王先谦说作"费"是。

〔5〕 学士咸(声)〔称〕焉。　钱大昭说"声"当作"称"。按景祐、殿本都作"称"。

〔6〕 (言事者)〔天子皆〕可定国所言。　景祐、殿本都作"天子皆"。王先谦说此涉下"言事者"而误。

〔7〕 其勉察郡国守相(郡)〔群〕牧,　景祐、殿本都作"群"。王先谦说作"群"是。

〔8〕 (一)以冬月非封侯时,　景祐、殿、局本无"一"字。

〔9〕 鲍宣复(上言)〔言,上〕乃召宣为光禄大夫,　景祐、殿本都作"言上"。王先谦说"上"属下读。

汉书卷七十二

王贡两龚鲍传第四十二

昔武王伐纣，迁九鼎于洛邑，①伯夷、叔齐薄之，②饿〔死〕于首阳，〔1〕不食其禄，③周犹称盛德焉。然孔子贤此二人，以为"不降其志，不辱其身"也。④而《孟子》亦云："闻伯夷之风者，贪夫廉，懦夫有立志"；⑤"奋乎百世之上，(行乎)〔2〕百世之下莫不兴起，非贤人而能若是乎！"

①师古曰："九鼎，即夏禹所铸者也。迁谓从纣都迁之以来。《春秋左氏传》曰：'夏之方有德也，远方图物，贡金九牧以铸鼎象物。桀有昏德，鼎迁于商，载记六百。商纣暴虐，鼎迁于周。'"

②师古曰："夷、齐以武王父死不葬而用干戈为不孝，以臣伐君为不忠。"

③师古曰："马融云首阳山在河东蒲阪华山之北，河曲之中。高诱则云在洛阳东北。阮籍《咏怀诗》亦以为然。今此二山并有夷齐祠耳。而曹大家注《幽通赋》云陇西首阳县是也。今陇西亦有首阳山。许慎又云首阳山在辽西。诸说不同，致有疑惑，而伯夷歌云'登彼西山'，则当陇西者近为是也。"

④师古曰："事见《论语》。"

⑤师古曰："懦，柔弱也，音乃唤反，又音儒。"

汉兴有园公、绮里季、夏黄公、甪里先生，①此四人者，当秦之世，避而入商雒深山，②以待天下之定也。自高祖闻而召之，不至。其后吕后用留侯计，使皇太子卑辞束帛致礼，安车迎而致之。四人既至，从太子见，高祖客而敬焉，太子得以为重，遂用自安。语在《留侯传》。

①师古曰："四皓称号，本起于此，更无姓名可称知。此盖隐居之人，匿迹远害，不自标显，秘其氏族，故史传无得而详。至于后代皇甫谧、圈称之徒，及诸地理书说，竞为四人施安姓字，自相错互，语又不经，班氏不载于书。诸

家皆臆说,今并弃略,一无取焉。"

②师古曰:"即今之商州商雒县山也。"

　　其后谷口有郑子真,蜀有严君平,①皆修身自保,非其服弗服,非其食弗食。成帝时,元舅大将军王凤以礼聘子真,子真遂不诎而终。君平卜筮于成都市,以为:"卜筮者贱业,而可以惠众人。有邪恶非正之问,则依蓍龟为言利害。与人子言依于孝,与人弟言依于顺,与人臣言依于忠,各因势导之以善,从吾言者,已过半矣。"裁日阅数人,②得百钱足自养,则闭肆下帘而授《老子》。③博览亡不通,依老子、严周之指著书十馀万言。④杨雄少时从游学,以而仕京师显名,数为朝廷在位贤者称君平德。杜陵李彊素善雄,久之为益州牧,喜谓雄曰:"吾真得严君平矣。"雄曰:"君备礼以待之,彼人可见而不可得诎也。"彊心以为不然。及致蜀,至礼与相见,卒不敢言以为从事,乃叹曰:"杨子云诚知人!"君平年九十馀,遂以其业终,蜀人爱敬,至今称焉。及雄著书言当世士,称此二人。其论曰:"或问:君子疾没世而名不称,⑤盍势诸名卿可几?[3]曰:君子德名为几。⑥梁、齐、楚、赵之君非不富且贵也,⑦恶虖成其名!⑧谷口郑子真不诎其志,耕于岩石之下,名震于京师,岂其卿?岂其卿?楚两龚之絜,其清矣乎!蜀严湛冥,⑨不作苟见,不治苟得,⑩久幽而不改其操,虽随、和何以加诸?⑪举兹以旃,不亦宝乎!"⑫

　　①师古曰:"《地理志》谓君平为严遵。《三辅决录》云子真名朴,君平名尊,则君平、子真皆其字也。"

　　②师古曰:"裁与才同。阅,历也。"

　　③师古曰:"肆者,市也,列所坐之处也。"

　　④师古曰:"严周即庄周。"

　　⑤师古曰:"以身没而无名为病。"

　　⑥孟康曰:"盍,何不也,言何不因名卿之势以求名。"韦昭曰:"言有势之名卿,庶几可不朽。杨子以为不然,唯有德者可以有名。"师古曰:"或人以事有权力之卿,用自表显,则其名可庶几而立。杨雄以为自蓄其德,则有名也。"

　　⑦师古曰:"谓当时诸侯王也。"

　　⑧师古曰:"恶,于何也。恶音乌。"

⑨孟康曰:"蜀郡严君平湛深玄默无欲也。"师古曰:"湛读曰沉。"

⑩师古曰:"不为苟显之行,不事苟得之业。"

⑪师古曰:"随,随侯珠也。和,和氏璧也。诸,之也。"

⑫师古曰:"旃亦之也。言举此人而用之,不亦国之宝乎!自此以上皆杨雄之言也。"

自园公、绮里季、夏黄公、用里先生、郑子真、严君平皆未尝仕,然其风声足以激贪厉俗,近古之逸民也。若王吉、贡禹、两龚之属,皆以礼让进退云。

王吉字子阳,琅邪皋虞人也。少(时)〔好〕学明经,[4]以郡吏举孝廉为郎,补若卢右丞,①迁云阳令。举贤良为昌邑中尉,而王好游猎,驱驰国中,动作亡节,吉上疏谏,曰:

①师古曰:"少府之属官有若卢令丞。《汉旧仪》以为主治库兵者。"

臣闻古者师日行三十里,吉行五十里。《诗》云:"匪风发兮,匪车揭兮,顾瞻周道,中心恕兮。"①说曰:是非古之风也,发发者;是非古之车也,揭揭者。盖伤之也。②今者大王幸方舆,③曾不半日而驰二百里,百姓颇废耕桑,治道牵马,臣愚以为民不可数变也。④昔召公述职,⑤当民事时,舍于棠下而听断焉。⑥是时人皆得其所,后世思其仁恩,至虖不伐甘棠,《甘棠》之诗是也。⑦

①师古曰:"《桧国·匪风》之篇。发发,飘风貌。揭揭,疾驱貌。恕,古怛字,伤也。言见此飘风及疾驱,则顾念哀伤,思周道也。揭音丘列反。"

②师古曰:"今之发发然者非古有道之风也,今之揭揭然者非古有道之车也,故伤之。"

③师古曰:"县名也,音房预。"

④师古曰:"数音所角反。"

⑤师古曰:"召读曰邵。邵公名奭。自陕以西邵公主之。"

⑥师古曰:"舍,止息。"

⑦师古曰:"《邵南》之诗也,其诗曰:'蔽芾甘棠,勿翦勿伐,邵伯所茇。'蔽芾,小树貌也。甘棠,杜也。茇,舍也。蔽音必二反。芾音方未反。茇音步

末反。”

　　大王不好书术而乐逸游,冯式撙衔,①驰骋不止,口倦乎叱咤,②手苦于箠辔,③身劳乎车舆;朝则冒雾露,昼则被尘埃,④夏则为大暑之所暴炙,冬则为风寒之所匿薄。⑤数以软脆之玉体犯勤劳之烦毒,⑥非所以全寿命之宗也,⑦又非所以进仁义之隆也。⑧

①臣瓒曰:“撙,促也。”师古曰:“撙,挫也,音子本反。”

②师古曰:“咤亦吒字也,音竹驾反。”

③师古曰:“箠,马策,音止蕊反。”

④师古曰:“冒,犯也,音莫克反。”

⑤师古曰:“匿与偃同,言遇疾风则偃靡也。薄,迫也。”

⑥师古曰:“软,柔也,音而兖反。”

⑦师古曰:“宗,尊也。”

⑧师古曰:“隆,高也。”

　　夫广夏之下,细旃之上,①明师居前,劝诵在后,上论唐虞之际,下及殷周之盛,考仁圣之风,习治国之道,听听焉发愤忘食,日新厥德,②其乐岂徒衔橜之间哉!③休则俯仰诎信以利形,④进退步趋以实下,⑤吸新吐故以练臧,专意积精以适神,⑥于以养生,岂不长哉!大王诚留意如此,则心有尧舜之志,体有乔松之寿,⑦美声广誉登而上闻,则福禄其臻而社稷安矣。⑧

①师古曰:“广夏,大屋也。旃与毡同。”

②师古曰:“听,古欣字。”

③师古曰:“衔,马衔也。橜,车钩心也。张揖以橜为马之长衔,非也。橜音其月反。”

④师古曰:“形,体也。信读曰伸。”

⑤如淳曰:“今人不行,则膝已下虚弱不实。”

⑥师古曰:“臧,五藏也。练,练其气也。适,和也。”

⑦师古曰:“乔松,仙人伯乔及赤松子也。”

⑧师古曰:“臻与溱同。溱,至也。”

　　皇帝仁圣,至今思慕未怠,①于宫馆囿池弋猎之乐未有所幸,大王宜夙夜念此,以承圣意。诸侯骨肉,莫亲大王,大王于属则子也,于位则臣也,一身而二任之责加焉,恩爱行义嬹介有不具者,于以上闻,非飨国之福也。臣吉愚戆,愿大王察之。

①师古曰:"皇帝谓昭帝也。言武帝晏驾未久,故尚思慕。"

王贺虽不遵道,然犹知敬礼吉,乃下令曰:"寡人造行不能无惰,中(慰)〔尉〕甚忠,[5]数辅吾过。使谒者千秋赐中尉牛肉五百斤,酒五石,脯五束。"其后复放从自若。①吉辄谏争,甚得辅弼之义,虽不治民,国中莫不敬重焉。

①师古曰:"从音子用反。"

久之,昭帝崩,亡嗣,大将军霍光秉政,遣大鸿胪宗正迎昌邑王。吉即奏书戒王曰:"臣闻高宗谅阴,三年不言。①今大王以丧事征,宜日夜哭泣悲哀而已,慎毋有所发。②且何独丧事,凡南面之君何言哉? 天不言,四时行焉,百物生焉,③愿大王察之。大将军仁爱勇智,忠信之德天下莫不闻,事孝武皇帝二十馀年未尝有过。先帝弃群臣,属以天下,寄幼孤焉,④大将军抱持幼君襁褓之中,布政施教,海内晏然,虽周公、伊尹亡以加也。今帝崩亡嗣,大将军惟思可以奉宗庙者,攀援而立大王,⑤其仁厚岂有量哉!⑥臣愿大王事之敬之,政事壹听之,大王垂拱南面而已。愿留意,(尝)〔常〕以为念。"[6]

①师古曰:"已解于上。"

②师古曰:"发谓兴举众事。"

③师古曰:"《论语》称孔子曰'天何言哉? 四时行焉,百物生焉。天何言哉?'故吉引之。"

④师古曰:"属音之欲反。"

⑤师古曰:"援,引也,音爱。"

⑥师古曰:"言其深多也。量音力向反。"

王既到,即位二十馀日以行淫乱废。昌邑群臣坐在国时不举奏王罪过,令汉朝不闻知,又不能辅道,陷王大恶,①皆下狱诛。唯吉与郎中令龚遂以忠直数谏正得减死,髡为城旦。

①师古曰:"道读曰导。"

起家复为益州刺史,病去官,复征为博士谏大夫。是时宣帝颇修武帝故事,宫室车服盛于昭帝。时外戚许、史、王氏贵宠,而上躬亲政事,任用能吏。吉上疏言得失,曰:

陛下躬圣质,总万方,帝王图籍日陈于前,惟思世务,将兴太平。诏书每下,民欣然若更生。臣伏而思之,可谓至恩,未可谓本务也。①

①师古曰:"言天子如此,虽于百姓为至恩,然未尽政务之本也。"

欲治之主不世出,①公卿幸得遭遇其时,言听谏从,然未有建万世之长策,举明主于三代之隆者也。②其务在于期会簿书,断狱听讼而已,此非太平之基也。

①师古曰:"言有时遇之不常值。"

②师古曰:"三代,夏、殷、周。"

臣闻圣王宣德流化,必自近始。朝廷不备,难以言治;右右不正,难以化远。民者,弱而不可胜,愚而不可欺也。圣主独行于深宫,得则天下称诵之,失则天下咸言之。行发于近,必见于远,故谨选左右,审择所使;左右所以正身也,所使所以宣德也。《诗》云:"济济多士,文王以宁。"①此其本也。

①师古曰:"《大雅·文王》之诗。"

《春秋》所以大一统者,六合同风,九州共贯也。①今俗吏所以牧民者,非有礼义科指可世世通行者也,独设刑法以守之。其欲治者,不知所繇,②以意穿凿,各取一切,权谲自在,故一变之后不可复修也。③是以百里不同风,千里不同俗,户异政,人殊服,诈伪萌生,刑罚亡极,④质朴日销,恩爱寖薄。⑤孔子曰"安上治民,莫善于礼",⑥非空言也。王者未制礼之时,引先王礼宜于今者而用之。臣愿陛下承天心,发大业,与公卿大臣延及儒生,述旧礼,明王制,驱一世之民济之仁寿之域,⑦则俗何以不若成康,寿何以不若高宗?⑧窃见当世趋务不合于道者,谨条奏,⑨唯陛下财择焉。⑩

①师古曰:"解在《董仲舒传》。"

②师古曰:"繇与由同。"

③师古曰:"言其敝深难久行。"

④师古曰:"萌生,言其争出,如草木之初生。"

⑤师古曰:"寖,渐也。"

⑥师古曰:"《孝经》载孔子之言。"

⑦师古曰:"以仁抚下,则群生安逸而寿考。"

⑧师古曰:"高宗,殷王武丁也,享国百年。"

⑨师古曰:"趋读曰趣。趣,向也。"

⑩师古曰:"财与裁同。"

吉意以为:"夫妇,人伦大纲,夭寿之萌也。①世俗嫁娶太早,未知为人父母之道而有子,是以教化不明而民多夭。聘妻送女亡节,则贫人不及,故不举子。又汉家列侯尚公主,诸侯则国人承翁主,②使男事女,夫诎于妇,逆阴阳之位,故多女乱。古者衣服车马贵贱有章,以褒有德而别尊卑,今上下僭差,人人自制,③是以贪财(趋)〔诛〕利,[7]不畏死亡。周之所以能致治,刑措而不用者,以其禁邪于冥冥,绝恶于未萌也。"④又言:"舜、汤不用三公九卿之世而举皋陶、伊尹,⑤不仁者远。⑥今使俗吏得任子弟,⑦率多骄骜,不通古今,⑧至于积功治人,亡益于民,此《伐檀》所为作也。⑨宜明选求贤,除任子之令。外家及故人可厚以财,不宜居位。去角抵,减乐府,省尚方,⑩明视天下以俭。⑪古者工不造彫瑑,商不通侈靡,⑫非工商之独贤,政教使之然也。民见俭则归本,本立而末成。"其指如此,上以其言迂阔,不甚宠异也。⑬吉遂谢病归琅邪。

①师古曰:"由之而生,故云萌。"

②晋灼曰:"娶天子女则曰尚公主。国人娶诸侯女曰承翁主。尚承皆卑下之名也。"师古曰:"翁主者,言其父自主婚也。解具在《高纪》。"

③师古曰:"言无节度。"

④师古曰:"冥冥,言未有端绪。"

⑤李奇曰:"不继世而爵也。言皋陶、伊尹非三公九卿之世。"

⑥师古曰:"任用贤人,放黜谗佞。"

⑦张晏曰:"子弟以父兄任为郎。"

⑧师古曰:"鸷与傲同。"

⑨师古曰:"《伐檀》,《诗》篇名,刺不用贤也,在《魏国风》也。"

⑩师古曰:"尚方主巧作。"

⑪师古曰:"视读曰示。"

⑫师古曰:"璂者,刻镂为文。璂音篆。"

⑬师古曰:"迂,远也,音于。"

始吉少时学问,居长安。东家有大枣树垂吉庭中,吉妇取枣以啖吉。①吉后知之,乃去妇。东家闻而欲伐其树,邻里共止之,因固请吉令还妇。里中为之语曰:"东家有树,王阳妇去;东家枣完,去妇复还。"其厉志如此。

①师古曰:"啖谓使食之,音徒滥反。啖亦啗字耳。此义与《高纪》'啗以利'同。"

吉与贡禹为友,世称"王阳在位,贡公弹冠",①言其取舍同也。②元帝初即位,遣使者征贡禹与吉。吉年老,道病卒,上悼之,复遣使者吊祠云。

①师古曰:"弹冠者,且入仕也。"

②师古曰:"取,进趣也。舍,止息也。"

初,吉兼通《五经》,能为驺氏《春秋》,以《诗》、《论语》教授,好梁丘贺说《易》,令子骏受焉。骏以孝廉为郎。左曹陈咸荐骏贤父子,经明行修,宜显以厉俗。光禄勋匡衡亦举骏有专对材。①迁谏大夫,使责淮阳宪王。②迁赵内史。吉坐昌邑王被刑后,戒子孙毋为王国吏,故骏道病,免官归。起家复为幽州刺史,迁司隶校尉,奏免丞相匡衡,迁少府。八岁,成帝欲大用之,出骏为京兆尹,试以政事。先是京兆有赵广汉、张敞、王尊、王章,至骏皆有能名,故京师称曰:"前有赵、张,后有三王。"而薛宣从左冯翊代骏为少府,会御史大夫缺,谷永奏言:"圣王不以名誉加于实效,③考绩用人之法,④薛宣政事已试。"⑤上然其议。宣为少府月馀,遂超御史大夫,至丞相。骏乃代宣为御史大夫,并居位。六岁病卒,翟方进代骏为大夫。数月,薛宣免,遂代为丞相。众人为骏恨不得封侯。骏为少府时,妻死,因不复娶,或问之,骏曰:"德非曾参,子非华、元,⑥亦何敢娶?"

①师古曰:"专对谓见问即对,无所疑也。《论语》称孔子曰:'使于四方,不能专对,虽多亦奚以为?'"

②师古曰:"以其有口辞。"

③师古曰:"言不听虚名。"

④师古曰:"言用人之法,皆须考以功绩。"

⑤师古曰:"言有效也。"

⑥如淳曰:"华与元,曾参之二子也。《韩诗外传》曰曾参丧妻不更娶,人问其故,曾子曰:'以华、元善人也。'一曰曾参之子字华元。"师古曰:"二子是也。"

骏子崇以父任为郎,历刺史、郡守,治有能名。建平三年,以河南太守征入为御史大夫数月。是时成帝舅安成恭侯夫人放寡居,共养长信宫,①坐祝诅下狱,崇奏封事,为放言。放外家解氏与崇为昏,②哀帝以崇为不忠诚,策诏崇曰:"朕以君有累世之美,故逾列次。③在位以来,忠诚匡国未闻所繇,④反怀诈谖之辞,⑤欲以攀救旧姻之家,大逆之辜,举错专恣,⑥不遵法度,亡以示百僚。"左迁为大司农,后徙卫尉左将军。平帝即位,王莽秉政,大司空彭宣乞骸骨罢,崇代为大司空,封扶平侯。岁馀,崇复谢病乞骸骨,皆避王莽,莽遣就国。岁馀,为傅婢所毒,薨,国除。⑦

①师古曰:"放者,夫人之名也。共音居用反。养音弋亮反。"

②师古曰:"婚姻之家。"

③师古曰:"谓自祖及身皆有名也。"

④师古曰:"繇与由同。由,从也。"

⑤师古曰:"谖,诈言也,音虚袁反。"

⑥师古曰:"错,置也。"

⑦师古曰:"凡言傅婢者,谓傅相其衣服衽席之事。一说傅曰附,谓近幸也。"

　　自吉至崇，世名清廉，然材器名称稍不能及父，而禄位弥隆。皆好车马衣服，其自奉养极为鲜明，而亡金银锦绣之物。及迁徙去处，所载不过囊衣，①不畜积馀财。②去位家居，亦布衣疏食。天下服其廉而怪其奢，故俗传"王阳能作黄金"。③

　　①师古曰："一囊之衣也，有底曰囊，无底曰橐。"
　　②师古曰："畜读曰蓄。"
　　③师古曰："以其无所求取，不营产业而车服鲜明，故谓自作黄金以给用。"

　　贡禹字少翁，琅邪人也。以明经絜行著闻，征为博士，凉州刺史，病去官。复举贤良为河南令。岁馀，以职事为府官所责，①免冠谢。禹曰："冠壹免，安复可冠也！"遂去官。

　　①师古曰："太守之府。"

　　元帝初即位，征禹为谏大夫，数虚己问以政事。①是时年岁不登，郡国多困，禹奏言：

　　①师古曰："虚己谓听受其言也。"

　　　　古者宫室有制，宫女不过九人，秣马不过八匹；①墙涂而不雕，木摩而不刻，②车舆器物皆不文画，苑囿不过数十里，与民共之；任贤使能，什一而税，亡它赋敛徭戍之役，使民岁不过三日，千里之内自给，千里之外各置贡职而已。③故天下家给人足，颂声并作。

　　①师古曰："秣，养也，谓以粟米（饭）〔饲〕也。"[8]
　　②师古曰："琱字与彫同。彫，画也。"
　　③师古曰："言天子以畿内赋敛自供，千里之外令其以时入贡，不欲烦劳也。"

　　　　至高祖、孝文、孝景皇帝，循古节俭，宫女不过十馀，厩马百馀匹。孝文皇帝衣绨履革，①器亡雕文金银之饰。后世争为奢侈，转转益（盛）〔甚〕，[9]臣下亦相放效，②衣服履绔刀剑乱于主上，③主上时临朝入庙，众人不能别异，甚非其宜。然非自知奢僭也，犹鲁昭公曰："吾何僭矣？"

　　①师古曰："绨，厚缯，音徒奚反。"

②师古曰:"放音甫往反。其下亦同。"

③师古曰:"绔,古袴字。"

　　今大夫僭诸侯,诸侯僭天子,天子过天道,其日久矣。承衰救乱,矫复古化,在于陛下。①臣愚以为尽如太古难,宜少放古以自节焉。《论语》曰:"君子乐节礼乐。"②方今宫室已定,亡可奈何矣,其馀尽可减损。故时齐三服官输物不过十笥,③方今齐三服官作工各数千人,一岁费数钜万。蜀广汉主金银器,岁各用五百万。三工官官费五千万,④东西织室亦然。厩马食粟将万匹。臣禹尝从之东宫,⑤见赐杯案,尽文画金银饰,非当所以赐食臣下也。⑥东宫之费亦不可胜计。天下之民所为大饥饿死者,是也。今民大饥而死,死又不葬,为犬猪(所)食。⑦〔10〕人至相食,而厩马食粟,苦其大肥,气盛怒至,乃日步作之。⑧王者受命于天,为民父母,固当若此乎!天不见邪? 武帝时,又多取好女至数千人,以填后宫。⑨及弃天下,昭帝幼弱,霍光专事,不知礼正,妄多臧金钱财物,鸟兽鱼鳖牛马虎豹生禽,凡百九十物,尽瘗臧之,又皆以后宫女置于园陵,大失礼,逆天心,又未必称武帝意也。昭帝晏驾,光复行之。至孝宣皇帝时,陛下(鸟)〔恶〕有所言,⑩〔11〕群臣亦随故事,甚可痛也! 故使天下承化,取女皆大过度,⑪诸侯妻妾或至数百人,豪富吏民畜歌者至数十人,是以内多怨女,外多旷夫。⑫及众庶葬埋,皆虚地上以实地下。其过自上生,⑬皆在大臣循故事之罪也。

①师古曰:"正曲曰矫。复音方目反。"

②师古曰:"《论语》称孔子曰'益者三乐,乐节礼乐,乐道人之善,乐多贤友'也。"

③师古曰:"三服官主作天子之服,在齐地。笥,盛衣竹器,音先嗣反。"

④如淳曰:"《地理志》河内怀、蜀郡成都、广汉皆有工官。工官,主作漆器物者也。"师古曰:"如说非也。三工官,谓少府之属官,考工室也,右工室也,东园匠也。上已言蜀汉主金银器,是不入三工之数也。"

⑤师古曰:"从天子往太后宫。"

⑥师古曰:"食读曰饲。"

⑦师古曰:"食人之骸骨。"

⑧师古曰:"日日行步而动作之,以散充溢之气。"

⑨师古曰:"此填字读与真同。"

⑩师古曰:"不能自言减省之事。"

⑪师古曰:"取读曰娶。"

⑫师古曰:"旷,空也。室家空也。"

⑬师古曰:"自,从也。上谓天子也。"

　　唯陛下深察古道,从其俭者,大减损乘舆服御器物,三分去二。子产多少有命,审察后宫,择其贤者留二十人,馀悉归之。①及诸陵园女亡子者,宜悉遣。独杜陵宫人数百,诚可哀怜。厩马可亡过数十匹。独舍长安城南苑地以为田猎之囿,②自城西南至山西至鄠皆复其田,以与贫民。③方今天下饥馑,可亡大自损减以救之,称天意乎? 天生圣人,盖为万民,非独使自娱乐而已也。故《诗》曰:"天难谌斯,不易惟王";"上帝临女,毋贰尔心。"④"当仁不让",⑤独可以圣心参诸天地,揆之往古,⑥不可与臣下议也。若其阿意顺指,随君上下,⑦臣禹不胜拳拳,不敢不尽愚心。⑧

①师古曰:"言人产子多少自有定命,非由广妾媵也,故请止留二十人。"

②师古曰:"舍,置也。独留置之,其馀皆废去。"

③师古曰:"复音方目反。"

④师古曰:"《大雅·大明》之诗也。谌,诚也。上帝亦天也。言承天之意,此诚难也。王者之命不妄改易,天常降监,信可畏也,毋贰尔心,机事易失,勿犹豫也。"

⑤师古曰:"《论语》称孔子曰'当仁不让于师',故引之。"

⑥师古曰:"揆,度也。"

⑦师古曰:"上下犹言高下,谓苟顺从也。上音时掌反。"

⑧师古曰:"拳拳,解在《刘向传》。下《鲍宣传》(倦倦)〔惓惓〕音义亦同。"〔12〕

天子纳善其忠,乃下诏令太仆减食谷马,水衡减食肉兽,省宜春下苑以与贫民,又罢角抵诸戏及齐三服官。迁禹为光禄大夫。

顷之，禹上书曰："臣禹年老贫穷，家訾不满万钱，妻子糠豆不赡，裋褐不完。①有田百三十亩，陛下过意征臣，②臣卖田百亩以供车马。至，拜为谏大夫，秩八百石，奉钱月九千二百。③廪食太官，④又蒙赏赐四时杂缯绵絮衣服酒肉诸果物，德厚甚深。疾病侍医临治，⑤赖陛下神灵，不死而活。又拜为光禄大夫，秩二千石，奉钱月万二千。禄赐愈多，家日以益富，身日以益尊，诚非屮茅愚臣所当蒙也。⑥伏自念终亡以报厚（恩）〔德〕，[13]日夜惭愧而已。臣禹犬马之齿八十一，血气衰竭，耳目不聪明，非复能有补益，所谓素餐尸禄洿朝之臣也。⑦自痛去家三千里，凡有一子，年十二，非有在家为臣具棺椁者也。诚恐一旦蹎仆气竭，不复自还，⑧洿席荐于宫室，骸骨弃捐，孤魂不归。不胜私愿，愿乞骸骨，及身生归乡里，⑨死亡所恨。"

①师古曰："裋者，谓僮竖所著布长襦也。褐，毛布之衣也。裋音竖。"

②师古曰："过犹误也。"

③师古曰："奉音扶用反。其下亦同。"

④师古曰："谓太官给其食。"

⑤师古曰："侍医，天子之医也。"

⑥师古曰："屮，古草字。"

⑦师古曰："洿与污同，音一故反。"

⑧师古曰："蹎音颠，蹶蹎也。仆音赴。仆，顿也。不自还者，遂死也。还读曰旋。"

⑨师古曰："及身生，谓及未死之前。"

天子报曰："朕以生有伯夷之廉，史鱼之直，①守经据古，不阿当世，孳孳于民，俗之所寡，②故亲近生，几参国政。③今未得久闻生之奇论也，而云欲退，意岂有所恨与？④将在位者与生殊乎？⑤往者尝令金敞语生，欲及生时禄生之子，既已谕矣，今复云子少。夫以王命辨护生家，虽百子何以加？传曰亡怀土，⑥何必思故乡！生其强饭慎疾以自辅。"后月馀，以禹为长信少府。会御史大夫陈万年卒，禹代为御史大夫，列于三公。

①师古曰:"生谓先生也。史鱼,卫大夫史鳅也。《论语》称孔子曰'直哉史鱼,
邦有道如矢,邦无道如矢',言其壹志。"

②师古曰:"孳与孜同。孜孜,不怠也。寡,少也,言少有此人。"

③师古曰:"几读曰冀。"

④师古曰:"与读曰欤。"

⑤师古曰:"言志趣不同。"

⑥师古曰:"《论语》孔子曰:'君子怀德,小人怀土。'"

　　自禹在位,数言得失,书数十上。禹以为古民亡赋算口钱,起武帝
征伐四夷,重赋于民,民产子三岁则出口钱,故民重困,①至于生子辄
杀,甚可悲痛。宜令儿七岁去齿乃出口钱,年二十乃算。

①师古曰:"重音直用反。"

　　又言古者不以金钱为币,专意于农,故一夫不耕,必有受其饥者。
今汉家铸钱,及诸铁官皆置吏卒徒,攻山取铜铁,一岁功十万人已上,中
农食七人,是七十万人常受其饥也。凿地数百丈,销阴气之精,地臧空
虚,不能含气出云,斩伐林木亡有时禁,水旱之灾未必不繇此也。①自五
铢钱起已来七十馀年,民坐盗铸钱被刑者众,富人积钱满室,犹亡厌足。
民心(摇动)〔动摇〕,[14]商贾求利,东西南北各用智巧,好衣美食,岁有十
二之利,②而不出租税。农夫父子暴露中野,不避寒暑,捽屮杷土,手足
胼胝,③已奉谷租,又出稿税,④乡部私求,不可胜供。⑤故民弃本逐末,
耕者不能半。贫民虽赐之田,犹贱卖以贾,⑥穷则起为盗贼。何者?末
利深而惑于钱也。是以奸邪不可禁,其原皆起于钱也。疾其末者绝其
本,宜罢采珠玉金银铸钱之官,亡复以为币。市井勿得贩卖,⑦除其租
铢之律,⑧租税禄赐皆以布帛及谷。使百姓壹归于农,复古道便。⑨

①师古曰:"繇读与由同。"

②师古曰:"若有万钱为贾,则获二千之利。"

③师古曰:"捽,拔取也。屮,古草字也。杷,手掊之也。胼,并也。胝,茧也。
捽音才兀反。杷音蒲巴反,其字从木。胼音步千反。胝音竹尸反。掊音蒲
交反。"

④师古曰:"稿,禾秆也。"

⑤师古曰:"言乡部之吏又私有所求,不能供之。"

⑥师古曰:"卖田与人而更为商贾之业。"

⑦师古曰:"贱买贵卖曰贩。"

⑧师古曰:"租税之法皆依田亩,不得杂计百物之铢两。"

⑨师古曰:"追遵古法,于事便也。复音扶目反。"

又言诸离宫及长乐宫卫可减其太半,以宽繇役。①又诸官奴婢十万馀人戏游亡事,税良民以给之,岁费五六钜万,宜免为庶人,禀食,②令代关东戍卒,乘北边亭塞候望。③

①师古曰:"繇读曰徭。"

②师古曰:"给其食。"

③师古曰:"乘,登也。"

又欲令近臣自诸曹侍中以上,家亡得私贩卖,与民争利,犯者辄免官削爵,不得仕宦。禹又言:

孝文皇帝时,贵廉絜,贱贪污,贾人、赘婿及吏坐赃者皆禁锢不得为吏,赏善罚恶,不阿亲戚,罪白者伏其诛,①疑者以与民,②亡赎罪之法,故令行禁止,海内大化,天下断狱四百,与刑错亡异。武帝始临天下,尊贤用士,辟地广境数千里,自见功大威行,遂从耆欲,③用度不足,乃行壹切之变,使犯法者赎罪,入谷者补吏,是以天下奢侈,官乱民贫,盗贼并起,亡命者众。郡国恐伏其诛,则择便巧史书习于计簿能欺上府者,以为右职;④奸轨不胜,则取勇猛能操切百姓者,以苛暴威服下者,使居大位。⑤故亡义而有财者显于世,欺谩而善书者尊于朝,⑥悖逆而勇猛者贵于官。⑦故俗皆曰:"何以孝弟为? 财多而光荣。何以礼义为? 史书而仕宦。何以谨慎为? 勇猛而临官。"故黥劓而髡钳者犹复攘臂为政于世,行虽犬彘,家富势足,目指气使,是为贤耳。⑧故谓居官而置富者为雄桀,处奸而得利者为壮士,兄劝其弟,父勉其子,俗之坏败,乃至于是! 察其所以然者,皆以犯法得赎罪,求士不得真贤,相守崇财利,⑨诛不行之所致也。

①师古曰:"白,明也。"

②师古曰:"罪疑从轻也。"

③师古曰:"从读曰纵。耆读曰嗜。"

④师古曰:"上府谓所属之府。右职,高职也。"

⑤师古曰:"操,持也。切,刻也。操音千高反。"

⑥师古曰:"谩,诳也。谩音慢,又音武连反。"

⑦师古曰:"悖,乱也。音布内反。"

⑧师古曰:"动目以指物,出气以使人。"

⑨师古曰:"相,诸侯相也。守,郡守也。崇,尚也。"

今欲兴至治,致太平,宜除赎罪之法。相守选举不以实,及有臧者,辄行其诛,亡但免官,①则争尽力为善,贵孝弟,贱贾人,进真贤,举实廉,而天下治矣。孔子,匹夫之人耳,以乐道正身不解之故,②四海之内,天下之君,微孔子之言亡所折中。③况乎以汉地之广,陛下之德,处南面之尊,秉万乘之权,因天地之助,其于变世易俗,调和阴阳,陶冶万物,化正天下,易于决流抑队。④自成康以来,几且千岁,⑤欲为治者甚众,然而太平不复兴者,何也?以其舍法度而任私意,奢侈行而仁义废也。

①师古曰:"不止免官而已。"

②师古曰:"解读曰懈。"

③师古曰:"微亦无也。折,断也。非孔子之言则无以为中也,音竹仲反。断音丁唤反。"

④师古曰:"决欲流之水,抑将队之物,言其便易。"

⑤师古曰:"几音钜依反。"

陛下诚深念高祖之苦,①醇法太宗之治,正己以先下,选贤以自辅,开进忠正,致诛奸臣,远放谄佞,②放出园陵之女,罢倡乐,绝郑声,去甲乙之帐,退伪薄之物,修节俭之化,驱天下之民皆归于农,如此不解,③则三王可侔,五帝可及。唯陛下留意省察,天下幸甚。

①师古曰:"言取天下艰难也。"

②师古曰:"远,离也。音于万反。谰,古谄字。"

③师古曰:"解读曰懈。"

天子下其议,令民产子七岁乃出口钱,自此始。又罢上林宫馆希幸御者,及省建章、甘泉宫卫卒,减诸侯王庙卫卒省其半。禹虽未尽从,然嘉其质直之意。禹又奏欲罢郡国庙,定汉宗庙迭毁之礼,皆未施行。①

①师古曰:"迭,互也。亲尽则毁,故曰迭毁。迭音大结反。"

为御史大夫数月卒,天子赐钱百万,以其子为郎,官至东郡都尉。禹卒后,上追思其议,竟下诏罢郡国庙,定迭毁之礼。〔然通儒或非之〕,〔15〕语在《韦玄成传》。

两龚皆楚人也,胜字君宾,舍字君倩。①二人相友,并著名节,故世谓之楚两龚。少皆好学明经,胜为郡吏,舍不仕。

①师古曰:"倩音千见反。"

久之,楚王入朝,闻舍高(明)〔名〕,聘舍为常侍,〔16〕不得已随王,归国固辞,愿卒学,复至长安。①而胜为郡吏,三举孝廉,以王国人不得宿卫。补吏,再为尉,壹为丞,胜辄至官乃去。州举茂材,为重泉令,②病去官。大司空何武、执金吾阎崇荐胜,哀帝自为定陶王固已闻其名,征为谏大夫。引见,胜荐龚舍及亢父甯寿、济阴侯嘉,③有诏皆征。胜曰:"窃见国家征医巫,常为驾,征贤者宜驾。"上曰:"大夫乘私车来邪?"胜曰:"唯唯。"④有诏为驾。龚舍、侯嘉至,皆为谏大夫。甯寿称疾不至。

①师古曰:"卒,终也,终其经业。"

②师古曰:"重泉,左冯翊县也。"

③师古曰:"亢音抗。父音甫。"

④师古曰:"唯唯,恭应之词也,音(戈)〔弋〕癸反。"〔17〕

胜居谏官,数上书求见,言百姓贫,盗贼多,吏不良,风俗薄,灾异数见,不可不忧。制度泰奢,刑罚泰深,赋敛泰重,宜以俭约先下。其言祖述王吉、贡禹之意。为大夫二岁馀，迁丞相司直，徙光禄大夫，守右扶风。数月，上知胜非拨烦吏，乃复还胜光禄大夫①诸吏给事中。胜言董贤乱制度，繇是逆上指。②

①师古曰："依旧官。"

②师古曰："繇读与由同。"

后岁馀，丞相王嘉上书荐故廷尉梁相等，尚书劾奏嘉"言事恣意，迷国罔上，不道"。下将军中朝者议，左将军公孙禄、司隶鲍宣、光禄大夫孔光等十四人皆以为嘉应迷国不道法。胜独书议曰："嘉资性邪僻，所举多贪残吏。位列三公，阴阳不和，诸事并废，咎皆繇嘉，①迷国不疑，②今举相等，过微薄。"日暮议者罢。明旦复会，左将军禄问胜："君议亡所据，今奏当上，宜何从？"③胜曰："将军以胜议不可者，通劾之。"④博士夏侯常见胜应禄不和，起至胜前谓曰："宜如奏所言。"⑤胜以手推常曰："去！"

①师古曰："繇读与由同。"

②文颖曰："信必迷国，不疑也。"

③师古曰："今欲奏此事，君定从何议也？"

④师古曰："并劾胜。"

⑤师古曰："谓如尚书所劾奏也。"

后数日，复会议可复孝惠、孝景庙不，议者皆曰宜复。胜曰："当如礼。"常复谓胜："礼有变。"胜疾言曰："去！是时之变。"①常恚，谓胜曰："我视君何若，②君欲小与众异，外以采名，君乃申徒狄属耳！"③

①师古曰："疾，急也。言时人意自变耳，礼不变也。"

②师古曰："何若，言无所似也。"

③服虔曰："殷之末世介士也，自沉于河者。"

先是常又为胜道高陵有子杀母者。胜白之，尚书问："谁受？"①对曰："受夏侯常。"尚书使胜问常，常连恨胜，②即应曰："闻之白衣，戒君勿言也。③奏事不详，妄作触罪。"④胜穷，亡以对尚书，即自劾奏与常争言，洿辱朝廷。事下御史中丞，召诘问，劾奏"胜吏二千石，常位大夫，皆幸得给事中,与论议,⑤不崇礼义,而居公门下相非恨,疾言辩讼,婿谩亡状,⑥皆不敬"。制曰:"贬秩各一等。"胜谢罪,乞骸骨。上乃复加赏赐,以子博为侍郎,出胜为渤海太守。胜谢病不任之官,积六月免归。

①师古曰:"言于谁闻之也。"

②师古曰:"连恨谓再被(谓)〔谮〕去。"〔18〕

③服虔曰:"闻之白衣耳,戒君勿言之,如何便上之邪?"师古曰:"白衣,给官府趋走贱人,若今诸司亭长掌固之属。"

④师古曰:"言奏事不审,妄有发作自触罪。"

⑤师古曰:"与读曰豫。"

⑥师古曰:"疾,急也。婿,古惰字。谩读与慢同。亡状,无善状也。"

上复征为光禄大夫。胜常称疾卧,数使子上书乞骸骨,会哀帝崩。

初,琅邪邴汉亦以清行征用,至京兆尹,后为太中大夫。王莽秉政,胜与汉俱乞骸骨。自昭帝时,涿郡韩福以德行征至京师,赐策书束帛遣归。诏曰:"朕闵劳以官职之事,其务修孝弟以教乡里。行道舍传舍,①县次具酒肉,食从者及马。②长吏以时存问,常以岁八月赐羊一头,酒二斛。不幸死者,赐复衾一,祠以中牢。"于是王莽依故事,白遣胜、汉。策曰:"惟元始二年六月庚寅,光禄大夫、太中大夫耆艾二人以老病罢。太皇太后使谒者仆射策诏之曰:盖闻古者有司年至则致仕,所以恭让而不尽其力也。今大夫年至矣,朕愍以官职之事烦大夫,其上子若孙若同产、同产子一人。③大夫其修身守道,以终高年。赐帛及行道舍宿,岁时羊酒衣衾,皆如韩福故事。所上子男皆除为郎。"于是胜、汉遂归老于乡里。汉兄子曼容亦养志自修,为官不肯过六百石,辄自免去,其名过出于汉。

①师古曰:"于传舍止宿,若今官人行得过驿也。"

②师古曰:"道次给酒肉,并饲其从者及马也。食读曰饲。"

③师古曰:"同产,兄弟也。同产子,即兄弟子也。"

初,龚舍以龚胜荐,征为谏大夫,病免。复征为博士,又病去。顷之,哀帝遣使者即楚拜舍为太山太守。①舍家居在武原,使者至县请舍,

欲令至廷拜授印绶。②舍曰："王者以天下为家,何必县官?"遂于家受
诏,便道之官。既至数月,上书乞骸骨。上征舍,至京兆东湖界,③固称
病笃。天子使使者收印绶,拜舍为光禄大夫。数赐告,舍终不肯起,乃
遣归。

　　①师古曰："即犹就也。"
　　②师古曰："廷谓县之庭内。"
　　③师古曰："湖,县也,时属京兆。"

　　舍亦通《五经》,以《鲁诗》教授。舍、胜既归乡里,郡二千石长吏初
到官皆至其家,如师弟子之礼。舍年六十八,王莽居摄中卒。

　　莽既篡国,遣五威将帅行天下风俗,将帅亲奉羊酒存问胜。明年,
莽遣使者即拜胜为讲学祭酒,①胜称疾不应征。后二年,莽复遣使者奉
玺书,太子师友祭酒印绶,安车驷马迎胜,即拜,②秩上卿,先赐六月禄
直以办装,使者与郡太守、县长吏、三老官属、行义诸生千人以上入胜里
致诏。③使者欲令胜起迎,久立门外。胜称病笃,为床室中户西南牖
下,④东首加朝服拕绅。⑤使者入户,西行南面立,致诏付玺书,迁延再拜
奉印绶,内安车驷马,进谓胜曰:"圣朝未尝忘君,制作未定,待君为政,
思闻所欲施行,以安海内。"胜对曰:"素愚,加以年老被病,命在朝夕,随
使君上道,必死道路,⑥无益万分。"使者要说,⑦至以印绶就加胜身,胜
辄推不受。使者即上言:"方盛夏暑热,胜病少气,可须秋凉乃发。"⑧有
诏许。使者五日壹与太守俱问起居,为胜两子及门人高晖等言:"朝廷
虚心待君以茅土之封,虽疾病,宜动移至传舍,示有行意,必为子孙遗大
业。"晖等白使者语,胜自知不见听,即谓晖等:"吾受汉家厚恩,亡以报,
今年老矣,旦暮入地,谊岂以一身事二姓,下见故主哉?"胜因敕以棺敛
丧事:⑨"衣周于身,棺周于衣。勿随俗动吾冢,种柏,作祠堂。"⑩语毕,
遂不复开口饮食,积十四日死,死时七十九矣。使者、太守临敛,赐复衾
祭祠如法。门人衰绖治丧者百数。有老父来吊,哭甚哀,既而曰:"嗟
虖!薰以香自烧,膏以明自销。⑪龚生竟夭天年,非吾徒也。"遂趋而出,
莫知其谁。胜居彭城廉里,后世刻石表其里门。

①师古曰:"即,就也。就其家而拜之。"

②师古曰:"就家迎之,因拜官。"

③师古曰:"行义谓乡邑有行义之人也。诸生谓学徒也。行音下更反。"

④师古曰:"牖,窗也。于户之西室之南牖下也。"

⑤师古曰:"扝,引也。卧著朝衣,故云加引大带于体也。《论语》称孔子'疾,君视之,东首加朝服扝绅',故放之也。扝音土贺反。"

⑥师古曰:"示若尊敬使者,故谓之使君。"

⑦师古曰:"要音一遥反。说音式锐反。"

⑧师古曰:"须,待也。"

⑨师古曰:"棺音工焕反。敛音力赡反。"

⑩师古曰:"若葬多设器备,则恐被掘,故云动吾冢也。亦不得种柏及作祠堂,皆不随俗。"

⑪师古曰:"薰,芳草。"

　　鲍宣字子都,渤海高城人也。好学明经,为县乡啬夫,守束州丞。①后为都尉太守功曹,举孝廉为郎,病去官,复为州从事。大司马卫将军王商辟宣,荐为议郎,后以病去。哀帝初,大司空何武除宣为西曹掾,甚敬重焉,荐宣为谏大夫,迁豫州牧。岁馀,丞相司直郭钦奏:"宣举错烦苛,代二千石署吏听讼,所察过诏条。②行部乘传去法驾,③驾一马,④舍宿乡亭,为众所非。"宣坐免。归家数月,复征为谏大夫。

①师古曰:"束州,渤海之县也。"

②师古曰:"出六条之外。"

③师古曰:"行音下更反。传音张恋反。"

④师古曰:"言其单率不依典制也。"

　　宣每居位,常上书谏争,其言少文多实。是时帝祖母傅太后欲与成帝母俱称尊号,封爵亲属,丞相孔光、大司空师丹、何武、大司马傅喜始执正议,失傅太后指,皆免官。丁、傅子弟并进,董贤贵幸,宣以谏大夫从其后,上书谏曰:

　　　　窃见孝成皇帝时,外亲持权,人人牵引所私以充塞朝廷,①妨贤人路，浊乱天下，奢泰亡度，穷困百姓，是以日蚀且十，彗星四起。危亡之征，陛下所亲见也，今奈何反覆剧于前乎！朝臣亡有大儒骨鲠，白首耆艾，魁垒之士；②论议通古今，喟然动众心，③忧国如饥渴者，臣未见也。敦外亲小童及幸臣董贤等在公门省户下，④陛下欲与此共承天地，安海内，甚难。⑤今世俗谓不智者为能，谓智者为不能。昔尧放四罪而天下服，⑥今除一吏而众皆惑；古刑人尚服，今赏人反惑。⑦请寄为奸，⑧群小日进。国家空虚，用度不足。民流亡，去城郭，盗贼并起，吏为残贼，岁增于前。

①师古曰："塞，满也。"

②服虔曰："魁垒，壮貌也。"师古曰："魁音口贿反。垒音磊。"

③师古曰："喟然，叹息貌，音丘位反。"

④师古曰："敦谓厚重也。"

⑤师古曰："共读曰恭。"

⑥师古曰："四罪，流共工于幽州，放驩兜于崇山，窜三苗于三危，殛鲧于羽山也。"

⑦邓展曰："不得其人使之，天下惑也。"

⑧师古曰："请寄谓以事私相托也。"

凡民有七亡：①阴阳不和，水旱为灾，一亡也；县官重责更赋租税，二亡也；②贪吏并公，受取不已，三亡也；③豪强大姓蚕食亡厌，四亡也；苛吏繇役，失农桑时，五亡也；部落鼓鸣，男女遮迣，六亡也；④盗贼劫略，取民财物，七亡也。七亡尚可，又有七死：酷吏殴杀，一死也；⑤治狱深刻，二死也；冤陷亡辜，三死也；盗贼横发，四死也；⑥怨仇相残，五死也；岁恶饥饿，六死也；时气疾疫，七死也。民有七亡而无一得，欲望国安，诚难；民有七死而无一生，欲望刑措，诚难。此非公卿守相贪残成化之所致邪？⑦群臣幸得居尊官，食重禄，岂有肯加恻隐于细民，助陛下流教化者邪？⑧志但在营私家，称宾客，为奸利而已。⑨以苟容曲从为贤，以拱默尸禄为智，⑩谓如臣宣等为愚。陛下擢臣岩穴，诚冀有益豪毛，岂徒欲使臣美食大官,重高门之地哉!⑪

①师古曰:"亡谓失其作业也。"

②师古曰:"更谓为更卒也,音工行反。"

③师古曰:"并,依也,音步浪反。"

④晋灼曰:"迣,古列字也。"师古曰:"言闻桴鼓之声以为有盗贼,皆当遮列而
　追捕。"

⑤师古曰:"殴,击也,音一口反。"

⑥师古曰:"横音胡孟反。"

⑦师古曰:"守,郡守也。相,诸侯相也。"

⑧师古曰:"恻隐,皆痛也。"

⑨师古曰:"务称宾客所求也。称音尺孕反。"

⑩师古曰:"尸,主也。不忧其职,但主食禄而已。"

⑪晋灼曰:"高门,殿名也。"师古曰:"在未央宫中。"

　　天下乃皇天之天下也,陛下上为皇天子,下为黎庶父母,为天
牧养元元,视之当如一,合《尸鸠》之诗。①今贫民菜食不厌,衣又穿
空,②父子夫妇不能相保,诚可为酸鼻。陛下不救,将安所归命
乎?③奈何独私养外亲与幸臣董贤,多赏赐以大万数,使奴从宾客
浆酒霍肉,④苍头庐儿皆用致富! 非天意也。⑤及汝昌侯傅商亡功
而封。夫官爵非陛下之官爵,乃天下之官爵也。陛下取非其官,官
非其人,⑥而望天说民服,岂不难哉!⑦

①师古曰:"《尸鸠》,《曹国风》之篇也。其诗云:'尸鸠在桑,其子七兮;淑人君
　子,其仪一兮。'言尸鸠之鸟养其子七,平均如一,善人君子布德施惠,亦当
　然也。尸鸠,拮掬也。拮音居黠反。"

②师古曰:"厌,饱足也。空,孔也。"

③师古曰:"安,焉也。"

④刘德曰:"视酒如浆,视肉如霍也。"师古曰:"霍,豆叶也。贫人茹之也。"

⑤孟康曰:"黎民、黔首,黎、黔皆黑也。下民阴类,故以黑为号。汉名奴为苍
　头,非纯黑,以别于良人也。诸给殿中者所居为庐,苍头侍从因呼为庐儿。"
　臣瓒曰:"《汉仪注》官(如)〔奴〕给书计,〔19〕从侍中巳下为苍头青愤。"

⑥师古曰："此官不当加于此人,此人不当受于此官也。"

⑦师古曰："说读曰悦。"

　　方阳侯孙宠、宜陵侯息夫躬辩足以移众,强可用独立,奸人之雄,或世尤剧者也,宜以时罢退。及外亲幼童未通经术者,皆宜令休就师傅。急征故大司马傅喜使领外亲。故大司空何武、师丹、故丞相孔光、故左将军彭宣,经皆更博士,位皆历三公,①智谋威信,可与建教化,图安危。②龚胜为司直,郡国皆慎选举,三辅委输官不敢为奸,③可大委任也。陛下前以小不忍退武等,海内失望。④陛下尚能容亡功德者甚众,曾不能忍武等邪！治天下者当用天下之心为心,不得自专快意而已也。上之皇天见谴,下之黎庶怨恨,次有谏争之臣,陛下苟欲自薄而厚恶臣,天下犹不听也。臣虽愚戆,独不知多受禄赐,美食太官,广田宅,厚妻子,不与恶人结仇怨以安身邪？诚迫大义,官以谏争为职,不敢不竭愚。惟陛下少留神明,览《五经》之文,原圣人之至意,深思天地之戒。臣宣呐钝于辞,⑤不胜惓惓,尽死节而已。

①师古曰："更亦历也,音工衡反。"

②师古曰："建,立也。图,谋也。"

③师古曰："委输谓输委积者也。委音迂伪反。输音式喻反。"

④师古曰："小有不快于心,不能忍之也。"

⑤师古曰："呐亦讷字也。"

上以宣名儒,优容之。

　　是时郡国地震,民讹言行筹,明年正月朔日蚀,上乃征孔光,免孙宠、息夫躬,罢侍中诸曹黄门郎数十人。宣复上书言：

　　陛下父事天,母事地,子养黎民,即位已来,父亏明,母震动,子讹言相惊恐。今日蚀于三始,①诚可畏惧。小民正月朔日尚恐毁败器物,何况于日亏乎！陛下深内自责,避正殿,举直言,求过失,罢退外亲及旁仄素餐之人,②征拜孔光为光禄大夫,发觉孙宠、息夫躬过恶,免官遣就国,众庶歙然,莫不说喜。③天人同心,人心说则天意解矣。乃二月丙戌，白虹虷日，连阴不雨，④此天有忧结未解，民有怨望未塞者也。

①如淳曰："正月一日为岁之朝，月之朝，日之朝。始犹朝也。"

②师古曰："仄，古侧字也。"

③师古曰："歙音翕。说音悦。次亦同也。"

④师古曰："虷音干。"

　　侍中驸马都尉董贤本无葭莩之亲，①但以令色谀言自进，②赏赐亡度，竭尽府藏，并合三第尚以为小，复坏暴室。③贤父子坐使天子使者将作治第，行夜吏卒皆得赏赐。④上冢有会，辄太官为供。海内贡献当养一君，今反尽之贤家，岂天意与民意邪！天（下）〔不〕可久负，[20]厚之如此，反所以害之也。诚欲哀贤，宜为谢过天地，解仇海内，免遣就国，收乘舆器物，还之县官。如此，可以父子终其性命；不者，海内之所仇，未有得久安者也。

①师古曰："葭音工遐反。莩音孚。葭莩，喻轻薄而附著也，解在《景十三王传》。"

②师古曰："令，善也。谀，谄也。"

③师古曰："时以三第总为一第赐贤，犹嫌狭小，复取暴室之地以增益之也。"

④师古曰："为贤第上持时行夜者。音下更反。"

孙宠、息夫躬不宜居国，可皆免以视天下。①复征何武、师丹、彭宣、傅喜，旷然使民易视，以应天心，②建立大政，以兴太平之端。

①师古曰："视读曰示。"

②师古曰："易，改也。"

　　高门去省户数十步，求见出入，二年未省，①欲使海濒仄陋自通，远矣！②愿赐数刻之间，③极竭罢罢之思，④退入三泉，死亡所恨。⑤

①师古曰："不被省视也。"

②师古曰："濒，涯也，音频，又音宾。"

③师古曰："刻，漏刻也。间，空隙。"

④师古曰："罞音沐。沐〔沐〕犹蒙蒙也。"〔21〕如淳曰："谨愿之貌也。"

⑤师古曰："三重之泉，言其深也。"

上感大异，纳宣言，征何武、彭宣，旬月皆复为三公。拜宣为司隶。时哀帝改司隶校尉但为司隶，官比司直。

丞相孔光四时行园陵，①官属以令行驰道中，②宣出逢之，使吏钩止丞相掾史，③没入其车马，摧辱宰相。事下御史中丞，侍御史至司隶官，欲捕从事，闭门不肯内。④宣坐距闭使者，亡人臣礼，大不敬，不道，下廷尉狱。博士弟子济南王咸举幡太学下，曰："欲救鲍司隶者会此下。"诸生会者千馀人。朝日，遮丞相孔光自言，⑤丞相车不得行，又守阙上书。上遂抵宣罪减死一等，髡钳。宣既被刑，乃徙之上党，以为其地宜田牧，又少豪俊，易长雄，⑥遂家于长子。⑦

①师古曰："行音下更反。"

②如淳曰："令诸使有制得行驰道中者，行旁道，无得行中央三丈也。"

③师古曰："钩，留也。"

④师古曰："御史欲捕从事，而司隶闭门不得入也。"

⑤师古曰："朝日谓早旦欲入朝也。"

⑥师古曰："长，为之长帅也。雄，为之雄豪〔也〕。"〔22〕

⑦师古曰："上党之县也。长读如本字。"

平帝即位，王莽秉政，阴有篡国之心，乃风州郡以罪法案诛诸豪桀，①及汉忠直臣不附己者，宣及何武等皆死。时名捕陇西辛兴，②兴与宣女婿许绀俱过宣，一饭去，③宣不知情，坐系狱，自杀。

①师古曰："风读曰讽。"

②师古曰："诏显其名而捕之。"

③师古曰："饭音扶晚反。"

自成帝至王莽时，清名之士，琅邪又有纪逡王思，齐则薛方子容，太原则郇越臣仲、郇相稚宾，沛郡则唐林子高、唐尊伯高，①皆以明经饬行显名于世。②

①师古曰:"并列其人本土及姓名字也。后皆类此。遫音千旬反。郇音荀,又
　音胡顽反。今荀郇二姓并有之,俱称周武王之后也。"

②师古曰:"饬,谨也,读与敕同。"

纪逡、两唐皆仕王莽,封侯贵重,历公卿位。唐林数上疏谏正,有忠
直节。唐尊衣敝履空,①以瓦器饮食,又以历遗公卿,②被虚伪名。③

①服虔曰:"履犹屦也。"师古曰:"衣音於既反。著敝衣蹑空履也。空,穿也。"

②服虔曰:"以瓦器遗之。"

③师古曰:"被音皮义反。"

郇越、相,同族昆弟也,并举州郡孝廉茂材,数病,去官。越散其先
人赀千馀万,以分施九族州里,志节尤高。相王莽时征为太子四友,病
死,莽太子遣使祝以衣衾,①其子攀棺不听,曰:"死父遗言,师友之送勿
有所受,今于皇太子得托友官,故不受也。"京师称之。

①师古曰:"赠丧衣服曰祝。祝音式芮反,其字从衣。"

薛方尝为郡掾祭酒,尝征不至,及莽以安车迎方,方因使者辞谢曰:
"尧舜在上,下有巢由,今明主方隆唐虞之德,小臣欲守箕山之节也。"①
使者以闻,莽说其言,不强致。②方居家以经教授,喜属文,③著诗赋数
十篇。

①张晏曰:"许由隐于箕山,在阳城,有许由祠。"

②师古曰:"说读曰悦。"

③师古曰:"喜音许吏反。属音之欲反。"

始隃麋郭钦,哀帝时为丞相司直,①奏免豫州牧鲍宣、京兆尹薛修
等,又奏董贤,左迁卢奴令,平帝时迁南郡太守。而杜陵蒋诩元卿为兖
州刺史,亦以廉直为名。王莽居摄,钦、诩皆以病免官,归乡里,卧不出
户,卒于家。

①师古曰:"隃麋,扶风之县也。隃音逾。"

齐栗融客卿、北海禽庆子夏、苏章游卿、山阳曹竟子期皆儒生,去官
不仕于莽。莽死,汉更始征竟以为丞相,封侯,欲视致贤人,销寇贼。①竟

不受侯爵。会赤眉入长安，欲降竟，竟手剑格死。
　　①师古曰："视读曰示。"

　　世祖即位，征薛方，道病卒。两龚、鲍宣子孙皆见褒表，至大官。

　　赞曰：《易》称"君子之道，或出或处，或默或语"，①言其各得道之一节，譬诸草木，区以别矣。②故曰山林之士往而不能反，朝廷之士入而不能出，二者各有所短。春秋列国卿大夫及至汉兴将相名臣，怀禄耽宠以失其世者多矣！③是故清节之士于是为贵。然大率多能自治而不能治人。王、贡之材，优于龚、鲍。守死善道，胜实蹈焉。④贞而不谅，薛方近之。⑤郭钦、蒋诩好遁不污，绝纪、唐矣！⑥
　　①师古曰："《上系辞》也。谓发迹虽异，同归于道。"
　　②师古曰："言兰桂异类而各芬馨也。"
　　③师古曰："怀，思也，言不能去。"
　　④师古曰："《论语》称孔子曰：'笃信好学，守死善道，危邦不入，乱邦不居。'今龚胜不受莽官，蹈斯之迹也。"
　　⑤师古曰："《论语》称孔子曰'君子贞而不谅'，谓君子之人正其道耳，言不必信也。薛方志避乱朝，诡引巢许为喻，近此义也。"
　　⑥师古曰："钦、诩不仕于莽，遁逃浊乱，不污其节，殊于纪逡及两唐。"

【校勘记】

〔1〕 饿〔死〕于首阳，　殿本有"死"字，无"于"字，景祐本有"死"字，又有"于"字。

〔2〕 奋乎百世之上，(行乎)百世之下莫不兴起，　景祐、殿本都无"行乎"二字。

〔3〕 或问：君子疾没世而名不称，盍势诸？名，卿可几。　杨树达说，近人汪荣宝注《法言》，以"名"一字为句，"卿可几"三字为句，是也。诸说以"名卿"连读，非是。

〔4〕 少(时)〔好〕学明经，　景祐、殿本都作"好"。王先谦说作"好"是。

〔5〕 中(慰)〔尉〕甚忠，　景祐、殿、局本都作"尉"，此误。

〔6〕 愿留意(尝)〔常〕以为念，　景祐、殿本都作"常"。王先谦说作"常"是。

〔7〕 是以贪财(趋)〔诛〕利，　景祐、殿本都作"诛"。

〔8〕 谓以粟米(饭)〔饲〕也。　景祐、殿本都作"饲"。

〔9〕 后世争为奢侈，转转益(盛)〔甚〕，　景祐、殿本都作"甚"，《通鉴》同。

〔10〕 为犬猪(所)食。　宋祁说浙本无"所"字　按景祐本无"所"字。

〔11〕 陛下(乌)〔恶〕有所言，　景祐、殿本都作"恶"。杨树达说作"恶"是。

〔12〕 下《鲍宣传》(倦倦)〔惓惓〕音义亦同，　景祐、殿本都作"惓惓"。

〔13〕 伏自念终亡以报厚(恩)〔德〕，　景祐、殿本都作"德"。

〔14〕 民心(摇动)〔动摇〕，　景祐、殿本都作"动摇"。

〔15〕 〔然通儒或非之〕，　景祐、殿本都有此六字。

〔16〕 闻舍高(明)〔名〕，聘舍为常侍。　景祐、殿本都作"名"。王先谦说作"名"是。

〔17〕 音(戈)〔弋〕癸反。　景祐、殿本都作"弋"，此误。

〔18〕 连恨谓再被(谓)〔潜〕去。　殿本作"潜"，此误。

〔19〕 官(如)〔奴〕给书计，　景祐、殿本都作"奴"，此误。

〔20〕 天(下)〔不〕可久负，　王先谦说"下"字误。按景祐、殿本都作"不"。

〔21〕 沐〔沐〕犹蒙蒙也。　殿本重"沐"字。王先谦说重"沐"字是。

〔22〕 雄为之雄豪〔也〕。　景祐、殿本都有"也"字。

汉书卷七十三

韦贤传第四十三

韦贤字长孺,鲁国邹人也。其先韦孟,家本彭城,为楚元王傅,傅子夷王及孙王戊。①戊荒淫不遵道,孟作诗风谏。后遂去位,徙家于邹,又作一篇。其谏诗曰:

①师古曰:"官为楚王傅而历相三王也。"

　　肃肃我祖,国自豕韦,①黼衣朱绂,四牡龙旂。②彤弓斯征,抚宁遐荒,③总齐群邦,以翼大商,④迭彼大彭,勋绩惟光。⑤至于有周,历世会同。⑥王赧听谮,实绝我邦。⑦我邦既绝,厥政斯逸,⑧赏罚之行,非繇王室。⑨庶尹群后,靡扶靡卫,五服崩离,宗周以队。⑩我祖斯微,迁于彭城,⑪在予小子,勤诶厥生,⑫厄此嫚秦,耒耜以耕。⑬悠悠嫚秦,上天不宁,乃眷南顾,授汉于京。⑭

①应劭曰:"在商为豕韦氏也。"

②师古曰:"黼衣画为斧形,而白与黑为彩也。朱绂为朱裳画为亚文也。亚,古弗字也,故因谓之。绂字又作韍,其音同声。"

③师古曰:"言受彤弓之赐,于此得专征伐也。"

④师古曰:"翼,佐助也。"

⑤应劭曰:"《国语》曰'大彭、豕韦为商伯'。"师古曰:"迭,互也。自言豕韦氏与大彭互为伯于殷商也。迭音徒结反。"

⑥师古曰:"继为诸侯预盟会之事也。"

⑦应劭曰:"王赧,周末王,听谗受谮,绝豕韦氏也。"

⑧应劭曰:"言自绝豕韦氏之后,政教逸漏,不由王者也。"臣瓒曰:"逸,放也。管仲曰'令而不行谓之放'。"师古曰:"瓒说是也。"

⑨师古曰:"繇与由同也。"

⑩应劭曰:"五服谓甸服、侯服、绥服、要服、荒服也。"师古曰:"庶尹,众官之长也。群后,诸侯也。队,失也,音直类反。"

⑪师古曰:"言我之先祖于此遂微也。粤,古迁字。其下并同。"

⑫师古曰:"诶,叹声,音许其反。"

⑬师古曰:"言遭秦暴嫚,无有列位,躬耕于野。"

⑭师古曰:"高祖起在丰沛,于秦为南,故曰南顾。言以秦之京邑,授与汉也。"

於赫有汉,四方是征,①靡适不怀,万国逌平。②乃命厥弟,建侯于楚,俾我小臣,惟傅是辅。兢兢元王,恭俭净壹,③惠此黎民,纳彼辅弼。飨国渐世,垂烈于后,④乃及夷王,克奉厥绪。咨命不永,唯王统祀,⑤左右陪臣,此惟皇士。⑥

①师古曰:"於读曰乌。乌,叹辞也。赫,明貌。凡此诗中诸叹辞称於者,其音皆同。"

②师古曰:"怀,思也,来也。逌,古攸字。攸,所也。言汉兵所往之处,人皆思附而来,万国所以平也。"

③师古曰:"兢兢,谨戒也。"

④师古曰:"元王立二十七年而薨,垂遗业于后嗣也。"

⑤师古曰:"咨,嗟也。永,长也。夷王立四年而薨,戊乃嗣位,故言不永也。"

⑥师古曰:"《尔雅》云:'皇,正也。'"

如何我王,不思守保,不惟履冰,以继祖考!①邦事是废,逸游是娱,犬马繇繇,是放是驱。②务彼鸟兽,忽此稼苗,烝民以匮,我王以媮。③所弘非德,所亲非俊,唯囿是恢,唯谀是信。④����谄夫,咢咢黄发,⑤如何我王,曾不是察!既藐下臣,追欲从逸,⑥嫚彼显祖,轻兹削黜。

①师古曰:"惟亦思也,言不思念敬慎如履薄冰之义,用继其祖考之业也。"

②师古曰:"繇与悠同。悠悠,行貌。放,放犬也。驱,驱马也。"

③师古曰:"媮与愉同,乐也。言众人失此稼穑,以致困匮,而王反以为乐也。"

④师古曰:"恢,大也。谀,谄言也。"

⑤如淳曰:"瞻瞻,自媚貌也。"师古曰:"咢咢,直言也。瞻音踰。咢音五

各反。"

⑥应劭曰:"薉,远也。言疏远忠贤之辅,追情欲,从逸游也。"臣瓒曰:"薉,陵薉也。"师古曰:"薉与邈同。应说是也。下臣,孟自谓也。从读曰纵。"

嗟嗟我王,汉之睦亲,①曾不夙夜,以休令闻!②穆穆天子,临尔下土,明明群司,执宪靡顾。③正遏繇近,殆其怙兹,④嗟嗟我王,曷不此思!

①师古曰:"睦,密也,言服属近。"

②师古曰:"休,美也。令,善也。闻,声名也。"

③师古曰:"靡,无也。言执天子之法,无所顾望也。顾读如古,协韵。"

④师古曰:"言欲正远人,先从近〔亲〕始,[1]而王怙恃与汉戚属,不自勖慎,以致危殆也。繇读与由同。"

非思非鉴,嗣其罔则,①弥弥其失,岌岌其国。②致冰匪霜,致队靡嫚,瞻惟我王,昔靡不练。③兴国救颠,孰违悔过,追思黄发,秦缪以霸。④岁月其徂,年其逮耈,⑤於昔君子,庶显于后。⑥我王如何,曾不斯览!⑦黄发不近,胡不时监!⑧

①师古曰:"不思鉴戒之义,是令后嗣无所法则也。"

②应劭曰:"弥弥犹稍稍也,罪过兹甚也。岌岌,欲毁坏也。"师古曰:"岌岌,危动貌,音五合反。"

③师古曰:"言坚冰之成起于微霜,陨队之咎由于怠嫚也。练犹阅历之,言往昔之事,皆在王心,无所不阅也。"

④师古曰:"言兴复邦国,救止颠队之道,无如能自悔其过恶。秦穆公伐郑,为晋所败而归,乃作《秦誓》曰:'虽则员然,尚犹询兹黄发,则罔所愆。'谓虽有员然之失,庶几以道谋于黄发之贤,则行无所过矣。黄发,老寿之人也,谓发落更生黄者也。员与云同。"

⑤师古曰:"逮,及也。耈者,老人面色如垢也。言岁月骤往,年将及耈,不可殆忽。"

⑥师古曰:"於,叹辞也。言昔之君子,庶几善道,所以能光显于后世也。"

⑦师古曰:"览,视也,叶韵音滥。"

⑧师古曰:"黄发不近者,斥远耈老之人也。近音其靳反。"

其在邹诗曰：

　　微微小子，既耇且陋，①岂不牵位，秽我王朝。②王朝肃清，唯俊之庭，顾瞻余躬，惧秽此征。③

①师古曰："自言年老，材质鄙陋也。"

②应劭曰："言岂不恋此爵位乎？以王朝污秽不肃清故也。"师古曰："此说非也。恐己秽王朝，所以去耳，故下又言'惧秽此征'也。"

③李奇曰："于此便行也。"师古曰："此皆孟已去逊辞，不欲显王之过恶也。"

　　我之退征，请于天子，天子我恤，矜我发齿。赫赫天子，明悊且仁，悬车之义，以洎小臣。①嗟我小子，岂不怀土？庶我王寤，越迁于鲁。②

①应劭曰："古者七十县车致仕。洎，及也。天子以县车之义及我也。"师古曰："洎音钜异反。"

②应劭曰："言岂不怀土乎？庶几王之寤觉，欲还辅相之，相近居鲁也。"

　　既去祢祖，惟怀惟顾，①祁祁我徒，戴负盈路。②爰戾于邹，鬋茅作堂，③我徒我环，筑室于墙。④

①师古曰："父庙曰祢。言去其父祖旧居，所以怀顾也。祢音乃礼反。"

②师古曰："祁祁，众貌。一曰祁祁，徐行也。徒谓学徒也。戴负者，谓随其徒居也。"

③师古曰："戾，至也。鬋字与剪同。"

④师古曰："环，绕也。"

　　我既臲逝，心存我旧，梦我渎上，立于王朝。①其梦如何？梦争王室。其争如何？梦王我弼。②寤其外邦，叹其喟然，③念我祖考，泣涕其涟。④微微老夫，咨既迁绝，⑤洋洋仲尼，视我遗烈。⑥济济邹鲁，礼义唯恭，诵习弦歌，于异他邦。⑦我虽鄙耇，心其好而，我徒侃尔，乐亦在而。⑧

①应劭曰："渎上，孟所居彭城东里名〔曰〕〔也〕[2]。犹不忘本也。"

②师古曰："弼，戾也。言梦争王室之事，王违戾我言也。"

③师古曰："梦在王朝，及寐之寤，乃在邹也。寤，觉也。喟音丘位反。觉音工

效反。"

④师古曰："涟涟,泣下貌,音连。"

⑤师古曰："咨,嗟也。绝谓与旧居绝也。"

⑥师古曰："洋洋,美盛也。烈,业也。视读曰示。孔子,邹人,故言示我遗业也。洋音祥,又音羊。"

⑦师古曰："言礼乐之教,不同馀土也。"

⑧师古曰："而者,句(端)〔绝〕之辞。[3] 侃,和乐貌,音口旦反。"

孟卒于邹。或曰其子孙好事,述先人之志而作是诗也。

自孟至贤五世。贤为人质朴少欲,笃志于学,①兼通《礼》、《尚书》,以《诗》教授,号称邹鲁大儒。征为博士,给事中,进授昭帝《诗》,稍迁光禄大夫詹事,至大鸿胪。昭帝崩,无嗣,大将军霍光与公卿共尊立孝宣帝。帝初即位,贤以与谋议,安宗庙,赐爵关内侯,食邑。②徙为长信少府。③以先帝师,甚见尊重。本始三年,代蔡义为丞相,封扶阳侯,④食邑七百户。时贤七十馀,为相五岁,地节三年,以老病乞骸骨,赐黄金百斤,罢归,加赐弟一区。丞相致仕自贤始。年八十二薨,谥曰节侯。

①师古曰："笃,厚也。"

②师古曰："与读曰豫。"

③师古曰："长信者,太后宫名,为太后官属也。"

④孟康曰："属沛郡。"

贤四子:长子方山为高寝令,早终;次子弘,至东海太守;次子舜,留鲁守坟墓;少子玄成,复以明经历位至丞相。故邹鲁谚曰:"遗子黄金满籯,不如一经。"①

①如淳曰："籯,竹器,受三四斗。今陈留俗有此器。"蔡谟曰："满籯者,言其多耳,非器名也。若论陈留之俗,则我陈人也,不闻有此器。"师古曰："许慎《说文解字》云'籯,笭也',杨雄《方言》云'陈、楚、宋、魏之间谓筲为籯',然则筐笼之属是也。今书本籯字或作盈,又是盈满之义,盖两通也。"

玄成字少翁,以父任为郎,常侍骑。少好学,修父业,尤谦逊下士。①出遇知识步行,辄下从者,与载送之,②以为常。其接人,贫贱者益加敬,繇是名誉日广。③以明经擢为谏大夫,迁大河都尉。④

①师古曰:"下音胡亚反。"

②师古曰:"辌从者之车马也。"

③师古曰:"繇与由同。"

④服虔曰:"今东平郡也。本为济东国,后王国除,为大河郡。"

初,玄成兄弘为太常丞,职奉宗庙,典诸陵邑,烦剧多罪过。父贤以弘当为嗣,故敕令自免。①弘怀谦,不去官。②及贤病笃,弘竟坐宗庙事系狱,罪未决。室家问贤当为后者,贤恚恨不肯言。于是贤门下生博士义倩等与宗家计议,③共矫贤令,④使家丞上书言大行,⑤以大河都尉玄成为后。贤薨,玄成在官闻丧,又言当为嗣,玄成深知其非贤雅意,即阳为病狂,卧便利,妄笑语昏乱。⑥征至长安,既葬,当袭爵,以病狂不应召。大鸿胪(奉)〔奏〕状,[4]章下丞相御史案验。玄成素有名声,士大夫多疑其欲让爵辟兄者。⑦案事丞相史乃与玄成书⑧曰:"古之辞让,必有文义可观,故能垂荣于后。今子独坏容貌,蒙耻辱,为狂痴,光曜晻而不宣。⑨微哉! 子之所托名也。⑩仆素愚陋,过为宰相执事,⑪愿少闻风声。不然,恐子伤高而仆为小人也。"玄成友人侍郎章亦上疏言:"圣王贵以礼让为国,宜优养玄成,勿枉其志,⑫使得自安衡门之下。"⑬而丞相御史遂以玄成实不病,劾奏之。有诏勿劾,引拜。玄成不得已受爵。宣帝高其节,以玄成为河南太守。兄弘太山都尉,迁东海太守。

①师古曰:"恐其有罪见黜,妨为继嗣,故令以病去官也。"

②师古曰:"谓若欲代父为侯,故避嫌不肯也。"

③师古曰:"博士姓义名倩也。宗家,贤之同族也。倩音千见反。"

④师古曰:"矫,托也。"

⑤师古曰:"为文书于大行,以言其事也。"

⑥师古曰:"便利,大小便。"

⑦师古曰:"辟读曰避。"

⑧师古曰:"即案验玄成事者。"

⑨师古曰:"晻读与暗同。"

⑩李奇曰:"名,声名也。"

⑪师古曰:"过犹谬也。"

⑫师古曰:"枉,屈也。"

⑬师古曰:"衡门,谓横一木于门上,贫者之所居也。"

数岁,玄成征为未央卫尉,迁太常。坐与故平通侯杨恽厚善,恽诛,党友皆免官。后以列侯侍祀孝惠庙,当晨入庙,天雨淖,①不驾驷马车而骑至庙下。有司劾奏,等辈数人皆削爵为关内侯。玄成自伤贬黜父爵,叹曰:"吾何面目以奉祭祀!"作诗自劾责,曰:

①师古曰:"淖,泥也,音女教反。"

赫矣我祖,侯于豕韦,赐命建伯,有殷以绥。①厥绩既昭,车服有常,朝宗商邑,四牡翔翔。②德之令显,庆流于裔,宗周至汉,群后历世。③

①师古曰:"建,立也。立为伯也。绥,安也。以有此伯,故天下安也。"

②师古曰:"翔翔,安舒貌。"

③应劭曰:"历世有爵位。"

肃肃楚傅,辅翼元、夷,①厥驷有庸,惟慎惟祗。②嗣王孔佚,越迁于邹,③五世圹僚,至我节侯。④

①师古曰:"元王、夷王也。"

②孟康曰:"驷,驷马也。《尚书》'车服以庸'。庸,功也。"师古曰:"庸亦常也,即上车服有常同义也。祗,敬也。"

③师古曰:"孔,甚也。佚与逸同。"

④应劭曰:"自孟至贤五世无官。圹,空也。"

惟我节侯,显德遐闻,①左右昭、宣,五品以训。②既考致位,惟懿惟免,③厥赐祁祁,百金洎馆。④国彼扶阳,在京之东,惟帝是留,政谋是从。绎绎六辔,是列是理,⑤威仪济济,朝享天子。天子穆穆,是宗是师,⑥四方遐尔,观国之辉。⑦

①师古曰:"闻,合韵音问。"

②师古曰:"左右,助也,言为相也。五品,五教也。训,理也。左读曰佐,右读曰佑。"

③师古曰:"言以年致仕也。懿,美也。奂,盛也。"

④师古曰:"祁祁,行来貌。洎,及也。"

⑤师古曰:"绎绎,和调之貌。"

⑥师古曰:"穆穆,天子之容也。宗,尊也,言天子尊之以为师。"

⑦师古曰:"辉,光也。"

茅土之继,在我俊兄,惟我俊兄,是让是形。①於休厥德,於赫有声,②致我小子,越留于京。③惟我小子,不肃会同,④媾彼车服,黜此附庸。⑤

①师古曰:"形,见也。言其谦让志节显见也。"

②师古曰:"於,皆叹辞也。休,美也。"

③师古曰:"言致爵位于己身而留在京师,豫朝请。"

④师古曰:"肃,敬也。"

⑤师古曰:"媾,古惰字也。削爵为关内侯,故云黜此附庸,言见黜而为附庸也。"

赫赫显爵,自我队之;微微附庸,自我招之。谁能忍愧,寄之我颜;谁将遐征,从之夷蛮。①於赫三事,匪俊匪作,於蔑小子,终焉其度。②谁谓华高,企其齐而;谁谓德难,厉其庶而。③嗟我小子,于贰其尤,④队彼令声,申此择辞。⑤四方群后,我监我视,威仪车服,唯肃是履!⑥

①师古曰:"言己耻辱之甚,无所自措,故曰谁有能忍愧者,以我颜寄之;谁欲远行去者,当与相从,适于蛮夷,不能见朝廷之士也。"

②师古曰:"於,叹辞也。三事,三公之位也。度,居也。言三公显职,以贤俊为之,我虽微蔑,方自勉厉,终当居此也。度音大各反。后并同。"

③师古曰:"华,华山也。华山虽高,企仰则能齐观。道德不易,克厉然庶几可及也。"

④师古曰:"于,往也。尤,过也。自戒云,今以往勿贰其过。一曰,贰〔谓〕不一也,[5]言心不专一,致此过也。"

⑤师古曰:"令,善也。择,可择之辞。一曰,择谓创也。"

⑥师古曰:"戒他人。"

初，宣帝宠姬张婕妤男淮阳宪王好政事，通法律，上奇其材，有意欲以为嗣，然用太子起于细微，又早失母，故不忍也。久之，上欲感风宪王，辅以礼让之臣，①乃召拜玄成为淮阳中尉。是时王未就国，玄成受诏，与太子太傅萧望之及《五经》诸儒杂论同异于石渠阁，条奏其对。及元帝即位，以玄成为少府，迁太子太傅，至御史大夫。永光中，代于定国为丞相。贬黜十年之间，遂继父相位，封侯故国，荣当世焉。玄成复作诗，自著复玷缺之齰难，②因以戒示子孙，曰：

①师古曰："风读曰讽。"

②师古曰："玉缺曰玷。复音房目反。齰，古艰字。玷音丁念反。"

　　於肃君子，既令厥德，①仪服此恭，棣棣其则。②咨余小子，既德靡逮，③曾是车服，荒嫚以队。④

①师古曰："於，叹辞也。肃，敬也。令，善也。言君子之人，皆肃敬以善其德也。"

②李奇曰："善威仪也。"师古曰："《诗·邶·柏舟》曰：'威仪逮逮，不可选也。'逮逮，闲习之貌，音徒继反。"

③师古曰："逮，及也，自言德不及也。"

④师古曰："曾之言则也。"

　　明明天子，俊德烈烈，不遂我遗，恤我九列。①我既兹恤，惟夙惟夜，②畏忌是申，供事靡惰。③天子我监，登我三事，④顾我伤队，爵复我旧。

①师古曰："恤，安也。九列，卿之位，谓少府。"

②师古曰："夙，早也。言早夜常自戒也。"

③师古曰："申，言自约束也。惰，古惰字。"

④师古曰："监，察也。三事，三公之位，谓丞相也。"

　　我既此登，望我旧阶，先后兹度，涟涟孔怀。①司直御事，我熙我盛；②群公百僚，我嘉我庆。于异卿士，非同我心，三事惟齰，莫我肯矜。③赫赫三事，力虽此毕，非（吾）〔我〕所度，[6]退其閟曰。④昔我之队，畏不此居，⑤今我度兹，戚戚其惧。⑥

①应劭曰:"我既此登,为丞相也。先后兹度,父所在也。"臣瓒曰:"案古文宅度同。"师古曰:"先后即先君也。以父昔居此位,故泣涕而甚思之也。"

②师古曰:"司直,丞相司直也。御事,治事之吏也。言司直及治事之人助我兴盛而为职务也。"

③师古曰:"言己居尊位,惧不克胜,而群公百官,皆来相庆,是与我心不同也。"

④师古曰:"我虽毕力于此,然惧非所居,贬退无日。"

⑤师古曰:"居,合韵音基庶反。"

⑥师古曰:"度亦居也。"

　　嗟我后人,命其靡常,靖享尔位,瞻仰靡荒。①慎尔会同,戒尔车服,无婾尔仪,以保尔域。②尔无我视,不慎不整;我之此复,惟禄之幸。③於戏后人,惟肃惟栗。④无忝显祖,以蕃汉室!

①师古曰:"靖,谋也。享,当也。言天(会)〔命〕无常,唯善是祐。[7]谋当尔位,无荒怠也。"

②师古曰:"婾亦古惰字也。域谓封邑也。"

③师古曰:"言我之得复此爵,乃蒙天之福幸而遇之,尔等不当视效而怠慢也。"

④师古曰:"於戏读曰呜乎。"

　　玄成为相七年,守正持重不及父贤,而文采过之。建昭三年薨,谥曰共侯。初,贤以昭帝时徙平陵,玄成别徙杜陵,病且死,因使者自白曰:"不胜父子恩,愿乞骸骨,归葬父墓。"上许焉。

　　子顷侯宽嗣。薨,子僖侯育嗣。薨,子节侯沈嗣。自贤传国至玄孙乃绝。玄成兄高寝令方山子安世历郡守,大鸿胪,长乐卫尉,朝廷称有宰相之器,会其病终。而东海太守弘子赏亦明《诗》。哀帝为定陶王时,赏为太傅。哀帝即位,赏以旧恩为大司马车骑将军,列为三公,赐爵关内侯,食邑千户,亦年八十馀,以寿终。宗族至吏二千石者十馀人。

　　初,高祖时,令诸侯王都皆立太上皇庙。至惠帝尊高帝庙为太祖庙,景帝尊孝文庙为太宗庙,行所尝幸郡国各立太祖、太宗庙。至宣帝本始二年,复尊孝武庙为世宗庙,行所巡狩亦立焉。凡祖宗庙在郡国六十八,合百六十七所。①而京师自高祖下至宣帝,与太上皇、悼皇考各自居陵旁立庙,②并为百七十六。又园中各有寝、便殿。③日祭于寝,月祭于庙,时祭于便殿。寝,日四上食;庙,岁二十五祠;④便殿,岁四祠。又月一游衣冠。而昭灵后、武哀王、昭哀后、孝文太后、孝昭太后、卫思后、戾太子、戾后各有寝园,与诸帝合,凡三十所。一岁祠,上食二万四千四百五十五,用卫士四万五千一百二十九人,祝宰乐人万二千一百四十七人,养牺牲卒不在数中。

①师古曰:"六十八者,郡国之数也。百六十七所,宗庙之数也。"

②师古曰:"悼皇考者,宣帝之父,即史皇孙。"

③如淳曰:"《黄图》高庙有便殿,是中央正殿也。"师古曰:"如说非也。凡言便殿、便室者,皆非正大之处。寝者,陵上正殿,若平生露寝矣。便殿者,寝侧之(便)〔别〕殿耳。"〔8〕

④如淳曰:"月祭朔望,加腊月二十五。"晋灼曰:"《汉仪注》宗庙一岁十二祠。五月尝麦。六月、七月三伏、立秋貙娄,又尝粢。八月先夕馈飨,皆一太牢,酎祭用九太牢。十月尝稻,又饮蒸,二太牢。十〔一〕月尝,〔9〕十二月腊,二太牢。又每月一太牢,如闰加一祠,与此上十二为二十五祠。"师古曰:"晋说是也。"

至元帝时,贡禹奏言:"古者天子七庙,今孝惠、孝景庙皆亲尽,宜毁。及郡国庙不应古礼,宜正定。"天子是其议,未及施行而禹卒。永光四年,乃下诏先议罢郡国庙,曰:"朕闻明王之御世也,遭时为法,因事制宜。①往者天下初定,远方未宾,因尝所亲以立宗庙,②盖建威销萌,一民之至权也。③今赖天地之灵,宗庙之福,四方同轨,蛮貊贡职,④久遵而不定,令疏远卑贱共承尊祀,⑤殆非皇天祖宗之意,朕甚惧焉。传不云乎?'吾不与祭,如不祭。'⑥其与将军、列侯、中二千石、二千石、诸大夫、博士、议郎议。"丞相玄成、御史大夫郑弘、太子太傅严彭祖、少府欧阳地馀、谏大夫尹更始等七十人皆曰:"臣闻祭,非自外至者也,繇中出,生于心也。⑦故唯圣人为能飨帝,孝子为能飨亲。⑧立庙京师之居,躬亲承事,四海之内各以其职来助祭,尊亲之大义,五帝三王所共,不易之道也。⑨

《诗》云：'有来雍雍，至止肃肃，相维辟公，天子穆穆。'⑩《春秋》之义，父不祭于支庶之宅，君不祭于臣仆之家，王不祭于下土诸侯。臣等愚以为宗庙在郡国，宜无修，臣请勿复修。"奏可。因罢昭灵后、武哀王、昭哀后、卫思后、戾太子、戾后园，皆不奉祠，裁置吏卒守焉。

①师古曰："言不必同也。"

②师古曰："亲谓亲临幸处也。"

③师古曰："销遏逆乱，使不得萌生。"

④师古曰："同轨，言车辙皆同，示法制齐也。"

⑤师古曰："共读曰恭。"

⑥师古曰："《论语》载孔子之言。与读曰预。"

⑦师古曰："猋读与由同。"

⑧师古曰："言情礼皆备。"

⑨师古曰："易，改也。"

⑩师古曰："此《周颂·雍》篇（祖）〔禘〕太祖之诗也。〔10〕雍雍，和也。肃肃，敬也。相，助也。辟，百辟卿士也。公，诸侯也。有来而和者，至而敬者，助王禘祭，是百辟诸侯也。天子是时则穆穆然承事也。"

罢郡国庙后月馀，复下诏曰："盖闻明王制礼，立亲庙四，祖宗之庙，万世不毁，所以明尊祖敬宗，著亲亲也。①朕获承祖宗之重，惟大礼未备，战栗恐惧，不敢自颛，②其与将军、列侯、中二千石、二千石、诸大夫、博士议。"玄成等四十四人奏议曰："《礼》，王者始受命，诸侯始封之君，皆为太祖。以下，五庙而迭毁，③毁庙之主臧乎太祖，五年而再殷祭，言壹禘壹祫也。④祫祭者，毁庙与未毁庙之主皆合食于太祖，父为昭，子为穆，孙复为昭，古之正礼也。⑤祭义曰：'王者禘其祖自出，⑥以其祖配之，而立四庙。'言始受命而王，祭天以其祖配，而不为立庙，亲尽也。立亲庙四，亲亲也。亲尽而迭毁，亲疏之杀，示有终也。⑦周之所以七庙者，以后稷始封，文王、武王受命而王，是以三庙不毁，与亲庙四而七。非有后稷始封，文、武受命之功者，皆当亲尽而毁。成王成二圣之业，⑧制礼作乐，功德茂盛，庙犹不世，以行为谥而已。⑨《礼》，庙在大门之内，不敢远亲也。⑩臣愚以为高帝受命定天下，宜为帝者太祖之庙，世世不毁，承后属尽者宜毁。今宗庙异处，昭穆不序，宜入就太祖庙而序昭穆如礼。太上皇、孝惠、孝文、孝景庙皆亲尽宜毁，皇考庙亲未尽，如故。"⑪大司马车骑将军许嘉等二十九人以为孝文皇帝除诽谤，去肉刑，躬节俭，不受献，罪人不帑，不私其利，⑫出美人，重绝人类，宾赐长老，收恤孤独，德厚侔天地，利泽施四海，宜为帝者太宗之庙。廷尉忠以为孝武皇帝改正朔，易服色，攘四夷，宜为世宗之庙。⑬谏大夫尹更始等十八人以为皇考庙上序于昭穆，非正礼，宜毁。

①师古曰："著亦明也。"

②师古曰："颛与专同。"

③师古曰："迭，互也。亲尽则毁，故云迭也，音大结反。"

④师古曰："殷，大也。禘，谛也。（一）〔壹〕，一祭之也。[11]祫，合也。禘音大系反。祫音洽。"

⑤师古曰："昭穆者，父子易其号序也。昭，明也。穆，美也。后以晋室讳昭，故学者改昭为韶。"

⑥师古曰："祖所从出者。"

⑦师古曰："杀，渐降也，音所例反。"

⑧师古曰："二圣，文王、武王也。"

⑨师古曰："谓之成王，则是以行表谥也。"

⑩师古曰："远，离也，音于万反。"

⑪张晏曰："悼皇考于元帝祖也。"

⑫师古曰："重罪之人不及妻子，是不私其利也。帑读与孥同。"

⑬师古曰："忠，尹忠也。攘，却也。"

于是上重其事，①依违者一年，②乃下诏曰："盖闻王者祖有功而宗有德，尊尊之大义也；存亲庙四，亲亲之至恩也。高皇帝为天下诛暴除乱，受命而帝，功莫大焉。孝文皇帝国为代王，诸吕作乱，海内摇动，然群臣黎庶靡不壹意，北面而归心，犹谦辞固让而后即位，削乱秦之迹，兴三代之风，是以百姓晏然，咸获嘉福，德莫盛焉。高皇帝为汉太祖，孝文皇帝为太宗，世世承祀，传之无穷，朕甚乐之。孝宣皇帝为孝昭皇帝后，于义壹体。③孝景皇帝庙及皇考庙皆亲尽，其正礼仪。"玄成等奏曰："祖宗之庙世世不毁，继祖以下，五庙而迭毁。今高皇帝为太祖，孝文皇帝为太宗，孝景皇帝为昭，孝武皇帝为穆，孝昭皇帝与孝宣皇帝俱为昭。皇考庙亲未尽。太上、孝惠庙皆亲尽，宜毁。太上庙主宜瘗园，孝惠皇帝为穆，主迁于太祖庙，寝园皆无复修。"奏可。

①师古曰："重，难也。"

②师古曰："依违者，不决也。"

③师古曰："一体谓俱为昭也。《礼》，孙与祖俱为昭。宣帝之于昭帝为从孙，故云于义一体。"

议者又以为《清庙》之诗言交神之礼无不清静，①今衣冠出游，有车骑之众，风雨之气，非所谓清静也。"祭不欲数，数则渎，渎则不敬。"②宜复古礼，四时祭于庙，诸寝园日月间祀皆可勿复修。③上亦不改也。明年，玄成复言："古者制礼，别尊卑贵贱，国君之母非适不得配食，则荐于寝，④身没而已。陛下躬至孝，承天心，建祖宗，定迭毁，序昭穆，大礼既定，孝文太后、孝昭太后寝祠园宜如礼勿复修。"奏可。

①师古曰："《清庙》，《周颂》祀文王之诗。其诗云'於穆清庙，肃雍显相'，又曰'对越在天，骏奔走在庙'。"

②师古曰："此《礼记·祭法》之言。渎，烦污也。数音所角反。"

③师古曰："间音工苋反。"

④师古曰："适读曰嫡也。"

后岁余，玄成薨，匡衡为丞相。上寝疾，梦祖宗谴罢郡国庙，上少弟楚孝王亦梦焉。上诏问衡，议欲复之，衡深言不可。上疾久不平，衡惶恐，祷高祖、孝文、孝武庙曰："嗣曾孙皇帝恭承洪业，夙夜不敢康宁，思育休烈，以章祖宗之盛功。①故动作接神，必因古圣之经。往者有司以为前因所幸而立庙，将以系海内之心，非为尊祖严亲也。今赖宗庙之灵，六合之内莫不附亲，庙宜一居京师，天子亲奉，郡国庙可止毋修。皇帝祇肃旧礼，尊重神明，即告于祖宗而不敢失。②今皇帝有疾不豫，乃梦祖宗见戒以庙，楚王梦亦有其序。③皇帝悼惧，即诏臣衡复修立。谨案上世帝王承祖祢之大（义）〔礼〕，〔12〕皆不敢不自亲。郡国吏卑贱，不可使独承。又祭祀之义以民为本，间者岁数不登，百姓困乏，郡国庙无以修立。《礼》，凶年则岁事不举，以祖祢之意为不乐，是以不敢复。④如诚非礼义之中，违祖宗之心，咎尽在臣衡，⑤当受其殃，大被其疾，队在沟渎之中。皇帝至孝肃慎，宜蒙祐福。唯高皇帝、孝文皇帝、孝武皇帝省察，右飨皇帝之孝，⑥开赐皇帝眉寿亡疆，⑦令所疾日瘳，平复反常，⑧永保宗庙，天下幸甚！"

①师古曰："育，养也。休，美也。烈，业也。"

②师古曰："不敢失礼。"

③师古曰："序，绪也，谓端绪也。"

④师古曰："复音房目反。"

⑤师古曰："如，若也。中音竹仲反。"

⑥师古曰："右读曰祐。"

⑦师古曰："眉寿言寿考而眉秀也。疆，境也。"

⑧师古曰："反犹还也。"

又告谢毁庙曰："往者大臣以为在昔帝王承祖宗之休典，取象于天地，①天序五行，人亲五属，②天子奉天，故率其意而尊其制。是以禘尝之序，靡有过五。受命之君躬接于天，万世不堕。继烈以下，五庙而迁，③上陈太祖，间岁而祫，④其道应天，故福禄永终。太上皇非受命而属尽，义则当迁。又以为孝莫大于严父，故父之所尊子不敢不承，父之所异子不敢同。礼，公子不得为母信，为后则于子祭，于孙止，⑤尊祖严父之义也。寝日四上食，园庙间祠，皆可亡修。⑥皇帝思慕悼惧，未敢尽从。惟念高皇帝圣德茂盛，受命溥将，钦若稽古，承顺天心，⑦子孙本支，陈锡亡疆。⑧诚以为迁庙合祭，久长之策，高皇帝之意，乃敢不听？⑨即以令日⑩迁太上、孝惠庙，孝文太后、孝昭太后寝，将以昭祖宗之德，顺天人之序，定无穷之业。今皇帝未受兹福，乃有不能共职之疾。⑪皇帝愿复修承祀，臣衡等咸以为礼不得。⑫如不合高皇帝、孝惠皇帝、孝文皇帝、孝武皇帝、孝昭皇帝、孝宣皇帝、太上皇、孝文太后、孝昭太后之意，罪尽在臣衡等，当受其咎。今皇帝尚未平，诏中朝臣具复毁庙之文。

臣衡中朝臣咸复以为天子之祀义有所断，礼有所承，违统背制，不可以奉先祖，皇天不祐，鬼神不飨。《六艺》所载，皆言不当，⑬无所依缘，以作其文。事如失指，罪乃在臣衡，当深受其殃。皇帝宜厚蒙祉福，嘉气日兴，疾病平复，永保宗庙，与天亡极，群生百神，有所归息。"⑭诸庙皆同文。

①师古曰："休，美也。典，法也。"

②师古曰："五属谓同族之五服，斩衰、齐衰、大功、小功、缌麻也。"

③师古曰："堕，毁也。烈，业也。继谓始嗣位者也。堕音火规反。"

④师古曰："间岁，隔一岁也。"

⑤李奇曰："不得信，尊其父也。公子去其所而为大宗后，尚得私祭其母，为孙则止，不得祭公子母也，明继祖不(得)〔复〕顾其私祖母也。"〔13〕师古曰："信读曰伸。"

⑥师古曰："间音工苋反。"

⑦师古曰："溥，广也。将，大也。钦，敬也。若，善也。稽，考也。《商颂·烈祖》之篇曰'我受命溥将'。《虞书·尧典》曰'钦若昊天'，又曰'若稽古帝尧'，故衡总引之。"

⑧师古曰："《诗·大雅·文王》之篇曰：'陈锡载周，侯文王孙子。文王孙子，本支百世。'陈，敷也。载，始也。本，本宗也。支，支子也。言子孙承受敷锡初始之福，故得永久无穷竟也。"

⑨师古曰："言不敢不从。"

⑩师古曰："令，善也。谓吉日也。"

⑪师古曰："共读曰恭。"

⑫师古曰："于礼不合也。"

⑬师古曰："《六艺》，(之)《〔六〕经》也。"〔14〕

⑭师古曰："息，止也。"

久之，上疾连年，遂尽复诸所罢寝庙园，皆修祀如故。初，上定迭毁礼，独尊孝文庙为太宗，而孝武庙亲未尽，故未毁。上于是乃复申明之，曰："孝宣皇帝尊孝武庙曰世宗，损益之礼，不敢有与焉。①他皆如旧制。"唯郡国庙遂废云。

①师古曰:"与读曰预。其下亦同。"

元帝崩,衡奏言:"前以上体不平,故复诸所罢祠,卒不蒙福。①案卫思后、戾太子、戾后园,亲未尽。②孝惠、孝景庙亲尽,宜毁。及太上皇、孝文、孝昭太后、昭灵后、昭哀后、武哀王祠,请悉罢,勿奉。"奏可。初,高后时患臣下妄非议先帝宗庙寝园官,故定著令,敢有擅议者弃市。至元帝改制,蠲除此令。成帝时以无继嗣,河平元年复复太上皇寝庙园,世世奉祠。昭灵后、武哀王、昭哀后并食于太上寝庙如故,又复擅议宗庙之命。③

①师古曰:"卒,终也。"
②师古曰:"言不当毁也。"
③师古曰:"复音方目反。"

成帝崩,哀帝即位。丞相孔光、大司空何武奏言:"永光五年制书,高皇帝为汉太祖,孝文皇帝为太宗。建昭五年制书,孝武皇帝为世宗。损益之礼,不敢有与。臣愚以为迭毁之次,当以时定,非令所为擅议宗庙之意也。臣请与群臣杂议。"奏可。于是,光禄勋彭宣、詹事满昌、博士左咸等五十三人皆以为继祖宗以下,五庙而迭毁,后虽有贤君,犹不得与祖宗并列。子孙虽欲褒大显扬而立之,鬼神不飨也。孝武皇帝虽有功烈,亲尽宜毁。

太仆王舜、中垒校尉刘歆议曰:"臣闻周室既衰,四夷并侵,猃狁最强,于今匈奴是也。至宣王而伐之,诗人美而颂之曰'薄伐猃狁,至于太原',①又曰'啴啴推推,如霆如雷,显允方叔,征伐猃狁,荆蛮来威',②故称中兴。及至幽王,犬戎来伐,杀幽王,取宗器。③自是之后,南夷与北夷交侵,中国不绝如线。④《春秋》纪齐桓南伐楚,北伐山戎,孔子曰:'微管仲,吾其被发左衽矣。'⑤是故弃桓之过而录其功,以为伯首。⑥及汉兴,冒顿始强,破东胡,禽月氏,⑦并其土地,地广兵强,为中国害。南越尉佗总百粤,自称帝。故中国虽平,犹有四夷之患,且无宁岁。一方有急,三面救之,是天下皆动而被其害也。孝文皇帝厚以货赂,与结和亲,犹侵暴无已。甚者,兴师十馀万众,近屯京师及四边,岁发屯备虏,其为患久矣，非一世之渐也。诸侯郡守连匈奴及百粤以为逆者非一人也。匈奴所杀郡守都尉，略取人民，不可胜数。孝武皇帝愍中国罢劳无安宁之时，⑧乃遣大将军、骠骑、伏波、楼船之属，南灭百粤，起七郡；北攘匈奴，降昆邪十万之众，⑨置五属国，起朔方，以夺其肥饶之地；东伐朝鲜，起玄菟、乐浪，以断匈奴之左臂；⑩西伐大宛，并三十六国，结乌孙，起敦煌、酒泉、张掖，以鬲婼羌，裂匈奴之右肩。⑪单于孤特，远遁于幕北。四垂无事，斥地远境，起十馀郡。⑫功业既定，乃封丞相为富民侯，以大安天下，富实百姓，其规橅可见。⑬又招集天下贤俊，与协心同谋，兴制度，改正朔，易服色，立天地之祠，建封禅，殊官号，存周后，定诸侯之制，永无逆争之心，至今累世赖之。单于守藩，百蛮服从，万世之基也，中兴之功未有高焉者也。高帝建大业，为太祖；孝文皇帝德至厚也，为文太宗；孝武皇帝功至著也，为武世宗：此孝宣帝所以发德音也。《礼记·王制》及《春秋穀梁传》，天子七庙，诸侯五，大夫三，士二。天子七日而殡，七月而葬；诸侯五日而殡，五月而葬：此丧事尊卑之序也，与庙数相应。其文曰：'天子三昭三穆，与太祖之庙而七；诸侯二昭二穆，与太祖之庙而五。'故德厚者流光，德薄者流卑。⑭《春秋左氏传》曰：'名位不同，礼亦异数。'自上以下，降杀以两，礼也。⑮七者，其正法数，可常数者也。宗不在此数中。宗，变也，⑯苟有功德则宗之，不可预为设数。故于殷，太甲为太宗，大戊曰中宗，武丁曰高宗。⑰周公为《毋逸》之戒，举殷三宗以劝成王。⑱繇是言之，宗无数也，⑲然则所以劝帝者之功德博矣。以七庙言之，孝武皇帝未宜毁；以所宗言之，则不可谓无功德。《礼记》祀典曰：'夫圣王之制祀也，功施于民则祀之，以劳定国则祀之，能救大灾则祀之。'窃观孝武皇帝，功德皆兼而有焉。凡在于异姓，犹将特祀之，况于先祖？或说天子五庙无见文，又说中宗、高宗者，宗其道而毁其庙。名与实异，非尊德贵功之意也。《诗》云：'蔽芾甘棠，勿翦勿伐，邵伯所茇。'⑳思其人犹爱其树，况宗其道而毁其庙乎？迭毁之礼自有常法，无殊功异德，固以亲疏相推及。至祖宗之序，多少之数，经传无明文，至尊至重，难以疑文虚说定也。孝宣皇帝举公卿之议，用众儒之谋，既以为世宗之庙,建之万世,宣布天下。臣愚以为孝武皇帝功烈如彼,孝宣皇帝崇立之如此,不宜毁。"上览其议而从之。制曰:"太仆舜、中垒校尉歆议可。"

①师古曰:"《小雅·六月》之诗也。薄伐,言逐出之。"

②师古曰:"《小雅·采芑》之诗也。啴啴,众也。推推,盛也。显,明也。允,信也。方叔,周之卿士,命为将率也。言出师众盛,有如雷霆。方叔又能信明其德,既伐猃狁,惩其侵暴,则南荆之蛮,亦畏威而来服也。啴啴音他丹反。推音他回反。"

③师古曰:"宗器,宗庙之器也。"

④师古曰:"线,缕也,音思荐反。"

⑤师古曰:"《论语》载孔子之言也。微,无也。被发左衽,戎狄之服。言无管仲佐齐桓公征讨,则中夏皆将为夷狄也。"

⑥师古曰:"伯读曰霸。"

⑦师古曰:"氐读曰支。"

⑧师古曰:"罢读曰疲。"

⑨师古曰:"昆音下门反。"

⑩师古曰:"乐音来各反。浪音郎。"

⑪师古曰:"婼音而遮反。"

⑫师古曰:"斥,开也。远,广也。"

⑬师古曰:"橅读曰摹,其字从木。"

⑭师古曰:"流谓流风馀福。"

⑮师古曰:"杀音所例反。"

⑯师古曰:"言非常数,故云变也。"

⑰师古曰:"太甲,汤之孙,太丁之子也。太戊,太庚之子,雍己之弟也。武丁,小乙之子。"

⑱师古曰:"《毋逸》,《尚书》篇名。戒以无逸豫也。"

⑲师古曰:"繇与由同也。"

⑳师古曰:"《召南·甘棠》之诗也。解已在前。芾字与茀同。茇音步葛反。"

歆又以为"礼,去事有杀,①故《春秋外传》曰:'日祭,月祀,时享,岁贡,终王。'祖祢则日祭,曾高则月祀,二祧则时享,坛墠则岁贡,②大禘

则终王。③德盛而游广,亲亲之杀也;④弥远则弥尊,故禘为重矣。孙居
王父之处,正昭穆,则孙常与祖相代,此迁庙之杀也。圣人于其祖,出于
情矣,礼无所不顺,故无毁庙。⑤自贡禹建迭毁之议,惠、景及太上寝园
废而为虚,⑥失礼意矣。"

①师古曰:"去,除也。杀,渐也。去音丘吕反。杀音所例反。其下并同也。"

②张晏曰:"去祧为坛。墠,扫地而祭也。"师古曰:"祧是远祖也。筑土为坛,
　除地为墠。祧音他尧反。墠音善。"

③服虔曰:"蛮夷,终王乃入助祭,各以其珍贡,以共大禘之祭也。"师古曰:"每
　一王终,新王即位,乃来助祭。"

④如淳曰:"游亦流也。"

⑤晋灼曰:"以情推子,以子况祖,得人心,礼何所违,故无毁弃不禘之主也。
　谓下三庙废而为虚者也。"

⑥师古曰:"虚读曰墟。"

至平帝元始中,大司马王莽奏:"本始元年丞相义等议,①谥孝宣皇
帝亲曰悼园,置邑三百家,至元康元年,丞相相等奏,②父为士,子为天
子,祭以天子,悼园宜称尊号曰'皇考',立庙,益故奉园民满千六百家,
以为县。臣愚以为皇考庙本不当立,累世奉之,非是。又孝文太后南
陵、③孝昭太后云陵园,虽前以礼不复修,陵名未正。谨与大司徒晏等
百四十七人议,皆曰孝宣皇帝以兄孙继统为孝昭皇帝后,以数,故孝元
世以孝景皇帝及皇考庙亲未尽,不毁。此两统贰父,违于礼制。案义奏
亲谥曰'悼',裁置奉邑,皆应经义。相奏悼园称'皇考',立庙,益民为
县,违离祖统,乖缪本义。父为士,子为天子,祭以天子者,乃谓若虞舜、
夏禹、殷汤、周文、汉之高祖受命而王者也,非谓继祖统为后者也。臣请
皇高祖考庙奉明园毁勿修,④罢南陵、云陵为县。"奏可。

①师古曰:"蔡义也。"

②师古曰:"魏相也。"

③师古曰:"在霸陵之南,故曰南陵。"

④张晏曰:"奉明园,悼皇考园也。"

司徒掾班彪曰:①汉承亡秦绝学之后,祖宗之制因时施宜。自元、成后学者（番）〔蕃〕滋,②〔15〕贡禹毁宗庙,匡衡改郊兆,何武定三公,后皆数复,故纷纷不定。③何者? 礼文缺微,古今异制,各为一家,未易可偏定也。考观诸儒之议,刘歆博而笃矣。

　　①师古曰:"《汉书》诸赞,皆固所为。其有叔皮先论述者,（谓）固亦具显以示后人,而或者〔谓〕固窃盗父名,观此可以免矣。"〔16〕

　　②师古曰:"蕃音扶元反。"

　　③师古曰:"数音所角反。复音扶目反。"

【校勘记】

〔1〕　言欲正远人,先从近〔亲〕始。　景祐、殿本都有"亲"字。

〔2〕　孟所居彭城东里名（曰）〔也〕。　景祐、殿本都作"也"。王先谦说作"也"是。

〔3〕　而者,句（端）〔绝〕之辞。　殿本作"绝",景祐本作"端"。

〔4〕　大鸿胪（奉）〔奏〕状,　景祐、殿本都作"奏"。王先谦说作"奏"是。

〔5〕　贰〔谓〕不一也,　景祐、殿本都有"谓"字。

〔6〕　非（吾）〔我〕所度,　景祐、殿本都作"我"。

〔7〕　言天（会）〔命〕无常,唯善是祐。　景祐、殿、局本都作"命",此误。

〔8〕　便殿者,寝侧之（便）〔别〕殿耳。　景祐、殿本都作"别"。

〔9〕　十〔一〕月尝,　景祐、殿本都有"一"字。

〔10〕　此《周颂·雍》篇（祖）〔禘〕太祖之诗也。　景祐、殿、局本都作"禘"。王先谦说作"禘"是。

〔11〕　（一）〔壹〕,一祭之也。　殿本作"壹"。王先谦说殿本是。

〔12〕　谨案上世帝王承祖祢之大（义）〔礼〕,　宋祁说越本作"礼"。钱大昭说闽本作"礼"。按景祐本作"礼"。

〔13〕　明继祖不（得）〔复〕顾其私祖母也。　景祐、殿本都作"复"。

〔14〕　《六艺》,（之）《〔六〕经》也。　景祐本作"之",殿本作"六"。王先谦说作"六"是。

〔15〕　自元、成后学者（番）〔蕃〕滋,　景祐、殿本都作"蕃"。王先谦说作

"蕃"是。

〔16〕　其有叔皮先论述者,（谓）固亦具显以示后人,而或者〔谓〕固窃盗父名,观
　　　此可以免矣。　　宋祁说,越本"谓"字在后"或者"下。刘攽说,"谓"字合
　　　在"或者"下。按景祐、局本都在"或者"下。

汉书卷七十四

魏相丙吉传第四十四

魏相字弱翁，济阴定陶人也，①徙平陵。少学《易》，为郡卒史，举贤良，以对策高第，为茂陵令。顷之，御史大夫桑弘羊客诈称御史止传，②丞不以时谒，客怒缚丞。相疑其有奸，收捕，案致其罪，论弃客市，③茂陵大治。

①师古曰："说者谓相即魏无知之后，盖承浅近之书，为妄深矣。"

②师古曰："传谓县之传舍。"

③师古曰："杀之于市。"

后迁河南太守，禁止奸邪，豪强畏服。会丞相车千秋死，先是千秋子为雒阳武库令，自见失父，而相治郡严，恐久获罪，乃自免去。相使掾追呼之，遂不肯还。相独恨曰："大将军闻此令去官，必以为我用丞相死不能遇其子。使当世贵人非我，殆矣！"①武库令西至长安，大将军霍光果以责过相曰："幼主新立，以为函谷京师之固，武库精兵所聚，故以丞相弟为关都尉，子为武库令。今河南太守不深惟国家大策，②苟见丞相不在而斥逐其子，何浅薄也！"后人有告相贼杀不辜，事下有司。河南卒戍中都官者二三千人，③遮大将军，自言愿复留作一年以赎太守罪。河南老弱万馀人守关欲入上书，关吏以闻。大将军用武库令事，遂下相廷尉狱。④久系逾冬，会赦出。复有诏守茂陵令，迁杨州刺史。考案郡国守相，多所贬退。相与丙吉相善，时吉为光禄大夫，与相书曰："朝廷已深知弱翁〈行治〉〔治行〕，[1]方且大用矣。愿少慎事自重，臧器于身。"⑤相心善其言，为霁威严。⑥居部二岁，征为谏大夫，复为河南太守。

①师古曰："殆，危也。"

②师古曰："惟，思也。"

③师古曰："来京师诸官府为戍卒，若今卫士上番分守诸司。"

④师古曰："光心以武库令事嫌之，而下其贼杀不辜之狱也。"

⑤师古曰："《易·下系辞》云：'君子臧器于身，待时而动。'言不显见其材能。"

⑥苏林曰："霁音限齐之齐。"臣瓒曰："此雨霁字也。霁，止也。"师古曰："二说皆是也。音才诣反，又音子诣反。"

数年，宣帝即位，征相入为大司农，迁御史大夫。四岁，大将军霍光薨，上思其功德，以其子禹为右将军，兄子乐平侯山复领尚书事。①相因平恩侯许伯奏封事，言："《春秋》讥世卿，恶宋三世为大夫，②及鲁季孙之专权，皆危乱国家。自后元以来，禄去王室，政繇冢宰。③今光死，子复为大将军，兄子秉枢机，昆弟诸婿据权势，在兵官。光夫人显及诸女皆通籍长信宫，④或夜诏门出入，骄奢放纵，恐寖不制。⑤宜有以损夺其权，破散阴谋，以固万世之基，全功臣之世。"又故事诸上书者皆为二封，署其一曰副，领尚书者先发副封，所言不善，屏去不奏。相复因许伯白，去副封以防雍蔽。⑥宣帝善之，诏相给事中，皆从其议。霍氏杀许后之谋始得上闻。乃罢其三侯，令就第，⑦亲属皆出补吏。于是韦贤以老病免，相遂代为丞相，封高平侯，食邑八百户。及霍氏怨相，又惮之，谋矫太后诏，先召斩丞相，然后废天子。事发觉，伏诛。宣帝始亲万机，厉精为治，练群臣，核名实，而相总领众职，甚称上意。

①师古曰："山者，去病之孙。今言兄子，此传误。"

②师古曰："解在《五行志》。"

③师古曰："繇与由同。"

④师古曰："通籍谓禁门之中皆有名籍，恣出入也。"

⑤师古曰："寖，渐也。不制，不可制御也。"

⑥师古曰："雍读曰壅。"

⑦师古曰："禹及云、山也。"

元康中，匈奴遣兵击汉屯田车师者，不能下。上与后将军赵充国等议，欲因匈奴衰弱，出兵击其右地，使不敢复扰西域。相上书谏曰："臣闻之，救乱诛暴，谓之义兵，兵义者王；敌加于己，不得已而起者，谓之应兵，兵应者胜；争恨小故，不忍愤怒者，谓之忿兵，兵忿者败；利人土地货宝者，谓之贪兵，兵贪者破；恃国家之大，矜民人之众，欲见威于敌者，谓之骄兵，兵骄者灭：此五者，非但人事，乃天道也。间者匈奴尝有善意，所得汉民辄奉归之，未有犯于边境，虽争屯田车师，不足致意中。今闻诸将军欲兴兵入其地，臣愚不知此兵何名者也。今边郡困乏，父子共犬羊之裘，食草莱之实，常恐不能自存，难于动兵。①‘军旅之后，必有凶年’，②言民以其愁苦之气，伤阴阳之和也。出兵虽胜，犹有后忧，恐灾害之变因此以生。今郡国守相多不实选，③风俗尤薄，水旱不时。案今年计，子弟杀父兄、妻杀夫者，凡二百二十二人，臣愚以为此非小变也。今左右不忧此，④乃欲发兵报纤介之忿于远夷，殆孔子所谓‘吾恐季孙之忧不在颛臾而在萧墙之内’也。⑤愿陛下与平昌侯、乐昌侯、平恩侯及有识者详议乃可。”⑥上从（其）〔相〕言而止。〔2〕

①师古曰：“不可以兵事动之。”

②师古曰：“此引老子《道经》之言。”

③师古曰：“言不得其人。”

④师古曰：“左右谓近臣在天子左右者。”

⑤师古曰：“《论语》季氏将伐颛臾，孔子谓冉有、季路曰：‘吾恐季孙之忧不在颛臾而在萧墙之内。’故相引之。颛臾，鲁附庸国。萧墙，屏墙也，解在《五行志》。”

⑥师古曰：“平昌侯王无故、乐昌侯王武，并帝之舅。平恩侯许伯，皇太子外祖父也。”

　　相明《易经》，有师法，好观汉故事及便宜章奏，①以为古今异制，方今务在奉行故事而已。数条汉兴已来国家便宜行事，及贤臣贾谊、晁错、董仲舒等所言，奏请施行之，曰：“臣闻明主在上，贤辅在下，则君安虞而民和睦。②臣相幸得备位，不能奉明法，广教化，理四方，以宣圣德。民多背本趋末，③或有饥寒之色，为陛下之忧，臣相罪当万死。臣相知能浅薄，不明国家大体，时用之宜，惟民终始，未得所繇。④窃伏观先帝圣德仁恩之厚，勤劳天下，垂意黎庶，忧水旱之灾，为民贫穷发仓廪，赈乏馁；⑤遣谏大夫博士巡行天下，⑥察风俗，举贤良，平冤狱，冠盖交道；⑦省诸用，宽租赋，弛山泽波池，⑧禁秣马酤酒贮积：⑨所以周急继困，慰安元元，便利百姓之道甚备。臣相不能悉陈，昧死奏故事诏书凡二十三事。臣谨案王法必本于农而务积聚，量入制用以备凶灾，⑩亡六年之畜，尚谓之急。⑪元鼎二年，平原、勃海、太山、东郡溥被灾害，⑫民饿死于道路。二千石不豫虑其难，使至于此，⑬赖明诏振捄，乃得蒙更生。⑭今岁不登，谷暴腾踊，⑮临秋收敛犹有乏者，至春恐甚，亡以相恤。西羌未平，师旅在外，兵革相乘，臣窃寒心，宜蚤图其备。⑯唯陛下留神元元，帅繇先帝盛德以抚海内。"⑰上施行其策。

①师古曰："既观国家故事，又观前人所奏便宜之章也。"

②师古曰："虞与娱同。"

③师古曰："本，农业也。末，商贾也。趋读曰趣。"

④师古曰："惟，思也。繇读与由同。由，从也，因也。"

⑤师古曰："馁，饿也，音乃贿反。"

⑥师古曰："行音下更反。"

⑦师古曰："言其往来不绝也。"

⑧师古曰："弛，放也，言不禁障之也。波音陂。"

⑨师古曰："秣，以粟米饲马也。酤酒者，糜费深也。贮积者，滞米粟也。"

⑩师古曰："谓视年岁之丰俭。"

⑪师古曰："畜读曰蓄。《礼记·王制》云：'国无九年之蓄曰不足，无六年之蓄曰急，无三年之蓄曰国非其国也。'"

⑫师古曰："溥与普同。"

⑬师古曰："虑，思也。"

⑭师古曰："捄，古救字。"

⑮师古曰："价忽大贵也。"

⑯师古曰："蚤，古早字也。"

⑰师古曰："帅，循也。繇与由同。由，从也。"

又数表采《易阴阳》及《明堂月令》奏之，①曰："臣相幸得备员，奉职不修，不能宣广教化。阴阳未和，灾害未息，咎在臣等。臣闻《易》曰：
'天地以顺动，故日月不过，四时不忒；圣王以顺动，故刑罚清而民
服。'②天地变化，必繇阴阳，③阴阳之分，以日为纪。日冬夏至，则八风
之序立，万物之性成，各有常职，不得相干。东方之神太昊，乘《震》执规
司春；④南方之神炎帝，乘《离》执衡司夏；⑤西方之神少昊，乘《兑》执矩
司秋；⑥北方之神颛顼，乘《坎》执权司冬；⑦中央之神黄帝，乘《坤》《艮》
执绳司下土。⑧兹五帝所司，各有时也。东方之卦不可以治西方，南方
之卦不可以治北方。春兴《兑》治则饥，秋兴《震》治则华，冬兴《离》治则
泄，⑨夏兴《坎》治则雹。明王谨于尊天，慎于养人，故立羲和之官以乘
四时，⑩节授民事。⑪君动静以道，奉顺阴阳，则日月光明，风雨时节，寒
暑调和。三者得叙，则灾害不生，五谷熟，丝麻遂，⑫中木茂，鸟兽蕃，⑬
民不夭疾，衣食有馀。若是，则君尊民说，上下亡怨，⑭政教不违，礼让
可兴。夫风雨不时，则伤农桑；农桑伤，则民饥寒；饥寒在身，则亡廉耻，
寇贼奸宄所繇生也。⑮臣愚以为阴阳者，王事之本，群生之命，自古贤圣
未有不繇者也。天子之义，必纯取法天地，而观于先圣。高皇帝所述书
《天子所服第八》⑯曰：'大谒者臣章受诏长乐宫，曰："令群臣议天子所
服，以安治天下。"相国臣何、御史大夫臣昌⑰谨与将军臣陵、太子太傅
臣通等议：⑱"春夏秋冬天子所服，当法天地之数，中得人和。故自天子
王侯有土之君，下及兆民，能法天地，顺四时，以治国家，身亡祸殃，年寿
永究，⑲是奉宗庙安天下之大礼也。臣请法之。中谒者赵尧举春，⑳李
舜举夏，儿汤举秋，贡禹举冬，㉑四人各职一时。"大谒者襄章奏，制曰：
"可。"'孝文皇帝时，以二月施恩惠于天下，赐孝弟力田及罢军卒，祠死
事者，颇非时节。㉒御史大夫朝错时为太子家令，奏言其状。臣相伏念
陛下恩泽甚厚，然而灾气未息，窃恐诏令有未合当时者也。愿陛下选明
经通知阴阳者四人，各主一时，时至明言所职，以和阴阳，天下幸甚！"相
数陈便宜，上纳用焉。

　①师古曰："表为标明之。采，撮取也。"
　②师古曰："《豫卦》象辞也。忒，差也。"

③师古曰:"繇与由同。"

④张晏曰:"木为仁,仁者生,生者圜,故为规。"

⑤张晏曰:"火为礼,礼者齐,齐者平,故为衡。"

⑥张晏曰:"金为义,义者成,成者方,故为矩。"

⑦张晏曰:"水为智,智者谋,谋者重,故为权。"

⑧张晏曰:"土为信,信者诚,诚者直,故为绳。"

⑨师古曰:"天地之气不闭密也。"

⑩师古曰:"乘,治也。"

⑪师古曰:"各依其节而授以事。"

⑫师古曰:"遂,成也。"

⑬师古曰:"屮,古草字。蕃,多也,音扶元反。"

⑭师古曰:"说读曰悦。"

⑮师古曰:"乱在外为奸,在内为宄。繇与由同。其下类此。"

⑯如淳曰:"第八,天子衣服之制也,于施行诏书第八。"

⑰师古曰:"萧何、周昌也。"

⑱师古曰:"陵,王陵。通,叔孙通。"

⑲师古曰:"究,竟也。"

⑳应劭曰:"四时各举所施行政事。"服虔曰:"主一时衣服礼物朝祭百事也。"
　　师古曰:"服说是也。"

㉑师古曰:"高帝时自有一贡禹也。兒音五奚反。"

㉒师古曰:"罢军卒,卒之疲于军事者也。罢音疲。一曰新从军而休罢者也,
　　音薄蟹反。"

相敕掾史案事郡国及休告从家还至府,辄白四方异闻,或有逆贼风雨灾变,郡不上,相辄奏言之。时丙吉为御史大夫,同心辅政,上皆重之。相为人严毅,不如吉宽。视事九岁,神爵三年薨,谥曰宪侯。子弘嗣,甘露中有罪削爵为关内侯。①

①师古曰:"弘坐骑至宗庙下,大不敬也。"

丙吉字少卿,鲁国人也。治律令,为鲁狱史。积功劳,稍迁至廷尉右监。坐法失官,归为州从事。武帝末,巫蛊事起,吉以故廷尉监征,①

诏治巫蛊郡邸狱。时宣帝生数月,以皇曾孙坐卫太子事系,吉见而怜
之。又心知太子无事实,重哀曾孙无辜,②吉择谨厚女徒,令保养曾孙,
置閒燥处。③吉治巫蛊事,连岁不决。后元二年,武帝疾,往来长杨、五
柞宫,④望气者言长安狱中有天子气,于是上遣使者分条中都官诏狱系
者,⑤亡轻重一切皆杀之。内谒者令郭穰夜到郡邸狱,吉闭门拒使者不
纳,曰:“皇曾孙在。他人亡辜死者犹不可,况亲曾孙乎!”相守至天明不
得入,穰还以闻,因劾奏吉。武帝亦寤,曰:“天使之也。”因赦天下。郡
邸狱系者独赖吉得生,恩及四海矣。⑥曾孙病,几不全者数焉,⑦吉数敕
保养乳母加致医药,视遇甚有恩惠,以私财物给其衣食。

①师古曰:“被召诣京师。”

②师古曰:“重音直用反。”

③师古曰:“閒读曰闲。闲,宽静之处也。燥,高敞也。”

④师古曰:“长杨、五柞宫并在盩厔,往来二宫之间。”

⑤师古曰:“条谓疏录之。”

⑥师古曰:“吉拒闭使者,天子感寤,乃普赦天下。其郡邸系狱者,既因吉得
　　生,而赦宥之恩遂及四海也。”

⑦师古曰:“几音钜依反。数音所角反。次下亦同。”

后吉为车骑将军军市令,迁大将军长史,霍光甚重之,入为光禄大
夫给事中。昭帝崩,亡嗣,大将军光遣吉迎昌邑王贺。贺即位,以行淫
乱废,光与车骑将军张安世诸大臣议所立,未定。吉奏记光曰:“将军事
孝武皇帝,受襁褓之属,任天下之寄,①孝昭皇帝早崩亡嗣,海内忧惧,
欲亟闻嗣主。②发丧之日以大谊立后,③所立非其人,复以大谊废之,④
天下莫不服焉。方今社稷宗庙群生之命在将军之壹举。窃伏听于众
庶,察其所言,诸侯宗室在〔列位〕〔位列〕者,〔3〕未有所闻于民间也。而遗
诏所养武帝曾孙名病已在掖庭外家者,⑤吉前使居郡邸时见其幼少,至
今十八九矣,通经术,有美材,行安而节和。愿将军详大议,参以蓍龟,
岂宜褒显,先使入侍,⑥令天下昭然知之,然后决定大策,天下幸甚!”光
览其议,⑦遂尊立皇曾孙,遣宗正刘德与吉迎曾孙于掖庭。宣帝初即

位,赐吉爵关内侯。

①师古曰:"属音之欲反。"

②师古曰:"亟,急也,音居力反。"

③师古曰:"虽无嫡嗣,旁立支属,令宗庙有奉,故云大谊。"

④师古曰:"恐危社稷,故废黜之。"

⑤苏林曰:"外家犹言外人民家,不在宫中。"晋灼曰:"出郡邸狱,归在外家史氏,后入掖庭耳。"师古曰:"晋说是也。"

⑥师古曰:"侍太后。"

⑦师古曰:"省纳而用之。"

　　吉为人深厚,不伐善。自曾孙遭遇,吉绝口不道前恩,①故朝廷莫能明其功也。地节三年,立皇太子,吉为太子太傅,数月,迁御史大夫。及霍氏诛,上躬视政,省尚书事。是时,掖庭宫婢则令民夫上书,自陈尝有阿保之功。②章下掖庭令考问,则辞引使者丙吉知状。掖庭令将则诣御史府以视吉。③吉识,谓则曰:"汝尝坐养皇曾孙不谨督笞,汝安得有功?④独渭城胡组、淮阳郭徵卿有恩耳。"分别奏组等共养劳苦状。⑤诏吉求组、徵卿,已死,有子孙,皆受厚赏。诏免则为庶人,赐钱十万。上亲见问,然后知吉有旧恩,而终不言。上大贤之,制诏丞相:"朕微眇时,御史大夫吉与朕有旧恩,厥德茂焉。⑥《诗》不云虖:'亡德不报。'⑦其封吉为博阳侯,邑千三百户。"临当封,吉疾病,上将使人加绋而封之,及其生存也。⑧上忧吉疾不起,太子太傅夏侯胜曰:"此未死也。臣闻有阴德者,必飨其乐以及子孙。今吉未获报而疾甚,非其死疾也。"后病果瘉。⑨吉上书固辞,自陈不宜以空名受赏。上报曰:"朕之封君,非空名也,而君上书归侯印,是显朕之不德也。方今天下少事,君其专精神,省思虑,近医药,以自持。"后五岁,代魏相为丞相。

①师古曰:"遭遇谓升大位也。"

②师古曰:"谓未为宫婢时,有旧夫见在俗间者。"

③师古曰:"视读曰示。"

④师古曰:"督谓视察之。"

⑤师古曰:"共音居用反。养音弋亮反。"

⑥师古曰:"茂,美也。"

⑦师古曰:"《大雅·抑》之诗。"

⑧应劭曰:"吉时病不能起,欲如君视疾,(如)〔加〕朝服拖绅,〔四〕就封之也。"师
　古曰:"绋,系印之组也,音弗也。"

⑨师古曰:"瘉与愈同。"

吉本起狱法小吏,后学《诗》、《礼》,皆通大义。及居相位,上宽大,
好礼让。掾史有罪臧,不称职,辄予长休告,①终无所案验。客或谓吉
曰:"君侯为汉相,奸吏成其私,然无所惩艾。"②吉曰:"夫以三公之府有
案吏之名,吾窃陋焉。"后人代吉,因以为故事,公府不案吏,自吉始。

①师古曰:"长给休假,令其去职也。"

②师古曰:"艾读曰乂。"

于官属掾史,务掩过扬善。吉驭吏耆酒,数逋荡,①尝从吉出,醉欧
丞相车上。②西曹主吏白欲斥之,③吉曰:"以醉饱之失去士,使此人将复
何所容?④西曹地忍之,⑤此不过污丞相车茵耳。"⑥遂不去也。此驭吏
边郡人,习知边塞发犇命警备事,⑦尝出,适见驿骑持赤白囊,边郡发犇
命书驰来至。驭吏因随驿骑至公车刺取,⑧知虏人云中、代郡,遽归府
见吉白状,⑨因曰:"恐虏所入边郡,二千石长吏有老病不任兵马者,宜
可豫视。"吉善其言,召东曹案边长吏,琐科条其人。⑩未已,诏召丞相、
御史,问以虏所入郡吏,吉具对。御史大夫卒遽不能详知,⑪以得谴
让。⑫而吉见谓忧边思职,驭吏力也。吉乃叹曰:"士亡不可容,能各有
所长。向使丞相不先闻驭吏言,何见劳勉之有?"掾史繇是益贤吉。⑬

①师古曰:"逋,亡也。荡,放也。谓亡其所供之职而游放也。耆读曰嗜。"

②师古曰:"欧,吐也,音一口反。"

③师古曰:"斥,弃逐。"

④师古曰:"言无所容身也。"

⑤李奇曰:"地犹第也。"师古曰:"地亦但也,语声之急也。"

⑥师古曰:"茵,蓐也,音因。"

⑦师古曰:"犇,古奔字也。有命则奔赴之,言应速也。"

⑧师古曰:"刺谓探候之也。"

⑨师古曰："遽,速也。"

⑩张晏曰："琐,录也。欲科条其人老少及所经历,知其本以文武进也。"

⑪师古曰："卒读曰猝。"

⑫师古曰："让,责也。"

⑬师古曰："繇与由同。"

吉又尝出,逢清道群斗者,死伤横道,①吉过之不问,掾史独怪之。吉前行,逢人逐牛,牛喘吐舌。②吉止驻,使骑吏问:"逐牛行几里矣?"掾史独谓丞相前后失问,或以讥吉,吉曰:"民斗相杀伤,长安令、京兆尹职所当禁备逐捕,岁竟丞相课其殿最,奏行赏罚而已。宰相不亲小事,非所当于道路问也。方春少阳用事,未可大热,③恐牛近行,用暑故喘,此时气失节,恐有所伤害也。三公典调和阴阳,职(所)当忧,[5]是以问之。"掾史乃服,以吉知大体。

①李奇曰:"清道时反群斗也。"师古曰:"清道,谓天子当出,或有斋祠,先令道
　　路清净。"

②师古曰:"喘,急息,音昌兖反。"

③师古曰:"少音式邵反。"

五凤三年春,吉病笃。上自临问吉,曰:"君即有不讳,谁可以自代者?"①吉辞谢曰:"群臣行能,明主所知,愚臣无所能识。"上固问,吉顿首曰:"西河太守杜延年明于法度,晓国家故事,前为九卿十馀年,今在郡治有能名。廷尉于定国执宪详平,天下自以不冤。太仆陈万年事后母孝,惇厚备于行止。此三人能皆在臣右,唯上察之。"上以吉言皆是而许焉。及吉薨,御史大夫黄霸为丞相,征西河太守杜延年为御史大夫,会其年老,乞骸骨,病免。以廷尉于定国代为御史大夫。黄霸薨,而定国为丞相,太仆陈万年代定国为御史大夫,居位皆称职,上称吉为知人。

①师古曰:"不讳,言死不可复言也。"

吉薨,谥曰定侯。子显嗣,甘露中有罪削爵为关内侯,官至卫尉太仆。始显少为诸曹,尝从祠高庙,至夕牲日,乃使出取斋衣。①丞相吉大怒,谓其夫人曰:"宗庙至重,而显不敬慎,亡吾爵者必显也。"夫人为言,

然后乃已。②吉中子禹为水衡都尉,少子高为中垒校尉。

　　①师古曰:"未祭一日,其夕展视牲具,谓之夕牲。"

　　②师古曰:"免其罪罚也。"

　　元帝时,长安士伍尊上书,①言:"臣少时为郡邸小吏,窃见孝宣皇帝以皇曾孙在郡邸狱。是时治狱使者丙吉见皇曾孙遭离无辜,吉仁心感动,涕泣凄恻,选择复作胡组养视皇孙,吉常从。臣尊日再侍卧庭上。②后遭条狱之诏,吉扞拒大难,不避严刑峻法。既遭大赦,吉谓守丞谁如,皇孙不当在官,③使谁如移书京兆尹,遣与胡组俱送京兆尹,不受,复还。及组日满当去,皇孙思慕,吉以私钱顾组,令留与郭徵卿并养数月,乃遣组去。后少内啬夫白吉曰:'食皇孙亡诏令。'④时吉得食米肉,月月以给皇孙。吉即时病,⑤辄使臣尊朝夕请问皇孙,视省席蓐燥湿。候伺组、徵卿,不得令晨夜去皇孙敖盪,⑥数奏甘毳食物。⑦所以拥全神灵,成育圣躬,功德已亡量矣。时岂豫知天下之福,而徼其报哉!⑧诚其仁恩内结于心也。虽介之推割肌以存君,不足(比也)〔以比〕。⑨〔6〕孝宣皇帝时,臣上书言状,幸得下吉,吉谦让不敢自伐,删去臣辞,⑩专归美于组、徵卿。组、徵卿皆以受田宅赐钱,吉封为博阳侯。臣尊不得比组、徵卿。臣年老居贫,死在旦暮,欲终不言,恐使有功不著。吉子显坐微文夺爵为关内侯,臣愚以为宜复其爵邑,⑪以报先人功德。"先是显为太仆十馀年,与官属大为奸利,臧千馀万,司隶校尉昌案劾,罪至不道,奏请逮捕。上曰:"故丞相吉有旧恩,朕不忍绝。"免显官,夺邑四百户。后复以为城门校尉。显卒,子昌嗣爵关内侯。

　　①师古曰:"先尝有爵,经夺免之,而与士卒为伍,故称士伍。其人名尊。"

　　②师古曰:"郡邸之庭也。侍谓参省之也。时皇孙孩弱,常在襁褓,故指言卧也。"

　　③孟康曰:"郡守丞也,来诣京师邸治狱,姓谁名如。言皇孙不当在狱官,宜属郡县也。"文颖曰:"不当在郡邸官也。"师古曰:"守丞者,守狱官之丞耳,非郡丞也。谁如者,其人名,不作谯字,言姓,又非也。"

　　④师古曰:"少内,掖庭主府臧之官也。食读曰饲。诏令无文,无从得其廪

　　具也。"

⑤师古曰:"有病时也。"

⑥师古曰:"去,离也。敖,游戏也。盪,放也。盪读与荡同。"

⑦师古曰:"奏,进也。毳读与脆同。"

⑧师古曰:"缴,要也,音工尧反。"

⑨师古曰:"《韩诗外传》云:'晋公子重耳之亡也,过曹,里兔须以从,因盗其资
　　而逃。重耳无粮,馁不能行,介子推割其股肉以食重耳,然后能行也。'"

⑩师古曰:"删,削也。"

⑪师古曰:"复音防目反。"

　　成帝时,修废功,以吉旧恩尤重,鸿嘉元年制诏丞相御史:"盖闻褒
功德,继绝统,所以重宗庙,广贤圣之路也。故博阳侯吉以旧恩有功而
封,今其祀绝,朕甚怜之。夫善善及子孙,古今之通谊也,其封吉孙中郎
将关内侯昌为博阳侯,奉吉后。"国绝三十二岁复续云。昌传子至孙,王
莽时乃绝。

　　赞曰:古之制名,必繇象类,①远取诸物,近取诸身。故经谓君为元
首,臣为股肱,②明其一体,相待而成也。是故君臣相配,古今常道,自
然之势也。近观汉相,高祖开基,萧、曹为冠,③孝宣中兴,丙、魏有声。
是时黜陟有序,众职修理,公卿多称其位,④海内兴于礼让。览其行事,
岂虚虏哉!⑤

①师古曰:"繇与由同。"

②师古曰:"谓《虞书·益稷》云'元首明哉,股肱良哉'也。"

③师古曰:"名位在众臣之上。"

④师古曰:"称,副也。"

⑤师古曰:"言君明臣贤,所以致治,非徒然也。"

【校勘记】

〔1〕　朝廷已深知弱翁(行治)〔治行〕,　景祐、殿本都作"治行"。王先谦说作

“治行”是。

〔2〕　上从(其)〔相〕言而止。　景祐、殿本都作“相”。

〔3〕　诸侯宗室在(列位)〔位列〕者，　景祐、殿本都作“位列”。

〔4〕　(如)〔加〕朝服拖绅，　景祐、殿本都作“加”。

〔5〕　三公典调和阴阳，职(所)当忧，　景祐、殿本都无“所”字。

〔6〕　虽介之推割肌以存君，不足(比也)〔以比〕。　景祐、殿本都作“以比”。

汉书卷七十五

眭两夏侯京翼李传第四十五

眭弘字孟,鲁国蕃人也。① 少时好侠,斗鸡走马,长乃变节,从嬴公受《春秋》。② 以明经为议郎,至符节令。

①师古曰:"眭音息随反。今河朔尚有此姓,音字皆然。而韦昭、应劭并云音桂,非也。今有炔姓,乃音桂耳。汉之(决录)〔炔钦〕又不作眭字,⑴宁可混糅将为一族? 又近代学者旁引炔氏谱以相附著。私谱之文出于闾巷,家自为说,事非经典,苟引先贤,妄相假托,无所取信,宁足据乎? 蕃音皮。"

②师古曰:"嬴,姓也。公,长老之号耳。"

孝昭元凤三年正月,泰山莱芜山南匈匈有数千人声,民视之,有大石自立,高丈五尺,大四十八围,入地深八尺,三石为足。石立后有白乌数千下集其旁。是时昌邑有枯社木卧复生,①又上林苑中大柳树断枯卧地,亦自立生,有虫食树叶成文字,曰"公孙病已立",孟推《春秋》之意,以为"石柳皆阴类,下民之象,⑵泰山者岱宗之岳,⑵王者易姓告代之处。今大石自立,僵柳复起,②非人力所为,此当有从匹夫为天子者。枯社木复生,故废之家公孙氏当复兴者也。"孟意亦不知其所在,即说曰:"先师董仲舒有言,虽有继体守文之君,不害圣人之受命。汉家尧后,有传国之运。汉帝宜谁差天下,求索贤人,③禅以帝位,④而退自封百里,如殷周二王后,以承顺天命。"孟使友人内官长赐上此书。⑤时,昭帝幼,大将军霍光秉政,恶之,下其书廷尉。奏赐、孟妄设祅言惑众,大逆不道,皆伏诛。后五年,孝宣帝兴于民间,即位,征孟子为郎。

①师古曰:"社木,社主之树也。"

②师古曰:"僵,偃也,偃卧于地,音居羊反。"

③孟康曰:"谁,问;差,择也。问择天下贤人。"

④师古曰:"禅,古禅字也。"

⑤师古曰:"内官,署名。《百官表》云:'内官长丞,初属少府,中属主爵,后属宗正。'赐者,其长之名。"

夏侯始昌,鲁人也。通《五经》,以《齐诗》、《尚书》教授。自董仲舒、韩婴死后,武帝得始昌,甚重之。始昌明于阴阳,先言柏梁台灾日,至期日果灾。时昌邑王以少子爱,上为选师,始昌为太傅。年老,以寿终。族子胜亦以儒显名。

夏侯胜字长公。初,鲁共王分鲁西宁乡①以封子节侯,别属大河,大河后更名东平,故胜为东平人。胜少孤,好学,从始昌受《尚书》及《洪范五行传》,说灾异。后事蕳卿,②又从欧阳氏问。为学精孰,所问非一师也。善说礼服。③征为博士、光禄大夫。会昭帝崩,昌邑王嗣立,数出。④胜当乘舆前谏曰:"天久阴而不雨,臣下有谋上者,陛下出欲何之?"⑤王怒,谓胜为祆言,缚以属吏。⑥吏白大将军霍光,光不举法。是时,光与车骑将军张安世谋欲废昌邑王。光让安世以为泄语,安世实不言。乃召问胜,胜对言:"在《洪范传》曰'皇之不极,厥罚常阴,时则下人有伐上者',恶察察言,⑦故云臣下有谋。"光、安世大惊,以此益重经术士。后十馀日,光卒与安世(共)白太后,⑧[3]废昌邑王,尊立宣帝。光以为群臣奏事东宫,太后省政,⑨宜知经术,白令胜用《尚书》授太后。迁长信少府,赐爵关内侯,以与谋废立,⑩定策安宗庙,益千户。

①师古曰:"共读如恭。恭王名馀,景帝之子也。"

②师古曰:"姓蕳名卿。蕳音奸。"

③师古曰:"礼之丧服也。"

④师古曰:"每出游戏也。"

⑤师古曰:"之,往也。"

⑥师古曰:"属,委也。音之欲反。"

⑦师古曰:"恶谓忌讳也。察(谓)〔为〕计谋不敢明显言之也。[4]《五行志》曰'不

敢察察言'也。"

⑧师古曰:"卒,终也。"

⑨师古曰:"省,视也。"

⑩师古曰:"与读曰豫。"

宣帝初即位,欲褒先帝,诏丞相御史曰:"朕以眇身,蒙遗德,承圣业,奉宗庙,夙夜惟念。①孝武皇帝躬仁谊,厉威武,北征匈奴,单于远遁,南平氐羌、昆明、瓯骆两越,②东定薉、貉、朝鲜,③廓地斥境,立郡县,百蛮率服,款塞自至,珍贡陈于宗庙;协音律,造乐歌,荐上帝,封太山,立明堂,改正朔,易服色;明开圣绪,尊贤显功,兴灭继绝,褒周之后;备天地之礼,广道术之路。上天报况,④符瑞并应,宝鼎出,白麟获,海效巨鱼,⑤神人并见,山称万岁。功德茂盛,不能尽宣,而庙乐未称,⑥朕甚悼焉。其与列侯、二千石、博士议。"于是群臣大议廷中,皆曰:"宜如诏书。"长信少府胜独曰:"武帝虽有攘四夷广土斥境之功,然多杀士众,竭民财力,奢泰亡度,天下虚耗,⑦百姓流离,物故者(过)半。⑧[5]蝗虫大起,赤地数千里,⑨或人民相食,畜积至今未复。⑩亡德泽于民,不宜为立庙乐。"公卿共难胜曰:"此诏书也。"胜曰:"诏书不可用也。人臣之谊,宜直言正论,非苟阿意顺指。议已出口,虽死不悔。"于是丞相义、御史大夫广明⑪劾奏胜非议诏书,毁先帝,不道,及丞相长史黄霸阿纵胜,不举劾,俱下狱。有司遂请尊孝武帝庙为世宗庙,奏《盛德》、《文始》、《五行》之舞,天下世世献纳,以明盛德。武帝巡狩所幸郡国凡四十九,皆立庙,如高祖、太宗焉。

①师古曰:"惟,思也。"

②师古曰:"瓯骆皆越号。"

③张晏曰:"薉也,貉也,在辽东之东。"师古曰:"薉字与秽字同。貉音莫客反。"

④师古曰:"况,赐也。"

⑤师古曰:"效,致也。巨,大也。"

⑥师古曰:"称,副也。"

⑦师古曰:"耗,减也。音呼到反。"

　⑧师古曰："物故谓死也。"

　⑨师古曰："言无五谷之苗。"

　⑩师古曰："畜读曰蓄。"

　⑪师古曰："蔡义、田广明。"

　　胜、霸既久系，霸欲从胜受经，胜辞以罪死。霸曰："'朝闻道，夕死可矣'。"①胜贤其言，遂授之。系再更冬，讲论不怠。②

　①师古曰："《论语》称孔子曰'朝闻道，夕死可矣'，故霸引之。"

　②师古曰："更，历也，音工衡反。"

　　至四年夏，关东四十九郡同日地动，或山崩，坏城郭室屋，杀六千馀人。上乃素服，避正殿，遣使者吊问吏民，赐死者棺钱。下诏曰："盖灾异者，天地之戒也。朕承洪业，托士民之上，未能和群生。曩者地震北海、琅邪，坏祖宗庙，朕甚惧焉。其与列侯、中二千石博问术士，有以应变，补朕之阙，毋有所讳。"因大赦，胜出为谏大夫给事中，霸为扬州刺史。

　　胜为人质朴守正，简易亡威仪。见时谓上为君，①误相字于前，②上亦以是亲信之。③尝见，出道上语，④上闻而让胜，⑤胜曰："陛下所言善，臣故扬之。尧言布于天下，至今见诵。臣以为可传，故传耳。"朝廷每有大议，上知胜素直，谓曰："先生通正言，无惩前事。"⑥

　①师古曰："见，见于天子。"

　②师古曰："前，天子之前也。君前臣名不当相呼字也。"

　③师古曰："知其质朴也。"

　④师古曰："入见天子而以其言为外人道之。"

　⑤师古曰："让，责也。"

　⑥师古曰："通谓陈道之也。惩，创也。前事谓坐议庙乐事。"

　　胜复为长信少府，迁太子太傅。受诏撰《尚书》、《论语说》，①赐黄金百斤。年九十卒官，赐冢茔，葬平陵。太后赐钱二百万，为胜素服五日，以报师傅之恩，儒者以为荣。

　①师古曰："解说其意，若今义疏也。"

始，胜每讲授，常谓诸生曰："士病不明经术；经术苟明，其取青紫如俛拾地芥耳。①学经不明，不如归耕。"

①师古曰："地芥谓草芥之横在地上者。俛而拾之，言其易而必得也。青紫，卿大夫之服也。俛即俯字也。"

胜从父子建字长卿，①自师事胜及欧阳高，左右采获，②又从《五经》诸儒问与《尚书》相出入者，牵引以次章句，具文饰说。胜非之曰："建所谓章句小儒，破碎大道。"建亦非胜为学疏略，难以应敌。建卒自颛门名经，③为议郎博士，至太子少傅。胜子兼为左曹太中大夫，孙尧至长信少府、司农、鸿胪，曾孙蕃郡守、州牧、长乐少府。胜同产弟子赏为梁内史，梁内史子定国为豫章太守。而建子千秋亦为少府、太子少傅。

①师古曰："从父昆弟之子，名建字长卿。"

②师古曰："言于胜及高两处采问疑义而得(之)。"[6]

③师古曰："颛与专同。专门者，自别为一家之学。"

京房字君明，东郡顿丘人也。治《易》，事梁人焦延寿。延寿字赣。①赣贫贱，以好学得幸梁王，王共其资用，②令极意学。既成，为郡史，察举补小黄令。以候司先知奸邪，盗贼不得发。③爱养吏民，化行县中。举最当迁，④三老官属上书愿留赣，有诏许增秩留，⑤卒于小黄。赣常曰："得我道以亡身者，必京生也。"其说长于灾变，分六十四卦，更直日用事，以风雨寒温为候：⑥各有占验。房用之尤精。好钟律，知音声。初元四年以孝廉为郎。

①师古曰："赣音贡。"

②师古曰："共读曰恭。"

③师古曰："以其常先知奸邪，故欲为盗贼者，不敢起发。"

④师古曰："以课最而被举，故欲迁为他官也。"

⑤师古曰："依许留而增其秩。"

⑥孟康曰："分卦直日之法，一爻主一日，六十四卦为三百六十日。馀四卦，《震》、《离》、《兑》、《坎》，为方伯监司之官。所以用《震》、《离》、《兑》、《坎》者，是二至二分用事之日，又是四时各专王之气。各卦主时，其占法各以其

日观其善恶也。"师古曰:"更音工衡反。"

　　永光、建昭间,西羌反,日蚀,又久青亡光,阴雾不精。① 房数上疏,先言其将然,②近数月,远一岁,所言屡中,天子说之。③数召见问,房对曰:"古帝王以功举贤,则万化成,瑞应著,④末世以毁誉取人,故功业废而致灾异。宜令百官各试其功,灾异可息。"诏使房作其事,房奏考功课吏法。⑤上令公卿朝臣与房会议温室,⑥皆以房言烦碎,令上下相司,不可许。上意乡之。⑦时部刺史奏事京师,上召见诸刺史,令房晓以课事,刺史复以为不可行。唯御史大夫郑弘、光禄大夫周堪初言不可,后善之。

　　①师古曰:"精谓日光清明也。"
　　②师古曰:"言且欲有此事。"
　　③师古曰:"说读曰悦。"
　　④师古曰:"万化,万机之事,施教化者也。一曰万物之类也。"
　　⑤晋灼曰:"令丞尉治一县,崇教化亡犯法者辄迁。有盗贼,满三日不觉者则尉事也。令觉之,自除,二尉负其(二)〔罪〕。[7]率相准如此法。"
　　⑥师古曰:"温室,殿名也。"
　　⑦师古曰:"乡读曰向。"

　　是时中书令石显颛权,①显友人五鹿充宗为尚书令,与房同经,论议相非。二人用事,房尝宴见,②问上曰:"幽厉之君何以危? 所任者何人也?"上曰:"君不明,而所任者巧佞。"房曰:"知其巧佞而用之邪,将以为贤也?"上曰:"贤之。"房曰:"然则今何以知其不贤也?"上曰:"以其时乱而君危知之。"房曰:"若是,任贤必治,任不肖必乱,必然之道也。幽厉何不觉寤而更求贤,曷为卒任不肖以至于是?"③上曰:"临乱之君各贤其臣,令皆觉寤,天下安得危亡之君?"房曰:"齐桓公、秦二世亦尝闻此君而非笑之,然则任竖刁、赵高,政治日乱,盗贼满山,何不以幽厉卜之而觉寤乎?"上曰:"唯有道者能以往知来耳。"房因免冠顿首,曰:"《春秋》纪二百四十二年灾异,以视万世之君。④今陛下即位已来,日月失明,星辰逆行,山崩泉涌,地震石陨,夏霜冬雷,⑤春凋秋荣,陨霜不杀,水旱螟虫，民人饥疫，盗贼不禁，刑人满市，《春秋》所记灾异尽备。⑥陛下视今为治邪，乱邪？"上曰："亦极乱耳。尚何道！"房曰："今所任用者谁与？"⑦上曰："然幸其瘉于彼，又以为不在此人也。"⑧房曰："夫前世之君亦皆然矣。臣恐后之视今，犹今之视前也。"上良久乃曰："今为乱者谁哉？"房曰："明主宜自知之。"上曰："不知也；如知〔之〕，何故用之？"⑨[8]房曰："上最所信任，与图事帷幄之中进退天下之士者是矣。"⑩房指谓石显，上亦知之，谓房曰："已谕。"⑪

①师古曰："颛与专同。"

②师古曰："以闲宴时而入见天子。"

③师古曰："卒，终也。"

④师古曰："视读曰示。"

⑤师古曰："靁，古雷字。"

⑥师古曰："言今皆备有之。"

⑦师古曰："与读曰欤。"

⑧师古曰："瘉与愈同，愈犹胜也。言今之灾异及政道犹幸胜于往日，又不由所任之人。"

⑨师古曰："如，若也。"

⑩师古曰："图，谋也。"

⑪师古曰："言已晓此意。"

房罢出，后上令房上弟子晓知考功课吏事者，欲试用之。房上中郎任良、姚平，"愿以为刺史，试考功法，臣得通籍殿中，为奏事，以防雍塞"。①石显、五鹿充宗皆疾房，欲远之，②建言宜试以房为郡守。③元帝于是以房为魏郡太守，秩八百石，居得以考功法治郡。房自请，愿无属刺史，得除用它郡人，自第吏千石已下，④岁竟乘传奏事。⑤天子许焉。

①师古曰："雍读曰壅。"

②师古曰："出之，令远去。"

③师古曰："立议云然也。"

④如淳曰："令长属县，自课第殿最。"

⑤师古曰："传音张恋反。其下亦同。"

　　房自知数以论议为大臣所非,内与石显、五鹿充宗有隙,不欲远离左右,及为太守,忧惧。房以建昭二年二月朔拜,上封事曰:"辛酉以来,蒙气衰去,太阳精明,臣独欣然,以为陛下有所定也。然少阴倍力而乘消息。①臣疑陛下虽行此道,犹不得如意,臣窃悼惧。守阳平侯凤欲见未得,至己卯,臣拜为太守,此言上虽明下犹胜之效也。②臣出之后,恐必为用事所蔽,身死而功不成,故愿岁尽乘传奏事,蒙哀见许。乃辛巳,蒙气复乘卦,太阳侵色,③此上大夫覆阳而上意疑也。④己卯、庚辰之间,必有欲隔绝臣令不得乘传奏事者。"

　　　①孟康曰:"房以消息卦为辟。辟,君也。息卦曰太阴,消卦曰太阳,其馀卦曰少阴少阳,谓臣下也。并力杂卦气干消息也。"

　　　②师古曰:"言权臣蔽主之明,故己出为郡守也。"

　　　③张晏曰:"《晋卦》、《解卦》也。太阳侵色,谓《大壮》。"

　　　④师古曰:"覆,掩蔽也。"

　　房未发,上令阳平侯凤承制诏房,止无乘传奏事。房意愈恐,去至新丰,因邮上封事①曰:"臣〔前〕以六月中言《遁卦》不效,〔9〕法曰:'道人始去,寒,涌水为灾。'②至其七月,涌水出。臣弟子姚平谓臣曰:'房可谓知道,未可谓信道也。房言灾异,未尝不中,今涌水已出,道人当逐死,尚复何言?'臣曰:'陛下至仁,于臣尤厚,虽言而死,臣犹言也。'③平又曰:'房可谓小忠,未可谓大忠也。昔秦时赵高用事,有正先者,非刺高而死,④高威自此成,故秦之乱,正先趣之。'⑤今臣得出守郡,自诡效功,⑥恐未效而死。惟陛下毋使臣塞涌水之异,⑦当正先之死,为姚平所笑。"

　　　①师古曰:"邮,行书者也,若今传送文书矣。邮音尤。"

　　　②师古曰:"道人,有道术之人也。天气寒而又有水涌出也。"

　　　③师古曰:"自云不避死也。"

　　　④孟康曰:"姓正名先,秦博士也。"

　　　⑤师古曰:"趣读曰促。"

　　　⑥师古曰:"诡,责也,〔自以为忧责也〕。"〔10〕

　　　⑦师古曰:"塞亦当也。"

房至陕,复上封事①曰:"乃丙戌小雨,丁亥蒙气去,然少阴并力而乘消息,戊子益甚,到五十分,蒙气复起。②此陛下欲正消息,杂卦之党并力而争,消息之气不胜。强弱安危之机不可不察。己丑夜,有还风,尽辛卯,③太阳复侵色,至癸巳,日月相薄,④此邪阴同力而太阳为之疑也。臣前白九年不改,必有星亡之异。⑤臣愿出任良试考功,臣得居内,星亡之异可去。议者知如此于身不利,臣不可蔽,故云使弟子不若试师。臣为刺史又当奏事,故复云为刺史恐太守不与同心,不若以为太守,此其所以隔绝臣也。陛下不违其言而遂听之,此乃蒙气所以不解,太阳亡色者也。臣去朝稍远,太阳侵色益甚,唯陛下毋难还臣而易逆天意。⑥邪说虽安于人,天气必变,故人可欺,天不可欺也,愿陛下察焉。"房去月馀,竟征下狱。

①师古曰:"陕,弘农之县也,音式冉反。"

②孟康曰:"分一日为八十分,分起夜半,是为戊子之日日在巳西而蒙也。蒙常以晨夜,今向中而蒙起,是臣党盛君不胜也。"

③孟康曰:"诸卦气以寒温不效后九十一日为还风。还风,暴风也。风为教令,言正令还也。"

④孟康曰:"《京房传》曰:'虽非日月同宿之时,阴道盛,犹上薄日光如此,但日无光不食也。'"

⑤张晏曰:"九,阳数之极也。"孟康曰:"昼食为既,夜食为尽,而星亡为星不见也。"

⑥师古曰:"易,轻也。音弋豉反。"

初,淮阳宪王舅张博从房受学,以女妻房。房与相亲,每朝见,辄为博道其语,①以为上意欲用房议,而群臣恶其害己,故为众所排。博曰:"淮阳王上亲弟,敏达好政,欲为国忠。②今欲令王上书求入朝,得佐助房。"房曰:"得无不可?"③博曰:"前楚王朝荐士,何为不可?"房曰:"中书令石显、尚书令五鹿君相与合同,巧佞之人也,事县官十馀年;及丞相韦侯,皆久亡补于民,可谓亡功矣。④此尤不欲行考功者也。淮阳王即朝见,劝上行考功,事善;不然,但言丞相、中书令任事久而不治,可休丞

相,以御史大夫郑弘代之,迁中书令置他官,以钩盾令徐立代之。如此,
房考功事得施行矣。"博具从房记诸所说灾异事,﹙固﹚〔因〕令房为淮阳王
作求朝奏草,[11]皆持櫜与淮阳王。石显微司具知之,以房亲近,未敢言。
及房出守郡,显告房与张博通谋,非谤政治,归恶天子,诖误诸侯王,语
在《宪王传》。初,房见,道幽厉事,出为御史大夫郑弘言之。房、博皆弃
市,弘坐免为庶人。房本姓李,推律自定为京氏,死时年四十一。

①师古曰:"所与天子言,皆具说之。"

②师古曰:"为音于伪反。"

③师古曰:"恐不可也。"

④师古曰:"韦玄成也。"

翼奉字少君,东海下邳人也。治《齐诗》,与萧望之、匡衡同师。三
人经术皆明,衡为后进,望之施之政事,而奉惇学不仕,好律历阴阳之
占。元帝初即位,诸儒荐之,征待诏宦者署,数言事宴见,天子敬焉。

时,平昌侯王临以宣﹙布﹚〔帝〕外属侍中,[12]称诏欲从奉学其术。奉
不肯与言,而上封事曰:"臣闻之于师,治道要务,在知下之邪正。人诚
乡正,虽愚为用;①若乃怀邪,知益为害。知下之术,在于六情十二律而
已。北方之情,好也;好行贪狼,申子主之。②东方之情,怒也;怒行阴
贼,亥卯主之。③贪狼必待阴贼而后动,阴贼必待贪狼而后用,二阴并
行,是以王者忌子卯也。《礼经》避之,《春秋》讳焉。④南方之情,恶也;
恶行廉贞,寅午主之。⑤西方之情,喜也;喜行宽大,巳酉主之。⑥二阳并
行,是以王者吉午酉也。《诗》曰:'吉日庚午。'⑦上方之情,乐也;乐行
奸邪,辰未主之。⑧下方之情,哀也;哀行公正,戌丑主之。⑨辰未属阴,戌
丑属阳,万物各以其类应。今陛下明圣虚静以待物至,万事虽众,何闻
而不谕,⑩岂况乎执十二律而御六情!于以知下参实,亦甚优矣,万不
失一,自然之道也。乃正月癸未日加申,有暴风从西南来。未主奸邪,
申主贪狼,风以大阴下抵建前,是人主左右邪臣之气也。⑪平昌侯比三
来见臣,皆以正辰加邪时。辰为客,时为主人。以律知人情,王者之秘

道也，⑫愚臣诚不敢以语邪人。”

①师古曰：“乡读曰向。”

②孟康曰：“北方水，水生于申，盛于子。水性触地而行，触物而润，多所好故；多好则贪而无厌，故为贪狼也。”

③孟康曰：“东方木，木生于亥，盛于卯。木性受水气而生，贯地而出，故为怒；以阴气贼害土，故为阴贼也。”

④李奇曰：“北方阴也，卯又阴贼，故为二阴，王者忌之，不举乐。《春秋》、《礼记》说皆同。贾氏说：‘桀以乙卯亡，纣以甲子丧，恶以为戒。’”张晏曰：“子刑卯，卯刑子，相刑之日，故以为忌。而云夏以乙卯亡，殷以甲子亡，不推汤武以兴，此说非也。”师古曰：“儒者以为子卯夏殷亡日，大失之矣。何儒亮以为学者虽驳云，只取夏殷亡日，不论殷周之兴，以为大失，不博考其义。且天人之际，其理相符，有德者昌，无德者亡。以桀纣之暴虐，又遇恶日，其理必亡。以汤武之德，固先天而天不违，所谓德能消殃矣，岂殃能消德也！”

⑤孟康曰：“南方火，火生于寅，盛于午。火性炎猛，无所（加）〔容〕受，〔13〕故为恶；其气精专严整，故为廉贞。”

⑥孟康曰：“西方金，金生于巳，盛于酉。金之为物，喜以利刃加于万物，故为喜；利刃所加，无不宽大，故曰宽大也。”

⑦师古曰：“《小雅·吉日》之诗也。其诗曰‘吉日庚午，既差我马’，言以庚午之吉日简择车马以出田也。”

⑧孟康曰：“上方谓北与东也。阳气所萌生，故为上。辰，穷水也。未，穷木也。翼氏《风角》曰‘木落归本，水流归末’，故木利在亥，水利在辰，盛衰各得其所，故乐也。水穷则无隙不入，木上出，穷则旁行，故为奸邪。”

⑨孟康曰：“下方谓南与西也。阴气所萌生，故为下。戌，穷火也。丑，穷金也。翼氏《风角》曰‘金刚火强，各归其向’，故火刑于午，金刑于酉。酉午，金火之盛也。盛时而受刑，至穷无所归，故曰衰也。火性无所私，金性方刚，故曰公正。”

⑩师古曰：“谕谓晓解之。”

⑪张晏曰：“初元二年，岁在甲戌，正月二十二日癸未也，太阴在太岁后。”孟康曰：“时太阴在未，月建在寅，风从未下至寅南也。建为主气，太阴臣气也，加主气，是人主左右邪臣验也。”晋灼曰：“癸未日风，未辰也，时加申。张说

是也。”

⑫张晏曰：“平昌侯欲依上来学，为时邪也。风日加申，申知秘道也。”孟康曰：“谓乙丑之日也。丑为正日，加未而来为邪时。”晋灼曰：“奉以未为邪时，占知平昌侯为邪人，此当言皆以邪辰加邪时，字误作正耳。下言大邪之见，辰时俱邪是也。翼氏曰‘五行动为五音，四时散为十二律’也。”

上以奉为中郎，召问奉：“来者以善日邪时，孰与邪日善时？”奉对曰：“师法用辰不用日。①辰为客，时为主人。见于明主，侍者为主人。②辰正时邪，见者正，侍者邪；辰邪时正，见者邪，侍者正。忠正之见，侍者虽邪，辰时俱正；③大邪之见，侍者虽正，辰时俱邪。④即以自知侍者之邪，而时邪辰正，见者反邪；⑤即以自知侍者之正，而时正辰邪，见者反正。⑥辰为常事，时为一行。⑦辰疏而时精，其效同功，必参五观之，然后可知。故曰：察其所繇，省其进退，⑧参之六合五行，则可以见人性，知人情。难用外察，从中甚明，故诗之为学，情性而已。五性不相害，六情更兴废。⑨观性以历，⑩观情以律，⑪明主所宜独用，难与二人共也。故曰：‘显诸仁，臧诸用。’⑫露之则不神，独行则自然矣，唯奉能用之，学者莫能行。”

①孟康曰：“假令甲子日，子为辰，甲为日，用子不用甲也。”

②张晏曰：“礼，君燕见臣，则使臣为主人，故侍者为主人。”

③孟康曰：“大正厌小邪也。凡辰时属南与西为正，北与东为邪。”晋灼曰：“以上占推之，南方巳午、西方酉戌、东北寅丑为正，西南申未、北方亥子、东方辰卯为邪。”

④孟康曰：“大邪厌小正也。”

⑤孟康曰：“凡占以见者为本。今自知侍者邪，而时复邪，则邪无所施，故属见者。”晋灼曰：“上言忠正客见，侍者虽邪，辰时俱正，然则小邪属主人矣。何以知之，见者以大正来反我小邪故也。”

⑥孟康曰：“已自知侍者正，而时复正，则正无所施。辰虽邪，而见者更正也。”晋灼曰：“上言大邪客见，侍者虽正，辰时俱邪，然则小正属主人矣。以此法占之，即以自知主人之正，而时正辰邪矣。何以知之？见者以大邪来反我小正故也。”

⑦孟康曰："假令甲子日,则一日一夜为子。时,十二时也。日加之,行过也。"

⑧师古曰："繇与由同。"

⑨师古曰："更音工衡反。"

⑩张晏曰："性谓五行也。历谓日也。"晋灼曰："翼氏《五性》:肝性静,静行仁,甲己主之;心性躁,躁行礼,丙辛主之;脾性力,力行信,戊癸主之;肺性坚,坚行义,乙庚主之;肾性智,智行敬,丁壬主之也。"

⑪张晏曰："情谓六情,廉贞、宽大、公正、奸邪、阴贼、贪狼也。律,十二律也。"

⑫师古曰："《易·上系》之辞也。道周万物,故曰显诸仁;日用不知,故曰藏诸用也。"

　　是岁,关东大水,郡国十一饥,疫尤甚。上乃下诏江海陂湖园池属少府者以假贫民,勿租税;损大官膳,减乐府员,省苑(圃)〔马〕,[14]诸宫馆稀御幸者勿缮治;太仆少府减食谷马,水衡省食肉兽。明年二月戊午,地震。其夏,齐地人相食。七月己酉,地复震。上曰:"盖闻贤圣在位,阴阳和,风雨时,日月光,星辰静,黎庶康宁,考终厥命。今朕共承天地,托于公侯之上,明不能烛,德不能绥,灾异并臻,连年不息。乃二月戊午,地大震于陇西郡,毁落太上庙殿壁木饰,坏败豲道县①城郭官寺及民室屋,压杀人众,山崩地裂,水泉涌出。一年地再动,天惟降灾,震惊朕躬。治有大亏,咎至于此。夙夜兢兢,不通大变,深怀郁悼,未知其序。比年不登,元元困乏,不胜饥寒,以陷刑辟,朕甚闵焉,憯怛于心。②已诏吏虚仓廪,开府臧,振捄贫民。③群司其茂思天地之戒,④有可蠲除减省以便万姓者,各条奏。悉意陈朕过失,靡有所讳。"⑤因赦天下,举直言极谏之士。奉奏封事曰:

①师古曰："豲音(完)〔桓〕。"[15]

②师古曰："憯音千感反。"

③师古曰："捄,古救字。"

④师古曰："茂,勉也。"

⑤师古曰："悉,尽也。"

　　臣闻之于师曰,天地设位,悬日月,布星辰,分阴阳,定四时,列五行，以视圣人，名之曰道。①圣人见道，然后知王治之象，故画州土，建君臣，立律历，陈成败，以视贤者，名之曰经。贤者见经，然后知人道之务，则《诗》、《书》、《易》、《春秋》、《礼》、《乐》是也。《易》有阴阳，《诗》有五际，②《春秋》有灾异，皆列终始，推得失，考天心，以言王道之安危。至秦乃不说，伤之以法，③是以大道不通，至于灭亡。今陛下明圣，深怀要道，烛临万方，④布德流惠，靡有阙遗。罢省不急之用，振救困贫，赋医药，赐棺钱，⑤恩泽甚厚。又举直言，求过失，盛德纯备，天下幸甚。

①师古曰："视读曰示。下亦类此。"

②应劭曰："君臣、父子、兄弟、夫妇、朋友也。"孟康曰："《诗内传》曰：'五际，卯、酉、午、戌、亥也。阴阳终始际会之岁，于此则有变改之政也。'"

③师古曰："说音悦。言不悦《诗》《书》而以文法伤文学之人也。"

④师古曰："烛，照也。"

⑤师古曰："赋谓分给之。"

　　臣奉窃学《齐诗》，闻五际之要《十月之交》篇，①知日蚀地震之效昭然可明，犹巢居知风，穴处知雨，②亦不足多，适所习耳。臣闻人气内逆，则感动天地；天变见于星气日蚀，地变见于奇物震动。所以然者，阳用其精，阴用其形，犹人之有五臧六体，五臧象天，六体象地。故臧病则气色发于面，体病则欠申动于貌。今年太阴建于甲戌，律以庚寅初用事，历以甲午从春。③历中甲庚，律得参阳，性中仁义，情得公正贞廉，④百年之精岁也。正以精岁，本首王位，⑤日临中时接律而地大震，其后连月久阴，虽有大令，犹不能复，⑥阴气盛矣。古者朝廷必有同姓以明亲亲，必有异姓以明贤贤，此圣王之所以大通天下也。同姓亲而易进，异姓疏而难通，故同姓一，异姓五，乃为平均。今左右亡同姓，独以舅后之家为亲，异姓之臣又疏。二后之党满朝，非特处位，势尤奢僭过度，吕、霍、上官足以卜之，甚非爱人之道，又非后嗣之长策也。阴气之盛，不亦宜乎！

①师古曰："《小雅》篇名也。"

②师古曰："巢居，乌鹊之属也。穴处，狐狸之类也。"

③孟康曰："太阴在甲戌，则太岁在子。十一月庚寅日，黄钟律初起用事也。"

④张晏曰："甲庚皆三阳。甲在东方为仁，庚在西方为义。戌为公正，寅午为
　廉贞。"晋灼曰："木数三。寅在东方，木位之始，故曰参阳也。"师古曰："中
　音竹仲反。"

⑤张晏曰："春也。"

⑥师古曰："大令谓虚仓廪，开府库之属也。复，补也，音扶目反。"

　　臣又闻未央、建章、甘泉宫才人各以百数，皆不得天性。①若杜
陵园，其已御见者，臣子不敢有言，虽然，太皇太后之事也。及诸侯
王园，与其后宫，宜为设员，出其过制者，此损阴气应天救邪之道
也。今异至不应，灾将随之。其法大水，极阴生阳，反为大旱，甚则
有火灾，春秋宋伯姬是矣。②唯陛下财察。③

①师古曰："言绝男女之好也。"

②师古曰："伯姬，鲁成公女，宋恭公之夫人也。幽居守寡，既久而遇火灾，极
　阴生阳也。"

③师古曰："财与裁同。"

　　明年夏四月乙未，孝武园白鹤馆灾。奉自以为中，上疏曰："臣前上
五际地震之效，曰极阴生阳，恐有火灾。不合明听，未见省答，臣窃内不
自信。今白鹤馆以四月乙未，时加于卯，月宿亢灾，与前地震同法。臣
奉乃深知道之可信也。不胜拳拳，愿复赐间，卒其终始。"①

①师古曰："间，空隙也。卒，尽也。"

　　上复延问以得失。奉以为祭天地于云阳汾阴，及诸寝庙不以亲疏
迭毁，皆烦费，违古制。又宫室苑囿，奢泰难供，以故民困国虚，亡累年
之畜。所繇来久，①不改其本，难以末正，乃上疏曰：

①师古曰："畜读曰蓄。繇与由同。"

　　臣闻昔者盘庚改邑以兴殷道，圣人美之。①窃闻汉德隆盛，在
于孝文皇帝躬行节俭，外省徭役。其时未有甘泉、建章及上林中诸

离宫馆也。未央宫又无高门、武台、麒麟、(凰)〔凤〕皇、[16]白虎、玉
堂、金华之殿,独有前殿、曲台、渐台、宣室、温室、承明耳。孝文欲
作一台,度用百金,②重民之财,废而不为,其积土基,至今犹存,③
又下遗诏,不起山坟。故其时天下大和,百姓洽足,德流后嗣。

①师古曰:"盘庚,殷王名也。将迁亳,殷众庶咸怨,作《盘庚》三篇以告之,遂
　乃迁都,事见《尚书》也。"

②师古曰:"度,计也,音大各反。"

③师古曰:"今在新丰县南,骊山顶上也。"

　　如令处于当今,因此制度,必不能成功名。天道有常,王道亡
常,亡常者所以应有常也。必有非常之主,然后能立非常之功。臣
愿陛下徙都于成周,左据成皋,(左)〔右〕阻黾池,[17]前乡崧高,后介
大河,①建荥阳,扶河东,南北千里以为关,而入敖仓;地方百里者
八九,足以自娱;东厌诸侯之权,西远羌胡之难,②陛下共己亡为,③
按成周之居,兼盘庚之德,万岁之后,长为高宗。汉家郊兆寝庙祭
祀之礼多不应古,臣奉诚难亶居而改作,④故愿陛下迁都正本。众
制皆定,亡复缮治宫馆不急之费,岁可馀一年之畜。⑤

①师古曰:"乡读曰向。介,隔也,碍也。"

②师古曰:"厌,抑也。音一叶反。远音于万反。"

③师古曰:"共读曰恭。"

④如淳曰:"亶居犹虚居也,欲徙都乃可更制度也。"师古曰:"亶读曰但。但
　居,谓依旧都也。"

⑤师古曰:"畜读曰蓄。次下亦同。"

　　臣闻三代之祖积德以王,然皆不过数百年而绝。周至成王,有
上贤之材,因文武之业,以周召为辅,①有司各敬其事,在位莫非其
人。②天下甫二世耳,③然周公犹作诗书深戒成王,以恐失天下。
《书》则曰:"王毋若殷王纣。"④其《诗》则曰:"殷之未丧师,克配上
帝;宜监于殷,骏命不易。"⑤今汉初取天下,起于丰沛,以兵征伐,
德化未洽,后世奢侈,国家之费当数代之用,非直费财,又乃费士。

孝武之世,暴骨四夷,不可胜数。有天下虽未久,至于陛下八世九主矣,⑥虽有成王之明,然亡周召之佐。⑦今东方连年饥馑,加之以疾疫,百姓菜色,或至相食。⑧地比震动,天气溷浊,日光侵夺。⑨繇此言之,⑩执国政者岂可以不怀怵惕而戒万分之一乎!故臣愿陛下因天变而徙都,所谓与天下更始者也。天道终而复始,穷则反本,故能延长而亡穷也。今汉道未终,陛下本而始之,于以永世延祚,不亦优乎!如因丙子之孟夏,顺太阴以东行,⑪到后七年之明岁,必有五年之馀蓄,然后大行考室之礼,⑫虽周之隆盛,亡以加此。唯陛下留神,详察万世之策。

①师古曰:"召读曰邵。"

②师古曰:"言所任皆得贤材也。"

③师古曰:"甫,始也。"

④师古曰:"《周书·亡逸》篇也。其书曰周公曰:'乌虖!毋若殷王纣之迷乱,酗于酒德哉!'是也。"

⑤师古曰:"《诗·大雅·文王》之诗也。师,众也。骏,大也。言殷家自帝乙以上,未丧天下之时,皆能配天而行。至纣荒怠,自取败灭。今宜以殷王贤愚为镜,知天之大命甚难也。"

⑥如淳曰:"吕后为主,不得为世,故八世九主矣。"

⑦师古曰:"召读曰邵。"

⑧师古曰:"人专食菜,故肌肤青黄,为菜色也。"

⑨师古曰:"比,频也。溷,污也,音下顿反。"

⑩师古曰:"繇与由同。"

⑪张晏曰:"如因今丙子之四月也。太阴是时在甲戌,当转在乙亥、丙子,左旋之也。"

⑫李奇曰:"凡宫新成,杀牲以衅祭,致其五祀之神,谓之考室。"师古曰:"考,成也,成其礼也。《诗·小雅·斯干》之诗序曰'《斯干》,宣王考室也',故奉引之。"

书奏,天子异其意,答曰:"问奉:今园庙有七,云东徙,状何如?"奉对曰:"昔成王徙洛,殷庚迁殷,其所避就,皆陛下所明知也。非有圣明,不能一变天下之道。臣奉愚戆狂惑，唯陛下裁赦。”

其后，贡禹亦言当定迭毁礼，上遂从之。及匡衡为丞相，奏徙南北郊，其议皆自奉发之。

奉以中郎为博士、谏大夫，年老以寿终。子及孙，皆以学在儒官。

李寻字子长，平陵人也。治《尚书》，与张孺、郑宽中同师。宽中等守师法教授，寻独好《洪范》灾异，又学天文月令阴阳。事丞相翟方进，方进亦善为星历，除寻为吏，数为翟侯言事。帝舅曲阳侯王根为大司马票骑将军，厚遇寻。是时多灾异，根辅政，数虚己问寻。寻见汉家有中衰厄会之象，其意以为且有洪水为灾，乃说根曰：

《书》云“天聪明”，①盖言紫宫极枢，通位帝纪，②太微四门，广开大道，③五经六纬，尊术显士，④翼张舒布，烛临四海，⑤少微处士，为比为辅，⑥故次帝廷，女宫在后。⑦圣人承天，贤贤易色，取法于此。⑧天官上相上将，皆颛面正朝，⑨忧责甚重，要在得人。得人之效，成败之机，不可不勉也。昔秦穆公说谗慝之言，任仡仡之勇，身受大辱，社稷几亡。⑩悔过自责，思惟黄发，任用百里奚，卒伯西域，德列王道。⑪二者祸福如此，可不慎哉！

①师古曰：“《虞书·皋陶谟》之辞也。天视听，人君之行不可不畏慎也。”
②孟康曰：“紫宫，天之北宫也。极，天之北极星也，极是其回转者也。《天文志》曰：‘天极其一明者，太一常居也。’太一，天皇大帝也，与通极为一体，故曰通位帝纪也。”
③孟康曰：“太微，天之南宫也。四门，太微之四门也。”
④孟康曰：“六纬，《五经》与乐纬也。”张晏曰：“六纬，《五经》就《孝经》纬也。”师古曰：“六纬者，《五经》之纬及乐纬也。孟说是也。”
⑤张晏曰：“翼二十八星，十八度。舒布，张广也。翼翅夹张，故言也。”
⑥孟康曰：“少微四星在太微西，主处士儒学之官，为太微辅佐也。”
⑦孟康曰：“言少微四星在太微次。太微为天帝廷。女宫谓轩辕星也。”
⑧师古曰：“贤贤，尊上贤人。易色，轻略于色，不贵之也。易音弋二反。”
⑨孟康曰：“朝太微宫垣也。西垣为上将，东垣为上相，各专一面而正天之朝

事也。"

⑩师古曰:"戔戔,小善也。仡仡,壮健也。谓听杞子、逢孙、杨孙之言,言郑可袭,乃使孟明视、西乞术、白乙丙帅师伐郑,遂为晋襄公所御而败于殽,三帅尽获,匹马只轮皆无反者。戔音践。仡音(目)〔巨〕乙反,[18]又音牛乞反。"

⑪师古曰:"谓晋归三帅之后,穆公自悔,作《秦誓》云:'虽则员然,尚犹询兹黄发,则罔所愆。'自言前有云然之过,今庶几以道谋此黄发贤老,则行事无所过失矣。百里奚本虞人也,穆公用之,卒成霸业。"

夫士者,国家之大宝,功名之本也。将军一门九侯,二十朱轮,汉兴以来,臣子贵盛,未尝至此。夫物盛必衰,自然之理,唯有贤友强辅,庶几可以保身命,全子孙,安国家。

《书》曰"历象日月星辰",①此言仰视天文,俯察地理,观日月消息,候星辰行伍,揆山川变动,参人民繇俗,②以制法度,考祸福。举错悖逆,咎败将至,征兆为之先见。③明君恐惧修正,侧身博问,转祸为福;不可救者,即蓄备以待之,故社稷亡忧。

①师古曰:"《虞书·尧典》之辞也。"

②师古曰:"繇读与谣同。繇俗者,谓若童谣及舆人之诵。"

③师古曰:"悖,乖也,音布内反。"

窃见往者赤黄四塞,地气大发,动土竭民,天下扰乱之征也。彗星争明,①庶雄为桀,大寇之引也。②此二者已颇效矣。城中讹言大水,奔走上城,朝廷惊骇,女孽入宫,③此独未效。间者重以水泉涌溢,旁宫阙仍出。④月、太白入东井,犯积水,缺天渊。⑤日数湛于极阳之色。⑥羽气乘宫,⑦起风积云。又错以山崩地动,河不用其道。⑧盛冬雷电,潜龙为孽。⑨继以陨星流彗,维、填上见,⑩日蚀有背乡。⑪此亦高下易居,洪水之征也。不忧不改,洪水乃欲荡涤,流彗乃欲埽除;改之,则有年亡期。⑫故属者颇有变改,小贬邪猾,⑬日月光精,时雨气应,⑭此皇天右汉亡已也,⑮何况致大改之!

①张晏曰:"与日月争明。"

②师古曰:"将引致大寇也。"

③应劭曰："谓小女陈持弓也。"

④李奇曰："旁宫阙而出水也。"师古曰："旁,附也。仍,频也。重音直用反。旁音薄郎反。"

⑤张晏曰："犯东井,有水灾。"孟康曰："积水一星在北河北。天渊十星在北斗星东南。缺者,拂其角而过之也。"

⑥张晏曰："众阳之宗,故为极阳也。色宜明耀,而无光也。"

⑦孟康曰："《天文志》曰西方为羽。羽,少阴之位。少阴臣气,乘于君也。"晋灼曰："羽,北方水也,水阴为臣。宫,中央土也,土为君。今水乘土,言臣气胜于君也。"

⑧师古曰："错,杂也。言河徙流不从故道也。"

⑨孟康曰："黑龙冬见。"张晏曰："《五行传》曰:'龙见井中,幽囚之象也。'"

⑩孟康曰："有地维星,有四填星,皆妖星也。"晋灼曰："《天文志》四填星出四隅,去地可四丈,地维藏光亦出四隅,去地可二丈,若月始出,所见下有乱者亡,有德者昌。"

⑪师古曰："背音步内反。乡读曰向。"

⑫师古曰："言可延期,得禳灾。"

⑬师古曰："属者谓近时也。属音之欲反。"

⑭师古曰："精谓光明也。"

⑮师古曰："右读曰祐。"

　　宜急博求幽隐,拔擢天士,任以大职。①诸阘茸佞谄,抱虚求进,②及用残贼酷虐闻者,若此之徒,皆嫉善憎忠,坏天文,败地理,涌趯邪阴,湛溺太阳,③为主结怨于民,④宜以时废退,不当得居位。诚必行之,凶灾销灭,子孙之福不旋日而至。政治感阴阳,犹铁炭之低印,见效可信者也。⑤及诸蓄水连泉,务通利之。修旧堤防,省池泽税,以助损邪阴之盛。案行事,考变易,讹言之效,未尝不至。请征韩放,⑥掾周敞、王望可与图之。

①李奇曰："天士,知天道者也。"晋灼曰："严君平言师于天士。天士,应宿台鼎之臣也。"师古曰："李说是也。"

②师古曰："阘音吐腊反。茸音人勇反。谄,古谄字。"

③师古曰："趯字与跃同。湛读曰沉。"

④师古曰:"为音于伪反。"

⑤孟康曰:"《天文志》云'县土炭'也,以铁易土耳。先冬夏至,县铁炭于衡,各一端,令适停。冬,阳气至,炭仰而铁低。夏,阴气至,炭低而铁仰。以此候二至也。"

⑥服虔曰:"姓名也,晓水。"

根于是荐寻。哀帝初即位,召寻待诏黄门,使侍中卫尉傅喜问寻曰:"间者水出地动,日月失度,星辰乱行,灾异仍重,①极言毋有所讳。"寻对曰:

①师古曰:"重音直用反。"

陛下圣德,尊天敬地,畏命重民,悼惧变异,不忘疏贱之臣,幸使重臣临问,愚臣不足以奉明诏。窃见陛下新即位,开大明,除忌讳,博延名士,靡不并进。臣寻位卑术浅,过随众贤待诏,①食太官,衣御府,久污玉堂之署。②比得召见,亡以自效。③复特见延问至诚,自以逢不世出之命,愿竭愚心,不敢有所避,庶几万分有一可采。唯弃须臾之间,宿留瞽言,④考之文理,稽之《五经》,揆之圣意,以参天心。夫变异之来,各应象而至,臣谨条陈所闻。

①师古曰:"过犹谬也。"

②师古曰:"玉堂殿在未央宫。"

③师古曰:"比,频也。"

④师古曰:"间谓空隙之时也。宿音先就反。留音力救反。"

《易》曰:"县象著明,莫大乎日月。"①夫日者,众阳之长,辉光所烛,万里同晷,人君之表也。②故日将旦,清风发,群阴伏,君以临朝,不牵于色。日初出,炎以阳,君登朝,佞不行,忠直进,不蔽障。日中辉光,君德盛明,大臣奉公。日将入,专以壹,君就房,有常节。君不修道,则日失其度,晻昧亡光。③各有云为。其于东方作,日初出时,④阴云邪气起者,法为牵于女谒,⑤有所畏难;日出后,为近臣乱政;日中,为大臣欺诬;日且入,为妻妾役使所营。⑥间者日尤不精,光明侵夺失色,邪气珥蜺数作。本起于晨,相连至昏,其日出后至日中间差瘳。⑦小臣不知内事，窃以日视陛下志操，衰于始初多矣。其咎恐有以守正直言而得罪者，伤嗣害世，不可不慎也。唯陛下执乾刚之德，强志守度，毋听女谒邪臣之态。诸保阿乳母甘言悲辞之托，断而勿听。勉强大谊，绝小不忍；良有不得已，可赐以财货，不可私以官位，诚皇天之禁也。日失其光，则星辰放流。⑧阳不能制阴，阴桀得作。间者太白正昼经天。宜隆德克躬，以执不轨。

①师古曰：“《上系》之辞也。在天成象，故曰县象也。”

②师古曰：“晷，景也。”

③师古曰：“晻与暗同，又音乌感反。”

④师古曰：“作，起也。日出之时，人物皆起。”

⑤服虔曰：“谒，请也。”

⑥师古曰：“营谓绕也。”

⑦师古曰：“瘳与愈同。”

⑧张晏曰：“日夜食则失光，昼立六尺木，不见其景也。日阳失光明，阴得施也。”

　　臣闻月者，众阴之长，销息见伏，百里为品，千里立表，万里连纪，①妃后大臣诸侯之象也。朔晦正终始，弦为绳墨，望成君德，春夏南，秋冬北。间者，月数以春夏与日同道，②过轩辕上后受气，③入太微帝廷（杨）〔扬〕光辉，[19]犯上将近臣，列星皆失色，厌厌如灭，④此为母后与政乱朝，⑤阴阳俱伤，两不相便。外臣不知朝事，窃信天文即如此，近臣已不足杖矣。⑥屋大柱小，可为寒心。⑦唯陛下亲求贤士，无强所恶，以崇社稷，尊强本朝。⑧

①孟康曰：“品，同也，言百里内数度同也。千里则当立表度其景，万里则继其本所起纪其宿度也。”

②孟康曰：“房有四星，其间有三道。春夏南行，南头第一星里道也。秋冬北行，北头第一星里道也。与日同道者，谓中央道也。此三道者，日月五星之所由也。”

③孟康曰：“轩辕南大星为后。”

④郑氏曰：“厌音屡桑之屡。”师古曰：“音乌点反。”

⑤师古曰:"与读曰豫。"

⑥师古曰:"杖谓倚任也。"

⑦师古曰:"言天下事重大,臣之任当得贤能者。"

⑧师古曰:"邪佞之人诚可贱恶,勿得宠异,令其盛强也。"

　　臣闻五星者,五行之精,五帝司命,应王者号令为之节度。岁星主岁事,为统首,号令所纪,今失度而盛,此君指意欲有所为,未得其节也。又填星不避岁星者,后帝共政,相留于奎、娄,①当以义断之。(昔)〔荧〕惑往来亡常,[20]周历两宫,作态低卬,②入天门,上明堂,贯尾乱宫。③太白发越犯库,④兵寇之应也。贯黄龙,入帝庭,⑤当门而出,随荧惑入天门,至房而分,欲与荧惑为患,不敢当明堂之精。此陛下神灵,故祸乱不成也。荧惑厥弛,⑥佞巧依势,微言毁誉,进类蔽善。⑦太白出端门,⑧臣有不臣者。火入室,金上堂,⑨不以时解,其忧凶。填、岁相守,又主内乱。宜察萧墙之内,毋忽亲疏之微,⑩诛放佞人,防绝萌牙,以荡涤浊涊,消散积恶,⑪毋使得成祸乱。辰星主正四时,当效于四仲;四时失序,则辰星作异。今出于岁首之孟,天所以谴告陛下也。政急则出蚤,政缓则出晚,政绝不行则伏不见而为彗茀。⑫四孟皆出,为易王命;四季皆出,星家所讳。今幸独出寅孟之月,盖皇天所以笃右陛下也,⑬宜深自改。

①张晏曰:"岁星为帝,填星为女主也。"

②张晏曰:"两宫谓紫微、太微。"

③孟康曰:"角两星为天门,房为明堂,尾为后宫。"苏林曰:"常占(常)〔当〕从尾北,[21]而今贯之,尾为后宫之义也。"

④张晏曰:"发越,疾貌也。库,天库也。"孟康曰:"奎为天库。"

⑤张晏曰:"黄龙,轩辕也。"

⑥张晏曰:"厥弛,动摇貌。"

⑦师古曰:"进其党类而拥蔽善人。"

⑧孟康曰:"端门,太微正南门。"

⑨张晏曰:"荧惑入营室也。"孟康曰:"火入室谓荧惑历两宫也。金谓太白也。上堂,入房星也。"

⑩师古曰:"微谓其事微。"

⑪师古曰:"涉与秽同也。"

⑫师古曰:"萉与字同。"

⑬师古曰:"笃,厚也。右与祐同。祐犹助也。"

治国故不可以戚戚,欲速则不达。经曰:"三载考绩,三考黜陟。"①加以号令不顺四时,既往不咎,来事之师也。间者春三月治大狱,时贼阴立逆,恐岁小收;季夏举兵法,时寒气应,恐后有霜雹之灾;秋月行封爵,其月土湿奥,②恐后有雷雹之变。夫以喜怒赏罚,而不顾时禁,虽有尧舜之心,犹不能致和。善言天者,必有效于人。设上农夫而欲冬田,肉袒深耕,汗出种之,然犹不生者,非人心不至,天时不得也。《易》曰:"时止则止,时行则行,动静不失其时,其道光明。"③《书》曰:"敬授民时。"④故古之王者,尊天地,重阴阳,敬四时,严月令。顺之以善政,则和气可立致,犹枹鼓之相应也。⑤今朝廷忽于时月之令,诸侍中尚书近臣宜皆令通知月令之意,设群下请事;若陛下出令有谬于时者,当知争之,以顺时气。

①师古曰:"《虞书·舜典》之辞也,言三年一考功绩,三考一行黜陟也。"

②张晏曰:"违于月令也。"师古曰:"奥,温也,音於六反。"

③师古曰:"此《艮卦》象辞也。言动止随时则有光明也。"

④师古曰:"《虞书·尧典》之辞也。言授下以四时之命,不可不敬也。"

⑤师古曰:"枹,击鼓之椎也,音孚。其字从木也。"

臣闻五行以水为本,其星玄武婺女,天地所纪,终始所生。①水为准平,王道公正修明,则百川理,落脉通;②偏党失纲,则踊溢为败。《书》云"水曰润下",③阴动而卑,不失其道。天下有道,则河出图,洛出书,故河、洛决溢,所为最大。今汝、颍畎浍皆川水漂踊,与雨水并为民害,④此《诗》所谓"烨烨震电,不宁不令,百川沸腾"者也。⑤其咎在于皇甫卿士之属。⑥唯陛下留意诗人之言,少抑外亲大臣。

①孟康曰:"婺女,须女也,北方天地之统,阴阳之终始也。"

②师古曰："落谓经络也。"

③师古曰："《周书·洪范》之辞也。"

④师古曰："畎浍，小流也。许慎说广尺深尺曰畎，广二寻深二仞谓之浍。川者，水贯穿而通流也。畎音工犬反。浍音工外反。"

⑤师古曰："《诗·小雅·十月之交》之诗也。烨烨，光貌。宁，安；令，善也。言阴阳失和，雷电失序，不安不善，故百川又沸腾。"

⑥师古曰："皇甫卿士，周室女宠之族也，解在《刘向传》。"

　　臣闻地道柔静，阴之常义也。地有上中下，其上位震，应妃后不顺，中位应大臣作乱，下位应庶民离畔。震或于其国，国君之咎也。四方中央连国历州俱动者，其异最大。间者关东地数震，五星作异，亦未大逆，宜务崇阳抑阴，以救其咎；固志建威，闭绝私路，拔进英隽，退不任职，以强本朝。夫本强则精神折冲，本弱则招殃致凶，为邪谋所陵。①闻往者淮南王作谋之时，其所难者，独有汲黯，〔以为〕公孙弘等不足言也。[22] 弘，汉之名相，于今亡比，而尚见轻，何况亡弘之属乎？故曰朝廷亡人，则为贼乱所轻，其道自然也。天下未闻陛下奇策固守之臣也。语曰，何以知朝廷之衰？人人自贤，不务于通人，故世陵夷。②

①师古曰："折冲，言有欲冲突为害者，则能折挫之。"

②师古曰："通人谓荐达贤材也。陵夷谓颓替也。"

　　马不伏历，不可以趋道；士不素养，不可以重国。①《诗》曰"济济多士，文王以宁"，②孔子曰"十室之邑，必有忠信"，③非虚言也。陛下秉四海之众，曾亡柱干之固守闻于四境，殆开之不广，取之不明，劝之不笃。传曰："土之美者善养禾，君之明者善养士。"中人皆可使为君子。④诏书进贤良，赦小过，无求备，以博聚英俊。如近世贡禹，以言事忠切蒙尊荣，当此之时，士厉身立名者多。禹死之后，日日以衰。及京兆尹王章坐言事诛灭，智者结舌，⑤邪伪并兴，外戚颛命，⑥君臣隔塞，至绝继嗣，女宫作乱。⑦此行事之败，诚可畏而悲也。

①师古曰："伏历谓伏槽历而秣之也。趋读曰趣。"

②师古曰:"《大雅·文王》之诗也。已解于上。"

③师古曰:"《论语》载孔子之言也。"

④师古曰:"言在所以劝厉之。"

⑤师古曰:"不敢出言也。"

⑥师古曰:"颛与专同。"

⑦师古曰:"谓赵飞燕姊妹也。"

本在积任母后之家,非一日之渐,往者不可及,来者犹可追也。先帝大圣,深见天意昭然,使陛下奉承天统,欲矫正之也。宜少抑外亲,选练左右,举有德行道术通明之士充备天官,然后可以辅圣德,保帝位,承大宗。下至郎吏从官,行能亡以异,又不通一艺,及博士无文雅者,宜皆使就南亩,①以视天下,②明朝廷皆贤材君子,于以重朝尊君,灭凶致安,此其本也。臣自知所言害身,不辟死亡之诛,唯财留神,反覆覆愚臣之言。③

①师古曰:"遣归农业。"

②师古曰:"视读曰示。"

③师古曰:"财与裁同,谓裁量而反思之。"

是时哀帝初立,成帝外家王氏未甚抑黜,而帝外家丁、傅新贵,祖母傅太后尤骄恣,欲称尊号。丞相孔光、大司空师丹执政谏争,久之,上不得已,遂免光、丹而尊傅太后。语在《丹传》。上虽不从寻言,然采其语,每有非常,辄问寻。寻对屡中,迁黄门侍郎。以寻言且有水灾,故拜寻为骑都尉,使护河堤。

初,成帝时,齐人甘忠可诈造《天官历》、《包元太平经》十二卷,以言:"汉家逢天地之大终,当更受命于天,天帝使真人赤精子,下教我此道。"忠可以教重平夏贺良、容丘丁广世、①东郡郭昌等,中垒校尉刘向奏忠可假鬼神罔上惑众,下狱治服,未断病死。贺良等坐挟学忠可书以不敬论,后贺良等复私以相教。哀帝初立,司隶校尉解光亦以明经通灾异得幸,白贺良等所挟忠可书。事下奉车都尉刘歆,歆以为不合《五经》,不可施行。而李寻亦好之。光曰:"前歆父向奏忠可下狱,歆安肯

通此道?"时郭昌为长安令,劝寻宜助贺良等。寻遂白贺良等皆待诏黄
门,数召见,陈说"汉历中衰,当更受命。成帝不应天命,故绝嗣。今陛
下久疾,变异屡数,②天所以谴告人也。宜急改元易号,乃得延年益寿,
皇子生,灾异息矣。得道不得行,咎殃且亡,③不有洪水将出,灾火且
起,涤荡(人民)〔民人〕"。〔23〕

①服虔曰:"重平,勃海县也。"晋灼曰:"容丘,东海县也。"

②师古曰:"数音所角反。"

③师古曰:"言知道不能行之,必有殃咎,将至灭亡。"

哀帝久寝疾,几其有益,①遂从贺良等议。于是诏制丞相御史:"盖
闻《尚书》'五曰考终命',②言大运壹终,更纪天元人元,考文正理,推历
定纪,数如甲子也。朕以眇身入继太祖,承皇天,总百僚,子元元,未有
应天心之效。即位出入三年,灾变数降,日月失度,星辰错谬,高下贸
易,③大异连仍,盗贼并起。④朕甚惧焉,战战兢兢,唯恐陵夷。⑤惟汉兴
至今二百载,历纪开元,皇天降非材之右,汉国再获受命之符,⑥朕之不
德,曷敢不通夫受天之元命,必与天下自新。其大赦天下,以建平二年
为太初(元将)元年,〔24〕号曰陈圣刘太平皇帝。漏刻以百二十为度。布告
天下,使明知之。"后月馀,上疾自若。⑦贺良等复欲妄变政事,大臣争以
为不可许。贺良等奏言大臣皆不知天命,宜退丞相御史,以解光、李寻
辅政。上以其言亡验,遂下贺良等吏,而下诏曰:"朕获保宗庙,为政不
德,变异屡仍,恐惧战栗,未知所繇。⑧待诏贺良等建言改元易号,增益
漏刻,可以永安国家。朕信道不笃,过听其言,⑨几为百姓获福。⑩卒无
嘉应,久旱为灾。以问贺良等,对当复改制度,皆背经谊,违圣制,不合
时宜。夫过而不改,是为过矣。六月甲子诏书,非赦令也,皆蠲除
之。⑪〔25〕贺良等反道惑众,奸态当穷竟。"皆下狱,光禄勋平当、光禄大夫
毛莫如与御史中丞、廷尉杂治,当贺良等执左道,乱朝政,⑫倾覆国家,
诬罔主上,不道。贺良等皆伏诛。寻及解光减死一等,徙敦煌郡。

①师古曰:"几读曰冀。"

②师古曰:"《周书·洪范》五福之数也。言得寿考而终其命也。"

③师古曰:"言山崩川竭也。"

④师古曰:"仍,频也。"

⑤师古曰:"虑渐灭亡也。"

⑥师古曰:"右读曰祐。祐,助也。帝自言不材而得天助也。"

⑦师古曰:"自若言如故也。"

⑧师古曰:"繇读与由同。"

⑨师古曰:"过,误也。"

⑩师古曰:"几读曰冀。"

⑪师古曰:"唯赦令不改,馀皆除之。"

⑫师古曰:"当谓处正其罪名。"

　　赞曰:幽赞神明,通合天人之道者,莫著乎《易》《春秋》。①然子赣犹云"夫子之文章可得而闻,②夫子之言性与天道不可得而闻"已矣。③汉兴推阴阳言灾异者,孝武时有董仲舒、夏侯始昌,昭、宣则眭孟、夏侯胜,元、成则京房、翼奉、刘向、谷永,哀、平则李寻、田终术。此其纳说时君著明者也。察其所言,仿佛一端。④假经设谊,依托象类,或不免乎"亿则屡中"。⑤仲舒下吏,夏侯囚执,眭孟诛戮,李寻流放,此学者之大戒也。京房区区,不量浅深,危言刺讥,构怨强臣,罪辜不旋踵,亦不密以失身,悲夫!⑥

①师古曰:"幽,深;赞,明也。"

②师古曰:"谓《易辞文言》及《春秋》之属是。"

③师古曰:"性命玄远,天道幽深,故孔子不言之也。此皆《论语》述子贡之言也。"

④师古曰:"仿读曰髣。佛与髴同。"

⑤师古曰:"《论语》称孔子曰'赐不受命,而货殖焉,亿则屡中',故此赞引之,言仲舒等亿度,所言既多,故时有中者耳,非必道术皆通明也。亿音於力反。"

⑥师古曰:"《易·上系辞》曰'君不密则失臣,臣不密则失身',故赞引之也。"

【校勘记】

〔1〕　汉之〈决录〉〔炔钦〕又不作眭字,　宋祁说,"决录"浙本作"炔钦"。叶德

辉说,《儒林传》许商门人有齐人炔钦,则作"决录"者误也。

〔2〕　(而)泰山者岱宗之岳,　景祐、殿本都无"而"字。

〔3〕　光卒与安世(共)白太后,　景祐、殿本都无"共"字。

〔4〕　察(谓)〔为〕计谋不敢明显言之也。　景祐、殿本都作"为"。王先谦说"为""谓"同字。

〔5〕　物故者(过)半。　宋祁说,"者"字下疑有"过"字。按景祐本无"过"字,殿本亦无。

〔6〕　言于胜及高两处采问疑义而得(之)。　宋祁说,注末当有"之"字。按景祐本无"之"字,殿本亦无。

〔7〕　令觉之,自除,二尉负其(二)〔罪〕。　殿本作"罪"。王先谦说作"罪"是。

〔8〕　如知(之),何故用之?　景祐、殿本都无"之"字,《通鉴》同。

〔9〕　臣〔前〕以六月中言《遁卦》不效,　景祐、殿本都有"前"字。

〔10〕　诡,责也,〔自以为忧责也〕。　景祐、殿本都有后六字。

〔11〕　(固)〔因〕令房为淮阳王作求朝奏草,　景祐、殿本都作"因"。

〔12〕　平昌侯王临以宣(布)〔帝〕外属侍中,　景祐、殿、局本都作"帝",此误。

〔13〕　无所(加)〔容〕受,　景祐、殿本都作"容"。王先谦说作"容"是。

〔14〕　省苑(囿)〔马〕,　景祐本作"马"。王念孙说景祐本是。

〔15〕　貗音(完)〔桓〕。　景祐、殿本都作"桓"。

〔16〕　(凰)〔凤〕皇,　景祐、殿本都作"凤",此误。

〔17〕　左据成皋,(左)〔右〕阻黾池,　景祐、殿、局本都作"右"。

〔18〕　仡音,(目)〔巨〕乙反,　景祐、殿、局本都作"巨",此误。

〔19〕　入太微帝廷(杨)〔扬〕光辉,　景祐、殿本都作"扬",此误。

〔20〕　(营)〔荧〕惑往来亡常,　刘攽说"营"当作"荧"。按殿本作"荧"。

〔21〕　常占(常)〔当〕从尾北,　景祐、殿本都作"当"。王先谦说作"当"是。

〔22〕　〔以为〕公孙弘等不足言也。　景祐、殿本都有"以为"二字。

〔23〕　涤荡(人民)〔民人〕。　景祐、殿本都作"民人"。

〔24〕　以建平二年为太初(元将)元年,　景祐、殿本都无"元将"二字。

〔25〕　六月甲子诏书,非赦令也,皆蠲除之。⑪　注⑪原在"也"字下,改从景祐、殿本。

汉书卷七十六

赵尹韩张两王传第四十六

赵广汉字子都,涿郡蠡吾人也,①故属河间。②少为郡吏、州从事,以廉絜通敏下士为名。③举茂材,平准令。察廉为阳翟令。以治行尤异,迁京辅都尉,守京兆尹。会昭帝崩,而新丰杜建为京兆掾,护作平陵方上。④建素豪侠,宾客为奸利,广汉闻之,先风告。建不改,⑤于是收案致法。⑥中贵人豪长者为请无不至,终无所听。⑦宗族宾客谋欲篡取,⑧广汉尽知其计议主名起居,⑨使吏告曰:"若计如此,且并灭家。"令数吏将建弃市,莫敢近者。京师称之。

①师古曰:"蠡音礼。"

②师古曰:"言蠡吾旧属河间,后属涿郡。"

③师古曰:"敏谓材识捷疾也。下音胡嫁反。"

④孟康曰:"圹臧上也。"师古曰:"方上〔解〕在《张汤传》。"[1]

⑤师古曰:"风读曰讽。"

⑥师古曰:"致,至也。令至于罪罚之法。"

⑦师古曰:"中贵人,居中朝而贵者也。豪,豪桀也。长者,有名德之人也。"

⑧师古曰:"逆取曰篡。"

⑨师古曰:"起居谓居止之处,及欲发起之状。"

是时,昌邑王征即位,行淫乱,大将军霍光与群臣共废王,尊立宣帝。广汉以与议定策,赐爵关内侯。①

①师古曰:"与读曰豫。"

迁颍川太守。郡大姓原、褚宗族横恣,①宾客犯为盗贼,前二千石莫能禽制。广汉既至数月,诛原、褚首恶,郡中震栗。

①李奇曰："原音元。"师古曰："原、褚,二姓也。原读如本字。横音胡孟反。"

先是,颍川豪桀大姓相与为婚姻,吏俗朋党。广汉患之,厉使其中可用者受记,①出有案问,既得罪名,行法罚之,广汉故漏泄其语,令相怨咎。②又教吏为缿筩,③及得投书,削其主名,而托以为豪桀大姓子弟所言。其后强宗大族家家结为仇雠,奸党散落,风俗大改。吏民相告讦,④广汉得以为耳目,盗贼以故不发,发又辄得。壹切治理,威名流闻,⑤及匈奴降者言匈奴中皆闻广汉。

①服虔曰："受相讼笺记也。"师古曰："择其中可使者,奖厉而使之。"

②师古曰："遣知其事由某人发,故结怨咎也。"

③苏林曰："缿音项,如瓶,可受投书。"孟康曰："筩,竹筩也,如今官受密事筩也。"师古曰："缿,若今盛钱藏瓶,为小孔,可入而不可出。或缿或(筒)〔筩〕,[2]皆为此制,而用受书,令投于其中也,筩音同。"

④师古曰："面相斥曰讦,音居义反,又音居谒反。"

⑤师古曰："言诸事皆治理也。治音直吏反。一切,解在《平纪》。"

本始二年,汉发五将军击匈奴,征广汉以太守将兵,属蒲类将军赵充国。从军还,复用守京兆尹,满岁为真。

广汉为二千石,以和颜接士,其尉荐待遇吏,殷勤甚备。①事推功善,归之于下,曰："某掾卿所为,非二千石所及。"行之发于至诚。吏见者皆输写心腹,无所隐匿,咸愿为用,僵仆无所避。②广汉聪明,皆知其能之所宜,尽力与否。其或负者,辄先闻知,风谕不改,乃收捕之,③无所逃,按之罪立具,即时伏辜。

①如淳曰："尉亦荐藉也。"师古曰："尉荐谓安尉而荐达之。"

②师古曰："僵,偃也。仆,顿也。僵音姜。仆音赴。"

③师古曰："风读曰讽。"

广汉为人强力,天性精于吏职。见吏民,或夜不寝至旦。尤善为钩距,以得事情。①钩距者,设欲知马贾,则先问狗,②已问羊,又问牛,然后及马,参伍其贾,以类相准,则知马之贵贱不失实矣。唯广汉至精能行之,它人效者莫能及也。郡中盗贼,闾里轻侠,其根株窟穴所在,及吏受

取请求铢两之奸，皆知之。长安少年数人会穷里空舍谋共劫人，③坐语
未讫，广汉使吏捕治具服。富人苏回为郎，二人劫之。④有顷，广汉将吏
到家，自立庭下，使长安丞龚奢叩堂户晓贼，⑤曰："京兆尹赵君谢两卿，
无得杀质，此宿卫臣也。释质，束手，得善相遇，幸逢赦令，或时解
脱。"⑥二人惊愕，又素闻广汉名，即开户出，下堂叩头，广汉跪谢曰："幸
全活郎，甚厚！"送狱，敕吏谨遇，给酒肉。至冬当出死，豫为调棺，给敛
葬具，告语之，⑦皆曰："死无所恨！"

①苏林曰："钩得其情，使不得去也。"晋灼曰："钩，致；距，闭也。使对者无疑，
　若不问而自知，众莫觉所由以闭，其术为距也。"师古曰："晋说是也。"

②师古曰："贾读曰价。"

③师古曰："穷里，里中之极隐处。"

④师古曰："劫取其身为质，令家将财物赎之。"

⑤师古曰："晓谓喻告之。"

⑥师古曰："若束手自来，虽合处牢狱，当善处遇之，或逢赦令，则得免脱也。
　脱音吐活反。"

⑦师古曰："调，办具之也。棺敛，以棺衣敛尸也。调音徒钓反。棺音工唤反。
　敛音力赡反。"

　　广汉尝记召湖都亭长，①湖都亭长西至界上，界上亭长戏曰："至
府，为我多谢问赵君。"②亭长既至，广汉与语，问事毕，谓曰："界上亭长
寄声谢我，③何以不为致问？"亭长叩头服实有之。广汉因曰："还为吾
谢界上亭长，勉思职事，有以自效，京兆不忘卿厚意。"其发奸擿伏如神，
皆此类也。④

①师古曰："为书记以召之，若今之下符追呼人也。"

②师古曰："多，厚也，言殷勤，若今人言千万问讯矣。"

③师古曰："谢，告也。"

④师古曰："擿谓动发之也，音它狄反。"

　　广汉奏请，令长安游徼狱吏秩百石，①其后百石吏皆差自重，不敢
枉法妄系留人。京兆政清，吏民称之不容口。长老传以为自汉兴以来

治京兆者莫能及。左冯翊、右扶风皆治长安中，②犯法者从迹喜过京兆界。③广汉叹曰："乱吾治者，常二辅也！诚令广汉得兼治之，直差易耳。"

①师古曰："特增其秩以厉其行。"

②师古曰："治音直吏反。"

③师古曰："从读曰纵。喜音许吏反。"

初，大将军霍光秉政，广汉事光。及光薨后，广汉心知微指，①发长安吏自将，与俱至光子博陆侯禹第，直突入其门，廋索私屠酤，椎破卢罂，斧斩其门关而去。②时光女为皇后，闻之，对帝涕泣。帝心善之，以召问广汉。广汉由是侵犯贵戚大臣。所居好用世吏子孙新进年少者，③专厉强壮蠭气，④见事风生，无所回避，⑤率多果敢之计，莫为持难。广汉终以此败。

①师古曰："识天子意也。"

②师古曰："廋读与搜同，谓入室求之也。卢所以居罂，罂所以盛酒也。卢解在《食货志》、《司马相如传》。罂音於耕反。"

③师古曰："言旧吏家子孙而其人后出求进，又年少也。"

④师古曰："蠭与锋同，言锋锐之气。"

⑤师古曰："风生，言其速疾不可当也。回，曲也。"

初，广汉客私酤酒长安市，丞相〔史〕〔吏〕逐去〔客〕。[3]客疑男子苏贤言之，以语广汉。广汉使长安丞按贤，①尉史禹故劾贤为骑士屯霸上，不诣屯所，乏军兴。②贤父上书讼罪，告广汉，事下有司覆治。禹坐要斩，请逮捕广汉。有诏即讯，③辞服，会赦，贬秩一等。广汉疑其邑子荣畜教令，④后以它法论杀畜。人上书言之，事下丞相御史，案验甚急。广汉使所亲信长安人为丞相府门卒，令微司丞相门内不法事。地节三年七月中，丞相傅婢有过，自绞死。广汉闻之，疑丞相夫人妒杀之府舍。而丞相奉斋酎入庙祠，⑤广汉得此，使中郎赵奉寿风晓丞相，⑥欲以胁之，毋令穷正己事。丞相不听，按验愈急。广汉欲告之，先问太史知星气者，言今年当有戮死大臣，广汉即上书告丞相罪。制曰："下京兆尹

治。"广汉知事迫切,遂自将吏卒突入丞相府,召其夫人跪庭下受辞,⑦
收奴婢十馀人去,责以杀婢事。丞相魏相上书自陈:"妻实不杀婢。广
汉数犯罪法不伏辜,以诈巧迫胁臣相,幸臣相宽不奏。愿下明使者治广
汉所验臣相家事。"事下廷尉治(罪),[4]实丞相自以过遣笞傅婢,出至外
弟乃死,不如广汉言。司直萧望之劾奏:"广汉摧辱大臣,欲以劫持奉
公,逆节伤化,不道。"宣帝恶之,下广汉廷尉狱,又坐贼杀不辜,鞫狱故
不以实,擅斥除骑士乏军兴数罪。⑧天子可其奏。吏民守阙号泣者数万
人,或言:"臣生无益县官,愿代赵京兆死,使得牧养小民。"广汉竟坐
要斩。

①师古曰:"按,致其罪也。"

②文颖曰:"尉史,尉部史也。禹,其名。"

③师古曰:"令就问之,不追入狱也。"

④师古曰:"苏贤同邑之子也。令音力成反。"

⑤师古曰:"将酌祭宗庙而先絜斋也。"

⑥师古曰:"风读曰讽。"

⑦师古曰:"受其对辞也。"

⑧师古曰:"斥除,逐遣之。"

　　广汉虽坐法诛,为京兆尹廉明,威制豪强,小民得职。①百姓追思,
歌之至今。

①师古曰:"得职,各得其常所也。"

　　尹翁归字子兄,①河东平阳人也,徙杜陵。翁归少孤,与季父居。
为狱小吏,晓习文法。喜击剑,人莫能当。②是时大将军霍光秉政,诸霍
在平阳,奴客持刀兵入市斗变,吏不能禁,③及翁归为市吏,莫敢犯者。
公廉不受饭饿,④百贾畏之。

①师古曰:"兄读曰况。"

②师古曰:"喜音许吏反。"

③师古曰:"变,乱也。"

④师古曰:"饿亦馈字也。"

　　后去吏居家。会田延年为河东太守,行县至平阳,悉召故吏五六十人,延年亲临见,令有文者东,有武者西。阅数十人,次到翁归,独伏不肯起,对曰:"翁归文武兼备,唯所施设。"功曹以为此吏倨敖不逊,①延年曰:"何伤?"遂召上辞问,②甚奇其对,除补卒史,便从归府。案事发奸,穷竟事情,延年大重之,自以能不及翁归,徙署督邮。河东二十八县,分为两部,闳孺部汾北,翁归部汾南。③所举应法,得其罪辜,属县长吏虽中伤,莫有怨者。举廉为缑氏尉,历守郡中,所居治理,④迁补都内令,举廉为弘农都尉。

　　①师古曰:"敖读曰傲。"
　　②师古曰:"为文辞而问之。"
　　③师古曰:"闳,姓也,音宏。"
　　④师古曰:"历于郡中守丞尉之职也。"

　　征拜东海太守,过辞廷尉于定国。定国家在东海,欲属托邑子两人,①令坐后堂待见。定国与翁归语终日,不敢见其邑子。既去,定国乃谓邑子曰:"此贤将,汝不任事也,又不可干以私。"②

　　①师古曰:"邑子,同邑人之子也。属音之欲反。"
　　②师古曰:"任,堪也。干,求也。"

　　翁归治东海明察,郡中吏民贤不肖,及奸邪罪名尽知之。县县各有记籍。自听其政,①有急名则少缓之;吏民小解,辄披籍。②县县收取黠吏豪民,案致其罪,高至于死。收取人必于秋冬课吏大会中,及出行县,③不以无事时。其有所取也,以一警百,吏民皆服,恐惧改行自新。东海大豪郯许仲孙④为奸猾,乱吏治,郡中苦之。二千石欲捕者,辄以力势变诈自解,终莫能制。翁归至,论弃仲孙市,一郡怖栗,莫敢犯禁。东海大治。

　　①师古曰:"言决断诸县奸邪之事,不委令长。"
　　②服虔曰:"披有罪者籍也。"师古曰:"解读曰懈。"
　　③师古曰:"于大会之中及行县时则收取罪人,以警众也。行音下更反。"
　　④师古曰:"郯县之豪,姓许名仲孙。"

以高第入守右扶风,满岁为真。选用廉平疾奸吏以为右职,接待以礼,好恶与同之;其负翁归,罚亦必行。治如在东海故迹,奸邪罪名亦县县有名籍。盗贼发其比伍中,①翁归辄召其县长吏,晓告以奸黠主名,教使用类推迹盗贼所过抵,②类常如翁归言,无有遗(托)〔脱〕。③[5]缓于小弱,急于豪强。豪强有论罪,输掌畜官,④使斫莝,⑤责以员程,不得取代。⑥不中程,辄笞督,⑦极者至以莝自到而死。⑧京师畏其威严,扶风大治,资贼课常为三辅最。⑨

①师古曰:"比谓左右相次者也。五家为伍,若今五保也。比音频寐反。"

②师古曰:"抵,归也。所经过及所归投也。"

③师古曰:"类犹率也。"

④师古曰:"论罪,决罪也。扶风畜牧所在,有苑师之属,故曰掌畜官也。畜音许救反。"

⑤师古曰:"莝,斩刍,音千卧反。"

⑥师古曰:"员,数也。计其人及日数为功程。"

⑦师古曰:"督,责也。"

⑧师古曰:"铁,斫莝刃也,音大夫之夫。使其斫莝,故因以莝刃自到。而说者或谓为斧,或云剑铁,皆失之也。"

⑨师古曰:"言发则获之,无有遗失,故为最也。"

翁归为政虽任刑,其在公卿之间清絜自守,语不及私,然温良嗛退,不以行能骄人,①甚得名誉于朝廷。视事数岁,元康四年病卒。家无馀财,天子贤之,制诏御史:"朕夙兴夜寐,以求贤为右,②不异亲疏近远,务在安民而已。扶风翁归廉平乡正,③治民异等,早夭不遂,不得终其功业,朕甚怜之。其赐翁归子黄金百斤,以奉其祭祠。"

①师古曰:"嗛,古以为谦字。"

②师古曰:"右犹上也。"

③师古曰:"乡读曰向。"

翁归三子皆为郡守。少子岑历位九卿,至后将军。而闳孺亦至广陵相,有治名。由是世称田延年为知人。

韩延寿字长公,燕人也,徙杜陵。少为郡文学。父义为燕郎中。刺王之谋逆也,义谏而死,燕人闵之。是时昭帝富于春秋,大将军霍光持政,征郡国贤良文学,问以得失。时魏相以文学对策,以为"赏罚所以劝善禁恶,政之本也。日者燕王为无道,①韩义出身强谏,为王所杀。义无比干之亲而蹈比干之节,②宜显赏其子,以示天下,明为人臣之义。"光纳其言,因擢延寿为谏大夫,迁淮阳太守。治甚有名,徙颍川。

①师古曰:"日者犹言往日也。"

②师古曰:"殷之比干,纣之诸父,谏纣而死,故以为喻也。"

颍川多豪强,难治,国家常为选良二千石。先是,赵广汉为太守,患其俗多朋党,故构会吏民,令相告讦,①一切以为聪明,颍川由是以为俗,民多怨雠。延寿欲更改之,教以礼让,恐百姓不从,乃历召郡中长老为乡里所信向者数十人,设酒具食,亲与相对,接以礼意,人人问以谣俗,民所疾苦,②为陈和睦亲爱销除怨咎之路。长老皆以为便,可施行,因与议定嫁娶丧祭仪品,略依古礼,不得过法。延寿于是令文学校官诸生皮弁执俎豆,③为吏民行丧嫁娶礼。百姓遵用其教,卖偶车马下里伪物者,弃之市道。④数年,徙为东郡太守,黄霸代延寿居颍川,霸因其迹而大治。

①师古曰:"构,结也。"

②师古曰:"谣俗谓闾里歌谣,政教善恶也。"

③师古曰:"校亦学也,音效。"

④张晏曰:"下里,地下蒿里伪物也。"师古曰:"偶谓木土为之,象真车马之形也。偶,对也。弃其物于市之道上也。"

延寿为吏,上礼义,好古教化,所至必聘其贤士,以礼待用,广谋议,纳谏争;举行丧让财,表孝弟有行;修治学官,①春秋乡(社)〔射〕,[6]陈钟鼓管弦,盛升降揖让,及都试讲武,设斧钺旌旗,习射御之事。治城郭,收赋租,先明布告其日,以期会为大事,吏民敬畏趋乡之。②又置正、五长,③相率以孝弟,不得舍奸人。④闾里仟佰有非常,吏辄闻知,奸人莫敢入界。其始若烦,后吏无追捕之苦,民无箠楚之忧,⑤皆便安之。接待下吏,恩施甚厚而约誓明。或欺负之者,延寿痛自刻责:"岂其负之,何以至此?"⑥吏闻者自伤悔,其县尉至自刺死。及门下掾自刭,人救不殊,因暗不能言。⑦延寿闻之,对掾史涕泣,遣吏医治视,⑧厚复其家。⑨

①师古曰:"学官谓庠序之舍也。"

②师古曰:"趋读曰趣。乡读曰向。"

③师古曰:"正若今之乡正、里正也。五长,同伍之中置一人为长也。"

④师古曰:"舍,止也。"

⑤师古曰:"箠,杖也。楚,荆木也,即今之荆子也。箠音止蕊反。"

⑥师古曰:"言岂我负之邪,其人何以为此事?"

⑦师古曰:"殊,绝也。以人救之,故身首不相绝也。暗音於今反。"

⑧师古曰:"遣医治之而吏护视之。"

⑨师古曰:"复音方目反。"

延寿尝出,临上车,骑吏一人后至,敕功曹议罚白。①还至府门,门卒当车,愿有所言。延寿止车问之,卒曰:"《孝经》曰:'资于事父以事君,而敬同,故母取其爱,而君取其敬,兼之者父也。'②今旦明府早驾,久驻未出,骑吏父来至府门,不敢入。骑吏闻之,趋走出谒,适会明府登车。以敬父而见罚,得毋亏大化乎?"延寿举手舆中曰:"微子,太守不自知过。"③归舍,召见门卒。卒本诸生,闻延寿贤,无因自达,故代卒,④延寿遂待用之。其纳善听谏,皆此类也。在东郡三岁,令行禁止,断狱大减,为天下最。

①师古曰:"令定其罪名而更白之。"

②师古曰:"资,取也。取事父之道以事君,其敬则同也。母则极爱,君则极敬,不如父之兼敬爱也。"

③师古曰:"微,无也。"

④师古曰:"代人为卒也。"

入守左冯翊,满岁称职为真。岁馀,不肯出行县。①丞掾数白:"宜循行郡中,览观民俗,考长吏治迹。"延寿曰:"县皆有贤令长,督邮分明善恶于外,行县恐无所益,重为烦扰。"②丞掾皆以为方春月,可壹出劝耕桑。延寿不得已，行县至高陵，民有昆弟相与讼田自言，延寿大伤之，曰：“幸得备位，为郡表率，不能宣明教化，至令民有骨肉争讼，既伤风化，重使贤长吏、啬夫、三老、孝弟受其耻，③咎在冯翊，当先退。”是日移病不听事，因入卧传舍，闭阁思过。一县莫知所为，令丞、啬夫、三老亦皆自系待罪。于是讼者宗族传相责让，此两昆弟深自悔，皆自髡肉袒谢，愿以田相移，终死不敢复争。④延寿大喜，开阁延见，内酒肉与相对饮食，厉勉以意告乡部，有以表劝悔过从善之民。⑤延寿乃起听事，劳谢令丞以下，引见尉荐。郡中歙然，莫不传相敕厉，不敢犯。延寿恩信周遍二十四县，莫复以辞讼自言者。推其至诚，吏民不忍欺绐。⑥

①师古曰："行音下更反。其后亦同。"

②师古曰："重音直用反。"

③师古曰："重音直用反。"

④师古曰："移犹传也。一说兄以让弟，弟又让之，故云相移。"

⑤师古曰："以其悔过从善，故令表显以示劝励。"

⑥师古曰："绐，诳也。"

延寿代萧望之为左冯翊，而望之迁御史大夫。侍谒者福为望之道延寿在东郡时放散官钱千馀万。望之与丞相丙吉议，吉以为更大赦，不须考。①会御史当问〔事〕东郡，〔七〕望之因令并问之。②延寿闻知，即部吏案校望之在冯翊时廪牺官钱放散百馀万。廪牺吏掠治急，自引与望之为奸。延寿劾奏，移殿门禁止望之。望之自奏"职在总领天下，闻事不敢不问，而为延寿所拘持"。上由是不直延寿，各令穷竟所考。望之卒无事实，而望之遣御史案东郡，具得其事。延寿在东郡时，试骑士，③治饰兵车，画龙虎朱爵。延寿衣黄纨方领，④驾四马，傅总，建幢棨，⑤植羽葆，⑥鼓车歌车。⑦功曹引车，皆驾四马，载棨戟。五骑为伍，分左右部，军假司马、千人持幢旁毂。⑧歌者先居射室，⑨望见延寿车，嗷咷楚歌。⑩延寿坐射室，骑吏持戟夹陛列立，骑士从者带弓鞬罗后。⑪令骑士兵车四面营陈，被甲鞮鍪马上，抱弩负蘭。⑫又使骑士戏车弄马盗骖。⑬延寿又取官铜物，候月蚀铸作刀剑钩镡，放效尚方事。⑭及取官钱帛，私假繇使吏。⑮及治饰车甲三百万以上。

①师古曰:"更音工衡反。"

②师古曰:"望之以延寿代己为冯翊,而有能名出己之上,故忌害之,欲陷以
　　罪法。"

③师古曰:"每岁大试也。"

④晋灼曰:"以黄色素作直领也。"师古曰:"衣音於既反。"

⑤李奇曰:"载也。"晋灼曰:"傅,著也。总,以缇缯饰镳辖也。建,立也。幢,
　　旌幢也。棨,载也。"师古曰:"幢,麾也。棨,有衣之戟也,其衣以赤黑缯为
　　之。幢音大江反。棨音启。"

⑥师古曰:"植亦立也。羽葆,聚翟尾为之,亦今纛之类也。植音常职反。"

⑦孟康曰:"如今郊驾时车上鼓吹也。"师古曰:"郊驾,郊祀时备法驾也。"

⑧师古曰:"旁音步浪反。"

⑨李奇曰:"都试射堂也。"

⑩服虔曰:"嗷音叫呼之叫。咷音涤濯之涤。"师古曰:"咷音它钓反。"

⑪师古曰:"韇,弓衣也,音居言反。"

⑫如淳曰:"蘭,盛弩箭籣也。"师古曰:"鞬鞥即兜鍪也。蘭,盛弩矢者也,其形
　　如木桶。鞬音丁奚反。鞥音莫侯反。"

⑬孟康曰:"戏车弄马之技也。驰盗解骖马,御者不见也。"

⑭师古曰:"钩亦兵器也,似剑而曲,所以钩杀人也。镡,剑喉也。又曰镡似剑
　　而小狭。镡音淫,又音寻。"

⑮师古曰:"假谓顾赁也。繇读与徭同。"

于是望之劾奏延寿上僭不道,又自陈:"前为延寿所奏,今复举延寿
罪,众庶皆以臣怀不正之心,侵冤延寿。愿下丞相、中二千石、博士议其
罪。"事下公卿,皆以延寿前既无状,后复诬愬典法大臣,欲以解罪,狡猾
不道。天子恶之,延寿竟坐弃市。吏民数千人送至渭城,老小扶持车
毂,争奏酒炙。①延寿不忍距逆,人人为饮,计饮酒石馀。使掾史分谢送
者:"远苦吏民,延寿死无所恨。"百姓莫不流涕。

①师古曰:"奏,进也。"

延寿三子皆为郎吏。且死,属其子勿为吏,以己为戒。①子皆以父

言去官不仕。至孙威，乃复为吏至将军。威亦多恩信，能拊众，得士死力。威又坐奢僭诛，延寿之风类也。

　　①师古曰："属音之欲反。"

　　张敞字子高，本河东平阳人也。祖父孺为上谷太守，徙茂陵。敞父福事孝武帝，官至光禄大夫。敞后随宣帝徙杜陵。敞本以乡有秩补太守卒史，①察廉为甘泉仓长，稍迁太仆丞，杜延年甚奇之。②会昌邑王征即位，动作不由法度，敞上书谏曰："孝昭皇帝蚤崩无嗣，③大臣忧惧，选贤圣承宗庙，东迎之日，唯恐属车之行迟。④今天子以盛年初即位，天下莫不拭目倾耳，观化听风。⑤国辅大臣未褒，而昌邑小辇先迁，⑥此过之大者也。"后十馀日王贺废，敞以切谏显名，擢为豫州刺史。以数上事有忠言，宣帝征敞为太中大夫，与于定国并平尚书事。以正违忤大将军霍光，⑦而使主兵车出军省减用度，⑧复出为函谷关都尉。宣帝初即位，废王贺在昌邑，上心惮之，徙敞为山阳太守。

　　①师古曰："乡有秩者，啬夫之类也。"

　　②师古曰："延年时为太仆也。"

　　③师古曰："蚤，古早字。"

　　④师古曰："不欲斥乘舆，故但言属车耳。属音之欲反。"

　　⑤师古曰："言改易视听，欲急闻见善政化也。拭音式。"

　　⑥李奇曰："挽辇小臣也。"

　　⑦师古曰："守正不阿也。"

　　⑧师古曰："令其主节减军兴之用度也。"

　　久之，大将军霍光薨，宣帝始亲政事，封光兄孙山、云皆为列侯，以光子禹为大司马。顷之，山、云以过归第，霍氏诸婿亲属颇出补吏。敞闻之，上封事曰："臣闻公子季友有功于鲁，大夫赵衰有功于晋，①大夫田完有功于齐，皆畴其(官邑)〔庸〕，[8]延及子孙，终后田氏篡齐，赵氏分晋，季氏颛鲁。②故仲尼作《春秋》，迹盛衰，③讥世卿最甚。乃者大将军决大计，安宗庙，定天下，功亦不细矣。夫周公七年耳，而大将军二十岁,海内之命,断于掌握。方其隆时,感动天地,侵迫阴阳,月朓日蚀,昼冥宵光,④地大震裂,火生地中,天文失度,祅祥变怪,不可胜记,皆阴类盛长,臣下颛制之所生也。朝臣宜有明言,曰陛下褒宠故大将军以报功德足矣。间者辅臣颛政,贵戚太盛,君臣之分不明,请罢霍氏三侯皆就弟。及卫将军张安世,宜赐几杖归休,时存问召见,以列侯为天子师。明诏以恩不听,群臣以义固争而后许,天下必以陛下为不忘功德,而朝臣为知礼,霍氏世世无所患苦。今朝廷不闻直声,⑤而令明诏自亲其文,非策之得者也。⑥今两侯以出,人情不相远,以臣心度之,大司马及其枝属必有畏惧之心。夫近臣自危,非完计也,臣敞愿于广朝自发其端,直守远郡,其路无由。⑦夫心之精微口不能言也,言之微眇书不能文也,⑧故伊尹五就桀,五就汤,⑨萧相国荐淮阴累岁乃得通,况乎千里之外,因书文谕事指哉!唯陛下省察。"上甚善其计,然不征也。

①师古曰:"衰音初为反。"

②师古曰:"颛与专同。下皆类此。"

③师古曰:"著盛衰之迹。"

④师古曰:"冥,暗也。宵,夜也。朓音它了反。"

⑤师古曰:"言朝臣不进直言,以陈其事。"

⑥师古曰:"言失计也。"

⑦师古曰:"直读曰值。"

⑧师古曰:"眇,细也。"

⑨师古曰:"《孟子》云'五就汤五就桀者,伊尹也',言伊尹为汤臣,见贡于桀,桀不用而汤复贡之,如此者五也。"

久之,勃海、胶东盗贼并起,敞上书自请治之,曰:"臣闻忠孝之道,退家则尽心于亲,进官则竭力于君。夫小国中君犹有奋不顾身之臣,况于明天子乎!今陛下游意于太平,劳精于政事,亹亹不舍昼夜。①群臣有司宜各竭力致身。山阳郡户九万三千,口五十万以上,讫计盗贼未得者七十七人,②它课诸事亦略如此。臣敞愚驽,既无以佐思虑,久处闲郡,③身逸乐而忘国事,非忠孝之节也。伏闻胶东、勃海左右郡岁数不登,④盗贼并起,至攻官寺,篡囚徒,搜市朝,劫列侯。吏失纲纪,奸轨不禁。臣敞不敢爱身避死,唯明诏之所处,愿尽力摧挫其暴虐,存抚其孤弱。事即有业,所至郡条奏其所由废及所以兴之状。"⑤书奏,天子征敞,拜胶东相,赐黄金三十斤。敞辞之官,自请治剧郡非赏罚无以劝善惩恶,⑥吏追捕有功效者,愿得壹切比三辅尤异。⑦天子许之。

①师古曰:"亹亹言勉强也。舍,息也。亹音尾。"

②师古曰:"讫,尽也。"

③师古曰:"閒读曰闲。"

④师古曰:"年谷频不孰也。"

⑤师古曰:"有业,言各得其所。"

⑥师古曰:"惩,止也。"

⑦如淳曰:"壹切,权时也。赵广汉奏请令长安游徼狱史秩百石,又《循吏传》左冯翊有二百石卒史,此之谓尤异也。"

敞到胶东,明设购赏,开群盗令相捕斩除罪。吏追捕有功,上名尚书调补县令者数十人。①由是盗贼解散,传相捕斩。吏民歙然,②国中遂平。

①师古曰:"调,选也,音徒钓反。"

②师古曰:"歙音翕。"

居顷之,王太后数出游猎,敞奏书谏曰:"臣闻秦王好淫声,叶阳后为不听郑卫之乐;①楚严好田猎,樊姬为(之)不食鸟兽之肉。②[9]口非恶旨甘,耳非憎丝竹也,所以抑心意,绝耆欲者,③将以率二君而全宗祀也。礼,君母出门则乘辎軿,下堂则从傅母,④进退则鸣玉佩,内饰则结绸缪。⑤此言尊贵所以自敛制,不从恣之义也。⑥今太后资质淑美,慈爱宽仁,诸侯莫不闻,而少以田猎纵欲为名,于以上闻,亦未宜也。⑦唯观览于往古,全行乎来今,令后姬得有所法则,下臣有所称诵,臣敞幸甚!"书奏,太后止不复出。

①孟康曰:"叶阳,秦昭王后也。"师古曰:"叶(阳)〔音〕式涉反。"[10]

②师古曰:"樊姬,楚庄王姬也。"

③师古曰："耆读曰嗜。"

④师古曰："辒辌，衣车也。辒音鼊，又音楚疑反。辌音步千反，又音步丁反。"

⑤文颖曰："谓衣裹结束绸缪也。"师古曰："组纽之属，所以自结固也。绸音直留反。缪音一虬反。"

⑥师古曰："从读曰纵。"

⑦师古曰："上闻，闻于天子也。"

是时颍川太守黄霸以治行第一入守京兆尹。霸视事数月，不称，罢归颍川。于是制诏御史："其以胶东相敞守京兆尹。"自赵广汉诛后，比更守尹，①如霸等数人，皆不称职。京师寖废，②长安市偷盗尤多，百贾苦之。上以问敞，敞以为可禁。敞既视事，求问长安父老，偷盗酋长数人，③居皆温厚，出从童骑，间里以为长者。④敞皆召见责问，因贳其罪，把其宿负，⑤令致诸偷以自赎。⑥偷长曰："今一旦召诣府，恐诸偷惊骇，愿一切受署。"⑦敞皆以为吏，遣归休。置酒，小偷悉来贺，且饮醉，偷长以赭污其衣裾。⑧吏坐里间阅出者，⑨污赭辄收缚之，一日捕得数百人。穷治所犯，或一人百馀发，尽行法罚。由是枹鼓稀鸣，市无偷盗，⑩天子嘉之。

①师古曰："比，频也。更，历也，音工衡反。"

②师古曰："寖，渐也。"

③应劭曰："酋长，帅。"师古曰："酋音才由反。"。"

④师古曰："温厚，言富足也。童骑，以童奴为骑而自从也。"

⑤师古曰："贳，缓也。把，执持也，音步马反。"

⑥师古曰："致，至也，引至于官府。"

⑦师古曰："自言愿权补吏职也。"

⑧师古曰："赭，赤土也。"

⑨师古曰："间谓里之门也。"

⑩师古曰："枹，击鼓椎也，音桴，其字从木也。"

敞为人敏疾，赏罚分明，见恶辄取，时时越法纵舍，有足大者。①其治京兆，略循赵广汉之迹。方略耳目，发伏禁奸，不如广汉，然敞本治《春秋》，以经术自辅，其政颇杂儒雅，往往表贤显善，不醇用诛罚，以此能自全,竟免于刑戮。

①如淳曰:"有可贵异而大之者也。"晋灼曰:"越法纵舍,即足大者也。"师古
日:"晋说是也。"

京兆典京师,长安中浩穰,于三辅尤为剧。①郡国二千石以高弟入
守,及为真,久者不过二三年,近者数月一岁,辄毁伤失名,以罪过罢。
唯广汉及敞为久任职。敞为京兆,朝廷每有大议,引古今,处便宜,公卿
皆服,天子数从之。然敞无威仪,时罢朝会,过走马章台街,②使御吏
驱,自以便面拊马。③又为妇画眉,长安中传张京兆眉忘。④有司以奏敞。
上问之,对曰:"臣闻闺房之内,夫妇之私,有过于画眉者。"上爱其能,弗
备责也。然终不得大位。

①师古曰:"浩,大也。穰,盛也。言人众之多也。穰音人掌反。"

②孟康曰:"在长安中。"臣瓒曰:"在章台下街也。"

③师古曰:"便面,所以障面,盖(车)〔扇〕之类也。[11]不欲见人,以此自障面则
得其便,故日便面,亦日屏面。今之沙门所持竹扇,上裹平而下圜,即古之
便面也。音频面反。"

④应劭曰:"忘,大也。"孟康曰:"忘音诩。北方人谓媚好为诩畜。"苏林曰:"忘
音妩。"师古曰:"本以好媚为称,何说于大乎? 苏音是。"

敞与萧望之、于定国相善。始敞与定国俱以谏昌邑王超迁。定国
为大夫平尚书事。敞出为刺史,时望之为大行丞。后望之先至御史大
夫,定国后至丞相,敞终不过郡守。为京兆九岁,坐与光禄勋杨恽厚善,
后恽坐大逆诛,公卿奏恽党友,不宜处位,等比皆免,①而敞奏独寝不
下。②敞使(卒)〔贼〕捕掾[12]絮舜有所案验。③舜以敞劾奏当免,不肯为敞
竟事,私归其家。人或谏舜,舜曰:"吾为是公尽力多矣,今五日京兆耳,
安能复案事?"敞闻舜语,即部吏收舜系狱。是时冬月未尽数日,案事吏
昼夜验治舜,竟致其死事。舜当出死,敞使主簿持教告舜曰:"五日京兆
竟何如? 冬月已尽,延命乎?"④乃弃舜市。会立春,行冤狱使者出,⑤舜
家载尸,并编敞教,⑥自言使者。使者奏敞贼杀不辜。天子薄其罪,⑦欲
令敞得自便利,⑧即先下敞前坐杨恽不宜处位奏,免为庶人。敞免奏既

下,诣阙上印绶,便从阙下亡命。⑨

　　①师古曰:"比,例也,音必寐反。"

　　②师古曰:"天子惜敞,故留所奏事不出。"

　　③李奇曰:"絮音挐。"师古曰:"贼捕掾,主捕贼者也。絮,姓也,音女居反,又
　　　音人馀反。"

　　④师古曰:"言汝不欲望延命乎?"

　　⑤师古曰:"行音下更反。"

　　⑥师古曰:"编,联也,联之于章前也。"

　　⑦师古曰:"以其事为轻小也。"

　　⑧师古曰:"从轻法以免也。便音频面反。"

　　⑨师古曰:"不还其本县邑也。"

　　数月,京师吏民解弛,①枹鼓数起,而冀州部中有大贼。天子思敞
功效,使使者即家在所召敞。②敞身被重劾,③及使者至,妻子家室皆泣
惶惧,而敞独笑曰:"吾身亡命为民,郡吏当就捕,今使者来,此天子欲用
我也。"即装随使者诣公〔书〕[车]上[车]〔书〕[13]曰:"臣前幸得备位列卿,
待罪京兆,坐杀贼捕掾絮舜。舜本臣敞素所厚吏,数蒙恩贷,④以臣有
章劾当免,受记考事,⑤便归卧家,谓臣'五日京兆',背恩忘义,伤化薄
俗。臣窃以舜无状,枉法以诛之。臣敞贼杀无辜,鞫狱故不直,虽伏明
法,死无所恨。"天子引见敞,拜为冀州刺史。敞起亡命,复奉使典州。
既到部,而广川王国群辈不道,贼连发,不得。敞以耳目发起贼主名区
处,⑥诛其渠帅。广川王姬昆弟及王同族宗室刘调等通行为之囊橐,⑦
吏逐捕穷窘,踪迹皆入王宫。敞自将郡国吏,车数百两,⑧围守王宫,搜
索调等,果得之殿屋重辕中。⑨敞傅吏皆捕格断头,⑩县其头王宫门外。
因劾奏广川王。天子不忍致法,削其户。敞居部岁馀,冀州盗贼禁止。
守太原太守,满岁为真,太原郡清。

　　①师古曰:"弛,放也,音式尔反。"

　　②师古曰:"就其所居处而召之。"

　　③师古曰:"谓前有贼杀不辜之事。"

　　④师古曰:"贷音土带反。"

⑤师古曰："记，书也。若今之州县为符教也。"

⑥师古曰："区谓居止之所也。"

⑦师古曰："言容止贼盗，若囊橐之盛物也。"

⑧师古曰："一乘车为〔一〕两也。"〔14〕

⑨苏林曰："辕，榱也。重辕，重棼中。"师古曰："重棼即今之廊舍也，一边虚为两夏者也。辕音老。棼音扶分反。"

⑩师古曰："傅读曰附。言敞自监护吏而捕之。"

顷之，宣帝崩。元帝初即位，待诏郑朋荐敞先帝名臣，宜傅辅皇太子。上以问前将军萧望之，望之以为敞能吏，任治烦乱，材轻非师傅之器。天子使使者征敞，欲以为左冯翊。会病卒。敞所诛杀太原吏吏家怨敞，随至杜陵刺杀敞中子璠。敞三子官皆至都尉。

初，敞为京兆尹，而敞弟武拜为梁相。是时梁王骄贵，民多豪强，号为难治。敞问武："欲何以治梁?"武敬惮兄，谦不肯言。敞使吏送至关，戒吏自问武。武应曰："驭黠马者利其衔策，梁国大都，吏民凋敝，且当以柱后惠文弹治之耳。"①秦时狱法吏冠柱后惠文，武意欲以刑法治梁。吏还道之，敞笑曰："审如掾言，武必辨治梁矣。"武既到官，其治有迹，亦能吏也。

①应劭曰："柱后，以铁为柱，今法冠是也，一名惠文冠。"晋灼曰："《汉注》法冠也，一号柱后惠文，以纚裹铁柱卷。秦制执法服，今御史服之，谓之解廌，一角。今冠两角，以解廌为名耳。"师古曰："晋说是也。纚即今方目纱也。纚音山尔反。卷音去权反。"

敞孙竦，王莽时至郡守，封侯，博学文雅过于敞，然政事不及也。竦死，敞无后。

王尊字子赣，①涿郡高阳人也。少孤，归诸父，使牧羊泽中。尊窃学问，能史书。年十三，求为狱小吏。数岁，给事太守府，问诏书行事，尊无不对。②太守奇之，除补书佐，署守属监狱。③久之，尊称病去，事师郡文学官，④治《尚书》、《论语》，略通大义。复召署守属治狱，为郡决曹史。数岁,以令举幽州刺史从事。⑤而太守察尊廉,补辽西盐官长。⑥数上书言便宜事,事下丞相御史。

　①师古曰:"赣音贡。"

　②师古曰:"以施行诏条问之,皆晓其事。"

　③师古曰:"署为守属,令监狱主囚也。监音工衔反。"

　④师古曰:"郡有文学官,而尊事之以为师也。"

　⑤如淳曰:"《汉仪注》刺史得择所部二千石卒史与从事。"

　⑥如淳曰:"《地理志》辽西有盐官。"

　　初元中,举直言,迁虢令,①转守槐里,兼行美阳令事。春正月,美阳女子告假子不孝,曰:"儿常以我为妻,妒笞我。"尊闻之,遣吏收捕验问,辞服。尊曰:"律无妻母之法,圣人所不忍书,此经所谓造狱者也。"②尊于是出坐廷上,取不孝子县磔著树,使骑吏五人张弓射杀之,吏民惊骇。

　①如淳曰:"本西虢也,属右扶风。"

　②晋灼曰:"《欧阳尚书》有此造狱事也。"师古曰:"非常刑名,造杀戮之法。"

　　后上行幸雍,过虢,尊供张如法而办。①以高弟擢为安定太守。到官,出教告属县曰:"令长丞尉奉法守城,为民父母,②抑强扶弱,宣恩广泽,甚劳苦矣。太守以今日至府,愿诸君卿勉力正身以率下。故行贪鄙,能变更者与为治。③明慎所职,毋以身试法。"又出教敕掾功曹:"各自底厉,助太守为治。其不中用,趣自避退,毋久妨贤。④夫羽翮不修,则不可以致千里;阃内不理,无以整外。⑤府丞悉署吏行能,分别白之。贤为上,毋以富。贾人百万,不足与计事。昔孔子治鲁,七日诛少正卯,今太守视事已一月矣,五官掾张辅怀虎狼之心,贪污不轨,⑥一郡之钱尽入辅家,然适足以葬矣。今将辅送狱,直符史诣阁下,后太守受其事。⑦丞戒之戒之! 相随入狱矣!"⑧辅系狱数日死,尽得其狡猾不道,百万奸臧。威震郡中,盗贼分散,入傍郡界。豪强多诛伤伏辜者。坐残贼免。

　①师古曰:"尊虽行美阳令,而就虢供张也。供音居用反。张音竹亮反。"

②师古曰："城谓县城也。"

③师古曰："更，改也。有如此者太守乃共为治者也。"

④师古曰："趣读曰促。"

⑤师古曰："阃，门橛也，音鱼烈反。"

⑥师古曰："污，浊也。不轨，不修法制也。"

⑦师古曰："直符史，若今之当直佐史也。"

⑧师古曰："意丞教戒张辅，令其避罪，故以此言豫敕之。"

起家，复为护羌将军转校尉，①护送军粮委输。而羌人反，绝转道，②兵数万围尊。尊以千馀骑奔突羌贼。功未列上，③坐擅离部署，会赦，免归家。

①师古曰："为校尉主转运事，而属护羌将军。"

②师古曰："绝转运之道。"

③师古曰："未列上于天子也。"

涿郡太守徐明荐尊不宜久在闾巷，上以尊为郿令，①迁益州刺史。先是，琅邪王阳为益州刺史，行部至邛崃九折阪，②叹曰："奉先人遗体，奈何数乘此险！"③后以病去。及尊为刺史，至其阪，问吏曰："此非王阳所畏道邪？"吏对曰："是。"尊叱其驭曰："驱之！④王阳为孝子，王尊为忠臣。"尊居部二岁，怀来徼外，蛮夷归附其威信。博士郑宽中使行风俗，⑤举奏尊治状，迁为东平相。

①师古曰："右扶风之县，音媚。"

②应劭曰："在蜀郡严道县。"臣瓒曰："崃，山名也。"师古曰："崃音来。"

③师古曰："乘，登也。"

④师古曰："驱马令疾行也。"

⑤师古曰："行音下更反。"

是时，东平王以至亲骄奢不奉法度，傅相连坐。①及尊视事，奉玺书至庭中，王未及出受诏，尊持玺书归舍，食已乃还。致诏后，谒见王，太傅在前说《相鼠》之诗。②尊曰："毋持布鼓过雷门！"③王怒，起入后宫。尊亦直趋出就舍。先是王数私出入，驱驰国中，与后姬家交通。尊到官,召敕厩长:"大王当从官属,鸣和鸾乃出,自今有令驾小车,叩头争之,言相教不得。"后尊朝王,王复延请登堂。尊谓王曰:"尊来为相,人皆吊尊也,以尊不容朝廷,故见使相王耳。天下皆言王勇,顾但负贵,安能勇?④如尊乃勇耳。"王变色视尊,意欲格杀之,即好谓尊曰:"愿观相君佩刀。"⑤尊举袘,顾谓傍侍郎:"前引佩刀视王,⑥王欲诬相拔刀向王邪?"王情得,⑦又雅闻尊高名,大为尊屈,酌酒具食,相对极欢。太后徵史奏尊⑧"为相倨慢不臣,王血气未定,不能忍。愚诚恐母子俱死。今妾不得使王复见尊。陛下不留意,妾愿先自杀,不忍见王之失义也。"尊竟坐免为庶人。大将军王凤奏请尊补军中司马,擢为司隶校尉。

①师古曰:"前任傅相者频坐以王得罪。"

②师古曰:"《相鼠》,《鄘风》篇名,刺无礼之诗也。其辞曰:'相鼠有皮,人而无仪! 人而无仪,不死何为!'相,视也。言视鼠有皮,虽处高显之地,偷食苟得,不知廉耻,人无礼仪,亦与鼠同,不如速死也。"

③师古曰:"雷门,会稽城门也,有大鼓。越击此鼓,声闻洛阳,故尊引之也。布鼓谓以布为鼓,故无声。"

④师古曰:"顾,念也。负,恃也。安,焉也。"

⑤师古曰:"阳为好语也。"

⑥师古曰:"视读曰示。"

⑦师古曰:"谓尊所测正得其情也。"

⑧张晏曰:"太后名也。"韦昭曰:"征,召也。召东平史,令为奏也。"师古曰:"张说是也。徵史,太后之名,亦犹东平王后之称谒也。"

初,中书谒者令石显贵幸,专权为奸邪。丞相匡衡、御史大夫张谭皆阿附畏事显,不敢言。久之,元帝崩,成帝初即位,显徙为中太仆,①不复典权。衡、谭乃奏显旧恶,请免显等。尊于是劾奏:"丞相衡、御史大夫谭位三公,典五常九德,②以总方略,壹统类,广教化,美风俗为职。知中书谒者令显等专权擅势,大作威福,纵恣不制,无所畏忌,为海内患害,不以时(皆)〔白〕奏行罚,[15]而阿谀曲从,附下罔上,怀邪迷国,无大臣辅政之义,皆不道,在赦令前。赦后,衡、谭举奏显,不自陈不忠之罪,而反扬著先帝任用倾覆之徒,妄言百官畏之,甚于主上。卑君尊臣,非所宜称,失大臣体。又正月行幸曲台,临飨罢卫士,③衡与中二千石大鸿胪赏等会坐殿门下,衡南乡,赏等西乡。衡更为赏布东乡席,④起立延赏坐,私语如食顷。衡知行临,⑤百官共职,万众会聚,⑥而设不正之席,使下坐上,相比为小惠于公门之下,⑦动不中礼,⑧乱朝廷爵秩之位。衡又使官大奴入殿中,问行起居,还言漏上十四刻行临到,衡安坐,不变色改容。无怵惕肃敬之心,骄慢不谨。皆不敬。"有诏勿治。于是衡惭惧,免冠谢罪,上丞相、侯印绶。天子以新即位,重伤大臣,⑨乃下御史丞问状。劾奏尊"妄诋欺非谤赦前事,⑩猥历奏大臣,⑪无正法,饰成小过,以涂污宰相,摧辱公卿,轻薄国家,奉使不敬"。有诏左迁尊为高陵令,数月,以病免。

①师古曰:"皇后之属官。"

②师古曰:"五常,仁、义、礼、智、信也。九德,宽而栗,柔而立,愿而恭,乱而敬,扰而毅,直而温,简而廉,刚而塞,强而义也。事见《虞书·皋陶谟》也。"

③如淳曰:"诸卫士更尽得代去,故天子自临而飨之。"

④师古曰:"乡读曰向也。"

⑤如淳曰:"天子当临飨士时。"

⑥师古曰:"共读曰供。"

⑦师古曰:"比,周也,音频寐反。"

⑧师古曰:"中,当也,音竹仲反。"

⑨师古曰:"重,难也。"

⑩师古曰:"诋,毁也,音丁礼反。非读曰诽也。"

⑪师古曰:"猥,多也,曲也。历谓所奏非一人。"

会南山群盗傰宗等数百人①为吏民害,拜故弘农太守傅刚为校尉,将迹射士千人逐捕,②岁馀不能禽。或说大将军凤:"贼数百人在毂下,③发军击之不能得,难以视四夷。④独选贤京兆尹乃可。"于是凤荐尊,征为谏大夫,守京辅都尉,行京兆尹事。旬月间盗贼清。迁光禄大夫,守京兆尹,后为真,凡三岁。坐遇使者无礼。司隶遣假佐放奉诏书白尊发吏捕人,⑤放谓尊:"诏书所捕宜密。"尊曰:"治所公正,京兆善漏泄人事。"⑥放曰："所捕宜今发吏。"⑦尊又曰："诏书无京兆文,不当发吏。"及长安系者三月间千人以上。尊出行县,男子郭赐自言尊:⑧"许仲家十馀人共杀赐兄赏,公归舍。"⑨吏不敢捕。尊行县还,上奏曰:"强不陵弱,各得其所,宽大之政行,和平之气通。"御史大夫中奏尊暴虐不改,外为大言,倨嫚姗〔嫌〕〔上〕,⑩〔16〕威信日废,不宜备位九卿。尊坐〔先〕〔免〕,〔17〕吏民多称惜之。

①苏林曰:"倘音朋。"晋灼曰:"音倍。"师古曰:"晋音是也。"
②师古曰:"迹射,言能寻迹而射取之也。射音食亦反。"
③师古曰:"在天子辇毂之下,明其逼近也。"
④师古曰:"视读曰示。"
⑤苏林曰:"胡公《汉官》假佐,取内郡善史书佐给诸府也。"
⑥师古曰:"谓司隶官属为治所者,尊之也,若今谓使人为尚书矣。治音直吏反。"
⑦师古曰:"当即发也。"
⑧师古曰:"有冤事自言而与许仲相讼也。"
⑨师古曰:"公然而归,无所避畏者。"
⑩师古曰:"姗,古讪字也。讪,诽也,音所谏反,又音删。"

湖三老公乘兴等①上书讼尊治京兆功效日著:"往者南山盗贼阻山横行,剽劫良民,杀奉法吏,道路不通,城门至以警戒。步兵校尉使逐捕,暴师露众,旷日烦费,不能禽制。二卿坐黜,②群盗寖强,吏气伤沮,③流闻四方,为国家忧。当此之时,有能捕斩,不爱金爵重赏。关内侯宽中使问所征故司隶校尉王尊捕群盗方略,拜为谏大夫,守京辅都尉,行京兆尹事。尊尽节劳心,夙夜思职,卑体下士,④厉奔北之吏,起沮伤之气,二旬之间,大党震坏,渠率效首。⑤贼乱蠲除,民反农业,拊循贫弱,锄耘豪强。长安宿豪大猾东市贾万、城西万章、剪张禁、酒赵放、⑥杜陵杨章等皆通邪结党,挟养奸轨,上干王法,下乱吏治,并兼役使,侵渔小民,为百姓豺狼。更数二千石,二十年莫能禽讨,⑦尊以正法案诛,皆伏其辜。奸邪销释,吏民说服。⑧尊拨剧整乱,诛暴禁邪,皆前所稀有,名将所不及。虽拜为真,未有殊绝褒赏加于尊身。今御史大夫奏尊：'伤害阴阳，为国家忧，无承用诏书之意，靖言庸违，象龚滔天。'⑨原其所以，出御史丞杨辅，故为尊书佐，素行阴贼，恶口不信，⑩好以刀笔陷人于法。辅常醉过尊大奴利家，利家捽搏其颊，⑪兄子闳拔刀欲剄之。辅以故深怨疾毒，欲伤害尊。疑辅内怀怨恨，外依公事，建画为此议，傅致奏文，⑫浸润加诬，以复私怨。⑬昔白起为秦将，东破韩、魏，南拔郢都，应侯谮之，赐死杜邮；⑭吴起为魏守西河，而秦、韩不敢犯，谮人间焉，斥逐奔楚。⑮秦听浸润以诛良将，魏信谗言以逐贤守，此皆偏听不聪，失人之患也。臣等窃痛伤尊修身絜己，砥节首公，⑯刺讥不惮将相，诛恶不避豪强，诛不制之贼，解国家之忧，功（岩）〔著〕职修，〔18〕威信不废，诚国家爪牙之吏，折冲之臣，今一旦无辜制于仇人之手，伤于诋欺之文，上不得以功除罪，下不得蒙棘木之听，⑰独掩怨雠之偏奏，被共工之大恶，⑱无所陈冤愬罪。尊以京师废乱，群盗并兴，选贤征用，起家为卿，贼乱既除，豪猾伏辜，即以佞巧废黜。一尊之身，三期之间，乍贤乍佞，岂不甚哉！⑲孔子曰：'爱之欲其生，恶之欲其死，是惑也。''浸润之谮不行焉，可谓明矣。'⑳愿下公卿大夫博士议郎，定尊素行。夫人臣而伤害阴阳，死诛之罪也；靖言庸违，放殛之刑也。㉑审如御史章，尊乃当伏观阙之诛，㉒放于无人之域，不得苟免。㉓及任举尊者，当获选举之辜，不可但已。㉔即不如章，饰文深诋以愬无罪，㉕亦宜有诛，以惩谗贼之口，绝诈欺之（俗）〔路〕。㉖〔19〕唯明主参详，使白黑分别。"书奏，天子复以尊为徐州刺史，迁东郡太守。

①师古曰："湖，县名也，今虢州湖城县取其名。"

②如淳曰："三辅皆秩中二千石，号为卿也。即前京兆尹王昌贬为雁门太守，甄遵河内太守也。"

③师古曰："寖，益也。沮，坏也，音才汝反。"

④师古曰："下音胡嫁反。"

⑤师古曰："效，致也，斩其首而致之也。"

⑥苏林曰："萭音矩。"晋灼曰："剪张禁，酒赵放，此二人作剪、作酒之家。"

⑦师古曰："更，历也，音工衡反。"

⑧师古曰："释，解也，音怿。说读曰悦。"

⑨师古曰："引《虞书·尧典》之辞也。靖,治也。庸,用也。违,僻也。滔,漫也。谓其言假托于治,实用违僻,貌象恭敬,过恶漫天也。漫音莫干反。一曰,滔,漫也。"

⑩师古曰："谓其口(而恶)〔恶而〕心不信也。"〔20〕

⑪师古曰："捽,持头也,音才兀反。搏,击也。"

⑫师古曰："建立谋画此议也。傅读曰附,谓益其事而引致于罪状。"

⑬师古曰："浸润犹渐染也。复,报也。"

⑭师古曰："应侯,范雎也。杜邮,地名,在咸阳也。"

⑮师古曰："间音工苋反。"

⑯师古曰："砥,厉也。首,向也。砥音指。首音式救反。"

⑰张晏曰："《周礼》三槐九棘,公卿于下听讼。"

⑱臣瓒曰："共工,官名,尧时诸侯,舜流之于幽州也。"

⑲师古曰："期,年也,音基。"

⑳师古曰："《论语》称孔子之言。"

㉑师古曰："殛,诛也,音居力反。"

㉒张晏曰："孔子诛少正卯于两观之间。"

㉓师古曰："非止合免官而已也。"

㉔师古曰："但,徒也,空也。已,止也。不可空然而止也。"

㉕师古曰："诋,毁也。"

㉖师古曰："惩,(怆)〔创〕也。"〔21〕

久之,河水盛溢,泛浸瓠子金堤,老弱奔走,恐水大决为害。尊躬率吏民,投沉白马,①祀水神河伯。尊亲执圭璧,使巫策祝,请以身填金堤,②因止宿,庐居堤上。吏民数千万人争叩头救止尊,尊终不肯去。及水盛堤坏,吏民皆奔走,唯一主簿泣在尊旁,立不动。而水波稍却回还。吏民嘉壮尊之勇节,白马三老朱英等奏其状。下有司考,皆如言。于是制诏御史:"东郡河水盛长,毁坏金堤,未决三尺,百姓惶恐奔走。太守身当水冲,履咫尺之难,不避危殆,以安众心,吏民复还就作,水不为灾,朕甚嘉之。秩尊中二千石,加赐黄金二十斤。"

①师古曰:"以祭水也。"

②师古曰："填,塞也,音大贤反。"

数岁,卒官,吏民纪之。尊子伯亦为京兆尹,坐软弱不胜任免。

王章字仲卿,泰山钜平人也。少以文学为官,稍迁至谏大夫,在朝廷名敢直言。元帝初,擢为左曹中郎将,与御史中丞陈咸相善,共毁中书令石显,为显所陷,咸减死髡,章免官。成帝立,征章为谏大夫,迁司隶校尉,大臣贵戚敬惮之。王尊免后,代者不称职,章以选为京兆尹。时帝舅大将军王凤辅政,章虽为凤所举,非凤专权,不亲附凤。会日有蚀之,章奏封事,召见,言凤不可任用,宜更选忠贤。上初纳受章言,后不忍退凤。章由是见疑,遂为凤所陷,罪至大逆。语在《元后传》。

初,章为诸生学长安,独与妻居。章疾病,无被,卧牛衣中,①与妻决,涕泣。②其妻呵怒之曰："仲卿! 京师尊贵在朝廷人谁逾仲卿者? 今疾病困厄,不自激卬,③乃反涕泣,何鄙也!"

①师古曰："牛衣,编乱麻为之,即今俗呼为龙具者。"

②师古曰："自谓将死,故辞决。"

③如淳曰："激厉抗扬之意也。"师古曰："卬读曰仰。仰头为健。"

后章仕宦历位,及为京兆,欲上封事,妻又止之曰："人当知足,独不念牛衣中涕泣时耶?"章曰："非女子所知也。"书遂上,果下廷尉狱,妻子皆收系。章小女年可十二,夜起号哭曰："平生狱上呼囚,(素)〔数〕常至九,今八而止。①我君(数)〔素〕刚,[22]先死者必君。"明日问之,章果死。妻子皆徙合浦。

①张晏曰："平生,先时也。狱卒夜阅囚时有九人,常呼问九人。今八人便止,
　　知一人死也。"

大将军凤薨后,弟成都侯商复为大将军辅政,白上还章妻子故郡。其家属皆完具,采珠致产数百万,时萧育为泰山太守,皆令赎还故田宅。

章为京兆二岁,死不以其罪,众庶冤纪之,号为三王。王骏自有传,骏即王阳子也。

赞曰：自孝武置左冯翊、右扶风、京兆尹，而吏民为之语曰："前有赵、张，后有三王。"然刘向独序赵广汉、尹翁归、韩延寿、冯商传王尊，扬雄亦如之。①广汉聪明，下不能欺，延寿厉善，所居移风，然皆讦上不信，以失身堕功。②翁归抱公絜己，为近世表。张敞衍衍，履忠进言，③缘饰儒雅，刑罚必行，纵赦有度，条教可观，然被轻媠之名。④王尊文武自将，⑤所在必发，谲诡不经，好为大言。王章刚直守节，不量轻重，以陷刑戮，妻子流迁，哀哉！

①张晏曰："刘向作《新序》，不道王尊。冯商续《史记》，为作传。雄作《法言》，亦论其美也。"

②师古曰："堕，毁也，音火规反。"

③师古曰："衍衍，强敏之貌也，音口翰反。"

④师古曰："媠，古惰字也。谓走马拊马及画眉。"

⑤师古曰："将，助也。"

【校勘记】

〔1〕　方上〔解〕在《张汤传》。　宋祁说"方上"下当有"解"字。按景祐本有"解"字。

〔2〕　或鲋或（筒）〔箭〕，　景祐、汲古、殿、局本都作"箭"，此误。

〔3〕　丞相（史）〔吏〕逐去（客）。　景祐本"史"作"吏"。景祐、殿本都无"客"字。

〔4〕　事下廷尉治（罪），　景祐本无"罪"字。王念孙说"罪"字后人所加。

〔5〕　类常如翁归言，无有遗（托）〔脱〕。　景祐、殿、局本都作"脱"。王先谦说作"脱"是。

〔6〕　春秋乡（社）〔射〕，　景祐、殿本都作"射"。王先谦说作"射"是。

〔7〕　会御史当问（事）东郡，　景祐本无"事"字。

〔8〕　皆畴其（官邑）〔庸〕，　景祐、殿本都作"庸"。

〔9〕　樊姬为（之）不食鸟兽之肉。　景祐本无"之"字。

〔10〕　叶（阳）〔音〕式涉反。　景祐、殿本都作"音"。

〔11〕　盖（车）〔扇〕之类也。　景祐、殿本都作"扇"，此误。

〔12〕　（卒）〔贼〕捕掾，　景祐、殿本都作"贼"，此误。

〔13〕 诣公(书)〔车〕上(车)〔书〕　景祐、殿本都作"诣公车上书"，此误倒。

〔14〕 一乘车为〔一〕两也。　景祐本有"一"字。

〔15〕 不以时(皆)〔白〕奏行罚，　景祐、殿、局本都作"白"，此误。

〔16〕 倨嫚姗(嫌)〔上〕，　景祐、汲古、殿、局本都作"上"，此误。

〔17〕 尊坐(先)〔免〕。　景祐、殿、局本都作"免"，此误。

〔18〕 功(岩)〔著〕职修，　景祐、殿、局本都作"著"，此误。

〔19〕 绝诈欺之(俗)〔路〕。　景祐、殿本都作"路"。王先谦说作"路"是。

〔20〕 谓其口(而恶)〔恶而〕心不信也。　景祐、殿本都作"恶而"。王先谦说作"恶而"是。

〔21〕 惩,(怆)〔创〕也。　景祐本作"创"，他本都误。

〔22〕 (素)〔数〕常至九,今八而止。我君(数)〔素〕刚，　景祐、殿本上"素"作"数"，下"数"作"素"，此互讹。

汉书卷七十七

盖诸葛刘郑孙毋将何传第四十七

盖宽饶字次公,魏郡人也。①明经为郡文学,以孝廉为郎。举方正,对策高第,迁谏大夫,行郎中户将事。②劾奏卫将军张安世子侍中阳都侯彭祖不下殿门,③并连及安世居位无补。彭祖时实下门,宽饶坐举奏大臣非是,④左迁为卫司马。⑤

①师古曰:"盖音公盍反。"

②师古曰:"《百官公卿表》郎中令属官有郎中车、户、骑三将,盖各以所主为名也。户将者,主户卫也。"

③师古曰:"过殿门不下车也。"

④师古曰:"不以实也。"

⑤苏林曰:"如今卫士令也。"臣瓒曰:"《汉注》有卫屯司马。"

先是时,卫司马在部,见卫尉拜谒,常为卫官繇使市买。①宽饶视事,案旧令,遂揖官属以下行卫者。②卫尉私使宽饶出,宽饶以令诣官府门上谒辞。③尚书责问卫尉,④由是卫官不复私使候、司马。候、司马不拜,出先置卫,辄上奏辞,⑤自此正焉。

①师古曰:"繇读与徭同。"

②苏林曰:"卫尉官属也。或曰诏遣使行卫者也。"师古曰:"或说非也。行音下更反。"

③文颖曰:"私见使而公辞尚书也。"苏林曰:"以法诣卫尉府门上谒也。"师古曰:"文说是也。"

④文颖曰:"由宽饶以法令不给使,尚书责卫尉,不复使司马。"

⑤如淳曰:"天子出,为天子先导。先天子发,故上奏辞。"

　　宽饶初拜为司马,未出殿门,断其禅衣,令短离地,①冠大冠,带长剑,躬案行士卒庐室,视其饮食居处,有疾病者身自抚循临问,加致医药,遇之甚有恩。及岁尽交代,上临飨罢卫卒,②卫卒数千人皆叩头自请,愿复留共更一年,③以报宽饶厚德。宣帝嘉之,以宽饶为太中大夫,使行风俗,④多所称举贬黜,奉使称意。擢为司隶校尉,刺举无所回避,小大辄举,所劾奏众多,廷尉处其法,半用半不用,⑤公卿贵戚及郡国吏繇使至长安,皆恐惧莫敢犯禁,⑥京师为清。

　　①师古曰:"禅音单,其字从衣。"

　　②师古曰:"得代当归者也。"

　　③师古曰:"更犹今言上番也,音工衡反。"

　　④师古曰:"行音下更反。"

　　⑤师古曰:"以其峻刻,故有不用者。"

　　⑥师古曰:"繇读与徭同,供徭役及为使而来者。"

　　平恩侯许伯入第,①丞相、御史、将军、中二千石皆贺,宽饶不行。许伯请之,乃往,从西阶上,东乡特坐。②许伯自酌曰:"盖君后至。"宽饶曰:"无多酌我,我乃酒狂。"丞相魏侯笑曰:"次公醒而狂,何必酒也?"坐者皆属目卑下之。③酒酣乐作,长信少府檀长卿起舞,为沐猴与狗斗,④坐皆大笑。宽饶不说,卬视屋而叹⑤曰:"美哉!然富贵无常,忽则易人,此如传舍,所阅多矣。⑥唯谨慎为得久,君侯可不戒哉!"因起趋出,劾奏长信少府以列卿而沐猴舞,失礼不敬。上欲罪少府,许伯为谢,良久,上乃解。

　　①师古曰:"许伯,皇太子外祖也。入第者,治第新成,始入居之。"

　　②师古曰:"言自尊抗,无所诎也。乡读曰向。"

　　③师古曰:"属犹注也,音之欲反。下音胡稼反。"

　　④师古曰:"沐猴,猕猴。"

　　⑤师古曰:"说读曰悦。卬读曰仰。"

　　⑥师古曰:"言如客舍行客,辄过之,故多所经历也。"

　　宽饶为人刚直高节,志在奉公。家贫,奉钱月数千,①半以给吏民为耳目言事者。身为司隶,子常步行自戍北边,②公廉如此。然深刻喜陷害人,③在位及贵戚人与为怨,④又好言事刺讥,奸犯上意。⑤上以其儒者,优容之,然亦不得迁。同列后进或至九卿,宽饶自以行清能高,有益于国,而为凡庸所越,愈失意不快,数上疏谏争。太子庶子王生高宽饶节,而非其如此,予书曰:"明主知君絜白公正,不畏强御,⑥故命君以司察之位,擅君以奉使之权,尊官厚禄已施于君矣。君宜夙夜惟思当世之务,奉法宣化,忧劳天下,虽日有益,月有功,犹未足以称职而报恩也。自古之治,三王之术各有制度。⑦今君不务循职而已,乃欲以太古久远之事匡拂天子,⑧数进不用难听之语以摩切左右,非所以扬令名全寿命者也。方今用事之人皆明习法令,言足以饰君之辞,文足以成君之过,君不惟蘧氏之高踪,⑨而慕子胥之末行,⑩用不訾之躯,临不测之险,⑪窃为君痛之。夫君子直而不挺,曲而不诎。⑫《大雅》云:'既明且哲,以保其身。'⑬狂夫之言,圣人择焉。唯裁省览。"宽饶不纳其言。

①师古曰:"奉音扶用反。"

②苏林曰:"子自行戍,不取代。"

③师古曰:"喜音许吏反。"

④师古曰:"人人皆怨之。"

⑤师古曰:"奸音干。"

⑥师古曰:"强御,强梁而御善者也。"

⑦师古曰:"三王谓夏、殷、周,文质不同也。"

⑧师古曰:"匡,正也。拂读曰弼。"

⑨师古曰:"蘧伯玉,邦无道,则可卷而怀之。"

⑩师古曰:"伍子胥知吴王不可谏,而不能止,自取诛灭也。"

⑪师古曰:"訾与赀同。不赀者,言无赀量可以比之,贵重之极也。不测谓深也。"

⑫师古曰:"挺然,直貌。言虽执直道,而遭遇时变,与时纤曲,然其本志不屈桡也。挺音吐鼎反。"

⑬师古曰:"《烝民》之诗也。言明智者可以自全,不至亡身。"

是时上方用刑法,信任中尚书宦官,宽饶奏封事曰:"方今圣道寖废，儒术不行，①以刑馀为周召，②以法律为《诗》《书》。"③又引《韩氏易传》言："五帝官天下，三王家天下，家以传子，官以传贤，若四时之运，功成者去，不得其人则不居其位。"书奏，上以宽饶怨谤终不改，下其书中二千石。时执金吾议，以为宽饶指意欲求禅，大逆不道。④谏大夫郑昌愍伤宽饶忠直忧国，以言事不当意而为文吏所诋挫，⑤上书颂宽饶曰：⑥"臣闻山有猛兽，藜藿为之不采；国有忠臣，奸邪为之不起。司隶校尉宽饶居不求安，食不求饱，⑦进有忧国之心，退有死节之义，上无许、史之属，下无金、张之托，⑧职在司察，直道而行，多仇少与，⑨上书陈国事，有司劾以大辟，臣幸得从大夫之后，官以谏为名，不敢不言。"上不听，遂下宽饶吏。宽饶引佩刀自刭北阙下，众莫不怜之。

①师古曰："寖，渐也。"
②师古曰："言使奄人当权轴也。周谓周公旦也，召谓召公奭也。召读曰邵。"
③师古曰："言以〔行〕〔刑〕法成教化也。"〔一〕
④师古曰："禅，古禅字。言欲使天子传位于己。"
⑤师古曰："诋，毁也。挫，折也。"
⑥师古曰："颂谓称其美。"
⑦师古曰："《论语》称孔子曰'君子食无求饱，居无求安'，故引之。"
⑧应劭曰："许伯，宣帝皇后父。史高，宣帝外家也。金，金日磾也。张，张安世也。此四家属无不听。"师古曰："此说非也。许氏、史氏有外属之恩，金氏、张氏自托在于近狎也。属读如本字也。"
⑨师古曰："仇，怨雠也。与，党与也。"

　　诸葛丰字少季，琅邪人也。以明经为郡文学，名特立刚直。贡禹为御史大夫，除丰为属，举侍御史。元帝擢为司隶校尉，刺举无所避，京师为之语曰："间何阔，逢诸葛。"①上嘉其节，加丰秩光禄大夫。

①师古曰："言间者何久阔不相见，以逢诸葛故也。"

　　时侍中许章以外属贵幸，奢淫不奉法度，宾客犯事，与章相连。丰案劾章，欲奏其事，适逢许侍中私出，丰驻车举节诏章曰："下！"欲收之。章迫窘，驰车去，丰追之。许侍中因得入宫门，自归上。①丰亦上奏，于是收丰节。司隶去节自丰始。

①师古曰:"归诚乞哀于天子也。"

丰上书谢曰:"臣丰驽怯,文不足以劝善,武不足以执邪。陛下不量臣能否,拜为司隶校尉,未有以自效,复秩臣为光禄大夫,官尊责重,非臣所当处也。又迫年岁衰暮,常恐卒填沟渠,①(德)无以报厚〔德〕[2],使论议士讥臣无补,长获素餐之名。②故常愿捐一旦之命,不待时而断奸臣之首,县于都市,编书其罪,③使四方明知为恶之罚,然后却就斧钺之诛,④诚臣所甘心也。夫以布衣之士,尚犹有刎颈之交,⑤今以四海之大,曾无伏节死谊之臣,率尽苟合取容,阿党相为,念私门之利,忘国家之政。邪秽浊溷之气上感于天,⑥是以灾变数见,百姓困乏。此臣下不忠之效也,臣诚耻之亡已。凡人情莫不欲安存而恶危亡,然忠臣直士不避患害者,诚为君也。今陛下天覆地载,物无不容,⑦使尚书令尧赐臣丰书曰:'夫司隶者刺举不法,善善恶恶,非得颛之也。⑧免处中和,顺经术意。'恩深德厚,臣丰顿首幸甚。臣窃不胜愤懑,愿赐清宴,⑨唯陛下裁幸。"上不许。

①师古曰:"卒读曰猝。"

②师古曰:"素,空也。言不举职务,空食禄奉而已。"

③师古曰:"编谓联次简牍也。"

④师古曰:"却,退也。"

⑤师古曰:"刎,断也,音吻。"

⑥师古曰:"溷亦浊也,音下顿反。"

⑦师古曰:"如天之覆,如地之载也。"

⑧师古曰:"善善,褒赏善人也。恶恶,诛罚恶人也。颛与专同。"

⑨师古曰:"懑音满。"

是后所言益不用,丰复上书言:"臣闻伯奇孝而弃于亲,子胥忠而诛于君,①隐公慈而杀于弟,②叔武弟而杀于兄。③夫以四子之行,屈平之材,④然犹不能自显而被刑戮,岂不足以观哉!使臣杀身以安国,蒙诛以显君,⑤臣诚愿之。独恐未有云补,而为众邪所排,令谗夫得遂,正直之路雍塞，⑥忠臣沮心，智士杜口，⑦此愚臣之所惧也。"

　　①师古曰："并解于上也。"

　　②师古曰："鲁隐公欲立弟桓公，为其尚少，己且摄位，而卒为桓公所杀。"

　　③师古曰："叔武，卫成公之弟夷叔也。成公避晋之难，出奔陈，使大夫元咺奉叔武以居守。其后晋人纳成公，成公疑叔武而先期入，叔武将沐，闻君至，喜，捉发走出，前驱射而杀之。事在《左传·僖二十八年》。叔武弟音大计反。"

　　④师古曰："屈平即是屈原也。"

　　⑤师古曰："蒙，被也。"

　　⑥师古曰："雍读曰壅。"

　　⑦师古曰："沮，坏；杜，塞也。沮音才汝反。"

　　丰以春夏系治人，在位多言其短。上徙丰为城门校尉，丰上书告光禄勋周堪、光禄大夫张猛。上不直丰，乃制诏御史："城门校尉丰，前与光禄勋堪、光禄大夫猛在朝之时，数称言堪、猛之美。丰前为司隶校尉，不顺四时，修法度，专作苛暴，以获虚威，朕不忍下吏，以为城门校尉。不内省诸己，①而反怨堪、猛，以求报举，②告案无证之辞，暴扬难验之罪，毁誉恣意，不顾前言，③不信之大者也。朕怜丰之耆老，不忍加刑，其免为庶人。"终于家。

　　①师古曰："省，察也。"

　　②师古曰："举言其事以报怨。"

　　③师古曰："前言谓誉堪、猛之美。今乃更言其短，是不顾也。"

　　刘辅，河间宗室〔人〕也。[3]举孝廉，为襄贲令。①上书言得失，召见，上美其材，擢为谏大夫。会成帝欲立赵倢伃为皇后，先下诏封倢伃父临为列侯。辅上书言："臣闻天之所与必先赐以符瑞，天之所违必先降以灾变，此神明之征应，自然之占验也。昔武王、周公承顺天地，以飨鱼乌之瑞，②然犹君臣祗惧，动色相戒，况于季世，不蒙继嗣之福，屡受威怒之异者虖！虽夙夜自责，改过易行，畏天命，念祖业，妙选有德之世，考卜窈窕之女，③以承宗庙，顺神祗心，塞天下望，④子孙之祥犹恐晚暮，今乃触情纵欲,倾于卑贱之女,欲以母天下,不畏于天,不愧于人,惑莫大焉。里语曰:'腐木不可以为柱,卑人不可以为主。'天人之所不予,必有祸而无福,市道皆共知之,⑤朝廷莫肯壹言,臣窃伤心。自念得以同姓拔擢,尸禄不忠,污辱谏争之官,不敢不尽死,唯陛下深察。"书奏,上使侍御史收缚辅,系掖庭秘狱,⑥群臣莫知其故。

①苏林曰:"贲音肥,东海县也。"

②师古曰:"谓伐纣时有白鱼、赤乌之瑞也。事见今文《尚书》。"

③师古曰:"窈窕,幽闲也。"

④师古曰:"塞,满也。"

⑤师古曰:"市道,市中之道也。一曰市人及行于道路者也。"

⑥师古曰:"《汉书旧仪》掖庭诏狱令丞宦者为之,主理妇人女官也。"

于是中朝左将军辛庆忌、右将军廉褒、光禄勋师丹、太中大夫谷永①俱上书曰:"臣闻明王垂宽容之听,崇谏争之官,广开忠直之路,不罪狂狷之言,②然后百僚在位,竭忠尽谋,不惧后患,朝廷无谄谀之士,元首无失道之誉。③窃见谏大夫刘辅,前以县令求见,擢为谏大夫,此其言必有卓诡切至,当圣心者,④故得拔至于此。旬日之间,收下秘狱,臣等愚,以为辅幸得托公族之亲,在谏臣之列,新从下土来,未知朝廷体,独触忌讳,不足深过。小罪宜隐忍而已,如有大恶,宜暴治理官,与众共之。⑤昔赵简子杀其大夫鸣犊,孔子临河而还。⑥今天心未豫,⑦灾异屡降,水旱迭臻,⑧方当隆宽广问,褒直尽下之时也。而行惨急之诛于谏争之臣,震惊群下,失忠直心。假令辅不坐直言,所坐不著,⑨天下不可户晓。⑩同姓近臣本以言显,其于治亲养忠之义诚不宜幽囚于掖庭狱。公卿以下见陛下进用辅亟,而折伤之暴,⑪人有惧心,⑫精锐销耎,⑬莫敢尽节正言,非所以昭有虞之听,广德美之风也。⑭臣等窃深伤之,唯陛下留神省察。"

①孟康曰:"中朝,内朝也。大司马左右前后将军、侍中、常侍、散骑、诸吏为中朝。丞相以下至六百石为外朝也。"

②师古曰:"狷,急也,音绢。"

③师古曰:"元首谓天子也。谲,古诣字也。"

④师古曰:"卓,高远也。诡,异于众也。"

⑤师古曰:"令众人知其罪状而罚之。"

⑥张晏曰:"赵简子欲分晋国,故先杀鸣犊,又聘孔子。孔子闻其死,至河而还也。"师古曰:"《战国策》说二人姓名云'鸣犊、铎犨',而《史记》及《古今人表》并以为鸣犊、窦犨,盖铎、犊及窦,其声相近,故有不同耳。今永等指举杀鸣犊一人,不论窦犨也。"

⑦张晏曰:"豫,悦豫也。"

⑧师古曰:"迭,互也。音徒结反。"

⑨师古曰:"著,明也。"

⑩师古曰:"言不可家家晓喻之也。"

⑪师古曰:"亟,急也。"

⑫师古曰:"人人皆惧也。"

⑬苏林曰:"奥,弱也。"师古曰:"音乃唤反。"

⑭师古曰:"舜有敢谏之鼓,故言有虞之听也。一曰谓达四聪也。"

上乃徙系辅共工狱,①减死罪一等,论为鬼薪。终于家。

①苏林曰:"考工也。"师古曰:"少府之属官也,亦有诏狱。共读与龚同。"

郑崇字子游,本高密大族,世与王家相嫁娶。①祖父以訾徙平陵。父宾明法令,为御史,事贡公,②名公直。崇少为郡文学史,至丞相大车属。③弟立与高武侯傅喜同门学,相友善。④喜为大司马,荐崇,哀帝擢为尚书仆射。数求见谏争,上初纳用之。每见曳革履,⑤上笑曰:"我识郑尚书履声。"

①师古曰:"女嫁王家,男又娶也。"

②师古曰:"贡禹也。"

③如淳曰:"丞相大车属如今公府御属。"

④师古曰:"同门谓同师也。"

⑤师古曰:"孰曰韦,生曰革。"

久之,上欲封祖母傅太后从弟商,崇谏曰:"孝成皇帝封亲舅五侯,天为赤黄昼昏，日中有黑气。今祖母从昆弟二人已侯。孔乡侯，皇后父；高武侯以三公封，尚有因缘。① 今无故欲复封商，坏乱制度，逆天人心，非傅氏之福也。臣闻师曰：'逆阳者厥极弱，逆阴者厥极凶短折，犯人者有乱亡之患，犯神者有疾夭之祸。'故周公著戒曰：'惟王不知艰难，唯耽乐是从，时亦罔有克寿。'② 故衰世之君夭折蚤没，③ 此皆犯阴之害也。臣愿以身命当国咎。"崇因持诏书案起。④ 傅太后大怒曰："何有为天子乃反为一臣所颛制邪！"⑤ 上遂下诏曰："朕幼而孤，皇太太后躬自养育，免于襁褓，教道以礼，至于成人，⑥ 惠泽茂焉。⑦ '欲报之德，皞天罔极。'⑧ 前追号皇太太后父为崇祖侯，惟念德报未殊，朕甚恧焉。⑨ 侍中光禄大夫商，皇太太后父同产子，小自保大，⑩ 恩义最亲。其封商为汝昌侯，为崇祖侯后，更号崇祖侯为汝昌哀侯。"

　　① 师古曰："孔乡侯，傅晏也。高武侯，傅喜也。"

　　② 师古曰："《周书·亡逸》之篇也。言王者不知稼穑之艰难，唯从耽乐，则致天丧，无能寿考也。。"

　　③ 师古曰："蚤，古（旱）〔早〕字也。"〔4〕

　　④ 李奇曰："持当受诏书案起也。"师古曰："李说非也。案者，即写诏之文。"

　　⑤ 师古曰："颛与专同也。"

　　⑥ 师古曰："道读曰导。"

　　⑦ 师古曰："茂，美也。"

　　⑧ 师古曰："《诗·小雅·蓼莪》之篇曰：'父兮生我，母兮鞠我，欲报之德，昊天罔极。'言欲报父母之恩德，心无已也。呼昊天者，陈己至诚也。皞字与昊同。"

　　⑨ 师古曰："殊，异也。恧，愧也，音女六反。"

　　⑩ 如淳曰："太后从小养之，使至大也。"

　　崇又以董贤贵宠过度谏，由是重得罪。① 数以职事见责，发疾颈痈，欲乞骸骨，不敢。尚书令赵昌佞谄，素害崇，知其见疏，因奏崇与宗族通，疑有奸，请治。上责崇曰："君门如市人，何以欲禁切主上？"② 崇对曰："臣门如市，臣心如水。③ 愿得考覆。"上怒，下崇狱，穷治，死狱中。

　　① 师古曰："重音直用反。"

②师古曰:"言请求者多,交通宾客。"

③师古曰:"言至清也。"

孙宝字子严,颖川鄢陵人也。①以明经为郡吏。御史大夫张忠辟宝为属,欲令授子经,更为除舍,②设储偫。③宝自劾去,忠固还之,④心内不平。⑤后署宝主簿,宝徙入舍,祭灶请比邻。忠阴察,怪之,使所亲问宝:"前大夫为君设除大舍,子自劾去者,欲为高节也。今两府高士俗不为主簿,子既为之,徙舍甚说,⑥何前后不相副也?"宝曰:"高士不为主簿,而大夫君以宝为可,一府莫言非,⑦士安得独自高? 前日君男欲学文,而移宝自近。⑧礼有来学,义无往教;道不可诎,身诎何伤? 且不遭者可无不为,况主簿乎!"⑨忠闻之,甚惭,上书荐宝经明质直,宜备近臣。为议郎,迁谏大夫。

①师古曰:"鄢音偃。"

②师古曰:"除谓修饰扫除也。"

③师古曰:"谓豫备器物也。偫音丈纪反。"

④师古曰:"固者,谓再三留之。"

⑤师古曰:"恨其去也。"

⑥师古曰:"说读曰悦。"

⑦师古曰:"言大夫以为宝适可为主簿耳,府中之人又不以为不当也。"

⑧师古曰:"文谓书也。"

⑨师古曰:"言士不遭遇知己,则当屈辱,无所不为也。"

鸿嘉中,广汉群盗起,选为益州刺史。广汉太守扈商者,大司马车骑将军王音姊子,软弱不任职。宝到部,亲入山谷,谕告群盗,非本造意。渠率皆得悔过自出,①遣归田里。自劾矫制,奏商为乱首,②《春秋》之义,诛首恶而已。商亦奏宝所纵或有渠率当坐者。③商征下狱,宝坐失死罪免。益州吏民多陈宝功效,言为车骑将军所排。上复拜宝为冀州刺史,迁丞相司直。

①师古曰:"渠,大也。"

②师古曰:"擅放群盗归,故云矫制。(也)〔由〕商不任职,致有贼盗,[5]故云为

乱首也。"

③师古曰:"纵,放也。"

时帝舅红阳侯立使客因南郡太守李尚占垦草田数百顷,①颇有民所假少府陂泽,略皆开发,②上书愿以入县官。③有诏郡平田予直,④钱有贵一万万以上。⑤宝闻之,遣丞相史按验,发其奸,劾奏立、尚怀奸罔上,狡猾不道。尚下狱死。立虽不坐,后兄大司马卫将军商薨,次当代商,上度立而用其弟曲阳侯根为大司马票骑将军。⑥

①师古曰:"隐度而取之也。草田,荒田也。占音之赡反。"

②师古曰:"旧为陂泽,本属少府,其后以假百姓,百姓皆巳田之,而立总谓为草田,占云新自垦。"

③师古曰:"立上书云新垦得此田,请以入官也。"

④师古曰:"受其田而准偿价直也。"

⑤师古曰:"增于时价。"

⑥如淳曰:"度,过也。过立而用根。"

会益州蛮夷犯法,巴蜀颇不安,上以宝著名西州,拜为广汉太守,秩中二千石,赐黄金三十斤。蛮夷安辑,吏民称之。①

①师古曰:"辑与集同。"

征为京兆尹。故吏侯文以刚直不苟合,常称疾不肯仕,宝以恩礼请文,欲为布衣友,日设酒食,妻子相对。文求受署为掾,进见如宾礼。数月,以立秋日署文东部督邮。入见,敕曰:"今日鹰隼始击,当顺天气取奸恶,以成严霜之诛,掾部渠有其人乎?①文印曰:"无其人不敢空受职。"②宝曰:"谁也?"文曰:"霸陵杜稚季。"宝曰:"其次。"③文曰:"豺狼横道,不宜复问狐狸。"④宝默然。稚季者大侠,与卫尉淳于长、大鸿胪萧育等皆厚善。宝前失车骑将军,与红阳侯有郤,⑤自恐见危,时淳于长方贵幸,友宝,宝亦欲附之,始视事而长以稚季托宝,故宝穷,无以复应文。文怪宝气索,⑥知其有故,因曰:"明府素著威名,今不敢取稚季,当且阖阁,勿有所问。⑦如此竟岁,吏民未敢诬明府也。⑧即度稚季而遣它事,⑨众口谊哗,终身自堕。"⑩宝曰:"受教。"稚季耳目长,闻知之,杜门不通水火，⑪穿舍后墙为小户，但持锄自治园，因文所厚自陈如此。⑫文曰："我与稚季幸同土壤，素无睚眦，⑬顾受将命，分当相直。⑭诚能自改，严将不治前事，即不更心，但更门户，适趣祸耳。"⑮稚季遂不敢犯法，宝亦竟岁无所谴。明年，稚季病死。宝为京兆尹三岁，京师称之。会淳于长败，宝与萧育等皆坐免官。文复去吏，死于家。稚季子杜苍，字君敖，名出稚季右，在游侠中。

①师古曰："渠读曰讵。讵，岂也。言掾所部内，岂有其人乎？"

②师古曰："印读曰仰。谓仰头而对也。"

③师古曰："除稚季之外更有谁也。"

④师古曰："言不当释大而取小也。"

⑤师古曰："失车骑将军，谓失王音意，奏扈商事也。卻与隙同。"

⑥师古曰："索，尽也，音先各反。"

⑦师古曰："阖，闭也。"

⑧师古曰："诬，谤也。"

⑨李奇曰："过度不治罪。"

⑩师古曰："堕，毁也，音火规反。"

⑪师古曰："杜，塞也。不通水火，谓虽邻伍亦不往来也。"

⑫师古曰："具言恐惧改节之状也。"

⑬师古曰："睚音涯。眦音才赐反。睚又音五懈反。眦又音仕懈反。已解于前也。"

⑭师古曰："言自顾念受郡将之命，分当相值遇也。分音胡问反。直读曰值也。"

⑮师古曰："更，改也。趣读曰促。"

哀帝即位，征宝为谏大夫，迁司隶。初，傅太后与中山孝王母冯太后俱事元帝，有卻，①傅太后使有司考冯太后，令自杀，众庶冤之。宝奏请覆治，傅太后大怒，曰："帝置司隶，主使察我。冯氏反事明白，故欲摘触以扬我恶。②我当坐之。"上乃顺指下宝狱。尚书仆射唐林争之，上以林朋党比周，③左迁敦煌鱼泽障候。大司马傅喜、光禄大夫龚胜固争，上为言太后，出宝复官。

①师古曰:"以当熊事,惭而嫉之。"

②师古曰:"擿�谓挑发之也。擿音它历反。䁤音决。挑音它聊反。"

③师古曰:"比音频寐反。"

顷之,郑崇下狱,宝上书曰:"臣闻疏不图亲,外不虑内。①臣幸得衔命奉使,职在刺举,不敢避贵幸之势,以塞视听之明。按尚书令昌奏仆射崇,下狱覆治,榜掠将死,卒无一辞,②道路称冤。疑昌与崇内有纤介,③浸润相陷,自禁门内枢机近臣,蒙受冤谮,④亏损国家,为谤不小。臣请治昌,以解众心。"书奏,天子不说,⑤以宝名臣不忍诛,乃制诏丞相大司空:"司隶宝奏故尚书仆射崇冤,请狱治尚书令昌。案崇近臣,罪恶暴著,而宝怀邪,附下罔上,以春月作诋欺,遂其奸心,盖国之贼也。传不云乎?'恶利口之覆国家。'⑥其免宝为庶人。"

①师古曰:"图,谋也。虑,思也。"

②师古曰:"榜掠,谓笞击而考问之也。榜音彭。"

③师古曰:"言有细故宿嫌也。"

④师古曰:"蒙,被也。"

⑤师古曰:"说读曰悦。"

⑥师古曰:"《论语》称孔子之言。"

哀帝崩,王莽白王太后征宝以为光禄大夫,与王舜等俱迎中山王。平帝立,宝为大司农。会越巂郡上黄龙游江中,太师孔光、大司徒马宫等咸称莽功德比周公,宜告祠宗庙。宝曰:"周公上圣,召公大贤。尚犹有不相说,著于经典,两不相损。①今风雨未时,百姓不足,每有一事,群臣同声,②得无非其美者。"③时大臣皆失色,侍中奉车都尉甄邯即时承制罢议者。会宝遣吏迎母,母道病,留弟家,独遣妻子。司直陈崇以奏宝,事下三公即讯。④宝对曰:"年七十悖眊,恩衰共养,营妻子,如章。"⑤宝坐免,终于家。建武中,录旧德臣,以宝孙伉为诸长。⑥

①师古曰:"《周书·君奭》之《序》曰'召公为保,周公为师,相成王为左右,召公不说,周公作《君奭》'是也。两不相损者,言俱有令名也。召读曰邵。说读曰悦。"

②师古曰："言雷同阿附,妄说福祥。"

③师古曰："言此非朝廷美事也。"

④师古曰："就问之也。"

⑤师古曰："悖,惑也。眊与耄同。自言老耄,心志乱惑,供养之恩衰,具如所
　　奏之章也。悖音布内反。共读曰供,音居用反。"

⑥师古曰："伉音抗。诸,琅邪之县也。"

　　毋将隆字君房,东海兰陵人也。大司马车骑将军王音内领尚书,外
典兵马,踵故选置从事中郎①与参谋议,奏请隆为从事中郎,迁谏大夫。
成帝末,隆奏封事言:"古者选诸侯入为公卿,以褒功德,宜征定陶王使
在国邸,以填万方。"②其后上竟立定陶王为太子,隆迁冀州牧、颍川太
守。哀帝即位,以高第入为京兆尹,迁执金吾。

①师古曰："踵犹蹑也,言承蹑故事也。"

②师古曰："填音竹刃反。"

　　时侍中董贤方贵,上使中黄门发武库兵,前后十辈,送董贤及上乳
母王阿舍。隆奏言:"武库兵器,天下公用,国家武备,缮治造作,皆度大
司农钱。①大司农钱自乘舆不以给共养,②共养劳赐,壹出少府。盖不以
本臧给末用,不以民力共浮费,③别公私,示正路也。古者诸侯方伯得
颛征伐,乃赐斧钺。④汉家边吏,职在距寇,亦赐武库兵,皆任其事然后
蒙之。《春秋》之谊,家不臧甲,所以抑臣威,损私力也。今贤等便僻弄
臣,私恩微妾,而以天下公用给其私门,契国威器共其家备。⑤民力分于
弄臣,武兵设于微妾,建立非宜,以广骄僭,非所以示四方也。孔子曰:
'奚取于三家之堂!'⑥臣请收还武库。"上不说。⑦

①苏林曰："用度皆出大司农。"

②师古曰："共音居用反。养音弋向反。"

③师古曰："共读曰供。"

④师古曰："颛与专同也。"

⑤李奇曰："契,缺也。"晋灼曰："契,取也。"师古曰："李说是也。共读曰供。"

⑥师古曰："三家,谓鲁大夫叔孙、仲孙、季孙也。《论语》云:'三家者,以《雍》

彻。孔子曰:"相维辟公,天子穆穆,奚取于三家之堂!"'言三家以《雍》彻
食,此乃天子之礼耳,何为在三家之堂也!"

⑦师古曰:"说读曰悦。"

顷之,傅太后使谒者买诸官婢,贱取之,复取执金吾官婢八人。隆
奏言贾贱,请更平直。①上于是制诏丞相、御史大夫:"交让之礼兴,则虞
芮之讼息。②隆位九卿,既无以匡朝廷之不逮,而反奏请与永信宫争贵
贱之贾,程奏显言,③众莫不闻。举错不由谊理,④争求之名自此始,无
以示百僚,伤化失俗。"以隆前有安国之言,⑤左迁为沛郡都尉,迁南郡
太守。

①师古曰:"贾读曰价。其下亦同。"
②师古曰:"虞、芮,二国名。文王为西伯,为断其讼,二国各惭而止也。"
③苏林曰:"露奏也。"
④师古曰:"错音千故反。"
⑤如淳曰:"征定陶王使在国邸也。"

王莽少时,慕与隆交,隆不甚附。哀帝崩,莽秉政,使大司徒孔光奏
隆前为冀州牧治中山冯太后狱冤陷无辜,不宜处位在中土。本中谒者
令史立、侍御史丁玄自典考之,但与隆连名奏事。史立时为中太仆,丁
玄泰山太守,及尚书令赵昌谮郑崇者为河内太守,皆免官,徙合浦。

何并字子廉,祖父以吏二千石自平舆徙平陵。①并为郡吏,至大司
空掾,事何武。武高其志节,举能治剧,为长陵令,道不拾遗。

①师古曰:"平〔陵〕〔舆〕,汝南之县也。"〔6〕

初,邛成太后外家王氏贵,①而侍中王林卿通轻侠,倾京师。后坐
法免,宾客愈盛,归长陵上冢,因留饮连日。并恐其犯法,自造门上
谒,②谓林卿曰:"冢间单外,君宜以时归。"③林卿曰:"诺。"先是林卿杀
婢婿埋冢舍,④并具知之,以非己时,又见其新免,故不发举,欲无令留
界中而已,即且遣吏奉谒传送。林卿素骄,惭于宾客,并度其为变,储兵
马以待之。⑤林卿既去,北度泾桥,令骑奴还至寺门,拔刀剥其建鼓。⑥并

自从吏兵追林卿。行数十里，林卿迫窘，乃令奴冠其冠被其襜褕自代，乘车从童骑，⑦身变服从间径驰去。会日暮追及，收缚冠奴，奴曰："我非侍中，奴耳。"並心自知已失林卿，乃曰："王君困，自称奴，得脱死邪？"叱吏断头持还，县所剥鼓置都亭下，署曰："故侍中王林卿坐杀人埋冢舍，使奴剥寺门鼓。"⑧吏民惊骇。林卿因亡命，众庶讙哗，以为实死。⑨成帝太后以邛成太后爱林卿故，闻之涕泣，为言哀帝。哀帝问状而善之，迁並陇西太守。

①应劭曰："宣帝王皇后父奉光封邛成侯，成帝母亦姓王，故以父爵别之也。"

②师古曰："造，至也，音千到反。"

③师古曰："单外，言在郊郭之外而单露。"

④师古曰："婢婿，外人与其婢奸者也。冢舍，守冢之舍也。"

⑤师古曰："储，豫备也。度音徒各反。"

⑥师古曰："诸官曹之所通呼为寺。建鼓一名植鼓。建，立也。谓植木而旁悬鼓焉。县有此鼓者，所以召集号令，为开闭之时。"

⑦师古曰："谰褕，曲裾禅衣也。童骑，童奴之骑也。"

⑧师古曰："署谓书表其事也。"

⑨师古曰："讙哗，众议也。讙音许元反。"

徙颍川太守，代陵阳严诩。诩本以孝行为官，谓掾史为师友，有过辄闭阁自责，终不大言。郡中乱，王莽遣使征诩，官属数百人为设祖道，诩据地哭。掾史曰："明府吉征，不宜若此。"诩曰："吾哀颍川士，身岂有忧哉！我以柔弱征，必选刚猛代。代到，将有僵仆者，故相吊耳。"①诩至，拜为美俗使者。②是时颍川锺元为尚书令，领廷尉，用事有权。弟威为郡掾，臧千金。③並为太守，（故）〔过〕辞锺廷尉，⁽⁷⁾廷尉免冠为弟请一等之罪，④愿蚤就鈇钳。並曰："罪在弟身与君律，不在于太守。"元惧，驰遣人呼弟。阳翟轻侠赵季、李款多畜宾客，以气力渔食闾里，⑤至奸人妇女，持吏长短，从横郡中，⑥闻並且至，皆亡去。並下车求勇猛晓文法吏且十人，使文吏治三人狱，武吏往捕之，各有所部。敕曰："三人非负太守，乃负王法，不得不治。锺威所犯多在赦前，驱使入函谷关，勿令

污民间;不入关,乃收之。赵、李桀恶,虽远去,当得其头,以谢百姓。"锺
威负其兄,止雒阳,⑦吏格杀之。亦得赵、李它郡,持头还,并皆县头及
其具狱于市。郡中清静,表善好士,⑧见纪颍川,名次黄霸。性清廉,妻
子不至官舍。数年,卒。疾病,召丞掾作先令书,⑨曰:"告子恢,吾生素
餐日久,死虽当得法赗,勿受。⑩葬为小椁,毋容下棺。"⑪恢如父言。王
莽擢恢为关都尉。建武中以并孙为郎。

①师古曰:"僵,偃也。仆,颠也。僵音姜。仆音赴。"

②文颖曰:"宣美风化使者。"

③师古曰:"臧谓致罪之臧也。"

④如淳曰:"减死罪一等。"

⑤师古曰:"渔者,谓侵夺取之,若渔猎之为也。"

⑥师古曰:"从音子用反。横音胡孟反。"

⑦师古曰:"负谓恃其权力也。"

⑧师古曰:"好音呼到反。"

⑨师古曰:"先为遗令也。"

⑩如淳曰:"公令,吏死官,得法赗。"师古曰:"赠终者布帛曰赗,音附。"

⑪张晏曰:"《礼》三重棺。赵简子曰:'不设属辟,下卿之罚也。'或曰但下棺,
无馀器物也。"师古曰:"言止作小椁,才容下棺而已,无令高大也。毋读
曰但。"

　　赞曰:盖宽饶为司臣,正色立于朝,虽《诗》所谓"国之司直"无以加
也。①若采王生之言以终其身,斯近古之贤臣矣。诸葛、刘、郑虽云狂
瞽,有异志焉。孔子曰:"吾未见刚者。"②以数子之名迹,然毋将污于冀
州,③孙宝桡于定陵,④况俗人乎!何并之节,亚尹翁归云。

①师古曰:"《诗·郑风·羔裘》之篇曰'彼己之子,邦之司直',言其德美,可主
正直之任也。"

②师古曰:"《论语》称孔子之言也。言有刚德者为难也。"

③孟康曰:"污,下也。"师古曰:"毋将隆为冀州牧,与史立、丁元共奏冯太后
事,是为污曲也。污音一胡反。"

④师古曰:"桡亦曲也。谓受淳于长托而不治杜稺季也。桡音女教反。"

【校勘记】

〔1〕　言以(行)〔刑〕法成教化也。　景祐、殿本都作"刑"。王先谦说作
　　　　"刑"是。

〔2〕　常恐卒填沟渠,(德)无以报厚〔德〕,　景祐、殿本都作"无以报厚德"。

〔3〕　河间宗室〔人〕也,　景祐、殿本都有"人"字。

〔4〕　蚤,古(旱)〔早〕字也。　景祐、殿、局本都作"早",此误。

〔5〕　(也)〔由〕商不任职,致有贼盗,　景祐、殿本都作"由"。

〔6〕　平(陵)舆,汝南之县也。　周寿昌说"平陵"当作"平舆"。按景祐本正作
　　　　"平舆"。

〔7〕　貙并为太守,(故)〔过〕辞钟廷尉,　景祐、殿本都作"过"。王先谦说作
　　　　"过"是。

汉书卷七十八

萧望之传第四十八

萧望之字长倩,东海兰陵人也,①徙杜陵。家世以田为业,至望之,好学,治《齐诗》,事同县后仓且十年。以令诣太常受业,②复事同学博士白奇,③又从夏侯胜问《论语》、《礼服》。④京师诸儒称述焉。

①师古曰:"近代谱谍妄相托附,乃云望之萧何之后,追次昭穆,流俗学者共祖述焉。但酂侯汉室宗臣,功高位重,子孙胤绪具详表、传。长倩钜儒达学,名节并隆,博览古今,能言其祖。市朝未变,年载非遥,长老所传,耳目相接,若其实承何后,史传宁得弗详?《汉书》既不叙论,后人焉所取信?不然之事,断可识矣。"

②如淳曰:"令郡国官有好文学敬长肃政教者,二千石奏上,与计偕,诣太常受业如弟子也。"

③师古曰:"常同于后仓受业,而奇后为博士。"

④师古曰:"《礼》之《丧服》也。"

是时大将军霍光秉政,长史丙吉荐儒生王仲翁与望之等数人,皆召见。先是左将军上官桀与盖主谋杀光,光既诛桀等,后出入自备。吏民当见者,露索去刀兵,两吏挟持。①望之独不肯听,自引出阁曰:"不愿见。"吏牵持匈匈。光闻之,告吏勿持。望之既至前,说光曰:"将军以功德辅幼主,将以流大化,致于洽平,②是以天下之士延颈企踵,争愿自(劾)〔效〕,[1]以辅高明。今士见者皆先露索挟持,恐非周公相成王躬吐握之礼,致白屋之意。"③于是光独不除用望之,而仲翁等皆补大将军史。三岁间,仲翁至光禄大夫给事中,望之以射策甲科为郎,④署小苑东门候。⑤仲翁出入从仓头庐儿,⑥下车趋门,传呼甚宠,⑦顾谓望之曰:

"不肯录录,反抱关为。"⑧望之曰:"各从其志。"

①师古曰:"索,搜也,露形体而搜也。索音山客反。"

②师古曰:"令太平之化通洽四方也。"

③师古曰:"周公摄政,一沐三握发,一饭三吐哺,以接天下之士。白屋,谓白盖之屋以茅覆之,贱人所居。盖音合。"

④师古曰:"射策者,谓为难问疑义书之于策,量其大小署为甲乙之科,列而置之,不使彰显。有欲射者,随其所取得而释之,以知优劣。射之,言投射也。对策者,显问以政事经义,令各对之,而观其(人)〔文〕辞定高下也。"[2]

⑤师古曰:"署,补署也。门候,主候时而开闭也。"

⑥师古曰:"皆官府之给贱役者也,解在《贡禹传》。"

⑦师古曰:"趋读曰趣。趣,向也。下车而向门,传声而呼侍从者,甚有尊宠也。"

⑧师古曰:"录录谓循常也。言望之不能随例搜索,以(为)〔违〕忤执政,[3]不得大官而守门也。"

　　后数年,坐弟犯法,不得宿卫,免归为郡吏。及御史大夫魏相除望之为属,察廉为大行治礼丞。

　　时大将军光薨,子禹复为大司马,兄子山领尚书,①亲属皆宿卫内侍。地节三年夏,京师雨雹,望之因是上疏,愿赐清闲之宴,口陈灾异之意。②宣帝自在民间闻望之名,曰:"此东海萧生邪?下少府宋畸问状,③无有所讳。"望之对,以为"《春秋》昭公三年大雨雹,是时季氏专权,卒逐昭公。乡使鲁君察于天变,宜亡此害。④今陛下以圣德居位,思政求贤,尧舜之用心也。然而善祥未臻,阴阳不和,是大臣任政,一姓擅势之所致也。附枝大者贼本心,私家盛者公室危。⑤唯明主躬万机,选同姓,举贤材,以为腹心,与参政谋,令公卿大臣朝见奏事,明陈其职,以考功能。如是,则庶事理,公道立,奸邪塞,私权废矣。"对奏,天子拜望之为谒者。时上初即位,思进贤良,多上书言便宜,辄下望之问状,高者请丞相御史,⑥次者中二千石试事,满岁以状闻,⑦下者报闻,或罢归田里,所白处奏皆可。⑧累迁谏大夫,丞相司直,岁中三迁,官至二千石。其后霍氏竟谋反诛,望之寖益任用。⑨

①师古曰："霍山,去病之孙,今云兄子者,转写误尔。"

②师古曰："閒读曰闲。"

③师古曰："畸音居宜反。"

④师古曰："乡读曰向。亡读曰无。"

⑤师古曰："本心,树之本株也。"

⑥师古曰："望之以其人所言之状请于丞相御史,或以奏闻,即见超擢。"

⑦师古曰："试令行其所言之事,或以诸它职事试之。"

⑧师古曰："当主上之意也。"

⑨师古曰："寖,渐也。"

是时选博士谏大夫通政事者补郡国守相,以望之为平原太守。望之雅意在本朝,远为郡守,内不自得,乃上疏曰："陛下哀愍百姓,恐德化之不究,①悉出谏官以补郡吏,所谓忧其末而忘其本者也。朝无争臣则不知过,国无达士则不闻善。②愿陛下选明经术,温故知新,通于几微谋虑之士以为内臣,与参政事。诸侯闻之,则知国家纳谏忧政,亡有阙遗。若此不怠,成康之道其庶几乎!③外郡不治,岂足忧哉?"书闻,征入守少府。宣帝察望之经明持重,论议有馀,材任宰相,④欲详试其政事,复以为左冯翊。望之从少府出为左迁,恐有不合意,即移病。⑤上闻之,使侍中成都侯金安上谕意曰："所用皆更治民以考功。⑥君前为平原太守日浅,故复试之于三辅,非有所闻也。"⑦望之即视事。

①师古曰："究,竟也,谓周遍于天下。"

②师古曰："达士谓达于政事也。"

③师古曰："周成康二王致太平也。"

④师古曰："任,堪也。"

⑤师古曰："移病谓移书言病。一曰以病而移居。"

⑥师古曰："更犹经历也,音工衡反。"

⑦师古曰："所闻谓闻其短失。"

是岁西羌反,汉遣后将军征之。京兆尹张敞上书言："国兵在外,军以夏发,陇西以北,安定以西,吏民并给转输,田事颇废,素无馀积,虽羌虏以破,来春民食必乏。穷辟之处,买亡所得,①县官谷度不足以振之。②愿令诸有罪，非盗受财杀人及犯法不得赦者，皆得以差入谷此八郡赎罪。③务益致谷以豫备百姓之急。"事下有司，望之与少府李彊议，以为"民函阴阳之气，有(仁)〔好〕义欲利之心，④〔4〕在教化之所助。尧在上，不能去民欲利之心，而能令其欲利不胜其好义也；虽桀在上，不能去民好义之心，而能令其好义不胜其欲利也。故尧、桀之分，在于义利而已，道民不可不慎也。⑤今欲令民量粟以赎罪，如此则富者得生，贫者独死，是贫富异刑而法不壹也。人情，贫穷，父兄囚执，闻出财得以生活，为人子弟者将不顾死亡之患，败乱之行，以赴财利，求救亲戚。一人得生，十人以丧，如此，伯夷之行坏，公绰之名灭。⑥政教壹倾，虽有周召之佐，恐不能复。⑦古者臧于民，不足则取，有馀则予。《诗》曰'爰及矜人，哀此鳏寡'，⑧上惠下也。又曰'雨我公田，遂及我私'，⑨下急上也。今有西边之役，民失作业，虽户赋口敛以赡其困乏，⑩古之通义，百姓莫以为非。以死救生，恐未可也。⑪陛下布德施教，教化既成，尧舜亡以加也。今议开利路以伤既成之化，臣窃痛之。"

①师古曰："辟读曰僻也。"

②师古曰："度音徒各反。"

③师古曰："差，次也。八郡，即陇西以北，安定以西。"

④师古曰："函与含同也。"

⑤师古曰："道读曰导。"

⑥师古曰："公绰，鲁大夫孟公绰也。《论语》称孔子曰：'若臧武仲之智，公绰之不欲，卞庄子之勇，冉求之艺，文之以礼乐，可以为成人矣。'"

⑦师古曰："召读曰邵。复音扶目反。"

⑧师古曰："《小雅·鸿雁》之诗也。矜人，可哀矜之人，谓贫弱者也。言王者惠泽下及哀矜之人以至鳏寡。"

⑨师古曰："《小雅·大田》之诗也。言众庶喜于时雨，先润公田，又及私田，是则其心先公后私。雨音于具反。"

⑩师古曰："率户而赋，计口而敛也。"

⑪师古曰："子弟竭死以救父兄，令其生也。"

于是天子复下其议两府，丞相、御史以难问张敞。敞曰："少府左冯翊所言，常人之所守耳。昔先帝征四夷，兵行三十馀年，百姓犹不加赋，而军用给。今羌虏一隅小夷，跳梁于山谷间，汉但令罪人出财减罪以诛之，其名贤于烦扰良民横兴赋敛也。①又诸盗及杀人犯不道者，百姓所疾苦也，皆不得赎；首匿、见知纵、所不当得为之属，议者或颇言其法可蠲除，②今因此令赎，其便明甚，何化之所乱？《甫刑》之罚，小过赦，薄罪赎，③有金选之品，④所从来久矣，何贼之所生？敝备皂衣二十馀年，⑤尝闻罪人赎矣，未闻盗贼起也。窃怜凉州被寇，方秋饶时，民尚有饥乏，病死于道路，况至来春将大困乎！不早虑所以振救之策，而引常经以难，恐后为重责。常人可与守经，未可与权也。敝幸得备列卿，以辅两府为职，不敢不尽愚。”

①师古曰：“横音胡孟反。”

②师古曰：“以其罪轻而法重，故常欲除此科条。”

③师古曰：“吕侯为周穆王司寇，作赎刑之法，谓之《吕刑》。后改为甫侯，故又称《甫刑》也。”

④应劭曰：“选音刷，金铢两名也。”师古曰：“音刷是也。字本作锊，锊即锾也，其重十一铢二十五分铢之十三，一曰重六两。《吕刑》曰：‘墨辟疑赦，其罚百锾；劓辟疑赦，其罚惟倍；剕辟疑赦，其罚倍差；宫辟疑赦，其罚六百锾；大辟疑赦，其罚千锾。’是其品也。”

⑤如淳曰：“虽有五时服，至朝皆著皂衣。”

望之、彊复对曰：“先帝圣德，贤良在位，作宪垂法，为无穷之规，永惟边竟之不赡，①故《金布令甲》曰②‘边郡数被兵，离饥寒，③夭绝天年，父子相失，令天下共给其费’，④固为军旅卒暴之事也。⑤闻天汉四年，常使死罪人入五十万钱减死罪一等，豪强吏民请夺假贷，⑥至为盗贼以赎罪。其后奸邪横暴，群盗并起，⑦至攻城邑，杀郡守，充满山谷，吏不能禁，明诏遣绣衣使者以兴兵击之，⑧诛者过半，然后衰止。愚以为此使死罪赎之败也，故曰不便。”时丞相魏相、御史大夫丙吉亦以为羌虏且破，转输略足相给，遂不施敝议。望之为左冯翊三年，京师称之，迁大鸿胪。

①师古曰："惟,思也。竟读曰境。其下亦同。"

②师古曰："《金布》者,令篇名也。其上有府库金钱布帛之事,因以名篇。令甲者,其篇甲乙之次。"

③师古曰："离,遣也。"

④师古曰："同共给之也。自此以上,令甲之文。"

⑤师古曰："卒读曰猝。言此令文专为军旅猝暴而施设。"

⑥师古曰："贳音土得反。"

⑦师古曰："横音胡孟反。"

⑧师古曰："军兴之法也。"

先是乌孙昆弥翁归靡因长罗侯常惠上书,①愿以汉外孙元贵靡为嗣,得复尚少主,②结婚内附,畔去匈奴。诏下公卿议,望之以为乌孙绝域,信其美言,万里结婚,非长策也。天子不听。神爵二年,遣长罗侯惠使送公主配元贵靡。未出塞,翁归靡死,其兄子狂王背约自立。惠从塞下上书,愿留少主敦煌郡。惠至乌孙,责以负约,因立元贵靡,还迎少主。诏下公卿议,望之复以为"不可。乌孙持两端,亡坚约,其效可见。前少主在乌孙四十馀年,恩爱不亲密,边境未以安,此已事之验也。今少主以元贵靡不得立而还,信无负于四夷,此中国之大福也。少主不止,繇役将兴,其原起此"。天子从其议,征少主还。后乌孙虽分国两立,以元贵靡为大昆弥,汉遂不复与结婚。

①师古曰："昆弥,乌孙之王号也。翁归靡,其人名也。"

②苏林曰："宗室女也。"

三年,代丙吉为御史大夫。五凤中匈奴大乱,议者多曰匈奴为害日久,可因其坏乱举兵灭之。诏遣中朝大司马车骑将军韩增、诸吏富平侯张延寿、光禄勋杨恽、太仆戴长乐问望之计策,望之对曰:"《春秋》晋士匄帅师侵齐,闻齐侯卒,引师而还,君子大其不伐丧,①以为恩足以服孝子,谊足以动诸侯。前单于慕化乡善称弟,②遣使请求和亲,海内欣然,夷狄莫不闻。未终奉约,不幸为贼臣所杀,今而伐之,是乘乱而幸灾也,彼必奔走远遁。不以义动兵,恐劳而无功。宜遣使者吊问,辅其微弱,救其灾患,四夷闻之,咸贵中国之仁义。如遂蒙恩得复其位,必称臣服从,此德之盛也。"上从其议,后竟遣兵护辅呼韩邪单于定其国。

①师古曰:"士匄,晋大夫范宣子也。《春秋公羊传》襄十九年,齐侯环卒,'晋士匄帅师侵齐,至毂,闻齐侯卒,乃还。还者何? 善辞也,大其不伐丧也。'"

②苏林曰:"弟,顺也。"师古曰:"乡读曰向。弟音悌。"

是时大司农中丞耿寿昌奏设常平仓,上善之,望之非寿昌。①丞相丙吉年老,上重焉,望之又奏言:"百姓或乏困,盗贼未止,二千石多材下不任职。三公非其人,则三光为之不明,今首岁日月少光,②咎在臣等。"上以望之意轻丞相,③乃下侍中建章卫尉金安上、光禄勋杨恽、御史中丞王忠,并诘问望之。④望之免冠置对,天子繇是不说。⑤

①师古曰:"此望之不知权道。"

②师古曰:"首岁,岁之初。首谓正月也。"

③师古曰:"言三公非其人,又云咎在臣等,是其意毁丞相。"

④师古曰:"三人同共问之。"

⑤师古曰:"繇读与由同。说读曰悦。"

后丞相司直䋛延寿①奏:"侍中谒者良使(丞)〔承〕制诏望之,〔五〕望之再拜已。良与望之言,望之不起,因故下手,②而谓御史曰'良礼不备'。故事丞相病,明日御史大夫辄问病;朝奏事会庭中,差居丞相后,丞相谢,大夫少进,揖。今丞相数病,望之不问病;会庭中,与丞相钧礼。③时议事不合意,望之曰:'侯年宁能父我邪!'④知御史有令不得擅使,望之多使守史自给车马,之杜陵护视家事。⑤少史冠法冠,为妻先引,⑥又使卖买,私所附益凡十万三千。⑦案望之大臣,通经术,居九卿之右,⑧本朝所仰,至不奉法自修,踞慢不逊攘,⑨受所监臧二百五十以上,⑩请逮捕系治。"上于是策望之曰:"有司奏君责使者礼,遇丞相亡礼,廉声不闻,敖慢不逊,⑪亡以扶政,帅先百僚。君不深思,陷于兹秽,朕不忍致君于理,使光禄勋恽策诏,左迁君为太子太傅,授印。其上故印使者,⑫便道之官。君其秉道明孝,正直是与,帅意亡愆,靡有后言。"⑬

①师古曰:"䋛音婆。"

②苏林曰："伏地而言也。"

③师古曰："不为前后之差也。"

④服虔曰："宁能与吾父同年邪?"

⑤如淳曰："《汉仪注》御史大夫史〔旨〕〔员〕四十五人,[6] 皆六百石,其十五人给
事殿中,其馀三十人留守治百事,皆冠法冠。"师古曰："自给车马者,令其自
乘私车马也。"

⑥苏林曰："少史,曹史之下者也。"文颖曰："先引谓导车前。"

⑦师古曰："使其史为望之家有所卖买,而史以其私钱增益之,用润望之也。"

⑧师古曰："右,上也。"

⑨师古曰："攘,古让字。"

⑩师古曰："二百五十以上者,当时律令坐罪之次,若今律条言一尺以上、一匹
以上矣。"

⑪师古曰："敖读曰傲。"

⑫师古曰："使者即谓杨恽也。命恽授太傅印,而望之以大夫印上于恽。"

⑬师古曰："讐,古怨字。后言谓自申理。"

望之既左迁,而黄霸代为御史大夫。数月间,丙吉薨,霸为丞相。
霸薨,于定国复代焉。望之遂见废,不得相。为太傅,以《论语》、《礼服》
授皇太子。

初,匈奴呼韩邪单于来朝,诏公卿议其仪,丞相霸、御史大夫定国议
曰："圣王之制,施德行礼,先京师而后诸夏,先诸夏而后夷狄。《诗》云:
'率礼不越,遂视既发;相土烈烈,海外有截。'①陛下圣德充塞天地,②光
被四表,③匈奴单于乡风慕化,奉珍朝贺,④自古未之有也。其礼仪宜如
诸侯王,位次在下。"望之以为："单于非正朔所加,故称敌国,宜待以不
臣之礼,位在诸侯王上。外夷稽首称藩,中国让而不臣,此则羁縻之谊,
谦亨之福也。⑤《书》曰'戎狄荒服',⑥言其来〔服〕,荒忽亡常。[7]如使匈
奴后嗣卒有鸟窜鼠伏,阙于朝享,不为畔臣。⑦信让行乎蛮貉,福祚流于
亡穷,万世之长策也。"天子采之,下诏曰："盖闻五帝三王教化所不施,
不及以政。今匈奴单于称北藩,朝正朔,朕之不逮,德不能弘覆。其以
客礼待之,令单于位在诸侯王上,赞谒称臣而不名。"

①师古曰："《商颂·长发》之诗也。率,循也。遂,遍也。既,尽也。发,行也。相土,契之孙也。烈烈,威也。截,齐也。言殷宗受命为诸侯,能修礼度,无有所逾越也。遍省视之,教令尽行,而相土之威烈烈然盛,四海之外皆整齐。"

②师古曰："充,实也。塞,满也。"

③师古曰："四表,四海之外。"

④师古曰："乡读曰向。"

⑤师古曰："《易·谦卦》之辞曰'谦,亨,天道下济而光明,地道卑而上行',言谦之为德,无所不通也。亨音火庚反。"

⑥师古曰："逸《书》也。"

⑦师古曰："卒,终也。本以客礼待之,若后不来,非叛臣。"

及宣帝寝疾,选大臣可属者,①引外属侍中东陵侯史高、太子太傅望之、少傅周堪至禁中,拜高为大司马车骑将军,望之为前将军光禄勋,堪为光禄大夫,皆受遗诏辅政,领尚书事。宣帝崩,太子袭尊号,是为孝元帝。望之、堪本以师傅见尊重,上即位,数宴见,言治乱,陈王事。望之选白宗室明经达学散骑谏大夫刘更生给事中,与侍中金敞并拾遗左右。四人同心谋议,劝道上以古制,②多所欲匡正,上甚乡纳之。③

①师古曰："属音之欲反。"

②师古曰："道读曰导。"

③师古曰："乡读曰向,意信向之而纳用其言。"

初,宣帝不甚从儒术,任用法律,而中书宦官用事。中书令弘恭、石显久典枢机,明习文法,亦与车骑将军高为表里,论议常独持故事,不从望之等。恭、显又时倾仄见诎。①望之以为中书政本,宜以贤明之选,自武帝游宴后庭,故用宦者,非国旧制,又违古不近刑人之义,②白欲更置士人,繇是大与高、恭、显忤。③上初即位,谦让重改作,④议久不定,出刘更生为宗正。

①文颖曰："恭、显心不自安也。"师古曰："文说非也。言其不能持正,故议论大事见诎于天子也。仄,古侧字。"

②师古曰："《礼》曰'刑人不在君侧'也。"

③师古曰：“繇读与由同。忤谓相违逆也。”

④师古曰：“重，难也。未欲更置士人于中书也。”

望之、堪数荐名儒茂材以备谏官。会稽郑朋阴欲附望之，上疏言车骑将军高遣客为奸利郡国，及言许、史子弟罪过。章视周堪，①堪白令朋待诏金马门。朋奏记望之曰：“将军体周召之德，秉公绰之贤，有卞庄之威。②至乎耳顺之年，③履折冲之位，号至将军，诚士之高致也。窟穴黎庶莫不欢喜，咸曰将军其人也。④今将军规橅云若管晏而休，遂行日仄至周召乃留乎？⑤若管晏而休，则下走将归延陵之皋，⑥修农圃之畴，⑦畜鸡种黍，竢见二子，没齿而已矣。⑧如将军昭然度行积思，塞邪枉之险蹊，宣中庸之常政，⑨兴周召之遗业，亲日仄之兼听，则下走其庶几愿竭区区，底厉锋锷，⑩奉万分之一。”望之见纳朋，接待以意。⑪朋数称述望之，短车骑将军，⑫言许、史过失。

①师古曰：“视读曰示。以朋所奏之章示堪也。”

②师古曰：“周谓周公旦。召谓召公奭。公绰，孟公绰也，廉正寡欲。卞庄子，鲁卞邑大夫，盖勇士也。召读曰邵。”

③师古曰：“《论语》孔子曰‘六十而耳顺’。”

④师古曰：“国家委任，诚得其人也。”

⑤师古曰：“问望之立意当趣如管晏而止，为欲恢廓其道，日昃不食，追周召之迹然后已乎？橅读曰模。其字从木。”

⑥应劭曰：“下走，仆也。”张晏曰：“吴公子札食邑延陵，薄吴王之行，弃国而耕于皋泽。朋云望之所为若但如管晏，则不处汉朝，将归会稽，寻延陵之轨，隐耕皋泽之中也。”师古曰：“下走者，自谦言趋走之役也。”

⑦师古曰：“美田曰畴。”

⑧师古曰：“《论语》云：‘子路从而后，遇丈人以杖荷蓧，止子路宿，杀鸡为黍而食之，见其二子焉。明日子路行，以告。子曰：“隐者也。”使子路反见之，至则行矣。’朋之所云盖谓此也。竢，古俟字也。俟，待〔也〕。[8]没齿，终身也。蓧，草器也，音徒钓反。”

⑨师古曰：“度行，度越常检而为高行也。蹊，径，谓道也，音奚。”

⑩师古曰：“锋，刃端也。锷，刃旁也，音五各反。”

⑪师古曰:"与之相见,纳用其说也。"

⑫师古曰:"短谓毁其短恶也。"

后朋行倾邪,望之绝不与通。朋与大司农史李宫俱待诏,堪独白宫为黄门郎。朋,楚士,怨恨,①更求入许、史,推所言许、史事曰:"皆周堪、刘更生教我,我关东人,何以知此?"于是侍中许章白见朋。朋出扬言曰:"我见,言前将军小过五,大罪一。中书令在旁,知我言状。"望之闻之,以问弘恭、石显。显、恭恐望之自讼,下于它吏,即挟朋及待诏华龙。②龙者,宣帝时与张子蟜等待诏,③以行污涉不进,④欲入堪等,堪等不纳,故与朋相结。恭、显令二人告望之等谋欲罢车骑将军疏退许、史状,候望之出休日,令朋、龙上之。事下弘恭问状,望之对曰:"外戚在位多奢淫,欲以匡正国家,非为邪也。"恭、显奏:"望之、堪、更生朋党相称举,数谮诉大臣,毁离亲戚,欲以专擅权势,为臣不忠,诬上不道,请谒者召致廷尉。"时上初即位,不省"谒者召致廷尉"为下狱也,可其奏。后上召堪、更生,曰系狱。上大惊曰:"非但廷尉问邪?"以责恭、显,皆叩头谢。上曰:"令出视事。"恭、显因使高言:"上新即位,未以德化闻于天下,而先验师傅,既下九卿大夫狱,宜因决免。"于是制诏丞相御史:"前将军望之傅朕八年,亡它罪过,今事久远,识忘难明。⑤其赦望之罪,收前将军光禄勋印绶,及堪、更生皆免为庶人。"而朋为黄门郎。

①张晏曰:"朋,会稽人,会稽并属楚。"苏林曰:"楚人脆急也。"

②师古曰:"华音胡化反。"

③师古曰:"蟜音巨遥反,字或作侨。"

④师古曰:"涉与秽同。"

⑤师古曰:"言不能尽记,有遗忘者,故难明。"

后数月,制诏御史:"国之将兴,尊师而重傅。故前将军望之傅朕八年,道以经术,厥功茂焉。①其赐望之爵关内侯,食邑六百户,给事中,朝朔望,坐次将军。"天子方倚欲以为丞相,②会望之子散骑中郎伋上书讼望之前事,③事下有司,复奏:"望之前所坐明白,无谮诉者,④而教子上书,称引亡辜之《诗》,失大臣体,不敬,请逮捕。"弘恭、石显等知望之素高节,不诎辱,建白:"望之⑤前为将军辅政,欲排退许、史,专权擅朝。幸得不坐,复赐爵邑,与闻政事,⑥不悔过服罪,深怀怨望,教子上书,归非于上,⑦自以托师傅,怀终不坐。⑧非颇诎望之于牢狱,塞其怏怏心,则圣朝亡以施恩厚。"⑨上曰:"萧太傅素刚,安肯就吏?"显等曰:"人命至重,望之所坐,语言薄罪,必亡所忧。"上乃可其奏。

①师古曰:"道读曰导。茂,美也。"

②师古曰:"倚音於绮反。"

③师古曰:"伋音级。"

④师古曰:"言望之自有罪,非人谮谱而诉之也。"

⑤师古曰:"建立此议而白之于天子。"

⑥师古曰:"与读曰豫。"

⑦师古曰:"言归恶于天子也。"

⑧师古曰:"言恃旧恩,自谓终无罪,坐怀此心。"

⑨服虔曰:"非,不也。"

显等封以付谒者,敕令召望之手付,因令太常急发执金吾车骑驰围其第。使者至,召望之。望之欲自杀,其夫人止之,以为非天子意。望之以问门下生朱云。云者好节士,劝望之自裁。于是望之卬天叹曰:①"吾尝备位将相,年逾六十矣,老入牢狱,苟求生活,不亦鄙乎!"字谓云曰:"游,②趣和药来,无久留我死!"③竟饮鸩自杀。天子闻之惊,拊手曰:"曩固疑其不就牢狱,果然杀吾贤傅!"是时太官方上昼食,上乃却食,为之涕泣,哀恸左右。④于是召显等责问以议不详。⑤皆免冠谢,良久然后已。

①师古曰:"卬读曰仰。"

②师古曰:"朱云字游,呼其字。"

③师古曰:"趣读曰促。"

④师古曰:"恸,动也。"

⑤师古曰:"详,审也。"

望之有罪死,有司请绝其爵邑。有诏加恩,长子伋嗣为关内侯。天

子追念望之不忘，每岁时遣使者祠祭望之冢，终元帝世。望之八子，至
大官者育、咸、由。

　　育字次君，少以父任为太子庶子。元帝即位，为郎，病免，后为御
史。大将军王凤以育名父子，著材能，除为功曹，迁谒者，使匈奴副校
尉。①后为茂陵令，会课，育第六。②而漆令郭舜殿，见责问，③育为之请，
扶风怒曰："君课第六，裁自脱，④何暇欲为左右言？"⑤及罢出，传召茂陵
令诣后曹，⑥当以职事对。⑦育径出曹，书佐随牵育，育案佩刀曰："萧育
杜陵男子，何诣曹也！"⑧遂趋出，欲去官。明旦，诏召入，拜为司隶校
尉。育过扶风府门，官属掾史数百人拜谒车下。后坐失大将军指免官。
复为中郎将使匈奴。历冀州、青州两郡刺史，长水校尉，泰山太守，入守
大鸿胪。以鄠名贼梁子政阻山为害，久不伏辜，⑨育为右扶风数月，尽
诛子政等。坐与定陵侯淳于长厚善免官。

　　①师古曰："时令校尉为使于匈奴而育为之副使，故授副校尉也。"
　　②师古曰："如今之考第高下。"
　　③师古曰："殿，后也。言有所负，最居下也。殿音丁见反。"
　　④师古曰："脱，免也，音吐活反。"
　　⑤师古曰："左右者，言与同列在其左右，若今言旁人也。"
　　⑥如淳曰："贼曹、决曹皆后曹。"
　　⑦师古曰："忿其为漆令言，故欲以职事责之。"
　　⑧师古曰："自言欲免官而去，但是杜陵一白衣男子耳，何须召我诣曹乎？"
　　⑨师古曰："名贼者，自显其名，无所避匿，言其强也。"

　　哀帝时，南郡江中多盗贼，拜育为南郡太守。上以育耆旧名臣，乃
以三公使车载育入殿中受策，①曰："南郡盗贼群辈为害，朕甚忧之。以
太守威信素著，故委南郡太守，之官，其于为民除害，安元元而已，亡拘
于小文。"加赐黄金二十斤。育至南郡，盗贼静。病去官，起家复为光禄
大夫执金吾，以寿终于官。

　　①孟康曰："使车，三公奉使之车，若安车也。"

育为人严猛尚威，居官数免，稀迁。少与陈咸、朱博为友，著闻当世。往者有王阳、贡公，故长安语曰“萧、朱结绶，王、贡弹冠”，言其相荐达也。始育与陈咸俱以公卿子显名，咸最先进，年十八为左曹，二十餘御史中丞。时朱博尚为杜陵亭长，为咸、育所攀援，入王氏。①后遂并历刺史郡守相，及为九卿，而博先至将军上卿，历位多于咸、育，遂至丞相。育与博后有隙，不能终，故世以交为难。

①师古曰：“援，引也，音爰。”

咸字仲，为丞相史，举茂材，好畤令，迁淮阳、泗水内史，张掖、弘农、河东太守。所居有迹，数增秩赐金。后免官，复为越骑校尉、护军都尉、中郎将，使匈奴，至大司农，终官。

由字子骄，为丞相西曹卫将军掾，迁谒者，使匈奴副校尉。后举贤良，为定陶令，迁太原都尉，安定太守。治郡有声，多称荐者。初，哀帝为定陶王时，由为定陶令，失王指，顷之，制书免由为庶人。哀帝崩，为复土校尉、京辅左辅都尉，迁江夏太守。平江贼成重等有功，增秩为陈留太守。元始中，作明堂辟雍，大朝诸侯，征由为大鸿胪，会病，不及宾赞，①还归故官，病免。复为中散大夫，终官。家至吏二千石者六七人。

①师古曰：“赞导九宾之事。”

赞曰：萧望之历位将相，籍师傅之恩，可谓亲昵亡间。①及至谋泄隙开，谗邪构之，卒为便嬖宦竖所图，②哀哉！〔不然〕，望之堂堂，[9]折而不桡，③身为儒宗，有辅佐之能，近古社稷臣也。

①师古曰：“间，隙也。”

②师古曰：“图，谋也。”

③师古曰：“桡，曲也，音女教反。”

【校勘记】

〔1〕 争愿自（劾）〔效〕， 景祐、殿本都作"效"，此误。

〔2〕 而观其（人）〔文〕辞定高下也。 景祐、殿本都作"文"，此误。

〔3〕 言望之不能随例搜索，以（为）〔违〕牾执政， 景祐、殿、局本都作"违"，
　　 此误。

〔4〕 民函阴阳之气，有（仁）〔好〕义欲利之心， 殿本作"好"。王先谦说作
　　 "好"是。

〔5〕 侍中谒者良使（丞）〔承〕制诏望之， 景祐、殿本都作"承"。

〔6〕 （旨）〔员〕四十五人， 景祐、殿本都作"员"，此误。

〔7〕 言其来〔服〕荒忽亡常。 景祐、殿本都有"服"字。

〔8〕 俟，待（世）〔也〕。 景祐、殿、局本都作"也"，此误。

〔9〕 〔不然〕，望之堂堂， 景祐、殿本都有"不然"二字。

汉书卷七十九

冯奉世传第四十九

冯奉世字子明，上党潞人也，①徙杜陵。其先冯亭，为韩上党守。秦攻上党，绝太行道，②韩不能守，冯亭乃入上党城守于赵。③赵封冯亭为华阳君，与赵将括距秦，④战死于长平。宗族繇是分散，⑤或留潞，或在赵。在赵者为官帅将，⑥官帅将子为代相。及秦灭六国，而冯亭之后冯毋择、冯去疾、冯劫皆为秦将相焉。

①师古曰："潞音路。"

②师古曰："太行，山名，险道所经行也。行音胡郎反。"

③师古曰："据守上党城而以降赵。"

④师古曰："括，赵括，赵奢之子也。"

⑤师古曰："繇读与由同。"

⑥师古曰："帅音所类反，字或作师，其义两通。"

汉兴，文帝时冯唐显名，即代相子也。至武帝末，奉世以良家子选为郎。昭帝时，以功次补武安长。失官，年三十馀矣，乃学《春秋》涉大义，读兵法明习，前将军韩增奏以为军司空令。本始中，从军击匈奴。军罢，复为郎。

先是时，汉数出使西域，多辱命不称，或贪污，为外国所苦。①是时乌孙大，有击匈奴之功，而西域诸国新辑，②汉方善遇，欲以安之，选可使外国者。前将军增举奉世以卫候使持节送大宛诸国客。至伊脩城，③都尉宋将言莎车与旁国共攻杀汉所置莎车王万年，④并杀汉使者奚充国。时匈奴又发兵攻车师城，不能下而去。莎车遣使扬言北道诸国已属匈奴矣，于是攻劫南道，与歃盟畔汉，从都善以西皆绝不通。⑤都护郑吉、校尉司马（意）〔拯〕[1]皆在北道诸国间。奉世与其副严昌计，以为不亟击之则莎车日强，⑥其势难制，必危西域。遂以节谕告诸国王，因发其兵，南北道合万五千人进击莎车，攻拔其城。莎车王自杀，传其首诣长安。诸国悉平，威振西域。奉世乃罢兵以闻。宣帝召见韩增，曰："贺将军所举得其人。"奉世遂西至大宛。大宛闻其斩莎车王，敬之异于它使。得其名马象龙而还。⑦上甚说，⑧下议封奉世。⑨丞相、将军皆曰："《春秋》之议，大夫出疆，有可以安国家，则颛之可也。⑩奉世功效尤著，宜加爵土之赏。"少府萧望之独以奉世奉使有指，⑪而擅矫制违命，发诸国兵，虽有功效，不可以为后法。即封奉世，开后奉使者利，以奉世为比，⑫争逐发兵，要功万里之外，⑬为国家生事于夷狄。渐不可长，奉世不宜受封。上善望之议，以奉世为光禄大夫、水衡都尉。

①师古曰："苦谓困辱之。"

②师古曰："辑与集同。集，和也。"

③师古曰："伊脩城在鄯善国，汉于其中置屯田吏士也。"

④师古曰："莎车，国名；万年，其（名王）〔王名〕也。[2]莎音素和反。"

⑤师古曰："鄯音善。"

⑥师古曰："亟，急也，音居力反。"

⑦师古曰："言马形似龙者。"

⑧师古曰："说读曰悦。"

⑨师古曰："下其事令议之。"

⑩师古曰："颛与专同。"

⑪师古曰："本为送诸国客。"

⑫师古曰："比音必寐反。"

⑬师古曰："逐，竞也。"

元帝即位，为执金吾。上郡属国归义降胡万馀人反去。初，昭帝末，西河属国胡伊酋若王亦将众数千人畔，①奉世辄持节将兵追击。②右将军典属国常惠薨，奉世代为右将军典属国，加诸吏之号。数岁，为光禄勋。

①师古曰："酋音才由反。"

②师古曰:"言西河、上郡羌胡反畔,子明再追击之。"

永光二年秋,陇西羌乡姐旁种反,①诏召丞相韦玄成、御史大夫郑弘、大司马车骑将军王接、左将军许嘉、右将军奉世入议。是(岁时)〔时,岁〕比不登,②[3]京师谷石二百馀,③边郡四百,关东五百。四方饥馑,朝廷方以为忧,而遭羌变。玄成等漠然莫有对者。④奉世曰:"羌虏近在竟内背畔,⑤不以时诛,亡以威制远蛮。臣愿帅师讨之。"上问用兵之数,对曰:"臣闻善用兵者,役不再兴,粮不三载,故师不久暴而天诛亟决。⑥往者数不料敌,⑦而师至于折伤;再三发辍,⑧则旷日烦费,威武亏矣。今反虏无虑三万人,⑨法当倍用六万人。然羌戎弓矛之兵耳,器不犀利,⑩可用四万人,一月足以决。"丞相、御史、两将军皆以为民方收敛时,未可多发;万人屯守之,且足。奉世曰:"不可。天下被饥馑,士马羸耗,⑪守战之备久废不简,⑫夷狄皆有轻边吏之心,而羌首难。⑬今以万人分屯数处,虏见兵少,必不畏惧,战则挫兵病师,守则百姓不救。如此,怯弱之形见,羌人乘利,诸种并和,⑭相扇而起,臣恐中国之役不得止于四万,非财币所能解也。故少发师而旷日,⑮与一举而疾决,利害相万也。"⑯固争之,不能得。有诏益二千人。

①师古曰:"乡音所廉反,又音先廉反。姐音紫。今西羌尚有此姓,而乡音先冉反。"

②师古曰:"比,(类)〔频〕也。[4] 登,成也。"

③师古曰:"一石直二百馀钱也。下皆类此。"

④师古曰:"漠,无声也,音莫。"

⑤师古曰:"竟读曰境。"

⑥师古曰:"暴,露也。亟,急也,音居力反。"

⑦师古曰:"料,量也,音聊。"

⑧如淳曰:"辍,推也。《淮南子》曰'内郡辍车而饷'。音而陇反。"

⑨师古曰:"无虑,举凡之言也,无小思虑而大计也。"

⑩如淳曰:"今俗刀兵利为犀。"晋灼曰:"犀,坚也。"师古曰:"晋说是。"

⑪师古曰:"耗,减也,音呼到反。"

⑫师古曰:"简谓选拣。"

⑬师古曰：“言创首为寇难也。”

⑭师古曰：“和，应也，音胡卧反。”

⑮师古曰：“旷，空也，空费其日而无功也。”

⑯师古曰：“相比则为万倍也。”

于是遣奉世将万二千人骑，以将屯为名。①典属国任立、护军都尉韩昌为偏裨，到陇西，分屯三处。典属国为右军，屯白石；护军都尉为前军，屯临洮；奉世为中军，屯首阳西极上。②前军到降同阪，③先遣校尉在前与羌争地利，又别遣校尉救民于广阳谷。羌虏盛多，皆为所破，杀两校尉。奉世具上地形部众多少之计，愿益三万六千人乃足以决事。书奏，天子大为发兵六万馀人，拜太常弋阳侯任千秋为奋武将军以助焉。奉世上言：“愿得其众，不须（复）烦大将。”〔3〕因陈转输之费。

①师古曰：“且云领兵屯田，不言讨贼。”

②如淳曰：“西极，山名也。”

③师古曰：“阪，平陂也。降同者，阪名也。阪音府板反。降音下江反。陂音普何反。”

上于是以玺书劳奉世，且让之，①曰：“皇帝问将兵右将军，②甚苦暴露。羌虏侵边境，杀吏民，甚逆天道，故遣将军帅士大夫行天诛。以将军材质之美，奋精兵，诛不轨，百下百全之道也。今乃有畔敌之名，③大为中国羞。以昔不闲习之故邪？④以恩厚未洽，信约不明也？⑤朕甚怪之。上书言羌虏依深山，多径道，不得不多分部遮要害，须得后发营士，足以决事，部署已定，势不可复置大将，闻之。前为将军兵少，不足自守，故发近所骑，日夜诣，⑥非为击也。⑦今发三辅、河东、弘农越骑、迹射、佽飞、彀者、羽林孤儿及呼速絫、嗕种，⑧方急遣。⑨且兵，凶器也，必有成败者，患策不豫定，料敌不审也，故复遣奋武将军。兵法曰大将军出必有偏裨，所以扬威武，参计策，将军又何疑焉？夫爱吏士，得众心，举而无悔，禽敌必全，将军之职也。若乃转输之费，则有司存，将军勿忧。须奋武将军兵到，并击羌虏。”⑩

①师古曰：“让，责也，责其不须大将。”

②师古曰："官为右将军而将兵在外，故谓之将兵右将军也。"

③如淳曰："不敢当敌攻战，为畔敌也。"

④师古曰："言未尝当羌虏，不测其形便。"

⑤师古曰："言将军恩惠未洽于士卒，又不能明其约誓，使在下信也。"

⑥师古曰："近所，随近之处也。日夜，言兼行不休息也。诣，诣军所。"

⑦师古曰："助其守。"

⑧刘德曰："嘟音辱，羌别种也。彀者，谓能张弩者也。彀音工豆反。彀音力追反。嘟音乃彀反。"

⑨师古曰："言令速至军所也。"

⑩师古曰："须，待也。"

十月，兵毕至陇西。十一月，并进。羌虏大破，斩首数千级，馀皆走出塞。兵未决间，汉复发募士万人，拜定襄太守韩安国为建威将军。①未进，闻羌破，还。上曰："羌虏破散创艾，亡〔逃〕出塞，②〔6〕其罢吏士，颇留屯田，备要害处。"

①师古曰："自别有此安国，非武帝时人也。"

②师古曰："创艾谓惩惧也。创音初向反。艾读曰义。"

明年二月，奉世还京师，更为左将军，光禄勋如故。其后录功拜爵，下诏曰："羌虏桀黠，贼害吏民，攻陇西府寺，燔烧置亭，①绝道桥，甚逆天道。左将军光禄勋奉世前将兵征讨，斩捕首虏八千馀级，卤马牛羊以万数。赐奉世爵关内侯，食邑五百户，黄金六十斤。"裨将、校尉三十馀人，皆拜。

①师古曰："置谓置驿之所也。"

后岁馀，奉世病卒。居爪牙官前后十年，为折冲宿将，功名次赵充国。

奋武将军任千秋者，其父宫，昭帝时以丞相征事捕斩反者左将军上官桀，封侯，宣帝时为太常，薨。千秋嗣后，复为太常。成帝时，乐昌侯王商代奉世为左将军，而千秋为右将军，后亦为左将军。子孙传国，至王莽乃绝云。

　　奉世死后二年,西域都护甘延寿以诛郅支单于封为列侯。时丞相匡衡亦用延寿矫制生事,据萧望之前议,以为不当封,而议者咸美其功,上从众而侯之。于是杜钦上疏,追讼奉世前功曰:"前莎车王杀汉使者,约诸国背畔。①左将军奉世以卫候便宜发兵诛莎车王,策定城郭,功施边境。②议者以奉世奉使有指,《春秋》之义亡遂事,汉家之法有矫制,③故不得侯。今匈奴郅支单于杀汉使者,亡保康居,都护延寿发城郭兵屯田吏士四万馀人以诛斩之,封为列侯。臣愚以为比罪则郅支薄,量敌则莎车众,用师则奉世寡,计胜则奉世为功于边境安,虑败则延寿为祸于国家深。其违命而擅生事同,延寿割地封,而奉世独不录。臣闻功同赏异则劳臣疑,罪钧刑殊则百姓惑;疑生无常,惑生不知所从;亡常则节趋不立,④不知所从则百姓无所(措)〔错〕手足。⑤〔七〕奉世图难忘死,信命殊俗,⑥威功白著,为世使表,⑦独抑厌而不扬,⑧非圣主所以塞疑厉节之意也。愿下有司议。"上以先帝时事,不复录。

　　①师古曰:"约谓共为契约。"

　　②师古曰:"城郭者,谓西域诸国为城郭而居者。"

　　③师古曰:"无遂事者,谓临时制宜,前事不可必遂也。汉家之法,擅矫诏命,虽有功劳不加赏也。"

　　④师古曰:"趋读曰趣。趣谓意所向。"

　　⑤师古曰:"错,置也,音千故反。"

　　⑥师古曰:"图难,谋除国难也。信读曰伸。"

　　⑦师古曰:"白著谓显明也。表犹首。"

　　⑧师古曰:"厌音一涉反。"

　　奉世有子男九人,女四人。长女媛以选充后宫,为元帝昭仪,产中山孝王。元帝崩,媛为中山太后,随王就国。奉世长子谭,太常举孝廉为郎,功次补天水司马。①奉世击西羌,谭为校尉,随父从军有功,未拜病死。谭弟野王、逡、立、参至大官。②

　　①如淳曰:"《汉注》边郡置都尉及千人、司马,皆不治民也。"

　　②师古曰:"逡音千旬反。"

野王字君卿，受业博士，通《诗》。少以父任为太子中庶子。年十八，上书愿试守长安令。宣帝奇其志，问丞相魏相，相以为不可许。后以功次补当阳长，迁为栎阳令，徙夏阳令。元帝时，迁陇西太守，以治行高，入为左冯翊。岁馀，而池阳令并素行贪污，轻野王外戚年少，治行不改。野王部督邮掾祋祤赵都①案验，得其主守盗十金罪，收捕。并不首吏，②都格杀。并家上书陈冤，事下廷尉。都诣吏自杀以明野王，京师称其威信，迁为大鸿胪。

①师古曰："都，祋祤人而为掾也。祋音丁活反，又音丁外反。祤音许羽反。"
②师古曰："不首吏，谓不伏从收捕也。"

数年，御史大夫李延寿病卒，在位多举野王。上使尚书选第中二千石，①而野王行能第一。上曰："吾用野王为三公，后世必谓我私后宫亲属，以野王为比。"②乃下诏曰："刚强坚固，确然亡欲，大鸿胪野王是也。心辨善辞，可使四方，少府五鹿充宗是也。廉絜节俭，太子少傅张谭是也。其以少傅为御史大夫。"上繇下第而用谭，③越次避嫌不用野王，以昭仪兄故也。野王乃叹曰："人皆以女宠贵，我兄弟独以贱！"野王虽不为三公，甚见器重，有名当世。

①师古曰："定其高下之差也。"
②师古曰："比，例也，音必寐反。"
③师古曰："繇读与由同。"

成帝立，有司奏野王王舅，不宜备九卿。以秩出为上郡太守，①加赐黄金百斤。朔方刺史萧育奏封事，荐言："野王行能高妙，内足与图身，外足以虑化。②窃惜野王怀国之宝，而不得陪朝廷与朝者并。野王前以王舅出，以贤复入，明国家乐进贤也。"上自为太子时闻知野王。会其病免，复以故二千石使行河堤，因拜为琅邪太守。是时，成帝长舅阳平侯王凤为大司马大将军，辅政八九年矣，时数有灾异，京兆尹王章讥凤颛权不可任用，荐野王代凤。上初纳其言，而后诛章，语在《元后传》。于是野王惧不自安，遂病，满三月赐告，与妻子归杜陵就医药。大将军凤风御史中丞劾奏野王③赐告养病而私自便，④持虎符出界归家，奉诏不敬。杜钦时在大将军莫府,钦素高野王父子行能,奏记于凤,为野王言曰:"窃见令曰,吏二千石告,过长安谒,⑤不分别予赐。⑥今有司以为予告得归,赐告不得,是一律两科,失省刑之意。⑦夫三最予告,令也;⑧病满三月赐告,诏恩也。令告则得,诏恩则不得,失轻重之差。又二千石病赐告得归有故事,不得去郡亡著令。⑨传曰:'赏疑从予,所以广恩劝功也;⑩罚疑从去,所以慎刑,阙难知也。'⑪今释令与故事而假不敬之法,⑫甚违阙疑从去之意。即以二千石守千里之地,任兵马之重,不宜去郡,将以制刑为后法者,则野王之罪,在未制令前也。刑赏大信,不可不慎。"凤不听,竟免野王。郡国二千石病赐告不得归家,自此始。

①如淳曰:"以鸿胪秩为太守。"

②师古曰:"图,谋;虑,思也。"

③师古曰:"风读曰讽。"

④师古曰:"便,安也,音频面反。"

⑤如淳曰:"谒者,自白得告也。律,吏二千石以上告归归宁,道不过行在所者,便道之官无辞。"

⑥如淳曰:"予,予告也。赐,赐告也。"

⑦师古曰:"省,减也,音所领反。"

⑧师古曰:"在官连有三最,则得予告也。"

⑨如淳曰:"律施行无不得去郡之文也。"

⑩师古曰:"疑当赏不当赏则与之,疑厚薄则从厚。"

⑪师古曰:"疑当罚不当罚则赦之,疑轻重则从轻。"

⑫师古曰:"释,废弃也。假谓假托法律而致其罪。"

初,野王嗣父爵为关内侯,免归。数年,年老,终于家。子座嗣爵,①至孙坐中山太后事绝。

①师古曰:"座音才戈反。"

逡字子产,通《易》。太常察孝廉为郎,补谒者。建昭中,选为复土校尉。光禄勋于永举茂材,为美阳令。功次迁长乐屯卫司马,清河都尉,陇西太守。治行廉平,年四十馀卒。为都尉时,言河堤方略,在《沟洫志》。

立字圣卿,通《春秋》。以父任为郎,稍迁诸曹。竟宁中,以王舅出为五原属国都尉。数年,迁五原太守,徙西河、上郡。立居职公廉,治行略与野王相似,而多知有恩贷,①好为条教。吏民嘉美野王、立相代为太守,歌之曰:"大冯君,小冯君,兄弟继踵相因循,聪明贤知惠吏民,政如鲁、卫德化钧,周公、康叔犹二君。"②后迁为东海太守,下湿病痹。③天子闻之,徙立为太原太守。更历五郡,④所居有迹。年老卒官。

①师古曰:"贷音吐戴反。"

②师古曰:"《论语》称孔子曰:'鲁卫之政,兄弟也。'言周公、康叔亲则兄弟,治国之政又相似。"

③师古曰:"东海土地下湿,故立病痹也。痹音必寐反。"

④师古曰:"更音工衡反。"

参字叔平,学通《尚书》。少为黄门郎给事中,宿卫十馀年。参为人矜严,好修容仪,进退恂恂,甚可观也。①参,昭仪少弟,行又敕备,以严见惮,终不得亲近侍帷幄。竟宁中,以王舅出补渭陵食官令。②以数病徙为寝中郎,③有诏勿事。④阳朔中,中山王来朝,参擢为上河农都尉。⑤病免官,复为渭陵寝中郎。永始中,超迁代郡太守。以边郡道远,徙为安定太守。数岁,病免,复为谏大夫,使领护左冯翊都水。绥和中,立定陶王为皇太子,以中山王见废,⑥故封王舅参为宜乡侯,以慰王意。参之国,上书愿至中山见王、太后。行未到而王薨。王病时,上奏愿贬参爵以关内侯食邑留长安。上怜之,下诏曰:"中山孝王短命早薨,愿以舅宜乡侯参为关内侯,归家,朕甚愍之。其还参京师,以列侯奉朝请。"五侯皆敬惮之。⑦丞相翟方进亦甚重焉,数谓参:"物禁太甚。⑧君侯以王舅见废,不得在公卿位,今五侯至尊贵也,与之并列,宜少诎节卑体,视有所宗。⑨而君侯盛修容貌以威严加之,此非所以下五侯而自益者也。"⑩参性好礼仪,终不改其恒操。顷之,哀帝即位,帝祖母傅太后用事,追怨参姊中山太后,陷以祝诅大逆之罪,语在《外戚传》。参以同产当相坐,谒者承制召参诣廷尉,参自杀。且死,仰天叹曰:"参父子兄弟皆备大

位,身至封侯,今被恶名而死,姊弟不敢自惜,伤无以见先人于地下!"死
者十七人,众莫不怜之。宗族徙归故郡。

①师古曰:"恂恂,谨信之貌,音荀。"

②如淳曰:"给陵上祭祀之事。"

③师古曰:"亦渭陵之寝郎也。"

④张晏曰:"不与劳役,职事扰之。"师古曰:"虽居其官,不亲职也。"

⑤师古曰:"上河在西河富平,于此为农都尉。"

⑥师古曰:"见废,谓不得为汉嗣也。"

⑦师古曰:"王氏五侯也。"

⑧师古曰:"言万物之禁,在于太甚,人道亦当随时,不宜独异。"

⑨师古曰:"视读曰示。宗,尊也。"

⑩师古曰:"下音胡亚反。"

赞曰:《诗》称"抑抑威仪,惟德之隅"。①宜乡侯参鞠躬履方,择地而
行,②可谓淑人君子,然卒死于非罪,不能自免,③哀哉! 谗邪交乱,贞良
被害,自古而然。故伯奇放流,④孟子宫刑,⑤申生雉经,⑥屈原赴湘,⑦
《小弁》之诗作,《离骚》之辞兴。⑧经曰:"心之忧矣,涕既陨之。"⑨冯参姊
弟,亦云悲矣!

①师古曰:"《大雅·抑》之诗也。抑抑,密也。隅,廉也。言有密静之德,审于
  威仪,则其持心有廉隅。"

②师古曰:"鞠躬,谨敬貌。履方,践方直之道也。鞠音居六反。"

③师古曰:"卒,终也。"

④师古曰:"《说苑》云王国子前母子伯奇,后母子伯封,兄弟相重。后母欲令
  其子立为太子,乃谮伯奇,而王信之,乃放伯奇也。"

⑤张晏曰:"寺人孟子,贤者,被谗见宫刑,作《巷伯》之诗也。"

⑥师古曰:"《国语》云晋献公黜太子申生,乃雉经于新城之庙。盖为俛颈闭气
  而死,若雉之为。"

⑦师古曰:"《楚辞·渔父》之篇云屈原曰'宁赴湘流,葬于江鱼腹中'也。"

⑧师古曰:"《小弁》,《小雅》篇名也,太子之傅作焉,刺幽王信谗,黜申后而放
  太子宜咎也。《离骚经》,屈原所作也。离,遭也。骚,忧也。遭忧而作辞。

弁音盘。"

⑨师古曰:"即《小弁》之诗也。陨,坠也。"

【校勘记】

〔1〕 司马(意)〔捄〕。　景祐、殿本、王先谦注本皆作"司马意",而《汉书·西
域传》与《通鉴》作"司马捄","捄"是。

〔2〕 万年,其(名王)〔王名〕也。　景祐、殿本都作"王名"。王先谦说作"王
名"是。

〔3〕 是(岁时)〔时,岁〕比不登,　景祐、殿本都作"时岁",此误倒。

〔4〕 比,(类)〔频〕也。　景祐、殿本都作"频",此误。

〔5〕 不须(复)烦大将。　景祐、殿本都无"复"字。

〔6〕 羌虏破散创艾,亡〔逃〕出塞。　景祐、殿本都有"逃"字。

〔7〕 不知所从则百姓无所(措)〔错〕手足。　殿本作"错"。王先谦说,据注,
正文"措"当作"错"。

汉书卷八十

宣元六王传第五十

孝宣皇帝五男。许皇后生孝元帝，张倢伃生淮阳宪王钦，卫倢伃生楚孝王嚣，①公孙倢伃生东平思王宇，戎倢伃生中山哀王竟。

①师古曰："嚣音教。"

淮阳宪王钦，元康三年立，母张倢伃有宠于宣帝。霍皇后废后，上欲立张倢伃为后。久之，惩艾霍氏欲害皇太子，①乃更选后宫无子而谨慎者，乃立长陵王倢伃为后，令母养太子。后无宠，希御见，唯张倢伃最幸。而宪王壮大，好经书法律，聪达有材，帝甚爱之。太子宽仁，喜儒术，②上数嗟叹宪王，曰："真我子也！"常有意欲立张倢伃与宪王，然用太子起于微细，上少依倚许氏，③及即位而许后以杀死，太子蚤失母，故弗忍也。④久之，上以故丞相韦贤子玄成阳狂让侯兄，经明行高，称于朝廷，乃召拜玄成为淮阳中尉，欲感谕宪王，辅以推让之臣，由是太子遂安。宣帝崩，元帝即位，乃遣宪王之国。

①师古曰："艾读曰乂。乂，创也。"
②师古曰："喜，好也，音许吏反。"
③师古曰："倚音於起反。"
④师古曰："蚤，古早字也。"

时张倢伃已卒，宪王有外祖母，舅张博兄弟三人岁至淮阳见亲，①辄受王赐。后王上书：请徙外家张氏于国，博上书：愿留守坟墓，独不徙。王恨之。后博至淮阳，王赐之少。博言："负责数百万，②愿王为偿。"王不许。博辞去，令弟光恐(王)云王遇大人益解，③[1]博欲上书为大人乞骸骨去。王乃遣人持黄金五十斤送博。博喜，还书谢，④为谄语盛称誉王，因言："当今朝廷无贤臣，灾变数见，足为寒心。万姓咸归望于大王，大王奈何恬然⑤不求入朝见，辅助主上乎?"使弟光数说王宜听博计，令于京师说用事贵人为王求朝。王不纳其言。

①师古曰："宪王外祖母随王在淮阳，博等每来谒见其母。"

②师古曰："责谓假贷人财物未偿者也。责音侧懈反。"

③师古曰："恐谓怖动也。大人，博自称其母也。解读曰懈。"

④师古曰："还书，报书。"

⑤师古曰："恬然，安静貌也。恬音大兼反。"

后光欲至长安，辞王，复言"愿尽力与博共为王求朝。王即日至长安，可因平阳侯。"光得王欲求朝语，驰使人语博。博知王意动，复遗王书曰："博幸得肺腑，①数进愚策，未见省察。北游燕赵，欲循行郡国求幽隐之士，闻齐有驷先生者，善为《司马兵法》，大将之材也，博得谒见，承间进问五帝三王究竟要道，卓尔非世俗之所知。②今边境不安，天下骚动，微此人其莫能安也。③又闻北海之濒有贤人焉，④累世不可逮，然难致也。⑤得此二人而荐之，功亦不细矣。博愿驰西以此赴助汉急，无财币以通显之。赵王使谒者持牛酒，黄金三十斤劳博，博不受；⑥复使人愿尚女，聘金二百斤，博未许。⑦会得光书云大王已遣光西，与博并力求朝。博自以弃捐，不意大王还意反义，结以朱颜，⑧愿杀身报德。朝事何足言! 大王诚赐咳唾，使得尽死，汤禹所以成大功也。驷先生蓄积道术，书无不有，⑨愿知大王所好，请得辄上。"王得书喜说，⑩报博书曰："子高乃幸左顾存恤，发心恻隐，⑪显至诚，纳以嘉谋，语以至事，⑫虽亦不敏，敢不谕意!⑬今遣有司为子高偿责二百万。"

①师古曰："自云于王有亲也。"

②师古曰："卓尔，高远貌也。自言见驷先生问以要道，知其高远也。"

③师古曰："微，无也。"

④师古曰："濒，涯也，音频，又音宾。"

⑤师古曰："逮，及也，言其材智不可及也。致，至也。难得召而至也。"

⑥师古曰:"劳谓问遗之,音来到反。"

⑦师古曰:"尚女者,王欲取博女以自配也。"

⑧师古曰:"还犹回也。"

⑨师古曰:"言凡是书籍皆有之。"

⑩如淳曰:"上与王也。"

⑪师古曰:"左顾犹言枉顾也。"

⑫师古曰:"以至极之事告语我。"

⑬师古曰:"谕,晓也。"

　　是时,博女婿京房以明《易》、阴阳得幸于上,数召见言事。自谓为石显、五鹿充宗所排,谋不得用,数为博道之。博常欲诳耀淮阳王,即具记房诸所说灾异及召见密语,持予淮阳王以为信验,诈言"已见中书令石君求朝,许以金五百斤。贤圣制事,盖虑功而不计费。①昔禹治鸿水,百姓罢劳,②成功既立,万世赖之。今闻陛下春秋未满四十,发齿堕落,太子幼弱,佞人用事,阴阳不调,百姓疾疫饥馑死者且半,鸿水之害殆不过此。③大王绪欲救世,④将此功德,何可以忽?⑤博已与大儒知道者为大王为便宜奏,⑥陈安危,指灾异,大王朝见,先口陈其意而后奏之,上必大说。⑦事成功立,大王即有周、邵之名,邪臣散亡,公卿变节,功德亡比,而梁、赵之宠必归大王,⑧外家亦将富贵,何复望大王之金钱?"王喜说,⑨报博书曰:"乃者诏下,止诸侯朝者,寡人愦然不知所出。⑩子高素有颜冉之资,臧武之智,⑪子贡之辩,⑫卞庄子之勇,⑬兼此四者,世之所鲜。⑭既开端绪,愿卒成之。⑮求朝,义事也,奈何行金钱乎!"博报曰:"已许石君,须以成事。"⑯王以金五百斤予博。

①师古曰:"志在成功,不惜财费也。"

②师古曰:"罢读曰疲。"

③师古曰:"谓尧时水灾不大于今。"

④师古曰:"绪,业也,一曰始为端绪。"

⑤师古曰:"言比功德于古帝王也。忽,怠忘也。"

⑥师古曰:"大儒知道,谓京房也。道,道术也。"

⑦师古曰:"说读曰悦。"

⑧如淳曰："梁王,景帝弟,欲为嗣。赵王如意几代惠帝也。"

⑨师古曰："说读曰悦。"

⑩师古曰："憯,痛也。不知计策何所出也。憯音才感反。"

⑪师古曰："颜,颜回也。冉,冉耕也,字伯牛。皆孔子弟子。《论语》称孔子
　　曰:'德行颜渊、闵子骞、冉伯牛、仲弓。'臧武者,鲁大夫臧武仲也,名纥。
　　《论语》称孔子曰'若臧武仲之智',故王引之为言也。"

⑫师古曰："《论语》称孔子云'言语,宰我、子贡'。"

⑬师古曰："卞庄子,古之勇士。"

⑭师古曰："鲜,少也,音先践反。"

⑮师古曰："卒,终也。"

⑯师古曰："须,待也。"

会房出为郡守,离左右,显具得此事告之。房漏泄省中语,博兄弟
诖误诸侯王,诽谤政治,狡猾不道,皆下狱。有司奏请逮捕钦,上不忍致
法,遣谏大夫王骏赐钦玺书曰:"皇帝问淮阳王。有司奏王,王舅张博数
遗王书,非毁政治,谤讪天子,褒举诸侯,称引周、汤,以谲惑王,①所言
尤恶,悖逆无道。王不举奏而多与金钱,报以好言,罪至不赦,朕恻焉不
忍闻,②为王伤之。推原厥本,不祥自博,③惟王之心,匪同于凶。已诏
有司勿治王事,遣谏大夫骏申谕朕意。④《诗》不云乎?'靖恭尔位,正直
是与。'⑤王其勉之!"

①师古曰："谲,古谲字也。"

②师古曰："恻,痛也。"

③师古曰："祥,善也。自,从也。不善之事,从博起也。"

④师古曰："申谓约束之。"

⑤师古曰："《大雅·小明》之诗也。与,偕也。言人能安静而恭以守其位,偕
　　于正直,则明神听之,用锡福善。"

骏谕指曰:①"礼为诸侯制相朝聘之义,盖以考礼壹德,尊事天子
也。②且王不学《诗》乎?《诗》云:'俾侯于鲁,为周室辅。'③今王舅博数
遗王书,所言悖逆。王幸受诏策,通经术,④知诸侯名誉不当出竟。⑤天
子普覆,德布于朝,而恬有博言,⑥多予金钱,与相报应,不忠莫大焉。

故事,诸侯王获罪京师,罪恶轻重,纵不伏诛,必蒙迁削贬黜之罪,⑦未有但已者也。⑧今圣主赦王之罪,又怜王失计忘本,为博所惑,加赐玺书,使谏大夫申谕至意,殷勤之恩,岂有量哉!博等所犯(罪)〔2〕恶大,群下之所共攻,王法之所不赦也。自今以来,王毋复以博等累心,⑨务与众弃之。《春秋》之义,大能变改。⑩《易》曰'藉用白茅,无咎',⑪言臣子之道,改过自新,絜己以承上,然后免于咎也。王其留意慎戒,惟思所以悔过易行,塞重责,称厚恩者。⑫如此,则长有富贵,社稷安矣。"

①师古曰:"玺书之外,天子又有指意,并令骏晓告于王也。"

②师古曰:"考,成也。壹德谓不二其心也。"

③师古曰:"《鲁颂·閟宫》之诗也。言立周公子伯禽,使为诸侯于鲁国而作周家之藩辅。"

④如淳曰:"诏策,若广陵王策曰'无遗宵人,毋作匪德'也。经术之义,不得内交。"

⑤师古曰:"竟读曰境。"

⑥师古曰:"恬,安也。闻博邪言,安而受之。"

⑦师古曰:"故事者,言旧制如此也。"

⑧师古曰:"但,徒也,空也。已,止也。未有空然而止者也。"

⑨师古曰:"累音力瑞反。"

⑩师古曰:"以有过而能变改者为大。"

⑪师古曰:"此《大过》初六爻辞也。茅者,絜白之物,取其自然,故用藉致享于神,慎之至也。"

⑫师古曰:"塞犹补也。称,副也。"

于是淮阳王钦免冠稽首谢曰:"奉藩无状,①过恶暴列,②陛下不忍致法,加大恩,遣使者申谕道术守藩之义。伏念博罪恶尤深,当伏重诛。臣钦愿悉心自新,奉承诏策。③顿首死罪。"

①师古曰:"无善状。"

②师古曰:"暴谓章显也。"

③师古曰:"悉,尽也。"

京房及博兄弟三人皆弃市,妻子徙边。

至成帝即位,以淮阳王属为叔父,敬宠之,异于它国。王上书自陈舅张博时事,颇为石显等所侵,因为博家属徙者求还。丞相御史复劾钦:"前与博相遗私书,指意非诸侯王所宜,蒙恩勿治,事在赦前。不悔过而复称引,自以为直,失藩臣体,不敬。"上加恩,许王还徙者。

三十六年薨。子文王玄嗣,二十六年薨。子缤嗣,①王莽时绝。

①孟康曰:"缤音引。"师古曰:"音弋善反。"

楚孝王嚣,甘露二年立为定陶王,三年徙楚。成帝河平中入朝,时被疾,天子闵之,下诏曰:"盖闻'天地之性人为贵,人之行莫大于孝'。①楚王嚣素行孝顺仁慈,之国以来二十馀年,孅介之过未尝闻,朕甚嘉之。今乃遭命,离于恶疾,②夫子所痛,曰:'蔑之,命矣夫,斯人也而有斯疾也!'③朕甚闵焉。夫行纯茂而不显异,则有国者将何勖哉?④《书》不云乎?'用德章厥善。'⑤今王朝正月,诏与子男一人俱,⑥其以广戚县户四千三百封其子勋为广戚侯。"明年,嚣薨。子怀王文嗣,一年薨,无子,绝。明年,成帝复立文弟平陆侯衍,是为思王。二十一年薨,子纡嗣,王莽时绝。

①师古曰:"《孝经》载孔子之言。"

②师古曰:"离亦遭也。"

③师古曰:"夫子,孔子也。《论语》云伯牛有疾,子问之,自牖执其手,曰:'蔑之,命矣夫,斯人也而有斯疾也!'蔑,无也。言命之所遭,无有善恶,如斯善人而有如此恶疾,深痛之也。"

④师古曰:"纯,大也。一曰善也。茂,美也。勖,勉厉也。"

⑤师古曰:"《商书·盘庚》之辞也。言褒赏有德以明其善行。"

⑥师古曰:"从王入朝也。"

初,成帝时又立纡弟景为定陶王。广戚侯勋薨,谥曰炀侯,子显嗣。平帝崩,无子,王莽立显子婴为孺子,奉平帝后。莽篡位,以婴为定安公。汉既诛莽,更始时婴在长安,平陵方望等颇知天文,以为更始必败,婴本统当立者也,①共起兵将婴至临泾,立为天子。更始遣丞相李松击破杀婴云。

①师古曰："言其旧已继平帝后当正统。"

东平思王宇,甘露二年立。元帝即位,就国。壮大,通奸犯法,①上以至亲贳弗罪,傅相连坐。②

①师古曰："与奸猾交通,好犯法。"

②师古曰："频坐王获罪。"

久之,事太后,内不相得,太后上书言之,求守杜陵园。①上于是遣太中大夫张子蛜②奉玺书敕谕之,③曰："皇帝问东平王。盖闻亲亲之恩莫重于孝,尊尊之义莫大于忠,故诸侯在位不骄以致孝道,制节谨度以翼天子,④然后富贵不离于身,而社稷可保。今闻王自修有阙,本朝不和,⑤流言纷纷,谤自内兴,朕甚憯焉,为王惧之。⑥《诗》不云乎?'毋念尔祖,述修厥德,永言配命,自求多福。'⑦朕惟王之春秋方刚,⑧忽于道德,⑨意有所移,忠言未纳,⑩故临遣太中大夫子蛜谕王朕意。⑪孔子曰:'过而不改,是谓过矣。'⑫王其深惟孰思之,无违朕意。"

①张晏曰："宣帝陵也。宫人无子,乃守园陵也。"

②师古曰："蛜字或作侨,并音钜昭反。"

③师古曰："约敕而晓告之也。"

④师古曰："翼,佐也。"

⑤师古曰："谓东平国之朝也。"

⑥师古曰："憯,痛也,音千感反。"

⑦师古曰："《大雅·文王》之诗也。无念,念也。言当念尔先祖之道,修其德,则长配天命,此乃所以自求多福。"

⑧师古曰："言其年少血气盛。"

⑨师古曰："忽,遗忘也。"

⑩师古曰："谓渐染其恶人而移其性,未受忠言也。"

⑪师古曰："亲临遣之,令以朕意晓告王。"

⑫师古曰："《论语》载孔子之言也。谓人有失行,许以自新。"

又特以玺书赐王太后,曰："皇帝使诸吏宦者令承问东平王太后。

朕有闻,①王太后少加意焉。夫福善之门莫美于和睦,患咎之首莫大于内离。今东平王出襁褓之中而托于南面之位,加以年齿方刚,涉学日寡,骜忽臣下,②不自它于太后,③以是之间,能无失礼义者,其唯圣人乎!传曰:'父为子隐,直在其中矣。'④王太后明察此意,不可不详。闺门之内,母子之间,同气异息,骨肉之恩,岂可忽哉!岂可忽哉!昔周公戒伯禽曰:'故旧无大故,则不可弃也,毋求备于一人。'⑤夫以故旧之恩,犹忍小恶,而况此乎!已遣使者谕王,王既悔过服罪,太后宽忍以贳之,⑥后宜不敢。⑦王太后强餐,止思念,慎疾自爱。"

①师古曰:"言母子不和也。不欲指斥言之,故云有闻也。"

②师古曰:"骜读(曰)〔与〕傲同。"〔3〕

③李奇曰:"不自它者,亲之辞也。"师古曰:"言不自同它人。"

④师古曰:"《论语》云叶公谓孔子曰:'吾党有直躬者,其父攘羊而子证之。'孔子曰:'吾党之直者异于是,父为子隐,子为父隐,直在其中矣。'故引之也。"

⑤师古曰:"事见《论语》。言人有小恶,当思其善,不可责以备行而即弃之耳。"

⑥师古曰:"贳犹缓。"

⑦师古曰:"言王于后当不敢更为非也。"

宇惭惧,因使者顿首谢死罪,愿洒心自改。①诏书又敕傅相曰:"夫人之性皆有五常,及其少长,耳目牵于耆欲,②故五常销而邪心作,情乱其性,利胜其义,③而不失厥家者,未之有也。今王富于春秋,气力勇武,获师傅之教浅,加以少所闻见,自今以来,非《五经》之正术,敢以游猎非礼道王者,辄以名闻。"④

①师古曰:"洒音先弟反。"

②师古曰:"耆读曰嗜。"

③张晏曰:"性者,所受而生也。情者,见物而动者也。"

④师古曰:"道读曰导。"

宇立二十年,元帝崩。宇谓中谒者信等曰:"汉大臣议天子少弱,未能治天下,以为我知文法,建欲使我辅佐天子。①我见尚书晨夜极苦,使我为之,不能也。今暑热,县官年少,②持服恐无处所,③我危得之!"④
比至下,宇凡三哭,⑤饮酒食肉,妻妾不离侧。又姬胸臑故亲幸,后疏
远,⑥数叹息呼天。宇闻,斥胸臑家人子,⑦扫除永巷,数笞击之。胸臑
私疏宇过失,数令家告之。宇觉知,绞杀胸臑。有(诏)〔司〕奏请逮捕,〔四〕
有诏削樊、亢父二县。⑧后三岁,天子诏有司曰:"盖闻仁以亲亲,古之道
也。前东平王有阙,⑨有司请废,朕不忍。又请削,朕不敢专。惟王之
至亲,未尝忘于心。今闻王改行自新,尊修经术,亲近仁人,非法之求,
不以奸吏,⑩朕甚嘉焉。传不云乎?朝过夕改,君子与之。其复前所削
县如故。"⑪

①师古曰:"建谓立其议。"
②张晏曰:"不敢指斥成帝,谓之县官也。"
③如淳曰:"言不从道,冀如昌邑王也。"
④孟康曰:"危,殆也。我殆得为天子也。"师古曰:"危者,犹今之言险不得
　之也。"
⑤张晏曰:"下,下棺也。"师古曰:"比音必寐反。下音胡稼反。"
⑥服虔曰:"胸音劬。臑音奴沟反,又音奴臯反。"
⑦师古曰:"黜其秩位。"
⑧师古曰:"音抗甫。"
⑨师古曰:"阙谓过失也。"
⑩师古曰:"奸音干。"
⑪师古曰:"复音扶目反。"

后年来朝,上疏求诸子及《太史公书》,上以问大将军王凤,对曰:
"臣闻诸侯朝聘,考文章,正法度,非礼不言。今东平王幸得来朝,不思
制节谨度,以防危失,①而求诸书,非朝聘之义也。诸子书或反经术,非
圣人,或明鬼神,信物怪;②《太史公书》有战国从横权谲之谋,汉兴之初
谋臣奇策,天官灾异,地形厄塞:皆不宜在诸侯王。不可予。不许之辞
宜曰:'《五经》圣人所制,万事靡不毕载。王审乐道,傅相皆儒者,旦夕
讲诵,足以正身虞意。③夫小辩破义,小道不通,致远恐泥,皆不足以留
意。④诸益于经术者,不爱于王。'"⑤对奏,天子如凤言,遂不与。

①师古曰："危失谓失道而倾危也。"

②师古曰："物亦鬼。"

③师古曰："虞与娱同也。"

④师古曰："《论语》称孔子曰：'虽小道必有可观者焉，致远恐泥，是以君子不为也。'泥谓陷滞不通也，音乃细反。"

⑤师古曰："爱，惜也，于王无所惜。"

立三十三年薨，①子炀王云嗣。哀帝时，无盐危山土自起覆草，如驰道状，又瓠山石转立。②云及后谒自之石所祭，治石象瓠山③立石，束倍草，并祠之。④建平三年，息夫躬、孙宠等共因幸臣董贤告之。是时，哀帝被疾，多所恶，事下有司，逮王、后谒下狱验治，言使巫傅恭、婢合欢等祠祭诅祝上，⑤为云求为天子。云又与知灾异者高尚等指星宿，言上疾必不愈，云当得天下。石立，宣帝起之表也。有司请诛王，有诏废徙房陵。云自杀，谒弃市。立十七年，国除。

①师古曰："《皇览》云东平思王冢在无盐，人传言王在国思归京师，后葬，其冢上松柏皆西靡也。"

②晋灼曰："《汉注》作报山。山胁石一枚，转侧起立，高九尺六寸，旁行一丈，广四尺也。"师古曰："报山，山名也。古作瓠字，为其形似瓠耳。晋说是也。"

③苏林曰："于宫中作山象。"

④师古曰："倍草，黄倍草也，音步贿反。"

⑤如淳曰："傅恭，巫姓字。"

元始元年，王莽欲反哀帝政，①白太皇太后，立云太子开明为东平王，又立思王孙成都为中山王。开明立三年，薨，无子。复立开明兄严乡侯信子匡为东平王，奉开明后。王莽居摄，东郡太守翟义与严乡侯信谋举兵诛莽，立信为天子。兵败，皆为莽所灭。

①师古曰："改其所为也。"

中山哀王竟，初元二年立为清河王。三年，徙中山，以幼少未之国。建昭四年，薨邸，葬杜陵，无子，绝。太后归居外家戎氏。

孝元皇帝三男。王皇后生孝成帝，傅昭仪生定陶共王康，①冯昭仪生中山孝王兴。

①师古曰："共读曰恭。"

定陶共王康，永光三年立为济阳王。八年，徙为山阳王。八年，徙定陶。王少而爱，①长多材艺，习知音声，上奇器之。母昭仪又幸，几代皇后太子。②语在《元后》及《史丹传》。

①师古曰："言少小即为帝所爱。"

②师古曰："几音钜衣反。"

成帝即位，缘先帝意，厚遇异于它王。十九年薨，子欣嗣。十五年，成帝无子，征入为皇太子。上以太子奉大宗后，不得顾私亲，乃立楚思王子景为定陶王，奉共王后。成帝崩，太子即位，是为孝哀帝。即位二年，追尊共王为共皇，置寝庙京师，序昭穆，仪如孝元帝。①徙定陶王景为信都王云。②

①如淳曰："恭王，元帝子也。为庙京师，列昭穆之次。如元帝，言如天子之仪。"

②如淳曰："不复为定陶王立后者，哀帝自以己为后故。"

中山孝王兴，建昭二年(王)〔立〕为信都王。[5]十四年，徙中山。成帝之议立太子也，御史大夫孔光以为《尚书》有殷及王，兄终弟及，①中山王元帝之子，宜为后。成帝以中山王不材，又兄弟，不得相入庙。外家王氏与赵昭仪皆欲用哀帝为太子，故遂立焉。上乃封孝王舅冯参为宜乡侯，而益封孝王万户，以尉其意。三十年，薨，子衍嗣。②七年，哀帝崩，无子，征中山王衍入即位，是为平帝。太皇太后以帝为成帝后，故立东平思王孙桃乡顷侯子成都为中山王，奉孝王后。王莽时绝。

①师古曰："谓兄死以弟代立，非父子相继，故言及。"

②师古曰："《诸侯王表》云'中山孝王薨，绥和二年王箕子嗣'。而〔《平纪》〕元始二年诏云：[6]'皇帝二名，通于器物，今更名合于古制。'是则嗣位之时名为箕子，未讳衍也。今此传云子衍嗣，盖史家追书之也。"

赞曰:孝元之后,徧有天下,①然而世绝于孙,岂非天哉! 淮阳宪王于时诸侯为聪察矣,张博诱之,几陷无道。②《诗》云"贪人败类",③古今一也。

　　①师古曰:"孝元之子孙徧得为天子也。徧即古遍字。"

　　②师古曰:"几音钜依反。"

　　③师古曰:"《大雅·荡》之诗也。类,善也。言贪恶之人不可习近,则败善也。"

【校勘记】

〔1〕令弟光恐(王)云王遇大人益解,　宋祁说"恐"字下疑有"王"字。按景祐、殿本都无"王"字。

〔2〕博等所犯(罪)恶大,　宋祁说,"犯"字下当有"罪"字。按景祐、殿本都无"罪"字。

〔3〕骜读(曰)〔与〕傲同。　景祐、殿本都作"与"。

〔4〕有(诏)〔司〕奏请逮捕。　钱大昭说,"诏"当作"司"。按景祐、殿本都作"司"。

〔5〕建昭二年(王)〔立〕为信都王。　刘敞说上"王"字当作"立"字。

〔6〕而〔《平纪》〕元始二年诏云　宋祁说浙本有"平纪"二字。按景祐本有"平纪"二字。

汉书卷八十一

匡张孔马传第五十一

匡衡字稚圭，东海承人也。① 父世农夫，至衡好学，家贫，庸作以供资用，② 尤精力过绝人。诸儒为之语曰："无说《诗》，匡鼎来；③ 匡说《诗》，解人颐。"④

①师古曰："承音证。"

②师古曰："庸作，言卖功庸为人作役而受顾也。"

③服虔曰："鼎犹言当也，若言匡且来也。"应劭曰："鼎，方也。"张晏曰："匡衡少时字鼎，长乃易字稚圭。世所传衡与贡禹书，上言'衡敬报'，下言'匡鼎白'，知是字也。'师古曰："服、应二说是也。贾谊曰'天子春秋鼎盛'，其义亦同，而张氏之说盖穿凿矣。假有其书，乃是后人见此传云'匡鼎来'，不晓其意，妄作衡书云'鼎白'耳。字以表德，岂人之所自称乎？今有《西京杂记》者，其书浅俗，出于里巷，多有妄说，乃云匡衡小名鼎，盖绝知者之听。"

④如淳曰："使人笑不能止也。"

衡射策甲科，以不应令除为太常掌故，① 调补平原文学。② 学者多上书荐衡经明，当世少双，令为文学就官京师；后进皆欲从衡平原，衡不宜在远方。事下太子太傅萧望之、少府梁丘贺问，衡对《诗》诸大义，其对深美。望之奏衡经学精习，说有师道，可观览。宣帝不甚用儒，遣衡归官。而皇太子见衡对，私善之。

①师古曰："投射得甲科之策，而所对文指不应令条也。《儒林传》说岁课甲科为郎中，乙科为太子舍人，景科补文学掌故。今不应令，是不中甲科之令，所以止为掌故。"

②师古曰："调，选也，音徒钓反。"

　　会宣帝崩，元帝初即位，乐陵侯史高以外属为大司马车骑将军，领尚书事，前将军萧望之为副。望之名儒，有师傅旧恩，天子任之，多所贡荐。高充位而已，①与望之有隙。长安令杨兴说高曰："将军以亲戚辅政，贵重于天下无二，然众庶论议令问休誉不专在将军者何也？②彼诚有所闻也。③以将军之莫府，海内莫不卬望，④而所举不过私门宾客，乳母子弟，人情（以）〔忽〕不自知，⑤〔一〕然一夫窃议，语流天下。夫富贵在身而列士不誉，是有狐白之裘而反衣之也。⑥古人病其若此，故卑体劳心，以求贤为务。传曰：以贤难得之故因曰事不待贤，以食难得之故而曰饱不待食，或之甚者也。平原文学匡衡材智有馀，经学绝伦，但以无阶朝廷，故随牒在远方。⑦将军诚召置莫府，学士歙然归仁，⑧与参事议，观其所有，贡之朝廷，必为国器，⑨以此显示众庶，名流于世。"高然其言，辟衡为议曹史，荐衡于上，上以为郎中，迁博士，给事中。

①师古曰："言凡事不在也。"
②师古曰："令，善；问，名；休，美也。"
③师古曰："以其不能进贤也。"
④师古曰："卬读曰仰。"
⑤师古曰："言高轻忽此事，不自知其非。"
⑥师古曰："狐白，谓狐掖下之皮，其色纯白，集以为裘，轻柔难得，故贵也。反衣之者，以其毛在内也，今人则以背毛为裘而弃其白，盖取厚而温也。衣音於既反。"
⑦师古曰："阶谓升次也。随牒，谓随选补之恒牒，不被超擢者。"
⑧师古曰："诚谓实行之也。歙音翕。"
⑨师古曰："所有，谓材艺所长。"

　　是时，有日蚀地震之变，上问以政治得失，衡上疏曰：

　　　　臣闻五帝不同（乐）〔礼〕，〔二〕三王各异教，民俗殊务，所遇之时异也。陛下躬圣德，开太平之路，闵愚吏民触法抵禁，①比年大赦，②使百姓得改行自新，天下幸甚。臣窃见大赦之后，奸邪不为衰止，今日大赦，明日犯法，相随入狱，此殆导之未得其务也。盖保民者，"陈之以德义"，"示之以好恶"，③观其失而制其宜，故动之而和，绥之而安。今天下俗贪财贱义，好声色，上侈靡，廉耻之节薄，淫辟之意纵，④纲纪失序，疏者逾内，⑤亲戚之恩薄，婚姻之党隆，苟合徼幸，以身设利。不改其原，⑥虽岁赦之，刑犹难使错而不用也。⑦

①师古曰："抵，触也。"

②师古曰："比，频也。"

③师古曰："保，养也。陈，施也。《孝经》曰'陈之以德义而民莫遗其亲'，'示之以好恶而民知禁'，故衡引以为言。"

④师古曰："辟读曰僻。"

⑤师古曰："疏者，妻妾之家。内者，同姓骨肉也。逾谓过越也。"

⑥师古曰："设，施也。原，本也。"

⑦师古曰："岁赦，谓每岁一赦也。错，置也，音千故反。"

臣愚以为宜壹旷然大变其俗。孔子曰："能以礼让为国乎，何有？"①朝廷者，天下之桢干也。公卿大夫相与循礼恭让，则民不争；②好仁乐施，则下不暴；上义高节，则民兴行；宽柔和惠，则众相爱。四者，明王之所以不严而成化也。何者？朝有变色之言，则下有争斗之患；上有自专之士，则下有不让之人；上有克胜之佐，则下有伤害之心；上有好利之臣，则下有盗窃之民：此其本也。③今俗吏之治，皆不本礼让，而上克暴，或忮害好陷人于罪，④贪财而慕势，故犯法者众，奸邪不止，虽严刑峻法，犹不为变。此非其天性，有由然也。⑤

①师古曰："《论语》载孔子之言。谓能以礼让治国，则其事甚易。"

②师古曰："循，顺也。"

③师古曰："言下之所行，皆取化于上也。"

④师古曰："忮，坚也。谓酷害之心坚也。忮音之豉反。"

⑤师古曰："非其天性自恶，由上失于教化耳。"

臣窃考《国风》之诗，《周南》、《召南》被贤圣之化深，故笃于行而廉于色。①郑伯好勇，而国人暴虎；②秦穆贵信，而士多从死；③陈夫人好巫，而民淫祀；④晋侯好俭，而民畜聚；⑤太王躬仁，邠国贵恕。⑥由此观之，治天下者审所上而已。⑦今之伪薄忮害，不让极矣。臣闻教化之流，非家至而人说之也。⑧贤者在位，能者布职，朝廷崇礼，百僚敬让。道德之行，由内及外，自近者始，然后民知所法，迁善日进而不自知。是以百姓安，阴阳和，神灵应，而嘉祥见。《诗》曰："商邑翼翼，四方之极；寿考且宁，以保我后生。"⑨此成汤所以建至治，保子孙，化异俗而怀鬼方也。⑩今长安天子之都，亲承圣化，然其习俗无以异于远方，郡国来者无所法则，或见侈靡而放效之。⑪此教化之原本，风俗之枢机，宜先正者也。

①师古曰："笃，厚也。谓乐得淑女以配君子，忧在进贤，不淫其色之类也。"

②师古曰："《诗·郑风·太叔于田》之篇曰：'襢裼暴虎，献于公所。将叔无狃，戒其伤汝。'襢裼，肉袒也。暴虎，空手以搏之也。公，郑庄公也。将，请也。叔，庄公之弟太叔也。狃，忕也。汝亦太叔也。言以庄公好勇之故，太叔肉袒空手搏虎，取而献之。国人爱叔，故请之曰勿忕为之，恐伤汝也。襢音袒，裼音锡，字并从衣。将音千羊反。狃音女九反。"

③应劭曰："秦穆公与群臣饮酒，酒酣，公曰：'生共此乐，死共此哀。'于是奄息、仲行、鍼虎许诺。及公薨，皆从死。《黄鸟》诗所为作也。"

④张晏曰："胡公夫人，武王之女大姬，无子，好祭鬼神，鼓舞而祀，故其《诗》云：'坎其击鼓，宛丘之下，无冬无夏，值其鹭羽。'"

⑤师古曰："《唐风·山有枢》之诗序云：'刺晋昭公也，不能修道以正其国，有财不能用，有钟鼓不能以自乐。'其《诗》曰：'子有衣裳，弗曳弗娄。子有车马，弗驰弗驱。宛其死矣，它人是愉。'故其俗皆吝啬而积财也。畜读曰蓄。"

⑥师古曰："太王，周文王之祖，即古公亶父也。国于邠，修德行义。戎狄攻之，欲得地，与之。人人皆怒欲战。古公曰：'以我故战，杀人父子而居之，予不忍也。'乃与其私属度漆沮，逾梁山，止于岐下。邠人举国扶老携弱，尽复归古公于岐下。及它旁国闻古公仁，亦多归之。邠即今豳州，是其地也。言化太王之仁，故其俗皆贵诚恕。"

⑦师古曰："上谓崇尚也。"

⑧师古曰："言非家家皆到，人人劝说也。"

⑨师古曰："《商颂·殷武》之诗也。商邑，京师也。极，中也。言商邑之礼俗

翼翼然可则效,乃四方之中正也。王则寿考且安,以此全守我子孙也。"

⑩应劭曰:"鬼方,远方也。"

⑪师古曰:"放,依也,音甫往反。"

　　臣闻天人之际,精祲有以相荡,①善恶有以相推,事作乎下者象动乎上,阴阳之理各应其感,阴变则静者动,阳蔽则明者晻,②水旱之灾随类而至。今关东连年饥馑,百姓乏困,或至相食,此皆生于赋敛多,民所共者大,③而吏安集之不称之效也。陛下祗畏天戒,哀闵元元,大自减损,省甘泉、建章宫卫,罢珠崖,偃武行文,将欲度唐虞之隆,绝殷周之衰也。④诸见罢珠崖诏书者,莫不欣欣,人自以将见太平也。宜遂减宫室之度,省靡丽之饰,考制度,修外内,近忠正,远巧佞,放郑卫,进《雅》《颂》,举异材,开直言,任温良之人,退刻薄之吏,显絜白之士,昭无欲之路,⑤览《六艺》之意,察上世之务,明自然之道,博和睦之化,以崇至仁,匡失俗,易民视,⑥令海内昭然咸见本朝之所贵,道德弘于京师,淑问扬乎疆外,⑦然后大化可成,礼让可兴也。

①李奇曰:"祲,气也。言天人精气相动也。"师古曰:"祲谓阴阳气相浸渐以成灾祥者也,音子鸩反。"

②邓展曰:"静者动,谓地震也。明者晻,谓日蚀也。"师古曰:"晻与暗同。"

③师古曰:"共读曰供。"

④师古曰:"度,过也。绝谓除其恶政也。"

⑤师古曰:"昭亦明也。"

⑥师古曰:"匡,正也。易,变也。"

⑦师古曰:"淑,善也。问,名也。"

上说其言,①迁衡为光禄大夫、太子少傅。

①师古曰:"说读曰悦。"

　　时,上好儒术文辞,颇改宣帝之政,言事者多进见,人人自以为得上意。又傅昭仪及子定陶王爱幸,宠于皇后、太子。①衡复上疏曰:

①师古曰:"宠,逾也。"

臣闻治乱安危之机,在乎审所用心。盖受命之王务在创业垂统传之无穷,继体之君心存于承宣先王之德而褒大其功。昔者成王之嗣位,思述文武之道以养其心,休烈盛美皆归之二后而不敢专其名,①是以上天歆享,鬼神祐焉。其《诗》曰:"念我皇祖,陟降廷止。"②言成王常思祖考之业,而鬼神祐助其治也。

①师古曰:"休亦美也。烈,业也。后,君也。二君,文王、武王也。"

②师古曰:"《周颂·闵予小子》之诗。言成王常念文王、武王之德,奉而行之,故鬼神上下临其朝廷。"

陛下圣德天覆,子爱海内,然阴阳未和,奸邪未禁者,殆论议者未丕扬先帝之盛功,①争言制度不可用也,务变更之,②所更或不可行,而复复之,③是以群下更相是非,④吏民无所信。臣窃恨国家释乐成之业,而虚为此纷纷也。⑤愿陛下详览统业之事,留神于遵制扬功,以定群下之心。《大雅》曰:"无念尔祖,聿修厥德。"⑥孔子著之《孝经》首章,盖至德之本也。传曰:"审好恶,理情性,而王道毕矣。"能尽其性,然后能尽人物之性;能尽人物之性,可以赞天地之化。⑦治性之道,必审己之所有馀,而强其所不足。⑧盖聪明疏通者戒于大察,寡闻少见者戒于雍蔽,⑨勇猛刚强者戒于大暴,仁爱温良者戒于无断,湛静安舒者戒于后时,⑩广心浩大者戒于遗忘。必审己之所当戒,而齐之以义,然后中和之化应,而巧伪之徒不敢比周而望进。⑪唯陛下戒所以崇圣德。

①师古曰:"丕,大也。丕字或作本,言修其本业而显扬也。"

②师古曰:"更,改也。"

③师古曰:"下复音扶目反。"

④师古曰:"更音工衡反。"

⑤师古曰:"释,废也。乐成,谓已成之业,人情所乐也。"

⑥师古曰:"《大雅·文王》之诗也。无念,念也。聿,述也。"

⑦师古曰:"赞,明也。"

⑧师古曰:"强,勉也,音其两反。"

⑨师古曰:"雍读曰壅。"

⑩师古曰:"湛读曰沉。"

⑪师古曰:"比音频寐反。"

臣又闻室家之道修,则天下之理得,故《诗》始《国风》,①《礼》本《冠》《婚》。②始乎《国风》,原情性而明人伦也;本乎《冠》《婚》,正基兆而防未然也。福之兴莫不本乎室家,(之道)〔道之〕衰莫不始乎梱内。③〔3〕故圣王必慎妃后之际,别適长之位。④礼之于内也,卑不隃尊,新不先故,⑤所以统人情而理阴气也。其尊適而卑庶也。適子冠乎阼,礼之用醴,⑥众子不得与列,所以贵正体而明嫌疑也。非虚加其礼文而已,乃中心与之殊异,故礼探其情而见之外也。圣人动静游燕,所亲物得其序;⑦得其序,则海内自修,百姓从化。如当亲者疏,当尊者卑,⑧则佞巧之奸因时而动,以乱国家。故圣人慎防其端,禁于未然,不以私恩害公义。陛下圣德纯备,莫不修正,则天下无为而治。《诗》云:"于以四方,克定厥家。"⑨传曰:"正家而天下定矣。"⑩

①师古曰:"《关雎》美后妃之德,而为《国风》之首。"

②师古曰:"《礼记·冠义》曰:'冠者,礼之始也。'《婚义》曰:'婚者,礼之本也。'"

③师古曰:"梱与阃同,谓门橛也,音苦本反。"

④师古曰:"適读曰嫡。其下并同。"

⑤师古曰:"隃与逾同。"

⑥师古曰:"阼,主阶也。醴,甘酒也,贵于众酒。"

⑦师古曰:"言凡物大小高卑,皆有次序。"

⑧师古曰:"如,若也。"

⑨师古曰:"《周颂·桓》之诗也。言欲治四方者,先当能定其家,从内以及外。"

⑩师古曰:"《易·家人卦》之(象也)〔象辞〕。"〔4〕

衡为少傅数年,数上疏陈便宜,及朝廷有政议,傅经以对,①言多法义。上以为任公卿,②由是为光禄勋、御史大夫。建昭三年,代韦玄成为丞相,封乐安侯,食邑六百户。

①师古曰:"傅读曰附。附,依也。"

②师古曰:"任,堪也。"

元帝崩,成帝即位,衡上疏戒妃匹,劝经学威仪之则,曰:

陛下秉至孝,哀伤思慕不绝于心,未有游虞弋射之宴,①诚隆
于慎终追远,无穷已也。②窃愿陛下虽圣性得之,犹复加圣心焉。③
《诗》云"茕茕在疚",④言成王丧毕思慕,意气未能平也,盖所以就
文武之业,崇大化之本也。⑤

①师古曰:"虞与娱同。"

②师古曰:"慎终,慎孝道之终也。追远,不忘本也。《论语》称孔子:'慎终追
远,则民德归厚矣。'故衡引之。"

③师古曰:"言天性已自然矣,又当加意也。"

④师古曰:"《周颂·闵予小子》之诗。茕茕,忧貌也。疚,病也。"

⑤师古曰:"就,成也。"

臣又闻之师曰:"妃匹之际,生民之始,万福之原。"婚姻之礼
正,然后品物遂而天命全。①孔子论《诗》以《关雎》为始,言太上者
民之父母,②后夫人之行不侔乎天地,则无以奉神灵之统而理万物
之宜。③故《诗》曰:"窈窕淑女,君子好仇。"④言能致其贞淑,不贰其
操,情欲之感无介乎容仪,⑤宴私之意不形乎动静,⑥夫然后可以配
至尊而为宗庙主。此纲纪之首,王教之端也,自上世已来,三代兴
废,未有不由此者也。愿陛下详览得失盛衰之效以定大基,采有
德,戒声色,近严敬,远技能。⑦

①师古曰:"遂,成也。"

②师古曰:"太上,居尊上之位也。"

③师古曰:"侔,等也。"

④师古曰:"《周南·关雎》之诗也。窈窕,幽闲也。仇,匹也。"

⑤服虔曰:"不见色于容仪也。"师古曰:"介,系也。言不以情欲系心,而著于
容仪者。"

⑥师古曰:"形,见也。"

⑦师古曰："无德之人,虽有技能则斥远之。"

　　窃见圣德纯茂,专精《诗》《书》,好乐无厌。①臣衡材驽,无以辅相善义,宣扬德音。②臣闻《六经》者,圣人所以统天地之心,著善恶之归,明吉凶之分,通人道之正,③使不悖于其本性者也。④故审《六艺》之指,则人天之理可得而和,草木昆虫可得而育,此永永不易之道也。⑤及《论语》、《孝经》,圣人言行之要,宜究其意。⑥

①师古曰："乐音五教反。"

②师古曰："相,助也。"

③师古曰："分音扶问反。"

④师古曰："悖,乖也,音布内反。"

⑤师古曰："易,变也。"

⑥师古曰："究,尽也。"

　　臣又闻圣王之自为动静周旋,奉天承亲,临朝享臣,物有节文,以章人伦。①盖钦翼祗栗,事天之容也;温恭敬逊,承亲之礼也;正躬严恪,临众之仪也;②嘉惠和说,飨下之颜也。③举错动作,物遵其仪,故形为仁义,动为法则。孔子曰："德义可尊,容止可观,进退可度,以临其民,是以其民畏而爱之,则而象之。"④《大雅》云:"敬慎威仪,惟民之则。"⑤诸侯正月朝觐天子,天子惟道德,昭穆穆以视之,⑥又观以礼乐,飨醴乃归。⑦故万国莫不获赐祉福,蒙化而成俗。今正月初幸路寝,临朝贺,置酒以飨万方,传曰"君子慎始",愿陛下留神动静之节,使群下得望盛德休光,⑧以立基桢,天下幸甚!

①师古曰："物,事也,事事皆有节文。"

②师古曰："严读曰俨。"

③师古曰："说读曰悦。飨,燕飨也。"

④师古曰："《孝经》载孔子之言也。则,法也。象,似也。"

⑤师古曰："《抑》之诗。"

⑥师古曰："昭,明也。穆穆,天子之容也。视读曰示。"

⑦师古曰："观亦视也。飨醴,以醴酒飨也。"

⑧师古曰："休,美也。"

上敬纳其言。顷之,衡复奏正南北郊,罢诸淫祀,语在《郊祀志》。

初,元帝时,中书令石显用事,自前相韦玄成及衡皆畏显,不敢失其意。至成帝初即位,衡乃与御史大夫甄谭共奏显,追条其旧恶,并及党与。于是司隶校尉王尊劾奏:“衡、谭居大臣位,知显等专权势,作威福,为海内患害,不以时白奏行罚,而阿谀曲从,附下罔上,无大臣辅政之义。既奏显等,不自陈不忠之罪,而反扬著先帝任用倾覆之徒,①罪至不道。”有诏勿劾。衡惭惧,上疏谢罪,因称病乞骸骨,上丞相乐安侯印绶。上报曰:“君以道德修明,位在三公,先帝委政,遂及朕躬。君遵修法度,勤劳公家,朕嘉与君同心合意,庶几有成。今司隶校尉尊妄诋欺,加非于君,②朕甚闵焉。方下有司问状,③君何疑而上书归侯乞骸骨,是章朕之未烛也。④传不云乎?‘礼义不愆,何恤人之言!’⑤君其察焉。专精神,近医药,强食自爱。”因赐上尊酒、养牛。⑥衡起视事。上以新即位,褒优大臣,然群下多是王尊者。衡嘿嘿不自安,每有水旱,风雨不时,连乞骸骨让位。上辄以诏书慰抚,不许。

　①师古曰:“著,明也。”
　②师古曰:“诋,毁也,音丁礼反。”
　③师古曰:“问司隶。”
　④师古曰:“烛,照也。”
　⑤师古曰:“愆,过也。恤,忧也。”
　⑥师古曰:“上尊,解在《薛广德传》。”

久之,衡子昌为越骑校尉,醉杀人,系诏狱。越骑官属与昌弟且谋篡昌。①事发觉,衡免冠徒跣待罪,天子使谒者诏衡冠履。而有司奏衡专地盗土,衡竟坐免。

　①师古曰:“逆取曰篡。”

初,衡封僮之乐安乡,①乡本田堤封三千一百顷,②南以闽佰为界。③初元元年,郡图误以闽佰为平陵佰。积十馀岁,衡封临淮郡,④⑤遂封真平陵佰以为界,多四百顷。至建始元年,郡乃定国界,上计簿,更定图,言丞相府。衡谓所亲吏赵殷曰:⑤“主簿陆赐故居奏曹,习事,晓知国界,署集曹掾。”明年治计时,衡问殷国界事:“曹欲奈何?”殷曰:“赐以为举计,令郡实之。⑥恐郡不肯从实,可令家丞上书。”衡曰:“顾当得不耳,何至上书?”⑦亦不告曹使举也,听曹为之。后赐与属明举计曰:“案故图,乐安乡南以平陵佰为界,不(足)〔从〕⑹故而以闽佰为界,解何?”⑧郡即复以四百顷付乐安国。衡遣从史之僮,收取所还田租谷千馀石入衡家。司隶校尉骏、少府忠行廷尉事劾奏:“衡监临盗所主守直十金以上。⑨《春秋》之义,诸侯不得专地,所以壹统尊法制也。衡位三公,辅国政,领计簿,知郡实,正国界,计簿已定而背法制,专地盗土以自益,及赐、明阿承衡意,猥举郡计,乱减县界,⑩附下罔上,擅以地附益大臣,皆不道。”于是上可其奏,勿治,丞相免为庶人,终于家。

①文颖曰:“属临淮郡。”
②师古曰:“提封,举其封界内之总数。”
③师古曰:“佰者,田之东西界也。闽者,佰之名也。佰音莫客反。”
④苏林曰:“平陵佰在闽佰南,误十馀岁,衡乃始封此乡。”〔晋灼曰:“举郡而言耳,自封县也。”〕⑺
⑤师古曰:“所亲,素所亲任者。”
⑥师古曰:“举发上计之簿,令郡(故)〔改〕从平陵佰以为定实。”⑻
⑦师古曰:“顾,念也。”
⑧师古曰:“不足故者,不依故图而满足也。解何者,以分解此时意,犹今言分疏也。”
⑨师古曰:“十金以上,当时律定罪之次,若今律条言一尺以上,一匹以上。”
⑩师古曰:“猥,曲也。”

子咸亦明经,历位九卿。家世多为博士者。

张禹字子文,河内轵人也,至禹父徙家莲(白)〔勺〕。①⑼禹为儿,数随家至市,喜观于卜相者前。②久之,颇晓其别蓍布卦意,③时从旁言。卜者爱之,又奇其面貌,谓禹父:“是儿多知,可令学经。”及禹壮,至长安学,从沛郡施雠受《易》,琅邪王阳、胶东庸生问《论语》,既皆明习,有徒众,举为郡文学。甘露中,诸儒荐禹,有诏太子太傅萧望之问。禹对

《易》及《论语》大义，望之善焉，奏禹经学精习，有师法，可试事。④奏寝，罢归故官。⑤久之，试为博士。初元中，立皇太子，而博士郑宽中以《尚书》授太子，荐言禹善《论语》。诏令禹授太子《论语》，由是迁光禄大夫。数岁，出为东平内史。

①师古曰："左冯翊县名也，音辇酌。"
②师古曰："至其人之前而观之。喜音许吏反。"
③师古曰："别，分也，音彼列反。"
④师古曰："试以职事也。"
⑤师古曰："寝谓不下也。"

元帝崩，成帝即位，征禹、宽中，皆以师赐爵关内侯，宽中食邑八百户，禹六百户。拜为诸吏光禄大夫，秩中二千石，给事中，领尚书事。是时，帝舅阳平侯王凤为大将军辅政专权，而上富于春秋，谦让，方乡经学，敬重师傅。①而禹与凤并领尚书，内不自安，数病上书乞骸骨，欲退避凤。上报曰："朕以幼年执政，万机惧失其中，君以道德为师，故委国政。君何疑而数乞骸骨，忽忘雅素，欲避流言？②朕无闻焉。③君其固心致思，总秉诸事，推以孳孳，无违朕意。"加赐黄金百斤、养牛、上尊酒，太官致餐，侍医视疾，使者临问。④禹惶恐，复起视事，河平四年代王商为丞相，封安昌侯。

①师古曰："乡读曰向。"
②师古曰："雅素，故也。谓师傅故旧之恩。"
③师古曰："不闻有毁短之言。"
④师古曰："侍医，侍天子之医。"

为相六岁，鸿嘉元年以老病乞骸骨，上加优再三，乃听许。赐安车驷马，黄金百斤，罢就第，以列侯朝朔望，位特进，见礼如丞相，置从事史五人，益封四百户。天子数加赏赐，前后数千万。

禹为人谨厚，内殖货财，①家以田为业。及富贵，多买田至四百顷，皆泾、渭溉灌，极膏腴上贾。②它财物称是。禹性习知音声，内奢淫，身居大第，后堂理丝竹筦弦。③

①师古曰:"殖,生也。"

②师古曰:"贾读曰价。"

③如淳曰:"今乐家五日一习乐为理乐。"师古曰:"筦亦管字。"

禹成就弟子尤著者,淮阳彭宣至大司空,沛郡戴崇至少府九卿。宣为人恭俭有法度,而崇恺弟多智,①二人异行。禹心亲爱崇,敬宣而疏之。崇每候禹,常责师宜置酒设乐与弟子相娱。禹将崇入后堂饮食,妇女相对,优人筦弦铿锵极乐,昏夜乃罢。②而宣之来也,禹见之于便坐,③讲论经义,日晏赐食,不过一肉卮酒相对。④宣未尝得至后堂。及两人皆闻知,各自得也。⑤

①师古曰:"恺,乐也。弟,易也。言性和乐而简易。"

②师古曰:"极乐,尽其欢乐之情。"

③师古曰:"便坐,谓非正寝,在于旁侧可以延宾者也。坐音才卧反。"

④师古曰:"一豆之肉,一卮行酒。"

⑤服虔曰:"各自为得宜。"

禹年老,自治冢茔,起祠室,好平陵肥牛亭部处地,①又近延陵,奏请求之,上以赐禹,诏令平陵徙亭它所。曲阳侯根闻而争之:"此地当平陵寝庙衣冠所出游道,禹为师傅,不遵谦让,至求衣冠所游之道,又徙坏旧亭,重非所宜。②孔子称'赐爱其羊,我爱其礼',③宜更赐禹它地。"根虽为舅,上敬重之不如禹,根言虽切,犹不见从,卒以肥牛亭地赐禹。根由是害禹宠,数毁恶之。④天子愈益敬厚禹。禹每病,辄以起居闻,⑤车驾自临问之。上亲拜禹床下,禹顿首谢恩,〔因〕归诚,〔10〕言:"老臣有四男一女,爱女甚于男,远嫁为张掖太守萧咸妻,不胜父子私情,思与相近。"上即时徙咸为弘农太守。又禹小子未有官,上临候禹,禹数视其小子,上即禹床下拜为黄门郎,给事中。

①师古曰:"肥牛,亭名。欲得置亭处之地为冢茔。"

②师古曰:"重音直用反。"

③师古曰:"《论语》云子贡欲去告朔之饩羊,孔子曰:'赐也,尔爱其羊,我爱其礼。'故引之。"

④师古曰:"恶谓言其过恶。"

⑤师古曰:"谓其食饮寝卧之增损。"

禹虽家居,以特进为天子师,国家每有大政,必与定议。①永始、元延之间,日蚀地震尤数,吏民多上书言灾异之应,讥切王氏专政所致。上惧变异数见,意颇然之,未有以明见,乃车驾至禹弟,辟左右,②亲问禹以天变,因用吏民所言王氏事示禹。禹自见年老,子孙弱,又与曲阳侯不平,恐为所怨。禹则谓上曰:"春秋二百四十二年间,日蚀三十馀,地震五(十六),〔11〕或为诸侯相杀,或夷狄侵中国。灾变之异深远难见,故圣人罕言命,不语怪神。③性与天道,自子赣之属不得闻,④何况浅见鄙儒之所言!陛下宜修政事以善应之,与下同其福喜,此经义意也。新学小生,乱道误人,宜无信用,以经术断之。"上雅信爱禹,由此不疑王氏。后曲阳侯根及诸王子弟闻知禹言,皆喜说,⑤遂亲就禹。禹见时有变异,若上体不安,择日絜斋露蓍,⑥正衣冠立筮,得吉卦则献其占,如有不吉,禹为感动忧色。

①师古曰:"与读曰豫。"

②师古曰:"辟读曰阃。"

③师古曰:"罕,稀也。《论语》云'子罕言利与命与仁',又曰'子不语怪力乱神'。"

④师古曰:"《论语》云'夫子之言性与天道,不可得而闻也',谓孔子未尝言性命之事及天道。"

⑤师古曰:"说读曰悦。"

⑥服虔曰:"露(筮)《易》蓍于星宿下,〔12〕明日乃用。言得天气也。"师古曰:"蓍,草名,筮者所用也,音式夷反。"

成帝崩,禹及事哀帝,建平二年薨,谥曰节侯。禹四子,长子宏嗣侯,官至太常,列于九卿。三弟皆为校尉散骑诸曹。

初,禹为师,以上难数对己问经,为《论语章句》献之。始鲁扶卿及夏侯胜、王阳、萧望之、韦玄成皆说《论语》,篇第或异。禹先事王阳,后从庸生,采获所安,最后出而尊贵。诸儒为之语曰:"欲为《论》,念张文。"由是学者多从张氏,馀家浸微。①

　　①师古曰:"浸,渐也。"

　　孔光字子夏,孔子十四世之孙也。孔子生伯鱼鲤,①鲤生子思伋,②伋生子上帛,帛生子家求,求生子真箕,箕生子高穿。穿生顺,顺为魏相。顺生鲋,鲋为陈涉博士,死陈下。鲋弟子襄为孝惠博士,长沙太傅。襄生忠,忠生武及安国,武生延年。延年生霸,字次儒。霸生光焉。安国、延年皆以治《尚书》为武帝博士。安国至临淮太守。霸亦治《尚书》,事太傅夏侯胜,昭帝末年为博士,宣帝时为太中大夫,以选授皇太子经,迁詹事,高密相。是时,诸侯王相在郡守上。

　　①师古曰:"名鲤,字伯鱼。先言其字者,孔氏自为谱谍,示尊其先也。下皆
　　　类此。"
　　②师古曰:"伋音级。"

　　元帝即位,征霸,以师赐爵关内侯,食邑八百户,号褒成君,①给事中,加赐黄金二百斤,第一区,徙名数于长安。②霸为人谦退,不好权势,常称爵位泰过,何德以堪之! 上欲致霸相位,自御史大夫贡禹卒,及薛广德免,辄欲拜霸。霸让位,自陈至三,上深知其至诚,乃弗用。以是敬之,赏赐甚厚。及霸薨,上素服临吊者再,至赐东园秘器钱帛,策赠以列侯礼,谥曰烈君。

　　①如淳曰:"为帝师,教令成就,故曰褒成君。"
　　②师古曰:"名数,户籍也。"

　　霸四子,长子福嗣关内侯。次子捷、捷弟喜皆列校尉诸曹。光,最少子也,经学尤明,年未二十,举为议郎。光禄勋匡衡举光方正,为谏大夫。坐议有不合,左迁虹长,①自免归教授。成帝初即位,举为博士,数使录冤狱,行风俗,②振赡流民,奉使称旨,由是知名。是时,博士选三科,高(第)为尚书,[13]次为刺史,其不通政事,以久次补诸侯太傅。光以高第为尚书,观故事品式,数岁明习汉制及法令。上甚信任之,转为仆射,尚书令。③有诏光周密谨慎,未尝有过,加诸吏官,以子男放为侍郎,

给事黄门。数年,迁诸吏光禄大夫,秩中二千石,给事中,赐黄金百斤,
领尚书事。后为光禄勋,复领尚书,诸吏给事中如故。凡典枢机十馀
年,守法度,修故事。上有所问,据经法以心所安而对,不希指苟合;④
如或不从,不敢强谏争,以是久而安。时有所言,辄削草稿,⑤以为章主
之过,以奸忠直,人臣大罪也。⑥有所荐举,唯恐其人之闻知。沐日归
休,兄弟妻子燕语,终不及朝省政事。或问光:"温室省中树皆何木
也?"⑦光嘿不应,更答以它语,其不泄如是。光帝师傅子,少以经行自
著,进官蚤成。⑧不结党友,养游说,有求于人。既性自守,亦其势然
也。⑨徙光禄勋为御史大夫。

①师古曰:"不合,谓不合天子意也。虹,沛之县也,音贡。"

②师古曰:"行音下更反。"

③师古曰:"先为仆射,后为尚书令。"

④师古曰:"希指,希望天子之旨意也。"

⑤(师古)〔服虔〕曰:"言已缮(事)书,〔14〕辄削坏其草。"

⑥师古曰:"奸,求也。奸忠直之名也。奸音干。"

⑦晋灼曰:"长乐宫中有温室殿。"

⑧师古曰:"蚤,古早字。"

⑨师古曰:"言以名父之子,学宦早成,不须党援也。"

绥和中,上即位二十五年,无继嗣,至亲有同产弟中山孝王及同产
弟子定陶王在。定陶王好学多材,于帝子行。①而王祖母傅太后阴为王
求汉嗣,私事赵皇后、昭仪及帝舅大司马骠骑将军王根,故皆劝上。上
于是召丞相翟方进、御史大夫光、右将军廉褒、后将军朱博,皆引入禁
中,议中山、定陶王谁宜为嗣者。方进、根以为定陶王帝弟之子,《礼》曰
"昆弟之子犹子也","为其后者为之子也",定陶王宜为嗣。褒、博皆如
方进、根议。光独以为礼立嗣以亲,中山王先帝之子,帝亲弟也,以《尚
书·盘庚》殷之及王为比,②中山王宜为嗣。上以《礼》兄弟不相入庙,
又皇后、昭仪欲立定陶王,故遂立为太子。光以议不中意,左迁廷尉。③

①师古曰:"行音胡浪反。"

②师古曰:"兄终弟及也。比音必寐反。"

③师古曰:"中,当也。"

　　光久典尚书,练法令,号称详平。时定陵侯淳于长坐大逆诛,长小妻迺始等六人皆以长事未发觉时弃去,或更嫁。及长事发,丞相方进、大司空武议,①以为"令,犯法者各以法时律令论之,②明有所讫也。③长犯大逆时,迺始等见为长妻,已有当坐之罪,与身犯法无异。后乃弃去,于法无以解。④请论"。光议以为"大逆无道,父母妻子同产无少长皆弃市,欲惩后犯法者也。⑤夫妇之道,有义则合,无义则离。长未自知当坐大逆之法,而弃去迺始等,或更嫁,义已绝,而欲以为长妻论杀之,名不正,不当坐"。有诏光议是。

①师古曰:"翟方进及何武。"

②师古曰:"此(其)〔具〕引令条之文也。[15]法时谓始犯法之时也。"

③师古曰:"讫,止也。"

④师古曰:"解,免也。"

⑤师古曰:"惩,创止也。"

　　是岁,右将军褒、后将军博坐定陵、红阳侯①皆免为庶人。以光为左将军,居右将军官职,执金吾王咸为右将军,居后将军官职。罢后将军官。数月,丞相方进薨,召左将军光,当拜,已刻侯印书赞,②上暴崩,即其夜于大行前拜受丞相博山侯印绶。

①师古曰:"廉褒、朱博坐与淳于长、王立交厚也。"

②师古曰:"赞,进也,延进而拜之。书赞者,书赞辞于策也。"

　　哀帝初即位,躬行俭约,省减诸用,政事由己出,朝廷翕然,望至治焉。褒赏大臣,益封光千户。时成帝母太皇太后自居长乐宫,而帝祖母定陶傅太后在国邸,有诏问丞相、大司空:"定陶共王太后宜当何居?"光素闻傅太后为人刚暴,长于权谋,自帝在襁褓而养长教道至于成人,帝之立又有力。光心恐傅太后与政事,①不欲令与帝旦夕相近,即议以为定陶太后宜改筑宫。大司空何武曰:"可居北宫。"上从武言。北宫有紫房复道通未央宫,②傅太后果从复道朝夕至帝所,求欲称尊号,贵宠其亲属,使上不得直道(而)行。③〔16〕顷之,太后从弟子傅迁在左右尤倾邪,上免官遣归故郡。傅太后怒,上不得已复留迁。光与大司空师丹奏言:"诏书'侍中驸马都尉迁巧佞无义,漏泄不忠,国之贼也,免归故郡'。复有诏止。天下疑惑,无所取信,亏损圣德,诚不小愆。陛下以变异连见,避正殿,见群臣,思求其故,至今未有所改。④臣请归迁故郡,以销奸党,应天戒。"卒不得遣,复为侍中。胁于傅太后,皆此类也。

①师古曰:"与读曰豫。"

②师古曰:"复读曰複。"

③师古曰:"不得依正直之道。"

④师古曰:"旧有不善之事,皆未改除。"

又傅太后欲与成帝母俱称尊号,群下多顺指,言母以子贵,宜立尊号以厚孝道。唯师丹与光持不可。①上重违大臣正议,②又内迫傅太后,猗违者连岁。③丹以罪免,而朱博代为大司空。光自先帝时议继嗣有持异之隙矣,又重忤傅太后指,④由是傅氏在位者与朱博为表里,共毁谮光。后数月遂策免光曰:"丞相者,朕之股肱,所与共承宗庙,统理海内,⑤辅朕之不逮以治天下也。朕既不明,灾异重仍,⑥日月无光,山崩河决,五星失行,是章朕之不德而股肱之不良也。⑦君前为御史大夫,辅翼先帝,出入八年,卒无忠言嘉谋,今相朕,出入三年,忧国之风复无闻焉。阴阳错谬,岁比不登,⑧天下空虚,百姓饥馑,父子分散,流离道路,以十万数。而百官群职旷废,⑨奸轨放纵,盗贼并起,或攻官寺,杀长吏。数以问君,君无怵惕忧惧之意,对毋能为。⑩是以群卿大夫咸惰哉莫以为意,咎由君焉。君秉社稷之重,总百僚之任,上无以匡朕之阙,下不能绥安百姓。《书》不云乎?'毋旷庶官,天工人其代之。'⑪於虖!⑫君其上丞相博山侯印绶,罢归。"⑬

①苏林曰:"执持不可。"

②师古曰:"重,难也。"

③如淳曰:"不决事之言也。"师古曰:"猗违犹依违耳。猗音於奇反。"

④师古曰:"重音直用反。"

⑤师古曰:"共读曰恭。"

⑥师古曰:"仍,频也。重音直用反。"

⑦师古曰:"章,明也。"

⑧师古曰:"比,频也。"

⑨师古曰:"旷,空也。"

⑩师古曰:"言盗贼不能为害。"

⑪师古曰:"《虞书·咎繇谟》之辞也。位非其人,是为空官。言人代天理官,
　　不可以天官私非其材。"

⑫师古曰:"於读曰乌。庽读曰呼。"

⑬师古曰:"《汉旧仪》云丞相有它过,使者奉策书,即时步出府,乘栈车归
　　田里。"

　　光退间里,杜门自守。①而朱博代为丞相,数月,坐承傅太后指妄奏
事自杀。平当代为丞相,数月薨。王嘉复为丞相,数谏争忤指。旬岁间
阅三相,②议者皆以为不及光。上由是思之。

①师古曰:"杜,塞也。"

②师古曰:"阅犹历也。"

　　会元寿元年正月朔日有蚀之,后十馀日傅太后崩。是月征光诣公
车,问日蚀事。光对曰:"臣闻日者,众阳之宗,人君之表,至尊之象。君
德衰微,阴道盛强,侵蔽阳明,则日蚀应之。《书》曰'羞用五事','建用
皇极'。①如貌、言、视、听、思失,②大中之道不立,则咎征荐臻,六极屡
降。皇之不极,是为大中不立,其传曰'时则有日月乱行',谓朓、侧
匿,③甚则薄蚀是也。又曰'六沴之作',④岁之朝曰三朝,⑤其应至重。
乃正月辛丑朔日有蚀之,变见三朝之会。上天聪明,苟无其事,变不虚
生。《书》曰'惟先假王正厥事',⑥言异变之来,起事有不正也。臣闻师
曰,天(右)〔左〕与王者,⑦〔17〕故灾异数见,以谴告之,欲其改更。若不畏
惧,有以塞除,而轻忽简诬,则凶罚加焉,其至可必。⑧《诗》曰:'敬之敬
之,天惟显思,命不易哉!'⑨又曰:'畏天之威,于时保之。'⑩皆谓不惧者
凶,惧之则吉也。陛下圣德聪明,兢兢业业,⑪承顺天戒,敬畏变异,勤

心虚己,延见群臣,思求其故,然后敕躬自约,总正万事,放远谗说之党,援纳断断之介,⑫退去贪残之徒,进用贤良之吏,平刑罚,薄赋敛,恩泽加于百姓,诚为政之大本,应变之至务也。天下幸甚。《书》曰'天既付命正阙德',⑬言正德以顺天也。又曰'天棐谌辞',⑭言有诚道,天辅之也。明承顺天道在于崇德博施,加精致诚,孳孳而已。⑮俗之祈禳小数,终无益于应天塞异,销祸兴福,⑯较然甚明,无可疑惑。"⑰

①师古曰:"《周书·洪范》之言。羞,进也。皇,大也。极,中也。"

②师古曰:"如,若也。"

③孟康曰:"胱,行疾也。侧匿,行迟也。"师古曰:"胱音吐了反。"

④师古曰:"沴,恶气也,音戾。"

⑤师古曰:"岁之朝,月之朝,日之朝,故曰三朝。"

⑥师古曰:"《商书·高宗肜日》之辞也。假,至也。言先代至道之王必正其事。"

⑦师古曰:"(右)〔左〕读曰(佑)〔佐〕。(佑)〔佐〕,助也。"

⑧师古曰:"言轻忽天戒,简傲欺诬者,其罚必至。"

⑨师古曰:"《周颂·敬之》篇。显,明也。思,辞也。言天甚明察,宜敬之,以承受天命甚难。"

⑩师古曰:"《周颂·我将》之诗。言必敬天之威,于是乃得安。"

⑪师古曰:"兢兢,戒也。业业,危也。"

⑫师古曰:"援,引也。断断,专壹之貌。介谓一介之人。援音爰。"

⑬师古曰:"《商书·高宗肜日》之辞。言既受天命,宜正其德。"

⑭师古曰:"《周书·大诰》之辞。棐,辅也。谌,诚也。谌辞,至诚之辞也。棐音匪。谌音上林反。"

⑮师古曰:"孳孳,不怠也。孳音兹。"

⑯师古曰:"祈,求福也。禳,除祸也。"

⑰师古曰:"较,明貌也,音角。"

　　书奏,上说,①赐光束帛,拜为光禄大夫,秩中二千石,给事中,位次丞相。诏光举可尚书令者封上,光谢曰:"臣以朽材,前比历位典大职,卒无尺寸之效,②幸免罪诛,全保首领,今复拔擢,备内朝臣,与闻政事。③臣光智谋浅短,犬马齿载,④诚恐一旦颠仆,无以报称。⑤窃见国家故事,尚书以久次转迁,非有踔绝之能,不相逾越。⑥尚书仆射敞,公正勤职,通敏于事,可尚书令。谨封上。"敞以举故,为东平太守。敞姓成公,东海人也。

①师古曰:"说读曰悦。"

②师古曰:"卒,终也。"

③师古曰:"与读曰豫。"

④师古曰:"载,老也,读与耋同。今书本有作截字者,俗写误也。"

⑤师古曰:"称,副也。"

⑥师古曰:"踔,高远也,音竹角反。"

光为大夫月馀,丞相嘉下狱死,①御史大夫贾延免。光复为御史大夫,二月(复)〔为〕丞相,〔18〕复故国博山侯。上乃知光前免非其罪,以过近臣毁短光者,复免傅嘉,曰:"前为侍中,毁谮仁贤,诬愬大臣,令俊乂者久失其位。②嘉倾覆巧伪,挟奸以罔上,崇党以蔽朝,伤善以肆意。③《诗》不云乎?'谗人罔极,交乱四国。'④其免嘉为庶人,归故郡。"

①师古曰:"王嘉也。"

②师古曰:"乂读曰义。"

③师古曰:"肆,极也。"

④师古曰:"《小雅·青蝇》之诗,解在《车千秋传》。"

明年,定三公官,光更为大司徒。会哀帝崩,太皇太后以新都侯王莽为大司马,征立中山王,是为平帝。帝年幼,太后称制,委政于莽。初,哀帝罢黜王氏,故太后与莽怨丁、傅、董贤之党。莽以光为旧相名儒,天下所信,太后敬之,备礼事光。所欲搏击,辄为草,以太后指风光令上之,①厓眦莫不诛伤。②莽权日盛,光忧惧不知所出,上书乞骸骨。莽白太后:"帝幼少,宜置师傅。"徙光为帝太傅,位四辅,给事中,领宿卫供养,行内③署门户,省服御食物。④明年,徙为太师,而莽为太傅。光常称疾,不敢与莽并。有诏朝朔望,领城门兵。莽又风群臣奏莽功德,称宰衡,位在诸侯王上,百官统焉。光愈恐,固称疾辞位。太后诏曰:"太师光,圣人之后,先师之子,德行纯淑,道术通明,居四辅职,辅道于帝。⑤今年耆有疾,俊艾大臣,惟国之重,其犹不可以阙焉。⑥《书》曰'无遗耆老',⑦国之将兴,尊师而重傅。其令太师毋朝,十日一赐餐。赐太师灵寿杖,⑧黄门令为太师省中坐置几,太师入省中用杖,赐餐十七物,⑨然后归老于第,官属按职如故。"⑩

　　①师古曰:"谓文书之稿草也。风读曰讽。次下亦同。"

　　②师古曰:"厓音崖。眦音渍。厓又音五懈反。眦又音仕懈反。解具在《杜钦传》。"

　　③师古曰:"行内,行在所之内中,犹言禁中也。"

　　④师古曰:"省,视也。"

　　⑤师古曰:"道读曰导。"

　　⑥师古曰:"艾读曰乂。"

　　⑦师古曰:"《周书·召诰》之辞也。言不遗老成之人也。"

　　⑧孟康曰:"扶老杖也。"服虔曰:"灵寿,木名。"师古曰:"木似竹,有枝节,长不过八九尺,围三四寸,自然有合杖制,不须削治也。"

　　⑨师古曰:"食具有十七种物。"

　　⑩师古曰:"言十日一入朝,受此宠礼。它日则常在家自养,而其属官依常各行职务。"

　　光凡为御史大夫、丞相各再,壹为大司徒、太傅、太师,历三世,居公辅位前后十七年。自为尚书,止不教授,后为卿,时会门下大生讲问疑难,举大义云。其弟子多成就为博士大夫者,见师居大位,几得其助力,①光终无所荐举,至或怨之。其公如此。

　　①师古曰:"几读曰冀。"

　　光年七十,元始五年薨。莽白太后,使九卿策赠以太师博山侯印绶,赐乘舆秘器,金钱杂帛。少府供张,谏大夫持节与谒者二人使护丧事,博士护行礼。太后亦遣中谒者持节视丧。公卿百官会吊送葬。载以乘舆辒辌及副各一乘,①羽林孤儿诸生合四百人挽送,车万馀两,道路皆举音以过丧。②将作穿复土,可甲卒五百人,起坟如大将军王凤制度。谥曰简烈侯。

　　①师古曰：“辒辌车及副各一乘也。辒辌，解具在《霍光传》。”

　　②师古曰：“丧到之处，行道之人皆举音哭，须过乃止。”

　　初，光以丞相封，后益封，凡食邑万一千户。病甚，上书让还七千户，及还所赐一弟。

　　子放嗣。莽篡位后，以光兄子永为大司马，封侯。昆弟子至卿大夫四五人。始光父霸以初元元年为关内侯食邑。霸上书求奉孔子祭祀，元帝下诏曰：“其令师褒成君关内侯霸以所食邑八百户祀孔子焉。”故霸还长子福名数于鲁，奉夫子祀。霸薨，子福嗣。福薨，子房嗣。房薨，子莽嗣。元始元年，封周公、孔子后为列侯，食邑各二千户。莽更封为褒成侯，后避王莽，更名均。

　　马宫字游卿，东海戚人也。治《春秋》严氏，以射策甲科为郎，迁楚长史，免官。后为丞相史司直。师丹荐宫行能高絜，迁廷尉平，青州刺史，汝南、九江太守，所在见称。征为詹事，光禄勋，右将军，代孔光为大司徒，封扶德侯。光为太师薨，宫复代光为太师，兼司徒官。

　　初，宫哀帝时与丞相御史杂议帝祖母傅太后谥，及元始中，王莽发傅太后陵徙归定陶，以民葬之，追诛前议者。宫为莽所厚，独不及，内惭惧，上书谢罪乞骸骨。莽以太皇太后诏赐宫策曰：“太师大司徒扶德侯上书言：‘前以光禄勋议故定陶共王母谥，曰：“妇人以夫爵尊为号，谥宜曰孝元傅皇后，称渭陵东园。”臣知妾不得体君，卑不得敌尊，而希指雷同，诡经辟说，①以惑误上。为臣不忠，当伏斧钺之诛，幸蒙洒心自新，②又令得保首领。伏自惟念，入称四辅，出备三公，爵为列侯，诚无颜复望阙廷，无心复居官府，无宜复食国邑。愿上太师大司徒扶德侯印绶，避贤者路。’下君章有司，皆以为四辅之职为国维纲，三公之任鼎足承君，不有鲜明固守，无以居位。如君言至诚可听，惟君之恶在洒心前，不敢文过，朕甚多之，③不夺君之爵邑，以著‘自古皆有死’之义。④其上太师大司徒印绶使者，以侯就弟。”王莽篡位，以宫为太子师，卒官。

①师古曰："诡,违。辟读曰僻。"

②师古曰："洒音先礼反。"

③师古曰："多犹重也。"

④孟康曰："以宫上书不文过为信,不夺其爵邑。"师古曰："《论语》载孔子言
　曰:'自古皆有死,民无信不立',故引之。"

本姓马矢,宫仕学,称马氏云。

赞曰:自孝武兴学,公孙弘以儒相,其后蔡义、韦贤、玄成、匡衡、张
禹、翟方进、孔光、平当、马宫及当子晏咸以儒宗居宰相位,服儒衣冠,①
传先王语,其酝藉可也,②然皆持禄保位,被阿谀之讥。彼以古人之迹
见绳,乌能胜其任乎!③

①孟康曰："方领逢掖之衣。"

②师古曰："酝藉,谓如酝酿及荐藉,道其宽博重厚也。酝音於问反。藉音才
　夜反。"

③如淳曰："迹谓既明且哲也。绳谓抨弹之也。"师古曰："古人之迹,谓直道以
　事人也。乌,何也。抨音普耕反。"

【校勘记】

〔1〕　人情(以)〔忽〕不自知,　景祐、殿、局本都作"忽"。王先谦说作"忽"是。

〔2〕　臣闻五帝不同(乐)〔礼〕,　景祐、殿本都作"礼"。

〔3〕　(之道)〔道之〕衰莫不始乎梱内。　钱大昭说"之道"二字当乙。按殿、局
　　　本作"道之",景祐本亦作"之道"。

〔4〕　《易·家人卦》之(象也)〔彖辞〕。　景祐、殿本都作"彖辞"。

〔5〕　积十馀岁衡封临淮郡,④　注④原在"衡封"下。杨树达说敦煌残卷子
　　　本《汉书》此注在"临淮郡"下,"衡封临淮郡"五字属读。

〔6〕　不(足)〔从〕故而以闽佰为界解何?　残卷本作"从"。

〔7〕　〔晋灼曰:"举郡而言耳,自封县也。"〕　残卷本多此十二字。

〔8〕　令郡(故)〔改〕从平陵佰以为定实。　景祐、殿本都作"改"。

〔9〕 至禹父徙家莲(白)〔勺〕。　景祐、殿、局本都作"勺",此误。

〔10〕 禹顿首谢恩,〔因〕归诚,　宋祁说"恩"字下当有"因"字。王念孙说宋说是。残卷本有"因"字。

〔11〕 地震五(十六),　宋祁、刘敞都说"十六"两字疑衍。按景祐本无"十六"两字。

〔12〕 露(筮)《易》著于星宿下,　殿本无"著"字。

〔13〕 高(第)为尚书,　景祐、殿本都无"第"字。

〔14〕 (师古)〔服虔〕曰:言已缮(事)书,　景祐、殿本都作"服虔",无"事"字。

〔15〕 此(其)〔具〕引令条之文也。　景祐、殿本都作"具"。

〔16〕 使上不得直道(而)行。　景祐、殿本都无"而"字。

〔17〕 天(右)〔左〕与王者,　景祐本作"左",注同。王念孙说作"左"是。

〔18〕 二月(复)〔为〕丞相,　景祐、殿、局本都作"为"。王先谦说作"为"是。

汉书卷八十二

王商史丹傅喜传第五十二

王商字子威，涿郡蠡吾人也，①徙杜陵。商父武，武兄无故，皆以宣帝舅封。无故为平昌侯，武为乐昌侯。语在《外戚传》。

①师古曰："蠡音礼。"

商少为太子中庶子，以肃敬敦厚称。父薨，商嗣为侯，推财以分异母诸弟，身无所受，居丧哀戚。于是大臣荐商行可以厉群臣，义足以厚风俗，宜备近臣。繇是擢为诸曹侍中中郎将。①元帝时，至右将军、光禄大夫。是时，定陶共王爱幸，几代太子。②商为外戚重臣辅政，拥佑太子，颇有力焉。③

①师古曰："繇读与由同。"

②师古曰："共读曰恭。几音钜依反。"

③师古曰："佑，助也。"

元帝崩，成帝即位，甚敬重商，徙为左将军。而帝元舅大司马大将军王凤颛权，行多骄僭。商论议不能平凤，凤知之，亦疏商。建始三年秋，京师民无故相惊，言大水至，百姓奔走相蹂躏，①〔老弱号呼〕，②[1]长安中大乱。天子亲御前殿，召公卿议。大将军凤以为太后与上及后宫可御船，令吏民上长安城以避水。群臣皆从凤议。左将军商独曰："自古无道之国，水犹不冒城郭。③今政治和平，世无兵革，上下相安，何因当有大水一日暴至？此必讹言也，④不宜令上城，重惊百姓。"⑤上乃止。有顷，长安中稍定，问之，果讹言。上于是美壮商之固守，数称其议。而凤大惭，自恨失言。

①师古曰:"蹂,践也。躏,轹也。蹂音人九反。躏音蔺。"

②〔师古曰:"呼音火故反。"〕

③师古曰:"冒,蒙覆也。"

④师古曰:"讹,伪也。"

⑤师古曰:"重音直用反。"

明年,商代匡衡为丞相,益封千户,天子甚尊任之。为人多质有威重,①长八尺馀,身体鸿大,容貌甚过绝人。河平四年,单于来朝,引见白虎殿。②丞相商坐未央廷中,单于前,拜谒商。③商起,离席与言,单于仰视商貌,大畏之,迁延却退。天子闻而叹曰:"此真汉相矣!"

①师古曰:"多质,言不为文饰。"

②师古曰:"在未央宫中。"

③师古曰:"单于将见天子,而经未央廷中过也。"

初,大将军凤连昏杨肜为琅邪太守,①其郡有灾害十四,已上。商部属按问,②凤以晓商,③曰:"灾异天事,非人力所为。肜素善吏,宜以为后。"④商不听,竟奏免肜,奏果寝不下,凤重以是怨商,⑤阴求其短,使人上书言商闺门内事。天子以为暗昧之过,不足以伤大臣,凤固争,下其事司隶。

①如淳曰:"连昏者,婚家之婚亲也。"

②如淳曰:"部属犹差次。差次其属令治之。"

③师古曰:"告语也。"

④师古曰:"且勿按问也。"

⑤师古曰:"重音直用反。"

先是皇太后尝诏问商女,欲以备后宫。时女病,商意亦难之,以病对,不入。及商以闺门事见考,自知为凤所中,①惶怖,更欲内女为援,乃因新幸李婕好家白见其女。

①师古曰:"中,伤也,音竹仲反。"

会日有蚀之,太中大夫蜀郡张匡,其人佞巧,上书愿对近臣陈日蚀咎。下朝者①左将军丹等问匡,②对曰:"窃见丞相商作威作福,从外制中,取必于上,③性残贼不仁,遣票轻吏微求人罪,④欲以立威,天下患苦之。前频阳耿定上书言商与父傅通,及女弟淫乱,⑤奴杀其私夫,疑商教使。⑥章下有司,商私怨怼。⑦商子俊欲上书告商,俊妻左将军丹女,持其书以示丹,丹恶其父子乖迕,⑧为女求去。商不尽忠纳善以辅至德,知圣主崇孝,远别不亲,⑨后庭之事皆受命皇太后,太后前闻商有女,欲以备后宫,商言有固疾,后有耿定事,更诡道因李贵人家内女。⑩执左道以乱政,⑪诬罔悖大臣节,⑫故应是而日蚀。《周书》曰:'以左道事君者诛。'⑬《易》曰:'日中见昧,则折其右肱。'⑭往者丞相周勃再建大功,及孝文时纤介怨恨,而日为之蚀,于是退勃使就国,卒无怵惕忧。⑮今商无尺寸之功,而有三世之宠,⑯身位三公,宗族为列侯、吏二千石、侍中诸曹,给事禁门内,连昏诸侯王,权宠至盛。审有内乱杀人怨怼之端,宜穷(意)〔竟〕考问。⑫臣闻秦丞相吕不韦见王无子,意欲有秦国,即求好女以为妻,阴知其有身而献之王,产始皇帝。及楚相春申君亦见王无子,心利楚国,即献有身妻而产怀王。自汉兴几遭吕、霍之患,⑰今商有不仁之性,乃因怨以内女,其奸谋未可测度。前孝景世七国反,将军周亚夫以为即得雒阳剧孟,关东非汉之有。今商宗族权势,合赀巨万计,私奴以千数,非特剧孟匹夫之徒也。且失道之至,亲戚畔之,闺门内乱,父子相讦,⑱而欲使之宣明圣化,调和海内,岂不谬哉!商视事五年,官职陵夷而大恶著于百姓,甚亏损盛德,有鼎折足之凶。⑲臣愚以为圣主富于春秋,即位以来,未有惩奸之威,加以继嗣未立,大异并见,尤宜诛讨不忠,以遏未然。⑳行之一人,则海内震动,百奸之路塞矣。"

①文颖曰:"令下朝者平之也。"孟康曰:"中朝臣也。"师古曰:"文说是也。下音胡稼反。"

②师古曰:"史丹也。"

③师古曰:"意欲所行,必果之。"

④师古曰:"票,疾也。微谓私求之也。票音频妙反,又音匹妙反。"

⑤师古曰:"傅谓傅婢也。"

⑥师古曰:"私夫,女弟之私与奸通者。"

⑦师古曰:"怼音直类反。"

⑧师古曰:"迕,逆也。"

⑨师古曰:"远离女色而分别之,故云不亲也。"

⑩师古曰:"诡,违也。"

⑪师古曰:"左道,僻左之道,谓不正。"

⑫师古曰:"悖,乖也,音布内反。"

⑬师古曰:"逸《书》也。"

⑭苏林曰:"日者君之象,中者明之盛,盛而昧,折去右肱之臣,用无咎也。"师
　　古曰:"此《丰卦》九三爻辞。"

⑮师古曰:"卒,终也。怆,古怆字。"

⑯师古曰:"自宣帝至成帝凡三主。"

⑰师古曰:"几音钜依反。"

⑱师古曰:"讦,告斥其罪也,音居谒反。"

⑲师古曰:"《易·鼎卦》九四爻辞曰:'鼎折足,覆公𫗧,其形渥,凶。'𫗧,鼎实
　　也,谓所亨之物也。渥,厚也。言鼎折其足,则覆丧其实,喻大臣非其任,则
　　亏败国典,故宜加以厚刑。"

⑳师古曰:"过,止也。未然,谓未有其事,恐将然也。"

　　于是左将军丹等奏:"商位三公,爵列侯,亲受诏策为天下师,不遵
法度以翼国家,①而回辟下媚以进其私,②执左道以乱政,为臣不忠,罔
上不道,《甫刑》之辟,皆为上戮,罪名明白。臣请诏谒者召商诣若卢诏
狱。"③上素重商,知匡言多险,制曰"弗治"。凤固争之,于是制诏御史:
"盖丞相以德辅翼国家,典领百寮,协和万国,为职任莫重焉。今乐昌侯
商为丞相,出入五年,未闻忠言嘉谋,而有不忠执左道之辜,陷于大辟。
前商女弟内行不修,奴贼杀人,疑商教使,为商重臣,故抑而不穷。今或
言商不以自悔而反怨怼,朕甚伤之。惟商与先帝有外亲,未忍致于理。
其赦商罪。使者收丞相印绶。"

①师古曰:"翼,助也。"

②师古曰:"回,邪也。辟读曰僻。"

③孟康曰:"若卢,狱名,属少府,黄门内寺是也。"

　　商免相三日,发病呕血薨,谥曰戾侯。而商子弟亲属为驸马都尉、

侍中、中常侍、诸曹大夫郎吏者,皆出补吏,莫得留给事宿卫者。有司奏商罪过未决,请除国邑。有诏长子安嗣爵为乐昌侯,至长乐卫尉、光禄勋。

商死后,连年日蚀地震,直臣京兆尹王章上封事召见,讼商忠直无罪,言凤颛权蔽主。凤竟以法诛章,语在《元后传》。至元始中,王莽为安汉公,诛不附己者,乐昌侯安见被以罪,自杀,国除。①

①师古曰:"被,加也,音皮义反。"

史丹字君仲,鲁国人也,徙杜陵。祖父恭有女弟,武帝时为卫太子良娣,产悼皇考。皇考者,孝宣帝父也。宣帝微时依倚史氏。①语在《史良娣传》。及宣帝即尊位,恭已死,三子,高、曾、玄。曾、玄皆以外属旧恩封,曾为将陵侯,玄平台侯。高侍中贵幸,以发举反者大司马霍禹功封乐陵侯。宣帝疾病,拜高为大司马车骑将军,领尚书事。帝崩,太子袭尊号,是为孝元帝。高辅政五年,乞骸骨,赐安车驷马黄金,罢就第。薨,谥曰安侯。

①师古曰:"倚音於绮反。"

自元帝为太子时,丹以父高任为中庶子,侍从十馀年。元帝即位,为驸马都尉侍中,出常骖乘,甚有宠。上以丹旧臣,皇考外属,亲信之,诏丹护太子家。是时,傅昭仪子定陶共王有材艺,子母俱爱幸,而太子颇有酒色之失,母王皇后无宠。

建昭之间,元帝被疾,不亲政事,留好音乐。①或置鼙鼓殿下,②天子自临轩槛上,隤铜丸以擿鼓,③声中严鼓之节。④后宫及左右习知音者莫能为,而定陶王亦能之,上数称其材。丹进曰:"凡所谓材者,敏而好学,温故知新,⑤皇太子是也。若乃器人于丝竹鼓鼙之间,则是陈惠、李微高于匡衡,可相国也。"⑥于是上嘿然而咲。⑦其后,中山哀王薨,太子前吊。哀王者,帝之少弟,与太子游学相长大。⑧上望见太子,感念哀王,悲不能自止。太子既至前,不哀。上大恨曰:"安有人不慈仁而可奉宗庙为民父母者乎!"上以责谓丹。⑨丹免冠谢上曰:"臣诚见陛下哀痛中

山王,至以感损。向者太子当进见,臣窃戒属毋涕泣,感伤陛下。⑩罪乃
在臣,当死。"上以为然,意乃解。丹之辅相,皆此类也。

①孟康曰:"留意于音乐也。"

②师古曰:"鼙本骑上之鼓,音步迷反。"

③师古曰:"槛轩,阑版也。隤,下也。摘,投也。隤音颓。摘音持益反。一
　日,摘,碰也,音丁历反。碰音丁回反。"

④李奇曰:"庄严之鼓节也。"晋灼曰:"疾击之鼓也。"师古曰:"李说是也。"

⑤师古曰:"敏,速疾也。温,厚也。温故,厚蓄故事也。"

⑥如淳曰:"器人,取人器能也。陈惠、李微是时好音者也。"服虔曰:"二人皆
　黄门鼓吹也。"

⑦师古曰:"咲,古笑字。"

⑧师古曰:"同处(同)〔长〕养以至于壮大。"〔3〕

⑨师古曰:"谓者,告语也。"

⑩师古曰:"属音之欲反。"

竟宁元年,上寝疾,傅昭仪及定陶王常在左右,而皇后、太子希得进
见。上疾稍侵,意忽忽不平,①数问尚书以景帝时立胶东王故事。是
时,太子长舅阳平侯王凤为卫尉、侍中,与皇后、太子皆忧,不知所出。②
丹以亲密臣得侍视疾,候上间独寝时,丹直入卧内,顿首伏青蒲上,③涕
泣言曰:"皇太子以适长立,积十馀年,④名号系于百姓,天下莫不归心
臣子。⑤见定陶王雅素爱幸,今者道路流言,为国生意,以为太子有动摇
之议。审若此,公卿以下必以死争,不奉诏。臣愿先赐死以示群臣!"天
子素仁,不忍见丹涕泣,言又切至,上意大感,喟然太息曰:"吾日困劣,
而太子、两王幼少,意中恋恋,亦何不念乎!然无有此议。且皇后谨慎,
先帝又爱太子,吾岂可违指!驸马都尉安所受此语?"⑥丹即却,顿首
曰:"愚臣妄闻,罪当死!"⑦上因纳,谓丹曰:"吾病寖加,恐不能自还。⑧
善辅道太子,毋违我意!"⑨丹嘘唏而起。⑩太子由是遂为嗣矣。

①师古曰:"稍侵,言渐笃也。平,和也。"

②师古曰:"不知计所出。"

③服虔曰:"青缘蒲席也。"应劭曰:"以青规地曰青蒲,自非皇后不得至此。"孟

　　康曰："以蒲青为席,用蔽地也。"师古曰："应说是也。"

④师古曰："適读曰嫡。"

⑤师古曰："自托为臣子。"

⑥师古曰："安,焉也。"

⑦师古曰："却,退也,离青蒲上。"

⑧师古曰："寖,渐也。不自还者,言当遂至崩亡也。还读曰旋。"

⑨师古曰："道读曰导。"

⑩师古曰："噓音虚。唏音许既反。"

　　元帝竟崩,成帝初即位,擢丹为长乐卫尉,迁右将军,赐爵关内侯,食邑三百户,给事中,后徙左将军、光禄大夫。鸿嘉元年,上遂下诏曰:"夫褒有德,赏元功,古今通义也。左将军丹往时导朕以忠正,秉义醇壹,旧德茂焉。其封丹为武阳侯,国东海郯之武彊聚,户千一百。"①

①如淳曰："聚,字喻反。聚,邑居也。"

　　丹为人足知,恺弟爱人,①貌若傥荡不备,②然心甚谨密,故尤得信于上。丹兄嗣父爵为侯,让不受分。丹尽得父财,身又食大国邑,重以旧恩,数见褒赏,③赏赐累千金,僮奴以百数,后房妻妾数十人,内奢淫,好饮酒,极滋味声色之乐。为将军前后十六年,永始中病乞骸骨,上赐策曰:"左将军寝病不衰,④愿归治疾,朕愍以官职之事久留将军,使躬不瘳。使光禄勋赐将军黄金五十斤,安车驷马,其上将军印绶。宜专精神,务近医药,以辅不衰。"

①师古曰："恺,乐也。弟,易也。言有和乐简易之德。"

②师古曰："傥荡,疏诞无检也。"

③师古曰："重音直用反。"

④师古曰："言病不损也。"

　　丹归第数月薨,谥曰顷侯。有子男女二十人,九男皆以丹任并为侍中诸曹,亲近在左右。史氏凡四人侯,至卿大夫二千石者十馀人,皆讫王莽乃绝,唯将陵侯曾无子,绝于身云。

傅喜字稚游,河内温人也,哀帝祖母定陶傅太后从父弟。少好学问,有志行。哀帝立为太子,成帝选喜为太子庶子。哀帝初即位,以喜为卫尉,迁右将军。是时,王莽为大司马,乞骸骨,避帝外家。上既听莽退,众庶归望于喜。喜从弟孔乡侯晏亲与喜等,①而女为皇后。又帝舅阳安侯丁明,皆亲以外属封。喜执谦称疾。傅太后始与政事,喜数谏之,②由是傅太后不欲令喜辅政。上于是用左将军师丹代王莽为大司马,赐喜黄金百斤,上将军印绶,以光禄大夫养病。

①如淳曰:"俱傅太后从父弟也。"

②师古曰:"与读曰豫。"

大司空何武、尚书令唐林皆上书言:"喜行义修絜,忠诚忧国,内辅之臣也,今以寝病,一旦遣归,众庶失望,皆曰傅氏贤子,以论议不合于定陶太后故退,百寮莫不为国恨之。忠臣,社稷之卫,鲁以季友治乱,①楚以子玉轻重,②魏以无忌折冲,③项以范增存亡。故楚跨有南土,带甲百万,邻国不以为难,子玉为将,则文公侧席而坐,及其死也,君臣相庆。④百万之众,不如一贤,故秦行千金以间廉颇,⑤汉散万金以疏亚父。⑥喜立于朝,陛下之光辉,傅氏之废兴也。"⑦上亦自重之。明年正月,乃徙师丹为大司空,而拜喜为大司马,封高武侯。

①师古曰:"谓季氏亡,则鲁不昌。"

②师古曰:"谓楚杀子玉而晋侯喜可知。"

③师古曰:"信陵君。"

④师古曰:"已解在上也。"

⑤师古曰:"赵孝成王七年,秦与赵兵相距长平。赵将廉颇固壁不战,秦乃使人反间于赵,曰:'秦之所恶,独畏赵奢之子赵括为将耳。'赵王信之,因以括为将,代廉颇,而括军遂败,数十万之众降秦,秦皆坑之。"

⑥师古曰:"事在《陈平传》。"

⑦如淳曰:"傅喜显则傅氏兴,其废亦如之。"晋灼曰:"用喜于陛下有光明,而傅氏之废复得兴也。"师古曰:"如说是也。"

丁、傅骄奢,皆嫉喜之恭俭。又傅太后欲求称尊号,与成帝母齐尊,喜与丞相孔光、大司空师丹共执正议。傅太后大怒,上不得已,先免师丹以感动喜,喜终不顺。后数月,遂策免喜曰:"君辅政出入三年,未有昭然匡朕不逮,而本朝大臣遂其奸心,①咎由君焉。其上大司马印绶,就第。"傅太后又自诏丞相御史曰:"高武侯喜无功而封,内怀不忠,附下罔上,与故大司空丹同心背畔,放命圮族,②亏损德化,罪恶虽在赦前,不宜奉朝请,其遣就国。"后又欲夺喜侯,上亦不听。

①师古曰:"遂,成也,申也。"

②应劭曰:"放弃教令,毁其族类。"

喜在国三岁馀,哀帝崩,平帝即位,王莽用事,免傅氏官爵归故郡,晏将妻子徙合浦。莽白太后下诏曰:"高武侯喜姿性端悫,论议忠直,①虽与故定陶太后有属,终不顺指从邪,介然守节,以故斥逐就国。传不云乎?'岁寒然后知松柏之后凋也。'②其还喜长安,以故高安侯莫府赐喜,位特进,奉朝请。"喜虽外见褒赏,孤立忧惧,后复遣就国,以寿终。莽赐谥曰贞侯。子嗣,莽败乃绝。③

①师古曰:"悫,谨也,音口角反。"

②师古曰:"《论语》载孔子之言,以喻有节操之人也。"

③师古曰:"史不得其子名也。"

赞曰:自宣、元、成、哀外戚兴者,许、史、三王、丁、傅之家,①皆重侯累将,穷贵极富,见其位矣,未见其人也。②阳平之王多有材能,好事慕名,其势尤盛,旷贵最久。③然至于莽,亦以覆国。王商有刚毅节,废黜以忧死,非其罪也。史丹父子相继,高以重厚,位至三公。丹之辅道副主,掩恶扬美,傅会善意,④虽宿儒达士无以加焉。及其历房闼,入卧内,推至诚,犯颜色,动寤万乘,转移大谋,卒成太子,安母后之位。"无言不雠",终获忠贞之报。⑤傅喜守节不倾,亦蒙后凋之赏。哀、平际会,祸福速哉!

①师古曰:"三王,谓印成侯及商、凤三家也。"

②师古曰:"言无善人也。"

③师古曰："阳平谓王凤之家也。言居非其位,是为旷官,故云旷贵。"

④师古曰："道读曰导。傅读曰附。"

⑤师古曰："《大雅·抑》之诗曰:'无言不雠,无德不报。'故赞引之以喻丹也。"

【校勘记】

〔1〕〔老弱号呼〕　景祐、殿本都有此四字,并有注文"师古曰呼音火故反"
　　　八字。

〔2〕宜穷(意)〔竟〕考问。　钱大昭说"意"当作"竟"。按景祐、殿本都作
　　　"竟"。

〔3〕同处(同)〔长〕养以至于壮大。　景祐、殿本都作"长"。王先谦说作
　　　"长"是。

汉书卷八十三

薛宣朱博传第五十三

薛宣字赣君,东海郯人也。①少为廷尉书佐、都船狱史。后以大司农斗食属察廉,补不其丞。②琅邪太守赵贡行县,③见宣,甚说其能。④从宣历行属县,⑤还至府,令妻子与相见,戒曰:"赣君至丞相,我两子亦中丞相史。"察宣廉,迁乐浪都尉丞。⑥幽州刺史举茂材,为宛句令。⑦大将军王凤闻其能,荐宣为长安令,治果有名,以明习文法诏补御史中丞。

①师古曰:"赣音贡。郯音谈。"

②师古曰:"斗食者,禄少,一岁不满百石,计日以斗为数也。不其,县名也。其音基。"

③师古曰:"行音下更反。其下亦同。"

④师古曰:"说读曰悦。"

⑤师古曰:"以宣自从也。"

⑥师古曰:"赵贡察举宣,故得迁也。乐音洛。浪音郎。"

⑦师古曰:"乐浪属幽州。故为刺史所举也。宛音於元反。句音劬。"

是时,成帝初即位,宣为中丞,执法殿中,外总部刺史,上疏曰:"陛下至德仁厚,哀闵元元,躬有日昃之劳,而亡佚豫之乐,①允执圣道,刑罚惟中,②然而嘉气尚凝,阴阳不和,③是臣下未称,而圣化独有不洽者也。臣窃伏思其一端,殆吏多苛政,政教烦碎,大率咎在部刺史,或不循守条职,④举错各以其意,多与郡县事,⑤至开私门,听谗佞,以求吏民过失,谴呵及细微,责义不量力。⑥郡县相迫促,亦内相刻,流至众庶。是故乡党阙于嘉宾之欢,九族忘其亲亲之恩,饮食周急之厚弥衰,送往劳来之礼不行。⑦夫人道不通,则阴阳否鬲,⑧和气不兴,未必不由此也。

《诗》云:‘民之失德,乾糇以愆。’⑨鄙语曰:‘苛政不亲,烦苦伤恩。’方刺史奏事时,宜明申敕,⑩使昭然知本朝之要务。臣愚不知治道,唯明主察焉。”上嘉纳之。

①师古曰:“《周书·亡逸》之篇称文王之德曰‘至于日中仄,弗皇暇食’,宣引此言也。仄,古侧字也。佚与逸同。”

②师古曰:“允,信也。中音竹仲反。”

③师古曰:“凝谓不通也。”

④师古曰:“刺史所察,本有六条,今则逾越故事,信意举劾,妄为苛刻也。六条解在《百官公卿表》。”

⑤师古曰:“错,置也,音千故反。与读曰豫。豫,干也。”

⑥师古曰:“言求备于人。”

⑦师古曰:“劳音郎到反。来音郎代反。”

⑧师古曰:“否,闭也,音皮鄙反。鬲与隔同。”

⑨师古曰:“《小雅·伐木》之诗也。糇,食也,解在《元纪》。糇音侯。”

⑩师古曰:“申,束也,谓约束也。”

宣数言政事便宜,举奏部刺史郡国二千石,所贬退称进,白黑分明,①繇是知名。②出为临淮太守,政教大行。会陈留郡有大贼废乱,③上徙宣为陈留太守,盗贼禁止,吏民敬其威信。入守左冯翊,满岁称职为真。

①师古曰:“称,举也。白黑犹言清浊也。”

②师古曰:“繇读与由同。”

③师古曰:“废乱者,政教不行也。”

始高陵令(阳)〔杨〕湛、[1]栎阳令谢游皆贪猾不逊,持郡短长,前二千石数案不能竟。①及宣视事,诣府谒,宣设酒饭与相对,接待甚备。已而阴求其罪臧,具得所受取。宣察湛有改节敬宣之效,乃手自牒书,条其奸臧,②封与湛曰:“吏民条言君如牒,或议以为疑于主守盗。③冯翊敬重令,又念十金法重,不忍相暴章。④故密以手书相晓,欲君自图进退,可复伸眉于后。⑤即无其事,复封还记,得为君分明之。”⑥湛自知罪臧皆应记,⑦而宣辞语温润,无伤害意。湛即时解印绶付吏,为记谢宣,终无怨言。而栎阳令游自以大儒有名，轻宣。宣独移书显责之曰："告栎阳令：吏民言令治行烦苛，適罚作使千人以上；⑧贼取钱财数十万，给为非法；⑨卖买听任富吏，贾数不可知。⑩证验以明白，欲遣吏考案，恐负举者，耻辱儒士，⑪故使掾平镌令。⑫孔子曰：'陈力就列，不能者止。'⑬令详思之，方调守。"⑭游得檄，亦解印绶去。

①师古曰："虽每案验之，不能穷竟其事。"

②师古曰："牒书谓书于简牒也。"

③孟康曰："法有主守盗，断官钱自入己也。"

④师古曰："依当时律条，臧直十金，则至重罪。"

⑤师古曰："伸眉，言无忧也。且令自去职不废，其后更为官。"

⑥师古曰："记谓所与湛书也。分明谓考问使知清白也。宣恐其距讳，即欲验治之。"

⑦师古曰："与宣书记相当。"

⑧师古曰："適读曰谪。"

⑨师古曰："言敛取钱财，以供给兴造非法之用。"

⑩师古曰："贾读曰价。"

⑪师古曰："游本因荐举得官，而身又是儒者，故云然。"

⑫如淳曰："平镌，激切使之自知过也。"晋灼曰："王常为光武镌说其将帅。此为徐以微言镌凿遣之也。"师古曰："平，掾之名。镌谓琢凿也。镌音子全反。"

⑬师古曰："《论语》载孔子之答冉有、季路之言也。列，次也。言自审己之力用而就官次，不能则退。"

⑭师古曰："言欲选人且代游守令职。"

又频阳县北当上郡、西河，为数郡凑，多盗贼。其令平陵薛恭本县孝者，功次稍迁，未尝治民，职不办。而粟邑县小，辟在山中，①民谨朴易治。令巨鹿尹赏久郡用事吏，为楼烦长，举茂材，迁在粟。宣即以令奏赏与恭换县。②二人视事数月，而两县皆治。宣因移书劳勉之曰："昔孟公绰优于赵魏而不宜滕薛，③故或以德显，或以功举，'君子之道，焉可怃也！'④属县各有贤君，冯翊垂拱蒙成。⑤愿勉所职，卒功业。"⑥

①师古曰:"辟读曰僻。"

②师古曰:"时令条有材不称职得改之。"

③师古曰:"孟公绰,鲁大夫也。《论语》云'孔子曰:孟公绰为赵魏老则优,不可以为滕薛大夫。'言器能各有所施也。赵魏:晋之卿族。老谓家之长相也。滕薛,小国诸侯也。"

④苏林曰:"忨,同也,兼也。"晋灼曰:"忨音诬。"师古曰:"《论语》载子夏之言。谓行业不同,所守各异,唯圣人为能体备之。"

⑤师古曰:"自言端拱无为而受县之成功。"

⑥师古曰:"卒,终也。"

宣得郡中吏民罪名,辄召告其县长吏,使自行罚。晓曰:"府所以不自发举者,不欲代县治,夺贤令长名也。"长吏莫不喜惧,免冠谢宣归恩受戒者。

宣为吏赏罚明,用法平而必行,所居皆有条教可纪,多仁恕爱利。①池阳令举廉吏狱掾王立,府未及召,闻立受囚家钱。宣责让县,县案验狱掾,乃其妻独受系者钱万六千,受之再宿,狱掾实不知。掾惭恐自杀。宣闻之,移书池阳曰:"县所举廉吏狱掾王立,家私受赇,而立不知,杀身以自明。立诚廉士,甚可闵惜!其以府决曹掾书立之柩,以显其魂。②府掾史素与立相知者,皆予送葬。"

①师古曰:"爱人而安利也。"

②师古曰:"以此职追赠。"

及日至休吏,①贼曹掾张扶独不肯休,坐曹治事。宣出教曰:"盖礼贵和,人道尚通。日至,吏以令休,所緐来久。②曹虽有公职事,家亦望私恩意。掾宜从众,归对妻子,设酒肴,请邻里,壹关相乐,③斯亦可矣!"扶惭愧。官属善之。

①师古曰:"冬夏至之日不省官事,故休吏。"

②师古曰:"緐读与由同。由,从也。"

③应劭曰:"以壶矢相乐也。"晋灼曰:"书篆形'壹关'字象壶矢,因曰壶矢。此说非也。"师古曰:"晋说是也。壹关,谓一为欢关耳。关,古笑字也。"

宣为人好威仪,进止雍容,甚可观也。性密静有思,①思省吏职,求其便安。②下至财用笔研,皆为设方略,利用而省费。③吏民称之,郡中清静。迁为少府,共张职办。④

①师古曰:"有智思也,音先寺反。"

②师古曰:"省,视也。"

③师古曰:"利,便也。省,减也。便于用而减于费也。省音所领反。"

④师古曰:"共读曰供,音居用反。张音竹亮反。"

月馀,御史大夫于永卒,谷永上疏曰:"帝王之德莫大于知人,知人则百僚任职,天工不旷。①故皋陶曰:'知人则哲,能官人。'②御史大夫内承本朝之风化,外佐丞相统理天下,任重职大,非庸材所能堪。今当选于群卿,以充其缺。得其人则万姓欣喜,百僚说服;③不得其人则大职堕斁,王功不兴。④虞帝之明,在兹壹举,可不致详!窃见少府宣,材茂行絜,达于从政,前为御史中丞,执宪毂下,⑤不吐刚茹柔,⑥举错时当;⑦出守临淮、陈留,二郡称治;为左冯翊,崇教养善,威德并行,众职修理,奸轨绝息,辞讼者历年不至丞相府,赦后馀盗贼什分三辅之一。⑧功效卓尔,自左内史初置以来未尝有也。⑨孔子曰:'如有所誉,其有所试。'⑩宣考绩功课,简在两府,⑪不敢过称以奸欺诬之罪。⑫臣闻贤材莫大于治人,宣已有效。其法律任廷尉有馀,经术文雅足以谋王体,断国论;身兼数器,有'退食自公'之节。⑬宣无私党游说之助,臣恐陛下忽于《羔羊》之诗,舍公实之臣,任华虚之誉,是用越职,陈宣行能,唯陛下留神考察。"上然之,遂以宣为御史大夫。

①师古曰:"工,官也。旷,空也。"

②师古曰:"《虞书·皋陶谟》之辞也。哲,智也。无所不知,故能官人也。"

③师古曰:"说读曰悦。"

④师古曰:"堕,毁也。斁,坏也。堕音火规反。斁音丁固反。"

⑤师古曰:"言在天子辇毂之下。"

⑥师古曰:"《大雅》(蒸人)〔《烝民》〕之诗[2]云'惟仲山甫,刚亦不吐,柔亦不茹',言其平正也。茹,食也,音人庶反。"

⑦师古曰:"言其合时而当理也。当音丁浪反。"

⑧文颖曰："减三辅之贼什九也。"

⑨师古曰："冯翊本左内史之地，故云然。"

⑩师古曰："《论语》载孔子之言也。所以言誉人者，必当试之以事。"

⑪师古曰："简，大也，一曰明也。两府，丞相、御史府也。"

⑫师古曰："过称，谓逾其实而妄称誉之也。奸，犯也，音干。"

⑬师古曰："自，从也。《召南·羔羊》之诗，美在位皆节俭正直。其诗曰：'退
　　食自公，委蛇委蛇。'言卿大夫履行清絜，减退膳食，率从公道也。"

数月，代张禹为丞相，封高阳侯，食邑千户。宣除赵贡两子为史。
贡者，赵广汉之兄子也，为吏亦有能名。宣为相，府辞讼例不满万钱不
为移书，后皆遵用薛侯故事。然官属讥其烦碎无大体，不称贤也。时天
子好儒雅，宣经术又浅，上亦轻焉。

久之，广汉郡盗贼群起，丞相御史遣掾史逐捕不能克。上乃拜河东
都尉赵护为广汉太守，以军法从事。数月，斩其渠帅郑躬，①降者数千
人，乃平。会邛成太后崩，丧事仓卒，吏赋敛以趋办。②其后上闻之，以
过丞相御史，遂册免宣曰："君为丞相，出入六年，忠孝之行，率先百僚，
朕无闻焉。③朕既不明，变异数见，岁比不登，仓廪空虚，④百姓饥馑，流
离道路，疾疫死者以万数，人至相食，盗贼并兴，群职旷废，是朕之不德
而股肱不良也。乃者广汉群盗横恣，残贼吏民，朕恻然伤之，数以问君，
君对辄不如其实。西州鬲绝，几不为郡。⑤三辅赋敛无度，酷吏并缘为
奸，⑥侵扰百姓，诏君案验，复无欲得事实之意。九卿以下，咸承风指，
同时陷于谩欺之辜，咎繇君焉！⑦有司法君领职解嫚，⑧开谩欺之路，伤
薄风化，无以帅示四方。不忍致君于理，其上丞相高阳侯印绶，罢归。"

①师古曰："渠，大也。"

②师古曰："邛成太后，宣帝王皇后也。趋读曰趣。言苟取办。"

③师古曰："不闻其有此行也。"

④师古曰："比，频也。登，成也。年谷不成。"

⑤师古曰："鬲与隔同。几音钜依反。"

⑥师古曰："并音步浪反。"

⑦师古曰："谩，诓也，音慢，又音莫干反。繇读与由同。"

⑧师古曰："法谓据法以劾也。解读曰懈。嫚与慢同。"

初，宣为丞相，而翟方进为司直。宣知方进名儒，有宰相器，深结厚焉。后方进竟代为丞相，思宣旧恩，宣免后二岁，荐宣明习文法，练国制度，①前所坐过薄，可复进用。上征宣，复爵高阳侯，加宠特进，位次师安昌侯，给事中，视尚书事。宣复尊重。任政数年，后坐善定陵侯淳于长罢就第。

①师古曰："练犹熟也。言其详熟。"

初，宣有两弟，明、修。明至南阳太守。修历郡守、京兆尹、少府，善交接，得州里之称。后母常从修居官。宣为丞相时，修为临菑令，宣迎后母，修不遣。后母病死，修去官持服。宣谓修三年服少能行之者，兄弟相驳不可，①修遂竟服，繇是兄弟不和。②

①师古曰："驳者，执意不同，犹如色之间杂。"

②师古曰："繇读与由同。"

久之，哀帝初即位，博士申咸给事中，亦东海人也，毁宣不供养行丧服，薄于骨肉，前以不忠孝免，不宜复列封侯在朝省。宣子况为右曹侍郎，数闻其语，赇客杨明，欲令创咸面目，使不居位。①会司隶缺，况恐咸为之，遂令明遮斫咸宫门外，断鼻唇，身八创。

①师古曰："创谓伤之也，音初良反。其下并同。"

事下有司，御史中丞众等奏："况朝臣，父故宰相，再封列侯，不相救丞化，而骨肉相疑，疑咸受修言以谤毁宣。咸所言皆宣行迹，众人所共见，公家所宜闻。况知咸给事中，恐为司隶举奏宣，而公令明等迫切宫阙，要遮创戮近臣于大道人众中，欲以鬲塞聪明，杜绝论议之端。①桀黠无所畏忌，万众讙哗，流闻四方，不与凡民忿怒争斗者同。臣闻敬近臣，为近主也。礼，下公门，式路马，②君畜产且犹敬之。《春秋》之义，意恶功遂，不免于诛，③上浸之源不可长也。④况首为恶，明手伤，功意俱恶，⑤皆大不敬。明当以重论，及况皆弃市。"廷尉直以为："律曰'斗以刃伤人，完为城旦，其贼加罪一等，与谋者同罪。'诏书无以诋欺成罪。⑥

传曰：'遇人不以义而见疻者，与疻人之罪钧，恶不直也。'⑦咸厚善修，而数称宣恶，流闻不谊，不可谓直。⑧况以故伤咸，计谋已定，后闻置司隶，因前谋而趣明，⑨非以恐咸为司隶故造谋也。本争私变，虽于掖门外伤咸道中，与凡民争斗无异。杀人者死，伤人者刑，古今之通道，三代所不易也。孔子曰：'必也正名。'名不正，则至于刑罚不中；刑罚不中，而民无所错手足。⑩今以况为首恶，明手伤为大不敬，公私无差。《春秋》之义，原心定罪。⑪原况以父见谤发忿怒，无它大恶。加诋欺，辑小过成大辟，⑫陷死刑，违明诏，恐非法意，不可施行。圣王不以怒增刑。明当以贼伤人不直，⑬况与谋者皆爵减完为城旦。"⑭上以问公卿议臣。丞相孔光、大司空师丹以中丞议是，自将军以下至博士议郎皆是廷尉。况竟减罪一等，徙敦煌。宣坐免为庶人，归故郡，卒于家。

①师古曰："鬲与隔同。杜，塞也。"

②师古曰："过公门则下车，见路马则抚式，盖崇敬也。式，车前横木。"

③师古曰："遨，成也。言举意不善，虽有成功犹加诛。"

④师古曰："浸，近也。言伤戮大臣，有所逼近也。浸字或作侵。侵，犯也，其义两通。长音竹两反。"

⑤孟康曰："手伤人为功，使人行伤人者为意。"

⑥师古曰："诋，毁也，音丁礼反。"

⑦应劭曰："以杖手殴击人，剥其皮肤，肿起青黑而无创瘢者，律谓疻痏。遇人不以义为不直，虽见殴与殴人罪同也。"师古曰："疻音侈。痏音鲔。"

⑧师古曰："言咸为修而毁宣，是不谊而不直。"

⑨师古曰："趣读曰促。"

⑩师古曰："《论语》载孔子之言也。错，置也，音千故反。"

⑪师古曰："原谓寻其本也。"

⑫师古曰："辑与集同。集，合也。"

⑬师古曰："以其受赇也。"

⑭师古曰："以其身有爵级，故得减罪而为完也。况身及同谋之人，皆从此科。"

宣子惠亦至二千石。始惠为彭城令，宣从临淮迁至陈留，过其县，桥梁邮亭不修。①宣心知惠不能,留彭城数日,案行舍中,处置什器,②观视园菜,终不问惠以吏事。惠自知治县不称宣意,遣门下掾送宣至陈留,令掾进见,自从其所问宣不教戒惠吏职之意。③宣笑曰:"吏道以法令为师,可问而知。及能与不能,自有资材,何可学也?"众人传称,以宣言为然。

①师古曰:"邮,行书之舍,亦如今之驿及行道馆舍也,音尤。"

②师古曰:"处,安也。什器,为生之具也,解在《平纪》。"

③师古曰:"若自出其意,不云惠使之言。"

初,宣后封为侯时,妻死,而敬武长公主寡居,上令宣尚焉。及宣免归故郡,公主留京师。后宣卒,主上书愿还宣葬延陵,奏可。况私从敦煌归长安,会赦,因留与主私乱。哀帝外家丁、傅贵,主附事之,而疏王氏。元始中,莽自尊为安汉公,主又出言非莽。而况与吕宽相善,及宽事觉时,莽并治况,发扬其罪,使使者以太皇太后诏赐主药。主怒曰:"刘氏孤弱,王氏擅朝,排挤宗室,①且嫂何与取妹披抉其闺门而杀之?"②使者迫守主,③遂饮药死。况枭首于市。白太后云主暴病薨。太后欲临其丧,莽固争,乃止。

①师古曰:"挤,坠也,音子诣反。"

②师古曰:"敬武公主,宣帝女也,故谓元后为嫂。披,发也。抉,挑也。与读曰豫。豫,干也。言此事不干于嫂也。抉音一穴反。挑音它凋反。"

③师古曰:"守而逼之。"

朱博字子元,杜陵人也。家贫,少时给事县为亭长,好客少年,捕搏敢行。①稍迁为功曹,伉侠好交,②随从士大夫,不避风雨。是时,前将军望之子萧育、御史大夫万年子陈咸以公卿子著材知名,博皆友之矣。时诸陵县属太常,博以太常掾察廉,补安陵丞。后去官入京兆,历曹史列掾,出为督邮书掾,所部职办,郡中称之。

①师古曰:"好宾客及少年而追捕去搏无所避也。"

②师古曰:"伉,健也,音口浪反。"

而陈咸为御史中丞,坐漏泄省中语下狱。博去吏,间步至廷尉中,①候伺咸事。咸掠治困笃,博诈得为医入狱,得见咸,具知其所坐罪。博出狱,又变姓名,为咸验治数百,②卒免咸死罪。咸得论出,而博以此显名,为郡功曹。

①师古曰:"去吏,自解职也。间步,谓步行而伺间隙以去。"

②师古曰:"谓被掠笞也。"

久之,成帝即位,大将军王凤秉政,奏请陈咸为长史。咸荐萧育、朱博除莫府属,凤甚奇之,举博栎阳令,徙云阳、平陵(三)〔二〕县,[3]以高弟入为长安令。京师治理,迁冀州刺史。

博本武吏,不更文法,①及为刺史行部,②吏民数百人遮道自言,官寺尽满。从事白请且留此县录见诸自言者,事毕乃发,欲以观试博。博心知之,告外趣驾。③既白驾办,博出就车见自言者,使从事明敕告吏民:"欲言县丞尉者,刺史不察黄绶,各自诣郡。④欲言二千石墨绶长吏者,使者行部还,诣治所。⑤其民为吏所冤,及言盗贼辞讼事,各使属其部从事。"⑥博驻车决遣,四五百人皆罢去,如神。吏民大惊,不意博应事变乃至于此。后博徐问,果老从事教民聚会。博杀此吏,州郡畏博威严。徙为并州刺史、护漕都尉,迁琅邪太守。

①师古曰:"更,历也,音工衡反。"

②师古曰:"行音下更反。"

③师古曰:"趣读曰促。"

④师古曰:"丞尉职卑皆黄绶。"

⑤师古曰:"治所,刺史所止理事处。"

⑥师古曰:"属,委也,音之欲反。"

齐郡舒缓养名,①博新视事,右曹掾史皆移病卧。②博问其故,对言:"惶恐!③故事二千石新到,辄遣吏存问致意,乃敢起就职。"博奋髯抵几曰:④"观齐儿欲以此为俗邪!"乃召见诸曹史书佐及县大吏,选视其可用者,出教置之。⑤皆斥罢诸病吏,白巾走出府门。郡中大惊。顷之,门下掾赣遂耆老大儒,教授数百人,拜起舒迟。博出教主簿:⑥"赣老生不习吏礼,主簿且教拜起,闲习乃止。"又敕功曹:"官属多襃衣大袑,⑦不中节度,自今掾史衣皆令去地三寸。"博尤不爱诸生,所至郡辄罢去议曹,曰:"岂可复置谋曹邪!"文学儒吏时有奏记称说云云,博见谓曰:"如太守汉吏,奉三尺律令以从事耳,亡奈生所言圣人道何也!⑧且持此道归,尧舜君出,为陈说之。"其折逆人如此。视事数年,大改其俗,掾史礼节如楚、赵吏。

①师古曰:"言齐人之俗,其性迟缓,多自高大以养名声。"

②师古曰:"右曹,上曹也。移病,谓移书言病也,一曰以病而移居也。"

③师古曰:"言惧新太守之威。"

④师古曰:"鬐,颊毛也。扺,击也,音纸。"

⑤师古曰:"皆新补置,以代移病者。"

⑥师古曰:"以此教告主簿。"

⑦师古曰:"袑音绍,谓大袴也。"

⑧师古曰:"言不能用。"

博治郡,常令属县各用其豪桀以为大吏,文武从宜。①县有剧贼及它非常,博辄移书以诡责之。其尽力有效,必加厚赏;怀诈不称,诛罚辄行。②以是豪强慹服。③姑幕县有群辈八人报仇廷中,皆不得。④长吏自系书言府,贼曹掾史自白请至姑幕。事留不出。功曹诸掾即皆自白,复不出。于是府丞诣阁,博乃见丞掾曰:"以为县自有长吏,府未尝与也,丞掾谓府当与之邪?"⑤阁下书佐入,博口占檄文曰:⑥"府告姑幕令丞:言贼发不得,有书。⑦檄到,令丞就职,游徼王卿力有馀,如律令!"⑧王卿得敕惶怖,亲属失色,昼夜驰骛,十馀日间捕得五人。博复移书曰:"王卿忧公甚效! 檄到,赍伐阅诣府。⑨部掾以下亦可用,渐尽其馀矣。"⑩其操持下,皆此类也。

①师古曰:"各因其材而任之。"

②师古曰:"称,副也。"

③师古曰:"慹音之涉反。"

④师古曰:"于县廷之中报仇杀人,而其贼亡,捕不得也。"

⑤师古曰:"与读皆曰豫。"

⑥师古曰："隐度其言口授之。占音之赡反。"

⑦师古曰："言已得县之文书如此。"

⑧师古曰："游徼职主捕盗贼，故云如律令。"

⑨师古曰："伐，功劳也。阅，所经历也。"

⑩师古曰："部掾，所部之掾也。"

以高弟入守左冯翊，满岁为真。其治左冯翊，文理聪明殊不及薛宣，而多武谲，网络张设，少爱利，敢诛杀。①然亦纵舍，时有大贷，②下吏以此为尽力。

①师古曰："言少仁爱而不能便利于人。"

②师古曰："纵，放也。舍，置也。贷谓宽假于下也，音吐戴反。"

长陵大姓尚方禁①少时尝盗人妻，见斫，创著其颊。府功曹受赂，白除禁调守尉。博闻知，以它事召见，视其面，果有瘢。②博辟左右问禁：③"是何等创也？"禁自知情得，④叩头服状。博笑曰："（大）丈夫固时有是。⑤〔4〕冯翊欲洒卿耻，扷拭用禁，⑥能自效不？"禁且喜且惧，对曰："必死！"⑦博因敕禁："毋得泄语，有便宜，辄记言。"⑧因亲信之以为耳目。禁晨夜发起部中盗贼及它伏奸，有功效。博擢禁连守县令。久之，召见功曹，闭阁数责以禁等事，与笔札（便）〔使〕自记，〔5〕"积受取一钱以上，无得有所匿。⑨欺谩半言，断头矣！"⑩功曹惶怖，具自疏奸臧，大小不敢隐。博知其对以实，乃令就席，受敕自改而已。投刀使削所记，遣出就职。功曹后常战栗，不敢蹉跌，⑪博遂成就之。⑫

①师古曰："姓尚方，名禁。"

②师古曰："瘢，创痕也，音盘。痕音胡恩反。"

③师古曰："辟读曰阒。"

④师古曰："言其得被斫之情状。"

⑤师古曰："言情欲之事，人所不免。"

⑥师古曰："扷拭，摩也。洒音先礼反。扷音文粉反。"

⑦师古曰："言尽死力也。"

⑧师古曰："不令泄扷拭之言，而外有便宜之事，为书记以言于博。"

⑨师古曰："积累前后受取之事。"

⑩师古曰："谩,诳也,音慢,又音莫连反。"

⑪师古曰："蹉音千何反。跌音徒结反。"

⑫师古曰："言进达也。"

迁为大司农。岁馀,坐小法,左迁犍为太守。先是南蛮若兒数为寇
盗,①博厚结其昆弟,使为反间,袭杀之,②郡中清。

①师古曰："若兒,其豪长之名。"

②师古曰："间音居苋反。"

徙为山阳太守,病免官。复征为光禄大夫,迁廷尉,职典决疑,当谳
平天下狱。博恐为官属所诬,视事,召见正监典法掾史,谓曰："廷尉本
起于武吏,不通法律,幸有众贤,亦何忧! 然廷尉治郡断狱以来且二十
年,亦独耳剽日久,①三尺律令,人事出其中。②掾史试与正监共撰前世
决事吏议难知者数十事,持以问廷尉,得〔为〕诸君覆意之。"③〔6〕正监以
为博苟强,意未必能然,即共条白焉。博皆召掾史,并坐而问,为平处其
轻重,十中八九。④官属咸服博之疏略,材过人也。每迁徙易官,所到辄
出奇谲如此,以明示下为不可欺者。

①师古曰："剽,劫也,犹言行听也。剽音频妙反。"

②师古曰："言可以人情知之。"

③如淳曰："但欲用意覆之,不近法律事故也。"师古曰："覆音芳目反。"

④师古曰："中音竹仲反。"

久之,迁后将军,与红阳侯立相善。立有罪就国,有司奏立党友,博
坐免。后岁馀,哀帝即位,以博名臣,召见,起家复为光禄大夫,迁为京
兆尹,数月超为大司空。

初,汉兴袭秦官,置丞相、御史大夫、太尉。至武帝罢太尉,始置大
司马以冠将军之号,非有印绶官属也。及成帝时,何武为九卿,建言:
"古者民朴事约,①国之辅佐必得贤圣,然犹则天三光,备三公官,各有
分职。②今末俗(文)〔之〕弊,政事烦多,〔7〕宰相之材不能及古,而丞相独
兼三公之事,所以久废而不治也。宜建三公官,定卿大夫之任,分职授
政,以考功效。"其后上以问师安昌侯张禹,禹以为然。时曲阳侯王根为

大司马票骑将军,而何武为御史大夫。于是上赐曲阳侯根大司马印绶,置官属,罢票骑将军官,以御史大夫何武为大司空,封列侯,皆增奉如丞相,③以备三公官焉。议者多以为古今异制,汉自天子之号下至佐史皆不同于古,而独改三公,职事难分明,无益于治乱。是时御史府吏舍百馀区井水皆竭;又其府中列柏树,常有野乌数千栖宿其上,晨去暮来,号曰“朝夕乌”,乌去不来者数月,长老异之。④后二岁馀,朱博为大司空,奏言:“帝王之道不必相袭,各繇时务。⑤高皇帝以圣德受命,建立鸿业,置御史大夫,位次丞相,典正法度,以职相参,总领百官,上下相监临,历载二百年,天下安宁。今更为大司空,与丞相同位,未获嘉祐。故事,选郡国守相高第为中二千石,选中二千石为御史大夫,任职者为丞相,位次有序,所以尊圣德,重国相也。今中二千石未更御史大夫而为丞相,⑥权轻,非所以重国政也。臣愚以为大司空官可罢,复置御史大夫,遵奉旧制。臣愿尽力,以御史大夫为百僚率。”哀帝从之,乃更拜博为御史大夫。会大司马喜免,以阳安侯丁明为大司马卫将军,置官属,大司马冠号如故事。后四岁,哀帝遂改丞相为大司徒,复置大司空、大司马焉。

①师古曰:“立此议而奏之也。约,少也。”

②师古曰:“则,法也。三光,日、月、星也。分音扶问反。”

③师古曰:“奉音扶用反。”

④师古曰:“史言此者,著御史大夫之职当休废也。”

⑤师古曰:“繇读与由同。”

⑥师古曰:“更,经也,音工衡反。”

初,何武为大司空,又与丞相方进共奏言:“古选诸侯贤者以为州伯,《书》曰‘咨十有二牧’,①所以广聪明,烛幽隐也。今部刺史居牧伯之位,秉一州之统,选第大使,所荐位高至九卿,所恶立退,任重职大。《春秋》之义,用贵治贱,不以卑临尊。刺史位下大夫,而临二千石,轻重不相准,失位次之序。臣请罢刺史,更置州牧,以应古制。”奏可。及博奏复御史大夫官,又奏言:“汉家至德溥大,宇内万里,②立置郡县。部刺史奉使典州,督察郡国,吏民安宁。故事,居部九岁举为守相,其有异材功效著者辄登擢,秩卑而赏厚,咸劝功乐进。③前丞相方进奏罢刺史,更置州牧,秩真二千石,位次九卿。九卿缺,以高弟补,其中材则苟自守而已,恐功效陵夷,④奸轨不禁。臣请罢州牧,置刺史如故。”奏可。

　　①师古曰:“《虞书·舜典》之辞也。”

　　②师古曰:“溥与普同。”

　　③师古曰:“劝功,自劝勉而立功也。”

　　④师古曰:“陵夷,渐废替。”

　　博为人廉俭,不好酒色游宴。自微贱至富贵,食不重味,案上不过三杯。夜寝早起,妻希见其面。有一女,无男。然好乐士大夫,为郡守九卿,宾客满门,欲仕宦者荐举之,欲报仇怨者解剑以带之。其趋事待士如是,博以此自立,然终用败。

　　初,哀帝祖母定陶太后欲求称尊号,太后从弟高武侯傅喜为大司马,与丞相孔光、大司空师丹共持正议。孔乡侯傅晏亦太后从弟,谄谀欲顺指,会博新征用为京兆尹,与交结,谋成尊号,以广孝道。繇是师丹先免,①博代为大司空,数燕见奏封事,言:“丞相光志在自守,不能忧国;大司马喜至尊至亲,阿党大臣,无益政治。”上遂罢喜遣就国,免光为庶人,以博代光为丞相,封阳乡侯,食邑二千户。博上书让曰:“故事封丞相不满千户,而独臣过制,诚惭惧,愿还千户。”上许焉。傅太后怨傅喜不已,使孔乡侯晏风丞相,令奏免喜侯。②博受诏,与御史大夫赵玄议,玄言:“事已前决,得无不宜?”③博曰:“已许孔乡侯有指。匹夫相要,尚相得死,何况至尊?博唯有死耳!”玄即许可。博恶独斥奏喜,以故大司空氾乡侯何武前亦坐过免就国,④事与喜相似,即并奏:“喜、武前在位,皆无益于治,虽已退免,爵土之封非所当得也。请皆免为庶人。”上知傅太后素常怨喜,疑博、玄承指,即召玄诣尚书问状。玄辞服,有诏左将军彭宣与中朝者杂问。宣等劾奏:“博宰相,玄上卿,晏以外亲封位特进,股肱大臣,上所信任,不思竭诚奉公,务广恩化,为百寮先,皆知喜、武前已蒙恩诏决,事更三赦,⑤博执左道,亏损上恩,以结信贵戚,

背君乡臣,⑥倾乱政治,奸人之雄,附下罔上,为臣不忠不道;玄知博所
言非法,枉义附从,大不敬;晏与博议免喜,失礼不敬。臣请诏谒者召
博、玄、晏诣廷尉诏狱。"制曰:"将军、中二千石、二千石、诸大夫、博士、
议郎议。"右将军蛲望等四十四人⑦以为:"如宣等言,可许。"谏大夫龚
胜等十四人以为:"《春秋》之义,奸以事君,常刑不舍。⑧鲁大夫叔孙侨
如欲颛公室,谮其族兄季孙行父于晋,晋执囚行父以乱鲁国,《春秋》重
而书之。⑨今晏放命圮族,干乱朝政,要大臣以罔上,本造计谋,职为乱
阶,⑩宜与博、玄同罪,罪皆不道。"上减玄死罪三等,削晏户四分之一,
假谒者节召丞相诣廷尉诏狱。博自杀,国除。

①师古曰:"繇读与由同。"

②师古曰:"风读曰讽。"

③师古曰:"得无犹言无乃也。"

④师古曰:"氾音凡。"

⑤师古曰:"诏已罢官,事又经三赦也。更音工衡反。"

⑥师古曰:"乡读曰向。"

⑦师古曰:"蛲音矫。"

⑧师古曰:"舍,置也。"

⑨师古曰:"侨如,叔孙宣伯也。行父,季文子也。宣伯通于成公之母穆姜,欲
　去季孟而取其室,使告晋曰:'鲁之有季孟,犹晋之有栾范也,政令于是乎
　成。今其谋曰晋政多门,不可从也。若欲得志于鲁,请止行父而杀之。不
　然,归必畔矣。'晋人执文子于苕丘。事在成十六年。"

⑩师古曰:"此引《诗·小雅·巧言》之章也。职,主也。阶者,基之渐也。"

初博以御史为丞相,封阳乡侯,玄以少府为御史大夫,并拜于前殿,
延登受策,有音如钟声。语在《五行志》。

赞曰:薛宣、朱博皆起佐史,历位以登宰相。宣所在而治,为世吏
师,及居大位,以苛察失名,①器诚有极也。博驰骋进取,不思道德,已
亡可言,②又见孝成之世委任大臣,假借用权。③世主已更,好恶异前,④
复附丁、傅,称顺孔乡。⑤事发见诘,遂陷诬罔,辞穷情得,仰药饮鸠。⑥孔

子曰："久矣哉，由之行诈也！"博亦然哉！⑦

①师古曰："苛，(副)〔细〕也。"〔8〕

②师古曰："言其事行不足可道也。"

③邓展曰："假音休假。借音以物借人。"

④师古曰："更，改也。"

⑤师古曰："称，副也。副其所求而顺其意也。称音尺孕反。"

⑥师古曰："仰药谓仰头而饮药也。"

⑦师古曰："《论语》云子疾病，子路欲使门人为臣。子曰：'久矣哉，由之行诈也！无臣而为有臣，吾谁欺？欺天乎？'故赞引之。"

【校勘记】

〔1〕　始高陵令(阳)〔杨〕湛、　景祐、殿本都作"杨"。

〔2〕　《大雅》(蒸人)〔烝民〕之诗，　殿本作"烝民"，景祐本作"烝人"。

〔3〕　徙云阳、平陵(三)〔二〕县，　杨树达说"三"当作"二"，景祐本亦误。

〔4〕　(大)丈夫固时有是。　景祐本无"大"字。王念孙说"大"字后人所加。

〔5〕　与笔札(便)〔使〕自记，　景祐、殿本都作"使"。朱一新说作"使"是。

〔6〕　得〔为〕诸君覆意之。　景祐、殿本都有"为"字，此脱。

〔7〕　今末俗(文)〔之〕弊，政事烦多。　景祐、殿本都作"之"。

〔8〕　苛(副)〔细〕也。　景祐、殿本都作"细"，此误。

汉书卷八十四

翟方进传第五十四

翟方进字子威,汝南上蔡人也。家世微贱,至方进父翟公,好学,为郡文学。方进年十二三,失父孤学,给事太守府为小史,号迟顿不及事,①数为掾史所詈辱。方进自伤,乃从汝南蔡父相问己能所宜。②蔡父大奇其形貌,谓曰:"小史有封侯骨,当以经术进,努力为诸生学问。"方进既厌为小史,闻蔡父言,心喜,因病归家,辞其后母,欲西至京师受经。母怜其幼,随之长安,织屦以给方进读,经博士受《春秋》。积十馀年,经学明习,徒众日广,诸儒称之。以射策甲科为郎。二三岁,举明经,迁议郎。

①师古曰:"顿读曰钝。"

②师古曰:"言从何术艺可以自达。"

是时宿儒有清河胡常,①与方进同经。常为先进,名誉出方进下,②心害其能,论议不右方进。③方进知之,候伺常大都授时,④遣门下诸生至常所问大义疑难,因记其说。如是者久之,常知方进之宗让己,⑤内不自得,其后居士大夫之间未尝不称述方进,遂相亲友。

①师古曰:"宿,久旧也。"

②师古曰:"常宦学虽在前,而名誉不及方进。"

③师古曰:"毁短也。"

④师古曰:"都授,谓总集诸生大讲授也。"

⑤师古曰:"宗,尊也。"

河平中,方进转为博士。数年,迁朔方刺史,居官不烦苛,所察应条辄举,甚有威名。再三奏事,①迁为丞相司直。从上甘泉,行驰道中,司隶校尉陈庆劾奏方进,没入车马。既至甘泉宫,会殿中,庆与廷尉范延寿语,时庆有章劾,自道:"行事以赎论,②今尚书持我事来,当于此决。前我为尚书时,尝有所奏事,忽忘之,留月馀。"③方进于是举劾庆曰:"案庆奉使刺举大臣,故为尚书,知机事周密壹统,明主躬亲不解。④庆有罪未伏诛,无恐惧心,豫自设不坐之比。⑤又暴扬尚书事,言迟疾无所在,亏损圣德之聪明,奉诏不谨,皆不敬,⑥臣谨以劾。"庆坐免官。

①师古曰:"刺史岁尽辄奏事京师也。"

②师古曰:"当祭泰畤时,行事有阙失,罪合赎。"

③师古曰:"言此者,冀尚书忘己之事不奏。"

④师古曰:"解读曰懈。"

⑤师古曰:"比,例也,音必寐反。"

⑥师古曰:"既自云不坐,又言迟疾无所在,此之二条于法皆为不敬。"

会北地浩商为义渠长所捕,亡,①长取其母,与猳猪连系都亭下。②商兄弟会宾客,自称司隶掾、长安县尉,杀义渠长妻子六人,亡。丞相、御史请遣掾史与司隶校尉、部刺史并力逐捕,察无状者,③奏可。司隶校尉涓勋奏言:"《春秋》之义,王人微者序乎诸侯之上,尊王命也。臣幸得奉使,以督察公卿以下为职,④今丞相宣请遣掾史,以宰士督察天子奉使命大夫,⑤甚悖逆顺之理。⑥宣本不师受经术,因事以立奸威。案浩商所犯,一家之祸耳,而宣欲专权作威,乃害于乃国,不可之大者。⑦愿下中朝特进列侯、将军以下,正国法度。"议者以为丞相掾不宜移书督趣司隶。⑧会浩商捕得伏诛,家属徙合浦。

①师古曰:"义渠,北地之县也。商被县长捕而逃亡。"

②师古曰:"以深辱之。猳,牡豕也,音家。"

③师古曰:"无状,谓商及义渠长本状之违曲也。"

④师古曰:"督,视也。"

⑤师古曰:"谓丞相掾史为宰士者,言其宰相之属官,而位为士也。奉使命大夫,谓司隶也。"

⑥师古曰:"悖,乖也,音布内反。"

⑦师古曰:"《周书·洪范》云'臣之有作福作威,乃凶于乃国,害于厥躬',故

引之。"

⑧师古曰:"趣读曰促。"

　　故事,司隶校尉位在司直下,初除,谒两府,①其有所会,居中二千石前,与司直并迎丞相、御史。初,方进新视事,而涓勋亦初拜为司隶,不肯谒丞相、御史大夫,后朝会相见,礼节又倨。②方进阴察之,勋私过光禄勋辛庆忌,又出逢帝舅成都侯商道路,下车立,须过,乃就车。③于是方进举奏其状,因曰:"臣闻国家之兴,尊尊而敬长,爵位上下之礼,王道纲纪。④《春秋》之义,尊上公谓之宰,海内无不统焉。丞相进见圣主,御坐为起,在舆为下。⑤群臣宜皆承顺圣化,以视四方。⑥勋吏二千石,幸得奉使,不遵礼仪,轻谩宰相,贱易上卿,⑦而又诎节失度,邪谄无常,⑧色厉内荏。⑨堕国体,⑩乱朝廷之序,不宜处位。臣请下丞相免勋。"

①师古曰:"丞相及御史也。"

②师古曰:"倨,傲也。"

③师古曰:"须,待也。"

④师古曰:"言王道纲纪以尊卑上下之礼为大也。"

⑤师古曰:"《汉旧仪》云皇帝见丞相起,谒者赞称曰'皇帝为丞相起'。起立乃坐。皇帝在道,丞相迎谒,谒者赞称曰'皇帝为丞相下舆'。立乃升车。"

⑥师古曰:"视读曰示。"

⑦师古曰:"谩读与慢同。易音弋豉反。"

⑧师古曰:"谄,古谄字也。私过辛庆忌,见王商而下车,是邪谄也。"

⑨应劭曰:"荏,屈桡也。"师古曰:"《论语》称孔子曰:'色厉而内荏,譬诸小人,其犹穿窬之盗也与!'言外色庄厉而内怀荏弱,故方进引以为言。"

⑩师古曰:"堕,毁也,音火规反。"

　　时太中大夫平当给事中,奏言:"方进国之司直,不自敕正以先群下,前亲犯令行驰道中,司隶庆平心举劾,方进不自责悔而内挟私恨,伺记庆之从容语言,①以诋欺成罪。②后丞相宣以一不道贼,③请遣掾督趣司隶校尉,司隶校尉勋自奏暴于朝廷,今方进复举奏勋。议者以为方进不以道德辅正丞相,苟阿助大臣,欲必胜立威,④宜抑绝其原。勋素行公直,奸人所恶,可少宽假,使遂其功名。"上以方进所举应科,不得用逆诈废正法,⑤遂贬勋为昌陵令。方进旬岁间免两司隶,⑥朝廷由是惮之。丞相宣甚器重焉,常诚掾史:"谨事司直,翟君必在相位,不久。"

  ①师古曰:"从音七容反。"

  ②师古曰:"诋,毁也,音丁礼反。"

  ③如淳曰:"律,杀不辜一家三人为不道。"

  ④师古曰:"必胜,必取胜。"

  ⑤师古曰:"逆诈者,谓以诈意逆猜人也。逆,迎也。《论语》(曰子)〔子曰〕'不逆诈'。"[1]

  ⑥师古曰:"旬,遍也,满也。旬岁犹言满岁也,若十日之一周。"

是时起昌陵,营作陵邑,贵戚近臣子弟宾客多辜榷为奸利者,①方进部掾史覆案,发大奸赃数千万。上以为任公卿,②欲试以治民,徙方进为京兆尹,(博)〔搏〕击豪强,[2]京师畏之。时胡常为青州刺史,闻之,与方进书曰:"窃闻政令甚明,为京兆能,则恐有所不宜。"③方进心知所谓,其后少弛威严。④

  ①师古曰:"榷,专也。辜榷者,言己自专之,它人取者辄有辜罪。"

  ②师古曰:"任,堪也。"

  ③师古曰:"言当犯迕贵戚而见毁。"

  ④师古曰:"弛,解也。"

居官三岁,永始二年迁御史大夫。数月,会丞相薛宣坐广汉盗贼群起及太皇太后丧时三辅吏并征发为奸,①免为庶人。方进亦坐为京兆尹时奉丧事烦扰百姓,左迁执金吾。二十馀日,丞相官缺,群臣多举方进,上亦器其能,遂擢方进为丞相,封高陵侯,食邑千户。身既富贵,而后母尚在,方进内行修饰,供养甚笃。②及后母终,既葬三十六日,除服起视事,以为身备汉相,不敢逾国家之制。③为相公絜,请托不行郡国。④持法刻深,举奏牧守九卿,峻文深诋,⑤中伤者尤多。如陈咸、朱博、萧育、逢信、孙闳之属,皆京师世家,以材能少历牧守列卿,知名当世,而方进特立后起,十馀年间至宰相,据法以弹咸等,皆罢退之。

①师古曰："并音步浪反。"

②师古曰："饰,谨也。笃,厚也。"

③师古曰："汉制自文帝遗诏之后,国家遵以为常。大功十五日,小功十四日,缌麻七日。方进自以大臣,故云不敢逾制。"

④师古曰："言不以私事托于四方郡国。"

⑤师古曰："诋,毁也,音丁礼反。"

初,咸最先进,自元帝初为御史中丞显名朝廷矣。成帝初即位,擢为部刺史,历楚国、北海、东郡太守。阳朔中,京兆尹王章讥切大臣,而荐琅邪太守冯野王可代大将军王凤辅政,东郡太守陈咸可御史大夫。是时方进甫从博士为刺史云。①后方进为京兆尹,咸从南阳太守入为少府,与方进厚善。先是逢信已从高弟郡守历京兆、太仆为卫尉矣,官簿皆在方进之右。②及御史大夫缺,三人皆名卿,俱在选中,而方进得之。会丞相宣有事与方进相连,上使五二千石杂问丞相、御史,③咸诘责方进,冀得其处,方进心恨。初大将军凤奏除陈汤为中郎,与从事。④凤薨后,从弟车骑将军音代凤辅政,亦厚汤。逢信、陈咸皆与汤善,汤数称之于凤、音所。久之,音薨,凤弟成都侯商复为大司马卫将军辅政。商素憎陈汤,白其罪过,下有司案验,遂免汤,徙敦煌。时方进新为丞相,陈咸内惧不安,乃令小冠杜子夏往观其意,微自解说。⑤子夏既过方进,揣知其指,不敢发言。⑥居亡何,⑦方进奏咸与逢信:"邪枉贪污,营私多欲。皆知陈汤奸佞倾覆,利口不轨,而亲交赂遗,以求荐举。后为少府,数馈遗汤。信、咸幸得备九卿,不思尽忠正身,内自知行辟亡功效,⑧而官媚邪臣,欲以侥幸,苟得亡耻。孔子曰:'鄙夫可与事君也与哉!'⑨咸、信之谓也。过恶暴见,不宜处位,臣请免以示天下。"奏可。

①师古曰："甫,始也。"

②师古曰："簿谓伐阅也。簿音主簿之簿。"

③晋灼曰："大臣狱重,故以秩二千石五人诘责之。"

④师古曰："每有政事皆与谋之而行也。"

⑤师古曰："解说犹今言分疏。"

⑥师古曰："揣谓探求之,音初委反。"

⑦师古曰:"无何犹言无几,谓少时。"

⑧师古曰:"辟读曰僻。"

⑨师古曰:"《论语》载孔子之言也,谓鄙夫不可与事君也。与哉,与读曰欤。"

后二岁馀,诏举方正直言之士,红阳侯立举咸对策,拜为光禄大夫给事中。方进复奏:"咸前为九卿,坐为贪邪免,自知罪恶暴陈,依托红阳侯立侥幸,有司莫敢举奏。冒浊苟容,①不顾耻辱,不当蒙方正举,备内朝臣。"并劾红阳侯立选举故不以实。有诏免咸,勿劾立。

①师古曰:"冒,贪蔽也。"

后数年,皇太后姊子侍中卫尉定陵侯淳于长有罪,上以太后故,免官勿治罪。有司奏请遣长就国,长以金钱与立,立上封事为长求留曰:"陛下既托文以皇太后故,①诚不可更有它计。"②后长阴事发,遂下狱。方进劾立:"怀奸邪,乱朝政,欲倾误要主上,狡猾不道,请下狱。"上曰:"红阳侯,朕之舅,不忍致法,遣就国。"于是方进复奏立党友曰:"立素行积为不善,众人所共知。邪臣自结,附托为党,庶几立与政事,欲获其利。③今立斥逐就国,所交结尤著者,不宜备大臣,为郡守。案后将军朱博、钜鹿太守孙闳、故光禄大夫陈咸与立交通厚善,相与为腹心,有背公死党之信,④欲相攀援,死而后已;⑤皆内有不仁之性,而外有俊材,过绝(于)人〔伦〕,[3]勇猛果敢,处事不疑,所居皆尚残贼酷虐,苛刻惨毒以立威,而亡纤介爱利之风。⑥天下所共知,愚者犹惑。孔子曰:'人而不仁如礼何! 人而不仁如乐何!'⑦言不仁之人,亡所施用;不仁而多材,国之患也。此三人皆内怀奸猾,国之所患,而深相与结,信于贵戚奸臣,此国家大忧,大臣所宜没身而争也。⑧昔季孙行父有言曰:'见有善于君者爱之,若孝子之养父母也;见不善者诛之,若鹰鹯之逐鸟爵也。'⑨翅翼虽伤,不避也。贵戚强党之众诚难犯,犯之,众敌并怨,善恶相冒。⑩臣幸得备宰相,不敢不尽死。请免博、闳、咸归故郡,以销奸雄之党,绝群邪之望。"奏可。咸既废锢,复徙故郡,以忧发疾而死。

①苏林曰:"托于诏文也。"

②师古曰:"言不宜遣长就国。"

③师古曰：“与读曰豫。”

④师古曰：“死党，尽死力于朋党也。”

⑤师古曰：“援，引也。已，止也。援音爰。”

⑥师古曰：“爱利，谓仁爱而欲安利人也。”

⑦师古曰：“《论语》载孔子之言也。言用不仁之人，则礼乐废坏。”

⑧师古曰：“没，尽也。”

⑨师古曰：“事见《左氏传》。行父，鲁卿季文子也。鹯似鹞而小，今谓之鹯。鹯音之然反。”

⑩师古曰：“冒，覆蔽也。”

方进知能有馀，兼通文法吏事，以儒雅缘饬法律，号为通明相，天子甚器重之，奏事亡不当意，内求人主微指以固其位。初，定陵侯淳于长虽外戚，然以能谋议为九卿，新用事，方进独与长交，称荐之。及长坐大逆诛，诸所厚善皆坐长免，上以方进大臣，又素重之，为隐讳。方进内惭，上疏谢罪乞骸骨。上报曰：“定陵侯长已伏其辜，君虽交通，传不云乎，朝过夕改，君子与之，①君何疑焉？其专心壹意毋怠，近医药以自持。”方进乃起视事，条奏长所厚善京兆尹孙宝、右扶风萧育，刺史二千石以上免二十馀人，其见任如此。

①师古曰：“与，许也。”

方进虽受《穀梁》，然好《左氏传》、天文星历，其《左氏》则国师刘歆，星历则长安令田终术师也。①厚李寻，以为议曹。为相九岁，绥和二年春荧惑守心，寻奏记言：“应变之权，君侯所自明。往者数白，三光垂象，变动见端，②山川水泉，反理视患，③民人讹谣，斥事感名。④三者既效，可为寒心。今提扬眉，矢贯中，⑤狼奋角，弓且张，⑥金历库，土逆度，⑦辅湛没，火守舍，⑧万岁之期，近慎朝暮。⑨上无恻怛济世之功，下无推让避贤之效，欲当大位，为具臣以全身，难矣！⑩大责日加，安得但保斥逐之戮？⑪阖府三百馀人，唯君侯择其中，与尽节转凶。”⑫

①如淳曰：“刘歆及田终术二人皆受学于方进。”

②张晏曰：“九年之中而日三食，月朓侧匿，星孛营室、东井，荧惑守心。”

③张晏曰："元延中,岷山崩,壅江,江水不流。山,地之镇,宜固而崩。水逆流,反于常理,所以示人患也。"师古曰："视读曰示。"

④如淳曰："斥事,井水溢之事也。有言溢者,后果井溢。感名,'燕燕尾涎涎'是也。"

⑤服虔曰："提,摄提星也。扬眉,扬其芒角也。矢,枉矢也。"孟康曰："绥和元年正月,枉矢从东南入北斗摄提与北斗枘建寅贯摄提中是也。"张晏曰："矢一星。贯中者,谓正直弧中也。"

⑥张晏曰："狼,一星。奋角者,有芒角也。狼芒角则盗贼起。天弓九星不欲明,明犹张也,兵起之象。"

⑦张晏曰："库二十星在轸南。金,太白也,历武库则兵起。土,镇星也。逆度,逆行也。"

⑧张晏曰："北斗第四星旁一小星曰辅,沉没不见,则天下之兵销。三十日为守舍,谓日月所经宿舍也。一曰火守舍,荧惑守心。"师古曰："湛读曰沉。"

⑨师古曰："万岁之期,谓死也。慎朝暮者,言其事在朝夕。"

⑩师古曰："具,谓具位之臣,无功德也。"

⑪师古曰："言其事重,不但斥逐而已也。"

⑫师古曰："三百馀人,谓丞相之官属也。"

方进忧之,不知所出。会郎贲丽善为星,①言大臣宜当之。上乃召见方进。还归,未及引决,上遂赐册曰:"皇帝问丞相:君有孔子之虑,孟贲之勇,朕嘉与君同心一意,庶几有成。惟君登位,于今十年,灾害并臻,民被饥饿,加以疾疫溺死,关门牡开,②失国守备,盗贼党辈。③吏民残贼,欧杀良民,④断狱岁岁多前。上书言事,交错道路,怀奸朋党,相为隐蔽,皆亡忠虑,群下凶凶,更相嫉妒,⑤其咎安在?观君之治,无欲辅朕富民便安元元之念。间者郡国谷虽颇孰,⑥百姓不足者尚众,前去城郭,未能尽还,夙夜未尝忘焉。朕惟往时之用,与今一也,⑦百僚用度各有数。君不量多少,一听群下言,用度不足,奏请一切增赋,税城郭壖及园田,过更,算马牛羊,⑧增益盐铁,变更无常。朕既不明,随奏许可。(使)〔后〕议者以为不便,〔4〕制诏下君,君云卖酒醪,后请止。未尽月,复奏议令卖酒醪。朕诚怪君,何持容容之计,无忠固意,⑨将何以辅朕帅道群下？而欲久蒙显尊之位，岂不难哉！⑩传曰：'高而不危，所以长守贵也。'⑪欲退君位，尚未忍。君其孰念详计，塞绝奸原，忧国如家，务便百姓以辅朕。朕既已改，君其自思，强食慎职。使尚书令赐君上尊酒十石，养牛一，君审处焉。"

①师古曰："贲，姓也。丽，名也。贲音肥。"

②张晏曰："元延元年，章门、函谷门牡自亡。"

③师古曰："党众多。"

④师古曰："殴，击也，音一口反。"

⑤师古曰："更音工衡反。"

⑥师古曰："间谓近者以来也。"

⑦师古曰："谓财用也。"

⑧张晏曰："一切，权时也。埂，城郭旁地。园田入多，益其税也。百人为卒，取一人所赡常为之月用二千，使人直之，谓之过更。又牛马羊头数出税，算千输二十也。"师古曰："埂音人缘反，解在《食货志》。"

⑨师古曰："容容，随众上下也。"

⑩师古曰："蒙，冒也。"

⑪师古曰："《孝经》之言也。"

方进即日自杀。①上秘之，遣九卿册赠以丞相高陵侯印绶，赐乘舆秘器，少府供张，柱槛皆衣素。②天子亲临吊者数至，礼赐异于它相故事。③谥曰恭侯。长子宣嗣。

①如淳曰："《汉仪注》有天地大变，天下大过，皇帝使侍中持节乘四白马，赐上尊酒十斛，牛一头，策告殃咎。使者去半道，丞相即上病。使者还，未白事，尚书以丞相不起病闻。"

②师古曰："柱，屋柱也。槛，轩前阑版也。皆以白素衣之。"

③师古曰："《汉旧仪》云丞相有疾，皇帝法驾亲至问疾，从西门入。即薨，移居第中，车驾往吊，赠棺、棺敛具，赐钱、葬地。葬日，公卿已下会葬焉。"

宣字太伯，亦明经笃行，君子人也。及方进在，为关都尉、南郡太守。①

①师古曰："言方进未死之时宣已为此官。"

少子曰义。义字文仲,少以父任为郎,稍迁诸曹,年二十出为南阳都尉。宛令刘立与曲阳侯为婚,又素著名州郡,轻义年少。义行太守事,行县至宛,①丞相史在传舍。立持酒肴谒丞相史,对饮未讫,会义亦往,外吏白都尉方至,立语言自若。②须臾义至,内谒径入,③立乃走下。义既还,大怒,阳以他事召立至,以主守盗十金,贼杀不辜,部掾夏恢等收缚立,传送邓狱。④恢亦以宛大县,恐见篡夺,白义可因随后行县送邓。⑤义曰:“欲令都尉自送,则如勿收邪!”⑥载环宛市乃送,⑦吏民不敢动,威震南阳。

①师古曰:“行音下更反。其下并同。”
②师古曰:“自若,言如故。”
③师古曰:“内谒,犹今之通名也。”
④师古曰:“部分其掾而遣之。邓亦南阳之县。”
⑤师古曰:“因太守行县,以立自随,即送邓之狱。”
⑥师古曰:“言若都尉自送至狱,不如本不收治。”
⑦师古曰:“环,绕也,音下串反。”

立家轻骑驰从武关入语曲阳侯,曲阳侯白成帝,帝以问丞相。方进遣吏敕义出宛令。宛令已出,吏还白状。方进曰:“小儿未知为吏也,其意以为人狱当辄死矣。”①

①师古曰:“谓其不知立有所恃挟以自免脱。”

后义坐法免,起家而为弘农太守,迁河(南)〔内〕太守,[5]青州牧。所居著名,有父风烈。徙为东郡太守。

数岁,平帝崩,王莽居摄,义心恶之,乃谓姊子上蔡陈丰曰:“新都侯摄天子位,号令天下,故择宗室幼稚者以为孺子,依托周公辅成王之义,且以观望,①必代汉家,其渐可见。方今宗室衰弱,外无强蕃,天下倾首服从,莫能亢扞国难。吾幸得备宰相子,身守大郡,父子受汉厚恩,义当为国讨贼,以安社稷。欲举兵西诛不当摄者,选宗室子孙辅而立之。设令时命不成,死国埋名,犹可以不惭于先帝。②今欲发之,乃肯从我乎?”③丰年十八,勇壮,许诺。

①师古曰："言渐试天下人心。"

②师古曰："埋名，谓身埋而名立。"

③师古曰："乃，汝也。"

义遂与东郡都尉刘宇、严乡侯刘信、信弟武平侯刘璜结谋。及东郡王孙庆素有勇略，以明兵法，征在京师，义乃诈移书以重罪传逮庆。①于是以九月都试日②斩观令，③因勒其车骑材官士，募郡中勇敢，部署将帅。严乡侯信者，东平王云子也。云诛死，信兄开明嗣为王，薨，无子，而信子匡复立为王，故义举兵并东平，立信为天子。义自号大司马柱天大将军，以东平王傅苏隆为丞相，中尉皋丹为御史大夫，移檄郡国，言莽鸩杀孝平皇帝，矫摄尊号，今天子已立，共行天罚。④郡国皆震，比至山阳，众十馀万。⑤

①师古曰："追赴狱也。"

②如淳曰："太守、都尉、令长、丞尉会都试，课殿最也。"

③文颖曰："观，县名。"师古曰："音工唤反。"

④师古曰："共读曰恭。"

⑤师古曰："比音必寐反。"

莽闻之，大惧，乃拜其党亲轻车将军成武侯孙建为奋武将军，光禄勋成都侯王邑为虎牙将军，明义侯王骏为强弩将军，春王城门校尉王况为震威将军，①宗伯忠孝侯刘宏为奋冲将军，中少府建威侯王昌为中坚将军，中郎将震羌侯窦兄为奋威将军，②凡七人，自择除关西人为校尉军吏，将关东甲卒，发奔命以击义焉。复以太仆武让为积弩将军屯函谷关，将作大匠蒙乡侯逯并为横野将军屯武关，③羲和红休侯刘歆为扬武将军屯宛，太保后丞丞阳侯甄邯为大将军屯霸上，④常乡侯王恽为车骑将军屯平乐馆，骑都尉王晏为建威将军屯城北，城门校尉赵恢为城门将军，皆勒兵自备。

①师古曰："春王，长安城东出北头第一门也。本名宣平门，莽更改焉。"

②师古曰："兄读曰况。"

③师古曰："逯，姓也。并，名也。逯音禄，又音鹿。今东郡有逯姓，二音并行。

书本逯字或作逮。今河朔有逯姓，自呼音徒戴反，其义两通。"

④师古曰："丞阳侯音烝。"

莽曰抱孺子(谓)〔会〕群臣而称曰：[6]"昔成王幼，周公摄政，而管蔡挟禄父以畔，①今翟义亦挟刘信而作乱。自古大圣犹惧此，况臣莽之斗筲！②群臣皆曰："不遭此变，不章圣德。"莽于是依《周书》作《大诰》，③曰：

①师古曰："禄父，纣子也。父读曰甫。"

②师古曰："斗筲，自喻材器小也。解在《公孙刘田传》。"

③师古曰："武王崩，周公相成王而三监、淮夷叛，周公作《大诰》。莽自比周公，故依放其事。"

惟居摄二年十月甲子，摄皇帝若曰：大诰道诸侯王、三公、列侯于汝卿大夫、元士御事。①不吊，天降丧于赵、傅、丁、董。②洪惟我幼冲孺子，当承继嗣无疆大历服事，③予未遭其明恧能道民于安，况其能往知天命！④熙！我念孺子，若涉渊水，⑤予惟往求朕所济度，奔走⑥以傅近奉承高皇帝所受命，⑦[7]予岂敢自比于前人乎！⑧天降威明，用宁帝室，遗我居摄宝龟。⑨太皇太后以丹石之符，乃绍天明意，⑩诏予即命居摄践祚，如周公故事。

①应劭曰："言以大道告于诸侯以下也。御事，主事也。"

②应劭曰："赵飞燕、傅太后、丁太后、董贤也。"师古曰："不吊，言不为天所吊闵。降，下也。"

③师古曰："洪，大也。惟，思也。冲，稚也。大思幼稚孺子，当承继汉家无竟之历，服行政事。"

④师古曰："予，莽自称也。言不遭遇明智之人以自辅佐，而道百姓于安，盖为谦辞也。道读曰导。"

⑤师古曰："熙，叹辞。"

⑥师古曰："言我当求所以济度之，故奔走尽力，不惮勤劳。"

⑦师古曰："傅读曰附。近音其靳反。"

⑧师古曰："前人谓周公。"

⑨师古曰："威明犹言明威也。遗音弋季反。"

⑩师古曰："绍,承也。"

　　反虏故东郡太守翟义擅兴师动众,曰："有大难于西土,西土人亦不靖。"①于是动严乡侯信,诞敢犯祖乱宗之序。②天降威遗我宝龟,固知我国有呰灾,使民不安,③是天反复右我汉国也。④粤其闻日,⑤宗室之俊有四百人,⑥民献仪九万夫,⑦予敬以终于此谋继嗣图功。⑧我有大事,休,予卜并吉,⑨故我出大将告郡太守、诸侯相、令、长曰："予得吉卜,予惟以汝于伐东郡严乡逋播臣。"⑩尔国君或者无不反曰："难大,民亦不静,亦惟在帝宫诸侯宗室,于小子族父,敬不可征。"⑪帝不违卜,⑫故予为冲人长思厥难曰："乌虖! 义、信所犯,诚动鳏寡,哀哉!"⑬予遭天役遗,大解难于予身,以为孺子,不身自恤。⑭

①师古曰："曰者,述翟义之言云尔也。西土谓(西京)〔京师〕也,[8]言在东郡之
　　西也。"

②师古曰："诞,大也。"

③师古曰："呰,病也。言天所以降威遗龟者,知国有灾病,义、信当反,天下不
　　安之故也。呰读与疵同。"

④师古曰："复音扶目反。右读曰祐。"

⑤孟康曰："翟义反书上闻日也。"师古曰："粤,发语辞也。"

⑥孟康曰："诸刘见在者。"

⑦孟康曰："民之表仪,谓贤者。"

⑧师古曰："我用此宗室之俊及献仪者共谋图国事,终成其功。"

⑨师古曰："大事,戎事也。言人谋既从,卜又并吉,是为美也。"

⑩师古曰："逋,亡也。播,散也。"

⑪师古曰："言尔等国君或有言曰,祸难既大,众庶不安,又刘信国之宗室,于
　　孺子为族父,当加礼敬,不可征讨。"

⑫师古曰："卜既得吉,天命不违。"

⑬师古曰："无妻无夫之人亦同受其害,故可哀哉。"

⑭师古曰："言天以汉家役事遗我,而令身解其难,故我征伐以为孺子除乱,非
　　自忧己身也。"

予义彼国君泉陵侯上书①曰："成王幼弱，周公践天子位以治天下，六年，朝诸侯于明堂，制礼乐，班度量，而天下大服。②太皇太后承顺天心，成居摄之义。皇太子为孝平皇帝子，③年在襁褓，宜且为子，知为人子道，令皇太后得加慈母恩。畜养成就，加元服，然后复(予)〔子〕明辟。"④〔9〕

①应劭曰："泉陵侯，刘庆也。上书令莽行天子事。"

②师古曰："班谓布行也。"

③师古曰："皇太子即谓孺子。"

④师古曰："辟，君也。以明君之事还孺子。"

熙！为我孺子之故，①予惟赵、傅、丁、董之乱，遏绝继嗣，变剥适庶，危乱汉朝，以成三阨，②队极厥命。③乌虖！害其可不旅力同心戒之哉！④予不敢僭上帝命。⑤天休于安帝室，兴我汉国，惟卜用克绥受兹命。⑥今天其相民，况亦惟卜用！⑦

①师古曰："重叹而言。"

②晋灼曰："古阨字。"服虔曰："阨，会也，谓三七二百一十岁。"师古曰："适读曰嫡。"

③师古曰："队，陨也。极，尽也。"

④师古曰："害读曰曷。曷，何也。旅，陈也。"

⑤师古曰："僭，不信也。言顺天命而征讨。"

⑥师古曰："言天美于兴复汉国，故我惟用卜吉，能安受此命。"

⑦师古曰："言天道当思助人，况更用卜，吉可知矣。"

太皇太后肇有元城沙鹿之右，①阴精女主圣明之祥，②配元生成，以兴我天下之符，遂获西王母之应，③神灵之征，④以祐我帝室，以安我大宗，以绍我后嗣，以继我汉功。厥害适统不宗元绪者，辟不违亲，辜不避戚。⑤夫岂不爱？亦惟帝室。⑥是以广立王侯，并建曾玄，俾屏我京师，绥抚宇内；⑦博征儒生，请道于廷，论序乖缪，制礼作乐，同律度量，混壹风俗；⑧正天地之位，昭郊宗之礼，定五畤庙祧，咸秩亡文；⑨建灵台，立明堂，设辟雍，张太学，尊中宗、高宗之号。⑩昔我高宗崇德建武,克绥西域,以受白虎威胜之瑞,⑪天地判合,《乾》《坤》序德。⑫太皇太后临政,有龟龙麟凤之应,五德嘉符,相因而备。《河图》《雒书》远自昆仑,出于重壑。⑬古谶著言,肆今享实。⑭此乃皇天上帝所以安我帝室,俾我成就洪烈也。⑮乌虖!天(用)〔明〕威辅汉始而大大矣。⑯〔10〕尔有惟旧人泉陵侯之言,尔不克远省,尔岂知太皇太后若此勤哉!⑰

①张晏曰:"沙鹿在元城县。春秋时沙鹿崩,王莽以为元后之祥,语在《元后》传。"师古曰:"右读曰祐。"

②李奇曰:"李亲怀元后,梦月入怀,阴精女主之祥。"

③孟康曰:"民传祀西王母之应也。"

④师古曰:"征,证也。"

⑤师古曰:"其有害国之正统,不尊大绪者,当速加刑辟,不避亲戚。適读曰嫡。"

⑥师古曰:"非不爱此人,但为帝室不得止。"

⑦师古曰:"屏谓蔽捍其难也。"

⑧师古曰:"混亦同也,音胡本反。"

⑨孟康曰:"诸废祀无文籍皆祭之。"

⑩服虔曰:"宣帝、元帝也。"

⑪应劭曰:"元帝诛灭郅支单于,怀辑西域,时有献白虎者,所以威远胜猛也。"

⑫师古曰:"言元帝既有威德,太后又兆符应,则是天地乾坤夫妻之义相配合也。判之言片也。"

⑬师古曰:"昆仑河所出,重壑洛所出,皆有图书,故本言之。壑,古野字。"

⑭师古曰:"肆,故也。言有其谶,故今当其实。"

⑮师古曰:"洪,大也。烈,业也。"

⑯师古曰:"言因此难更以强大。"

⑰师古曰:"言尔当思久旧之人泉陵侯所言,尔不克远省识古事,岂知太后之勤乎?"

天毖劳我成功所,①予不敢不极卒安皇帝之所图事。②肆予告我诸侯王公列侯卿大夫元士御事:③天辅诚辞,④天其累我以民,予

害敢不于祖宗安人图功所终？⑤天亦惟劳我民，若有疾，予害敢不
于祖宗所受休辅？⑥予闻孝子善继人之意，忠臣善成人之事。予思
若考作室，厥子堂而构之；⑦厥父菑，厥子播而获之。⑧予害敢不于
身抚祖宗之所受大命？⑨若祖宗乃有效汤武伐厥子，民长其劝弗
救。⑩乌虖肆哉！⑪诸侯王公列侯卿大夫元士御事，其勉助国道
明！⑫亦惟宗室之俊，民之表仪，迪知上帝命。⑬〔奥天辅诚，尔不得
易定！〕⑭〔11〕况今天降定于汉国，惟大蘖人翟义、刘信大逆，欲相伐
于厥室，岂亦知命之不易乎？⑮予永念曰天惟丧翟义、刘信，若啬
夫，予害敢不终予亩？⑯天亦惟休于祖宗，予害其极卜，害敢不（卜）
〔于〕从？⑰〔12〕率宁人有旨疆土，况今卜并吉！⑱故予大以尔东征，命
不僭差，⑲卜陈惟若此。⑳

①孟康曰："天慎劳我国家成功之所在。"

②师古曰："卒，终也。言我不敢不终祖宗之业，安帝室所谋之事。"

③师古曰："肆，陈也，陈其理而告之。"

④师古曰："言有至诚之辞则为天所辅。"

⑤师古曰："累，托也。言天以百姓托我，我曷敢不谋终祖宗安人之功也。累
　　音力瑞反。害读曰曷。下皆类此。"

⑥师古曰："言天欲抚劳我众，众若有疾苦，我曷敢不顺祖宗之意，休息而辅助
　　之。劳，来到反。"

⑦师古曰："父有作室之意，则子当筑（室）〔堂〕而（御名）〔构〕棼橑以成之。"〔13〕

⑧师古曰："父菑耕其田，子当布种而收获之。反土为菑。一曰田一岁曰菑。"

⑨师古曰："作室农人犹不弃其本业，我于今日不得有避而不征讨叛逆也。"

⑩师古曰："譬有人来伐其子，而长养彼心，反劝助之，弗救其子者，正以子恶
　　故也。言汤武疾恶，其心亦然，今所征讨不得避亲，当以公义。"

⑪师古曰："肆，陈也，劝令陈力。"

⑫师古曰："道，由也。言当由于明智之事，以助国也。"

⑬师古曰："迪亦道也，言当遵道而知天命。"

⑭〔师古曰："粤，辞也。天道辅诚，尔不得改易天之定命。"〕

⑮师古曰："言义、信不知天命不可改易，乃大为蘖难以干国纪，是自相谋诛伐

其室也。囏,古艰字。"

⑯师古曰:"嗇夫治田,志除草秽。天之欲丧义、信,事亦如之。我当顺天以终
竟田亩之事。"

⑰师古曰:"言天美祖宗之事,我何其极卜法,敢不往从,言必从也。"

⑱师古曰:"言循祖宗之业,务在安人而美疆土,况今卜并吉乎! 言不可不
从也。"

⑲师古曰:"言必信之矣。"

⑳师古曰:"卜兆陈列惟如此。"

乃遣大夫桓谭等班行谕告当反位孺子之意。还,封谭为明告里附城。①

　①师古曰:"明告者,以其出使能明告谕于外也。附城,云如古附庸也。"

诸将东(破)〔至〕陈留菑,①〔14〕与义会战,破之,斩刘璜首。莽大喜,
复下诏曰:"太皇太后遭家不造,国统三绝,②绝辄复续,恩莫厚焉,信莫
立焉。孝平皇帝短命蚤崩,③幼嗣孺冲,诏予居摄。予承明诏,奉社稷
之任,持大宗之重,养六尺之托,受天下之寄,战战兢兢,不敢安息。伏
念太皇太后惟经艺分析,王道离散,④汉家制作之业独未成就,故博征
儒士,大兴典制,备物致用,立功成器,以为天下利。王道粲然,基业既
著,千载之废,百世之遗,于今乃成,道德庶几于唐虞,功烈比齐于殷
周。⑤今翟义、刘信等谋反大逆,流言惑众,欲以篡位,贼害我孺子,罪深
于管蔡,恶甚于禽兽。信父故东平王云,不孝不谨,亲毒杀其父思王,名
曰钜鼠,⑥后云竟坐大逆诛死。义父故丞相方进,险诐阴贼,⑦兄宣静言
令色,外巧内嫉,⑧所杀乡邑汝南者数十人。今积恶二家,迷惑相得,此
时命当殄,天所灭也。义始发兵,上书言宇、信等与东平相辅谋反,⑨执
捕械系,欲以威民,先自相被以反逆大恶,⑩转相捕械,此其破殄之明证
也。已捕斩断信二子谷乡侯章、德广侯鲔,义母练、兄宣、亲属二十四人
皆磔暴于长安都市四通之衢。当其斩时,观者重叠,⑪天气和清,可谓
当矣。命遣大将军共行皇天之罚,⑫讨海内之仇,功效著焉,予甚嘉之。
《司马法》不云乎? '赏不逾时。'欲民速睹为善之利也。今先封车骑都
尉孙贤等五十五人皆为列侯,户邑之数别下。遣使者持黄金印、赤韨

绂、朱轮车,即军中拜授。"⑬因大赦天下。

①孟康曰:"菑,故戴国,在梁,后属陈留,今曰考城。"

②师古曰:"谓成帝、哀帝、平帝皆无子矣。"

③师古曰:"蚤,古早字。"

④师古曰:"惟,思也。"

⑤师古曰:"烈,业也。"

⑥师古曰:"钜,大也。莽诬云呼其父曰钜鼠也。"

⑦师古曰:"诐,佞也,音彼义反。"

⑧师古曰:"静,安也。令,善也。言其阳为安静之言,外有善色,而实嫉
　害也。"

⑨师古曰:"辅者,东平王相之名也。"

⑩师古曰:"被,加也,音皮义反。"

⑪师古曰:"言人多而聚积。"

⑫师古曰:"共读曰恭。"

⑬服虔曰:"绂即今之绶也。"师古曰:"韨,所以系印也。绂者,系也,谓逆受之
　也。即,就也。韨音弗。绂音逆。"

于是吏士精锐遂攻围义于圉城,破之,义与刘信弃军庸亡。①至固
始界中捕得义,尸磔陈都市。卒不得信。

①孟康曰:"谓挺身逃亡,如奴庸也。"

初,三辅闻翟义起,自茂陵以西至汧二十三县盗贼并发,赵明、霍鸿
等自称将军,攻烧官寺,杀右辅都尉及厗令,①劫略吏民,众十馀万,火
见未央宫前殿。莽昼夜抱孺子祷宗庙。复拜卫尉王级为虎贲将军,大
鸿胪望乡侯阎迁为折冲将军,与甄邯、王晏西击赵明等。正月,虎牙将
军王邑等自关东还,便引兵西。强弩将军王骏以无功免,扬武将军刘歆
归故官。复以邑弟侍中王奇为扬武将军,城门将军赵恢为强弩将军,中
郎将李棽为厌难将军,②复将兵西。二月,明等殄灭,诸县悉平,还师振
旅。莽乃置酒白虎殿,劳飨将帅,大封拜。先是益州蛮夷及金城塞外羌
反畔,时州郡击破之。莽乃并录,以小大为差,封侯伯子男凡三百九十
五人,曰"皆以奋怒,东指西击,羌寇蛮盗,反虏逆贼,不得旋踵,应时殄

灭，天下咸服”之功封云。莽于是自谓大得天人之助，至其年十二月，遂
即真矣。

　　①师古曰：“藁读曰郜。”

　　②师古曰：“棽音所林反。”

　　初，义所收宛令刘立闻义举兵，上书愿备军吏为国讨贼，内报私怨。
莽擢立为陈留太守，封明德侯。

　　始，义兄宣居长安，先义未发，家数有怪，①夜闻哭声，听之不知所
在。宣教授诸生满堂，有狗从外入，啮其中庭群雁数十，比惊救之，已皆
断头。②狗走出门，求不知处。宣大恶之，谓后母曰：“东郡太守文仲素
倜傥，③今数有恶怪，恐有妄为而大祸至也。大夫人可归，为弃去宣家
者以避害。”④母不肯去，后数月败。

　　①师古曰：“言义未发兵之前。”

　　②师古曰：“比音必寐反。”

　　③师古曰：“倜音土历反。”

　　④师古曰：“言归其本族，自绝于翟氏。”

　　莽尽坏义第宅，污池之。①发父方进及先祖冢在汝南者，烧其棺柩，
夷灭三族，诛及种嗣，至皆同坑，以棘五毒并葬之。②而下诏曰：“盖闻古
者伐不敬，取其鲸鲵筑武军，封以为大戮，于是乎有京观以惩淫慝。③乃
者反虏刘信、翟义悖逆作乱于东，而芒竹群盗赵明、霍鸿造逆西土，④遣
武将征讨，咸伏其辜。惟信、义等始发自濮阳，结奸无盐，殄灭于圉。赵
明依阻槐里环堤，⑤霍鸿负倚鏊屋芒竹，⑥咸用破碎，亡有馀类。其取反
虏逆贼之鲸鲵，聚之通路之旁，濮阳、无盐、圉、槐里、鏊屋凡五所，各方
六丈，高六尺，筑为武军，封以为大戮，荐树之棘。⑦建表木，高丈六尺。⑧
书曰‘反虏逆贼鲸鲵’，在所长吏常以秋循行，⑨勿令坏败，以惩淫
慝焉。”

　　①师古曰：“污，停水也，音乌。”

　　②如淳曰：“野葛、狼毒之属也。”

　　③师古曰：“此《左传》载楚庄王之辞也。鲸鲵，大鱼为害者也。以此比敌人之

　　勇桀者。京,高丘也。观谓如阙形也。惩,创艾也。愿,恶也。鳢,古鲸字,
　　音其京反。鲵音五奚反。观音工唤反。”

　④师古曰:“芒竹在盩厔南界,芒水之曲而多竹林也,即(中)〔今〕司竹园是其地
　　矣。[15] 芒音亡。”

　⑤师古曰:“槐里县界其中,有环曲之堤,而明依之以自固也。”

　⑥师古曰:“负,恃也。倚音于绮反。”

　⑦师古曰:“荐读曰荐。荐,重也,聚也。”

　⑧师古曰:“表者,所以标明也。”

　⑨师古曰:“行音下更反。”

　　初,汝南旧有鸿隙大陂,郡以为饶,① 成帝时,关东数水,陂溢为害。
方进为相,与御史大夫孔光共遣掾行(事)〔视〕,②[16] 以为决去陂水,其地
肥美,省堤防费而无水忧,遂奏罢之。及翟氏灭,乡里归恶,言方进请陂
下良田不得而奏罢陂云。王莽时常枯旱,郡中追怨方进,童谣曰:“坏陂
谁? 翟子威。饭我豆食羹芋魁。③ 反乎覆,陂当复。④ 谁云者? 两
黄鹄。”⑤

　①师古曰:“鸿隙,陂名,藉其溉灌及鱼鳖萑蒲之利,以多财用。”

　②师古曰:“行音下更反。”

　③师古曰:“言田无溉灌,不生粳稻,又无黍稷,但有豆及芋也。豆食者,豆为
　　饭也。羹芋魁者,以芋根为羹也。饭音扶晚反。食音饲。”

　④师古曰:“事之反覆无常,言祸兮福所倚。”

　⑤师古曰:“托言有神来告之。”

　　司徒掾班彪曰:“丞相方进以孤童携老母,羁旅入京师,身为儒宗,
致位宰相,盛矣。当莽之起,盖乘天威,虽有贲育,奚益于敌?① 义不量
力,怀忠愤发,以陨其宗,悲夫!”

　①师古曰:“贲谓孟贲,育谓夏育,皆古之勇士。言得之无益,不能敌莽也。贲
　　音奔。”

【校勘记】

〔1〕《论语》(曰子)〔子曰〕"不逆诈"。　殿本作"子曰"。王先谦说殿本是。按景祐本亦误倒。

〔2〕(愽)〔搏〕击豪强，　景祐、殿本都作"搏"。王先谦说作"搏"是。

〔3〕而外有俊材过绝(于)人〔伦〕；　景祐本无"于"字。景祐、殿本都有"伦"字。

〔4〕(使)〔后〕议者以为不便，　景祐、殿本都作"后"，此误。

〔5〕迁河(南)〔内〕太守，　景祐、殿本都作"河内"。

〔6〕莽日抱孺子(谓)〔会〕群臣而称曰：　景祐、殿、局本都作"会"。朱一新说作"会"是。

〔7〕予惟往求朕所济度,奔走⑥以傅近奉承高皇帝所受命，　王念孙说"奔走"当属下句。皮锡瑞说王说是。

〔8〕西土谓(西京)〔京师〕也。　景祐、殿本都作"京师"。

〔9〕然后复(予)〔子〕明辟。　景祐、殿、局本都作"子"。王先谦说作"子"是。

〔10〕天(用)〔明〕威辅汉始而大大矣。　景祐、殿本都作"明"。朱一新说作"明"是。

〔11〕〔粤天辅诚,尔不得易定！〕　景祐、殿本都有此九字,此脱,注十九字亦脱。

〔12〕害敢不(卜)〔于〕从？　景祐、殿本都作"于"。按注云"往从",作"于"是。

〔13〕则子当筑(室)〔堂〕而(御名)〔构〕棼橑以成之。　景祐、殿本"室"都作"堂","御名"都作"构"。

〔14〕诸将东(破)〔至〕陈留蕾，　景祐、殿本都作"至"。钱大昭说"破"字误。

〔15〕即(中)〔今〕司竹园是其地矣。　景祐、殿本都作"今",此误。

〔16〕共遣掾行(事)〔视〕，　景祐、殿本都作"视",此误。

汉书卷八十五

谷永杜邺传第五十五

谷永字子云,长安人也。父吉,为卫司马,使送郅支单于侍子,①为郅支所杀,语在《陈汤传》。永少为长安小史,后博学经书。建昭中,御史大夫繁延寿②闻其有茂材,除补属,举为太常丞,数上疏言得失。

①师古曰:"为使而送之还本国也。郅音质。"

②师古曰:"即李延寿也。一姓繁,音蒲何反。"

建始三年冬,日食地震同日俱发,诏举方正直言极谏之士,太常阳城侯刘庆忌举永待诏公车。对曰:

> 陛下秉至圣之纯德,惧天地之戒异,饬身修政,①纳问公卿,又下明诏,帅举直言,②燕见绅绎,以求咎愆,③使臣等得造明朝,承圣问。④臣材朽学浅,不通政事。窃闻明王即位,正五事,建大中,以承天心,⑤则庶征序于下,日月理于上;⑥如人君淫溺后宫,般乐游田,⑦五事失于躬,大中之道不立,则咎征降而六极至。⑧凡灾异之发,各象过失,以类告人。乃十二月朔戊申,日食婺女之分,地震萧墙之内,⑨二者同日俱发,以丁宁陛下,⑩厥咎不远,宜厚求诸身。⑪意岂陛下志在闺门,未恤政事,不慎举错,⑫娄失中与?⑬内宠大盛,女不遵道,嫉妒专上,妨继嗣与?古之王者废五事之中,失夫妇之纪,妻妾得意,谒行于内,势行于外,至覆倾国家,或乱阴阳。⑭昔褒姒用国,宗周以丧;⑮阎妻骄扇,日以不臧。⑯此其效也。经曰:"皇极,皇建其有极。"⑰传曰:"皇之不极,是谓不建,时则有日月乱行。"

①师古曰:"饬与敕同。敕,整也。"

②师古曰:"帅举,谓公卿守相皆令举也。帅字或作师。师,众也。"

③师古曰:"绌读曰抽。绌绎者,引其端绪也。"

④师古曰:"造,至也,音千到反。"

⑤师古曰:"五事,貌、言、视、听、思也。大中即皇极也。解在《五行志》。"

⑥师古曰:"庶,众也。征,证也。"

⑦师古曰:"如,若也。般读与盘同。"

⑧师古曰:"六极,谓一曰凶短折,二曰疾,三曰忧,四曰贫,五曰恶,六曰弱。"

⑨师古曰:"萧墙,屏墙也,解在《五行志》。"

⑩师古曰:"丁宁谓再三告示也。"

⑪师古曰:"厚犹深也。"

⑫师古曰:"志在闺门,谓留心于女色也。错,置也,音千故反。"

⑬师古曰:"娄,古屡字也。与读曰欤。下皆类此。"

⑭师古曰:"谒,请也。内则所请必行,外则擅其权力,言女宠盛也。"

⑮师古曰:"褒姒,褒人所献之女也。幽王惑之,卒有犬戎之祸。"

⑯师古曰:"阎,嬖宠之族也。扇,炽也。臧,善也。《鲁诗·小雅·十月之交》篇曰'此日而食,于何不臧',又曰'阎妻扇方处',言厉王无道,内宠炽盛,政化失理,故致灾异,日为之食,为不善也。"

⑰师古曰:"《周书·洪范》之辞也。皇,大也。极,中也。大立其有中,所以行九畴之义也。"

　　陛下践至尊之祚为天下主,奉帝王之职以统群生,方内之治乱,在陛下所执。①诚留意于正身,勉强于力行,损燕私之閒以劳天下,②放去淫溺之乐,罢归倡优之关,③绝却不享之义,慎节游田之虞,④起居有常,循礼而动,躬亲政事,致行无倦,安服若性。⑤经曰:"继自今嗣王,其毋淫于酒,毋逸于游田,惟正之共。"⑥未有身治正而臣下邪者也。

①师古曰:"方内,四方之内也。"

②师古曰:"损,减也。閒读曰闲。劳,忧也。"

③师古曰:"关,古笑字也。"

④师古曰:"却,退也。享,当也。言所为不善,不当天心也。一曰天不祐之,

不歆享其祀也。虞与娱同。”

⑤师古曰：“致，至也。安心而服行之，如天性自然也。”

⑥师古曰：“《周书·无逸》之辞也。言从今以往，继业嗣立之王毋过欲于酒，毋放于田猎，惟宜正身恭己也。共读曰恭。”

　　夫妻之际，王事纲纪，安危之机，圣王所致慎也。昔舜饬正二女，以崇至德；①楚庄忍绝丹姬，以成伯功；②幽王惑于褒姒，周德降亡；鲁桓胁于齐女，社稷以倾。③诚修后宫之政，明尊卑之序，贵者不得嫉妒专宠，以绝骄嫚之端，抑褒、阎之乱，贱者咸得秩进，各得厥职，④以广继嗣之统，息《白华》之怨，⑤后宫亲属，饶之以财，勿与政事，⑥以远皇父之类，损妻党之权，⑦未有闺门治而天下乱者也。

①师古曰：“《虞书·尧典》云‘釐降二女于妫汭，嫔于虞’。谓尧以二女妻舜，观其治家，欲使治国，而舜谨敕正躬以待二女，其德益崇，遂受尧禅也。饬与敕同。”

②应劭曰：“楚庄王得丹姬，三月不听朝。保申谏，忍绝不复见，乃勤政事，遂为盟主也。”师古曰：“丹姬是楚文王姬也。庄王用申公巫臣之谏，不纳夏姬。《谷永集》丹字作夏，是也。今此传作丹，转写误耳。应氏就而谬释，非本实也。伯读曰霸。”

③师古曰：“解并在《五行志》。”

④师古曰：“秩，次也，以次而进御也。”

⑤师古曰：“《诗·小雅·白华》之篇也。幽王惑于褒姒而黜申后，故国人作此诗以刺之。永言此者，讥成帝专宠赵昭仪也。”

⑥师古曰：“与读曰豫。”

⑦师古曰：“皇父，周卿士也。《小雅·十月之交》诗曰‘皇父卿士，番惟司徒’，刺厉王淫于色，故皇父之属因嬖宠而为官也。远音于万反。父读曰甫。”

　　治远自近始，习善在左右。昔龙笁纳言，而帝命惟允；①四辅既备，成王靡有过事。②诚敕正左右齐栗之臣，③戴金貂之饰、执常伯之职者，④皆使学先王之道，知君臣之义，济济谨乎，无敖戏骄恣之过，⑤则左右肃艾，⑥群僚仰法，化流四方。经曰：“亦惟先正克左右。”⑦未有左右正而百官枉者也。⑧

①师古曰："龙,舜臣名也。筦字与管同。管,主也。《虞书·舜典》曰帝曰：'龙,命汝作纳言,夙夜出纳朕命惟允。'允,信也。"

②师古曰："四辅,谓左辅、右弼、前疑、后丞也。《周书·洛诰》称成王曰：'诞保文武受命,乱为四辅。'"

③孟康曰："左右谓尚书官也。齐栗,言其整齐万事,(尝)〔常〕战栗谨敬也。"[1]

④师古曰："常伯,侍中也。伯,长也,常使长事者也。一曰常任使之人,此为长也。"

⑤师古曰："孚,信也。"

⑥师古曰："肃,敬也。艾读曰义。义,治也。"

⑦师古曰："《周书·君牙》之辞也。言王者欲正百官,要在能先正其左右近臣也。"

⑧师古曰："枉,曲也。"

治天下者尊贤考功则治,简贤违功则乱。①诚审思治人之术,欢乐得贤之福,论材选士,必试于职,明度量以程能,考功实以定德,②无用比周之虚誉,毋听寖润之谮愬,③则抱功修职之吏无蔽伤之忧,比周邪伪之徒不得即工,④小人日销,俊艾日隆。⑤经曰："三载考绩,三考黜陟幽明。"⑥又曰："九德咸事,俊艾在官。"⑦未有功赏得于前众贤布于官而不治者也。

①师古曰："简,略也,谓轻慢也。"

②师古曰："程,效也。"

③师古曰："比周,言阿党亲密也。寖润,积渐之深也。比音频寐反。"

④李奇曰："即,就也。工,官也。"

⑤师古曰："艾读曰义。其下亦同。"

⑥师古曰："《虞书·舜典》之辞也。言居官者三年一考其功,三考则退其幽暗无功者,升其昭明有功者。"

⑦师古曰："《虞书·咎繇谟》之辞也。言使九德之人皆用事,俊杰治能之士并在官也。九德,谓宽而栗,柔而立,愿而恭,乱而敬,扰而毅,直而温,简而廉,刚而塞,强而义。"

尧遭洪水之灾,天下分绝为十二州,制远之道微①而无乖畔之难者,德厚恩深,无怨于下也。秦居平土,一夫大呼而海内崩析者,②刑罚深酷,吏行残贼也。夫违天害德,为上取怨于下,莫甚乎残贼之吏。诚放退残贼酷暴之吏(一)〔锢〕废勿用,[2]益选温良上德之士以亲万姓,③平刑释冤以理民命,④务省繇役,毋夺民时,薄收赋税,毋殚民财,⑤使天下黎元咸安家乐业,不苦逾时之役,⑥不患苛暴之政,不疾酷烈之吏,⑦虽有唐尧之大灾,民无离上之心。⑧经曰:"怀保小人,惠于鳏寡。"⑨未有德厚吏良而民畔者也。

①孟康曰:"本九州,洪水隔分,更为十二州,处所离远,相制之道微也。"师古曰:"十二州谓冀、兖、豫、青、徐、荆、扬、雍、梁、幽、并、营也。"

②师古曰:"呼音火故反。"

③师古曰:"亲谓爱养之。"

④师古曰:"释,解也。"

⑤师古曰:"殚,尽也,音单。"

⑥师古曰:"古者行役不逾时。时谓三月,是为一(月)〔时〕。"[3]

⑦师古曰:"言免此疾患。"

⑧师古曰:"尧遭洪水,故云大灾。"

⑨师古曰:"《周书·无逸》之辞也。怀,和也。保,安也。"

臣闻灾异,皇天所以谴告人君过失,犹严父之明诫。畏惧敬改,则祸销福降;忽然简易,则咎罚不除。经曰:"飨用五福,畏用六极。"①传曰:"六沴作见,若不共御,六罚既侵,六极其下。"②今三年之间,灾异锋起,小大毕具,所行不享上帝,③上帝不豫,④炳然甚著。不求之身,无所改正,疏举广谋,又不用其言,⑤是循不享之迹,无谢过之实也,天责愈深。此五者,王事之纲纪,南面之急务,唯陛下留神。

①师古曰:"《周书·洪范》之辞。飨,当也。言所行当于天心,则降以五福;若所为不善,则以六极畏罚之。五福,一曰寿,二曰富,三曰康宁,四曰攸好德,五曰考终命。六极之解已具于前。"

②师古曰:"此《洪范》之传也。沴,灾气也。共读曰恭。御读曰禦。言敬而修德以禦灾。"

③师古曰："享,当也。不当天心。"

④师古曰："豫,悦也。"

⑤晋灼曰："疏,远也。"

对奏,天子异焉,特召见永。

其夏,皆令诸方正对策,语在《杜钦传》。永对毕。因曰："臣前幸得条对灾异之效,祸乱所极,言关于圣聪。书陈于前,陛下委弃不纳,而更使方正对策,背可惧之大异,问不急之常论,废承天之至言,角无用之虚文,①欲末杀灾异,满谰诬天,②是故皇天勃然发怒,甲己之间暴风三溙,拔树折木,③此天至明不可欺之效也。"上特复问永,永对曰："日食地震,皇后贵妾专宠所致。"语在《五行志》。

①师古曰："角,竞也。"

②师古曰："末杀,扫灭也。满谰谓欺罔也。杀音先曷反。谰音来亶反。"

③师古曰："自甲至己,凡六日也。溙与臻同。臻,至也。"

是时,上初即位,谦让委政元舅大将军王凤,议者多归咎焉。永知凤方见柄用,①阴欲自托,乃复曰:

①师古曰："言任用之授以权也。"

　　方今四夷宾服,皆为臣妾,北无薰粥冒顿之患,①南无赵佗、吕嘉之难,三垂晏然,靡有兵革之警。②诸侯大者乃食数县,汉吏制其权柄,不得有为,亡吴、楚、燕、梁之势。百官盘互,亲疏相错,③骨肉大臣有申伯之忠,④洞洞属属,小心畏忌,⑤无重合、安阳、博陆之乱。⑥三者无毛发之辜,不可归咎诸舅。此欲以政事过差丞相父子、中尚书宦官,槛塞大异,皆瞽说欺天者也。⑦窃恐陛下舍昭昭之白过,忽天地之明戒,听晻昧之瞽说,⑧归咎乎无辜,倚异乎政事。⑨重失天心,⑩不可之大者也。⑪

①师古曰："粥音(戈)〔弋〕六反。"[4]

②师古曰："晏,安也。"

③师古曰："盘互,盘结而交互也。错,间杂也。互字或作牙,言如豕牙之盘曲,犬牙之相入也。"

④师古曰："申伯,周申后之父。"

⑤师古曰："洞洞,惊肃也。属属,专谨也。洞音动。属音之欲反。"

⑥师古曰："重合,莽通;安阳、上官桀;博陆,霍禹也。"

⑦师古曰："槛,义取槛柙之槛。槛,犹闭也,其字从木。瞽说,言不中道,若无
目之人也。"

⑧师古曰："舍谓留也。晻字与暗同,又音一感反。"

⑨师古曰："倚,依也,音於绮反。次下亦同。"

⑩师古曰："重音直用反。"

⑪师古曰："此则为大不可也。"

　　陛下即位,委任遵旧,未有过政。元年正月,白气较然起乎东
方,①至其四月,黄浊四塞,覆冒京师,申以大水,著以震蚀。②各有
占应,相为表里,百官庶事无所归倚,陛下独不怪与?③白气起东
方,贱人将兴之表也;黄浊冒京师,王道微绝之应也。夫贱人当起
而京师道微,二者已丑。④陛下诚深察愚臣之言,致惧天地之异,长
思宗庙之计,改往反过,抗湛溺之意,解偏驳之爱,⑤奋乾刚之威,
平天覆之施,使列妾得人人更进,犹尚未足也,⑥急复益纳宜子妇
人,毋择好丑,毋避尝字,⑦毋论年齿。推法言之,陛下得继嗣于微
贱之间,乃反为福。得继嗣而已,母非有贱也。⑧后宫女史使令有
直意者,广求于微贱之间,⑨以遇天所开右,⑩慰释皇太后之忧
愠,⑪解谢上帝之谴怒,则继嗣蕃滋,灾异讫息。⑫陛下则不深察愚
臣之言,忽于天地之戒,咎根不除,水雨之灾,山石之异,将发不久;
发则灾异已极,天变成形,臣虽欲捐身关策,不及事已。⑬

①师古曰："较,明貌。"

②师古曰："申,重也。著,明也。"

③师古曰："倚音於绮反。与读曰欹。"

④师古曰："已,甚也。"

⑤师古曰："抗,举也。湛读曰沈。驳,不周普也。"

⑥师古曰："更,互也,音工衡反。"

⑦如淳曰："王凤上小妻弟以纳后宫,以尝字乳。王章言之,坐死。今永及此,

为凤洗前过也。"

⑧师古曰:"苟得子耳,勿论其母之贵贱。"

⑨师古曰:"(求)〔直〕,当也。[5]令音力成反。"

⑩师古曰:"右读曰佑。佑,助也。"

⑪师古曰:"释,散也。"

⑫师古曰:"蕃,多也。讫,止也。蕃音扶元反。"

⑬师古曰:"言祸败既成,不可如何也。已,语终辞也。"

　　疏贱之臣,至敢直陈天意,斥讥帷幄之私,欲间离贵后盛妾,①自知忤心逆耳,必不免于汤镬之诛。此天保右汉家,使臣敢直言也。②三上封事,然后得召;待诏一旬,然后得见。夫由疏贱纳至忠,甚苦;③由至尊闻天意,甚难。语不可露,愿具书所言,因侍中奏陛下,以示腹心大臣。④腹心大臣以为非天意,臣当伏妄言之诛;即以为诚天意也,奈何忘国家大本,背天意而从欲!⑤唯陛下省察熟念,厚为宗庙计。

①师古曰:"间音居苋反。"

②师古曰:"右读曰佑。"

③师古曰:"由,从也。苦,劳苦也。"

④如淳曰:"永为凤言,而言示腹心大臣,无不可矣。"

⑤师古曰:"从读曰纵。"

　　时对者数十人,永与杜钦为上第焉。上皆以其书示后宫。后上尝赐许皇后书,采永言以责之,语在《外戚传》。

　　永既阴为大将军凤说矣,能实最高,由是擢为光禄大夫。永奏书谢凤曰:"永斗筲之材,①质薄学朽,无一日之雅,左右之介,②将军说其狂言,③擢之皂衣之吏,厕之争臣之末,不听浸润之谮,不食肤受之愬,④虽齐桓晋文用士笃密,察父惎覆育子弟,诚无以加!⑤昔豫子吞炭坏形以奉见异,⑥齐客陨首公门以报恩施,⑦知氏、孟尝犹有死士,何况将军之门!"凤遂厚之。

①师古曰:"筲,竹器也。斗筲,喻小而不大也。解在《公孙刘田传》。筲音所

交反。”

②师古曰:“雅,素也。介,绍也。言非宿素之交,又无介绍而进也。”

③师古曰:“说读曰悦。”

④师古曰:“食犹受纳也。肤受,谓初入皮肤至骨髓,言其深也。”

⑤师古曰:“察,明也。愬,智也。”

⑥师古曰:“豫让也。为智伯报仇,欲杀赵襄子,恐人识之,故吞炭以变其声,黼面以坏其形,云‘智伯国士遇我’故也。”

⑦师古曰:“舍人魏子三收邑入,不与孟尝。孟尝怒之,魏子曰:‘假与贤者。’齐湣王受谗,孟尝出奔,魏子所与粟贤者到宫门自刭,以明孟尝之心。”

数年,出为安定太守。时上诸舅皆修经书,任政事。平阿侯谭年次当继大将军凤辅政,尤与永善。阳朔中,凤薨。凤病困,荐从弟御史大夫音以自代。上从之,以音为大司马车骑将军,领尚书事,而平阿侯谭位特进,领城门兵。永闻之。与谭书曰:“君侯躬周召之德,执管晏之操,①敬贤下士,乐善不倦,②宜在上将久矣,以大将军在,故抑郁于家,不得舒愤。今大将军不幸蚤薨,③絫亲疏,序材能,宜在君侯。④拜吏之日,京师士大夫怅然失望。此皆永等愚劣,不能褒扬万(一)〔分〕[6]。⑤属闻以特进领城门兵,⑥是则车骑将军秉政雍容于内,而至戚贤舅执管籥于外也。愚窃不为君侯喜。宜深辞职,自陈浅薄不足以固城门之守,收太伯之让,保谦谦之路,⑦阖门高枕,为知者首。愿君侯与博览者参之,⑧小子为君侯安此。”谭得其书大感,遂辞让不受领城门职。由是谭、音相与不平。

①师古曰:“召读曰邵。其下亦同。”

②师古曰:“下音胡亚反。”

③师古曰:“蚤,古早字。”

④师古曰:“絫,古累字。累亲疏,谓积累其次而计之。”

⑤师古曰:“言万分之一。”

⑥师古曰:“属,近也,音之欲反。”

⑦师古曰:“太伯,王季之兄也,让不为嗣而适吴越。”

⑧师古曰:“参详其事。”

　　永远为郡吏,恐为音所危,病满三月免。音奏请永补营军司马,永数谢罪自陈,得转为长史。

　　音用从舅越亲辅政,威权损于凤时。永复说音曰:"将军履上将之位,食膏腴之都,任周召之职,拥天下之枢,①可谓富贵之极,人臣无二,天下之责四面至矣,将何以居之? 宜夙夜孳孳,②执伊尹之强德,以守职匡上,诛恶不避亲爱,举善不避仇雠,以章至公,立信四方。③笃行三者,乃可以长堪重任,久享盛宠。④太白出西方六十日,法当参天,今已过期,⑤尚在桑榆之间,质弱而行迟,形小而光微。⑥荧惑角怒明大,逆行守尾。其逆,常也;守尾,变也。意岂将军忘湛渐之义,委曲从顺,⑦所执不强,不广用士,尚有好恶之忌,荡荡之德未纯,⑧方与将相大臣乖离之萌也? 何故始袭司马之号,俄而金火并有此变? 上天至明,不虚见异,唯将军畏之慎之,深思其故,改求其路,以享天意。"音犹不平,荐永为护菀使者。

　　①师古曰:"拥,持也。"
　　②师古曰:"孳孳,不怠也。孳与孜同。"
　　③师古曰:"章,明也。"
　　④师古曰:"笃,厚也。享,当也。"
　　⑤服虔曰:"太白出,当居天三分之一。已过期,言其行迟,在戍亥之间。"
　　⑥如淳曰:"言其行迟象王音也。永见音为司马,以疏间亲,自以位过,故以太白喻司马,司马主兵故也。是永之佞曲从苟合也。"
　　⑦师古曰:"湛读曰沈。渐读曰潜。《周书·洪范》曰:'沈潜刚克',言人性沈密(谓)〔而〕潜深者[7],行之以刚则能堪也,故激劝之云尔。"
　　⑧师古曰:"此永自知有忤于音,故以斯言自救解。"

　　音薨,成都侯商代为大司马卫将军,永乃迁为凉州刺史。奏事京师讫,当之部,时有黑龙见东莱,上使尚书问永,受所欲言。①永对曰:
　　①师古曰:"永有所言,令尚书即受之。"

　　　臣闻王天下有国家者,患在上有危亡之事,而危亡之言不得上闻;如使危亡之言辄上闻,①则商周不易姓而迭兴,三正不变改而更用。②夏商之将亡也，行道之人皆知之，③晏然自以若天有日莫能危，④是故恶日广而不自知，大命倾而不寤。《易》曰："危者有其安者也，亡者保其存者也。"⑤陛下诚垂宽明之听，无忌讳之诛，使刍荛之臣得尽所闻于前，不惧于后患，直言之路开，则四方众贤不远千里，辐凑陈忠，群臣之上愿，社稷之长福也。

①师古曰："如，若也。有即上闻。"

②师古曰："迭音徒结反。更音工衡反。"

③师古曰："凡在道路行者也。"

④师古曰："自谓如日在天而无有能伤危也。"

⑤师古曰："《下系》之辞也。言安必思危，存不忘亡，乃得保其安存。"

汉家行夏正，夏正色黑，黑龙，同姓之象也。①龙阳德，由小之大，②故为王者瑞应。未知同姓有见本朝无继嗣之庆，多危殆之隙，欲因扰乱举兵而起者邪？将动心冀为后者，残贼不仁，若广陵、昌邑之类？臣愚不能处也。③元年九月黑龙见，其晦，日有食之。今年二月己未夜星陨，乙酉，日有食之。六月之间，大异四发，二而同月，三代之末，春秋之乱，未尝有也。臣闻三代所以陨社稷丧宗庙者，皆由妇人与群恶沈湎于酒。《书》曰："乃用妇人之言，自绝于天"；④"四方之逋逃多罪，是宗是长，是信是使。"⑤《诗》云："燎之方阳，宁或灭之？赫赫宗周，褒姒灭之！"⑥《易》曰："濡其首，有孚失是。"⑦秦所以二世十六年而亡者，养生泰奢，奉终泰厚也。二者陛下兼而有之，臣请略陈其效。

①张晏曰："夏以建寅为正，万物在地中，色黑，今黑龙见，同姓象也。"

②师古曰："言因小以至大。"

③师古曰："处谓断决也。"

④师古曰："今文《周书·泰誓》之辞。妇人，妲己。言纣用妲己之言，自取殄灭，非天绝之。"

⑤师古曰："亦《泰誓》之辞也。宗，尊也。言纣容纳逃亡多罪之人，亲信使用，尊而长之。"

⑥师古曰："《小雅·正月》之诗。威亦灭也，言火燎方炽，宁有能灭之者乎？

而宗周之盛,乃为褒姒所灭,怨其甚也。威音呼悦反。"

⑦师古曰:"《未济》上九爻辞也。言耽乐无节,饮酒濡首,有信之道于是遂失也。濡,湿也。"

　　《易》曰"在中馈,无攸遂",①言妇人不得与事也。②《诗》曰:"懿厥悊妇,为枭为鸱";"匪降自天,生自妇人。"③建始、河平之际,许、班之贵,顷动前朝,④熏灼四方,赏赐无量,空虚内臧,女宠至极,不可上矣;⑤今之后起,天所不飨,什倍于前。⑥废先帝法度,听用其言,官秩不当,纵释王诛,⑦骄其亲属,假之威权,从横乱政,⑧刺举之吏,莫敢奉宪。又以掖庭狱大为乱阱,⑨榜箠瘱于炮格,⑩绝灭人命,主为赵、李报德复怨,⑪反除白罪,建治正吏,⑫多系无辜,掠立迫恐,⑬至为人起责,分利受谢。⑭生人死出者,不可胜数。是以日食再既,⑮以昭其辜。⑯

①师古曰:"《家人》六二爻辞也。馈与馈同。馈,食也。言妇人之道居中主食,逊顺而已,无所必遂。"

②师古曰:"与读曰豫。"

③师古曰:"《大雅·瞻卬》之诗。懿,美也。悊,智也。言幽王以悊妇为美,实乃为枭鸱也。妇谓褒姒也。枭鸱,恶声之鸟,故以谕焉。又言此祸乱非从天而下,以宠褒姒之故,生此灾耳。"

④师古曰:"许皇后及班婕妤之家。"

⑤师古曰:"上犹加也。"

⑥如淳曰:"谓赵、李本从卑贱起也。"

⑦师古曰:"纵,放也;释,解也。王诛,谓王法当诛者。"

⑧师古曰:"从音子用反。横音胡孟反。"

⑨师古曰:"穿地为坑阱以拘系人也。乱者,言其非正而又多也。阱音材性反。"

⑩师古曰:"瘱,痛也。炮格,纣所作刑也。膏涂铜柱,加之(以)火上[8],令罪人行其上,辄堕炭中,笑而以为乐。瘱音千感反。"

⑪师古曰:"复亦报也,音扶福反。"

⑫师古曰:"反读曰幡。罪之明白者反而除之,吏之公正者建议劾治也。"

⑬师古曰:"掠笞服之,立其罪名。"

⑭师古曰:"言富贾有钱,假托其名,代之为主,放与它人,以取利息而共分之,或受报谢,别取财物。"

⑮孟康曰:"既,尽也。"

⑯师古曰:"昭,明也。"

王者必先自绝,然后天绝之。陛下弃万乘之至贵,乐家人之贱事,①厌高美之尊号,好匹夫之卑字,②崇聚儇轻无义小人以为私客,③数离深宫之固,挺身晨夜,与群小相随,④乌集杂会,饮醉吏民之家,⑤乱服共坐,流湎媟嫚,溷殽无别,闵免遁乐,昼夜在路。⑥典门户奉宿卫之臣执干戈而守空宫,公卿百僚不知陛下所在,积数年矣。

①师古曰:"谓私畜田及奴婢财物。"

②孟康曰:"成帝好微行,更作私字以相呼。"

③师古曰:"儇,疾也,音频妙反,又音匹妙反。"

④师古曰:"挺,引也,音大鼎反。"

⑤师古曰:"言聚散不恒,如乌鸟之集。"

⑥师古曰:"闵免犹黾勉也。遁,流遁也。"

王者以民为基,民以财为本,财竭则下畔,下畔则上亡。是以明王爱养基本,不敢穷极,使民如承大祭。①今陛下轻夺民财,不爱民力,听邪臣之计,去高敞初陵,捐十年功绪,②改作昌陵,反天地之性,因下为高,积土为山,发徒起邑,并治宫馆,大兴繇役,重增赋敛,征(法)〔发〕如雨,③〔九〕役百乾豀,费疑骊山,④靡敝天下,⑤五年不成而后反故。又广眄营表,⑥发人冢墓,断截骸骨,暴扬尸柩。百姓财竭力尽,愁恨感天,灾异娄降,饥馑仍臻。⑦流散冗食,馁死于道,以百万数。⑧公家无一年之畜,百姓无旬日之储,⑨上下俱匮,无以相救。《诗》云:"殷监不远,在夏后之世。"⑩愿陛下追观夏、商、周、秦所以失之,以镜考己行。⑪有不合者,臣当伏妄言之诛!⑫

①师古曰:"言常畏慎。"

②师古曰:"绪谓功作之端次。"

③师古曰:"言其多也。"

④师古曰:"疑读曰儗。儗,比也。言劳役之功百倍于楚灵王,费财之广比于秦始皇。"

⑤师古曰:"靡,散也,音式皮反。"

⑥晋灼曰:"盱音吁。盱,大也。"

⑦师古曰:"娄,古屡字也。仍,频也。"

⑧师古曰:"冗亦散也。馁,饿也。冗音人勇反。馁音乃贿反。"

⑨师古曰:"畜读曰蓄。"

⑩师古曰:"《大雅·荡》之诗也。"

⑪师古曰:"镜谓监照之。考,校也。"

⑫师古曰:"言上之所为,违于节俭,皆与永言同。"

汉兴九世,百九十馀载,继体之主七,皆承天顺道,遵先祖法度,或以中兴,或以治安。至于陛下,独违道纵欲,轻身妄行,当盛壮之隆,无继嗣之福,有危亡之忧,积失君道,不合天意,亦已多矣。为人后嗣,守人功业,如此,岂不负哉!方今社稷宗庙祸福安危之机在于陛下,陛下诚肯发明圣之德,昭然远寤,畏此上天之威怒,深惧危亡之征兆,荡涤邪辟之恶志,①厉精致政,专心反道,②绝群小之私客,免不正之诏除,③悉罢北宫私奴车马媱出之具,④克己复礼,毋贰微行出饮之过,⑤以防迫切之祸,深惟日食再既之意,抑损椒房玉堂之盛宠,⑥毋听后宫之请谒,除掖庭之乱狱,出炮格之陷阱,诛戮邪佞之臣及左右执左道以事上者,以塞天下之望,且寝初陵之作,止诸缮治宫室,阙更减赋,尽休力役,⑦存恤振捄困乏之人,以弭远方,⑧厉崇忠直,放退残贼,无使素餐之吏久尸厚禄,以次贯行,固执无违,⑨夙夜孳孳,娄省无怠,⑩旧愆毕改,新德既章,⑪纤介之邪不复载心,则赫赫大异庶几可销,天命去就庶几可复,⑫社稷宗庙庶几可保。唯陛下留神反覆,熟省臣言。臣幸得备边部之吏,不知本朝失得,瞽言触忌讳,罪当万死。

①师古曰:"辟读曰僻。"

②师古曰:"反犹还也。"

③师古曰:"除谓除补为官者。"

④师古曰:"婧亦惰字耳。惰出,惰游也。"

⑤师古曰:"贰谓重为之也。论语称孔子云颜回'不贰过'。"

⑥师古曰:"椒房,皇后所居。玉堂,嬖幸之舍也。"

⑦师古曰:"阙亦谓减削之。更谓更卒也,音工衡反。"

⑧师古曰:"捄,古救字也。乂,安也。"

⑨师古曰:"贯,联续也。谓上所陈众条诸事,宜次第相续行之,不当更违异也。贯音工端反。"

⑩师古曰:"娄,古屡字也。屡省,屡自观省也。"

⑪师古曰:"章,明也。"

⑫师古曰:"去就者,言去离无德而就有德。"

成帝性宽而好文辞,又久无继嗣,数为微行,多近幸小臣,赵、李从微贱专宠,皆皇太后与诸舅夙夜所常忧。至亲难数言,故推永等使因天变而切谏,劝上纳用之。永自知有内应,展意无所依违,①每言事辄见答礼。②至上此对,上大怒。卫将军商密擿永令发去。③上使侍御史收永,敕过交道厩者勿追。④御史不及永,还,上意亦解,自悔。明年,征永为太中大夫,迁光禄大夫给事中。

①师古曰:"展,申也。"

②师古曰:"加礼而答之。"

③师古曰:"擿谓发动之,音它历反。"

④晋灼曰:"交道厩去长安六十里,近延陵。"

元延元年,为北地太守。时灾异尤数,永当之官,上使卫尉淳于长受永所欲言。永对曰:

臣永幸得以愚朽之材为太中大夫,备拾遗之臣,从朝者之后,进不能尽思纳忠辅宣圣德,退无被坚执锐讨不义之功,猥蒙厚恩,仍迁至北地太守。绝命陨首,身膏(草野)〔野草〕〔10〕,不足以报塞万分。陛下圣德宽仁,不遗易忘之臣,①垂周文之听,下及刍荛之愚,有诏使卫尉受臣永所欲言。臣闻事君之义,有言责者尽其忠,②有官守者修其职。臣永幸得免于言责之辜,有官守之任,③当毕力遵职,养绥百姓而已,④不宜复关得失之辞。忠臣之于上,志在过厚,是故远不违君,死不忘国。昔史鱼既没,馀忠未讫,委枢后寝,以尸达诚;⑤汲黯身外思内,发愤舒忧,遗言李息。⑥经曰:"虽尔身在外,乃心无不在王室。"⑦臣永幸得给事中出入三年,虽执干戈守边垂,思慕之心常存于省闼,是以敢越郡吏之职,陈累年之忧。

①师古曰:"易忘,言其微贱不足记也。"

②师古曰:"谓职当谏争。"

③师古曰:"言不为谏官,但郡守耳。"

④师古曰:"绥,安也。"

⑤如淳曰:"礼,大夫殡于正室,士于適室。《韩非》曰史鱼卒,委枢后寝,卫君吊而问之,曰:'不能进蘧伯玉,退弥子瑕,以尸谏也。'"

⑥师古曰:"谓论张汤也,事见《黯传》。"

⑦师古曰:"《周书·康王之诰》也。言诸蕃屏之臣,身虽在外,其心常当忠笃而在王室。"

　　臣闻天生蒸民,不能相治,①为立王者以统理之,方制海内非为天子,列土封疆非为诸侯,皆以为民也。垂三统,列三正,去无道,开有德,不私一姓,明天下乃天下之天下,非一人之天下也。王者躬行道德,承顺天地,博爱仁恕,恩及行苇,②籍税取民不过常法,宫室车服不逾制度,事节财足,黎庶和睦,则卦气理效,五征时序,百姓寿考,庶丬蕃滋,③符瑞并降,以昭保右。④失道妄行,逆天暴物,穷奢极欲,湛湎荒淫,⑤妇言是从,诛逐仁贤,离逷骨肉,群小用事,⑥峻刑重赋,百姓愁怨,则卦气悖乱,咎征著邮,⑦上天震怒,灾异娄降,日月薄食,五星失行,山崩川溃,水泉踊出,妖孽并见,芒星耀光,⑧饥馑荐臻,百姓短折,万物夭伤。终不改寤,恶洽变备,不复谴告,更命有德。《诗》云:"乃眷西顾,此惟予宅。"⑨

①师古曰:"蒸,众也。"

②师古曰:"《诗·大雅·行苇》之篇曰'敦彼行苇,牛羊勿践履',言政化所及,仁道沾被,虽草木至贱,无所残伤。"

③师古曰:"庶,众也。丆,古草字也。蕃,多也,音扶元反。"

④师古曰:"保,安也。右,助也。言为天所安助也。右读曰佑。"

⑤师古曰:"湛读曰沈。"

⑥师古曰:"逖,远也。"

⑦师古曰:"悖,乖也。邮字与尤同。尤,过也。悖音布内反。"

⑧师古曰:"茀与孛同,音步内反。"

⑨师古曰:"《大雅·皇矣》之诗也。言天以殷纣为恶不变,乃眷然西顾,见文王之德,而与之宅居也。"

　　夫去恶夺弱,迁命贤圣,天地之常经,百王之所同也。加以功德有厚薄,期质有修短,时世有中季,天道有盛衰。①陛下承八世之功业,当阳数之标季,②涉三七之节纪,③遭《无妄》之卦运,④直百六之灾阸。⑤三难异科,杂焉同会。⑥建始元年以来二十载间,群灾大异,交错锋起,多于《春秋》所书。八世著记,久不塞除,⑦重以今年正月己亥朔日有食之,⑧三朝之会,⑨四月丁酉四方众星白昼流陨,七月辛未彗星横天。乘三难之际会,畜众多之灾异,⑩因之以饥馑,接之以不赡。彗星,极异也,土精所生,流陨之应出于饥变之后,兵乱作矣,厥期不久,隆德积善,惧不克济。⑪内则为深宫后庭将有骄臣悍妾醉酒狂悖卒起之败,⑫北宫苑囿街巷之中臣妾之家幽闲之处⑬徵舒、崔杼之乱;⑭外则为诸夏下土将有樊并、苏令、陈胜、项梁奋臂之祸。内乱朝暮,日戒诸夏,⑮举兵以火角为期。⑯安危之分界,宗庙之至忧,⑰臣永所以破胆寒心,⑱豫言之累年。下有其萌,然后变见于上,⑲可不致慎!

①师古曰:"中读曰仲。"

②孟康曰:"阳九之末季也。"师古曰:"标音必遥反。"

③孟康曰:"至平帝乃三七二百一十岁之厄,今已涉向其节纪。"

④应劭曰:"天必先云而后雷,雷而后雨,而今无云而雷。无妄者,无所望也。万物无所望于天,灾异之最大者也。"师古曰:"取《易》之《无妄卦》为义。"

⑤师古曰:"直,当也。"

⑥师古曰:"杂谓相参也。一曰杂音先合反。杂焉,总萃貌。"

⑦李奇曰："高祖以来至元帝,著记灾异未塞除也。"

⑧师古曰："重音直用反。"

⑨师古曰："岁月日三者之始,故云三朝。"

⑩师古曰："畜读曰蓄。蓄,积聚也。"

⑪师古曰："修德积善尚恐不济,况不隆不积者乎。"

⑫师古曰："卒读曰猝。"

⑬师古曰："闲读曰闲。"

⑭师古曰："陈夏徵舒杀其君平国,齐崔杼弑其君光。"

⑮师古曰："内乱,则祸在朝暮;诸夏,则日戒有兵。"

⑯张晏曰："以荧惑芒角为期。"

⑰师古曰："分音扶问反。"

⑱师古曰："言惧甚。"

⑲师古曰："萌谓事之始生,如草木萌牙者也。"

祸起细微,奸生所易。①愿陛下正君臣之义,无复与群小媟黩燕饮;②中黄门后庭素骄慢不谨尝以醉酒失臣礼者,悉出勿留。勤三纲之严,修后宫之政,③抑远骄妒之宠,崇近婉顺之行,加惠失志之人,怀柔怨恨之心。④保至尊之重,秉帝王之威,朝觐法出而后驾,陈兵清道而后行,无复轻身独出,饮食臣妾之家。三者既除,内乱之路塞矣。

①师古曰："易,轻也,音弋豉反。"

②师古曰："媟,狎也。黩,污也。"

③师古曰："三纲,君臣、父子、夫妇也。"

④师古曰："怀,和也。"

诸夏举兵,萌在民饥馑而吏不恤,兴于百姓困而赋敛重,发于下怨离而上不知。《易》曰："屯其膏,小贞吉,大贞凶。"①传曰："饥而不损兹谓泰,厥灾水,厥咎亡。"②《沃辞》曰："关动牡飞,辟为无道,臣为非,厥咎乱臣谋篡。"③王者遭衰难之世,有饥馑之灾,不损用而大自润,故凶;百姓困贫无以共求,④愁悲怨恨,故水;城关守国之固,固将去焉,故牡飞。往年郡国二十一伤于水灾,禾黍不入。

今年蚕麦咸恶。百川沸腾,江河溢决,大水泛滥郡国十五有馀。比年丧稼,⑤时过无宿麦。⑥百姓失业流散,群辈守关。⑦大异较炳如彼,水灾浩浩,黎庶穷困如此,宜损常税小自润之时,⑧而有司奏请加赋,甚缪经义,逆于民心,布怨趋祸之道也。牡飞之状,殆为此发。古者谷不登亏膳,灾娄至损服,凶年不墍涂,明王之制也。⑨《诗》云:"凡民有丧,扶服捄之。"⑩《论语》曰:"百姓不足,君孰予足?"⑪臣愿陛下勿许加赋之奏,益减大官、导官、中御府、均官、掌畜、廪牺用度,止尚方、织室、京师郡国工服官发输造作,以助大司农。流恩广施,振赡困乏,开关梁,内流民,恣所欲之,⑫以救其急。立春,遣使者循行风俗,宣布圣德,⑬存恤孤寡,问民所苦,劳二千石,⑭敕劝耕桑,毋夺农时,以慰绥元元之心,防塞大奸之隙。⑮诸夏之乱,庶几可息。

①孟康曰:"膏者所以润人肌肤,爵禄亦所以养人者也。小贞,臣也。大贞,君也。遭屯难饥荒,君当开仓廪,振百姓,而反吝,则凶;臣吝啬,则吉。《论语》曰:'出内之吝,谓之有司。'"师古曰:"《易·屯卦》九五爻辞。"

②师古曰:"《洪范传》之辞。"

③师古曰:"《易·讹占》之辞也。讹即妖字耳。"

④师古曰:"共读曰供。无以供在上之所求。"

⑤师古曰:"比,频也。"

⑥师古曰:"时过者,失时不得种也。秋种夏收,故云宿麦。"

⑦如淳曰:"欲入就贱谷也。"

⑧师古曰:"言所润益于己者,当减小之。"

⑨师古曰:"墍,如今仰泥屋也,音许既反。"

⑩师古曰:"《邶国·谷风》之诗。服音蒲北反。捄,古救字。"

⑪师古曰:"《论语》载有若对鲁哀公之辞也。言百姓不足,君安得独足乎?"

⑫师古曰:"之,往也。"

⑬师古曰:"行音下更反。"

⑭师古曰:"劳,慰勉也。二千石,谓郡守、诸侯相也,音来到反。"

⑮师古曰:"绥,安也。"

　　臣闻上主可与为善而不可与为恶，下主可与为恶而不可与为善。陛下天然之性，疏通聪敏，上主之姿也。①少省愚臣之言，感寤三难，②深畏大异，定心为善，捐忘邪志，毋贰旧怨，厉精致〔改〕〔政〕[11]至诚应天，则积异塞于上，祸乱伏于下，何忧患之有？窃恐陛下公志未专，私好颇存，尚爱群小，不肯为耳！

　　①师古曰：“姿，材也。”

　　②师古曰：“省，视也。”

　　对奏，天子甚感其言。

　　永于经书，泛为疏达，①与杜钦、杜邺略等，不能洽浃如刘向父子及扬雄也。其于天官、《京氏易》最密，故善言灾异，前后所上四十馀事，略相反覆，专攻上身与后宫而已。党于王氏，上亦知之，不甚亲信也。

　　①师古曰：“泛，普也，音敷剑反。”

　　永所居任职，①为北地太守岁馀，卫将军商薨，曲阳侯根为票骑将军，荐永，征入为大司农。岁馀，永病，三月，有司奏请免。故事，公卿病，辄赐告，至永独即时免。数月，卒于家。本名并，以尉氏樊并反，更名永云。

　　①师古曰：“言所处之官皆称职。”

　　杜邺字子夏，本魏郡繁阳人也。祖父及父积功劳皆至郡守，武帝时徙茂陵。邺少孤，其母张敞女。邺壮，从敞子吉学问，得其家书。以孝廉为郎。

　　与车骑将军王音善。平阿侯谭不受城门职，后薨，上闵悔之，乃复令谭弟成都侯商位特进，领城门兵，得举吏如将军府。邺见音前与平阿有隙，即说音曰：“邺闻人情，恩深者其养谨，爱至者其求详。①夫戚而不见殊，孰能无怨？②此《棠棣》、《角弓》之诗所为作也。③昔秦伯有千乘之国，而不能容其母弟，《春秋》亦书而讥焉。④周召则不然，⑤忠以相辅，义以相匡，同己之亲，等己之尊，不以圣德独兼国宠，又不为长专受荣任，分职于陕，并为弼疑。⑥故内无感恨之隙，外无侵侮之羞，⑦俱享天祐，两荷高名者,盖以此也。窃见成都侯以特进领城门兵,复有诏得举吏如五府,此明诏所欲宠也。将军宜承顺圣意,加异往时,每事凡议,必与及之,指为诚发,出于将军,则孰敢不说谕?⑧昔文侯寤大雁之献而父子益亲,⑨陈平共壹饭之籑而将相加驩,⑩所接虽在楹阶俎豆之间,其于为国折冲厌难,岂不远哉!⑪窃慕仓唐、陆子之义,所白奥内,唯深察焉。"⑫音甚嘉其言,由是与成都侯商亲密,二人皆重邺。后以病去郎。商为大司马卫将军,除邺主簿,以为腹心,举侍御史。哀帝即位,迁为凉州刺史。邺居职宽舒,少威严,数年以病免。

①师古曰:"详,悉也。"

②师古曰:"戚,近也。殊谓异于疏也。"

③师古曰:"《棠棣》、《角弓》皆《小雅》篇名也。《棠棣》美燕兄弟,《角弓》刺不亲九族也。"

④师古曰:"秦景公母弟公子铖有宠于其父桓公,景公立,铖惧而奔晋。事在昭元年,故经书'秦伯之弟铖出奔晋'。传曰'称弟,罪秦伯也'。"

⑤师古曰:"言周公召公无私怨也。"

⑥师古曰:"分职于陕,谓自陕以东周公主之,自陕以西召公主之。陕即今陕州县也,音式冉反。而说者妄云分邺是颍川郏县,缪矣。弼疑,谓左辅右弼前疑后承也。"

⑦师古曰:"感音胡暗反。"

⑧师古曰:"言此之意指皆出忠诚,彼必和悦,无忧乖异也。说读曰悦。"

⑨师古曰:"魏文侯废太子击,立击弟诉,封击于中山,三年不往来。击臣赵仓唐进大雁于文侯,应对以礼,文侯感寤,废诉而召立击,父子更亲也。"

⑩师古曰:"陈平用陆贾说,以五百金为绛侯具食是也。共读曰供。"

⑪师古曰:"厌音一叶反。"

⑫师古曰:"奥内,室中隐奥之处也。"

是时,帝祖母定陶傅太后称皇太太后,帝母丁姬称帝太后,而皇后即傅太后从弟子也。傅氏侯者三人,丁氏侯者二人。又封傅太后同母弟子郑业为阳信侯。傅太后尤与政专权。①元寿元年正月朔,上以皇后父孔乡侯傅晏为大司马卫将军,而帝舅阳安侯丁明为大司马票骑将军。

临拜,日食,诏举方正直言。扶阳侯韦育举邺方正,邺对曰:

①师古曰:"与读曰豫。"

　　臣闻禽息忧国,碎首不恨;①卞和献宝,刖足愿之。②臣幸得奉
直言之诏,无二者之危,敢不极陈! 臣闻阳尊阴卑,卑者随尊,尊者
兼卑,天之道也。是以男虽贱,各为其家阳;女虽贵,犹为其国阴。
故礼明三从之义,③虽有文母之德,必系于子。④《春秋》不书纪侯之
母,阴义杀也。⑤昔郑伯随姜氏之欲,终有叔段篡国之祸;周襄王内
迫惠后之难,而遭居郑之危。⑥汉兴,吕太后权私亲属,又以外孙为
孝惠后,是时继嗣不明,凡事多晻,⑦昼昏冬雷之变,不可胜载。窃
见陛下行不偏之政,每事约俭,非礼不动,诚欲正身与天下更始也。
然嘉瑞未应,而日食地震,民讹言行筹,传相惊恐。案《春秋》灾异,
以指象为言语,⑧故在于得一类而达之也。日食,明阳为阴所临,
《坤卦》乘《离》,《明夷》之象也。⑨《坤》以法地,为土为母,以安静为
德。震,不阴之效也。⑩占象甚明,臣敢不直言其事!

①应劭曰:"禽息,秦大夫,荐百里奚而不见纳。缪公出,当车以头击阃,脑乃
　　播出,曰:'臣生无补于国而不如死也!'缪公感寤而用百里奚,秦以大治。"

②师古曰:"解在《邹阳传》。"

③师古曰:"谓妇人在家从父,既嫁从夫,夫死从子。"

④师古曰:"文母,文王之妃太姒也。"

⑤师古曰:"隐(三)〔二〕年'纪侯使(履)〔裂〕繻来逆女'。〔12〕《公羊传》曰'婚礼不
　　称主人',主人谓婿也。'不称母,母不通也。'杀谓减降也,音所例反。"

⑥师古曰:"解并在前。"

⑦师古曰:"晻与暗同。"

⑧师古曰:"谓天不言,但以景象指意告喻人。"

⑨应劭曰:"《明夷》之卦:'上六,不明晦,初登于天,后入于地。'明夷者,明伤
　　也。初登于天者,初为天子,言以善闻于天也。后入于地者,伤贤害仁,佞
　　恶在朝,必以恶终入于地也。"

⑩师古曰:"言地当安静而今乃震,是为不遵阴道也。"

　　昔曾子问从令之义,孔子曰:"是何言与!"①善闵子骞守礼不

苟,从亲所行,无非理者,故无可间也。②前大司马新都侯莽退伏弟家,以诏策决,复遣就国。高昌侯宏去蕃自绝,犹受封土。③制书侍中驸马都尉迁不忠巧佞,免归故郡,④间未旬月,则有诏还,大臣奏正其罚,卒不得遣,而反兼官奉使,显宠过故。及阳信侯业,皆缘私君国,非功义所止。⑤诸外家昆弟无贤不肖,并侍帷幄,布在列位,⑥或典兵卫,或将军屯,宠意并于一家,积贵之势,世所希见所希闻也。至乃并置大司马将军之官。皇甫虽盛,三桓虽隆,鲁为作三军,无以甚此。当拜之日,晻然日食。⑦不在前后,临事而发者,明陛下谦逊无专,承指非一,所言辄听,所欲辄随,⑧有罪恶者不坐辜罚,无功能者毕受官爵,流渐积猥,正尤在是,⑨欲令昭昭以觉圣朝。昔诗人所刺,《春秋》所讥,指象如此,殆不在它。由后视前,忿邑非之,⑩逮身所行,不自镜见,则以为可,计之过者。⑪疏贱独偏见,疑内亦有此类。⑫天变不空,保右世主如此之至,奈何不应!⑬

①师古曰:"曾子问子:'从父之令,可谓孝乎?'孔子非之。事见《孝经》。与读曰欤。"

②师古曰:"《论语》称孔子曰'孝哉闵子骞,人不间于其父母昆弟之言'是也。间音居苋反。"

③师古曰:"董宏也。"

④师古曰:"傅迁也。"

⑤师古曰:"谓缘私恩而得封爵为一国之君耳,非有功而侯也。"

⑥师古曰:"不问贤与不肖,皆亲近在位。"

⑦师古曰:"晻音乌感反。"

⑧师古曰:"谓皆迫于太后也。"

⑨师古曰:"尤,过也。言过恶正在于此。"

⑩师古曰:"由,从也。邑,于邑也。"

⑪师古曰:"逮,及也。镜,鉴照也。自以所行为可,是计策之误也。"

⑫如淳曰:"在外而贱,举错有过失,为主上所疑也。'师古曰:"此说非也。言天子不自见其过。疏贱独偏见,邺目谓傍观而见之也。疑内亦有此类,谓后宫嬖幸非理宠遇,亦有如傅迁、郑业等妄受恩赏者。"

⑬（应劭）〔师古〕曰：〔13〕"右读曰佑。应谓应天戒而修德政。"

　　臣闻野鸡著怪，高宗深动；①大风暴过，成王怛然。②愿陛下加致精诚，思承始初，事稽诸古，③以厌下心，④则黎庶群生无不说喜，⑤上帝百神收还威怒，祯祥福禄何嫌不报！⑥

①师古曰："谓雉升鼎耳，故惧而修德，解在《五行志》。"

②师古曰："谓成王信流言而疑周公，天乃雷电以风，禾尽偃，大木斯拔，王乃启金縢之书，悔而还周公。"

③师古曰："每事皆考于古昔。"

④师古曰："厌，满也，音一赡反。"

⑤师古曰："说读曰悦。"

⑥师古曰："嫌，疑也。"

　　邺未拜，病卒。邺言民讹言行筹，及谷永言王者买私田，彗星陨石牡飞之占，语在《五行志》。

　　初，邺从张吉学，吉子竦又幼孤，从邺学问，亦著于世，尤长小学。①邺子林，清静好古，亦有雅材，建武中历位列卿，至大司空。其正文字过于邺、竦，故世言小学者由杜公。

①师古曰："小学，谓文字之学也。《周礼》'八岁入小学，保氏教国子以六书'，故因名云。"

　　赞曰：孝成之世，委政外家，诸舅持权，重于丁、傅在孝哀时。故杜邺敢讥丁、傅，而钦、永不敢言王氏，其势然也。及钦欲挹损凤权，而邺附会音、商。永陈三七之戒，斯为忠焉，至其引申伯以阿凤，隙平阿于车骑，①指金火以求合，②可谓谅不足而谈有馀者。③孔子称"友多闻"，三人近之矣。④

①师古曰："谓劝王谭不受城门之职。"

②师古曰："谓陈金火之变说音云'荡荡之德未纯'。冀音亲己，忘旧怨也。"

③师古曰："谅，信也。"

④师古曰："孔子云：'友直，友谅、友多闻，益矣。'赞言杜邺、杜钦、谷永无直谅之德，但多闻也。"

【校勘记】

〔1〕 (尝)〔常〕战栗谨敬也。 景祐、殿本都作"常",此误。

〔2〕 诚放退残贼酷暴之吏(一)〔锢〕废勿用, 景祐、殿本都作"锢"。

〔3〕 是为一(月)〔时〕。 景祐、殿本都作"时"。王先谦说作"时"是。

〔4〕 粥音(戈)〔弋〕六反。 景祐、殿本都作"弋"。

〔5〕 (求)〔直〕,当也。 景祐、殿、局本都作"直",此误。

〔6〕 不能褒扬万(一)〔分〕。 景祐、殿本都作"分"。王文彬说疑作"分"是。

〔7〕 言人性沈密(谓)〔而〕潜深者, 殿本作"而"。王先谦说作"而"是。按景祐本亦作"谓"。

〔8〕 加之(以)火上, 景祐本无"以"字,殿本有"以"字,无"上"字。

〔9〕 征(法)〔发〕如雨, 景祐、殿本都作"发",此误。

〔10〕 身膏(草野)〔野草〕, 景祐、殿、局本都作"野草"。

〔11〕 厉精致(改)〔政〕, 景祐、殿本都作"政"。

〔12〕 隐(三)〔二〕年,纪侯使(履)〔裂〕繻来逆女。 殿本"三"作"二","履"作"裂"。

〔13〕 (应劭)〔师古〕曰: 景祐、殿本都作"师古"。

汉书卷八十六

何武王嘉师丹传第五十六

何武字君公,蜀郡郫县人也。①宣帝时,天下和平,四夷宾服,神爵、五凤之间娄蒙瑞应。②而益州刺史王襄使辩士王褒颂汉德,作《中和》、《乐职》、《宣布》诗三篇。③武年十四五,与成都杨覆众等共习歌之。是时,宣帝循武帝故事,求通达茂异士,召见武等于宣室。④上曰:"此盛德之事,吾何足以当之哉!"以褒为待诏,武等赐帛罢。

①师古曰:"郫音疲。"

②师古曰:"娄,古屡字也。"

③师古曰:"中和者,言政教隆平,得中和之道也。乐职,谓百官万姓乐得其常道也。宣布,德化周洽,遍于四海也。"

④师古曰:"殿名也,解在《贾谊传》。"

武诣博士受业,治《易》。以射策甲科为郎,与翟方进交志相友。光禄勋举四行,①迁为鄠令,坐法免归。

①师古曰:"元帝永光元年诏举质朴、敦厚、逊让、有行义各一人。时诏书又令光禄岁以此科第郎从官,故武以此四行得举之也。"

武兄弟五人,皆为郡吏,郡县敬惮之。武弟显家有市籍,租常不入,县数负其课。①市啬夫求商捕辱显家,②显怒,欲以吏事中商。③武曰:"以吾家租赋繇役不为众先,奉公吏不亦宜乎!"武卒白太守,召商为卒吏,州里闻之皆服焉。

①师古曰:"以显家不入租,故每令县负课殿。"

②师古曰:"求,姓;商,名也。"

③师古曰:"中伤之也,又音竹仲反。"

久之,太仆王音举武贤良方正,征对策,拜为谏大夫,迁扬州刺史。所举奏二千石长吏必先露章,服罪者为亏除,免之而已;①不服,极法奏之,抵罪或至死。

①师古曰:"亏,减也。减〔系〕〔除〕其状,直令免去也。"[1]

九江太守戴圣,《礼经》号小戴者也,行治多不法,前刺史以其大儒,优容之。及武为刺史,行部录囚徒,有所举以属郡。①圣曰:"后进生何知,乃欲乱人治!"②皆无所决。武使从事廉得其罪,③圣惧,自免。后为博士,毁武于朝廷。武闻之,终不扬其恶。而圣子宾客为群盗,得,④系庐江,圣自以子必死。武平心决之,卒得不死。自是后,圣惭服。武每奏事至京师,⑤圣未尝不造门谢恩。⑥

①师古曰:"属,委也,音之欲反。"

②师古曰:"言武仕学未久,故谓之后进生也。"

③师古曰:"廉,察也。"

④师古曰:"聚为群盗而吏捕得也。"

⑤师古曰:"刺史每岁尽,则入奏事于京师也。"

⑥师古曰:"造,至也,音千到反。"

武为刺史,二千石有罪,应时举奏,其馀贤与不肖敬之如一,是以郡国各重其守相,州中清平。行部必先即学官见诸生,①试其诵论,问以得失,然后入传舍,出记问垦田顷亩,五谷美恶,②已乃见二千石,以为常。③

①师古曰:"即,就也。学官,学舍也。"

②师古曰:"记谓教命之书。"

③师古曰:"常依次第也。"

初,武为郡吏时,事太守何寿。寿知武有宰相器,以其同姓故厚之。后寿为大司农,其兄子为庐江长史。时武奏事在邸,寿兄子适在长安,寿为具召武弟显及故人杨覆众等,①酒酣,见其兄子,②曰:"此子扬州长史,③材能驽下,未尝省见。"④显等甚惭,退以谓武,武曰:"刺史古之方伯,上所委任,一州表率也,职在进善退恶。吏治行有茂异,民有隐逸,乃当召见,不可有所私问。'显、覆众强之,不得已召见,赐卮酒。⑤岁中,庐江太守举之。⑥其守法见惮如此。

①师古曰:"具谓酒食之具也。"

②师古曰:"令出见显等。"

③师古曰:"言扬州部内长史也。"

④师古曰:"省,视也。言不为武所识拔也。"

⑤师古曰:"对赐一卮之酒也。"

⑥师古曰:"终得武之力助也。"

为刺史五岁,入为丞相司直,丞相薛宣敬重之。出为清河太守,数岁,坐郡中被灾害什四以上免。久之,大司马曲阳侯王根荐武,征为谏大夫。迁兖州刺史,入为司隶校尉,徙京兆尹。二岁,坐举方正所举者召见槃辟雅拜,①有司以为诡众虚伪。②武坐左迁楚内史,迁沛郡太守,复入为廷尉。绥和(三)〔元〕年,[2]御史大夫孔光左迁廷尉,武为御史大夫。成帝欲修辟雍,通三公官,③即改御史大夫为大司空。④武更为大司空,封汜乡侯,食邑千户。汜乡在琅邪不其,⑤哀帝初即位,褒赏大臣,更以南阳犨之博望乡为汜乡侯国,⑥增邑千户。

①服虔曰:"行礼容拜也。"师古曰:"槃辟犹言槃旋也。辟音闢。"

②师古曰:"诡,违也。"

③师古曰:"通,开也,谓更开置之。"

④师古曰:"就其所任之人而并官俱改,不别拜授也。"

⑤师古曰:"为后改食博望乡,故此指言在琅邪不其也。汜音凡。其音基。"

⑥师古曰:"犨音昌牛反。"

武为人仁厚,好进士,奖称人之善。①为楚内史厚两龚,在沛郡厚两唐,②及为公卿,荐之朝廷。此人显于世者,何侯力也,世以此多焉。③然疾朋党,问文吏必于儒者,问儒者必于文吏,以相参检。欲除吏,先为科例以防请托。其所居亦无赫赫名,去后常见思。

①师古曰:"奖,劝也,进而劝之。"

②师古曰:"两龚,龚胜、龚舍也。两唐,唐林、唐尊也。"

③师古曰:"多,重也,重武进贤也。"

及为御史大夫司空，与丞相方进共奏言："往者诸侯王断狱治政，内史典狱事，相总纲纪辅王，中尉备盗贼。今王不断狱与政，①中尉官罢，职并内史，郡国守相委任，所以壹统信，安百姓也。②今内史位卑而权重，威职相逾，不统尊者，难以为治。臣请相如太守，内史如都尉，以顺尊卑之序，平轻重之权。"制曰："可。"以内史为中尉。初武为九卿时，奏言宜置三公官，又与方进共奏罢刺史，更置州牧，后皆复复故，③语在《朱博传》。唯内史事施行。

①师古曰："与读曰豫。"

②师古曰："令百姓信之而安附也。"

③师古曰："又依其旧也。下复音扶目反。"

多所举奏，号为烦碎，不称贤公。功名略比薛宣，其材不及也，而经术正直过之。武后母在郡，遣吏归迎。会成帝崩，吏恐道路有盗贼，后母留止，左右或讥武事亲不笃。①哀帝亦欲改易大臣，遂策免武曰："君举错烦苛，不合众心，②孝声不闻，恶名流行，无以率示四方。其上大司空印绶，罢归就国。"后五岁，谏大夫鲍宣数称冤之，天子感丞相王嘉之对，而高安侯董贤亦荐武，武由是复征为御史大夫。月馀，徙为前将军。

①师古曰："左右谓天子侧近之臣。"

②师古曰："错，置也，音千故反。"

先是，新都侯王莽就国，数年，上以太皇太后故征莽还京师。莽从弟成都侯王邑为侍中，矫称太皇太后指白哀帝，为莽求特进给事中。哀帝复请之，事发觉。①太后为谢，上以太后故不忍诛之，左迁邑为西河属国都尉，削千户。后有诏举大常，莽私从武求举，武不敢举。后数月，哀帝崩，太后即日引莽入，收大司马董贤印绶，诏有司举可大司马者。莽故大司马，辞位辟丁、傅，②众庶称以为贤，又太后近亲，自大司徒孔光以下举朝皆举莽。武为前将军，素与左将军公孙禄相善，二人独谋，以为往时孝惠、孝昭少主之世，外戚吕、霍、上官持权，几危社稷，③今孝成、孝哀比世无嗣，④方当选立亲近辅幼主，不宜令异姓大臣持权，⑤亲疏相错，为国计便。⑥于是武举公孙禄可大司马，而禄亦举武。太后竟自用莽为大司马。莽风有司劾奏武、公孙禄互相称举，⑦皆免。

　　①师古曰："哀帝反更以此事请于太后，太后本无此言，故矫事发觉也。复音
　　　扶目反。"

　　②师古曰："辟读曰避。"

　　③师古曰："几音巨依反。"

　　④师古曰："比，频也。"

　　⑤师古曰："异姓谓非宗室及外戚。"

　　⑥师古曰："错谓间杂也。"

　　⑦师古曰："风读曰讽。"

　　武就国后，莽寖盛，为宰衡，①阴诛不附己者。元始三年，吕宽等事
起。时大司空甄丰承莽风指，②遣使者乘传案治党与，③连引诸所欲诛，
上党鲍宣，南阳彭伟、杜公子，④郡国豪桀坐死者数百人。武在见诬中，
大理正槛车征武，武自杀。众人多冤武者，莽欲厌众意，令武子况嗣为
侯，⑤谥武曰刺侯。⑥莽篡位，免况为庶人。

　　①师古曰："寖，渐也。"

　　②师古曰："风谓风采也。指，意也。"

　　③师古曰："传音张恋反。"

　　④师古曰："彭伟及杜公子二人皆南阳人。"

　　⑤师古曰："厌，满也，音一赡反。"

　　⑥师古曰："刺音来曷反。"

　　王嘉字公仲，平陵人也。以明经射策甲科为郎，坐户殿门失阑
免。①光禄勋于永除为掾，察廉为南陵丞，②复察廉为长陵尉。鸿嘉中，
举敦朴能直言，召见宣室，对政事得失，超迁太中大夫。出为九江、河南
太守，治甚有声。征入为大鸿胪，徙京兆尹，迁御史大夫。建平三年代
平当为丞相，封新甫侯，加食邑千一百户。

　　①师古曰："户，止也。嘉掌守殿门，止不当入者而失阑入之，故坐免也。《春
　　　秋左氏传》曰'屈荡户之'。"

　　②师古曰："南陵，县名，属宣〔州〕〔城〕。"〔3〕

嘉为人刚直严毅有威重，上甚敬之。哀帝初立，欲匡成帝之政，多所变动，①嘉上疏曰：

①师古曰："匡，正也，正其乖失者。"

臣闻圣王之功在于得人。孔子曰："材难，不其然与！"①"故继世立诸侯，象贤也。"②虽不能尽贤，天子为择臣，立命卿以辅之。③居是国也，累世尊重，然后士民之众附焉，是以教化行而治功立。今之郡守重于古诸侯，往者致选贤材，贤材难得，拔擢可用者，或起于囚徒。昔魏尚坐事系，文帝感冯唐之言，遣使持节赦其罪，拜为云中太守，匈奴忌之。武帝擢韩安国于徒中，拜为梁内史，骨肉以安。④张敞为京兆尹，有罪当免，黯吏知而犯敞，敞收杀之，其家自冤，使者覆狱，劾敞贼杀人，⑤上逮捕不下，⑥会免，亡命数十日，宣帝征敞拜为冀州刺史，卒获其用。前世非私此三人，贪其材器有益于公家也。

①师古曰："《论语》载孔子之言也。材难，谓有贤材者难得也。与读曰欤。"
②师古曰："象其先父祖之贤耳，非必其人皆有德也。"
③师古曰："命卿，命于天子者也。"
④师古曰："言梁孝王得免罪也。"
⑤师古曰："覆音芳目反。"
⑥师古曰："言使者上奏请逮捕敞，而天子不下其事也。下音胡稼反。"

孝文时，吏居官者或长子孙，以官为氏，仓氏、库氏则仓库吏之后也。其二千石长吏亦安官乐职，然后上下相望，莫有苟且之意。其后稍稍变易，公卿以下传相促急，又数改更政事，①司隶、部刺史察过悉劾，发扬阴私，②吏或居官数月而退，送故迎新，交错道路。中材苟容求全，③下材怀危内顾，④壹切营私者多。二千石益轻贱，吏民慢易之。⑤或持其微过，增加成罪，言于刺史、司隶，或至上书章下；⑥众庶知其易危，⑦小失意则有离畔之心。前山阳亡徒苏令等从横，⑧吏士临难，莫肯伏节死义，以守相威权素夺也。⑨孝成皇帝悔之，下诏书，二千石不为纵，⑩遣使者赐金，尉厚其意，诚以为国家有急，取办于二千石，二千石尊重难危，乃能使下。

①师古曰：“更亦变也。”

②师古曰：“悉，尽也。言事无大小尽皆举劾，过于所察之条也。”

③师古曰：“不敢操持群下也。”

④师古曰：“常恐获罪，每为私计也。”

⑤师古曰：“易亦轻也，音弋豉反。”

⑥师古曰：“依其所上之章而下令治之。”

⑦师古曰：“言易可（轻）〔倾〕危也。”〔4〕

⑧师古曰：“从音子用反。横音胡孟反。”

⑨师古曰：“守，郡守也。相，诸侯相也。素夺，谓先不假之威权也。”

⑩孟康曰：“二千石不以故纵为罪，所以优也。”

　　孝宣皇帝爱其良民吏，①有章劾，事留中，会赦壹解。②故事，尚书希下章，为烦扰百姓，证验系治，或死狱中，章文必有“敢告之”字乃下。③唯陛下留神于择贤，记善忘过，容忍臣子，勿责以备。④二千石、部刺史、三辅县令有材任职者，人情不能不有过差，宜可阔略，⑤令尽力者有所劝。此方今急务，国家之利也。前苏令发，⑥欲遣大夫使逐问状，时见大夫无可使者，⑦召鳌屋令尹逢拜为谏大夫遣之。（令）〔今〕诸大夫有材能者甚少，〔5〕宜豫畜养可成就者，则士赴难不爱其死；临事仓卒乃求，非所以明朝廷也。

①师古曰：“良，善也。良人吏，善治百姓者。”

②师古曰：“不即下治其事，恐为扰动，故每留中。或经赦令，一切皆解散也。”

③师古曰：“所以丁宁告者之辞，绝其相诬也。”

④师古曰：“不求备于一人也。”

⑤师古曰：“当宽恕其小罪也。”

⑥师古曰：“谓苏令等初发起为盗贼也。”

⑦师古曰：“谓见在大夫皆不堪为使也。”

嘉因荐儒者公孙光、满昌及能吏萧咸、薛修等，皆故二千石有名称。天子纳而用之。

　　会息夫躬、孙宠等因中常侍宋弘上书告东平王云祝诅，又与后舅伍宏谋弑上为逆，云等伏诛，躬、宠擢为吏二千石。是时，侍中董贤爱幸于上，上欲侯之而未有所缘，傅嘉劝上因东平事以封贤。上于是定躬、宠告东平本章，①掇去宋弘，更言因董贤以闻，②欲以其功侯之，皆先赐爵关内侯。顷之，欲封贤等，上心惮嘉，乃先使皇后父孔乡侯傅晏持诏书视丞相御史。③于是嘉与御史大夫贾延上封事言："窃见董贤等三人始赐爵，众庶匈匈，咸曰贤贵，其馀并蒙恩，④至今流言未解。陛下仁恩于贤等不已，宜暴贤等本奏语言，⑤延问公卿大夫博士议郎，考合古今，明正其义，然后乃加爵土；不然，恐大失众心，海内引领而议。暴平其事，必有言当封者，在陛下所从；天下虽不说，咎有所分，⑥不独在陛下。前定陵侯淳于长初封，其事亦议。大司农谷永以长当封，众人归咎于永，先帝不独蒙其讥。⑦臣嘉、臣延材驽不称，死有馀责。⑧知顺指不迕，可得容身须臾，⑨所以不敢者，思报厚恩也。"上感其言，止，数月，遂下诏封贤等，因以切责公卿曰："朕居位以来，寝疾未瘳，⑩反逆之谋，相连不绝，贼乱之臣，近侍帷幄。前东平王云与后谒祝诅朕，使侍医伍宏等内侍案脉，⑪几危社稷，殆莫甚焉！⑫昔楚有子玉得臣，晋文为之侧席而坐，⑬近事，汲黯折淮南之谋。今云等至有图弑天子逆乱之谋者，是公卿股肱莫能悉心务聪明以销厌未萌之故。⑭赖宗庙之灵，侍中驸马都尉贤等发觉以闻，咸伏厥辜。《书》不云乎？'用德章厥善。'⑮其封贤为高安侯、南阳太守宠为方阳侯、左曹光禄大夫躬为宜陵侯。"

①师古曰："定谓改治也。"

②师古曰："掇读曰剟。剟，削也，削去其名也。剟音竹劣反。"

③师古曰："视读曰示。"

④师古曰："言董贤以贵宠故妄得封，而躬、宠遂蒙恩。"

⑤师古曰："暴谓章露也。"

⑥师古曰："说读曰悦。"

⑦师古曰："蒙，被也。"

⑧师古曰："称，副也。"

⑨师古曰："迕，逆也。"

⑩师古曰："瘳，差也，音丑留反。"

⑪师古曰："案谓切诊也。"

⑫师古曰："几音巨依反。殆亦危也。"

⑬师古曰："已解于上。"

⑭师古曰："悉，尽也。务聪明者，广视听也。厌音一涉反。"

⑮师古曰："《商书·盘庚》之辞也。"

后数月，日食，举直言，嘉复奏封事曰：

臣闻咎繇戒帝舜曰："亡敖佚欲有国，兢兢业业，一日二日万机。"①箕子戒武王曰："臣无有作威作福，亡有玉食；臣之有作威作福玉食，害于而家，凶于而国，人用侧颇辟，民用僭忒。"②言如此则逆尊卑之序，乱阴阳之统，而害及王者，其国极危。国人倾仄不正，民用僭差不壹，此君不由法度，上下失序之败也。武王躬履此道，隆至成康。③自是以后，纵心恣欲，法度陵迟，④至于臣弑君，子弑父。父子至亲，失礼患生，何况异姓之臣？孔子曰："道千乘之国，敬事而信，节用而爱人，使民以时。"⑤孝文皇帝备行此道，海内蒙恩，为汉太宗。孝宣皇帝赏罚信明，施与有节，记人之功，忽于小过，⑥以致治平。孝元皇帝奉承大业，温恭少欲，都内钱四十万万，水衡钱二十五万万，少府钱十八万万。⑦尝幸上林，后宫冯贵人从临兽圈，猛兽惊出，贵人前当之，元帝嘉美其义，赐钱五万。⑧掖庭见亲，有加赏赐，属其人勿众谢。⑨示平恶偏，重失人心，赏赐节约。是时外戚赀千万者少耳，故少府水衡见钱多也。⑩虽遭初元、永光凶年饥馑，加有西羌之变，外奉师旅，内振贫民，终无倾危之忧，以府臧内充实也。孝成皇帝时，谏臣多言燕出之害，⑪及女宠专爱，耽于酒色，损德伤年，其言甚切，然终不怨怒也。宠臣淳于长、张放、史育，育数贬退，家赀不满千万，放斥逐就国，长榜死于狱。⑫不以私爱害公义，故虽多内讥，朝廷安平，⑬传业陛下。

①师古曰："《虞书·咎繇谟》之辞也。言有国之人不可傲慢逸欲，但当戒慎危惧，以理万事之机也。敖读曰傲。"

②师古曰："《周书·洪范》载箕子对武王之辞也。玉食，精好如玉也。而，汝

也。颇,偏也。僭,不信也。愿,恶也。"

③师古曰:"言武王能履法度,故至成康之时,德化隆盛也。"

④师古曰:"陵迟即陵夷也,言渐颓替也。"

⑤师古曰:"《论语》载孔子之言也。道,治也。千乘谓兵车千乘,说在《刑法志》。"

⑥师古曰:"忽,忘也。"

⑦师古曰:"言不费用,故蓄积也。"

⑧师古曰:"此言虽嘉其义而赏亦不多。"

⑨师古曰:"掖庭宫人,有亲戚来见而帝赐之者,属其家勿使于众人中谢也。属音之欲反。"

⑩师古曰:"见在之钱也。"

⑪师古曰:"燕出谓微行也。"

⑫师古曰:"榜,笞击也,音彭。"

⑬师古曰:"虽有好内之讥,而不害政也。"

陛下在国之时,好《诗》《书》,上俭节,征来所过道上称诵德美,此天下所以回心也。①初即位,易帷帐,去锦绣,乘舆席缘绨缯而已。②共皇寝庙比比当作,③忧闵元元,惟用度不足,④以义割恩,辄且止息,今始作治。而驸马都尉董贤亦起官寺上林中,又为贤治大第,开门乡北阙,⑤引王渠灌园池,⑥使者护作,⑦赏赐吏卒,甚于治宗庙。贤母病,长安厨给祠具,⑧道中过者皆饮食。⑨为贤治器,器成,奏御乃行,或物好,特赐其工,自贡献宗庙三宫,犹不至此。⑩贤家有宾婚及见亲,诸官并共,⑪赐及仓头奴婢,人十万钱。使者护视,发取市物,百贾震动,⑫道路讙哗,群臣惶惑。诏书罢菀,而以赐贤二千馀顷,均田之制从此堕坏。⑬奢僭放纵,变乱阴阳,灾异众多,百姓讹言,持筹相惊,⑭被发徒跣而走,乘马者驰,天惑其意,不能自止。或以为筹者策失之戒也。陛下素仁智慎事,今而有此大讥。

①师古曰:"望为治也。"

②师古曰:"绨,厚缯也,音徒奚反。"

③师古曰:"共皇,哀帝之父,即定陶恭王也。比比犹频频也。共读曰恭。"

④师古曰："惟,思也。"

⑤师古曰："乡读曰向。"

⑥苏林曰："王渠,官渠也,犹今御沟也。"晋灼曰："渠名也,在城东覆盎门外。"
　师古曰："晋说是。"

⑦师古曰："护,监视也。"

⑧师古曰："长安有厨官,主为官食。"

⑨如淳曰："祷于道中,故行人皆得饮食。"

⑩师古曰："三宫,天子、太后、皇后也。"

⑪师古曰："见亲,亲戚相见也。并供,言百官各以所掌事及财物就供之。共
　读曰供。"

⑫师古曰："贾谓贩卖之人也。言百贾者,非一之称也。贾音古。"

⑬孟康曰："自公卿以下至于吏民名曰均田,皆有顷数,于品制中令均等。今
　赐贤二千馀顷,则坏其等制也。"师古曰："菀,古苑字。堕音火规反。"

⑭师古曰："言行西王母筹也。"

　　孔子曰："危而不持,颠而不扶,则将安用彼相矣!"①臣嘉幸得
备位,窃内悲伤不能通愚忠之信;身死有益于国,不敢自惜。唯陛
下慎己之所独乡,察众人之所共疑。②往者宠臣邓通、韩嫣③骄贵失
度,逸豫无厌,小人不胜情欲,卒陷罪辜。④乱国亡躯,不终其禄,所
谓爱之适足以害之者也。宜深览前世,以节贤宠,全安其命。

①师古曰："《论语》称季氏将伐颛臾,冉有、季路见于孔子,孔子以此言责之,
　以其不匡谏也。"

②师古曰："乡读曰向。"

③师古曰："嫣音偃。"

④师古曰："卒,终也。"

　　于是上寖不说,①而愈爱贤,不能自胜。

①师古曰："寖,渐也。说读曰悦。"

　　会祖母傅太后薨,上因托傅太后遗诏,令成帝母王太后下丞相御
史,益封贤二千户,及赐孔乡侯、汝昌侯、阳新侯国。①嘉封还诏书,②因
奏封事谏上及太后曰："臣闻爵禄土地,天之有也。《书》云:'天命有德,

五服五章哉！'③王者代天爵人，尤宜慎之。裂地而封，不得其宜，则众庶不服，感动阴阳，其害疾自深。④今圣体久不平，此臣嘉所内惧也。高安侯贤，佞幸之臣，陛下倾爵位以贵之，单货财以富之，⑤损至尊以宠之，⑥主威已黜，府藏已竭，唯恐不足。财皆民力所为，孝文皇帝欲起露台，重百金之费，克己不作。今贤散公赋以施私惠，一家至受千金，往古以来贵臣未尝有此，流闻四方，皆同怨之。里谚曰：'千人所指，无病而死。'臣常为之寒心。今太皇太后以永信太后遗诏，诏丞相御史益贤户，赐三侯国，臣嘉窃惑。山崩地动，日食于三朝，⑦皆阴侵阳之戒也。前贤已再封，晏、商再易邑，业缘私横求，恩已过厚，⑧求索自恣，不知厌足，甚伤尊（卑）〔尊〕〔6〕之义，不可以示天下，为害痛矣！臣骄侵罔，阴阳失节，⑨气感相动，害及身体。陛下寝疾久不平，继嗣未立，宜思正万事，顺天人之心，以求福祐，奈何轻身肆意，⑩不念高祖之勤苦垂立制度欲传之于无穷哉！《孝经》曰：'天子有争臣七人，虽无道，不失其天下。'⑪臣谨封上诏书，不敢露见，非爱死而不自法，恐天下闻之，故不敢自劾。愚（赣）〔戆〕数犯忌讳，〔7〕唯陛下省察。"

①师古曰："傅晏、傅商、郑业也。"

②师古曰："还谓却上之于天子也。"

③师古曰："《虞书·皋繇谟》之辞也。言皇天命于有德者以居列位，天子诸侯卿大夫士尊卑之服采章各异也。"

④师古曰："言此气损害，故令天子身自有疾也。"

⑤师古曰："单，尽也。"

⑥师古曰："言上意倾惑，为下所窥也。"

⑦师古曰："岁月日之朝也。已解于上。"

⑧师古曰："横音胡孟反。"

⑨师古曰："罔谓诬蔽也。"

⑩师古曰："肆，放也。"

⑪师古曰："言上能纳谏，则免于过恶也。"

初，廷尉梁相与丞相长史、御史中丞及五二千石杂治东平王云狱，时冬月未尽二旬，而相心疑云冤，狱有饰辞，①奏欲传之长安，②更下公卿覆治。尚书令鞫谭、仆射宗伯凤以为可许。③天子以相等皆见上体不平,外内顾望,操持两心,④幸云逾冬,无讨贼疾恶主仇之意,制诏免相等皆为庶人。后数月大赦,嘉奏封事荐相等明习治狱,“相计谋深沈,谭颇知雅文,凤经明行修,圣王有计功除过,⑤臣窃为朝廷惜此三人。”书奏,上不能平。⑥后二十馀日,嘉封还益董贤户事,上乃发怒,召嘉诣尚书,责问以“相等前坐在位不尽忠诚,外附诸侯,操持两心,背人臣之义,今所称相等材美,足以相计除罪。君以道德,位在三公,以总方略一统万类分明善恶为职,知相等罪恶陈列,著闻天下,时辄以自劾,今又称誉相等,云为朝廷惜之。大臣举错,恣心自在,⑦迷国罔上,近由君始,将谓远者何!⑧对状”。⑨嘉免冠谢罪。

①师古曰:“假饰之辞,非其实也。”

②师古曰:“传谓移其狱事也。”

③师古曰:“鞫及宗伯皆姓也。鞫音居六反。”

④师古曰:“操音千高反。”

⑤师古曰:“收采其功,以(明)〔免〕罪过也。”〔8〕

⑥师古曰:“心怒也。”

⑦师古曰:“错,置也。”

⑧师古曰:“近臣尚然,则远者固宜尔也。”

⑨师古曰:“敕令具对也。”

事下将军中朝者。光禄大夫孔光、左将军公孙禄、右将军王安、光禄勋马宫、光禄大夫龚胜劾嘉迷国罔上不道,请与廷尉杂治。胜独以为嘉备宰相,诸事并废,咎由嘉生;①嘉坐荐相等,微薄,以应迷国罔上不道,恐不可以示天下,遂可光等奏。

①师古曰:“孔光以下众共劾嘉,而胜独为异议也。”

光等请谒者召嘉诣廷尉诏狱,制曰:“票骑将军、御史大夫、中二千石、二千石、诸大夫、博士、议郎议。”卫尉云等五十人以为“如光等言可许”。议郎龚等以为:“嘉言事前后相违,无所执守,不任宰相之职,宜夺爵土,免为庶人。”永信少府猛等十人以为:“圣王断狱,必先原心定罪,探意立情,故死者不抱恨而入地,生者不衔怨而受罪。明主躬圣德,重大臣刑辟,广延有司议,欲使海内咸服。嘉罪名虽应法,圣王之于大臣,在舆为下,御坐则起,①疾病视之无数,死则临吊之,废宗庙之祭,进之以礼,退之以义,诔之以行。②案嘉本以相等为罪,罪恶虽著,大臣括发关械、裸躬就笞,③非所以重国褒宗庙也。今春月寒气错缪,霜露数降,宜示天下以宽和。臣等不知大义,唯陛下察焉。"有诏假谒者节,召丞相诣廷尉诏狱。

①师古曰:"解在《翟方进传》。"

②师古曰:"言大臣之死,积累其行而为诔也。诔者,累德行之文。"

③师古曰:"括,结也。关,贯也。裸,露也。"

使者既到府,掾史涕泣,共和药进嘉,嘉不肯服。主簿曰:"将相不对理陈冤,相踵以为故事,①君侯宜引决。"②使者危坐府门上。③主簿复前进药,嘉引药杯以击地,谓官属曰:"丞相幸得备位三公,奉职负国,当伏刑都市以示万众。丞相岂儿女子邪,何谓咀药而死!"④嘉遂装出,见使者再拜受诏,乘吏小车,去盖不冠,随使者诣廷尉。廷尉收嘉丞相新甫侯印绶,缚嘉载致都船诏狱。

①师古曰:"踵由蹑也。"

②师古曰:"令自杀也。"

③师古曰:"以逼促嘉也。"

④师古曰:"咀,嚼也,音才汝反。"

上闻嘉生自诣吏,大怒,使将军以下与五二千石杂治。吏诘问嘉,嘉对曰:"案事者思得实。窃见相等前治东平王狱,不以云为不当死,欲关公卿示重慎;置驿马传囚,势不得逾冬月,诚不见其外内顾望阿附为云验。复幸得蒙大赦,相等皆良善吏,臣窃为国惜贤,不私此三人。"狱吏曰:"苟如此,则君何以为罪犹当? 有以负国,不空入狱矣。"吏稍侵辱嘉,嘉喟然卬天叹曰:①"幸得充备宰相,不能进贤退不肖,以是负国,死有余责。"吏问贤不肖主名,嘉曰:"贤,故丞相孔光、故大司空何武,不能进;恶,高安侯董贤父子,佞邪乱朝,而不能退。罪当死,死无所恨。"嘉系狱二十馀日,不食欧血而死。帝舅大司马票骑将军丁明素重嘉而怜之,上遂免明,以董贤代之,语在《贤传》。

　　①师古曰:"卬读曰仰。"

　　嘉为相三年诛,国除。死后上览其对而思嘉言,复以孔光代嘉为丞相,征用何武为御史大夫。元始四年,诏书追录忠臣,封嘉子崇为新甫侯,追谥嘉为忠侯。

　　师丹字仲公,琅邪东武人也。治《诗》,事匡衡。举孝廉为郎。元帝末,为博士,免。建始中,州举茂材,复补博士,出为东平王太傅。丞相方进、御史大夫孔光举丹论议深博,廉正守道,征入为光禄大夫、丞相司直。数月,复以光禄大夫给事中,由是为少府、光禄勋、侍中,甚见尊重。成帝末年,立定陶王为皇太子,以丹为太子太傅。哀帝即位,为左将军,赐爵关内侯,食邑,领尚书事,遂代王莽为大司马,封高乐侯。月馀,徙为大司空。

　　上少在国,见成帝委政外家,王氏僭盛,常内邑邑。即位,多欲有所匡正。封拜丁、傅,夺王氏权。丹自以师傅居三公位,得信于上,上书言:"古者谅暗不言,听于冢宰,①三年无改于父之道。②前大行尸柩在堂,而官爵臣等以及亲属,赫然皆贵宠。封舅为阳安侯,皇后尊号未定,豫封父为孔乡侯。出侍中王邑、射声校尉王邯等。诏书比下,变动政事,③卒暴无渐。④臣纵不能明陈大义,复曾不能牢让爵位,⑤相随空受封侯,增益陛下之过。间者郡国多地动,水出流杀人民,日月不明,五星失行,此皆举错失中,号令不定,法度失理,阴阳溷浊之(患)〔应〕也。⑥〔9〕臣伏惟人情无子,年虽六七十,犹博取而广求。⑦孝成皇帝深见天命,烛知至德,⑧以壮年克己,立陛下为嗣。先帝暴弃天下而陛下继体,四海安宁,百姓不惧,此先帝圣德当合天人之功也。臣闻天威不违颜咫尺,⑨愿陛下深思先帝所以建立陛下之意,且克己躬行以观群下之从化。天下者,陛下之家也,肺附何患不富贵,不宜仓卒。先帝不量臣愚,以为太傅,陛下以臣托师傅,故亡功德而备鼎足,封大国,加赐黄金,位为三公,职在左右,⑩不能尽忠补过,而令庶人窃议,灾异数见,此臣之大罪也。臣不敢言乞骸骨归于海滨,恐嫌于伪。诚惭负重责,义不得不尽死。"书数十上,多切直之言。

①师古曰:"《论语》云子张曰:'《书》云高宗谅暗,三年不言。'孔子曰:'何必高宗,古之人皆然。君薨,百官总己以听于冢宰三年。'谅,信也,暗,默然也。"

②师古曰:"《论语》称孔子曰:'父在观其志,父没观其行;三年无改于父之道,可谓孝矣。'"

③师古曰:"比,频也。"

④师古曰:"卒读曰猝。"

⑤师古曰:"牢,坚也。"

⑥师古曰:"涸音胡顿反。"

⑦师古曰:"取读曰娶。"

⑧师古曰:"烛,照也。至德,指谓哀帝。"

⑨师古曰:"言常若在前,宜自肃惧也。"

⑩师古曰:"左右,助也。左读曰佐。右读曰佑。"

初,哀帝即位,成帝母称太皇太后,成帝赵皇后称皇太后,而上祖母傅太后与母丁后皆在国邸,自以定陶共王为称。高昌侯董宏上书言:"秦庄襄王母本夏氏,而为华阳夫人所子,①及即位后,俱称太后。宜立定陶共王后为皇太后。"事下有司,时丹以左将军与大司马王莽共劾奏宏:"知皇太后至尊之号,天下一统,而称引亡秦以为比喻,违误圣朝,非所宜言,大不道。"上新立,谦让,纳用莽、丹言,免宏为庶人。傅太后大怒,要上欲必称尊号,上于是追尊定陶共王为共皇,尊傅太后为共皇太后,丁后为共皇后。郎中令泠褒,黄门郎段犹等复奏言:②"定陶共皇太后、共皇后皆不宜复引定陶蕃国之名以冠大号,车马衣服宜皆称皇之意,③置吏二千石以下各供厥职,④又宜为共皇立庙京师。"上复下其议,有司皆以为宜如褒、犹言。丹议独曰:"圣王制礼取法于天地,故尊卑之礼明则人伦之序正,人伦之序正则乾坤得其位而阴阳顺其节,人主与万民俱蒙祐福。尊卑者,所以正天地之位,不可乱也。今定陶共皇太后、共皇后以定陶共为号者,母从子妻从夫之义也。欲立官置吏,车服与太皇太后并,非所以明尊卑亡二上之义也。定陶共皇号谥已前定，义不得复改。《礼》：'父为士，子为天子，祭以天子，其尸服以士服。'子亡爵父之义，尊父母也。为人后者为之子，故为所后服斩衰三年，而降其父母期，明尊本祖而重正统也。孝成皇帝圣恩深远，故为共王立后，奉承祭祀，今共皇长为一国太祖，万世不毁，恩义已备。陛下既继体先帝，持重大宗，承宗庙天地社稷之祀，义不得复奉定陶共皇祭入其庙。今欲立庙于京师，而使臣下祭之，是无主也。又亲尽当毁，空去一国太祖不堕之祀，⑤而就无主当毁不正之礼，非所以尊厚共皇也。"丹由是浸不合上意。⑥

①师古曰："庄襄王，始皇之父也。华阳夫人，孝文王之夫人也。子谓养以为子也。"

②师古曰："泠音零。"

③师古曰："皇者，至尊之号，其服御宜皆副称之也。称音尺孕反。"

④师古曰："谓詹事、太仆、少府等众官也。"

⑤师古曰："堕亦毁也，音火规反。"

⑥师古曰："浸，渐也。"

会有上书言古者以龟贝为货，今以钱易之，民以故贫，宜可改币。上以问丹，丹对言可改。章下有司议，皆以为行钱以来久，难卒变易。①丹老人，忘其前语，后从公卿议。又丹使吏书奏，吏私写其草，丁、傅子弟闻之，使人上书告丹上封事行道人遍持其书。上以问将军中朝臣，皆对曰："忠臣不显谏，大臣奏事不宜漏泄，令吏民传写流闻四方。'臣不密则失身'，②宜下廷尉治。"事下廷尉，廷尉劾丹大不敬。事未决，给事中博士申咸、炔钦上书，③言："丹经行无比，④自近世大臣能若丹者少。发愤懑，奏封事，不及深思远虑，使主簿书，漏泄之过不在丹。以此贬黜，恐不厌众心。"⑤尚书劾咸、钦："幸得以儒官选擢备腹心，上所折中定疑，⑥知丹社稷重臣，议罪处罚，国之所慎，咸、钦初傅经义以为当治，⑦事以暴列，乃复上书妄称誉丹，前后相违，不敬。"上贬咸、钦秩各二等，遂策免丹曰："夫三公者，朕之腹心也，辅善相过，匡率百僚，和合天下者也。朕既不明，委政于公，间者阴阳不调，寒暑失常，变异娄臻,⑧山崩地震,河决泉涌,流杀人民,百姓流连,无所归心,司空之职尤废焉。君在位出入三年,未闻忠言嘉谋,而反有朋党相进不公之名。乃者以挺力田议改币章示君,⑨君内为朕建可改不疑;⑩以君之言博考朝臣,君乃希众雷同,外以为不便,令观听者归非于朕。朕隐忍不宣,为君受愆。朕疾夫比周之徒⑪虚伪坏化,寖以成俗,故屡以书饬君,⑫几君省过求己,⑬而反不受,退有后言。及君奏封事,传于道路,布闻朝市,言事者以为大臣不忠,辜陷重辟,获虚采名,谤讥匈匈,流于四方。腹心如此,谓疏者何? 殆谬于二人同心之利焉,⑭将何以率示群下,附亲远方? 朕惟君位尊任重,虑不周密,怀谖迷国,⑮进退违命,反覆异言,甚为君耻之,非所以共承天地,永保国家之意。⑯以君尝托傅位,未忍考于理,已诏有司赦君勿治。其上大司空高乐侯印绶,罢归。”

①师古曰:“卒读曰猝。”

②师古曰:“《易·上系》之辞。”

③苏林曰:“炔音桂。”

④师古曰:“比音必寐反。”

⑤师古曰:“厌音一赡反。”

⑥师古曰:“折,断也。取其言以断事之中而定所疑。”

⑦师古曰:“傅读曰附。”

⑧师古曰:“娄,古屡字。”

⑨师古曰:“挺,引拔也,谓特拔异力田之人优宠之也。挺音徒鼎反。而说者以挺为县名,失之远矣。”

⑩师古曰:“共立此议也。”

⑪师古曰:“比音频寐反。”

⑫师古曰:“饬与敕同。”

⑬师古曰:“省,视也,自求诸己,不尤人也。几音冀。”

⑭师古曰:“《易·上系辞》曰‘二人同心,其利断金’,故诏书引之。”

⑮师古曰:“谖,诈也,音虚袁反。”

⑯师古曰:“共读曰恭。”

尚书令唐林上疏曰:“窃见免大司空丹策书,泰深痛切,君子作文,

为贤者讳。丹经为世儒宗，德为国黄耇，①亲傅圣躬，位在三公，所坐者
微，海内未见其大过，事既已往，免爵大重，京师识者咸以为宜复丹邑
爵，使奉朝请，②四方所瞻卬也。③惟陛下财览众心，有以尉复师傅之
臣。"④上从林言，下诏赐丹爵关内侯，食邑三百户。

①师古曰："黄耇，老人之称也。黄谓白发落更生黄者也。耇，老人面色不净
　如垢也。"

②师古曰："识者，谓有识之人也。请音材性反。"

③师古曰："卬读曰仰。"

④师古曰："财与裁同。复，报也，音扶目反。"

丹既免数月，上用朱博议，尊傅太后为皇太太后，丁后为帝太后，与
太皇太后及皇太后同尊，又为共皇立庙京师，仪如孝元皇帝。博迁为丞
相，复与御史大夫赵玄奏言："前高昌侯宏首建尊号之议，而为丹所劾
奏，免为庶人。时天下衰粗，委政于丹。①丹不深惟褒广尊亲之义而妄
称说，抑贬尊号，亏损孝道，不忠莫大焉。陛下圣仁，昭然定尊号，宏以
忠孝复封高昌侯。丹恶逆暴著，虽蒙赦令，不宜有爵邑，请免为庶人。"
奏可。丹于是废归乡里者数年。

①师古曰："言新有成帝之丧，斩衰粗服，故天子不亲政事也。"

平帝即位，新都侯王莽白太皇太后发掘傅太后、丁太后冢，夺其玺
绶，更以民葬之，定陶隳废共皇庙。①诸造议泠褒、段犹等皆徙合浦，复
免高昌侯宏为庶人。征丹诣公车，赐爵关内侯，食故邑。数月，太皇太
后诏大司徒、大司空曰："夫褒有德，赏元功，先圣之制，百王不易之道
也。故定陶太后造称僭号，甚悖义理。②关内侯师丹端诚于国，不顾患
难，执忠节，据圣法，分明尊卑之制，确然有柱石之固，临大节而不可夺，
可谓社稷之臣矣。有司条奏邪臣建定称号者已放退，而丹功赏未加，殆
缪乎先赏后罚之义，非所以章有德报厥功也。其以厚丘之中乡户二千
一百封丹为义阳侯。"月馀薨，谥曰节侯。子业嗣，王莽败乃绝。

①师古曰："隳音火规反。"

②师古曰："悖，乖也，音布内反。"

赞曰:"何武之举,王嘉之争,师丹之议,①考其祸福,乃效于后。②当王莽之作,外内咸服,董贤之爱,疑于亲戚,③武、嘉区区,以一蒉障江河,用没其身。④丹与董宏更受赏罚,⑤哀哉! 故曰"依世则废道,违俗则(免)〔危〕殆",⑥〔10〕此古人所以难受爵位者也。

①师古曰:"何武举公孙禄为大司马,王嘉争益董贤封邑,师丹议丁、傅不宜称尊号。"

②师古曰:"终以王莽篡位,董贤遇祸,丁、傅丧败。"

③师古曰:"疑读曰拟。拟,比也。"

④师古曰:"蒉,织草为器,所以盛土也。一蒉之土,固不能障塞江河,是以其身沉没也。蒉音匮。"

⑤师古曰:"更,互也。宏初建议尊号,为丹所劾而免爵土。及丹废黜,宏复获封。至王莽执政,宏为庶人,丹受国邑。故云互受赏罚也。更音工衡反。"

⑥师古曰:"言随时曲直则废于正道,违忤流俗则其身不安也。"

【校勘记】

〔1〕　减(系)〔除〕其状,直令免去也。　景祐、殿本都作"除"。王先谦说作"除"是。

〔2〕　绥和(三)〔元〕年,　景祐、殿本都作"元"。朱一新说作"三"误。

〔3〕　属宣(州)〔城〕。　景祐、殿本都作"宣城"。

〔4〕　言易可(轻)〔倾〕危也。　景祐、殿本都作"倾"。王先谦说作"倾"是。

〔5〕　(令)〔今〕诸大夫有材能者甚少,　景祐、殿、局本都作"今",此误。

〔6〕　甚伤尊(卑)〔尊〕之义,　景祐、殿本都作"尊尊",《通鉴》同。

〔7〕　愚(赣)〔戆〕数犯忌讳,　景祐、殿本都作"戆"。王先谦说此脱"戆"下"心"。

〔8〕　收采其功,以(明)〔免〕罪过也。　景祐、殿本都作"免"。王先谦说作"免"是。

〔9〕　阴阳溷浊之(患)〔应〕也。　景祐、殿本都作"应"。

〔10〕　违俗则(免)〔危〕殆,　景祐、殿本都作"危"。

汉书卷八十七上

扬雄传第五十七上

师古曰:"自《长杨赋》以后分为下卷。"

扬雄字子云,蜀郡成都人也。其先出自有周伯侨者,以支庶初食采于晋之(杨)〔扬〕,①〔1〕因氏焉,不知伯侨周何别也。②扬在河、汾之间,③周衰而扬氏或称侯,号曰扬侯。会晋六卿争权,韩、魏、赵兴而范、中行、知伯弊。当是时,逼扬侯,④扬侯逃于楚巫山,因家焉。⑤楚汉之兴也,扬氏溯江上,处巴江州。⑥而扬季官至庐江太守。汉元鼎间避仇复溯江上,处岷山之阳曰郫,⑦有田一壥,有宅一区,⑧世世以农桑为业。自季至雄,五世而传一子,故雄亡它扬于蜀。⑨

①师古曰:"采,官也。以官受地,谓之采地。"

②师古曰:"别谓分系绪也。"

③应劭曰:"《左传》霍、扬、韩、魏皆姬姓也。扬,今河东扬县。"

④晋灼曰:"《汉名臣奏》载张衡说,云晋大夫食采于扬,为扬氏,食我有罪而扬氏灭。无扬侯。有扬侯则非六卿所逼也。"师古曰:"晋说是也。雄之自序谱谍盖为疏谬,范、中行不与知伯同时灭,何得言当是时偪扬侯乎? 偪,古逼(也)〔字〕。"〔2〕

⑤师古曰:"巫山,今在荆州西南也。"

⑥李奇曰:"江州,县名也,巴郡所治也。"师古曰:"溯谓逆流而上也,音素。"

⑦师古曰:"岷山,江水所出也。山南曰阳。郫,县名也。岷音旻。郫音疲。"

⑧晋灼曰:"《周礼》,上地夫一壥,一百亩也。"

⑨师古曰:"蜀诸姓扬者皆非雄族,故言雄无它扬。"

雄少而好学,不为章句,训诂通而已,①博览无所不见。为人简易

佚荡,②口吃不能剧谈,③默而好深湛之思,④清静亡为,少耆欲,⑤不汲
汲于富贵,不戚戚于贫贱,⑥不修廉隅以徼名当世。⑦家产不过十金,乏
无儋石之储,晏如也。⑧自有大度,非圣哲之书不好也;非其意,虽富贵
不事也。顾尝好辞赋。⑨

①师古曰:"诂谓指义也。"

②张晏曰:"佚音铁。荡音说。"晋灼曰:"佚荡,缓也。"

③郑氏曰:"剧,甚也。"晋灼曰:"或作遽。遽,疾也。口吃不能疾言。"师古曰:
"剧亦疾也,无烦作遽也。"

④师古曰:"湛读曰沈。"

⑤师古曰:"耆读曰嗜。"

⑥师古曰:"汲汲,欲速之义,如井汲之为也。"

⑦师古曰:"徼,要也,音工尧反。徼字或作激。激,发也,音工历反。"

⑧师古曰:"儋石,解在《蒯通传》。"

⑨师古曰:"顾,反也。"

先是时,蜀有司马相如,作赋甚弘丽温雅,雄心壮之,每作赋,常拟
之以为式。①又怪屈原文过相如,至不容,作《离骚》,自投江而死,悲其
文,读之未尝不流涕也。以为君子得时则大行,不得时则龙蛇,②遇不
遇命也,何必湛身哉!③乃作书,往往摭《离骚》文而反之,④自岷山投诸
江流以吊屈原,名曰《反离骚》;又旁《离骚》作重一篇,名曰《广骚》;⑤又
旁《惜诵》以下至《怀沙》一卷,名曰《畔牢愁》。⑥《畔牢愁》、广骚文多不
载,独载《反离骚》,其辞曰:

①师古曰:"拟谓比象也。"

②应劭曰:"《易》曰'龙蛇之蛰,以存身也'。"师古曰:"大行,安步徐行。"

③师古曰:"湛读曰沈。谓投水而死。"

④师古曰:"摭,拾取也,音之亦反。"

⑤师古曰:"旁,依也,音步浪反。其下类此。重音直用反。"

⑥李奇曰:"畔,离也。牢,聊也。与君相离,愁而无聊也。"师古曰:"《惜诵》、
《怀沙》皆屈原所作《九章》中之名也。"

有周氏之蝉嫣兮,或鼻祖于汾隅,①灵宗初谍伯侨兮,流于末

之扬侯。②淑周楚之丰烈兮,超既离虖皇波,③因江潭而洼记兮,钦
吊楚之湘累。④

①应劭曰:“蝉嫣,连也,言与周氏亲连也。”刘德曰:“鼻,始也。”师古曰:“雄自
　言系出周氏而食采于扬,故云始祖于汾隅也。嫣音於连反。”

②应劭曰:“谍,谱也,言从伯侨以来可得而叙也。”

③应劭曰:“淑,善也。言去汾隅从巫山得周楚之美烈也。超,速也。”晋灼曰:
　“离,历也。皇,大也。”师古曰:“言其先祖所居经河及江也。河江,四渎之
　水,故云大波也。虖,古乎字。其下并同。”

④苏林曰:“潭,水边也。”邓展曰:“洼,往也。”李奇曰:“诸不以罪死曰累,荀
　息、仇牧皆是也。屈原赴湘死,故曰湘累也。”师古曰:“记,书记也。谓吊文
　也。言因江水之边而投书记以往吊也。钦,敬也。潭音寻。洼音于放反。
　累音力追反。”

惟天轨之不辟兮,何纯洁而离纷!①纷累以其淟涊兮,暗累以
其缤纷。②

①师古曰:“天轨,犹言天路。辟,开也。离,遭也。纷,难也。言天路不开,故
　使纯善贞洁之人遭此难也。《易》曰:‘天地闭,贤人隐。’辟读曰闢。”

②应劭曰:“淟涊,秽浊也。”师古曰:“缤纷,交杂也。淟音吐典反。涊音乃典
　反。缤音匹人反。”

汉十世之阳朔兮,招摇纪于周正,①正皇天之清则兮,度后土
之方贞。②图累承彼洪族兮,又览累之昌辞,③带钩矩而佩衡兮,履
欀枪以为綦。④素初贮厥丽服兮,何文肆而质癯!⑤资娵娃之珍髢
兮,鬻九戎而索赖。⑥

①晋灼曰:“十世数高祖、吕后至成帝也。成帝八年乃称阳朔。”应劭曰:“招
　摇,斗杓星也,主天时。周正,十一月也。”苏林曰:“言己以此时吊屈原也。”

②应劭曰:“平正司法者莫过于天,养物均调者莫过于地也。父伯庸名我为平
　以法天,字我为原以法地也。”晋灼曰:“此雄取《离骚》辞反之,应说是也。”
　师古曰:“应、晋二说皆非也。自汉十世以下,四句不道屈原也,此乃雄自论
　己心所履行取法天地耳。自图累以下方论屈原云也。”

③师古曰:“图,按其本系之图书也。洪,大也。览,省视也。昌,美也。”

④应劭曰："钩，规也。矩，方也。衡，平也。"邓展曰："欃枪，妖星也。"晋灼曰：
　"蹑，履迹也。此反屈原虽佩带方平之行，而蹑恶人迹，以致放退也。"师古
　曰："蹑，履下饰也。欃音初咸反。枪音初行反。蹑音其。"

⑤应劭曰："贮，积也。肆，放也。戁，狭也。"如淳曰："文肆者，《楚辞》远游乘
　龙之言也。质戁者，恨世不用己而自沈也。"师古曰："丽服谓'扈江离与辟
　芷，纫秋兰以为佩'之类是也。戁音械。"

⑥孟康曰："娵，闾娵也。娃，吴娃也。髢，发也。赖，得也。九戎被发，髢虽珍
　好，无所用也。"师古曰："娵、娃皆美女也。赖，利也。言屈原以高行仕楚，
　亦犹资美女之髢卖于九戎而求其利，必不得也。娵音子逾反。娃音乌佳
　反。髢音徒计反。"

　　凤皇翔于蓬陼兮，岂驾鹅之能捷！①骈骅骝以曲囏兮，驴骡连
蹇而齐足。②枳棘之榛榛兮，蝯狖拟而不敢下，③灵修既信椒、兰之
唼佞兮，吾累忽焉而不蚤睹？④

①应劭曰："蓬陼，蓬莱之陼也，在海中。"晋灼曰："捷，及也。"师古曰："驾鹅，
　鸟名也。解在《司马相如传》。驾音加。"

②师古曰："骅骝，骏马名也，其色如华而赤也。言使骏马驰骛于屈曲艰阻之
　中，则与驴骡齐足也。骅音华。连音力展反。囏，古艰字。"

③师古曰："榛榛，梗秽貌也。蝯，善攀援。狖似猴，卬鼻而长尾。拟，疑也。
　榛音臻，又士臻反。狖音弋授反。"

④服虔曰："灵修，楚王也。"苏林曰："椒、兰，令尹子椒、子兰也。"师古曰："蚤，
　古早字也。唼佞，谮言也。唼音妾。"

　　衿芰茄之绿衣兮，被夫容之朱裳，①芳酷烈而莫闻兮，﹙固﹚不如
襞而幽之离房。②[3]闺中容竞淖约兮，相态以丽佳，③知众嫭之嫉妒
兮，何必飏累之蛾眉？④

①应劭曰："衿音衿系之衿。衿，带也。芰，蔆也。"师古曰："衿音其禁反。茄
　亦荷字也，见张揖《古今字谱》。被音披，又音皮义反。"

②师古曰："襞，叠衣也。离房，别房也。襞音壁。"

③应劭曰："众士竞善，犹女竞容也。"师古曰："淖约，善容止也。相态以丽佳，
　言竞为佳丽之态以相倾也。淖音绰。"

④晋灼曰："《离骚》云'众女嫉余之蛾眉'。"师古曰："嫭，美貌也。颮，古扬字
也。蛾眉，形若蚕蛾眉也。此亦讥屈原自举蛾眉令众嫉之。嫭音胡故反。
眉，古眉字。"

懿神龙之渊潜，俟庆云而将举，亡春风之被离兮，孰焉知龙之
所处？①愍吾累之众芬兮，颮爇爇之芳苓，遭季夏之凝霜兮，庆夭顇
而丧荣。②

①晋灼曰："龙俟风云而后升，士须明君而后进。国无道则愚，谁知其所邪？"
师古曰："懿，美也。俟，待也。龙以潜居待云为美，以讥屈原不能隐德，自
取祸也。被读曰披。"

②晋灼曰："雄愍屈原光香，奄先秋遇凋，生亦不辰也。"张晏曰："庆，辞也。"师
古曰："爇爇，光盛。苓，香草名，音零。庆读与羌同。顇，古悴字。"

横江、湘以南泭兮，云走乎彼苍吾，驰江潭之泛溢兮，将折衷虖
重华。①舒中情之烦或兮，恐重华之不累与，②陵阳侯之素波兮，岂
吾累之独见许？③

①应劭曰："舜葬苍梧，在江湘之南，屈原欲启质圣人，陈己情要也。"师古曰：
"泭，往也。走，趣也。重华，舜名也。泭音于放反。走音奏。潭音寻。衷
音竹仲反。"

②张晏曰："舜圣，卒避父害以全身，资于事父以事君，恐不与屈原为党与。"

③应劭曰："阳侯，古之诸侯也，有罪自投江，其神为大波。陵，乘也。言屈原
袭阳侯之罪，而欲折中求舜，未必独见然许之也。"

精琼靡与秋菊兮，将以延夫天年；临汨罗而自陨兮，恐日薄于
西山。①解扶桑之总辔兮，纵令之遂奔驰，②鸾皇腾而不属兮，岂独
飞廉与云师！③

①应劭曰："精，细；靡，屑也。琼，玉之华也。"晋灼曰："《离骚》云'精琼靡以为
粻兮'，'予夕餐秋菊之落英'。又曰'老冉冉其将至'，'日忽忽其将暮'。"师
古曰："此又讥屈原，云琼靡秋菊，将以延年，崦嵫忽迫，喜于未暮，何乃自投
汨罗，言行相反！"

②应劭曰："总，结也。扶桑，日所拂木也。"晋灼曰："《离骚》云'总余辔于扶
桑，聊消摇以相羊'。屈原言结我车辔于扶桑，以留日之入，人年得不老。

日以喻君,而反离朝自沈,解缨纵君,使遂奔驰也。"

③应劭曰:"《楚辞》云'鸾皇为余先戒兮','后飞廉使奔属','云师告余以未
　具'。飞廉,风伯也。云师,丰隆也。鸾皇,俊鸟也。"晋灼曰:"已纵其缨使
　之奔驰,鸾皇迅飞亦无所及,非独飞廉、云师,言庄严未具,使君不适道也。"

　　卷薜芷与若蕙兮,临湘渊而投之;棍申椒与菌桂兮,赴江湖而
沤之。①费椒稰以要神兮,又勤索彼琼茅,②违灵氛而不从兮,反湛
身于江皋!③

①师古曰:"《离骚》云'贯薜荔之落蕊','杂杜衡与芳芷','又树蕙之百亩',
　'杂申椒与菌桂',皆以自喻德行芬芳也。今何为自投江湘而丧此芳乎?
　棍,大束也。沤,渍也,今沤麻也。棍音下本反,沤音一构反。又音一
　侯反。"

②孟康曰:"椒稰,以椒香米馓也。《离骚》曰'怀椒稰而要之'。"晋灼曰:"《离
　骚》云'索琼茅以筵篿'。"师古曰:"索,求也。琼茅,灵草也。筵篿,析竹所
　用卜也。稰音所,又音思吕反。筵音廷。篿音专。"

③晋灼曰:"灵氛,古之善占者。《离骚》曰'欲从灵氛之吉占兮,心犹豫而狐
　疑'。"师古曰:"既不从灵氛之占,何为费椒稰而勤琼茅也? 湛读曰沈。江
　皋,江水边之游地也。"

　　累既𢙺夫傅说兮,奚不信而遂行?①徒恐鹈鴂之将鸣兮,顾先
百草为不芳!②

①晋灼曰:"𢙺,慕也。《离骚》曰'说操筑于傅岩兮,武丁用之而不疑'。"师古
　曰:"𢙺,古攀字。既攀援傅说,何不信其所行,自见用而遂去?"

②师古曰:"《离骚》云'鹈鴂之先鸣兮,使夫百草为不芳'。雄言终以自沈,何
　惜芳草而忧鹈鴂也? 鴂,鴂字也。鹈鴂鸟一名买𪃟,一名子规,一名杜鹃,
　常以立夏鸣,鸣则众芳皆歇。鹈音大系反。鴂音桂。鹈字或作鶗,亦音题。
　鴂又音决。𪃟音诡。"

　　初累弃彼虙妃兮,更思瑶台之逸女,①抨雄鸩以作媒兮,何百
离而曾不壹耦!②乘云蜺之旖柅兮,望昆仑以樛流,览四荒而顾怀
兮,奚必云女彼高丘?③

①师古曰:"《离骚》云'吾命丰隆乘云兮,求虙妃之所在',又曰'望瑶台之偃蹇

兮,见有娀之佚女'。此又讥其执心不定也。虙妃,古神女。有娀女,即简
狄也。虙读曰伏。"

②师古曰:"《离骚》云'吾令鸩为媒兮,鸩告余以不好,雄鸩之鸣逝兮,余犹恶
其佻巧',故云百离不一耦也。抨,使也。耦,合也。抨音普耕反。"

③苏林曰:"《离骚》云:'登阆风而绁马,忽反顾以流涕,哀高丘之无女。'女以
喻士,高丘谓楚也。"师古曰:"《离骚》又云'扬云蜺之晻蔼'。阆风在昆仑山
上,故云望昆仑也。旖柅,云貌也。樛流犹周流也。女,仕也,何必要仕于
楚也。旖音于绮反。柅音女绮反。樛音居虬反。女音尼据反。"

　　既亡鸾车之幽蔼兮,(焉)驾八龙之委蛇?①〔4〕临江濒而掩涕兮,
何有《九招》与《九歌》?②夫圣哲之(不)遭兮,〔5〕固时命之所有;虽增
欷以於邑兮,吾恐灵修之不累改。③昔仲尼之去鲁兮,斐斐迟迟而
周迈,④终回复于旧都兮,何必湘渊与涛濑!⑤溷渔父之餔歠兮,洁
沐浴之振衣,⑥弃由、聃之所珍兮,蹠彭咸之所遗!⑦

①晋灼曰:"《离骚》云'驾八龙之蜿蜿兮,载云旗之委蛇'。"师古曰:"言既无鸾
车,则不得云驾八龙也。幽蔼犹晻蔼也。蛇音移。"

②晋灼曰:"《离骚》云'擥茹蕙以掩涕',又曰'奏《九歌》以舞韶'。"师古曰:"此
又讥其哀乐不相副也。招读曰韶。"

③师古曰:"《离骚》云'曾歔欷余郁邑兮,哀朕时之不当'。增,重也。雄言自
古圣哲,皆有不遇,屈原虽自叹於邑,而楚王终不改寤也。於邑,短气也。
於音乌。邑音乌合反。于邑亦读如本字。"

④师古曰:"斐斐,往来貌也。音芳非反。"

⑤师古曰:"言孔子去其本邦,迟迟系恋,意在旧都,裴回反覆。屈原何独不怀
鄢郢而赴江湘也? 涛,大波也。濑,急流也。涛音大高反。"

⑥师古曰:"《渔父》云'何不餔其糟而歠其醨'? 屈原以为溷浊,不肯从之,乃
云:'新沐者必弹冠,新浴者必振衣也。'餔音必胡反。歠音昌悦反。"

⑦师古曰:"由,许由也。聃,老聃也。二人守道,不为时俗所污,然保己全身,
无残辱之丑。彭咸,殷之介士也,不得其志,投江而死。此又非屈原不慕
由、聃高踪,而遵彭咸遗迹。蹠,蹈也,(亦)〔音〕之亦反。"〔6〕

　　孝成帝时,客有荐雄文似相如者,上方郊祠甘泉泰畤、汾阴后土,以

求继嗣,召雄待诏承明之庭。① 正月,从上甘泉,还奏《甘泉赋》以风,② 其辞曰:

①师古曰:"承明殿在未央宫。"

②师古曰:"风读曰讽。"

惟汉十世,将郊上玄,定泰畤,雍神休,尊明号,① 同符三皇,录功五帝,恤胤锡羡,拓迹开统。② 于是乃命群僚,历吉日,协灵辰,③ 星陈而天行。④ 诏招摇与泰阴兮,伏钩陈使当兵,⑤ 属堪舆以壁垒兮,梢夔魖而抶獝狂。⑥ 八神奔而警跸兮,振殷辚而军装;⑦ 蚩尤之伦带干将而秉玉戚兮,飞蒙茸而走陆梁。⑧ 齐总总撙撙,其相胶葛兮,猋骇云讯,奋以方攘;⑨ 骈罗列布,鳞以杂沓兮,柴虒参差,鱼颉而鸟胻;⑩ 翕赫曶霍,雾集蒙合兮,半散照烂,粲以成章。⑪

①晋灼曰:"雍,祐也。休,美也。言见祐护以休美之祥也。"师古曰:"雍,聚也。明号,谓总三皇五帝之号而称皇帝也。雍读曰拥。"

②应劭曰:"恤,忧也。胤,续也。锡,与也。羡,饶也。拓,广也。时成帝忧无继嗣,故修祠泰畤、后土,言神明饶与福祥,广迹而开统也。"师古曰:"羡音弋战反。拓音托。"

③师古曰:"历选吉日而合善时也。"

④师古曰:"如星之陈,象天之行也。"

⑤张晏曰:"《礼记》云'招摇在上,急缮其怒'。太阴,岁后三辰也。"服虔曰:"钩陈,紫宫外营陈星。"

⑥张晏曰:"堪舆,天地总名也。"孟康曰:"堪舆,神名,造图宅书者。木石之怪曰夔,夔神如龙,有角,人面。魖,耗鬼也。獝狂亦恶鬼也。今皆梢而去之。"师古曰:"堪舆,张说是也。属,委也,以壁垒委之。梢,去也。抶,笞也。梢音山交反。魖音虚。属音之欲反。抶音丑乙反。獝音搋聿反。"

⑦师古曰:"自招摇至獝狂,凡八神也。殷辚,盛貌也。军装,为军戎之饰装也。辚音来忍反。"

⑧张晏曰:"玉戚,以玉为戚柲也。"晋灼曰:"飞者蒙茸而乱,走者陆梁而跳也。"师古曰:"茸音人蒙反。柲,柄也,音秘。"

⑨晋灼曰:"方攘,半散也。"师古曰:"总总撙撙,聚貌也。胶葛犹言胶加也。

讯亦奋讯也。搏音子本反。讯音信。攘音人羊反。"

⑩师古曰："柴虒参差,不齐貌也。颉胻,上下也。柴音初蚁反。虒音豸。参
音初林反。颉音胡结反。胻音胡刚反。"

⑪师古曰："翕赫智霍,开合之貌也。雾,地气发也。蒙,天气下也。如雾之
集,如蒙之合也。半散照烂,言其分布而光明也。智读与忽同。"

于是乘舆乃登夫凤皇兮翳华芝,①骊苍螭兮六素虬,②蠖略蕤
绥,漓虖犙缅。③帅尔阴闭,霅然阳开,④腾清霄而轶浮景兮,夫何旟
旐郅偈之旖柅也!⑤流星旄以电烛兮,咸翠盖而鸾旗。⑥敦万骑于中
营兮,方玉车之千乘。⑦声驿隐以陆离兮,轻先疾雷而驱遗风。⑧陵
高衍之嵱𡺀兮,超纡谲之清澄。⑨登椽栾而羾天门兮,驰閶阖而入
凌兢。⑩

①师古曰："凤皇者,车以凤皇为饰也。翳,蔽也。以华芝为蔽也。"

②师古曰："四、六,驾数也,言或四或六也。螭似龙,一名地蝼。虬即龙之无
角者。"

③师古曰："蠖略蕤绥,虬螭貌也。漓虖犙缅,车饰貌也。蠖音於镬反。漓音
离。犙音森,其字从巾。缅音所宜反。"

④晋灼曰："帅,聚也。霅,散也。"师古曰："霅音所甲反,又音先合反。"

⑤师古曰："腾,升也。霄,日旁气也。轶,过也。画鸟隼曰旟,龟蛇曰旐。郅
偈,竿杠之状也。旖柅,旒缪之形也。郅音吉,又音质。偈音居朅反。旖音
猗。柅音女支反。"

⑥师古曰："如星之流,如电之照也。咸,皆也。"

⑦师古曰："敦读曰屯。屯,聚也。方,并也。"

⑧师古曰："驱然,疾意也。驿音普萌反。驱音先合反。"

⑨孟康曰："衍,无厓岸也。纡谲,曲折也。"李奇曰："嵱音踊。𡺀音竦。"如淳
曰："嵱𡺀,上下众多貌。"师古曰："衍即所谓坟衍者也。"

⑩服虔曰："椽栾,甘泉南山也。"李奇曰："羾音贡。"苏林曰："羾,至也。"师古
曰："入凌兢者,(亦)〔言〕寒凉战栗之处也。[7] 兢音巨陵反。"

是时未辇夫甘泉也。乃望通天之绎绎。①下阴潜以惨廪兮,上
洪纷而相错;②直嶢嶢以造天兮,厥高庆而不可虖疆度。③平原唐其

坛曼兮,列新雉于林薄;④攒并闾与茇苦兮,纷被丽其亡鄂。⑤崇丘陵之駊騀兮,深沟嵚岩而为谷;⑥逴逴离宫般以相烛兮,封峦石关施靡虖延属。⑦

① 师古曰:"臻与臻同,臻,至也。通天,台名也。言虽未至甘泉,则遥望见通天台也。绎绎,相连貌。"

② 师古曰:"惨廪,亦寒凉之意也。洪,大也。纷,乱杂也。错,互也。廪读如本字,又音来感反。"

③ 师古曰:"峣峣,高貌。造,至也。庆,发语辞也。疆,境也。度,量也。言此台至天,其高不可究竟而量度也。峣音尧。造音千到反。庆读曰羌。度音大各反。"

④ 邓展曰:"唐,道也。"服虔曰:"新雉,香草也。雉、夷声相近。"师古曰:"言平原之道坛曼然广大,又列树辛夷于林薄之间也。草藂生曰薄。新雉即辛夷耳,为树甚大,非香草也。其木枝叶皆芳,一名新矧。坛音徒旦反。曼音莫旦反。"

⑤ 如淳曰:"并闾,其叶随时政,政平则平,政不平则倾也。"师古曰:"如氏所说自是平虑耳。此并闾谓棕树也。茇葀,草名也。鄂,垠也。茇音步末反。葀音括。被,皮义反。丽读如本字。被丽又音披离。"

⑥ 苏林曰:"駊騀音叵我。"师古曰:"駊騀,高大状也。嵚岩,深险貌也。嵚音口衔反。"

⑦ 应劭曰:"言秦离宫三百,武帝复往往修治之。"师古曰:"逴,古往字。往往,言所往之处则有之。般,连貌也。烛,照也。封峦、石关皆宫名也。施靡,相及貌。属,连也。般音盘。施音弋尔反。属音之欲反。"

于是大夏云谲波诡,摧嗺而成观,①仰挢首以高视兮,目冥眴而亡见。②正浏滥以弘惝兮,指东西之漫漫,③徒回回以徨徨兮,魂固眇眇而昏乱。④据轮轩而周流兮,忽軮轧而亡垠。⑤翠玉树之青葱兮,璧马犀之瞵璘。⑥金人仡仡其承钟虡兮,嵌岩岩其龙鳞,⑦扬光曜之燎烛兮,乘景炎之炘炘,⑧配帝居之县圃兮,象泰壹之威神。⑨洪台掘其独出兮,㩻北极之嶟嶟,⑩列宿乃施于上荣兮,日月才经于栭桴,⑪雷郁律而岩突兮,电倐忽于墙藩。⑫鬼魅不能自还兮,半长途而下颠。⑬历倒景而绝飞梁兮,浮蔑蠓而撇天。⑭

①孟康曰:"言夏屋变巧,乃为云气水波相谲诡也。摧嗺,材木之崇积貌也。"
晋灼曰:"摧音趏水反。"师古曰:"嗺音子水反。观谓形也,音工唤反。趏音
丑成反。"

②师古曰:"挢,举也。冥眮,视不谛也。挢与矫同,其字从手。冥音莫见反。
眮音州县之县。"

③服虔曰:"㶊音敞。"师古曰:"浏滥犹泛滥。弘㶊,高大也。漫漫,长也。浏
音刘。"

④师古曰:"言骇其深博。"

⑤师古曰:"轮轩谓前轩之轮也。轮者,轩间小木也,字与桯同。周流,周视
也。缺轧,远相映也。轮音零。缺音乌朗反。轧音於黠反。"

⑥应劭曰:"瞵音邻。"晋灼曰:"瑞音龋。"师古曰:"玉树者,武帝所作,集众宝
为之,用供神也,非谓自然生之。而左思不晓其意,以为非本土所出,盖失
之矣。马犀者,马脑及犀角也。以此二种饰殿之壁。瞵瑞,文貌。"

⑦师古曰:"仡仡,勇健状。嵌,开张貌,言其鳞甲开张,若真龙之形也。仡音
鱼乙反,又音其乞反。嵌音火敢反。"

⑧师古曰:"炘炘,光盛貌也。炎音弋赡反。炘音欣。"

⑨服虔曰:"曾城、县圃、阆风,昆仑之山三重也,天帝神在其上。"

⑩应劭曰:"崛,特貌也。撖,至也。"晋灼曰:"嶟嶟,概撖也。"师古曰:"言高台
特出乃至北极,其状竦峭,嶟嶟然也。崛音其勿反。撖音竹指反。嶟音千
旬反,又音遵。"

⑪服虔曰:"泱,中央也。桭,屋栭也。"师古曰:"施,延也。荣,屋翼也。凡此
者言屋宇高大之甚。施音弋豉反。泱音央。桭音辰。一曰施,直谓安施
(音)之耳,[8]读如本字。"

⑫师古曰:"郁律,雷声也。倏忽,电光也。藩,藩篱也。倏音式六反。藩音甫
元反。"

⑬师古曰:"言屋之高深,虽鬼魅亦不能至其极而反,故于长途之半而颠坠也。
还读曰旋,或作逮。逮,及也。"

⑭晋灼曰:"飞梁,浮道之桥也。蔑蠓,(疾)〔蚊〕也。"〔9〕师古曰:"撇犹拂也。蠓
音莫孔反。撇音匹列反,又音普结反。"

　　左欃枪右玄冥兮,前爒阙后应门;①阴西海与幽都兮,涌醴汩以生川。②蛟龙连蜷于东厓兮,白虎敦圉虖昆仑。③览樛流于高光兮,溶方皇于西清。④前殿崔巍兮,和氏珑玲,⑤炕浮柱之飞榱兮,神莫莫而扶倾,⑥阆阆阆其寥廓兮,似紫宫之峥嵘。⑦骈交错而曼衍兮,崚嶒隗虖其相婴。⑧乘云阁而上下兮,纷蒙笼以掍成。⑨曳红采之流离兮,飔翠气之冤延。⑩袭琁室与倾宫兮,若登高妙远,肃虖临渊。⑪

①晋灼曰:"《大人赋》'揽欃枪以为旌'。又曰'左玄冥而右黔雷'。雄拟相如故云尔。爒阙,赤色之阙,南方之帝曰赤爒怒,应门正在爒阙之内也。"师古曰:"爒音匹遥反。"

②如淳曰:"言阙之高乃阴西海也。"师古曰:"荫映西海也,以及幽都。幽都,北方绝远之地也。涌醴,醴泉涌出汩汩然也。汩音于笔反。"

③师古曰:"连蜷,卷曲貌。敦圉,盛怒也。言甘泉宫中皆有此象也。蜷音拳,敦音屯。"

④服虔曰:"高光,宫名也。"师古曰:"樛流,屈折也。溶然,闲暇貌也。方皇,彷徨也。西清,西厢清闲之处也。溶音容。"

⑤孟康曰:"以和氏璧为梁壁带也,其声玲珑也。"晋灼曰:"以黄金为壁带,含蓝田璧。珑玲,明见貌也。"师古曰:"崔巍,高貌。珑玲,晋说是也。崔音才回反。巍音五回反。珑音聋。玲音零。"

⑥师古曰:"炕与抗同。抗,举也。榱,屋椽也。言举立浮柱而驾飞榱,其形危竦,有神于暗莫之中扶持,故不倾也。"

⑦师古曰:"阆,高门貌。阆阆,空虚也。寥廓,宏远也。紫宫,天帝之宫也。峥嵘,深邃也。阆音抗。阆音浪。寥音僚。峥音仕耕反。嵘音宏。"

⑧师古曰:"言宫室台观相连不绝也。崚,安施之貌。嶒隗犹崔巍也。衍音(赤)〔亦〕战反[10]。崚音它贿反。嶒音罪。隗音五贿反。"

⑨师古曰:"乘,登也。云阁,亦言其高入于云也。蒙笼,深通貌。掍成,言其有若自然也。掍音胡本反。"

⑩师古曰:"言宫室旷大,自然有红翠之气。"

⑪服虔曰:"袭,继也。桀作琁室,纣作倾宫,以此微谏也。"应劭曰:"登高远望,当以亡国为戒,若临深渊也。"

　　回猋肆其砀骇兮，掀桂椒，郁移杨。①香芬茀以穷隆兮，击薄栌而将荣。②芎咮胅以掍根兮，声骈隐而历钟，③排玉户而飏金铺兮，发兰惠与穹穷。④惟弸彋其拂汨兮，稍暗暗而靓深。⑤阴阳清浊穆羽相和兮，若夔、牙之调琴。⑥般、倕弃其剞劂兮，王尔投其钩绳。⑦虽方征侨与偓佺兮，犹仿佛其若梦。⑧

①师古曰："回猋，回风也。肆，放也。砀，过也。骇，动也。掀，古披字。郁，聚也。移，唐棣也。杨，杨树也。言回风放起，过动众树，则桂椒披散而移杨郁聚也。砀音徒浪反。移音移。"

②师古曰："言桂椒香气乃击薄栌及屋翼也。薄，枅也。栌音卢。"

③师古曰："又言风之动树，声响振起众根合，骈隐而盛，历入殿上之钟也。根犹株也。芎读与响同。咮音丑乙反。胅音许乙反。掍音下本反。骈音普耕反。"

④李奇曰："铺，门首也。"师古曰："言风之所至，又排门扬铺，击动锾钮，回旋入宫，发奋众芳。"

⑤苏林曰："弸音石堕井弸尔之弸。彋音宏。"孟康曰："弸彋，风吹帷帐鼓貌。"师古曰："拂汨亦风动貌。暗暗，幽隐。靓即静字耳。弸音普萌反。拂音普密反。汨音于密反。暗音乌感反。"

⑥张晏曰："声细不过羽，穆然相和也。"师古曰："夔，舜典乐也。牙，伯牙也。"

⑦应劭曰："剞，曲刃也。劂，曲凿也。"师古曰："般，公输般也。倕，共工也。王尔亦巧人也，见《淮南子》。言土木之功穷极巧丽，故令般、倕之徒弃其常法也。般读与班同。倕音垂。剞音居尔反。劂音居卫反。"

⑧晋灼曰："方，常也。征，行也。言宫观之高峻，虽使仙人常行其上，恐遽不识其形观，犹仿佛若梦也。"师古曰："方谓并行也。征侨，姓征名伯侨，仙人也。偓佺亦仙人名。偓音屋。佺音诠。仿佛即髣髴字也。征，《郊祀志》作正字，其音同。"

　　于是事变物化，目骇耳回，①盖天子穆然珍台閒馆琁题玉英蜵蜎蠖濩之中，②惟夫所以澄心清魂，储精垂思，③感动天地，逆釐三神者。④乃搜逑索耦皋、伊之徒，冠伦魁能，⑤[11]函甘棠之惠，挟东征之意，⑥相与齐虖阳灵之宫。⑦靡薜荔而为席兮，折琼枝以为芳，⑧噏清云之流瑕兮，饮若木之露英，⑨集虖礼神之囿，登乎颂祇之堂。⑩建光耀之长旓兮，昭华覆之威威，⑪攀琁玑而下视兮，行游目虖三危，陈众车(所)〔于〕东阬兮，〔12〕肆玉钦而下驰，漂龙渊而还九垠兮，窥地底而上回。⑫风佀佀而扶辖兮，鸾凤纷其御蕤，⑬梁弱水之潚漾兮，蹑不周之逶蛇，⑭想西王母欣然而上寿兮，屏玉女而却虙妃。⑮玉女无所眺其清卢兮，虙妃曾不得施其蛾眉。⑯方攫道德之精刚兮，(晔)〔侔〕神明与之为资。⑰〔13〕

①师古曰："言惊视听也。"

②应劭曰："题，头也。榱橑之头，皆以玉饰，言其英华相烛也。"张晏曰："蠠蜎蠦濩，刻镂之形。"师古曰："穆然，天子之容也。蠠蜎蠦濩，言屋中之深广也。閴读曰闲。蠠音一充反。蜎音下兖反。蠦音乌郭反。濩音胡郭反。"

③师古曰："言絜精以待，冀神降福。"

④师古曰："釐读曰禧。禧，福也。"

⑤应劭曰："冠其群伦魁桀也。"师古曰："言选择贤臣，可匹耦于古贤皋陶、伊尹之类，冠等伦而魁桀。"

⑥师古曰："甘棠之惠，劭公奭也。东征之意，周公旦也。"

⑦师古曰："齐，同也，同集于此也。祭天之处，故曰阳灵之宫也。"

⑧师古曰："靡，纤密也，谓纤织之也。一曰靡谓偃而靡之藉地也。"

⑨师古曰："言其斋戒自新，居处饮食皆芳洁也。瑕谓日旁赤气也。露英，言其英华之露。"

⑩师古曰："颂，歌也，登以祭也。地神曰祇。"

⑪服虔曰："昭，明也。华覆，华盖也。"师古曰："威威犹威蕤也。旓，旗之旒也，一曰燕尾。旓音所交反。"

⑫张晏曰："三危，山名也。"晋灼曰："钦，车辖也。九垠，九垓也。"师古曰："假设言周流旷远，升降天地，为神通一也。肆，放也。阬，大阜也，读与冈同。阬音大，又音弟。还读曰旋。"

⑬师古曰："佀佀，前进之意也。御犹乘也。蕤，车之垂饰缨蕤也。佀音竦。今书御字或作衔者，俗妄改也。"

⑭服虔曰："昆仑之东有弱水，度之若潚漾耳。"师古曰："潚漾，小水之貌。不周，山名。逶蛇亦言不艰难也。潚音吐定反。漾音荧。又音胡鉴反。蛇

音移。”

⑮师古曰:“西王母在西方,周穆王所见者也。玉女、虑妃,皆神女也。虑读曰伏。”

⑯服虔曰:“卢,目童子也。”

⑰晋灼曰:“等天地之忖量也。”师古曰:“擎,总也,音览,其字从手。”

于是钦柴宗祈。燎熏皇天,①招繇泰壹。[14]举洪颐,树灵旗。②樵蒸焜上,配藜四施,③东烛仓海,西燿流沙,北爌幽都,南炀丹崖。④玄瓒觩醪,秬鬯泔淡,⑤肸向丰融,懿懿芬芬。⑥炎感黄龙兮,熛讹硕麟,⑦选巫咸兮叫帝阍,开天庭兮延群神。⑧傄暗蔼兮降清坛,瑞穰穰兮委如山。⑨

①师古曰:“钦,敬也。柴,积柴也。宗,尊也。祈,求福也。”

②张晏曰:“招摇、泰壹,皆神名也。”服虔曰“洪颐,旗名也。”李奇曰:“欲伐南越。告祈太一,画旗树太一坛上,名灵旗,以指所伐之国也。见《郊祀志》。”

③张晏曰:“配藜,披离也。”师古曰:“樵,木薪也。蒸,麻干也。焜,同也。言以樵及蒸燎火,炎上于天,又披离四出。”

④服虔曰:“丹崖,丹水之崖也。”师古曰:“爌,古晃字。炀,热也。言柴燎之光远及四表也。炀音弋向反。”

⑤服虔曰:“以玄玉饰之,故曰玄瓒。”张晏曰:“瓒受五升,口径八寸,以圭为柄,用灌鬯。觩醪,其貌也。”应劭曰:“泔淡,满也。”师古曰:“觩音虬。醪音力幽反。泔音胡感反。淡音大敢反。”

⑥师古曰:“言秬鬯之芬烈也。”

⑦师古曰:“言光炎熛盛,感神物也。讹,化也。硕,大也。熛音必遥反。”

⑧服虔曰:“令巫祝叫呼天门也。”师古曰:“巫咸,古神巫之名。”

⑨张晏曰:“傄,赞也。”师古曰:“暗蔼,神之形影也。穰穰,多也。委,积也。暗音乌感反。”

于是事毕功弘,回车而归,度三峦兮偈棠梨。①天阃决兮地垠开,八荒协兮万国谐。②登长平兮雷鼓磕,天声起兮勇士厉,③云飞扬兮雨滂沛,于胥德兮丽万世。④

①师古曰:“三峦即封峦,观名也。棠梨,宫名。偈读曰憩。”

②师古曰:"天闿,天门之闿也。决亦开也。言德泽普洽无极限也。"

③师古曰:"长平,泾水上坂名也。礚,击鼓声也。天声,声至天也。声字或作
严,言击严鼓也。厉,奋也。"

④师古曰:"于,曰也。胥,皆也。丽,美也。沛音普大反。"

乱曰:①崇崇圜丘,隆隐天兮,②登降峛崺,单埢垣兮。③增宫嵾
差,骈嵯峨兮,④岭嵾嶙峋,洞亡崖兮,⑤上天之綷,杳旭卉兮,⑥圣
皇穆穆,信厥对兮,⑦俟祇郊禋,神所依兮,⑧徘徊招摇,灵遟迟
兮,⑨辉光眩燿,隆厥福兮,⑩子子孙孙,长亡极兮。

①师古曰:"乱者,理也,总理一赋之终也。"

②师古曰:"言其高。"

③师古曰:"峛崺,上下之道也。单,周也。埢垣,圜貌也。峛音力尔反。崺音
弋尔反。单音蝉。埢音拳。"

④师古曰:"增,重也。嵾差,不齐也。骈,并也。嵾音初林反。骈音步千反。
嵯音材何反。峨音娥。"

⑤师古曰:"岭嵾,深邃貌。嶙峋,节级貌。岭音零,嵾音营。嶙音邻。峋
音荀。"

⑥师古曰:"綷,事也。杳,高远也。旭卉,疾速也。綷读与载同。"

⑦李奇曰:"对,配也。能与天地相配也。《诗》云'帝作邦作对'。"师古曰:"穆
穆,美也。信,实也。"

⑧师古曰:"言以祇敬而来郊祭禋缛,则神祇依附。"

⑨师古曰:"言神久留安处,不即去也。招音上遥反。遟音栖。迟音(又)〔丈〕
夷反。"〔15〕

⑩师古曰:"眩音州县之县。"

甘泉本因秦离宫,既奢泰,①,而武帝复增通天、高光、迎风。宫外
近则洪厓、旁皇、储胥、弩陆,远则石关、封峦、枝鹊、露寒、棠梨、师得,游
观屈奇瑰玮,②非木摩而不雕,墙涂而不画,周宣所考,殷庚所迁,夏卑
宫室,唐虞棌椽三等之制也。③且为其已久矣,非成帝所造,欲谏则非
时,欲默则不能已,故遂推而隆之,乃上比于帝室紫宫,④若曰此非人力
之所(能)〔为〕〔16〕,党鬼神可也。⑤又是时赵昭仪方大幸,每上甘泉,常法

从，⑥在属车间豹尾中。⑦故雄聊盛言车骑之众，参丽之驾，非所以感动
天地，逆釐三神。⑧又言"屏玉女，却虑妃"，以微戒齐肃之事。赋成奏
之，天子异焉。

①师古曰："本秦之林光宫也。"

②师古曰："棠梨宫在甘泉苑垣外，师得宫在栎阳界，其馀皆甘泉苑垣内之宫
　观也。陆音祛。"

③师古曰："《小雅·斯干》之诗序曰：'宣王考室也。'考谓成也。般庚，殷王名
　也。迁谓迁都亳也。唐虞谓尧舜也。梂，柞木也。三等，土阶三等，言不过
　也。梂音采，又音菜，其字从木。"

④师古曰："帝谓天也。"

⑤师古曰："党音它莽反。"

⑥师古曰："法从者，以言法当从耳，非失礼也。一曰从法驾也。"

⑦服虔曰："大驾属车八十一乘，作三行，尚书御史乘之。最后一乘县豹尾，豹
　尾以前皆为省中。"

⑧师古曰："参，三神也。丽，偶也。"

其三月，将祭后土，上乃帅群臣横大河，凑汾阴。①既祭，行游介山，
回安邑，②顾龙门，览盐池，③登历观，④陟西岳以望八荒，迹殷周之虚，
眇然以思唐虞之风。⑤雄以为临川羡鱼不如归而结罔，⑥还，上《河东赋》
以劝，其辞曰：

①师古曰："横，横度之也。凑，趣也。"

②师古曰："介山在汾阴东北。回谓绕过。"

③师古曰："龙门山在今蒲州龙门县北。盐池在今虞州安邑县南。"

④师古曰："历山上有观也。"晋灼曰："在河东蒲阪县。"

⑤师古曰："陟，升也。西岳华山之上高峻，故言以望八荒。殷都河内，周在岐
　丰，尧都平阳，舜都蒲阪，皆可(相)〔想〕见，[17]故云迹殷周之墟，思唐虞之风
　也。虚读曰墟。"

⑥师古曰："言成帝追观先代遗迹，思欲齐其德号，故雄劝令自兴至治，以拟帝
　皇之风。"

　　伊年暮春，将瘗后土，①礼灵祇，谒汾阴于东郊，②因兹以勒崇

垂鸿,发祥隤祉,钦若神明者,盛哉铄乎,越不可载已!③ 于是命群臣,齐法服,整灵舆,乃抚翠凤之驾,六先景之乘,④掉奔星之流旃,彏天狼之威弧。⑤张燿日之玄旄,扬左纛,被云梢。⑥奋电鞭,骖雷辎,⑦鸣洪钟,建五旗。⑧(义)〔羲〕和司日,[18]颜伦奉舆,⑨风发飙拂,神腾鬼趡;⑩千乘霆乱,万骑屈桥,⑪嘻嘻旭旭,天地稠嶅。⑫簸丘跳峦,涌渭跃泾。⑬秦神下詟,跖魂负沴;⑭河灵矍踢,爪华蹈衰。⑮遂臻阴宫,穆穆肃肃,蹲蹲如也。⑯

①师古曰:"伊,是也,谓是祠甘泉之年也。祭地曰瘗薶,故曰瘗后土。瘗音乙例反。"

②师古曰:"京师之东故曰东郊也。"

③师古曰:"勒崇垂鸿,勒崇名而垂鸿业也。隤,降也。祉,福也。钦,敬也。若,顺也。铄,美也。越,曰也。已,辞也。言发祥降福,敬顺神明,其事盛美,不可尽载。"

④师古曰:"翠凤之驾,天子所乘车,为凤形而饰以翠羽也。先景,为马行速疾,常在景前也。"

⑤晋灼曰:"有狼、弧之星也。"师古曰:"彏,急张也,音镬。"

⑥张晏曰:"云梢,梢云也。"师古曰:"梢与旓同。旓者,旌旗之流,以云为旓也。被音皮义反。"

⑦师古曰:"辎,衣车也。《淮南子》云'电以为鞭策,雷以为车轮',故雄用此言也。"

⑧师古曰:"洪,大也。《尚书大传》云'天子左右五钟,天子将出则撞黄钟之钟,左五钟皆应,入则撞蕤宾之钟,右五钟皆应。'《汉旧仪》云皇帝车驾建五旗。盖谓五色之旗也,以木牛承其下,取其负重致远。"

⑨师古曰:"伦,古善御者也。羲和,日御名。"

⑩师古曰:"飙,回风也。趡,走也,飙音必遥反。趡音子笑反,又音才笑反。"

⑪师古曰:"霆乱,言如雷霆之盛而乱动也。屈桥,(言)壮捷貌。[19]屈音其勿反。桥音其召反。"

⑫服虔曰:"稠嶅,动摇貌。"师古曰:"嘻嘻旭旭,自得之貌。嘻音许其反。稠音徒吊反。嶅音五到反。"

⑬师古曰:"山小而锐曰峦。言车骑之威,訇隐之盛,至于涌跃泾、渭,跳簸丘

山者也。"

⑭苏林曰:"秦文公时庭中有怪化为牛,走到南山梓树中,伐梓树,后化入丰水,文公恶之,故作其象以厌焉。今之茸头是也,故曰秦神。"服虔曰:"涔,河岸之坻也。"晋灼曰:"涔,渚也。"师古曰:"跖,蹈也。言此神怖詟,下入水中自蹈其魂而负涔渚,盖戚惧之甚也。跖音之亦反。坻音直尸反。"

⑮苏林曰:"河灵,巨灵也。华,华山也。衰,衰山也。掌据之,足蹈之也。踢音试郎反。"服虔曰:"踢音石奂反。"师古曰:"躩踢,惊动之貌。躩音钁。踢音惕,二音并通。爪,古掌字。凡言此者,以车骑之众,羽旄之盛,故秦神、河灵莫不恐惧而自放也。"

⑯师古曰:"阴宫,汾阴之宫也。穆穆,静也。肃肃,敬也。蹲蹲,行有节也。蹲音千旬反。"

　　灵祇既乡,五位时叙,①纲缊玄黄,将绍厥后。②于是灵舆安步,周流容与,③以览虞介山。嗟文公而愍推兮,勤大禹于龙门,④洒沈(蕾)〔菑〕于豁渎兮[20],播九河于东濒。⑤登历观而遥望兮,聊浮游以经营。乐往昔之遗风兮,喜虞氏之所耕。⑥瞰帝唐之嵩高兮,眂隆周之大宁。⑦汩低回而不能去兮,行睌陕下与彭城。⑧涉南巢之坎坷兮,易幽岐之夷平。⑨乘翠龙而超河兮,陟西岳之峣崝。⑩云霏霏而来迎兮,泽渗漓而下降,⑪郁萧条其幽蔼兮,滃泛沛以丰隆。⑫叱风伯于南北兮,呵雨师于西东,⑬参天地而独立兮,廓荡荡其亡双。⑭

①师古曰:"乡读曰向。"服虔曰:"五位,五方之神。"

②师古曰:"纲缊,天地合气也。玄黄,天地色也。《易·下系辞》曰:'天地纲缊,万物化淳。'《坤》文言曰:'玄黄者,天地之杂色也。天玄而地黄。'将,大也。言天地之气大兴发于祭祀之后。纲音因。缊音於云反。"

③师古曰:"灵舆,天子之舆也。容睌而安豫也。与读曰豫。"

④师古曰:"龙门山,禹凿之以通河水,故勤劳之。"

⑤师古曰:"洒,分也。(蕾)〔菑〕,古灾字也。沈灾,洪水也。豁,开也。渎谓江、河、淮、济也。播,布也。九河名在《地理志》。东濒,东海之濒也。禹分治洪水之灾,通之四渎,布散九河于东海之濒也。洒音所宜反。濒音频,又

音宾。"

⑥师古曰:"舜耕历山,故云然。"

⑦师古曰:"瞩、眅,皆视也。帝唐,尧也。嵩亦高也。嵩高者,谓孔子云'巍巍
乎唯天为大,唯尧则之'也。一曰:尧曾游于阳城,故于嵩高山瞩其遗迹也。
大宁者,《诗·大雅》云'济济多士,文王以宁'。瞩音苦滥反。眅即觅字。"

⑧应劭曰:"眅,不正视也。彭城,项羽所都也。"晋灼曰:"陔下,项羽败处也。"
师古曰:"汩,往意也。低回犹言徘徊也。行,且也,意且欲往睹也。汩音于
笔反。眅音五系反。"

⑨李奇曰:"南巢,桀败处也。易,乐也。"师古曰:"涉与秽同。坎坷,不平貌。
坎音口绀反。坷音口贺反。易音弋豉反。"

⑩师古曰:"翠龙,穆天子所乘马也。西岳即华山也。峣崝谓嶕峣而崝嵘也。
峣音尧。崝音士耕反。"

⑪师古曰:"霡,古霏字。霡霡,云起貌。泽,雨露也。渗漓,流貌也。降,下
也。渗音淋。漓音离。降音湖江反。"

⑫师古曰:"皆云雨之貌。滃音乌孔反。泛音敷剑反。沛音普盖反。"

⑬师古曰:"言皆从命也。"

⑭师古曰:"天地曰二仪,王者大位,与之合德,故曰参天地。参之言三也。荡
荡,大貌。"

　　遵逝虖归来,①以函夏之大汉兮,彼曾何足与比功?②建《乾》
《坤》之贞兆兮,将悉总之以群龙。③丽钩芒与骖蓐收兮,服玄冥及
祝融。④敦众神使式道兮,奋《六经》以摅颂。⑤喻于穆之缉熙兮,过
《清庙》之雝雝;⑥轶五帝之遐迹兮,蹑三皇之高踪。⑦既发轫于平盈
兮,谁谓路远而不能从?⑧

①师古曰:"遵路而旋京师也。"

②服虔曰:"函夏,函诸夏也。"师古曰:"函,包容也。彼谓尧、舜、殷、周也。函
读与含同。"

③张晏曰:"《乾》六爻悉称龙也。"

④师古曰:"钩芒,东方神。蓐收,西方神。玄冥,北方神。祝融,南方神。丽,
并驾也。骖,三马也。言皆役服也。"

⑤师古曰:"敦,勉也。式,表也。《六经》谓《易》、《诗》、《书》、《春秋》、《礼》、

《乐》也。摅，散也。颂谓诗颂，所以美盛德之形容也，言发其志而为歌颂
也。摅音丑於反。颂读曰容。”

⑥师古曰：“《周颂·清庙》之诗云‘於穆清庙，肃雍显相’，《昊天有成命》之诗
曰‘於缉熙’，言汉德之盛，皆过之也。阘读与逾同。於读曰乌。”

⑦师古曰：“轶亦过也，音逸。”

⑧服虔曰：“轫，止车之木，将行，故发去。平盈之地无高下也。”师古曰：“轫
音刃。”

其十二月羽猎，①雄从。以为昔在二帝三王，②宫馆台榭沼池苑囿
林麓薮泽财足以奉郊庙，御宾客，充庖厨而已，③不夺百姓膏腴谷土桑
柘之地。女有馀布，男有馀粟，国家殷富，上下交足，故甘露零其庭，醴
泉流其唐，④凤皇巢其树，黄龙游其沼，麒麟臻其囿，神爵栖其林。昔者
禹任益虞而上下和，艸木茂；⑤成汤好田而天下用足；文王囿百里，民以
为尚小；齐宣王囿四十里，民以为大：裕民之与夺民也。⑥武帝广开上
林，南至宜春、鼎胡、御宿、昆吾，⑦旁南山而西，至长杨、五柞，⑧北绕黄
山，濒渭而东，⑨周袤数百里。⑩穿昆明池象滇河，⑪营建章、凤阙、神明、
驱娑，⑫渐台、泰液⑬象海水周流方丈、瀛洲、蓬莱。⑭游观侈靡，穷妙极
丽。虽颇割其三垂以赡齐民，⑮然至羽猎田车戎马器械储偫禁御所
营，⑯尚泰奢丽夸诩，⑰非尧、舜、成汤、文王三驱之意也。⑱又恐后世复
修前好，不折中以泉台，⑲故聊因《校猎赋》以风，⑳其辞曰：

①服虔曰：“士负羽。”

②应劭曰：“二帝，尧、舜。三王，夏、殷、周。”

③师古曰：“财读与才同。御，侍也。充，当也。”

④应劭曰：“《尔雅》‘庙中路谓之唐’。”

⑤师古曰：“益，臣名也，任以为虞。虞，主山泽之官也。上，山也。下，平地
也。艸，古草字。”

⑥师古曰：“裕，饶也。”

⑦晋灼曰：“鼎胡，宫也，《黄图》以为在蓝田。昆吾，地名也，有亭。”师古曰：
“宜春近下杜，御宿在樊川西也。”

⑧师古曰：“旁音步浪反。”

⑨师古曰："循渭水涯而东也。濒音频，又音宾。"

⑩师古曰："袤，长也，音茂。"

⑪师古曰："滇音丁贤反。"

⑫师古曰："殿名也。(师古曰)骃音先合反。[21]娑音先河反。"

⑬师古曰："渐台在泰液池中。渐，浸也，言为池水所浸也。"

⑭服虔曰："海中三山名。法效象之。"

⑮师古曰："赡，给也。齐人，解在《食货志》。"

⑯师古曰："营谓(园)〔围〕守也。"[22]

⑰师古曰："诩，大也，音许羽反。"

⑱师古曰："三驱，古射猎之等也。一为笾豆，二为宾客，三为充君之庖也。"

⑲服虔曰："鲁庄公筑泉台，非礼也，至文公毁之，《公羊》讥云：'先祖为之而毁之，勿居而已。'今扬雄以宫观之盛，非成帝所造，勿修而已，当以泉台折中也。"

⑳师古曰："校猎谓围守禽兽而大猎也。风读曰讽。"

　　或称戏农，岂或帝王之弥文哉？①论者云否，各亦并时而得宜，奚必同条而共贯？②则泰山之封，乌得七十而有二仪？③是以创业垂统者俱不见其爽，遐迩五三孰知其是非？④遂作颂曰：丽哉神圣，处于玄宫，富既与地虖侔訾，贵正与天虖比崇。⑤齐桓曾不足使扶毂，楚严未足以为骖乘；陿三王之阨薜，峤高举而大兴；⑥历五帝之寥廓，涉三皇之登闳；⑦建道德以为师，友仁义与为朋。

①师古曰："设或人云，言俭质者皆举伏戏、神农为之首，是则岂谓后代帝王弥加文饰乎？故论者答之于下也。论者，雄自谓也。弥犹稍稍也。诸家之释，皆不当意，徒为烦杂，故无所取。"

②师古曰："所尚不必同也。"

③孟康曰："言封禅各异也。"师古曰："若不如是，于何得七十二仪也？"

④师古曰："爽，差也。创业垂统，皆无差忒。五帝三王，谁是谁非，言文质政教各不同也。"

⑤师古曰："颂汉德也。玄宫，言清净也。訾与赀同。"

⑥师古曰："薜亦僻字也。峤，举步貌也，音去昭反。"

⑦师古曰："寥廓，空旷也。登闳，高远也。寥音聊。"

于是玄冬季月，天地隆烈，①万物权舆于内，徂落于外，②帝将惟田于灵之囿，③开北垠，受不周之制，④以终始颛顼、玄冥之统。⑤乃诏虞人典泽，东延昆邻，西驰阊阖。⑥储积共偫，戍卒夹道，⑦斩丛棘，夷野草，⑧御自沜、渭，经营酆、镐，⑨章皇周流，出入日月，天与地沓。⑩尔乃虎路三嵏以为司马，围经百里而为殿门。⑪外则正南极海，邪界虞渊，⑫鸿闳沉茫，碣以崇山。⑬营合围会，然后先置虖白杨之南，昆明灵沼之东。⑭贲育之伦，蒙盾负羽，杖镆邪而罗者以万计，⑮其馀荷垂天之毕，张竟埜之罘，靡日月之朱竿，曳彗星之飞旗。⑯青云为纷，红蜺为缳，属之虖昆仑之虚，⑰涣若天星之罗，浩如涛水之波，⑱淫淫与与，前后要遮，⑲欃枪为闉，明月为候，⑳荧惑司命，天弧发射，㉑鲜扁陆离，骈衍佖路。㉒徽车轻武，鸿絧緁猎，㉓殷殷轸轸，被陵缘阪，穷冥极远者，相与迾虖高原之上；㉔羽骑营营，昈分殊事，㉕缤纷往来，辒轳不绝，若光若灭者，布虖青林之下。㉖

①师古曰："北方色黑，故曰玄冬。隆烈者，阴气盛。"

②师古曰："权舆，始也。徂落，死也。言草木萌牙始生于内，而枝叶凋毁死伤于外也。"

③师古曰："灵囿，有灵德之苑囿也。《诗·大雅·灵台》之篇曰'王在灵囿'。"

④孟康曰："西北为不周风，谓冬时也。"师古曰："垠，崖也，音银。"

⑤应劭曰："颛顼、玄冥，皆北方之神，主杀戮也。"

⑥张晏曰："东至昆明之边也。"师古曰："昆明池边也。阊阖，门名也。阊读与阆同也，又音吐郎反。"

⑦师古曰："共读曰供。偫音丈纪反。"

⑧师古曰："夷，平也。"

⑨应劭曰："御，禁也。"师古曰："将猎其中，故止禁不得人行及兽出也。沜、渭以东，酆、镐以西，皆为猎围也。"

⑩师古曰："章皇周流，言匝遍也，谓苑囿之大，遥望日月皆从中出入，而天地之际杳然县远也。说者反以杳为沓，解云重沓，非唯乖理，盖以失韵。"

⑪晋灼曰："路音落。"服虔曰："以竹虎落此山也。"应劭曰："外门为司马门，殿

门在内也。"师古曰:"落,累也,以绳周绕之也。三巀,三峰聚之山也。巀音子公反。"

⑫应劭曰:"虞渊,日所入。"

⑬师古曰:"鸿濛沆茫,广大貌。碣,山特立貌。鸿音胡孔反。濛音莫孔反。沆音胡浪反。茫音莽。碣音竭。"

⑭张晏曰:"先置供具于前。"服虔曰:"白杨,观名。"

⑮师古曰:"贲,孟贲也。育,夏育也。皆古之勇士也。镆邪,大戟也。罗,列遮禽兽。镆音莫。邪音弋奢反。"

⑯如淳曰:"垂天,言长大如天之垂也。"师古曰:"毕,田罔也。罘,幡车罔也。"

⑰师古曰:"纷,眊也。缳,系也。属,缀也。昆仑,西极之山也。缳音下犬反。属音之欲反。虚读曰墟。"

⑱师古曰:"天星之罗,言布列也。涛水之波,言广大。"

⑲师古曰:"淫淫与与,往来貌。"

⑳孟康曰:"闉,斗战自障蔽,如城门外女垣也。"

㉑张晏曰:"荧惑,法使,司不祥。天弧,虚、危上二星也。"

㉒师古曰:"鲜扁,轻疾貌。骈衍,言其并广大也。似,次比也,一曰满也。扁音篇。骈音步千反。似音频一反,又音步结反。"

㉓师古曰:"幑车,有幑(炽)〔帜〕之车也。[23]鸿绚,直驰貌。缑猎,相差次也。鸿音胡孔反。绚音徒孔反。缑音捷。"

㉔师古曰:"殷轸,盛也。冥,幽深也。殷读曰隐。"

㉕苏林曰:"旷,明也。"师古曰:"营营,周旋貌也。言其服饰分明,各殊异也。旷音户。"

㉖孟康曰:"辒轳,连属貌。"如淳曰:"辒音雷。轳音卢。"师古曰:"缤纷,众疾也。辒轳,环转也。缤音匹人反。"

　　于是天子乃以阳盷始出虖玄宫,①撞鸿钟,建九(流)〔旒〕,[24]六白虎,载灵舆,蚩尤并毂,蒙公先驱。②立历天之旗,曳捎星之旃,③辟历列缺,吐火施鞭。④萃傱允溶,淋离廓落,戏八镇而开关;⑤飞廉、云师,吸嚊潚率,鳞罗布列,攒以龙翰。⑥秋秋跄跄,入西园,切神光;⑦望平乐,径竹林,⑧蹂蕙圃,践兰唐。⑨举烽烈火,辔者施披,⑩方驰千驷,校骑万师。⑪虓虎之陈,从横胶辀,猋泣雷厉,骙骙骓磕,⑫汹汹旭旭,天动地岋。⑬羡漫半散,萧条数千万里外。⑭

①师古曰:"阳朝,日出之后也。北方之宫,故曰玄宫。"

②服虔曰:"蒙公,蒙恬也。"孟康曰:"神名也。"师古曰:"服说是也。并音步浪反。"

③师古曰:"历,经也。捎犹拂也。历天捎云,言其高也。捎音所交反。"

④应劭曰:"辟历,雷也。列缺,天隙电照也。"师古曰:"言猎火之耀,及驰骑奋鞭,如电吐光,及象其疾。"

⑤应劭曰:"四方四隅为八镇。"如淳曰:"不言九者,一镇在中,天子居之故也。"师古曰:"戏读曰麾,谓指麾八镇使之开关也。似音先勇反,又音丛。溶音容。"

⑥师古曰:"吸嚊,开张也。潚率,聚敛也。言布列则如鱼鳞之罗,攒聚则如龙之豪翰。嚊音许冀反。潚音肃。翰合韵音韩。"

⑦师古曰:"秋秋跄跄,腾骧之貌。切神光者,言车之众(饬)〔饰〕[25]相切靡而光起,有若神也。跄音千羊反。"

⑧张晏曰:"平乐,馆名也。"晋灼曰:"在上林中。"

⑨师古曰:"惠圃,惠草之圃也。兰唐,陂唐之上多生兰也。"

⑩师古曰:"缰者,御人执缰也。"

⑪师古曰:"方驰,并驱也。校骑,骑而为部校者也。"

⑫服虔曰:"虓音哮。"邓展曰:"泣音粒。"师古曰:"哮虎之陈,谓勇士奋怒,状如猛兽而为行陈也。泣,焱风疾貌也。骒骅骓磕,皆声响众盛也。哮音火交反。辐音葛。骒音匹人反。骅音普萌反。骓音力茎反。磕音口盍反。"

⑬苏林曰:"岋音岋岋动摇之岋。"师古曰:"汹音匈。岋音五合反。"

⑭师古曰:"羡音弋战反。"

　　若夫壮士忼慨,殊乡别趣,①东西南北,骋耆奔欲。②扗苍羬,跋犀犛,蹶浮麋。③斮巨狿,搏玄蝯,④腾空虚,距连卷。⑤踔夭蟜,娭涧门,⑥莫莫纷纷,山谷为之风猋,林丛为之生尘。⑦及至猚夷之徒,蹶松柏,掌疾梨;⑧猎蒙茏,辚轻飞;⑨履般首,带修蛇;⑩钩赤豹,挖象犀;⑪蹴岏阮,超唐陂。⑫车骑云会,登降暗蔼,⑬泰华为旒,熊耳为缀。⑭木仆山还,漫若天外,⑮储与虖大溥,聊浪虖宇内。⑯

①师古曰:"乡读曰向。"

②师古曰:"言随其所欲而各驰骋取之也。著读曰嗜。欲,合韵音弋树反。"

③张晏曰:"跋,蹋也。"郑氏曰:"蹴音马蹄蹴之蹴。"师古曰:"挖,曳也。跋,反
　　庚也。蹴,蹴也。浮麋,水上浮者也。挖音佗。跋音步末反。"

④师古曰:"斮,斩也。狙,兽名也。解在《司马相如传》。斮音侧略反。"

⑤张晏曰:"连卷之木也。"师古曰:"距即距字也。卷音拳。"

⑥师古曰:"踔,走也。夭蛲亦木枝曲也。娭,戏也。踔音丑孝反,又音徒钓
　　反。蛲音矫。娭音许其反。"

⑦师古曰:"莫莫,尘埃貌。纷纷,乱起貌。"

⑧服虔曰:"获夷,能获夷狄者也。"师古曰:"掌,以掌击也。"

⑨师古曰:"蒙茏,草木所蒙蔽处也。轔,轹也。轻飞犹言轻禽也。轔音容。"

⑩如淳曰:"般音班。班首,虎之类也。"师古曰:"履谓践履之也。修,长也。"

⑪师古曰:"挚,古牵字。"

⑫师古曰:"趾,渡也。峦阮,并解于上。唐陂,陂之有隄唐者也。阮音刚。趾
　　音弋制反。"

⑬师古曰:"暗音乌感反。"

⑭师古曰:"旒,旌旗之旒也。缀,所以县旌也。"

⑮如淳曰:"还音旋。言山为之回旋也。"

⑯服虔曰:"储与,相羊也。溥,水厓也。"师古曰:"聊浪,言游放也。与音馀。
　　溥音普,浪音琅。"

　　于是天清日晏,①逢蒙列眦,羿氏控弦。②皇车幽辂,光纯天
地,③望舒弥辔,④翼乎徐至于上兰。⑤移围徙陈,浸淫蹴部,⑥曲队
坚重,各按行伍。⑦壁垒天旋,神抶电击,⑧逢之则碎,近之则破,鸟
不及飞,兽不得过,军惊师骇,刮野埽地。⑨及至罕车飞扬,武骑聿
皇;⑩蹈飞豹,绢噪阳;⑪追天宝,出一方;⑫应骈声,击流光。樊尽
山穷,囊括其雌雄,⑬沈沈容容,遥噱虖纮中。⑭三军芒然,穷尤阏
与,⑮亶观夫票禽之绁隃,犀兕之抵触,熊罴之挐攫,虎豹之凌遽,⑯
徒角抢题注,蹷竦詟怖,魂亡魄失,触辐关脰。⑰妄发期中,进退履
获,⑱创淫轮夷,丘累陵聚。⑲

①师古曰:"晏,无云也。"

②师古曰:"逢蒙及羿,皆古善射者。列,整也。控,引也。"

③李奇曰:"纯,缘也。"师古曰:"幽辑,车声也。辑音一辖反。纯音之允反。"

④师古曰:"望舒,月御也。弥,敛也。言天子之车敛辔徐行,故假望舒为言耳。弥音莫尔反。"

⑤晋灼曰:"上兰观在上林中。"

⑥师古曰:"部,军之部校也,言稍聚逼而重。蹴音千欲反。"

⑦师古曰:"队亦部也。按,依也。队音徒内反。行音胡郎反。"

⑧师古曰:"言所挟击如鬼神雷电也。挟音丑乙反。"

⑨师古曰:"言杀获皆尽,无遗馀也。扫音先早反。"

⑩师古曰:"甲车,毕甲之车也。聿皇,疾貌。"

⑪师古曰:"噢阳,费费也,人面黑身,有毛,反踵,见人则笑,唇蔽其目。绢音工犬反。噢音工聊反。费音扶味反。"

⑫应劭曰:"天宝,陈宝也。"晋灼曰:"天宝鸡头人身。"

⑬如淳曰:"陈宝神来下时,骈然有声,又有光精也。"应劭曰:"下时穷极山川天地之间,然后得其雌雄也。"师古曰:"雄在陈仓,雌在南阳也。故云野尽山穷也。骈音普萌反。"

⑭师古曰:"口内之上下名为噱,言禽兽奔走倦极,皆遥张噱吐舌于纵罔之中也。"师古曰:"噱音其略反。纵,古纮字。"

⑮孟康曰:"尤,行也。阕,止也。言三军之盛,穷阕禽兽,使不得逸漏也。"晋灼曰:"阕与,容貌也。"师古曰:"阕与,容眼之貌也。芒音莫郎反。尤音淫。阕音於庶反。与音豫。"

⑯师古曰:"亶读曰但。票禽,轻疾之禽也。绁与蹴同。绁,度也。隃与逾同。挈,牵引也。攫,搏持之也。凌,战栗也。遽,惶也。票音频妙反。绁音弋制反。触,合韵音昌树反。挈音女居反。攫音镢。遽音讵。"

⑰师古曰:"徒亦但也。抢犹剌也。题,额也。胒,颈也。言众兽迫急,以角抢地,以额注地,或自触车辐,关颈而死也。抢音千羊反。瘛音子育反。胒音豆。"

⑱师古曰:"言矢虽妄发而必有中,进则履之,退则获之。"

⑲师古曰:"淫,过也。夷,平也。言创过大,血流平于车轮也。丘累陵聚,言其积多。"

于是禽殚中衰，①相与集于靖冥之馆，②以临珍池。灌以岐梁，溢以江河，③东瞰目尽，西畅亡厓，④随珠和氏，焯烁其陂。⑤玉石嶜崟，眩耀青荧，⑥汉女水潜，怪物暗冥，不可殚形。⑦玄鸾孔雀，翡翠垂荣，⑧王雎关关，鸿雁嚶嚶，⑨群娭虖其中，噍噍昆鸣；⑩凫鹥振鹭，上下砰磕，声若雷霆。⑪乃使文身之技，水格鳞虫，⑫凌坚冰，犯严渊，探岩排碕，薄索蛟螭，⑬蹈猵獭，据鼋鼍，⑭拕灵蠵。⑮入洞穴，出苍梧，⑯乘钜鳞，骑京鱼。⑰浮彭蠡，目有虞。⑱方椎夜光之流离，剖明月之珠胎，⑲鞭洛水之虙妃，饷屈原与彭胥。⑳

①师古曰："殚，尽也。中，射中也，音竹仲反。"

②晋灼曰："靖冥，深闲之馆。"

③晋灼曰："梁，梁山也。"服虔曰："珍池，山下之流也。"

④师古曰："瞰，视也。目尽，极望〔也〕。亡厓（也），〔26〕言广远也。"

⑤师古曰："焯，古灼字也。焯烁，光貌。烁音式药反。"

⑥师古曰："玉石，石之似玉者也。嶜崟，高锐貌。青荧，言其色青而有光荧也。嶜音仕金反。崟音牛林反。"

⑦应劭曰："汉女，郑交甫所逢二女，弄大珠，大如荆鸡子。"师古曰："不可殚形，不能尽其形貌之状。"

⑧师古曰："言其毛羽有光华。"

⑨师古曰："玉雎，雎鸠也。关关，和声也。嚶嚶，相命〔声〕也。〔27〕嚶音於行反。"

⑩师古曰："娭，戏也。昆，同也。娭音许其反。噍音子由反。"

⑪师古曰："凫，水鸟，即今之野鸭也。鹥，凫属也。鹭，白鸟也。振者，言振羽翼而飞也。《诗·大雅》曰'凫鹥在泾'，《周颂》曰'振鹭于飞'，三者皆水鸟也。言其群飞上下，翅翼之声若雷霆也。鹥音乌奚反。砰音普萌反。"

⑫服虔曰："文身，越人也，能入水取物。"

⑬师古曰："严，言不可犯也。岩，水岸嵌岩之处也。碕，曲岸也。薄，迫也。索，搜求也。碕音钜依反。嵌音口衔反。"

⑭苏林曰："猵音宾。"师古曰："獭，形如狗，在水中食鱼。猵，小獭也。獭音它葛反。"

⑮郑氏曰："拕音怡。"应劭曰："蠵，大龟也。雄曰毒冒，雌曰觜蠵。"师古曰：

"拔,挹〔扻〕〔取〕也,〔28〕又音祛。蠪音弋随反,又音携。"

⑯晋灼曰:"洞穴,禹穴也。"师古曰:"洞,通也。"

⑰师古曰:"京,大也,或读为鲸。鲸,大鱼也。"

⑱应劭曰:"彭蠡,大泽,在豫章。"师古曰:"目犹视也,望也。有虞谓舜陟方在江南,言遥望也。"

⑲师古曰:"珠在蛤中若怀妊然,故谓之胎也。椎音直佳反,其字从木。"

⑳师古曰:"彭,彭咸;胥,伍子胥,皆水死者。虑读曰伏。"

　　于兹虔鸿生钜儒,俄轩冕,杂衣裳,①修唐典,匡《雅》《颂》,揖让于前。②昭光振耀,蠁蠁如神,③仁声惠于北狄,武义动于南邻。④是以旄裘之王,胡貉之长,移珍来享,抗手称臣。⑤前入围口,后陈卢山。⑥群公常伯杨朱、墨翟之徒⑦喟然称曰:⑧"崇哉乎德,虽有唐、虞、大夏、成周之隆,何以侈兹!太古之觐东岳,禅梁基,舍此世也,其谁与哉?"

①师古曰:"俄俄,陈举之貌。杂者,言衣与裳皆杂色也。"

②师古曰:"匡,正也。"

③师古曰:"蠁与蠁同。智与忽同。"

④师古曰:"南方有金邻之国,极远也,故云南邻。一曰,邻邑也。"

⑤如淳曰:"以物与人曰移。"师古曰:"貉,东北夷也。享,献也。抗,举手也,言其肃恭合掌而拜也。貉音莫百反。"

⑥孟康曰:"单于南庭山也。"

⑦师古曰:"常伯,侍中也。解在《谷永传》。杨朱、墨翟,取古贤以为喻也。"

⑧师古曰:"喟,叹息也,音丘位反。"

　　上犹谦让而未俞也,①方将上猎三灵之流,下决醴泉之滋,②发黄龙之穴,窥凤皇之巢,临麒麟之囿,幸神雀之林;奢云梦,侈孟诸,③非章华,是灵台,④罕徂离宫而辍观游,⑤土事不饰,木功不雕,承民乎农桑,⑥劝之以弗迨,侪男女使莫违;⑦恐贫穷者不遍被洋溢之饶,开禁苑,散公储,创道德之囿,弘仁惠之虞,⑧驰弋乎神明之囿,览观乎群臣之有亡;放雉菟,收罝罘,麋鹿刍荛与百姓共之,⑨盖所以臻兹也。于是醇洪鬯之德,丰茂世之规,⑩加劳三皇,勖勤五帝,不亦至乎！乃祗庄雍穆之徒,⑪立君臣之节,崇贤圣之业,未皇苑囿之丽,游猎之靡也,⑫因回轸还衡,⑬背阿房,反未央。

①张晏曰:"俞,然也。"师古曰:"俞音逾。"

②如淳曰:"三灵,日月星垂象之应也。"师古曰:"流者,言其和液下流。"

③师古曰:"云梦,楚薮泽名也。《春秋》昭公三年'楚灵王与郑伯田于江南之梦'。孟诸,宋薮泽名。文公十年'楚穆王欲伐宋,昭公导之以田孟诸'。言今皆以二者为奢侈而改也。"

④师古曰:"言以楚灵王章华之台为非,而周文王灵台之制为是也。"

⑤师古曰:"罕,希也。徂,往也。辍,止也。"

⑥师古曰:"承,举也。"

⑦师古曰:"侪,耦也。违谓失婚姻时也。侪音仕皆反。"

⑧师古曰:"虞与娱同。"

⑨师古曰:"刍所以(饭)〔饮〕牛马,〔29〕茪,草薪。"

⑩师古曰:"洪,大也。㲿与畅同。畅,通也。"

⑪师古曰:"祗庄,敬也。雍穆,和也。"

⑫师古曰:"皇,暇也。"

⑬师古曰:"轸,舆后横木也。衡,辕前横木也。"

【校勘记】

〔1〕 以支庶初食采于晋之(杨)〔扬〕。　景祐、殿本都作"扬",下文及注原作"杨"者并照改。

〔2〕 偪,古逼(也)〔字〕。　殿本作"字"。王先谦说殿本是。

〔3〕 (固)不如襞而幽之离房。　景祐、殿本都无"固"字。

〔4〕 (焉)驾八龙之委蛇？　景祐、殿本都无"焉"字。

〔5〕 夫圣哲之(不)遭兮,　景祐、殿本都无"不"字。

〔6〕 (亦)〔音〕之亦反。　景祐、殿、局本都作"音",此误。

〔7〕 (亦)〔言〕寒凉战栗之处也。　景祐、殿本都作"言",此误。

〔8〕 一曰施,直谓安施(音)之耳,　景祐本无"音"字,此衍。

〔9〕 蒺蠓,(疾)〔蚊〕也。　殿、局本都作"蚊"。

〔10〕　衍音(赤)〔亦〕战反。　　景祐、殿、局本都作"亦",此误。

〔11〕　冠伦魁能,⑤　　注⑤原在"能"字上,明颜师古以"冠伦魁"断句。　　刘
　　　　攽、刘敞、齐召南、王先谦都说"能"字当属上读,《文选》同。

〔12〕　陈众车(所)〔于〕东阬兮,　　景祐、殿本都作"于"。王先谦说作"于"是。

〔13〕　(睟)〔倅〕神明与之为资。　　景祐、殿本都作"倅"。

〔14〕　招繇泰壹,　　王先谦说招摇虽亦神名,施于此处则不类。按《礼乐志》
　　　　"体招摇若永望"。颜注"申动貌"。下文"徘徊招摇"同。

〔15〕　迟音(又)〔丈〕夷反。　　景祐本作"丈"。王先谦说作"丈"是。

〔16〕　若曰此非人力之所(能)〔为〕,　　景祐、殿本都作"为"。

〔17〕　皆可(相)〔想〕见,殿本作"想"。　　王先谦说作"想"是。

〔18〕　(义)〔羲〕和司日,　　景祐、汲古、殿、局本都作"羲",此误。

〔19〕　屈桥,(言)壮捷貌。　　景祐、殿本都无"言"字,此衍。

〔20〕　洒沈(蔷)〔菑〕于豀渎兮,钱大昭说"娀"当作"菑"。　　按殿本作"菑"。

〔21〕　(师古曰)驳音先合反。　　景祐、殿本都无"师古曰"三字,此衍。

〔22〕　营谓(园)〔围〕守也。　　景祐、殿本都作"围",此误。

〔23〕　徽车,有徽(炽)〔帜〕之车也。　　景祐、殿本都作"帜",此误。

〔24〕　撞鸿钟,建九(流)〔旒〕。　　景祐、殿本都作"旒"。

〔25〕　言车之众(饬)〔饰〕　　殿本作"饰"。王先谦说殿本是。

〔26〕　目尽,极望〔也〕。亡厓(也),言广远也。　　殿本"也"字在"极望"下。王
　　　　先谦说殿本是。

〔27〕　相命〔声〕也。　　景祐、殿本都有"声"字。

〔28〕　抾,挹(扙)〔取〕也。　　景祐、殿、局本都作"取"。

〔29〕　刍所以(饭)〔饫〕牛马。　　景祐、殿本都作"饫"。

汉书卷八十七下

扬雄传第五十七下

明年，上将大夸胡人以多禽兽，秋，命右扶风发民入南山，西自褒斜，东至弘农，南驱汉中，①张罗罔罝罦，捕熊罴豪猪虎豹狖玃狐菟麋鹿，②载以槛车，输长杨射熊馆。③以罔为周阹，④〔纵〕禽兽其中，[1]令胡人手搏之，自取其获，上亲临观焉。是时，农民不得收敛。雄从至射熊馆，还，上《长杨赋》，聊因笔墨之成文章，故藉翰林以为主人，子墨为客卿以风。⑤其辞曰：

①师古曰："褒斜，南山二谷名也。汉中，今梁州也。斜音弋奢反。"

②师古曰："狖似猕猴，仰鼻而长尾。玃亦猕猴类也，长臂善搏。玃身长，金色。狖音弋授反。玃音矍。"

③师古曰："长杨，宫名也，在盩厔县，其中有射熊馆。"

④李奇曰："阹，遮禽兽围陈也。"师古曰："阹音祛。"

⑤师古曰："藉，借也。风读曰讽。"

子墨客卿问于翰林主人曰："盖闻圣主之养民也，仁沾而恩洽，动不为身。①今年猎长杨，先命右扶风，左太华而右褒斜，②椓（截）〔巀〕巀而为弋，[2]纡南山以为罝，③罗千乘于林莽，列万骑于山隅，④帅军踤阹，锡戎获胡。⑤搤熊罴，拕豪猪，⑥木雍枪累，以为储胥，⑦此天下之穷览极观也。虽然，亦颇扰于农民。三旬有馀，其廑至矣，⑧而功不图，⑨恐不识者，外之则以为娱乐之游，内之则不以为干豆之事，⑩岂为民乎哉！且人君以玄默为神，澹泊为德，⑪今乐远出以露威灵，⑫数摇动以罢车甲，⑬本非人主之急务也，蒙窃或焉。"⑭

①师古曰："言忧百姓也。"

②师古曰："太华即西岳华山。"

③师古曰："巀嶭即所谓嵯峨山也,在京师之北。凡言此者,示猎围之宽广也。巀嶭音截啮,又音材葛反,又音五葛反。"

④师古曰："草平曰莽。"

⑤师古曰："踔,足蹴之也。锡戎获胡,言以禽兽赋戎狄,令胡人获取之。踔音才恤反。"

⑥师古曰："搤,捉持之也。豪猪亦名帚豲也,自为牝牡者也。搤音厄。挖音佗。豲音(完)〔桓〕。"〔3〕

⑦苏林曰："木拥栅其外,又以竹枪累为外储也。"服虔曰："储胥犹言有馀也。"师古曰："储,峙也。胥,须也。以木拥枪及累绳连结以为储胥,言有储畜以待所须也。枪音千羊反。累音力佳反。"

⑧师古曰："廑,古勤字。"

⑨张晏曰："不可图画以示后人。"师古曰："此说非也。图,谋也,言百姓甚勤劳矣,而不见谋赡恤之事。"

⑩师古曰："干豆,三驱之一也。干豆者,言为脯羞以充实豆,荐宗庙。"

⑪师古曰："澹泊,安静也。澹音徒滥反。泊音步各反,又音魄。"

⑫师古曰："露谓显暴不深固。"

⑬师古曰："罢读曰疲。"

⑭师古曰："蒙,自谓蒙蔽也。"

翰林主人曰："吁,谓之兹邪!①若客,所谓知其一未睹其二,见其外不识其内者也。仆尝倦谈,不能一二其详,②请略举凡,而客自览其切焉。"③

①师古曰："吁,疑怪之辞也。谓兹邪,犹云何为如此也。吁音于。"

②师古曰："详,悉也。"

③师古曰："凡,大指也。切,要也。"

客曰："唯,唯。"

主人曰："昔有强秦,封豕其土,窫窳其民,凿齿之徒相与摩牙而争之,①豪俊麋沸云扰,群黎为之不康,②于是上帝眷顾高祖,高祖奉命,顺斗极,运天关,横钜海,票昆仑,③提剑而叱之,所麾城(捔)〔挢〕邑,〔4〕下将降旗,④一日之战,不可殚记。⑤当此之勤,头蓬不暇疏,饥不及餐,⑥鞮鍪生虮虱,介胄被沾汗,⑦以为万姓请命虖皇天。乃展民之所诎,振民之所乏,⑧规亿载,恢帝业,七年之间而天下密如也。⑨

①应劭曰:"《淮南子》云,尧之时窦窳、封豨、凿齿皆为民害。窦窳类狸,虎爪食人。"服虔曰:"凿齿〔齿〕长五寸,〔5〕似凿,亦食人。"李奇曰:"以喻秦贪婪,残食其民也。"师古曰:"封,大也。窦音於點反。窳音愈。"

②师古曰:"黎,众;康,安也。"

③师古曰:"票犹言摇动也,音匹昭反。"

④李奇曰:"(捔)〔挢〕音车㷍之㷍。"师古曰:"(捔)〔挢〕,举手拟之也。"

⑤师古曰:"殚,尽也。不可尽记,言其多也。"

⑥师古曰:"蓬谓发乱如蓬也。"

⑦师古曰:"鞮鍪即兜鍪也。鞮音丁奚反。鍪音牟。虮音居岂反。"

⑧师古曰:"展,申也。振,起也。"

⑨师古曰:"密,静也。"

"逮至圣文,随风乘流,方垂意于至宁,躬服节俭,绨衣不敝,革鞜不穿,①大夏不居,木器无文。②于是后宫贱瑇瑁而疏珠玑,却翡翠之饰,除雕瑑之巧,③恶丽靡而不近,斥芬芳而不御,④抑止丝竹晏衍之乐,憎闻郑卫幼眇之声,⑤是以玉衡正而太阶平也。⑥

①师古曰:"言不穿敝而已,无取纷华也。鞜,革履,音踏。"

②师古曰:"大夏,夏屋也。"

③师古曰:"瑑,刻镂也。瑑音篆。"

④师古曰:"斥,却也。"

⑤师古曰:"衍音弋战反。幼音一笑反。眇音妙。"

⑥师古曰:"玉衡,天仪也。太阶,解在《东方朔传》。"

"其后熏鬻作虐,东夷横畔,①羌戎睚眦,闽越相乱,②遐萌为之不安,中国蒙被其难。③于是圣武勃怒,爰整其旅,乃命票、卫,④汾沄沸渭,云合电发,⑤焱腾波流,机骇蜂轶,⑥疾如奔星,击如震霆，⑦砰䃔辒，破穹庐，⑧脑沙幕，髓余吾。⑨遂猎乎王廷。⑩驱橐它，烧熐蠡，⑪分梨单于，磔裂属国，⑫夷坑谷，拔卤莽，刊山石，⑬蹂尸舆厮，系累老弱，⑭充铤瘢者、金镞淫夷者数十万人，⑮皆稽颡树颔，扶服蛾伏，⑯二十余年矣，尚不敢惕息。⑰夫天兵四临，幽都先加，⑱回戈邪指，南越相夷，⑲靡节西征，羌僰东驰。是以遐方疏俗殊邻绝党之域，⑳自上仁所不化，茂德所不绥，莫不跷足抗手，请献厥珍，㉑使海内澹然，㉒永亡边城之灾，金革之患。

①师古曰："䍐音弋六反。横音胡孟反。"

②师古曰："睚眦，瞋目貌。睚音五懈反。眦音仕懈反。睚字或作瞳，瞳者怒其目眦也，音工唤反。"

③师古曰："遐，远也。"

④师古曰："票，票骑霍去病。卫，卫青也。"

⑤师古曰："汾沄沸渭，奋击貌。汾音纷。沄音云。"

⑥师古曰："焱，疾风也。腾，举也。蜂与锋同。轶，过也。如机之骇，如蜂之过，言其疾也。轶与逸同。"

⑦师古曰："霆，雷之急者，音廷。"

⑧应劭曰："辒辒，匈奴车也。"师古曰："穹庐，毡帐也。辒音扶云反。辒音於云反。"

⑨师古曰："脑涂沙幕地，髓入余吾水，言其大破死亡。髓，古髓字。"

⑩孟康曰："匈奴王廷也。"

⑪张晏曰："熐蠡，干酪也，以为酪母。烧之，坏其养生之具也。"师古曰："熐音觅。蠡音黎，又音来戈反。"

⑫师古曰："梨与劙同，谓剥析也。劙音力私反。"

⑬师古曰："卤莽，浅草之地也。坑音口衡反。莽音莫户反。"

⑭师古曰："言已死则蹂践其尸，破伤者则舆之而行也。厮，破折也，音斯。累音力追反。"

⑮如淳曰："充，括也。"孟康曰："瘢者，马脊创瘢处也。"苏林曰："以耆字为著字。著音偾之著，镞著其头也。"师古曰："铤，铁矜小矛也。淫夷，过伤也。据如、孟氏之说，则箭括及铤所中，皆有创瘢于耆，而被金镞过伤者复众也。如苏氏以耆字为著字，依其所释，则括及铤所伤皆有瘢，又著金镞于头上而

过伤者亦多矣。用字既别，分句不同。据今书本多作者字，宜从孟说。铤音蝉，又音延。著音竹略反。矜音巨巾反。"

⑯如淳曰："叩头时项下向，则领树上向也。"师古曰："树，竖也。领音胡感反。服音蒲北反。蛾与蚁同。蛾伏者，言其伏如虫蚁也。"

⑰师古曰："惕息，惧而小息也。息，出入气也。"

⑱师古曰："幽都，北方，谓匈奴。"

⑲师古曰："夷，伤也，一曰平殄也。"

⑳师古曰："疏亦远也。邻，邑也。"

㉑师古曰："蹻，举也，音矫。"

㉒师古曰："儋，安也，音徒滥反。"

　　"今朝廷纯仁，遵道显义，并包书林，圣风云靡；①英华沈浮，洋溢八区，普天所覆，莫不沾濡；士有不谈王道者则樵夫笑之。②故意者以为事罔隆而不杀，物靡盛而不亏，③故平不肆险，安不忘危。④乃时以有年出兵，整舆竦戎，⑤振师五柞，习马长杨，⑥简力狡兽，校武票禽。⑦乃萃然登南山，瞰乌弋，⑧西厌月蹭，东震日域。⑨又恐后世迷于一时之事，常以此取国家之大务，淫荒田猎，陵夷而不御也。⑩是以车不安轫，日未靡旃，从者仿佛，骩属而还；⑪亦所以奉太宗之烈。遵文武之度，复三王之田，反五帝之虞；⑫使农不辍耰，工不下机；⑬婚姻以时，男女莫违；⑭出恺弟，行简易，矜劬劳，休力役；⑮见百年，存孤弱，帅与之同苦乐。然后陈钟鼓之乐，鸣鞀磬之和，建碣磋之虞，⑯拮隔鸣球，掉八列之舞；⑰酌允铄，肴乐胥，⑱听庙中之雍雍，受神人之福祜；⑲歌投颂，吹合雅。其勤若此，故真神之所劳也。⑳方将俟元符，㉑以禅梁甫之基，增泰山之高，延光于将来，比荣乎往号，岂徒欲淫览浮观，驰骋粳稻之地，周流梨栗之林，蹂践刍荛，夸诩众庶，盛狄获之收，多麋鹿之获哉！且盲不见咫尺，而离娄烛千里之隔；㉒客徒爱胡人之获我禽兽，曾不知我亦已获其王侯。"

①师古曰："靡，合韵音武义反。"

②师古曰："樵夫，采樵之人。"

③师古曰:"罔、靡,皆无也。杀,衰也。音所例反。"

④服虔曰:"肆,弃也。"师古曰:"肆,放也,不放心于险而尝思念也。"

⑤师古曰:"有年,有丰年也。因丰年而时出兵也。竦,劝也。"

⑥师古曰:"振亦整也。莋与柞同。"

⑦师古曰:"校,计量也。票禽,轻疾之禽也。票音频妙反,又音匹妙反。"

⑧晋灼曰:"萃,集也。"服虔曰:"三十六国,乌弋最在其西。"师古曰:"瞰,远视也。音口滥反。"

⑨服虔曰:"堨,音窟,穴。月堨,月所生也。"师古曰:"日域,日初出之处也。厌音一涉反。"

⑩师古曰:"御,止也。"

⑪张晏曰:"从者见仿佛,委释回旋。"师古曰:"车不安轫,未及止也。日未靡旞,不移景也。仿佛读曰髣髴。骫,古委字也。属音之欲反。还读曰旋也。"

⑫师古曰:"虞与娱同,合韵音牛具反。"

⑬师古曰:"耰,摩田之器也。音忧。"

⑭师古曰:"已解于上也。"

⑮师古曰:"易,合韵音弋赤反。"

⑯孟康曰:"碣磍,刻猛兽为之,故其形碣磍而盛怒也。"师古曰:"鞉,古鼗字。鞉,小鼓也。碣音一辖反。磍音辖。"

⑰师古曰:"拮隔,击考也。鸣球,玉磬也。掉,摇也,摇身而舞也。一曰:拮隔,弹鼓也。鸣球,以玉饰琴瑟也。拮音居黠反。球音求,又音虬。掉音徒钓反。"

⑱张晏曰:"允,信也。铄,美也。言酌信义以当酒,帅礼乐以为肴也。"师古曰:"《小雅·车攻》之诗曰'允矣君子,展也大成',《周颂·酌》之诗曰'于铄王师',《小雅·桑扈》之诗曰'君子乐胥',故引之为言也。胥音先吕反。"

⑲师古曰:"《大雅·思齐》之诗曰'雍雍在宫,肃肃在庙',《小雅·桑扈》之诗曰'受天之祜'。祜,福也,音户。"

⑳师古曰:"《大雅·旱麓》之诗曰'恺弟君子,神所劳矣'。劳谓劳来之,犹言劝勉也,故雄引之云。劳音郎到反。"

㉑师古曰:"元,善也。符,瑞也。"

㉒师古曰:"离娄,古明目者。一号离朱。烛,照也。"

言未卒,墨客降席再拜稽首曰:"大哉体乎! 允非小子之所能及也。①乃今日发阖,廓然已昭矣!"

①师古曰:"允,信也。"

哀帝时丁、傅、董贤用事,诸附离之者或起家至二千石。①时雄方草《太玄》,有以自守,泊如也。②或嘲雄以玄尚白,③而雄解之,号曰《解嘲》。其辞曰:

①师古曰:"离,著也,音丽。"

②师古曰:"泊,安静也,音步各反。"

③师古曰:"玄,黑色也。言雄作之不成,其色犹白,故无禄位也。"

客嘲扬子曰:"吾闻上世之士,人纲人纪,①不生则已,生则上尊人君,下荣父母,析人之圭,儋人之爵,②怀人之符,分人之禄,纡青拕紫,朱丹其毂。③今子幸得遭明盛之世,处不讳之朝,与群贤同行,④历金门上玉堂有日矣,⑤曾不能画一奇,出一策,上说人主,下谈公卿。目如燿星,舌如电光,壹从壹衡,论者莫当,⑥顾而作《太玄》五千文,⑦支叶扶疏,独说十馀万言,⑧深者入黄泉,高者出苍天,大者含元气,纤者入无伦,⑨然而位不过侍郎,擢缆给事黄门。⑩意者玄得毋尚白乎? 何为官之拓落也?"⑪

①师古曰:"为众人之纲纪也。"

②师古曰:"析亦分也。儋,荷负也。"

③师古曰:"青紫谓绶之色也。纡,萦也。拕,曳也。拕音吐贺反,又音徒可反。"

④师古曰:"同行谓同行列。"

⑤应劭曰:"金门,金马门也。"晋灼曰:"《黄图》有大玉堂、小玉堂殿也。"

⑥师古曰:"从音子容反。"

⑦师古曰:"顾,反也。"

⑧师古曰:"扶疏,分布也。"

⑨师古曰:"纤微之甚,无等伦。"

⑩师古曰:"缆,浅也,言仅得之也。缆音才。"

⑪师古曰:"拓落,不耦也。拓音托。"

　　扬子笑而应之曰："客徒欲朱丹吾毂,不知一跌将赤吾之族也!①往者周罔解结,群鹿争逸,②离为十二,合为六七,③四分五剖,并为战国。④士无常君,国亡定臣,得士者富,失士者贫,矫翼厉翮,恣意所存,⑤故士或自盛以橐,或凿坏以遁。⑥是故驺衍以颉亢而取世资,⑦孟轲虽连蹇,犹为万乘师。⑧

①师古曰:"跌,足失履也。见诛杀者必流血,故云赤族。跌音徒结反。"

②师古曰:"谓战国时诸侯也。"

③师古曰:"十二,谓鲁、卫、齐、楚、宋、郑、燕、秦、韩、赵、魏、中山也。六七者,齐、赵、韩、魏、燕、楚六国及秦为七也。"

④晋灼曰:"道其分离之意,四分则交五而裂如田字。"

⑤师古曰:"言来去如鸟之飞,各任所息也。"

⑥应劭曰:"自盛以橐,谓范雎也。凿坏,谓颜阖也。鲁君闻颜阖贤,欲以为相,使者往聘,因凿后垣而亡。坏,壁也。"苏林曰:"坏音陪。"师古曰:"又音普回反。"

⑦应劭曰:"衍,齐人也。著书所言皆天事,故齐人曰'谈天衍'。游诸侯,所言则以为迂阔远于事情,然终不屈。尝仕于齐,位至卿。"师古曰:"颉亢,上下不定也。颉音下结反。亢音湖浪反。"

⑧张晏曰:"连蹇,难也,言值世之屯难也。"师古曰:"连音辇。"

　　"今大汉左东海,右渠搜,前番禺,后陶涂。①东南一尉,②西北一侯。③徽以纠墨,制以质铁,④散以礼乐,风以《诗》《书》,⑤旷以岁月,结以倚庐。⑥天下之士,雷动云合,鱼鳞杂袭,咸营于八区,⑦家家自以为稷契,人人自以为咎繇,戴继垂缨而谈者皆拟于阿衡,⑧五尺童子羞比晏婴与夷吾;⑨当涂者入青云,失路者委沟渠,且握权则为卿相,夕失势则为匹夫;譬若江湖之雀,勃解之鸟,乘雁集不为之多,双凫飞不为之少。⑩昔三仁去而殷虚,⑪二老归而周炽,⑫子胥死而吴亡,种、蠡存而粤伯,⑬五羖入而秦喜,乐毅出而燕惧,⑭范雎以折摺而危穰侯,⑮蔡泽虽嗫吟而笑唐举。⑯故当其有事也。非萧、曹、子房、平、勃、樊、霍则不能安;当其亡事也,章句之徒相与坐而守之,亦亡所患。⑰故世乱,则圣哲驰骛而不足;世治,则庸夫高枕而有馀。

①如淳曰:"小国也。"师古曰:"騊駼马出北海上。今此云后陶涂,则是北方国名也。本国出马,因以为名。今书本陶字有作椒者,流俗所改。"

②孟康曰:"会稽东部都尉也。"

③孟康曰:"敦煌玉门关候也。"

④师古曰:"言有罪者则系于徽墨,尤恶者则斩以铁质也。徽、纠、墨,皆绳也。质,锧也。铁,莝刃也,音肤。锧音竹林反。"

⑤师古曰:"风,化也。"

⑥孟康曰:"在倚庐行服三年也。"应劭曰:"汉律以不为亲行三年服不得选举。"师古曰:"倚庐,倚墙至地而为之,无楣柱。倚音於绮反。"

⑦师古曰:"八区,八方也。"

⑧师古曰:"继,韬发者也,音山尔反。"

⑨师古曰:"夷吾,管仲也。羞比之也,以其不为王者之佐。"

⑩应劭曰:"乘雁,四雁也。"师古曰:"雀字或作崔。鸟字或作岛。岛,海中山也,其义两通。乘音食证反。"

⑪师古曰:"《论语》称:'微子去之,箕子为之奴,比干谏而死。'孔子曰:'殷有三仁焉。'虚,空也。一曰虚读曰墟,言其亡国为丘墟。"

⑫应劭曰:"二老,伯夷、太公也。"

⑬师古曰:"伯读曰霸。"

⑭师古曰:"五羖谓百里奚也。买以羖羊之皮五,故称五羖也。"

⑮晋灼曰:"摺,古拉字也。"

⑯师古曰:"喋吟,领颐之貌。泽从唐举相,谓之曰:'圣人不相,殆先生乎!'泽曰:'吾自知富贵。'喋音钜锦反。吟音鱼锦反。举,合韵音居御反。"

⑰师古曰:"章句小儒也。惠,合韵音胡关反。"

"夫上世之士,或解缚而相,①或释褐而傅;②或倚夷门而笑,③或横江潭而渔;④或七十说而不遇,⑤或立谈间而封侯;⑥或枉千乘于陋巷,⑦或拥帚彗而先驱。⑧是以士颇得信其舌而奋其笔,⑨室隙蹈瑕而无所诎也。⑩当今县令不请士,郡守不迎师,群卿不揖客,将相不俛眉;⑪言奇者见疑,行殊者得辟,⑫是以欲谈者宛舌而固声,欲行者拟足而投迹。⑬乡使上世之士处虖今,⑭策非甲科,行非孝廉,举非方正,独可抗疏,时道是非,⑮高得待诏,下触闻罢,⑯又安得青紫?

① 孟康曰:"管仲也。"

② 孟康曰:"甯戚也。"

③ 应劭曰:"侯嬴也。为夷门卒,秦伐赵,赵求救,无忌将十馀人往辞嬴,嬴无所戒。更还,嬴笑之,以谋告无忌也。"

④ (师古)〔服虔〕曰:〔六〕"渔父也。"师古曰:"江潭而渔,潭音寻。渔,合韵音牛助反。"

⑤ 应劭曰:"孔丘也。"

⑥ 服虔曰:"薛公也。"

⑦ 应劭曰:"齐有小臣稷,桓公一日三至而不得见,从者曰:'可以止矣!'桓公曰:'士之傲爵禄者,固轻其主,主傲霸王者亦轻其士,纵彼傲爵禄者,吾庸敢傲霸王乎!'遂见之。"

⑧ 应劭曰:"邹衍之燕,昭王郊迎,拥彗为之先驱也。"师古曰:"彗亦以扫者也,音似岁反。"

⑨ 师古曰:"信读曰申。"

⑩ 李奇曰:"君臣上下,有衅罅瑕隙乖离之渐,则可抵而取也。"师古曰:"窒,塞也。罅音呼驾反。"

⑪ 师古曰:"自高抗也。俛,低也。"

⑫ 师古曰:"辟,罪法。"

⑬ 师古曰:"宛,屈也。固,闭也。拟,疑也。"

⑭ 师古曰:"乡读曰向。"

⑮ 师古曰:"抗,举也,谓上之也。疏者,疏条其事而言之。疏音所据反。"

⑯ 师古曰:"报闻而罢之。"

"且吾闻之,炎炎者灭,隆隆者绝;观雷观火,为盈为实,天收其声,地藏其热。①高明之家,鬼瞰其室。②攫挐者亡,默默者存;③位极者宗危,自守者身全。是故知玄知默,守道之极;爱清爱静,游神之廷;④惟寂惟寞,守德之宅。世异事变,人道不殊,彼我易时,未知何如。⑤今子乃以鸱枭而笑凤皇,执蝘蜓而嘲龟龙,⑥不亦病乎!

子徒笑我玄之尚白，吾亦笑子之病甚，不遭俞跗、扁鹊，⑦悲夫！"

①师古曰："炎炎，火光也。隆隆，雷声也。人之观火听雷，谓其盈实，终以天收雷声，地藏火热，则为虚无。言极盛者亦灭亡也。"

②李奇曰："鬼神害盈而福谦也。"师古曰："瞰，视也。音口滥反。"

③师古曰："攫挐，妄有搏执牵引也。挐音女居反。"

④师古曰："静，合韵音才性反。"

⑤李奇曰："或能胜之。"

⑥师古曰："蝘蜓，蜥蜴也。蝘音乌典反。蜓音殄。"

⑦师古曰："二人皆古之良医也。跗音甫无反。"

　　客曰："然则靡《玄》无所成名乎？①范、蔡以下何必《玄》哉？"

①师古曰："靡亦无。"

　　扬子曰："范雎，魏之亡命也，折胁拉髂，免于徽索，①翕肩蹈背，扶服入橐，②激卬万乘之主，③界泾阳抵穰侯而代之，④当也。⑤蔡泽，山东之匹夫也，锁颐折頞，涕涶流沫，⑥西揖强秦之相，搤其咽，炕其气，附其背而夺其位，⑦时也。⑧天下已定，金革已平，都于雒阳，娄敬委辂脱挽，掉三寸之舌，⑨建不拔之策，举中国徙之长安，⑩适也。⑪五帝垂典，三王传礼，百世不易，叔孙通起于枹鼓之间，⑫解甲投戈，遂作君臣之仪，得也。⑬《甫刑》靡敝，秦法酷烈，⑭圣汉权制，而萧何造律，宜也。⑮故有造萧何律于唐虞之世，则诔矣；⑯有作叔孙通仪于夏殷之时，则惑矣；有建娄敬之策于成周之世，则缪矣；有谈范、蔡之说于金、张、许、史之间，则狂矣。〔夫〕萧规曹随，⑰[7]留侯画策，陈平出奇，功若泰山，向若阺隤，⑱唯其人之赡知哉，亦会其时之可为也。⑲故为可为于可为之时，则从；为不可为于不可为之时；则凶。夫蔺先生收功于章台，⑳四皓采荣于南山，㉑公孙创业于金马，㉒票骑发迹于祁连，㉓司马长卿窃訾于卓氏，东方朔割（名）〔炙〕于细君。㉔[8]仆诚不能与此数公者并，故默然独守吾《太玄》。"

①师古曰："髂，骨也。徽，绳也。髂音格。"

②师古曰:"翁,敛也。服音蒲北反。"

③如淳曰:"卬,怒也。言秦安得王,独太后穰侯耳。"师古曰:"卬读曰仰。"

④苏林曰:"抵音纸。界,间其兄弟使疏。"应劭曰:"泾阳,秦昭王弟,贵用事也。"

⑤师古曰:"言当其际。"

⑥师古曰:"䫶,曲颐也,音钦。"

⑦张晏曰:"蔡泽说范雎以功成身退,祸福之机。适值雎有间于王,因荐以自代。"师古曰:"搤谓急持之。咽,颈也。肮,绝也。咽音一千反。肮音抗。"

⑧师古曰:"遇其时。"

⑨师古曰:"挌音胡格反。挽音晚。掉音徒钓反。解在《刘敬传》。"

⑩师古曰:"不拔,谓其坚固不拔也。中国谓京师。"

⑪师古曰:"中其适。"

⑫师古曰:"桴音孚。"

⑬师古曰:"得其所。"

⑭师古曰:"靡,散也,音糜。"

⑮师古曰:"合其宜。"

⑯师古曰:"诔,乖也,音布内反。"

⑰师古曰:"随,从也。言萧何始作规模,曹参因而从之。"

⑱师古曰:"阺音氐。巴蜀人名山旁堆欲堕落曰阺。应劭以为天水陇氐,失之矣。氐音丁礼反。"

⑲师古曰:"非唯其人赡知,乃会时之可为也。"

⑳孟康曰:"秦昭王、赵成王饮于此台,蔺相如前折昭王也。"晋灼曰:"相如献璧于此台。"师古曰:"晋说是也,谓赍璧入秦,秦不与赵地,相如诡取其璧,使人间以归赵也。《史记·始皇本纪》云章台在渭南,而秦、赵会饮乃在黾池,非章台也,孟说失之。"

㉑师古曰:"荣者,谓声名也。一曰,荣谓草木之英,采取以充食。"

㉒孟康曰:"公孙弘对策金马门。"

㉓师古曰:"霍去病也。祁音止夷反。"

㉔师古曰:"割,损也。言以肉归遗细君,是损割其名。"

雄以为赋者,将以风也,①必推类而言,极丽靡之辞,闳侈钜衍,竞于使人不能加也，②既乃归之于正，然览者已过矣。③往时武帝好神仙，相如上《大人赋》，欲以风，④帝反缥缥有陵云之志。⑤繇是言之，赋劝而不止，明矣。⑥又颇似俳优淳于髡、优孟之徒，⑦非法度所存，贤人君子诗赋之正也，于是辍不复为。⑧而大潭思浑天，⑨参摹而四分之，⑩极于八十一。旁则三摹九据，⑪极之七百二十九赞，亦自然之道也。故观《易》者，见其卦而名之；观《玄》者，数其画而定之。《玄》首四重者，非卦也，数也。其用自天元推一昼一夜阴阳数度律历之纪，九九大运，与天终始。故《玄》三方、九州、二十七部、八十一家、二百四十三表、七百二十九赞，分为三卷，曰一二三，与《泰初历》相应，亦有颛顼之历焉。撠之以三策，⑫关之以休咎，绛之以象类，⑬播之以人事，⑭文之以五行，拟之以道德仁义礼知。无主无名，要合《五经》，苟非其事，文不虚生。为其泰曼漶而不可知，⑮故有《首》、《冲》、《错》、《测》、《攡》、《莹》、《数》、《文》、《捪》、《图》、《告》十一篇，⑯皆以解剥《玄》体，离散其文，章句尚不存焉。⑰《玄》文多，故不著；观之者难知，学之者难成。客有难《玄》大深，众人之不好也，雄解之，号曰《解难》。其辞曰：

①师古曰："风读曰讽，下以讽刺上也。"

②师古曰："言专为广大之言。"

③师古曰："言其末篇反从之正道，故观览之者但得浮华，而无益于讽谏也。"

④师古曰："风读曰讽。"

⑤师古曰："缥音匹昭反。"

⑥师古曰："繇读与由同。"

⑦师古曰："髡、孟皆滑稽。"

⑧师古曰："辍，止也。"

⑨师古曰："潭，深也。浑天，天象也。浑音胡昆反。"

⑩苏林曰："三(拆)〔析〕而四分天之宿度甲乙也。"〔9〕

⑪晋灼曰："据，今据字也。据犹位也，处也。"

⑫苏林曰："三三而分之。"师古曰："撠音食列反。"

⑬晋灼曰："绛，杂也。"师古曰："绛，并也，音并。"

⑭师古曰："播，布也。"

⑮张晏曰："曼音满。澷音缓。"师古曰："曼澷，不分别貌，犹言濛鸿也。曼音莫干反。澷音奂。"

⑯晋灼曰："攡音离。"服虔曰："挩音睨。"师古曰："攡音摛。"

⑰师古曰："《玄》中之文虽有章句，其旨深妙，尚不能尽存，故解剥而离散也。"

客难扬子曰："凡著书者，为众人之所好也，美味期乎合口，工声调于比耳。①今吾子乃抗辞幽说，闳意眇指，②独驰骋于有亡之际，而陶冶大炉，旁薄群生，③历览者兹年矣，而殊不寤。④�精神于此，而烦学者于彼，⑤譬画者画于无形，弦者放于无声，殆不可乎？"⑥

①师古曰："比，和也，音频二反。"

②师古曰："眇读曰妙。"

③师古曰："旁薄犹言荡薄也。"

④师古曰："兹，益也。兹年，言其久也。不寤，不晓其意。"

⑤师古曰："亶读曰但。"

⑥师古曰："放，依也。殆，近也。放音甫往反。"

扬子曰："俞。①若夫闳言崇议，幽微之涂，盖难与览者同也。昔人有观象于天，视度于地，察法于人者，天丽且弥，地普而深，②昔人之辞，乃玉乃金。③彼岂好为艰难哉？势不得已也。④独不见夫翠虬绛螭之将登虖天，⑤必耸身于仓梧之渊；不阶浮云，翼疾风，虚举而上升，则不能撠胶葛，腾九闳。⑥日月之经不千里，则不能烛六合，燿八纮；⑦泰山之高不嶕峣，则不能浡滃云而散歊烝。⑧是以宓牺氏之作《易》也，⑨绵络天地，经以八卦，文王附六爻，⑩孔子错其象而彖其辞，然后发天地之臧，定万物之基。《典》《谟》之篇，《雅》《颂》之声，不温纯深润，则不足以扬鸿烈而章缉熙。⑪盖胥靡为宰，⑫寂寞为尸；⑬大味必淡，大音必希；⑭大语叫叫，大道低回。⑮是以声之眇者不可同于众人之耳，⑯形之美者不可棍于世俗之目，⑰辞之衍者不可齐于庸人之听。⑱今夫弦者，高张急徽，追趋逐者，则坐者不期而附矣；⑲试为之施《咸池》，揄《六茎》，发（萧）〔箾〕

韶》,〔10〕咏《九成》,则莫有和也。⑳是故钟期死,伯牙绝弦破琴而不肯与众鼓;㉑甗人亡,则匠石辍斤而不敢妄斫。㉒师旷之调钟,俟知音者之在后也;㉓孔子作《春秋》,几君子之前睹也。㉔老聃有遗言,贵知我者希,㉕此非其操与!"㉖

①师古曰:"俞,然也。音逾。"

②师古曰:"丽,著也,日月星辰之所著也。弥,广也。普,遍也。"

③师古曰:"贞实美丽如金玉也。"

④师古曰:"已,止也。"

⑤师古曰:"虬、螭,解并在前。"

⑥师古曰:"撠,搞也。胶葛,上清之气也。腾,升也。九阂,九天之门。撠音戟。搞音居足反。"

⑦师古曰:"烛,照也。六合,谓天地四方。八纮,八方之纲维也。纮音宏。"

⑧师古曰:"嶣峣,高貌也。浡潏,盛也。潏,云气貌。歆烝,气上出也。嶣音樵尧。浡音勃。潏音一孔反。歆音许昭反。"

⑨师古曰:"宓音伏。"

⑩师古曰:"因而重之。"

⑪师古曰:"造化鸿大也。烈,业也。缉熙,光明也。"

⑫李奇曰:"造化之神,宰割万物也。"张晏曰:"胥,相也。靡,无也。言相师以无为作宰者也。"

⑬李奇曰:"道化以寂寞为主。"

⑭师古曰:"淡谓无至味也,音徒滥反。"

⑮师古曰:"叫叫,远声也。低回,纡衍也。"

⑯〔师古曰〕:〔11〕"眇读曰妙。"

⑰师古曰:"棍亦同也,音胡本反。"

⑱师古曰:"衍,旁广也。"

⑲师古曰:"徽,琴徽也,所以表发抚抑之处。追趋逐者,随所趋向爱嗜而追逐之也。趋读曰趣。嗜读曰嗜。"

⑳师古曰:"揄,引也。和,应也。揄音逾。和音胡卧反。"

㉑师古曰:"解在《司马迁传》。"

㉒服虔曰:"甗,古之善涂墍者也。施广领大袖以仰涂,而领袖不污。有小飞

泥误著其鼻,因令匠石挥斤而斫,知匠石之善斫,故敢使之也。"师古曰:"墍
即今之仰泥也。獿,拭拭也,故谓涂者为獿人。獿音乃高反,又音乃回反。
今书本獿字有作郢者,流俗改之。墍者许既反。"

㉓应劭曰:"晋平公钟,工者以为调矣,师旷曰:'臣窃听之,知其不调也。'至于
师涓,而果知钟之不调。是师旷欲善调之钟,为后世之有知音。"

㉔师古曰:"几读曰冀。"

㉕师古曰:"老子《德经》云:'知我者希,则我贵矣。'"

㉖师古曰:"与读曰欤。"

雄见诸子各以其知舛驰,①大氐诋訾圣人,即为怪迂,析辩诡辞,以
挠世事,②虽小辩,终破大道而或众,使溺于所闻而不自知其非也。及
太史公记六国,历楚汉,(记)〔讫〕麟止,〔12〕不与圣人同,是非颇谬于经。③
故人时有问雄者,常用法应之,㵾以为十三卷,④象《论语》,号曰《法
言》。《法言》文多不著,独著其目:⑤

①师古曰:"舛,相背。"

②师古曰:"大氐,大归也。诋訾,毁也。迂,远也。析,分也。诡,异也。言诸
子之书,大归皆非毁周孔之教,为巧辩异辞以搅乱时政也。訾音紫。迂音
于。挠音火高反,其字从手也。"

③师古曰:"颇音普我反。"

④师古曰:"㵾与撰同。"

⑤师古曰:"雄(以)〔有〕序,〔13〕著篇之意。"

天降生民,倥侗颛蒙,①恣于情性,聪明不开,训诸理。②㵾《学
行》第一。

①郑氏曰:"童蒙无所知也。"师古曰:"倥音空。侗音同。颛与专同。"

②师古曰:"训,告也。"

降周迄孔,成于王道,①终后诞章乖离,诸子图微。②㵾《吾子》
第二。

①师古曰:"周,周公旦也。迄,至也。孔,孔子也。言自周公以降至于孔子,
设教垂法,皆帝王之道。"

②师古曰:"言其后浇末,虚诞益章,乖于七十弟子所谋微妙之言。"

事有本真，陈施于亿，①动不克咸，②本诸身。粂《修身》第三。

①李奇曰："布陈于亿万事也。"

②李奇曰："不能皆善也。"

芒芒天道，在昔圣考，①过则失中，不及则不至，不可奸罔。②粂《问道》第四。

①李奇曰："圣人能成天道。"

②苏林曰："罔，诬也。言不可作奸诬于圣道。"

神心忽怳，经纬万方，①事系诸道德仁谊礼。粂《问神》第五。

①师古曰："忽读与忽同。"

明哲煌煌，旁烛亡疆，①逊于不虞，以保天命。②粂《问明》第六。

①师古曰："煌煌，盛貌也。烛，照也。无疆犹无极也。"

②李奇曰："常行逊顺，备不虞。"

假言周于天地，赞于神明，①幽弘横广，绝于迩言。②粂《寡见》第七。

①师古曰："假，至也。"

②李奇曰："理过近世人之言也。"

圣人恩明渊懿，继天测灵，冠于群伦，经诸范。①粂《五百》②第八。

①师古曰："经，常也。范，法也。"

②邓展曰："五百岁圣人一出。"

立政鼓众，动化天下，莫上于中和，①中和之发，在于哲民情。②粂《先知》第九。

①邓展曰："鼓亦动也。"

②师古曰："哲，知也。"

仲尼以来，国君将相卿士名臣参差不齐，①壹概诸圣。②粂《重黎》第十。

①师古曰："言志业不同也。参音初林反。"

②师古曰：“〔一〕以圣人大道概平。〔14〕概音工代反。”

仲尼之后，讫于汉道，德行颜、闵，股肱萧、曹，爰及名将尊卑之条，称述品藻。①㸜《渊骞》第十一。

①师古曰：“品藻者，定其差品及文质。”

君子纯终领闻，①蠢迪检押，②旁开圣则。㸜《君子》第十二。

①李奇曰：“领理所闻也。”师古曰：“纯，善也。领，令也。闻，名也。言君子之道能善于终而不失令名。”

②师古曰：“蠢，动也。迪，道也，由也。检押犹隐括也。言动由检押也。音狎。”

孝莫大于宁亲，宁亲莫大于宁神，宁神莫大于四表之欢心。①㸜《孝至》第十三。

①师古曰：“宁，安也。言大孝之在于尊严祖考，安其神灵。所以得然者，以得四方之外欢心。”

赞曰：雄之自序云尔。①初，雄年四十馀，自蜀来至游京师，大司马车骑将军王音奇其文雅，召以为门下史，荐雄待诏，岁馀，奏《羽猎赋》，除为郎，给事黄门，与王莽、刘歆并。哀帝之初，又与董贤同官。当成、哀、平间，莽、贤皆为三公，权倾人主，所荐莫不拔擢，而雄三世不徙官。及莽篡位，谈说之士用符命称功德获封爵者甚众，雄复不侯，以耆老久次转为大夫，恬于势利乃如是。②实好古而乐道，其意欲求文章成名于后世，以为经莫大于《易》，故作《太玄》；传莫大于《论语》，作《法言》；史篇莫善于《仓颉》，作《训纂》；箴莫善于《虞箴》，作《州箴》；③赋莫深于《离骚》，反而广之；辞莫丽于相如，作四赋；皆斟酌其本，相与放依而驰骋云。④用心于内，不求于外，于时人皆曶之；⑤唯刘歆及范逡敬焉，⑥而桓谭以为绝伦。⑦

①师古曰：“自《法言》目之前，皆是雄本自序之文也。”

②师古曰：“恬，安也。”

③晋灼曰：“九州之箴也。”

④师古曰："放音甫往反。"

⑤师古曰："智与忽同,谓轻也。"

⑥师古曰："遬音千句反。"

⑦师古曰："无比类。"

王莽时,刘歆、甄丰皆为上公,莽既以符命自立,即位之后欲绝其原以神前事,而丰子寻、歆子棻复献之。①莽诛丰父子,投棻四裔,辞所连及,便收不请。②时雄校书天禄阁上,治狱使者来,欲收雄,雄恐不能自免,乃从阁上自投下,几死。③莽闻之曰："雄素不与事,何故在此?"④间请问其故,⑤乃刘棻尝从雄学作奇字,⑥雄不知情。⑦有诏勿问。然京师为之语曰："惟寂寞,自投阁;爰清静,作符命。"⑧

①师古曰："棻亦枌字也。音扶云反。"

②师古曰："不须奏请。"

③师古曰："几音巨依反。"

④师古曰："与读曰豫。"

⑤师古曰："使人密问之。"

⑥师古曰："古文之异者。"

⑦师古曰："不知献符命之事也。"

⑧师古曰："以雄《解嘲》之言讥之也。今流俗本云:'惟寂惟寞,自投于阁;爰清爰静,作符命。'妄增之。"

雄以病免,复召为大夫。家素贫,耆酒,①人希至其门。时有好事者载酒肴从游学,而钜鹿侯芭常从雄居,②受其《太玄》、《法言》焉。刘歆亦尝观之,谓雄曰："空自苦! 今学者有禄利,然尚不能明《易》,又如《玄》何?③吾恐后人用覆酱瓿也。"④雄笑而不应。年七十一,天凤五年卒,侯芭为起坟,丧之三年。

①师古曰："耆读曰嗜。"

②服虔曰："芭音葩。"

③师古曰："言无奈之何。"

④师古曰："瓿音部。小罌也。"

时大司空王邑、纳言严尤闻雄死,谓桓谭曰:"子尝称扬雄书,岂能传于后世乎?"谭曰:"必传。顾君与谭不及见也。①凡人贱近而贵远,亲见扬子云禄位容貌不能动人,故轻其书。昔老聃著虚无之言两篇,②薄仁义,非礼学,然后世好之者尚以为过于《五经》,自汉文景之君及司马迁皆有是言。今扬子之书文义至深,而论不诡于圣人,③若使遭遇时君,更阅贤知,为所称善,④则必度越诸子矣。"⑤诸儒或讥以为雄非圣人而作经,犹春秋吴楚之君僭号称王,盖诛绝之罪也。⑥自雄之没至今四十餘年,其《法言》大行,而《玄》终不显,然篇籍具存。

①师古曰:"顾,念也。"

②师古曰:"谓《道德经》也。"

③师古曰:"诡,违也。圣人谓周公、孔子。"

④师古曰:"更音工衡反。"

⑤师古曰:"度,过也。"

⑥师古曰:"绝谓无胤嗣也。"

【校勘记】

〔1〕 (从)〔纵〕禽兽其中，　景祐、汲古、殿、局本都作"纵",《文选》同。

〔2〕 㧻(截)〔㩜〕嶭而为弋，　殿本作"掖",《文选》同。按注作"㩜",各本并同。

〔3〕 䝤音(完)〔桓〕。　景祐、殿本都作"桓"。

〔4〕 所麾城(拆)〔撕〕邑，　景祐本作"撕",注同,《文选》正文及注并同。

〔5〕 凿齿〔齿〕长五寸，　殿、局本都重"齿"字,《文选》李注同。

〔6〕 (师古)〔服虔〕曰：　殿本作"服虔"。

〔7〕 〔夫〕萧规曹随，　景祐、殿本都有"夫"字,《文选》同。

〔8〕 割(名)〔炙〕于细君。　《文选》作"炙"。顾炎武说"名"字是"炙"字之误,《文选》可证。

〔9〕 三(拆)〔析〕而四分天之宿度甲乙也。　景祐、殿、局本都作"析"。

〔10〕 发(萧)《〔箫〕韶》，　殿本作"箫"。王先谦说殿本是。

〔11〕 〔师古曰〕： 王先谦说各本都脱此三字。

〔12〕 (记)〔讫〕麟止， 钱大昭说"记"当作"讫"。按景祐、殿、局本都作"讫"。

〔13〕 雄(以)〔有〕序， 景祐、殿本都作"有"。

〔14〕 〔一〕以圣人大道概平。 景祐本有"一"字。

汉书卷八十八

儒林传第五十八

古之儒者,博学虖《六艺》之文。①《六〔学〕〔艺〕》者,〔1〕王教之典籍,先圣所以明天道,正人伦,致至治之成法也。周道既衰,坏于幽厉,礼乐征伐自诸侯出,陵夷二百餘年而孔子兴,② 以圣德遭季世,知言之不用而道不行,乃叹曰:"凤鸟不至,河不出图,吾已矣夫!"③"文王既没,文不在兹乎?"④ 于是应聘诸侯,以答礼行谊。⑤ 西入周,南至楚,畏匡厄陈,⑥ 奸七十餘君。⑦ 适齐闻《韶》,三月不知肉味;⑧ 自卫反鲁,然后乐正,《雅》《颂》各得其所。⑨ 究观古今之篇籍,乃称曰:"大哉,尧之为君也! 唯天为大,唯尧则之。⑩ 巍巍乎其有成功也,焕乎其有文章(也)!"⑪〔2〕又(云)〔曰〕:"周监于二(世)〔代〕,〔3〕郁郁乎文哉! 吾从周。"⑫ 于是叙《书》则断《尧典》,⑬ 称乐则法《韶舞》,⑭ 论《诗》则首《周南》。⑮ 缀周之礼,因鲁《春秋》,举十二公行事,绳之以文武之道,成一王法,⑯ 至获麟而止。盖晚而好《易》,读之韦编三绝,而为之传。⑰ 皆因近圣之事,目(音以)立先王之教,〔4〕故曰:"述而不作,信而好古";"下学而上达,知我者其天乎!"⑱

①师古曰:"《六艺》谓《易》、《礼》、《乐》、《诗》、《书》、《春秋》。"

②师古曰:"陵夷,言渐颓替。"

③师古曰:"《论语》载孔子之言也。凤鸟、《河图》,皆王者之瑞。自伤有德而无位,故云已矣。"

④师古曰:"言文王久已没矣,文章之事岂不在此乎? 盖自谓也。亦见《论语》。"

⑤师古曰:"答礼,谓有问礼者则为应答而申明之。"

⑥师古曰:"匡,邑名,即陈留匡城县。孔子貌类阳货,阳货尝有怨于匡,匡人
　　见孔子,以为阳货也,故围而欲害之,后得免耳。厄陈,谓在陈绝粮也。"

⑦师古曰:"奸音干。"

⑧师古曰:"美舜乐之善也。"

⑨师古曰:"自卫反鲁,谓哀十一年也。是时道衰乐废,孔子还修正之,故《雅》
　　《颂》各得其所。"

⑩师古曰:"言尧所行皆法天。"

⑪师古曰:"巍巍者,高貌。焕,明也。"

⑫师古曰:"言周追视夏殷二代之制而损益之,故礼文大备也。郁郁,文章盛
　　貌。自此以上,孔子之言,皆见《论语》。"

⑬师古曰:"谓《尚书》起自《尧典》也。"

⑭师古曰:"《论语》云颜回问为邦,子曰:'行夏之时,乘殷之辂,服周之冕,乐
　　则《韶舞》,放郑声。'《韶》,舜乐也,孔子叹其尽善尽美,故欲用之。"

⑮师古曰:"以《关雎》为始也。"

⑯师古曰:"绳谓治正之。"

⑰师古曰:"编,所以联次简也。言爱玩之甚,故编简之韦为之三绝也。传谓
　　彖、象、系辞、文言、说卦之属。"

⑱师古曰:"皆《论语》载孔子之言也。作者之谓圣,述者之谓明。故孔子自
　　谦,言我但述者耳。下学上达,谓下学人事,上达天命也。行不违天,故唯
　　天知我也。"

　　仲尼既没,七十子之徒散游诸侯,①大者为卿相师傅,小者友教士
大夫,或隐而不见。故子张居陈,②澹台子羽居楚,③子夏居西河,④子
贡终于齐。⑤如田子方、段干木、吴起、禽滑釐之属,皆受业于子夏之伦,
为王者师。⑥是时,独魏文侯好学。天下并争于战国,儒术既黜焉,然齐
鲁之间学者犹弗废,至于威、宣之际,孟子、孙卿之列咸遵夫子之业而润
色之,以学显于当世。⑦

①师古曰:"七十子,谓弟子者七十七人也。称七十者,但言其成数也。"

②师古曰:"子张姓颛孙,名师。"

③师古曰:"子羽姓澹台,名灭明。澹音徒甘反。"

④师古曰:"子夏姓卜,名商。"

⑤师古曰："子贡姓端木,名赐。"

⑥师古曰："子方以下皆魏人也。滑音于拔反。氂音离。"

⑦邓展曰："威、宣,齐二王。"

及至秦始皇兼天下,燔《诗》《书》,杀术士,①六学从此缺矣。陈涉
之王也,鲁诸儒持孔氏礼器〔而〕〔往〕归之,[5]于是孔甲为涉博士,卒与俱
死。②陈涉起匹夫,敺适戍以立号,③不满岁而灭亡,其事至微浅,然而搢
绅先生负礼器往委质为臣者何也? 以秦禁其业,积怨而发愤于陈王也。

①师古曰："燔,焚也。今新丰县温汤之处号愍儒乡,温汤西南三里有马谷,谷
之西岸有坑,古老相传以为秦坑儒处也。卫宏《诏定古文尚书序》云:'秦既
焚书,患苦天下不从所改更法,而诸生到者拜为郎,前后七百人,乃密令冬
种瓜于骊山坑谷中温处。瓜实成,诏博士诸生说之,人人不同,乃命就视
之。为伏机,诸生贤儒皆至焉,方相难不决,因发机,从上填之以土,皆压,
终乃无声。'此则阬儒之地,其不谬矣。燔音扶元反。"

②师古曰："《孔光传》云:'鲋为陈涉博士,死陈下。'今此云孔甲,将名鲋而字
甲也。"

③师古曰："敺与驱同。适读曰谪。"

及高皇帝诛项籍,引兵围鲁,鲁中诸儒尚讲诵习礼,弦歌之音不绝,
岂非圣人遗化好学之国哉? 于是诸儒始得修其经学,讲习大射乡饮之
礼。叔孙通作汉礼仪,因为奉常,诸弟子共定者,咸为选首,然后喟然兴
于学。①然尚有干戈,平定四海,②亦未皇庠序之事也。③孝惠、高后时,
公卿皆武力功臣。孝文时颇登用,④然孝文本好刑名之言。及至孝景,
不任儒,窦太后又好黄老术,故诸博士具官待问,未有进者。⑤

①师古曰："喟然,叹息貌,音丘位反。"

②师古曰："言陈豨、卢绾、韩信、黥布之徒相次反叛征伐也。"

③师古曰："皇,暇也。"

④师古曰："言少用文学之士。"

⑤师古曰："具官,谓备员而已。"

汉兴,言《易》自淄川田生;言《书》自济南伏生;言《诗》,于鲁则申培

公，于齐则辕固生，①燕则韩太傅；②言《礼》，则鲁高堂生，言《春秋》，于齐则胡毋生，于赵则董仲舒。及窦太后崩，武安君田蚡为丞相，黜黄老、刑名百家之言，延文学儒者以百数，而公孙弘以治《春秋》为丞相封侯，天下学士靡然乡风矣。③

①师古曰："培、固者，其人名；公、生者，其号也。它皆类此。培音陪。"
②师古曰："名婴也。"
③师古曰："乡读曰向。"

弘为学官，悼道之郁滞，乃请曰："丞相、御史言：①制曰：'盖闻导民以礼，风之以乐。②婚姻者，居室之大伦也。③今礼废乐崩，朕甚愍焉，故详延天下方闻之士，咸登诸朝。④其令礼官劝学，讲议洽闻，举遗兴礼，以为天下先。⑤太常议，予博士弟子，崇乡里之化，以厉贤材焉。'⑥谨与太常臧、博士平等议，⑦曰：闻三代之道，乡里有教，夏曰校，殷曰庠，周曰序。⑧其劝善也，显之朝廷；其惩恶也，加之刑罚。故教化之行也，建首善自京师始，繇内及外。⑨今陛下昭至德，开大明，配天地，本人伦，劝学兴礼，崇化厉贤，以风四方，太平之原也。⑩古者政教未洽，不备其礼，请因旧官而兴焉。为博士官置弟子五十人，复其身。⑪太常择民年十八以上仪状端正者，补博士弟子。郡国县官有好文学，敬长上，肃政教，顺乡里，出入不悖，⑫所闻，令相长丞上属所二千石。⑬二千石谨察可者，常与计偕，⑭诣太常，得受业如弟子。一岁皆辄课，能通一艺以上，补文学掌故缺；其高第可以为郎中，太常籍奏。⑮即有秀才异等，辄以名闻。其不事学若下材，及不能通一艺，辄罢之，而请诸能称者。⑯臣谨案诏书律令下者，⑰明天人分际，通古今之谊，⑱文章尔雅，训辞深厚，⑲恩施甚美。小吏浅闻，弗能究宣，亡以明布谕下。以治礼掌故以文学礼义为官，迁留滞。⑳请选择其秩比二百石以上及吏百石通一艺以上补左右内史、大行卒史，㉑比百石以下补郡太守卒史，皆各二人，㉒边郡一人。先用诵多者，不足，择掌故以补中二千石属，㉓文学掌故补郡属，备员。㉔请著功令。㉕它如律令。"㉖

①师古曰："自此以下皆弘奏请之辞。"

②师古曰:"风,化也。"

③师古曰:"伦,理也。"

④师古曰:"详,悉也。方,道也。有道及博闻之士也。"

⑤师古曰:"举遗,谓经典遗逸者求而举之。"

⑥师古曰:"厉,劝勉之也,一曰砥厉也。自此以上,弘所引诏文。"

⑦师古曰:"臧,孔臧也。"

⑧师古曰:"教,效也。言可效道艺也。"

⑨师古曰:"繇音由。由,从也。"

⑩师古曰:"风,化也。"

⑪师古曰:"复音方目反。"

⑫师古曰:"悖,乖也,音布内反。"

⑬师古曰:"闻谓闻其部属有此人也。令,县令;相,侯相;长,县长;丞,县丞也。二千石谓郡守及诸王相也。"

⑭师古曰:"随上计吏俱至京师。"

⑮师古曰:"为名籍而奏。"

⑯师古曰:"谓列其能通艺业而称其任者,奏请补用之也。"

⑰师古曰:"下谓班行也。"

⑱师古曰:"分音扶问反。"

⑲师古曰:"尔雅,近正也,言诏辞雅正而深厚也。"

⑳师古曰:"言治礼掌故之官本以有文学习礼义而为之,又所以迁擢留滞之人。"

㉑师古曰:"左右内史后为左冯翊、右扶风,而大行后为大鸿胪也。"

㉒师古曰:"内地之郡,郡各补太守卒史二人也。"

㉓苏林曰:"属亦曹史,今县令文书解言属某甲也。"

㉔师古曰:"云备员者,示以升擢之,非籍其实用也。"

㉕师古曰:"新立此条,请以著于功令。功令,篇名,若今选举令。"

㉖师古曰:"此外并如旧律令。"

制曰:"可。"自此以来,公卿大夫士吏彬彬多文学之士矣。①

①师古曰:"彬彬,文章貌,音斌。"

昭帝时举贤良文学,增博士弟子员满百人,宣帝末增倍之。元帝好儒,能通一经者皆复。①数年,以用度不足,更为设员千人,郡国置《五经》百石卒史。成帝末,或言孔子布衣养徒三千人,今天子太学弟子少,于是增弟子员三千人。岁馀,复如故。平帝时王莽秉政,增元士之子得受业如弟子,勿以为员,②岁课甲科四十人为郎中,乙科二十人为太子舍人,丙科四十人补文学掌故云。

①师古曰:"蠲其徭赋也。复音方目反。"

②师古曰:"常员之外,更开此路。"

自鲁商瞿子木[6]受《易》孔子,①以授鲁桥庇子庸。②子庸授江东䭾臂子弓。③子弓授燕周丑子家。子家授东武孙虞子乘。子乘授齐田何子装。及秦禁学,《易》为筮卜之书,独不禁,故传受者不绝也。汉兴,田何以齐田徙杜陵,号杜田生,④授东武王同子中、雒阳周王孙、丁宽、齐服生,皆著《易传》数篇。⑤同授淄川杨何,字叔元,元光中征为太中大夫。齐即墨成,至城阳相。⑥广川孟但,为太子门大夫。鲁周霸、莒衡胡、⑦临淄主父偃,皆以《易》至大官。要言《易》者本之田何。

①师古曰:"商瞿,姓也。瞿音衢。"

②师古曰:"姓桥,名庇,字子庸。它皆类此。庇音必寐反。"

③师古曰:"䭾,姓也,音韩。"

④师古曰:"高祖用娄敬之言徙关东大族,故何以旧齐田氏见徙也。初徙时未为杜陵,盖史家本其地追言之也。"

⑤师古曰:"田生授王同、周王孙、丁宽、服生四人,而四人皆著《易传》也。子中,王同字也。中读曰仲。"

⑥师古曰:"姓即墨,名成。"

⑦师古曰:"莒人姓衡,名胡也。"

丁宽字子襄,梁人(一王)〔也。初〕梁项生从田何受《易》,[7]时宽为项生从者,读《易》精敏,材过项生,遂事何。学成,何谢宽。①宽东归,何谓门人曰:"《易》以东矣。"②宽至雒阳,复从周王孙受古义,号《周氏传》。景帝时,宽为梁孝王将军距吴楚,号丁将军,作《易说》三万言,训故举大谊而已,③今《小章句》是也。宽授同郡砀田王孙。④王孙授施雠、孟喜、梁丘贺。繇是《易》有施、孟、梁丘之学。⑤

> ①师古曰："告令罢去。"
>
> ②师古曰："言丁宽(行)〔得〕其法术以去。"〔8〕
>
> ③师古曰："故谓经之旨趣也。它皆类此。"
>
> ④师古曰："砀者,梁郡之县也,音唐,又音宕。"
>
> ⑤师古曰："繇与由同。后类此。"

施雠字长卿,沛人也。沛与砀相近,雠为童子,从田王孙受《易》。后雠徙长陵,田王孙为博士,复从卒业,①与孟喜、梁丘贺并为门人。谦让,常称学废,不教授。及梁丘贺为少府,事多,乃遣子临分将门人张禹等从雠问。雠自匿不肯见,贺固请,不得已乃授临等。于是贺荐雠:"结发事师数十年,②贺不能及。"诏拜雠为博士。甘露中与《五经》诸儒杂论同异于石渠阁。③雠授张禹、琅邪鲁伯。伯为会稽太守,禹至丞相。禹授淮阳彭宣、沛戴崇子平。崇为九卿,宣大司空。禹、宣皆有传。鲁伯授太山毛莫如少路、④琅邪邴丹曼容,著清名。莫如至常山太守。此其知名者也。繇是施家有张、彭之学。

> ①师古曰："卒,终也。"
>
> ②师古曰："言从结发为童丱,即从师学,著其早也。"
>
> ③师古曰："《三辅故事》云石渠阁在未央殿北,以藏秘书也。"
>
> ④师古曰："姓毛,名莫如,字少路。"

孟喜字长卿,东海兰陵人也。父号孟卿,①善为《礼》、《春秋》,授后苍、疏广。世所传《后氏礼》、《疏氏春秋》,皆出孟卿。孟卿以《礼经》多,《春秋》烦杂,乃使喜从田王孙受《易》。喜好自称誉,得《易》家候阴阳灾变书,诈言师田生且死时枕喜鄈,独传喜,诸儒以此耀之。②同门梁丘贺疏通证明之,③曰:"田生绝于施雠手中,时喜归东海,安得此事?"又蜀人赵宾好小数书,后为《易》,饰《易》文,以为:"箕子明夷,阴阳气亡箕子;箕子者,万物方荄兹也。"④宾持论巧慧,《易》家不能难,皆曰"非古法也"。⑤云受孟喜,喜为名之。⑥后宾死,莫能持其说。喜因不肯仞,⑦以此不见信。喜举孝廉为郎,曲台署长,⑧病免,为丞相掾。博士缺,众人荐喜。上闻喜改师法，遂不用喜。喜授同郡白光少子、沛翟牧子兄，⑨皆为博士。繇是有翟、孟、白之学。

①师古曰："时人以卿呼之，若言公矣。"

②师古曰："用为光荣也。"

③师古曰："同门，同师学者也。疏通犹言分别也。证明，明其伪也。"

④师古曰："《易·明夷卦》象曰：'内文明而外柔顺，以蒙大难。文王以之，利艰贞，晦其明也。内难而能正其志，箕子以之。'而六五爻辞曰：'箕子之明夷，利贞。'此箕子者，谓殷父师说《洪范》者也，而宾妄为说耳。荄兹，言其根荄方滋茂也。荄音该，又音皆。"

⑤师古曰："心不服。"

⑥师古曰："名之者，承取其名，云实授也。"

⑦师古曰："仞亦名也。仞音刃。"

⑧师古曰："曲台，殿名。署者，主供其事也。"

⑨师古曰："兄读曰况。"

梁丘贺字长翁，琅邪诸人也。以能心计，为武骑。从太中大夫京房受《易》。房者，淄川杨何弟子也。①房出为齐郡太守，贺更事田王孙。宣帝时，闻京房为《易》明，求其门人，得贺。贺时为都司空令，坐事，论免为庶人。待诏黄门数入说教侍中，②以召贺。贺入说，上善之，③以贺为郎。会八月饮酎，行祠孝昭庙，④先驱旄头剑挺堕坠，首垂泥中，⑤刃乡乘舆车，⑥马惊。于是召贺筮之，有兵谋，不吉。上还，使有司侍祠。是时霍氏外孙代郡太守任宣坐谋反诛，⑦宣子章为公车丞，亡在渭城界中，夜玄服入庙，居郎间，⑧执戟立庙门，待上至，欲为逆。发觉，伏诛。故事，上常夜入庙，其后待明而入，自此始也。贺以筮有应，繇是近幸，为太中大夫，给事中，至少府。为人小心周密，上信重之。年老终官。传子临，亦入说，为黄门郎。甘露中，奉使问诸儒于石渠。临学精孰，专行京房法。琅邪王吉通《五经》，闻临说，善之。时宣帝选高材郎十人从临讲，吉乃使其子郎中骏上疏从临受《易》。临代五鹿充宗君孟为少府，骏御史大夫，自有传。充宗授平陵士孙张仲方、⑨沛邓彭祖子夏、齐衡咸长宾。张为博士，至扬州牧，光禄大夫给事中，家世传业；彭祖，真定太傅;咸,王莽讲学大夫。繇是梁丘有士孙、邓、衡之学。

> ①师古曰:"自别一京房,非焦延寿弟子为课吏法者。或书字误耳,不当为京房。"
> ②师古曰:"为诸侍中说经为教授。"
> ③师古曰:"说于天子之前。"
> ④师古曰:"行谓天子出。"
> ⑤师古曰:"挺,引也,剑自然引拔出也。墬,古地字。"
> ⑥师古曰:"乡读曰向。"
> ⑦师古曰:"《霍光传》云任宣霍氏之婿,此云外孙,误也。"
> ⑧师古曰:"郎皆皂衣,故章玄服以厕也。"
> ⑨师古曰:"姓士孙,名张,字仲方。"

京房受《易》梁人焦延寿。①延寿云尝从孟喜问《易》。会喜死,房以为延寿《易》即孟氏学,翟牧、白生不肯,皆曰非也。至成帝时,刘向校书,考《易》说,以为诸《易》家说皆祖田何、杨叔〔元〕、[9]丁将军,大谊略同,唯京氏为异,党焦延寿独得隐士之说,②托之孟氏,不相与同。房以明灾异得幸,为石显所谮诛,自有传。房授东海殷嘉、河东姚平、河南乘弘,③皆为郎、博士。繇是《易》有京氏之学。

> ①师古曰:"延寿其字,名赣。"
> ②师古曰:"党读曰傥。"
> ③师古曰:"乘,姓也,音食证反。"

费直字长翁,东莱人也。①治《易》为郎,至单父令。②长于卦筮,亡章句,徒以彖象系辞十篇文言解说上下经。琅邪王璜平中能传之。③璜又传古文《尚书》。

> ①师古曰:"费音扶味反。"
> ②师古曰:"单音善。父音甫。"
> ③师古曰:"中读曰仲。"

高相,沛人也。治《易》与费公同时,其学亦亡章句,专说阴阳灾异,自言出于丁将军。传至相,相授子康及兰陵毌将永。康以明《易》为郎,永至豫章都尉。及王莽居摄，东郡太守翟谊谋举兵诛莽，事未发，康候知东郡有兵，私语门人，门人上书言之。后数月，翟谊兵起，莽召问，对受师高康。莽恶之，以为惑众，斩康。繇是《易》有高氏学。高、费皆未尝立于学官。

伏生，济南人也，[①]故为秦博士。孝文时，求能治《尚书》者，天下亡有，闻伏生治之，欲召。时伏生年九十馀，老不能行，于是诏太常，使掌故朝错往受之。[②]秦时禁《书》，伏生壁藏之，其后大兵起，流亡。汉定，伏生求其《书》，亡数十篇，独得二十九篇，即以教于齐、鲁之间。齐学者由此颇能言《尚书》，山东大师亡不涉《尚书》以教。伏生教济南张生及欧阳生。张生为博士，而伏生孙以治《尚书》征，弗能明定。是后鲁周霸、雒阳贾嘉颇能言《尚书》云。[③]

①张晏曰：“名胜，《伏生碑》云也。”

②师古曰：“卫宏《定古文尚书序》云‘伏生老，不能正言，言不可晓也，使其女传言教错。齐人语多与颍川异，错所不知者凡十二三，略以其意属读而已’。”

③师古曰：“嘉者，贾谊之孙也。”

欧阳生字和伯，千乘人也。事伏生，授倪宽。宽又受业孔安国，至御史大夫，自有传。宽有俊材，初见武帝，语经学。上曰：“吾始以《尚书》为朴学，弗好，及闻宽说，可观。”乃从宽问一篇。欧阳、大小夏侯氏学皆出于宽。宽授欧阳生子，世世相传，至曾孙高子阳，为博士。[①]高孙地馀长宾以太子中庶子授太子，后为博士，论石渠。元帝即位，地馀侍中，贵幸，至少府。戒其子曰：“我死，官属即送汝财物，慎毋受。汝九卿儒者子孙，以廉絜著，可以自成。”及地馀死，少府官属共送数百万，其子不受。天子闻而嘉之，赐钱百万。地馀少子政为王莽讲学大夫。由是《尚书》世有欧阳氏学。

①师古曰：“名高，字子阳。”

林尊字长宾，济南人也。事欧阳高，为博士，论石渠。后至少府、太子太傅,授平陵平当、梁陈翁生。当至丞相,自有传。翁生信都太傅,家世传业。由是欧阳有平、陈之学。翁生授琅邪殷崇、楚国龚胜。崇为博士,胜右扶风,自有传。而平当授九江朱普公文、上党鲍宣。普为博士,宣司隶校尉,自有传。徒众尤盛,知名者也。

　　夏侯胜,其先夏侯都尉,从济南张生受《尚书》,以传族子始昌。始昌传胜,胜又事同郡蕳卿。①蕳卿者,倪宽门人。胜传从兄子建,建又事欧阳高。胜至长信少府,建太子太傅,自有传。由是《尚书》有大小夏侯之学。

　　①师古曰:"蕳音奸。"

　　周堪字少卿,齐人也。与孔霸俱事大夏侯胜。霸为博士。堪译官令,论于石渠,经为最高,后为太子少傅,而孔霸以太中大夫授太子。及元帝即位,堪为光禄大夫,与萧望之并领尚书事,为石显等所潜,皆免官。望之自杀,上愍之,乃擢堪为光禄勋,语在《刘向传》。堪授牟卿及长安许商长伯。牟卿为博士。霸以帝师赐爵号褒成君,传子光,亦事牟卿,至丞相,自有传。由是大夏侯有孔、许之学。商善为算,著《五行论历》,四至九卿,号其门人沛唐林子高为德行,平陵吴章伟君为言语,重泉王吉少音为政事,齐炔钦幼卿为文学。①王莽时,林、吉为九卿,自表上师冢,大夫博士郎吏为许氏学者,各从门人,会车数百两,儒者荣之。钦、章皆为博士,徒众尤盛。章为王莽所诛。

　　①师古曰:"依孔子目弟子颜回以下为四科也。炔音桂。"

　　张山拊字长宾,平陵人也。①事小夏侯建,为博士,论石渠,至少府。授同县李寻、郑宽中少君、山阳张无故子儒、信都秦恭延君、陈留假仓子骄。无故善修章句,为广陵太傅,守小夏侯说文。恭增师法至百万言,②为城阳内史。仓以谒者论石渠,至胶东相。寻善说灾异,为骑都尉,自有传。宽中有俊材,以博士授太子,成帝即位,赐爵关内侯,食邑八百户,迁光禄大夫,领尚书事,甚尊重。会疾卒,谷永上疏曰:"臣闻圣王尊师傅,褒贤俊,显有功,生则致其爵禄,死则异其礼谥。昔周公薨,成王葬以变礼,而当天心。③公叔文子卒,卫侯加以美谥,著为后法。④近事,大司空朱邑、右扶风翁归德茂夭年,孝宣皇帝愍册厚赐,赞命之臣靡不激扬。⑤关内侯郑宽中有颜子之美质,包商、偃之文学,⑥严然总《五经》之眇论,立师傅之显位,⑦入则乡唐虞之阆道,王法纳乎圣听,⑧出则参冢宰之重职,功列施乎政事,退食自公,私门不开,⑨散赐九族,田亩不益,德配周召,忠合《羔羊》,未得登司徒,有家臣,⑩卒然早终,尤可悼痛!⑪臣愚以为宜加其葬礼,赐之令谥,⑫以章尊师褒贤显功之德。"上吊赠宽中甚厚。由是小夏侯有郑、张、秦、假、李氏之学。宽中授东郡赵玄,无故授沛唐尊,恭授鲁冯宾。宾为博士,尊王莽太傅,玄哀帝御史大夫,至大官,知名者也。

①师古曰:"拊音肤。"

②师古曰:"言小夏侯本所说之文不多,而秦恭又更增益,故至百万言也。"

③师古曰:"周公死,成王欲葬之于成周,天乃雷雨以风,禾尽偃,大木斯拔。国大恐。王乃葬周公于毕,示不敢臣也。事见《尚书大传》,而与古文《尚书》不同。"

④师古曰:"公叔文子,卫大夫公叔发也。文子卒,其子请谥于君。君曰:'昔者卫国凶饥,夫子为粥与国之饿者,不亦惠乎?卫国有难,夫子以其死卫寡人,不亦贞乎?夫子听卫国之政,修其班制,以与四邻交,卫国社稷不辱,不亦文乎?谓夫子贞惠文子。'事见《礼记·檀弓》。"

⑤师古曰:"赞,佐也。"

⑥师古曰:"《论语》云'文学子游、子夏'。商,子夏名。偃,子游名。"

⑦师古曰:"严与俨同。眇读曰妙。"

⑧师古曰:"乡读曰向。阆,大也。言陈圣王之法,闻于天子。"

⑨师古曰:"'退食自公',《召南·羔羊》诗之辞,言贬退所食之禄,而从至公之道也。"

⑩师古曰:"司徒,掌礼教之官,言宽中学行堪为之也。家臣,若今诸公国官及府佐也。"

⑪师古曰:"卒读曰猝。"

⑫师古曰:"令,善也。"

孔氏有古文《尚书》,孔安国以今文字读之,因以起其家逸《书》,得十馀篇,盖《尚书》兹多于是矣。遭巫蛊,未立于学官。安国为谏大夫,授都尉朝,①而司马迁亦从安国问故。迁书载《尧典》、《禹贡》、《洪范》、《微子》、《金縢》诸篇,多古文说。都尉朝授胶东庸生。庸生授清河胡常少子,②以明《穀梁春秋》为博士、部刺史,又传《左氏》。常授虢徐敖。敖为右扶风掾,又传《毛诗》,授王璜、平陵涂恽子真。子真授河南桑钦君长。王莽时,诸学皆立。刘歆为国师,璜、恽等皆贵显。世所传《百两篇》者,出东莱张霸,分析合二十九篇以为数十,又采《左氏传》、《书叙》为作首尾,凡百二篇。篇或数简,文意浅陋。成帝时求其古文者,霸以能为《百两》征,以中书校之,非是。③霸辞受父,父有弟子尉氏樊并。时太中大夫平当、侍御史周敞劝上存之。④后樊并谋反,乃黜其书。

① 服虔曰:“朝名,都尉姓。”

② 师古曰:“少子,亦常字也。”

③ 师古曰:“以霸私增加分析,故与中书之文不同也。中书,天子所藏之书也。”

④ 师古曰:“存者,立其学。”

申公,鲁人也。少与楚元王交俱事齐人浮丘伯受《诗》。汉兴,高祖过鲁,申公以弟子从师入见于鲁南宫。吕太后时,浮丘伯在长安,楚元王遣子郢与申公俱卒学。①元王薨,郢嗣立为楚王,令申公傅太子戊。戊不好学,病申公。②及戊立为王,胥靡申公。③申公愧之,归鲁退居家教,终身不出门。复谢宾客,④独王命召之乃往。弟子自远方至受业者千馀人,申公独以《诗经》为训故以教,亡传,⑤疑者则阙弗传。兰陵王臧既从受《诗》,已通,事景帝为太子少傅,免去。武帝初即位,臧乃上书宿卫,累迁,一岁至郎中令。及代赵绾亦尝受《诗》申公,为御史大夫。绾、臧请立明堂以朝诸侯,不能就其事,⑥乃言师申公。于是上使使束帛加璧,安车以蒲裹轮,驾驷迎申公,弟子二人乘轺传从。⑦至,见上,上问治乱之事。申公时已八十馀,老,对曰:“为治者不〔至〕〔在〕多言,〔10〕顾力行何如耳。”⑧是时上方好文辞,见申公对,默然。然已招致,即以为太中大夫,舍鲁邸,⑨议明堂事。太皇窦太后喜《老子》言,不说儒术,⑩得绾、臧之过,以让上曰:"此欲复为新垣平也!"⑪上因废明堂事,下绾、臧吏,皆自杀。申公亦病免归,数年卒。弟子为博士十馀人,孔安国至临淮太守,周霸胶西内史,夏宽城阳内史,砀鲁赐东海太守,兰陵缪生长沙内史,徐偃胶西中尉,邹人阙门庆忌胶东内史,⑫其治官民皆有廉节称。其学官弟子行虽不备,而至于大夫、郎、掌故以百数。申公卒以《诗》、《春秋》授,而瑕丘江公尽能传之,徒众最盛。及鲁许生、免中徐公,⑬皆守学教授。韦贤治《诗》,事(博士)大江公及许生,⑭〔11〕又治《礼》,至丞相。传子玄成,以淮阳中尉论石渠,后亦至丞相。玄成及兄子赏以《诗》授哀帝,至大司马车骑将军,自有传。由是《鲁诗》有韦氏学。

①师古曰:"郢即郢客也。"

②师古曰:"惠苦也。"

③师古曰:"胥靡,相系而作役,解具在《楚元王传》也。"

④师古曰:"身既不出门,非受业弟子,其它宾客来者又谢遣之,不与相见也。"

⑤师古曰:"口说其指,不为解说之传。"

⑥师古曰:"就,成也。"

⑦师古曰:"传音张恋反。"

⑧师古曰:"顾,念也。力行,(为)〔谓〕勉力为行也。"〔12〕

⑨师古曰:"舍,止息也。"

⑩师古曰:"喜音许既反。说读曰悦。"

⑪师古曰:"让,责也。"

⑫李奇曰:"姓阙门,名庆忌。"

⑬苏林曰:"免中,县名也。"李奇曰:"邑名也。"师古曰:"李说是也。"

⑭晋灼曰:"大江公即瑕丘江公也。以异下博士江公,故称大。"

王式字翁思,东平新桃人也。事免中徐公及许生。式为昌邑王师。昭帝崩,昌邑王嗣立,以行淫乱废,昌邑群臣皆下狱诛,唯中尉王吉、郎中令龚遂以数谏减死论。式系狱当死,治事使者责问曰:"师何以亡谏书?"式对曰:"臣以《诗》三百五篇朝夕授王,至于忠臣孝子之篇,未尝不为王反复诵之也;①至于危亡失道之君,未尝不流涕为王深陈之也。臣以三百五篇谏,是以亡谏书。"使者以闻,亦得减死论,归家不教授。山阳张长安幼君②先事式,后东平唐长宾、沛褚少孙亦来事式,问经数篇,式谢曰:"闻之于师具是矣,自润色之。"③不肯复授。唐生、褚生应博士弟子选,诣博士,抠衣登堂,颂礼甚严,④试诵说,有法,疑者丘盖不言。⑤诸博士惊问何师,对曰事式。皆素闻其贤,共荐式。诏除下为博士。⑥式征来,衣博士衣而不冠,曰:"刑馀之人,何宜复充礼官?"既至,止舍中,会诸大夫博士,共持酒肉劳式,皆注意高仰之。⑦博士江公世为《鲁诗》宗,⑧至江公著《孝经说》,心嫉式,谓歌吹诸生曰:⑨"歌《骊驹》。"⑩式曰:"闻之于师:客歌骊驹,主人歌《客毋庸归》。⑪今日诸君为主人,日尚早,未可也。"江翁曰:"经何以言之?"⑫式曰:"在《曲礼》。"江翁曰:"何狗曲也!"⑬式耻之,阳醉遏隆。⑭式客罢,让诸生曰:"我本不欲来,⑮诸生强劝我,竟为竖子所辱!"遂谢病免归,终于家。张生、唐生、褚生皆为博士。张生论石渠,至淮阳中尉。唐生楚太傅。由是《鲁诗》有张、唐、褚氏之学。张生兄子游卿为谏大夫,以《诗》授元帝。其门人琅邪王扶为泗水中尉,陈留许晏为博士。由是张家有许氏学。初,薛广德亦事王式,以博士论石渠,授龚舍。广德至御史大夫,舍泰山太守,皆有传。

　①师古曰:"复音方目反。"

　②李奇曰:"长安,名。"

　③师古曰:"言所闻师说具尽于此,若嫌简略,任更润色。"

　④师古曰:"抠衣,谓以手内举之,令离地也。抠音口侯反。颂读曰容。"

　⑤苏林曰:"丘盖不言,不知之意也。"如淳曰:"齐俗以不知为丘。"师古曰:"二
　　说皆非也。《论语》载孔子曰:'盖有不知而作之者,我无是也。'欲遵此意,
　　故效孔子自称丘耳。盖者,发语之辞。"

　⑥师古曰:"下除官之书也。下音胡嫁反。"

　⑦师古曰:"劳音来到反。"

　⑧师古曰:"为《鲁诗》者所宗师也。"

　⑨如淳曰:"其学官自有此法,酒坐歌吹以相乐也。"

　⑩服虔曰:"逸《诗》篇名也,见《大戴礼》。客欲去,歌之。"文颖曰:"其辞云'骊
　　驹在门,仆夫具存;骊驹在路,仆夫整驾'也。"

⑪文颖曰:"庸,用也。主人礼未毕,且无用归也。"

⑫师古曰:"于经何所有此言?"

⑬师古曰:"意怒,故妄发言。言狗者,轻贱之甚也。今流俗书本云何曲狗,妄改之也。"

⑭师古曰:"遏,失据而倒也。墬,古地字。遏音徒浪反。"

⑮师古曰:"让,责也。"

辕固,齐人也。以治《诗》孝景时为博士,与黄生争论于上前。黄生曰:"汤武非受命,乃杀也。"固曰:"不然。夫桀纣荒乱,天下之心皆归汤武,汤武因天下之心而诛桀纣,桀纣之民弗为使而归汤武,汤武不得已而立,非受命(而)〔为〕何?"①〔13〕黄生曰:"'冠虽敝必加于首,履虽新必贯于足。'②何者? 上下之分也。③今桀纣虽失道,然君上也;汤武虽圣,臣下也。夫主有失行,臣不正言匡过以尊天子,反因过而诛之,代立南面,非杀而何?"固曰:"必若云,④是高皇帝代秦即天子之位,非邪?"于是上曰:"食肉毋食马肝,未为不知味也;言学者毋言汤武受命,不为愚。"⑤遂罢。窦太后好《老子》书,召问固。固曰:"此家人言耳。"⑥太后怒曰:"安得司空城旦书乎!"⑦乃使固入圈击彘。上知太后怒,而固直言无罪,乃假固利兵。⑧下,固刺彘正中其心,彘应手而倒。太后默然,亡以复罪。后上以固廉直,拜为清河太傅,疾免。武帝初即位,复以贤良征。诸儒多嫉毁曰固老,罢归之。时固已九十馀矣。公孙弘亦征,仄目而事固。⑨固曰:"公孙子,务正学以言,无曲学以阿世!"诸齐以《诗》显贵,皆固之弟子也。昌邑太傅夏侯始昌最明,自有传。

①师古曰:"此非受命更何为?"

②师古曰:"语见太公《六韬》也。"

③师古曰:"分音扶问反。"

④师古曰:"谓必如黄生之言。"

⑤师古曰:"马肝有毒,食之熹杀人,幸得无食。言汤武为杀,是背经义,故以为喻也。"

⑥师古曰:"家人言僮隶之属。"

⑦服虔曰:"道家以儒法为急,比之于律令也。"

⑧师古曰:"假,给与也。利兵,兵刃之利者。"

⑨师古曰:"言深惮之。"

后苍字近君,东海郯人也。事夏侯始昌。始昌通《五经》,苍亦通《诗》《礼》,为博士,至少府,授翼奉、萧望之、匡衡。奉为谏大夫,望之前将军,衡丞相,皆有传。衡授琅邪师丹、伏理斿君、颍川满昌君都。君都为詹事,理高密太傅,家世传业。丹大司空,自有传。由是《齐诗》有翼、匡、师、伏之学。满昌授九江张邯、琅邪皮容,皆至大官,徒众尤盛。

韩婴,燕人也。孝文时为博士,景帝时至常山太傅。婴推诗人之意,而作《内》《外传》数万言,其语颇与齐、鲁间殊,然归一也。淮南贲生受之。①燕赵间言《诗》者由韩生。韩生亦以《易》授人,推《易》意而为之传。燕赵间好《诗》,故其《易》微,唯韩氏自传之。武帝时,婴尝与董仲舒论于上前,其人精悍,处事分明,②仲舒不能难也。后其孙商为博士。孝宣时,涿郡韩生其后也,以《易》征,待诏殿中,曰:"所受《易》即先太傅所传也。尝受《韩诗》,不如韩氏《易》深,太傅故专传之。"司隶校尉盖宽饶本受《易》于孟喜,见涿韩生说《易》而好之,即更从受焉。

①师古曰:"贲音肥。"

②师古曰:"悍,勇锐。"

赵子,河内人也。事燕韩生,授同郡蔡谊。谊至丞相,自有传。谊授同郡食子公与王吉。吉为昌邑〔王〕中尉,[14]自有传。食生为博士,授泰山栗丰。吉授淄川长孙顺。顺为博士,丰部刺史。由是《韩诗》有王、食、长孙之学。丰授山阳张就,顺授东海发福,皆至大官,徒众尤盛。

毛公,赵人也。治《诗》,为河间献王博士,授同国贯长卿。长卿授解延年。延年为阿武令,授徐敖。敖授九江陈侠,为王莽讲学大夫。由是言《毛诗》者,本之徐敖。

汉兴,鲁高堂生传《士礼》十七篇,而鲁徐生善为颂。①孝文时,徐生以颂为礼官大夫,传子至孙延、襄。②襄,其资性善为颂,不能通经;延颇能,未善也。襄亦以颂为大夫,至广陵内史。延及徐氏弟子公户满意、〔栢〕〔桓〕生、[15]单次皆为礼官大夫。③而瑕丘萧奋以《礼》至淮阳太守。诸言《礼》为颂者由徐氏。

①苏林曰:"《汉旧仪》有二郎为此颂貌威仪事。有徐氏,徐氏后有张氏,不知经,但能盘辟为礼容。天下郡国有容史,皆诣鲁学之。"师古曰:"颂读与容同。下皆类此。"

②师古曰:"延及襄二人。"

③师古曰:"姓公户,名满意也。与桓生及单次凡三人。单音善。"

孟卿,东海人也。事萧奋,以授后仓、鲁闾丘卿。仓说《礼》数万言,号曰《后氏曲台记》,①授沛闻人通汉子方、②梁戴德延君、戴圣次君、沛庆普孝公。孝公为东平太傅。德号大戴,为信都太傅;圣号小戴,以博士论石渠,至九江太守。由是《礼》有大戴、小戴、庆氏之学。通汉以太子舍人论石渠,至中山中尉。普授鲁夏侯敬,又传族子咸,为豫章太守。大戴授琅邪徐良斿卿,为博士、州牧、郡守,家世传业。小戴授梁人桥仁季卿、杨荣子孙。③仁为大鸿胪,家世传业,荣琅邪太守。由是大戴有徐氏,小戴有桥、杨氏之学。

①服虔曰:"在曲台校书著记,因以为名。"师古曰:"曲台殿在未央宫。"

②如淳曰:"闻人,姓也,名通汉,字子方。"

③师古曰:"子孙,荣之字也。"

胡母生字子都,齐人也。治《公羊春秋》,为景帝博士。与董仲舒同业,仲舒著书称其德。年老。归教于齐,齐之言《春秋》者宗事之,公孙弘亦颇受焉。而董生为江都相,自有传。弟子遂之者,兰陵褚大,东平嬴公,广川段仲,温吕步舒。①大至梁相,步舒丞相长史,唯嬴公守学不失师法,为昭帝谏大夫,授东海孟卿、鲁眭孟。孟为符节令,坐说灾异诛,自有传。

①师古曰:"遂谓名位成达者。"

严彭祖字公子,东海下邳人也。与颜安乐俱事眭孟。孟弟子百馀人,唯彭祖、安乐为明,质问疑谊,各持所见。孟曰:"《春秋》之意,在二子矣!"孟死,彭祖、安乐各颛门教授。①由是《公羊春秋》有颜、严之学。彭祖为宣帝博士,至河南、东郡太守。以高第入为左冯翊,迁太子太傅,廉直不事权贵。或说曰:"天时不胜人事,君以不修小礼曲意,亡贵人左右之助,经谊虽高,不至宰相。愿少自勉强!"彭祖曰:"凡通经术,固当修行先王之道,何可委曲从俗,苟求富贵乎!"彭祖竟以太傅官终。授琅邪王中,为元帝少府,②家世传业。中授同郡公孙文、东门云。云为荆州刺史,文东平太傅,徒众尤盛。云坐为江贼拜辱命,下狱诛。③

①师古曰:"颛与专同。专门言各自名家。"

②师古曰:"中读曰仲。"

③师古曰:"逢见贼而拜也。"

颜安乐字公孙,鲁国薛人,眭孟姊子也。家贫,为学精力,官至齐郡太守丞,后为仇家所杀。安乐授淮阳泠丰次君、①淄川任公。公为少府,丰淄川太守。由是颜家有泠、任之学。始贡禹事嬴公,成于眭孟,至御史大夫,疏广事孟卿,至太子太傅,皆自有传。广授琅邪筦路,②路为御史中丞。禹授颍川堂谿惠,③惠授泰山冥都,④都为丞相史。都与路又事颜安乐,故颜氏复有筦、冥之学。路授孙宝,为大司农,自有传。丰授马宫、琅邪左咸。咸为郡守九卿,徒众尤盛。(官)〔宫〕至大司徒,自有传。[16]

①师古曰:"泠音零。"

②师古曰:"筦亦管字也。"

③师古曰:"姓堂谿也。"

④师古曰:"冥音莫零反。"

瑕丘江公受《穀梁春秋》及《诗》于鲁申公,传子至孙为博士。武帝时,江公与董仲舒并。仲舒通《五经》,能持论,善属文。江公呐于口,①上使与仲舒议,不如仲舒。而丞相公孙弘本为《公羊》学,比辑其议,卒用董生。②于是上因尊《公羊》家,诏太子受《公羊春秋》,由是《公羊》大兴。太子既通,复私问《穀梁》而善之。其后浸微,③唯鲁荣广王孙、皓星公二人受焉。广尽能传其《诗》、《春秋》,高材捷敏,与《公羊》大师眭孟等论,数困之,④故好学者颇复受《穀梁》。沛蔡千秋少君、梁周庆幼

君、丁姓子孙⑤皆从广受。千秋又事皓星公，为学最笃。宣帝即位，闻
卫太子好《穀梁春秋》，以问丞相韦贤、长信少府夏侯胜及侍中乐陵侯史
高，皆鲁人也，言穀梁子本鲁学，公羊氏乃齐学也，宜兴穀梁。时千秋为
郎，召见，与《公羊》家并说，上善《穀梁》说，擢千秋为谏大夫给事中，后
有过，左迁平陵令。复求能为《穀梁》者，莫及千秋。上愍其学且绝，乃
以千秋为郎中户将，⑥选郎十人从受。汝南尹更始翁君本自事千秋，能
说矣，会千秋病死，征江公孙为博士。刘向以故谏大夫通达待诏，受《穀
梁》，欲令助之。江博士复死，乃征周庆、丁姓待诏保宫，⑦使卒授十人。
自元康中始讲，至甘露元年，积十馀岁，皆明习。乃召《五经》名儒太子
太傅萧望之等大议殿中，平《公羊》、《穀梁》同异，各以经处是非。时《公
羊》博士严彭祖、侍郎申挽、伊推、宋显，⑧《穀梁》议郎尹更始、待诏刘
向、周庆、丁姓并论。《公羊》家多不见从，愿请内侍郎许广，使者亦并内
《穀梁》家中郎王亥，各五人，⑨议三十馀事。望之等十一人各以经谊
对，多从《穀梁》。由是《穀梁》之学大盛。庆、姓皆为博士。⑩姓至中山
太傅，授楚申章昌曼君，⑪为博士，至长沙太傅，徒众尤盛。尹更始为谏
大夫、长乐户将，又受《左氏传》，取其变理合者以为章句，传子咸及翟方
进、琅邪房凤。咸至大司农，方进丞相，自有传。

　①师古曰："属音之欲反。呐，古讷字。"

　②师古曰："比，次也。辑，合也。比音频寐反。辑与集同。"

　③师古曰："浸，渐也。"

　④师古曰："盂等穷屈也。"

　⑤师古曰："姓丁，名姓，字子孙。"

　⑥师古曰："户将，官名，解在《杨恽》、《盖宽饶传》。"

　⑦师古曰："保宫，少府之属宫也，本名居室。"

　⑧师古曰："挽音晚。"

　⑨师古曰："使者，谓当时诏遣监议者也。内（外）〔谓〕引入议所也。〔17〕《公羊》
　　　家既请内许广，而使者因并内王亥也。"

　⑩师古曰："周庆、丁姓，二人也。"

　⑪李奇曰："姓申章，名昌，字曼君。"

房凤字子元,不其人也。①以射策乙科为太史掌故。太常举方正,为县令都尉,失官。大司马票骑将军王根奏除补长史,荐凤明经通达,擢为光禄大夫,迁五官中郎将。时光禄勋王龚以外属内卿,②与奉车都尉《刘歆》共校书,三人皆侍中。歆白《左氏春秋》可立,哀帝纳之,以问诸儒,皆不对。歆于是数见丞相孔光,为言《左氏》以求助,光卒不肯。唯凤、龚许歆,遂共移书责让太常博士,语在《歆传》。大司空师丹奏歆非毁先帝所立,上于是出龚等补吏,龚为弘农,歆河内,凤九江太守,至青州牧。始江博士授胡常,常授梁萧秉君房,王莽时为讲学大夫。由是《穀梁春秋》有尹、胡、申章、房氏之学。

①师古曰:"琅邪之县也。其音基。"

②如淳曰:"邛成太后亲也。内卿光禄勋治宫中。"

汉兴,北平侯张苍及梁太傅贾谊、京兆尹张敞、太中大夫刘公子皆修《春秋左氏传》。谊为《左氏传》训故,授赵人贯公,为河间献王博士,子长卿为荡阴令,①授清河张禹长子。②禹与萧望之同时为御史,数为望之言《左氏》,望之善之,上书数以称说。后望之为太子太傅,荐禹于宣帝,征禹待诏,未及问,会疾死。授尹更始,③更始传子咸及翟方进、胡常。常授黎阳贾护季君,哀帝时待诏为郎,授苍梧陈钦子佚,以《左氏》授王莽,至将军。而刘歆从尹咸及翟方进受。由是言《左氏》者本之贾护、刘歆。

①师古曰:"荡阴,河内之县也。荡音汤。"

②如淳曰:"非成帝师张禹也。"

③师古曰:"禹先授更始。"

赞曰:自武帝立《五经》博士,开弟子员,设科射策,劝以官禄,讫于元始,百有馀年,传业者寝盛,支叶蕃滋,①一经说至百馀万言,大师众至千馀人,盖禄利之路然也。②初,《书》唯有欧阳,《礼》后,《易》杨,《春秋》公羊而已。至孝宣世,复立《大小夏侯尚书》,《大小戴礼》,《施》、《孟》、《梁丘易》,《穀梁春秋》。至元帝世,复立《京氏易》。平帝时,又立《左氏春秋》、《毛诗》、逸《礼》、古文《尚书》,所以罔罗遗失,兼而存之,是在其中矣。③

①师古曰：“寖，渐也。蕃，多也。滋，益也。”

②师古曰：“言为经学者则受爵禄而获其利，所以益劝。”

③如淳曰：“虽有虚妄之说，是当在其中，故兼而存之。”

【校勘记】

〔1〕 六(学)〔艺〕者， 景祐本作“艺”。王念孙说作“艺”是。

〔2〕 焕乎其有文章(也)！ 景祐本无“也”字，与今本《论语》同。

〔3〕 又(云)〔曰〕：周监于二(世)〔代〕， “云”，景祐、殿本都作“曰”。“世”，景祐本作“代”，与今本《论语》同。

〔4〕 “曰”(音以)立先王之教，王先谦说“音以”二字后人妄加。 按景祐本有，殿本无。

〔5〕 鲁诸儒持孔氏礼器(而)〔往〕归之， 景祐、殿、局本都作“往”。

〔6〕 商瞿子木 沈钦韩说，《索隐》商姓，瞿名，字子木，未有以商瞿为复姓者。

〔7〕 梁人(一王)〔也。初〕梁项生从田何受《易》， 景祐、汲古、殿、局本都作“也初”，此误。

〔8〕 言丁宽(行)〔得〕其法术以去。 景祐、殿本都作“得”。

〔9〕 杨叔〔元〕、 王先谦说，上文云杨何字叔元，《艺文志》班自注同，此脱“元”字。

〔10〕 为治者不(至)〔在〕多言， 殿、局本都作“在”，《史记》同。

〔11〕 事(博士)大江公及许生， 景祐本无“博士”二字。王念孙说，据晋注，景祐本是。

〔12〕 力行，(为)〔谓〕勉力为行也。 景祐、殿本都作“谓”。

〔13〕 非受命(而)〔为〕何？ 景祐、殿本都作“为”。朱一新说，按注则“为”字是。

〔14〕 吉为昌邑〔王〕中尉， 景祐、殿本都有“王”字。

〔15〕 (柏)〔桓〕生、 景祐、殿本都作“桓”。

〔16〕 (官)〔宫〕至大司徒，自有传。 刘攽说“官”当作“宫”。按刘说是，各本并误。

〔17〕 内(外)〔谓〕引人议所也。 景祐、殿、局本都作“谓”，此误。

汉书卷八十九

循吏传第五十九

师古曰:"循,顺也,上顺公法,下顺人情也。"

汉兴之初,反秦之敝,与民休息,凡事简易,禁罔疏阔,而相国萧、曹以宽厚清静为天下帅,①民作"画一"之歌。②孝惠垂拱,高后女主,不出房闼,而天下晏然,民务稼穑,衣食滋殖。③至于文、景,遂移风易俗。是时循吏如河南守吴公、蜀守文翁之属,皆谨身帅先,居以廉平,不至于严,而民从化。

①师古曰:"帅,遵也。"

②师古曰:"谓歌曰:'萧何为法,讲若画一;曹参代之,守而勿失。'"

③师古曰:"滋,益也。殖,生也。"

孝武之世,外攘四夷,内改法度,①民用凋敝,奸轨不禁。②时少能以化治称者,惟江都相董仲舒、内史公孙弘、兒宽,居官可纪。三人皆儒者,通于世务,明习文法,以经术润饰吏事,天子器之。仲舒数谢病去,弘、宽至三公。

①师古曰:"攘,却也。"

②师古曰:"不可禁。"

孝昭幼冲,霍光秉政,承奢侈师旅之后,海内虚耗,光因循守职,无所改作。至于始元、元凤之间,匈奴乡化,百姓益富,①举贤良文学,问民所疾苦,于是罢酒榷而议盐铁矣。

①师古曰:"乡读曰向。"

及至孝宣,繇仄陋而登至尊,①兴于间阎,②知民事之艰难。自霍光麀后始躬万机,厉精为治,五日一听事,自丞相已下各奉职而进。及拜刺史守相,辄亲见问,观其所繇,退而考察所行以质其言,③有名实不相应,必知其所以然。常称曰:"庶民所以安其田里而亡叹息愁恨之心者,政平讼理也。④与我共此者,其唯良二千石乎!"⑤以为太守,吏民之本也,数变易则下不安,民知其将久,不可欺罔,乃服从其教化。故二千石有治理效,辄以玺书勉厉,增秩赐金,或爵至关内侯,公卿缺则选诸所表以次用之。⑥是故汉世良吏,于是为盛,称中兴焉。若赵广汉、韩延寿、尹翁归、严延年、张敞之属,皆称其位,然任刑罚,或抵罪诛。⑦王成、黄霸、朱邑、龚遂、郑弘、召信臣等,⑧所居民富,所去见思,生有荣号,死见奉祀,此凛凛庶几德让君子之遗风矣。⑨

①师古曰:"仄,古侧字。仄陋,言非正统,而身经微贱也。繇与由同。次下类此。"

②师古曰:"闾,里门也。阎,里中门也。言从里巷而即大位也。"

③师古曰:"质,正也。"

④师古曰:"讼理,言所讼见理而无冤滞也。"

⑤师古曰:"谓郡守、诸侯相。"

⑥师古曰:"所表,谓增秩赐金爵也。"

⑦师古曰:"抵,至也,音丁礼反。"

⑧师古曰:"召读曰邵。"

⑨师古曰:"凛凛,言有风采也。"

文翁,庐江舒人也。少好学,通《春秋》,以郡县吏察举。景帝末,为蜀郡守,仁爱好教化。见蜀地辟陋有蛮夷风,①文翁欲诱进之,乃选郡县小吏开敏有材者张叔等十馀人亲自饬厉,②遣诣京师,受业博士,或学律令。减省少府用度,买刀布蜀物,赍计吏以遗博士。③数岁,蜀生皆成就还归,文翁以为右职,④用次察举,官有至郡守刺史者。

①师古曰:"辟读曰僻。"

②师古曰:"饬与敕同。"

③如淳曰:"金马书刀,今赐计吏是也。作马形于刀环内,以金镂之。"晋灼曰:

"刀，书刀；布，布刀也。旧时蜀郡工官作金马书刀者，似佩刀形，金错其拊。布刀，谓妇人割裂财布刀也。"师古曰："少府，郡掌财物之府，以供太守者也。刀，凡蜀刀有环者也。布，蜀布细密（环）也。[1] 二者蜀人作之皆善，故赍以为货，无限于书刀布刀也。如、晋二说皆烦而不当也。"

④师古曰："郡中高职也。"

又修起学官于成都市中，① 招下县子弟以为学官弟子，② 为除更繇，③ 高者以补郡县吏，次为孝弟力田。常选学官僮子，使在便坐受事。④ 每出行县，益从学官诸生明经饬行者与俱，⑤ 使传教令，出入闺阁。⑥ 县邑吏民见而荣之，数年，争欲为学官弟子，富人至出钱以求之。繇是大化，⑦ 蜀地学于京师者比齐鲁焉。至武帝时，乃令天下郡国皆立学校官，自文翁为之始云。

①师古曰："学官，学之官舍也。"

②师古曰："下县，四郊之县，非郡所治也。"

③师古曰："不令从役也。更音工衡反。繇读曰徭。"

④师古曰："便坐，别坐，可以视事，非正廷也。坐音财卧反。"

⑤师古曰："益，多也。饬，整也，读与敕同。"

⑥师古曰："闺阁，内中小门也。"

⑦师古曰："繇读曰由。"

文翁终于蜀，吏民为立祠堂，岁时祭祀不绝。至今巴蜀好文雅，文翁之化也。①

①师古曰："文翁学堂于今犹在益州城内。"

王成，不知何郡人也。为胶东相，治甚有声。宣帝最先褒之，地节三年下诏曰："盖闻有功不赏，有罪不诛，虽唐虞不能以化天下。今胶东相成，劳来不怠，① 流民自占八万馀口，② 治有异等之效。③ 其赐成爵关内侯，秩中二千石。"未及征用，会病卒官。后诏使丞相御史问郡国上计长吏守丞以政令得失，或对言前胶东相成伪自增加，以蒙显赏，是后俗吏多为虚名云。

①师古曰："谓劝勉招怀百姓也。劳音郎到反。来音郎代反。"

②师古曰："隐度名数而来附业也。占音之赡反。"

③师古曰："异于常等。"

黄霸字次公,淮阳阳夏人也,①以豪桀役使徙云陵。②霸少学律令,喜为吏,③武帝末以待诏入钱赏官,补侍郎谒者,④坐同产有罪劾免。⑤后复入谷沈黎郡,补左冯翊二百石卒史。⑥冯翊以霸入财为官,不署右职,⑦使领郡钱谷计。⑧簿书正,以廉称,⑨察补河东均输长,⑩复察廉为河南太守丞。霸为人明察内敏,⑪又习文法,然温良有让,足知,善御众。为丞,处议当于法,合人心,太守甚任之,吏民爱敬焉。

①师古曰："夏音工雅反。"

②师古曰："身为豪桀而役使乡里人也。"

③师古曰："喜谓爱好也,音许吏反。"

④孟康曰："赏官,主赏赐之官也。"师古曰："此说非也,因入钱而见赏以官。"

⑤师古曰："同产谓兄弟也。"

⑥如淳曰："三辅郡得仕用它郡人,而卒史独二百石,所谓尤异者也。"

⑦师古曰："轻其为人也。右职,高职也。"

⑧师古曰："计谓出入之数也。"

⑨师古曰："言无所侵隐,故簿书皆正,不虚谬也。"

⑩师古曰："以廉见察而迁补。"

⑪师古曰："内敏,言心思捷疾也。"

自武帝末,用法深。昭帝立,幼,大将军霍光秉政,大臣争权,上官桀等与燕王谋作乱,光既诛之,遂遵武帝法度,以刑罚痛绳群下,繇是俗吏上严酷以为能,①而霸独用宽和为名。

①师古曰："繇读与由同。"

会宣帝即位,在民间时知百姓苦吏急也,闻霸持法平,召以为廷尉正,数决疑狱,庭中称平。①守丞相长史,坐公卿大议廷中②知长信少府夏侯胜非议诏书大不敬,霸阿从不举劾,皆下廷尉,③系狱当死。霸因从胜受《尚书》狱中,再踰冬,④积三岁乃出,语在《胜传》。胜出,复为谏大夫,令左冯翊宋畸举霸贤良。胜又口荐霸于上,上擢霸为扬州刺史。
三岁,宣帝下诏曰:"制诏御史:其以贤良高第扬州刺史霸为颍川太守,
秩比二千石,居官赐车盖,特高一丈,别驾主簿车,缇油屏泥于轼前,以
章有德。"

①师古曰:"此廷中谓廷尉之中。"

②师古曰:"大议,总会议也。此廷中谓朝廷之中。"

③师古曰:"胜及霸俱下廷尉。"

④师古曰:"隃与逾同。"

时上垂意于治,数下恩泽诏书,吏不奉宣。①太守霸为选择良吏,分
部宣布诏令,②令民咸知上意。使邮亭乡官皆畜鸡豚,③以赡鳏寡贫穷
者。然后为条教,置父老师帅伍长,班行之于民间,劝以为善防奸之意,
及务耕桑,节用殖财,种树畜养,去食谷马。米盐靡密,初若烦碎,④然
霸精力能推行之。吏民见者,语次寻绎,⑤问它阴伏,以相参考。尝欲
有所司察,择长年廉吏遣行,属令周密。⑥吏出,不敢舍邮亭,⑦食于道
旁,乌攫其肉。⑧民有欲诣府口言事者适见之,霸与语道此。后日吏还
谒霸,霸见迎劳之,曰:"甚苦!食于道旁乃为乌所盗肉。"吏大惊,以霸
具知其起居,所问豪氂不敢有所隐。鳏寡孤独有死无以葬者,乡部书
言,霸具为区处,⑨某所大木可以为棺,某亭猪子可以祭,吏往皆如言。
某识事聪明如此,⑩吏民不知所出,⑪咸称神明。奸人去入它郡,盗贼
日少。

①师古曰:"不令百姓皆知也。"

②师古曰:"分音扶问反。"

③师古曰:"邮行书舍,谓传送文书所止处,亦如今之驿馆矣。乡官者,乡所治
　　处也。"

④师古曰:"米盐,言碎而且细。"

⑤师古曰:"绎谓抽引而出也。"

⑥师古曰:"属,戒也。周密,不泄(陋)〔漏〕也。〔2〕属音之欲反。"

⑦师古曰:"舍,止也。"

⑧师古曰:"攫,搏持之也。攫音钁。"

⑨师古曰："区处谓分别而处置也,音昌汝反。"

⑩师古曰："识,记也,音式二反。"

⑪师古曰："不知其用何术也。"

霸力行教化而后诛罚,①务在成就全安长吏。②许丞老,病聋,③督邮白欲逐之,霸曰："许丞廉吏,虽老,尚能拜起送迎,正颇重听,何伤?且善助之,毋失贤者意。"或问其故,霸曰："数易长吏,送故迎新之费及奸吏缘绝簿书盗财物,④公私费耗甚多,皆当出于民,所易新吏又未必贤,或不如其故,徒相益为乱。凡治道,去其泰甚者耳。"

①师古曰："力犹勤也。言先以德教化于下,若有弗从,然后用刑罚也。"

②师古曰："不欲易代及损伤之也。"

③如淳曰："许县丞。"

④师古曰："缘,因也。因交代之际而弃匿簿书以盗官物也。"

霸以外宽内明得吏民心,户口岁增,治为天下第一。征守京兆尹,秩二千石。坐发民治驰道不先以闻,又发骑士诣北军马不适士,①劾乏军兴,连贬秩。有诏归颍川太守官,以八百石居治如其前。前后八年,郡中愈治。是时凤皇神爵数集郡国,颍川尤多。天子以霸治行终长者,下诏称扬曰:"颍川太守霸,宣布诏令,百姓乡化,②孝子弟弟贞妇顺孙日以众多,田者让畔,道不拾遗,养视鳏寡,赡助贫穷,狱或八年亡重罪囚,吏民乡于教化,兴于行谊,可谓贤人君子矣。《书》不云乎?'股肱良哉!'③其赐爵关内侯,黄金百斤,秩中二千石。"而颍川孝弟、有行义民、三老、力田,皆以差赐爵及帛。后数月,征霸为太子太傅,迁御史大夫。

①孟康曰："关西人谓补满为适。马少士多,不相补满也。"

②师古曰："乡读曰向。下亦同。"

③师古曰："《虞书·益稷》之辞,已解于上。"

五凤三年,代丙吉为丞相,封建成侯,食邑六百户。霸材长于治民,及为丞相,总纲纪号令,风采不及丙、魏、于定国,功名损于治郡。时京兆尹张敞舍鹖雀飞集丞相府,①霸以为神雀,议欲以闻。敞奏霸曰:"窃见丞相请与中二千石博士杂问郡国上计长吏守丞,为民兴利除害成大

化条其对,有耕者让畔,男女异路,道不拾遗,及举孝子弟弟贞妇者为一
辈,先上殿,②举而不知其人数者次之,不为条教者在后叩头谢。丞相
虽口不言,而心欲其为之也。长吏守丞对时,臣敞舍有鹖雀飞止丞相府
屋上,丞相以下见者数百人。边吏多知鹖雀者,问之,皆阳不知。丞相
图议上奏③曰:'臣问上计长吏守丞以兴化条,④皇天报下神雀。'后知从
臣敞舍来,乃止。郡国吏窃笑丞相仁厚有知略,微信奇怪也。昔汲黯为
淮阳守,辞去之官,谓大行李息曰:'御史大夫张汤怀诈阿意,以倾朝廷,
公不早白,与俱受戮矣。'息畏汤,终不敢言。后汤诛败,上闻黯与息语,
乃抵息罪而秩黯诸侯相,取其思竭忠也。臣敞非敢毁丞相也。诚恐群
臣莫白,而长吏守丞畏丞相指,归舍法令,各为私教,⑤务相增加,浇淳
散朴,⑥并行伪貌,有名亡实,倾摇解急,甚者为妖。⑦假令京师先行让畔
异路,道不拾遗,其实亡益廉贪贞淫之行,而以伪先天下,固未可也;即
诸侯先行之,伪声轶于京师,非细事也。⑧汉家承敝通变,造起律令,所
以劝善禁奸,条贯详备,不可复加。宜令贵臣明饬长吏守丞,⑨归告二
千石,举三老孝弟力田孝廉廉吏务得其人,郡事皆以义法令捡式,⑩毋
得擅为条教;敢挟诈伪以奸名誉者,必先受戮,⑪以正明好恶。"天子嘉
纳敞言,召上计吏,使侍中临饬如敞指意。霸甚惭。

①苏林曰:"今虎贲所著鹖也。"师古曰:"苏说非也。此鹖音芬,字本作鸫,此
　通用耳。鸫雀大而色青,出羌中,非武贲所著也。武贲鹖色黑,出上党,以
　其斗死不止,故用其尾饰武臣首云。今时俗人所谓鹖鸡者也,音曷,非此鸫
　雀也。"

②师古曰:"丞相所坐屋也。古者屋之高严,通呼为殿,不必宫中也。"

③师古曰:"图,谋也。"

④师古曰:"凡言条者,一一而疏举之,若木条然也。"

⑤师古曰:"舍,废也。"

⑥师古曰:"不杂为淳。以水浇之,则味(离)〔漓〕薄。[3]朴,大质也,割之,
　散也。"

⑦师古曰:"解读曰懈。"

⑧师古曰:"轶,过也,音逸。"

⑨师古曰："飭读与敕同。次下类此。"

⑩师古曰："捡，局也，音居俭反。"

⑪师古曰："奸，求也，音干。"

又乐陵侯史高以外属旧恩侍中贵重，霸荐高可太尉。天子使尚书召问霸："太尉官罢久矣，丞相兼之，所以偃武兴文也。如国家不虞，边境有事，①左右之臣皆将率也。夫宣明教化，通达幽隐，使狱无冤刑，邑无盗贼，君之职也。将相之官，朕之任焉。②侍中乐陵侯高帷幄近臣，朕之所自亲，③君何越职而举之？"尚书令受丞相对，霸免冠谢罪，数日乃决。④自是后不敢复有所请。然自汉兴，言治民吏，以霸为首。

①师古曰："如，若也。"

②师古曰："言欲拜将相事，自在朕也。"

③师古曰："具知其材质。"

④师古曰："乃得免罪。"

为丞相五岁，甘露三年薨，谥曰定侯。霸死后，乐陵侯高竟为大司马。①霸子思侯赏嗣，为关都尉。薨，子忠侯辅嗣，至卫尉九卿。薨，子忠嗣侯，讫王莽乃绝。子孙为吏二千石者五六人。

①师古曰："史著此者，亦言霸奏高为太尉，适事宜也。"

始霸少为阳夏游徼，①与善相人者共载出，②见一妇人，相者言："此妇人当富贵，不然，相书不可用也。"霸推问之，乃其乡里巫家女也。霸即取为妻，与之终身。为丞相后徙杜陵。

①师古曰："游徼，主徼巡盗贼者也。"

②师古曰："同乘车。"

朱邑字仲卿，庐江舒人也。少时为舒桐乡啬夫，廉平不苛，以爱利为行，①未尝笞辱人，存问耆老孤寡，遇之有恩，所部吏民爱敬焉。迁补太守卒史，举贤良为大司农丞，迁北海太守，以治行第一入为大司农。为人淳厚，笃于故旧，然性公正，不可交以私。天子器之，朝廷敬焉。

①师古曰："仁爱于人而安利也。"

是时张敞为胶东相,与邑书曰:"明主游心太古,广延茂士,① 此诚忠臣竭思之时也。直敞远守剧郡,驭于绳墨,② 匈臆约结,固亡奇也。③ 虽有,亦安所施?④ 足下以清明之德,掌周稷之业,⑤ 犹饥者甘糟糠,穰岁馀粱肉。⑥ 何则? 有亡之势异也。昔陈平虽贤,须魏倩而后进;⑦ 韩信虽奇,赖萧公而后信。⑧ 故事各达其时之英俊,若必伊尹、吕望而后荐之,则此人不因足下而进矣。"⑨ 邑感敞言,贡荐贤士大夫,多得其助者。身为列卿,居处俭节,禄赐以共九族乡党,⑩ 家亡馀财。

①师古曰:"茂,善也。"

②师古曰:"直读曰值。"

③师古曰:"约,屈也。"

④师古曰:"言在远郡,无足展效也。"

⑤师古曰:"司农主百谷,故云周稷之业。"

⑥师古曰:"穰岁,丰穰之岁,穰音攘。"

⑦苏林曰:"魏无知也。"韦昭曰:"无知字也。"师古曰:"倩,士之美称,故云魏倩也,而韦氏便以为无知之字,非也。譬犹谓汲黯为汲直,黯岂字直乎? 且次下句云'赖萧公而后信',亦非何之字也。"

⑧师古曰:"信谓为君上所信任也。一说信读曰伸,得伸其材用也。"

⑨师古曰:"言能自达也。"

⑩师古曰:"共读曰供。"

神爵元年卒。天子闵惜,下诏称扬曰:"大司农邑,廉洁守节,退食自公,亡强外之交,束脩之馈,① 可谓淑人君子。遭离凶灾,朕甚闵之② 其赐邑子黄金百斤,以奉其祭祀。"

①师古曰:"馈与馈同。"

②师古曰:"离亦遭。"

初邑病且死,属其子①曰:"我故为桐乡吏,其民爱我,必葬我桐乡。后世子孙奉尝我,不如桐乡民。"② 及死,其子葬之桐乡西郭外,民果(然)共为邑起冢立祠,[4] 岁时祠祭,至今不绝。

①师古曰:"属音之欲反。"

②师古曰:"尝谓蒸尝之祭。"

龚遂字少卿,山阳南平阳人也。以明经为官,至昌邑郎中令,事王贺。贺动作多不正,遂为人忠厚,刚毅有大节,内谏争于王,外责傅相,引经义,陈祸福,至于涕泣,蹇蹇亡已。①面刺王过,王至掩耳起走,曰:"郎中令善媿人。"②及国中皆畏惮焉。③王尝久与驺奴宰人游戏饮食,赏赐亡度,遂入见王,涕泣郤行,左右侍御皆出涕。王曰:"郎中令何为哭?"遂曰:"臣痛社稷危也!愿赐清閒竭愚。"王辟左右,④遂曰:"大王知胶西王所以为无道亡乎?"王曰:"不知也。"曰:"臣闻胶西王有谀臣侯得,王所为儗于桀纣也,⑤得以为尧舜也。王说其谄谀,尝与寝处,⑥唯得所言,以至于是。⑦今大王亲近群小,渐渍邪恶所习,存亡之机,不可不慎也。臣请选郎通经术有行义者与王起居,坐则诵《诗书》,立则习礼容,宜有益。"王许之。遂乃选郎中张安等十人侍王。居数日,王皆(去逐)〔逐去〕安等。[5]久之,宫中数有妖怪,王以问遂,遂以为有大忧,宫室将空,语在《昌邑王传》。会昭帝崩,亡子,昌邑王贺嗣立,官属皆征入。王相安乐迁长乐卫尉,遂见安乐,流涕谓曰:"王立为天子,日益骄溢,谏之不复听,今哀痛未尽,⑧日与近臣饮食作乐,斗虎豹,召皮轩,车九流,驱驰东西,所为悖道。⑨古制宽,大臣有隐退,今去不得,阳狂恐知,身死为世戮,奈何?君,陛下故相,宜极谏争。"王即位二十七日,卒以淫乱废。昌邑群臣坐陷王于恶不道,皆诛,死者二百馀人,唯遂与中尉王阳以数谏争得减死,髡为城旦。

①师古曰:"蹇蹇,不阿顺之意也。《易·蹇卦》曰'王臣蹇蹇'。"

②师古曰:"媿,古愧字。愧,辱也。"

③师古曰:"王及国人皆惮之。"

④师古曰:"閒读曰闲。辟音闢。"

⑤师古曰:"儗,比也。"

⑥师古曰:"说读曰悦。"

⑦师古曰:"唯用得之邪言,故至亡。"

⑧师古曰:"谓新居丧服。"

⑨师古曰:"悖,乖也,音布内反。"

宣帝即位,久之,渤海左右郡岁饥,盗贼并起,①二千石不能禽制。上选能治者,丞相御史举遂可用,上以为渤海太守。时遂年七十馀,召见,形貌短小,宣帝望见,不副所闻,心内轻焉,谓遂曰:"渤海废乱,朕甚忧之。君欲何以息其盗贼,以称朕意?"遂对曰:"海濒遐远,不沾圣化,②其民困于饥寒而吏不恤,故使陛下赤子盗弄陛下之兵于潢池中耳。③今欲使臣胜之邪,将安之也?"④上闻遂对,甚说,⑤答曰:"选用贤良,固欲安之也。"遂曰:"臣闻治乱民犹治乱绳,不可急也;唯缓之,然后可治。臣愿丞相御史且无拘臣以文法,得一切便宜从事。"上许焉,加赐黄金,赠遣乘传。至渤海界,⑥郡闻新太守至,发兵以迎,遂皆遣还,移书敕属县悉罢逐捕盗贼吏。诸持锄钩田器者皆为良民,吏无得问,⑦持兵者乃为盗贼。遂单车独行至府,郡中翕然,盗贼亦皆罢。⑧渤海又多劫略相随,闻遂教令,即时解散,弃其兵弩而持钩锄。盗贼于是悉平,民安土乐业。遂乃开仓廪假贫民,⑨选用良吏,尉安牧养焉。

①师古曰:"左右谓侧近相次者。"

②师古曰:"濒,涯也,音频,又音宾。"

③师古曰:"赤子犹言初生幼小之意也。积水曰潢,(曰)〔音〕黄。"〔6〕

④师古曰:"胜谓以威力克而杀之也。安谓以德化抚而安之。"

⑤师古曰:"说读曰悦。"

⑥师古曰:"传音张恋反。"

⑦师古曰:"钩,镰也。"

⑧师古曰:"罢读曰疲。言为盗贼久,心亦罢厌。"

⑨师古曰:"假谓给与。"

遂见齐俗奢侈,好末技,不田作,乃躬率以俭约,劝民务农桑,令口种一树榆、百本薤、五十本葱、一畦韭,①家二母彘、五鸡。②民有带持刀剑者,使卖剑买牛,卖刀买犊,曰:"何为带牛佩犊!"春夏不得不趋田亩,③秋冬课收敛,益蓄果实菱芡。劳来循行,郡中皆有畜积,④吏民皆富实。狱讼止息。

①师古曰:"每一口即如此种也。"

②师古曰：“每一家则如此养之也。”

③师古曰：“趋读曰趣。趣，向也。”

④师古曰：“蔆，芰也。芡，鸡头也。劳来，劝勉也。畜读（皆）曰蓄。[7]芡音俭。劳音卢到反。来音卢代反。”

数年，上遣使者征遂，议曹王生愿从。功曹以为王生素耆酒，亡节度，不可使。①遂不忍逆，从至京师。王生日饮酒，不视太守。②会遂引入宫，王生醉，从后呼，③曰：“明府且止，愿有所白。”遂还问其故，④王生曰：“天子即问君何以治渤海，君不可有所陈对，宜曰‘皆圣主之德，非小臣之力也’。”遂受其言。既至前，上果问以治状，遂对如王生言。天子说其有让，⑤笑曰：“君安得长者之言而称之？”遂因前曰：“臣非知此，乃臣议曹教戒臣也。”上以遂年老不任公卿，拜为水衡都尉，议曹王生为水衡丞，以褒显遂云。水衡典上林禁苑，共张宫馆，⑥为宗庙取牲，官职亲近，上甚重之，以官寿卒。⑦

①师古曰：“耆读曰嗜。”

②师古曰：“日日恒饮酒也。”

③师古曰：“呼音火故反。”

④师古曰：“还，回也。”

⑤师古曰：“说读曰悦。”

⑥师古曰：“共音居用反。张音知亮反。下亦同。”

⑦师古曰：“以寿终而卒于官也。”

召信臣字翁卿，九江寿春人也。①以明经甲科为郎，出补谷阳长。举高第，迁上蔡长。其治视民如子，所居见称述。超为零陵太守，病归。复征为谏大夫，迁南阳太守，其治如上蔡。

①师古曰：“召读曰（劭）〔邵〕。”[8]

信臣为人勤力有方略，好为民兴利，务在富之。躬劝耕农，出入阡陌，止舍离乡亭，①稀有安居时。行视郡中水泉，②开通沟渎，起水门提阏凡数十处，③以广溉灌，岁岁增加，多至三万顷。民得其利，畜积有餘。④信臣为民作均水约束,⑤刻石立于田畔,以防分争。禁止嫁娶送终奢靡,务出于俭约。府县吏家子弟好游敖,不以田作为事,辄斥罢之,甚者案其不法,以视好恶。⑥其化大行,郡中莫不耕稼力田,百姓归之,户口增倍,盗贼狱讼衰止。吏民亲爱信臣,号之曰召父。荆州刺史奏信臣为百姓兴利,郡以殷富,赐黄金四十斤。迁河南太守,治行常为第一,复数增秩赐金。

①师古曰:"言休息之时,皆在野次。"

②师古曰:"行音下更反。"

③师古曰:"阏,所以壅水,音一曷反。"

④师古曰:"畜读曰蓄。"

⑤师古曰:"言用之有次第也。"

⑥师古曰:"视读曰示。"

竟宁中,征为少府,列于九卿,奏请上林诸离远宫馆稀幸御者,勿复缮治共张,又奏省乐府黄门倡优诸戏,及宫馆兵弩什器减过泰半。太官园种冬生葱韭菜茹,覆以屋庑,①昼夜㸐蕴火,待温气乃生,②信臣以为此皆不时之物,有伤于人,不宜以奉供养,及它非法食物,悉奏罢,省费岁数千万。③信臣年老以官卒。

①师古曰:"庑,周室也。茹音人庶反。庑音舞。"

②师古曰:"㸐,古然字。蕴火,蓄火也。蕴音於云反。"

③师古曰:"素所费者,今皆省也。"

元始四年,诏书祀百辟卿士有益于民者,①蜀郡以文翁,九江以召父应诏书。岁时郡二千石率官属行礼,奉祠信臣冢,而南阳亦为立祠。

①师古曰:"百辟,百官。"

【校勘记】

〔1〕　布,蜀布细密(环)也。　景祐本无"环"字,此衍。

〔2〕　周密,不泄(陋)〔漏〕也。　景祐、殿本都作"漏"。王先谦说作"漏"是。

〔3〕　以水浇之，则味(离)〔漓〕薄。　　殿本作“漓”。王先谦说作“漓”是。

〔4〕　民果(然)共为邑起冢立祠，　　景祐本无“然”字。王念孙说“然”字后人所加。

〔5〕　王皆(去逐)〔逐去〕安等，　　景祐、殿本都作“逐去”。朱一新说此误倒。

〔6〕　积水曰潢，(曰)〔音〕黄。　　景祐、殿本都作“音”，此误。

〔7〕　畜读(皆)曰蓄。　　景祐、殿本都无“皆”字。王先谦说此衍。

〔8〕　召读曰(劭)〔邵〕。　　景祐、殿本都作“邵”。王先谦说作“邵”是。

汉书卷九十

酷吏传第六十

孔子曰："导之以政，齐之以刑，民免而无耻；导之以德，齐之以礼，有耻且格。"①老氏称："上德不德，是以有德；下德不失德，是以无德。法令滋章，盗贼多有。"②信哉是言也！法令者，治之具，而非制治清浊之原也。③昔天下之罔尝密矣，④然（不）〔奸〕轨愈起，[1]其极也，上下相遁，至于不振。⑤当是之时，吏治若救火扬沸，⑥非武健严酷，恶能胜其任而愉快乎？⑦言道德者，溺于职矣。⑧故曰："听讼吾犹人也，必也使无讼乎！"⑨"下士闻道大笑之。"⑩非虚言也。

①师古曰："《论语》载孔子之言也。格，至也。谓御以政刑，则人思苟免，不耻于恶；化以德礼，则下知愧辱，而至于治也。"

②师古曰："老子《德经》之言也。上德体合自然，是以为德；下德务于修建，更以丧之。法令繁则巧诈益起，故多盗贼也。"

③师古曰："言为治之体，亦须法令，而法令非治之本。"

④师古曰："谓秦时。"

⑤师古曰："遁，避也。言吏避于君，民避于吏，至乎丧败，不可振救也。"

⑥师古曰："言迫急也。本厥不除，则其末难正。"

⑦师古曰："恶读曰乌。乌，于何也。愉，苟且也。"

⑧师古曰："溺谓沉滞而不举也。"

⑨师古曰："《论语》载孔子之辞也。言使我听狱讼，犹凡人耳，然而立政施德，则能使其绝于争讼。"

⑩师古曰："老子《道经》之言也。大道玄深，非其所及，故致笑也。"

汉兴，破觚而为圜，斫雕而为朴，①号为罔漏吞舟之鱼。②而吏治蒸

蒸,不至于奸,③黎民艾安。④由是观之,在彼不在此。⑤高后时,酷吏独
有侯封,刻轹宗室,侵辱功臣。⑥吕氏已败,遂夷侯封之家。⑦孝景时,晁
错以刻深颇用术辅其资,⑧而七国之乱发怒于错,错卒被戮。⑨其后有郅
都、甯成之伦。⑩

①孟康曰:"觚,方也。"师古曰:"去严刑而从简易,抑巧伪而务敦厚也。琱谓
刻镂也,字与彫同。"

②师古曰:"言其疏也。"

③师古曰:"蒸蒸,纯一之貌也。"

④师古曰:"黎,庶也。艾读曰乂。乂,治也。"

⑤师古曰:"言不在于严酷也。"

⑥师古曰:"轹谓陵践也,音来的反。"

⑦师古曰:"诛除也。"

⑧师古曰:"资,材也。"

⑨师古曰:"卒,终也。"

⑩师古曰:"郅音之日反。"

郅都,河东大阳人也。以郎事文帝。景帝时为中郎将,敢直谏,面
折大臣于朝。尝从入上林,贾姬在厕,①野彘入厕,上目都,②都不行。
上欲自持兵救贾姬,都伏上前曰:"亡一姬复一姬进,天下所少宁姬等
邪? 陛下纵自轻,奈宗庙太后何?"上还,彘亦不伤贾姬。太后闻之,赐
都金百斤,上亦赐金百斤,由此重都。

①师古曰:"贾姬即贾夫人,生赵敬肃王彭祖、中山靖王胜者。"

②师古曰:"动目以使也。"

济南瞷氏宗人三百馀家,豪猾,①二千石莫能制,于是景帝拜都为
济南守。至则诛瞷氏首恶,余皆股栗。②居岁馀,郡中不拾遗,旁十馀郡
守畏都如大府。③

①应劭曰:"瞷音马瞷眼之瞷。"师古曰:"音闲。"

②师古曰:"言惧之甚,至于股脚战栗也。"

③师古曰:"言犹如统属之也。"

　　都为人,勇有气,公廉,不发私书,问遗无所受,请寄无所听。常称曰:"己背亲而出,身固当奉职死节官下,终不顾妻子矣。"

　　都迁为中尉,丞相条侯至贵居也,①而都揖丞相。是时民朴,畏罪自重,而都独先严酷,致行法不避贵戚,列侯宗室见都侧目而视,号曰"苍鹰"。②

　　①师古曰:"居,急傲,读与倨同。"
　　②师古曰:"言其鸷击之甚。"

　　临江王征诣中尉府对簿,①临江王欲得刀笔为书谢上,②而都禁吏弗与。魏其侯使人间予临江王。③临江王既得,为书谢上,因自杀。窦太后闻之,怒,以危法中都,④都免归家。景帝乃使使即拜都为雁门太守,⑤便道之官,⑥得以便宜从事。匈奴素闻郅都节,举边为引兵去,竟都死不近雁门。匈奴至为偶人象都,⑦令骑驰射,莫能中,其见惮如此。匈奴患之。乃中都以汉法。景帝曰:"都忠臣。"欲释之。⑧窦太后曰:"临江王独非忠臣乎?"于是斩都也。

　　①师古曰:"簿者,狱辞之文书也,音步户反。"
　　②师古曰:"刀,所以削治书也。古者书于简牍,故必用刀焉。"
　　③师古曰:"伺间隙而私与也。"
　　④师古曰:"谓构成其罪也。中音竹仲反。次下亦同。"
　　⑤师古曰:"就家拜。"
　　⑥师古曰:"不令(致)〔至〕阙陈谢也。"〔2〕
　　⑦师古曰:"以木为人,象都之形也。偶,对也。"
　　⑧师古曰:"释,置也,解也。谓放免也。"

　　甯成,南阳穰人也。以郎谒者事景帝。好气,为少吏,必陵其长吏;为人上,操下急如束湿。①猾贼任威。稍迁至济南都尉,而郅都为守。始前数都尉步入府,因吏谒守如县令,其畏都如此。及成往,直凌都出其上。都素闻其声,善遇,与结欢。久之,都死,后长安左右宗室多犯法,②上召成为中尉。其治效郅都,其廉弗如,然宗室豪桀人皆惴恐。③

①师古曰："操，执持也。束湿，言其急之甚也。湿物则易束。操音千高反。"

②师古曰："长安左右，京邑之中也。"

③师古曰："惴，战栗也。人人皆战恐也。惴音之瑞反。"

武帝即位，徙为内史。外戚多毁成之短，抵罪髡钳。是时九卿死即死，少被刑，而成刑极，自以为不复收，①乃解脱，诈刻传出关归家。②称曰："仕不至二千石，贾不至千万，安可比人乎！"③乃贳贷陂田千馀顷，④假贫民，役使数千家。⑤数年，会赦，致产数千万，为任侠，持吏长短，出从数十骑。其使民，威重于郡守。

①如淳曰："以被重刑，将不复见收用也。"师古曰："刑极者，言残毁之重也。"

②师古曰："辄解脱钳钛而亡去也。传，所以出关之符也，音张恋反。"

③师古曰："贾谓贩卖之。"

④师古曰："贳贷，假取之也。贷音吐得反。"

⑤师古曰："假谓雇赁也。"

周阳由，其父赵兼以淮南王舅侯周阳，①故因氏焉。②由以宗家任为郎，事文帝。景帝时，由为郡守。武帝即位，吏治尚脩谨，然由居二千石中最为暴酷骄恣。所爱者，挠法活之；所憎者，曲法灭之。③所居郡，必夷其豪。④为守，视都尉如令；为都尉，陵太守，夺之治。汲黯为忮，⑤司马安之文恶，⑥俱在二千石列，同车未尝敢均茵冯。⑦后由为河东都尉，与其守胜屠公争权，相告言，⑧胜屠公当抵罪，(议)〔义〕不受刑，自杀，[3]而由弃市。

①师古曰："封为周阳侯。"

②师古曰："遂改赵姓而为周阳也。"

③师古曰："挠亦屈曲也，音女教反。"

④师古曰："平除之。"

⑤师古曰："忮，意坚也，音章豉反。"

⑥孟康曰："以文法伤害人也。"

⑦师古曰："茵，车中蓐也。冯，车中所冯者也。言此二人皆下让由，故同车之时自处其偏侧，不均敌也。冯读曰凭。"

⑧师古曰："胜屠,姓也。"

自甯成、周阳由之后,事益多,民巧法,大抵吏治类多成、由等矣。①

①师古曰："大抵,大归也,音丁礼反。"

赵禹,斄人也。①以佐史补中都官,②用廉为令史,事太尉周亚夫。亚夫为丞相,禹为丞相史,府中皆称其廉平。然亚夫弗任,曰："极知禹无害,③然文深,④不可以居大府。"武帝时,禹以刀笔吏积劳,迁为御史。上以为能,至中大夫。与张汤论定律令,作见知,吏传相监司以法,尽自此始。

①师古曰："斄曰邰,扶风县也,音胎。"

②师古曰："京师诸官为吏也。"

③师古曰："无害,言无人能胜之者。"

④应劭曰："禹持文法深刻。"

禹为人廉裾,①为吏以来,舍无食客。公卿相造请,②禹终不行报谢,务在绝知友宾客之请,③孤立行一意而已。[4]见法辄取,亦不覆案求官属阴罪。④尝中废,已为廷尉。始条侯以禹贼深,及禹为少府九卿,酷急。至晚节,事益多。吏务为严峻,而禹治加缓,名为平。王温舒等后起,治峻禹。禹以老,徙为燕相。数岁,谞乱有罪,免归。⑤后十馀年,以寿卒于家。

①师古曰："裾亦傲也,读与倨同。"

②师古曰："造音千到反。"

③师古曰："以此意告报公卿。"

④师古曰："不见知者无所搜求也。"

⑤师古曰："谞,惑也,言其心意昏惑也。谞音布内反。"

义纵,河东人也。少年时尝与张次公俱攻剽,为群盗。①纵有姊,以医幸王太后。②太后问:"有子兄弟为官者乎?"姊曰:"有弟无行,不可。"太后乃告上,上拜义姁弟纵为中郎,③补上党郡中令。治敢往,少温籍，④县无逋事，⑤举第一。迁为长陵及长安令，直法行治，不避贵戚。以捕桉太后外孙脩成子中，⑥上以为能，迁为河内都尉。至则族灭其豪穰氏之属，河内道不拾遗。而张次公亦为郎，以勇悍从军，⑦敢深入，有功，封为岸头侯。

①师古曰："剽，劫也，音频妙反。"

②师古曰："武帝母。"

③孟康曰："姁，纵姊名也。"师古曰："姁音许于反。"

④服虔曰："敢行暴害之政。"师古曰："少温籍，言无所含容也。温音於问反。籍音才夜反。"

⑤师古曰："逋，亡也，负也，音必胡反。"

⑥师古曰："脩成君，王太后所生金氏女也。中者，其子名也，读曰仲。"

⑦师古曰："悍音胡旦反。"

甯成家居，上欲以为郡守，御史大夫弘曰：①"臣居山东为小吏时，甯成为济南都尉，其治如狼牧羊。成不可令治民。"上乃拜成为关都尉。岁馀，关吏税肆郡国出入关者，②号曰："宁见乳虎，无直甯成之怒。"③其暴如此。义纵自河内迁为南阳太守，闻甯成家居南阳，及至关，甯成侧行送迎，然纵气盛，弗为礼。至郡，遂桉甯氏，破碎其家。成坐有罪，及孔、暴之属皆奔亡，④南阳吏民重足一迹。[5]而平氏朱彊、杜衍杜周为纵爪牙之吏，任用，⑤迁为廷尉史。

①师古曰："公孙弘。"

②李奇曰："肆，阅也。"师古曰："肆音弋二反。"

③师古曰："猛兽产乳，养护其子，则搏噬过常，故以喻也。直读曰值，一曰直当。"

④师古曰："孔氏、暴氏二家素豪猾者。"

⑤师古曰："平氏、杜衍，二县名也。"

军数出定襄，定襄吏民乱败，于是徙纵为定襄太守。纵至，掩定襄狱中重罪二百馀人，及宾客昆弟私人相视者亦二百馀人。纵壹切捕鞠，曰"为死罪解脱"。①是日皆报杀四百馀人。②郡中不寒而栗，猾民佐吏为治。③

①孟康曰："壹切皆捕之也。律，诸囚徒私解脱桎梏钳赭，加罪一等；为人解脱，与同罪。纵鞫相赂饷者二百人以为解脱死罪，尽杀之。"师古曰："鞫，穷也，谓穷治也。"

②师古曰："奏请得报而论杀。"

③师古曰："百姓有素豪猾为罪恶者，今畏纵之严，反为吏耳目，助治公务以自效。"

是时赵禹、张汤为九卿矣，然其治尚宽，辅法而行，纵以鹰击毛挚为治。①后会更五铢钱白金起，②民为奸，京师尤甚，乃以纵为右内史，王温舒为中尉。温舒至恶，所为弗先言纵，纵必以气陵之，③败坏其功。其治，所诛杀甚多，然取为小治，奸益不胜，④直指始出矣。吏之治以斩杀缚束为务，阎奉以恶用矣。⑤纵廉，其治效郅都。上幸鼎湖，病久，已而卒起幸甘泉，⑥道不治。上怒曰："纵以我为不行此道乎？"衔之。⑦至冬，杨可方受告缗，纵以为此乱民，部吏捕其为可使者。天子闻，使杜式治，以为废格沮事，⑧弃纵市。后一岁，张汤亦死。

①师古曰："言如鹰隼之击，奋毛羽执取飞鸟也。"

②师古曰："更，改也。"

③师古曰："言温舒虽酷恶，而纵又甚也。"

④晋灼曰："取音趣。"

⑤师古曰："阎奉以严恶之故而见任用，言时政尚急刻也。"

⑥师古曰："已谓病愈也。言帝久病，既得愈，而忽然即幸甘泉。卒读曰猝。"

⑦师古曰："衔，含也。苞含在心，以为过也。"

⑧孟康曰："武帝使杨可主告缗，没入其财物，纵捕为可使者。此为废格诏书，沮已成之事也。"师古曰："沮，坏也，音材汝反。格读曰阁。"

王温舒，阳陵人也。少时椎埋为奸。①已而试县亭长，②数废。数为吏，以治狱至廷尉史。事张汤，迁为御史，督盗贼，杀伤甚多。稍迁至广平都尉，择郡中豪敢往吏十馀人为爪牙，③皆把其阴重罪，④而纵使督盗贼，⑤快其意所欲得。此人虽有百罪，弗法；⑥即有避回，夷之，亦灭宗。⑦以故齐赵之郊盗不敢近广平,广平声为道不拾遗。上闻,迁为河内太守。

①师古曰:"椎杀人而埋之。椎音直追反,其字从木。"

②师古曰:"试,补也。"

③师古曰:"豪桀而性果敢,一往无所顾者,以为吏也。"

④师古曰:"把音布马反。"

⑤师古曰:"纵,放也。督,察视也。"

⑥师古曰:"言所捕盗贼得其人而快温舒意者,则不问其先所犯罪也。法谓行法也。"

⑦师古曰:"避回,谓不尽意捕击也。回音胡内反。"

素居广平时,皆知河内豪奸之家。及往,以九月至,令郡具私马五十疋,为驿自河内至长安,①部吏如居广平时方略,捕郡中豪猾,相连坐千馀家。上书请,大者至族,小者乃死,家尽没入偿臧。②奏行不过二日,得可,事论报,至流血十馀里。③河内皆怪其奏,以为神速。尽十二月,郡中无犬吠之盗。其颇不得,失之旁郡,追求,会春,温舒顿足叹曰:"嗟乎,令冬月益展一月,卒吾事矣!"④其好杀行威不爱人如此。

①师古曰:"以私马于道上往往置驿也。"

②师古曰:"以臧致罪者,既没入之,又令出倍臧,或收入官,或还其主也。"

③师古曰:"天子可其奏而论决之。杀人既多,故血流十馀里。"

④师古曰:"立春之后,不复行刑,故云然。展,伸也。"

上闻之,以为能,迁为中尉。其治复放河内,①徙请召猜祸吏与从事,②河内则杨皆、麻戊,关中扬赣、成信等。③义纵为内史,惮之,未敢恣治。④及纵死,张汤败后,徙为廷尉。而尹齐为中尉坐法抵罪,温舒复为中尉。为人少文,居它惛惛不辩,⑤至于中尉则心开。素习关中俗,知豪恶吏,豪恶吏尽复为用。吏苟察淫恶少年,投缿购告言奸,⑥置伯落长以收司奸。⑦温舒多谄,善事有势者;即无势,视之如奴。有势家,虽有奸如山,弗犯;无势,虽贵戚,必侵辱。⑧舞文巧请下户之猾,以动大豪。⑨其治中尉如此。奸猾穷治,大氐尽靡烂狱中,⑩行论无出者。其爪牙吏虎而冠。⑪于是中尉部中中猾以下皆伏,有势者为游声誉,称治。数岁,其吏多以权贵富。⑫

①师古曰:"放,依也,音甫往反。"

②应劭曰:"徒,但也。猾,疑也。取吏好猾疑作睢害者,任用之。"

③师古曰:"此皆猾睢者。"

④师古曰:"言温舒惮纵,不得恣其酷暴。"

⑤师古曰:"言为馀官则心意蒙蔽,职事不举。惛音昏。"

⑥师古曰:"蛞,所以受投书也,音项。解在《赵广汉传》也。"

⑦师古曰:"伯亦长帅之称也。置伯及邑落之长,以收捕司察奸人也。"

⑧师古曰:"谓不居权要之职者。"

⑨师古曰:"弄法为巧,而治下户之狡猾者,用讽动大豪之家。所以然者,为大豪中有权要,不可治故也。请谓奏请。"

⑩师古曰:"大氐,大归也。靡,碎也。氐音丁礼反。靡音武皮反。"

⑪师古曰:"言其残暴之甚也,非有人情。"

⑫师古曰:"为权贵之家所拥佑,故积受取致富者也。"

温舒击东越还,议有不中意,①坐以法免。是时上方欲作通天台而未有人,温舒请覆中尉脱卒,得数万人作。②上说,③拜为少府。徙右内史,治如其故,奸邪少禁。坐法失官,复为右辅,行中尉,如故操。

①师古曰:"不当天子意也。中音竹仲反。"

②师古曰:"覆校脱漏未为卒者也。脱音它活反。"

③师古曰:"说读曰悦。"

岁馀,会宛军发,①诏征豪吏。温舒匿其吏华成,及人有变告温舒受员骑钱,它奸利事,罪至族,自杀。②其时两弟及两婚家亦各自坐它罪而族。光禄勋徐自为曰:"悲夫!夫古有三族,而王温舒罪至同时而五族乎!"③温舒死,家累千金。④

①孟康曰:"发兵伐大宛。"

②师古曰:"员骑,骑之有正员也。"

③师古曰:"温舒与弟同三族,而两妻家各一,故为五也。"

④师古曰:"絫,古累字。"

尹齐,东郡茌平人也。①以刀笔吏稍迁至御史。事张汤,汤数称以为廉。武帝使督盗贼,斩伐不避贵势。迁关都尉,声甚于宁成。上以为能,拜为中尉。吏民益凋敝,轻齐木强少文,②豪恶吏伏匿而善吏不能为治,③以故事多废,抵罪。④后复为淮阳都尉。王温舒败后数年,病死,家直不满五十金。所诛灭淮阳甚多,及死,仇家欲烧其尸,妻亡去,归葬。

①师古曰:"茌音仕疑反。"

②师古曰:"木,质也,言如木石之为也。"

③师古曰:"恶吏不肯为用,独善吏在,故不能治事也。"

④师古曰:"以职事多废,故至于坐罪也。"

杨仆,宜阳人也。以千夫为吏。①河南守举为御史,使督盗贼关东,治放尹齐,②以敢击行。③稍迁至主爵都尉,上以为能。南越反,拜为楼船将军,有功,封将梁侯。东越反,上欲复使将,为其伐前劳,④以书敕责之曰:"将军之功,独有先破石门、寻陿,⑤非有斩将骞旗之实也,⑥乌足以骄人哉!⑦前破番禺,捕降者以为虏,掘死人以为获,是一过也。建德、吕嘉逆罪不容于天下,⑧将军拥精兵不穷追,超然以东越为援,是二过也。⑨士卒暴露连岁,为朝会不置酒,将军不念其勤劳,而造佞巧,请乘传行塞,⑩因用归家,怀银黄,垂三组,夸乡里,是三过也。⑪失期内顾,以道恶为解,⑫失尊尊之序,是四过也。欲请蜀刀,问君贾几何,对曰率数百,⑬武库日出兵而阳不知,挟伪干君,是五过也。⑭受诏不至兰池宫,⑮明日又不对。假令将军之吏问之不对,令之不从,其罪何如? 推此心以在外,江海之间可得信乎! 今东越深入,将军能率众以掩过不?"仆惶恐,对曰:"愿尽死赎罪!"与王温舒俱破东越。后复与左将军荀彘俱击朝鲜,为彘所缚,语在《朝鲜传》。还,免为庶人,病死。

①孟康曰:"千夫若五大夫。武帝以军用不足,令民出钱谷为之。"师古曰:"所谓武功赏官,以宠战士。"

②师古曰:"放,依也,音甫往反。"

③师古曰:"果敢搏击而行其治也。"

④师古曰:"伐谓矜恃也。"

⑤刘德曰:"南越中险地名也。"

⑥师古曰:"骞与搴同。搴,拔取之。"

⑦师古曰:"乌,于何也。"

⑧师古曰:"建德,南越王名也,尉佗玄孙也。吕嘉,其相也。"

⑨师古曰:"以仆不穷追之故,令建德得以东越为援也。"

⑩师古曰:"传音张恋反。行音下更反。"

⑪师古曰:"银,银印也。黄,金印也。仆为主爵都尉,又为楼船将军,并将梁
　　侯三印,故三组也。组,印绶也。"

⑫师古曰:"内顾,言思妻妾也。解谓自解说也,若今言分疏。"

⑬孟康曰:"仆尝为将,请官蜀刀,诏问贾,答言比数率数百也。"师古曰:"贾读
　　曰价。"

⑭师古曰:"干,犯也。"

⑮如淳曰:"本出军时,欲使之兰池宫,顿而不去。兰池宫在渭城。"

　　咸宣,杨人也。①以佐史给事河东守。卫将军青使买马河东,②见宣
无害,言上,征为厩丞。官事办,稍迁至御史及〔中〕丞,[6]使治主父偃及
淮南反狱,所以微文深诋杀者甚众,③称为敢决疑。数废数起,为御史
及中丞者几二十岁。④王温舒为中尉,而宣为左内史。其治米盐,⑤事小
大皆关其手,自部署县名曹宝物,官吏令丞弗得擅摇,痛以重法绳之。
居官数年,壹切为小治辩,然独宣以小至大,能自行之,难以为经。⑥中
废为右扶风,坐怒其吏成信,信亡藏上林中,宣使郿令将吏卒,⑦阑入上
林中蚕室门攻亭格杀信,射中苑门,⑧宣下吏,为大逆当族,自杀。而杜
周任用。

①师古曰:"咸音减省之减。杨,河东之邑。"

②师古曰:"将军卫青充使而于河东买马也。"

③师古曰:"诋,诬也。"

④师古曰:"几音钜依反。"

⑤师古曰:"米盐,细杂也。"

⑥师古曰:"经,常也,不可为常法也。"

⑦师古曰:"郿,扶风县也,音媚。"

⑧师古曰:"中音竹仲反。"

是时郡守尉诸侯相二千石欲为治者,大抵尽效王温舒等,而吏民益轻犯法,盗贼滋起。①南阳有梅免、百政,②楚有段中、杜少,③齐有徐勃,燕赵之间有坚卢、范主之属。大群至数千人,擅自号,攻城邑,取库兵,释死罪,④缚辱郡守都尉,杀二千石,为檄告县趣具食;⑤小群以百数,掠卤乡里者不可称数。于是上始使御史中丞、丞相长史使督之,⑥犹弗能禁,⑦乃使光禄大夫范昆、诸部都尉及故九卿张德等衣绣衣持节,虎符发兵以兴击,⑧斩首大部或至万馀级。及以法诛通行饮食,坐相连郡,甚者数千人。数岁,乃颇得其渠率。⑨散卒失亡,复聚党阻山川,往往而群,无可奈何。于是作沈命法,⑩曰:"群盗起不发觉,发觉而弗捕满品者,⑪二千石以下至小吏主者皆死。"其后小吏畏诛,虽有盗弗敢发,恐不能得,坐课累府,府亦使不言。⑫故盗贼寖多,⑬上下相为匿,以避文法焉。

①师古曰:"滋亦益也。"

②师古曰:"梅、百,皆姓也。"

③师古曰:"中读曰仲。"

④师古曰:"释,解也。"

⑤师古曰:"趣读曰促。"

⑥师古曰:"出为使者督察也。"

⑦师古曰:"禁音居禽反。"

⑧师古曰:"以军兴之法而讨击也。"

⑨师古曰:"渠,大也。"

⑩应劭曰:"沈,没也。敢蔽匿盗贼者,没其命也。"孟康曰:"沈,藏匿也。命,亡逃也。"师古曰:"应说是。"

⑪师古曰:"品,率也,以人数为率也。"

⑫孟康曰:"县有盗贼,府亦并坐,使县不言之也。"师古曰:"府,郡府也。累音力瑞反。"

⑬师古曰:"寖,渐也。"

　　田广明字子公,郑人也。①以郎为天水司马。功次迁河南都尉,以杀伐为治。郡国盗贼并起,迁广明为淮阳太守。岁馀,故城父令公孙勇与客胡倩等谋反,②倩诈称光禄大夫,从车骑数十,言使督盗贼,止陈留传舍,太守谒见,欲收取之。广明觉知,发兵皆捕斩焉。而公孙勇衣绣衣,乘驷马车至圉,③圉使小史侍之,亦知其非是,守尉魏不害与厩啬夫江德、尉史苏昌共收捕之。上封不害为当涂侯,德辕阳侯,④昌蒲侯。初,四人俱拜于前,小史窃言。武帝问:"言何?"对曰:"为侯者得东归不?"上曰:"女欲不? 贵矣。⑤女乡名为何?"对曰:"名遗乡。"上曰:"用遗汝矣。"⑥于是赐小史爵关内侯,食遗乡六百户。

　　①师古曰:"京兆郑县,即今之华州。"
　　②师古曰:"倩音千见反。"
　　③师古曰:"陈留圉县。"
　　④师古曰:"辕音辽。"
　　⑤师古曰:"言汝意欲归不? 吾今贵汝,谓赐之爵也。"
　　⑥师古曰:"遗音弋季反。"

　　上以广明连禽大奸,征入为大鸿胪,擢广明兄云中代为淮阳太守。昭帝时,广明将兵击益州,还,赐爵关内侯,徙卫尉。后出为左冯翊,治有能名。宣帝初立,代蔡义为御史大夫,以前为冯翊与议定策,①封昌水侯。岁馀,以祁连将军将兵击匈奴,出塞至受降城。受降都尉前死,丧柩在堂,广明召其寡妻与奸。既出不至质,②引军空还。下太守杜延年簿责,③广明自杀阙下,国除。兄云中为淮阳守,亦敢诛杀,吏民守阙告之,竟坐弃市。

　　①师古曰:"与读曰豫。"
　　②服虔曰:"质,所期处也。"
　　③师古曰:"簿音步户反。"

　　田延年字子宾,先齐诸田也,徙阳陵。①延年以材略给事大将军莫府,霍光重之,迁为长史。出为河东太守,选拔尹翁归等以为爪牙,诛锄豪强,奸邪不敢发。以选入为大司农。会昭帝崩,昌邑王嗣位,淫乱,霍将军忧惧,与公卿议废之,莫敢发言。延年按剑,廷叱群臣,② 即日议决,语在《光传》。宣帝即位,延年以决疑定策封阳成侯。

①师古曰:“高祖时徙之,其地后为阳陵县。”

②师古曰:“止于朝廷之中而叱之也,若言廷争矣。”

　　先是,茂陵富人焦氏、贾氏以数千万阴积贮炭苇诸下里物。① 昭帝大行时,方上事暴起,② 用度未办,延年奏言:“商贾或豫收方上不祥器物,冀其疾用,欲以求利,③ 非民臣所当为。请没入县官。”奏可。富人亡财者皆怨,出钱求延年罪。初,大司农取民牛车三万两为僦,④ 载沙便桥下,送致方上,车直千钱,延年上簿诈增僦直车二千,凡六千万,盗取其半。焦、贾两家告其事,下丞相府。丞相议奏延年“主守盗三千万,不道”。霍将军召问延年,欲为道地,⑤ 延年抵曰:⑥“本出将军之门,蒙此爵位,⑦ 无有是事。”光曰:“即无事,当穷竟。”⑧ 御史大夫田广明谓太仆杜延年:“《春秋》之义,以功覆过。当废昌邑王时,非田子宾之言大事不成。今县官出三千万自乞之何哉?⑨ 愿以愚言白大将军。”延年言之大将军,大将军曰:“诚然,实勇士也! 当发大议时,震动朝廷。”光因举手自抚心曰:“使我至今病悸!⑩ 谢田大夫晓大司农,通往就狱,得公议之。”⑪ 田大夫使人语延年,延年曰:“幸县官宽我耳,何面目入牢狱,使众人指笑我,卒徒唾吾背乎!”即闭阁独居齐舍,⑫ 偏袒持刀东西步。数日,使者召延年诣廷尉。闻鼓声,自刎死,⑬ 国除。

①孟康曰:“死者归蒿里,葬地下,故曰下里。”师古曰:“以数千万钱为本,而贮此物也。”

②师古曰:“方上谓圹中也。昭帝暴崩,故其事仓猝。”

③师古曰:“疾,速也。”

④师古曰:“一乘为一两。僦谓赁之与雇直也,音子就反。”

⑤师古曰:“为之开通道路,使有安全之地也。”

⑥师古曰:“抵,拒讳也,音丁礼反。”

⑦师古曰:“延年尝给事莫府,又为大将军长史,故云然也。”

⑧师古曰："既无实事,当令有司穷治,尽其理。"

⑨师古曰："自谓乞与之也。乞音气。"

⑩师古曰："悸,心动也,音揆。"

⑪师古曰："晓者,告白意指也。通者,从公家通理也。光恚其拒讳,故不佑之。"

⑫师古曰："齐读曰斋。"

⑬晋灼曰："使者至司农,司农发诏书,故鸣鼓也。"师古曰："刎谓断颈也。"

　　严延年字次卿,东海下邳人也。其父为丞相掾,延年少学法律丞相府,归为郡吏。以选除补御史掾,举侍御史。是时大将军霍光废昌邑王,尊立宣帝。宣帝初即位,延年劾奏光"擅废立,亡人臣礼,不道"。奏虽寝,然朝廷肃焉敬惮。延年后复劾大司农田延年持兵干属车,①大司农自讼不干属车。事下御史中丞,谴责延年何以不移书宫殿门禁止大司农,而令得出入宫。于是覆劾延年阑内罪人,法至死。②延年亡命。会赦出,丞相御史府征书同日到,延年以御史书先至,诣御史府,复为掾。宣帝识之,③拜为平陵令,坐杀不辜,去官。后为丞相掾,复擢好時令。神爵中,西羌反,强弩将军许延寿请延年为长史,从军败西羌,还为涿郡太守。

①师古曰："干,犯也。属车,天子后车也,音之欲反。"

②张晏曰："故事有所劾奏,并移宫门,禁止不得入。"师古曰："覆,反也,反以此事劾之。覆音芳目反。"

③张晏曰："识其前劾霍光擅废立。"

　　时郡比得不能太守,①涿人毕野白等由是废乱。②大姓西高氏、东高氏,③自郡吏以下皆畏避之,莫敢与忤,④咸曰："宁负二千石,无负豪大家。"宾客放为盗贼,⑤发,辄入高氏,吏不敢追。浸浸日多,⑥道路张弓拔刃,然后敢行,其乱如此。延年至,遣掾蠡吾赵绣桉高氏得其死罪。绣见延年新将,⑦心内惧,即为两劾,欲先白其轻者,观延年意怒,乃出其重劾。延年已知其如此矣。赵掾至,果白其轻者,延年索怀中,得重劾,⑧即收送狱。夜入,晨将至市论杀之,先所桉者死,⑨吏皆股弁。⑩更遣吏分考两高,穷竟其奸,诛杀各数十人。郡中震恐,道不拾遗。

①师古曰:"比,频也。"

②师古曰:"废公法而狡乱也。"

③师古曰:"两高氏各以所居东西为号者。"

④师古曰:"牾,逆也,音悟。"

⑤师古曰:"放,纵也。"

⑥师古曰:"浸,渐也。"

⑦师古曰:"新为郡将也,谓郡守为郡将者,以其兼领武事也。"

⑧师古曰:"索,搜也,音山客反。"

⑨师古曰:"在高氏前死。"

⑩师古曰:"股战若弁。弁谓抚手也。"

三岁,迁河南太守,赐黄金二十斤。豪强胁息,①野无行盗,威震旁郡。其治务在摧折豪强,扶助贫弱。贫弱虽陷法,曲文以出之;其豪桀侵小民者,以文内之。②众人所谓当死者,一朝出之;所谓当生者,诡杀之。③吏民莫能测其意深浅,战栗不敢犯禁。桉其狱,皆文致不可得反。④

①师古曰:"胁,敛也。屏气而息。"

②师古曰:"饰文而入之为罪。"

③师古曰:"诡,违正理而杀也。"

④师古曰:"致,至密也。言其文案整密也。反音幡。"

延年为人短小精悍,敏捷于事,①虽子贡、冉有通艺于政事,不能绝也。吏忠尽节者,厚遇之如骨肉,皆亲乡之,②出身不顾,以是治下无隐情。然疾恶泰甚,中伤者多,尤巧为狱文,善史书,所欲诛杀,奏成于手,中主簿亲近史不得闻知。奏可论死,奄忽如神。冬月,传属县囚,会论府上,③流血数里,河南号曰"屠伯"。④令行禁止,郡中正清。

①师古曰:"悍,劲也。"

②师古曰:"乡读曰向。"

③师古曰:"总集郡府而论杀。"

④邓展曰:"言延年杀人,如屠儿之杀六畜。伯,长也。"

　　是时张敞为京兆尹，素与延年善。敞治虽严，然尚颇有纵舍，闻延年用刑刻急，乃以书谕之曰："昔韩卢之取菟也，上观下获，①不甚多杀。愿次卿少缓诛罚，思行此术。"延年报曰："河南天下喉咽，二周餘毙，②莠〔甚〕〔盛〕苗秽，〔7〕何可不鉏也？"③自铃伐其能，终不衰止。时黄霸在颍川以宽恕为治，郡中亦平，娄蒙丰年，④凤皇下，上贤焉，下诏称扬其行，加金爵之赏。延年素轻霸为人，及比郡为守，褒赏反在己前，⑤心内不服。河南界中又有蝗虫，府丞义出行蝗，还见延年，延年曰："此蝗岂凤皇食邪？"义又道司农中丞耿寿昌为常平仓，利百姓，延年曰："丞相御史不知为也，当避位去。寿昌安得权此？"⑥后左冯翊缺，上欲征延年，符已发，为其名酷复止。⑦延年疑少府梁丘贺毁之，心恨。会琅邪太守以视事久病，满三月免，延年自知见废，谓丞曰："此人尚能去官，我反不能去邪？"⑧又延年察狱史廉，有臧不入身，⑨延年坐选举不实贬秩，笑曰："后敢复有举人者矣！"⑩丞义年老颇悖，⑪素畏延年，恐见中伤。延年本尝与义俱为丞相史，实亲厚之，无意毁伤也，馈遗之甚厚。义愈益恐，自筮得死卦，忽忽不乐，取告至长安，⑫上书言延年罪名十事。已拜奏，因饮药自杀，以明不欺。事下御史丞按验，有此数事，以结延年，⑬坐怨望非谤政治不道弃市。

　　①应劭曰："韩卢，六国时韩氏之黑犬也。"孟康曰："言良犬之取菟，仰观人主
　　　之意而获之，喻不妄杀。"
　　②师古曰："喉咽，言其所在襟要，如人体之有喉咽也。二周，东西周君国也。
　　　咽音一千反。"
　　③师古曰："莠，秕谷所（在）〔生〕也。〔8〕苗，粟苗也。莠音诱。"
　　④师古曰："娄，古屡字。"
　　⑤师古曰："比，接近也，音频二反。"
　　⑥师古曰："作此仓非奇异之功也，公卿不知为之，是旷官也。寿昌安得擅此
　　　以为权乎？"
　　⑦应劭曰："符，竹使符也，臧在符节台，欲有所拜，召治书御史符节令发符下
　　　太尉也。"
　　⑧师古曰："与丞言云尔。"

⑨师古曰："延年察举其狱史为廉，而此人乃有臧罪，然臧不入身也。"

⑩师古曰："言己滥被贬秩，后人宁敢复举人乎？"

⑪师古曰："心思惑乱。悖音布内反。"

⑫师古曰："取休假。"

⑬师古曰："结，正其罪也。"

　　初，延年母从东海来，欲从延年腊，①到雒阳，适见报囚。②母大惊，便止都亭，不肯入府。延年出至都亭谒母，母闭阁不见。延年免冠顿首阁下，良久，母乃见之，因数责延年：③"幸得备郡守，专治千里，不闻仁爱教化，有以全安愚民，顾乘刑罚多刑杀人，④欲以立威，岂为民父母意哉！"延年服罪，重顿首谢，⑤因自为母御，归府舍。母毕正腊，⑥谓延年："天道神明，人不可独杀。⑦我不意当老见壮子被刑戮也！⑧行矣！去女东归，埽除墓地耳。"⑨遂去。归郡，见昆弟宗人，复为言之。后岁馀，果败。东海莫不贤知其母。⑩延年兄弟五人皆有吏材，至大官，东海号曰"万石严妪"。⑪次弟彭祖，至太子太傅，在《儒林传》。

①师古曰："建丑之〔日〕〔月〕为腊祭，〔9〕因会饮，若今之蜡节也。"

②师古曰："奏报行决也。"

③师古曰："数音所具反。"

④师古曰："顾，反也。乘，因也。"

⑤师古曰："重音直用反。"

⑥师古曰："腊及正岁礼毕也。正音之盈反。"

⑦师古曰："言多杀人者，己亦当死。"

⑧师古曰："言素意不自谓如此也。"

⑨师古曰："言待其丧至也。"

⑩师古曰："称其贤知也。"

⑪师古曰："一门之中五二千石，故总云万石。"

　　尹赏字子心，钜鹿杨氏人也。以郡吏察廉为楼烦长。举茂材，粟邑令。左冯翊薛宣奏赏能治剧，徙为频阳令，坐残贼免。后以御史举为郑令。

　　永始、元延间，上怠于政，贵戚骄恣，红阳长仲兄弟交通轻侠，臧匿亡命。①而北地大豪浩商等报怨，杀义渠长妻子六人，往来长安中。丞相御史遣掾求逐党与，诏书召捕，久之乃得。长安中奸猾浸多，闾里少年群辈杀吏，受赇报仇，②相与探丸为弹，③得赤丸者斫武吏，得黑丸者斫文吏，白者主治丧；④城中薄暮尘起，剽劫行者，死伤横道，枹鼓不绝。⑤赏以三辅高第选守长安令，得壹切便宜从事。赏至，修治长安狱，穿地方深各数丈，致令辟为郭，⑥以大石覆其口，名为“虎穴”。乃部户曹掾史，与乡吏、亭长、里正、父老、伍人，⑦杂举长安中轻薄少年恶子，⑧无市籍商贩作务，而鲜衣凶服被铠扞持刀兵者，悉籍记之，⑨得数百人。赏一朝会长安吏，车数百两，分行收捕，皆劾以为通行饮食群盗。⑩赏亲阅，见十置一，⑪其馀尽以次内虎穴中，百人为辈，覆以大石。数日壹发视，皆相枕藉死，便舆出，瘗寺门桓东，⑫楬著其姓名，⑬百日后，乃令死者家各自发取其尸。亲属号哭，道路皆歔欷。长安中歌之曰：“安所求子死？桓东少年场。⑭生时谅不谨，枯骨后何葬？”⑮赏所置皆其魁宿，⑯或故吏善家子失计随轻黠愿自改者，财数十百人，⑰皆贳其罪，⑱诡令立功以自赎。⑲尽力有效者，因亲用之为爪牙，追捕甚精，甘耆奸恶，甚于凡吏，⑳赏视事数月，盗贼止，郡国亡命散走，各归其处，不敢窥长安。

①邓展曰：“红阳姓，长仲字也。”如淳曰：“红阳，南阳县也。长姓，仲字也。”师古曰：“姓红阳而兄字长，弟字仲。今书长字或作张者非也，后人所改耳。一曰红阳侯王立之子，兄弟长少者也。”

②师古曰：“或有自怨于吏，或受人赇略报仇讐也。”

③师古曰：“为弹丸作赤、黑、白三色，而共探取之也。弹音徒旦反。”

④师古曰：“其党与有为吏及它人所杀者，则主其丧事也。”

⑤师古曰：“枹，击鼓椎也，音孚。其字从木。”

⑥师古曰：“致谓积累之也。令辟，甋砖也。郭谓四周之内也。致读如本字，又音缀。令音零。辟音避历反。”

⑦师古曰：“五家为伍。伍人者，各其同伍之人也。”

⑧师古曰：“恶子，不承父母教命者。”

⑨师古曰：“凶服，危险之服。铠，甲也，扞，臂衣也。籍记，为名籍以记之。”

⑩师古曰："饮音於禁反。食读曰饫。"

⑪师古曰："置,放也。"

⑫如淳曰："瘗,埋也。旧亭传于四角面百步筑土四方,上有屋,屋上有柱出,高丈馀,有大板贯柱四出,名曰桓表。县所治夹两边各一桓。陈宋之俗言桓声如和,今犹谓之和表。"师古曰："即华表也。"

⑬师古曰："楬,杙也。椓杙于瘗处而书死者名也。楬音竭,杙音弋,字并从木。"

⑭师古曰："安犹焉也。死谓尸也。"

⑮师古曰："谅,信也。葬字合韵音子郎反。"

⑯师古曰："魁,根本也。宿,久旧也。"

⑰师古曰："财与才同。"

⑱师古曰："赏,缓也。"

⑲师古曰："诡,责也。"

⑳师古曰："者读曰嗜。"

江湖中多盗贼,以赏为江夏太守,捕格江贼及所诛吏民甚多,坐残贼免。南山群盗起,以赏为右辅都尉,迁执金吾,督大奸猾。三辅吏民甚畏之。

数年卒官。疾病且死,戒其诸子曰："丈夫为吏,正坐残贼免,追思其功效,则复进用矣。一坐软弱不胜任免,终身废弃无有赦时,其羞辱甚于贪污坐臧。慎毋然!"赏四子皆至郡守,长子立为京兆尹,皆尚威严,有治办名。

赞曰:自郅都以下皆以酷烈为声,然都抗直,引是非,争大体。张汤以知阿邑人主,与俱上下,①时辩当否,国家赖其便。赵禹据法守正。②杜周从谀,以少言为重。张汤死后,罔密事丛,③以寖耗废,④九卿奉职,救〔国〕〔过〕不给,⑤〔10〕何暇论绳墨之外乎!自是以至哀、平,酷吏众多,然莫足数,此其知名见纪者也。其廉者足以为仪表,⑥其污者方略教道,壹切禁奸,⑦亦质有文武焉。虽酷,称其位矣。⑧汤、周子孙贵盛,故别传。⑨

①苏林曰："邑音人相悒纳之悒。"师古曰："如苏氏之说，邑字音乌合反。然今之书本或作色字，此言阿谀，观人主颜色而上下也。其义两通。"

②师古曰："据音据。"

③师古曰："丛谓众也。"

④师古曰："寖，渐也。耗，乱也，音莫报反。"

⑤师古曰："给，供也。"

⑥师古曰："谓有仪形可表明者。"

⑦师古曰："污，浊也。道读曰导。"

⑧师古曰："称音尺孕反。"

⑨师古曰："言所以不列于酷吏之篇也。"

【校勘记】

〔1〕　然(不)〔奸〕轨愈起，　景祐、殿本都作"奸"。王先谦说作"奸"是。

〔2〕　不令(致)〔至〕阙陈谢也。　景祐、殿本都作"至"。王先谦说作"至"是。

〔3〕　(议)〔义〕不受刑，自杀，　刘敞、王先谦都说"议"当为"义"。《史记》不误。

〔4〕　公卿相造请，②禹终不行报谢，务在绝知友宾客之请，③孤立行一意而已。　注②原在"不行"下，明颜读"报谢"属下句。刘敞说"报谢"当属上句。按《史记》此句作"禹终不报谢"，则刘说是。兹从殿本。

〔5〕　及孔、暴之属皆奔亡，④南阳吏民重足一迹。　注④原在"南阳"下。刘敞说"南阳"属下句。按《史记》读如刘说。

〔6〕　稍迁至御史及〔中〕丞，王先谦说《史记》"丞"作"中丞"，此夺。下文亦作"中丞"，尤其明证。

〔7〕　莠(甚)〔盛〕苗秽，　景祐、殿本都作"盛"。

〔8〕　莠，秕谷所(在)〔生〕也。　景祐、殿本都作"生"。王先谦说作"生"是。

〔9〕　建丑之(日)〔月〕为腊祭，　景祐、殿本都作"月"，此误。

〔10〕　救(国)〔过〕不给，　景祐、殿本都作"过"。

汉书卷九十一

货殖传第六十一

昔先王之制，自天子公侯卿大夫士至于皂隶抱关击柝者，①其爵禄奉养宫室车服棺椁祭祀死生之制各有差品，小不得僭大，贱不得逾贵。夫然，故上下序而民志定。于是辩其土地川泽丘陵衍沃原隰之宜，②教民种树畜养；③五谷六畜及至鱼鳖鸟兽藋蒲材干器械之资，④所以养生送终之具，靡不皆育。育之以时，而用之有节。屮木未落，斧斤不入于山林；⑤豺獭未祭，罝网不布于堥泽；⑥鹰隼未击，矰弋不施于徯隧。⑦既顺时而取物，然犹山不茬蘖，泽不伐夭，⑧蝝鱼麛卵，咸有常禁。⑨所以顺时宣气，蕃阜庶物，⑩稸足功用，如此之备也。⑪然后四民因其土宜，各任智力，夙兴夜寐，以治其业，相与通功易事，交利而俱赡，⑫非有征发期会，而远近咸足。故《易》曰"后以财成辅相天地之宜，以左右民"，⑬"备物致用，立成器以为天下利，莫大乎圣人"，⑭此之谓也。《管子》云古之四民不得杂处，⑮士相与言仁谊于闲宴，⑯工相与议技巧于官府，商相与语财利于市井，⑰农相与谋稼穑于田壄，朝夕从事，不见异物而迁焉。⑱故其父兄之教不肃而成，子弟之学不劳而能，各安其居而乐其业，甘其食而美其服，虽见奇丽纷华，非其所习，辟犹戎翟之与于越，不相入矣。⑲是以欲寡而事节，财足而不争。于是在民上者，道之以德，⑳齐之以礼，故民有耻而且敬，贵谊而贱利。此三代之所以直道而行，不严而治之大略也。㉑

① 师古曰："皂，养马者也。隶之言著也，属著于人也。抱关，守门者也。击柝，守夜击木以警众也。柝音土各反。"

② 师古曰："衍谓地平延者也。沃，水之所灌沃也。广平曰原，下湿曰隰。"

③师古曰:"树,殖也。"

④师古曰:"蘿,蘲也,即今之获也。械者,器之总名也。蘿音桓。蘲音五官反。获音敌。"

⑤师古曰:"《礼记·月令》云:'季秋之月,草木黄落,乃伐薪为炭。'"

⑥师古曰:"《礼记·王制》云:'獭祭鱼,然后虞人入泽梁;豺祭兽,然后田猎。'《月令》:'孟春之月,獭祭鱼。''季秋之月,豺乃祭兽戮禽。'罝,兔网也,音嗟。"

⑦师古曰:"隼亦鸷鸟,即今所呼为鹘者也。《月令》:'孟秋之月,鹰乃祭鸟,用始行戮。'弋,缴射也。矰者,弋之矢也。徯隧,径道也。矰音曾。徯音奚。隧音遂。鹘音胡骨反。"

⑧师古曰:"䄍,古槎字也。槎,邪斫木也。蘗,茷斩之也。此天谓草木之方长未成者也。槎音士牙反。蘗音五葛反。天音乌老反。"

⑨师古曰:"蟜,小虫也。麛,鹿子也。卵,鸟卵也。《月令》:'孟春之月,毋杀孩虫,毋麛毋卵。'蟜音弋全反。麛音莫奚反。"

⑩师古曰:"蕃,多也。阜,盛也。蕃音扶元反。"

⑪师古曰:"稸即蓄字。"

⑫师古曰:"言以其所有,交易所无,而不匮乏。"

⑬师古曰:"《泰卦》象辞也。后,君也。左右,助也。言王者资财用以成教,赞天地之化育,以救助其众庶也。左右读曰佐佑。"

⑭师古曰:"《上系》之辞也。备物致用,谓备取百物而极其功用。"

⑮师古曰:"管仲之书也。"

⑯师古曰:"閒读曰闲。"

⑰师古曰:"凡言市井者,市交易之处,井共汲之所,故总而言之也。说者云因井而为市,其义非也。"

⑱师古曰:"言非其本业则弗观视,故能各精其事,不移易也。"

⑲孟康曰:"于越,南方越名也。"师古曰:"于,发语声也。戎蛮之语则然。于越犹句吴耳。辟读曰譬。"

⑳师古曰:"道读曰导。"

㉑师古曰:"直道而行,谓以德礼率下,不饰伪也。"

及周室衰,礼法堕,①诸侯刻桷丹楹,大夫山节藻棁,②八佾舞于庭,

《雍》彻于堂。③其流至乎士庶人,莫不离制而弃本,稼穑之民少,商旅之民多,谷不足而货有馀。

①师古曰:"堕,毁也,音火规反。"

②师古曰:"桷,橑也。楹,柱也。节,栭也。山,刻为山形也。梲,侏儒柱也。藻谓刻镂为水藻之文也。刻桷丹楹,鲁桓宫也。山节藻梲,臧文仲也。"

③师古曰:"八列舞于庭,谓季氏也。以《雍》乐彻食,三家则然,事见《论语》。"

陵夷至乎桓、文之后,①礼谊大坏,上下相冒,国异政,家殊俗,耆欲不制,僭差亡极。②于是商通难得之货,工作亡用之器,士设反道之行,以追时好而取世资。③伪民背实而要名,奸夫犯害而求利,篡弑取国者为王公,圉夺成家者为雄桀。④礼谊不足以拘君子,刑戮不足以威小人。富者木土被文锦,犬马馀肉粟,而贫者裋褐不完,唅菽饮水。⑤其为编户齐民,同列而以财力相君,虽为仆虏,犹亡愠色。故夫饰变诈为奸轨者,自足乎一世之间;守道循理者,不免于饥寒之患。其教自上兴,繇法度之无限也。⑥故列其行事,以传世变云。

①师古曰:"齐桓、晋文也。"

②师古曰:"耆读曰嗜,其下并同。极,止也。"

③师古曰:"追,逐也。"

④师古曰:"圉谓禁守其人也。"

⑤师古曰:"裋,布长襦也。褐,编枲衣也。裋音竖。唅亦含字也。菽,豆也。"

⑥师古曰:"繇读与由同。"

昔粤王句践困于会稽之上,乃用范蠡、计然。①计然曰:"知斗则修备,时用则知物,二者形则万货之情可得见矣。②故旱则资舟,水则资车,物之理也。"③推此类而脩之,十年国富,厚赂战士,遂报强吴,刷会稽之耻。④范蠡叹曰:"计然之策,十用其五而得意。既以施国,吾欲施之家。"乃乘扁舟,⑤浮江湖,变姓名,适齐为鸱夷子皮,⑥之陶为朱公。⑦以为陶天下之中,诸侯四通,货物所交易也,乃治产积居,与时逐⑧而不责于人。故善治产者,能择人而任时。十九年之间三致千金,而再散分与贫友昆弟。后年衰老,听子孙脩业而息之,⑨遂至钜万。故言富者称陶朱。

①孟康曰:"姓计名然,越臣也。"蔡谟曰:"《计然》者,范蠡所著书篇名耳,非人也。谓之计然者,所计而然也。群书所称句践之贤佐,种、蠡为首,岂闻复有姓计名然者乎? 若有此人,越但用半策便以致霸,是功重于范蠡,蠡之师也,焉有如此而越国不记其事,书籍不见其名,史迁不述其传乎?"师古曰:"蔡说谬矣。据《古今人表》,计然列在第四等,岂是范蠡书篇乎? 计然一号计研,故《宾戏》曰'研、桑心计于无垠',即谓此耳。计然者,濮上人也,博学无所不通,尤善计算,尝南游越,范蠡卑身事之。其书则有《万物录》,著五方所出,皆直述之。事见《皇览》及《晋中经簿》。又《吴越春秋》及《越绝书》并作计倪,此则倪、研及然声皆相近,实一人耳。何云书籍不见哉?"

②师古曰:"形,显见。"

③师古曰:"旱极则水,水极则旱,故于旱时而预蓄舟,水时预蓄车,以待其贵,收其利也。"

④师古曰:"刷谓拭除之也,音所劣反。"

⑤孟康曰:"特舟也。"师古曰:"音匹延反。"

⑥师古曰:"自号鸱夷者,言若盛酒之鸱夷,多所容受,而可卷怀,与时张弛也。鸱夷,皮之所为,故曰子皮。"

⑦孟康曰:"陶即今定陶也。"

⑧孟康曰:"逐时而居买也。"师古曰:"此说非也。言豫居货物随时而逐利。"

⑨师古曰:"息,生也。"

子赣既学于仲尼,退而仕卫,①发贮鬻财曹、鲁之间。②七十子之徒,赐最为饶,③而颜渊箪食瓢饮,在于陋巷。④子赣结驷连骑,束帛之币聘享诸侯,所至,国君无不分庭与之抗礼。⑤然孔子贤颜渊而讥子赣,曰:"回也其庶乎,屡空。赐不受命,而货殖焉,意则屡中。"⑥

①师古曰:"孔子弟子,姓端木,名赐也。"

②师古曰:"多有积贮,趣时而发。鬻,卖之也。鬻音弋六反。"

③师古曰:"言于弟子之中最为富。"

④师古曰:"箪,筲也。食,饭也。瓢,瓠勺也。一箪之饭,一瓢之饮,至贫也。箪音丁安反。食音似。瓢音频遥反。"

⑤师古曰:"为宾主之礼。"

⑥师古曰:"《论语》载孔子之言也。颜回庶几圣道,虽数空匮,而乐在其中。子赣不受教命,唯财是殖,亿度是非,幸而中耳。意读曰亿。中音竹仲反。"

白圭,周人也。当魏文侯时,李克务尽地力,而白圭乐观时变,故人弃我取,人取我予。能薄饮食,忍嗜欲,节衣服,与用事僮仆同苦乐,趋时若猛兽挚鸟之发。故曰:"吾治生犹伊尹、吕尚之谋,孙吴用兵,商鞅行法是也。故智不足与权变,勇不足以决断,仁不能以取予,强不能以有守,虽欲学吾术,终不告也。"盖天下言治生者祖白圭。①

①师古曰:"祖,始也,以其法为本始也。"

猗顿用鹽盐起,①邯郸郭纵以铸冶成业,与王者埒富。②

①师古曰:"猗顿,鲁之穷士也。鹽,盐池也。于鹽造盐,故曰鹽盐。鹽音古。"

②师古曰:"埒,等也。"

乌氏嬴畜牧,①及众,斥卖,②求奇缯物,间献戎王。③戎王十倍其偿,予畜,畜至用谷量牛马。④秦始皇令嬴比封君,以时与列臣朝请。⑤

①师古曰:"氏音支。乌氏,姓也。嬴,名也。其人为畜牧之业也。"

②师古曰:"畜牧蕃盛,其数多则出而卖之也。"

③师古曰:"避时之禁,故伺间隙私遗戎王。"

④师古曰:"言其数饶不可计算,故以山谷多少言之。"

⑤师古曰:"与读曰豫。请音才性反。"

巴寡妇清,①其先得丹穴,而擅其利数世,②家亦不訾。③清寡妇能守其业,用财自卫,人不敢犯。始皇以为贞妇而客之,为筑女怀清台。

①师古曰:"以其行洁,故号曰清也。"

②师古曰:"丹,丹砂也。穴者,山谷之穴出丹也。"

③师古曰:"言资财众多无限数。訾音子移反。"

秦汉之制,列侯封君食租税,岁率户二百。千户之君则二十万,朝觐聘享出其中。庶民农工商贾,率亦岁万息二千,百万之家即二十万,而更繇租赋出其中,①衣食好美矣。故曰陆地牧马二百蹄,②牛千蹄角,③千足羊,④泽中千足彘,水居千石鱼波,⑤山居千章之萩。⑥安邑千树枣;燕、秦千树栗;蜀、汉、江陵千树橘;淮北荥南河济之间千树萩;⑦陈、夏千亩漆;⑧齐、鲁千亩桑麻;渭川千亩竹;及名国万家之城,带郭千亩亩钟之田,⑨若千亩卮茜,⑩千畦姜韭:⑪此其人皆与千户侯等。

①师古曰:“更音工衡反。繇读曰徭。”

②孟康曰:“五十匹也。”师古曰:“蹏,古蹄字。”

③孟康曰:“百六十七头也。马贵而牛贱,以此为率也。”师古曰:“百六十七头牛,则为蹏与角凡一千二也。言千者,举成数也。”

④师古曰:“凡言千足者,二百五十头也。”

⑤师古曰:“波读曰陂。言有大陂养鱼,一岁收千石鱼也。说者不晓,乃改其波字为皮,又读为披,皆失之矣。”

⑥孟康曰:“荻任方章者千枚也。”师古曰:“大材曰章,解在《百官公卿表》。荻即楸树字也。其下并同也。”

⑦师古曰:“荥亦水名,济水所溢作也,即今所谓荥泽也。”

⑧师古曰:“陈,陈县也,夏,夏县也,皆属淮阳。种桼树而取其汁。夏音暇。”

⑨孟康曰:“一钟受六斛四斗。”师古曰:“一亩收钟者凡千亩也。”

⑩(师古)〔孟康〕曰:[1]“卮草、茜子可用染也。”师古曰:“茜音千见反。”

⑪师古曰:“畦音携。”

谚曰:“以贫求富,农不如工,工不如商,刺绣文不如倚市门。”此言末业,贫者之资也。①通邑大都酤一岁千酿,②醯酱千瓨,③浆千儋,④屠牛羊彘千皮,谷粜千钟,⑤薪槁千车,船长千丈,⑥木千章,竹竿万个,⑦轺车百乘,⑧牛车千两;⑨木器桼者千枚,铜器千钧,⑩素木铁器若卮茜千石,⑪马蹏噭千,⑫牛千足,羊彘千双,⑬童手指千,⑭筋角丹沙千斤,其帛絮细布千钧,文采千匹,⑮荅布皮革千石,⑯桼千大斗,⑰蘗曲盐豉千合,⑱鲐鮆千斤,⑲鲰鲍千钧,⑳枣栗千石者三之,㉑狐貂裘千皮,羔羊裘千石,㉒旃席千具,它果采千种,㉓子贷金钱千贯,节驵侩,㉔贪贾三之,廉贾五之,㉕亦比千乘之家,此其大率也。

①师古曰:“言其易以得利也。”

②师古曰:“千瓮以酿酒。”

③师古曰："瓨,长颈罂也,受十升。瓨音胡双反。"

④孟康曰："甔,罂也。"师古曰："甔,人甔之也,一甔两罂。甔音丁滥反。"

⑤师古曰："谓常籴取而居之。"

⑥师古曰："总积船之丈数也。"

⑦孟康曰："个者,一个两个。"师古曰："个读曰箇。箇,枚也。"

⑧师古曰："轺车,轻小之车也。轺音弋昭反。"

⑨师古曰："车一乘曰一两。谓之两者,言其辕轮两两而耦。"

⑩孟康曰："三十斤为一钧。"

⑪孟康曰："百二十斤为石。素木,素器也。"

⑫师古曰："噭,口也。蹄与口共千,则为马二百也。噭音江钓反,又音口钓反。"

⑬师古曰："矗即矛。"

⑭孟康曰："童,奴婢也。古者无空手游口,皆有作务,作务须手指,故曰手指,以别马牛蹄角也。"师古曰："手指谓有巧伎者。指千则人百。"

⑮师古曰："文,文缯也。帛之有色者曰采。"

⑯孟康曰："荅布,白叠也。"师古曰："粗厚之布也,其价贱,故与皮革同其量耳,非白叠也。荅者,厚重之貌,而读者妄为榻音,非也。"

⑰师古曰："大斗者,异于量米粟之斗也。今俗犹有大量。"

⑱师古曰："曲蘖以斤石称之,轻重齐则为合。盐豉则斗斛量之,多少等亦为合。合者,相配偶之言耳。今西楚荆沔之俗卖盐豉者,盐豉各一升则各为裹而相随焉,此则合也。说者不晓,乃读为升合之合,又改作台,竞为解说,失之远矣。"

⑲师古曰："鲐,海鱼也。鮆,刀鱼也,饮而不食者。鲐音胎,又音落。鮆音荠,又音才尔反。而说者妄读鲐为夷,非唯失于训物,亦不知音矣。"

⑳师古曰："鲰,�█鱼也,即今不著盐而干者也。鲍,今之鲵鱼也。鲰音辄。�█音普各反。鲵音於业反。而说者乃读鲍为鲍鱼之鲍,音五回反,失义远矣。郑康成以为鲍于煏室干之,亦非也。煏室干之,即鲰耳。盖今巴荆人所呼鳠鱼者是也。音居偃反。秦始皇载鲍乱臭,则是鲵鱼耳。而煏室干者,本不臭也。煏音蒲北反。"

㉑师古曰："三千石。"

㉒师古曰："狐貂贵,故计其数;羔羊贱,故称其量也。"

㉓师古曰:"果采,谓于山野采取(粟)〔果〕实也。"〔2〕

㉔孟康曰:"节,节物贵贱也。谓除估侩,其馀利比于千乘之家也。"师古曰:
　　"侩者,合会二家交易者也。驵者,其首率也。驵音子朗反。侩音工外反。"

㉕孟康曰:"贪贾,未当卖而卖,未当买而买,故得利少,而十得其三。廉贾,贵
　　乃卖,贱乃买,故十得五也。"

蜀卓氏之先,赵人也,用铁冶富。秦破赵,迁卓氏之蜀,夫妻推辇
行。①诸迁虏少有馀财,争与吏,求近处,处葭萌。②唯卓氏曰:"此地陿
薄。吾闻岷山之下沃埜,下有蹲鸱,至死不饥。③民工作(市)〔布〕,〔3〕易
贾。"乃求远迁。致之临邛,大喜,即铁山鼓铸,④运筹算,贾滇、蜀民,⑤
富至僮八百人,田池射猎之乐拟于人君。

①师古曰:"步车曰辇。"

②师古曰:"县名也,《地理志》属广汉。葭音家。"

③孟康曰:"蹲音蹲。水乡多鸱,其山下有沃野灌溉。"师古曰:"孟说非也。蹲
　　鸱谓芋也,其根可食,以充粮,故无饥年。《华阳国志》曰汶山郡都安县有大
　　芋如蹲鸱也。"

④师古曰:"即,就也。"

⑤师古曰:"行贩卖于滇、蜀之间也。滇音丁贤反。"

程郑,山东迁虏也,亦冶铸,贾魋结民,富埒卓氏。①

①师古曰:"魋结,西南夷也。言程郑行贾,求利于其人也。埒,等也。魋音直
　　追反。结读曰髻。"

程、卓既衰,至成、哀间,成都罗裒訾至钜万。初,裒贾京师,随身数
十百万,①为平陵石氏持钱。其人强力。石氏訾次如、苴,②亲信,厚资
遣之,令往来巴蜀,数年间致千馀万。裒举其半赂遗曲阳、定陵侯,③
依其权力,赊贷郡国,人莫敢负。④擅盐井之利,期年所得自倍,⑤遂殖
其货。

①师古曰:"言其自有数十万,且至百万。"

②孟康曰:"平陵如氏、苴氏也。石氏勤力,故訾次二人也。"师古曰:"孟说非
　　也。其人强力,谓罗裒耳。訾次如、苴,自谓石氏之饶财也。苴音侧于反。"

③师古曰："谓王根、淳于长也。"

④师古曰："贷音吐戴反。"

⑤师古曰："期音基。"

宛孔氏之先，梁人也，用铁冶为业。秦灭魏，迁孔氏南阳，大鼓铸，规陂田，连骑游诸侯，因通商贾之利，有游闲公子之名。①然其赢得过当，瘉于孅啬，②家致数千金，故南阳行贾尽法孔氏之雍容。

①师古曰："闲读曰闲，言其志宽大，不在急促。公子者，公侯贵人之子也，言其举动性行有似之也，若今言诸郎矣。"

②师古曰："瘉读为愈。愈，胜也。孅，细也。啬，爱荟也。言其于利虽不汲汲苟得，然所获赢馀多于细荟者也。孅与纤同。下云周人既孅，义亦类此。"

鲁人俗俭啬，而丙氏尤甚，以铁冶起，富至钜万。然家自父兄子弟约，俛有拾，卬有取，①贳贷行贾遍郡国。邹、鲁以其故，多去文学而趋利。

①师古曰："俛，古俯字也。俯仰必有所取拾，无钜细好恶也。"

齐俗贱奴虏，而刀闲独爱贵之。①桀黠奴，人之所患，唯刀闲收取，使之逐鱼盐商贾之利，或连车骑交守相，然愈益任之，终得其力，起数千万。故曰"宁爵无刀"，②言能使豪奴自饶，而尽其力也。刀闲既衰，至成、哀间，临淄姓伟訾五千万。③

①师古曰："刀姓，闲名也。刀音貂。"

②孟康曰："刀闲能畜豪奴，奴或有连车骑交守相。奴自谓：'宁欲免去作民有爵邪？无将止为刀氏作奴乎？'无，发声助也。"

③师古曰："姓姓，名伟。"

周人既孅，而师史尤甚，转毂百数，①贾郡国，无所不至。雒阳街居在齐秦楚赵之中，富家相矜以久贾，②过邑不入门。设用此等，故师史能致十千万。③

①师古曰："转毂，谓以车载物而逐利者。"

②孟康曰："谓街巷居民无田地，皆相矜久贾在此诸国也。"师古曰："此说非也。言雒阳之地居在诸国之中，无冲之所，若大街衢，故其贾人无所不至而

多得利，不惮久行也。中音竹仲反。"

③师古曰："十千万，即万万也。言其财至万万也。一曰至千万者十焉。"

师史既衰，至成、哀、王莽时，雒阳张长叔、薛子仲訾亦十千万。莽皆以为纳言士，欲法武帝，然不能得其利。①

①师古曰："法武帝者，言用卜式、东郭咸阳、孔仅等为官也。"

宣曲任氏，其先为督道仓吏。①秦之败也，豪桀争取金玉，任氏独窖仓粟。②楚汉相距荥阳，民不得耕种，米石至万，而豪桀金玉尽归任氏，任氏以此起富。富人奢侈，而任氏折节为力田畜。人争取贱贾，任氏独取贵善，③富者数世。④[4]然任公家约，非田畜所生不衣食，公事不毕则不得饮酒食肉。⑤以此为闾里率，故富而主上重之。

①孟康曰："若今（史）〔吏〕督租谷使上道输在所也。"[5]师古曰："于京师四方诸道督其租耳。道者，非谓上道也。"

②师古曰："取仓粟而窖臧之也。窖音工孝反。"

③师古曰："言其居买之物，不计贵贱，唯在良美也。贾读曰价。"

④师古曰："折节力田，务于本业，先公后私，率道闾里，故云善富。"

⑤师古曰："任公，任氏之父也。言家为此私约制也。晋灼以为任用公家之约，此说非也。"

塞之斥也，唯桥桃以致马千匹，牛倍之，羊万，粟以万钟计。①

①孟康曰："边塞主斥候卒也。唯此一人能致富若此。"师古曰："此说非也。塞斥者，言国家斥开边塞，更令宽广，故桥桃得恣其畜牧也。姓桥名桃。以万钟计者，不论斗斛千万之数，每率举万钟而计之者，其饶多也。"

吴楚兵之起，长安中列侯封君行从军旅，赍贷子钱家，①子钱家以为关东成败未决，莫肯予。唯（母）〔毋〕盐氏出捐千金贷，②[6]其息十之。三月，吴楚平。一岁之中，则（母）〔毋〕盐氏息十倍，用此富关中。

①师古曰："行者须赍粮而出，于子钱家贷之也。赍谓求假之也，音吐得反。"

②师古曰："贷谓假与之，音吐戴反。"

关中富商大贾，大氐尽诸田，①田墙、田兰。韦家栗氏、安陵杜氏亦钜万。前富者既衰，自元、成讫王莽，京师富人杜陵樊嘉，茂陵挚网，平陵如氏、苴氏，长安丹王君房，豉樊少翁、王孙大卿，为天下高訾。②樊嘉五千万，其馀皆钜万矣。王孙卿以财养士，与雄桀交，王莽以为京司市师，汉司东市令也。

> ①师古曰："氏读曰抵。抵，归也。"
> ②师古曰："王君房卖丹，樊少翁及王孙大卿卖豉，亦致高訾。訾读与资同。高訾谓多资财。"

此其章章尤著者也。其馀郡国富民兼业颛利，①以货赂自行，取重于乡里者，不可胜数。故秦杨以田农而甲一州，②翁伯以贩脂而倾县邑，张氏以卖酱而隃侈，质氏以洒削而鼎食，③浊氏以（冒）〔胃〕脯而连骑，④[7]张里以马医而击钟，皆越法矣。然常循守事业，积累赢利，渐有所起。至于蜀卓，宛孔，齐之刀閒，公擅山川铜铁鱼盐市井之人，运其筹策，上争王者之利，下锢齐民之业，⑤皆陷不轨奢僭之恶。又况掘冢搏掩，犯奸成富，⑥曲叔、稽发、雍乐成之徒，⑦犹复齿列，⑧伤化败俗，大乱之道也。

> ①师古曰："颛与专同。"
> ②孟康曰："以田地过限，从此而富，为州中第一也。"
> ③服虔曰："治刀剑者也。"如淳曰："作刀剑削者。"师古曰："二说皆非也。洒，濯也。削谓刀剑室也。谓人有刀剑削故恶者，主为洒刷之，去其垢秽，更饰令新也。洒音先礼反。削音先召反。"
> ④晋灼曰："今太官常以十月作沸汤煑羊胃，以末椒姜坋之，暴使燥是也。"师古曰："煑音似兼反。坋音蒲顿反。"
> ⑤师古曰："锢亦谓专取之也。"
> ⑥师古曰："搏掩谓搏击掩袭，取人物者也。搏字或作博。一说博，六博也，掩，意钱之属也，皆戏而赌取财物。"
> ⑦师古曰："姓曲名叔，姓稽名发，姓雍名乐成也。稽音工奚反。"
> ⑧师古曰："身为罪恶，尚复与良善之人齐齿并列。"

【校勘记】

〔1〕 （师古）〔孟康〕曰：　景祐、殿、局本都作"孟康"。

〔２〕　谓于山野采取（粟）〔果〕实也。　景祐、殿本都作"果"。王先谦说作"果"是。

〔３〕　民工作（市）〔布〕，　景祐、汲古、殿、局本都作"布"。

〔４〕　人争取贱贾，任氏独取贵善，③富者数世。④　注③原在"贵"字下，明颜读善字属下。王念孙说，此当以"任氏独取贵善"为句，"富者数世"为句。王先谦说王读是。

〔５〕　若今（史）〔吏〕督租谷使上道输在所也。　景祐、殿本都作"吏"。

〔６〕　唯（母）〔毋〕盐氏出捐千金贷，　殿本作"毋"，下同。　按《史记》作"无"。

〔７〕　浊氏以（冐）〔胃〕脯而连骑，　景祐、殿本都作"胃"，此误。

汉书卷九十二

游侠传第六十二

古者天子建国，诸侯立家，自卿大夫以至于庶人各有等差，是以民服事其上，而下无觊觎。① 孔子曰："天下有道，政不在大夫。"② 百官有司奉法承令，以脩所职，失职有诛，侵官有罚。夫然，故上下相顺，而庶事理焉。

①师古曰："觊，幸也。觎，欲也。幸得其所欲也。觊音冀。觎音逾，又音谕。"

②师古曰："《论语》载孔子之言也，谓权不移于下也。"

周室既微，礼乐征伐自诸侯出。桓文之后，大夫世权，陪臣执命。① 陵夷至于战国，合从连衡，力政争强。② 繇是列国公子，魏有信陵，赵有平原，齐有孟尝，楚有春申，③ 皆藉王公之势，竞为游侠，鸡鸣狗盗，无不宾礼。④ 而赵相虞卿弃国捐君，以周穷交魏齐之厄；⑤ 信陵无忌窃符矫命，戮将专师，以赴平原之急：⑥ 皆以取重诸侯，显名天下。搤掔而游谈者，以四豪为称首。⑦ 于是背公死党之议成，守职奉上之义废矣。

①师古曰："齐桓、晋文，周之二霸也。陪，重也。"

②师古曰："力政者，弃背礼义专任威力也。从音子容反。"

③师古曰："繇读与由同。信陵君魏无忌，平原君赵胜，孟尝君田文，春申君黄歇。"

④师古曰："谓孟尝君用鸡鸣而得亡出关，因狗盗而取狐白裘也。"

⑤师古曰："魏齐，虞卿之交也，将为范雎所杀，卿救之也。"

⑥师古曰："秦兵围赵，赵相平原君告急于无忌，无忌因如姬以窃兵符，矫魏僖侯命代晋鄙为将，而令朱亥锤杀晋鄙，遂率兵救赵，秦兵以却，而赵得全。"

⑦师古曰："搤，捉持也。掔，古手腕字也。四豪即魏信陵以下也。搤音厄。"

及至汉兴,禁网疏阔,未之匡改也。① 是故代相陈豨从车千乘,而吴濞、淮南皆招宾客以千数。外戚大臣魏其、武安之属竞逐于京师,布衣游侠剧孟、郭解之徒驰骛于闾阎,权行州域,力折公侯。众庶荣其名迹,觊而慕之。虽其陷于刑辟,自与杀身成名,若季路、仇牧,死而不悔也。② 故曾子曰:“上失其道,民散久矣。”③ 非明王在上,视之以好恶,齐之以礼法,民曷缘知禁而反正乎!④

①师古曰:“匡,正也。”

②师古曰:“季路,孔子弟子也,姓仲名由,卫人也。卫有蒯聩之乱,季路闻之,故入赴难,遇孟黡石乞以戈击之,断缨。季路曰:‘君子死,冠不免。’结缨而死。仇牧,宋大夫也。宋万杀闵公,仇牧闻之,趋而至,手剑而叱之。万臂击仇牧,碎首,齿著于门阖。言游侠之徒自许节操,同于季路、仇牧。”

③师古曰:“《论语》载(孔)〔曾〕子之言也,[1] 解在《刑法志》。”

④师古曰:“视读曰示。缘读曰由。”

古之正法:五伯,三王之罪人也;① 而六国,五伯之罪人也。夫四豪者,又六国之罪人也。况于郭解之伦,以匹夫之细,窃杀生之权,其罪已不容于诛矣。观其温良泛爱,振穷周急,谦退不伐,亦皆有绝异之姿。惜乎不入于道德,苟放纵于末流,杀身亡宗,非不幸也!

①师古曰:“伯读曰霸。下皆类此。”

自魏其、武安、淮南之后,天子切齿,卫、霍改节。然郡国豪桀处处各有,京师亲戚冠盖相望,亦古今常道,莫足言者。唯成帝时,外家王氏宾客为盛,而楼护为帅。及王莽时,诸公之间陈遵为雄,闾里之侠原涉为魁。①

①师古曰:“魁者,斗之所用盛而杓之本也。故言根本者皆云魁。”

朱家,鲁人,高祖同时也。鲁人皆以儒教,而朱家用侠闻。所臧活豪士以百数,其馀庸人不可胜言。然终不伐其能,歆其德,① 诸所尝施,唯恐见之。振人不赡,先从贫贱始。家亡馀财,衣不兼采,食不重味,乘不过軥牛。② 专趋人之急,甚于己私。③ 既阴脱季布之厄,及布尊贵,终身不见。自关以东，莫不延颈愿交。楚田仲以侠闻，父事朱家，自以为行弗及也。田仲死后，有剧孟。

①孟康曰："有德于人，而不自美也。"师古曰："猌，没也，谓不称显。"

②晋灼曰："軥，軥榼也。榼牛，小牛也。"师古曰："榼，重挽也，音工豆反。晋说是也。"

③师古曰："趋读曰趣。趣，向也。"

剧孟者，洛阳人也。周人以商贾为资，剧孟以侠显。吴楚反时，条侯为太尉，乘传东，①将至河南，[2]得剧孟，喜曰："吴楚举大事而不求剧孟，吾知其无能为已。"②天下骚动，大将军得之若一敌国云。剧孟行大类朱家，而好博，多少年之戏。然孟母死，自远方送丧盖千乘。及孟死，家无十金之财。而符离王孟，亦以侠称江淮之间。③是时，济南瞷氏、陈周肤亦以豪闻。④景帝闻之，使使尽诛此属。其后，代诸白、梁韩毋辟、阳翟薛况、陕寒孺，纷纷复出焉。⑤

①师古曰："乘传车而东，出为大将也。传音张恋反。"

②师古曰："已，语终辞。"

③师古曰："符离，沛郡之县也。"

④师古曰："瞷音闲。"

⑤师古曰："代郡白姓非一家也，故称诸焉。梁国人姓韩，名毋辟。阳翟属颍
　　　　川。陕即今陕州陕县也。薛况、寒孺，皆人姓名也。辟读曰避。"

郭解，河内轵人也，①温善相人许负外孙也。解父任侠，孝文时诛死。解为人静悍，②不饮酒。少时阴贼感概，③不快意，所杀甚众。以躯籍友报仇，④臧命作奸剽攻，⑤休乃铸钱掘冢，⑥不可胜数。适有天幸，窘急常得脱，若遇赦。

①师古曰："轵音只。"

②师古曰："性沉静而勇悍。"

③师古曰："阴贼者，阴怀贼害之意也。感概者，感意气而立节概也。"

④师古曰："籍，古藉字也。藉谓借助也。"

⑤师古曰："臧命，臧亡命之人也。剽，劫也。攻谓穿窬而盗也。剽音匹

妙反。"

　　⑥师古曰："不报仇剽攻，则铸钱发冢也。"

　　及解年长，更折节为俭，以德报怨，厚施而薄望。然其自喜为侠益甚。①既已振人之命，不矜其功，②其阴贼著于心本发于睚眦如故云。③而少年慕其行，亦辄为报仇，不使知也。

　　①师古曰："自好喜为此名也。喜音许吏反。"

　　②师古曰："振谓举救也。矜，夸恃也。"

　　③师古曰："著音直略反。心本犹言本心也。睚音崖。眦音渍。睚眦又音五懈、士懈反，解具在《杜钦传》。"

　　解姊子负解之势，①与人饮，使之釂，非其任，强灌之。②人怒，刺杀解姊子，〔去亡〕〔亡去〕。[3]解姊怒曰："以翁伯时人杀吾子，贼不得！"③弃其尸道旁，弗葬，欲以辱解。解使人微知贼处。④贼窘自归，⑤具以实告解。解曰："公杀之当，吾儿不直。"遂去其贼，⑥罪其姊子，收而葬之。诸公闻之，皆多解之义，⑦益附焉。

　　①师古曰："负，恃也。"

　　②师古曰："尽爵曰釂。其人不饮，而使尽爵，乃强灌之，故怨怒也。釂音子笑反。强音其两反。"

　　③师古曰："翁伯，解字也。"

　　④师古曰："微，伺问之也。"

　　⑤师古曰："窘，困急。"

　　⑥师古曰："除去其罪也。去音丘吕反。"

　　⑦师古曰："多犹重也。"

　　解出，人皆避，有一人独箕踞视之。解问其姓名，客欲杀之。解曰："居邑屋不见敬，是吾德不脩也，①彼何罪！"乃阴请尉史曰："是人吾所重，至践更时脱之。"②每至直更，数过，吏弗求。③怪之，问其故，解使脱之。箕踞者乃肉袒谢罪。少年闻之，愈益慕解之行。

　　①师古曰："邑屋犹今人言村舍、巷舍也。"

　　②师古曰："践更，为践更之卒也。脱，免也。更音工衡反。脱音它活反。"

③师古曰："直,当也,次当为更也。数音所角反。"

洛阳人有相仇者,邑中贤豪居间以十数,终不听。①客乃见解。解夜见仇家,仇家曲听。②解谓仇家："吾闻洛阳诸公在间,多不听。今子幸而听解,解奈何从它县夺人邑贤大夫权乎!"乃夜去,不使人知,曰："且毋庸,待我去,令洛阳豪居间乃听。"③

①师古曰："居中间为道地和辑之,而不见许也。"

②师古曰："屈曲从其言。"

③师古曰："庸,用也。且无用休,待洛阳豪更言之乃从其言也。"

解为人短小,恭俭,出未尝有骑,①不敢乘车入其县庭。②之旁郡国,为人请求事,事可出,出之;③不可者,各令厌其意,④然后乃敢尝酒食。诸公以此严重之,争为用。邑中少年及旁近县豪夜半过门,常十馀车,请得解客舍养之。⑤

①师古曰："不以骑自随也。"

②师古曰："所属之县也。"

③如淳曰："事可为免出者,出之。"

④师古曰："厌,满也,音一赡反。"

⑤师古曰："舍,止也。言解多藏亡命,喜事少年与解同志者,知亡命者多归解,故夜将车来迎取其人居止而养之。"

及徙豪茂陵也,解贫,不中訾。①吏恐,不敢不徙。卫将军为言"郭解家贫,不中徙"。上曰："解布衣,权至使将军,此其家不贫!"②解徙,诸公送者出千馀万。轵人杨季主子为县掾,㝵之,③解兄子断杨掾头。解入关,关中贤豪知与不知,闻声争交欢。④邑人又杀杨季主,季主家上书人又杀阙下。⑤上闻,乃下吏捕解。解亡,置其母家室夏阳,身至临晋。临晋籍少翁素不知解,因出关。⑥籍少翁已出解,解传太原,所过辄告主人处。吏逐迹至籍少翁,少翁自杀,口绝。久之得解,穷治所犯为,而解所杀,皆在赦前。

①师古曰："中,充也,言訾财不充合徙之数也。中音竹仲反。其下亦同。"

②师古曰："将军为之言,是为其所使也。"

③师古曰:"鬲塞其送,不令解得之也。鬲与隔同。"

④师古曰:"知谓先相知。"

⑤师古曰:"于阙下杀上书人。"

⑥师古曰:"出解于关也。"

轵有儒生侍使者坐,客誉郭解,生曰:"解专以奸犯公法,何谓贤?"解客闻之,杀此生,断舌。吏以责解,解实不知杀者,杀者亦竟莫知为谁。吏奏解无罪。御史大夫公孙弘议曰:"解布衣为任侠行权,以睚眦杀人,解不知,此罪甚于解知杀之。当大逆无道。"①遂族解。

①师古曰:"当谓处断其罪。"

自是之后,侠者极众,而无足数者。然关中长安樊中子,槐里赵王孙,长陵高公子,西河郭翁中,①太原鲁翁孺,临淮儿长卿,②东阳陈君孺,虽为侠而恂恂有退让君子之风。③至若北道姚氏,西道诸杜,南道仇景,东道佗羽公子,④南阳赵调之徒,盗跖而居民间者耳,曷足道哉!此乃乡者朱家所羞也。⑤

①师古曰:"中读皆曰仲。"

②师古曰:"兒音五奚反。"

③师古曰:"恂恂,谨信之貌也,音荀。"

④师古曰:"据京师而言,指其东西南北谓也。姓佗,名羽,字公子。佗,古他字。"

⑤师古曰:"乡读曰向。"

萬章字子夏,长安人也。①长安炽盛,街闾各有豪侠,章在城西柳市,②号曰:"城西萬子夏"。为京兆尹门下督,从至殿中,③侍中诸侯贵人争欲揖章,莫与京兆尹言者。章逡循甚惧。其后京兆不复从也。④

①师古曰:"萬音拒。"

②师古曰:"《汉宫阙疏》云细柳仓有柳市。"

③师古曰:"章从京兆也。"

④师古曰:"更不以章自随也。"

与中书令石显相善,亦得显权力,门车常接毂。至成帝初,石显坐

专权擅势免官,徙归故郡。显赀巨万,当去,留床席器物数百万直,欲以
与章,章不受。宾客或问其故,章叹曰:"吾以布衣见哀于石君,① 石君
家破,不能有以安也,② 而受其财物,此为石氏之祸,萬氏反当以为福
邪!"诸公以是服而称之。

①师古曰:"言为石显所哀怜。"

②师古曰:"言力不能救。"

河平中,王尊为京兆尹,捕击豪侠,杀章及箭张回、① 酒市赵君都、
贾子光,② 皆长安名豪,报仇怨养刺客者也。

①服虔曰:"作箭者姓张,名回。"

②服虔曰:"酒市中人也。"

楼护字君卿,齐人。父世医也,护少随父为医长安,出入贵戚家。
护诵医经、本草、方术数十万言,长者咸爱重之,共谓曰:"以君卿之材,
何不宦学乎?"繇是辞其父,学经传,① 为京兆吏数年,甚得名誉。

①师古曰:"繇读与由同。"

是时王氏方盛,宾客满门,五侯兄弟争名,其客各有所厚,不得左
右,① 唯护尽入其门,咸得其欢心。结士大夫,无所不倾,其交长者,尤
见亲而敬,众以是服。为人短小精辩,论议常依名节,听之者皆竦。与
谷永俱为五侯上客,长安号曰"谷子云笔札,楼君卿唇舌",言其见信用
也。母死,送葬者致车二三千两,闾里歌之曰:"五侯治丧楼君卿。"

①师古曰:"不相经过也。"

久之,平阿侯举护方正,① 为谏大夫,使郡国。护假贷,② 多持币帛,
过齐,上书求上先人冢,因会宗族故人,各以亲疏与束帛,一日散百金之
费。使还,奏事称意,擢为天水太守。数岁免,家长安中。时成都侯商
为大司马卫将军,罢朝,欲候护,其主簿谏:"将军至尊,不宜入闾巷。"商
不听,遂往至护家。家狭小,官属立车下,久住移时,天欲雨,主簿谓西
曹诸掾曰:"不肯强谏,反雨立闾巷!"商还,或白主簿语,商恨,以他职事

去主簿,终身废锢。

　　①师古曰:"王谭也。"

　　②师古曰:"官以物假贷贫人,令护监之。贷音吐戴反。"

　　后护复以荐为广汉太守。元始中,王莽为安汉公,专政,莽长子宇与妻兄吕宽谋以血涂莽第门,欲惧莽令归政。发觉,莽大怒,杀宇,而吕宽亡。宽父素与护相知,宽至广汉过护,不以事实语也。到数日,名捕宽诏书至,①护执宽。莽大喜,征护入为前辉光,②封息乡侯,列于九卿。

　　①师古曰:"举姓名而捕之也。"

　　②师古曰:"莽分三辅置前辉光,后丞烈,以护为之。辉音晖。"

　　莽居摄,槐里大贼赵朋、霍鸿等群起,延入前辉光界,护坐免为庶人。其居位,爵禄赂遗所得亦缘手尽。既退居里巷,时五侯皆已死,年老失势,宾客益衰。至王莽篡位,以旧恩召见护,封为楼旧里附城。①而成都侯商子邑为大司空,贵重,商故人皆敬事邑,唯护自安如旧节,邑亦父事之,不敢有阙。时请召宾客,邑居樽下,称"贱子上寿"。②坐者百数,皆离席伏,护独东乡正坐,③字谓邑曰:"公子贵如何!"④

　　①师古曰:"莽为此爵名,效古之附庸也。"

　　②师古曰:"言以父礼事。"

　　③师古曰:"乡读曰向。"

　　④苏林曰:"邑字公子也。"

　　初,护有故人吕公,无子,归护。护身与吕公、妻与吕妪同食。及护家居,妻子颇厌吕公。护闻之,流涕责其妻子曰:"吕公以故旧穷老托身于我,义所当奉。"遂养吕公终身。护卒,子嗣其爵。

　　陈遵字孟公,杜陵人也。祖父遂,字长子,宣帝微时与有故,相随博弈,①数负进。②及宣帝即位,用遂,稍迁至太原太守,乃赐遂玺书曰:"制诏太原太守:官尊禄厚,可以偿博进矣。妻君宁时在旁,知状。"③遂于是辞谢,因曰:"事在元平元年赦令前。"其见厚如此。元帝时,征遂为京兆尹,至廷尉。

①师古曰："博,六博。弈,围棋也。"

②师古曰："进者,会礼之财也,谓博所赌也,解在《高纪》。一说进,胜也,帝博而胜,故遂有所负。"

③师古曰："史皇孙名进而此诏不讳之,盖史家追书故有其字耳。君宁,遂妻名也。云妻知负博之状者,著旧恩之深也。"

遵少孤,与张竦伯松俱为京兆史。竦博学通达,以廉俭自守,而遵放纵不拘,操行虽异,然相亲友,哀帝之末俱著名字,为后进冠。①并入公府,公府掾史率皆羸车小马,不上鲜明,而遵独极舆马衣服之好,门外车骑交错。又日出醉归,②曹事数废。西曹以故事適之,③侍曹辄诣寺舍白遵曰："陈卿今日以某事適。"遵曰："满百乃相闻。"故事,有百適者斥,满百,西曹白请斥。大司徒马宫大儒优士,又重遵,④谓西曹："此人大度士,奈何以小文责之?"乃举遵能治三辅剧县,补郁夷令。⑤久之,与扶风相失,⑥自免去。

①如淳曰："为后进人士之冠首也。"

②师古曰："言每日必出饮也。"

③师古曰："案旧法令而罚之也。適读曰谪。此下皆同。"

④师古曰："优礼贤士,而尤敬重遵。"

⑤师古曰："右扶风之县。"

⑥师古曰："意不相得也。"

槐里大贼赵朋、霍鸿等起,遵为校尉,击朋、鸿有功,封嘉威侯。居长安中,列侯近臣贵戚皆贵重之。牧守当之官,及郡国豪桀至京师者,莫不相因到遵门。

遵耆酒,①每大饮,宾客满堂,辄关门,取客车辖投井中,虽有急,终不得去。②尝有部刺史奏事,过遵,值其方饮,刺史大穷,候遵沾醉时,突入见遵母,③叩头自白当对尚书有期会状,母乃令从(从)〔后〕阁出去。④[4]遵大率常醉,然事亦不废。

①师古曰："耆读曰嗜。"

②师古曰："既关闭门,又投车辖也。而说者便欲改辖字为馆,云门之馆籥,妄

穿凿耳。馆自主人所执，何烦投井也。”

③师古曰：“沾湿言其大醉也。沾音竹占反。”

④师古曰：“以其前门关闭，故从后阁出之也。”

长八尺馀，长头大鼻，容貌甚伟。略涉传记，赡于文辞。性善书，与人尺牍，主皆藏去以为荣。①请求不敢逆，所到，衣冠怀之，唯恐在后。②时列侯有与遵同姓字者，每至人门，曰陈孟公，坐中莫不震动，既至而非，因号其人曰陈惊坐云。

①师古曰：“去亦藏也，音丘吕反，又音举。”

②师古曰：“怀，来也，谓招来而礼之。”

王莽素奇遵材，在位多称誉者，繇是起为河南太守。①既至官，当遣从史西，召善书吏十人于前，治私书谢京师故人。遵冯几，②口占书吏，且省官事，③书数百封，亲疏各有意，河南大惊。数月免。

①师古曰：“繇读与由同。”

②师古曰：“冯读曰凭。”

③师古曰：“占，隐度也。口隐其辞以授吏也。占音之赡反。”

初，遵为河南太守，而弟级为荆州牧，当之官，俱过长安富人故淮阳王外家左氏饮食作乐。后司直陈崇闻之，劾奏“遵兄弟幸得蒙恩超等历位，遵爵列侯，备郡守，级州牧奉使，皆以举直察枉宣扬圣化为职，不正身自慎。始遵初除，乘藩车入间巷，①过寡妇左阿君置酒歌讴，遵起舞跳梁，顿仆坐上，暮因留宿，为侍婢扶卧。遵知饮酒饫宴有节，②礼不入寡妇之门，而湛酒溷肴，③乱男女之别，轻辱爵位，羞污印韨，④恶不可忍闻。臣请皆免。”遵既免，归长安，宾客愈盛，饮食自若。⑤

①师古曰：“藩车，车之有屏蔽者。”

②师古曰：“宴食曰饫。饫音於庶反。”

③师古曰：“湛读曰沈，又音耽。”

④师古曰：“此韨谓印之组也。”

⑤师古曰：“言自如其故。”

久之，复为九江及河内都尉，凡三为二千石。而张竦亦至丹阳太守,封淑德侯。后俱免官,以列侯归长安。竦居贫,无宾客,时时好事者从之质疑问事,论道经书而已。①而遵昼夜呼号,②车骑满门,酒肉相属。③

①师古曰:"质,正也。"

②师古曰:"呼音火故反。"

③师古曰:"属,连续也。属音之欲反。"

先是黄门郎扬雄作《酒箴》以讽谏成帝,其文为酒客难法度士,譬之于物,曰:"子犹瓶矣。观瓶之居,居井之眉,①处高临深,动常近危。酒醪不入口,臧水满怀,不得左右,牵于缫徽。一旦㬠碍,为瓽所辒,②身提黄泉,骨肉为泥。③自用如此,不如鸱夷。④鸱夷滑稽,腹如大壶,⑤尽日盛酒,人复借酤。⑥常为国器,托于属车,⑦出入两宫,经营公家。繇是言之,酒何过乎!"⑧遵大喜之,⑨常谓张竦:"吾与尔犹是矣。足下讽诵经书,苦身自约,⑩不敢差跌,⑪而我放意自恣,浮湛俗间,⑫官爵功名,不减于子,而差独乐,顾不优邪!"⑬竦曰:"人各有性,长短自裁。子欲为我亦不能,吾而效子亦败矣。虽然,学我者易持,效子者难将,吾常道也。"

①师古曰:"眉,井边地,若人目上之有眉。"

②师古曰:"缫徽,井索也。㬠,县也。瓽,井以砖为甃者也。辒,击也。言瓶忽县碍不得下,而为井瓽所击,则破碎也。㬠音上绢反。瓽音丁浪反。辒音雷。诸家之说,或以㬠为㬠,或音卫,又以瓽为甃,皆失之。甃音侧救反。"

③师古曰:"提,掷也,掷入黄泉之中也。提音徒计反。"

④师古曰:"鸱夷,韦囊以盛酒,即今鸱夷(胜)〔膝〕也。"〔5〕

⑤师古曰:"滑稽,圆转纵舍无穷之状。滑音骨。稽音鸡。"

⑥师古曰:"尽犹竟日也。"

⑦师古曰:"天子属车,常载酒食,故有鸱夷也。属音之欲反。"

⑧师古曰:"繇读与由同。其下类此。"

⑨师古曰:"喜,好爱也,音许吏反。"

⑩师古曰:"约犹束也。"

⑪师古曰："跌音徒结反。"

⑫师古曰："湛读曰沈。"

⑬师古曰："顾，念也。"

及王莽败，二人俱客于池阳，①竦为贼兵所杀。②更始至长安，大臣荐遵为大司马护军，与归德侯刘飒俱使匈奴。③单于欲胁诎遵，遵陈利害，为言曲直，单于大奇之，遣还。会更始败，遵留朔方，为贼所败，时醉见杀。

①师古曰："左冯翊之县也。"

②李奇曰："竦知有贼当去，会反支日，不去，因为贼所杀。桓谭（白）〔以〕为通人之蔽也。"[6]

③邓展曰："飒音立。"

原涉字巨先。祖父武帝时以豪桀自阳翟徙茂陵。①涉父哀帝时为南阳太守。天下殷富，大郡二千石死官，赋敛送葬皆千万以上，妻子通共受之，以定产业。时又少行三年丧者。及涉父死，让还南阳赗送，行丧冢庐三年，繇是显名京师。礼毕，扶风谒请为议曹，②衣冠慕之辐辏。为大司徒史丹举能治剧，为谷口令，③时年二十馀。谷口闻其名，不言而治。

①师古曰："阳翟，颍川之县也。"

②师古曰："礼毕，行丧终服也。"

③师古曰："左冯翊之县，今之云阳谷口是其处也。"

先是涉季父为茂陵秦氏所杀，涉居谷口半岁所，自劾去官，欲报仇。谷口豪桀为杀秦氏，亡命岁馀，逢赦出。郡国诸豪及长安、五陵诸为气节者皆归慕之。①涉遂倾身与相待，人无贤不肖阗门，②在所闾里尽满客。或讥涉曰："子本吏二千石之世，结发自修，以行丧推财礼让为名，正复仇取仇，犹不失仁义，何故遂自放纵，为轻侠之徒乎？"涉应曰："子独不见家人寡妇邪？始自约敕之时，意乃慕宋伯姬及陈孝妇，③不幸壹为盗贼所污，遂行淫失，④知其非礼，然不能自还。吾犹此矣！"⑤

①师古曰:"五陵,谓长陵、安陵、阳陵、茂陵、平陵也。班固《西都赋》曰'南望
　杜、霸,北眺五陵',是知霸陵、杜陵非此五陵之数也。而说者以为高祖以下
　至茂陵为五陵,失其本意。"

②师古曰:"阆字与寞同,音大千反。"

③师古曰:"伯姬,鲁宣公女,嫁于宋恭公。恭公卒,伯姬寡居。至景公时,伯
　姬之宫夜火,左右曰:'夫人少避火。'伯姬曰:'妇人之义,保傅不具,夜不下
　堂。'遂逮于火而死。陈孝妇者,其夫当行,戒属孝妇曰:'幸有老母,吾若不
　来,汝善养吾母。'孝妇曰:'诺。'夫果死,孝妇养姑愈谨。其父母将取嫁之,
　孝妇固欲自杀,父母惧而不取,遂使养姑。淮阳太守以闻,朝廷高其义,赐
　黄金四十斤,复之终身。号曰孝妇。"

④师古曰:"失读曰泆。"

⑤师古曰:"还读曰旋,谓反归故操。"

　　涉自以为前让南阳赙送,身得其名,而令先人坟墓俭约,非孝也。
乃大治起冢舍,周阁重门。初,武帝时,京兆尹曹氏葬茂陵,民谓其道为
京兆仟。涉慕之,乃买地开道,立表署曰南阳仟,人不肯从,谓之原氏
仟。费用皆仰富人长者,①然身衣服车马才具,妻子内困。专以振施贫
穷赴人之急为务。人尝置酒请涉,涉入里门,客有道涉所知母病避疾在
里宅者。②涉即往候,叩门。家哭,涉因入吊,问以丧事。家无所有,涉
曰:"但絜埽除沐浴,待涉。"还至主人,对宾客叹息曰:"人亲卧地不收,
涉何心乡此!③愿彻去酒食。"宾客争问所当得,涉乃侧席而坐,④削牍为
疏,⑤具记衣被棺木,下至饭含之物,分付诸客。⑥诸客奔走市买,至日昳
皆会。⑦涉亲阅视已,谓主人:"愿受赐矣。"既共饮食,涉独不饱,乃载棺
物,从宾客往至丧家,为棺敛劳徕毕葬。⑧其周急待人如此。后人有毁
涉者曰"奸人之雄也",丧家子即时刺杀言者。

①师古曰:"仰音牛向反。"

②师古曰:"在此里之中宅上。"

③师古曰:"乡读曰向。"

④师古曰:"礼,有忧者侧席而坐。今涉恤人之丧,故侧席。"

⑤师古曰:"牍,木简也。疏音所虑反。"

⑥师古曰："饭音扶晚反。含音胡绀反。"

⑦师古曰："眣音徒结反。"

⑧师古曰："劳徕谓慰勉宾客也。棺音工唤反。敛音力赡反。劳音郎到反。徕音郎代反。"

宾客多犯法，罪过数上闻。王莽数收系欲杀，辄复赦出之。涉惧，求为卿府掾史，欲以避客。文母太后丧时，守复土校尉。①已为中郎，后免官。涉欲上冢，不欲会宾客，密独与故人期会。涉单车敺上茂陵，②投暮，入其里宅，因自匿不见人。遣奴至市买肉，奴乘涉气与屠争言，斫伤屠者，亡。是时，茂陵守令尹公③新视事，涉未谒也，闻之大怒。知涉名豪，欲以示众厉俗，遣两吏胁守涉。至日中，奴不出，吏欲便杀涉去。涉迫窘不知所为。会涉所与期上冢者车数十乘到，皆诸豪也，共说尹公。尹公不听，诸豪则曰："原巨先奴犯法不得，使肉袒自缚，箭贯耳，诣廷门谢罪，于君威亦足矣。"尹公许之。涉如言谢，复服遣去。④

①苏林曰："文母太后，元后也。"

②师古曰："敺与驱同。"

③师古曰："守茂陵令，未真为之。"

④师古曰："令涉如故著衣服也。复音扶目反。"

初，涉与新丰富人祁太伯为友，太伯同母弟王游公素嫉涉，时为县门下掾，说尹公曰："君以守令辱原涉如是，一旦真令至，君复单车归为府史，涉刺客如云，杀人皆不知主名，可为寒心。涉治冢舍，奢僭逾制，罪恶暴著，主上知之。今为君计，莫若堕坏涉冢舍，条奏其旧恶，①君必得真令。如此，涉亦不敢怨矣。"尹公如其计，莽果以为真令。涉繇此怨王游公，选宾客，遣长子初从车二十乘劫王游公家。游公母即祁太伯母也，诸客见之皆拜，传曰"无惊祁夫人"。遂杀游公父及子，断两头去。②

①师古曰："堕，毁也，音火规反。"

②师古曰："杀游公及其父。"

涉性略似郭解，外温仁谦逊，而内隐①好杀。睚眦于尘中，(独)〔触〕死者甚多。[7]王莽末，东方兵起，诸王子弟多荐涉能得士死，可用。莽乃

召见,责以罪恶,赦贳,②拜镇戎大尹(天水太守)。[8]涉至官无几,长安
败,③郡县诸假号起兵攻杀二千石长吏以应汉。诸假号素闻涉名,争问
原尹何在,拜谒之。时莽州牧使者依附涉者皆得活。传送致涉长安,更
始西屏将军申屠建请涉与相见,大重之。故茂陵令尹公坏涉冢舍者为
建主簿,涉本不怨也。涉从建所出,尹公故遮拜涉,谓曰:"易世矣,宜勿
复相怨!"涉曰:"尹君,何壹鱼肉涉也!"④涉用是怒,使客刺杀主簿。

　　①师古曰:"隐,匿其情也。"
　　②师古曰:"贳谓宽其罪。"
　　③师古曰:"无几,言无多时也。几音居岂反。"
　　④师古曰:"言以涉为鱼肉,不以人遇之。"

　　涉欲亡去,申屠建内恨耻之,阳言'吾欲与原巨先共镇三辅,岂以一
吏易之哉!'宾客通言,令涉自系狱谢,建许之。宾客车数十乘共送涉至
狱。建遣兵道徼取涉于车上,①送车分散驰,遂斩涉,县之长安市。②

　　①师古曰:"徼,要也,音工尧反。"
　　②师古曰:"县其首。"

　　自哀、平间,郡国处处有豪桀,然莫足数。其名闻州郡者,霸陵杜君
敖,池阳韩幼孺,马领绣君宾,西河漕中叔,皆有谦退之风。①王莽居摄,
诛钼豪侠,名捕漕中叔,不能得。②素善强弩将军孙建,莽疑建藏匿,泛
以问建。③建曰:"臣名善之,诛臣足以塞责。"莽性果贼,无所容忍,然重
建,不竟问,遂不得也。中叔子少游,复以侠闻于世云。

　　①师古曰:"马领,北地之县。绣、漕,皆姓也。漕音才到反。中读曰仲。"
　　②师古曰:"指其名而捕之。"
　　③师古曰:"泛者,以常语问之,不切责也。泛音敷剑反。"

【校勘记】

〔1〕　论语载(孔)〔曾〕子之言也。　景祐、殿本都作"曾子"。
〔2〕　乘传东,①将至河南,　注①原在"至"字上,明颜读以"将"字断句。

　　　王先谦说当从“东”字断，“将”字属下读，不若颜说。

〔３〕　人怒，刺杀解姊子，(去亡)〔亡去〕。　王先谦说《史记》作“亡去”，是，此误倒。

〔４〕　母乃令从(从)〔后〕阁出去。　王先谦说下“从”字误。按景祐、殿、局本都作“后”。

〔５〕　即今鸥夷(胜)〔𦜕〕也。　汲古、局本作“𦜕”，景祐、殿本作“滕”。按“𦜕”本字，“滕”借字，“胜”字误。

〔６〕　桓谭(曰)〔以〕为通人之蔽也。　景祐、殿本都作“以”。王先谦说作“以”是。

〔７〕　眭眦于尘中，(独)〔触〕死者甚多。　王念孙说“独”当作“触”。

〔８〕　拜镇戎大尹(天水太守)。　钱大昕说“天水太守”四字疑本注文，后人误入正文。

汉书卷九十三

佞幸传第六十三

　　汉兴,佞幸宠臣,高祖时则有籍孺,孝惠有闳孺。此两人非有材能,但以婉媚贵幸,①与上卧起,公卿皆因关说。②故孝惠时,郎侍中皆冠骏𫛶,贝带,③傅脂粉,化闳、籍之属也。两人徙家安陵。其后宠臣,孝文时士人则邓通,宦者则赵谈、北宫伯子;④孝武时士人则韩嫣,⑤宦者则李延年;孝元时宦者则弘恭、石显;孝成时士人则张放、淳于长;孝哀时则有董贤。孝景、昭、宣时皆无宠臣。景帝唯有郎中令周仁。昭帝时,驸马都尉秺侯金赏⑥嗣父车骑将军日磾爵为侯,二人之宠取过庸,不笃。⑦宣帝时,侍中中郎将张彭祖少与帝微时同席研书,及帝即尊位,彭祖以旧恩封阳都侯,出常参乘,号为爱幸。其人谨敕,无所亏损,⑧为其小妻所毒薨,国除。

　　①师古曰:"婉,顺也。媚,悦也。"

　　②师古曰:"关说者,言由之而纳说,亦如行者之有关津。"

　　③师古曰:"以骏𫛶毛羽饰冠,海贝饰带。骏𫛶即鸑鸟也。骏音峻。𫛶音仪。
　　　　说在《司马相如传》。"

　　④师古曰:"姓北宫,名伯子。"

　　⑤师古曰:"嫣音偃。"

　　⑥师古曰:"秺音丁护反。"

　　⑦师古曰:"才过于常人耳,不能大厚也。"

　　⑧师古曰:"敕,整也。"

　　邓通,蜀郡南安人也,以濯船为黄头郎。①文帝尝梦欲上天,不能,有一黄头郎推上天,顾见其衣尻带后穿。②觉而之渐台,③以梦中阴目求推者郎，④见邓通，其衣后穿，梦中所见也。召问其名姓，姓邓，名通。邓犹登也，文帝甚说，⑤尊幸之，日日异。通亦愿谨，不好外交，⑥虽赐洗沐，不欲出。于是文帝赏赐通钜万以十数，⑦官至上大夫。

①师古曰："濯船，能持濯行船也。土胜水，其色黄，故刺船之郎皆著黄帽，因号曰黄头郎也。濯读曰擢，音直孝反。"

②师古曰："衣尻带后，谓衣当尻上而居革带之下处也。"

③师古曰："觉谓寝寤之寤也。未央殿西南有苍池，池中有渐臺。觉音工孝反。"

④师古曰："默而视之，求所梦者。"

⑤师古曰："说读曰悦。"

⑥师古曰："专谨曰愿，音願，又音原。"

⑦师古曰："每赐辄钜万，如此者十数。"

　　文帝时间如通家游戏，①然通无他伎能，不能有所荐达，独自谨身以媚上而已。上使善相人者相通，曰："当贫饿死。"上曰："能富通者在我，何说贫？"于是赐通蜀严道铜山，得自铸钱。②邓氏钱布天下，其富如此。

①师古曰："间谓投隙私行，不公显也。如，往也。"

②师古曰："严道属蜀郡。县有蛮夷曰道。"

　　文帝尝病痈，邓通常为上嗽吮之。①上不乐，从容问曰："天下谁最爱我者乎？"通曰："宜莫若太子。"太子入问疾，上使太子齰痈。②太子(嗽)〔齰〕痈而色难之。已而闻通尝为上齰〔之〕，[1]太子惭，繇是心恨通。③

①师古曰："嗽音山角反。吮音自兖反。"

②师古曰："齰，啮也，啮出其脓血。齰音仕客反。"

③师古曰："繇读与由同。其下类此。"

　　及文帝崩，景帝立，邓通免，家居。居无何，人有告通盗出徼外铸钱，①下吏验问，颇有，遂竟案，②[2]尽没入之，通家尚负责数巨万。③长公主赐邓通，④吏辄随没入之，一簪不得著身。于是长公主乃令假衣食。⑤竟不得名一钱，寄死人家。

①师古曰："徼犹塞也。东北谓之塞，西南谓之徼。塞者，以障塞为名。徼者，取徼遮之义也。徼音工钓反。"

②师古曰："遂，成也，成其罪状。"

③张晏曰："顾人采铜铸钱，未还庸直，而会没入故也。"师古曰："此说非也。积其前后所犯合没官者数多，除其见在财物以外，尚有负官数巨万，故云吏辄随没入之耳，非负顾庸之私直。"

④师古曰："即馆陶长公主，文帝之女也。"

⑤晋灼曰："使假贷而私为偿之也。"师古曰："此说非也。公主给其衣食也，而号云假借之耳，非通自有也。恐吏没入，故托云然。此所谓不得名一钱。"

赵谈者，以星气幸，北宫伯子长者爱人，故亲近，然皆不比邓通。

韩嫣字王孙，弓高侯颓当之孙也。武帝为胶东王时，嫣与上学书相爱。及上为太子，愈益亲嫣。嫣善骑射，聪慧。上即位，欲事伐胡，而嫣先习兵，①以故益尊贵，官至上大夫，赏赐拟邓通。②

①师古曰："言旧自便习。"

②师古曰："拟，比也。"

始时，嫣常与上共卧起。江都王入朝，从上猎上林中。天子车驾趋道未行，①先使嫣乘副车，从数十百骑驰视兽。江都王望见，以为天子，辟从者，伏谒道旁。②嫣驱不见。既过，江都王怒，为皇太后泣，请得归国③入宿卫，比韩嫣。太后繇此衔嫣。

①师古曰："已称趋，止行人讫，而天子未出也。"

②师古曰："辟去其从者，而身独伏谒也。辟音闢。"

③师古曰："还爵封于天子也。"

嫣侍，出入永巷不禁，①以奸闻皇太后。太后怒，使使赐嫣死。上为谢，终不能得，嫣遂死。

①师古曰："言上恣其出入也。"

嫣弟说，亦爱幸，①以军功封案道侯，巫蛊时为戾太子所杀。子增封龙雒侯，②大司马车骑将军，自有传。③

①师古曰：“说读曰悦。”
②师古曰：“雒字或作额。”
③师古曰：“在《韩信传》末。”

李延年，中山人，身及父母兄弟皆故倡也。①延年坐法腐刑，给事狗监中。②女弟得幸于上，号李夫人，列《外戚传》。延年善歌，为新变声。是时上方兴天地诸祠，欲造乐，令司马相如等作诗颂。延年辄承意弦歌所造诗，为之新声曲。而李夫人产昌邑王，延年繇是贵为协律都尉，佩二千石印绶，而与上卧起，其爱幸埒韩嫣。③久之，延年弟季与中人乱，出入骄恣。及李夫人卒后，其爱弛，④上遂诛延年兄弟宗族。

①师古曰：“乐人也。”
②师古曰：“掌天子之狗，于其中供事也。”
③师古曰：“埒，等齐。”
④师古曰：“弛，解也，音式尔反。”

是后宠臣，大氐外戚之家也。①卫青、霍去病皆爱幸，然亦以功能自进。

①师古曰：“氐，归也，音丁礼反。”

石显字君房，济南人；弘恭，沛人也。皆少坐法腐刑，为中黄门，以选为中尚书。宣帝时任中书官，恭明习法令故事，善为请奏，能称其职。恭为令，显为仆射。元帝即位数年，恭死，显代为中书令。

是时，元帝被疾，不亲政事，方隆好于音乐，以显久典事，中人无外党，①精专可信任，遂委以政。事无小大，因显白决，贵幸倾朝，百僚皆敬事显。显为人巧慧习事，能探得人主微指，内深贼，持诡辩以中伤人，②忮恨睚眦，辄被以危法。③初元中，前将军萧望之及光禄大夫周堪、宗正刘更生皆给事中。望之领尚书事，知显专权邪辟，④建白以为“尚书百官之本，国家枢机，⑤宜以通明公正处之。武帝游宴后庭，故用宦者，非古制也。宜罢中书宦官，应古不近刑人。”⑥元帝不听，繇是大与显忤。后皆害焉，望之自杀，堪、更生废锢，不得复进用，语在《望之传》。

后太中大夫张猛、魏郡太守京房、御史中丞陈咸、待诏贾捐之皆尝奏封事,或召见,言显短。显求索其罪,房、捐之弃市,猛自杀于公车,咸抵罪,髡为城旦。及郑令苏建得显私书奏之,后以它事论死。自是公卿以下畏显,重足一迹。⑦

①师古曰:"少骨肉之亲,无婚姻之家也。"

②师古曰:"诡,违也,违道之辩。"

③师古曰:"被,加也,音皮义反。"

④师古曰:"辟读曰僻。"

⑤师古曰:"立此议而白之。"

⑥师古曰:"《礼》'刑人不在君侧',故曰应古。"

⑦师古曰:"言极恐惧,不敢自宽纵。"

显与中书仆射牢梁、少府五鹿充宗结为党友,诸附倚者皆得宠位。①民歌之曰:"牢邪石邪,五鹿客邪! 印何累累,绶若若邪!"②言其兼官据势也。

①师古曰:"倚,依也,音於绮反。"

②师古曰:"累累,重积也。若若,长貌。累音力追反。"

显见左将军冯奉世父子为公卿著名,女又为昭仪在内,显心欲附之,荐言昭仪兄谒者逡①修敕宜侍帷幄。②天子召见,欲以为侍中,逡请间言事。上闻逡言显颛权,③天子大怒,罢逡归郎官。其后御史大夫缺,群臣皆举逡兄大鸿胪野王行能第一,天子以问显,显曰:"九卿无出野王者。然野王亲昭仪兄,臣恐后世必以陛下度越众贤,④私后宫亲以为三公。"上曰:"善,吾不见是。"⑤乃下诏嘉美野王,废而不用,语在《野王传》。

①师古曰:"逡音千旬反。"

②师古曰:"敕,整也。"

③师古曰:"颛与专同。其下类此。"

④师古曰:"度,过也。"

⑤师古曰:"言不见此理。"

显内自知擅权事柄在掌握,恐天子一旦纳用左右耳目,有以间己,①乃时归诚,取一信以为验。显尝使至诸官有所征发,显先自白,恐后漏尽宫门闭,请使诏吏开门。上许之。显故投夜还,称诏开门入。后果有上书告显颛命矫诏开宫门,天子闻之,笑以其书示显。显因泣曰:"陛下过私小臣,属任以事,②群下无不嫉妒欲陷害臣者,事类如此非一,唯独明主知之。愚臣微贱,诚不能以一躯称快万众,③任天下之怨,④臣愿归枢机职,受后宫扫除之役,死无所恨,唯陛下哀怜财幸,⑤以此全活小臣。"天子以为然而怜之,数劳勉显,加厚赏赐,赏赐及赂遗訾一万万。⑥

①师古曰:"间音工苋反。"

②师古曰:"过犹误也。属,委也,属音之欲反。"

③师古曰:"称音尺孕反。"

④师古曰:"任犹当也。"

⑤师古曰:"财与裁同。"

⑥师古曰:"赂遗,谓百官群下所遗也。訾读与赀同。"

初,显闻众人匈匈,言己杀前将军萧望之。望之当世名儒,显恐天下学士姗己,①病之。是时,明经著节士琅邪贡禹为谏大夫,显使人致意,深自结纳。显因荐禹天子,历位九卿,至御史大夫,礼事之甚备。议者于是称显,以为不妒谮望之矣。显之设变诈以自解免取信人主者,皆此类也。

①师古曰:"姗,古讪字。讪,谤也,音所谏反。"

元帝晚节寝疾,①定陶恭王爱幸,显拥祐太子颇有力。元帝崩,成帝初即位,迁显为长信中太仆,秩中二千石。显失倚,离权数月,丞相御史条奏显旧恶,及其党牢梁、陈顺皆免官。显与妻子徙归故郡,忧满不食,道病死。②诸所交结,以显为官,皆废罢。少府五鹿充宗左迁玄菟太守,御史中丞伊嘉为雁门都尉。长安谣曰:"伊徙雁,鹿徙菟,去牢与陈实无贾。"③

①师古曰:"晚节犹言末时也。"

②师古曰："满读曰懑，音闷。"

③师古曰："贾读曰价。"

淳于长字子孺，魏郡元城人也。少以太后姊子为黄门郎，未进幸。会大将军王凤病，长侍病，晨夜扶丞左右，甚有甥舅之恩。凤且终，以长属托太后及帝。①帝嘉长义，拜为列校尉诸曹，迁水衡都尉侍中，至卫尉九卿。

①师古曰："属音之欲反。"

久之，赵飞燕贵幸，上欲立以为皇后，太后以其所出微，难之。长主往来通语东宫。①岁馀，赵皇后得立，上甚德之，乃追显长前功，下诏曰："前将作大匠解万年奏请营作昌陵，罢弊海内，②侍中卫尉长数白宜止徙家反故处，③朕以长言下公卿，议者皆合长计。首建至策，民以康宁。④其赐长爵关内侯。"后遂封为定陵侯，大见信用，贵倾公卿。外交诸侯牧守，赂遗赏赐亦絫钜万。⑤多畜妻妾，淫于声色，不奉法度。

①师古曰："主犹专。"

②师古曰："罢读曰疲。"

③师古曰："陵置邑，徙人以实之。长奏令止所徙之家各还本处。"

④师古曰："康，安也。"

⑤师古曰："絫，古累字也。其下亦同。"

初，许皇〔后〕坐执左道[3]废处长定宫，而后姊嬺为龙额思侯夫人，①寡居。长与额私通，因取为小妻。许后因嬺赂遗长，欲求复为倢伃。长受许后金钱乘舆服御物前后千馀万，诈许为白上，立以为左皇后。嬺每入长定宫，辄与嬺书，戏侮许后，嫚易无不言。②交通书记，赂遗连年。是时，帝舅曲阳侯王根为大司马票骑将军，辅政数岁，久病，数乞骸骨。长以外亲居九卿位，次第当代根。根兄子新都侯王莽心害长宠，私闻长取许嬺，受长定宫赂遗。莽侍曲阳侯疾，因言"长见将军久病，意喜，自以当代辅政，至对衣冠议语署置。"③具言其罪过。根怒曰："即如是，何不白也？"莽曰："未知将军意，故未敢言。"根曰："趣白东宫。"④莽求见太后,具言长骄佚,⑤欲代曲阳侯,对莽母上车,⑥私与长定贵人姊通,受取其衣物。太后亦怒曰:"儿至如此！往白之帝！"莽白上,上乃免长官,遣就国。

①晋灼曰:"嬻音靡。"

②师古曰:"嫚,亵污也。易,轻也。易音弋豉反。"

③师古曰:"自谓当辅政,故豫言某人为某官,某人为某事。"

④师古曰:"趣读曰促。"

⑤师古曰:"佚读与逸同。"

⑥师古曰:"莽母于长,舅之妻也,上车当于异处。便于前上,言不敬。"

初,长为侍中,奉两宫使,亲密。①红阳侯立独不得为大司马辅政,立自疑为长毁譖,常怨毒长。上知之。及长当就国也,立嗣子融从长请车骑,②长以珍宝因融重遗立,立因为长言。于是天子疑焉,下有司案验。吏捕融,立令融自杀以灭口。上愈疑其有大奸,遂逮长系洛阳诏狱穷治。长具服戏侮长定宫,③谋立左皇后,罪至大逆,死狱中。妻子当坐者徙合浦,母若归故郡。④红阳侯立就国。将军卿大夫郡守坐长免罢者数十人。莽遂代根为大司马。久之,还长母及子酺于长安。⑤后酺有罪,莽复杀之,徙其家属〔归〕故郡。[4]

①师古曰:"言为使者传言语于太后及帝,欲立赵飞燕之类。"

②师古曰:"嗣子谓嫡长子,当为嗣者也。"

③师古曰:"侮,古侮字。"

④师古曰:"若者,其母名。"

⑤师古曰:"酺音蒲。"

始长以外亲亲近,①其爱幸不及富平侯张放。放常与上卧起,俱为微行出入。

①师古曰:"亲近谓近幸于天子。近音其靳反。"

董贤字圣卿,云阳人也。父恭,为御史,任贤为太子舍人。哀帝立,贤随太子官为郎。①二岁馀,贤传漏在殿下,②为人美丽自喜,③哀帝望见，说其仪貌，④识而问之，曰："是舍人董贤邪？"因引上与语，拜为黄门郎，繇是始幸。问及其父为云中侯，即日征为霸陵令，迁光禄大夫。贤宠爱日甚，为驸马都尉侍中，出则参乘，入御左右，旬月间赏赐累巨万，贵震朝廷。当与上卧起。尝昼寝，偏藉上褎，⑤上欲起，贤未觉，⑥不欲动贤，乃断褎而起。其恩爱至此。贤亦性柔和便辟，善为媚以自固。每赐洗沐，不肯出，（尝）〔常〕留中视医药。[5]上以贤难归，诏令贤妻得通引籍殿中，止贤庐，⑦若吏妻子居官寺舍。又（诏）〔召〕贤女弟以为昭仪，[6]位次皇后，更名其舍为椒风，以配椒房云。⑧昭仪及贤与妻旦夕上下，并侍左右。赏赐昭仪及贤妻亦各千万数。迁贤父为少府，赐爵关内侯，食邑，复徙为卫尉。又以贤妻父为将作大匠，弟为执金吾。诏将作大匠为贤起大第北阙下，重殿洞门，⑨木土之功穷极技巧，柱槛衣以绨锦。⑩下至贤家僮仆皆受上赐，及武库禁兵，上方珍宝。其选物上弟尽在董氏，而乘舆所服乃其副也。及至东园秘器，珠襦玉柙，豫以赐贤，无不备具。⑪又令将作为贤起冢茔义陵旁，内为便房，刚柏题凑，⑫外为徼道，周垣数里，门阙罘罳甚盛。

①师古曰："东宫官属，随例迁也。"

②师古曰："传漏，奏时刻。"

③师古曰："喜音许吏反。"

④师古曰："说读曰悦。"

⑤师古曰："藉谓身卧其上也。褎，古袖字。"

⑥师古曰："觉，寐之寤也，音工效反。"

⑦师古曰："庐谓殿中所宿止处也。"

⑧师古曰："皇后殿称椒房。欲配其名，故曰椒风。"

⑨师古曰："重殿谓有前后殿，洞门谓门门相当也。皆僭天子之制度者也。"

⑩师古曰："槛谓轩阑之板也。绨，厚缯也，音徒奚反。"

⑪师古曰："东园，署名也。《汉旧仪》云东园秘器作棺梓，素木长二丈，崇广四尺。珠襦，以珠为襦，如铠状，连缝之，以黄金为镂，要以下，玉为柙，至足，亦缝以黄金为缕。"

⑫孟康曰："坚刚之柏也。"师古曰："题凑解在《霍光传》。"

上欲侯贤而未有缘。会待诏孙宠、息夫躬等告东平王云后谒祠祀祝诅,①下有司治,皆伏其辜。上于是令躬、宠为因贤告东平事者,乃以其功下诏封贤为高安侯,躬宜陵侯,宠方阳侯,食邑各千户。顷之,复益封贤二千户。丞相王嘉内疑东平事冤,甚恶躬等,数谏争,以贤为乱国制度,嘉竟坐言事下狱死。

①师古曰:"谒者,后之名。"

上初即位,祖母傅太后、母丁太后皆在,两家先贵。傅太后从弟喜先为大司马辅政,数谏,失太后指,免官。上舅丁明代为大司马,亦任职,颇害贤宠,及丞相王嘉死,明甚怜之。上寖重贤,欲极其位,①而恨明如此,遂册免明曰:"前东平王云贪欲上位,祠祭祝诅,云后舅伍宏以医待诏,与校秘书郎杨闳结谋反逆,祸甚迫切。赖宗庙神灵,董贤等以闻,咸伏其辜。将军从弟侍中奉车都尉吴、族父左曹屯骑校尉宣皆知宏及棚丹诸侯王后亲,②而宣除用丹为御属,吴与宏交通厚善,数称荐宏。宏以附吴得兴其恶心,因医技进,几危社稷,③朕以恭皇后故,不忍有云。④将军位尊任重,既不能明威立义,折消未萌,⑤又不深疾云、宏之恶,而怀非君上,阿为宣、吴,⑥反痛恨云等扬言为群下所冤,又亲见言伍宏善医,死可惜也,⑦贤等获封极幸。嫉妒忠良,非毁有功,於戏伤哉!⑧盖'君亲无将,将而诛之'。⑨是以季友鸩叔牙,《春秋》贤之;赵盾不讨贼,谓之弒君。⑩朕闵将军陷于重刑,故以书饬。⑪将军遂非不改,复与丞相嘉相比,⑫令嘉有依,得以罔上。有司致法将军请狱治,朕惟噬肤之恩未忍,⑬其上票骑将军印绶,罢归就第。"遂以贤代明为大司马卫将军,册曰:"朕承天序,惟稽古建尔于公,以为汉辅。往悉尔心,统辟元戎,⑭折冲绥远,匡正庶事,允执其中。天下之众,受制于朕,以将为命,以兵为威,可不慎与!"⑮是时贤年二十二,虽为三公,常给事中,领尚书,百官因贤奏事。以父恭不宜在卿位,徙为光禄大夫,秩中二千石。弟宽信代贤为驸马都尉。董氏亲属皆侍中诸曹奉朝请,宠在丁、傅之右矣。⑯

①师古曰:"寖,益也。"

②师古曰:"棚,姓也,音许羽反。"

③师古曰:"几音钜依反。"

④师古曰:"恭皇后,谓丁后,即哀帝母。"

⑤师古曰:"未萌,谓祸难之未生者。"

⑥师古曰:"以君上为非,怀此心也。"

⑦师古曰:"见,见天子也。"

⑧师古曰:"於读曰乌,戏读曰呼。"

⑨师古曰:"将谓将为逆乱也。"

⑩师古曰:"季友,鲁桓公少子,庄公母弟也。叔牙亦桓公子。庄公有疾,叔牙欲立其同母兄庆父,故季友使鸩季鸩之。《公羊传》曰:'季子杀兄何善尔?诛不得避兄弟,君臣之义也。'赵盾,晋大夫赵宣子也,灵公欲杀之。宣子将出奔,而赵穿攻灵公于桃园,宣子未出山而复。太史书曰:'赵盾弑其君。'宣子曰:'不然。'曰:'子为正卿,亡不越境,反不讨贼,非子而谁?'孔子曰:'董狐,古之良史也,书法不隐。赵宣子,古之良大夫也,为法受恶。'"

⑪师古曰:"饬与敕同。"

⑫师古曰:"比谓比周也,音频寐反。"

⑬孟康曰:"《易》曰'噬肤灭鼻'。噬,食也。肤,膏也。喻爵禄恩泽加之,不忍诛也。"师古曰:"孟说非也。《易·噬嗑卦》九二爻辞曰'噬肤灭鼻'。噬肤者,言自啮其肌肤。诏云,为明是恭后之亲,有肌肤之爱,是以不忍加法,故引噬肤之言也。"

⑭师古曰:"悉,尽也。统,领也。辟,君也。元戎,大众也。言为元戎之主而统之也。辟音必亦反。"

⑮师古曰:"与读曰欤。"

⑯师古曰:"右,上也。"

明年,匈奴单于来朝,宴见,群臣在前。单于怪贤年少,以问译,①上令译报曰:"大司马年少,以大贤居位。"单于乃起拜,贺汉得贤臣。

①师古曰:"传语之人也。"

初,丞相孔光为御史大夫,时贤父恭为御史,事光。及贤为大司马,与光并为三公,上故令贤私过光。光雅恭谨,知上欲尊宠贤,及闻贤当来也,光警戒衣冠出门待,望见贤车乃却入。贤至中门,光入阁,既下车,乃出拜谒,送迎甚谨,不敢以宾客均敌之礼。贤归,上闻之喜,立拜光两兄子为谏大夫常侍。贤繇是权与人主侔矣。①

①师古曰:"侔,等也。"

是时,成帝外家王氏衰废,唯平阿侯谭子去疾,哀帝为太子时为庶子得幸,及即位,为侍中骑都尉。上以王氏亡在位者,遂用旧恩亲近去疾,复进其弟闳为中常侍。闳妻父萧咸,前将军望之子也,久为郡守,病免,为中郎将。兄弟并列,贤父恭慕之,欲与结婚姻。闳为贤弟驸马都尉宽信求咸女为妇,咸惶恐不敢当,私谓闳曰:"董公为大司马,册文言‘允执其中’,此乃尧禅舜之文,非三公故事,长老见者,莫不心惧。此岂家人子所能堪邪!"①闳性有知略,闻咸言,心亦悟。乃还报恭,深达咸自谦薄之意。恭叹曰:"我家何用负天下,而为人所畏如是!"意不说。②后上置酒麒麟殿,③贤父子亲属宴饮,王闳兄弟侍中中常侍皆在侧。上有酒所,④从容视贤笑,⑤曰:"吾欲法尧禅舜,何如?"闳进曰:"天下乃高皇帝天下,非陛下之有也。陛下承宗庙,当传子孙于亡穷。统业至重,天子亡戏言!"上默然不说,⑥左右皆恐。于是遣闳出,后不得复侍宴。

①师古曰:"家人犹言庶人也,盖咸自谓。"
②师古曰:"说读曰悦。"
③师古曰:"在未央宫。"
④师古曰:"言酒在体中。"
⑤师古曰:"从音千容反。"
⑥师古曰:"说读曰悦。"

贤第新成,功坚,①其外大门无故自坏,贤心恶之。后数月,哀帝崩。太皇太后召大司马贤,引见东厢,问以丧事调度。贤内忧,不能对,免冠谢。太后曰:"新都侯莽前以大司马奉送先帝大行,晓习故事,吾令莽佐君。"贤顿首幸甚。太后遣使者召莽。既至,以太后指使尚书劾贤帝病不亲医药,禁止贤不得入出宫殿司马中。贤不知所为,诣阙免冠徒跣谢。莽使谒者以太后诏即阙下册贤②曰:"间者以来,阴阳不调,菑害并臻,③元元蒙辜。④夫三公,鼎足之辅也,高安侯贤未更事理,⑤为大司马不合众心,非所以折冲绥远也。其收大司马印绶,罢归第。"即日贤与妻皆自杀,家惶恐夜葬。莽疑其诈死,有司奏请发贤棺,至狱诊视。⑥莽复风大司徒光奏"贤⑦质性巧佞,翼奸以获封侯,⑧父子专朝,兄弟并宠,多受赏赐,治第宅,造冢圹,放效无极,不异王制,⑨费以万万计,国家为空虚。父子骄蹇,至不为使者礼,⑩受赐不拜,罪恶暴著。贤自杀伏辜,死后父恭等不悔过,乃复以沙画棺⑪四时之色,左苍龙,右白虎,上著金银日月,玉衣珠璧以棺,⑫至尊无以加。恭等幸得免于诛,不宜在中土。臣请收没入财物县官。诸以贤为官者皆免。"父恭、弟宽信与家属徙合浦,母别归故郡钜鹿。长安中小民讙哗,乡其弟哭,几获盗之。⑬县官斥卖董氏财凡四十三万万。贤既见发,裸诊其尸,⑭因埋狱中。

① 师古曰:"言尽功力而作之,极坚牢也。功字或作攻。攻,治也,言作治之甚坚牢。"

② 师古曰:"即,就也。"

③ 师古曰:"菑,古灾字。"

④ 师古曰:"蒙,被也。"

⑤ 师古曰:"更,历也,音工衡反。"

⑥ 师古曰:"谓发冢取其棺柩也。诊,验也,音轸。"

⑦ 师古曰:"风读曰讽。光,孔光也。"

⑧ 师古曰:"翼,进也。"

⑨ 师古曰:"放,依也,音甫往反。"

⑩ 师古曰:"言不敬天子之使。"

⑪ 师古曰:"以朱砂涂之,而又雕画也。"

⑫ 师古曰:"以此物棺敛也。棺音工唤反。"

⑬ 师古曰:"阳往哭之,实欲窃盗也。乡读曰向。几读曰冀。"

⑭ 师古曰:"裸,露形也,音郎果反。"

贤所厚吏沛朱诩自劾去大司马府,买棺衣收贤尸葬之。王莽闻之而大怒,以它罪击杀诩。诩子浮建武中贵显,至大司马,司空,封侯。而王闳王莽时为牧守,所居见纪,莽败乃去官。世祖下诏曰:"武王克殷,表商容之间。① 闳修善谨敕,兵起,吏民独不争其头首。今以闳子补吏。"至墨绶卒官。萧咸外孙云。

　　①师古曰:"商容,殷贤人。"

　　赞曰:柔曼之倾意,①非独女德,盖亦有男色焉。观籍、闳、邓、韩之徒非一,而董贤之宠尤盛,父子并为公卿,可谓贵重人臣无二矣。然进不繇道,②位过其任,莫能有终,所谓爱之适足以害之者也。汉世衰于元、成,坏于哀、平。哀、平之际,国多衅矣。③主疾无嗣,弄臣为辅,鼎足不强,栋干微挠。④一朝帝崩,奸臣擅命,董贤缢死,丁、傅流放,辜及母后,夺位幽废,⑤咎在亲便嬖,所任非仁贤。故仲尼著"损者三友",⑥王者不私人以官,殆为此也。⑦

　　①师古曰:"曼,泽也,言其质柔而色理光泽也。"
　　②师古曰:"言本不以德进。繇读与由同。"
　　③师古曰:"衅谓间隙也。"
　　④师古曰:"挠,弱也,音女教反。"
　　⑤师古曰:"谓贬皇太后赵氏为孝成皇后,退居北宫,哀皇后傅氏退居桂宫。"
　　⑥师古曰:"《论语》称孔子曰:'损者三友:友便辟,友善柔,友便佞,损矣。'"
　　⑦师古曰:"殆,近也。"

【校勘记】

　〔1〕 太子(嗽)〔醋〕痈而色难之。已而闻通尝为上醋〔之〕,　景祐、殿本"嗽"作"醋",下"醋"字下有"之"字。

　〔2〕 遂竟案,②　注②原在"遂"字下。刘攽说,"遂"字属下句。王先谦说刘说是。

　〔3〕 初,许皇〔后〕坐执左道　景祐、殿、局本都有"后"字,此脱。

　〔4〕 徙其家属〔归〕故郡。　景祐、殿本有"归"字。王先谦说有"归"字是。

　〔5〕 (尝)〔常〕留中视医药。　景祐、殿本都作"常"。王先谦说作"常"是。

　〔6〕 又(诏)〔召〕贤女弟以为昭仪,　景祐、殿本都作"召"。杨树达说作"召"是。

汉书卷九十四上

匈奴传第六十四上

匈奴，其先夏后氏之苗裔，曰淳维。① 唐虞以上有山戎、猃允、薰粥，② 居于北边，随草畜牧而转移。其畜之所多则马、牛、羊，其奇畜则橐佗、驴、骡、駃騠、騊駼、驒騱。③ 逐水草迁徙，无城郭常居耕田之业，然亦各有分地。④ 无文书，以言语为约束。儿能骑羊，引弓射鸟鼠，⑤ 少长则射狐兔，⑥ 肉食。⑦ 士力能弯弓，尽为甲骑。其俗，宽则随畜田猎禽兽为生业，急则人习战攻以侵伐，⑧ 其天性也。其长兵则弓矢，短兵则刀铤。⑨ 利则进，不利则退，不羞遁走。苟利所在，不知礼义。自君王以下咸食畜肉，衣其皮革，被旃裘。壮者食肥美，老者饮食其馀。贵壮健，贱老弱。父死，妻其后母；兄弟死，皆取其妻妻之。其俗有名不讳而无字。

①师古曰："以殷时始奔北边。"

②师古曰："皆匈奴别号。猃音险。粥音(戈)〔弋〕六反。"[1]

③师古曰："橐佗，言能负橐囊而驮物也。骡，驴种而马生也。駃騠，俊马也，生七日而超其母。騊駼，马类也，生北海。驒騱，驱驢类也。佗音徒何反。駃音决。騠音提。騊音桃。駼音涂。驒音颠。"

④师古曰："分音扶问反。其下亦同。"

⑤师古曰："言其幼小则能射。"

⑥师古曰："少长言渐大。"

⑦师古曰："言无米粟，唯食肉。"

⑧师古曰："人人皆习之。"

⑨师古曰："铤，铁把小矛也，音蝉。"

夏道衰，而公刘失其稷官，变于西戎，① 邑于豳。② 其后三百有馀岁，戎狄攻太王亶父,③亶父亡走于岐下,④豳人悉从亶父而邑焉,作周。⑤其后百有馀岁,周西伯昌伐畎夷。⑥后十有馀年,武王伐纣而营雒邑,复居于酆镐,放逐戎夷泾、洛之北,⑦以时入贡,名曰荒服。其后二百有馀年,周道衰,而周穆王伐畎戎,⑧得四白狼四白鹿以归。自是之后,荒服不至。于是作《吕刑》之辟。⑨至穆王之孙懿王时,王室遂衰,戎狄交侵,暴虐中国。中国被其苦,诗人始作,疾而歌之,曰:“靡室靡家,猃允之故”;“岂不日戒,猃允孔棘。”⑩至懿王曾孙宣王,兴师命将以征伐之,诗人美大其功,曰:“薄伐猃狁,至于太原”;⑪“出车彭彭”,“城彼朔方。”⑫是时四夷宾服,称为中兴。

①师古曰:“公刘,后稷之曾孙也。变,化也,谓行化于其俗。”

②师古曰:“即今之豳州是其地也。”

③师古曰:“自公刘至亶父凡九君也。父读曰甫。”

④师古曰:“岐山之下。”

⑤师古曰:“始作周国也。”

⑥师古曰:“西伯昌即文王也。畎音工犬反。畎夷即畎戎也,又曰昆夷。昆字或作混,又作绲,二字并音工本反。昆、绲、畎声相近耳。亦曰犬戎也。《山海经》云:‘黄帝生苗龙,苗龙生融吾,融吾生弄明,弄明生白犬。白犬有二,牝牡,是为犬戎。’许氏《说文解字》曰‘赤狄本犬种也’,故字从犬。”

⑦师古曰:“此洛即漆沮水也,本出上郡雕阴泰冒山,而东南入于渭。”

⑧师古曰:“穆王,成王孙,康王子也。”

⑨师古曰:“即《尚书·吕刑》篇是也。辟,法也,音闢。”

⑩师古曰:“《小雅·采薇》之诗也。孔,甚也。棘,急也。言征役逾时,靡有室家夫妇之道者,以有猃允之难故也。岂不日日相警戒乎?猃允之难甚急。”

⑪师古曰:“《小雅·六月》之诗也。薄伐,言逐出之。”

⑫师古曰:“《小雅·出车》之诗也。彭彭,盛也。朔方,北方也。言猃允既去,北方安静,乃筑城以守。”

至于幽王,用宠姬褒姒之故,与申(后)〔侯〕有隙。①〔2〕申侯怒而与畎戎共攻杀幽王于丽山之下,②遂取周之地,卤获而居于泾渭之间,侵暴中国。秦襄公救周,于是周平王去酆镐而东徙于雒邑。③当时秦襄公伐

戎至邠,④始列为诸侯。后六十有五年,而山戎越燕而伐齐,齐釐公与
战于齐郊。⑤后四十四年,而山戎伐燕。燕告急齐,齐桓公北伐山戎,山
戎走。后二十馀年,而戎翟至雒邑,伐周襄王,⑥襄王出奔于郑之氾
邑。⑦初,襄王欲伐郑,故取翟女为后,与翟共伐郑。已而黜翟后,翟后
怨,而襄王继母曰惠后,有子带,欲立之,于是惠后与翟后、子带为内应,
开戎翟,戎翟以故得入,破逐襄王,而立子带为王。于是戎翟或居于陆
浑,⑧东至于卫,侵盗尤甚。周襄王既居外四年,乃使使告急于晋。晋
文公初立,欲修霸业,乃兴师伐戎翟,诛子带,迎内襄王于洛邑。

①师古曰:"幽王,宣王之子。"

②师古曰:"丽读曰骊。"

③师古曰:"平王,幽王之子。"

④师古曰:"邠,古岐字。"

⑤师古曰:"釐读曰僖。"

⑥师古曰:"襄王,惠王之子。"

⑦苏林曰:"氾音凡,今颍川襄城是也。"师古曰:"以襄王尝处之,因号襄城。"

⑧师古曰:"今伊阙南陆浑山川是其地。"

当是时,秦晋为强国。晋文公攘戎翟,居于西河圜、洛之间,①号曰
赤翟、白翟。②而秦穆公得由余,西戎八国服于秦。故陇以西有绵诸、畎
戎、狄獂之戎,③在岐、梁、泾、漆之北有义渠、大荔、乌氏、朐衍之戎,④而
晋北有林胡、楼烦之戎,燕北有东胡、山戎。⑤各分散溪谷,自有君长,往
往而聚者百有馀戎,然莫能相壹。

①晋灼曰:"圜音嚣。《三仓》作圁。《地理志》:'圁水出上郡白土县西,东流入
河。'"师古曰:"圁水即今银州银水是也。书本作圁,晋说是也。后转写者误
为圜耳。洛水亦谓漆沮。"

②师古曰:"《春秋》所书晋师灭赤狄潞氏,邻缺获白狄子者。"

③师古曰:"皆在天水界,即绵诸道及獂道是也。獂音(完)〔桓〕。"〔3〕

④师古曰:"此漆水在新平。荔音隶。氏音支。朐音许于反。"

⑤服虔曰:"乌桓之先也,后为鲜卑。"

自是之后百有馀年,晋悼公使魏绛和戎翟,戎翟朝晋。后百有馀

年,赵襄子逾句注而破之,并代以临胡貉。①后与韩魏共灭知伯,分晋地而有之,则赵有代、句注以北,而魏有西河、上郡,以与戎界边。其后,义渠之戎筑城郭以自守,而秦稍蚕食之,至于惠王,遂拔义渠二十五城。惠王伐魏,魏尽入西河及上郡于秦。秦昭王时,义渠戎王与宣太后乱,有二子。②宣太后诈而杀义渠戎王于甘泉,遂起兵伐灭义渠。于是秦有陇西、北地、上郡,筑长城以距胡。而赵武灵王亦变俗胡服,习骑射,北破林胡、楼烦,自代并阴山下至高阙为塞,③而置云中、雁门、代郡。其后燕有贤将秦开,为质于胡,胡甚信之。归而袭破东胡,〔东胡〕却千馀里。④〔4〕与荆轲刺秦王秦舞阳者,开之孙也。燕亦筑长城,自造阳至襄平,⑤置上谷、渔阳、右北平、辽西、辽东郡以距胡。当是时,冠带战国七,而三国边于匈奴。⑥其后赵将李牧时,匈奴不敢入赵边。后秦灭六国,而始皇帝使蒙恬将数十万之(物)〔众〕北击胡,〔5〕悉收河南地,因河为塞,筑四十四县城临河,徙适戍以充之。⑦而通直道,自九原至云阳,因边山险,堑溪谷,可缮者缮之,⑧起临洮至辽东万馀里。又度河据阳山北假中。⑨

①师古曰:"貉音莫伯反。"

②师古曰:"即昭王母也。"

③师古曰:"并音步浪反。高阙,解在《卫青霍去病传》。"

④师古曰:"却,退也,音丘略反。"

⑤师古曰:"造阳,地名,在上谷界。襄平即辽东所治也。"

⑥如淳曰:"燕、赵、秦。"

⑦师古曰:"適读曰谪。有罪谪合徙戍者,令徙居之。"

⑧师古曰:"缮,补也。"

⑨师古曰:"北假,地名。"

当是时,东胡强而月氏盛。①匈奴单于曰头曼,②头曼不胜秦,北徙。十有馀年而蒙恬死,诸侯畔秦,中国扰乱,诸秦所徙适边者皆复去,③于是匈奴得宽,复稍度河南与中国界于故塞。

①师古曰:"氏音支。"

②师古曰:"曼音莫安反。"

③师古曰:"適音谪。"

单于有太子,名曰冒顿。后有爱阏氏,生少子,①头曼欲废冒顿而立少子,乃使冒顿质于月氏。冒顿既质,而头曼急击月氏。月氏欲杀冒顿,冒顿盗其善马,骑亡归。头曼以为壮,令将万骑。冒顿乃作鸣镝,②习勒其骑射,③令曰:"鸣镝所射而不悉射者斩。"行猎兽,有不射鸣镝所射辄斩之。已而,冒顿以鸣镝自射善马,左右或莫敢射,冒顿立斩之。居顷之,复以鸣镝自射其爱妻,左右或颇恐,不敢射,复斩之。顷之,冒顿出猎,以鸣镝射单于善马,左右皆射之。于是冒顿知其左右可用,从其父单于头曼猎,以鸣镝射头曼,其左右皆随鸣镝而射杀头曼,尽诛其后母与弟及大臣不听从者。于是冒顿自立为单于。

①师古曰:"阏氏,匈奴皇后号也。阏音於连反。氏音支。"

②应劭曰:"髐箭也。"师古曰:"镝音嫡。髐音呼交反。"

③师古曰:"勒其所部骑,皆习射也。"

冒顿既立,时东胡强,闻冒顿杀父自立,乃使使谓冒顿曰:"欲得头曼时号千里马。"冒顿问群臣,群臣皆曰:"此匈奴宝马也,勿予。"冒顿曰:"奈何与人邻国爱一马乎?"遂与之。顷之,东胡以为冒顿畏之,使使谓冒顿曰:"欲得单于一阏氏。"冒顿复问左右,左右皆怒曰:"东胡无道,乃求阏氏!请击之。"冒顿曰:"奈何与人邻国爱一女子乎?"遂取所爱阏氏予东胡。东胡王愈骄,西侵。与匈奴中间有弃地莫居千馀里,各居其边为瓯脱。①东胡使使谓冒顿曰:"匈奴所与我界瓯脱外弃地,匈奴不能至也,吾欲有之。"冒顿问群臣,或曰:"此弃地,予之。"于是冒顿大怒,曰:"地者,国之本也,奈何予人!"诸言与者,皆斩之。冒顿上马,令国中有后者斩,遂东袭击东胡。东胡初轻冒顿,不为备。及冒顿以兵至,大破灭东胡王,虏其民众畜产。既归,西击走月氏,南并楼烦、白羊河南王,②悉复收秦所使蒙恬所夺匈奴地者,与汉关故河南塞,至朝那、肤施,③遂侵燕、代。是时汉方与项羽相距,中国罢于兵革,④以故冒顿得自强,控弦之士三十馀万。⑤

①服虔曰：“瓯脱，作土室以伺也。”师古曰：“境上候望之处，若今之伏宿（处）〔舍〕也。[6]瓯音一侯反。脱音土活反。”

②师古曰：“二王之居在河南。”

③师古曰：“朝那属安定。肤施属上郡。”

④师古曰：“罢读曰疲。”

⑤师古曰：“控，引也。控弦，言能引弓者。”

自淳维以至头曼千有馀岁，时大时小，别散分离，尚矣，①其世传不可得而次。然至冒顿，而匈奴最强大，尽服从北夷，而南与诸夏为敌国，其世（信）〔姓〕官号可得而记云。[7]

①师古曰：“尚，久远。”

单于姓挛鞮氏，①其国称之曰“撑犁孤涂单于”。②匈奴谓天为“撑犁”，谓子为“孤涂”，单于者，广大之貌也，言其象天单于然也。置左右贤王，左右谷蠡，③左右大将，左右大都尉，左右大当户，左右骨都侯。匈奴谓贤曰“屠耆”，故常以太子为左屠耆王。自左右贤王以下至当户，大者万馀骑，小者数千，凡二十四长，立号曰“万骑”。其大臣皆世官。呼衍氏，兰氏，④其后有须卜氏，此三姓，其贵种也。诸左王将居东方，直上谷以东，⑤接秽貉、朝鲜；右王将居西方，直上郡以西，接氐、羌；而单于庭直代、云中。各有分地，逐水草移徙。而左右贤王、左右谷蠡最大国，左右骨都侯辅政。诸二十四长，亦各自置千长、百长、什长、裨小王、⑥相、都尉、当户、且渠之属。⑦

①师古曰：“挛音力全反。鞮音丁奚反。”

②苏林曰：“撑音掌距之掌。”师古曰：“音丈庚反。”

③师古曰：“谷音鹿。蠡音卢奚反。”

④师古曰：“呼衍，即今鲜卑姓呼延者是也。兰姓今亦有之。”

⑤师古曰：“直，当也。其下亦同也。”

⑥师古曰：“裨音频移反。”

⑦师古曰：“且音子馀反。今之沮渠姓，盖本因此官。”

岁正月，诸长小会单于庭，祠。五月，大会龙城，祭其先、天地、鬼

神。秋,马肥,大会蹛林,课校人畜计。①其法,拔刃尺者死,坐盗者没入
其家;有罪,小者轧,②大者死。狱久者不满十日,一国之囚不过数人。
而单于朝出营,拜日之始生,夕拜月。其坐,长左而北向。③日上戊己。
其送死,有棺椁金银衣裳,而无封树丧服;近幸臣妾从死者,多至数十百
人。④举事常随月,盛壮以攻战,月亏则退兵。其攻战,斩首虏赐一卮
酒,而所得卤获因以予之,得人以为奴婢。故其战,人人自为趋利,⑤善
为诱兵以包敌。⑥故其逐利,如鸟之集;其困败,瓦解云散矣。战而扶舆
死者,尽得死者家财。

> ①服虔曰:"蹛音带,匈奴秋社八月中皆会祭处也。"师古曰:"蹛者,绕林木而
> 　祭也。鲜卑之俗,自古相传,秋天之祭,无林木者尚竖柳枝,众骑驰绕三周
> 　乃止。此其遗法。计者,人畜之数。"
>
> ②服虔曰:"刃刻其面也。"如淳曰:"轧,柱杖也。"师古曰:"二说皆非也。轧谓
> 　辗轹其骨节,若今之厌踝者也。轧音於黠反。辗音女展反。"
>
> ③师古曰:"左者,以左为尊。"
>
> ④师古曰:"或数十人,或百人。"
>
> ⑤师古曰:"趋读曰趣。趣,向也。"
>
> ⑥师古曰:"包裹取之。"

后北服浑窳、屈射、丁零、隔昆、(龙)新犁之国。①〔8〕于是匈奴贵人大
臣皆服,以冒顿为贤。

> ①师古曰:"五小国也。浑音胡昆反。窳音(戈)〔弋〕主反。〔9〕犁音犁。"

是时,汉初定,徙韩王信于代,都马邑。匈奴大攻围马邑,韩信降匈
奴。匈奴得信,因引兵南逾句注,攻太原,至晋阳下。高帝自将兵往击
之。会冬大寒雨雪,①卒之堕指者十二三,于是冒顿阳败走,诱汉兵。
汉兵逐击冒顿,冒顿匿其精兵,见其羸弱,于是汉悉兵,多步兵,三十二
万,北逐之。高帝先至平城,步兵未尽到,冒顿纵精兵三十馀万骑围高
帝于白登,七日,②汉兵中外不得相救饷。匈奴骑,其西方尽白,东方尽
骓,北方尽骊,南方尽骍马。③高帝乃使使间厚遗阏氏,④阏氏乃谓冒顿
曰:"两主不相困。今得汉地,单于终非能居之。且汉主有神,单于察

之。"冒顿与韩信将王黄、赵利期,而兵久不来,疑其与汉有谋,亦取阏氏之言,乃开围一角。于是高皇帝令士皆持满傅矢外乡,从解角直出,⑤得与大军合,而冒顿遂引兵去。汉亦引兵罢,使刘敬结和亲之约。

①师古曰:"雨音于具反。"

②师古曰:"白登在平城东南,去平城十馀里。"

③师古曰:"骃,青马也。骊,深黑;骍,赤马也。骃音尨。骍音先营反。"

④师古曰:"求间隙而私遗之。"

⑤师古曰:"傅读曰附。乡读曰向。言满引弓弩,注矢外捍,从解围之隅(直角)〔角直〕以出去。"〔10〕

是后韩信为匈奴将,及赵利、王黄等数背约,侵盗代、雁门、云中。居无几何,陈豨反,①与韩信合谋击代。汉使樊哙往击之,复收代、雁门、云中郡县,不出塞。是时匈奴以汉将数率众往降,②故冒顿常往来侵盗代地。于是高祖患之,乃使刘敬奉宗室女翁主为单于阏氏,③岁奉匈奴絮缯酒食物各有数,约为兄弟以和亲,冒顿乃少止。后燕王卢绾复反,率其党且万人降匈奴,往来苦上谷以东,终高祖世。

①师古曰:"无几何,言无多时也。几音居岂反。"

②师古曰:"即谓韩信、陈豨之属耳。"

③师古曰:"诸王女曰翁主者,言其父自主婚。"

孝惠、高后时,冒顿寝骄,①乃为书,使使遗高后曰:"孤偾之君,②生于沮泽之中,③长于平野牛马之域,数至边境,愿游中国。陛下独立,孤偾独居。两主不乐,无以自虞,④愿以所有,易其所无。"高后大怒,召丞相平及樊哙、季布等,议斩其使者,发兵而击之。樊哙曰:"臣愿得十万众,横行匈奴中。"问季布,布曰:"哙可斩也! 前陈豨反于代,汉兵三十二万,哙为上将军,时匈奴围高帝于平城,哙不能解围。天下歌之曰:'平城之下亦诚苦! 七日不食,不能彀弩。'⑤今歌唫之声未绝,伤痍者甫起,⑥而哙欲摇动天下,妄言以十万众横行,是面谩也。⑦且夷狄譬如禽兽,得其善言不足喜,恶言不足怒也。"高后曰:"善。"令大谒者张泽报书曰:"单于不忘弊邑,赐之以书,弊邑恐惧。退日自图,⑧年老气衰,发

齿堕落,行步失度,单于过听,不足以自污。⑨弊邑无罪,宜在见赦。窃
有御车二乘,马二驷,以奉常驾。"冒顿得书,复使使来谢曰:"未尝闻中
国礼义,陛下幸而赦之。"因献马,遂和亲。

①师古曰:"寖,渐也。"

②如淳曰:"偾,仆也。犹言不能自立也。"师古曰:"偾音方问反。"

③师古曰:"沮,浸湿之地,音子豫反。"

④师古曰:"虞与娱同。"

⑤师古曰:"毂,张也,音工豆反。"

⑥师古曰:"唫,古吟字。痍,创也。甫,始也。痍音夷。"

⑦师古曰:"谩,欺诳也,音慢,又音莫连反。"

⑧师古曰:"图,谋也。"

⑨师古曰:"过,误也。"

至孝文即位,复修和亲。其三年夏,匈奴右贤王入居河南地为寇,
于是文帝下诏曰:"汉与匈奴约为昆弟,无侵害边境,所以输遗匈奴甚
厚。今右贤王离其国,将众居河南地,非常故。①往来入塞,捕杀吏卒,
殴侵上郡保塞蛮夷,令不得居其故。②陵轹边吏,入盗,甚骜无道,③非约
也。其发边吏车骑八万诣高奴,④遣丞相灌婴将击右贤王。"右贤王走
出塞,文帝幸太原。是时,济北王反,文帝归,罢丞相击胡之兵。

①师古曰:"言异于常,非旧事。"

②师古曰:"殴与驱同。保塞蛮夷,谓本来属汉而居边塞自保守。"

③师古曰:"轹音来各反。骜与傲同。"

④师古曰:"上郡之县也。"

其明年,单于遗汉书曰:"天所立匈奴大单于敬问皇帝无恙。前时
皇帝言和亲事,称书意合欢。①汉边吏侵侮右贤王,右贤王不请,②听后
义卢侯难支等计,与汉吏相恨,绝二主之约,离昆弟之亲。皇帝让书再
至,发使以书报,不来,汉使不至。③汉以其故不和,邻国不附。今以少
吏之败约,④故罚右贤王,使至西方求月氏击之。以天之福,吏卒良,马
力强,以灭夷月氏,⑤尽斩杀降下定之。楼兰、乌孙、呼揭及其旁二十六

国皆已为匈奴。⑥诸引弓之民并为一家,北州以定。愿寝兵休士养马,除前事,复故约,⑦以安边民,以应古始,使少者得成其长,老者得安其处,世世平乐。未得皇帝之志,故使郎中系虖浅奉书请,⑧献橐佗一,骑马二,驾二驷。⑨皇帝即不欲匈奴近塞,则且诏吏民远舍。⑩使者至,即遣之。”六月中,来至新望之地。⑪书至,汉议击与和亲孰便,公卿皆曰:“单于新破月氏,乘胜,不可击也。且得匈奴地,泽卤非可居也,和亲甚便。”汉许之。

①师古曰:“称,副也。言与所遗书意相副,而共结欢亲。”

②师古曰:“不告单于也。”

③师古曰:“让书,有责让之言也。谓匈奴再得汉书,而发使将书以报汉。汉留其使不得来还,而汉又更不发使至匈奴也。”

④师古曰:“少吏犹言小吏。”

⑤师古曰:“夷,平也。”

⑥师古曰:“皆入匈奴国也。揭音丘列反。”

⑦师古曰:“复音扶目反。”

⑧师古曰:“虖音火姑反。”

⑨师古曰:“骑马,堪为骑也。驾,可驾车也。二驷,八匹。”

⑩师古曰:“舍,居止也。”

⑪师古曰:“汉界上塞下之地。”

孝文前六年,遗匈奴书曰:“皇帝敬问匈奴大单于无恙。使系虖浅遗朕书,云,‘愿寝兵休(事)〔士〕,〔一一〕除前事,复故约,以安边民,世世平乐’,朕甚嘉之。此古圣王之志也。汉与匈奴约为兄弟,所以遗单于甚厚。背约离兄弟之亲者,常在匈奴。然右贤王事已在赦前,勿深诛。单于若称书意,明告诸吏,使无负约,有信,敬如单于书。使者言单于自将并国有功,甚苦兵事。服绣袷绮衣、长襦、锦袍各一,①比疏一,②黄金饬具带一,黄金犀毗一,③绣十匹,锦二十匹,赤绨、绿缯各四十匹,④使中大夫意、谒者令肩遗单于。”

①师古曰:“服者,言天子自所服也。袷者,衣无絮也。绣袷绮衣,以绣为表,绮为里也。袷音工洽反。”

②师古曰："辫发之饬也，以金为之。比音频寐反。疏字或作余。"

③孟康曰："要中大带也。"张晏曰："鲜卑郭洛带，瑞兽名也，东胡好服之。"师
　古曰："犀毗，胡带之钩也。亦曰鲜卑，亦谓师比，总一物也，语有轻重耳。"

④师古曰："缯者，帛之总称。绨，厚缯也，音徒奚反。"

后顷之，冒顿死，子稽粥立，①号曰老上单于。

①师古曰："稽音鸡。粥音育。"

老上稽粥单于初立，文帝复遣宗人女翁主为单于阏氏，①使宦者燕
人中行说傅翁主。②说不欲行，汉强使之。说曰："必我也，为汉患者。"③
中行说既至，因降单于，单于爱幸之。

①师古曰："宗人女，亦诸侯王之女。"

②师古曰："姓中行，名说也。行音胡郎反。说读曰悦。"

③师古曰："言我必于汉生患。"

初，单于好汉缯絮食物，中行说曰："匈奴人众不能当汉之一郡，然
所以强之者，以衣食异，无印于汉。①今单于变俗好汉物，汉物不过什
二，则匈奴尽归于汉矣。②其得汉絮缯，以驰草棘中，衣裤皆裂弊，以视
不如旃裘坚善也；③得汉食物皆去之，④以视不如重酪之便美也。"⑤于
是说教单于左右疏记，以计识其人众畜牧。⑥

①师古曰："印音牛向反。"

②师古曰："言汉费物十分之二，则尽得匈奴之众也。"

③师古曰："视读曰示。下皆类此。"

④师古曰："去，弃也，音丘吕反。"

⑤师古曰："重，乳汁也。重音竹用反，字本作湩，其音则同。"

⑥师古曰："说者，举中行说之名也。疏，分条之也。识亦记，音式志反。"

汉遗单于书，以尺一牍，辞曰"皇帝敬问匈奴大单于无恙"，所以遗
物及言语云云。中行说令单于以尺二寸牍，及印封皆令广长大，倨骜其
辞①曰"天地所生日月所置匈奴大单于敬问汉皇帝无恙"，所以遗物言
语亦云云。

①师古曰："倨，慢也。骜与傲同。"

汉使或言匈奴俗贱老,中行说穷汉使曰:"而汉俗屯戍从军当发者,其亲岂不自夺温厚肥美赍送饮食行者乎?"①汉使曰:"然。"说曰:"匈奴明以攻战为事,老弱不能斗,故以其肥美饮食壮健以自卫,如此父子各得相保,何以言匈奴轻老也?"汉使曰:"匈奴父子同穹庐卧。②父死,妻其后母;兄弟死,尽妻其妻。无冠带之节,阙庭之礼。"中行说曰:"匈奴之俗,食畜肉,饮其汁,衣其皮;畜食草饮水,随时转移。故其急则人习骑射,宽则人乐无事。约束径,易行;君臣简,可久。③一国之政犹一体也。父兄死,则妻其妻,恶种姓之失也。故匈奴虽乱,必立宗种。今中国虽阳不取其父兄之妻,亲属益疏则相杀,至到易姓,皆从此类也。且礼义之敝,上下交怨,而室屋之极,生力屈焉。④夫力耕桑以求衣食,⑤筑城郭以自备,故其民急则不习战攻,缓则罢于作业。⑥嗟土室之人,顾无喋喋佔佔,冠固何当!"⑦自是之后,汉使欲辩论者,中行说辄曰:"汉使毋多言,顾汉所输匈奴缯絮米蘗,令其量中,必善美而已,⑧何以言为乎?且所给备善则已,不备善而苦恶,则候秋孰,以骑驰蹂乃稼穑也。"⑨日夜教单于候利害处。

①师古曰:"而,汝也。饮音于禁反。食音似。其下亦同。"

②师古曰:"穹庐,旃帐也。其形穹隆,故曰穹庐。"

③师古曰:"径,直也。简,率也。"

④师古曰:"言忠信衰薄,强为礼义,故其末流,怨恨弥起。栋宇之作,土木竞胜,劳役既重,所以力屈。屈,尽也,音其勿反。"

⑤师古曰:"力谓竭力也。"

⑥师古曰:"罢读曰疲。"

⑦师古曰:"嗟者,叹愍之言也。喋喋,利口也。佔佔,衣裳貌也。言汉人且当思念,无为喋喋佔佔耳。虽自谓著冠,何所当益也。喋音牒。佔音昌占反。"

⑧师古曰:"顾,念也。中犹满也。量中者,满其数也。中音竹仲反。"

⑨师古曰:"苦犹粗也。蹂,践也。乃,汝也。蹂音人九反。"

孝文十四年,匈奴单于十四万骑入朝那萧关,杀北地都尉卬,虏人民畜产甚多,遂至彭阳。①使骑兵入烧回中宫,②候骑至雍甘泉。于是文帝以中尉周舍、郎中令张武为将军,发车千乘,十万骑,军长安旁以备胡寇。而拜昌侯卢卿为上郡将军,宁侯魏遫为北地将军,③隆虑侯周灶为陇西将军,④东阳侯张相如为大将军,成侯董赤为将军,⑤大发车骑往击胡。单于留塞内月馀,汉逐出塞即还,不能有所杀。匈奴日以骄,岁入边,杀略人民甚众,云中、辽东最甚,郡万馀人。汉甚患之,乃使使遗匈奴书,单于亦使当户报谢,复言和亲事。

①服虔曰:"安定县也。"师古曰:"即今彭原县是。"

②师古曰:"回中,地在安定,其中有宫也。"

③师古曰:"遫,古速字。"

④师古曰:"虑音庐。"

⑤师古曰:"《文纪》言建成侯,此言成侯,纪传不同,当有误。"

孝文后二年,使使(遣)〔遗〕匈奴书曰:〔12〕"皇帝敬问匈奴大单于无恙。使当户且渠雕渠难、郎中韩辽遗朕马二匹,已至,敬受。①先帝制,长城以北引弓之国受令单于,长城以内冠带之室朕亦制之,使万民耕织,射猎衣食,父子毋离,臣主相安,(居)〔俱〕无暴虐。〔13〕今闻渫恶民贪降其趋,②背义绝约,忘万民之命,离两主之欢,然其事已在前矣。书云'二国已和亲,两主欢说,③寝兵休卒养马,④世世昌乐,翕然更始',朕甚嘉之。圣者日新,改作更始,使老者得息,幼者得长,各保其首领,而终其天年。朕与单于俱由此道,⑤顺天恤民,世世相传,施之无穷,天下莫不咸嘉。(使)汉与匈奴邻敌之国,〔14〕匈奴处北地,寒,杀气早降,故诏吏遗单于秫糵金帛绵絮它物岁有数。今天下大安,万民熙熙,⑥独朕与单于为之父母。朕追念前事,薄物细故,谋臣计失,皆不足以离昆弟之欢。⑦朕闻天不颇覆,地不偏载。⑧朕与单于皆捐细故,俱蹈大道(也),⑨〔15〕"堕坏前恶,以图长久,⑩使两国之民若一家子。元元万民,下及鱼鳖,上及飞鸟,跂行喙息蠕动之类,⑪莫不就安利,避危殆。故来者不止,天之道也。俱去前事,⑫朕释逃虏民,⑬单于毋言章尼等。⑭朕闻古之帝王,约分明而不食言。⑮单于留志,天下大安,⑯和亲之后,汉过不先。⑰单于其察之。"

①师古曰："当户且渠者,一人为二官。雕渠难者,其姓名。"

②晋灼曰："渫音渫水之渫。邪恶不正之民。"师古曰："渫音先列反。降,下也,谓下意于利也。趣读曰趣。"

③师古曰："说读曰悦。"

④师古曰："寝,息也。"

⑤师古曰："由,从也,用也。"

⑥师古曰："和乐貌。"

⑦师古曰："细故,小事也。"

⑧师古曰："颇亦偏也,音普何反。"

⑨师古曰："捐,弃也。"

⑩师古曰："堕,毁也。图,谋也。堕音火规反。"

⑪师古曰："跂行,凡有足而行者也。喙息,凡以口出气者也。蠕蠕,动貌。跂音岐。喙音许秽反。蠕音人兖反。"

⑫师古曰："去,除也,音丘吕反。"

⑬师古曰："谓汉人逃入匈奴者,(今)〔令〕不追。"〔16〕

⑭师古曰："背单于降汉者。"

⑮师古曰："凡云食言者,终为不信,弃其前言,如食而尽。"

⑯师古曰："留志谓计念和亲。"

⑰师古曰："言更不负约。"

单于既约和亲,于是制诏御史:"匈奴大单于遗朕书,和亲已定,亡人不足以益众广地,匈奴无入塞,汉无出塞,犯今约者杀之,可以久亲,后无咎,俱便。朕已许。其布告天下,使明知之。"

后四年,老上单于死,子军臣单于立,而中行说复事之。汉复与匈奴和亲。

军臣单于立岁馀,匈奴复绝和亲,大入上郡、云中各三万骑,所杀略甚众。于是汉使三将军军屯北地,代屯句注,赵屯飞狐口,①缘边亦各坚守以备胡寇。又置三将军,军长安西细柳、渭北棘门、霸上以备胡。胡骑入代句注边,烽火通于甘泉、长安。数月,汉兵至边,匈奴亦远塞,②汉兵亦罢。后岁馀,文帝崩,景帝立,而赵王遂乃阴使于匈奴。吴楚反，欲与赵合谋入边。汉围破赵，匈奴亦止。自是后，景帝复与匈奴和亲，通关市，给遗单于，遣翁主如故约。终景帝世，时时小入盗边，无大寇。

①师古曰："险阨之处，在代郡之南，南冲燕赵之中。"

②师古曰："远，离也，音于万反。"

武帝即位，明和亲约束，厚遇关市，饶给之。匈奴自单于以下皆亲汉，往来长城下。

汉使马邑人聂翁壹①间阑出物与匈奴交易，②阳为卖马邑城以诱单于。单于信之，而贪马邑财物，乃以十万骑入武州塞。汉伏兵三十馀万马邑旁，御史大夫韩安国为护军将军，护四将军以伏单于。③单于既入汉塞，未至马邑百馀里，见畜布野而无人牧者，怪之，乃攻亭。时雁门尉史行徼，见寇，保此亭，④单于得，欲刺之。尉史知汉谋，乃下，⑤具告单于。单于大惊，曰："吾固疑之。"乃引兵还。出曰："吾得尉史，天也。"以尉史为天王。汉兵约单于入马邑而纵（兵），⑥[17]单于不至，以故无所得。将军王恢部出代击胡辎重，⑦闻单于还，兵多，不敢出。汉以恢本建造兵谋而不进，诛恢。自是后，匈奴绝和亲，攻当路塞，⑧往往入盗于边，不可胜数。然匈奴贪，尚乐关市，耆汉财物，⑨汉亦通关市不绝以中之。⑩

①师古曰："姓聂名壹。翁者，老人之称也。"

②孟康曰："私出塞交易。"

③师古曰："伏兵而待单于也。"

④师古曰："汉律，近塞郡皆置尉，百里一人，士史、尉史各二人巡行徼塞也。行音下孟反。"

⑤师古曰："尉史在亭楼上，虏欲以矛戟刺之，惧，乃自下以谋告。"

⑥师古曰："放兵以击单于。"

⑦师古曰："重音直用反。"

⑧师古曰："塞之当行道处者。"

⑨师古曰："耆读曰嗜。"

⑩师古曰："以关市中其意。中音竹仲反。"

　　自马邑军后五岁之秋,汉使四将各万骑击胡关市下。将军卫青出上谷,至龙城,得胡首虏七百人。公孙贺出云中,无所得。公孙敖出代郡,为胡所败七千。李广出雁门,为胡所败,匈奴生得广,广道亡归。①汉囚敖、广,敖、广赎为庶人。其冬,匈奴数千人盗边,渔阳尤甚。汉使将军韩安国屯渔阳备胡。其明年秋,匈奴二万骑入汉,杀辽西太守,略二千馀人。又败渔阳太守军千馀人,围将军安国。②安国时千馀骑亦且尽,会燕救之,至,匈奴乃去,又入雁门杀略千馀人。于是汉使将军卫青将三万骑出雁门,李息出代郡,击胡,得首虏数千。其明年,卫青复出云中以西至陇西,击胡之楼烦、白羊王于河南,得胡首虏数千,羊百馀万。于是汉遂取河南地,筑朔方,复缮故秦时蒙恬所为塞,因河而为固。汉亦弃上谷之斗辟县造阳地以予胡。③是岁,元朔二年也。

　　①师古曰:“于道上亡还。”
　　②师古曰:“即韩安国也。”
　　③孟康曰:“县斗辟曲近胡。”师古曰:“斗,绝也。县之斗曲入匈奴界者,其中造阳地也。辟读曰僻。”

　　其后冬,军臣单于死,其弟左谷蠡王伊稚斜自立为单于,攻败军臣单于太子於单。於单亡降汉,汉封於单为陟安侯,数月死。

　　伊稚斜单于既立,其夏,匈奴数万骑入代郡,杀太守共友,①略千馀人。秋,又入雁门,杀略千馀人。其明年,又入代郡、定襄、上郡,各三万骑,杀略数千人。匈奴右贤王怨汉夺之河南地而筑朔方,数寇盗边,及入河南,侵扰朔方,杀略吏民甚众。

　　①师古曰:“共友,太守姓名也。共读曰龚。”

　　其明年春,汉遣卫青将六将军十馀万人出朔方高阙。右贤王以为汉兵不能至,饮酒醉。汉兵出塞六七百里,夜围右贤王。右贤王大惊,脱身逃走,精骑往往随后去。汉将军得右贤王人众男女万五千人,裨小王十馀人。其秋,匈奴万骑入代郡,杀都尉朱央,略千馀人。

　　其明年春,汉复遣大将军卫青将六将军,十馀万骑,仍再出定襄数百里①击匈奴，得首虏前后万九千馀级，而汉亦亡两将军，三千馀骑。右将军建得以身脱，而前将军翕侯赵信兵不利，降匈奴。赵信者，故胡小王，降汉，汉封为翕侯，以前将军与右将军并军，介独遇单于兵，故尽没。②单于既得翕侯，以为自次王，③用其姊妻之，与谋汉。信教单于益北绝幕，④以诱罢汉兵，徼极而取之，⑤毋近塞。⑥单于从之。其明年，胡数万骑入上谷，杀数百人。

①师古曰："仍，频也。"

②晋灼曰："介音戛。"师古曰："介，特也。本虽并军，至遇单于时特也。介读如本字。"

③师古曰："自次者，尊重次于单于。"

④师古曰："直度曰绝。"

⑤师古曰："罢读曰疲。徼，要也。诱令疲，要其困极，然后取之。徼音工尧反。"

⑥师古曰："不近塞居，所以疲劳汉兵也。"

明年春，汉使票骑将军去病将万骑出陇西，过焉耆山千馀里，得胡首虏八千馀级，得休屠王祭天金人。①其夏，票骑将军复与合骑侯数万骑出陇西、北地二千里，过居延，攻祁连山，得胡首虏三万馀级，裨小王以下十馀人。是时，匈奴亦来入代郡、雁门，杀略数百人。汉使博望侯及李将军广出右北平，击匈奴左贤王。左贤王围李广，广军四千人死者过半，杀虏亦过当。会博望侯军救至，李将军得脱，尽亡其军。合骑侯后票骑将军期，及博望侯皆当死，赎为庶人。

①孟康曰："匈奴祭天处本在云阳甘泉山下，秦击夺其地，后徙之休屠王右地，故休屠有祭天金人象也。"师古曰："作金人以为天神之主而祭之，即今佛像是其遗法。"

其秋，单于怒昆邪王、休屠王居西方为汉所杀虏数万人，欲召诛之。昆邪、休屠王恐，谋降汉，汉使票骑将军迎之。昆邪王杀休屠王，并将其众降汉，凡四万馀人，号十万。于是汉已得昆邪，则陇西、北地、河西益少胡寇，徙关东贫民处所夺匈奴河南地新秦中以实之，①（西）〔而〕减北地以西戍卒半。〔18〕明年春,匈奴入右北平、定襄各数万骑,杀略千馀人。

　　①师古曰:"新秦,解在《食货志》。"

　　其〔明〕年春,〔19〕汉谋以为"翕侯信为单于计,居幕北,以为汉兵不能至"。乃粟马,①发十万骑,私负从马凡十四万匹,②粮重不与焉。③令大将军青、票骑将军去病中分军,大将军出定襄,票骑将军出代,咸约绝幕击匈奴。④单于闻之,远其辎重,⑤以精兵待于幕北。与汉大将军接战一日,会暮,大风起,汉兵纵左右翼围单于。单于自度战不能与汉兵,⑥遂独与壮骑数百溃汉围西北遁走。汉兵夜追之不得,行捕斩首虏凡万九千级,⑦北至窴颜山赵信城而还。⑧

　　①师古曰:"以粟秣马也。"

　　②师古曰:"私负衣装者及私将马从者,皆非公家发与之限。"

　　③师古曰:"负戴粮食者。重音直用反。与读曰豫。"

　　④师古曰:"约谓为其要。"

　　⑤师古曰:"徙其辎重令远去。"

　　⑥师古曰:"与犹如也。度音徒各反。"

　　⑦师古曰:"且行且捕斩之。"

　　⑧孟康曰:"赵信所作,因以名城。"师古曰:"窴音徒千反。"

　　单于之走,其兵往往与汉军相乱而随单于。单于久不与其大众相得,右谷蠡王以为单于死,乃自立为单于。真单于复得其众,右谷蠡乃去号,复其故位。

　　票骑之出代二千馀里,与左王接战,汉兵得胡首虏凡七万馀人,左王将皆遁走。票骑封于狼居胥山,禅姑衍,临翰海而还。

　　是后匈奴远遁,而幕南无王庭。汉度河自朔方以西至令居,①往往通渠置田官,吏卒五六万人,稍蚕食,地接匈奴以北。②

　　①师古曰:"令音零。下亦类此。"

　　②师古曰:"其地相接不绝。"

　　初,汉两将大出围单于,所杀虏八九万,而汉士物故者亦万数,①汉马死者十馀万匹。匈奴虽病,远去,而汉马亦少,无以复往。单于用赵

信计,遣使好辞请和亲。天子下其议,或言和亲,或言遂臣之。丞相长
史任敞曰:"匈奴新困,宜使为外臣,朝请于边。"②汉使敞使于单于。单
于闻敞计,大怒,留之不遣。先是汉亦有所降匈奴使者,单于亦辄留汉
使相当。汉方复收士马,会票骑将军去病死,于是汉久不北击胡。

①师古曰:"物故谓死也。"
②师古曰:"请音材性反。"

数岁,伊稚斜单于立十三年死,子乌维立为单于。是岁,元鼎三年
也。乌维单于立,而汉武帝始出巡狩郡县。其后汉方南诛两越,不击匈
奴,匈奴亦不入边。

乌维立三年,汉已灭两越,遣故太仆公孙贺将万五千骑出九原二千
馀里,至浮苴井,①从票侯赵破奴万馀骑出令居数千里,至匈奴河水,②
皆不见匈奴一人而还。

①师古曰:"苴音子馀反。《武纪》苴字作沮,其音同。"
②臣瓒曰:"水名也。去令居千里。"

是时,天子巡边,亲至朔方,勒兵十八万骑以见武节,①而使郭吉风
告单于。②既至匈奴,匈奴主客问所使,③郭吉卑体好言曰:"吾见单于而
口言。"单于见吉,吉曰:"南越王头已县于汉北阙下。今单于即能前与
汉战,天子自将兵待边;即不能,亟南面而臣于汉。④何但远走,亡匿于
幕北寒苦无水草之地为?"⑤语卒,单于大怒,立斩主客见者,而留郭吉
不归,迁辱之北海上。而单于终不肯为寇于汉边,休养士马,习射猎,数
使使好辞甘言求和亲。

①师古曰:"见,示也。"
②师古曰:"风读曰讽。"
③师古曰:"主客,主接诸客者也。问以何事而来。"
④师古曰:"亟,急也,音居力反。"
⑤师古曰:"但,空也。"

汉使王乌等窥匈奴。匈奴法,汉使不去节,不以墨黥其面,不得入
穹庐。①王乌,北地人,习胡俗,去其节,黥面入庐。单于爱之,阳许曰:

"吾为遣其太子入质于汉,以求和亲。"②

　　①师古曰:"以墨黥面也。"

　　②师古曰:"言为王乌故遣太子入质。"

　　汉使杨信使于匈奴。是时汉东拔濊貉、朝鲜以为郡,①而西置酒泉郡以隔绝胡与羌通之路。又西通月氏、大夏,以翁主妻乌孙王,以分匈奴西方之援国。又北益广田至眩雷为塞,②而匈奴终不敢以为言。是岁,翕侯信死,汉用事者以匈奴已弱,可臣从也。杨信为人刚直屈强,素非贵臣也,③单于不亲。欲召入,不肯去节,乃坐穹庐外见杨信。杨信说单于曰:"即欲和亲,以单于太子为质于汉。"单于曰:"非故约。故约,汉常遣翁主,给缯絮食物有品,以和亲,④而匈奴亦不复扰边。今乃欲反古,⑤令吾太子为质,无几矣。"⑥匈奴俗,见汉使非中贵人,其儒生,以为欲说,折其辞辩;少年,以为欲刺,折其气。每汉兵入匈奴,匈奴辄报偿。汉留匈奴使,匈奴亦留汉使,必得当乃止。

　　①师古曰:"濊与秽同,亦或作歲。"

　　②服虔曰:"眩雷,地在乌孙北也。眩音州县之县。"

　　③师古曰:"屈音其勿反。强音其两反。"

　　④师古曰:"品谓等差也。"

　　⑤师古曰:"反,违也。"

　　⑥师古曰:"言遣太子为质,则匈奴国中所馀者无几,皆当尽也。几音居岂反。"

　　杨信既归,汉使王乌等如匈奴。匈奴复谄以甘言,①欲多得汉财物,绐王乌曰:"吾欲入汉②见天子,面相结为兄弟。"王乌归报汉,汉为单于筑邸于长安。匈奴曰:"非得汉贵人使,吾不与诚语。"③匈奴使其贵人至汉,病,服药欲愈之,不幸而死。汉使路充国佩二千石印绶,使送其丧,厚币直数千金。单于以为汉杀吾贵使者,乃留路充国不归。诸所言者,单于特空绐王乌,④殊无意入汉,遣太子来质。于是匈奴数使奇兵侵犯汉边。汉乃拜郭昌为拔胡将军,及浞野侯屯朔方以东,备胡。⑤

　　①师古曰:"谄,古谄字。"

②师古曰："绐,诈也。"

③师古曰："诚,实也。"

④师古曰："特,但也。"

⑤师古曰："浞野侯,赵破奴也。浞音仕角反。"

乌维单于立十岁死,子詹师庐立,年少,号为儿单于。是岁,元封六年也。自是后,单于益西北,左方兵直云中,右方兵直酒泉、敦煌。

儿单于立,汉使两使,一人吊单于,一人吊右贤王,欲以乖其国。使者入匈奴,匈奴悉将致单于。单于怒而悉留汉使。汉使留匈奴者前后十余辈,而匈奴使来汉,亦辄留之相当。

是岁,汉使贰师将军西伐大宛,而令因杆将军筑受降城。①其冬,匈奴大雨雪,②畜多饥寒死,而单于年少,好杀伐,国中多不安。左大都尉欲杀单于,使人间告汉③曰："我欲杀单于降汉,汉远,汉即来兵近我,我即发。"④初汉闻此言,故筑受降城,犹以为远。

①师古曰："杆音于。"

②师古曰："雨音于具反。"

③师古曰："私来报。"

④师古曰："来兵,言以兵来也。"

其明年春,汉使浞野侯破奴将二万骑出朔方北二千余里,①期至浚稽山而还。②浞野侯既至期,左大都尉欲发而觉,单于诛之,发兵击浞野侯。浞野侯行捕首掳数千人。还,未至受降城四百里,匈奴八万骑围之。浞野侯夜出自求水,匈奴生得浞野侯,因急击其军。军吏畏亡将而诛,莫相劝而归,军遂没于匈奴。单于大喜,遂遣兵攻受降城,不能下,乃侵入边而去。明年,单于欲自攻受降城,未到,病死。

①师古曰："以迎左大都尉。"

②师古曰："浚音俊。稽音鸡。在武威北。"

儿单于立三岁而死。子少,匈奴乃立其季父乌维单于弟右贤王句黎湖为单于。①是岁,太初三年也。

①师古曰："句音钩。"

句黎湖单于立,汉使光禄徐自为出五原塞数百里,远者千里,筑城障列亭至卢朐,①而使游击将军韩说、长平侯卫伉屯其旁,②使强弩都尉路博德筑居延泽上。

①师古曰:"卢朐,山名也。朐音劬。"

②师古曰:"说读曰悦。伉音抗,即卫青子。"

其秋,匈奴大入云中、定襄、五原、朔方,杀略数千人,败数二千石而去,行坏光禄所筑亭障。又使右贤王入酒泉、张掖,略数千人。会任文击救,①尽复失其所得而去。闻贰师将军破大宛,斩其王还,单于欲遮之,不敢,其冬病死。

①服虔曰:"任文,汉将也。"师古曰:"击救者,击匈奴而自救汉人。"

句黎湖单于立一岁死,其弟左大都尉且鞮侯立为单于。①

①师古曰:"且音子余反。鞮音丁奚反。"

汉既诛大宛,威震外国,天子意欲遂困胡,乃下诏曰:"高皇帝遗朕平城之忧,①高后时单于书绝悖逆。昔齐襄公复九世之仇,《春秋》大之。"②是岁,太初四年也。

①师古曰:"遗,留也。"

②师古曰:"《公羊传》庄四年春,齐襄公灭纪,复仇也。襄公之九世祖昔为纪侯所谮,而亨杀于周,故襄公灭纪也。九世犹可以复仇乎? 曰:虽百世可也。"

且鞮侯单于初立,恐汉袭之,尽归汉使之不降者路充国等于汉。单于乃自谓"我儿子,安敢望汉天子! 汉天子,我丈人行。"①汉遣中郎将苏武厚币赂遗单于,单于益骄,礼甚倨,非汉所望也。明年,浞野侯破奴得亡归汉。

①师古曰:"丈人,尊老之称也。行音胡浪反。"

其明年,汉使贰师将军将三万骑出酒泉,击右贤王于天山,得首虏万馀级而还。匈奴大围贰师,几不得脱。①汉兵物故什六七。②汉又使因杅将军出西河,与强弩都尉会涿邪山,亡所得。使骑都尉李陵将步兵五千人出居延北千馀里，与单于会，合战，陵所杀伤万馀人，兵食尽，欲归，单于围陵，陵降匈奴，其兵得脱归汉者四百人。单于乃贵陵，以其女妻之。

①师古曰："几音钜依反。"

②师古曰："物故谓死也。"

后二岁，汉使贰师将军六万骑，步兵七万，出朔方；强弩都尉路博德将万馀人，与贰师会；游击将军说步兵三万人，出五原；①因杅将军敖将骑万，步兵三万人，出雁门。匈奴闻，悉远其累重于余吾水北，②而单于以十万待水南，与贰师接战。贰师解而引归，与单于连斗十馀日。游击亡所得。因杅与左贤王战，不利，引归。

①师古曰："即上韩说也。"

②师古曰："累重谓妻子资产也。累音力瑞反。重音直用反。"

明年，且鞮侯单于死，立五年，长子左贤王立为狐鹿姑单于。是岁，太始元年也。

初，且鞮侯两子，长为左贤王，次为左大将，病且死，言立左贤王。左贤王未至，贵人以为有病，更立左大将为单于。左贤王闻之，不敢进。左大将使人召左贤王而让位焉。左贤王辞以病，左大将不听，谓曰："即不幸死，传之于我。"左贤王许之，遂立为狐鹿姑单于。

狐鹿姑单于立，以左大将为左贤王，数年病死，其子先贤掸不得代，①更以为日逐王。日逐王者，贱于左贤王。单于自以其子为左贤王。

①师古曰："掸音缠。"

单于既立六年，而匈奴入上谷、五原，杀略吏民。其年，匈奴复入五原、酒泉，杀两部都尉。于是汉遣贰师将军七万人出五原，御史大夫商丘成将三万馀人出西河，重合侯莽通将四万骑出酒泉千馀里。单于闻汉兵大出，悉遣其辎重，徙赵信城北邸郅居水。①左贤王驱其人民度余吾水六七百里，居兜衔山。单于自将精兵左安侯度姑且水。②

①师古曰:"邸,至也,音丁礼反。郅音之日反。"

②师古曰:"且音子余反。"

御史大夫军至追(斜)〔邪〕径,[20]无所见,还。①匈奴使大将与李陵将三万馀骑追汉军,至浚稽山合,转战九日,汉兵陷陈却敌,杀伤虏甚众。至蒲奴水,虏不利,还去。

①师古曰:"从疾道而追之,不见虏而还也。邪音似嗟反。"

重合侯军至天山,匈奴使大将偃渠与左右呼知王将二万馀骑要汉兵,见汉兵强,引去。重合侯无所得失。是时,汉恐车师兵遮重合侯,乃遣阆陵侯将兵别围车师,①尽得其王民众而还。

①师古曰:"阆读与开同。"

贰师将军将出塞,匈奴使右大都尉与卫律将五千骑要击汉军于夫羊句山狭。①贰师遣属国胡骑二千与战,虏兵坏散,死伤者数百人。汉军乘胜追北,至范夫人城,②匈奴奔走,莫敢距敌。会贰师妻子坐巫蛊收,闻之忧惧。其掾胡亚夫亦避罪从军,说贰师曰:"夫人室家皆在吏,若还不称意,适与狱会,郅居以北可复得见乎?"③贰师由是狐疑,欲深入要功,遂北至郅居水上。虏已去,贰师遣护军将二万骑度郅居之水。一日,逢左贤王左大将,将二万骑与汉军合战一日,汉军杀左大将,虏死伤甚众。军长史与决眭都尉辉渠侯谋④曰:"将军怀异心,欲危众求功,恐必败。"谋共执贰师。贰师闻之,斩长史,引兵还至速邪乌燕然山。⑤单于知汉军劳倦,自将五万骑遮击贰师,相杀伤甚众。夜堑汉军前,深数尺,从后急击之,军大乱败,贰师降。单于素知其汉大将贵臣,以女妻之,尊宠在卫律上。

①服虔曰:"夫羊,地名也。"师古曰:"句山,西山也。句音钩。"

②应劭曰:"本汉将筑此城。将亡,其妻率馀众完保之,因以为名也。"张晏曰:"范氏能胡诅者。"

③如淳曰:"以就诛后,虽复欲降匈奴,不可得。"

④晋灼曰:"本匈奴官也。《功臣表》归义侯仆多子(雷)〔雷〕后以属国都尉击匈奴,封辉渠。辉渠,鲁(阆)〔阳〕县也。"[21]师古曰:"眭音息随反。辉音辉。

仆多者,字当为朋。"

　　⑤师古曰:"速邪乌,地名也,燕然山在其中。燕(一音)〔音一〕千反。"[22]

　　其明年,单于遣使遗汉书云:"南有大汉,北有强胡。胡者,天之骄子也,不为小礼以自烦。今欲与汉闿大关,取汉女为妻,①岁给遗我糵酒万石,稷米五千斛,②杂缯万匹,它如故约,则边不相盗矣。"汉遣使者报送其使,单于使左右难汉使者,曰:"汉,礼义国也。贰师道前太子发兵反,何也?"使者曰:"然。乃丞相私与太子争斗,太子发兵欲诛丞相,丞相诬之,故诛丞相。此子弄父兵,罪当笞,小过耳。孰与冒顿单于身杀其父代立,常妻后母,禽兽行也!"单于留使者,三岁乃得还。

　　①师古曰:"闿读与开同。"

　　②师古曰:"以糵为酒,味尤甜。稷米,稷粟米也。"

　　贰师在匈奴岁馀,卫律害其宠,会母阏氏病,①律饬胡巫②言先单于怒,曰"胡故时祠兵,常言得贰师以社,③今何故不用?"于是收贰师,贰师(怒)〔骂〕曰:[23]"我死必灭匈奴!"遂屠贰师以祠。会连雨雪数月,畜产死,人民疫病,谷稼不孰,④单于恐,为贰师立祠室。

　　①师古曰:"单于之母也。"

　　②师古曰:"饬与敕同。"

　　③师古曰:"以祠社。"

　　④师古曰:"北方早寒,虽不宜(黍)〔禾〕稷,匈奴中亦种黍稷。"[24]

　　自贰师没后,汉新失大将军士卒数万人,不复出兵。三岁,武帝崩。前此者,汉兵深入穷追二十馀年,匈奴孕重惰殰,罢极苦之。①自单于以下常有欲和亲计。

　　①师古曰:"孕重,怀任者也;惰,落也。殰,败也,音读。罢读曰疲,极,困也,苦之,心厌苦也。"

　　后三年,单于欲求和亲,会病死。初,单于有异母弟为左大都尉,贤,国人乡之,①母阏氏恐单于不立子而立左大都尉也,乃私使杀之。左大都尉同母兄怨,遂不肯复会单于庭。又单于病且死,谓诸贵人:"我子少，不能治国，立弟右谷蠡王。"及单于死，卫律等与颛渠阏氏谋，匿单于死，诈拵单于令，②与贵人饮盟，更立子左谷蠡王为壶衍鞮单于。是岁，始元二年也。

①师古曰："乡读曰向。谓悉皆附之。"

②师古曰："拵与矫同，其字从手。矫，托也。"

壶衍鞮单于既立，风谓汉使者，言欲和亲。①左贤王、右谷蠡王以不得立怨望，率其众欲南归汉。恐不能自致，即胁卢屠王，欲与西降乌孙，谋击匈奴。卢屠王告之，单于使人验问，右谷蠡王不服，反以其罪罪卢屠王，国人皆冤之。于是二王去居其所，未尝肯会龙城。②

①师古曰："风读曰讽，谓不正言也。"

②师古曰："各自居其本处，不复会龙城祭。"

后二年秋，匈奴入代，杀都尉。单于年少初立，母阏氏不正，国内乖离，常恐汉兵袭之。于是卫律为单于谋"穿井筑城，治楼以藏谷，与秦人守之。①汉兵至，无奈我何。"即穿井数百，伐材数千。或曰胡人不能守城，是遗汉粮也，②卫律于是止，乃更谋归汉使不降者苏武、马宏等。马宏者，前副光禄大夫王忠使西国，为匈奴所遮，忠战死，马宏生得，亦不肯降。故匈奴归此二人，欲以通善意。是时，单于立三岁矣。

①师古曰："秦时有人亡入匈奴者，今其子孙尚号秦人。"

②师古曰："遗音弋季反。"

明年，匈奴发左右部二万骑，为四队，①并入边为寇。汉兵追之，斩首获虏九千人，生得瓯脱王，汉无所失亡。匈奴见瓯脱王在汉，恐以为道击之，②即西北远去，不敢南逐水草，发人民屯瓯脱。明年，复遣九千骑屯受降城以备汉，北桥余吾，令可度，③以备奔走。④是时，卫律已死。卫律在时，常言和亲之利，匈奴不信，及死后，兵数困，国益贫。单于弟左谷蠡王思卫律言，欲和亲而恐汉不听，故不肯先言，常使左右风汉使者。⑤然其侵盗益希，遇汉使愈厚，欲以渐致和亲，汉亦羁縻之。其后，左谷蠡王死。明年，单于使犁污王窥边，言酒泉、张掖兵益弱，出兵试击,冀可复得其地。时汉先得降者,闻其计,天子诏边警备。后无几,右贤王、犁污王四千骑⑥分三队,入日勒、屋兰、番和。⑦张掖太守、属国都尉发兵击,大破之,得脱者数百人。属国千长义渠王骑士射杀犁污王,⑧赐黄金二百斤,马二百匹,因封为犁污王。属国都尉郭忠封成安侯。自是后,匈奴不敢入张掖。

①师古曰:"队,部也,音徒内反。"

②师古曰:"道读曰导。"

③师古曰:"于余吾水上作桥。"

④师古曰:"拟有迫急,北走避汉,从此桥度也。"

⑤师古曰:"风读曰讽。"

⑥师古曰:"无几谓不多时也。几音居岂反。"

⑦师古曰:"皆张掖县也。番音盘。"

⑧师古曰:"千长者,千人之长。"

其明年,匈奴三千馀骑入五原,略杀数千人,后数万骑南旁塞猎,①行攻塞外亭(长)〔障〕,[25]略取吏民去。是时汉边郡烽火候望精明,匈奴为边寇者少利,希复犯塞。汉复得匈奴降者,言乌桓尝发先单于冢,匈奴怨之,方发二万骑击乌桓。大将军霍光欲发兵(要)〔邀〕击之,[26]②以问护军都尉赵充国。充国以为"乌桓间数犯塞,③今匈奴击之,于汉便。又匈奴希寇盗,北边幸无事。蛮夷自相攻击,而发兵要之,招寇生事,非计也。"光更问中郎将范明友,明友言可击。于是拜明友为度辽将军,将二万骑出辽东。匈奴闻汉兵至,引去。初,光诫明友:"兵不空出,即后匈奴,遂击乌桓。"④乌桓时新中匈奴兵,⑤明友既后匈奴,因乘乌桓敝,击之,斩首六千馀级,获三王首,还,封为平陵侯。

①师古曰:"旁音步浪反。"

②师古曰:"邀迎而击之。邀音工尧反。"

③师古曰:"间即中间也,犹言比日也。"

④师古曰:"后匈奴者,言兵迟后,邀匈奴不及。"

⑤师古曰:"为匈奴所中伤。"

匈奴繇是恐,①不能出兵。即使使之乌孙,求欲得汉公主。击乌孙,取车延、恶师地。乌孙公主上书,下公卿议救,未决。昭帝崩,宣帝即位,乌孙昆弥复上书,言"连为匈奴所侵削,昆弥愿发国半精兵人马五万匹,尽力击匈奴,唯天子出兵,哀救公主!"本始二年,汉大发关东轻锐士,选郡国吏三百石伉健习骑射者,皆从军。②遣御史大夫田广明为祁连将军,四万馀骑,出西河;度辽将军范明友三万馀骑,出张掖;前将军韩增三万馀骑,出云中;后将军赵充国为蒲类将军,三万馀骑,出酒泉;云中太守田顺为虎牙将军,三万馀骑,出五原:凡五将军,兵十馀万骑,出塞各二千馀里。及校尉常惠使护发兵乌孙西域,昆弥自将翕侯以下五万馀骑从西方入,与五将军兵凡二十馀万众。匈奴闻汉兵大出,老弱犇走,欧畜产远遁逃,③是以五将少所得。

①师古曰:"繇读与由同。"

②师古曰:"伉音古浪反。"

③师古曰:"犇,古奔字。欧与驱同。"

度辽将军出塞千二百馀里,至蒲离候水,斩首捕虏七百馀级,卤获马牛羊万馀。前将军出塞千二百馀里,至乌员,①斩首捕虏,至候山百馀级,②卤马牛羊二千馀。蒲类将军兵当与乌孙合击匈奴蒲类泽,乌孙先期至而去,汉兵不与相及。蒲类将军出塞千八百馀里,西去候山,斩首捕虏,得单于使者蒲阴王以下三百馀级,卤马牛羊七千馀。闻虏已引去,皆不至期还。天子薄其过,宽而不罪。祁连将军出塞千六百里,至鸡秩山,斩首捕虏十九级,获牛马羊百馀。逢汉使匈奴还者冉弘等,言鸡秩山西有虏众,祁连即戒弘,使言无虏,欲还兵。御史属公孙益寿谏,以为不可,祁连不听,遂引兵还。虎牙将军出塞八百馀里,至丹余吾水上,即止兵不进,斩首捕虏千九百馀级,卤马牛羊七万馀,引兵还。上以虎牙将军不至期,诈增卤获,而祁连知虏在前,逗遛不进,③皆下吏自杀。擢公孙益寿为侍御史。校尉常惠与乌孙兵至右谷蠡庭,获单于父行④及嫂、居次、名王、犁污都尉、千长、将以下三万九千馀级,虏马牛羊驴骡橐驼七十馀万。汉封惠为长罗侯。然匈奴民众死伤而去者,及畜产远移死（于）〔亡〕不可胜数。[27] 于是匈奴遂衰耗，⑤怨乌孙。

①师古曰："乌员，地名也，音云。"

②师古曰："候山，山名也。于此山斩捕得人。"

③孟康曰："律语也，谓军行顿止，稽留不进也。"师古曰："逗读与住同，又音豆。"

④师古曰："行音胡浪反。"

⑤师古曰："耗，减也，音呼到反。"

其冬，单于自将万骑击乌孙，颇得老弱，欲还。会天大雨雪，①一日深丈馀，人民畜产冻死，还者不能什一。于是丁令乘弱攻其北，②乌桓入其东，乌孙击其西。凡三国所杀数万级，马数万匹，牛羊甚众。又重以饿死，③人民死者什三，畜产什五，匈奴大虚弱，诸国羁属者皆瓦解，攻盗不能理。其后汉出三千馀骑，为三道，并入匈奴，捕虏得数千人还。匈奴终不敢取当，④兹欲乡和亲，⑤而边境少事矣。

①师古曰："雨音于具反。"

②师古曰："令音零。"

③师古曰："重音直用反。"

④师古曰："当者，报其直。"

⑤师古曰："兹，益也。乡读曰向。"

壶衍鞮单于立十七年死，弟左贤王立，为虚闾权渠单于。是岁，地节二年也。

虚闾权渠单于立，以右大将女为大阏氏，而黜前单于所幸颛渠阏氏。颛渠阏氏父左大且渠怨望。是时匈奴不能为边寇，于是汉罢外城，以休百姓。①单于闻之喜，召贵人谋，欲与汉和亲。左大且渠心害其事，曰："前汉使来，兵随其后，今亦效汉发兵，先使使者入。"乃自请与呼卢訾王各将万骑南旁塞猎，相逢俱入。②行未到，会三骑亡降汉，言匈奴欲为寇。于是天子诏发边骑屯要害处，使大将军军监治众等四人③将五千骑，分三队，④出塞各数百里，捕得虏各数十人而还。时匈奴亡其三骑，不敢入，即引去。是岁也，匈奴饥，人民畜产死十六七。又发两屯各万骑以备汉。其秋,匈奴前所得西嗕居左地者,⑤其君长以下数千人皆驱畜产行,与瓯脱战,所战杀伤甚众,遂南降汉。

①师古曰:"外城,塞外诸城。"

②师古曰:"訾音子移反。旁音步浪反。"

③师古曰:"治众者,军监之名。"

④师古曰:"队音徒内反。"

⑤孟康曰:"嗕音辱,匈奴种也。"师古曰:"嗕音奴独反。"

其明年,西域城郭共击匈奴,取车师国,①得其王及人众而去。单于复以车师王昆弟兜莫为车师王,收其馀民东徙,不敢居故地。而汉益遣屯士分田车师地以实之。其明年,匈奴怨诸国共击车师,遣左右大将各万馀骑屯田右地,欲以侵迫乌孙西域。后二岁,匈奴遣左右奥鞬各六千骑,②与左大将再击汉之田车师城者,不能下。其明年,丁令比三岁入盗匈奴,③杀略人民数千,驱马畜去。匈奴遣万馀骑往击之,无所得。其明年,单于将十万馀骑旁塞猎,④欲入边寇。未至,会其民题除渠堂亡降汉言状,汉以为言兵鹿奚卢侯,而遣后将军赵充国将兵四万馀骑屯缘边九郡备虏。月馀,单于病欧血,因不敢入,还去,即罢兵。乃使题王都犁胡次等入汉,请和亲,未报,会单于死。是岁,神爵二年也。

①师古曰:"城郭谓诸国为城居者。"

②师古曰:"奥音郁。鞬音居言反。"

③师古曰:"比,频也。"

④师古曰:"旁音步浪反。"

虚闾权渠单于立九年死。自始立而黜颛渠阏氏,颛渠阏氏即与右贤王私通。右贤王会龙城而去,颛渠阏氏语以单于病甚,且勿远。后数日,单于死。郝宿王刑未央使人召诸王,未至,①颛渠阏氏与其弟左大且渠都隆奇谋,立右贤王屠耆堂为握衍朐鞮单于。握衍朐鞮单于者,代父为右贤王,②乌维单于耳孙也。

①师古曰:"郝音呼各反。"

②师古曰:"朐音劬。"

握衍朐鞮单于立,复修和亲,遣弟伊酋若王胜之入汉献见。① 单于初立,凶恶,尽杀虚闾权渠时用事贵人刑未央等,而任用颛渠阏氏弟都隆奇,又尽免虚闾权渠子弟近亲,而自以其子弟代之。虚闾权渠单于子稽侯狦既不得立,② 亡归妻父乌禅幕。③ 乌禅幕者,本乌孙、康居间小国,数见侵暴,率其众数千人降匈奴,狐鹿姑单于以其弟子日逐王姊妻之,使长其众,居右地。④ 日逐王先贤掸,其父左贤王当为单于,让狐鹿姑单于,狐鹿姑单于许立之。国人以故颇言日逐王当为单于。日逐王素与握衍朐鞮单于有隙,即率其众数万骑归汉。汉封日逐王为归德侯。单于更立其从兄薄胥堂为日逐王。⑤

①师古曰:"酋音材由反。"

②师古曰:"狦音先安反,又音所奸反。"

③师古曰:"禅音蝉。"

④师古曰:"长,众为之长帅。"

⑤师古曰:"胥音先余反。"

明年,单于又杀先贤掸两弟。乌禅幕请之,不听,心恚。其后左奥鞬王死,单于自立其小子为奥鞬王,留庭。奥鞬贵人共立故奥鞬王子为王,与俱东徙。单于遣右丞相将万骑往击之,失亡数千人,不胜。时单于已立二岁,暴虐杀伐,国中不附。及太子、左贤王数谗左地贵人,左地贵人皆怨。其明年,乌桓击匈奴东边姑夕王,颇得人民,单于怒。姑夕王恐,即与乌禅幕及左地贵人共立稽侯狦为呼韩邪单于,发左地兵四五万人,西击握衍朐鞮单于,至姑且水北。① 未战,握衍朐鞮单于兵败走,使人报其弟右贤王曰:"匈奴共攻我,若肯发兵助我乎?"② 右贤王曰:"若不爱人,杀昆弟诸贵人。各自死若处,无来污我。"③ 握衍朐鞮单于恚,自杀。左大且渠都隆奇亡之右贤王所,其民众尽降呼韩邪单于。是岁,神爵四年也。握衍朐鞮单于立三年而败。

①师古曰:"且音子余反。"

②师古曰:"若,汝也。其下亦同。"

③师古曰:"言于汝所居处自死。"

【校勘记】

〔1〕 粥音(戈)〔弋〕六反， 景祐、殿本都作"弋"，此误。

〔2〕 与申(后)〔侯〕有隙。 景祐、殿本都作"侯"。王先谦说"后"字误。

〔3〕 猣音(完)〔桓〕。 景祐、殿本都作"桓"。

〔4〕 〔东胡〕却千馀里。 景祐、殿本都重"东胡"二字。

〔5〕 而始皇帝使蒙恬将数十万之(物)〔众〕北击胡， 景祐、殿本都作"众"，《史记》同，此误。

〔6〕 若今之伏宿(处)〔舍〕也。 景祐、殿本都作"舍"。

〔7〕 其世(信)〔姓〕官号可得而记云。 景祐、殿本都作"姓"，此误。

〔8〕 (龙)新犁之国。 王念孙、沈钦韩都说"龙"字衍。按《史记》作"薪犁之国"。

〔9〕 窳音(戈)〔弋〕主反。 景祐、殿本都作"弋"，此误。

〔10〕 从解围之隅(直角)〔角直〕以出去。 殿本作"角直"。王先谦说殿本是。

〔11〕 愿寝兵休(事)〔士〕， 景祐、殿、局本都作"士"，此误。

〔12〕 使使(遣)〔遗〕匈奴书曰： 景祐、汲古、殿、局本都作"遗"，此误。

〔13〕 (居)〔俱〕无暴虐。 景祐、殿本都作"俱"，此误。

〔14〕 天下莫不咸嘉。(使)汉与匈奴邻敌之国， 刘奉世疑"使"字衍。王念孙据《史记》以为"使"是"便"之误，"嘉"字后人所加，存参。

〔15〕 俱蹈大道(也)， 刘敞说"也"字衍。按《史记》无"也"字。

〔16〕 (今)〔令〕不追。 景祐、殿本都作"令"，此误。

〔17〕 汉兵约单于入马邑而纵(兵)， 王念孙说"纵"下"兵"字后人以意加之也，《史记》无。

〔18〕 (西)〔而〕减北地以西戍卒半。 刘敞说"西"当作"而"。按《史记》作"而"。

〔19〕 其〔明〕年春， 朱一新说此脱"明"字。王先谦说《史记》亦有"明"字。

〔20〕 御史大夫军至追(斜)〔邪〕径，无所见，还。 景祐、殿本都作"邪"。王先谦说作"邪"是。王念孙说"追邪径"是地名，与颜注异。

〔21〕 归义侯仆多子(雷)〔雷〕后以属国都尉击匈奴。封阮渠。阮渠，鲁(闳)〔阳〕县也。 景祐、殿本"雷"作"雷"。"闳"作"阳"。

〔22〕 燕(一音)〔音一〕千反。　景祐、殿、局本都作"一千",此误倒。

〔23〕 贰师(怒)〔骂〕曰：　景祐、殿本都作"骂"。

〔24〕 虽不宜(黍)〔禾〕稷,匈奴中亦种黍稷。　景祐、殿本都作"禾"。

〔25〕 行攻塞外亭(长)〔障〕，　钱大昭说"长"当作"障"。按景祐、殿本都作
　　　"障"。

〔26〕 大将军霍光欲发兵(要)〔邀〕击之，　钱大昭说"要"依注当作"邀"。　按
　　　景祐、殿本都作"邀"。

〔27〕 及畜产远移死(于)〔亡〕不可胜数。　钱大昭说"于"当作"亡"。按景祐、
　　　殿、局本都作"亡"。

汉书卷九十四下

匈奴传第六十四下

呼韩邪单于归庭数月，罢兵使各归故地，乃收其兄呼屠吾斯在民间者立为左谷蠡王，使人告右贤贵人，欲令杀右贤王。其冬，都隆奇与右贤王共立日逐王薄胥堂为屠耆单于，发兵数万人东袭呼韩邪单于。呼韩邪单于兵败走，屠耆单于还，以其长子都涂吾西为左谷蠡王，少子姑瞀楼头为右谷蠡王，①留居单于庭。

①师古曰："瞀音莫构反。"

明年秋，屠耆单于使日逐王先贤掸兄右奥鞬王为乌藉都尉①各二万骑，屯东方以备呼韩邪单于。是时，西方呼揭王来与唯犁当户谋，②共谗右贤王，言欲自立为乌藉单于。屠耆单于杀右贤王父子，后知其冤，复杀唯犁当户。于是呼揭王恐，遂畔去，自立为呼揭单于。右奥鞬王闻之，即自立为车犁单于。乌藉都尉亦自立为乌藉单于。凡五单于。屠耆单于自将兵东击车犁单于，使都隆奇击乌藉。乌藉、车犁皆败，西北走，与呼揭单于兵合为四万人。乌藉、呼揭皆去单于号，共并力尊辅车犁单于。屠耆单于闻之，使左大将、都尉将四万骑分屯东方，以备呼韩邪单于，自将四万骑西击车犁单于。车犁单于败，西北走，屠耆单于即引西南，留阗敦地。③

①师古曰："掸音缠。奥音郁。鞬音居言反。"

②师古曰："揭音丘例反。唯音弋癸反。"

③师古曰："阗音�。敦音顿，又音对。"

其明年，呼韩邪单于遣其弟右谷蠡王等西袭屠耆单于屯兵，杀略万馀人。屠耆单于闻之,即自将六万骑击呼韩邪单于,行千里,未至嘕姑地,①逢呼韩邪单于兵可四万人,合战。屠耆单于兵败,自杀。都隆奇乃与屠耆少子右谷蠡王姑瞀楼头亡归汉,车犁单于东降呼韩邪单于。呼韩邪单于左大将乌厉屈与父呼邀累乌厉温敦②皆见匈奴乱,率其众数万人南降汉。封乌厉屈为新城侯,乌厉温敦为义阳侯。是时李陵子复立乌藉都尉为单于,呼韩邪单于捕斩之,遂复都单于庭,然众裁数万人。屠耆单于从弟休旬王将所主五六百骑,击杀左大且渠,并其兵,至右地,自立为闰振单于,在西边。其后,呼韩邪单于兄左贤王呼屠吾斯亦自立为郅支骨都侯单于,在东边。其后二年,闰振单于率其众东击郅支单于。郅支单于与战,杀之,并其兵,遂进攻呼韩邪。呼韩邪破,其兵走,郅支都单于庭。

①师古曰:"嘕音乃谷反。"
②师古曰:"呼邀累者,其官号也。邀,古速字也。累音力追反。"

呼韩邪之败也,左伊秩訾王为呼韩邪计,劝令称臣入朝事汉,从汉求助,如此匈奴乃定。呼韩邪议问诸大臣,皆曰:"不可。匈奴之俗,本上气力而下服役,①以马上战斗为国,故有威名于百蛮。战死,壮士所有也。②今兄弟争国,不在兄则在弟,虽死犹有威名,子孙常长诸国。③汉虽强,犹不能兼并匈奴,奈何乱先古之制,臣事于汉,卑辱先单于,④为诸国所笑!虽如是而安,何以复长百蛮!"左伊秩訾曰:"不然。强弱有时,今汉方盛,乌孙城郭诸国皆为臣妾。⑤自且鞮侯单于以来,匈奴日削,不能取复,⑥虽屈强于此,未尝一日安也。⑦今事汉则安存,不事则危亡,计何以过此!"诸大人相难久之。呼韩邪从其计,引众南近塞,遣子右贤王铢娄渠堂入侍。⑧郅支单于亦遣子右大将驹于利受入侍。是岁,甘露元年也。

①师古曰:"以服役于人为下。"
②师古曰:"言人皆有此事耳。"
③师古曰:"为诸国之长帅也。"
④师古曰:"言忝辱之更令卑下也。"

⑤师古曰："谓西域诸国为城郭而居也。"

⑥师古曰："且音子馀反。复音扶目反。"

⑦师古曰："屈音其勿反。"

⑧师古曰："娄音力于反。"

　　明年，呼韩邪单于款五原塞，①愿朝三年正月。②汉遣车骑都尉韩昌迎，发过所七郡郡二千骑，为陈道上。③单于正月朝天子于甘泉宫，汉宠以殊礼，位在诸侯王上，赞谒称臣而不名。赐以冠带衣裳，黄金玺盭绶，④玉具剑，⑤佩刀，弓一张，矢四发，⑥棨戟十，⑦安车一乘，鞍勒一具，⑧马十五匹，黄金二十斤，钱二十万，衣被七十七袭，⑨锦绣绮縠杂帛八千匹，絮六千斤。礼毕，使使者道单于先行，宿长平。⑩上自甘泉宿池阳宫。上登长平，诏单于毋谒，⑪其左右当户之群臣皆得列观，及诸蛮夷君长王侯数万，咸迎于渭桥下，夹道陈。上登渭桥，咸称万岁。单于就邸，留月馀，遣归国。单于自请愿留居光禄塞下，⑫有急保汉受降城。⑬汉遣长乐卫尉高昌侯董忠、车骑都尉韩昌将骑万六千，又发边郡士马以千数，送单于出朔方鸡鹿塞。⑭诏忠等留卫单于，助诛不服，又转边谷米糒，⑮前后三万四千斛，给赡其食。是岁，郅支单于亦遣使奉献，汉遇之甚厚。明年，两单于俱遣使朝献，汉待呼韩邪使有加。明年，呼韩邪单于复入朝，礼赐如初，加衣百一十袭，锦帛九千匹，絮八千斤。以有屯兵，故不复发骑为送。

①师古曰："款，叩也。"

②师古曰："会正旦之朝贺也。"

③师古曰："所过之郡，每为发兵陈列于道，以为宠卫也。"

④师古曰："盭，古戾字。戾，草名也。以戾染绶，亦诸侯王之制也。"

⑤孟康曰："摽首镡卫尽用玉为之也。"师古曰："镡，剑口旁横出者也。卫，剑鼻也。镡音淫。卫字本作䢍，其音同耳。"

⑥服虔曰："发，十二矢也。"韦昭曰："射礼三而止，每射四矢，故以十二为一发也。"师古曰："发犹今言箭一放两放也。今则以一矢为一放也。"

⑦师古曰："棨戟，有衣之戟也。棨音启。"

⑧师古曰："勒，马辔也。"

⑨师古曰："一称为一袭,犹今人之言一副衣服也。"

⑩师古曰："道读曰导。长平,泾水上坂也,解在《宣纪》。"

⑪师古曰："不令拜也。"

⑫师古曰："徐自为所筑者也。"

⑬师古曰："保,守也。于此自守。"

⑭师古曰："在朔方窳浑县西北。"

⑮师古曰："糒,干饭也,音备。"

始郅支单于以为呼韩邪降汉,兵弱不能复自还,即引其众西,欲攻定右地。又屠耆单于小弟本侍呼韩邪,亦亡之右地,收两兄馀兵得数千人,自立为伊利目单于,道逢郅支,合战,郅支杀之,并其兵五万馀人。闻汉出兵谷助呼韩邪,即遂留居右地。自度力不能定匈奴,①乃益西近乌孙,欲与并力,遣使见小昆弥乌就屠。乌就屠见呼韩邪为汉所拥,郅支亡虏,欲攻之以称汉,②乃杀郅支使,持头送都护在所,发八千骑迎郅支。郅支见乌孙兵多,其使又不反,勒兵逢击乌孙,破之。③因北击乌揭,④乌揭降。发其兵西破坚昆,北降丁令,⑤并三国。数遣兵击乌孙,常胜之。坚昆东去单于庭七千里,南去车师五千里,郅支留都之。

①师古曰："度音徒各反。"

②师古曰："称汉朝之意也。称音尺孕反。"

③师古曰："以兵逆之,相逢即击,故云逢击。"

④师古曰："揭音丘例反。"

⑤师古曰："令音零。"

元帝初即位,呼韩邪单于复上书,言民众困乏。汉诏云中、五原郡转谷二万斛以给焉。郅支单于自以道远,又怨汉拥护呼韩邪,遣使上书求侍子。汉遣谷吉送之,郅支杀吉。汉不知吉音问,而匈奴降者言闻瓯脱皆杀之。①呼韩邪单于使来,汉辄簿责之甚急。②明年,汉遣车骑都尉韩昌、光禄大夫张猛送呼韩邪单于侍子,求问吉等,因赦其罪,勿令自疑。③昌、猛见单于民众益盛,塞下禽兽尽,单于足以自卫,不畏郅支。闻其大臣多劝单于北归者,④恐北去后难约束,⑤昌、猛即与为盟约曰:

"自今以来,汉与匈奴合为一家,世世毋得相诈相攻。有窃盗者,相报,行其诛,偿其物;⑥有寇,发兵相助。汉与匈奴敢先背约者,受天不祥。令其世世子孙尽如盟。"昌、猛与单于及大臣俱登匈奴诺水东山,⑦刑白马,单于以径路刀金留犁挠酒,⑧以老上单于所破月氏王头为饮器者共饮血盟。昌、猛还奏事,公卿议者以为"单于保塞为藩,虽欲北去,犹不能为危害。昌、猛擅以汉国世世子孙与夷狄诅盟,令单于得以恶言上告于天,羞国家,伤威重,⑨不可得行。宜遣使往告祠天,与解盟。昌、猛奉使无状,罪至不道。"⑩上薄其过,⑪有诏昌、猛以赎论,勿解盟。其后呼韩邪竟北归庭,人众稍稍归之,国中遂定。

①师古曰:"于瓯脱得声问,云杀之。"

②师古曰:"簿责,以文簿一一责之也。簿音步户反。"

③师古曰:"疑者,疑汉欲讨伐也。"

④师古曰:"塞下无禽兽,则射猎无所得,又不畏郅支,故欲北归旧处。"

⑤师古曰:"不可更共为言要。"

⑥师古曰:"汉人为盗于匈奴,匈奴人为盗于汉,皆相告报而诛偿。"

⑦师古曰:"诺水即今突厥地诺真水也。"

⑧应劭曰:"径路,匈奴宝刀也。金,契金也。留犁,饭匕也。挠,和也。契金著酒中,挠搅饮之。"师古曰:"契,刻;挠,搅也,音呼高反。"

⑨师古曰:"羞,辱也。"

⑩师古曰:"无状,盖无善状。"

⑪师古曰:"以其罪过为轻薄。"

郅支既杀使者,自知负汉,又闻呼韩邪益强,恐见袭击,欲远去。会康居王数为乌孙所困,与诸翕侯计,以为匈奴大国,乌孙素服属之,今郅支单于困阨在外,可迎置东边,使合兵取乌孙以立之,①长无匈奴忧矣。即使使至坚昆通语郅支。郅支素恐,又怨乌孙,闻康居计,大说,②遂与相结,引兵而西。康居亦遣贵人,橐它驴马数千匹,迎郅支。郅支人众中寒道死,③馀财三千人到康居。④其后,都护甘延寿与副陈汤发兵即康居诛斩郅支。⑤语在《延寿》、《汤传》。

①师古曰:"言与郅支并力共灭乌孙,以其地立郅支,令居之也。"

②师古曰："说读曰悦。"

③师古曰："中寒,伤于寒也。道死,死于道上也。"

④师古曰："财与才同。"

⑤师古曰："即,就也。"

郅支既诛,呼韩邪单于且喜且惧,上书言曰:"常愿谒见天子,诚以郅支在西方,恐其与乌孙俱来击臣,以故未得至汉。今郅支已伏诛,愿入朝见。"竟宁元年,单于复入朝,礼赐如初,加衣服锦帛絮,皆倍于黄龙时。单于自言愿婿汉氏以自亲。①元帝以后宫良家子王嫱字昭君赐单于。单于欢喜,上书愿保塞上谷以西至敦煌,②传之无穷,请罢边备塞吏卒,以休天子人民。天子令下有司议,议者皆以为便。郎中侯应习边事,以为不可许。上问状,应曰:"周秦以来,匈奴暴桀,寇侵边境,汉兴,尤被其害。臣闻北边塞至辽东,外有阴山,东西千馀里,草木茂盛,多禽兽,本冒顿单于依阻其中,治作弓矢,来出为寇,是其苑囿也。至孝武世,出师征伐,斥夺此地,攘之于幕北。③建塞徼,起亭隧,④筑外城,设屯戍,以守之,然后边境得用少安。幕北地平,少草木,多大沙,匈奴来寇,少所蔽隐,从塞以南,径深山谷,往来差难。边长老言匈奴失阴山之后,过之未尝不哭也。如罢备塞戍卒,示夷狄之大利,不可一也。今圣德广被,天覆匈奴,⑤匈奴得蒙全活之恩,稽首来臣。夫夷狄之情,困则卑顺,强则骄逆,天性然也。前以罢外城,省亭隧,今裁足以候望通烽火而已。古者安不忘危,不可复罢,二也。中国有礼义之教,刑罚之诛,愚民犹尚犯禁,又况单于,能必其众不犯约哉! 三也。⑥自中国尚建关梁以制诸侯,所以绝臣下之觊欲也。⑦设塞徼,置屯戍,非独为匈奴而已,亦为诸属国降民,本故匈奴之人,恐其思旧逃亡,四也。近西羌保塞,与汉人交通,吏民贪利,侵盗其畜产妻子,以此怨恨,起而背畔,世世不绝。今罢乘塞,则生嫚易分争之渐,五也。⑧往者从军多没不还者,子孙贫困,一旦亡出,从其亲戚,六也。又边人奴婢愁苦,欲亡者多,曰'闻匈奴中乐,无奈候望急何!'然时有亡出塞者,七也。盗贼桀黠,群辈犯法,如其窘急,亡走北出,则不可制,八也。起塞以来百有馀年,非皆以土垣也,或因山岩石,木柴僵落,溪谷水门,⑨稍稍平之,卒徒筑治,功费久远,不可胜计。臣恐议者不深虑其终始,欲以一切省繇戍,⑩十年之外,百岁之内,卒有它变,障塞破坏,亭隧灭绝,当更发屯缮治,累世之功不可卒复,九也。⑪如罢戍卒,省候望,单于自以保塞守御,必深德汉,⑫请求无已。小失其意,则不可测。开夷狄之隙,亏中国之固,十也。非所以永持至安,威制百蛮之长策也。"

①师古曰:"言欲取汉女而身为汉家婿。"

②师古曰:"保,守也。自请保守之,令无寇盗。"

③师古曰:"斥,开也。攘,却也,音人羊反。"

④师古曰:"隧谓深开小道而行,避敌钞寇也。隧音遂。"

⑤师古曰:"如天之覆也。"

⑥师古曰:"必,极也,极保之也。"

⑦师古曰:"觊音冀。"

⑧师古曰:"乘塞,登之而守也。嫚易犹相欺侮也。易音弋豉反。"

⑨师古曰:"僵落,谓山上树木摧折或立死枯僵堕落者。僵音姜。"

⑩师古曰:"一切谓权时也,解在《平纪》。繇读曰徭。"

⑪师古曰:"卒读皆曰猝。"

⑫师古曰:"于汉自称恩德也。"

对奏,天子有诏:"勿议罢边塞事。"使车骑将军口谕单于①曰:"单于上书愿罢北边吏士屯戍,子孙世世保塞。单于乡慕礼义,②所以为民计者甚厚,此长久之策也,朕甚嘉之。中国四方皆有关梁障塞,非独以备塞外也,亦以防中国奸邪放纵,出为寇害,故明法度以专众心也。敬谕单于之意,③朕无疑焉。为单于怪其不罢,故使大司马车骑将军嘉晓单于。"单于谢曰:"愚不知大计,天子幸使大臣告语,甚厚!"

①师古曰:"将军许嘉也。谕谓晓告。"

②师古曰:"乡读曰向。"

③师古曰:"言已晓知其意也。"

初,左伊秩訾为呼韩邪画计归汉,竟以安定。其后或谗伊秩訾自伐其功,常鞅鞅,①呼韩邪疑之。左伊秩訾惧诛,将其众千馀人降汉,汉以为关内侯,食邑三百户,令佩其王印绶。②及竟宁中,呼韩邪来朝,与伊秩訾相见,谢曰:"王为我计甚厚,令匈奴至今安宁,王之力也,德岂可忘! 我失王意,使王去不复顾留,③皆我过也。今欲白天子,请王归庭。"伊秩訾曰:"单于赖天命,自归于汉,得以安宁,单于神灵,天子之佑也,我安得力! 既已降汉,又复归匈奴,是两心也。愿为单于侍(史)〔使〕于汉,[1]不敢听命。"④单于固请不能得而归。

①师古曰:"伐谓矜其功力。"

②师古曰:"虽于汉为关内侯,而依匈奴王号与印绶。"

③师古曰:"言不复顾念而留住匈奴中。"

④师古曰:"言为单于充使,留侍于汉,不能还匈奴。"

王昭君号宁胡阏氏,①生一男伊屠智牙师,为右日逐王。呼韩邪立二十八年,建始二年死。始呼韩邪嬖左伊秩訾兄呼衍王女二人。长女颛渠阏氏,生二子,长曰且莫车,②次曰囊知牙斯。少女为大阏氏,生四子,长曰雕陶莫皋,次曰且麋胥,③皆长于且莫车,少子咸、乐二人,皆小于囊知牙斯。又它阏氏子十馀人。颛渠阏氏贵,且莫车爱。呼韩邪病且死,欲立且莫车,其母颛渠阏氏曰:"匈奴乱十馀年,不绝如发,赖蒙汉力,故得复安。今平定未久,人民创艾战斗,④且莫车年少,百姓未附,恐复危国。我与大阏氏一家共子,⑤不如立雕陶莫皋。"大阏氏曰:"且莫车虽少,大臣共持国事,今舍贵立贱,后世必乱。"⑥单于卒从颛渠阏氏计,立雕陶莫皋,约令传国与弟。呼韩邪死,雕陶莫皋立,为复株絫若鞮单于。⑦

①师古曰:"言胡得之,国以安宁也。"

②师古曰:"且音子馀反。"

③师古曰:"且音子馀反。胥音先於反。"

④师古曰:"创音初亮反。艾读曰乂。"

⑤师古曰:"一家,言亲姊妹也。共子,两人所生恩慈无别也。"

⑥师古曰:"舍谓弃置也。"

⑦师古曰:"复音服。絫音力追反。"

　　复株絫若鞮单于立,遣子右致卢儿王醯谐屠奴侯入侍,以且麋胥为左贤王,且莫车为左谷蠡王,囊知牙斯为右贤王。复株絫单于复妻王昭君,生二女,长女云为须卜居次,①小女为当于居次。②

　　①李奇曰:"居次者,女之号,若汉言公主也。"文颖曰:"须卜氏,匈奴贵族也。"

　　②文颖曰:"当于亦匈奴大族也。"师古曰:"须卜、当于,皆其夫家氏族。"

　　河平元年,单于遣右皋林王伊邪莫演等奉献朝正月。①既罢,遣使者送至蒲反。②伊邪莫演言:"欲降。即不受我,我自杀,终不敢还归。"使者以闻,下公卿议。议者或言宜如故事,受其降。光禄大夫谷永、议郎杜钦以为"汉兴,匈奴数为边害,故设金爵之赏以待降者。今单于诎体称臣,列为北藩,遣使朝贺,无有二心,汉家接之,宜异于往时。今既享单于聘贡之质,③而更受其逋逃之臣,是贪一夫之得而失一国之心,拥有罪之臣而绝慕义之君也。假令单于初立,欲委身中国,未知利害,④私使伊邪莫演诈降以卜吉凶,受之亏德沮善,⑤令单于自疏,不亲边吏;或者设为反间,欲因而生隙,⑥受之适合其策,使得归曲而直责。⑦此诚边竟安危之原,师旅动静之首,⑧不可不详也。不如勿受,以昭日月之信,抑诈谖之谋,怀附亲之心,便"。⑨对奏,天子从之。遣中郎将王舜往问降状。伊邪莫演曰:"我病狂妄言耳。"遣去。归到,官位如故,不肯令见汉使。明年,单于上书愿朝河平四年正月,遂入朝,加赐锦绣缯帛二万匹,絮二万斤,它如竟宁时。

　　①师古曰:"演音衍。"

　　②师古曰:"河东之县也。"

　　③师古曰:"享,当也。质,诚也。"

　　④师古曰:"假令犹言或当也。"

　　⑤师古曰:"沮,坏也,音材汝反。"

　　⑥师古曰:"间音居苋反。"

　　⑦师古曰:"归曲于汉,而以直义来责也。"

　　⑧师古曰:"竟读曰境。"

　　⑨师古曰:"谖,诈辞也,音许远反。"

　　复株絫单于立十岁,鸿嘉元年死。弟且麋胥立,为搜谐若鞮单于。

　　搜谐单于立,遣子左祝都韩王朐留斯侯入侍,①以且莫车为左贤王。搜谐单于立八岁,元延元年,为朝二年发行,②未入塞,病死。弟且莫车立,为车牙若鞮单于。

　　①师古曰:"朐音许于反。"
　　②师古曰:"欲会二年岁首之朝(会)〔礼〕[2],故豫发其国而行。"

　　车牙单于立,遣子右于涂仇掸王乌夷当入侍,①以囊知牙斯为左贤王。车牙单于立四岁,绥和元年死。弟囊知牙斯立,为乌珠留若鞮单于。

　　①师古曰:"涂音徒。掸音缠。"

　　乌珠留单于立,以第二阏氏子乐为左贤王,以第五阏氏子舆为右贤王,①遣子右股奴王乌鞮牙斯入侍。汉遣中郎将夏侯藩、副校尉韩容使匈奴。时帝舅大司马票骑将军王根领尚书事,或说根曰:"匈奴有斗入汉地,直张掖郡,②生奇材木,箭竿就羽,③如得之,于边甚饶,国家有广地之实,将军显功,垂于无穷。"根为上言其利,上直欲从单于求之,④为有不得,伤命损威。⑤根即但以上指晓藩,令从藩所说而求之。⑥藩至匈奴,以语次说单于曰:"窃见匈奴斗入汉地,直张掖郡。汉三都尉居塞上,士卒数百人寒苦,候望久劳。单于宜上书献此地,直断阏之,省两都尉士卒数百人,以复天子厚恩,⑦其报必大。"⑧单于曰:"此天子诏语邪,将从使者所求也?"藩曰:"诏指也,然藩亦为单于画善计耳。"单于曰:"孝宣、孝元皇帝哀怜父呼韩邪单于,从长城以北匈奴有之。此温偶駼王所居地也,⑨未晓其形状所生,请遣使问之。"⑩藩、容归汉。后复使匈奴,至则求地。单于曰:"父兄传五世,汉不求此地,至知独求,何也?已问温偶駼王,匈奴西边诸侯作穹庐及车,皆仰此山材木,⑪且先父地,不敢失也。"藩还,迁为太原太守。单于遣使上书,以藩求地状闻。诏报单于曰:"藩擅称诏从单于求地,法当死,更大赦二,⑫今徙藩为济南太守,不令当匈奴。"明年,侍子死,归葬。复遣子左于駼仇掸王稽留昆入侍。⑬

①师古曰：“此二人皆乌珠留之弟也。第二阏氏，即上所谓大阏氏也。第五阏
　　氏，亦呼韩邪单于之阏氏。”

②师古曰：“斗，绝也。直，当也。”

③师古曰：“就，大雕也，黄头赤目，其羽可为箭。竿音工旱反。”

④师古曰：“直犹正耳。”

⑤师古曰：“诏命不行，故云伤命也。”

⑥师古曰：“自以藩意说单于而求之。”

⑦师古曰：“复亦报。”

⑧师古曰：“汉得此地，必厚报赏单于。”

⑨师古曰：“偶音五口反。骁音涂。次下亦同。”

⑩师古曰：“所生，谓山之所出草木、鸟兽为用者。”

⑪师古曰：“谓诸小王为诸侯者，效中国之言耳。仰音牛向反。”

⑫师古曰：“更，经也，音功衡反。”

⑬师古曰：“掸音缠。稽音鸡。”

至哀帝建平二年，乌孙庶子卑援疐①翕侯人众入匈奴西界，寇盗牛
畜，颇杀其民。单于闻之，遣左大当户乌夷泠②将五千骑击乌孙，杀数
百人，略千馀人，殴牛畜去。③卑援疐恐，遣子趋逯为质匈奴。④单于受，
以状闻。汉遣中郎将丁野林、副校尉公乘音使匈奴，责让单于，告令还
归卑援疐质子。单于受诏，遣归。

①师古曰：“援音爰。疐音竹二反。”

②师古曰：“泠音零。”

③师古曰：“殴与驱同。”

④师古曰：“逯音录。”

建平四年，单于上书愿朝五年。时哀帝被疾，或言匈奴从上游来厌
人，①自黄龙、竟宁时，单于朝中国辄有大故。②上由是难之，以问公卿，
亦以为虚费府帑，③可且勿许。单于使辞去，未发，黄门郎扬雄上书
谏曰：

①服虔曰：“游犹流也。河水从西北来，故曰上游也。”师古曰：“上游，亦总谓
　　地形耳，不必系于河水也。厌音一涉反。”

②师古曰："大故谓国之大丧。"

③师古曰："府，物所聚也。帑，藏金帛之所也，音它莽反，又音奴。"

　　臣闻《六经》之治，贵于未乱；兵家之胜，贵于未战。①二者皆微，②然而大事之本，不可不察也。今单于上书求朝，国家不许而辞之，臣愚以为汉与匈奴从此隙矣。本北地之狄，五帝所不能臣，三王所不能制，其不可使隙甚明。臣不敢远称，请引秦以来明之：

①师古曰："已乱而后治之，战斗而后获胜，则不足贵。"

②师古曰："微谓精妙也。"

　　以秦始皇之强，蒙恬之威，带甲四十馀万，然不敢窥西河，乃筑长城以界之。会汉初兴，以高祖之威灵，三十万众困于平城，士或七日不食。时奇谲之士石画之臣甚众，①卒其所以脱者，世莫得而言也。②又高皇后尝忿匈奴，群臣庭议，樊哙请以十万众横行匈奴中，季布曰："哙可斩也，妄阿顺指！"于是大臣权书遗之，③然后匈奴之结解，中国之忧平。及孝文时，匈奴侵暴北边，候骑至雍甘泉，京师大骇，发三将军屯细柳、棘门、霸上以备之，数月乃罢。孝武即位，设马邑之权，欲诱匈奴，使韩安国将三十万众徼于便墆，④匈奴觉之而去，徒费财劳师，一虏不可得见，况单于之面乎！其后深惟社稷之计，规恢万载之策，⑤乃大兴师数十万，使卫青、霍去病操兵，前后十馀年。⑥于是浮西河，绝大幕，破寘颜，袭王庭，穷极其地，追奔逐北，封狼居胥山，禅于姑衍，以临翰海，⑦虏名王贵人以百数。自是之后，匈奴震怖，益求和亲，然而未肯称臣也。

①邓展曰："石，大也。"师古曰："石言坚固如石也。画，计策也，音获。"

②师古曰："卒，终也。莫得而言，谓自免之计，其事丑恶，故不传。"

③师古曰："以权道为书，顺辞以答之。"

④师古曰："徼，要也，音工尧反。墆，古地字。"

⑤师古曰："恢，大也。"

⑥师古曰："操，持也，音千高反。"

⑦师古曰："积土为封，而又禅祭也。"

　　且夫前世岂乐倾无量之费,役无罪之人,快心于狼望之北哉?①〔3〕以为不壹劳者不久佚,不蹔费者不永宁,②是以忍百万之师以摧饿虎之喙,运府库之财填卢山之壑而不悔也。③至本始之初,匈奴有桀心,④欲掠乌孙,侵公主,乃发五将之师十五万骑猎其南,而长罗侯以乌孙五万骑震其西,皆至质而还。⑤时鲜有所获,⑥徒奋扬威武,明汉兵若雷风耳。虽空行空反,尚诛两将军。故北狄不服,中国未得高枕安寝也。逮至元康、神爵之间,大化神明,鸿恩溥洽,而匈奴内乱,五单于争立,日逐、呼韩邪携国归(死)〔化〕,〔4〕扶伏称臣,⑦然尚羁縻之,计不颛制。⑧自此之后,欲朝者不距,不欲者不强。⑨何者?外国天性忿鸷,⑩形容魁健,⑪负力怙气,⑫难化以善,易隶以恶,⑬其强难诎,其和难得。故未服之时,劳师远攻,倾国殚货,伏尸流血,破坚拔敌,如彼之难也;既服之后,慰荐抚循,交接赂遗,威仪俯仰,如此之备也。往时尝屠大宛之城,蹈乌桓之垒,探姑缯之壁,⑭籍荡姐之场,⑮艾朝鲜之旃,拔两越之旗,⑯近不过旬月之役,远不离二时之劳,⑰固已犁其庭,扫其闾,⑱郡县而置之,云彻席卷,后无余菑。⑲唯北狄为不然,真中国之坚敌也,三垂比之悬矣,前世重之兹甚,⑳未易可轻也。

①师古曰:"匈奴中地名也。"

②师古曰:"佚与逸同。"

③师古曰:"喙,口也,摧百万之师于兽口也。卢山,匈奴中山也。喙音许秽反。"

④师古曰:"桀,坚也。言其起立不顺。"

⑤师古曰:"质,信也,谓所期处。"

⑥师古曰:"鲜,少也,音先践反。"

⑦师古曰:"伏音蒲北反。"

⑧师古曰:"颛与专同。专制谓以为臣妾也。"

⑨师古曰:"强音其两反。"

⑩师古曰:"鸷,很也,音竹二反。"

⑪师古曰:"魁,大也。"

⑫师古曰:"负,恃也。"

⑬师古曰:"隶谓附属之也。恶谓威也。"

⑭师古曰:"姑缯,谓西南夷种也,在益州,见《昭纪》也。"

⑮刘德曰:"羌属也。"师古曰:"籍犹蹈也。姐音紫。"

⑯师古曰:"艾读曰刈。刈,绝也。"

⑰师古曰:"离,历也。三月为一时。"

⑱师古曰:"犁,耕也。"

⑲师古曰:"葘,古灾字也。"

⑳师古曰:"兹,益也。"

　　今单于归义,怀款诚之心,欲离其庭,陈见于前,此乃上世之遗策,神灵之所想望,国家虽费,不得已者也。①奈何距以来厌之辞,疏以无日之期,消往昔之恩,开将来之隙!夫款而隙之,使有恨心,负前言,缘往辞,②归怨于汉,因以自绝,终无北面之心,威之不可,谕之不能,焉得不为大忧乎!夫明者视于无形,聪者听于无声,诚先于未然,即蒙恬、樊哙不复施,棘门、细柳不复备,马邑之策安所设,卫、霍之功何得用,五将之威安所震?③不然,壹有隙之后,虽智者劳心于内,辩者毂击于外,④犹不若未然之时也。且往者图西域,制车师,⑤置城郭都护三十六国,费岁以大万计者,⑥岂为康居、乌孙能逾白龙堆而寇西边哉?⑦乃以制匈奴也。夫百年劳之,一日失之,费十而爱一,臣窃为国不安也。唯陛下少留意于未乱未战,以遏边萌之祸。

①师古曰:"已,止也。"

②师古曰:"言单于因缘往昔和好之辞以怨汉也。"

③师古曰:"先于未然,谓计策素定,御难折冲。"

④师古曰:"毂击,言使车交驰,其毂相击也。"

⑤师古曰:"图,谋也。"

⑥师古曰:"财用之费,一岁数百万也。"

⑦孟康曰:"龙堆形如土龙身,无头有尾,高大者二三丈,埤者丈馀,皆东北向,相似也,在西域中。"

书奏，天子寤焉，召还匈奴使者，更报单于书而许之。赐雄帛五十匹，黄金十斤。单于未发，会病，复遣使愿朝明年。故事，单于朝，从名王以下及从者二百馀人。单于又上书言：“蒙天子神灵，人民盛壮，愿从五百人入朝，以明天子盛德。”上皆许之。

元寿二年，单于来朝，上以太岁厌胜所在，①舍之上林苑蒲陶宫。②告之以加敬于单于，③单于知之。加赐衣三百七十袭，锦绣缯帛三万匹，絮三万斤，它如河平时。既罢，遣中郎将韩况送单于。单于出塞，到休屯井，北度车田卢水，道里回远。④况等乏食，单于乃给其粮，失期不还五十馀日。

①师古曰：“厌音一涉反。”
②师古曰：“舍，止宿。”
③师古曰：“云以敬于单于，故令止上林。”
④师古曰：“回音胡内反。”

初，上遣稽留昆随单于去，到国，复遣稽留昆同母兄右大且方与妇入侍。①还归，复遣且方同母兄左日逐王都与妇入侍。是时，汉平帝幼，太皇太后称制，新都侯王莽秉政，欲说太后以威德至盛异于前，②乃风单于③令遣王昭君女须卜居次云入侍④太后，所以赏赐之甚厚。

①师古曰：“且音子间反。”
②师古曰：“说读曰悦。以此事取悦于太后。”
③师古曰：“风读曰讽。”
④师古曰：“云者，其女名。”

会西域车师后王句姑、①去胡来王唐兜②皆怨恨都护校尉，将妻子人民亡降匈奴，语在《西域传》。单于受置左谷蠡地，遣使上书言状曰：“臣谨已受。”诏遣中郎将韩隆、王昌、副校尉甄阜、侍中谒者帛敞、长水校尉王歙使匈奴，③告单于曰：“西域内属，不当得受，④今遣之。”⑤单于曰：“孝宣、孝元皇帝哀怜，为作约束，自长城以南天子有之，长城以北单于有之。有犯塞，辄以状闻；有降者，不得受。臣知父呼韩邪单于蒙无量之恩，死遗言曰：‘有从中国来降者，勿受，辄送至塞，以报天子厚恩。’

此外国也,得受之。"使者曰:"匈奴骨肉相攻,国几绝,⑥蒙中国大恩,危亡复续,妻子完安,累世相继,宜有以报厚恩。"单于叩头谢罪,执二虏还付使者。诏使中郎将王萌待西域恶都奴界上逆受。⑦单于遣使送到国,因请其罪。使者以闻,有诏不听,⑧会西域诸国王斩以示之。乃造设四条:⑨中国人亡入匈奴者,乌孙亡降匈奴者,西域诸国佩中国印绶降匈奴者,乌桓降匈奴者,皆不得受。遣中郎将王骏、王昌、副校尉甄阜、王寻使匈奴,班四条与单于,杂函封,⑩付单于,令奉行,因收故宣帝所为约束封函还。时,莽奏令中国不得有二名,因使使者以风单于,⑪宜上书慕化,为一名,汉必加厚赏。单于从之,上书言:"幸得备藩臣,窃乐太平圣制,臣故名囊知牙斯,今谨更名曰知。"莽大说,⑫白太后,遣使者答谕,厚赏赐焉。

①师古曰:"句音钩。"

②师古曰:"为其去胡而来降汉,故以为王号。"

③师古曰:"歙音翕。"

④师古曰:"既属汉家,不得复臣匈奴。"

⑤师古曰:"今即遣还。"

⑥师古曰:"几音钜依反。"

⑦服虔曰:"恶都奴,西域之谷名也。"师古曰:"逆受,迎而受之。"

⑧师古曰:"不免其罪。"

⑨师古曰:"更新为此制也。"

⑩师古曰:"与玺书同一函而封之。"

⑪师古曰:"风读曰讽。"

⑫师古曰:"说读曰悦。"

汉既班四条,后护乌桓使者告乌桓民,毋得复与匈奴皮布税。匈奴以故事遣使者责乌桓税,①匈奴人民妇女欲贾贩者皆随往焉。乌桓距曰:"奉天子诏条,(之)〔不〕当予匈奴税。"〔5〕匈奴使怒,收乌桓酋豪,缚到悬之。酋豪昆弟怒,共(人)〔杀〕匈奴使及其官属,〔6〕收略妇女马牛。单于闻之,遣使发左贤王兵入乌桓责杀使者,因攻击之。乌桓分散,或走上山,或东保塞。匈奴颇杀人民,殴妇女弱小且千人去,②置左地,告乌桓曰："持马畜皮布来赎之。"乌桓见略者亲属二千餘人持财畜往赎,匈奴受,留不遣。③

①师古曰："故时常税,是以求之。"

②师古曰："殴与驱同。"

③师古曰："受其皮布而留人不遣。"

王莽之篡位也,建国元年,遣五威将王骏率甄阜、王飒、陈饶、帛敞、丁业六人,①多赍金帛,重遗单于,谕晓以受命代汉状,因易单于故印。故印文曰"匈奴单于玺",莽更曰"新匈奴单于章"。②将率既至,授单于印绂,③诏命上故印绂。单于再拜受诏。译前,欲解取故印绂,单于举掖授之。左姑夕侯苏从旁谓单于曰:"未见新印文,宜且勿与。"单于止,不肯与。请使者坐穹庐,单于欲前为寿。五威将曰:"故印绂当以时上。"单于曰:"诺。"复举掖授译。苏复曰:"未见印文,且勿与。"单于曰:"印文何由变更!"遂解故印绂奉上,将率受。著新绂,不解视印,饮食至夜乃罢。右率陈饶谓诸将率曰:"乡者姑夕侯疑印文,几令单于不与人。④如令视印,见其变改,必求故印,此非辞说所能距也。既得而复失之,辱命莫大焉。不如椎破故印,以绝祸根。"将率犹与,莫有应者。⑤饶,燕士,果悍,⑥即引斧椎坏之。明日,单于果遣右骨都侯当白将率曰:"汉赐单于印,言'玺'不言'章',又无'汉'字,诸王已下乃有'汉'言'章'。今(印)〔即〕去'玺'加'新',〔七〕与臣下无别。愿得故印。"将率示以故印,谓曰:"新室顺天制作,故印随将率所自为破坏。单于宜承天命,奉新室之制。"当还白,单于知已无可奈何,又多得赂遗,即遣弟右贤王舆奉马牛随将率入谢,因上书求故印。

①师古曰："飒音立。"

②师古曰："新者,莽自系其国号。"

③师古曰："绂者,印之组也,音弗。"

④师古曰："乡读曰向。几音钜依反。"

⑤师古曰："与读曰豫。"

⑥师古曰："果,决也。悍,勇也,音胡干反。"

将率还到左犁汗王咸所居地,见乌桓民多,以问咸。咸具言状,① 将率曰:"前封四条,不得受乌桓降者,亟还之。"② 咸曰:"请密与单于相闻,得语,归之。"单于使咸报曰:"当从塞内还之邪,从塞外还之邪?"将率不敢颛决,以闻。诏报,从塞外还之。

① 师古曰:"谓前驱略得妇女弱小,赎之不还者。"

② 师古曰:"亟,急也,音居力反。"

单于始用夏侯藩求地有距汉语,后以求税乌桓不得,因寇略其人民,衅由是生,重以印文改易,① 故怨恨。乃遣右大且渠蒲呼卢訾等十馀人将兵众万骑,以护送乌桓为名,② 勒兵朔方塞下。朔方太守以闻。

① 师古曰:"重音直用反。"

② 师古曰:"阳言云护送乌桓人众,实来为寇。"

明年,西域车师后王须置离谋降匈奴,都护但钦诛斩之。置离兄狐兰支将人众二千馀人,殴畜产,举国亡降匈奴,① 单于受之。狐兰支与匈奴共入寇,击车师,杀后成长,② 伤都护司马,复还入匈奴。

① 师古曰:"殴与驱同。举其一国之人皆亡降也。"

② 师古曰:"后成,车师小国名也。长,其长帅也。"

时戊己校尉史陈良、终带、司马丞韩玄、右曲候任商等见西域颇背叛,闻匈奴欲大侵,恐并死,即谋劫略吏卒数百人,共杀戊己校尉刀护,① 遣人与匈奴南犁汗王南将军相闻。匈奴南将军二千骑入西域迎良等,良等尽胁略戊己校尉吏士男女二千馀人入匈奴。玄、商留南将军所,良、带径至单于庭,人众别置零吾水上田居。单于号良、带曰乌桓都将军,留居单于所,数呼与饮食。西域都护但钦上书言匈奴南将军右伊秩訾将人众寇击诸国。莽于是大分匈奴为十五单于,遣中郎将蔺苞、副校尉戴级将兵万骑,多赍珍宝至云中塞下,招诱呼韩邪单于诸子,欲以次拜之。使译出塞诱呼右犁汗王咸、咸子登、助三人,至则胁拜咸为孝单于,赐安车鼓车各一,黄金千斤,杂缯千匹,戏戟十;② 拜助为顺单于,赐黄金五百斤;传送助、登长安。莽封苞为宣威公,拜为虎牙将军;封级为扬威公,拜为虎贲将军。单于闻之,怒曰:"先单于受汉宣帝恩,不可负也。今天子非宣帝子孙,何以得立?"遣左骨都侯、右伊秩訾王呼卢訾及左贤王乐将兵入云中益寿塞,大杀吏民。是岁,建国三年也。

①师古曰:"刀音貂。"

②师古曰:"戏戟,有旗之戟也。戏音许宜反,又音麾。"

是后,单于历告左右部都尉、诸边王,入塞寇盗,大辈万馀,中辈数千,少者数百,杀雁门、朔方太守、都尉,略吏民畜产不可胜数,缘边虚耗。莽新即位,怙府库之富欲立威,乃拜十二部将率,发郡国勇士,武库精兵,各有所屯守,转委输于边。议满三十万众,赍三百日粮,同时十道并出,穷追匈奴,内之于丁令,①因分其地,立呼韩邪十五子。

①师古曰:"逐之遣入丁令地。令音零。"

莽将严尤谏曰:"臣闻匈奴为害,所从来久矣,未闻上世有必征之者也。后世三家周、秦、汉征之,然皆未有得上策者也。周得中策,汉得下策,秦无策焉。当周宣王时,猃允内侵,至于泾阳,命将征之,尽境而还。其视戎狄之侵,譬犹蟁虻之螫,殴之而已。①故天下称明,是为中策。汉武帝选将练兵,约赍轻粮,深入远戍,②虽有克获之功,胡辄报之,兵连祸结三十馀年,中国罢耗,匈奴亦创艾,③而天下称武,是为下策。秦始皇不忍小耻而轻民力,筑长城之固,延袤万里,④转输之行,起于负海,疆境既完,中国内竭,以丧社稷,是为无策。今天下遭阳九之阨,比年饥馑,西北边尤甚。发三十万众,具三百日粮,东援海代,南取江淮,然后乃备。⑤计其道里,一年尚未集合,兵先至者聚居暴露,师老械弊,势不可用,此一难也。边既空虚,不能奉军粮,内调郡国,不相及属,此二难也。⑥计一人三百日食,用糒十八斛,非牛力不能胜;牛又当自赍食,加二十斛,重矣。胡地沙卤,多乏水草,以往事揆之,军出未满百日,牛必物故且尽,⑦馀粮尚多,人不能负,此三难也。胡地秋冬甚寒,春夏甚风,多赍鬴鍑薪炭,重不可胜,⑧食糒饮水,以历四时,师有疾疫之忧,是故前世伐胡,不过百日,非不欲久,势力不能,此四难也。辎重自随,则轻锐者少,⑨不得疾行,虏徐遁逃,势不能及,幸而逢虏,又累辎重,⑩如遇险阻，衔尾相随，⑪虏要遮前后，危殆不测，此五难也。大用民力，功不可必立，臣伏忧之。今既发兵，宜纵先至者，令臣尤等深入霆击，且以创艾胡虏。"⑫莽不听尤言，转兵谷如故，天下骚动。

①师古曰："蟊，古蚊字也。虻音盲。螫音式亦反。敺与驱同。"

②师古曰："约，少也。少赍衣装。"

③师古曰："罢读曰疲。耗，损也。创音初向反。艾读曰义。次下亦同。"

④师古曰："袤，长也，音茂。"

⑤师古曰："援，引也，音爰。"

⑥师古曰："调，发也，音徒钓反。属音之欲反。"

⑦师古曰："物故谓死也。"

⑧师古曰："𨫿，古釜字也。镬，釜之大口者也。镬音富。"

⑨师古曰："重音直用反。其下亦同。"

⑩师古曰："累音力瑞反。"

⑪师古曰："衔，马衔也。尾，马尾也。言前后单行，不得并驱。"

⑫师古曰："请率见到之兵，且以击虏。"

咸既受莽孝单于之号，驰出塞归庭，具以见胁状白单于。单于更以为於粟置支侯，匈奴贱官也。后助病死，莽以登代助为顺单于。

厌难将军陈钦、①震狄将军王巡屯云中葛邪塞。是时，匈奴数为边寇，杀将率吏士，略人民，敺畜产去甚众。②捕得虏生口验问，皆曰孝单于咸子角数为寇。两将以闻。四年，莽会诸蛮夷，斩咸子登于长安市。

①师古曰："厌音一涉反。"

②师古曰："敺与驱同。"

初，北边自宣帝以来，数世不见烟火之警，人民炽盛，牛马布野。及莽挠乱匈奴，与之构难，①边民死亡系获，又十二部兵久屯而不出，吏士罢弊，②数年之间，北边虚空，野有暴骨矣。

①师古曰："挠，搅也，音火高反。"

②师古曰："罢读曰疲。"

乌珠留单于立二十一岁，建国五年死。匈奴用事大臣右骨都侯须卜当,即王昭君女伊墨居次云之婿也。云常欲与中国和亲,又素与咸厚善,见咸前后为莽所拜,故遂越舆而立咸为乌累若鞮单于。①

①师古曰:"累音力追反。"

乌累单于咸立,以弟舆为左谷蠡王。乌珠留单于子苏屠胡本为左贤王,以弟屠耆阏氏子卢浑为右贤王。①乌珠留单于在时,左贤王数死,以为其号不祥,更易命左贤王曰"护于"。护于之尊最贵,次当为单于,故乌珠留单于授其长子以为护于,欲传以国。咸怨乌珠留单于贬贱己号,不欲传国,及立,贬护于为左屠耆王。云、当遂劝咸和亲。

①师古曰:"浑音胡昆反。"

天凤元年,云、当遣人之西河虎猛制虏塞下,①告塞吏曰欲见和亲侯。和亲侯王歙者,王昭君兄子也。②中部都尉以闻。莽遣歙、歙弟骑都尉展德侯飒使匈奴,③贺单于初立,赐黄金衣被缯帛,绐言侍子登在,因购求陈良、终带等。单于尽收四人及手杀校尉刀护贼芝音妻子以下二十七人,皆械槛付使者,遣厨唯姑夕王富等四十人送歙、飒。莽作焚如之刑,烧杀陈良等,④罢诸将率屯兵,但置游击都尉。单于贪莽赂遗,故外不失汉故事,然内利寇掠。又使还,知子登前死,怨恨,寇虏从左地入,不绝。⑤使者问单于,辄曰:"乌桓与匈奴无状黠民共为寇入塞,譬如中国有盗贼耳!咸初立持国,威信尚浅,尽力禁止,不敢有二心。"

①师古曰:"虎猛,县名,制虏塞在其界。"

②师古曰:"歙音翕。"

③师古曰:"飒音立。"

④应劭曰:"易有焚如、死如、弃如之言,莽依此作刑名也。"如淳曰:"焚如、死如、弃如者,谓不孝子也。不畜于父母,不容于朋友,故烧杀弃之,莽依此作刑名也。"师古曰:"《易·离卦》九四爻辞也。"

⑤师古曰:"入为寇而虏掠。"

天凤二年五月,莽复遣歙与五威将王咸率伏黯、丁业等六人,使送右厨唯姑夕王,因奉归前所斩侍子登及诸贵人从者丧,皆载以常车。①至塞下,单于遣云、当子男大且渠奢等至塞迎。咸等至,多遗单于金珍,因谕说改其号，号匈奴曰"恭奴"，单于曰"善于"，赐印绶。封骨都侯当为后安公，当子男奢为后安侯。单于贪莽金币，故曲听之，然寇盗如故。咸、歙又以陈良等购金付云、当，令自差与之。② 十二月，还入塞，莽大喜，赐歙钱二百万，悉封黯等。

　　①刘德曰："县易车也。旧司农出钱市车，县次易牛也。"

　　②师古曰："差其次第多少。"

　　单于咸立五岁，天凤五年死，弟左贤王舆立，为呼都而尸道皋若鞮单于。匈奴谓孝曰"若鞮"。自呼韩邪后，与汉亲密，见汉谥帝为"孝"，慕之，故皆为"若鞮"。

　　呼都而尸单于舆既立，贪利赏赐，遣大且渠奢与云女弟当(户)〔于〕居次[8]子醯椟王① 俱奉献至长安。莽遣和亲侯歙与奢等俱至制虏塞下，与云、当会，因以兵迫胁，将至长安。云、当小男从塞下得脱，归匈奴。当至长安，莽拜为须卜单于，欲出大兵以辅立之。兵调度亦不合，而匈奴愈怒，并入北边，北边由是坏败。会当病死，莽以其庶女陆逯任妻后安公奢，② 所以尊宠之甚厚，终为欲出兵立之者。③ 会汉兵诛莽，云、奢亦死。

　　①师古曰："椟音读。"

　　②李奇曰："陆逯，邑也。莽改公主曰任。奢本为侯，莽以女妻之，故进爵为公。"师古曰："逯音录。任音壬。"

　　③师古曰："言为此计意不止。"

　　更始二年冬，汉遣中郎将归德侯飒、大司马护军陈遵使匈奴，授单于汉旧制玺绶，王侯以下印绶，因送云、当餘亲属贵人从者。单于舆骄，谓遵、飒曰："匈奴本与汉为兄弟，匈奴中乱，① 孝宣皇帝辅立呼韩邪单于，故称臣以尊汉。今汉亦大乱，为王莽所篡，匈奴亦出兵击莽，空其边境，令天下骚动思汉，莽卒以败而汉复兴，亦我力也，当复尊我！"遵与相掌距，② 单于终持此言。其明年夏，还。会赤眉入长安，更始败。

　　①师古曰："言中间之时也，读如本字，又音竹仲反。"

　　②师古曰："掌谓支柱也，音丈庚反，又丑庚反。"

赞曰:《书》戒"蛮夷猾夏",①《诗》称"戎狄是膺",②《春秋》"有道守在四夷",③[9] 久矣夷狄之为患也。故自汉兴,忠言嘉谋之臣曷尝不运筹策相与争于庙堂之上乎? 高祖时则刘敬,吕后时樊哙、季布,孝文时贾谊、朝错,孝武时王恢、韩安国、朱买臣、公孙弘、董仲舒,人持所见,各有同异,然总其要,归两科而已。缙绅之儒则守和亲,介胄之士则言征伐,皆偏见一时之利害,而未究匈奴之终始也。自汉兴以至于今,旷世历年,多于春秋,其与匈奴,有脩文而和亲之矣,有用武而克伐之矣,有卑下而承事之矣,④有威服而臣畜之矣,诎伸异变,强弱相反,是故其详可得而言也。

①师古曰:"《虞书·舜典》载舜命皋陶作士之言也。猾,乱也。夏谓中夏诸国也。"

②师古曰:"《鲁颂·闷宫》之诗,美僖公兴师与齐桓讨难。膺,当也。"

③师古曰:"《春秋左氏传》昭(三十二)〔二十三〕年[10] 楚囊瓦为令尹,城郢。沈尹戌曰:'古者天子,守在四夷。'言德及远。"

④师古曰:"下音胡亚反。"

昔和亲之论,发于刘敬。是时天下初定,新遭平城之难,故从其言,约结和亲,赂遗单于,冀以救安边境。孝惠、高后时遵而不违,匈奴寇盗不为衰止,而单于反以加骄倨。逮至孝文,与通关市,妻以汉女,增厚其赂,岁以千金,而匈奴数背约束,边境屡被其害。是以文帝中年,赫然发愤,遂躬戎服,亲御鞍马,从六郡良家材力之士,①驰射上林,讲习战陈,聚天下精兵,军于广武,顾问冯唐,与论将帅,喟然叹息,思古名臣,此则和亲无益,已然之明效也。

①师古曰:"六郡,谓陇西、天水、安定、北地、上郡、西河也。其安定、天水、西河,武帝所置耳,史本其土地,而追言也。"

仲舒亲见四世之事,犹复欲守旧文,颇增其约。以为"义动君子,利动贪人,如匈奴者,非可以仁义说也,①独可说以厚利,结之于天耳。②故与之厚利以没其意,③与盟于天以坚其约,质其爱子以累其心,④匈奴虽欲展转,奈失重利何,奈欺上天何,奈杀爱子何。⑤夫赋敛行赂不足以当三军之费,城郭之固无以异于贞士之约,⑥而使边城守境之民父兄缓带,稚子咽哺,⑦胡马不窥于长城,而羽檄不行于中国,不亦便于天下乎!"察仲舒之论,考诸行事,乃知其未合于当时,而有阙于后世也。当孝武时,虽征伐克获,而士马物故亦略相当;虽开河南之野,建朔方之郡,亦弃造阳之北九百馀里。匈奴人民每来降汉,单于亦辄拘留汉使以相报复,⑧其桀骜尚如斯,⑨安肯以爱子而为质乎? 此不合当时之言也。若不置质,空约和亲,是袭孝文既往之悔,而长匈奴无已之诈也。⑩夫边城不选守境武略之臣,脩障隧备塞之具,厉长戟劲弩之械,恃吾所以待边寇。而务赋敛于民,远行货赂,割剥百姓,以奉寇雠。信甘言,守空约,而几胡马之不窥,不已过乎!⑪

①师古曰:"此说谓劝谕。"

②师古曰:"此说读曰悦。"

③师古曰:"没,溺也。"

④师古曰:"累音力瑞反。"

⑤师古曰:"展转,为移动其心。"

⑥晋灼曰:"坚城固守,不胜遣贞士为和亲之约也。"

⑦师古曰:"咽,吞也。哺谓所食在口者也。咽音宴。哺音捕。"

⑧师古曰:"复音扶目反。"

⑨师古曰:"骜与傲同。"

⑩师古曰:"袭,重也,重叠为其事。"

⑪师古曰:"几读曰冀。"

至孝宣之世,承武帝奋击之威,直匈奴百年之运,①因其坏乱几亡之陀,②权时施宜,覆以威德,然后单于稽首臣服,遣子入侍,(二)〔三〕世称藩,〔11〕宾于汉庭。是时边城晏闭,牛马布野,③三世无犬吠之警,莱庶亡干戈之役。④

①师古曰:"直,当也。"

②师古曰:"几,近也,音钜依反。"

③师古曰:"晏,晚也。"

④师古曰:"莱,古黎字。"

后六十馀载之间,遭王莽篡位,始开边隙,单于由是归怨自绝,莽遂斩其侍子,边境之祸构矣。故呼韩邪始朝于汉,汉议其仪,而萧望之曰:"戎狄荒服,言其来服荒忽无常,时至时去,宜待以客礼,让而不臣。如其后遂逃窜伏,①使于中国不为叛臣。"及孝元时,议罢守塞之备,侯应以为不可,可谓盛不忘衰,安必思危,远见识微之明矣。至单于咸弃其爱子,昧利不顾,②侵掠所获,岁钜万计,而和亲赂遗,不过千金,安在其不弃质而失重利也? 仲舒之言,漏于是矣。

①师古曰:"遂,古遁字。"

②师古曰:"昧,贪也,音妹。"

夫规事建议,不图万世之固,而媮恃一时之事者,未(必)〔可〕以经远也。①〔12〕若乃征伐之功,秦汉行事,严尤论之当矣。故先王度土,中立封畿,②分九州,列五服,③物土贡,制外内,④或脩刑政,或昭文德,远近之势异也。是以《春秋》内诸夏而外夷狄。⑤夷狄之人贪而好利,被发左衽,人面兽心,其与中国殊章服,异习俗,饮食不同,言语不通,辟居北垂寒露之野,⑥逐草随畜,射猎为生,隔以山谷,雍以沙幕,⑦天地所以绝外内也,是故圣王禽兽畜之,不与约誓,不就攻伐;约之则费赂而见欺,攻之则劳师而招寇。其地不可耕而食也,其民不可臣而畜也,是以外而不内,疏而不戚,⑧政教不及其人,正朔不加其国;来则惩而御之,去则备而守之。⑨其慕义而贡献,则接之以礼让,羁縻不绝,使曲在彼,盖圣王制御蛮夷之常道也。

①师古曰:"媮与偷同。"

②师古曰:"度音大各反。中音竹仲反。"

③师古曰:"九州、五服,解并在前。"

④师古曰:"物土贡者,各因其土所生之物而贡之也。制外内,谓五服之差,远近异制。"

⑤师古曰:"《春秋》成十五年'诸侯会吴于钟离'。《公羊传》曰:'曷为殊会? 吴外也。曷为外?《春秋》内中国而外诸夏,内诸夏而外夷狄也。'"

⑥师古曰:"辟读曰僻。"

⑦师古曰："雍读曰壅。"

⑧师古曰："戚,近也。"

⑨师古曰："惩谓使其创艾。"

【校勘记】

〔1〕　愿为单于侍(史)〔使〕于汉,　景祐、殿、局本都作"使"。王先谦说作
　　　　"使"是。

〔2〕　欲会二年岁首之朝(会)〔礼〕,　景祐、殿本都作"礼"。

〔3〕　快心于狼望之北哉?　王先谦据《通鉴》胡注,以"狼望"为狼烟候望之
　　　　地,与颜注异。

〔4〕　呼韩邪携国归(死)〔化〕,　王念孙说"归死"二字于义不可通,《汉纪·孝
　　　　哀纪》、《通典·边防》十一并作"归化"。

〔5〕　(之)〔不〕当予匈奴税。　钱大昭说"之"当作"不"。　按景祐、殿、局本
　　　　都作"不"。

〔6〕　共(人)〔杀〕匈奴使及其官属,　钱大昭说"人"当作"杀"。按景祐、殿、局
　　　　本都作"杀"。

〔7〕　今(印)〔即〕去"玺"加"新",　景祐本作"即"。王念孙说作"即"是,即者
　　　　若也。

〔8〕　云女弟当(户)〔于〕居次　王先谦说"户"当为"于"。按见上文。

〔9〕　《春秋》"有道守在四夷",　杨树达说,贾子《春秋篇》"天子有道,守在四
　　　　夷,此《春秋》旧说。"有道"二字当在引号内。

〔10〕　《春秋左氏传》昭(三十二)〔二十三〕年　按当作"二十三年",各本并误。

〔11〕　(二)〔三〕世称藩,　景祐、殿、局本都作"三"。王先谦说作"三"是。

〔12〕　未(必)〔可〕以经远也。　景祐、殿本都作"可"。王先谦说作"可"是。

汉书卷九十五

西南夷两粤朝鲜传第六十五

（西）〔南〕夷君长以十数，^{〔1〕}①夜郎最大。①其西，靡莫之属以十数，滇最大。②自滇以北，君长以十数，邛都最大。③此皆椎结，④耕田，有邑聚。其外，西自桐师以东，北至叶榆，⑤名为嶲、昆明，⑥编发，⑦随畜移徙，亡常处，亡君长，地方可数千里。自嶲以东北，君长以十数，徙、莋都最大。⑧自莋以东北，君长以十数，冉駹最大。⑨其俗，或土著，或移徙。⑩在蜀之西。自駹以东北，君长以十数，白马最大，皆氐类也。此皆巴蜀西南外蛮夷也。

①师古曰："后为县，属牂柯郡。"

②师古曰："地有滇池，因为名也。滇音颠。"

③师古曰："今之邛州本其地。"

④师古曰："椎音直追反。结读曰髻。为髻如椎之形也。《陆贾传》及《货殖传》皆作魋字，音义同耳。此下《朝鲜传》亦同。"

⑤师古曰："叶榆，泽名，因以立号，后为县，属益州郡。"

⑥师古曰："嶲即今之嶲州也。昆明又在其西南，即今之南宁州，诸爨所居，是其地也。嶲音髓。"

⑦师古曰："编音步典反。"

⑧师古曰："徙及莋都，二国也。徙后为徙县，属蜀郡。莋都后为沈黎郡。徙音斯。莋音材各反。"

⑨师古曰："今夔州、开州首领多姓冉者，本皆冉种也。駹音尨。"

⑩师古曰："土著，谓有常处著于土地也。著音直略反。"

始楚威王时，使将军庄蹻将兵循江上，①略巴、黔中以西。②庄蹻者，楚庄王苗裔也。跻至滇池,方三百里,③旁平地肥饶数千里,④以兵威定属楚。欲归报,会秦击夺楚巴、黔中郡,道塞不通,因乃以其众王滇,变服,从其俗,以长之。⑤秦时尝破,略通五尺道,⑥诸此国颇置吏焉。十馀岁,秦灭。及汉兴,皆弃此国而关蜀故徼。⑦巴蜀民或窃出商贾,取其筰马、僰僮、旄牛,以此巴蜀殷富。

①师古曰:"循,顺也。谓缘江而上也。跻音居略反。"

②师古曰:"黔中,即今黔州是其地,本巴人也。"

③师古曰:"《地理志》益州滇池县,其泽在西北。《华阳国志》云泽下流浅狭,状如倒池,故云滇池。"

④师古曰:"池旁之地也。"

⑤师古曰:"为其长帅也。"

⑥师古曰:"其处险阸,故道才广五尺。"

⑦师古曰:"西南之徼,犹北方塞也。徼音工钓反。"

建元六年,大行王恢击东粤,东粤杀王郢以报。恢因兵威使番阳令唐蒙风晓南粤。①南粤食蒙蜀枸酱,②蒙问所从来,曰:"道西北牂柯江,③江广数里,出番禺城下。"④蒙归至长安,问蜀贾人,独蜀出枸酱,多持窃出市夜郎。夜郎者,临牂柯江,江广百馀步,足以行船。南粤以财物役属夜郎,西至桐师,然亦不能臣使也。蒙乃上书说上曰:"南粤王黄屋左纛,⑤地东西万馀里,名为外臣,实一州主。今以长沙、豫章往,水道多绝,难行。窃闻夜郎所有精兵可得十万,浮船牂柯,出不意,此制粤一奇也。诚以汉之强,巴蜀之饶,通夜郎道,为置吏,甚易。"上许之。乃拜蒙以郎中将,将千人,食重万馀人,⑥从巴(筰)〔符〕关入,[2]遂见夜郎侯多同。⑦厚赐,谕以威德,约为置吏,使其子为令。⑧夜郎旁小邑皆贪汉缯帛,以为汉道险,终不能有也,乃且听蒙约。还报,乃以为犍为郡。发巴蜀卒治道,自僰道指牂柯江。蜀人司马相如亦言西夷邛、筰可置郡。使相如以郎中将往谕,皆如南夷,为置一都尉,十馀县,属蜀。

①师古曰:"番音蒲何反。风读曰讽。"

②晋灼曰:"枸音矩。"刘德曰:"枸树如桑,其椹长二三寸,味酢。取其实以为

酱，美，蜀人以为珍味。"师古曰："刘说非也。子形如（赤）〔桑〕椹耳。〔3〕缘木
而生，非树也。子又不长二三寸，味尤辛，不酢。今宫渠则有之。食读
曰饮。"

③师古曰："道，由也，由此而来也。"

④师古曰："番音普安反。禺音隅。"

⑤师古曰："言为天子之车服。"

⑥师古曰："食粮及衣重也。重音直用反。"

⑦师古曰："多同，其侯名也。"

⑧师古曰："比之于汉县也。"

当是时，巴蜀四郡通西南夷道，载转相馈。①数岁，道不通，士罢饿
馁，离暑湿，死者甚众。②西南夷又数反，发兵兴击，耗费亡功。③上患之，
使公孙弘往视问焉。还报，言其不便。及弘为御史大夫，时方筑朔方，
据河逐胡，弘等因言西南夷为害，④可且罢，专力事匈奴。上许之，罢西
夷，独置南夷两县一都尉，稍令犍为自保就。⑤

①师古曰："馈，古馈字。"

②师古曰："罢读曰疲。馁，饥也。离，遭也。馁音能贿反。"

③师古曰："耗，损也，音呼到反。"

④师古曰："言通西南夷大为损害。"

⑤师古曰："令自保守，且修成其郡县。"

及元狩元年，博望侯张骞言使大夏时，见蜀布、邛竹杖，问所从来，
曰："从东南身毒国，①可数千里，得蜀贾人市。"或闻邛西可二千里有身
毒国。骞因盛言大夏在汉西南，慕中国，患匈奴隔其道，诚通蜀，身毒国
道便近，又亡害。于是天子乃令王然于、柏始昌、吕越人等十馀辈间出
西南夷，②指求身毒国。至滇，滇王当羌乃留为求道。③四岁馀，皆闭昆
明，莫能通。④滇王与汉使言："汉孰与我大？"⑤及夜郎侯亦然。各自以
一州王，不知汉广大。使者还，因盛言滇大国，足事亲附。⑥天子注
意焉。

①师古曰："即天竺也，亦曰捐笃也。"

②师古曰："求间隙而出也。"

③师古曰:"当羌,滇王名。"

④师古曰:"为昆明所闭塞。"

⑤师古曰:"与犹如。"

⑥师古曰:"言可专事招来之,令其亲附。"

及至南粤反,上使驰义侯因犍为发南夷兵。且兰君恐远行,旁国虏其老弱,①乃与其众反,杀使者及犍为太守。汉乃发巴蜀罪人当击南粤者八校尉击之。会越已破,汉八校尉不下,中郎将郭昌、卫广引兵还,行诛隔滇道者且兰,②斩首数万,遂平南夷为牂柯郡。夜郎侯始倚南粤,南粤已灭,还诛反者,③夜郎遂入朝,上以为夜郎王。南粤破后,及汉诛且兰、邛君,并杀筰侯,冉駹皆震恐,请臣置吏。以邛都为粤巂郡,筰都为沈黎郡,冉駹为文山郡,广汉西白马为武都郡。

①师古曰:"恐发兵与汉行后,其国空虚,而旁国来寇,钞取其老弱也。且音子馀反。"

②师古曰:"言因军行而便诛之也。"

③师古曰:"谓军还而诛且兰。"

使王然于以粤破及诛南夷兵威风谕滇王入朝。①滇王者,其众数万人,其旁东北劳深、靡莫皆同姓相杖,未肯听。②劳、莫数侵犯使者吏卒。元封二年,天子发巴蜀兵击灭劳深、靡莫,以兵临滇。滇王始首善,以故弗诛。③滇王离西夷,④滇举国降,请置吏入朝。于是以为益州郡,赐滇王王印,复长其民。⑤西南夷君长以百数,独夜郎、滇受王印。滇,小邑也,最宠焉。

①师古曰:"风读曰讽。"

②师古曰:"杖犹倚也,相依倚为援而不听滇王入朝也。杖音直亮反。"

③师古曰:"言初始以来,常有善意。"

④师古曰:"言东向事汉。"

⑤师古曰:"为之长帅。"

后二十三岁,孝昭始元元年,益州廉头、姑缯民反,杀长吏。牂柯、谈指、同并等二十四邑,凡三万馀人皆反。①遣水衡都尉发蜀郡、犍为犇命万馀人②击牂柯,大破之。后三岁,姑缯、叶榆复反,遣水衡都尉吕辟胡将郡兵击之。③辟胡不进,蛮夷遂杀益州太守,乘胜与辟胡战,士战及溺死者四千馀人。明年,复遣军正王平与大鸿胪田广明等并进,大破益州,斩首捕虏五万馀级,获畜产十馀万。上曰:"钩町侯亡波率其邑君长人民击反者,④斩首捕虏有功,其立亡波为钩町王。大鸿胪广明赐爵关内侯,食邑三百户。"后间岁,武都氐人反,⑤遣执金吾马适建、龙额侯韩增与大鸿胪广明将兵击之。

①师古曰:"並音伴。"

②师古曰:"犇,古奔字。奔命,解在《昭纪》。"

③师古曰:"辟音璧。"

④师古曰:"钩音钜于反。町音大鼎反。"

⑤师古曰:"间岁,隔一岁。"

至成帝河平中,夜郎王兴与钩町王禹、漏卧侯俞①更举兵相攻。②牂柯太守请发兵诛兴等,议者以为道远不可击,乃遣太中大夫蜀郡张匡持节和解。兴等不从命,刻木象汉吏,立道旁射之。杜钦说大将军王凤曰:"太中大夫匡使和解蛮夷王侯,王侯受诏,已复相攻,轻易汉使,不惮国威,其效可见。恐议者选耎,复守和解,③太守察动静,有变乃以闻。如此,则复旷一时,④王侯得收猎其众,申固其谋,党助众多,各不胜忿,必相殄灭。自知罪成,狂犯守尉,⑤远臧温暑毒草之地,虽有孙吴将,贲育士,⑥若入水火,往必焦没,知勇亡所施。屯田守之,费不可胜量。宜因其罪恶未成,未疑汉家加诛,阴敕旁郡守尉练士马,⑦大司农豫调谷积要害处,⑧选任职太守往,以秋凉时入,诛其王侯尤不轨者。即以为不毛之地,亡用之民,圣王不以劳中国,⑨宜罢郡,放弃其民,绝其王侯勿复通。如以先帝所立累世之功不可堕坏,⑩亦宜因其萌牙,早断绝之,及已成形然后战师,则万姓被害。"

①孟康曰:"漏卧,夷邑名,后为县。"师古曰:"俞音逾。"

②师古曰:"更,互也,音工衡反。"

③师古曰:"选耎,怯不前之意也。选音息兖反。耎音人兖反。"

④师古曰："旷,空也。一时,(二)〔三〕月也。〔4〕言空废一时不早发兵也。"

⑤师古曰："言起狂勃之心而杀守尉也。"

⑥师古曰："孙,孙武也。吴,吴起也。贲,孟贲也。育,夏育也。"

⑦师古曰："练,简也。"

⑧师古曰："调,发也。要害者,在我为要,于敌为害也。调音徒钓反。"

⑨师古曰："即犹若也。不毛,言不生草木。"

⑩师古曰："如亦若也。堕,毁也,音火规反。"

　　大将军凤于是荐金城司马陈立为牂柯太守。立者,临邛人,前为连然长,不韦令,①蛮夷畏之。及至牂柯,谕告夜郎王兴,兴不从命,立请诛之。未报,乃从吏数十人出行县,②至兴国且同亭,③召兴。兴将数千人往至亭,从邑君数十人入见立。立数责,因断头。④邑君曰:"将军诛亡状,为民除害,愿出晓士众。"以兴头示之,皆释兵降。⑤钩町王禹、漏卧侯俞震恐,入粟千斛,牛羊劳吏士。立还归郡,兴妻父翁指与兴子邪务收馀兵,迫胁旁二十二邑反。至冬,立奏募诸夷与都尉长史分将攻翁指等。翁指据阸为垒,立使奇兵绝其馕道,纵反间以诱其众。⑥都尉万年曰:"兵久不决,费不可共。"⑦引兵独进,败走,趋立营。⑧立怒,叱戏下令格之。⑨都尉复还战,立引兵救之。时天大旱,立攻绝其水道。蛮夷共斩翁指,持首出降。立已平定西夷,征诣京师。会巴郡有盗贼,复以立为巴郡太守,秩中二千石居,赐爵左庶长。⑩徙为天水太守,劝民农桑为天下最,赐金四十斤。入为左曹卫将军、护军都尉,卒官。

①苏林曰:"皆益州县也。"

②师古曰:"行音下更反。"

③师古曰:"且音子馀反。"

④师古曰:"数音所具反。"

⑤师古曰:"释,解也。"

⑥师古曰:"间音居苋反。"

⑦师古曰:"共读曰供。"

⑧师古曰:"趋读曰趣。趣,向也。"

⑨师古曰:"戏音许宜反,又音麾。解在《高纪》及《灌夫传》。"

⑩师古曰:"第十爵也。"

王莽篡位,改汉制,贬钩町王以为侯。王邯怨恨,①牂柯大尹周钦诈杀邯。邯弟承攻杀钦,州郡击之,不能服。三边蛮夷愁扰尽反,复杀益州大尹程隆。莽遣平蛮将军冯茂发巴、蜀、犍为吏士,赋敛取足于民,以击益州。出入三年,疾疫死者什七,巴、蜀骚动。莽征茂还,诛之。更遣宁始将军廉丹与庸部牧史熊②大发天水、陇西骑士,广汉、巴、蜀、犍为吏民十万人,转输者合二十万人,击之。始至,颇斩首数千,其后军粮前后不相及,士卒饥疫,三岁馀死者数万。而粤巂蛮夷任贵亦杀太守枚根,自立为邛谷王。③会莽败汉兴,诛贵,复旧号云。④

①师古曰:"邯,其王名也。邯音酣。"

②师古曰:"莽改益州为庸部。"

③师古曰:"枚根,太守之姓名。"

④师古曰:"此汉兴者,谓光武中兴也。"

南粤王赵佗,真定人也。①秦并天下,略定扬粤,②置桂林、南海、象郡,以適徙民与粤杂处。③十三岁,至二世时,南海尉任嚣④病且死,召龙川令赵佗⑤语曰:"闻陈胜等作乱,豪桀叛秦相立,南海辟远,恐盗兵侵此。⑥吾欲兴兵绝新道,⑦自备待诸侯变,会疾甚。且番禺负山险阻,⑧南北东西数千里,颇有中国人相辅,此亦一州之主,可为国。郡中长吏亡足与谋者,故召公告之。"即被佗书,行南海尉事。⑨嚣死,佗即移檄告横浦、阳山、湟谿关⑩曰:"盗兵且至,急绝道聚兵自守。"因稍以法诛秦所置吏,以其党为守假。⑪秦已灭,佗即击并桂林、象郡,自立为南粤武王。

①师古曰:"真定,本赵国之县也。佗音徒何反。"

②师古曰:"本扬州之分,故云扬粤。"

③师古曰:"適读曰谪。谪有罪者,徙之于越地,与其土人杂居。"

④师古曰:"嚣音敖。"

⑤师古曰:"龙川,南海之县也,即今之循州。"

⑥师古曰："辟读曰僻。"

⑦师古曰："秦所开越道也。"

⑧师古曰："负,偝也。"

⑨师古曰："被,加也,音皮义反。"

⑩师古曰："湟音皇。"

⑪师古曰："令为郡县之职,或守或假也。"

高帝已定天下,为中国劳苦,故释佗不诛。①十一年,遣陆贾立佗为南粤王,与剖符通使,使和辑百粤,②毋为南边害,与长沙接境。

①师古曰："释,置也。"

②师古曰："辑与集同也。"

高后时,有司请禁粤关市铁器。佗曰："高皇帝立我,通使物,今高后听谗臣,别异蛮夷,隔绝器物,①此必长沙王计,欲倚中国,②击灭南海并王之,自为功也。"于是佗乃自尊号为南武帝,发兵攻长沙边,败数县焉。高后遣将军隆虑侯灶击之,③会暑湿,士卒大疫,兵不能隃领。④岁馀高后崩,即罢兵。佗因此以兵威财物赂遗闽粤、西瓯骆,役属焉。⑤东西万馀里。乃乘黄屋左纛,称制,与中国侔。⑥

①师古曰："鬲与隔同也。"

②师古曰："倚音於绮反。"

③师古曰："周灶也。虑音庐。"

④师古曰："隃与逾同。下皆类此。"

⑤师古曰："西瓯即骆越也。言西者,以别东瓯也。"

⑥师古曰："侔,等也。"

文帝元年,初镇抚天下,使告诸侯四夷从代来即位意,谕盛德焉。①乃为佗亲冢在真定置守邑,②岁时奉祀。召其从昆弟,尊官厚赐宠之。诏丞相平举可使粤者,平言陆贾先帝时使粤。上召贾为太中大夫,谒者一人为副使,赐佗书曰："皇帝谨问南粤王,甚苦心劳意。朕,高皇帝侧室之子,③弃外奉北藩于代,道里辽远,壅蔽朴愚,未尝致书。④高皇帝弃群臣,孝惠皇帝即世,高后(白)〔自〕临事,⑤不幸有疾,日进不衰,⑤以故诔暴乎治。⑥诸吕为变故乱法，不能独制，乃取它姓子为孝惠皇帝嗣。赖宗庙之灵，功臣之力，诛之已毕。朕以王侯吏不释之故，⑦不得不立，今即位。乃者闻王遗将军隆虑侯书，求亲昆弟，请罢长沙两将军。⑧朕以王书罢将军博阳侯，亲昆弟在真定者，已遣人存问，修治先人冢。前日闻王发兵于边，为寇灾不止。当其时长沙苦之，南郡尤甚，虽王之国，庸独利乎！⑨必多杀士卒，伤良将吏，寡人之妻，孤人之子，独人父母，得一亡十，朕不忍为也。朕欲定地犬牙相人者，以问吏，吏曰‘高皇帝所以介长沙土也’，⑩朕不得擅变焉。吏曰：‘得王之地不足以为大，得王之财不足以为富，服领以南，王自治之。’⑪虽然，王之号为帝。两帝并立，亡一乘之使以通其道，是争也；争而不让，仁者不为也。愿与王分弃前患，⑫终今以来，通使如故。⑬故使贾驰谕告王朕意，王亦受之，毋为寇灾矣。上褚五十衣，中褚三十衣，下褚二十衣，遗王。⑭愿王听乐娱忧，存问邻国。”⑮

①师古曰："言不以威武加于远方也。"

②师古曰："亲谓父母也。"

③师古曰："言非正嫡所生也。"

④师古曰："言未得通使于越。"

⑤师古曰："言疾病益甚也。"

⑥师古曰："诔，乖也，音布内反。"

⑦孟康曰："辞让帝位不见置也。"

⑧师古曰："佗之昆弟在故乡者求访之，而两将军将兵击越者请罢之，以宾附于汉也。言亲昆弟者，谓有服属者也。"

⑨师古曰："言越兵寇边，长沙、南郡皆厌苦之。而汉军亦当相拒，方有战斗，于越亦非利也。"

⑩师古曰："介，隔也。"

⑪苏林曰："山领名也。"如淳曰："长沙南界也。"

⑫师古曰："彼此共弃，故云分。"

⑬师古曰："从今通使至于终久，故云终今以来也。"

⑭师古曰："以绵装衣曰褚。上中下者，绵之多少薄厚之差也。褚音竹吕反。"

⑮师古曰："谓东越及瓯骆等。"

　　陆贾至，南粤王恐，乃顿首谢，愿奉明诏，长为藩臣，奉贡职。于是下令国中曰："吾闻两雄不俱立，两贤不并世。汉皇帝贤天子。自今以来，去帝制黄屋左纛。"因为书称："蛮夷大长老夫臣佗昧死再拜上书皇帝陛下：老夫故粤吏也，高皇帝幸赐臣佗玺，以为南粤王，使为外臣，时内贡职。①孝惠皇帝即位，义不忍绝，所以赐老夫者厚甚。高后自临用事，近细士，信谗臣，②别异蛮夷，出令曰：'毋予蛮夷外粤金铁田器；马牛羊③即予，予牡，毋与牝。'④老夫处辟，马牛羊齿已长，⑤自以祭祀不修，有死罪，使内史藩、中尉高、御史平凡三辈上书谢过，皆不反。又风闻老夫父母坟墓已坏削，兄弟宗族已诛论。⑥吏相与议曰：'今内不得振于汉，外亡以自高异。'⑦故更号为帝，自帝其国，非敢有害于天下也。高皇后闻之大怒，削去南粤之籍，使使不通。老夫窃疑长沙王谗臣，故敢发兵以伐其边。且南方卑湿，蛮夷中西有西瓯，其众半嬴⑧，南面称王；东有闽粤，其众数千人，亦称王；西北有长沙，其半蛮夷，亦称王。⑨老夫故敢妄窃帝号，聊以自娱。老夫身定百邑之地，东西南北数千万里，带甲百万有馀，然北面而臣事汉，何也？不敢背先人之故。老夫处粤四十九年，于今抱孙焉。然夙兴夜寐，寝不安席，食不甘味，目不视靡曼之色，耳不听钟鼓之音者，以不得事汉也。今陛下幸哀怜，复故号，⑩通使汉如故，老夫死骨不腐，改号不敢为帝矣！谨北面因使者献白璧一双，翠鸟千，犀角十，紫贝五百，桂蠹一器，⑪生翠四十双，孔雀二双。昧死再拜，以闻皇帝陛下。"

　　①师古曰："言以时输入贡职。"

　　②师古曰："细士犹言小人也。"

　　③师古曰："言非中国，故云外越。"

　　④师古曰："恐其蕃息。"

　　⑤师古曰："辟读曰僻。齿已长，谓老矣。"

　　⑥师古曰："风闻，闻风声。"

　　⑦师古曰："振，起也。"

⑧师古曰:"嬴谓劣弱也。"

⑨师古曰:"言长沙之国半杂蛮夷之人。"

⑩师古曰:"复音扶目反。"

⑪应劭曰:"桂树中蝎虫也。"苏林曰:"汉旧常以献陵庙,载以赤毂小车。"师古曰:"此虫食桂,故味辛,而渍之以蜜食之也。蠹音丁故反。"

陆贾还报,文帝大说。①遂至孝景时,称臣遣使入朝请。②然其居国,窃如故号;其使天子,称王朝命如诸侯。

①师古曰:"说读曰悦。"

②师古曰:"请音才性反。"

至武帝建元四年,佗孙胡为南粤王。立三年,闽粤王郢兴兵南击边邑。粤使人上书曰:"两粤俱为藩臣,毋擅兴兵相攻击。今东粤擅兴兵侵臣,臣不敢兴兵,唯天子诏之。"于是天子多南粤义,①守职约,②为兴师,遣两将军往讨闽粤。兵未逾领,闽粤王弟馀善杀郢以降,于是罢兵。

①师古曰:"多犹重也。"

②师古曰:"守藩臣之职,而不逾约制。"

天子使严助往谕意,南粤王胡顿首曰:"天子乃兴兵诛闽粤,死亡以报德!"遣太子婴齐入宿卫。谓助曰:"国新被寇,使者行矣。胡方日夜装入见天子。"助去后,其大臣谏胡曰:"汉兴兵诛郢,亦行以惊动南粤。且先王言事天子期毋失礼,要之不可以怵好语入见。①入见则不得复归,亡国之势也。"于是胡称病,竟不入见。后十馀岁,胡实病甚,太子婴齐请归。胡薨,谥曰文王。

①师古曰:"怵,诱也。不可被诱怵以好语而入汉朝也。怵音先聿反。"

婴齐嗣立,即臧其先武帝、文帝玺。①婴齐在长安时,取邯郸摎氏女,②生子兴。及即位,上书请立摎氏女为后,兴为嗣。汉数使使者风谕,③婴齐犹尚乐擅杀生自恣,惧入见,要以用汉法,比内诸侯,固称病,遂不入见。遣子次公入宿卫。婴齐薨,谥为明王。

①李奇曰:"去其僭号。"

②师古曰:"摎音居虬反。"

③师古曰："风读曰讽。讽谕令入朝。"

太子兴嗣立,其母为太后。太后自未为婴齐妻时,曾与霸陵人安国少季通。①及婴齐薨后,元鼎四年,汉使安国少季谕王、王太后入朝,令辩士谏大夫终军等宣其辞,勇士魏臣等辅其决,②卫尉路博德将兵屯桂阳,待使者。王年少,太后中国人,安国少季往,复与私通,国人颇知之,多不附太后。太后恐乱起,亦欲倚汉威,③劝王及幸臣求内属。即因使者上书,请比内诸侯,三岁壹朝,除边关。于是天子许之,赐其丞相吕嘉银印,及内史、中尉、太傅印,馀得自置。④除其故黥劓刑,用汉法。诸使者皆留填抚之。⑤王、王太后饬治行装重资,为入朝具。

①师古曰："姓安国,字少季。"

②师古曰："助令决策也。"

③师古曰："倚音於绮反。"

④师古曰："丞相、内史、中尉、太傅之外,皆任其国自选置,不受汉之印绶。"

⑤师古曰："填音竹刃反。"

相吕嘉年长矣,相三王,宗族官贵为长吏七十馀人,男尽尚王女,女尽嫁王子弟宗室,及苍梧秦王有连。①其居国中甚重,粤人信之,多为耳目者,得众心愈于王。②王之上书,数谏止王,王不听。有畔心,数称病不见汉使者。使者注意嘉,势未能诛。王、王太后亦恐嘉等先事发,欲介使者权,谋诛嘉等。③置酒请使者,大臣皆侍坐饮。嘉弟为将,将卒居宫外。酒行,太后谓嘉："南粤内属,国之利,而相君苦不便者,何也?"以激怒使者。使者狐疑相杖,遂不敢发。④嘉见耳目非是,⑤即趋出。太后怒,欲鈒嘉以矛,⑥王止太后。嘉遂出,介弟兵就舍,⑦称病,不肯见王及使者。乃阴谋作乱。王素亡意诛嘉,嘉知之,以故数月不发。太后独欲诛嘉等,力又不能。

①孟康曰："苍梧,越中王,自名为秦王。连,亲婚也。"晋灼曰："秦王即下赵光也。赵本与秦同姓,故曰秦王。"

②师古曰："愈,胜也。"

③师古曰："介,恃也。"

④师古曰："杖音直亮反。"

⑤师古曰："异于常也。"

⑥师古曰："钑谓撞刺之也,音窗。"

⑦李奇曰："介,被也。"师古曰："介,甲也,被甲而自卫也,弟兵即上所云弟将
　　卒居外者。"

天子闻之,罪使者怯亡决。又以为王、王太后已附汉,独吕嘉为乱,
不足以兴兵,欲使庄参以二千人往。参曰："以好往,数人足;以武往,二
千人亡足以为也。"辞不可,天子罢参兵。郏壮士故济北相韩千秋①奋
曰："以区区粤,又有王应,独吕嘉为害,愿得勇士三百人,必斩嘉以报。"
于是天子遣千秋与王太后弟摎乐将二千人往。入粤境,吕嘉乃遂反,下
令国中曰："王年少。太后中国人,又与使者乱,专欲内属,尽持先王宝
入献天子以自媚,多从人,行至长安,虏卖以为僮。取自脱一时利,亡顾
赵氏社稷为万世虑之意。"乃与其弟将卒攻杀太后、王,尽杀汉使者。遣
人告苍梧秦王及其诸郡县,立明王长男粤妻子术阳侯建德为王。而韩
千秋兵之入也,破数小邑。其后粤直开道给食,②未至番禺四十里,粤
以兵击千秋等,灭之。使人函封汉使节置塞上,好为谩辞谢罪,③发兵
守要害处。于是天子曰："韩千秋虽亡成功,亦军锋之冠。④封其子延年
为成安侯。摎乐,其姊为王太后,首愿属汉,封其子广德为龙侯。"⑤乃
赦天下,曰："天子微弱,诸侯力政,讥臣不讨贼。⑥吕嘉、建德等反,自立
晏如,⑦令粤人及江淮以南楼船十万师往讨之。"

①师古曰："颍川郏县人也。郏音夹。"

②师古曰："纵之令深入,然后诛灭之。"

③师古曰："谩,诳也,音慢,又音莫连反。"

④师古曰："言最为首也。"

⑤晋灼曰："龙,古龙字。"

⑥师古曰："力政谓以兵力相加也。讥臣不讨贼者,《春秋》之义。"

⑦师古曰："言自相置立,而心安泰无恐惧。"

元鼎五年秋,卫尉路博德为伏波将军,出桂阳,下湟水;①主爵都尉

杨仆为楼船将军,出豫章,下横浦;故归义粤侯二人为戈船、下濑将
军,②出零陵,或下离水,或抵苍梧;使驰义侯因巴蜀罪人,发夜郎兵,下
牂柯江:咸会番禺。

①师古曰:"湟音皇。"

②师古曰:"从粤来归义,而汉封之。"

六年冬,楼船将军将精卒先陷寻陿,破石门,得粤船粟,因推而前,
挫粤锋,以粤数万人待伏波将军。伏波将军将罪人,道远后期,与楼船
会乃有千馀人,遂俱进。楼船居前,至番禺,建德、嘉皆城守。楼船自择
便处,居东南面,伏波居西北面。会暮,楼船攻败粤人,纵火烧城。粤素
闻伏波,莫,不知其兵多少。①伏波乃为营,②遣使招降者,赐印绶,复纵
令相招。③楼船力攻烧敌,④反敺而入伏波营中。⑤迟旦,城中皆降伏
波。⑥吕嘉、建德以夜与其属数百人亡入海。伏波又问降者,知嘉所之,
遣人追。故其校司马苏弘得建德,为海常侯;⑦粤郎都稽得嘉,为临
蔡侯。⑧

①师古曰:"莫读曰暮。"

②师古曰:"设营垒以待降者。"

③师古曰:"来降者即赐以侯印,而放令还,更相招谕之也。"

④师古曰:"力,尽力也。"

⑤师古曰:"敺与驱同。"

⑥师古曰:"迟音丈二反。解在《高纪》。"

⑦师古曰:"校之司马,若今行军总管司马也。"

⑧孟康曰:"越中所自置郎也。"师古曰:"稽音鸡。"

苍梧王赵光与粤王同姓,闻汉兵至,降,为随桃侯。(又)〔及〕粤揭阳
令史定降汉,〔6〕为安道侯。①粤将毕取以军降,为膫侯。②粤桂林监居
翁③谕告瓯骆四十馀万口降,为湘城侯。戈船、下濑将军兵及驰义侯所
发夜郎兵未下,南粤已平。遂以其地为儋耳、珠崖、南海、苍梧、郁林、合
浦、交阯、九真、日南九郡。伏波将军益封。楼船将军以推锋陷坚为将
梁侯。

①苏林曰："揭音羯。南海县。"

②师古曰："越将姓毕名取也。《功臣表》膫属南阳,音来雕反。"

③服虔曰："桂林部监也。姓居名翁。"

自尉佗王凡五世,九十三岁而亡。

闽粤王无诸及粤东海王摇,其先皆粤王句践之后也,姓驺氏。秦并天下,废为君长,以其地为闽中郡。①及诸侯畔秦,无诸、摇率粤归番阳令吴芮,所谓番君者也,②从诸侯灭秦。当是时,项羽主命,不王也,③以故不佐楚。汉击项籍,无诸、摇帅粤人佐汉。汉五年,复立无诸为闽粤王,王闽中故地,都冶。④孝惠三年,举高帝时粤功,⑤曰闽君摇功多,其民便附,乃立摇为东海王,都东瓯,世号曰东瓯王。

①师古曰："即今之泉州建安是也。"

②师古曰："吴芮号也。番音蒲河反。"

③孟康曰："主号命诸侯,不王无诸、摇等也。"

④师古曰："地名,即侯官县是也。冶音弋者反。"

⑤师古曰："追论其功。"

后数世,①孝景三年,吴王濞反,欲从闽粤,②闽粤未肯行,独东瓯从。及吴破,东瓯受汉购,杀吴王丹徒,以故得不诛。

①师古曰："后与後同,古通用字。"

②师古曰："招粤令从也。"

吴王子驹亡走闽粤,怨东瓯杀其父,常劝闽粤击东瓯。建元三年,闽粤发兵围东瓯,东瓯使人告急天子。天子问太尉田蚡,蚡对曰："粤人相攻击,固其常,不足以烦中国往救也。"中大夫严助诘蚡,言当救。天子遣助发会稽郡兵浮海救之,语具在《助传》。汉兵未至,闽粤引兵去。东粤请举国徙中国,乃悉与众处江淮之间。

六年,闽粤击南粤,南粤守天子约,不敢擅发兵,而以闻。上遣大行王恢出豫章,大司农韩安国出会稽,皆为将军。兵未逾领,闽粤王郢发兵距险。其弟馀善与宗族谋曰："王以擅发兵,不请,故天子兵来诛。汉

兵众强,即幸胜之,后来益多,①灭国乃止。今杀王以谢天子,天子罢
兵,固国完。不听乃力战,不胜即亡入海。"皆曰:"善。"即钑杀王,②使
使奉其头致大行。大行曰:"所为来者,诛王。王头至,不战而殒,利莫
大焉。"乃以便宜案兵告大司农军,而使使奉王头驰报天子。诏罢两将
军兵,曰:"郢等首恶,独无诸孙繇君丑不与谋。"③乃使郎中将立丑为粤
繇王,奉闽粤祭祀。

①师古曰:"言汉地广大,兵众盛强,今虽胜之,后必更来也。"

②师古曰:"钑音初江反。"

③张晏曰:"繇,邑号也。"师古曰:"繇音摇。与读曰豫。"

余善以杀郢,威行国中,民多属,窃自立为王,繇王不能制。上闻
之,为余善不足复兴师,曰:"余善首诛郢,师得不劳。"因立余善为东粤
王,与繇王并处。

至元鼎五年,南粤反,余善上书请以卒八(十)〔千〕[7]从楼船击吕嘉
等。兵至揭阳,以海风波为解,①不行,持两端,阴使南粤。②及汉破番
禺,楼船将军仆上书愿请引兵击东粤。上以士卒劳倦,不许。罢兵,令
诸校留屯豫章梅领待命。③

①师古曰:"解者,自解说,若今言分疏。"

②师古曰:"遣使与相知。"

③师古曰:"听诏命也。"

明年秋,余善闻楼船请诛之,汉兵留境,且往,①乃遂发兵距汉道,
号将军驺力等为"吞汉将军",入白沙、武林、梅领,杀汉三校尉。是时,
汉使大司农张成、故山州侯齿将屯,②不敢击,却就便处,③皆坐畏懦诛。
余善刻"武帝"玺自立,诈其民,为妄言。④上遣横海将军韩说出句章,⑤
浮海从东方往;楼船将军仆出武林,⑥中尉王温舒出梅领,粤侯为戈船、
下濑将军出如邪、白沙,元封元年冬,咸入东粤。东粤素发兵距崄,使徇
北将军守武林,败楼船军数校尉,杀长史。楼船军卒钱唐榬终古斩徇北
将军,⑦为语兒侯。⑧自兵未往。

①师古曰:"言兵在境首,恐将来讨之。"

②师古曰："齿，城阳恭王子也，旧封山州侯。"

③师古曰："却，退也，音丘略反。"

④师古曰："妄自尊大也。"

⑤师古曰："说读曰悦。句章，会稽之县。"

⑥师古曰："杨仆也。"

⑦师古曰："钱唐，会稽县也。�833，姓；终古，名也。�833音袁。"

⑧孟康曰："越中地也。今吴南亭是。"师古曰："语字或作籀，或作籇，其音同。"

　　故粤衍侯吴阳前在汉，汉使归谕馀善，不听。及横海军至，阳以其邑七百人反，攻粤军于汉阳。及故粤建成侯敖与繇王居股谋，俱杀馀善，以其众降横海军。封居股为东成侯，万户；封敖为开陵侯；①封阳为卯石侯，②横海将军说为按道侯，横海校尉福为缭萦侯。③福者，城阳王子，故为海常侯，坐法失爵，从军亡功，以宗室故侯。及东粤将多军，④汉兵至，弃军降，封为无锡侯。故瓯骆将左黄同斩西于王，封为下鄜侯。⑤

①师古曰："《功臣表》云开陵侯建成以故东粤建成侯斩馀善侯，二千户。而此传云名敖，疑表误。"

②师古曰："《功臣表》作外石，与此不同，疑表误。"

③师古曰："缭音辽。萦音於耕反。"

④师古曰："多军，名。"

⑤师古曰："鄜音郭。"

　　于是天子曰"东粤陿多阻，闽粤悍，数反覆"，①诏军吏皆将其民徙处江淮之间。东粤地遂虚。

①师古曰："悍，勇也。"

　　朝鲜王满，燕人。自始燕时，尝略属真番、朝鲜，①为置吏筑障。②秦灭燕，属辽东外徼。汉兴，为远难守，复修辽东故塞，至浿水为界，③属燕。燕王卢绾反，入匈奴、满亡命，聚党千馀人，椎结蛮夷服而东走出塞，度浿水，居秦故空地上下障，稍役属真番、朝鲜蛮夷及故燕、齐亡在者王之,④都王险。⑤

①师古曰:"战国时燕国略得此地。"

②师古曰:"障,所以自障蔽也,音之亮反。"

③师古曰:"浿水在乐浪县,音普盖反。"

④师古曰:"燕、齐之人亡居此地,及真番、朝鲜蛮夷皆属满也。"

⑤李奇曰:"地名也。"

会孝惠、高后天下初定,辽东太守即约满为外臣,保塞外蛮夷,毋使盗边;蛮夷君长欲入见天子,勿得禁止。以闻,上许之,以故满得以兵威财物侵降其旁小邑,真番、临屯皆来服属,方数千里。

传子至孙右渠,①所诱汉亡人滋多,②又未尝入见;③真番、辰国欲上书见天子,又雍阏弗通。④元封二年,汉使涉何谯谕右渠,终不肯奉诏。⑤何去至界,临浿水,使驭刺杀送何者朝鲜裨王长,⑥即渡水,驰入塞,遂归报天子曰"杀朝鲜将"。上为其名美,弗诘,拜何为辽东东部都尉。朝鲜怨何,发兵攻袭,杀何。

①师古曰:"满死传子,子死传孙。右渠者,其孙名也。"

②师古曰:"滋,益也。"

③师古曰:"不朝见天子也。"

④师古曰:"辰谓辰韩之国也。雍读曰壅。"

⑤师古曰:"谯,责让也,音才笑反。"

⑥师古曰:"长者,裨王名也。送何至浿水,何因刺杀之。"

天子募罪人击朝鲜。其秋,遣楼船将军杨仆从齐浮勃海,兵五万,左将军荀彘出辽东,诛右渠。右渠发兵距险。左将军卒多率辽东士①兵先纵,[8]败散。多还走,坐法斩。②楼船将齐兵七千人先至王险。右渠城守,窥知楼船军少,即出击楼船,楼船军败走。将军仆失其众,遁山中十余日,稍求收散卒,复聚。左将军击朝鲜浿水西军,未能破。

①如淳曰:"辽东兵多也。"

②师古曰:"于法合斩。"

天子为两将未有利,乃使卫山因兵威往谕右渠。右渠见使者,顿首谢:"愿降,恐将诈杀臣;今见信节,请服降。"遣太子入谢,献马五千匹,及馈军粮。① 人众万馀持兵,方度浿水,使者及左将军疑其为变,谓太子已服降,宜令人毋持兵。太子亦疑使者左将军诈之,遂不度浿水,复引归。山报,天子诛山。

①师古曰:"馈亦馈字。"

左将军破浿水上军,乃前至城下,围其西北。楼船亦往会,居城南。右渠遂坚城守,数月未能下。

左将军素侍中,幸,① 将燕代卒,悍,乘胜,军多骄。楼船将齐卒,入海已多败亡,其先与右渠战,困辱亡卒,卒皆恐,将心惭,其围右渠,常持和节。左将军急击之,朝鲜大臣乃阴间使人私约降楼船,② 往来言,尚未肯决。左将军数与楼船期战,楼船欲就其约,不会。左将军亦使人求间隙降下朝鲜,不肯,心附楼船。以故两将不相得。左将军心意楼船前有失军罪,③ 今与朝鲜和善而又不降,疑其有反计,未敢发。天子曰:"将率不能前,乃使卫山谕降右渠,不能颛决,与左将军相误,卒沮约。④ 今两将围城又乖异,以故久不决。"使故济南太守公孙遂往正之,有便宜得以从事。遂至,左将军曰:"朝鲜当下久矣,不下者,楼船数期不会。"具以素所意告遂曰:"今如此不取,恐为大害,非独楼船,又且与朝鲜共灭吾军。"遂亦以为然,而以节召楼船将军入左将军军计事,即令左将军戏下执缚楼船将军,⑤ 并其军。以报,天子(许)〔诛〕遂。[9]

①师古曰:"亲幸于天子。"
②师古曰:"与楼船为要约而请降。"
③师古曰:"意,疑也。"
④师古曰:"颛与专同。卒,终也。沮,坏也。"
⑤师古曰:"戏读与麾同。"

左将军已并两军,即急击朝鲜。朝鲜相路人、相韩陶、尼谿相参、将军王唊① 相与谋曰:"始欲降楼船,楼船今执,独左将军并将,战益急,恐不能与,② 王又不肯降。"陶、唊、路人皆亡降汉。路人道死。元封三年夏,尼谿相参乃使人杀朝鲜王右渠来降。王险城未下,故右渠之大臣成已又反,复攻吏。左将军使右渠子长、③降相路人子最,④告谕其民,诛成已。故遂定朝鲜为真番、临屯、乐浪、玄菟四郡。封参为澅清侯,⑤陶为秋苴侯,⑥唊为平州侯,长为几侯。最以父死颇有功,为沮阳侯。左将军征至,坐争功相嫉乖计,弃市。楼船将军亦坐兵至列口当待左将军。⑦擅先纵,失亡多,当诛,赎为庶人。

① 应劭曰:"凡五人也,戎狄不知官纪,故皆称相。"师古曰:"相路人一也,相韩陶二也,尼谿相参三也,将军王唊四也。应氏乃云五人,误读为句,谓尼谿人名,失之矣。不当寻下文乎? 唊音频。"

② 如淳曰:"不能与左将军相持也。"师古曰:"此说非也。不能与犹言不如也。"

③ 师古曰:"右渠之子名长。"

④ 师古曰:"相路人前已降汉而死于道,故谓之降相。最者,其子名。"

⑤ 师古曰:"澅音获。"

⑥ 晋灼曰:"《功臣表》秋苴属勃海。"师古曰:"苴音千馀反。"

⑦ 苏林曰:"列口,县名也。度海先得之。"

赞曰:楚、粤之先,历世有土。及周之衰,楚地方五千里,而句践亦以粤伯。①秦灭诸侯,唯楚尚有滇王。汉诛西南夷,独滇复宠。及东粤灭国迁众,繇王居股等犹为万户侯。三方之开,皆自好事之臣。故西南夷发于唐蒙、司马相如,两粤起严助、朱买臣,朝鲜由涉何。遭世富盛,〔动〕能成功,[10]然已勤矣。②追观太宗填抚尉佗,③岂古所谓"招携以礼,怀远以德"者哉!④

① 师古曰:"伯读曰霸。"

② 师古曰:"已,甚也。言其事甚勤劳。"

③ 师古曰:"言文帝以恩德安抚之也。填音竹刃反。"

④ 师古曰:"《春秋左氏传》僖七年诸侯盟于甯母,管仲言于齐侯曰:'臣闻之,招携以礼,怀远以德。'携谓离贰者也。怀,来也。言有离贰者则招集之,恃险远者则怀来之也。故赞引之。"

【校勘记】

〔1〕 (西)〔南〕夷君长以十数， 钱大昭说"西"当作"南"。按景祐、殿、局本都
      作"南"。

〔2〕 从巴(筰)〔苻〕关入， 王念孙说"筰"是"苻"之误。按景祐本正作"苻"。

〔3〕 子形如(赤)〔桑〕椹耳。 景祐、殿、局本都作"桑"。

〔4〕 一时,(二)〔三〕月也。 景祐、汲古、殿、局本都作"三",此误。

〔5〕 高后(白)〔自〕临事， 景祐、汲古、殿、局本都作"自"。王先谦说"白"乃
      转写误耳。

〔6〕 (又)〔及〕粤揭阳令史定降汉， 景祐、殿本都作"及"。

〔7〕 以卒八(十)〔千〕 景祐、殿、局本都作"千"。王先谦说作"千"是。

〔8〕 左将军卒多率辽东①士兵先纵， 王先谦说《史记》作"卒正多",多是卒
      正名,如解非。

〔9〕 天子(许)〔诛〕遂。 王先谦说《史记》赞"荀彘争劳,与遂皆诛",作"诛"
      无疑。按各本皆误。

〔10〕〔动〕能成功， 景祐、殿本都有"动"字。

汉书卷九十六上

西域传第六十六上

师古曰:"自乌孙国已后分为下卷。"

西域以孝武时始通,本三十六国,其后稍分至五十馀,①皆在匈奴之西,乌孙之南。南北有大山,中央有河,东西六千馀里,南北千馀里。东则接汉,阸以玉门、阳关,②西则限以葱岭。③其南山,东出金城,与汉南山属焉。④其河有两原:一出葱岭山,一出于阗。⑤于阗在南山下,其河北流,与葱岭河合,东注蒲昌海。蒲昌海,一名盐泽者也,去玉门、阳关三百馀里,广袤三百里。⑥其水亭居,冬夏不增减,皆以为潜行地下,南出于积石,为中国河云。

①师古曰:"司马彪《续汉书》云至于哀、平,有五十五国也。"

②孟康曰:"(阳)〔二〕关皆在敦煌西界。"[1]师古曰:"阸,塞也。"

③师古曰:"《西河旧事》云葱岭其山高大,上悉生葱,故以名焉。"

④师古曰:"属,联也,音之欲反。"

⑤师古曰:"阗字与真同,音徒贤反,又音徒见反。"

⑥师古曰:"袤,长也,音茂。"

自玉门、阳关出西域有两道。从鄯善傍南山北,波河西行至莎车,为南道;①南道西逾葱岭则出大月氏、安息。②自车师前王廷随北山,波河西行至疏勒,为北道;北道西逾葱岭则出大宛、康居、奄蔡焉(耆)[2]。

①师古曰:"波河,循河也。鄯音上扇反。傍音步浪反。波音彼义反。此下皆同也。"

②师古曰:"氏音支。"

西域诸国大率土著,①有城郭田畜,与匈奴、乌孙异俗,故皆役属匈奴。② 匈奴西边日逐王置僮仆都尉，使领西域，常居焉耆、危须、尉黎间，赋税诸国，取富给焉。③

①师古曰："言著土地而有常居，不随畜牧移徙也。著音直略反。"

②师古曰："服属于匈奴，为其所役使也。"

③师古曰："给，足也。"

自周衰，戎狄错居泾渭之北。① 及秦始皇攘却戎狄，筑长城，界中国，② 然西不过临洮。③

①师古曰："错，杂也。"

②师古曰："为中国之竟界也。"

③师古曰："洮音土高反。"

汉兴至于孝武，事征四夷，广威德，而张骞始开西域之迹。其后骠骑将军击破匈奴右地，降浑邪、休屠王，① 遂空其地，始筑令居以西，② 初置酒泉郡，后稍发徙民充实之，分置武威、张掖、敦煌，③ 列四郡，据两关焉。自贰师将军伐大宛之后，西域震惧，多遣使来贡献，汉使西域者益得职。④ 于是自敦煌西至盐泽，往往起亭，而轮台、渠犁皆有田卒数百人，置使者校尉领护，⑤ 以给使外国者。⑥

①师古曰："屠音除。"

②师古曰："令音铃。"

③师古曰："敦音徒门反。"

④师古曰："赏其勤劳，皆得拜职也。"

⑤师古曰："统领保护营田之事也。"

⑥师古曰："收其所种五谷以供之。"

至宣帝时，遣卫司马使护鄯善以西数国。及破姑师，未尽殄，① 分以为车师前后王及山北六国。时汉独护南道，未能尽并北道也，然匈奴不自安矣。其后日逐王畔单于，将众来降，护鄯善以西使者郑吉迎之。既至汉，封日逐王为归德侯，吉为安远侯。是岁，神爵三年也。乃因使吉并护北道，故号曰都护。都护之起，自吉置矣。② 僮仆都尉由此罢，匈奴益弱，不得近西域。于是徙屯田，田于北胥鞬，③ 披莎车之地，④ 屯田校尉始属都护。都护督察乌孙、康居诸外国⑤动静，有变以闻。可安辑，安辑之；可击，击之。⑥都护治乌垒城，去阳关二千七百三十八里，与渠犁田官相近，土地肥饶，于西域为中，故都护治焉。

①师古曰："虽破其国，未能灭之。"

②师古曰："都犹总也，言总护南北之道。"

③师古曰："胥鞬，地名也，胥音先馀反。鞬音居言反。"

④师古曰："披，分也。"

⑤师古曰："督，视也。"

⑥师古曰："辑与集同。"

至元帝时，复置戊己校尉，屯田车师前王庭。是时匈奴东蒲类王兹力支将人众千七百馀人降都护，都护分车师后王之西为乌贪訾离地以处之。

自宣、元后，单于称藩臣，西域服从，其土地山川王侯户数道里远近翔实矣。①

①师古曰："翔与详同，假借用耳。"

出阳关，自近者始，曰婼羌。①婼羌国王号去胡来王。②去阳关千八百里，去长安六千三百里，辟在西南，不当孔道。③户四百五十，口千七百五十，胜兵者五百人。西与且末接。④随畜逐水草，不田作，仰鄯善、且末谷。⑤山有铁，自作兵，兵有弓、矛、服刀、剑、甲。⑥西北至鄯善，乃当道云。

①孟康曰："婼音儿。"师古曰："音而遮反。"

②师古曰："言去离胡戎来附汉也。"

③师古曰："辟读曰僻。孔道者，穿山险而为道，犹今言穴径耳。"

④师古曰："且音子馀反。"

⑤师古曰："赖以自给也。仰音牛向反。"

⑥刘德曰："服刀，拍髀也。"师古曰："拍音貊。髀音俾，又音陛。"

鄯善国，本名楼兰，王治扜泥城，①去阳关千六百里，去长安六千一百里。户千五百七十,口万四千一百,胜兵二千九百十二人。辅国侯、却胡侯、②鄯善都尉、击车师都尉、左右且渠、击车师君各一人,译长二人。西北去都护治所千七百八十五里,至山国千三百六十五里,③西北至车师千八百九十里。地沙卤,少田,寄田仰谷旁国。④国出玉,多葭苇、柽柳、胡桐、白草。⑤民随畜牧逐水草,有驴马,多橐它。⑥能作兵,与婼羌同。

①师古曰:"扞音一胡反。"

②师古曰:"却音丘略反,其字从卩。卩音节,下皆类此。"

③师古曰:"此国山居,故名山国也。"

④师古曰:"寄于它国种田,又籴旁国之谷也。仰音牛向反。"

⑤孟康曰:"白草,草之白者。胡桐似桑而多曲。"师古曰:"柽柳,河柳也,今谓之赤柽。白草似莠而细,无芒,其干孰时正白色,牛马所嗜也。胡桐亦似桐,不类桑也。虫食其树而沫出下流者,俗名为胡桐泪,言似眼泪也,可以汗金银也,今工匠皆用之。流俗语讹呼泪为律。柽音丑成反。"

⑥师古曰:"它,古他字也,音徒何反。"

初,武帝感张骞之言,甘心欲通大宛诸国,使者相望于道,一岁中多至十餘辈。楼兰、姑师当道,苦之,①攻劫汉使王恢等,又数为匈奴耳目,令其兵遮汉使。汉使多言其国有城邑,兵弱易击。于是武帝遣从票侯赵破奴将属国骑②及郡兵数万击姑师。王恢数为楼兰所苦,上令恢佐破奴将兵。破奴与轻骑七百人先至,虏楼兰王,遂破姑师,因暴兵威以动乌孙、大宛之属。③还,封破奴为浞野侯,恢为浩侯。④于是汉列亭障至玉门矣。

①师古曰:"每供给使者受其劳费,故厌苦之。"

②师古曰:"属国谓诸外国属汉也。"

③师古曰:"暴谓显扬也。"

④苏林曰:"浩音昊。"

楼兰既降服贡献,匈奴闻,发兵击之,于是楼兰遣一子质匈奴,一子质汉。后贰师军击大宛,匈奴欲遮之,贰师兵盛不敢当,即遣骑因楼兰候汉使后过者,欲绝勿通。时汉军正任文将兵屯玉门关,为贰师后距,①捕得生口,知状以闻。上诏文便道引兵捕楼兰王。将诣阙,簿责王,②对曰:"小国在大国间,不两属无以自安。愿徙国入居汉地。"上直其言,遣归国,③亦因使候司匈奴。匈奴自是不甚亲信楼兰。

①师古曰:"后距者,居后以距敌。"
②师古曰:"以文簿一一责之。簿音(簿)〔步〕户反。"〔3〕
③师古曰:"以其言为直。"

征和元年,楼兰王死,国人来请质子在汉者,欲立之。质子常坐汉法,下蚕室宫刑,故不遣。报曰:"侍子,天子爱之,不能遣。其更立其次当立者。"楼兰更立王,汉复责其质子,亦遣一子质匈奴。后王又死,匈奴先闻之,遣质子归,得立为王。①汉遣使诏新王,令入朝,天子将加厚赏。楼兰王后妻,故继母也,谓王曰:"先王遣两子质汉皆不还,奈何欲往朝乎?"王用其计,谢使曰:"新立,国未定,愿待后年入见天子。"然楼兰国最在东垂,近汉,当白龙堆,乏水草,常主发导,负水儋粮,送迎汉使,又数为吏卒所寇,惩艾不便与汉通。②后复为匈奴反间,③数遮杀汉使。其弟尉屠耆降汉,具言状。

①师古曰:"匈奴在汉前闻楼兰王死,故即遣质子还也。"
②师古曰:"艾读曰乂。"
③师古曰:"间音居苋反。"

元凤四年,大将军霍光白遣平乐监傅介子往刺其王。介子轻将勇敢士,赍金币,扬言以赐外国为名。既至楼兰,诈其王欲赐之,王喜,与介子饮,醉,将其王屏语,壮士二人从后刺杀之,贵人左右皆散走。介子告谕以"王负汉罪,天子遣我诛王,当更立王弟尉屠耆在汉者。汉兵方至,毋敢动,自令灭国矣!"介子遂斩王尝归首,①驰传诣阙,②县首北阙下。封介子为义阳侯。乃立尉屠耆为王,更名其国为鄯善,为刻印章,赐以宫女为夫人,备车骑辎重,③丞相〔将军〕率百官送至横门外,④〔4〕祖而遣之。⑤王自请天子曰:"身在汉久,今归,单弱,而前王有子在,恐为所杀。国中有伊循城,其地肥美,愿汉遣(二)〔一〕将屯田积谷,〔5〕令臣得

依其威重。"于是汉遣司马一人、吏士四十人,田伊循以填抚之。⑥其后
更置都尉。伊循官置始此矣。

①师古曰:"尝归者,其王名也。《昭纪》言安归,今此作尝归,纪传不同,当有
　　误者。"

②师古曰:"传音张恋反。"

③师古曰:"重音直用反。"

④孟康曰:"横音光。"

⑤师古曰:"为设祖道之礼也。"

⑥师古曰:"填音竹刃反。"

鄯善当汉道冲,西通且末七百二十里。自且末以往皆种五谷,土地
草木,畜产作兵,略与汉同,有异乃记云。

且末国,王治且末城,去长安六千八百二十里。户二百三十,口千
六百一十,胜兵三百二十人。辅国侯、左右将、译长各一人。西北至都
护治所二千二百五十八里,北接尉犁,南至小宛可三日行。有蒲陶诸
果。西通精绝二千里。

小宛国,王治扜零城,①去长安七千二百一十里。户百五十,口千
五十,胜兵二百人。辅国侯、左右都尉各一人。西北至都护治所二千五
百五十八里,东与婼羌接,辟南不当道。②

①师古曰:"扜音乌。"

②师古曰:"辟读曰僻。下皆类此。"

精绝国,王治精绝城,去长安八千八百二十里。户四百八十,口三
千三百六十,胜兵五百人。精绝都尉、左右将、译长各一人。北至都护
治所二千七百二十三里,南至戎卢国四日行,地阨狭,西通扜弥四百六
十里。①

①师古曰:"扜音乌。"

戎卢国,王治卑品城,去长安八千三百里。户二百四十,口千六百
一十,胜兵三百人。东北至都护治所二千八百五十八里,东与小宛、南
与婼羌、西与渠勒接,辟南不当道。

扜弥国,王治扜弥城,去长安九千二百八十里。户三千三百四十,
口二万四十,胜兵三千五百四十人。辅国侯、左右将、左右都尉、左右骑
君各一人,译长二人。东北至都护治所三千五百五十三里,南与渠勒、
东北与龟兹、西北与姑墨接,[1]西通于阗三百九十里。今名宁弥。

①师古曰:"龟音丘。兹音慈。"

渠勒国,王治鞬都城,[1]去长安九千九百五十里。户三百一十,口
二千一百七十,胜兵三百人。东北至都护治所三千八里五十二里,东与
戎卢、西与婼羌、北与扜弥接。

①师古曰:"鞬音居言反。"

于阗国,王治西城,去长安九千六百七十里。户三千三百,口万九
千三百,胜兵二千四百人。辅国侯、左右将、左右骑君、东西城长、译长
各一人。东北至都护治所三千九百四十七里,南与婼羌接,北与姑墨
接。于阗之西,水皆西流,注西海;其东,水东流,注盐泽,河原出焉。[1]
多玉石。[2]西通皮山三百八十里。

①苏林曰:"即中国河也。"
②师古曰:"玉石,玉之璞也。一曰石之似玉也。"

皮山国,王治皮山城,去长安万五十里。户五百,口三千五百,胜兵
五百人。左右将、左右都尉、骑君、译长各一人。东北至都护治所四千
二百九十二里,西南至乌秅国千三百四十里,[1]南与天笃接,北至姑墨
千四百五十里,西南当罽宾、乌弋山离道,西北通莎车三百八十里。

①郑氏曰:"乌秅音鹪拿。"师古曰:"乌音一加反。秅音直加反。急言之声如

鹅拿耳,非正音也。"

乌秅国,王治乌秅城,去长安九千九百五十里。户四百九十,口二千七百三十三,胜兵七百四十人。东北至都护治所四千八百九十二里,北与子合、蒲犁,西与难兜接。山居,田石间。有白草。累石为室。民接手饮。①出小步马,②有驴无牛。其西则有县度,③去阳关五千八百八十八里,去都护治所五千二(百)〔十〕里。[6]县度者,石山也,溪谷不通,以绳索相引而度云。

①师古曰:"自高山下溪涧中饮水,故接连其手,如蝯之为。"
②孟康曰:"种小能步也。"师古曰:"此说非也。小,细也。细步,〔言其〕能蹀足,[7]即今所谓百步千迹者也。岂谓其小种乎?"
③师古曰:"县绳而度也。县,古悬字耳。"

西夜国,王号子合王,治呼犍谷,①去长安万二百五十里。户三百五十,口四千,胜兵千人。东北到都护治所五千四十六里,东与皮山、西南与乌秅、北与莎车、西与蒲犁接。蒲犁(反)〔及〕依耐、[8]无雷国②皆西夜类也。西夜与胡异,其种类羌氏行国,③随畜逐水草往来。而子合土地出玉石。

①师古曰:"犍音钜言反。"
②师古曰:"耐音奴代反。"
③师古曰:"言不土著也。"

蒲犁国,王治蒲犁谷,去长安九千五百五十里。户六百五十,口五千,胜兵二千人。东北至都护治所五千三百九十六里,东至莎车五百四十里,北至疏勒五百五十里,南与西夜子合接,西至无雷五百四十里。侯、都尉各一人。寄田莎车。种俗与子合同。

依耐国,王治去长安万一百五十里。户一百二十五,口六百七十,胜兵三百五十人。东北至都护治所二千七百三十里,至莎车五百四十里,至无雷五百四十里,北至疏勒六百五十里,南与子合接,俗相与同。①少谷,寄田疏勒、莎车。

①师古曰:"与子合同风俗也。"

无雷国,王治卢城,去长安九千九百五十里。户千,口七千,胜兵三千人。东北至都护治所二千四百六十五里,南至蒲犁五百四十里,南与乌秅、北与捐毒、西与大月氏接。①衣服类乌孙,俗与子合同。

①师古曰:"捐毒即身毒、天笃也,本皆一名,语有轻重耳。"

难兜国,王治去长安万一百五十里,户五千,口三万一千,胜兵八千人。东北至都护治所二千八百五十里,西至无雷三百四十里,西南至罽宾三百三十里,南与婼羌、北与休循、西与大月氏接。种五谷、蒲陶诸果。有银铜铁,作兵与诸国同,属罽宾。

罽宾国,王治循鲜城,去长安万二千二百里。不属都护。户口胜兵多,大国也。东北至都护治所六千八百四十里,东至乌秅国二千二百五十里,东北至难兜国九日行,西北与大月氏、西南与乌弋山离接。

昔匈奴破大月氏,大月氏西君大夏,而塞王南君罽宾。①塞种分散,往往为数国。②自疏勒以西北,休循、捐毒之属,皆故塞种也。

①师古曰:"君谓为之君也。塞音先得反。"

②师古曰:"即所谓释种者也,亦语有轻重耳。"

罽宾地平,温和,有目宿,杂草奇木,檀、槐、梓、竹、漆。①种五谷、蒲陶诸果,粪治园田。地下湿,生稻,冬食生菜。其民巧,雕文刻镂,治宫室,织罽,刺文绣,好治食。有金银铜锡,以为器。市列。②以金银为钱,文为骑马,幕为人面。③出封牛、水牛、象、大狗、沐猴、孔爵、④珠玑、珊瑚、虎魄、璧流离。⑤它畜与诸国同。

①师古曰:"槐音怀。即槐之类也,叶大而黑也。"

②师古曰:"市有列肆,亦如中国也。"

③张晏曰："钱文面作骑马形,漫面作人面目也。"如淳曰："幕音漫。"师古曰：
　　"幕即漫耳,无劳借音。今所呼幕皮者,亦谓其平而无文也。"

④师古曰："封牛,项上隆起者也。郭义恭《广志》云罽宾大狗大如驴,赤色,数
　　里摇鞇以呼之。沐猴即猕猴也。"

⑤孟康曰："流离青色如玉。"师古曰："《魏略》云大秦国出赤、白、黑、黄、青、
　　绿、缥、绀、红、紫十种流离。孟言青色,不博通也。此盖自然之物,采泽光
　　润,逾于众玉,其色不恒。今俗所用,皆销(洽)〔治〕石汁[9],加以众药,灌而
　　为之,尤虚脆不贞,实非真物。"

自武帝始通罽宾,自以绝远,汉兵不能至,其王乌头劳数剽杀汉
使。①乌头劳死,子代立,遣使奉献。汉使关都尉文忠送其使。王复欲
害忠,忠觉之,乃与容屈王子阴末赴共合谋,攻罽宾,杀其王,立阴末赴
为罽宾王,授印绶。后军候赵德使罽宾,与阴末赴相失,②阴末赴锁琅
当德,③杀副已下七十馀人,遣使者上书谢。孝元帝以绝域不录,放其
使者于县度,绝而不通。

①师古曰："剽,劫也,音频妙反。"
②师古曰："相失意也。"
③师古曰："琅当,长锁也,若今之禁系人锁矣。琅音郎。"

成帝时,复遣使献,谢罪,汉欲遣使者报送其使,杜钦说大将军王凤
曰："前罽宾王阴末赴本汉所立,后卒畔逆。①夫德莫大于有国子民,罪
莫大于执杀使者,所以不报恩,不惧诛者,自知绝远,兵不至也。有求则
卑辞,无欲则娇嫚,终不可怀服。凡中国所以为通厚蛮夷,惬快其求者,
为壤比而为寇也。②今县度之阨,非罽宾所能越也。其乡慕,不足以安
西域;③虽不附,不能危城郭。④前亲逆节,恶暴西域,⑤故绝而不通;今
悔过来,而无亲属贵人,奉献者皆行贾贱人,欲通货市买,以献为名,故
烦使者送至县度,恐失实见欺。凡遣使送客者,欲为防护寇害也。起皮
山南,更不属汉之国四五,⑥斥候士百馀人,五分夜击刁斗自守,⑦尚时
为所侵盗。驴畜负粮,须诸国禀食,得以自赡。⑧国或贫小不能食,或桀
黠不肯给,拥强汉之节,馁山谷之间,⑨乞丐无所得,⑩离一二旬则人畜

弃损旷野而不反。⑪又历大头痛、小头痛之山，赤土、身热之阪，令人身热无色，头痛呕吐，驴畜尽然。⑫又有三池、盘石阪，道狭者尺六七寸，长者径三十里。临峥嵘不测之深，⑬行者骑步相持，绳索相引，二千馀里乃到县度。畜队，未半坑谷尽靡碎；⑭人堕，势不得相收视。险阻危害，不可胜言。圣王分九州，制五服，⑮务盛内，不求外。今遣使者承至尊之命，送蛮夷之贾，劳吏士之众，涉危难之路，罢弊所恃以事无用，⑯非久长计也。使者业已受节，可至皮山而还。"⑰于是凤白从钦言。罽宾实利赏赐贾市，其使数年而壹至云。

①师古曰："辛，终也。"

②师古曰："比，近也。为其土壤接近，能为寇也。悁音苦频反。比音频寐反。"

③师古曰："乡读曰向。"

④师古曰："城郭，总谓西域诸国也。"

⑤师古曰："暴谓章露也。"

⑥师古曰："言经历不属汉者凡四五国也。更音工衡反。"

⑦师古曰："夜有五更，故分而持之也。刀斗，解在《李广传》。"

⑧师古曰："禀，给也。赡，足也。食读曰饲。次下并同。"

⑨师古曰："馁，饥也，音能贿反。"

⑩师古曰："丐亦乞也，音工大反。"

⑪师古曰："离亦历也。旷，空也。"

⑫师古曰："呕音一口反。"

⑬师古曰："峥嵘，深险之貌也。峥音仕耕反。嵘音宏。"

⑭师古曰："队亦堕也。靡，散也。队音直类反。靡音麽。"

⑮师古曰："九州：冀、兖、豫、青、徐、荆、扬、梁、雍也。五服：侯、甸、绥、要、荒。"

⑯师古曰："罢读曰疲。所恃，谓中国之人也。无用，谓远方蛮夷之国。"

⑰师古曰："言已立计遣之，不能即止，可至皮山也。"

　　乌弋山离国，王去长安万二千二百里。不属都护。户口胜兵，大国也。东北至都护治所六十日行，东与罽宾、北与扑挑、西与犁靬、条支接。①

①师古曰:"扑音布木反。犁读与骊同。靬音钜连反,又钜言反。"

行可百馀日,乃至条支。国临西海,暑湿,田稻。有大鸟,卵如瓮。①人众甚多,往往有小君长,安息役属之,以为外国。②善眩。③安息长老传闻条支有弱水、西王母,亦未尝见也。④自条支乘水西行,可百馀日,近日所入云。

①师古曰:"瓮,汲水瓶也,音于龙反。"

②师古曰:"安息以条支为外国,如言蕃国也。"

③师古曰:"眩读与幻同,解在《张骞传》。"

④师古曰:"《玄中记》云'昆仑之弱水,鸿毛不能起'也。《尔雅》曰'觚竹、北户、西王母、日下,谓之四荒'也。"

乌弋地暑热莽平,①其草木、畜产、五谷、果菜、食饮、宫室、市列、钱货、兵器、金珠之属皆与罽宾同,而有桃拔、师子、犀牛。②俗重妄杀。③其钱独文为人头,幕为骑马。以金银饰杖。④绝远,汉使希至。自玉门、阳关出南道,历鄯善而南行,至乌弋山离,南道极矣。转北而东得安息。

①师古曰:"言有草莽而平坦也。一曰莽莽平野之貌。"

②孟康曰:"桃拔一名符拔,似鹿,长尾,一角者或为天鹿,(者)两角〔者〕或为辟邪。[10]师子似虎,正黄有髯䶨,尾端茸毛大如斗。"师古曰:"师子即《尔雅》所谓狻猊也。狻音酸。猊音倪。拔音步葛反。䶨亦颊旁毛也,音而。茸音人庸反。"

③师古曰:"重,难也。言其仁爱不妄杀也。"

④师古曰:"杖谓所持兵器也,音直亮反。"

安息国,王治番兜城,①去长安万一千六百里。不属都护。北与康居、东与乌弋山离、西与条支接。土地风气,物类所有,民俗与乌弋、罽宾同。亦以银为钱,文独为王面,幕为夫人面。王死辄更铸钱。有大马爵。②其属小大数百城,地方数千里,最大国也。临妫水,商贾车船行旁国。书革,旁行为书记。③

①苏林曰:"番音盘。"

②师古曰:"《广志》云:'大爵,颈及膺身,蹄似橐驼,色苍,举头高八九尺,张翅丈馀,食大麦。'"

③服虔曰:"横行为书记也。"师古曰:"今西方胡国及南方林邑之徒,书皆横行,不直下也。革为皮之不柔者。"

武帝始遣使至安息,王令将将二万骑迎于东界。东界去王都数千里,行比至,过数十城,人民相属。①因发使随汉使者来观汉地,以大鸟卵及犁轩眩人献于汉,天子大说。②安息东则大月氏。

①师古曰:"属,联也,音之欲反。"

②师古曰:"说读曰悦。"

　

大月氏国,治监氏城,去长安万一千六百里。不属都护。户十万,口四十万,胜兵十万人。东至都护治所四千七百四十里,西至安息四十九日行,南与罽宾接。土地风气,物类所有,民俗钱货,与安息同。出一封橐驼。①

①师古曰:"脊上有一封也。封言其隆高,若封土也。今俗呼为封牛。封音峰。"

大月氏本行国也,随畜移徙,与匈奴同俗。控弦十馀万,故强轻匈奴。①本居敦煌、祁连间,至冒顿单于攻破月氏,而老上单于杀月氏,以其头为饮器,月氏乃远去,过大宛,西击大夏而臣之,②都妫水北为王庭。其馀小众不能去者,保南山羌,号小月氏。

①师古曰:"自恃其强盛,而轻易匈奴也。"

②师古曰:"解在《张骞传》。"

大夏本无大君长,城邑往往置小长,民弱畏战,故月氏徙来,皆臣畜之,共禀汉使者。①有五翎侯:②一曰休密翎侯,治和墨城,去都护二千八百四十一里,去阳关七千八百二里;二曰双靡翎侯,治双靡城,去都护三千七百四十一里,去阳关七千七百八十二里;三曰贵霜翎侯,治护澡城,③去都护五千九百四十里,去阳关七千九百八十二里;四曰肸顿翎侯，④治薄茅城，去都护五千九百六十二里，去阳关八千二百二里；五曰高附翖侯，治高附城，去都护六千四十一里，去阳关九千二百八十三里。凡五翖侯，皆属大月氏。

①师古曰："同受节度也。"

②师古曰："翖即翕字。"

③师古曰："澡音藻。"

④师古曰："肷音许乙反。"

康居国，王冬治乐越匿地。①到卑阗城。②去长安万二千三百里。不属都护。至越匿地马行七日，至王夏所居蕃内九千一百四里。③户十二万，口六十万，胜兵十二万人。东至都护治所五千五百五十里。与大月氏同俗。东羁事匈奴。④

①师古曰："乐音来各反。"

②师古曰："阗音徒千反。"

③师古曰："王每冬寒夏暑，则徙别居不一处。"

④师古曰："为匈奴所羁牵也。"

宣帝时，匈奴乖乱，五单于并争，汉拥立呼韩邪单于，而郅支单于怨望，杀汉使者，西阻康居。①其后都护甘延寿、副校尉陈汤发戊己校尉西域诸国兵至康居，诛灭郅支单于，语在《甘延寿》、《陈汤传》。是岁，元帝建昭三年也。

①师古曰："依其险阻，以自保固也。"

至成帝时，康居遣子侍汉，贡献，然自以绝远，独骄嫚，不肯与诸国相望。都护郭舜数上言："本匈奴盛时，非以兼有乌孙、康居故也；及其称臣妾，非以失二国也。汉虽皆受其质子，然三国内相输遗，交通如故，亦相候司，见便则发；合不能相亲信，离不能相臣役。以今言之，结配乌孙竟未有益，反为中国生事。然乌孙既结在前，今与匈奴俱称臣，义不可距。而康居骄黠，讫不肯拜使者。①都护吏至其国，坐之乌孙诸使下，王及贵人先饮食已，乃饮啖都护吏，②故为无所省以夸旁国。③以此度之,何故遣子入侍? 其欲贾市为好,辞之诈也。匈奴百蛮大国,④ 今事汉甚备,闻康居不拜,且使单于有自下之意,⑤ 宜归其侍子,绝勿复使,⑥以章汉家不通无礼之国。敦煌、酒泉小郡及南道八国,给使者往来人马驴橐驼食,皆苦之。⑦ 空罢耗所过,送迎骄黠绝远之国,⑧ 非至计也。"汉为其新通,重致远人,⑨ 终羁縻而未绝。

① 师古曰:"讫,竟也。"

② 师古曰:"饮音于禁反。啖音徒滥反。"

③ 师古曰:"言故不省视汉使也。"

④ 师古曰:"于百蛮之中,最大国也。"

⑤ 师古曰:"言单于见康居不事汉,以之为高,自以事汉为太卑,而欲改志也。"

⑥ 师古曰:"不通使于其国也。"

⑦ 师古曰:"言二郡八国皆以此事为困苦。"

⑧ 师古曰:"所过,所经过之处。骄黠谓康居使也。罢读曰疲。耗音呼到反。"

⑨ 师古曰:"以此声名为重也。"

其康居西北可二千里,有奄蔡国。控弦者十馀万(大)〔人〕[11]。与康居同俗。临大泽,无崖,盖北海云。

康居有小王五:一曰苏薤王,治苏薤城,① 去都护五千七百七十六里,去阳关八千二十五里;二曰附墨王,治附墨城,去都护五千七百六十七里,去阳关八千二十五里;三曰窳匿王,② 治窳匿城,去都护五千二百六十六里,去阳关七千五百二十五里;四曰罽王,治罽城,去都护六千二百九十六里,去阳关八千五百五十五里;五曰奥鞬王,③ 治奥鞬城,去都护六千九百六里,去阳关八千三百五十五里。凡五王,属康居。

① 师古曰:"薤音下戒反。"

② 师古曰:"窳音庾。"

③ 师古曰:"奥音于六反。鞬音居言反。"

大宛国,王治贵山城,去长安万二千(二)〔五〕百五十里[12]。户六万,口三十万,胜兵六万人。副王、辅国王各一人。东至都护治所四千三十一里,北至康居卑阗城千五百一十里,西南至大月氏六百九十里。北与康居、南与大月氏接，土地风气物类民俗与大月氏、安息同。大宛左右以蒲陶为酒，富人藏酒至万餘石，久者至数十岁不败。俗耆酒，马耆目宿。①

①师古曰："耆读曰嗜。"

宛别邑七十餘城，多善马。马汗血，言其先天马子也。①

①（师古）〔孟康〕曰〔13〕："言大宛国有高山，其上有马不可得，因取五色母马置其下与集，生驹，皆汗血，因号曰天马子云。"

张骞始为武帝言之，上遣使者持千金及金马，以请宛善马。宛王以汉绝远，大兵不能至，爱其宝马不肯与。汉使妄言，①宛遂攻杀汉使，取其财物。于是天子遣贰师将军李广利将兵前后十餘万人伐宛，连四年。宛人斩其王毋寡首，献马三千匹，汉军乃还，语在《张骞传》。贰师既斩宛王，更立贵人素遇汉善者名昧蔡为宛王。②后岁餘，宛贵人以为昧蔡谄，使我国遇屠，③相与（兵）〔共〕杀昧蔡〔14〕，立毋寡弟蝉封为王，遣子入侍，质于汉，汉因使使赂赐镇抚之。又发（数）〔使〕十餘辈，抵宛西诸国④求（其）〔奇〕物，因风逾以（代）〔伐〕宛之威。⑤〔15〕宛王蝉封与汉约，岁献天马二匹。汉使采蒲陶、目宿种归。天子以天马多，又外国使来众，益种蒲陶、目宿离宫馆旁，极望焉。⑥

①师古曰："谓詈辱宛王。"
②师古曰："昧音秣。蔡音千曷反。"
③师古曰："谄，古谄字。"
④师古曰："抵，至也。"
⑤师古曰："风读曰讽。"
⑥师古曰："今北道诸州旧安定、北地之境往往有目宿者，皆汉时所种也。"

自宛以西至安息国，虽颇异言，然大同，自相晓知也。其人皆深目，多须髯。善贾市，争分铢。贵女子；女子所言，丈夫乃决正。其地（皆）〔无〕丝漆，〔16〕不知铸铁器。及汉使亡卒降，教铸作它兵器。①得汉黄白金，辄以为器，不用为币。

①师古曰："汉使至其国及有亡卒降其国者，皆教之也。"

自乌孙以西至安息，近匈奴。匈奴尝困月氏，①故匈奴使持单于一信到国，国传送食，②不敢留苦。③及至汉使，非出币物不得食，不市畜不得骑，所以然者，以远汉，而汉多财物，④故必市乃得所欲。及呼韩邪单于朝汉，后咸尊汉矣。

①师古曰："困，苦也。"

②师古曰："言畏之甚也。食读曰饲。"

③师古曰："不敢留连及困苦之也。"

④师古曰："远音于万反。"

桃槐国，王去长安万一千八十里。①户七百，口五千，胜兵千人。

①师古曰："槐音回。"

休循国，王治鸟飞谷，在葱岭西，去长安万二百一十里。户三百五十八，口千三十，胜兵四百八十人。东至都护治所三千一百二十一里，至捐毒衍敦谷二百六十里，西北至大宛国九百二十里，西至大月氏千六百一十里。民俗衣服类乌孙，因畜随水草，本故塞种也。

捐毒国，王治衍敦谷，去长安九千八百六十里。户三百八十，口千一百，胜兵五百人。东至都护治所二千八百六十一里。至疏勒。南与葱领属，①无人民。西上葱领，则休循也。西北至大宛千三十里，北与乌孙接。衣服类乌孙，随水草，依葱领，本塞种也。

①师古曰："属，联也，音之欲反。"

莎车国，王治莎车城，去长安九千九百五十里。户二千三百三十九，口万六千三百七十三，胜兵三千四十九人。辅国侯、左右将、左右骑君、备西夜君各一人，都尉二人，译长四人。东北至都护治所四千七百四十六里，西至疏勒五百六十里，西南至蒲犁七百四十里。有铁山，出青玉。

　　宣帝时，乌孙公主小子万年，莎车王爱之。莎车王无子死，死时万年在汉。莎车国人计欲自托于汉，又欲得乌孙心，即上书请万年为莎车王。汉许之，遣使者奚充国送万年。万年初立，暴恶，国人不说。①莎车王弟呼屠徵杀万年，并杀汉使者，自立为王，约诸国背汉。会卫候冯奉世使送大宛客，即以便宜发诸国兵击杀之，更立它昆弟子为莎车王。还，拜奉世为光禄大夫。是岁，元康元年也。

　　①师古曰："说读曰悦。"

　　疏勒国，王治疏勒城，去长安九千三百五十里。户千五百一十，口万八千六百四十七，胜兵二千人。疏勒侯、击胡侯、辅国侯、都尉、左右将、左右骑君、左右译长各一人。东至都护治所二千二百一十里，南至莎车五百六十里。有市列，西当大月氏、大宛、康居道也。

　　尉头国，王治尉头谷，去长安八千六百五十里。户三百，口二千三百，胜兵八百人。左右都尉各一人，左右骑君各一人。东至都护治所千四百一十一里，南与疏勒接，山道不通，西至捐毒千三百一十四里，径道马行二日，田畜随水草，衣服类乌孙。

【校勘记】

〔1〕　(阳)〔二〕关皆在敦煌西界。　景祐、殿本都作"二"，此误。

〔2〕　北道西逾葱岭则出大宛、康居、奄蔡焉(耆)。　景祐本无"耆"字。王念孙说景祐本是，"焉"字绝句，"耆"字后人妄加之。

〔3〕　薄音(簿)〔步〕户反。　景祐、殿本都作"步"，此误。

〔4〕　丞相〔将军〕率百官送至横门外，　景祐、殿本都有"将军"二字。

〔5〕　愿汉遣(二)〔一〕将屯田积谷，　景祐、殿本都作"一"。王先谦说作"一"是。

〔6〕　去都护治所五千二(百)〔十〕里。　景祐、殿本都作"十"。

〔7〕　细步，〔言其〕能蹀足，　景祐、殿本都有"言其"二字。

〔8〕　薄犁(反)〔及〕依耐、　景祐、殿本都作"及"，此误。

〔9〕　皆销(洽)〔治〕石汁，　景祐、殿本都作"治"。王先谦说疑是"冶"字。

〔10〕　(者)两角〔者〕或为辟邪。　景祐、殿本都作"两角者"，此误倒。

〔11〕　控弦者十餘万(大)〔人〕。　殿本作"人"，景祐本作"大"。王先谦说作"人"是。

〔12〕　去长安万二千(二)〔五〕百五十里。　景祐、殿本都作"五"。

〔13〕　(师古)〔孟康〕曰：　景祐、殿本都作"孟康"。

〔14〕　相与(兵)〔共〕杀昧蔡，　景祐、殿本都作"共"，此误。

〔15〕　又发(数)〔使〕十餘辈,抵宛西诸国④求(其)〔奇〕物,因风谕以(代)〔伐〕宛之威。　景祐、殿本"数"都作"使"，"其"都作"奇"，"代"都作"伐"。

〔16〕　其地(皆)〔无〕丝漆，　王念孙说"皆"当为"无"，《通典》正作"无丝漆"。按《史记·大宛传》作"皆无丝漆"。

汉书卷九十六下

西域传第六十六下

　　乌孙国,大昆弥治赤谷城,①去长安八千九百里。户十二万,口六十三万,胜兵十八万八千八百人。相,大禄,左右大将二人,侯三人,大将、都尉各一人,大监二人,大吏一人,舍中大吏二人,骑君一人。东至都护治所千七百二十一里,西至康居蕃内地五千里。地莽平。多雨,寒。山多松檽。②不田作种树,③随畜逐水草,与匈奴同俗。国多马,富人至四五千匹。民刚恶,贪(狼)〔狼〕无信[1],多寇盗,最为强国。故服匈奴,④后盛大,取羁属,不肯往朝会。⑤东与匈奴、西北与康居、西与大宛、南与城郭诸国相接。本塞地也,大月氏西破走塞王,塞王南越县度,大月氏居其地。后乌孙昆莫击破大月氏,大月氏徙西臣大夏,而乌孙昆莫居之,故乌孙民有塞种、大月氏种云。

　　　　①师古曰:"乌孙于西域诸戎其形最异。今之胡人青眼、赤须,状类弥猴者,本
　　　　　其种也。"
　　　　②师古曰:"莽平谓有草莽而平坦也。一曰莽莽平野之貌。檽,木名,其心似
　　　　　松,音武元反。"
　　　　③师古曰:"树,植也。"
　　　　④师古曰:"故谓旧时也。服,属于匈奴也。"
　　　　⑤师古曰:"言才羁縻属之而已。"

　　始张骞言乌孙本与大月氏共在敦煌间,今乌孙虽强大,可厚赂招,令东居故地,妻以公主,与为昆弟,以制匈奴。语在《张骞传》。武帝即位,令骞赍金币往,昆莫见骞如单于礼,①骞大惭,谓曰:"天子致赐,王不拜,则还赐。"②昆莫起拜,其它如故。

①师古曰："昆莫自比于单于。"

②师古曰："还赐,谓将赐物还归汉也。"

初,昆莫有十馀子,中子大禄强,善将,①将众万馀骑别居。大禄兄太子,太子有子曰岑陬。②太子蚤死,③谓昆莫曰："必以岑陬为太子。"昆莫哀许之。大禄怒,乃收其昆弟,将众畔,谋攻岑陬。昆莫与岑陬万馀骑,令别居,昆莫亦自有万馀骑以自备。国分为三,大总羁属昆莫。骞既致赐,谕指曰："乌孙能东居故地,则汉遣公主为夫人,结为昆弟,共距匈奴,不足破也。"乌孙远汉,未知其大小,④又近匈奴,服属日久,其大臣皆不欲徙。昆莫年老国分,不能专制,乃发使送骞,因献马数十匹报谢。其使见汉人众富厚,归其国,其国后乃益重汉。

①师古曰："言其材力优强,能为将。"

②师古曰："岑音仕林反。陬音子侯反。"

③师古曰："蚤,古早字。"

④师古曰："远音于万反。"

匈奴闻其与汉通,怒欲击之。又汉使乌孙,乃出其南,抵大宛、月氏,相属不绝。①乌孙于是恐,使使献马,愿得尚汉公主,为昆弟。天子问群臣,议许,曰："必先内聘,然后遣女。"乌孙以马千匹聘。②汉元封中,遣江都王建女细君为公主,以妻焉。赐乘舆服御物,为备官属宦官侍御数百人,赠送甚盛。乌孙昆莫以为右夫人。匈奴亦遣女妻昆莫,昆莫以为左夫人。

①师古曰："抵,至也。属音之欲反。"

②师古曰："入聘财。"

公主至其国,自治宫室居,岁时一再与昆莫会,置酒饮食,以币帛赐王左右贵人。昆莫年老,语言不通,公主悲愁,自为作歌曰："吾家嫁我兮天一方,远托异国兮乌孙王。穹庐为室兮旃为墙,以肉为食兮酪为浆。①居常土思兮心内伤,②愿为黄鹄兮归故乡。"③天子闻而怜之,间岁遣使者持帷帐锦绣给遗焉。④

①师古曰："食谓饭,音饲。"

②师古曰："土思,谓忧思而怀本土。"

③师古曰："鹄音下督反。"

④师古曰："间岁者,谓每隔一岁而往也。"

昆莫年老,欲使其孙岑陬尚公主。公主不听,上书言状,天子报曰:"从其国俗,欲与乌孙共灭胡。"岑陬遂妻公主。昆莫死,岑陬代立。岑陬者,官号也,名军须靡。昆莫,王号也,名猎骄靡。后书"昆弥"云。①岑陬尚江都公主,生一女少夫。②公主死,汉复以楚王戊之孙解忧为公主,妻岑陬。岑陬胡妇子泥靡尚小,岑陬且死,以国与季父大禄子翁归靡,曰:"泥靡大,以国归之。"

①师古曰："昆莫本是王号,而其人名猎骄靡,故书云昆弥。昆取昆莫,弥取骄靡。弥、靡音有轻重耳,盖本一也。后遂以昆弥为其王号也。"

②师古曰："名少夫。"

翁归靡既立,号肥王,复尚楚主解忧,生三男两女:长男曰元贵靡;次曰万年,为莎车王;次曰大乐,为左大将;长女弟史为龟兹王绛宾妻;小女素光为若呼翎侯妻。①

①师古曰："弟史、素光皆女名。"

昭帝时,公主上书,言"匈奴发骑田车师,车师与匈奴为一,共侵乌孙,唯天子幸救之!"汉养士马,议欲击匈奴。会昭帝崩,宣帝初即位,公主及昆弥皆遣使上书,言"匈奴复连发大兵侵击乌孙,取车延、恶师地,收人民去,使使谓乌孙趣持公主来,①欲隔绝汉。昆弥愿发国半精兵,自给人马五万骑,尽力击匈奴。唯天子出兵以救公主、昆弥。"汉兵大发十五万骑,五将军分道并出。语在《匈奴传》。遣校尉常惠使持节护乌孙兵,昆弥自将翎侯以下五万骑从西方入,至右谷蠡王庭,获单于父行及嫂、居次、名王、犁汙都尉、千长、骑将以下四万级,马牛羊驴橐驼七十馀万头,乌孙皆自取所虏获。还,封惠为长罗侯。是岁,本始三年也。汉遣惠持金币赐乌孙贵人有功者。

①师古曰："趣读曰促。"

元康二年，乌孙昆弥因惠上书："愿以汉外孙元贵靡为嗣，得令复尚汉公主，结婚重亲，畔绝匈奴，愿聘马骡各千匹。"诏下公卿议，大鸿胪萧望之以为"乌孙绝域，变故难保，不可许"。上美乌孙新立大功，又重绝故业，①遣使者至乌孙，先迎取聘。昆弥及太子、左右大将、都尉皆遣使，凡三百馀人，入汉迎取少主。上乃以乌孙主解忧弟子相夫为公主，置官属侍御百馀人，舍上林中，学乌孙言。②天子自临平乐观，会匈奴使者、外国君长大角抵，设乐而遣之。使长(卢)〔罗〕侯光禄大夫惠为副，〔2〕凡持节者四人，送少主至敦煌。未出塞，闻乌孙昆弥翁归靡死，乌孙贵人共从本约，立岑陬子泥靡代为昆弥，号狂王。惠上书："愿留少主敦煌，惠驰至乌孙责让不立元贵靡为昆弥，还迎少主。"事下公卿，望之复以为"乌孙持两端，难约结。前公主在乌孙四十馀年，恩爱不亲密，边竟未得安，③此已事之验也。今少主以元贵靡不立而还，信无负于夷狄，中国之福也。少主不止，徭役将兴，其原起此。"天子从之，征还少主。

①师古曰："重，难也。故业，谓先与乌孙婚亲也。"

②师古曰："舍，止也。"

③师古曰："竟读曰境。"

狂王复尚楚主解忧，生一男鸱靡，不与主和，又暴恶失众。汉使卫司马魏和意、副候任昌送侍子，公主言狂王为乌孙所患苦，易诛也。遂谋置酒会，罢，使士拔剑击之。剑旁下，①狂王伤，上马驰去。其子细沈瘦②会兵围和意、昌及公主于赤谷城。数月，都护郑吉发诸国兵救之，乃解去。汉遣中郎将张遵持医药治狂王，赐金二十斤，采缯。因收和意、昌系琐，从尉犁槛车至长安，斩之。车骑将军长史张翁留验公主与使者谋杀狂王状，主不服，叩头谢，张翁捽主头骂詈。③主上书，翁还，坐死。副使季都别将医养视狂王，狂王从十馀骑送之。都还，坐知狂王当诛，见便不发，下蚕室。

①师古曰："不正下(之)。"〔3〕

②师古曰："瘦音搜。"

③师古曰："捽，持其头，音材兀反。"

　　初,肥王翁归靡胡妇子乌就屠,狂王伤时惊,与诸翎侯俱去,居北山中,扬言母家匈奴兵来,故众归之。后遂袭杀狂王,自立为昆弥。汉遣破羌将军辛武贤将兵万五千人至敦煌,遣使者案行表,穿卑鞮侯井以西,①欲通渠转谷,积居庐仓以讨之。

　　①孟康曰:"大井六通渠也,下泉流涌出,在白龙堆东土山下。"

　　初,楚主侍者冯嫽①能史书,习事,尝持汉节为公主使,行尝赐于城郭诸国,敬信之,号曰冯夫人。为乌孙右大将妻,右大将与乌就屠相爱,都护郑吉使冯夫人说乌就屠,以汉兵方出,必见灭,不如降。乌就屠恐,曰:"愿得小号。"宣帝征冯夫人,自问状。遣谒者竺次、期门甘延寿为副,送冯夫人。冯夫人锦车持节,②诏〔焉〕乌就屠诣长罗侯赤谷城,[4]立元贵靡为大昆弥,乌就屠为小昆弥,皆赐印绶。破羌将军不出塞还。后乌就屠不尽归诸翎侯民众,汉复遣长罗侯惠将三校屯赤谷,因为分别其人民地界,大昆弥户六万馀,小昆弥户四万馀,然众心皆附小昆弥。

　　①师古曰:"音了。嫽者,慧也,故以为名。"
　　②服虔曰:"锦车,以锦衣车也。"

　　元贵靡、鸱靡皆病死,公主上书言年老土思,愿得归骸骨,葬汉地。天子闵而迎之,公主与乌孙男女三人俱来至京师。是岁,甘露三年也。时年且七十,赐以公主田宅奴婢,奉养甚厚,朝见仪比公主。后二岁卒,三孙因留守坟墓云。

　　元贵靡子星靡代为大昆弥,弱,①冯夫人上书,愿使乌孙镇抚星〔弥〕〔靡〕[5]。汉遣之,卒百人送〔乌孙〕焉[6]。都护韩宣奏,乌孙大吏、大禄、大监皆可以赐金印紫绶,以尊辅大昆弥,汉许之。后都护韩宣复奏,星靡怯弱,可免,更以季父左大将乐代为昆弥,汉不许。后段会宗为都护,招还亡畔,安定之。②

　　①师古曰:"言其尚幼少。"
　　②师古曰:"有人众亡畔者,皆招而还之,故安定也。"

　　星靡死,子雌栗靡代。小昆弥乌就屠死,子拊离代立,①为弟日贰所杀。汉遣使者立拊离子安日为小昆弥。日贰亡，阻康居。汉徙己校屯姑墨，②欲候便讨焉。安日使贵人姑莫匿等三人诈亡从日贰，刺杀之。③都护廉褒赐姑莫匿等金人二十斤，缯三百匹。

①师古曰：“拊读与抚同。”
②师古曰：“有戊己两校兵，此直徙己校也。”
③师古曰：“诈畔亡而投之，因得以刺杀。”

后安日为降民所杀，汉立其弟末振将代。时大昆弥雌栗靡健，翖侯皆畏服之，告民牧马畜无使入牧，①国中大安和翁归靡时。②小昆（靡）〔弥〕末振将恐为所并，[7]使贵人乌日领诈降刺刹雌栗靡。汉欲以兵讨之而未能，遣中郎将段会宗持金币与都护图方略，立雌栗靡季父公主孙伊秩靡为大昆弥。汉没入小昆弥侍子在京师者。久之，大昆弥翖侯难栖杀末振将，末振将兄安日子安犁靡代为小昆弥。③汉恨不自（责）诛末振将，[8]复使段会宗即斩其太子番丘。④还，赐爵关内侯。是岁，元延二年也。

①师古曰：“勿入昆弥牧中，恐其相扰也。”
②师古曰：“胜于翁归靡时也。”
③师古曰：“末振将之兄名安日，安日之子名安犁靡。”
④师古曰：“番音盘。”

会宗以翖侯难栖杀末振将，虽不指为汉，合于讨贼，奏以为坚守都尉。责大禄、大吏、大监以雌栗靡见杀状，夺金印紫绶，更与铜墨云。末振将弟卑爰疐①本共谋杀大昆弥，将众八万馀口北附康居，谋欲藉兵②兼并两昆弥。两昆弥畏之，亲倚都护。③

①师古曰：“疐音竹二反。”
②师古曰：“藉，借也。”
③师古曰：“倚，依附也，音于绮反。”

哀帝元寿二年，大昆弥伊秩靡与单于并入朝，汉以为荣。至元始中，卑爰疐杀乌日领以自效，汉封为归义侯。两昆弥皆弱，卑爰疐侵陵，都护孙建袭杀之。自乌孙分立两昆弥后，汉用忧劳，且无宁岁。①

①师古曰："言或镇抚,或威制之,故多事也。"

姑墨国,王治南城,去长安八千一百五十里。户三千五百,口二万四千五百,胜兵四千五百人。姑墨侯、辅国侯、都尉、左右将、左右骑君各一人,译长二人。东至都护治所(一)〔二〕千二十一里,[9]南至(於)〔于〕阗马行十五日,北与乌孙接。出铜、铁、雌黄。东通龟兹六百七十里。王莽时,姑墨王丞杀温宿王,并其国。

温宿国,王治温宿城,①去长安八千三百五十里。户二千二百,口八千四百,胜兵千五百人。辅国侯、左右将、左右都尉、左右骑君、译长各二人。东至都护治所二千三百八十里,西至尉头三百里,北至乌孙赤谷六百一十里。土地物类所有与鄯善诸国同。东通姑墨二百七十里。

①师古曰："今雍州醴泉县北有山名温宿岭者,本因汉时得温宿国人令居此地田牧,因以为名。"

龟兹国,王治延城,去长安七千四百八十里。户六千九百七十,口八万一千三百一十七,胜兵二万一千七十六人。大都尉丞、辅国侯、安国侯、击胡侯、却胡都尉、击车师都尉、左右将、左右都尉、左右骑君、左右力辅君各一人,东西南北部千长各二人,却胡君三人,译长四人。南与精绝、东南与且末、西南与扜弥、北与乌孙、西与姑墨接。①能铸冶,有铅。东至都护治所乌垒城三百五十里。

①师古曰："扜音乌。"

乌垒,户百一十,口千二百,胜兵三百人。城都尉、译长各一人。与都护同治。其南三百三十里至渠犁。

渠犁,城都尉一人,户百三十,口千四百八十,胜兵百五十人。东北与尉犁、东南与且末、南与精绝接。西有河,至龟兹五百八十里。

自武帝初通西域，置校尉，屯田渠犁。是时军旅连出，师行三十二年，海内虚耗。征和中，贰师将军李广利以军降匈奴。上既悔远征伐，而搜粟都尉桑弘羊与丞相御史奏言："故轮台（以）东捷枝、渠犁皆故国，[10]地广，饶水草，有溉田五千顷以上，处温和，田美，可益通沟渠，种五谷，与中国同时孰。其旁国少锥刀，贵黄金采缯，可以易谷食，宜给足不（可）乏。①[11]臣愚以为可遣屯田卒诣故轮台以东，置校尉三人分护，各举图地形，通利沟渠，务使以时益种五谷。②张掖、酒泉[12]遣骑假司马为斥候，属校尉，事有便宜，因骑置以闻。③田一岁，有积谷，募民壮健有累重敢徙者诣田所，④就畜积为本业，⑤益垦溉田，稍筑列亭，连城而西，以威西国，辅乌孙，为便。臣谨遣征事臣昌分部行边，⑥严敕太守都尉明烽火，选士马，谨斥候，蓄茭草。愿陛下遣使使西国，以安其意。臣昧死请。"

①师古曰："言以锥刀及黄金彩缯与此旁国易谷食，可以给田卒，不忧乏粮也。"

②师古曰："益，多也。"

③师古曰："骑置即今之驿马也。"

④师古曰："累重谓妻子家属也。累音力瑞反。重音直用反。"

⑤师古曰："畜读曰蓄。"

⑥师古曰："分音扶问反。行音下更反。"

上乃下诏，深陈既往之悔，曰："前有司奏，欲益民赋三十助边用，①是重困老弱孤独也。②而今又请遣卒田轮台。轮台西于车师千馀里，前开陵侯击车师时，③危须、尉犁、楼兰六国子弟在京师者皆先归，发畜食迎汉军，④又自发兵，凡数万人，王各自将，共围车师，降其王。诸国兵便罢，力不能复至道上食汉军。⑤汉军破城，食至多，然士自载不足以竟师，⑥强者尽食畜产，羸者道死数千人。朕发酒泉驴橐驼负食，出玉门迎军。吏卒起张掖，不甚远，然尚斩留甚众。⑦曩者，朕之不明，以军候弘上书言'匈奴缚马前后足，置城下，驰言"秦人，我丐若马"'，⑧又汉使者久留不还，故兴（师）遣贰师将军，⑨[13]欲以为使者威重也。古者卿大夫与谋,⑩参以蓍龟,不吉不行。⑪乃者以缚马书遍视丞相御史二千石诸大夫郎为文学者,⑫乃至郡属国都尉成忠、赵破奴等,皆以'虏自缚其马,不祥甚哉!'或以为:'欲以见强,⑬夫不足者视人有馀。'⑭《易》之,卦得《大过》,爻在九五,⑮匈奴困败。公车方士、太史治星望气,及太卜龟蓍,皆以为吉,匈奴必破,时不可再得也。⑯又曰:'北伐行将,于鬴山必克。'⑰卦诸将,贰师最吉。⑱故朕亲发贰师下鬴山,诏之必毋深入。今计谋卦兆皆反缪。⑲重合侯(毋)〔得〕虏候者[14],言:'闻汉军当来,匈奴使巫埋羊牛所出诸道及水上以诅军。⑳单于遗天子马裘,常使巫祝之。缚马者,诅军事也。'又卜'汉军一将不吉'。匈奴常言:'汉极大,然不能饥渴,㉑失一狼,走千羊。'乃者贰师败,军士死略离散,㉒悲痛常在朕心。今请远田轮台,欲起亭隧,㉓是扰劳天下,非所以优民也。今朕不忍闻。大鸿胪等又议,欲募囚徒送匈奴使者,明封侯之赏以报忿,五伯所弗能为也。㉔且匈奴得汉降者,常提掖搜索,问以所闻。㉕今边塞未正,阑出不禁,障候长吏使卒猎兽,以皮肉为利,卒苦而烽火乏,失亦上集不得,㉖后降者来,若捕生口虏,乃知之。㉗当今务在禁苛暴,止擅赋,力本农,修马复令,㉘以补缺,毋乏武备而已。郡国二千石各上进畜马方略补边状,与计对。"㉙由是不复出军。而封丞相车千秋为富民侯,以明休息,思富养民也。

①师古曰:"三十者,每口转增三十钱也。"

②师古曰:"重音直用反。"

③晋灼曰:"开陵侯,匈奴介和王来降者。"

④师古曰:"畜谓马牛羊等也。"

⑤师古曰:"食读曰饲。"

⑥师古曰:"士虽各自载粮,而在道已尽。至于归涂,尚苦乏食不足,不能终师旅之事也。"

⑦师古曰:"厮留,言其前后离厮,不相逮及也。厮音斯。"

⑧师古曰:"谓中国人为秦人,习故言也。丐,乞与也。若,汝也。乞音气。"

⑨师古曰:"兴军而遣之。"

⑩师古曰:"与读曰豫。"

⑪师古曰:"谓共卿大夫谋事,尚不专决,犹杂问著龟也。"

⑫师古曰:"视读曰示。为文学,谓学经书之人。"

⑬师古曰:"见,显示。"

⑭师古曰:"言其夸张也。视亦读曰示。"

⑮孟康曰:"其繇曰'枯杨生华',象曰'枯杨生华,何可久也!'谓匈奴破不久也。"

⑯师古曰:"今便利之时,后不可再得也。"

⑰师古曰:"行将谓遣将率行也。龢山,山名也。龢,古釜字。"

⑱师古曰:"上遣诸将,而于卦中贰师最吉也。"

⑲师古曰:"言不效也。缪,妄也。"

⑳师古曰:"于军所行之道及水上埋牛羊。"

㉑师古曰:"能音耐。"

㉒师古曰:"言死及被虏略,并自离散也。"

㉓师古曰:"隧者,依深险之处开通行道也。"

㉔师古曰:"伯读曰霸。五霸尚耻不为,况今大汉也。"

㉕师古曰:"搜索者,恐其或私赍文书也。"

㉖师古曰:"言边塞有阑出逃亡之人,而(止)〔主〕者不禁[15]。又长吏利于皮肉,多使障候之卒猎兽,故令烽火有乏。又其人劳苦,因致奔亡。凡有此失,皆不集于所(亡)〔上〕文书。"[16]

㉗师古曰:"既不上书,所以当时不知,至有降者来,及捕生口,或虏得匈奴人言之,乃知此事。"

㉘孟康曰:"先是令长吏各以秩养马,亭有牝马,民养马皆复不事。后马多绝乏,至此复修之也。"师古曰:"此说非也。马复,因养马以免徭赋也。复音方目反。"

㉙师古曰:"与上计者同来赴对也。"

初,贰师将军李广利击大宛,还过杅弥,杅弥遣太子赖丹为质于龟兹。广利责龟兹曰:"外国皆臣属于汉,龟兹何以得受杅弥质?"即将赖丹入至京师。昭帝乃用桑弘羊前议,以杅弥太子赖丹为校尉,将军田轮台,轮台与渠犁地皆相连也。龟兹贵人姑翼谓其王曰:"赖丹本臣属吾国,今佩汉印绶来,迫吾国而田,必为害。"王即杀赖丹,而上书谢汉,汉未能征。

宣帝时，长罗侯常惠使乌孙还，便宜发诸国兵，①合五万人攻龟兹，责以前杀校尉赖丹。龟兹王谢曰："乃我先王时为贵人姑翼所误，我无罪。"执姑翼诣惠，惠斩之。时乌孙公主遣女来至京师学鼓琴，汉遣侍郎乐奉送主女，过龟兹。龟兹前遣人至乌孙求公主女，未还。会女过龟兹，龟兹王留不遣，复使使报公主，主许之。后公主上书，愿令女比宗室入朝，而龟兹王绛宾亦爱其夫人，上书言得尚汉外孙为昆弟，愿与公主女俱入朝。元康元年，遂来朝贺。王及夫人皆赐印绶。夫人号称公主，赐以车骑旗鼓，歌吹数十人，绮绣杂缯琦珍凡数千万。②留且一年，厚赠送之。后数来朝贺，乐汉衣服制度，归其国，治宫室，作徼道周卫，出入传呼，撞钟鼓，如汉家仪。外国胡人皆曰："驴非驴，马非马，若龟兹王，所谓骡也。"绛宾死，其子丞德自谓汉外孙，成、哀帝时往来尤数，汉遇之亦甚亲密。

①师古曰："以便宜擅发兵也。"

②师古曰："琦音奇。"

东通尉犁六百五十里。

尉犁国，王治尉犁城，去长安六千七百五十里。户千二百，口九千六百，胜兵二千人。尉犁侯、安世侯、左右将、左右都尉、击胡君各一人，译长二人。西至都护治所三百里，南与鄯善、且末接。

危须国，王治危须城，去长安七千二百九十里。户七百，口四千九百，胜兵二千人。击胡侯、击胡都尉、左右将、左右都尉、左右骑君、击胡君、译长各一人。西至都护治所五百里，至焉耆百里。

焉耆国，王治员渠城，①去长安七千三百里。户四千，口三万二千一百，胜兵六千人。击胡侯、却胡侯、辅国侯、左右将、左右都尉、击胡左右君、击车师君、归义车师君各一人，击胡都尉、击胡君各二人，译长三人。西南至都护治所四百里，南至尉犁百里，北与乌孙接。近海水多鱼。

①师古曰："员音于权反。"

乌贪訾离国，王治于娄谷，去长安万三百三十里。户四十一，口二百三十一，胜兵五十七人。辅国侯、左右都尉各一人。东与单桓、南与且弥、西与乌孙接。①

①师古曰："且音子余反。"

卑陆国，王治天山东乾当国，①去长安八千六百八十里。户二百二十七，口千三百八十七，胜兵四百二十二人。辅国侯、左右将、左右都尉、左右译长各一人。西南至都护治所千二百八十七里。

①师古曰："乾音千。"

卑陆后国，王治番渠类谷，①去长安八千七百一十里。户四百六十二，口千一百三十七，胜兵三百五十人。辅国侯、都尉、译长各一人，将二人。东与郁立师、北与匈奴、西与劫国、南与车师接。

①师古曰："番音盘。"

郁立师国，王治内咄谷，①去长安八千八百三十里。户百九十，口千四百四十五，胜兵三百三十一人。辅国侯、左右都尉、译长各一人。东与车师后城长、西与卑陆、北与匈奴接。

①师古曰："咄音丁忽反。"

单桓国，王治单桓城，去长安八千八百七十里。户二十七，口百九十四，胜兵四十五人。辅国侯、将、左右都尉、译长各一人。

蒲类国，王治天山西疏榆谷，去长安八千三百六十里。户三百二十五,口二千三十二,胜兵七百九十九人。辅国侯、左右将、左右都尉各一人。西南至都护治所千三百八十七里。

蒲类后国,王去长安八千六百三十里。户百,口千七十,胜兵三百三十四人。辅国侯、将、左右都尉、译长各一人。

西且弥国,王治天山东于大谷,①去长安八千六百七十里。户三百三十二,口千九百二十六,胜兵七百三十八人。西且弥侯、左右将、左右骑君各一人。西南至都护治所千四百八十七里。

①师古曰:"且音子余反。"

东且弥国,王治天山东兑虚谷,去长安八千二百五十里。户百九十一,口千九百四十八,胜兵五百七十二人。东且弥侯、左右都尉各一人。西南至都护治所千五百八十七里。

劫国,王治天山东丹渠谷,去长安八千五百七十里。户九十九,口五百,胜兵百一十五人。辅国侯、都尉、译长各一人。西南至都护治所千四百八十七里。

狐胡国,王治车师柳谷,去长安八千二百里。户五十五,口二百六十四,胜兵四十五人。辅国侯、左右都尉各一人。西至都护治所千一百四十七里,至焉耆七百七十里。

山国,王去长安七千一百七十里。①户四百五十,口五千,胜兵千人。辅国侯、左右将、左右都尉、译长各一人。西至尉犁二百四十里,西北至焉耆百六十里,西至危须二百六十里,东南与鄯善、且末接。山出铁,民山居,寄田籴谷于焉耆、危须。

①师古曰:"常在山下居,不为城治也。"

车师前国,王治交河城。河水分流绕城下,故号交河。去长安八千一百五十里。户七百,口六千五十,胜兵千八百六十五人。辅国侯、安国侯、左右将、都尉、归汉都尉、车师君、通善君、乡善君各一人,①译长二人。西南至都护治所千八百七里,至焉耆八百三十五里。

①师古曰:"乡读曰向。"

车师后(王)国,〔王〕[17]治务涂谷,去长安八千九百五十里。户五百九十五,口四千七百七十四,胜兵千八百九十人。击胡侯、左右将、左右都尉、道民君、译长各一人。①西南至都护治所千二百三十七里。

①师古曰:"道读曰导。"

车师都尉国,户四十,口三百三十三,胜兵八十四人。

车师后城长国,户百五十四,口九百六十,胜兵二百六十人。

武帝天汉二年,以匈奴降者介和王为开陵侯,将楼兰国兵始击车师,匈奴遣右贤王将数万骑救之,汉兵不利,引去。征和四年,遣重合侯马通将四万骑击匈奴,道过车师北,复遣开陵侯将楼兰、尉犁、危须凡六国兵别击车师,勿令得遮重合侯。诸国兵共围车师,车师王降服,臣属汉。

昭帝时,匈奴复使四千骑田车师。宣帝即位,遣五将将兵击匈奴,①车师田者惊去,车师复通于汉。匈奴怒,召其太子军宿,欲以为质。军宿,焉耆外孙,不欲质匈奴,亡走焉耆。车师王更立子乌贵为太子。及乌贵立为王,与匈奴结婚姻,教匈奴遮汉道通乌孙者。

①师古曰:"谓本始二年御史大夫田广明为祁连将军,后将军赵充国为蒲类将军,云中太守田顺为武牙将军,及度辽将军范明友、前将军韩增,凡五将也。"

地节二年,汉遣侍郎郑吉、校尉司马憙①将免刑罪人田渠犁,积谷,欲以攻车师。至秋收谷,吉、憙发城郭诸国兵万馀人,自与所将田士千五百人共击车师,攻交河城,破之。王尚在其北石城中,未得,会军食尽,吉等且罢兵,归渠犁田。(秋收)〔收秋〕毕[18],复发兵攻车师王于石

城。王闻汉兵且至,北走匈奴求救,匈奴未为发兵。王来还,与贵人苏
犹议欲降汉,恐不见信。苏犹教王击匈奴边国小蒲类,斩首,略其人民,
以降吉。车师旁小金附国随汉军后盗车师,车师王复自请击破金附。

　　①师古曰:"恚音许吏反。"

　　匈奴闻车师降汉,发兵攻车师,吉、恚引兵北逢之,匈奴不敢前。
吉、恚即留一候与卒二十人留守王,吉等引兵归渠犁。车师王恐匈奴兵
复至而见杀也,乃轻骑奔乌孙,吉即迎其妻子置渠犁。东奏事,至酒泉,
有诏还田渠犁及车师,益积谷以安西国,侵匈奴。吉还,传送车师王妻
子诣长安,赏赐甚厚,每朝会四夷,常尊显以示之。于是吉始使吏卒三
百人别田车师。得降者言,单于大臣皆曰:"车师地肥美,近匈奴,使汉
得之,多田积谷,必害人国,不可不争也。"果遣骑来击田者,吉乃与校尉
尽将渠犁田士千五百人往田,匈奴复益遣骑来,汉田卒少不能当,保车
师城中。匈奴将即其城下谓吉曰:①"单于必争此地,不可田也。"围城
数日乃解。后常数千骑往来守车师,吉上书言:"车师去渠犁千馀里,间
以河山,②北近匈奴,汉兵在渠犁者势不能相救,愿益田卒。"公卿议以
为道远烦费,可且罢车师田者。诏遣长罗侯③将张掖、酒泉骑出车师北
千馀里,扬威武车师旁。胡骑引去,吉乃得出,归渠犁,凡三校尉屯田。

　　①师古曰:"即,就也。"

　　②师古曰:"间,隔也,音居苋反。"

　　③师古曰:"常惠也。"

　　车师王之走乌孙也,乌孙留不遣,遣使上书,愿留车师王,备国有
急,可从西道以击匈奴。汉许之。于是汉召故车师太子军宿在焉耆者,
立以为王,尽徙车师国民令居渠犁,遂以车师故地与匈奴。车师王得近
汉田官,与匈奴绝,亦安乐亲汉。后汉使侍郎殷广德责乌孙,求车师王
乌(孙)贵,[19]将诣阙,①赐第与其妻子居。是岁,元康四年也。其后置戊
己校尉屯田,居车师故地。

　　①师古曰:"乌孙遣其将之贵者入汉朝。"

　　元始中，车师后王国有新道，出五船北，通玉门关，往来差近，戊己校尉徐普欲开以省道里半，避白龙堆之阨。车师后王姑句①以道当为拄置，②心不便也。地又颇与匈奴南将军地接，普欲分明其界然后奏之，召姑句使证之，不肯，系之。姑句数以牛羊赇吏，求出不得。姑句家矛端生火，其妻股紫陬③谓姑句曰："矛端生火，此兵气也，利以用兵。前车师前王为都护司马所杀，今久系必死，不如降匈奴。"即驰突出高昌壁，入匈奴。

　　①师古曰："句音钩。"
　　②师古曰："拄者，支拄也。言有所置立，而支拄于己，故心不便也。拄音竹羽反，又音竹具反。其字从手，而读之者或不晓，以拄为梁柱之柱，及分破其句，言置柱于心，皆失之矣。"
　　③师古曰："陬音子侯反。"

　　又去胡来王唐兜，国比大种赤水羌，①数相寇，不胜，告急都护。都护但钦不以时救助，唐兜困急，怨钦，东守玉门关。玉门关不内，即将妻子人民千馀人亡降匈奴。匈奴受之，而遣使上书言状。是时，新都侯王莽秉政，遣中郎将王昌等使匈奴，告单于西域内属，不当得受。单于谢罪，执二王以付使者。莽使中郎王萌待西域恶都奴界上逢受。②单于遣使送，因请其罪。③使者以闻，莽不听，诏下会西域诸国王，陈军斩姑句、唐兜以示之。

　　①师古曰："比，近也，音频寐反。"
　　②师古曰："逢受谓先至待之，逢见即受取也。"
　　③师古曰："请免其罪也。"

　　至莽篡位，建国二年，以广新公甄丰为右伯，当出西域。车师后王须置离闻之，与其右将股鞮、左将尸泥支谋曰：①"闻甄公为西域太伯，当出，故事给使者牛羊谷刍茭，导译，前五威将过，所给使尚未能备。今太伯复出，国益贫，恐不能称。"②欲亡入匈奴。戊己校尉刀护闻之，③召置离验问，辞服，乃械致都护但钦在所埒娄城。④置离人民知其不还，皆哭而送之。至，钦则斩置离。置离兄辅国侯狐兰支将置离众二千馀人，驱畜产,举国亡降匈奴。⑤

> ①师古曰:“鞮音丁奚反。”
>
> ②师古曰:“不副所求也。”
>
> ③师古曰:“刀音雕。”
>
> ④师古曰:“埒娄,城名。埒音劣。娄音楼。”
>
> ⑤师古曰:“尽率一国之众也。”

是时,莽易单于玺,单于恨怒,遂受狐兰支降,遣兵与共寇击车师,杀后城长,伤都护司马,及狐兰兵复还入匈奴。时戊己校尉刀护病,遣史陈良屯桓且谷备匈奴寇,①史终带取粮食,司马丞韩玄领诸壁,右曲候任商领诸垒,相与谋曰:“西域诸国颇背叛,匈奴欲大侵,要死。可杀校尉,将人众降匈奴。”②即将数千骑至校尉府,胁诸亭令爘积薪,③分告诸壁曰:“匈奴十万骑来入,吏士皆持兵,后者斩!”得三〔百四〕〔四百〕人,[20]去校尉府数里止,晨火爘。④校尉开门击鼓收吏士,良等随入,遂杀校尉刀护及子男四人、诸昆弟子男,独遗妇女小儿。⑤止留戊己校尉城,遣人与匈奴南将军相闻,南将军以二千骑迎良等。良等尽胁略戊己校尉吏士男女二千馀人入匈奴。单于以良、带为乌贲都尉。⑥

> ①师古曰:“且音子余反。”
>
> ②如淳曰:“言匈奴来侵,会当死耳,可降匈奴也。”师古曰:“要音一妙反。”
>
> ③师古曰:“示为烽火也。”
>
> ④师古曰:“古然字。”
>
> ⑤师古曰:“遗,留置不杀也。”
>
> ⑥师古曰:“贲音奔。”

后三岁,单于死,弟乌累单于咸立,①复与莽和亲。莽遣使者多赍金币赂单于,购求陈良、终带等。单于尽四人及手杀刀护者芝音妻子以下二十七人,皆械槛车付使者。到长安,莽皆烧杀之。其后莽复欺诈单于,和亲遂绝。匈奴大击北边,而西域亦瓦解。焉耆国近匈奴,先叛,杀都护但钦,莽不能讨。

> ①师古曰:“累音力追反。”

天凤(二)〔三〕年[21]，乃遣五威将王骏、西域都护李崇将戊己校尉出西域，诸国皆郊迎，送兵谷。焉耆诈降而聚兵自备。骏等将莎车、龟兹兵七千馀人，分为数部入焉耆，焉耆伏兵要遮骏。及姑墨、尉犁、危须国兵为反间，还共袭击骏等，皆杀之。唯戊己校尉郭钦别将兵，后至焉耆。焉耆兵未还，钦击杀其老弱，引兵还。莽封钦为剻胡子。①李崇收馀士，还保龟兹。数年莽死，崇遂没，西域因绝。

①邓展曰："剻音衫。"师古曰："剻，绝也，音子小反。字本作剿，转写误耳。"

最凡国五十。自译长、城长、君、监、吏、大禄、百长、千长、都尉、且渠、当户、将、相至侯、王，皆佩汉印绶，凡三百七十六人。而康居、大月氏、安息、罽宾、乌弋之属，皆以绝远不在数中，其来贡献则相与报，不督录总领也。

赞曰：孝武之世，图制匈奴，患其兼从西国，结党南羌，①乃表河(曲)〔西〕，列(西)〔四〕郡，[22]开玉门，通西域，以断匈奴右臂，隔绝南羌、月氏。单于失援，由是远遁，而幕南无王庭。

①师古曰："图，谋也。从音子容反。"

遭值文、景玄默，养民五世，天下殷富，财力有馀，士马强盛。故能睹犀布、玳瑁则建珠崖七(部)〔郡〕，①[23]感枸酱、竹杖则开牂柯、越嶲，②闻天马、蒲陶则通大宛、安息。自是之后，明珠、文甲、通犀、翠羽之珍盈于后宫，③蒲梢、龙文、鱼目、汗血之马充于黄门，④钜象、师子、猛犬、大雀之群食于外囿。⑤殊方异物，四面而至。于是广开上林，穿昆明池，营千门万户之宫，立神明通天之台，兴造甲乙之帐，⑥落以随珠和璧，⑦天子负黼依，袭翠被，冯玉几，而处其中。⑧设酒池肉林以飨四夷之客，作《巴俞》都卢、海中《砀极》、漫衍鱼龙、角抵之戏以观视之。⑨及赂遗赠送，万里相奉，师旅之费，不可胜计。至于用度不足，乃榷酒酤，筦盐铁，铸白金，造皮币，算至车船，租及六畜。民力屈，财用竭，⑩因之以凶年，寇盗并起，道路不通，直指之使始出，衣绣杖斧，断斩于郡国，然后胜之，是以末年遂弃轮台之地,而下哀痛之诏,岂非仁圣之所悔哉!且通西域,近有龙堆,远则葱岭,身热、头痛、县度之扼。淮南、杜钦、扬雄之论,皆以为此天地所以界别区域,绝外内也。《书》曰"西戎即序",⑪禹既就而序之,非上威服致其贡物也。

①师古曰:"玳音代。瑁音妹。"

②师古曰:"枸音矩。"

③如淳曰:"文甲即玳瑁也。通犀,中央色白,通两头。"

④孟康曰:"四骏马名也。"师古曰:"梢马音所交反。"

⑤师古曰:"钜亦大。"

⑥师古曰:"其数非一,以甲乙次第名之也。"

⑦师古曰:"落与络同。"

⑧师古曰:"扆读曰㞑。㞑如小屏风,而画为黼文也。白与黑谓之黼,又为斧形。袭,重衣也。被音皮义反。"

⑨晋灼曰:"都卢,国名也。"李奇曰:"都卢,体轻善缘者也。《砀极》,乐名也。"师古曰:"巴人,巴州人也。俞,水名,今渝州也。巴俞之人,所谓賨人也,劲锐善舞,本从高祖定三秦有功,高祖喜观其舞,因令乐人习之,故有《巴俞》之乐。漫衍者,即张衡《西京赋》所云'巨兽百寻,是为漫延'者也。鱼龙者,为舍利之兽,先戏于庭极,毕乃入殿前激水,化成比目鱼,跳跃漱水,作雾障日,毕,化成黄龙八丈,出水敖戏于庭,炫耀日光。《西京赋》云'海鳞变而成龙',即为此色也。俞音逾。砀音大浪反。衍音弋战反。视读曰示。观示者,视之令观也。"

⑩师古曰:"屈音其勿反。"

⑪师古曰:"《禹贡》之辞也。序,次也。"

西域诸国,各有君长,兵众分弱,无所统一,虽属匈奴,不相亲附。匈奴能得其马畜旃罽,而不能统率与之进退。与汉隔绝,道里又远,得之不为益,弃之不为损。盛德在我,无取于彼。故自建武以来,西域思汉威德,咸乐内属。唯其小邑鄯善、车师,界迫匈奴,尚为所拘。而其大国莎车、于阗之属,数遣使置质于汉,愿请属都护。圣上远览古今,因时之宜,羁縻不绝,辞而未许。虽大禹之序西戎,周公之让白雉,太宗之却走马，义兼之矣，亦何以尚兹！①

　①师古曰："'西戎即序'，说已在前。昔周公相成王，越裳氏重九译而献白雉。
　　至，王问周公，公曰：'德不加焉，则君子不飨其质；政不施焉，则君子不臣其
　　远。吾何以获此物也？'译曰：'吾受命国之黄耇曰："久矣天之无烈风雨雷
　　也，意中国有圣人乎？盍往朝之，然后归之。"'王称先王之神所致，以荐宗
　　庙。太宗，汉文帝也。却走马，谓有人献千里马，不受，还之，赐道路费也。
　　老子《德经》曰'天下有道，却走马以粪'，故赞引也。"

【校勘记】

〔1〕　贪(狼)〔狼〕无信，　景祐、殿本都作"狼"。

〔2〕　使长(卢)〔罗〕侯光禄大夫惠为副，　钱大昭说"卢"当作"罗"。按景祐、
　　殿本都作"罗"。

〔3〕　不正下(之)。　景祐本无"之"字。殿本"之"作"也"。

〔4〕　诏(焉)乌就屠诣长罗侯赤谷城，　钱大昭说"焉"字衍。按景祐、殿本都
　　无"焉"字。

〔5〕　愿使乌孙镇抚星(弥)〔靡〕，　景祐、殿、局本都作"靡"，此误。

〔6〕　卒百人送(乌孙)焉。　景祐本无"乌孙"二字。

〔7〕　小昆(靡)〔弥〕末振将恐为所并，　景祐、殿本都作"弥"。王先谦说作
　　"弥"是。

〔8〕　汉恨不自(责)诛末振将，　景祐本无"责"字。

〔9〕　东至都护治所(一)〔二〕千二十一里，南至(於)〔于〕圜　景祐、殿本"一"都
　　作"二"，"於"都作"于"。

〔10〕　故轮台(以)东捷枝、渠犁皆故国，　景祐本无"以"字。

〔11〕　宜给足不(可)乏。　王念孙说"可"字衍。

〔12〕　务使以时益种五谷。②张掖、酒泉　注②原在"张掖酒泉"下。齐召南说
　　"张掖酒泉"当连下读。兹从殿本。

〔13〕　故兴(师)遣贰师将军，　景祐本无"师"字。钱大昭说无"师"字是。按
　　《通鉴》亦无。

〔14〕　重合侯(毋)〔得〕房候者，　钱大昭说"毋"当作"得"。按景祐、殿本都作

"得"。

〔15〕　而(止)〔主〕者不禁。　景祐、殿本都作"主",此误。

〔16〕　皆不集于所(亡)〔上〕文书。　景祐、殿、局本都作"上",此误。

〔17〕　车师后(王)国,〔王〕　钱大昭说,依前后例当作"车师后国,王"。按殿本不误。

〔18〕　(秋收)〔收秋〕毕,　景祐、殿本都作"收秋"。

〔19〕　求车师王乌(孙)贵,将诣阙,　钱大昕说此误衍"孙"字,颜曲为之说。

〔20〕　得三(百四)〔四百〕人,　景祐、殿本都作"四百"。

〔21〕　天凤(二)〔三〕年,　景祐、殿本都作"三"。

〔22〕　乃表河(曲)〔西〕,列(西)〔四〕郡,　王念孙说"曲"当为"西"字之误。下"西"字景祐本作"四"。钱大昭说作"四"是。

〔23〕　七(部)〔郡〕,　景祐、殿本都作"郡"。

汉书卷九十七上

外戚传第六十七上

自古受命帝王及继体守文之君，①非独内德茂也，盖亦有外戚之助焉。夏之兴也以涂山，②而桀之放也用末喜；③殷之兴也以有娀(又)〔及〕有㜪[1]，④而纣之灭也嬖妲己；⑤周之兴也以姜嫄及太任、太姒，⑥而幽王之禽也淫褒姒。⑦故《易》基《乾》《坤》，《诗》首《关雎》，⑧《书》美釐降，⑨《春秋》讥不亲迎。⑩夫妇之际，人道之大伦也。⑪礼之用，唯昏姻为兢兢。⑫夫乐调而四时和，阴阳之变，万物之统也，可不慎与！⑬人能弘道，末如命何。⑭甚哉妃匹之爱，君不能得之臣，父不能得之子，况卑下乎！⑮既欢合矣，或不能成子姓，⑯成子姓矣，而不能要其终，岂非命也哉！孔子罕言命，盖难言之。⑰非通幽明之变，恶能识乎性命！⑱

①师古曰："继体谓嗣位也。守文，言遵成法，不用武功也。"

②师古曰："禹娶涂山氏之女而生启也。"

③师古曰："末喜，桀之妃，有施氏女也，美于色，薄于德，女子行，丈夫心。桀常置末喜于膝上，听用其言，昏乱失道。于是汤伐之，遂放桀，与末喜死于南巢。"

④师古曰："有娀，国名，其女简狄吞燕卵而生卨，为殷始祖。有㜪氏女，汤妃也。娀音嵩。㜪音诜。"

⑤师古曰："妲己，纣之妃，有苏氏女也，美好辩辞，兴于奸宄，嬖幸于纣。纣用其言，毒虐众庶。于是武王伐纣，战于牧野，纣师倒戈，不为之战。武王克殷，致天之罚，斩妲己头，县之于小白旗，以为纣之亡者，由此女也。"

⑥师古曰："姜嫄，有邰氏之女，帝喾之妃也，履大人迹而生后稷，为周始祖。太任，文王母；太姒，武王母也。嫄音原。"

⑦师古曰："谓黜申后而致犬戎，举伪烽而诸侯莫救也。"

⑧师古曰:"基亦始。"

⑨师古曰:"釐,理也。《尚书·尧典》称舜之美,云'釐降二女于妫汭',言尧欲观舜治迹,以己二女妻之,舜能以治降下二女,以成其德。"

⑩师古曰:"《春秋公羊经》:'隐二年,纪履须来逆女。'传曰:'外逆女不书,此何以书?讥也。何讥尔?始不亲迎也。'"

⑪师古曰:"伦,理也。"

⑫师古曰:"兢兢,戒慎也。"

⑬师古曰:"与读曰欤。"

⑭师古曰:"末,无也。《论语》载孔子曰:'人能弘道,非道弘人。'又称子路曰:'道之将兴,命也;道之将废,命也。公伯寮如命何?'故引之。"

⑮师古曰:"言虽君父之尊,不能夺其所好而移其本意。"

⑯师古曰:"姓,生也。"

⑰师古曰:"《论语》曰'子罕言利与命与仁'。罕者,希也。"

⑱师古曰:"恶音乌,谓於何也。《论语》称子贡曰:'夫子之文章可得而闻也,夫子之言性与天道不可得而闻也已矣!'谓孔子不言性命及天道。而学者误读,谓孔子之言自然与天道合,非唯失于文句,实乃大乖意旨。"

汉兴,因秦之称号,帝母称皇太后,祖母称太皇太后,適称皇后,①妾皆称夫人。又有美人、良人、八子、七子、长使、少使之号焉。②至武帝制倢伃、婕娥、傛华、充依,各有爵位,③而元帝加昭仪之号,④凡十四等云。⑤昭仪位视丞相,爵比诸侯王。倢伃视上卿,比列侯。婕娥视中二千石,比关内侯。⑥傛华视真二千石,比大上造。⑦美人视二千石,比少上造。⑧八子视千石,比中更。⑨充依视千石,比左更。⑩七子视八百石,比右庶长。⑪良人视八百石,比左庶长。⑫长使视六百石,比五大夫。⑬少使视四百石,比公乘。⑭五官视三百石。⑮顺常视二百石。无涓、共和、娱灵、保林、良使、夜者皆视百石。⑯上家人子、中家人子视有秩斗食云。⑰五官以下,葬司马门外。⑱

①师古曰:"適读曰嫡。后亦君也。天曰皇天,地曰后土,故天子之妃,以后为称,取象二仪。"

②师古曰:"良,善也。八、七,禄秩之差也。长使、少使,主供使者。"

③师古曰："倢,言接幸于上也。伃,美称也。婕娥,皆美貌也。傛傛犹言奕奕也,便习之意也。充依,言充后庭而依秩序也。倢音接。伃音予,字或从女,其音同耳。婕音五经反。傛音容。"

④师古曰："昭显其仪,示隆重也。"

⑤师古曰："除皇后,自昭仪以下至秩百石,十四等。"

⑥师古曰："中二千石,实得二千石也。中之言满也。月得百八十斛,是为一岁凡得二千一百六十石。言二千者,举成数耳。"

⑦师古曰："真二千石,月得百五十斛,一岁凡得千八百石耳。大上造,第十六爵。"

⑧师古曰："二千石,月得百二十斛,一岁凡得一千四百四十石耳。少上造,第十五爵。"

⑨师古曰："中更,第十三爵也。更,公衡反,其下亦同。"

⑩师古曰："左更,第十二爵。"

⑪师古曰："右庶长,第十一爵。"

⑫师古曰："左庶长,第十爵。"

⑬师古曰："五大夫,第九爵。"

⑭师古曰："公乘,第八爵。"

⑮师古曰："五官,所掌亦象外之五官也。"

⑯师古曰："涓,洁也。无涓,言无所不洁也。共读曰恭,言恭顺而和柔也。娱灵,可以娱乐情灵也。保,安也。保林,言其可安众如林也。良使,使令之善者也。夜者,主职夜事。令音力成反。"

⑰师古曰："家人子者,言采择良家子以入宫,未有职号,但称家人子也。斗食谓佐史也。谓之斗食者,言一岁不满百石,日食一斗二升。"

⑱服虔曰："陵上司马门之外。"

高祖吕皇后,父吕公,单父人也,①好相人。高祖微时,吕公见而异之,乃以女妻高祖,生惠帝、鲁元公主。高祖为汉王,元年封吕公为临泗侯,二年立孝惠为太子。

①师古曰："单音善。父音甫。"

后汉王得定陶戚姬,爱幸,生赵隐王如意。太子为人仁弱,高祖以为不类己,常欲废之而立如意,"如意类我"。戚姬常从上之关东,日夜啼泣,欲立其子。吕后年长,常留守,希见,益疏。如意且立为赵王,留长安,几代太子者数。① 赖公卿大臣争之,及叔孙通谏,用留侯之策,得无易。

①师古曰:"几音钜依反。数音所角反。"

吕后为人刚毅,佐高帝定天下,兄二人皆为列将,从征伐。长兄泽为周吕侯,次兄释之为建成侯,逮高祖而侯者三人。高祖四年,临泗侯吕公薨。

高祖崩,惠帝立,吕后为皇太后,乃令永巷囚戚夫人,髡钳衣赭衣,令舂。戚夫人舂且歌曰:"子为王,母为虏,终日舂薄暮,常与死为伍!① 相离三千里,当谁使告女?"② 太后闻之大怒,曰:"乃欲倚女子邪?"③ 乃召赵王诛之。使者三反,④ 赵相周昌不遣。太后召赵相,相征至长安。使人复召赵王,王来。惠帝慈仁,知太后怒,自迎赵王霸上,入宫,挟与起居饮食。数月,帝晨出射,赵王不能蚤起,太后伺其独居,使人持鸩饮之。迟帝还,赵王死。⑤ 太后遂断戚夫人手足,去眼熏耳,饮喑药,⑥ 使居鞠域中,⑦ 名曰"人彘"。居数月,乃召惠帝视"人彘"。帝视而问知其戚夫人,乃大哭,因病,岁馀不能起。使人请太后曰:"此非人所为。臣为太后子,终不能复治天下!"⑧ 以此日饮为淫乐,不听政,七年而崩。

①师古曰:"与死罪者为伍也。"

②师古曰:"女读曰汝。此下皆同。"

③师古曰:"乃亦汝。"

④师古曰:"反,还也。三还犹今言三回也。"

⑤师古曰:"迟音直二反,解在《高纪》。"

⑥师古曰:"去其眼精,以药熏耳令聋也。喑,不能言也,以喑药饮之也。饮音于禁反。喑音於今反。"

⑦师古曰:"鞠域,如蹋鞠之域,谓窟室也。鞠音巨六反。"

⑧师古曰:"令太后视事,己自如太子然。"

太后发丧,哭而泣不下。① 留侯子张辟彊为侍中,年十五,谓丞相陈平曰："太后独有帝,今哭而不悲,君知其解未?"②陈平曰："何解?"辟彊曰："帝无壮子,太后畏君等。今请拜吕台、吕产为将,将兵居南北军,及诸吕皆官,居中用事。如此则太后心安,君等幸脱祸矣!"③丞相如辟彊计请之,太后说,其哭乃哀。④吕氏权由此起。乃立孝惠后宫子为帝,太后临朝称制。复杀高祖子赵幽王友、共王恢⑤及燕(灵)王建〔子〕[2]。遂立周吕侯子台为吕王,⑥台弟产为梁王,建城侯释之子禄为赵王,台子通为燕王,又封诸吕凡六人皆为列侯,追尊父吕公为吕宣王,兄周吕侯为悼武王。

　①师古曰："泣谓泪也。"
　②师古曰："解犹解说其意。"
　③师古曰："脱,免也。"
　④师古曰："说读曰悦。"
　⑤师古曰："共读曰恭。"
　⑥师古曰："台音土来反。"

太后持天下八年,病犬祸而崩,语在《五行志》。病困,以赵王禄为上将军居北军,梁王产为相国居南军,戒产、禄曰："高祖与大臣约,非刘氏王者天下共击之,今王吕氏,大臣不平。我即崩,恐其为变,必据兵卫宫,慎毋送丧,为人所制。"太后崩,太尉周勃、丞相陈平、朱虚侯刘章等共诛产、禄,悉捕诸吕男女,无少长皆斩之。而迎立代王,是为孝文皇帝。

孝惠张皇后,宣平侯敖尚帝姊鲁元公主,有女。惠帝即位,吕太后欲为重亲,以公主女配帝为皇后。欲其生子,万方终无子,乃使阳为有身,取后宫美人子名之,①杀其母,立所名子为太子。

　①师古曰："名为皇后子。"

惠帝崩,太子立为帝,四年,乃自知非皇后子,出言曰："太后安能杀吾母而名我! 我壮即为所为。"①太后闻而患之,恐其作乱,乃幽之永巷,言帝病甚,左右莫得见。太后下诏废之,语在《高后纪》。遂幽死,更立恒山王弘为皇帝,而以吕禄女为皇后。欲连根固本牢甚,②然而无益也。吕太后崩,大臣正之,卒灭吕氏。少帝恒山、淮南、济川王,皆以非孝惠子诛。独置孝惠皇后,废处北宫,③孝文后元年薨,葬安陵,不起坟。

①师古曰:"为其所为,谓所生之母也。并音于伪反。"
②师古曰:"牢,坚也。"
③师古曰:"置,留也。北宫,在未央宫之北。"

高祖薄姬,文帝母也。父吴人,秦时与故魏王宗女魏媪通,生薄姬。而薄姬父死山阴,因葬焉。①及诸侯畔秦,魏豹立为王,而魏媪内其女于魏宫。许负相薄姬,当生天子。是时项羽方与汉王相距荥阳,天下未有所定。豹初与汉击楚,及闻许负言,心喜,因背汉而中立,与楚连和。②汉使曹参等虏魏王豹,以其国为郡,而薄姬输织室。豹已死,汉王入织室,见薄姬,有诏内后宫,岁馀不得幸。

①师古曰:"山阴,会稽之县。"
②师古曰:"自谓当得天下。"

始姬少时,与管夫人、赵子儿相爱,约曰:"先贵毋相忘!"已而管夫人、赵子儿先幸汉王。汉王四年,坐河南成皋灵台,此两美人侍,相与笑薄姬初时约。汉王问其故,两人俱以实告。汉王心凄然怜薄姬,是日召,欲幸之。对曰:"昨暮梦龙据妾胸。"上曰:"是贵征也,吾为汝成之。"遂幸,有身。岁中生文帝,年八岁立为代王。自有子后,希见。高祖崩,诸幸姬戚夫人之属,吕后怒,皆幽之不得出宫。而薄姬以希见故,得出从子之代,为代太后。太后弟薄昭从如代。①

①师古曰:"如,往也。"

代王立十七年,高后崩。大臣议立后,疾外家吕氏强暴,皆称薄氏仁善,故迎立代王为皇帝,尊太后为皇太后,封弟昭为轵侯。①太后母亦前死,葬栎阳北。乃追尊太后父为灵文侯,会稽郡致园邑三百家,长丞以下使奉守寝庙,上食祠如法。栎阳亦置灵文夫人园,令如灵文侯园仪。太后蚤失父,其奉太后外家魏氏有力,②乃召复魏氏,③赏赐各以亲疏受之。薄氏侯者一人。

①师古曰:"轵音只。"

②师古曰:"言太后为外家所养也。"

③师古曰:"优复之也。复音方目反。"

太后后文帝二岁,孝景前二年崩,①葬南陵。②用吕后不合葬长陵,③故特自起陵,近文帝。

①师古曰:"言文帝崩后二岁,太后乃崩。"

②师古曰:"薄太后陵在霸陵之南,故称南陵,即今所谓薄陵。"

③师古曰:"以吕后是正嫡,故薄不得合葬也。"

孝文窦皇后,景帝母也,吕太后时以良家子选入宫。太后出宫人以赐诸王各五人,窦姬与在行中。①家在清河,愿如赵,近家,②请其主遣宦者吏"必置我籍赵之伍中"。③宦者忘之,误置籍代伍中。籍奏,诏可。当行,窦姬涕泣,怨其宦者,不欲往,相强乃肯行。至代,代王独幸窦姬,生女嫖。④孝惠七年,生景帝。

①师古曰:"与读曰豫。"

②师古曰:"如,往也。"

③师古曰:"主遣宦者吏,谓宦者为吏而主发遣宫人者也。籍谓名簿也。伍犹列也。"

④师古曰:"嫖音匹昭反。"

代王王后生四男,先代王未入立为帝而王后卒,及代王为帝后,王后所生四男更病死。①文帝立数月,公卿请立太子,而窦姬男最长,立为太子。窦姬为皇后,女为馆陶长公主。②明年,封少子武为代王,后徙梁,③是为梁孝王。

①师古曰:"更,互也,音公衡反。"

②师古曰:"年最长,故谓长公主。"

③师古曰:"初封代王,后更为梁王。"

窦皇后亲蚤卒,葬观津。①于是薄太后乃诏有司追封窦后父为安成侯,母曰安成夫人,令清河置园邑二百家,长丞奉守,比灵文园法。

①师古曰:"观津,清河之县也。观音工唤反。"

窦后兄长君。弟广国字少君,年四五岁时,家贫,为人所略卖,其家不知处。传十馀家至宜阳,为其主人入山作炭。暮卧岸下百馀人,岸崩,尽厌杀卧者,①少君独脱不死。②自卜,数日当为侯。从其家之长安,③闻皇后新立,家在观津,姓窦氏。广国去时虽少,识其县名及姓,又尝与其姊采桑,堕,④用为符信,上书自陈。皇后言帝,召见问之,具言其故,果是。复问其所识,⑤曰:"姊去我西时,与我决传舍中,丐沐沐我,已,饭我,乃去。"⑥于是窦皇后持之而泣,侍御左右皆悲。乃厚赐之,家于长安。绛侯、灌将军等曰:"吾属不死,命乃且县此两人。⑦此两人所出微,不可不为择师傅,又复放吕氏大事也。"⑧于是乃选长者之有节行者与居。窦长君、少君由此为退让君子,不敢以富贵骄人。

①师古曰:"厌音一甲反。"

②师古曰:"脱,免也。"

③师古曰:"从其主家也。之,往也。"

④师古曰:"堕谓堕树。"

⑤师古曰:"识,记也,音式志反。"

⑥师古曰:"乞沐具而为之沐,沐讫又饭食之也。饭音扶晚反。"

⑦师古曰:"恐其后擅权,则将相大臣当被害。"

⑧师古曰:"放音甫往反。"

窦皇后疾,失明。文帝幸邯郸慎夫人、尹姬,皆无子。文帝崩,景帝立,皇后为皇太后,乃封广国为章武侯。长君先死,封其子彭祖为南皮侯。吴楚反时,太后从昆弟子窦婴侠,喜士,①为大将军,破吴楚,封魏其侯。窦氏侯者凡三人。

①师古曰:"喜音许吏反。"

窦太后好黄帝、老子言,景帝及诸窦不得不读《老子》尊其术。太后后景帝六岁,凡立五十一年,元光六年崩,①合葬霸陵。遗诏尽以东宫金钱财物赐长公主嫖。②至武帝时，魏其侯窦婴为丞相，后诛。

①师古曰："《武纪》建元六年，太皇太后崩。此传云后景帝六岁是也。而以建元为元光，则是参错。又当言凡立四十五年，而云五十一。再三乖谬，皆是此传误。"

②师古曰："东宫，太后所居。"

孝景薄皇后，孝文薄太后家女也。景帝为太子时，薄太后取以为太子妃。景帝立，立薄妃为皇后，无子无宠。立六年，薄太后崩，皇后废。废后四年薨，葬长安城东平望亭南。

孝景王皇后，武帝母也。父王仲，槐里人也。母臧儿，故燕王臧荼孙也，为仲妻，生男信与两女。而仲死，臧儿更嫁为长陵田氏妇，生男蚡、胜。臧儿长女嫁为金王孙妇，生一女矣，而臧儿卜筮曰两女当贵，欲倚两女，①夺金氏。金氏怒，不肯与决，乃内太子宫。太子幸爱之，生三女一男。男方在身时，王夫人梦日入其怀，以告太子，太子曰："此贵征也。"未生而文帝崩，景帝即位，王夫人生男。是时，薄皇后无子。后数岁，景帝立齐栗姬男为太子，而王夫人男为胶东王。

①师古曰："冀其贵而依倚之得尊宠也。倚音於绮反。"

长公主嫖有女，欲与太子为妃，栗姬妒，而景帝诸美人皆因长公主见得贵幸，栗姬日怨怒，谢长主，不许。长主欲与王夫人，王夫人许之。会薄皇后废，长公主日谮栗姬短。景帝尝属诸姬子，①曰："吾百岁后，善视之。"栗姬怒不肯应，言不逊，景帝心衔之而未发也。

①师古曰："诸姬子，诸姬所生之子也。属音之欲反。此下皆同。"

长公主日誉王夫人男之美，帝亦自贤之。又耳曩者所梦日符，①计未有所定。王夫人又阴使人趣大臣立栗姬为皇后。②大行奏事，文曰："'子以母贵，母以子贵。'今太子母号宜为皇后。"帝怒曰："是乃所当言邪！"③遂案诛大行，而废太子为临江王。栗姬愈恚，不得见，以忧死。卒立王夫人为皇后，④男为太子。封皇后兄信为盖侯。

①师古曰："耳常听闻而记之也。符犹瑞应。"

②师古曰："趣音曰促。"

③师古曰："乃,汝也。言此事非汝所当得言。"

④师古曰："卒,终也。"

初,皇后始入太子家,后女弟兒姁亦复入,①生四男。兒姁蚤卒,四子皆为王。②皇后长女为平阳公主,次南宫公主,次隆虑公主。③

①师古曰："姁音许于反。诸妇人之名字,音皆同。"

②师古曰："谓广川惠王越,胶东康王寄,清河哀王乘,常山宪王舜。"

③师古曰："虑音庐。"

皇后立九年,景帝崩。武帝即位,为皇太后,尊太后母臧兒为平原君,封田蚡为武安侯,胜为周阳侯。王氏、田氏侯者凡三人。盖侯信好酒,田蚡、胜贪,巧于文辞。蚡至丞相,追尊王仲为共侯,①槐里起园邑二百家,长丞奉守。及平原君薨,从田氏葬长陵,亦置园邑如共侯法。

①师古曰："共读曰恭。"

初,皇太后微时所(谓)〔为〕金王孙生女俗,在民间,盖讳之也。①〔3〕武帝始立,韩嫣白之。②帝曰："何为不蚤言?"乃车驾自往迎之。其家在长陵小市,直至其门,使左右入求之。家人惊恐,女逃匿。扶将出拜,帝下车立曰："大姊,何藏之深也?"载至长乐宫,与俱谒太后,太后垂涕,女亦悲泣。帝奉酒,前为寿。钱千万,奴婢三百人,公田百顷,甲第,以赐姊。太后谢曰："为帝费。"因赐汤沐邑,号修成君。男女各一人,女嫁诸侯,男号修成子仲,以太后故,横于京师。③太后凡立二十五年,后景帝十五岁,元朔三年崩,合葬阳陵。

①师古曰："言随流俗而在闾巷,未显贵。"

②师古曰："嫣音偃。"

③师古曰："横音胡盂反。"

孝武陈皇后,长公主嫖女也。曾祖父陈婴与项羽俱起,后归汉,为堂邑侯。传子至孙午,午尚长公主,生女。

初,武帝得立为太子,长主有力,取主女为妃。及帝即位,立为皇后,擅宠骄贵,十馀年而无子,闻卫子夫得幸,几死者数焉。①上愈怒。后又挟妇人媚道,颇觉。元光五年,上遂穷治之,女子楚服等坐为皇后巫蛊祠祭祝诅,大逆无道,相连及诛者三百馀人。楚服枭首于市。使有司赐皇后策曰:"皇后失序,惑于巫祝,②不可以承天命。其上玺绶,罢退居长门宫。"

①师古曰:"几音钜依反,数音所角反。"

②师古曰:"言失德义之序,而妄祝诅也。"

明年,堂邑侯午薨,主男须嗣侯。主寡居,私近董偃。十馀年,主薨。须坐淫乱,兄弟争财,当死,自杀,国除。后数年,废后乃薨,葬霸陵郎官亭东。

孝武卫皇后,字子夫,生微也。其家号曰卫氏,出平阳侯邑。子夫为平阳主讴者。①武帝即位,数年无子。平阳主求良家女十馀人,饰置家。帝被霸上,②还过平阳主。主见所侍美人,③帝不说。既饮,讴者进,帝独说子夫。④帝起更衣,子夫侍尚衣⑤轩中,得幸。⑥还坐欢甚,赐平阳主金千斤。主因奏子夫送入宫。子夫上车,主拊其背曰:"行矣!⑦强饭勉之。⑧即贵,愿无相忘!"入宫岁馀,不复幸。武帝择宫人不中用者斥出之,子夫得见,涕泣请出。上怜之,复幸,遂有身,尊宠。召其兄卫长君、弟青侍中。而子夫生三女,元朔元年生男据,遂立为皇后。

①师古曰:"齐歌曰讴,音一侯反。"

②孟康曰:"被,除也。于霸水上自被除,今三月上巳被禊也。"师古曰:"被音废。禊音系。"

③师古曰:"侍,储侍也。侍音丈纪反。"

④师古曰:"说皆读曰悦。"

⑤如淳曰:"以帷帐障尊者也。"晋灼曰:"代侍五尚之衣。"师古曰:"二说皆非也。尚,主也。时于轩中侍帝,权主衣裳。"

⑥师古曰:"轩谓轩车,即今车之施幰者。"

⑦师古曰："拊谓摩循之也。行矣,犹今言好去。"

⑧师古曰："强音其两反。饭音扶晚反。"

先是卫长君死,乃以青为将军,击匈奴有功,封长平侯。青三子〔皆〕〔在〕襁褓中,皆为列侯。[4]及皇后姊子霍去病亦以军功为冠军侯,至大司马票骑将军。青为大司马大将军。卫氏支属侯者五人。青还,尚平阳主。

皇后立七年,而男立为太子。后色衰,赵之王夫人、中山李夫人有宠,皆蚤卒。后有尹健仔、钩弋夫人更幸。①卫后立三十八年,遭巫蛊事起,江充为奸,太子惧不能自明,遂与皇后共诛充,发兵,兵败,太子亡走。诏遣宗正刘长乐、执金吾刘敢奉策收皇后玺绶,自杀。黄门苏文、姚定汉舆置公车令空舍,盛以小棺,瘗之城南桐柏。②卫氏悉灭。宣帝立,乃改葬卫后,追谥曰思后,置园邑三百家,长丞周卫奉守焉。③

①师古曰："更,互也,音工衡反。"

②师古曰："瘗,薶也。桐柏,亭名也。瘗音於例反。"

③师古曰："葬在杜门外大道东,以倡优杂伎千人乐其园,故号千人聚。其地在今长安城内金城坊西北隅是。"

孝武李夫人,本以倡进。①初,夫人兄延年性知音,善歌舞,武帝爱之。每为新声变曲,闻者莫不感动。延年侍上起舞,歌曰："北方有佳人,绝世而独立,一顾倾人城,再顾倾人国。宁不知倾城与倾国,佳人难再得!"②上叹息曰："善!世岂有此人乎?"平阳主因言延年有女弟,上乃召见之,实妙丽善舞。由是得幸,生一男,是为昌邑哀王。李夫人少而蚤卒,上怜闵焉,图画其形于甘泉宫。及卫思后废后四年,武帝崩,大将军霍光缘上雅意,以李夫人配食,③追上尊号曰孝武皇后。

①师古曰："倡,乐人,音昌。"

②师古曰："非不吝惜城与国也,但以佳人难得,爱悦之深,不觉倾覆。"

③师古曰："缘,因也。雅意,素旧之意。"

初,李夫人病笃,上自临候之,夫人蒙被谢曰："妾久寝病,形貌毁坏，不可以见帝。愿以王及兄弟为托。"上曰："夫人病甚，殆将不起，一见我属托王及兄弟，岂不快哉？"夫人曰："妇人貌不修饰，不见君父。妾不敢以燕婧见帝。"①上曰："夫人弟一见我，②将加赐千金，而予兄弟尊官。"夫人曰："尊官在帝，不在一见。"上复言欲必见之，夫人遂转乡虚歔欷而不复言。③于是上不说而起。④夫人姊妹让之曰：⑤"贵人独不可一见上属托兄弟邪？何为恨上如此？"夫人曰："所以不欲见帝者，乃欲以深托兄弟也。我以容貌之好，得从微贱爱幸于上。夫以色事人者，色衰而爱弛，⑥爱弛则恩绝。上所以挛挛顾念我者，乃以平生容貌也。⑦今见我毁坏，颜色非故，必畏恶吐弃我，意尚肯复追思闵录其兄弟哉！"及夫人卒，上以后礼葬焉。其后，上以夫人兄李广利为贰师将军，封海西侯，延年为协律都尉。

①师古曰："婧与惰同。谓不严饰。"
②师古曰："弟，但也。"
③师古曰："乡读曰向，转面而向里也。歔音虚。欷音许既反。"
④师古曰："说读曰悦。"
⑤师古曰："让，责也。"
⑥师古曰："弛，解也，音式尔反。"
⑦师古曰："挛音力全反，又读曰恋。"

上思念李夫人不已，方士齐人少翁言能致其神。乃夜张灯烛，设帷帐，陈酒肉，而令上居他帐，遥望见好女如李夫人之貌，还幄坐而步。①又不得就视，上愈益相思悲感，为作诗曰："是邪，非邪？②立而望之，偏何姗姗其来迟！"③令乐府诸音家弦歌之。上又自为作赋，以伤悼夫人，其辞曰：

①师古曰："夫人之神于幄中坐，又出而徐步。"
②师古曰："言所见之状定是夫人以否。"
③师古曰："姗姗，行貌，音先安反。"

美连娟以脩嫭兮，①命樔绝而不长，②饰新宫以延贮兮，泯不归乎故乡。③惨郁郁其芜秽兮，隐处幽而怀伤，释舆马于山椒兮，奄修夜之不阳。④秋气（潜）〔憯〕以凄泪兮[5]，桂枝落而销亡，⑤神茕茕以遥思兮，精浮游而出畺。托沈阴以圹久兮，惜蕃华之未央，⑥念穷极之不还兮，惟幼眇之相羊。⑦函菱莪以俟风兮，芳杂袭以弥章，⑧的容与以猗靡兮，缥飘姚虖愈庄。⑨燕淫衍而抚楹兮，连流视而娥扬，⑩既激感而心逐兮，包红颜而弗明。⑪欢接狎以离别兮，宵寤梦之芒芒，⑫忽迁化而不反兮，魄放逸以飞扬。何灵魂之纷纷兮，哀裴回以踌躇，⑬势路日以远兮，遂荒忽而辞去。⑭超兮西征，屑兮不见。⑮浸淫敞荒，寂兮无音，⑯思若流波，怛兮在心。⑰

①师古曰："嫮，美也。连娟，孅弱也。嫮音互。娟音一全反。"

②师古曰："楔，截也，音子小反。"

③师古曰："新宫，待神之处。贮与伫同。伫，待也。泯然，灭绝意。"

④孟康曰："山椒，山陵也，置舆马于山陵也。"师古曰："自惨郁郁以下，皆言夫人身处坟墓而隐翳也。修，长也。阳，明也。"

⑤师古曰："凄泪，寒凉之意也。桂枝芳香，亦喻夫人也。憯音千感反。泪音戾。"

⑥师古曰："沈阴，言在地下也。圹与旷同。未央犹未半也。言年岁未半，而早落蕃华，故痛惜之。蕃音扶元反。"

⑦师古曰："惟，思也。幼眇犹窈窕也。相羊，翱翔也。幼音一小反。相音襄。"

⑧李奇曰："莪音敷。"孟康曰："菱音绥，华中齐也。夫人之色如春华含菱敷散，以待风也。"师古曰："杂袭，重积也。"

⑨孟康曰："言夫人之颜色的然盛美，虽在风中缥姚，愈益端严也。"师古曰："缥音匹妙反。"

⑩师古曰："追述平生欢宴之时也。娥扬，扬其娥眉。"

⑪晋灼曰："包，藏也。谓夫人藏其颜色，不肯见帝属其家室也。"师古曰："此说非也。心逐者，帝自言中心追逐夫人不能已也。包红颜者，言在坟墓之中不可见也。"

⑫师古曰："言绝接狎之欢，而遂离别也。宵，夜也。芒芒，无知之貌也。芒音莫郎反。"

⑬师古曰："踌躇，住足也。踌音畴。躇合韵音丈预反。"

⑭师古曰:"荒音呼广反。"

⑮师古曰:"屑然,疾意也。以日为喻,故言西征。"

⑯师古曰:"芄,古忧字。"

⑰师古曰:"流波,言恩宠不绝也,怛,悼也,音丁曷反。"

乱曰:①佳侠函光,陨朱荣兮,②嫉妒阘(茸)〔茸〕[6],将安程兮!③方时隆盛,年夭伤兮,④弟子增欷,洿沫怅兮。⑤悲愁于邑,喧不可止兮。⑥向不虚应,亦云已兮。⑦嫶妍太息,叹稚子兮,⑧恻悽不言,倚所恃兮。⑨仁者不誓,岂约亲兮?⑩既往不来,申以信兮。⑪去彼昭昭,就冥冥兮,既下新宫,不复故庭兮。⑫呜呼哀哉,想魂灵兮!

①师古曰:"乱,理也,总理赋中之意。"

②孟康曰:"佳侠犹佳丽。"

③师古曰:"言嫉妒阘茸之徒不足与夫人为程品也。阘茸,众贱之称也。阘音吐猎反。茸音人勇反。"

④师古曰:"伤合韵音式向反。"

⑤应劭曰:"弟,夫人弟兄也。子,昌邑王也。"孟康曰:"洿沫,涕洟也。"晋灼曰:"沫音水沫面之沫。言涕泪洿集覆面下也。"师古曰:"沫,晋说是也。怅,惆怅也。洿音乌。洿,下也。沫音呼内反,字从午未之未也。"

⑥师古曰:"朝鲜之间谓小儿泣不止名为喧,音许远反。"

⑦师古曰:"向读曰响。响之随声,必当有应,而今涕泣(从)〔徒〕自已耳[7],夫人不知之,是虚其应。"

⑧孟康曰:"夫人蒙被,歔欷不见,帝哀其子小而孤也。"晋灼曰:"三辅谓忧愁面省瘦曰嫶冥。嫶冥犹嫶妍也。"师古曰:"嫶音在消反。"

⑨孟康曰:"恃平日之恩,知上必感念之也。"师古曰:"恻悽,哀怆之意也。浏音刘。悽音栗。"

⑩如淳曰:"仁者之行惠尚一不以为恩施,岂有亲亲而反当以言约乎?"

⑪师古曰:"死者一往不返,情念酷痛,重以此心为信,不有忽忘也。信合韵音新。"

⑫师古曰:"故庭谓平生所居室之庭也。复音扶目反。"

其后李延年弟季坐奸乱后宫,广利降匈奴,家族灭矣。

孝武钩弋赵倢伃,昭帝母也,家在河间。武帝巡狩过河间,望气者言此有奇女,天子亟使使召之。既至,女两手皆拳,上自披之,手即时伸。由是得幸,号曰拳夫人。先是其父坐法宫刑,为中黄门,死长安,葬雍门。①

①师古曰:"雍门在长安西北孝里西南,去长安三十里。《广记》云赵父冢在门西也。"

拳夫人进为倢伃,居钩弋宫,①大有宠,(元)〔太〕始三年生昭帝[8],号钩弋子。任身十四月乃生,上曰:"闻昔尧十四月而生,今钩弋亦然。"乃命其所生门曰尧母门。后卫太子败,而燕王旦、广陵王胥多过失,宠姬王夫人男齐怀王、李夫人男昌邑哀王皆蚤薨,钩弋子年五六岁,壮大多知,②上常言"类我",又感其生与众异,甚奇爱之,心欲立焉,以其年稚母少,恐女主颛恣乱国家,犹与久之。③

①师古曰:"《黄图》钩弋宫在城外,《汉武故事》曰在直门南也。"
②师古曰:"壮大者,言其形体伟大。"
③师古曰:"与读曰豫。"

钩弋倢伃从幸甘泉,有过见谴,以忧死,①因葬云阳。②后上疾病,乃立钩弋子为皇太子。拜奉车都尉霍光为大司马大将军,辅少主。明日,帝崩。昭帝即位,追尊钩弋倢伃为皇太后,发卒二万人起云陵,邑三千户。追尊外祖赵父为顺成侯,诏右扶风置园邑二百家,长丞奉守如法。顺成侯有姊君姁,赐钱二百万,奴婢第宅以充实焉。诸昆弟各以亲疏受赏赐。赵氏无在位者,唯赵父追封。

①师古曰:"谴,责也,音口羡反。"
②师古曰:"在甘泉宫南,今土俗人呼为女陵。"

孝昭上官皇后,祖父桀,陇西上邽人也。少时为羽林期门郎,从武帝上甘泉,天大风,车不得行,解盖授桀。桀奉盖,虽风常属车;①雨下,盖辄御。上奇其材力,迁未央厩令。上尝体不安,及愈,见马,②马多瘦,上大怒:"令以我不复见马邪!"欲下吏,桀顿首曰:"臣闻圣体不安,日夜忧惧，意诚不在马。"③言未卒，泣数行下。上以为忠，由是亲近，为侍中，稍迁至太仆。武帝疾病，以霍光为大将军，太仆桀为左将军，皆受遗诏辅少主。以前捕斩反者莽通功，封桀为安阳侯。

①师古曰："属，连也，音之欲反。"

②师古曰："见谓呈见之，音胡电反。"

③师古曰："诚，实也。"

初，桀子安取霍光女，结婚相亲，光每休沐出，桀常代光入决事。昭帝始立，年八岁，帝长姊鄂邑盖长公主居禁中，共养帝。①盖主私近子客河间丁外人。②上与大将军闻之，不绝主欢，有诏外人侍长主。长主内周阳氏女，令配耦帝。时上官安有女，即霍光外孙，安因光欲内之。光以为尚幼，不听。安素与丁外人善，说外人曰："闻长主内女，安子容貌端正，诚因长主时得入为后，③以臣父子在朝而有椒房之重，④成之在于足下，汉家故事常以列侯尚主，足下何忧不封侯乎？"外人喜，言于长主。长主以为然，诏召安女入为倢伃，安为骑都尉。月馀，遂立为皇后，年甫六岁。⑤

①师古曰："共音居用反。养音弋亮反。"

②师古曰："子客，子之宾客也。外人，其名也。"

③师古曰："以时得入。"

④师古曰："椒房，殿名，在未央宫，皇后所居。"

⑤师古曰："甫，始也。"

安以后父封桑乐侯，食邑千五百户，迁车骑将军，日以骄淫。受赐殿中，出对宾客言："与我婿饮，大乐！"见其服饰，使人归，欲自烧物。安醉则裸行内，与后母及父诸良人、侍御皆乱。①子病死，仰而骂天。数守大将军光，为丁外人求侯，②及桀欲妄官禄外人，③光执正，皆不听。又桀妻父所幸充国为太医监，阑入殿中，下狱当死。冬月且尽，盖主为充国入马二十匹赎罪，乃得减死论。于是桀、安父子深怨光而重德盖主。知燕王旦帝兄，不得立，亦怨望，桀、安即记光过失予燕王，令上书告之，又为丁外人求侯。燕王大喜,上书称:"子路丧姊,期而不除,孔子非之。子路曰:'由不幸寡兄弟,不忍除之。'④故曰'观过知仁'。⑤今臣与陛下独有长公主为姊,陛下幸使丁外人侍之,外人宜蒙爵号。"书奏,上以问光,光执不许。及告光罪过,上又疑之,愈亲光而疏桀、安。桀、安寖患,⑥遂结党与谋杀光,诱征燕王至而诛之,因废帝而立桀。或曰:"当如皇后何?"安曰:"逐麋之狗,当顾菟邪!⑦且用皇后为尊,一旦人主意有所移,虽欲为家人亦不可得,⑧此百世之一时也。"事发觉,燕王、盖主皆自杀。语在《霍光传》。桀、安宗族既灭,皇后以年少不与谋,⑨亦光外孙,故得不废。皇后母前死,葬茂陵郭东,追尊曰敬夫人,置园邑二百家,长丞奉守如法。皇后自使私奴婢守桀、安冢。⑩

①师古曰:"良人谓妾也。侍御则兼婢矣。"

②师古曰:"守,求请之。"

③师古曰:"不由材德,故云妄。"

④师古曰:"事见《礼记》。由,子路之名。"

⑤师古曰:"《论语》云孔子曰:'人之过也,各于其党,观过斯知仁矣。'引此言者,谓子路厚于骨肉,虽违礼制,是其仁爱。"

⑥师古曰:"寖,渐也。"

⑦师古曰:"言所求者大,不顾小也。"

⑧师古曰:"家人,言凡庶匹夫。"

⑨师古曰:"与读曰豫。"

⑩师古曰:"《庙记》云上官桀、安冢并在霍光冢东,东去夏侯胜冢二十步。"

光欲皇后擅宠有子,帝时体不安,左右及医皆阿意,言宜禁内,虽宫人使令皆为穷绔,多其带,①后宫莫有进者。

①服虔曰:"穷绔,有前后当,不得交通也。"师古曰:"使令,所使之人也。绔,古袴字也。穷绔即今之绲裆袴也。令音力征反。绲音下昆反。"

皇后立十岁而昭帝崩,后年十四五云。昌邑王贺征即位,尊皇后为皇太后。光与太后共废王贺,立孝宣帝。宣帝即位,为太皇太后。凡立四十七年,年五十二,建昭二年崩,合葬平陵。

卫太子史良娣，宣帝祖母也。太子有妃，有良娣，有孺子，妻妾凡三等，子皆称皇孙。史良娣家本鲁国，有母贞君，兄恭。以元鼎四年入为良娣，生男进，号史皇孙。①

①师古曰："进者，皇孙之名。"

武帝末，巫蛊事起，卫太子及良娣、史皇孙皆遭害。史皇孙有一男，号皇曾孙，时生数月，犹坐太子系狱，积五岁乃遭赦。治狱使者邴吉怜皇曾孙无所归，载以（附）〔付〕史恭。[9]恭母贞君年老，见孙孤，甚哀之，自养视焉。

后曾孙收养于掖庭，遂登至尊位，是为宣帝。而贞君及恭已死，恭三子皆以旧恩封。长子高为乐陵侯，曾为将陵侯，玄为平台侯，及高子丹以功德封武阳侯，侯者凡四人。高至大司马车骑将军，丹左将军，自有传。

史皇孙王夫人，宣帝母也，名翁须，太始中得幸于史皇孙。皇孙妻妾无号位，皆称家人子。征和二年，生宣帝。帝生数月，卫太子、皇孙败，家人子皆坐诛，莫有收葬者，唯宣帝得全。即尊位后，追尊母王夫人谥曰悼后，祖母史良娣曰戾后，皆改葬，起园邑，长丞奉守。语在《戾太子传》。地节三年，求得外祖母王媪，媪男无故，无故弟武皆随使者诣阙。时乘黄牛车，故百姓谓之黄牛妪。

初，上即位，数遣使者求外家，久远，多似类而非是。既得王媪，令太中大夫任宣与丞相御史属杂考问乡里识知者，皆曰王妪。妪言名妄人，家本涿郡蠡吾平乡。①年十四嫁为同乡王更得妻。更得死，嫁为广望王廼始妇，②产子男无故、武，女翁须。翁须年八九岁时，寄居广望节侯子刘仲卿宅，仲卿谓廼始曰："予我翁须，自养长之。"媪为翁须作缣单衣，③送仲卿家。仲卿教翁须歌舞，往来归取冬夏衣。居四五岁，翁须来言："邯郸贾长儿求歌舞者，仲卿欲以我与之。"媪即与翁须逃走，之平乡。④仲卿载廼始共求媪，媪惶急，将翁须归，曰："儿居君家，非受一钱也，⑤奈何欲予它人？"仲卿诈曰："不也。"后数日，翁须乘长儿车马过门,呼曰:"我果见行,⑥当之柳宿。"⑦媪与殂始之柳宿,见翁须相对涕泣,谓曰:"我欲为汝自言。"⑧翁须曰:"母置之,⑨何家不可以居?⑩自言无益也。"媪与殂始还求钱用,随逐至中山卢奴,见翁须与歌舞等比五人同处,⑪媪与翁须共宿。明日,殂始留视翁须,媪还求钱,欲随至邯郸。媪归,橐买未具,殂始来归曰:"翁须已去,我无钱用随也。"因绝至今,不闻其问。贾长儿妻贞及从者师遂辞:⑫"往二十岁,太子舍人侯明从长安来求歌舞者,请翁须等五人。长儿使遂送至长安,皆入太子家。"及广望三老更始、刘仲卿妻其等四十五人辞,皆验。⑬宣奏王媪悼后母明白,上皆召见,赐无故、武爵关内侯,旬月间,赏赐以巨万计。顷之,制诏御史赐外祖母号为博平君,以博平、蠡吾两县户万一千为汤沐邑。封舅无故为平昌侯,武为乐昌侯,食邑各六千户。

①师古曰:"蠡音礼。"
②师古曰:"广望亦涿郡之县。"
③师古曰:"缣即今之绢也,音兼。"
④师古曰:"之,往也。"
⑤师古曰:"言未尝得其聘币。"
⑥师古曰:"呼音火故反。"
⑦苏林曰:"聚邑名也,在中山卢奴东北三十里。"
⑧师古曰:"言自讼理,不肯行。"
⑨师古曰:"置之犹言(在)〔任〕听之〔10〕,不须自言。"
⑩师古曰:"言所去处,皆可安居。"
⑪师古曰:"比音必寐反。"
⑫师古曰:"辞,对辞。"
⑬师古曰:"其者,仲卿妻之名。"

初,殂始以本始四年病死,后三岁,家乃富贵,追赐谥曰思成侯。诏涿郡治冢室,置园邑四百家,长丞奉守如法。岁馀,博平君薨,谥曰思成夫人。诏徙思成侯合葬奉明顾成庙南,置园邑长丞,①罢涿郡思成园。王氏侯者二人,无故子接为大司马车骑将军,而武子商至丞相,自有传。

①师古曰:"本号广明,故《戾太子传》云皇孙及王夫人皆葬广明,其后以置园

邑奉守，改曰奉明。”

　　孝宣许皇后，元帝母也。父广汉，昌邑人，少时为昌邑王郎。从武帝上甘泉，误取它郎鞍以被其马，发觉，吏劾从行而盗，当死，有诏募下蚕室。① 后为宦者丞。上官桀谋反时，广汉部索，② 其殿中庐有索长数尺可以缚人者数千枚，满一箧缄封，③ 广汉索不得，它吏往得之。④ 广汉坐论为鬼薪，输掖庭，后为暴室啬夫。时宣帝养于掖庭，号皇曾孙，与广汉同寺居。⑤ 时掖庭令张贺，本卫太子家吏，及太子败，贺坐下刑，以旧恩养视皇曾孙甚厚。及曾孙壮大，贺欲以女孙妻之。是时，昭帝始冠，长八尺二寸。贺弟安世为右将军，与霍将军同心辅政，闻贺称誉皇曾孙，欲妻以女，安世怒曰：“曾孙乃卫太子后也，幸得以庶人衣食县官，足矣，勿复言予女事。”于是贺止。时许广汉有女平君，年十四五，当为内者令欧侯氏子妇。⑥ 临当入，欧侯氏子死。其母将行卜相，⑦ 言当大贵，母独喜。贺闻许啬夫有女，乃置酒请之，⑧ 酒酣，为言“曾孙体近，下人，乃关内侯，⑨ 可妻也。”广汉许诺。明日妪闻之，怒。⑩ 广汉重令为介，⑪ 遂与曾孙，一岁生元帝。数月，曾孙立为帝，平君为婕仔。是时，霍将军有小女，与皇太后有亲。公卿议更立皇后，皆心仪霍将军女，⑫ 亦未有言。上乃诏求微时故剑，大臣知指，白立许婕仔为皇后。既立，霍光以后父广汉刑人不宜君国，岁余乃封为昌成君。

　　①孟康曰：“死罪囚欲就宫者听之。”

　　②师古曰：“部分搜索罪人也。索音山客反。”

　　③师古曰：“殿中庐，桀所止宿庐舍在宫中者也。缄，束箧也，音工咸反。”

　　④师古曰：“须得此绳索者，用为桀之反具。”

　　⑤师古曰：“寺者，掖庭之官舍。”

　　⑥师古曰：“欧侯，姓也。欧音乌沟反。”

　　⑦师古曰：“将领自随而行卜。”

　　⑧师古曰：“请，召也，召啬夫饮酒也。”

　　⑨师古曰：“言曾孙之身于帝为近亲，纵其人材下劣，尚作关内侯。书本或无
　　　人字。”

⑩师古曰：“广汉之妻不欲与曾孙。”

⑪师古曰：“更令人作媒而结婚姻。重音直用反。”

⑫服虔曰：“仪音蚁。”晋灼曰：“仪，向也。”师古曰：“晋说是也，谓附向之。”

霍光夫人显欲贵其小女，道无从。①明年，许皇后当娠，病。女医淳于衍者，霍氏所爱，尝入宫侍皇后疾。衍夫赏为掖庭户卫，谓衍：“可过辞霍夫人行，②为我求安池监。”衍如言报显。显因生心，辟左右，③字谓衍：“少夫幸报我以事，④我亦欲报少夫，可乎？”⑤衍曰：“夫人所言，何等不可者！”⑥显曰：“将军素爱小女成君，欲奇贵之，愿以累少夫。”⑦衍曰：“何谓邪？”显曰：“妇人免乳大故，十死一生。⑧今皇后当免身，可因投毒药去也，⑨成君即得为皇后矣。如蒙力事成，富贵与少夫共之。”衍曰：“药杂治，当先尝，安可？”⑩显曰：“在少夫为之耳。将军领天下，谁敢言者？缓急相护，但恐少夫无意耳！”衍良久曰：“愿尽力。”即捣附子，赍入长定宫。皇后免身后，衍取附子并合大医大丸以饮皇后。⑪有顷曰：“我头岑岑也，药中得无有毒？”⑫对曰：“无有。”遂加烦懑，崩。⑬衍出，过见显，相劳问，⑭亦未敢重谢衍。⑮后人有上书告诸医侍疾无状者，皆收系诏狱，劾不道。显恐(事)急〔11〕，即以状具语光，因曰：“既失计为之，无令吏急衍！”光惊鄂，默然不应。其后奏上，署衍勿论。⑯

①师古曰：“从，因也，由也。无由得内其女。”

②师古曰：“过辞夫人，乃行入宫也。”

③师古曰：“辟音闟，谓屏去之。”

④如淳曰：“称衍字曰少夫，亲之也。”晋灼曰：“报我以事，谓求池监也。”

⑤晋灼曰：“报少夫谋弑许后事。”

⑥师古曰：“无事而不可。”

⑦师古曰：“累，托也，音力瑞反。”

⑧师古曰：“免乳谓产子也。大故，大事也。乳音人喻反。”

⑨师古曰：“去谓除去皇后也，音丘吕反。”

⑩师古曰：“与众医共杂治之，人有先尝者，何可行毒？”

⑪晋灼曰：“大丸，今泽兰丸之属。”

⑫师古曰：“岑岑，痺闷之意。”

⑬师古曰："懑音满，又音闷。"

⑭师古曰："劳音来到反。"

⑮师古曰："恐人知觉之。"

⑯李奇曰："光题其奏也。"师古曰："言之于帝，故解释耳，光不自署也。"

许后立三年而崩，谥曰恭哀皇后，葬杜南，是为杜陵南园。①后五年，立皇太子，乃封太子外祖父昌成君广汉为平恩侯，位特进。后四年，复封广汉两弟，舜为博望侯，延寿为乐成侯。许氏侯者凡三人。广汉薨，谥曰戴侯，无子，绝。葬南园旁，置邑三百家，长丞奉守如法。宣帝以延寿为大司马车骑将军，辅政。元帝即位，复封延寿中子嘉为平恩侯，奉戴侯后，亦为大司马车骑将军。

①师古曰："即今之所谓小陵者，去杜陵十八里。"

孝宣霍皇后，大司马大将军博陆侯光女也。母显，既使淳于衍阴杀许后，显因为成君衣补，①治入宫具，劝光内之，果立为皇后。

①师古曰："谓缝作嫁时衣被也。为音于伪反。"

初许后起微贱，登至尊日浅，从官车服甚节俭，五日一朝皇太后于长乐宫，亲奉案上食，以妇道共养。及霍后立，亦修许后故事。而皇太后亲霍后之姊子，故常竦体，敬而礼之。皇后挛驾侍从甚盛，赏赐官属以千万计，与许后时县绝矣。上亦宠之，颛房燕。①立三岁而光薨。后一岁，上立许后男为太子，昌成君者为平恩侯。显怒恚不食，欧血，曰："此乃民间时子，安得立？即后有子，反为王邪！"复教皇后令毒太子。皇后数召太子赐食，保阿辄先尝之，后挟毒不得行。后杀许后事颇泄，显遂与诸婿昆弟谋反，发觉，皆诛灭。使有司赐皇后策曰："皇后荧惑失道，怀不德，挟毒与母博陆宣成侯夫人显谋欲危太子，无人母之恩，不宜奉宗庙衣服，不可以承天命。乌呼伤哉！其退避宫，上玺绶有司。"霍后立五年，废处昭台宫。②后十二岁，徙云林馆，乃自杀，葬昆吾亭东。③

①师古曰："颛与专同。"

②师古曰："在上林中。"

③师古曰："昆吾,地名,在蓝田。"

初,霍光及兄骠骑将军去病皆自以功伐封侯居位,宣帝以光故,封去病孙山、山弟云皆为列侯,侯者前后四人。

孝宣王皇后,其先高祖时有功赐爵关内侯,自沛徙长陵,传爵至后父奉光。奉光少时好斗鸡,宣帝在民间数与奉光会,相识。奉光有女年十馀岁,每当适人,所当适辄死,故久不行。及宣帝即位,召入后宫,稍进为倢伃。是时,馆陶(主)〔王〕母华倢伃①〔12〕及淮阳宪王母张倢伃、楚孝王母卫倢伃皆爱幸。

①师古曰："华音户花反。"

霍皇后废后,上怜许太子蚤失母,①几为霍氏所害,②于是乃选后宫素谨慎而无子者,遂立王倢伃为皇后,令母养太子。自为后后,希见无宠。封父奉光为邛成侯。立十六年,宣帝崩,元帝即位,为皇太后。封太后兄舜为安平侯。后二年,奉光薨,谥曰共侯,葬长门南,置园邑二百家,长丞奉守如法。元帝崩,成帝即位,为太皇太后。复爵太皇太后弟骏为关内侯,食邑千户。王氏列侯二人,关内侯一人。舜子章,章从弟咸,皆至左右将军。时成帝母亦姓王氏,故世号太皇太后为邛成太后。

①师古曰："许后所生,故曰许太子。"
②师古曰："几音巨依反。"

邛成太后凡立四十九年,年七十馀,永始元年崩,合葬杜陵,称东园。①奉光孙勋坐法免。元始中,成帝太后下诏曰："孝宣王皇后,朕之姑,深念奉质共脩之义,恩结于心。②惟邛成共侯国废祀绝,朕甚闵焉。其封共侯曾孙坚固为邛成侯。"至王莽乃绝。

①师古曰："虽同茔兆而别为坟,王后陵次宣帝陵东,故曰东园也。"
②师古曰："质读曰贽。"

【校勘记】

〔1〕　殷之兴也以有娀(又)〔及〕有蘖,　景祐、殿、局本都作"及"。王先谦说作

"及"是。

〔2〕 燕(灵)王建〔子〕。　景祐本无"灵"字,有"子"字。周寿昌说何焯校本同,何校是。

〔3〕 皇太后微时所(谓)〔为〕金王孙生女俗,在民间,盖讳之也。　景祐、殿本都作"为"。钱大昕说"俗"是金氏女之名。王先谦说钱说是,颜注误。

〔4〕 青三子(皆)〔在〕襁褓中,皆为列侯。　景祐、殿、局本都作"在",此误。

〔5〕 秋气(潜)〔憯〕以凄泪兮,　景祐、殿、局本都作"憯"。王先谦说作"憯"是。

〔6〕 嫉妒阘(茸)〔茸〕,　景祐、殿、局本都作"茸"。

〔7〕 而今涕泣(从)〔徒〕自已耳,　殿本作"徒"。王先谦说作"徒"是。

〔8〕 (元)〔太〕始三年生昭帝,　景祐本作"太"。王念孙、朱一新都说作"太"是。

〔9〕 载以(附)〔付〕史恭。　景祐、殿本都作"付"。王先谦说作"付"是。

〔10〕 置之犹言(在)〔任〕听之。　景祐、殿、局本都作"任",此误。

〔11〕 显恐(事)急,　景祐本无"事"字。王念孙说"事"字衍。

〔12〕 馆陶(主)〔王〕母华健伃,　景祐、殿本都作"王"。

汉书卷九十七下

外戚传第六十七下

孝元王皇后,成帝母也。家凡十侯,五大司马,①外戚莫盛焉。自有传。

①师古曰:"十侯者,阳平顷侯禁、禁子敬侯凤、安成侯崇、平阿侯谭、成都侯商、红阳侯立、曲阳侯根、高平侯逢时、安阳侯音、新都侯莽也。五大司马者,凤、音、商、根、莽也。一曰,凤嗣禁为侯,不当重数。而十人者,淳于长即其一也。"

孝成许皇后,大司马车骑将军平恩侯嘉女也。元帝悼伤母恭哀后居位日浅而遭霍氏之辜,故选嘉女以配皇太子。初入太子家,上令中常侍黄门亲近者侍送,还白太子欢说状,①元帝喜谓左右:"酌酒贺我!"左右皆称万岁。久之,有一男,失之。及成帝即位,立许妃为皇后,复生一女,失之。

①师古曰:"说读曰悦。"

初后父嘉自元帝时为大司马车骑将军辅政,已八九年矣。及成帝立,复以元舅阳平侯王凤为大司马大将军,与嘉并。杜钦以为故事后父重于帝舅,乃说凤曰:"车骑将军至贵,将军宜尊(重)之敬之[1],无失其意。盖轻细微眇之渐,必生乖忤之患,①不可不慎。卫将军之日盛于盖侯,②近世之事,语尚在于长老之耳,唯将军察焉。"久之,上欲专委任凤,乃策嘉曰:"将军家重身尊,不宜以吏职自系。③赐黄金二百斤,以特进侯就朝位。"后岁馀薨,谥曰恭侯。

①师古曰:"眇亦细也。忤,违也。"

②师古曰："卫将军，卫青也，武帝卫皇后之弟。盖侯，王信也，武帝之舅。"

③师古曰："絫，古累字也，音力瑞反。"

后聪慧，善史书，自为妃至即位，常宠于上，后宫希得进见。皇太后及帝诸舅忧上无继嗣，时又数有灾异，刘向、谷永等皆陈其咎在于后宫。上然其言。于是省减椒房掖廷用度。①皇后乃上疏曰：

①师古曰："椒房殿皇后所居。"

妾誇布服粝食[2]，①加以幼稚愚惑，不明义理，幸得免离茅屋之下，备后宫埽除。蒙过误之宠，居非命所当托，洿秽不修，旷职尸官，②数逆至法，逾越制度，当伏放流之诛，不足以塞责。乃壬寅日大长秋受诏："椒房仪法，御服舆驾，所发诸官署，及所造作，遗赐外家群臣妾，③皆如竟宁以前故事。"妾伏自念，入椒房以来，遗赐外家未尝逾故事，每辄决上，④可覆问也。⑤今诚时世异制，长短相补，不出汉制而已，纤微之间，未必可同。若竟宁前与黄龙前，岂相放哉？⑥家吏不晓，⑦今壹受诏如此，且使妾摇手不得。今言无得发取诸官，殆谓未央宫不属妾，不宜独取也。⑧言妾家府亦不当得，妾窃惑焉。⑨幸得赐汤沐邑以自奉养，亦小发取其中，何害于谊而不可哉？又诏书言服御所造，皆如竟宁前，吏诚不能揆其意，即且令妾被服所为不得不如前。⑩设妾欲作某屏风张于某所，曰故事无有，或不能得，则必绳妾以诏书矣。⑪此二事诚不可行，唯陛下省察。

①孟康曰："誇，大也，大布之衣也。粝，粗米也。"师古曰："言在家时野贱也。誇音夸。粝音剌。"

②师古曰："洿与污同。旷，空也。尸，主也，妄主其官。"

③师古曰："外家谓后之家族，言在外也。"

④师古曰："每事皆奉决于天子，乃敢行也。上音时掌反。"

⑤师古曰："覆音芳目反。"

⑥晋灼曰："竟宁，元帝时也。黄龙，宣帝时也。言二帝奢俭不同，岂相放哉？"师古曰："放，依也，音甫往反。"

⑦师古曰："家吏，皇后之官属。"

⑧师古曰:"未央宫天子之宫,故其财物皇后不得取也。今言者,谓诏书新有
　　所限约之言。"

⑨师古曰:"此言,谓家吏之言。"

⑩师古曰:"诏书本云奢俭之制,如竟宁耳,而吏乃谓衣服处置一一如之也。
　　被音皮义反。"

⑪师古曰:"言或有所求,吏不肯备,因云诏书不许也。"

　　(官)〔宦〕吏忮很[3],必欲自胜。①幸妾尚贵时,犹以不急事操
人,②况今日日益侵,又获此诏,其操约人,岂有所诉? 陛下见妾在
椒房,终不肯给妾纤微内邪?③[4]若不私府小取,将安所仰乎?④旧
故,中宫乃私夺左右之贱缯,及发乘舆服缯,言为待诏补,已而贸易
其中。⑤左右多窃怨者,甚耻为之。又故事以特牛祠大父母,戴侯、
敬侯皆得蒙恩以太牢祠,今当率如故事,唯陛下哀之!

①师古曰:"(官)〔宦〕吏,奄人为皇后吏也。忮,坚也。忮音之豉反。"

②师古曰:"尚贵时,谓昔被宠遇之时也。操,持也,音千高反。次下亦同。"

③师古曰:"言皇后自有汤沐,故更无它纤毫给赐。"

④师古曰:"内邪,言内中所须者也。邪,语辞也。仰音牛向反。"

⑤师古曰:"托言此缯拟待别诏有所补浣,而私换易取其好者以自用。"

　　今吏甫受诏读记,①直豫言使后知之,非可复若私府有所取
也。②其萌牙所以约制妾者,恐失人理。③今但损车驾,及毋若未央
宫有所发,遗赐衣服如故事,则可矣。④其馀诚太迫急,奈何? 妾薄
命,端遇竟宁前。⑤竟宁前于今世而比之,岂可耶?⑥故时酒肉有所
赐外家,辄上表乃决。又故杜陵梁美人岁时遗酒一石,肉百斤
耳。⑦妾甚少之,遗田八子诚不可若是。⑧事率众多,不可胜以文
陈。⑨俟自见,索言之,⑩唯陛下深察焉!

①师古曰:"甫,始也。"

②师古曰:"若谓如未奉诏之前也。"

③师古曰:"萌牙,言其初始发,意若草木之方生也。"

④师古曰:"言今止当减损车马制度,及不得同未央宫辄有发取,妄遗赐人,于
　　事则可。而后之衣服,自当如旧也。"

⑤师古曰:"端,正也。言不得以他时为比例,而正依竟宁前也。"

⑥师古曰:"言今时国家制度众事比竟宁前,不肯皆同也。"

⑦苏林曰:"宣帝美人也。"

⑧师古曰:"当多于梁美人也。"

⑨师古曰:"率犹计也,类也。言以文书陈之不可胜书。"

⑩师古曰:"俟,待也。自见,后自见于天子也。索,尽也。见音胡电反。索音先各反。"

上于是采刘向、谷永之言以报曰:

> 皇帝问皇后,所言事闻之。夫日者众阳之宗,天光之贵,王者之象,人君之位也。夫以阴而侵阳,亏其正体,是非下陵上,妻乘夫,贱逾贵之变与?①春秋二百四十二年,变异为众,莫若日蚀大。自汉兴,日蚀亦为吕、霍之属见。以今揆之,岂有此等之效与?②诸侯拘迫汉制,牧相执持之也,③又安获齐、赵七国之难?将相大臣襄诚秉忠,唯义是从,④又恶有上官、博陆、宣成之谋?⑤若乃徒步豪桀,非有陈胜、项梁之群也;匈奴、夷狄,非有冒顿、郅支之伦也。方外内乡,百蛮宾服,⑥殊俗慕义,八州怀德,虽使其怀挟邪意,犹不足忧,又况其无乎?求于夷狄无有,求于臣下无有,微后宫也当,何以塞之?⑦

①师古曰:"与读曰欤。"

②师古曰:"与读曰欤。"

③师古曰:"牧,州牧也。相,诸侯王相也。"

④师古曰:"襄,古怀字。"

⑤师古曰:"恶,於何也。上官,上官桀、安也。博陆,博陆侯霍禹也。宣成,宣成侯夫人显也。恶音乌。"

⑥师古曰:"乡读曰向。内向,皆向中国也。"

⑦师古曰:"微,无也,犹言非也,塞,当也。"

> 日者,建始元年正月,①白气出于营室。营室者,天子之后宫也。正月于《尚书》为皇极。皇极者,王气之极也。白者西方之气,其于春当废。今正于(王)〔皇〕极之月[5],兴废气于后宫,视后妾无

能怀任保全者，②以著继嗣之微，贱人将起也。③至其九月，流星如瓜，出于文昌，贯紫宫，尾委曲如龙，临于钩陈，此又章显前尤，著在内也。④其后则有北宫井溢，南流逆理，数郡水出，流杀人民。后则讹言传相惊震，女童入殿，咸莫觉知。⑤夫河者水阴，四渎之长，今乃大决，没漂陵邑，⑥斯昭阴盛盈溢，违经绝纪之应也。乃昔之月，鼠巢于树，野鹊变色。五月庚子，鸟焚其巢太山之域。《易》曰："鸟焚其巢，旅人先咲后号咷。丧牛于易，凶。"⑦言王者处民上，如鸟之处巢也，不顾恤百姓，百姓畔而去之，若鸟之自焚也，虽先快意说咲，⑧其后必号而无及也。百姓丧其君，若牛亡其毛也，故称凶。泰山，王者易姓告代之处，今正于岱宗之山，甚可惧也。三月癸未，大风自西摇祖宗寝庙，扬裂帷席，折拔树木，顿僵车辇，毁坏槛屋，灾及宗庙，足为寒心！四月己亥，日蚀东井，转旋且索，与既无异。⑨己犹戊也，亥复水也，⑩明阴盛，咎在内。于戊巳，亏君体，著绝世于皇极，显祸败及京都。于东井，变怪众备，末重益大，来数益甚。成形之祸月以迫切，不救之患日寖娄深，⑪咎败灼灼若此，岂可以忽哉！⑫

①师古曰："日者犹言往日也。"

②师古曰："视读曰示。"

③师古曰："著，明也。"

④师古曰："尤，过也。"

⑤师古曰："谓陈持弓也。"

⑥师古曰："大阜曰陵。"

⑦师古曰："咲，古笑字也。咷音桃。解并在《谷永传》。"

⑧师古曰："说读曰悦。"

⑨师古曰："转旋且索，言须臾之间则欲尽也。既亦尽耳，《春秋》书'日有食之，既'。故诏引以为言也。索音先各反。"

⑩张晏曰："己戊皆中宫，为君。亥为水，阴气也。"

⑪师古曰："寖，甚也。娄，古屡字。"

⑫师古曰："灼灼，明白貌也。忽，怠忘也。"

《书》云："高宗肜日，粤有雊雉。①祖己曰：'惟先假王正厥事。'"又曰："虽休勿休，惟敬五刑，以成三德。"②即饬椒房及掖庭耳。③今皇后有所疑，便不便，其条刺，使大长秋来白之。④吏拘于法，亦安足过？盖矫枉者过直，古今同之。⑤且财〔帛〕〔币〕之省[6]，特牛之祠，其于皇后，所以扶助德美，为华宠也。咎根不除，灾变相袭，⑥祖宗且不血食，何戴侯也！传不云乎？"以约失之者鲜。"⑦审皇后欲从其奢与？⑧朕亦当法孝武皇帝也，如此则甘泉、建章可复兴矣。世俗岁殊，时变日化，遭事制宜，因时而移，旧之非者，何可放焉！⑨君子之道，乐因循而重改作。昔鲁人为长府，闵子骞曰："仍旧贯如之何？何必改作！"⑩盖恶之也。《诗》云："虽无老成人，尚有典刑，曾是莫听，大命以倾。"⑪孝文皇帝，朕之师也。皇太后，皇后成法也。假使太后在彼时不如职，今见亲厚，又恶可以逾乎！⑫皇后其刻心秉德，毋违先后之制度，力谊勉行，称顺妇道，⑬减省群事，谦约为右。⑭其孝东宫，毋阙朔望，⑮推诚永究，爱何不臧！⑯养名显行，以息众谠，⑰垂则列妾，使有法焉。⑱皇后深惟毋忽！

①师古曰："肜音弋中反。"

②师古曰："解并在《谷永传》。"

③师古曰："谓祖己所言皆以成后宫也。饬与敕同。"

④师古曰："条谓分条之也。刺谓书之于刺板也。刺音千赐反。"

⑤师古曰："矫，正也。枉，曲也。言意在正曲，遂过于直。"

⑥师古曰："袭，重累也。"

⑦师古曰："《论语》载孔子之言也。鲜，少也。谓能行俭约而有过失之事，如此者少也。鲜音先践反。"

⑧师古曰："与读曰欤。"

⑨师古曰："放音甫往反。"

⑩师古曰："事见《论语》。长府，藏货之府也。闵子骞，孔子弟子也。名损。仍，因也。贯，事也。因旧事则可，何乃复更改作乎？"

⑪师古曰："《大雅·荡》之诗也。老成人，旧故之臣也。典刑，常法也。言暗

乱之时不用旧法，以至倾危。”

⑫师古曰：“言假令太后昔时不得其志，不依常理，而皇后今被亲厚，何可逾于太后制度乎？妃不可逾姑也。恶音乌。”

⑬师古曰：“称，副也。”

⑭师古曰：“以谦约为先。”

⑮师古曰：“东宫，太后所居也。朔望，朝谒之礼也。”

⑯师古曰：“究，竟也。爰，于也。臧，善也。于何不善，言何事而不善也。”

⑰师古曰：“讙，哗，众议也，音许元反。”

⑱师古曰：“言垂法于后宫，使皆遵行也。”

是时大将军凤用事，威权尤盛。其后，比三年日蚀，①言事者颇归咎于凤矣。而谷永等遂著之许氏，许氏自知为凤所不佑。②久之，皇后宠亦益衰，而后宫多新爱。后姊平安刚侯夫人谒等为媚道祝诅后宫有身者王美人及凤等，③事发觉，太后大怒，下吏考问，谒等诛死，许后坐废处昭台宫，④亲属皆归故郡山阳，后弟子平恩侯旦就国。凡立十四年而废，在昭台岁馀，还徙长定宫。⑤

①师古曰：“比，频也。”

②师古曰：“佑，助也。”

③师古曰：“诅，古诅字。”

④师古曰：“在上林苑中。”

⑤师古曰：“《三辅黄图》林光宫有长定宫。”

后九年，上怜许氏，下诏曰：“盖闻仁不遗远，谊不忘亲。前平安刚侯夫人谒坐大逆罪，家属幸蒙赦令，归故郡。朕惟平恩戴侯，先帝外祖，魂神废弃，莫奉祭祀，念之未尝忘于心。其还平恩侯旦及亲属在山阳郡者。”是岁，废后败。先是废后姊孊寡居，与定陵侯淳于长私通，①因为之小妻。长绐之曰：②“我能白东宫，复立许后为左皇后。”废后因孊私赂遗长，数通书记相报谢。长书有悖谩，③发觉，天子使廷尉孔光持节赐废后药，自杀，葬延陵交道厩西。

①师古曰：“孊者，后姊之名也，音靡。”

②师古曰：“绐，诳也。”

③师古曰:"悖,惑乱也。谩,蝶污也。悖音布内反。谩与慢同。"

孝成班倢伃,帝初即位选入后宫。始为少使,蛾而大幸,①为倢伃,居增成舍,②再就馆,③有男,数月失之。成帝游于后庭,尝欲与倢伃同辇载,倢伃辞曰:"观古图画,贤圣之君皆有名臣在侧,三代末主乃有嬖女,④今欲同辇,得无近似之乎?"⑤上善其言而止。太后闻之,喜曰:"古有樊姬,今有班倢伃。"⑥倢伃诵《诗》及《窈窕》、《德象》、女师之篇。⑦每进见上疏,依则古礼。⑧

①如淳曰:"蛾,无几之顷也。"师古曰:"蛾与俄同,古字通用。"

②应劭曰:"后宫有八区,增成第三也。"

③苏林曰:"外舍产子也。"晋灼曰:"谓阳禄与柘观。"

④师古曰:"嬖,爱也,音必计反。"

⑤师古曰:"近音钜靳反。"

⑥张晏曰:"楚王好田,樊姬为不食禽兽之肉。"

⑦师古曰:"诗谓《关雎》以下也。《窈窕》、《德象》、女师之篇,皆古箴戒之书也。故传云诵《诗》及《窈窕》以下诸篇,明《诗》外别有此篇耳。而说者便谓《窈窕》等即是《诗》篇,盖失之矣。"

⑧师古曰:"则,法也。"

自鸿嘉后,上稍隆于内宠。倢伃进侍者李平,平得幸,立为倢伃。上曰:"始卫皇后亦从微起。"乃赐平姓曰卫,所谓卫倢伃也。其后赵飞燕姊弟亦从自微贱兴,隃越礼制,寝盛于前。①班倢伃及许皇后皆失宠,稀复进见。鸿嘉三年,赵飞燕谮告许皇后、班倢伃挟媚道,祝诅后宫,詈及主上。许皇后坐废。考问班倢伃,倢伃对曰:"妾闻'死生有命,富贵在天'。②修正尚未蒙福,为邪欲以何望? 使鬼神有知,不受不臣之诉;③如其无知,诉之何益? 故不为也。"上善其对,怜悯之,赐黄金百斤。

①师古曰:"隃与逾同。寝,渐也。"

②师古曰:"《论语》载子夏对司马牛之言也。"

③师古曰:"祝诅主上是不臣也。"

赵氏姊弟骄妒，婕妤恐久见危，求共养太后长信宫，①上许焉。婕妤退处东宫，作赋自伤悼，其辞曰：

①师古曰："共音居用反。养音弋向反。"

　　承祖考之遗德兮，何性命之淑灵，①登薄躯于宫阙兮，充下陈于后庭。②蒙圣皇之渥惠兮，当日月之盛明，③扬光烈之翕赫兮，奉隆宠于增成。既过幸于非位兮，窃庶几乎嘉时，④每寤寐而累息兮，申佩离以自思，⑤陈女图以镜监兮，顾女史而问诗。悲晨妇之作戒兮，⑥哀褒、阎之为邮；⑦美皇、英之女虞兮，荣任、姒之母周。⑧虽愚陋其靡及兮，敢舍心而忘兹？⑨历年岁而悼惧兮，闵蕃华之不滋。⑩痛阳禄与柘馆兮，仍襁褓而离灾，⑪岂妾人之殃咎兮？将天命之不可求。

①师古曰："何，任也，负也。"

②师古曰："陈，列也。"

③师古曰："渥，厚也。"

④师古曰："嘉，善也。"

⑤师古曰："累息，言惧而喘息也。离，袿衣之带也。女子适人，父亲结其离而戒之，故云自思也。累，古累字。"

⑥张晏曰："书云'牝鸡之晨，惟家之索'，喻妇人无男事也。"

⑦师古曰："《小雅》刺幽王之诗曰'赫赫宗周，褒姒灭之'，'阎妻煽方处'，故云为邮。邮，过也。"

⑧师古曰："皇，娥皇；英，女英，尧之二女也。女，妻也。虞，虞舜也。任，太任，文王之母；姒，太姒，武王之母也。女虞，女音尼据反。"

⑨师古曰："舍，息也。"

⑩师古曰："滋，益也。言时逝不留，华色落也。蕃音扶元反。"

⑪服虔曰："二馆名也，生子此馆，皆失之也。"师古曰："二观并在上林中。仍，频也。离，遭也。"

　　白日忽已移光兮，遂晻莫而昧幽，①犹被覆载之厚德兮，不废捐于罪邮。②奉共养于东宫兮，托长信之末流，③共洒埽于帷幄兮，永终死以为期。④愿归骨于山足兮,依松柏之馀休。⑤

①师古曰:"晻与暗同,又音乌感反。莫读曰暮。一曰,莫,静也,读如本字。"

②师古曰:"言主上之恩比于天地,虽有罪过,不废弃也。被音皮义反。"

③师古曰:"末流谓恩顾之末也。一曰流谓等列也。共音居用反。养音弋向反。"

④师古曰:"共音居容反。洒音灑,又音所寄反。埽音先到反。"

⑤师古曰:"山足谓陵下也。休,荫也。"

　　重曰:①潜玄宫兮幽以清,应门闭兮禁闼扃。②华殿尘兮玉阶菭,中庭萋兮绿草生。③广室阴兮帷幄暗,房栊虚兮风泠泠。④感帷裳兮发红罗,纷綷縩兮纨素声。⑤神眇眇兮密靓处,君不御兮谁为荣?⑥俯视兮丹墀,思君兮履綦。⑦仰视兮云屋,双涕兮横流。⑧顾左右兮和颜,酌羽觞兮销忧。⑨惟人生兮一世,忽一过兮若浮。已独享兮高明,处生民兮极休。⑩勉虞精兮极乐,与福禄兮无期。⑪《绿衣》兮《白华》,自古兮有之。⑫

①师古曰:"重者,情志未申,更作赋也。音直用反。"

②师古曰:"正门谓之应门。扃,短关也,音工荧反。"

③师古曰:"菭,水气所生也。萋萋,青草貌也。菭音台。萋音妻。"

④师古曰:"栊,疏槛也,音来东反。泠音零。"

⑤师古曰:"感,动也。言风动发帷裳罗绮也。綷縩,衣声也。綷音千賄反。縩音蔡。"

⑥师古曰:"靓字与静同。"

⑦孟康曰:"丹墀,赤地也。"师古曰:"綦,履下饰也。言视殿上之地,则想君履綦之迹也。綦音其。"

⑧师古曰:"云屋,言其罿霼,状若云也。罿音徒感反。霼音徒对反。"

⑨刘德曰:"酒行疾如羽也。"孟康曰:"羽觞,爵也,作生爵形,有头尾羽翼。"如淳曰:"以玳瑁覆翠羽于下彻上见。"师古曰:"孟说是也。"

⑩师古曰:"享,当也。休,美也。"

⑪师古曰:"此虞与娱同。"

⑫师古曰:"《绿衣》,《诗·邶风》刺妾上僭夫人失位。《白华》,《小雅》篇,周人

刺幽王黜申后也。"

至成帝崩,倢伃充奉园陵,薨,因葬园中。

孝成赵皇后,本长安宫人。①初生时,父母不举,三日不死,乃收养之。及壮,属阳阿主家,②学歌舞,号曰飞燕。③成帝尝微行出,过阳阿主,作乐。上见飞燕而说之,④召入宫,大幸。有女弟复召入,俱为倢伃,贵倾后宫。

①师古曰:"本宫人以赐阳阿主家也。宫人者,省中侍使官婢,名曰宫人,非天子掖庭中也。事见《汉旧仪》。言长安者,以别甘泉等诸宫省也。"

②师古曰:"阳阿,平原之县也。今俗书阿字作河。又或为河阳,皆后人所妄改耳。"

③师古曰:"以其体轻故也。"

④师古曰:"说读曰悦。"

许后之废也,上欲立赵倢伃。皇太后嫌其所出微甚,难之。太后姊子淳于长为侍中,数往来传语,得太后指,上立封赵倢伃父临为成阳侯。后月馀,乃立倢伃为皇后。追以长前白罢昌陵功,封为定陵侯。

皇后既立,后宠少衰,而弟绝幸,为昭仪。居昭阳舍,其中庭彤朱,而殿上髤漆,①切皆铜沓(冒)黄金涂,②[7]白玉阶,③壁带往往为黄金釭,函蓝田璧,明珠、翠羽饰之,④自后宫未尝有焉。姊弟颛宠十馀年,卒皆无子。⑤

①师古曰:"以漆漆物谓之髤,音许求反,又许昭反。今关东俗,器物一再著漆者谓之捎漆。捎即髤声之转重耳。髤字或作髹,音义亦与髤同。今关西俗云黑髤盘,朱髤盘,其音如此,两义并通。"

②师古曰:"切,门限也,音千结反。沓,冒其头也。涂,以金涂铜上也。沓音它合反。"

③师古曰:"阶,所由升殿陛也。"

④服虔曰:"釭,壁中之横带也。"晋灼曰:"以金环饰之也。"师古曰:"壁带,壁之横木露出如带者也。于壁带之中,往往以金为釭,若车釭之形也。其釭中著玉璧、明珠、翠羽耳。蓝田,山名,出美玉。釭音工,流俗读之音江,

　非也。"

　　⑤师古曰："颛与专同。卒,终也。"

　　末年,定陶王来朝,王祖母傅太后私赂遗赵皇后、昭仪,定陶王竟为太子。

　　明年春,成帝崩。帝素强,无疾病。是时楚思王衍、梁王立来朝,明旦当辞去,上宿供张白虎殿。①又欲拜左将军孔光为丞相,已刻侯印书赞。②昏夜平善,乡晨,傅绔韤③欲起,因失衣,不能言,昼漏上十刻而崩。民间归罪赵昭仪,皇太后诏大司马莽、丞相大司空曰："皇帝暴崩,群众讙哗怪之。掖庭令辅等在后庭左右,侍燕迫近,杂与御史、丞相、廷尉治问皇帝起居发病状。"赵昭仪自杀。

　　①师古曰："白虎殿在未央宫中。供音居用反。张音竹亮反。"

　　②师古曰："赞谓延拜之文。"

　　③应劭曰："傅,著也。"师古曰："乡读曰向。傅读曰附。绔,古袴字也。韤音武伐反。"

　　哀帝既立,尊赵皇后为皇太后,封太后弟侍中驸马都尉钦为新成侯。赵氏侯者凡二人。后数月,司隶解光奏言:

　　　　臣闻许美人及故中宫史曹宫皆御幸孝成皇帝,产子,子隐不见。

　　　　臣遣从事掾业、史望①验问知状者掖庭狱丞籍武,故中黄门王舜、吴恭、靳严,官婢曹晓、道房、张弃,故赵昭仪御者于客子、王偏、臧兼等,皆曰宫即晓子女,前属中宫,为学事史,通《诗》,授皇后。房与宫对食,②元延元年中宫语房曰："陛下幸宫。"后数月,晓入殿中,见宫腹大,问宫。宫曰："御幸有身。"其十月中,宫乳掖庭牛官令舍,③有婢六人。中黄门田客持诏记,盛绿绨方底,④封御史中丞印,予武曰："取牛官令舍妇人新产儿,婢六人,尽置暴室狱,毋问儿男女,谁儿也!"武迎置狱。宫曰："善臧我儿胞,⑤丞知是何等儿也!"⑥后三日,客持诏记与武,问:"儿死未?手书对牍背。"⑦武即书对:"儿见在,未死。"有顷,客出曰:"上与昭仪大怒,奈何不杀?"

武叩头啼曰："不杀儿,自知当死;杀之,亦死!"即因客奏封事,曰:
"陛下未有继嗣,子无贵贱,唯留意!"奏入,客复持诏记予武曰:"今
夜漏上五刻,持儿与舜,会东交掖门。"武因问客:"陛下得武书,意
何如?"曰:"憞也。"⑧武以儿付舜。舜受诏,内儿殿中,为择乳母,
告:"善养儿,且有赏。毋令漏泄!"舜择弃为乳母,时儿生八九日。
后三日,客复持诏记,封如前予武,中有封小绿箧,记曰:"告武以箧
中物书予狱中妇人,武自临饮之。"⑨武发箧中有裹药二枚,赫蹏
书,⑩曰"告伟能:努力饮此药,不可复入。女自知之!"⑪伟能即宫。
宫读书已,曰:"果也,欲姊弟擅天下!我儿男也,额上有壮发,类孝
元皇帝。⑫今儿安在?危杀之矣!⑬奈何令长信得闻之?"⑭宫饮药
死。后宫婢六人召入,出语武曰:"昭仪言:'女无过。⑮宁自杀邪,
若外家也?'⑯我曹言愿自杀。"⑰即自缪死。⑱武皆表奏状。弃所养
儿十一日,⑲宫长李南以诏书取儿去,⑳不知所置。㉑

①师古曰:"业者掾之名,望者史之名也,皆不言其姓。"

②应劭曰:"宫人自相与为夫妇名对食,甚相妒忌也。"

③师古曰:"乳,产也,音而具反。下皆类此。"

④师古曰:"綈,厚缯也。绿,其色也。方底,盛书囊,形若今之算㬹耳。綈音
　　大奚反。"

⑤师古曰:"胞谓胎之衣也,音苞。"

⑥师古曰:"意言是天子儿耳。"

⑦师古曰:"牍,木简也。时以为诏记问之,故令于背上书对辞。"

⑧服虔曰:"憞,直视貌也。"师古曰:"憞音丑庚反。字本作瞠,其音同耳。"

⑨师古曰:"饮音于禁反。"

⑩孟康曰:"蹏犹地也,染纸素令赤而书之,若今黄纸也。"邓展曰:"赫音兄弟
　　阋墙之阋。"应劭曰:"赫蹏,薄小纸也。"晋灼曰:"今谓薄小物为阋蹏。邓音
　　应说是也。"师古曰:"孟说非也。今书本赫字或作击。"

⑪师古曰:"女读曰汝。"

⑫师古曰:"壮发,当额前侵下而生,今俗呼为圭头者是也。"

⑬师古曰:"危,险也。犹今人言险不杀耳。"

⑭师古曰：“谓太后。”

⑮师古曰：“言我知汝无罪过也。女读曰汝。”

⑯晋灼曰：“宁便自杀，出至外舍死也。”

⑰师古曰：“曹，辈也。”

⑱晋灼曰：“缪音缪缚之缪。”郑氏曰：“自缢也。”师古曰：“缪，绞也，音居虬反。”

⑲师古曰：“弃谓张弃也。”

⑳晋灼曰：“《汉仪注》有女长御，比侍中。宫长岂此邪？”

㉑师古曰：“终竟不知置何所也。”

　　许美人前在上林涿沐馆，数召入饰室中若舍，①一岁再三召，留数月或半岁御幸。元延二年褱子，②其十一月乳。③诏使严持乳医及五种和药丸三，送美人所。后客子、偏、兼闻昭仪谓成帝曰：“常给我言从〔宫中〕〔中宫〕来，④〔8〕即从中宫来，许美人儿何从生中？许氏竟当复立邪！”⑤怼，以手自捣，⑥以头击壁户柱，从床上自投地，啼泣不肯食，曰：“今当安置我，欲归耳！”帝曰：“今故告之，反怒为！⑦殊不可晓也。”⑧帝亦不食。昭仪曰：“陛下自知是，不食为何？⑨陛下常自言‘约不负女’，⑩今美人有子，竟负约，谓何？”帝曰：“约以赵氏，故不立许氏。使天下无出赵氏上者，毋忧也！”后诏使严持绿囊书予许美人，告严曰：“美人当有以予女，受来，置饰室中帘南。”⑪美人以苇箧一合盛所生儿，缄封，及绿囊报书予严。严持箧书，置饰室帘南去。帝与昭仪坐，使客子解箧缄。未已，⑫帝使客子、偏、兼皆出，自闭户，独与昭仪在。须臾开户，呼客子、偏、兼，使缄封箧及绿绨方底，推置屏风东。恭受诏，持箧方底予武，皆封以御史中丞印，曰：“告武：箧中有死儿，埋屏处，勿令人知。”武穿狱楼垣下为坎，埋其中。

①师古曰：“或暂入，或留止也。”

②师古曰：“褱，本怀字。”

③师古曰：“乳谓产子也，音而树反。其下亦同。”

④师古曰：“给，诳也。中宫，皇后所居。”

⑤晋灼曰："昭仪前要帝不得立许美人为皇后,而今有子中,许氏竟当复立为
　皇后邪!此前约之言也。"师古曰："此说非也。言美人在内中,何从得儿而
　生也,故言何从生中。次此下,乃始言约耳。"

⑥师古曰："憝,怨怒也。捣,筑也。憝音直类反。"

⑦师古曰："故以许美人产子告汝,何为反怒?"

⑧师古曰："言其不可告语也。"

⑨师古曰："何为不食也。"

⑩师古曰："女读曰汝。次下亦同。"

⑪师古曰："簾,户簾也,音廉。"

⑫师古曰："缄,束箧之绳也,音居咸反。"

　　故长定许贵人及故成都、平阿侯家婢王业、任娾、公孙习前免
为庶人,①诏召入,属昭仪为私婢。成帝崩,未幸梓宫,②仓卒悲哀
之时,昭仪自知罪恶大,知业等故许氏、王氏婢,恐事泄,而以大婢
羊子等赐予业等各且十人,以慰其意,属无道我家过失。③

①师古曰："娾音丽。"

②师古曰："言未入敛也。"

③师古曰："属音之欲反。"

　　元延二年五月,故掖庭令吾丘遵谓武曰:①"掖庭丞吏以下皆
与昭仪合通,无可与语者,独欲与武有所言。我无子,武有子,是家
轻族人,得无不敢乎?②掖庭中御幸生子者辄死,又饮药伤堕者无
数,欲与武共言之大臣,票骑将军贪耆钱,不足计事,③奈何令长信
得闻之?"遵后病困,谓武:"今我已死,前所语事,武不能独为也,
慎语!"④

①师古曰："姓吾丘,名遵。"

②苏林曰："是家谓成帝也。不敢斥,故言是家。"师古曰："遵自以无子,故无
　所顾惧,武既有子,恐祸相及,当止不敢言也。"

③师古曰："耆读曰嗜。"

④师古曰："言汝脱不能独为,勿漏泄其语。"

　　皆在今年四月丙辰赦令前。臣谨案永光三年男子忠等发长陵

傅夫人冢。事更大赦，①孝元皇帝下诏曰："（比）〔此〕朕不当所得赦也。"〔9〕穷治，尽伏辜，天下以为当。鲁严公夫人杀世子，齐桓召而诛焉，《春秋》予之。②赵昭仪倾乱圣朝，亲灭继嗣，家属当伏天诛。前平安刚侯夫人谒坐大逆，同产当坐，以蒙赦令，归故郡。今昭仪所犯尤悖逆，罪重于谒，而同产亲属皆在尊贵之位，迫近帏幄，③群下寒心，非所以惩恶崇谊示四方也。请事穷竟，丞相以下议正法。

①师古曰："更音工衡反。"

②师古曰："严公夫人谓哀姜也。予谓许予之也。解具在《五行志》。"

③师古曰："近音钜靳反。"

哀帝于是免新成侯赵钦、钦兄子成阳侯䜣，皆为庶人，将家属徙辽西郡。时议郎耿育上疏言：

臣闻继嗣失统，废适立庶，①圣人法禁，古今至戒。然大伯见历知适，遂循固让，②委身吴粤，权变所设，不计常法，致位王季，以崇圣嗣，卒有天下，③子孙承业，七八百载，功冠三王，道德最备，是以尊号追及大王。故世必有非常之变，然后乃有非常之谋。孝成皇帝自知继嗣不以时立，念虽未有皇子，万岁之后未能持国，④权柄之重，制于女主，女主骄盛则奢欲无极，⑤少主幼弱则大臣不使，⑥世无周公抱负之辅，恐危社稷，倾乱天下。知陛下有贤圣通明之德，仁孝子爱之恩，怀独见之明，内断于身，故废后宫就馆之渐，绝微嗣祸乱之根，⑦乃欲致位陛下以安宗庙。愚臣既不能深援安危，定金匮之计，⑧又不知推演圣德，述先帝之志，⑨乃反覆校省内，暴露私燕，⑩诬污先帝倾惑之过，成结宠妾妒媚之诛，甚失贤圣远见之明，逆负先帝忧国之意。

①师古曰："适读曰嫡。次下亦同。"

②师古曰："历谓王季，即文王之父也。知适谓知其当为适嗣也。"

③师古曰："卒，终也。"

④师古曰："末，晚暮也。万岁，言晏驾也。"

⑤师古曰："奢读曰嗜。"

⑥师古曰:"不使,不可使从命也。"

⑦师古曰:"微嗣者,谓幼主也。"

⑧师古曰:"愚臣谓解光等也。援,引也。金匮,言长久之法可藏于金匮石室者也。援音爰。"

⑨师古曰:"演,广也,音弋善反。"

⑩师古曰:"私燕谓成帝闲宴之私也。覆音芳目反。"

　　夫论大德不拘俗,立大功不合众,此乃孝成皇帝至思所以万万于众臣,陛下圣德盛茂所以符合于皇天也,岂当世庸庸斗筲之臣所能及哉!且褒广将顺君父之美,匡捄销灭既往之过,①古今通义也。事不当时固争,防祸于未然,各随指阿从,以求容媚,晏驾之后,尊号已定,万事已讫,乃探追不及之事,讦扬幽昧之过,②此臣所深痛也!

①师古曰:"捄,古救字。"

②师古曰:"讦音居谒反。"

　　愿下有司议,即如臣言,宜宣布天下,使咸晓知先帝圣意所起。不然,空使谤议上及山陵,下流后世,远闻百蛮,近布海内,甚非先帝托后之意也。盖孝子善述父之志,善成人之事,唯陛下省察!

　　哀帝为太子,亦颇得赵太后力,遂不竟其事。傅太后恩赵太后,赵太后亦归心,①故成帝母及王氏皆怨之。

①师古曰:"恩谓以厚恩接遇之。一曰,恩谓衔其立哀帝为嗣之恩也。"

哀帝崩,王莽白太后诏有司曰:"前皇太后与昭仪俱侍帷幄,姊弟专宠锢寝,执贼乱之谋,残灭继嗣以危宗庙,悖天犯祖,①无为天下母之义。贬皇太后为孝成皇后,②徙居北宫。"后月馀,复下诏曰:"皇后自知罪恶深大,朝请希阔,③失妇道,无共养之礼,而有狼虎之毒,④宗室所怨,海内之雠也,而尚在小君之位,诚非皇天之心。夫小不忍乱大谋,恩之所不能已者义之所割也,⑤今废皇后为庶人,就其园。"是日自杀。凡立十六年而诛。先是有童谣曰:"燕燕,尾涎涎,⑥张公子,时相见。木门仓琅根,燕飞来,啄皇孙。皇孙死,燕啄矢。"成帝每微行出,常与张放俱,而称富平侯家,故曰张公子。仓琅根,宫门铜锾也。⑦

> ①师古曰:"悖,违也。祖,先帝也。"
> ②晋灼曰:"使哀帝不母,罪之也。"
> ③师古曰:"请,谒也。阅犹阙也。"
> ④师古曰:"共读曰供,音居用反。养音弋向反。其下并同。"
> ⑤师古曰:"言以义割恩也。"
> ⑥师古曰:"涎涎,光泽之貌也,音徒见反。"
> ⑦师古曰:"锾读与环同。"

孝元傅昭仪,哀帝祖母也。父河内温人,蚤卒,母更嫁为魏郡郑翁妻,生男恽。昭仪少为上官太后才人,自元帝为太子,得进幸。元帝即位,立为倢伃,甚有宠。为人有材略,善事人,下至宫人左右,饮酒酹地,皆祝延之。①产一男一女,女为平都公主,男为定陶恭王。恭王有材艺,尤爱于上。元帝既重傅倢伃,及冯倢伃亦幸,生中山孝王,上欲殊之于后宫,以二人皆有子为王,上尚在,未得称太后,乃更号曰昭仪,赐以印绶,在倢伃上。昭其仪,尊之也。至成、哀时,赵昭仪、董昭仪皆无子,犹称焉。

> ①师古曰:"酹,以酒沃地也。祝延,祝之使长年也。酹音来外反。祝音之受反。"

元帝崩,傅昭仪随王归国,称定陶太后。后十年,恭王薨,子代为王。王母曰丁姬。傅太后躬自养视,既壮大,成帝无继嗣。时中山孝王在。元延四年,孝王及定陶王皆入朝。傅太后多以珍宝赂遗赵昭仪及帝舅票骑将军王根,阴为王求汉嗣。皆见上无子,欲豫自结为久长计,更称誉定陶王。①上亦自器之,明年,遂征定陶王立为太子,语在《哀纪》。月馀,天子立楚孝王孙景为定陶王,奉恭王后。太子议欲谢,少傅阎崇以为"《春秋》不以父命废王父命,②为人后之礼不得顾私亲,不当谢"。太傅赵玄以为当谢,太子从之。诏问所以谢状,尚书劾奏玄,左迁少府,以光禄勋师丹为太傅。诏傅太后与太子母丁姬自居定陶国邸,下有司议皇太子得与傅太后、丁姬相见不，有司奏议不得相见。顷之，成帝母王太后欲令傅太后、丁姬十日一至太子家，成帝曰："太子丞正统，当共养陛下，不得复顾私亲。"王太后曰："太子小，而傅太后抱养之，今至太子家，以乳母恩耳，不足有所妨。"于是令傅太后得至太子家。丁姬以不小养太子，独不得。

①师古曰："更音工衡反。"

②师古曰："王父谓祖也。"

成帝崩，哀帝即位。王太后诏令傅太后、丁姬十日一至未央宫。高昌侯董宏希指，①上书言宜立丁姬为帝太后。师丹劾奏："宏怀邪误朝，不道。"上初即位，谦让，从师丹言止。后乃白令王太后下诏，尊定陶恭王为恭皇。哀帝因是曰："《春秋》'母以子贵'，尊傅太后为恭皇太后，丁姬为恭皇后，各置左右詹事，食邑如长信宫、中宫。追尊恭皇太后父为崇祖侯，恭皇后父为褒德侯。"后岁馀，遂下诏曰："汉家之制，推亲亲以显尊尊，定陶恭皇之号不宜复称定陶。其尊恭皇太后为帝太太后，丁后为帝太后。"后又更号帝太太后为皇太太后，称永信宫，帝太后称中安宫，而成帝母太皇太后本称长信宫，成帝赵后为皇太后，并四太后，各置少府、太仆，秩皆中二千石。为恭皇立寝庙于京师，比宣帝父悼皇考制度，序昭穆于前殿。②

①师古曰："希望天子意指也。"

②如淳曰："庙之前曰殿，半以后曰寝。"

傅太后父同产弟四人，曰子孟、中叔、子元、幼君。①子孟子喜至大司马，封高武侯。中叔子晏亦大司马，封孔乡侯。幼君子商封汝昌侯，为太后父崇祖侯后，更号崇祖曰汝昌哀侯。太后同母弟郑恽前死，以恽子业为阳信侯，追尊恽为阳信节侯。郑氏、傅氏侯者凡六人，大司马二人，九卿二千石六人，侍中诸曹十馀人。

①师古曰："中读曰仲。"

傅太后既尊，后尤骄，与成帝母语，至谓之妪。与中山孝王母冯太

后并事元帝,追怨之,陷以祝诅罪,令自杀。元寿元年崩,合葬渭陵,称
孝元傅皇后云。

定陶丁姬,哀帝母也,《易》祖师丁将军之玄孙。①家在山阳瑕丘,父
至庐江太守。始定陶恭王先为山阳王,而丁氏内其女为姬。王后姓张
氏,其母郑礼,即傅太后同母弟也。太后以亲戚故,欲其有子,然终无
有。唯丁姬河平四年生哀帝。丁姬为帝太后,两兄忠、明。明以帝舅封
阳安侯。忠蚤死,封忠子满为平周侯。太后叔父宪、望。望为左将军,
宪为太仆。明为大司马票骑将军辅政。丁氏侯者凡二人,大司马一人,
将军、九卿、二千石六人,侍中诸曹亦十馀人。丁、傅以一二年间暴兴尤
盛。然哀帝不甚假以权势,权势不如王氏在成帝世也。

①师古曰:“(始祖)〔祖,始〕也。[10]《儒林传》丁宽《易》之始师。”

建平二年,丁太后崩。上曰:“《诗》云‘谷则异室,死则同穴’。①昔
季武子成寝,杜氏之墓在西阶下,请合葬而许之。②附葬之礼,自周兴
焉。孝子事亡如事存,帝太后宜起陵恭皇之园。”遣大司马票骑将军明
东送葬于定陶,贵震山东。

①师古曰:“《王国·大车》之诗也。谷,生也。”

②师古曰:“事见《礼记》。”

哀帝崩,王莽秉政,使有司举奏丁、傅罪恶。莽以太皇太后诏皆免
官爵,丁氏徙归故郡。莽奏贬傅太后号为定陶共王母,丁太后号曰
丁姬。

元始五年,莽复言“共王母、丁姬前不臣妾,①至葬渭陵,冢高与元
帝山齐,怀帝太后、皇太太后玺绶以葬,②不应礼。礼有改葬,请发共王
母及丁姬冢,取其玺绶消灭,徙共王母及丁姬归定陶,葬共王冢次,而葬
丁姬复其故。”③太后以为既已之事,不须复发。莽固争之,太后诏曰:
“因故棺为致椁作冢,④祠以太牢。”谒者护既发傅太后冢,崩压杀数百
人;开丁姬椁户,火出炎四五丈,⑤吏卒以水沃灭乃得入,烧燔椁中

器物。

①师古曰:"不遵臣妾之道。"

②师古曰:"怀谓挟之以自随也。"

③师古曰:"复音扶目反。"

④师古曰:"致谓累也。"

⑤师古曰:"炎音弋赡反。"

莽复奏言:"前共王母生,僭居桂宫,皇天震怒,灾其正殿;丁姬死,葬逾制度,今火焚其椁。此天见变以告,当改如媵妾也。臣前奏请葬丁姬复故,非是。①共王母及丁姬棺皆名梓宫,珠玉之衣非藩妾服,请更以木棺代,去珠玉衣,葬丁姬媵妾之次。"奏可。既开傅太后棺,臭闻数里。公卿在位皆阿莽指,入钱帛,遣子弟及诸生四夷,凡十馀万人,操持作具,助将作掘平共王母、丁姬故冢,二旬间皆平。莽又周棘其处以为世戒云。②时有群燕数千,衔土投丁姬穿中。③丁、傅既败,孔乡侯晏将家属徙合浦,宗族皆归故郡。唯高武侯喜得全,自有传。

①师古曰:"言尚太优僭也。"

②师古曰:"以棘周绕也。"

③师古曰:"穿谓圹中也。"

孝哀傅皇后,定陶太后从弟子也。哀帝为定陶王时,傅太后欲重亲,取以配王。王入为汉太子,傅氏女为妃。哀帝即位,成帝大行尚在前殿,而傅太后封傅妃父晏为孔乡侯,与帝舅阳安侯丁明同日俱封。时师丹谏,以为:"天下自王者所有,亲戚何患不富贵?而仓卒若是,其不久长矣!"晏封后月馀,傅妃立为皇后。傅氏既盛,晏最尊重。哀帝崩,王莽白太皇太后下诏曰:"定陶共王太后与孔乡侯晏同心合谋,背恩忘本,专恣不轨,与至尊同称号,终没,至乃配食于左坐,①悖逆无道。今令孝哀皇后退就桂宫。"后月馀,复与孝成赵皇后俱废为庶人,就其园自杀。

①应劭曰:"若礼以其妃配者也。坐于左而并食。"师古曰:"坐音材卧反。"

孝元冯昭仪，平帝祖母也。元帝即位二年，以选入后宫。时父奉世为执金吾。昭仪始为长使，数月至美人，后五年就馆生男，拜为婕妤。时父奉世为右将军光禄勋，奉世长男野王为左冯翊，父子并居朝廷，议者以为器能当其位，非用女宠故也。而冯婕妤内宠与傅昭仪等。

建昭中，上幸虎圈斗兽，后宫皆坐。熊佚出圈，①攀槛欲上殿。左右贵人傅昭仪等皆惊走，冯婕妤直前当熊而立，左右格杀熊。上问："人情惊惧，何故前当熊？"婕妤对曰："猛兽得人而止，妾恐熊至御坐，故以身当之。"元帝嗟叹，以此倍敬重焉。傅昭仪等皆惭。明年夏，冯婕妤男立为信都王，尊婕妤为昭仪。元帝崩，为信都太后，与王俱居储元宫。②河平中，随王之国。后徙中山，是为孝王。

①师古曰："佚字与逸同。"

②师古曰："《黄图》在上林苑中。"

后征定陶王为太子，封中山王舅参为宜乡侯。参，冯太后少弟也。是岁，孝王薨，有一男，嗣为王，时未满岁，有眚病，①太后自养视，数祷祠解。②

①孟康曰："灾眚之眚，谓妖病也。"服虔曰："身尽青也。"苏林曰："名为肝厥，发时唇口手足十指甲皆青。"师古曰："下云祷祠解舍，孟说是也。未满岁者，谓为王未满岁也。眚音所领反，字不作青，服、（虔）〔苏〕误也。"[11]

②师古曰："解音懈。"

哀帝即位，遣中郎谒者张由将医治中山小王。由素有狂易病，①病发怒去，西归长安。尚书簿责擅去状，②由恐，因诬言中山太后祝诅上及太后。太后即傅昭仪也，素常怨冯太后，因是遣御史丁玄案验，尽收御者官吏及冯氏昆弟在国者百馀人，分系雒阳、魏郡、钜鹿。数十日无所得，更使中谒者令史立③与丞相长史大鸿胪丞杂治。立受傅太后指，几得封侯，④治冯太后女弟习及寡弟妇君之，死者数十人。巫刘吾服祝诅。医徐遂成言习、君之曰："武帝时医修氏刺治武帝得二千万耳，⑤今愈上，不得封侯，不如杀上，令中山王代，可得封。"立等劾奏祝诅谋反，大逆。责问冯太后，无服辞。立曰："熊之上殿何其勇，今何怯也！"太后还谓左右:"此乃中语,前世事,⑥吏何用知之? 是欲陷我效也!"⑦乃饮药自杀。

①师古曰:"狂易者,狂而变易常性也。"

②师古曰:"簿责,以文簿一一责问也。"

③师古曰:"官为中谒者令,姓史,名立。"

④师古曰:"几读曰冀。"

⑤师古曰:"刺治谓箴之。"

⑥师古曰:"中语,谓宫中之言语也。"

⑦师古曰:"效,征验也。"

先未死,有司请诛之,上不忍致法,废为庶人,徙云阳宫。既死,有司复奏:"太后死在未废前。"有诏以诸侯王太后仪葬之。宜乡侯参、君之、习夫及子当相坐者,或自杀,或伏法。参女弁为孝王后,有两女,有司奏免为庶人,与冯氏宗族徙归故郡。张由以先告赐爵关内侯,史立迁中太仆。

哀帝崩,大司徒孔光奏"由前诬告骨肉,立陷人入大辟,为国家结怨于天下,以取秩迁,获爵邑,幸蒙赦令,请免为庶人,徙合浦"云。

中山卫姬,平帝母也。父子豪,中山卢奴人,官至卫尉。子豪女弟为宣帝倢伃,生楚孝王;长女又为元帝倢伃,生平阳公主。成帝时,中山孝王无子,上以卫氏吉祥,以子豪少女配孝王。元延四年,生平帝。

〔平帝〕年二岁,〔12〕孝王薨,代为王。哀帝崩,无嗣,太皇太后与新都侯莽迎中山王立为帝。莽欲颛国权,惩丁、傅行事,①以帝为成帝后,母卫姬及外家不当得至京师。乃更立宗室桃乡侯子成都为中山王,奉孝王后,遣少傅左将军甄丰赐卫姬玺绶,即拜为中山孝王后,以苦陉县为汤沐邑。又赐帝舅卫宝、宝弟玄爵关内侯。赐帝三妹,谒臣号修义君,哉皮为承礼君,鬲子为尊德君,②食邑各二千户。莽长子宇非莽隔绝卫氏,恐久后受祸,即私与卫宝通书记,教卫后上书谢恩,因陈丁、傅旧恶,几得至京师。③莽白太皇太后诏有司曰:"中山孝王后深分明为人后之义,条陈故定陶傅太后、丁姬悖天逆理,上僭位号,④徙定陶王于信都,为共王立庙于京师,如天子制,不畏天命,侮圣人言,⑤坏乱法度,居非其制,称非其号。是以皇天震怒,火烧其殿,六年之间大命不遂,祸殃仍重,⑥竟令孝哀帝受其馀灾,大失天心,夭命暴崩,又令共王祭祀绝废,精魂无所依归。朕惟孝王后深说经义,明镜圣法,惧古人之祸败,近事之咎殃,畏天命,奉圣言,是乃久保一国,长获天禄,而令孝王永享无疆之祀,福祥之大者也。朕甚嘉之。夫褒义赏善,圣王之制,其以中山故安户七千益中山后汤沐邑,加赐及中山王黄金各百斤,增傅相以下秩。"

①师古曰:"惩,创艾也。"

②师古曰:"鬲音历。"

③师古曰:"几读曰冀。"

④师古曰:"悖,违也。"

⑤师古曰:"《论语》称孔子曰:'君子有三畏:畏天命,畏大人,畏圣人之言。小人不知天命而不畏也,狎大人,侮圣人之言。'故此文引之也。侮,古侮字。"

⑥师古曰:"遂犹延也。重音直用反。"

卫后日夜啼泣,思见帝,而但益户邑。宇复教令上书求至京师。会事发觉,莽杀宇,尽诛卫氏支属。卫宝女为中山王后,免后,徙合浦。①唯卫后在,②王莽篡国,废为家人,后岁馀卒,葬孝王旁。

①师古曰:"黜其后位而徙也。"

②师古曰:"中山孝王后也。"

孝平王皇后,安汉公太傅大司马莽女也。平帝即位,年九岁,成帝母太皇太后称制,而莽秉政。莽欲依霍光故事,以女配帝,太后意不欲也。莽设变诈,令女必入,因以自重,事在《莽传》。太后不得已而许之,遣长乐少府夏侯藩、宗正刘宏、少府宗伯凤、尚书令平晏纳采,①大师光、大司徒马宫、大司空甄丰、左将军孙建、执金吾尹赏、行太常事太中大夫刘歆及太卜、太史令以下四十九人赐皮弁素绩,②以礼杂卜筮,太牢祠宗庙,待吉月日。明年春,遣大司徒宫、大司空丰、左将军建、右将军甄邯、光禄大夫歆奉乘舆法驾,迎皇后于安汉公第。③宫、丰、歆授皇后玺绂,④〔13〕登车称警跸,便时上林延寿门,⑤入未央宫前殿。群臣就位行礼,大赦天下。益封父安汉公地满百里,赐迎皇后及行礼者,自三公以下至驺宰执事长乐、未央宫、安汉公第者,皆增秩,赐金帛各有差。皇后立三月,以礼见高庙。尊父安汉公号曰宰衡,位在诸侯王上。赐公夫人号曰功显君,食邑。封公子安为褒新侯,临为赏都侯。

> ①师古曰:"官为少府,姓宗伯,名凤也。纳采者,《礼记》云婚礼纳采问名,谓采择其可者。"
>
> ②师古曰:"皮弁,以鹿皮为冠,形如人手之弁合也。素绩谓素裳也。朱衣而素裳。绩字或作积。积谓襞积之,若今之襈为也。"
>
> ③师古曰:"本自莽第,以皇后在是,因呼曰宫。"
>
> ④师古曰:"绂,所以系玺,音弗。"
>
> ⑤师古曰:"取时日之便也,音频面反。"

后立岁馀,平帝崩。莽立孝宣帝玄孙婴为孺子,莽摄帝位,尊皇后为皇太后。三年,莽即真,以婴为定安公,改皇太后号为定安公太后。太后时年十八矣,为人婉瘱有节操。①自刘氏废,常称疾不朝会。莽敬惮伤哀,欲嫁之,乃更号为黄皇室主,②令立国将军成新公孙建世子襐饰将医往问疾。③后大怒,笞鞭其旁侍御。因发病,不肯起,莽遂不复强也。及汉兵诛莽,燔烧未央宫,后曰:"何面目以见汉家!"自投火中而死。

> ①师古曰:"婉,顺也。瘱,静也,音乌计反。"
>
> ②师古曰:"莽自谓土德,故云黄皇。室主者,若汉之称公主。"
>
> ③师古曰:"襐,盛饰也,音丈,又音象。一曰,襐,首饰也,在两耳后,刻镂而为之。"

赞曰:《易》著吉凶而言谦盈之效,天地鬼神至于人道靡不同之。①夫女宠之兴,繇至微而体至尊,②穷富贵而不以功,此固道家所畏,祸福之宗也。序自汉兴,终于孝平,外戚后庭色宠著闻二十有馀人,然其保位全家者,唯文、景、武帝太后及邛成后四人而已。至如史良娣、王悼后、许恭哀后身皆夭折不辜，而家依托旧恩，不敢纵恣，是以能全。其馀大者夷灭，小者放流，乌呼！鉴兹行事，变亦备矣。

> ①师古曰："《易·谦卦》曰：'天道亏盈而益谦，地道变盈而流谦，鬼神害盈而福谦，人道恶盈而好谦。'"
>
> ②师古曰："繇与由同。"

【校勘记】

〔1〕 将军宜尊(重)之敬之， 景祐本无"重"字。

〔2〕 妾誇布服粝食， 李慈铭说孟注不可通，"誇"盖许后之名。杨树达说李说是。

〔3〕 (官)〔宦〕吏忮很， 景祐、殿、局本都作"宦"，注同。

〔4〕 终不肯给妾纤微内邪？③ 注③原在"纤微"下，明颜读"内邪"属下句。周寿昌、杨树达都说当属上句读。"纤微内"即上所云"纤微之间"。

〔5〕 今正于(王)〔皇〕极之月， 殿本作"皇"。

〔6〕 且财(帛)〔币〕之省， 景祐、殿本都作"币"。

〔7〕 切皆铜沓(冒)黄金涂， 景祐本无"冒"字。王念孙说"冒"字涉注文而衍。

〔8〕 常给我言从(宫中)〔中宫〕来， 景祐、殿、局本都作"中宫"，此误倒。

〔9〕 (比)〔此〕朕不当所得赦也。 殿本作"此"。王先谦说作"此"是。

〔10〕 (始祖)〔祖，始〕也。 景祐、殿本都作"祖始"。王先谦说作"祖始"是。

〔11〕 服、(虔)〔苏〕误也。 景祐、殿本都作"苏"，此误。

〔12〕 〔平帝〕年二岁， 景祐、殿本都有"平帝"二字。

〔13〕 迎皇后于安汉公第。③宫、丰、歆授皇后玺绂， 注③原在"宫"字下，颜以"宫"与"第"连文。董教增说此当以"第"为句，"宫"字连下"丰歆"读，颜说失之。

汉书卷九十八

元后传第六十八

孝元皇后,王莽之姑也。莽自谓黄帝之后,其《自本》曰:①黄帝姓姚氏,八世生虞舜。舜起妫汭,以妫为姓。②至周武王封舜后妫满于陈,是为胡公,十三世生完。完字敬仲,犇齐,③齐桓公以为卿,姓田氏。十一世,田和有齐国,〔三〕〔二〕世称王,〔一〕至王建为秦所灭。项羽起,封建孙安为济北王。至汉兴,安失国,齐人谓之"王家",因以为氏。

①师古曰:"述其本系。"

②师古曰:"妫,水名也。水曲曰汭。言因水为姓也。汭音而锐反。"

③师古曰:"犇,古奔字。"

文、景间,安孙遂字伯纪,处东平陵,①生贺,字翁孺。为武帝绣衣御史,逐捕魏郡群盗坚卢等党与,及吏畏懦逗遛当坐者,②翁孺皆纵不诛。它部御史暴胜之等奏杀二千石,诛千石以下,③及通行饮食坐连及者,大部至斩万馀人,语见《酷吏传》。翁孺以奉使不称免,④叹曰:"吾闻活千人有封子孙,吾所活者万馀人,后世其兴乎!"

①师古曰:"济南之县。"

②师古曰:"懦音乃唤反。逗音住,又音豆。"

③师古曰:"二千石者,奏而杀之,其千石以下,则得专诛。"

④师古曰:"不称谓不副所委。"

翁孺既免,而与东平陵终氏为怨,乃徙魏郡元城委粟里,为三老,魏郡人德之。元城建公曰:①"昔春秋沙麓崩,晋史卜之,曰:'阴为阳雄,土火相乘,②故有沙麓崩。后六百四十五年,宜有圣女兴。其齐田乎!'③今王翁孺徙,正直其地,④日月当之。元城郭东有五鹿之虚,即沙鹿地也。⑤后八十年，当有贵女兴天下"云。

　　①服虔曰："元城人年老者也。"

　　②李奇曰："此龟繇文也。阴，元后也。阳，汉也。王氏舜后，土也。汉，火也。
　　　故曰土火相乘，阴盛而沙麓崩。"

　　③张晏曰："阴数八，八八六十四。土数五，故六百四十五岁也。《春秋》僖十
　　　四年，沙麓崩，岁在乙亥，至〔哀帝元寿二年〕，哀帝崩，[2]元后始摄政，岁在
　　　庚申，沙麓崩后六百四十五岁。"

　　④师古曰："直亦当。"

　　⑤师古曰："虚读曰墟。"

　　（王）翁孺生禁[3]，字稚君，少学法律长安，为廷尉史。本始三年，生女
政君，即元后也。禁有大志，不修廉隅，好酒色，多取傍妻，凡有四女八
男：长女君侠，次即元后政君，次君力，次君弟；长男凤孝卿，次曼元卿，
谭子元，崇少子，商子夏，立子叔，根稚卿，逢时季卿。唯凤、崇与元后政
君同母。母，適妻，魏郡李氏女也。①后以妒去，更嫁为河内苟宾妻。

　　①师古曰："適读曰嫡。"

　　初，李亲任政君在身，①梦月入其怀。及壮大，婉顺得妇人道。尝
许嫁未行，所许者死。后东平王聘政君为姬，未入，王薨。禁独怪之，使
卜数者相政君，②"当大贵，不可言。"禁心以为然，乃教书，学鼓琴。五
凤中，献政君，年十八矣，入掖庭为家人子。

　　①师古曰："任，怀任。"

　　②师古曰："数，计也。若言今之禄命书也。数音所具反。"

　　岁馀，会皇太子所爱幸司马良娣病，且死，谓太子曰："妾死非天命，
乃诸娣妾良人更祝诅杀我。"①太子怜之，且以为然。及司马良娣死，太
子悲恚发病，忽忽不乐，因以过怒诸娣妾，莫得进见者。久之，宣帝闻太
子恨过诸娣妾，欲顺适其意，乃令皇后择后宫家人子可以虞侍太子
者，②政君与在其中。③及太子朝，皇后乃见政君等五人，微令旁长御问
知太子所欲。太子殊无意于五人者，不得已于皇后，④强应曰："此中一
人可。"⑤是时政君坐近太子，又独衣绛缘诸于，⑥长御即以为〔是〕。[4]皇

后使侍中杜辅、掖庭令浊贤交送政君太子宫，⑦见丙殿。得御幸，有身。先是者，太子后宫娣妾以十数，御幸久者七八年，莫有子，及王妃壹幸而有身。甘露三年，生成帝于甲馆画堂，为世適皇孙。⑧宣帝爱之，自名曰骜，字太孙，常置左右。

①师古曰："更音工衡反。"

②师古曰："此虞与娱同。"

③师古曰："与读曰豫。"

④师古曰："恐不副皇后意，故言不得已。"

⑤师古曰："非其本心，故曰强也。"

⑥师古曰："诸于，大掖衣，即袿衣之类也。"

⑦师古曰："浊，姓也。交送，谓侍中、掖庭令杂为使。"

⑧师古曰："適读曰嫡。"

后三年，宣帝崩，太子即位，是为孝元帝。立太孙为太子，以母王妃为婕妤，封父禁为阳平侯。后三日，婕妤立为皇后，禁位特进，禁弟弘至长乐卫尉。永光二年，禁薨，谥曰顷侯。长子凤嗣侯，为卫尉侍中。皇后自有子后，希复进见。太子壮大，宽博恭慎，语在《成纪》。其后幸酒，乐燕乐，①元帝不以为能。而傅昭仪有宠于上，生定陶共王。王多材艺，上甚爱之，坐则侧席，行则同辇，②常有意欲废太子而立共王。时凤在位，与皇后、太子同心忧惧，赖侍中史丹拥右太子，③语在《丹传》。上亦以皇后素谨慎，而太子先帝所常留意，故得不废。

①师古曰："幸酒，好酒也。乐宴乐，好燕私之乐也。解具在《成纪》。"

②师古曰："侧席谓附近御坐。"

③师古曰："右读曰佑，助也。"

元帝崩，太子立，是为孝成帝。尊皇后为皇太后，以凤为大司马大将军领尚书事，益封五千户。王氏之兴自凤始。又封太后同母弟崇为安成侯，食邑万户。凤庶弟谭等皆赐爵关内侯，食邑。

其夏，黄雾四塞终日。①天子以问谏大夫杨兴、博士驷胜等，对皆以为："阴盛侵阳之气也。高祖之约也，非功臣不侯，今太后诸弟皆以无功为侯,非高祖之约,外戚未曾有也,故天为见异。"② 言事者多以为然。
凤于是惧,上书辞谢曰:"陛下即位,思慕谅暗,③ 故诏臣凤典领尚书事,
上无以明圣德,下无以益政治。今有茀星天地赤黄之异,④ 咎在臣凤,
当伏显戮,以谢天下。今谅暗已毕,大义皆举,宜躬亲万机,以承天心。"
因乞骸骨辞职。上报曰:"朕承先帝圣绪,涉道未深,不明事情,是以阴
阳错缪,日月无光,赤黄之气,充塞天下。咎在朕躬,今大将军乃引过自
予,欲上尚书事,归大将军印绶,罢大司马官,是明朕之不德也。朕委将
军以事,诚欲庶几有成,显先祖之功德。将军其专心固意,辅朕之不逮,
毋有所疑。"

①师古曰:"塞,满也。言四方皆满。"

②师古曰:"见,显示。"

③师古曰:"《商书》云'高宗谅暗'。谅,信;暗,默也。言居父丧信默,三年不
　言也。"

④师古曰:"茀与孛同。"

后五年,诸吏散骑安成侯崇薨,谥曰共侯。有遗腹子奉世嗣侯,太
后甚哀之。明年,河平二年,上悉封舅谭为平阿侯,商成都侯,立红阳
侯,根曲阳侯,逢时高平侯。五人同日封,故世谓之"五侯"。太后同产
唯曼蚤卒,① 馀毕侯矣。太后母李亲,苟氏妻,生一男名参,寡居。顷侯
禁在时,太后令禁还李亲。② 太后怜参,欲以田蚡为比而封之。③ 上曰:
"封田氏,非正也。"以参为侍中水衡都尉。王氏子弟皆卿大夫侍中诸
曹,分据势官满朝廷。

①张晏曰:"同父则为同产,不必同母也。上言唯凤、崇同母也。"

②师古曰:"召还王氏。"

③李奇曰:"田蚡与孝景王后同母异父,得封故也。"师古曰:"比,例也,音必
　寐反。"

大将军凤用事,上遂谦让无所�。① 左右常荐光禄大夫刘向少子歆
通达有异材。上召见歆,诵读诗赋,甚说之,② 欲以为中常侍,召取衣
冠。临当拜,左右皆曰:"未晓大将军。"③ 上曰:"此小事,何须关大将

军?"左右叩头争之。上于是语凤,凤以为不可,乃止。其见惮如此。

　　①师古曰:"颛与专同。凡事皆不自专也。"

　　②师古曰:"说读曰悦。"

　　③师古曰:"晓犹白。"

　　上即位数年,无继嗣,体常不平。①定陶共王来朝,太后与上承先帝意,遇共王甚厚,赏赐十倍于它王,不以往事为纤介。②共王之来朝也,天子留,不遣归国。上谓共王:"我未有子,人命不讳,③一朝有它,且不复相见。④尔长留侍我矣!"其后天子疾益有瘳,共王因留国邸,且夕侍上,上甚亲重。大将军凤心不便共王在京师,会日蚀,凤因言:"日蚀阴盛之象,为非常异。定陶王虽亲,于礼当奉藩在国。今留侍京师,诡正非常,⑤故天见戒。⑥宜遣王之国。"上不得已于凤而许之。⑦共王辞去,上与相对〔涕〕泣而决。〔5〕

　　①师古曰:"言多疾疢。"

　　②师古曰:"往事,谓先帝时欲以代太子也。言无纤介之嫌怒。"

　　③师古曰:"人命无常,不可讳。"

　　④师古曰:"它谓晏驾也。"

　　⑤师古曰:"诡,违也。"

　　⑥师古曰:"见,显示。"

　　⑦师古曰:"言迫于凤不得止。"

　　京兆尹王章素刚直敢言,以为凤建遣共王之国非是,①乃奏封事言日蚀之咎矣。天子召见章,延问以事,章对曰:"天道聪明,(佐)〔佑〕善而灾恶〔6〕,以瑞异为符效。今陛下以未有继嗣,引近定陶王,②所以承宗庙,重社稷,上顺天心,下安百姓。此正义善事,当有祥瑞,何故致灾异?灾异之发,为大臣颛政者也。今闻大将军猥归日蚀之咎于定陶王,③建遣之国,苟欲使天子孤立于上,颛擅朝事以便其私,非忠臣也。且日蚀,阴侵阳,臣颛君之咎,今政事大小皆自凤出,天子曾不一举手,凤不内省责,反归咎善人,推远定陶王。④且凤诬罔不忠,非一事也。前丞相乐昌侯商⑤本以先帝外属,内行笃,有威重,位历将相,国家柱石臣也,其人守正,不肯诎节随凤委曲,卒用闺门之事为凤所罢,身以忧死,众庶愍之。又凤知其小妇弟张美人已尝适人,⑥于礼不宜配御至尊,托以为宜子,内之后宫,苟以私其妻弟。闻张美人未尝任身就馆也。⑦且羌胡尚杀首子以荡肠正世,⑧况于天子而近已出之女也!此三者皆大事,陛下所自见,足以知其馀,及它所不见者。⑨凤不可令久典事,宜退使就第,选忠贤以代之。"

①师古曰:"建立其议也。"

②师古曰:"近音巨靳反。"

③师古曰:"猥犹曲也。"

④师古曰:"远音于万反。"

⑤师古曰:"王商也。"

⑥师古曰:"小妇,妾也。弟谓女弟,即妹也。"

⑦师古曰:"是则不为宜子,明凤所言非实。"

⑧师古曰:"荡,洗涤也。言妇初来所生之子或它姓。"

⑨师古曰:"以所见者譬之,则不见者可知。"

自凤之白罢商后遣定陶王也,上不能平。及闻章言,天子感寤,纳之,谓章曰:"微京兆尹直言,吾不闻社稷计!①且唯贤知贤,君试为朕求可以自辅者。"于是章奏封事,荐中山孝王舅琅邪太守冯野王:"先帝时历二卿,忠信质直,知谋有馀。野王以王舅出,以贤复入,明圣主乐进贤也。"上自为太子时数闻野王先帝名卿,声誉出凤远甚,方倚欲以代凤。

①师古曰:"微,无也。"

初,章每召见,上辄辟左右。①时太后从弟长乐卫尉弘子侍中音②独侧听,具知章言,以语凤。凤闻之,称病出就第,上疏乞骸骨,谢上曰:"臣材驽愚戆,得以外属兄弟七人封为列侯,宗族蒙恩,赏赐无量。辅政出入七年,国家委任臣凤,所言辄听,荐士常用。无一功善,阴阳不调,灾异数见,咎在臣凤奉职无状,此臣一当退也。《五经》传记,师所诵说,咸以日蚀之咎在于大臣非其人,《易》曰'折其右肱',③此臣二当退也。河平以来,臣久病连年,数出在外,旷职素餐,此臣三当退也。④陛下以

皇太后故不忍诛废,臣犹自知当远流放,又重自念,⑤兄弟宗族所蒙不
测,当杀身靡骨死辇毂下,⑥不当以无益之故有离寝门之心。诚岁馀以
来,所苦加侵,⑦日日益甚,不胜大愿,愿乞骸骨,归自治养,冀赖陛下神
灵,未埋发齿,期月之间,幸得瘳愈,复望帷幄,不然,必填沟壑。臣以非
材见私,天下知臣受恩深也;以病得全骸骨归,天下知臣被恩见哀,重巍
巍也。⑧进退于国为厚,万无纤介之议。⑨唯陛下哀怜!"其辞指甚哀,太
后闻之为垂涕,不御食。

①师古曰:"辟读曰阐。"

②师古曰:"弘者,太后之叔父也。音则从父弟。"

③师古曰:"《丰卦》九三爻辞也。肱,臂也。"

④师古曰:"空废职任,徒受禄秩也。"

⑤师古曰:"重音直用反。"

⑥师古曰:"靡,碎也,音武皮反。"

⑦师古曰:"诚,实也。"

⑧师古曰:"巍巍,高貌。重音直用反。"

⑨师古曰:"论者不云疏斥外戚也。"

上少而亲倚凤,弗忍废,乃报凤曰:"朕秉事不明,政事多阙,故天变
(屡)〔娄〕臻[7],咸在朕躬。①将军乃深引过自予,欲乞骸骨而退,则朕将
何向焉!《书》不云乎? '公毋困我。'②务专精神,安心自持,期于瘳瘳,
称朕意焉。"③于是凤起视事。上使尚书劾奏章:"知野王前以王舅出补
吏,而私荐之,欲令在朝阿附诸侯;又知张美人体御至尊,而妄称引羌胡
杀子荡肠,非所宜言。"遂下章吏。廷尉致其大逆罪,以为"比上夷狄,欲
绝继嗣之端;背畔天子,私为定陶王"。章死狱中,妻子徙合浦。

①〔师古曰:"娄,古屡字。"〕

②师古曰:"《周书·洛诰》载成王告周公辞也。言公必须留京师,毋得远去,
　　而令我困。"

③师古曰:"亟,急。瘳,差也。"

自是公卿见凤,侧目而视,郡国守相刺史皆出其门。①又以侍中太

仆音为御史大夫,列于三公。而五侯群弟,争为奢侈,赂遗珍宝,四面而至;后庭姬妾,各数十人,僮奴以千百数,罗钟磬,舞郑女,作倡优,狗马驰逐;大治第室,起土山渐台,洞门高廊阁道,连属弥望。②百姓歌之曰:"五侯初起,曲阳最怒,坏决高都,连竟外杜,③土山渐台西白虎。"④〔其〕奢僭如此[8]。然皆通敏人事,好士养贤,倾财施予,以相高尚。

①师古曰:"言为其家察属者,皆得大官。"

②师古曰:"弥,竟也。言望之极目也。属音之欲反。"

③服虔曰:"坏决高都水入长安。高都水在长安西也。"孟康曰:"杜、鄠二县之间田亩一金。言其境自长安至杜陵也。"李奇曰:"长安有高都、(水)〔外〕杜里,[9]既坏决高都作殿,复衍及外杜里。"师古曰:"成都侯商自擅穿城引水耳,曲阳无此事。又虽大作第宅,不得从长安至杜陵也。(按)李说为(近)是。"[10]

④师古曰:"皆放效天子之制也。"

凤辅政凡十一岁。阳朔三年秋,凤病,天子数自临问,亲执其手,涕泣曰:"将军病,如有不可言,平阿侯谭次将军矣。"①凤顿首泣曰:"谭等虽与臣至亲,行皆奢僭,无以率导百姓,不如御史大夫音谨敕,②臣敢以死保之。"及凤且死,上疏谢上,复固荐音自代,〔言〕谭等五人必不可用。[11]天子然之。

①师古曰:"不可言,谓死也,不欲斥言之。"

②师古曰:"敕,整也。"

初,谭倨,不肯事凤,①而音敬凤,卑恭如子,故荐之。凤薨,天子临吊赠宠,送以轻车介士,军陈自长安至渭陵,谥曰敬成侯。子襄嗣侯,为卫尉。御史大夫音竟代凤为大司马车骑将军,而平阿侯谭位特进,领城门兵。谷永说谭,令让不受城门职,由是与音不平,语在《永传》。

①师古曰:"倨,慢也,音据。"

音既以从舅越亲用事,小心亲职,岁馀,上下诏曰:"车骑将军音宿卫忠正,勤劳国家,前为御史大夫,以外亲宜典兵马,入为将军,不获宰相之封,朕甚慊焉!其封音为安阳侯,食邑与五侯等,俱三千户。"

　　初,成都侯商尝病,欲避暑,从上借明光宫。①后又穿长安城,引内
沣水注第中大陂以行船,立羽盖,张周帷,辑濯越歌。②上幸商第,见穿
城引水,意恨,内衔之,未言。后微行出,过曲阳侯第,又见园中土山渐
台似类白虎殿。③于是上怒,以让车骑将军音。商、根兄弟欲自黥劓谢
太后。上闻之大怒,乃使尚书责问司隶校尉、京兆尹“知成都侯商擅穿
帝城,决引沣水,曲阳侯根骄奢僭上,赤墀青琐,④红阳侯立父子臧匿奸
猾亡命,宾客为群盗,司隶、京兆皆阿纵不举奏正法”。二人顿首省户
下。又赐车骑将军音策书曰:“外家何甘乐祸败,⑤而欲自黥劓,相戮辱
于太后前,伤慈母之心,以危乱国! 外家宗族强,上一身寖弱日久,⑥今
将一施之。⑦君其召诸侯,令待府舍。”⑧是日,诏尚书奏文帝时诛将军薄
昭故事。车骑将军音藉槀请罪,⑨商、立、根皆负斧质谢。上不忍诛,然
后得已。

　　①师古曰:“《黄图》云明光宫在城内,近桂宫也。”
　　②师古曰:“辑与楫同,濯与櫂同,皆所以行船也。令执楫櫂人为越歌也。辑
　　　　为櫂之短者也。今吴越之人呼为桡,音饶。越歌,为越之歌。”
　　③师古曰:“《黄图》云在未央宫。”
　　④孟康曰:“以青画户边镂中,天子制也。”如淳曰:“门楣格再重,如人衣领再
　　　　重,里者青,名曰青琐,天子门制也。”师古曰:“孟说是。青琐者,刻为连环
　　　　文,而青涂之也。”
　　⑤师古曰:“言此罪过,并身自为之。”
　　⑥师古曰:“寖,渐也。”
　　⑦师古曰:“行刑罚。”
　　⑧师古曰:“令总集音之府舍,待诏命。”
　　⑨师古曰:“自坐槀上,言就刑戮也。”

　　久之,平阿侯谭薨,谥曰安侯,子仁嗣侯。太后怜弟曼蚤死,独不
封,曼寡妇渠供养东宫,子莽幼孤不及等比,①常以为语。平阿侯谭、成
都侯商及在位多称莽者。久之,上复下诏追封曼为新都哀侯,而子莽嗣
爵为新都侯。后又封太后姊子淳于长为定陵侯。王氏亲属,侯者凡
十人。

①师古曰:"比音必寐反。"

上悔废平阿侯谭不辅政而薨也,乃复进成都侯商以特进,领城门兵,置幕府,得举吏如将军。杜邺说车骑将军音令亲附商,语在《邺传》。王氏爵位日盛,唯音为修整,数谏正,有忠节,辅政八年,薨。吊赠如大将军,谥曰敬侯。子舜嗣侯,为太仆侍中。特进成都侯商代音为大司马卫将军,而红阳侯立位特进,领城门兵。商辅政四岁,病乞骸骨,天子悯之,更以为大将军,益封二千户,赐钱百万。商薨,吊赠如大将军故事,谥曰景成侯,子况嗣侯。红阳侯立次当辅政,有罪过,语在《孙宝传》。上乃废立而用光禄勋曲阳侯根为大司马票骑将军,岁馀益封千七百户。高平侯逢时无材能名称,是岁薨,谥曰戴侯,子买之嗣侯。

绥和元年,上即位二十馀年无继嗣,而定陶共王已薨,子嗣立为王。王祖母定陶傅太后重赂遗票骑将军根,为王求汉嗣,根为言,上亦欲立之,遂征定陶王为太子。时根辅政五岁矣,乞骸骨,上乃益封根五千户,赐安车驷马,黄金五百斤,罢就第。

先是定陵侯淳于长以外属能谋议,为卫尉侍中,在辅政之次。是岁,新都侯莽告长伏罪与红阳侯立相连,①长下狱死,立就国,语在《长传》。故曲阳侯根荐莽以自代,上亦以为莽有忠直节,遂擢莽从侍中骑都尉光禄大夫为大司马。

①师古曰:"伏罪,谓旧罪阴伏未发者也。"

岁馀,成帝崩,哀帝即位。太后诏莽就第,避帝外家。哀帝初优莽,不听。莽上书固乞骸骨而退。上乃下诏曰:"曲阳侯根前在位,建社稷策。侍中太仆安阳侯舜往时护太子家,导朕,忠诚专壹,有旧恩。新都侯莽忧劳国家,执义坚固,庶几与为治,太皇太后诏休就第,朕甚闵焉。其益封根二千户,舜五百户,莽三百五十户。以莽为特进,朝朔望。"又还红阳侯立京师。哀帝少而闻知王氏骄盛,心不能善,以初立,故优之。

后月馀,司隶校尉解光奏:"曲阳侯根宗重身尊,三世据权,五将秉政,天下辐凑自效。①根行贪邪,臧累钜万,纵横恣意,②大治(第宅)〔室第〕[12]，第中起土山，立两市，殿上赤墀，户青琐；游观射猎，使奴从者被甲持弓弩，陈为步兵；止宿离宫，水衡共张，③发民治道，百姓苦其役。内怀奸邪，欲筦朝政，④推亲近吏主簿张业以为尚书，蔽上壅下，内塞王路，外交藩臣，骄奢僭上，坏乱制度。案根骨肉至亲，社稷大臣，⑤先帝弃天下，根不悲哀思慕，山陵未成，公聘取故掖庭女乐五官殷严、王飞君等，⑥置酒歌舞，捐忘先帝厚恩，背臣子义。及根兄子成都侯况幸得以外亲继父为列侯侍中，不思报厚恩，亦聘取故掖庭贵人以为妻，皆无人臣礼，大不敬不道。"于是天子曰："先帝遇根、况父子，至厚也，今乃背忘恩义！"以根尝建社稷之策，⑦遣就国。免况为庶人，归故郡。根及况父商所荐举为官者，皆罢。

①师古曰："效，献也，献其款诚。"

②师古曰："横音胡孟反。"

③师古曰："共音居用反。张音竹亮反。"

④师古曰："筦与管同。"

⑤师古曰："至亲谓于成帝为舅。"

⑥如淳曰："五官，官名也。《外戚传》曰五官视三百石。"

⑦师古曰："谓立哀帝为嗣也。"

后二岁，傅太后、帝母丁姬皆称尊号。有司奏"新都侯莽前为大司马，贬抑尊号之议，亏损孝道，及平阿侯仁臧匿赵昭仪亲属，皆就国"。天下多冤王氏。

谏大夫杨宣上封事言："孝成皇帝深惟宗庙之重，称述陛下至德以承天序，圣策深远，恩德至厚。惟念先帝之意，岂不欲以陛下自代，奉承东宫哉！①太皇太后春秋七十，数更忧伤，②敕令亲属引领以避丁、傅。③行道之人为之陨涕，况于陛下，时登高远望，独不惭于延陵乎！"哀帝深感其言，复封商中子邑为成都侯。

①师古曰："言供养太后。"

②师古曰："更，经也，音工衡反。"

③师古曰："引领，自引首领而退也。"

元寿元年,日蚀。贤良对策多讼新都侯莽者,上于是征莽及平阿侯仁还京师侍太后。曲阳侯根薨,国除。

明年,哀帝崩,无子,太皇太后以莽为大司马,与共征立中山王奉哀帝后,是为平帝。帝年九岁,(常)〔当〕年被疾[13],太后临朝,委政于莽,莽颛威福。红阳侯立莽诸父,平阿侯仁素刚直,莽内惮之,令大臣以罪过奏遣立、仁就国。莽日谄耀太后,言辅政致太平,群臣奏请尊莽为安汉公。后遂遣使者迫守立、仁令自杀,赐立谥曰荒侯,子柱嗣,仁谥曰剌侯,子术嗣。是岁,元始三年也。明年,莽风群臣奏立莽女为皇后。① 又奏尊莽为宰衡,莽母及两子皆封为列侯,语在《莽传》。

　　①师古曰:"风读曰讽。"

莽既外壹群臣,令称己功德,又内媚事旁侧长御以下,赂遗以千万数。白尊太后姊妹君侠为广恩君,君力为广惠君,君弟为广施君,皆食汤沐邑,日夜共誉莽。莽又知太后妇人厌居深宫中,莽欲虞乐以市其权,① 乃令太后四时车驾巡狩四郊,② 存见孤寡贞妇。春幸茧馆,③ 率皇后列侯夫人桑,遵霸水而被除;④ 夏游篽宿、鄠、杜之间;⑤ 秋历东馆,望昆明,集黄山宫;冬飨饮飞羽,⑥ 校猎上兰,⑦ 登长平馆,⑧ 临泾水而览焉。太后所至属县,辄施恩惠,赐民钱帛牛酒,岁以为常。太后从容言曰:⑨"我始入太子家时,见于丙殿,至今五六十岁尚颇识之。"⑩莽因曰:"太子宫幸近,可壹往游观,不足以为劳。"于是太后幸太子宫,甚说。⑪太后旁弄儿病在外舍,⑫莽自亲候之。其欲得太后意如此。

　　①张晏曰:"以游观之乐易其权,若市买。"师古曰:"此虞与娱同。"

　　②师古曰:"邑外谓之郊,近二十里也。"

　　③师古曰:"《汉宫阁疏》云上林苑有茧观,盖蚕茧之所也。"

　　④师古曰:"桑,采桑也。遵,循也,谓缘水边。"

　　⑤师古曰:"篽宿苑在长安城南,今之御宿川是也。"

　　⑥师古曰:"黄山宫在槐里。飞羽殿在未央宫中。羽字或作雨。"

　　⑦师古曰:"上兰,观名也,在上林中。"

　　⑧师古曰:"在长平坂也。"

⑨师古曰:"从音千容反。"

⑩师古曰:"识,记也,音式志反。"

⑪师古曰:"说读曰悦。"

⑫服虔曰:"官婢侍史生儿,取以作弄儿也。"

平帝崩,无子,莽征宣帝玄孙选最少者广戚侯子刘婴,年二岁,托以卜相为最吉。乃风公卿奏请立婴为孺子,①令宰衡安汉公莽践祚居摄,如周公傅成王故事。太后不以为可,力不能禁,于是莽遂为摄皇帝,改元称制焉。俄而宗室安众侯刘崇及东郡太守翟义等恶之,更举兵欲诛莽。②太后闻之,曰:"人心不相远也。③我虽妇人,亦知莽必以是自危,不可。"其后,莽遂以符命自立为真皇帝,先奉诸符瑞以白太后,太后大惊。

①师古曰:"风读曰讽。"

②师古曰:"更音工衡反。"

③师古曰:"言所见者同。"

初,汉高祖入咸阳至霸上,秦王子婴降于轵道,奉上始皇玺。及高祖诛项籍,即天子位,因御服其玺,世世传受,号曰汉传国玺。以孺子未立,玺藏长乐宫。及莽即位,请玺,太后不肯授莽。莽使安阳侯舜谕指。舜素谨敕,太后雅爱信之。舜既见,太后知其为莽求玺,怒骂之曰:"而属父子宗族蒙汉家力,富贵累世,①既无以报,受人孤寄,乘便利时,夺取其国,②不复顾恩义。人如此者,狗猪不食其馀,③天下岂有而兄弟邪!且若自以金匮符命为新皇帝,④变更正朔服制,亦当自更作玺,传之万世,何用此亡国不祥玺为,而欲求之?我汉家老寡妇,旦暮且死,欲与此玺俱葬,终不可得!"太后因涕泣而言,旁侧长御以下皆垂涕。舜亦悲不能自止,良久乃仰谓太后:"臣等已无可言者。⑤莽必欲得传国玺,太后宁能终不与邪!"太后闻舜语切,恐莽欲胁之,乃出汉传国玺,投之地以授舜,曰:"我老已死,(知)〔如〕而兄弟,今族灭也!"[14]舜既得传国玺,奏之,莽大说,⑥乃为太后置酒未央宫渐台,大纵众乐。

①师古曰:"而,汝也。"

②师古曰:"孤寄,言以孤寄托之。"

③师古曰："言恶贱。"

④师古曰："若亦汝。"

⑤师古曰："言不可谏止。"

⑥师古曰："说读曰悦。"

莽又欲改太后汉家旧号，易其玺绶，恐不见听，而莽疏属王谏欲谄莽，上书言："皇天废去汉而命立新室，太皇太后不宜称尊号，当随汉废，以奉天命。"莽乃车驾至东宫，亲以其书白太后。太后曰："此言是也！"①莽因曰："此悖德之臣也，②罪当诛！"于是冠军张永献符命铜璧，文言"太皇太后当为新室文母太皇太后"。③莽乃下诏曰："予视群公，咸曰'休哉！④其文字非刻非画，厥性自然。'予伏念皇天命予为子，更命太皇太后为'新室文母太皇太后'，协于新（室）故交代之际，〔15〕信于汉氏。哀帝之代，世传行诏筹，为西王母共具之祥，⑤当为历代（为）母〔16〕，昭然著明。予祇畏天命，敢不钦承！谨以令月吉日，亲率群公诸侯卿士，奉上皇太后玺绶，⑥以当顺天心，光于四海焉。"太后听许。莽于是鸩杀王谏，而封张永为贡符子。

①师古曰："恚怼之辞也。"

②师古曰："悖，乖也，音布内反。"

③服虔曰："铜璧，如璧形，以铜为之也。"

④师古曰："视读曰示。休，美也。"

⑤师古曰："共音居用反。"

⑥师古曰："（比）〔此〕绂谓玺之组也。"〔17〕

初，莽为安汉公时，又谄太后，奏尊元帝庙为高宗，太后晏驾后当以礼配食云。及莽改〔号〕太后为新室文母〔18〕，绝之于汉，不令得配元帝。堕坏孝元庙，①更为文母太后起庙，独置孝元庙故殿以为文母篹食堂，②既成，名曰长寿宫。以太后在，故未谓之庙。莽以太后好出游观，乃车驾置酒长寿宫，请太后。既至，见孝元庙废彻涂地，太后惊，泣曰："此汉家宗庙，皆有神灵，与何治而坏之！③且使鬼神无知，又何用庙为！如令有知，我乃人之妃妾，岂宜辱帝之堂以陈馈食哉！"私谓左右曰："此人嫚神多矣,能久得祐乎!"饮酒不乐而罢。

①师古曰:"堕,毁也,音火规反。"

②孟康曰:"簨音撰。"晋灼曰:"簨,具也。"

③师古曰:"与音预。言此何罪,于汝无所(过)〔干〕预,〔19〕何为毁坏之!"

自莽篡位后,知太后怨恨,求所以媚太后无不为,然愈不说。①莽更汉家黑貂,著黄貂,②又改汉正朔伏腊日。太后令其官属黑貂,至汉家正腊日,独与其左右相对饮酒食。

①师古曰:"说读曰悦。"

②孟康曰:"侍中所著貂也。莽更汉制也。"师古曰:"更亦改。"

太后年八十四,建国五年二月癸丑崩。三月乙酉,合葬渭陵。莽诏大夫扬雄作诔曰:"太阴之精,沙麓之灵,作合于汉,配元生成。"著其协于元城沙麓。(泰)〔太〕阴精者〔20〕,谓梦月也。太后崩后十年,汉兵诛莽。

初,红阳侯立就国南阳,与诸刘结恩,立少子丹为中山太守。世祖初起,丹降为将军,战死。上闵之,封丹子泓为武桓侯,至今。①

①师古曰:"泓音於宏反。"

司徒掾班彪曰:三代以来,《春秋》所记,王公国君,与其失世,稀不以女宠。汉兴,后妃之家吕、霍、上官,几危国者数矣。①及王莽之兴,由孝元后历汉四世为天下母,飨国六十馀载,群弟世权,更持国柄,②五将十侯,卒成新都。位号已移于天下,而元后卷卷犹握一玺,③不欲以授莽,妇人之仁,悲夫!

①师古曰:"几音巨依反。数音所角反。"

②师古曰:"更音工衡反。"

③师古曰:"卷音其圆反。解在《刘向传》。"

【校勘记】

〔1〕 田和有齐国,(三)〔二〕世称王。 宋祁说旧本"三"作"二"。按景祐本作

"二"。杨树达说实五世。

〔2〕 至〔哀帝元寿二年〕,哀帝崩, 景祐、殿本都有"至"下六字。

〔3〕 (王)翁孺生禁, 景祐、殿本都无"王"字。

〔4〕 长御即以为〔是〕。 钱大昭说"为"下脱"是"字。按景祐、殿、局本都
　　　不脱。

〔5〕 上与相对〔涕〕泣而决。 景祐、殿本有"涕"字。

〔6〕 天道聪明,(佐)〔佑〕善而灾恶, 景祐、殿本都作"佑"。

〔7〕 故天变(屡)〔娄〕臻, 景祐、殿本都作"娄",并有师古注四字。

〔8〕 〔其〕奢僭如此。 景祐、汲古、殿、局本都有"其"字,此脱。

〔9〕 长安有高都、(水)〔外〕杜里, 景祐本作"外"。

〔10〕 (按)李说为(近)是。 景祐、殿本都无"按"字、"近"字。

〔11〕 〔言〕谭等五人必不可用。 景祐、殿本都有"言"字,此脱。

〔12〕 大治(第宅)〔室第〕, 景祐、殿本都作"室第"。

〔13〕 帝年九岁,(常)〔当〕年被疾, 景祐本作"当"。

〔14〕 (知)〔如〕而兄弟,今族灭也! 景祐本作"如"。杨树达说作"如"是。

〔15〕 协于新(室)故交代之际, 何焯、李慈铭、杨树达都说"室"字衍。

〔16〕 当为历代(为)母, 杨树达说"为母""为"字疑因上文"为"字而衍。按读
　　　为"当历代为母"亦通。

〔17〕 (比)〔此〕绂谓玺之组也。 景祐、殿本都作"此",此误。

〔18〕 及莽改〔号〕太后为新室文母, 景祐、殿本都有"号"字。

〔19〕 于汝无所(过)〔干〕预, 景祐、殿、局本都作"干"。

〔20〕 (泰)〔太〕阴精者, 殿本作"太"。

汉书卷九十九上

王莽传第六十九上

王莽字巨君,孝元皇后之弟子也。元后父及兄弟皆以元、成世封侯,居位辅政,家凡九侯、五大司马,语在《元后传》。① 唯莽父曼蚤死,不侯。② 莽群兄弟皆将军五侯子,乘时侈靡,③ 以與马声色佚游相高,④ 莽独孤贫,因折节为恭俭。受《礼经》,师事沛郡陈参,勤身博学,被服如儒生。⑤ 事母及寡嫂,养孤兄子,行甚敕备。⑥ 又外交英俊,内事诸父,曲有礼意。阳朔中,世父大将军凤病,⑦ 莽侍疾,亲尝药,乱首垢面,不解衣带连月。凤且死,以托太后及帝,拜为黄门郎,迁射声校尉。

① 师古曰:"《外戚传》言十侯,此云九侯,以凤本嗣禁为侯。"

② 师古曰:"蚤,古早字。"

③ 师古曰:"乘,因也,因贵戚之时。"

④ 师古曰:"佚字与逸同。"

⑤ 师古曰:"被音皮义反。"

⑥ 师古曰:"敕,整也。"

⑦ 师古曰:"谓伯父也,以居长嫡而继统也。"

久之,叔父成都侯商上书,愿分户邑以封莽,及长乐少府戴崇、侍中金涉、胡骑校尉箕闳、上谷都尉阳並、中郎陈汤,皆当世名士,咸为莽言,上由是贤莽。永始元年,封莽为新都侯,国南阳新野之都乡,千五百户。迁骑都尉光禄大夫侍中,宿卫谨敕,爵位益尊,节操愈谦。散與马衣裘,振施宾客,① 家无所馀。收赡名士,交结将相卿大夫甚众。故在位更推荐之,② 游者为之谈说,虚誉隆洽,倾其诸父矣。敢为激发之行,处之不惭恧。③

①师古曰："振，举也。"

②师古曰："更音工衡反。"

③师古曰："激，急动也。恧，愧也。激音工历反。恧音女六反。"

莽兄永为诸曹，蚤死，有子光，莽使学博士门下。莽休沐出，振车骑，①奉羊酒，劳遗其师，恩施下竟同学。②诸生纵观，长老叹息。光年小于莽子宇，莽使同日内妇，宾客满堂。须臾，一人言太夫人苦某痛，当饮某药，比客罢者数起焉。③（为）〔尝〕私买侍婢[1]，昆弟或颇闻知，莽因曰："后将军朱子元无子，④莽闻此儿种宜子，⑤为买之。"即日以婢奉子元。其匿情求名如此。

①师古曰："振，整也。一曰，振，张起也。"

②师古曰："竟，周遍也。"

③师古曰："比音必寐反。数音所角反。"

④师古曰："谓朱博。"

⑤师古曰："此儿谓所买婢也。"

是时，太后姊子淳于长以材能为九卿，先进在莽右。①莽阴求其罪过，因大司马曲阳侯根白之，长伏诛，莽以获忠直，语在《长传》。根因乞骸骨，荐莽自代，上遂擢为大司马。是岁，绥和元年也，年三十八矣。莽既拔出同列，继四父而辅政，②欲令名誉过前人，遂克己不倦，聘诸贤良以为掾史，赏赐邑钱悉以享士，愈为俭约。母病，公卿列侯遣夫人问疾，莽妻迎之，衣不曳地，布蔽膝。见之者以为僮使，问知其夫人，皆惊。

①师古曰："名位居其右。右，前也。"

②师古曰："凤、商、音、根四人皆为大司马，而莽之诸父也。"

辅政岁馀，成帝崩，哀帝即位，尊皇太后为太皇太后。太后诏莽就第，避帝外家。莽上疏乞骸骨，哀帝遣尚书令诏莽曰："先帝委政于君而弃群臣，朕得奉宗庙，诚嘉与君同心合意。今君移病求退，①以著朕之不能奉顺先帝之意，②朕甚悲伤焉。已诏尚书待君奏事。"又遣丞相孔光、大司空何武、左将军师丹、卫尉傅喜白太后曰："皇帝闻太后诏，甚悲。大司马即不起，皇帝即不敢听政。"太后复令莽视事。

①师古曰："移书言病也。一曰，以病而移居也。"

②师古曰："著，明也。"

时哀帝祖母定陶傅太后、母丁姬在，高昌侯董宏上书言："《春秋》之
义，母以子贵，丁姬宜上尊号。"莽与师丹共劾宏误朝不道，语在《丹传》。
后日，未央宫置酒，内者令为傅太后张幄，坐于太皇太后坐旁。①莽案
行，责内者令曰："定陶太后藩妾，何以得与至尊并！"彻去，更设坐。傅
太后闻之，大怒，不肯会，重怨恚莽。②莽复乞骸骨，哀帝赐莽黄金五百
斤，安车驷马，罢就第。公卿大夫多称之者，上乃加恩宠，置使家，中黄
门③十日一赐餐[2]。下诏曰："新都侯莽忧劳国家，执义坚固，朕庶几与
为治。太皇太后诏莽就第，朕甚闵焉。其以黄邮聚户三百五十益封
莽，④位特进，给事中，朝朔望见礼如三公，⑤车驾乘绿车从。"⑥后二岁，
傅太后、丁姬皆称尊号，丞相朱博奏："莽前不广尊尊之义，抑贬尊号，亏
损孝道，当伏显戮，幸蒙赦令，不宜有爵土，请免为庶人。"上曰："以莽与
太皇太后有属，勿免，遣就国。"

①师古曰："坐，并音材卧反。"

②师古曰："会谓至置酒所也。重音直用反。"

③苏林曰："使黄门在其家中为使令。"

④服虔曰："黄邮在南阳棘阳县。"

⑤师古曰："见天子之礼也。见音胡电反。"

⑥师古曰："绿车，皇孙之车，天子出行，令莽乘之以从，所以宠也。"

莽杜门自守，其中子获杀奴，①莽切责获，令自杀。在国三岁，吏上
书冤讼莽者以百数。②元寿元年，日食，贤良周护、宋崇等对策深颂莽功
德，上于是征莽。

①师古曰："获者，莽子之名也。今书本有作护字者，流俗所改耳。"

②师古曰："言其合管朝政，不当就国也。"

始莽就国，南阳太守以莽贵重，选门下掾宛孔休守新都相。①休谒
见莽，莽尽礼自纳，休亦闻其名，与相答。后莽疾，休候之，莽缘恩意，进
其玉具宝剑，欲以为好。②休不肯受，莽因曰："诚见君面有瘢；③美玉可

以灭瘢，欲献其瑇耳。"即解其瑇，④休复辞让。莽曰："君嫌其贾邪？"⑤遂椎碎之，⑥自裹以进休，休乃受。及莽征去，欲见休，休称疾不见。

　①师古曰："姓孔名休，宛县人。"

　②师古曰："结欢好也，音呼到反。"

　③师古曰："瘢，创痕也。痕音下恩反。"

　④服虔曰："瑇音卫。"苏林曰："剑鼻也。"师古曰："瑇字本作璏，从王彘声，后转写者讹也。瑇自雕瑇字耳，音（象）〔篆〕也。"〔3〕

　⑤师古曰："贾读曰价，言其所有价直也。"

　⑥师古曰："椎音直追反，其字从木。"

莽还京师岁馀，哀帝崩，无子，而傅太后、丁太后皆先薨，太皇太后即日驾之未央宫收取玺绶，遣使者驰召莽。诏尚书，诸发兵符节，百官奏事，中黄门、期门兵皆属莽。莽白："大司马高安侯董贤年少，不合众心，收印绶。"贤即日自杀。太后诏公卿举可大司马者，大司徒孔光、大司空彭宣举莽，前将军何武、后将军公孙禄互相举。太后拜莽为大司马，与议立嗣。安阳侯王舜莽之从弟，其人修饬，①太后所信爱也，莽白以舜为车骑将军，使迎中山王奉成帝后，是为孝平皇帝。帝年九岁，太后临朝称制，委政于莽。莽白赵氏前害皇子，傅氏骄僭，遂废孝成赵皇后、孝哀傅皇后，皆令自杀，语在《外戚传》。

　①师古曰："饬读与敕同。敕，整也。"

莽以大司徒孔光名儒，相三主，太后所敬，天下信之，于是盛尊事光，引光女婿甄邯为侍中奉车都尉。诸哀帝外戚及大臣居位素所不说者，①莽皆傅致其罪，②为请奏，令邯持与光。光素畏慎，不敢不上之，莽白太后，辄可其奏。于是前将军何武、后将军公孙禄坐互相举免，丁、傅及董贤亲属皆免官爵，徙远方。红阳侯立太后亲弟，虽不居位，莽以诸父内敬惮之，畏立从容言太后，令己不得肆意，③乃复令光奏立旧恶："前知定陵侯淳于长犯大逆罪，多受其赂，为言误朝；④后白以官婢杨寄私子为皇子，众言曰吕氏、少帝复出，纷纷为天下所疑，难以示来世，成�禄之功。请遣立就国。"太后不听。莽曰："今汉家衰，比世无嗣，⑤太后独代幼主统政,诚可畏惧,力用公正先天下,尚恐不从,⑥今以私恩逆大臣议如此,群下倾邪,乱从此起!宜可且遣就国,安后复征召之。"⑦太后不得已,遣立就国。莽之所以胁持上下,皆此类也。

①师古曰:"说读曰悦。"

②师古曰:"傅读曰附。附益而引致之令入罪。"

③师古曰:"肆,放也。"

④师古曰:"妄称誉之,误惑朝廷也。"

⑤师古曰:"比,频也。"

⑥师古曰:"力,勉力。"

⑦师古曰:"安犹徐也。"

于是附顺者拔擢,忤恨者诛灭。王舜、王邑为腹心,甄丰、甄邯主击断,平晏领机事,刘歆典文章,孙建为爪牙。丰子寻、歆子棻、①涿郡崔发、南阳陈崇皆以材能幸于莽。莽色厉而言方,②欲有所为,微见风采,③党与承其指意而显奏之,莽稽首涕泣,固推让焉,上以惑太后,下用示信于众庶。

①师古曰:"棻或作撲字,音扶云反。"

②师古曰:"外示凛厉之色,而假为方直之言。"

③师古曰:"见音胡电反。"

始,风益州令塞外蛮夷献白雉,①元始元年正月,莽白太后下诏,以白雉荐宗庙。群臣因奏言太后:"委任大司马莽定策安宗庙。故大司马霍光有安宗庙之功,益封三万户,畴其爵邑,比萧相国。莽宜如光故事。"太后问公卿曰:"诚以大司马有大功当著之邪?②将以骨肉故欲异之也?"于是群臣乃盛陈:"莽功德致周成白雉之瑞,千载同符。圣王之法,臣有大功则生有美号,故周公及身在而托号于周。莽有定国安汉家之大功,宜赐号曰安汉公,益户,畴爵邑,上应古制,下准行事,以顺天心。"太后诏尚书具其事。

①师古曰:"风读曰讽。下皆类此。"

②师古曰:"著,明也。"

莽上书言：“臣与孔光、王舜、甄丰、甄邯共定策，今愿独条光等功赏，寝置臣莽，勿随辈列。”甄邯白太后下诏曰：“‘无偏无党，王道荡荡。’①属有亲者，义不得阿。君有安宗庙之功，不可以骨肉故蔽隐不扬。君其勿辞。”莽复上书让。太后诏谒者引莽待殿东箱，莽称疾不肯入。太后使尚书令恂诏之曰：“君以选故而辞以疾，②君任重，不可阙，以时亟起。”③莽遂固辞。太后复使长信太仆闳承制召莽，莽固称疾。左右白太后，宜勿夺莽意，但条孔光等，莽乃肯起。太后下诏曰：“太傅博山侯光宿卫四世，世为傅相，忠孝仁笃，行义显著，建议定策，益封万户，以光为太师，与四辅之政。④车骑将军安阳侯舜积累仁孝，使迎中山王，折冲万里，功德茂著，益封万户，以舜为太保。左将军光禄勋丰宿卫三世，忠信仁笃，⑤使迎中山王，辅导共养，以安宗庙，⑥封丰为广阳侯，食邑五千户，以丰为少傅。皆授四辅之职，畴其爵邑，各赐第一区。侍中奉车都尉邯宿卫勤劳，建议定策，封邯为承阳侯，食邑二千四百户。”⑦四人既受赏，莽尚未起，群臣复上言：“莽虽克让，朝所宜章，以时加赏，明重元功，无使百僚元元失望。”太后乃下诏曰：“大司马新都侯莽三世为三公，典周公之职，建万世策，功（能）〔德〕为忠臣宗[4]，化流海内，远人慕义，越裳氏重译献白雉。其以召陵、新息二县户二万八千益封莽，复其后嗣，畴其爵邑，⑧封功如萧相国。以莽为太傅，干四辅之事，号曰安汉公。以故萧相国甲第为安汉公第，定著于令，传之无穷。”

①师古曰：“《尚书·洪范》之言也。荡荡，广平之貌也。故引之。”

②师古曰：“选，善也。国家欲褒其善，加号畴邑，乃以疾辞。”

③师古曰：“亟，急也，音居力反。”

④师古曰：“与读曰豫。”

⑤师古曰：“笃，厚也。”

⑥师古曰：“共音居用反。养音弋亮反。”

⑦师古曰：“承音蒸。”

⑧师古曰：“复音方目反。”

于是莽为惶恐，不得已而起受策。策曰：“汉危无嗣，而公定之；四辅之职,三公之任,而公干之;群僚众位,而公宰之:功德茂著,宗庙以安,盖白雉之瑞,周成象焉。^①故赐嘉号曰安汉公,辅翼于帝,期于致平,^②毋违朕意。"莽受太傅安汉公号,让还益封畴爵邑事,云愿须百姓家给,然后加赏。^③群公复争,太后诏曰:"公自期百姓家给,是以听之。其令公奉、舍人、赏赐皆倍故。^④百姓家给人足,大司徒、大司空以闻。"莽复让不受,而建言宜立诸侯王后及高祖以来功臣子孙,大者封侯,或赐爵关内侯食邑,然后及诸在位,各有第序。上尊宗庙,增加礼乐,下惠士民鳏寡,恩泽之政无所不施。语在《平纪》。

①师古曰:"言莽致白雉之瑞,有周公相成王之象。"

②师古曰:"致太平。"

③师古曰:"给,足也。家给,家家自足。"

④师古曰:"奉,所食之奉也。舍人,私府吏员也。倍故,数多于(人)〔故〕各一倍也^[5]。奉音扶用反。"

莽既说众庶,^①又欲专断,知太后猒政,乃风公卿^②奏言:"往者,吏以功次迁至二千石,及州部所举茂材异等吏,率多不称,宜皆见安汉公。又太后不宜亲省小事。"令太后下诏曰:"皇帝幼年,朕且统政,比加元服。^③今众事烦碎,朕春秋高,精气不堪,殆非所以安躬体而育养皇帝者也。故选忠贤,立四辅,群下劝职,永以康宁。孔子曰:'巍巍乎,舜禹之有天下而不与焉!'^④自今以来,(非)〔惟〕封爵乃以闻^[6]。他事,安汉公、四辅平决。州牧、二千石及茂材吏初除奏事者,辄引入至近署对安汉公,考故官,问新职,以知其称否。"于是莽人人延问,致密恩意,厚加赠送,其不合指,显奏免之,权与人主侔矣。

①师古曰:"说读曰悦。"

②师古曰:"风读曰讽。"

③师古曰:"比至平帝加元服以来,太后且统政也。比音必寐反。"

④师古曰:"《论语》载孔子之言也。巍巍,高貌也。言舜禹之治天下,委任贤臣以成其功,而不身亲其事也。与读曰豫。"

莽欲以虚名说太后,^①白言:"亲承前孝哀丁、傅奢侈之后,百姓未赡者多，太后宜且衣缯练，颇损膳，以视天下。"② 莽因上书，愿出钱百万，献田三十顷，付大司农助给贫民。于是公卿皆慕效焉。莽帅群臣奏言："陛下春秋尊，久衣重练，减御膳，诚非所以辅精气，育皇帝，安宗庙也。臣莽数叩头省户下，白争未见许。今幸赖陛下德泽，间者风雨时，甘露降，神芝生，蓂荚、朱草、嘉禾，休征同时并至。③ 臣莽等不胜大愿，愿陛下爱精休神，阔略思虑，④ 遵帝王之常服，复太官之法膳，使臣子各得尽欢心，备共养。惟哀省察！"莽又令太后下诏曰："盖闻母后之义，思不出乎门阈。⑤ 国不蒙佑，皇帝年在襁褓，未任亲政，战战兢兢，惧于宗庙之不安。国家之大纲，微朕孰当统之？⑥ 是以孔子见南子，周公居摄，盖权时也。⑦ 勤身极思，忧劳未绥，故国奢则视之以俭，⑧ 矫枉者过其正，而朕不身帅，将谓天下何！夙夜梦想，五谷丰孰，百姓家给，比皇帝加元服，委政而授焉。⑨ 今诚未皇于轻靡而备味，⑩ 庶几与百僚有成，其勖之哉！"⑪ 每有水旱，莽辄素食，⑫ 左右以白。太后遣使者诏莽曰："闻公菜食，忧民深矣。今秋幸孰，公勤于职，以时食肉，爱身为国。"

①师古曰："说读曰悦。"
②师古曰："缯练谓帛无文者。视读曰示。"
③师古曰："休，美也。征，证也。"
④师古曰："阔，宽也。略，简也。"
⑤师古曰："阈，门橛也，音域。"
⑥师古曰："微，无也。"
⑦师古曰："南子，卫灵公夫人。孔子欲说灵公以治道，故见南子也。"
⑧师古曰："视读曰示。"
⑨师古曰："比音必寐反。"
⑩师古曰："皇，暇也。靡，细也。"
⑪师古曰："勖，勉也。"
⑫师古曰："素食即菜食也，解在《霍光传》。"

莽念中国已平，唯四夷未有异，乃遣使者赍黄金币帛，重赂匈奴单于，使上书言："闻中国讥二名，故名囊知牙斯今更名知，慕从圣制。"又遣王昭君女须卜居次入侍。所以诳耀媚事太后，下至旁侧长御，方故万端。

　　莽既尊重，欲以女配帝为皇后，以固其权，奏言：“皇帝即位三年，长秋宫未建，液廷媵未充。①乃者，国家之难，本从亡嗣，配取不正。请考论《五经》，定取礼，②正十二女之义，以广继嗣。博采二王后及周公孔子世列侯在长安者適子女。”③事下有司，上众女名，王氏女多在选中者。莽恐其与己女争，即上言：“身亡德，子材下，不宜与众女并采。”太后以为至诚，乃下诏曰：“王氏女，朕之外家，其勿采。”庶民、诸生、郎吏以上守阙上书者日千馀人，公卿大夫或诣廷中，或伏省户下，咸言：“明诏圣德巍巍如彼，安汉公盛勋堂堂若此，今当立后，独奈何废公女？天下安所归命！愿得公女为天下母。”莽遣长史以下分部晓止公卿及诸生，④而上书者愈甚。太后不得已，听公卿采莽女。莽复自白：“宜博选众女。”公卿争曰：“不宜采诸女以贰正统。”⑤莽白：“愿见女。”太后遣长乐少府、宗正、尚书令纳采见女，还奏言：“公女渐渍德化，有窈窕之容，⑥宜承（大）〔天〕序，奉祭祀。”〔7〕有诏遣大司徒、大司空策告宗庙，杂加卜筮，皆曰：“兆遇金水王相，卦遇父母得位，⑦所谓‘康强’之占，‘逢吉’之符也。”信乡侯佟上言：⑧“《春秋》，天子将娶于纪，则褒纪子称侯，⑨安汉公国未称古制。”⑩事下有司，皆（白）〔曰〕〔8〕：“古者天子封后父百里，尊而不臣，以重宗庙，孝之至也。佟言应礼，可许。请以新野田二万五千六百顷益封莽，满百里。”莽谢曰：“臣莽子女诚不足以配至尊，复听众议，益封臣莽。伏自惟念，得托肺腑，获爵土，如使子女诚能奉称圣德，臣莽国邑足以共朝贡，⑪不须复加益地之宠。愿归所益。”太后许之。有司奏：“故事，聘皇后黄金二万斤，为钱二万万。”莽深辞让，受四千万，而以其三千三百万予十一媵家。群臣复言：“今皇后受聘，逾群妾亡几。”⑫有诏，复益二千三百万，合为三千万。莽复以其千万分予九族贫者。

　　①师古曰：“液与掖同音通用。”

　　②师古曰：“取皆读曰娶。”

　　③师古曰：“適读曰嫡。谓妻所生也。”

④师古曰："分音扶问反。"

⑤师古曰："〔言〕皇后之位当在莽女也。"〔9〕

⑥师古曰："窈窕，幽闲也。"

⑦孟康曰："金水相生也。"张晏曰："金王则水相也。遇父母，谓《泰卦》乾下坤
上，天下于地，是配享之卦。"师古曰："王音于放反。"

⑧师古曰："《王子侯表》清河纲王子豹始封新乡侯，传爵至曾孙佟，王莽篡位
赐姓王，即谓此也。而此传作信乡侯，古者新信同音故耳。佟音（从）〔徒〕
冬反。"〔10〕

⑨师古曰："解在《外戚恩泽侯表》也。"

⑩师古曰："称，副也，音尺孕反。其下亦同。"

⑪师古曰："共读曰供。"

⑫师古曰："亡几，不多也。亡读曰无。几音居岂反。其下并同。"

陈崇时为大司徒司直，与张敞孙竦相善。竦者博通士，为崇草奏，
称莽功德，①崇奏之，曰：

①师古曰："草谓创立其文也。"

窃见安汉公自初束脩，①值世俗隆奢丽之时，蒙两宫厚骨肉之
宠，②被诸父赫赫之光，③财饶势足，亡所语意，④然而折节行仁，克
心履礼，拂世矫俗，确然特立；⑤恶衣恶食，陋车驽马，妃匹无二，闺
门之内，孝友之德，众莫不闻；清静乐道，温良下士，⑥惠于故旧，笃
于师友。孔子曰"未若贫而乐，富而好礼"，⑦公之谓矣。

①师古曰："束脩谓初学官之时。"

②师古曰："两宫谓成帝及太后。"

③师古曰："被音皮义反。"

④师古曰："语，逆也，无人能逆其意也。语音五故反。"

⑤师古曰："拂，违也。矫，正也。拂音佛。"

⑥师古曰："下音胡嫁反。"

⑦师古曰："《论语》子贡问曰：'贫而无谄，富而无骄，何如？'孔子曰：'可也，未
若贫而乐，富而好礼者也。'"

及为侍中，故定陵侯淳于长有大逆罪，公不敢私，建白诛讨。①

周公诛管蔡,季子鸩叔牙,②公之谓矣。

①师古曰:"首言其事也。"

②师古曰:"解并在前。"

　　是以孝成皇帝命公大司马,委以国统。孝哀即位,高昌侯董宏希指求美,造作二统,①公手劾之,以定大纲。建白定陶太后不宜在乘舆幄坐,②以明国体。《诗》曰"柔亦不茹,刚亦不吐,不侮鳏寡,不畏强圉",③公之谓矣。

①晋灼曰:"欲令丁姬为帝太后也。"

②师古曰:"坐音才卧反。"

③师古曰:"《大雅·蒸人》之诗,美仲山甫之德。茹,食也。强圉,强梁圉捍也。"

　　深执谦退,推诚让位。定陶太后欲立僭号,惮彼面刺幄坐之义,佞惑之雄,朱博之畴,惩此长、宏手劾之事,上下壹心,谗贼交乱,诡辟制度,遂成篡号,①斥逐仁贤,诛残戚属,而公被胥、原之诉,远去就国,②朝政崩坏,纲纪废弛,危亡之祸,不隧如发。③《诗》云"人之云亡,邦国殄瘁",④公之谓矣。

①师古曰:"诡,违也。辟读曰僻。"

②应劭曰:"胥、原,子胥、屈原也。"师古曰:"远去朝廷,而就其侯国。"

③师古曰:"弛,解也,音式尔反。隧音直类反。"

④师古曰:"《大雅·瞻卬》之诗也。殄,尽也。瘁,病也。言为政不善,贤人奔亡矣,天下邦国尽困病也。瘁与(萃)〔悴〕同,[11]音才醉反。"

　　当此之时,宫亡储主,董贤据重,加以傅氏有女之援,①皆自知得罪天下,结仇中山,②则必同忧,断金相翼,③藉假遗诏,频用赏诛,先除所惮,急引所附,遂诬往冤,更征远属,事势张见,其不难矣!④赖公立人,即时退贤,及其党亲。当此之时,公运独见之明,奋亡前之威,⑤盱衡厉色,振扬武怒,⑥乘其未坚,厌其未发,⑦震起机动,敌人摧折,虽有贲育不及持刺,⑧虽有樗里不及回知,⑨虽有鬼谷不及造次,⑩是故董贤丧其魂魄,遂自绞杀。人不还踵,日不移晷,⑪霍然四除,更为宁朝。非陛下莫引立公,非公莫克此祸。《诗》云"惟师尚父,时惟鹰扬,亮彼武王",⑫孔子曰"敏则有功",⑬公之谓矣。

①师古曰:"谓哀帝傅皇后。"

②张晏曰:"傅太后谮中山冯太后,陷以祝诅之罪。"

③师古曰:"引《易·系辞》'二人同心,其利断金'。翼,助也。"

④师古曰:"言哀帝既崩,丁、傅、董贤欲称遗诏,树立党亲,共立幼主,以据国权也。远属,国之宗室疏远者也。"

⑤师古曰:"无前谓无有敢当之者。"

⑥孟康曰:"眉上曰衡。盱衡,举眉扬目也。"师古曰:"盱音许于反。"

⑦师古曰:"厌音一涉反。"

⑧师古曰:"孟贲、夏育皆古勇士也。持刺谓持兵(力)〔刃〕以刺。"〔12〕

⑨师古曰:"樗里子名疾,秦惠王之弟也,为秦相,时人号曰智囊。"

⑩师古曰:"鬼谷先生,苏秦之师,善谈说。"

⑪师古曰:"还读曰旋。晷,景也。言其速疾。"

⑫师古曰:"《大雅·大明》之诗也。师尚父,太公也。亮,助也。言太公武毅,若鹰之飞扬,佐助武王以克殷也。"

⑬师古曰:"《论语》载孔子对子张之言也。敏,疾也。言应事速疾,乃能成功。"

于是公乃白内故泗水相丰、虒令邯,①与大司徒光、车骑将军舜建定社稷,奉节东迎,皆以功德受封益土,为国名臣。《书》曰"知人则哲",②公之谓也。

①师古曰:"甄丰、甄邯也。虒读曰邸。"

②师古曰:"《虞书·皋陶谟》之辞也。哲,智也。"

公卿咸叹公德,同盛公勋,皆以周公为比,①宜赐号安汉公,益封二县,公皆不受。传曰申包胥不受存楚之报,晏平仲不受辅齐之封,②孔子曰"能以礼让为国乎何有",③公之谓也。

①师古曰:"比音必寐反。"

②师古曰:"申包胥,楚大夫也。吴师入郢,楚昭王出奔,包胥如秦乞师,秦出

师以救楚。昭王反国欲赏，包胥辞曰：'吾为君也，非为身也。'遂不受。晏
平仲，齐大夫晏婴也，以道佐齐景公。景公欲封之，让而不受。"

③师古曰："《论语》载孔子之言也。解在《董仲舒传》。"

　　将为皇帝定立妃后，有司上名，公女为首，公深辞让，迫不得已
然后受诏。父子之亲天性自然，欲其荣贵甚于为身，皇后之尊侔于
天子，当时之会千载希有，然而公惟国家之统，揖大福之恩，①事事
谦退，动而固辞。《书》曰"舜让于德不嗣"，②公之谓矣。

①师古曰："揖谓让而不当也。"

②（书）〔师古〕〔13〕曰："《虞书·舜典》之辞，言舜自让德薄，不足以继帝尧之
　　事也。"

　　自公受策，以至于今，亹亹翼翼，日新其德，①增修雅素以命下
国，後俭隆约以矫世俗，②割财损家以帅群下，弥躬执平以逮公
卿，③教子尊学以隆国化。僮奴衣布，马不秣谷，食饮之用，不过凡
庶。《诗》云'温温恭人，如集于木"，④孔子曰"食无求饱，居无求
安"，⑤公之谓矣。

①师古曰："亹亹，勉也。翼翼，敬也。亹音武匪反。"

②师古曰："後，退也。矫，正也。後音千旬反，其字从彳。"

③师古曰："弥读与弭同。"

④师古曰："《小雅·小宛》之诗。温温，柔貌也。如集于木，恐堕坠耳。"

⑤师古曰："《论语》载孔子之言也。谓君子好学乐道，故志不在安饱。"

　　克身自约，粢食逮给，①物物印市，日阒亡储。②又上书归孝哀
皇帝所益封邑，入钱献田，殚尽旧业，为众倡始。③于是小大乡和，
承风从化，④外则王公列侯，内则帷幄侍御，翕然同时，各竭所有，
或入金钱，或献田亩，以振贫穷，收赡不足者。昔令尹子文朝不及
夕，鲁公仪子不茹园葵，⑤公之谓矣。

①师古曰："才得粗及仅足而已。"

②师古曰："物物印市，言其衣食所须皆买之于市，不自营作，而不夺工商利
　　也。阒，尽也。日阒，言当日即尽，不蓄积也。印音牛向反。阒音空穴反。"

③师古曰:"倡音尺尚反。"

④师古曰:"乡读曰向。"

⑤张晏曰:"令尹子文自毁其家以纾楚国之难,仕而逃禄,朝不及夕也。"师古曰:"子文,楚令尹斗縠於菟也。公仪子,鲁国相公仪休也,拔其园葵,不夺园夫之利。食菜曰茹,音人诸反。"

开门延士,下及白屋,①娄省朝政,综管众治,②亲见牧守以下,考迹雅素,审知白黑。《诗》云"夙夜匪解,以事一人",③《易》曰"终日乾乾,夕惕若厉",④公之谓矣。

①师古曰:"白屋,谓庶人以白茅覆屋者也。"

②师古曰:"娄,古屡字。"

③师古曰:"《大雅·烝人》之诗也。一人,天子也。解读曰懈。"

④师古曰:"《乾卦》九三爻辞也。乾乾,自强之意。惕,惧也。厉,病也。"

比三世为三公,再奉送大行,①秉冢宰职,填安国家,②四海辐(奏)〔凑〕[14],靡不得所。《书》曰"纳于大麓,列风雷雨不迷",③公之谓矣。

①师古曰:"比,频也。"

②师古曰:"填音竹刃反。"

③师古曰:"《虞书·舜典》叙舜之德。麓,录也。言尧使舜大录万机之政。一曰,山足曰麓。言有圣德,虽遇风雷不迷惑也。"

此皆上世之所鲜,禹稷之所难,①而公包其终始,一以贯之,可谓备矣!②是以三年之间,化行如神,嘉瑞叠累,岂非陛下知人之效,得贤之致哉!故非独君之受命也,臣之生亦不虚矣。是以伯禹锡玄圭,周公受郊祀,③盖以达天之使,不敢擅天之功也。④揆公德行,为天下纪;⑤观公功勋,为万世基。基成而赏不配,纪立而褒不副,⑥诚非所以厚国家,顺天心也。

①师古曰:"鲜音先践反。"

②师古曰:"《论语》称孔子谓曾子曰'参乎,吾道一以贯之',谓忠恕。"

③师古曰:"《尚书·禹贡》云'禹锡玄圭,告厥成功',言赏治水功成也。《礼记

·明堂位》曰：'成王幼弱，周公践天子之位以治天下。七年，乃致政于成
王。成王以周公为有勋劳于天下，封周公于曲阜，地方七百里，革车千乘，
命鲁公世世祀周公以天子礼乐，是以鲁君孟春乘大路，旗十有二旒，日月之
章，祀帝于郊，配以后稷，天子之礼也。'"

④师古曰："言天降贤材以助王者，王者当申达其用，而不敢自专。"

⑤师古曰："揆，度也。纪，理也。"

⑥师古曰："配，对也。"

　　高皇帝褒赏元功，相国萧何邑户既倍，又蒙殊礼，奏事不名，入
殿不趋，封其亲属十有馀人。乐善无厌，班赏亡遴，①苟有一策，即
必爵之，是故公孙戎位在充郎，选緜旄头，壹明樊哙，封二千户。②
孝文皇帝褒赏绛侯，益封万户，赐黄金五千斤。孝武皇帝恤录军
功，裂三万户以封卫青，青子三人，或在襁褓，皆为通侯。孝宣皇帝
显著霍光，增户命畴，封者三人，延及兄孙。夫绛侯即因汉藩之固，
杖朱虚之鲠，依诸将之递，据相扶之势，其事虽丑，要不能遂。③霍
光即席常任之重，乘大胜之威，未尝遭时不行，陷假离朝，④朝之执
事，亡非同类，割断历久，统政旷世，虽曰有功，所因亦易，然犹有计
策不审过征之累。⑤及至青、戎，摽末之功，⑥一言之劳，然犹皆蒙丘
山之赏。课功绛、霍，造之与因也；比于青、戎，地之与天也。而公
又有宰治之效，乃当上与伯禹、周公等盛齐隆，兼其褒赏，岂特与若
云者同日而论哉？⑦然曾不得蒙青等之厚，臣诚惑之！

①师古曰："遴与吝同。"

②孟康曰："公孙戎奴也，高帝时为旄头郎。"晋灼曰："《楚汉春秋》上东围项
羽，闻樊哙反，旄头公孙戎明之，卒不反，封戎二千户。"师古曰："此公孙戎
耳，非戎奴也。戎奴自武帝时人，孟说误矣。緜读与由同。"

③李奇曰："言勃之功不递，而霍光据席常任也。"晋灼曰："丑，众也。言勃欲
诛诸吕，其事虽众，要不能以吕后在时而遂意也。"师古曰："二说皆非也。
递，绕也，谓相围绕也。言绛侯之时，汉家外有藩屏盘石之固，内有朱虚骨
鲠之强，诸将同心围绕扶翼，吕氏之党虽欲作乱，心怀丑恶，事必不成。言
勃之功不足多也。递音带。"

④服虔曰："言光未尝陷假不遇，而离去朝也。莽尝退就国，是陷假也。"师古
　曰："假，升也。陷假者，被陷害而去所升之位也。"

⑤师古曰："光误征昌邑王，不得其人也。累音力瑞反。"

⑥服虔曰："摽音刀末之摽。谓卫青、公孙戎也。"师古曰："摽音匹遥反。"

⑦师古曰："若云，谓若向者所云绛、霍、青、戎也。"

臣闻功亡原者赏不限，德亡首者褒不检。①是故成王之（与）
〔于〕周公也[15]，度百里之限，②越九锡之检，开七百里之宇，③兼
商、奄之民，④赐以附庸殷民六族，⑤大路大旗，⑥封父之繁弱，夏后
之璜，⑦祝宗卜史，⑧备物典策，⑨官司彝器，⑩白牡之牲，⑪郊望之
礼。⑫王曰："叔父，建尔元子。"⑬子父俱延拜而受之。⑭可谓不检亡
原者矣。非特止此，六子皆封。⑮《诗》曰："亡言不雠，亡德不报。"⑯
报当如之，不如非报也。⑰近观行事，高祖之约非刘氏不王，然而番
君得王长沙，下诏称忠，定著于令，⑱明有大信不拘于制也。春秋
晋悼公用魏绛之策，诸夏服从。郑伯献乐，悼公于是以半赐之。绛
深辞让，晋侯曰："微子，寡人不能济河。夫赏，国之典，不可废也。
子其受之。"魏绛于是有金石之乐，《春秋》善之，⑲取其臣竭忠以辞
功，君知臣以遂赏也。今陛下既知公有周公功德，不行成王之褒
赏，遂听公之固辞，不顾《春秋》之明义，则民臣何称，万世何述？诚
非所以为国也。臣愚以为宜恢公国，令如周公，⑳建立公子，令如
伯禽。所赐之品，亦皆如之。诸子之封，皆如六子。即群下较然输
忠，黎庶昭然感德。㉑臣诚输忠，民诚感德，则于王事何有？㉒唯陛下
深惟祖宗之重，敬畏上天之戒，仪形虞、周之盛，㉓敕尽伯禽之赐，
无遴周公之报，㉔（今）〔令〕天法有设[16]，后世有祖，㉕天下幸甚！

①师古曰："无原，谓不可测其本原也。无首，谓无出其上者也。检，局也。"

②师古曰："度亦逾越也。"

③师古曰："解并在前也。"

④师古曰："商、奄，二国名。"

⑤师古曰："谓条氏、徐氏、萧氏、索氏、长勺氏、尾勺氏也。"

⑥师古曰："解已在前也。"

⑦师古曰："封父，古诸侯也。繁弱，大弓名也。半璧曰璜。父读曰甫。"

⑧师古曰："太祝、太宗、太卜、太史，凡四官。"

⑨师古曰："既有备物，而加之策书也。一曰，典策，《春秋》之制也。"

⑩师古曰："官司，百官也。彝器，常用之器也。一曰，彝，祭宗庙酒器也。《周礼》有六彝。彝，法也，言器有所法象之貌耳。"

⑪师古曰："《明堂位》曰：'季夏六月，以禘礼祀周公于太庙，牲用白牡。'"

⑫师古曰："郊即〔祀上〕帝于郊也〔17〕。望谓望山川而祭之也。"

⑬师古曰："《鲁颂·閟宫》之诗曰：'王曰叔父，建尔元子，俾侯于鲁。'谓命周公以封伯禽为鲁公也。"

⑭师古曰："谓周公拜前，鲁公拜后。"

⑮师古曰："周公六子，伯禽之弟也。"

⑯师古曰："《大雅·抑》之诗也。雠，用也。有善言则用之，有德者必报之。一曰，雠，对也。赏当其言也。"

⑰服虔曰："报赏当如其德，不如德者，非报也。"

⑱师古曰："谓吴芮也。解在《芮传》。番音蒲河反。"

⑲师古曰："事见《左传·襄十一年》。微，无也。"

⑳师古曰："恢，大也。"

㉑师古曰："较，明貌也。"

㉒师古曰："言臻其极无阙遗。"

㉓师古曰："仪形谓则而象之。"

㉔师古曰："敕，备也。遴与吝同。"

㉕师古曰："祖，始也。以此为法之始。"

太后以视群公，①群公方议其事，会吕宽事起。

①师古曰："视读曰示。"

初，莽欲擅权，白太后："前哀帝立，背恩义，自贵外家丁、傅，挠乱国家，几危社稷。①今帝以幼年复奉大宗，为成帝后，宜明一统之义，以戒前事，为后代法。"于是遣甄丰奉玺绶，即拜帝母卫姬为中山孝王后，赐帝舅卫宝、宝弟玄爵关内侯，皆留中山，不得至京师。莽子宇，非莽隔绝卫氏,恐帝长大后见怨。宇即私遣人与宝等通书,教令帝母上书求入。
语在《卫后传》。莽不听。宇与师吴章及妇兄吕宽议其故,章以为莽不
可谏,而好鬼神,可为变怪以惊惧之,章因推类说令归政于卫氏。宇即
使宽夜持血洒莽第,门吏发觉之,莽执宇送狱,饮药死。宇妻焉怀子,②
系狱,须产子已,杀之。③莽奏言:"宇为吕宽等所诖误,流言惑众,(恶)与
管蔡同罪[18],臣不敢隐其诛。"甄邯等白太后下诏曰:"夫唐尧有丹朱,周
文王有管蔡,此皆上圣亡奈下愚子何,以其性不可移也。公居周公之
位,辅成王之主,而行管蔡之诛,不以亲亲害尊尊,朕甚嘉之。昔周公诛
四国之后,大化乃成,至于刑错。④公其专意翼国,期于致平。"⑤莽因是
诛灭卫氏,穷治吕宽之狱,连引郡国豪桀素非议己者,内及敬武公主、⑥
梁王立、红阳侯立、平阿侯仁,使者迫守,皆自杀。死者以百数,海内震
焉。大司马护军褒奏言:"安汉公遭子宇陷于管蔡之辜,子爱至深,为帝
室故不敢顾私。惟宇遭罪,喟然愤发作书八篇,以戒子孙。宜班郡国,
令学官以教授。"事下群公,请令天下吏能诵公戒者,以著官簿,比《孝
经》。⑦

①师古曰:"挠,扰也,音火高反。几音互依反。"

②师古曰:"焉,其名。"

③师古曰:"须,待也。"

④师古曰:"四国谓三监及淮夷耳。"

⑤师古曰:"翼,助也。"

⑥师古曰:"元帝女弟也。"

⑦师古曰:"著官簿,言用之得选举也。"

四年春,郊祀高祖以配天,宗祀孝文皇帝以配上帝。四月丁未,莽
女立为皇后,大赦天下,遣大司徒司直陈崇等八人分行天下,览观
风俗。①

①师古曰:"行音下更反。"

太保舜等奏言:"《春秋》列功德之义,太上有立德,其次有立功,其
次有立言,唯至德大贤然后能之。其在人臣,则生有大赏,终为宗臣,殷

之伊尹,周之周公是也。"及民上书者八千馀人,咸曰:"伊尹为阿衡,周
公为太宰,周公享七子之封,有过上公之赏。宜如陈崇言。"章下有司,
有司请"还前所益二县及黄邮聚、新野田,采伊尹、周公称号,加公为宰
衡,位上公。掾史秩六百石。三公言事,称'敢言之'。群吏毋得与公同
名。出从期门二十人,羽林三十人,前后大车十乘。赐公太夫人号曰功
显君,食邑二千户,黄金印赤韨。①封公子男二人,安为褒新侯,临为赏
都侯。加后聘三千七百万,合为一万万,以明大礼"。太后临前殿,亲封
拜。安汉公拜前,二子拜后,如周公故事。莽稽首辞让,出奏封事,愿独
受母号,还安、临印韨及号位户邑。事下太师光等,皆曰:"赏未足以直
功,②谦约退让,公之常节,终不可听。"莽求见固让。太后下诏曰:"公
每见,叩头流涕固辞,今移病,固当听其让,令眡事邪?③将当遂行其赏,
遣归就第也?"光等曰:"安、临亲受印韨,策号通天,其义昭昭。黄邮、召
陵、新野之田为入尤多,④皆止于公,公欲自损以成国化,宜可听许。治
平之化当以时成,宰衡之官不可世及。纳征钱,乃以尊皇后,非为公也。
功显君户,止身不传。褒新、赏都两国合三千户,甚少矣。忠臣之节,亦
宜自屈,而信主上之义。⑤宜遣大司徒、大司空持节承制,诏公亟入眡
事。⑥诏尚书勿复受公之让奏。"奏可。

> ①师古曰:"此韨,印之组也。"
> ②师古曰:"直,当也。"
> ③师古曰:"眡,古视字。"
> ④师古曰:"召读邵。"
> ⑤师古曰:"信读曰申。"
> ⑥师古曰:"亟,急也,音居力反。"

　　莽乃起眡事,上书言:"臣以元寿二年六月戊午仓卒之夜,以新都侯
引入未央宫;庚申拜为大司马,充三公位;元始元年正月丙辰拜为太傅,
赐号安汉公,备四辅官;今年四月甲子复拜为宰衡,位上公。臣莽伏自
惟,爵为新都侯,号为安汉公,官为宰衡、太傅、大司马,爵贵号尊官重,
一身蒙大宠者五,诚非鄙臣所能堪。据元始三年,天下岁已复,官属宜

皆置。①《穀梁传》曰：‘天子之宰，通于四海。’②臣愚以为，宰衡官以正百
僚平海内为职，而无印信，名实不副。臣莽无兼官之材，今圣朝既过误
而用之，臣请御史刻宰衡印章曰‘宰衡太傅大司马印’，成，授臣莽，上太
傅与大司马之印。”太后诏曰：“可。韨如相国，③朕亲临授焉。”莽乃复
以所益纳征钱千万，遗与长乐长御奉共养者。④太保舜奏言：“天下闻公
不受千乘之土，辞万金之币，散财施予千万数，莫不乡化。⑤蜀郡男子路
建等辍讼惭怍而退，虽文王却虞芮何以加！⑥宜报告天下。”奏可。宰衡
出，从大车前后各十乘，直事尚书郎、侍御史、谒者、中黄门、期门羽
林。⑦宰衡常持节，所止，谒者代持之。⑧宰衡掾史秩六百石，三公称“敢
言之”。

①如淳曰：“前时饥，省官职，今丰，宜复之也。”师古曰：“复音扶目反。”

②师古曰：“宰，治也。治众事者，谓大臣也。”

③师古曰：“韨亦谓组也。”

④师古曰：“太后之长御也。共音居用反。养音弋亮反。”

⑤师古曰：“乡读曰向。”

⑥师古曰：“却，退也。虞、芮，二国名也，并在河之东。二国之君相与争田，久
　而不平，闻文王之德，乃往断焉。入周之境，则耕者让畔，行者让路，乃相谓
　曰：‘我小人也，不可以履君子之庭。’遂相让，以其所争为闲田而退。”

⑦师古曰：“自此以上，皆从宰衡出。”

⑧师古曰：“相代而持也。”

是岁，莽奏起明堂、辟雍、灵台，为学者筑舍万区，作市、常满仓，制
度甚盛。立《乐经》，益博士员，经各五人。征天下通一艺教授十一人以
上，及有逸《礼》、古《书》、《毛诗》、《周官》、《尔雅》、天文、图谶、钟律、月
令、兵法、《史篇》文字，①通知其意者，皆诣公车。网罗天下异能之士，
至者前后千数，皆令记说廷中，将令正乖缪，壹异说云。群臣奏言：“昔
周公奉继体之嗣，据上公之尊，然犹七年制度乃定。夫明堂、辟雍，堕废
千载莫能兴，②今安汉公起于第家，辅翼陛下，四年于兹，功德烂然。③公
以八月载生魄庚子④奉使朝，用书⑤临赋营筑，越若翊辛丑，⑥诸生、庶

民大和会,十万众并集,平作二旬,大功毕成。⑦唐虞发举,成周造业,诚亡以加。宰衡位宜在诸侯王上,赐以束帛加璧,大国乘车、安车各一,⑧骊马二驷。"⑨诏曰:"可。其议九锡之法。"

① 孟康曰:"史籀所作十五篇古文书也。"师古曰:"周宣王太史史籀所作大篆书也。籀音直救反。"

② 师古曰:"堕,毁也,音火规反。"

③ 师古曰:"烂然,章明之貌。"

④ 师古曰:"载,始也。魄,月魄也。"

⑤ 孟康曰:"赋功役之书。"

⑥ 师古曰:"翊,明也。辛丑者,庚子之明日也。越,发语辞也。"

⑦ 师古曰:"平作,谓不促遽也。平字或作丕。丕亦大也。"

⑧ 服虔曰:"大国乘车,如大国王之乘车也。"

⑨ 师古曰:"骊马,并驾也。"

冬,大风吹长安城东门屋瓦且尽。

五年正月,祫祭明堂,诸侯王二十八人,列侯百二十人,宗室子九百馀人,征助祭。礼毕,封孝宣曾孙信等三十六人为列侯,馀皆益户赐爵,金帛之赏各有数。是时,吏民以莽不受新野田而上书者前后四十八万七千五百七十二人,及诸侯王、公、列侯、宗室见者皆叩头言,宜亟加赏于安汉公。①于是莽上书曰:"臣以外属,越次备位,未能奉称。②伏念圣德纯茂,承天当古,制礼以治民,作乐以移风,四海奔走,百蛮并辏,③辞去之日,莫不陨涕。非有款诚,岂可虚致? 自诸侯王已下至于吏民,咸知臣莽上与陛下有葭莩之故,④又得典职,每归功列德者,辄以臣莽为馀言。臣见诸侯面言事于前者,未尝不流汗而惭愧也。虽性愚鄙,至诚自知,德薄位尊,力少任大,夙夜悼栗,常恐污辱圣朝。今天下治平,风俗齐同,百蛮率服,皆陛下圣德所自躬亲,太师光、太保舜等辅政佐治,群卿大夫莫不忠良,故能以五年之间至致此焉。臣莽实无奇策异谋。奉承太后圣诏,宣之于下,不能得什一;受群贤之筹画,而上以闻,不能得什伍。⑤当被无益之辜,所以敢且保首领须臾者,诚上休陛下馀光,而下依群公之故也。⑥陛下不忍众言,辄下其章于议者。臣莽前欲立奏止,恐其遂不肯止。今大礼已行,助祭者毕辞,不胜至愿,愿诸章下议者皆寝勿上,使臣莽得尽力毕制礼作乐事。事成,以传示天下,与海内平之。即有所间非,则臣莽当被讹上误朝之罪;⑦如无他谴,得全命赐骸骨归家,避贤者路,是臣之私愿也。惟陛下哀怜财幸!"⑧甄邯等白太后,诏曰:"可。唯公功德光于天下,是以诸侯王、公、列侯、宗室、诸生、吏民翕然同辞,连守阙庭,故下其章。诸侯、宗室辞去之日,复见前重陈,⑨虽晓喻罢遣,犹不肯去。告以孟夏将行厥赏,莫不欢悦,称万岁而退。今公每见,辄流涕叩头言愿不受赏,赏即加不敢当位。方制作未定,事须公而决,故且听公。制作毕成,群公以闻。究于前议,⑩其九锡礼仪亟奏。"⑪

①师古曰:"亟,急也。"

②师古曰:"称音尺证反。"

③师古曰:"臻即臻字也。"

④师古曰:"葭,芦也。莩者,其筒里白皮也。言其轻薄而附著也,故以为喻。葭音加。莩音孚。"

⑤师古曰:"言皆不晓,又遗忘也。"

⑥师古曰:"休,庇荫也。"

⑦师古曰:"间音居苋反。"

⑧师古曰:"此财与裁同,通用。"

⑨师古曰:"重音直用反。"

⑩师古曰:"究,竟也。"

⑪师古曰:"亟,急也。"

于是公卿大夫、博士、议郎、列侯(富平侯)张纯等[19]九百二人皆曰:"圣帝明王招贤劝能,德盛者位高,功大者赏厚。故宗臣有九命上公之尊,则有九锡登等之宠。①今九族亲睦,百姓既章,万国和协,黎民时雍,②圣瑞毕溱,太平已洽。③帝者之盛莫隆于唐虞,而陛下任之;忠臣茂功莫著于伊周,而宰衡配之。所谓异时而兴,如合符者也。谨以《六艺》通义,经文所见,《周官》、《礼记》宜于今者,为九命之锡。④臣请命锡。"

奏可。策曰：

①张晏曰："宗臣有勋劳为上公，国所宗者也。《周礼》'上公九命'，九命，九赐也。"师古曰："登等，谓升于常等也。"

②师古曰："章，明也。时，是也。雍亦和也。自此已上皆取《尧典》叙尧德之言也。"

③师古曰："溱亦与臻同。"

④师古曰："《礼含文嘉》云：'九锡者，车马、衣服、乐悬、朱户、纳陛、武贲、铁钺、弓矢、秬鬯也。'"

惟元始五年五月庚寅，太皇太后临于前殿，延登，（请）〔亲〕诏之曰：[20]公进，虚听朕言。①前公宿卫孝成皇帝十有六年，纳策尽忠，白诛故定陵侯淳于长，以弥乱发奸，②登大司马，职在内辅。孝哀皇帝即位，骄妾窥欲，奸臣萌乱，公手劾高昌侯董宏，改正故定陶共王母之僭坐。自是之后，朝臣论议，靡不据经。以病辞位，归于第家，为贼臣所陷。就国之后，孝哀皇帝觉寤，复还公长安，临病加剧，犹不忘公，复特进位。是夜仓卒，国无储主，奸臣充朝，危殆甚矣。朕惟定国之计莫宜于公，引纳于朝，即日罢退高安侯董贤，转漏之间，忠策辄建，纲纪咸张。绥和、元寿，再遭大行，万事毕举，祸乱不作。辅朕五年，人伦之本正，天地之位定。③钦承神祇，经纬四时，复千载之废，矫百世之失，④天下和会，大众方辑。⑤《诗》之灵台，《书》之作雒，镐京之制，商邑之度，于今复兴。⑥昭章先帝之元功，明著祖宗之令德，推显严父配天之义，修立郊禘宗祀之礼，以光大孝。是以四海雍雍，万国慕义，蛮夷殊俗，不召自至，渐化端冕，奉珍助祭。⑦寻旧本道，遵术重古，动而有成，事得厥中。至德要道，通于神明，祖考嘉享。光耀显章，天符仍臻，元气大同。麟凤龟龙，众祥之瑞，七百有馀。遂制礼作乐，有绥靖宗庙社稷之大勋。普天之下，惟公是赖，官在宰衡，位（在）〔为〕上公[21]。今加九命之锡，其以助祭，共文武之职，⑧乃遂及厥祖。⑨於戏，岂不休哉！⑩

①师古曰："进前虚己而听也。"

②师古曰:"弥读曰弭。弭,止也。"

③张晏曰:"定冠婚之仪,徙南北之郊也。"

④张晏曰:"封先代之后,立古文经,定选毁之礼也。"

⑤师古曰:"辑与集字同。"

⑥师古曰:"灵台,所以观气象者也。文王受命,作邑于丰,始立此台,兆庶自劝,就其功作,故《大雅·灵台》之诗曰:'经始灵台,经之营之,庶人攻之,不日成之。'作雒,谓周公营洛邑以为王都,所谓成周也。《周书·洛诰》曰:'召公既相宅,周公往营成周,使来告卜,作《洛诰》。'丰、镐相近,故总曰镐京。成周既成,迁殷顽民使居之,故云商邑之度也。"

⑦师古曰:"蛮夷渐染朝化而正衣冠,奉其国珍来助祭。"

⑧师古曰:"共读曰供。"

⑨师古曰:"荣宠之命,上延其先祖也。"

⑩师古曰:"於戏读曰呜呼。休,美也。"

于是莽稽首再拜,受绿韨衮冕衣裳,①场瑒场瑂,②句履,③鸾路乘马,④龙旗九斿,皮弁素积,⑤戎路乘马,⑥彤弓矢,卢弓矢,⑦左建朱钺,右建金戚,⑧甲胄一具,⑨秬鬯二卣,⑩圭瓒二,⑪九命青玉珪二,⑫朱户纳陛。⑬署宗官、祝官、卜官、史官,虎贲三百人,家令丞各一人,宗、祝、卜、史官皆置啬夫,佐安汉公。在中府外第,虎贲为门卫,当出入者傅籍。⑭自四辅、三公有事府第,皆用传。⑮以楚王邸为安汉公第,大缮治,通周卫。祖祢庙及寝皆为朱户纳陛。陈崇又奏:"安汉公祠祖祢,出城门,城门校尉宜将骑士从。入有门卫,出有骑士,所以重国也。"奏可。

①师古曰:"此韨谓蔽膝也,或谓韨韠。韨音弗。韠音毕。"

②孟康曰:"场,玉名也。佩刀之饰,上曰瑒,下曰瑂。《诗》云'韠瑒有瑂'是也。"师古曰:"场音荡。瑒音布孔反。瑂音必。"

③孟康曰:"今齐祀履乌头饰也,出履(一二)〔三〕寸。"[22]师古曰:"其形歧头。句音巨俱反。"

④师古曰:"鸾路,路车之施鸾者也,解在《礼乐志》。四马曰乘,音食证反。其下亦同。"

⑤师古曰:"素积,素裳也。"

⑥师古曰:"戎路,戎车也。"

⑦师古曰:"彤,赤色。卢,黑色。"

⑧师古曰:"钺戚皆斧属。"

⑨师古曰:"胄,兜鍪。"

⑩师古曰:"秬鬯,香酒也。卣,中樽也,音攸,又音羊九反。"

⑪师古曰:"以圭为勺末。"

⑫师古曰:"青者,春色,东方生而长育万物也。"

⑬孟康曰:"纳,内也。谓凿殿基际为陛,不使露也。"师古曰:"孟说是也。尊
　者不欲露而升陛,故内之于霤下也。诸家之释,文句虽烦,义皆不了,故无
　取云。"

⑭师古曰:"傅犹著也,音附。"

⑮孟康曰:"传,符也。"师古曰:"音张恋反。"

其秋,莽以皇后有子孙瑞,通子午道。①子午道从杜陵直绝南山,径
汉中。②

①张晏曰:"时年十四,始有妇人之道也。子,水;午,火也。水以天一为牡,火
　以地二为牝,故火为水妃,今通子午以协之。"

②师古曰:"子,北方也。午,南方也。言通南北道相当,故谓之子午耳。今京
　城直南山有谷通梁、汉道者,名子午谷。又宜州西界,庆州东界,有山名子
　午岭,计南北直相当。此则北山者是子,南山者是午,共为子午道。"

风俗使者八人还,言天下风俗齐同,诈为郡国造歌谣,颂功德,凡三
万言。莽奏定著令。又奏为市无二贾,①官无狱讼,邑无盗贼,野无饥
民,道不拾遗,男女异路之制,犯者象刑。②刘歆、陈崇等十二人皆以治
明堂,宣教化,封为列侯。

①师古曰:"言纯质也。贾音价。"

②师古曰:"象刑,解在《武纪》及《刑法志》。"

莽既致太平,北化匈奴,东致海外,南怀黄支,唯西方未有加。乃遣
中郎将平宪等多持金币诱塞外羌,使献地,愿内属。宪等奏言:"羌豪良
愿等种,人口可万二千人,愿为内臣,献鲜水海、允谷盐池,平地美草皆
予汉民,自居险阻处为藩蔽。问良愿降意,对曰:'太皇太后圣明,安汉

公至仁,天下太平,五谷成孰,或禾长丈馀,或一粟三米,或不种自生,或茧不蚕自成,甘露从天下,醴泉自地出,凤皇来仪,神爵降集。从四岁以来,羌人无所疾苦,故思乐内属。'宜以时处业,置属国领护。"事下莽,莽复奏曰:"太后秉统数年,恩泽洋溢,和气四塞,绝域殊俗,靡不慕义。越裳氏重译献白雉,黄支自三万里贡生犀,东夷王度大海奉国珍,匈奴单于顺制作,去二名,今西域良愿等复举地为臣妾,昔唐尧横被四表,亦亡以加之。今谨案已有东海、南海、北海郡,未有西海郡,请受良愿等所献地为西海郡。臣又闻圣王序天文,定地理,因山川民俗以制州界。汉家地广二帝三王,①凡十(三)〔二〕州,[23]州名及界多不应经。《尧典》十有二州,后定为九州。汉家廓地辽远,州牧行部,远者三万馀里,不可为九。谨以经义正十二州名分界,以应正始。"奏可。又增法五十条,犯者徙之西海。徙者以千万数,民始怨矣。

①服虔曰:"唐虞及周要服之内方七千里,夏殷方三千里,汉地南北万三千里也。"

泉陵侯刘庆上书①言:"周成王幼少,称孺子,周公居摄。今帝富于春秋,宜令安汉公行天子事,如周公。"群臣皆曰:"宜如庆言。"

①师古曰:"《王子侯年表》'众陵节侯贤,长沙定王子,本始四年戴侯真定嗣,二十二年薨,黄龙元年顷侯庆嗣。'此则是也。此传及《翟义传》并云泉陵,《地理志》泉陵属零陵郡,而表作众陵,表为误也。"

冬,荧惑入月中。

平帝疾,莽作策,请命于泰畤,戴璧秉圭,愿以身代。藏策金縢,置于前殿,敕诸公勿敢言。①十二月平帝崩,大赦天下。莽征明礼者宗伯凤等与定天下吏六百石以上皆服丧三年。奏尊孝成庙曰统宗,孝平庙曰元宗。时元帝世绝,而宣帝曾孙有见王五人,②列侯广戚侯显等四十八人,莽恶其长大,曰:"兄弟不得相为后。"乃选玄孙中最幼广戚侯子婴,年二岁,托以为卜相最吉。

①师古曰:"诈依周公为武王请命,作金縢也。"

②师古曰:"王之见在者。"

是月，前辉光谢嚣奏武功长孟通浚井得白石，①上圆下方，有丹书著石，②文曰"告安汉公莽为皇帝"。符命之起，自此始矣。莽使群公以白太后，太后曰："此诬罔天下，不可施行！"太保舜谓太后："事已如此，无可奈何，沮之力不能止。③又莽非敢有它，但欲称摄以重其权，填服天下耳。"④太后听许。舜等即共令太后下诏曰："盖闻天生众民，不能相治，为之立君以统理之。君年幼稚，必有寄托而居摄焉，然后能奉天施而成地化，群生茂育。《书》不云乎？'天工，人其代之。'⑤朕以孝平皇帝幼年，且统国政，几加元服，委政而属之。⑥今短命而崩，呜呼哀哉！已使有司征孝宣皇帝玄孙二十三人，差度宜者，以嗣孝平皇帝之后。⑦玄孙年在襁褓，不得至德君子，孰能安之？安汉公莽辅政三世，比遭际会，安光汉室，⑧遂同殊风，至于制作，与周公异世同符。今前辉光嚣、武功长通上言丹石之符，朕深思厥意，云'为皇帝'者，乃摄行皇帝之事也。夫有法成易，非圣人者亡法。其令安汉公居摄践祚，如周公故事，以武功县为安汉公采地，⑨名曰汉光邑。具礼仪奏。"

①师古曰："浚，抒治之也。嚣音许骄反。浚音峻。抒音直吕反。"

②师古曰："著音直略反。"

③师古曰："沮，坏也，音才汝反。"

④师古曰："填音竹刃反。"

⑤师古曰："《虞书·咎繇谟》之辞也。言人代天理治工事也。"

⑥师古曰："属，付也。几音曰冀。属音之欲反。"

⑦师古曰："差度谓择也。度音大各反。"

⑧师古曰："比，频也。"

⑨师古曰："采，官也。以官受地，故谓之采。"

于是群臣奏言："太后圣德昭然，深见天意，诏令安汉公居摄。臣闻周成王幼少，周道未成，成王不能共事天地，修文武之烈。①周公权而居摄，则周道成，王室安；不居摄，则恐周队失天命。②《书》曰：'我嗣事子孙，大不克共上下，遏失前人光，在家不知命不易。天应棐谌，乃亡队命。'③说曰：④周公服天子之冕，南面而朝群臣，发号施令，常称王命。

召公贤人,不知圣人之意,故不说也。⑤《礼·明堂记》曰:'周公朝诸侯于明堂,天子负斧依南面而立。'⑥谓'周公践天子位,六年朝诸侯,制礼作乐,而天下大服'也。召公不说。时武王崩,缞粗未除。⑦由是言之,周公始摄则居天子之位,非乃六年而践阼也。《书》逸《嘉禾篇》曰:'周公奉鬯立于阼阶,延登,赞曰:"假王莅政,勤和天下。"'此周公摄政,赞者所称。⑧成王加元服,周公则致政。《书》曰'朕复子明辟',⑨周公常称王命,专行不报,故言我复子明君也。臣请安汉公居摄践祚,服天子韨冕,⑩背斧依于户牖之间,南面朝群臣,听政事。车服出入警跸,民臣称臣妾,皆如天子之制。郊祀天地,宗祀明堂,共祀宗庙,享祭群神,赞曰'假皇帝',⑪民臣谓之'摄皇帝',自称曰'予'。平决朝事,常以皇帝之诏称'制',以奉顺皇天之心,辅翼汉室,保安孝平皇帝之幼嗣,遂寄托之义,隆治平之化。⑫其朝见太皇太后、帝皇后,皆复臣节。自施政教于其宫家国采,如诸侯礼〔仪〕故事[24]。臣昧死请。"太后诏曰:"可。"明年,改元曰居摄。

①师古曰:"共读曰恭。烈,业也。"

②师古曰:"队音直类反。"

③师古曰:"《周书·君奭》之篇也。邵公为保,周公为师,相成王为左右。邵公不悦,周公作《君奭》以告之。奭,召公名也。尊而呼之,故曰君也。言我恐后嗣子孙大不能恭承天地,绝失先王光大之道,不知受命之难。天所应辅唯在有诚,所以亡失其命也。共音恭。棐音匪。"

④师古曰:"谓说经义也。"

⑤师古曰:"召读曰邵。说读曰悦。次下并同。"

⑥师古曰:"依读曰扆。此下亦同。"

⑦师古曰:"缞音千回反。"

⑧师古曰:"赞谓祭祝之辞也。"

⑨师古曰:"《周书·洛诰》载周公告成王之辞,言我复还明君之政于子也。复音扶目反。"

⑩师古曰:"此韨亦谓裳韨也。"

⑪师古曰:"赞谓祭祝之辞也。共音恭。"

⑫师古曰:"遂,成也。"

居摄元年正月,莽祀上帝于南郊,迎春于东郊,行大射礼于明堂,养
三老五更,成礼而去。①置柱下五史,秩如御史,听政事,侍旁记疏言行。

①师古曰:"更音工衡反。"

三月己丑,立宣帝玄孙婴为皇太子,号曰孺子。以王舜为太傅左
辅,甄丰为太阿右拂,①甄邯为太保后承。又置四少,秩皆二千石。

①师古曰:"拂读曰弼。"

四月,安众侯刘崇与相张绍谋曰:①"安汉公莽专制朝政,必危刘
氏。天下非之者,乃莫敢先举,此宗室耻也。吾帅宗族为先,海内必
和。"绍等从者百馀人,遂进攻宛,不得入而败。绍者,张竦之从兄也。
竦与崇族父刘嘉诣阙自归,莽赦弗罪。竦因为嘉作奏曰:

①师古曰:"安众康侯丹,长沙定王子,崇即丹之玄孙子也,见《王子侯表》。"

　　建平、元寿之间,大统几绝,宗室几弃。①赖蒙陛下圣德,扶服
振救,②遮扞匡卫,国命复延,宗室明目。临朝统政,发号施令,动
以宗室为始,登用九族为先。并录支亲,建立王侯,南面之孤,计以
百数。收复绝属,存亡续废,③得比肩首,复为人者,嫔然成行,④所
以藩汉国,辅汉宗也。建辟雍,立明堂,班天法,流圣化,朝群后,昭
文德,宗室诸侯,咸益土地。天下喁喁,引领而叹,⑤颂声洋洋,满
耳而入。⑥国家所以服此美,膺此名,飨此福,受此荣者,岂非太皇
太后日昃之思,陛下夕惕之念哉!何谓?⑦乱则统其理,危则致其
安,祸则引其福,绝则继其统,幼则代其任,晨夜屑屑,寒暑勤勤,⑧
无时休息,孳孳不已者,⑨凡以为天下,厚刘氏也。⑩臣无愚智,民无
男女,皆谕至意。⑪

①师古曰:"几亦音巨依反。"

②师古曰:"陛下谓莽也。服音蒲北反。"

③师古曰:"复音扶目反。"

④师古曰:"嫔然,多貌也。行,列也。嫔音匹人反。行音下郎反。"

⑤师古曰:"喁喁,众口向上也,音颙。"

⑥师古曰:"《论语》载孔子曰:'师挚之始,《关雎》之乱,洋洋乎盈耳哉!'故辣引之也。洋音羊,又音翔。"

⑦师古曰:"先为设问,复陈其事也。"

⑧师古曰:"屑屑犹切切,动作之意也。"

⑨师古曰:"孳孳,不怠之意也,音与孜同。"

⑩师古曰:"为音于伪反。"

⑪师古曰:"谕,晓也。"

而安众侯崇乃独怀悖惑之心,操畔逆之虑,①兴兵动众,欲危宗庙,恶不忍闻,罪不容诛,诚臣子之仇,宗室之仇,国家之贼,天下之害也。是故亲属震落而告其罪,民人溃畔而弃其兵,进不跬步,退伏其殃。②百岁之母,孩提之子,③同时断斩,悬头竿杪,④珠珥在耳,首饰犹存,为计若此,岂不悖哉!⑤

①师古曰:"悖,乖也。"

②师古曰:"半步曰跬,谓一举足也,音(宗)〔空〕橤反。"〔25〕

③师古曰:"婴儿始孩,人所提挈,故曰孩提也。孩者,小儿笑也。"

④师古曰:"杪,末也,音莫小反。"

⑤师古曰:"悖,惑也,音布内反。"

臣闻古者畔逆之国,既以诛讨,(而)〔则〕猪其宫室以为污池〔26〕,纳垢浊焉,①名曰凶虚,②虽生菜茹,而人不食。③四墙其社,覆上栈下,示不得通。④辨社诸侯,⑤出门见之,著以为戒。⑥方今天下闻崇之反也,咸欲骞衣手剑而叱之。其先至者,则拂其颈,⑦冲其匈,刃其躯,切其肌;后至者,欲拨其门,仆其墙,⑧夷其屋,焚其器,⑨应声涤地,则时成创。⑩而宗室尤甚,言必切齿焉。何则?以其背畔恩义,而不知重德之所在也。宗室所居或远,嘉幸得先闻,不胜愤愤之愿,愿为宗室倡始,⑪父子兄弟负笼荷锸,驰之南阳,⑫猪崇宫室,令如古制。及崇社宜如亳社,以赐诸侯,用永监戒。愿下四辅公卿大夫议,以明好恶,视四方。⑬

①李奇曰：“掘其宫以为池，用贮水也。”师古曰：“猪谓畜水污下也。污音乌。”

②师古曰：“虚读曰墟。墟，故居也，言凶人所居也。”

③师古曰：“所食之菜曰茹，音人庶反。”

④师古曰：“栈谓以簸蔽之也。下则栈之，上则覆之，所以隔塞不通阴阳之气。”

⑤孟康曰：“辨，布也。布崇社国，国各作一，见以为戒也。”师古曰：“辨读曰班。”

⑥师古曰：“著，明也。”

⑦师古曰：“拂，戾也，音佛。”

⑧师古曰：“仆，倒也。”

⑨师古曰：“夷，平也。”

⑩师古曰：“涤地犹言涂地。则时，即时也。创，伤也，音初良反。”

⑪师古曰：“倡音(先)〔昌〕向反。”[27]

⑫师古曰：“笼，所以盛土也。锸，锹也。”

⑬师古曰：“视读曰示。”

于是莽大说。①公卿曰：“皆宜如嘉言。”莽白太后下诏曰：“惟嘉父子兄弟，虽与崇有属，不敢阿私，或见萌牙，相率告之，及其祸成，同共仇之，应合古制，忠孝著焉。其以杜衍户千封嘉为(师)〔帅〕礼侯[28]，嘉子七人皆赐爵关内侯。”后又封竦为淑德侯。长安(谓)〔为〕之语曰[29]：“欲求封，过张伯松；②力战斗，不如巧为奏。”莽又封南阳吏民有功者百馀人，污池刘崇室宅。后谋反者，皆污池云。

①师古曰：“说读曰悦。”

②师古曰：“竦之字。”

群臣复白：“刘崇等谋逆者，以莽权轻也。宜尊重以填海内。”①五月甲辰，太后诏莽朝见太后称“假皇帝”。

①师古曰：“填音竹刃反。”

冬十月丙辰朔，日有食之。

十二月，群臣奏请：“益安汉公宫及家吏，置率更令，庙、厩、厨长丞，中庶子，虎贲以下百馀人，又置卫士三百人。安汉公庐为摄省，府为摄殿，第为摄宫。”奏可。

莽白太后下诏曰：“故太师光虽前薨，功效已列。太保舜、大司空丰、轻车将军邯、步兵将军建皆为诱进单于筹策，又典灵台、明堂、辟雍、四郊，定制度，开子午道，与宰衡同心说德，①合意并力，功德茂著。封舜子匡为同心侯，林为说德侯，光孙寿为合意侯，丰孙匡为并力侯。益邯、建各三千户。”

①师古曰：“说音悦。次下亦同。”

是岁，西羌庞恬、傅幡等①怨莽夺其地作西海郡，反攻西海太守程永，永奔走。莽诛永，遣护羌校尉窦况击之。

①师古曰：“幡音数元反，其字从巾。”

二年春，窦况等击破西羌。

五月，更造货：错刀，一直五千；契刀，一直五百；大钱，一直五十，与五铢钱并行。民多盗铸者。禁列侯以下不得挟黄金，输御府受直，然卒不与直。

九月，东郡太守翟义都试，勒车骑，因发奔命，立严乡侯刘信为天子，①移檄郡国，言莽“毒杀平帝，摄天子位，欲绝汉室，今共行天罚诛莽”。②郡国疑惑，众十馀万。莽惶惧不能食，昼夜抱孺子告祷郊庙，放《大诰》作策，③遣谏大夫桓谭等班于天下，谕以摄位当反政孺子之意。④遣王邑、孙建等八将军击义，分屯诸关，守阸塞。槐里男子赵明、霍鸿等起兵，以和翟义，⑤相与谋曰：“诸将精兵悉东，京师空，可攻长安。”众稍多，至且十万人，莽恐，遣将军王奇、王级将兵拒之。以太保甄邯为大将军，受钺高庙，领天下兵，左杖节，右把钺，屯城外。王舜、甄丰昼夜循行殿中。⑥

①师古曰：“东平炀王之子。”

②师古曰：“共读作（供）〔恭〕。”〔30〕

③师古曰：“放，依也。《大诰》，《周书》篇名，周公所作也。放音甫往反。”

④师古曰："谕,晓告(也)〔之〕。"〔31〕

⑤师古曰："和音胡卧反。"

⑥师古曰："行音下更反。"

十二月,王邑等破翟义于圉。司威陈崇使监军①上书言："陛下奉天洪范,心合宝龟,②膺受元命,豫知成败,(感)〔咸〕应兆占〔32〕,是谓配天。配天之主,虑则移气,言则动物,施则成化。臣崇伏读诏书下日,窃计其时,圣思始发,而反虏仍破;③诏文始书,反虏大败;制书始下,反虏毕斩。众将未及齐其锋芒,臣崇未及尽其愚虑,而事已决矣。"莽大说。④

①师古曰："为使而监军于外。"

②师古曰："心与龟合也。"

③师古曰："思,虑也。"

④师古曰："说读曰悦。"

三年春,地震。大赦天下。

王邑等还京师,西与王级等合击明、鸿,皆破灭,语在《翟义传》。莽大置酒未央宫白虎殿,劳赐将帅。诏陈崇治校军功,第其高下。莽乃上奏曰："明圣之世,国多贤人,故唐虞之时,可比屋而封,至功成事就,则加赏焉。至于夏后涂山之会,执玉帛者万国,诸侯执玉,附庸执帛。周武王孟津之上,尚有八百诸侯。周公居摄,郊祀后稷以配天,宗祀文王于明堂以配上帝,是以四海之内各以其职来祭,盖诸侯千八百矣。《礼记・王制》千七百馀国,是以孔子著《孝经》曰:'不敢遗小国之臣,而况于公侯伯子男乎？故得万国之欢心以事其先王。'此天子之孝也。秦为亡道,残灭诸侯以为郡县,欲擅天下之利,故二世而亡。高皇帝受命除残,考功施赏,建国数百,后稍衰微,其馀仅存。太皇太后躬统大纲,广封功德以劝善,兴灭继绝以永世,是以大化流通,旦暮且成。遭羌寇害西海郡,反虏流言东郡,逆贼惑众西土,忠臣孝子莫不奋怒,所征殄灭,尽备厥辜,天下咸宁。今制礼作乐,实考周爵五等,地四等,有明文;①

殷爵三等,有其说,无其文。②孔子曰:'周监于二代,郁郁乎文哉! 吾从周。'③臣请诸将帅当受爵邑者爵五等,地四等。"奏可。于是封者高为侯伯,次为子男,当赐爵关内侯者更名曰附城,凡数百人。击西海者以"羌"为号,槐里以"武"为号,翟义以"虏"为号。

> ①苏林曰:"爵五等:公、侯、伯、子、男也。地四等:公一等,侯伯二等,子男三等,附庸四等。"
>
> ②师古曰:"公一等,侯二等,伯、子、男三等。"
>
> ③师古曰:"《论语》载孔子之言也。监,视也。二代,夏、殷也。郁郁,文章貌。"

群臣复奏言:"太后修功录德,远者千载,近者当世,或以文封,或以武爵,深浅大小,靡不毕举。今摄皇帝背依践祚,宜异于宰国之时,制作虽未毕已,①宜进二子爵皆为公。《春秋》'善善及子孙','贤者之后,宜有土地。'成王广封周公庶子六(子)〔人〕[33],皆有茅土。及汉家名相大将萧、霍之属,咸及支庶。兄子光,可先封为列侯;诸孙,制度毕已,大司徒、大司空上名,如前诏书。"太后诏曰:"进摄皇帝子褒新侯安为新举公,赏都侯临为褒新公,封光为衍功侯。"是时,莽还归新都国,群臣复白以封莽孙宗为新都侯。莽既灭翟义,自谓威德日盛,获天人助,遂谋即真之事矣。

> ①师古曰:"已,止也。"

九月,莽母功显君死,意不在哀,令太后诏议其服。少阿、羲和刘歆与博士诸儒七十八人皆曰:"居摄之义,所以统立天功,兴崇帝道,成就法度,安辑海内也。①昔殷成汤既没,而太子蚤夭,其子太甲幼少不明,伊尹放诸桐宫而居摄,以兴殷道。周武王既没,周道未成,成王幼少,周公屏成王而居摄,以成周道。②是以殷有翼翼之化,③周有刑错之功。④今太皇太后比遭家之不造,⑤委任安汉公宰尹群僚,衡平天下。⑥遭孺子幼少,未能共上下,⑦皇天降瑞,出丹石之符,是以太皇太后则天明命,诏安汉公居摄践祚,将以成圣汉之业,与唐虞三代比隆也。摄皇帝遂开秘府,会群儒,制礼作乐,卒定庶官,茂成天功。⑧圣心周悉,卓尔独见,发得周礼,以明因监,⑨则天稽古,而损益焉,犹仲尼之闻《韶》,⑩日月之不可阶,⑪非圣哲之至,孰能若兹!纲纪咸张,成在一匮,⑫此其所以保佑圣汉,安靖元元之效也。今功显君薨,《礼》'庶子为后,为其母缌。'传曰'与尊者为体,不敢服其私亲也。'摄皇帝以圣德承皇天之命,受太后之诏居摄践祚,奉汉大宗之后,上有天地社稷之重,下有元元万机之忧,不得顾其私亲。故太皇太后建厥元孙,俾侯新都,⑬为哀侯后。明摄皇帝与尊者为体,承宗庙之祭,奉共养太皇太后,不得服其私亲也。《周礼》曰'王为诸侯缌缞','弁而加环绖'⑭同姓则麻,异姓则葛。摄皇帝当为功显君缌缞,弁而加麻环绖,如天子吊诸侯服,以应圣制。"莽遂行焉,凡壹吊再会,而令新都侯宗为主,服丧三年云。

①师古曰:"辑字与集同。"

②师古曰:"屏犹拥也。"

③师古曰:"《商颂·殷武》之诗曰'商邑翼翼,四方之极',言商邑礼俗翼翼然可则效,乃四方之中正也。"

④师古曰:"谓成康之世囹圄空虚。"

⑤师古曰:"比,频也。《周颂·闵予小子》之篇曰'遭家不造'。造,成也。故议者引之。"

⑥师古曰:"宰,治也。尹,正也。衡,平也,言如称之衡。"

⑦师古曰:"共读曰恭。上下谓天地。"

⑧师古曰:"茂,美也。"

⑨李奇曰:"殷因于夏礼,周监于二代。"

⑩师古曰:"孔子至齐郭门之外,遇一婴儿,挈一壶,相与俱行,其视精,其心正,其行端。孔子谓御曰:'趣驱之,趣驱之,《韶》乐方作。'孔子至彼而及《韶》,闻之,三月不知肉味。言天纵多能而识微也,故取喻耳。"

⑪师古曰:"《论语》载子贡叙孔子德云:'他人贤者,丘陵也,犹可逾也。仲尼,日月也,无得而逾焉。'又曰:'夫子之不可及,犹天之不可阶而升也。'"

⑫师古曰:"《论语》云孔子曰:'譬如为山,未成一匮,止,吾止也。譬如平地,虽覆一匮,进,吾往也。'匮者,织草为器,所以盛土也。言人修(德)行道〔德〕,〔34〕有若为山,虽于平地,始覆一匮之土而作不止,可以得成,故吾欲往观之。今此议者谓莽修行政化,致于太平,本由一匮也。"

⑬师古曰："建,立也。元,长也。谓立莽孙宗为新都侯也。俾,使也。"

⑭师古曰："于弁上加环绖也。谓之环者,言其轻细如环之形。"

司威陈崇奏,衍功侯光私报执金吾窦况,令杀人,况为收系,致其法。莽大怒,切责光。光母曰："女自眠孰与长孙、中孙?"①遂母子自杀,及况皆死。初,莽以事母、养嫂、抚兄子为名,及后悖虐,复以示公义焉。②令光子嘉嗣爵为侯。

①师古曰："长孙、中孙,莽子宇及获字也。皆为莽所杀,故云然。中读曰仲。"

②服虔曰："不舍光罪为公义。"

莽下书曰："遏密之义,讫于季冬,①正月郊祀,八音当奏。王公卿士,乐凡几等?五声八音,条各云何?其与所部儒生各尽精思,悉陈其义。"

①张晏曰："平帝以元始五年十二月崩,至此再期年也。"师古曰："《虞书》:'放勋乃徂,百姓如丧考妣,三载,四海遏密八音。'遏,止也。密,静也。谓不作乐也。故莽引之。"

是岁广饶侯刘京、车骑将军千人扈云、大保属臧鸿奏符命。①京言齐郡新井,云言巴郡石牛,鸿言扶风雍石,莽皆迎受。十一月甲子,莽上奏太后曰："陛下至圣,遭家不造,遇汉十二世三七之阨,承天威命,诏臣莽居摄,受孺子之托,任天下之寄。臣莽兢兢业业,惧于不称。②宗室广饶侯刘京上书言:'七月中,齐郡临淄县昌兴亭长辛当一暮数梦,曰:"吾,天公使也。天公使我告亭长曰:'摄皇帝当为真。'即不信我,此亭中当有新井。"亭长晨起视亭中,诚有新井,③入地且百尺。'十一月壬子,直建冬至,④巴郡石牛,戊午,雍石文,皆到于未央宫之前殿。臣与太保安阳侯舜等视,天风起,尘冥,风止,得铜符帛图于石前,文曰:'天告帝符,献者封侯。承天命,用神令。'骑都尉崔发等眠说。⑤及前孝哀皇帝建平二年六月甲子下诏书,更为太初元将元年,案其本事,甘忠可、夏贺良谶书臧兰台。⑥臣莽以为元将元年者,大将居摄改元之文也,于今信矣。《尚书·康诰》'王若曰:"孟侯,朕其弟,小子封。"'⑦此周公居摄称王之文也。《春秋》隐公不言即位,摄也。此二经周公、孔子所定,盖为后法。孔子曰:'畏天命,畏大人,畏圣人之言。'⑧臣莽敢不承用!臣请共事神祇宗庙,奏言太皇太后,孝平皇后,皆称假皇帝。⑨其号令天下,天下奏言事,毋言'摄'。以居摄三年为初始元年,漏刻以百二十为度,用应天命。臣莽夙夜养育隆就孺子,⑩令与周之成王比德,宣明太皇太后威德于万方,期于富而教之。孺子加元服,复子明辟,如周公故事。"奏可。众庶知其奉符命,指意群臣博议别奏,以视即真之渐矣。⑪

①师古曰:"千人,官名也,属车骑将军。扈其姓,云其名。"

②师古曰:"兢兢,慎也。业业,危也。"

③师古曰:"诚,实也。"

④师古曰:"壬子之日冬至,而其日当建。"

⑤师古曰:"眡,古视字也。视其文而说其意也。"

⑥师古曰:"兰台,掌图籍之所。"

⑦师古曰:"孟,长也。孟侯者,言为诸侯之长也。封者,卫康叔名。"

⑧师古曰:"《论语》载孔子之言也,已解在上。"

⑨师古曰:"共音曰恭。"

⑩师古曰:"隆,长也。成就之使其长大也。"

⑪师古曰:"视读曰示。"

期门郎张充等六人谋共劫莽,立楚王。发觉,诛死。

梓潼人哀章①学问长安,素无行,好为大言。见莽居摄,即作铜匮,为两检,署其一曰"天帝行玺金匮图",其一署曰"赤帝行玺某传予黄帝金策书"。某者,高皇帝名也。书言王莽为真天子,皇太后如天命。图书皆书莽大臣八人,又取令名王兴、王盛,章因自窜姓名,②凡为十一人,皆署官爵,为辅佐。章闻齐井、石牛事下,即日昏时,衣黄衣,持匮至高庙,以付仆射。仆射以闻。戊辰,莽至高庙拜受金匮神嬗。③御王冠,谒太后,还坐未央宫前殿,下书曰:"予以不德,托于皇初祖考黄帝之后,皇始祖考虞帝之苗裔,而太皇太后之末属。皇天上帝隆显大佑,成命统序,符契图文,金匮策书,神明诏告,属予以天下兆民。④赤帝汉氏高皇帝之灵,承天命,传国金策之书,予甚祇畏,敢不钦受! 以戊辰直定,⑤御王冠,即真天子位,定有天下之号曰新。其改正朔,易服色,变牺牲,殊徽帜,异器制。⑥以十二月朔癸酉为建国元年正月之朔,以鸡鸣为时。服色配德上黄,牺牲应正用白,使节之旄幡皆纯黄,其署曰'新使五威节',以承皇天上帝威命也。"

①师古曰:"梓潼,广汉之县也。潼音童。"

②师古曰:"窜谓厕著也。"

③师古曰:"嬗,古禅字。言有神命,使汉禅位于莽也。"

④师古曰:"属,委付也,音之欲反。"

⑤师古曰:"于建除之次,其日当定。"

⑥师古曰:"徽帜,通谓旌旗之属也。帜音式志反。"

【校勘记】

〔1〕 (为)〔尝〕私买侍婢, 景祐、汲古、殿、局本都作"尝",此误。

〔2〕 上乃加恩宠,置使家,中黄门③十日一赐餐。 沈钦韩说"中黄门"当属下读,苏林说非。

〔3〕 璈自雕璈字耳,音(象)〔篆〕也。 景祐本作"篆"。王先谦说作"篆"是。

〔4〕 功(能)〔德〕为忠臣宗, 景祐、殿本都作"德"。杨树达说作"德"是。

〔5〕 倍故,数多于(人)〔故〕各一倍也。 景祐、殿本都作"故"。王先谦说作"故"是。

〔6〕 自今以来,(非)〔惟〕封爵乃以闻。 汲古、殿、局本都作"惟"。王先谦说"非"字误。

〔7〕 宜承(大)〔天〕序,奉祭祀。 景祐、殿本都作"天"。王先谦说作"天"是。

〔8〕 事下有司,皆(白)〔曰〕: 景祐、殿本都作"曰"。

〔9〕 〔言〕皇后之位当在莽女也。 景祐、殿本都有"言"字。

〔10〕 佟音(从)〔徒〕冬反。 景祐、殿本都作"徒",此误。

〔11〕 颣与(莘)〔悴〕同, 殿本作"悴"。王先谦说作"悴"是。

〔12〕 谓持兵(力)〔刃〕以刺。 景祐、汲古、殿、局本都作"刃",此误。

〔13〕 (书)〔师古〕曰: 朱一新说"书曰"当作"师古曰"。

〔14〕 四海辐(奏)〔凑〕, 景祐、殿、局本都作"凑"。王先谦说"奏"字误。

〔15〕 是故成王之(与)〔于〕周公也, 景祐、殿本都作"于"。王先谦说作

"于"是。

〔16〕 (今)〔令〕天法有设，　钱大昭说"今"当作"令"。按景祐、殿、局本都作"令"。

〔17〕 郊即(上祀)〔祀上〕帝于郊也。　殿本作"祀上"。王先谦说殿本是。

〔18〕 (恶)与管蔡同罪，　景祐本无"恶"字。

〔19〕 列侯(富平侯)张纯等，　景祐本无"富平侯"三字。

〔20〕 延登，(请)〔亲〕诏之曰：　沈钦韩说"请"当为"亲"。按景祐、殿本都作"亲"。

〔21〕 官在宰衡，位(在)〔为〕上公。　景祐、殿本都作"为"。

〔22〕 出履(一二)〔三〕寸。　景祐本作"三"。

〔23〕 凡十(三)〔二〕州，　景祐本作"三"，殿本作"二"。

〔24〕 如诸侯礼〔仪〕故事。　王先谦说"礼"下脱"仪"字。按景祐、殿本都有。

〔25〕 音(宗)〔空〕爽反。　景祐、殿本都作"空"。

〔26〕 (而)〔则〕猪其宫室以为污池，　景祐、殿本都作"则"。王先谦说作"则"是。

〔27〕 倡音(先)〔昌〕向反。　殿本作"昌"。景祐本亦作"先"，疑"尺"字之误。

〔28〕 封嘉为(师)〔帅〕礼侯，　钱大昭说"师"当作"帅"。按《通鉴》作"率礼侯"，钱说是。

〔29〕 长安(谓)〔为〕之语曰：　景祐、殿本都作"为"。

〔30〕 共读作(供)〔恭〕。　景祐、殿本都作"恭"。

〔31〕 谕，晓告(也)〔之〕。　景祐、殿本都作"之"。

〔32〕 (感)〔咸〕应兆占，　景祐、殿本都作"咸"。

〔33〕 成王广封周公庶子六(子)〔人〕，　景祐、殿本都作"人"。

〔34〕 言人修(德)行道〔德〕，　景祐、殿本都作"修行道德"。

汉书卷九十九中

王莽传第六十九中

始建国元年正月朔,莽帅公侯卿士奉皇太后玺韨,①上太皇太后,顺符命,去汉号焉。

①师古曰:"韨谓玺之组,音弗。"

初,莽妻宜春侯王氏女,立为皇后。①本生四男:宇、获、安、临。二子前诛死,安颇荒忽,②乃以临为皇太子,安为新嘉辟。③封宇子六人:千为功隆公,寿为功明公,吉为功成公,宗为功崇公,世为功昭公,利为功著公。大赦天下。

①师古曰:"王䜣为丞相,初封宜春侯,传爵至孙咸。莽妻,咸之女。"

②师古曰:"荒音呼广反。"

③师古曰:"辟,君也。谓之辟者,取为国君之义,音壁。"

莽乃策命孺子曰:"咨尔婴,昔皇天右乃太祖,①历世十二,享国二百一十载,历数在于予躬。《诗》不云乎?'侯服于周,天命靡常。'②封尔为安定公,永为新室宾。於戏!③敬天之休,④往践乃位,毋废予命。"又曰:"其以平原、安德、漯阴、鬲、重丘,凡户万,⑤地方百里,为定安公国。立汉祖宗之庙于其国,与周后并,行其正朔、服色。世世以事其祖宗,永以命德茂功,享历代之祀焉。以孝平皇后为定安太后。"读策毕,莽亲执孺子手,流涕歔欷,⑥曰:"昔周公摄位,终得复子明辟,今予独迫皇天威命,不得如意!"哀叹良久。中傅将孺子下殿,北面而称臣。百僚陪位,莫不感动。

①师古曰:"右读曰佑。佑,助也。"

②师古曰:"《大雅·文王》之诗也。言殷之后嗣,乃为诸侯,服事周室,是天命无常也。谓微子为宋公也。"

③师古曰:"於戏音曰呜呼。"

④师古曰:"休,美也。"

⑤师古曰:"五县也。漂音它合反。鬲音与隔同。"

⑥师古曰:"歔音虚。欷音许气反。"

又按金匮,辅臣皆封拜。以太傅、左辅、骠骑将军安阳侯王舜为太师,封安新公;大司徒就德侯平晏为太傅,就新公;少阿、羲和、京兆尹红休侯刘歆为国师,嘉新公;广汉梓潼哀章为国将,美新公:是为四辅,位上公。太保、后承承阳侯甄邯①为大司马,承新公;丕进侯王寻为大司徒,章新公;步兵将军成都侯王邑为大司空,隆新公:是为三公。大阿、右拂、大司空、卫将军广阳侯甄丰②为更始将军,广新公;京兆王兴为卫将军,奉新公;轻车将军成武侯孙建为立国将军,成新公;京兆王盛为前将军,崇新公:是为四将。凡十一公。王兴者,故城门令史。王盛者,卖饼。莽按符命求得此姓名十馀人,两人容貌应卜相,径从布衣登用,以视神焉。③馀皆拜为郎。是日,封拜卿大夫、侍中、尚书官凡数百人。诸刘为郡守,皆徙为谏大夫。

①师古曰:"承阳音烝阳。"

②师古曰:"拂读曰弼。"

③师古曰:"视读曰示。"

改明光宫为定安馆。定安太后居之。以故大鸿胪府为定安公第,皆置门卫使者监领。敕阿乳母不得与语,常在四壁中,①至于长大,不能名六畜。后莽以女孙宇子妻之。

①孟康曰:"令定安公居四壁中,不得有所见。"

莽策群司曰:"岁星司肃,东(狱)〔岳〕太师[1]典致时雨,①青炜登平,考景以晷。②荧惑司哲,南岳太傅典致时奥,③赤炜颂平,考声以律。④太白司艾,西岳国师典致时阳,⑤白炜象平,考量以铨。⑥辰星司谋,北岳国将典致时寒,⑦玄炜和平,考星以漏。⑧月刑元股左,司马典致武应,考方

法矩,⑨主司天文,钦若昊天,敬授民时,力来农事,以丰年谷。⑩日德元
厷右,司徒典致文瑞,考圜合规,⑪主司人道,五教是辅,帅民承上,宣美
风俗,五品乃训。⑫斗平元心中,司空典致物图,考度以绳,⑬主司地里,
平治水土,掌名山川,众殖鸟兽,蕃茂草木。"各策命以其职,如典诰
之文。

①应劭曰:"貌之不恭,是谓不肃。肃,敬也。厥罚常雨。常雨,水也。故申戒
　　厥任,欲使雨泽以时也。"晋灼曰:"众物生于东方,故戒太师也。"

②服虔曰:"炜音晖。"如淳曰:"青气之光辉也。"晋灼曰:"言青阳之气始升而
　　上,以成万物也。春秋分立表以正东西。东,日之始出也,故考景以晷
　　属焉。"

③应劭曰:"视之不明,是谓不悊。悊,智也。厥罚常燠。燠,暑也。"晋灼曰:
　　"南方,盛阳之位。太傅,师尊之称,故戒之也。"师古曰:"燠音於六反。"

④晋灼曰:"颂,宽颂也。夏,假也。物假大,乃宣平也。六月阴气之始,故为
　　地统。地之中数六,六为律,律有形有色,色尚黄,故考声以律属焉。"师古
　　曰:"颂读曰容。"

⑤应劭曰:"言之不从,是谓不艾。艾,安也。厥罚常阳。阳,旱也。"师古曰:
　　"艾读曰乂。"

⑥应劭曰:"量,斗斛也。铨,权衡也。"晋灼曰:"象,形也,万物无不成形于西
　　方,大小轻重皆可知,故称量属焉。"

⑦应劭曰:"听之不聪,是谓不谋。谋,图也。厥罚常寒。"晋灼曰:"北,伏也。
　　阳气伏于下,阴主杀,故戒国将。"

⑧应劭曰:"推五星行度以漏刻也。"晋灼曰:"和,合也。万物皆合藏于北方,
　　水又主平,故曰和平。历度起于斗分,日月纪于摄提,摄提值斗杓所指以建
　　时节,故考星属焉。"

⑨张晏曰:"月为刑,司马主武,又典天,故使主威刑也。"

⑩师古曰:"钦,敬也。若,顺也。力来,劝勉之也。来音郎代反。"

⑪张晏曰:"日为阳位。"晋灼曰:"肱圜也。五教在宽,则和气感物,四灵见象,
　　故文瑞属焉。"师古曰:"厷,古肱字。"

⑫师古曰:"五教,谓父义、母慈、兄友、弟恭、子孝也。五品即五常,谓仁、义、
　　礼、智、信。"

⑬张晏曰:"斗,北斗也,主齐七政。司空主水土,土为中,故责之。"孟康曰:"《易》'河出图,洛出书',司空主水土,责以其物也。"晋灼曰:"中央为四季土。土者信,信者直,故为绳。"

置大司马司允,①大司徒司直,大司空司若,②位皆孤卿。更名大司农曰羲和,后更为纳言,大理曰作士,太常曰秩宗,大鸿胪曰典乐,少府曰共工,③水衡都尉曰予虞,与三公司卿凡九卿,分属三公。每一卿置大夫三人,一大夫置元士三人,凡二十七大夫,八十一元士,分主中都官诸职。更名光禄勋曰司中,太仆曰太御,卫尉曰太卫,执金吾曰奋武,中尉曰军正,又置大赘官,主乘舆服御物,④后又典兵秩,位皆上卿,号曰六监。改郡太守曰大尹,都尉曰太尉,县令长曰宰,御史曰执法,公车司马曰王路四门,长乐宫曰常乐室,未央宫曰寿成室,前殿曰王路堂,⑤长安曰常安。更名秩百石曰庶士,三百石曰下士,四百石曰中士,五百石曰命士,六百石曰元士,千石曰下大夫,比二千石曰中大夫,二千石曰上大夫,中二千石曰卿。车服黻冕,各有差品。⑥又置司恭、司徒、司明、司聪、司中大夫及诵诗工。彻膳宰,以司过。策曰:"予闻上圣欲昭厥德,罔不慎修厥身,用绥于远,是用建尔司于五事。毋隐尤,毋将虚,⑦好恶不愆,立于厥中。⑧於戏,勖哉!"⑨令王路设进善之旌,非谤之木,(欲)〔敢〕谏之鼓。⑩[2]谏大夫四人常坐王路门受言事者。

①师古曰:"允,信也。"

②师古曰:"若,顺也。"

③师古曰:"共音曰龚。"

④师古曰:"赘,聚也,言财物所聚也,音之锐反。"

⑤服虔曰:"如言路寝也。"

⑥师古曰:"此黻谓衣裳之黻。"

⑦师古曰:"尤,过也。将,助也。虚谓虚美也。言勿隐吾过,而助为虚美。"

⑧师古曰:"愆,违也。"

⑨师古曰:"於戏读曰呜呼。勖,勉也。"

⑩师古曰:"非音曰诽。"

封王氏齐缞之属为侯,大功为伯,小功为子,缌麻为男,其女皆为任。①男以"睦"、女以"隆"为号焉,②皆授印韨。③令诸侯立太夫人、夫人、世子,亦受印韨。

①师古曰:"任,充也。男服之义,男亦任也,音壬。"

②师古曰:"睦、隆,皆其受封邑之号,取嘉名也。"

③师古曰:"韨亦印之组。次下并同。"

又曰:"天无二日,土无二王,百王不易之道也。汉氏诸侯或称王,至于四夷亦如之,违于古典,缪于一统。其定诸侯王之号皆称公,及四夷僭号称王者皆更为侯。"

又曰:"帝王之道,相因而通;盛德之祚,百世享祀。予惟黄帝、帝少昊、帝颛顼、帝喾、帝尧、帝舜、帝夏禹、皋陶、伊尹咸有圣德,假于皇天,①功烈巍巍,光施于远。予甚嘉之,营求其后,将祚厥祀。"惟王氏,虞帝之后也,出自帝喾;刘氏,尧之后也,出自颛顼。于是封姚恂为初睦侯,奉黄帝后;②梁护为脩远伯,奉少昊后;③皇孙功隆公千,奉帝喾后;刘歆为祁烈伯,奉颛顼后;国师刘歆子叠为伊休侯,奉尧后;④妫昌为始睦侯,奉虞帝后,山遵为褒谋子,奉皋陶后;伊玄为褒衡子,奉伊尹后。汉后定安公刘婴,位为宾。周后卫公姬党,更封为章平公,亦为宾。殷后宋公孔弘,运转次移,更封为章昭侯,位为恪。⑤夏后辽西姒丰,封为章功侯,亦为恪。⑥四代古宗,宗祀于明堂,以配皇始祖考虞帝。周公后褒鲁子姬就,宣尼公后褒成子孔钧,已前定焉。

①师古曰:"假,至也,升也,音工雅反。"

②服虔曰:"姚,舜姓,故封为黄帝后。"

③服虔曰:"以为伯益之后,故封之。"

④师古曰:"上言红休侯刘歆为国师嘉新公,今此云刘歆为祁烈伯,又言国师刘歆子为伊休侯,是则祁烈伯自别一刘歆,非国师也。"

⑤师古曰:"恪,敬也。言待之加敬,亦如宾也。周以舜后并杞、宋为三恪也。"

⑥服虔曰:"姒,夏姓。"

莽又曰:"予前在摄时,建郊宫,定桃庙,立社稷,①神祇报况,②或光自上复于下,流为乌,③或黄气熏烝,昭耀章明,以著黄、虞之烈焉。④自黄帝至于济南伯王,而祖世氏姓有五矣。⑤黄帝二十五子,分赐厥姓十有二氏。虞帝之先,受姓曰姚,其在陶唐曰妫,在周曰陈,在齐曰田,在济南曰王。予伏念皇初祖考黄帝,皇始祖考虞帝,以宗祀于明堂,宜序于祖宗之亲庙。其立祖庙五,亲庙五,后夫人皆配食。郊祀黄帝以配天,黄后以配地。⑥以新都侯东弟为大祼,岁时以祀。⑦家之所尚,种祀天下。⑧姚、妫、陈、田、王氏凡五姓者,皆黄、虞苗裔,予之同族也。《书》不云乎?'惇序九族。'⑨其令天下上此五姓名籍于秩宗,皆以为宗室。世世复,无有所与。⑩其元城王氏,勿令相嫁娶,以别族理亲焉。⑪封陈崇为统睦侯,奉胡王后;⑫田丰为世睦侯,奉敬王后。⑬

①师古曰:"远祖曰祧,音吐尧反。"

②师古曰:"况,赐也。"

③师古曰:"复音扶目反。"

④师古曰:"烈,馀业(反)〔也〕[3]。自云承黄、虞之后。"

⑤师古曰:"济南伯王,莽之高祖。"

⑥孟康曰:"黄帝之后也。"

⑦师古曰:"祼,祀也。立此大祠,常以岁时祀其先也。"

⑧师古曰:"言国已立大祼祠先祖矣,其众庶之家所尚者,各令传祀勿绝,普天下之下同其法。"

⑨师古曰:"《虞书·皋繇谟》之辞也。惇,厚也。"

⑩师古曰:"复音方目反。与读曰预。"

⑪师古曰:"元城王氏不得与四姓昏娶,以其同祖也。馀它王氏,则不禁焉。"

⑫孟康曰:"追王陈胡公。"

⑬孟康曰:"追王陈敬仲。"

天下牧守皆以前有翟义、赵明等领州郡,怀忠孝,封牧为男,守为附城。又封旧恩戴崇、金涉、箕闳、杨并等子皆为男。

遣骑都尉嚣等①分治黄帝园位于上都桥畤,②虞帝于零陵九疑,胡王于淮阳陈,敬王于齐临淄,愍王于城阳莒,③伯王于济南东平陵,孺王于魏郡元城,④使者四时致祠。其庙当作者,以天下初定,且祫祭于明堂太庙。

①师古曰：“嚚音许骄反。”

②师古曰：“桥山之上，故曰桥畤也。”

③服虔曰：“齐愍王。”

④师古曰：“莽之高祖名遂字伯纪，曾祖名贺字翁孺，故谓之伯王、孺王。”

以汉高庙为文祖庙。①莽曰：“予之皇始祖考虞帝受嬗于唐，②汉氏初祖唐帝，世有传国之象，③予复亲受金策于汉高皇帝之灵。惟思褒厚前代，何有忘时？汉氏祖宗有七，④以礼立庙于安定国。其园寝庙在京师者，勿罢，祠荐如故。予以秋九月亲入汉氏高、元、成、平之庙。诸刘更属籍京兆大尹，勿解其复，各终厥身，⑤州牧数存问，勿令有侵冤。”

①师古曰：“欲法舜受终于文祖。”

②师古曰：“嬗，古禅字。”

③师古曰：“尧传舜，汉传莽，自以舜后，故言有传国之象。”

④苏林曰：“汉本祀祖宗有四，莽以元帝、成帝、平帝为宗，故有七。”

⑤师古曰：“复音方目反。”

又曰：“予前在大麓，至于摄假，①深惟汉氏三七之阸，赤德气尽，思索广求，②所以辅刘延期之(述)〔术〕[4]，靡所不用。以故作金刀之利，几以济之。③然自孔子作《春秋》以为后王法，至于哀之十四而一代毕，协之于今，亦哀之十四也。④赤世计尽，终不可强济。皇天明威，黄德当兴，隆显大命，属予以天下。⑤今百姓咸言皇天革汉而立新，⑥废刘而兴王。夫‘刘’之为字‘卯、金、刀’也，正月刚卯，金刀之利，皆不得行。⑦博谋卿士，佥曰天人同应，昭然著明。其去刚卯莫以为佩，除刀钱勿以为利，承顺天心，快百姓意。”乃更作小钱，径六分，重一铢，文曰“小钱直一”，与前“大钱五十”者为二品，并行。欲防民盗铸，乃禁不得挟铜炭。

①师古曰：“大麓者，谓为大司马、宰衡时，妄引‘舜纳于大麓，烈风雷雨不迷’也。摄假，谓初为摄皇帝，又为假皇帝。”

②师古曰：“索亦求也，音山客反。”

③师古曰：“几读曰冀。”

④张晏曰:"汉哀帝即位六年,平帝五年,居摄三年,凡十四年。"

⑤师古曰:"属音之欲反。"

⑥师古曰:"革,改也。"

⑦服虔曰:"刚卯,以正月卯日作佩之,长三(尺)〔寸〕,广一寸,四方,或用(五)〔玉〕[5],或用金,或用桃,著革带佩之。今有玉在者,铭其一面曰'正月刚卯'。金刀,莽所铸之钱也。"晋灼曰:"刚卯长一寸,广五分,四方。当中央从穿作孔,以采丝(茸)〔茸〕其底[6],如冠缨头蕤。刻其上面,作两行书,文曰:'正月刚卯既央,灵殳四方,赤青白黄,四色是当。帝令祝融,以教夔、龙,庶疫刚瘅,莫我敢当。'其一铭曰:'疾日严卯,帝令夔化,顺尔固伏,化兹灵殳。既正既直,既觚既方,庶疫刚瘅,莫我敢当。'"师古曰:"今往往有土中得玉刚卯者,案大小及文,服说是也。莽以刘字上有卯,下有金,旁又有刀,故禁刚卯及金刀也。"

(是岁)四月[7],徐乡侯刘快结党数千人起兵于其国。①快兄殷,故汉胶东王,时改为扶崇公。快举兵攻即墨,殷闭城门,自系狱。吏民距快,快败走,至长广死。莽曰:"昔予之祖济南愍王困于燕寇,自齐临淄出保于莒。宗人田单广设奇谋,获杀燕将,复定齐国。今即墨士大夫复同心珍灭反虏,予甚嘉其忠者,怜其无辜。其赦殷等,非快之妻子它亲属当坐者皆勿治。吊问死伤,赐亡者葬钱,人五万。殷知大命,深疾恶快,以故辄伏厥辜。其满殷国户万,地方百里。"又封符命臣十馀人。

①师古曰:"快,胶东恭王子也。而《王子侯表》作炔,字从火,与此不同,疑表误。"

莽曰:"古者,设庐井八家,一夫一妇田百亩,什一而税,则国给民富而颂声作。①此唐虞之道,三代所遵行也。秦为无道,厚赋税以自供奉,罢民力以极欲,②坏圣制,废井田,是以兼并起,贪鄙生,强者规田以千数,弱者曾无立锥之居。又置奴婢之市,与牛马同兰,③制于民臣,颛断其命。奸虐之人因缘为利,至略卖人妻子,逆天心,悖人伦,④缪于'天地之性人为贵'之义。⑤《书》曰'予则奴戮女',⑥唯不用命者,然后被此辜矣。汉氏减轻田租,三十而税一,常有更赋,罢癃咸出,⑦而豪民侵陵，分田劫假。厥名三十税一，实什税五也。⑧父子夫妇终年耕芸，⑨所得不足以自存。故富者犬马馀菽粟，骄而为邪；贫者不厌糟糠，穷而为奸。⑩俱陷于辜，刑用不错。⑪予前在大麓，始令天下公田口井，⑫时则有嘉禾之祥，遭反虏逆贼且止。今更名天下田曰'王田'，奴婢曰'私属'，皆不得卖买。其男口不盈八，而田过一井者，分馀田予九族邻里乡党。故无田，今当受田者，如制度。敢有非井田圣制，无法惑众者，投诸四裔，以御魑魅，⑬如皇始祖考虞帝故事。"

①师古曰："给，足也。"

②师古曰："罢读曰疲。"

③师古曰："兰谓遮兰之，若牛马兰圈也。"

④师古曰："悖，乱也。悖音布内反。"

⑤师古曰："《孝经》称孔子曰'天地之性人为贵'，故引之。性，生也。"

⑥师古曰："《夏书·甘誓》之辞也。奴戮，戮之以为奴也。说《书》者以为帑，子也，戮及妻子。此说非也。《泰誓》云'囚奴正士'，岂及子之谓乎？女读曰汝。"

⑦师古曰："更音工衡反。罢音疲。癃音隆。"

⑧师古曰："解并在《食货志》。"

⑨师古曰："芸字与耘同。"

⑩师古曰："厌，饱也。"

⑪师古曰："错，置也，音千故反。"

⑫师古曰："计口而为井田。"

⑬师古曰："魑，山神也。魅，老物精也。魑音螭，魅音媚。"

　　是时百姓便安汉五铢钱，以莽钱大小两行难知，又数变改不信，皆私以五铢钱市买。讹言大钱当罢，莫肯挟。莽患之，复下书："诸挟五铢钱，言大钱当罢者，比非井田制，投四裔。"于是农商失业，食货俱废，民人至涕泣于市道。及坐卖买田宅奴婢，铸钱，自诸侯卿大夫至于庶民，抵罪者不可胜数。

　　秋，遣五威将王奇等十二人班《符命》四十二篇于天下。德祥五事，符命二十五,福应十二,凡四十二篇。其德祥言文、宣之世黄龙见于成纪、新都,高祖考王伯墓门梓柱生枝叶之属。符命言井石、金匮之属。福应言雌鸡化为雄之属。其文尔雅依托,皆为作说,①大归言莽当代汉有天下云。总而说之曰:"帝王受命,必有德祥之符瑞,协成五命,申以福应,②然后能立巍巍之功,传于子孙,永享无穷之祚。故新室之兴也,德祥发于汉三七九世之后。③肇命于新都,受瑞于黄支,④开王于武功,定命于子同,⑤成命于巴宕,⑥申福于十二应,天所以保祐新室者深矣,固矣!武功丹石出于汉氏平帝末年,火德销尽,土德当代,皇天眷然,去汉与新,以丹石始命于皇帝。皇帝谦让,以摄居之,未当天意,故其秋七月,天重以三能文马。⑦皇帝复谦让,未即位。故三以铁契,四以石龟,五以虞符,六以文圭,七以玄印,八以茂陵石书,九以玄龙石,十以神井,十一以大神石,十二以铜符帛图。申命之瑞,寝以显著,⑧至于十二,以昭告新皇帝。皇帝深惟上天之威不可不畏,故去摄号,犹尚称假,改元为初始,欲以承塞天命,克厌上帝之心。⑨然非皇天所以郑重降符命之意,⑩故是日天复决(其)以勉书。⑪[8]又侍郎王盱见人衣白布单衣,赤绣方领,⑫冠小冠,立于王路殿前,谓盱曰:'今日天同色,以天下人民属皇帝。'⑬盱怪之,行十馀步,人忽不见。至丙寅暮,汉氏高庙有金匮图策:'高帝承天命,以国传新皇帝。'明旦,宗伯忠孝侯刘宏以闻,乃召公卿议,未决,而大神石人谈曰:'趣新皇帝之高庙受命,毋留!'⑭于是新皇帝立登车,之汉氏高庙受命。受命之日,丁卯也。丁,火,汉氏之德也。卯,刘姓所以为字也。明汉刘火德尽,而传于新室也。皇帝谦谦,既备固让,十二符应迫著,命不可辞,⑮惧然祇畏,葸然闵汉氏之终不可济,⑯橐橐在左右之不得从意,⑰为之三夜不御寝,三日不御食。延问公侯卿大夫,佥曰:'宜奉如上天威命。'于是乃改元定号,海内更始。新室既定,神祇欢喜,申以福应,吉瑞累仍。⑱《诗》曰:'宜民宜人,受禄于天;保右命之,自天申之。'⑲此之谓也。"五威将奉《符命》,赍印绶,王侯以下及吏官名更者,⑳外及匈奴、西域,徼外蛮夷,皆即授新室印绶,因收故汉印绶。赐吏爵人二级,民爵人一级,女子百户羊酒,蛮夷币帛各有差。

大赦天下。

①师古曰："尔雅,近正也。谓近于正经,依古义而为之说。"

②师古曰："五命,谓五行之次,相承以受命也。申,重也。"

③苏林曰："二百一十岁,九天子也。"

④孟康曰："献生犀。"

⑤孟康曰："梓潼县也,莽改也。"

⑥晋灼曰："巴郡宕渠县也。"

⑦服虔曰："三台星也。"晋灼曰："许慎说,文马缟身金精,周成王时犬戎献之。"师古曰："能音台。"

⑧师古曰："寖,渐也。"

⑨师古曰："塞,当也。厌,满也。"

⑩师古曰："郑重犹言频烦也。重音直用反。"

⑪孟康曰："哀章所作策书也。言数有瑞应,莽自谦居摄,天复决其疑,劝勉令为真也。"晋灼曰："勉字当为龟。是日自复有龟书及天下金匮图策事也。"师古曰："孟说是。"

⑫师古曰："缋者,会五采也。以布为单衣,以赤加缋为其方领也。肝音许于反。缋音胡内反。"

⑬师古曰："同色者,言五方天神共齐其谋,同其颜色也。字或作包,包者,言天总包括天下人众,而与莽也。其义两通。属,委也,音之欲反。"

⑭师古曰："趣读曰促。"

⑮师古曰："迫,促也。著,明也。"

⑯师古曰："惧音瞿。瞿然,自失之意也。革然,变动之貌也。瞿音居具反。"

⑰师古曰："亹亹,自勉之意。左右,助也。言欲助汉室而迫天命,不得从其本意也。左右音曰佐佑也。"

⑱师古曰："申,重也。仍,频也。"

⑲师古曰："《大雅·假乐》之诗也。言有功德宜于众人者,则受天之福禄。天乃保安而佑助之,命以邦国也。申谓重其意也。右读曰佑。"

⑳师古曰："更,改也。"

五威将乘《乾》文车,①驾《坤》六马,②背负鷩鸟之毛,服饰甚伟。③每一将各置左右前后中帅,凡五帅。衣冠车服驾马,各如其方面色数。④将持节，称太一之使；帅持幢，称五帝之使。莽策命曰：“普天之下，迄于四表，⑤靡所不至。”其东出者，至玄菟、乐浪、高句骊、夫馀，⑥南出者，逾徼外，历益州，⑦贬句町王为侯；西出者，至西域，尽改其王为侯，北出者，至匈奴庭，授单于印，改汉印文，去“玺”曰“章”。单于欲求故印，陈饶椎破之，语在《匈奴传》。单于大怒，而句町、西域后卒以此皆畔。饶还，拜为大将军，封威德子。

①郑氏曰：“画天文象于车也。”

②郑氏曰：“《坤》为牝马。六，地数。”

③师古曰：“鷩鸟，雉属，即鶡鸡也。今俗呼之山鸡，非也。鷩音鳖。”

④师古曰：“色者，东方青，南方赤也。数者，若木数三，火数二之类也。”

⑤师古曰：“迄亦至也。”

⑥师古曰：“夫馀，亦东北夷也。乐音洛。浪音郎。夫音扶。”

⑦师古曰：“逾字与踰同。”

冬，靁，①桐华。

①师古曰：“古雷字。”

置五威司命，中城四关将军。司命司上公以下，中城主十二城门。策命统睦侯陈崇曰：“咨尔崇。夫不用命者，乱之原也；大奸猾者，贼之本也；铸伪金钱者，妨宝货之道也；骄奢逾制者，凶害之端也；漏泄省中及尚书事者，‘机事不密则害成’也；①拜爵王庭，谢恩私门者，禄去公室，政从亡矣：凡此六条，国之纲纪。是用建尔作司命，‘柔亦不茹，刚亦不吐，不侮鳏寡，不畏强圉’，②帝命帅繇，统睦于朝。”③命说符侯崔发曰：“‘重门击柝，以待暴客。’④女作五威中城将军，⑤中德既成，天下说符。”⑥命明威侯王级曰：“绕霤之固，南当荆楚。⑦女作五威前关将军，振武奋卫，明威于前。”命尉睦侯王嘉曰：“羊头之阨，北当燕赵。⑧女作五威后关将军，壶口捶阨，尉睦于后。”⑨命（堂）〔掌〕威侯王奇曰[9]：“肴黾之险，东当郑卫。⑩女作五威左关将军，函谷批难，掌威于左。”⑪命怀羌子王福曰：“汧陇之阻，西当戎狄。⑫女作五威右关将军，成固据守，怀羌于右。”

①师古曰:"《易·上系》之辞曰'君不密则失臣,臣不密则失身,机事不密则害成',故引之。"

②师古曰:"引《诗·大雅》美仲山甫之辞,其义并解于上。"

③师古曰:"帅,循也。繇读与由同。"

④师古曰:"《易·下系》之辞也。击柝,谓击木以守夜也。暴客,谓奸暴之人来为寇害者也。柝音他各反。"

⑤师古曰:"女读曰汝。其下并同。"

⑥师古曰:"说音悦。"

⑦服虔曰:"隘险之道。"师古曰:"谓之绕霤者,言四面塞阨,其道屈曲,溪谷之水,回绕而霤也。其处即今商州界七盘十二绕是也。霤音力救反。"

⑧师古曰:"羊头,山名,在上党壶关县。"

⑨师古曰:"壶口亦山名也。捶阨,谓据险阨而捶击也。捶音之蕊反。"

⑩师古曰:"肴,肴山也。黾,黾池也。皆在陕县之东。黾音莫善反。"

⑪师古曰:"批谓纠闭之也。函谷故关,今在桃林县界。批音步结反。"

⑫师古曰:"汧,扶风汧县,有吴山、汧水之阻。陇谓陇阺也。汧陇相连。汧音苦坚反。阺音丁礼反。"

又遣谏大夫五十人分铸钱于郡国。

是岁长安狂女子碧呼道中①曰:"高皇帝大怒,趣归我国。不者,九月必杀汝!"②莽收捕杀之。治者掌寇大夫陈成自免去官。③真定刘都等谋举兵,发觉,皆诛。真定、常山大雨雹。④

①师古曰:"碧者,女子名也。呼,叫也,音火故反。"

②师古曰:"趣读曰促。"

③师古曰:"狂妄之人,职在掌寇,故云治者。"

④师古曰:"雨音于具反。"

二年二月,赦天下。

五威将帅七十二人还奏事,汉诸侯王为公者,悉上玺绶为民,无违命者。封将为子,帅为男。

初设六筦之令。①命县官酤酒,卖盐铁器,铸钱,诸采取名山大泽众物者税之。又令市官收贱卖贵,赊贷予民,收息百月三。②牺和置酒士,郡一人,乘传督酒利。③禁民不得挟弩铠,徙西海。

①师古曰:"笐亦管字也。管,主也。"

②如淳曰:"出百钱与民用,月收其息三钱也。"师古曰:"贷音吐戴反。"

③师古曰:"督,视察之,传音张恋反。"

匈奴单于求故玺,莽不与,遂寇边郡,杀略吏民。

十一月,立国将军建奏:"西域将钦上言,①九月辛巳,戊己校尉史陈良、终带共贼杀校尉刁护,②劫略吏士,自称废汉大将军,亡入匈奴。又今月癸酉,不知何一男子遮臣建车前,自称'汉氏刘子舆,成帝下妻子也。③刘氏当复,④趣空宫。'⑤收系男子,即常安姓武字仲。皆逆天违命,大逆无道。请论仲及陈良等亲属当坐者。奏可。汉氏高皇帝比著戒云,罢吏卒,为宾食,⑥诚欲承天心,全子孙也。其宗庙不当在常安城中,及诸刘为诸侯者当与汉俱废。陛下至仁,久未定。前故安众侯刘崇、徐乡侯刘快、⑦陵乡侯刘曾、⑧扶恩侯刘贵等⑨更聚众谋反。⑩今狂狡之虏或妄自称亡汉将军,或称成帝子子舆,至犯夷灭,连未止者,此圣恩不蚤绝其萌牙故也。臣愚以为汉高皇帝为新室宾,享食明堂。成帝,异姓之兄弟,平帝,婿也,皆不宜复入其庙。元帝与皇太后为体,⑪圣恩所隆,礼亦宜之。臣请汉氏诸庙在京师者皆罢。诸刘为诸侯者,以户多少就五等之差,其为吏者皆罢,待除于家。⑫上当天心,称高皇帝神灵,⑬塞狂狡之萌。"莽曰:"可。嘉新公国师以符命为予四辅,明德侯刘龚、率礼侯刘嘉等凡三十二人皆知天命,或献天符,或贡昌言,⑭或捕告反虏,厥功茂焉。诸刘与三十二人同宗共祖者勿罢,赐姓曰王。"唯国师以女配莽子,故不赐姓。改定安太后号曰黄皇室主,绝之于汉也。

①师古曰:"但钦也。"

②师古曰:"刁音貂。"

③师古曰:"下妻犹言小妻。"

④师古曰:"复音扶福反。"

⑤师古曰:"趣读曰促。"

⑥师古曰："比,频也。言高帝频戒云,勿使吏卒守汉庙,欲为寄食之宾于王氏庙中。"

⑦师古曰："并解于上。"

⑧师古曰："楚思王子。"

⑨师古曰："不知谁子孙。"

⑩师古曰："更音工衡反。"

⑪师古曰："夫妇一体也。"

⑫师古曰："罢黜其职,各使退归,而言在家待迁除。"

⑬师古曰："称音尺孕反。"

⑭师古曰："昌,当也。"

冬十二月,雷。

更名匈奴单于曰降奴服于。莽曰："降奴服于知①威侮五行,②背畔四条,③侵犯西域,延及边垂,为元元害,罪当夷灭。命遣立国将军孙建等凡十二将,十道并出,共行皇天之威,罚于知之身。④惟知先祖故呼韩邪单于稽侯狦⑤累世忠孝,保塞守徼,不忍以一知之罪,灭稽侯狦之世。今分匈奴国土人民以为十五,立稽侯狦子孙十五人为单于。遣中郎将兰苞、戴级驰之塞下,召拜当为单于者。诸匈奴人当坐虏知之法者,皆赦除之。"遣五威将军苗诉、虎贲将军王况出五原,厌难将军陈钦、震狄将军王巡出云中,⑥振武将军王嘉、平狄将军王萌出代郡,相威将军李棽、镇远将军李翁出西河,⑦诛貉将军阳俊、讨秽将军严尤出渔阳,奋武将军王骏、定胡将军王晏出张掖,及偏裨以下百八十人。募天下囚徒、丁男、甲卒三十万人,转众郡委输五大夫衣裘、兵器、粮食,长吏送自负海江淮至北边,使者驰传督趣,以军兴法从事,⑧天下骚动。先至者屯边郡,须毕具乃同时出。

①师古曰："知者,莽改单于之名也,本名囊知牙斯。"

②师古曰："引《夏书·甘誓》之文。"

③师古曰："四条,莽所与作制者,事在《匈奴传》。"

④师古曰："共读曰恭。"

⑤师古曰："狦音删,又音先安反。"

⑥师古曰："厌音一涉反。"

⑦师古曰："婪音所林反。"

⑧师古曰："传音张恋反。趣音促。"

莽以钱币讫不行，①复下书曰："民以食为命，以货为资，是以八政以食为首。宝货皆重则小用不给，皆轻则儌载烦费，②轻重大小各有差品，则用便而民乐。"于是造宝货五品，语在《食货志》。百姓不从，但行小大钱二品而已。盗铸钱者不可禁，乃重其法，一家铸钱，五家坐之，没入为奴婢。吏民出入，持布钱以副符传，③不持者，厨传勿舍，关津苛留。④公卿皆持以入宫殿门，欲以重而行之。

①师古曰："讫，竟也。"

②师古曰："儌，送也，一曰赍也，音子就反。"

③师古曰："旧法，行者持符传，即不稽留。今更令持布钱，与符相副，乃得过也。传音张恋反。其下亦同。"

④师古曰："厨，行道饮食处。传，置驿之舍也。苛，问也，音何。"

是时争为符命封侯，其不为者相戏曰："独无天帝除书乎？"司命陈崇白莽曰："此开奸臣作福之路而乱天命，宜绝其原。"莽亦厌之，遂使尚书大夫赵并验治，非五威将率所班，皆下狱。

初，甄丰、刘歆、王舜为莽腹心，倡导在位，①褒扬功德；"安汉"、"宰衡"之号及封莽母、两子、兄子，皆丰等所共谋，而丰、舜、歆亦受其赐，并富贵矣，非复欲令莽居摄也。居摄之萌，出于泉陵侯刘庆、前辉光谢嚣、长安令田终术。莽羽翼已成，意欲称摄。丰等承顺其意，莽辄复封舜、歆两子及丰孙。丰等爵位已盛，心意既满，又实畏汉宗室、天下豪桀。而疏远欲进者，并作符命，莽遂据以即真，舜、歆内惧而已。丰素刚强，莽觉其不说，②故徙大阿、右拂、大司空丰，托符命文，为更始将军，③与卖饼儿王盛同列。丰父子默默。时子寻为侍中京兆大尹茂德侯，即作符命，言新室当分陕，立二伯，④以丰为右伯，太傅平晏为左伯，如周召故事。莽即从之，拜丰为右伯。当述职西出，未行，寻复作符命，言故汉氏平帝后黄皇室主为寻之妻。莽以诈立，心疑大臣怨谤，欲震威以惧下,因是发怒曰:"黄皇室主天下母,此何谓也!"收捕寻。寻亡,丰自杀。
寻随方士入华山,岁馀捕得,辞连国师公歆子侍中东通灵将、五司大夫
隆威侯棻,棻弟右曹长水校尉伐虏侯泳,大司空邑弟左(阙)〔关〕将军(堂)
〔掌〕威侯奇[10],及歆门人侍中骑都尉丁隆等,牵引公卿党亲列侯以下,
死者数百人。寻手理有"天子"字,莽解其臂入视之,曰:"此一大子也,
或曰一六子也。六者,戮也。明寻父子当戮死也。"乃流棻于幽州,放寻
于三危,殛隆于羽山,⑤皆驿车载其尸传致云。

①师古曰:"倡音赤上反。"

②师古曰:"说读曰悦。"

③师古曰:"拂读曰弼。"

④师古曰:"分陕者,欲依周公、召公故事,自陕以东周公主之,自陕以西召公
　　主之。陕即今陕州,是其地也。伯,长也。陕音式冉反。"

⑤师古曰:"效舜之罚共工等也。殛,诛也,音居力反。"

莽为人侈口蹷颐,①露眼赤精,大声而嘶。②长七尺五寸,好厚履高
冠,以氂装衣,③反膺高视,瞰临左右。④是时有用方技待诏黄门者,或问
以莽形貌,待诏曰:"莽所谓鸱目虎吻豺狼之声者也,故能食人,亦当为
人所食。"问者告之,莽诛灭待诏,而封告者。后常翳云母屏面,⑤非亲
近莫得见也。

①师古曰:"侈,大也。蹷,短也。颐,颐也。蹷音其月反。颐音胡感反。"

②师古曰:"嘶,声破也,音先奚反。"

③师古曰:"毛之强曲者曰氂,以装褚衣中,令其张起也。氂音力之反,字或作
　　麳,音义同。"

④师古曰:"瞰谓远视也,音口滥反。"

⑤师古曰:"屏面即便面,盖扇之类也。解在《张敞传》。"

是岁,以初睦侯姚恂为宁始将军。

三年,莽曰:"百官改更,职事分移,律令仪法,未及悉定,且因汉律
令仪法以从事。令公卿大夫诸侯二千石举吏民有德行通政事能言语明

文学者各一人,诣王路四门。"

遣尚书大夫赵并使劳北边,还言五原北假膏壤殖谷,①异时常置田官。乃以并为田禾将军,发戍卒屯田北假,以助军粮。

①师古曰:"北假,地名也。膏壤,言其土肥美也。殖,生也。"

是时诸将在边,须大众集,①吏士放纵,而内郡愁于征发,民弃城郭流亡为盗贼,并州、平州尤甚。莽令七公六卿号皆兼称将军,遣著武将军逯并等填名都,②中郎将、绣衣执法各五十五人,分填缘边大郡,督大奸猾擅弄兵者,皆便为奸于外,挠乱州郡,③货赂为市,侵渔百姓。莽下书曰:"虏知罪当夷灭,故遣猛将分十二部,将同时出,一举而决绝之矣。内置司命军正,外设军监十有二人,诚欲以司不奉命,令军人咸正也。今则不然,各为权势,恐猲良民,④妄封人颈,得钱者去。⑤毒蠚并作,农民离散。⑥司监若此,可谓称不?⑦自今以来,敢犯此者,辄捕系,以名闻。"然犹放纵自若。

①师古曰:"须,待也。"

②师古曰:"逯音录。填音竹刃反。此下亦同。"

③师古曰:"挠音火高反,其字从手。"

④师古曰:"猲,以威力胁之也,音呼葛反。"

⑤如淳曰:"权臣妄以法枉良人为僮仆,封其颈以别之也。得顾钱,乃去封。"

⑥师古曰:"蠚音呼各反。"

⑦师古曰:"称音尺孕反。"

而蔺苞、戴级到塞下,招诱单于弟咸、咸子登入塞,胁拜咸为孝单于,赐黄金千斤,锦绣甚多,遣去;将登至长安,拜为顺单于,留邸。

太师王舜自莽篡位后病悸,寖剧,死。①莽曰:"昔齐太公以淑德累世,为周氏太师,盖予之所监也。②其以舜子延袭父爵,为安新公,延弟褒新侯匡为太师将军,永为新室辅。"

①师古曰:"心动曰悸。寖,渐也。悸音葵季反。"

②师古曰:"监谓视见也。"

为太子置师友各四人,秩以大夫。以故大司徒马宫为师疑,故少府宗伯凤为傅丞,博士袁圣为阿辅,京兆尹王嘉为保拂,①是为四师;故尚书令唐林为胥附,博士李充为犇走,②谏大夫赵襄为先后,中郎将廉丹为御侮,是为四友。又置师友祭酒及侍中、谏议、《六经》祭酒各一人,凡九祭酒,秩上卿。琅邪左咸为讲《春秋》、颍川满昌为讲《诗》、长安国由为讲《易》、平阳唐昌为讲《书》、沛郡陈咸为讲《礼》、崔发为讲《乐》祭酒。遣谒者持安车印绶,即拜楚国龚胜为太子师友祭酒,胜不应征,不食而死。

①师古曰:"拂读曰弼。"

②师古曰:"犇,古奔字。"

宁始将军姚恂免,侍中崇禄侯孔永为宁始将军。

是岁,池阳县有小人景,长尺馀,或乘车马,或步行,(据)〔操〕持万物〔11〕,小大各相称,①三日止。

①师古曰:"车马及物皆称其人之形。"

濒河郡蝗生。①

①师古曰:"谓缘河南北诸郡。濒音频,又音宾。"

河决魏郡,泛清河以东数郡。先是,莽恐河决为元城冢墓害。及决东去,元城不忧水,故遂不堤塞。

四年二月,赦天下。

夏,赤气出东南,竟天。

厌难将军陈(歆)〔钦〕〔12〕言捕虏生口,虏犯边者皆孝单于咸子角所为。莽怒,斩其子登于长安,以视诸蛮夷。①

①师古曰:"视音曰示。"

大司马甄邯死,宁始将军孔永为大司马,侍中大赘侯辅为宁始将军。

莽每当出,辄先搜索城中,名曰"横搜"。①是月,横搜五日。

①师古曰:"索音山各反。横音胡孟反。"

莽至明堂,授诸侯茅土。下书曰:"予以不德,袭于圣祖,为万国主。思安黎元,在于建侯,分州正域,以美风俗。追监前代,爰纲爰纪。惟在《尧典》,十有二州,卫有五服。①《诗》国十五,拵遍九州。②《殷颂》有'奄有九有'之言。③《禹贡》之九州无并、幽,《周礼·司马》则无徐、梁。帝王相改,各有云为。或昭其事,或大其本,厥义著明,其务一矣。昔周二后受命,故有东都、西都之居。予之受命,盖亦如之。其以洛阳为新室东都,常安为新室西都。邦畿连体,各有采任。州从《禹贡》为九,爵从周氏有五。诸侯之员千有八百,附城之数亦如之,以俟有功。诸公一同,有众万户,土方百里。侯伯一国,众户五千,土方七十里。子男一则,众户二千有五百,土方五十里。附城大者食邑九成,众户九百,土方三十里。自九以下,降杀以两,④至于一成。⑤五差备具,合当一则。今已受茅土者,公十四人,侯九十三人,伯二十一人,子百七十一人,男四百九十七人,凡七百九十六人。附城千五百一十一人。九族之女为任者,八十三人。及汉氏女孙中山承礼君、遵德君、修义君更以为任。十有一公,九卿,十二大夫,二十四元士。定诸国邑采之处,使侍中讲礼大夫孔秉等与州部众郡晓知地理图籍者,共校治于寿成朱鸟堂。予数与群公祭酒上卿亲听视,咸已通矣。夫褒德赏功,所以显仁贤也;九族和睦,所以褒亲亲也。予永惟匪解,思稽前人,⑥将章黜陟,以明好恶,安元元焉。"以图簿未定,未授国邑,且令受奉都内,月钱数千。⑦诸侯皆困乏,至有庸作者。

①师古曰:"并解于上。"

②师古曰:"谓周南、召南、卫、王、郑、齐、魏、唐、秦、陈、邶、曹、豳、鲁、商,凡十五国也。一曰,周南、召南、邶、鄘、卫、王、郑、齐、魏、唐、秦、陈、邶、曹、豳,是为十五国。拵音普胡反。"

③师古曰:"《商颂·玄鸟》之诗,美汤有功德,故能覆有九州。"

④师古曰:"两两而降也。杀音所例反。"

⑤如淳曰:"十里为成。"

⑥师古曰:"解音曰懈。稽,考也。"

⑦师古曰:"奉音扶用反。"

中郎区博谏莽曰:①"井田虽圣王法,其废久矣。周道既衰,而民不从。秦知顺民之心,可以获大利也,故灭庐井而置阡陌,遂王诸夏,迄今海内未厌其敝。今欲违民心,追复千载绝迹,②虽尧舜复起,而无百年之渐,弗能行也。天下初定,万民新附,诚未可施行。"莽知民怨,乃下书曰:"诸名食王田,皆得卖之,勿拘以法。犯私买卖庶人者,且一切勿治。"

①师古曰:"区,姓也,音一侯反。"

②师古曰:"复音扶目反。"

初,五威将帅出,改句町王以为侯,王邯怨怒不附。①莽讽牂柯大尹周歆诈杀邯。邯弟承起兵攻杀歆。先是,莽发高句骊兵,当伐胡,不欲行,郡强迫之,皆亡出塞,因犯法为寇。辽西大尹田谭追击之,为所杀。州郡归咎于高句骊侯驺。严尤奏言:"貉人犯法,不从驺起,正有它心,宜令州郡且尉安之。②今猥被以大罪,恐其遂畔,③夫馀之属必有和者。④匈奴未克,夫馀、秽貉复起,此大忧也。"莽不尉安,秽貉遂反,诏尤击之。尤诱高句骊侯驺至而斩焉,传首长安。莽大说,下书曰:"乃者,命遣猛将,共行天罚,⑤诛灭虏知,分为十二部,或断其右臂,或斩其左腋,或溃其胸腹,或绌其两胁。⑥今年刑在东方,⑦诛貉之部先纵焉。捕斩虏驺,平定东域,虏知殄灭,在于漏刻。此乃天地群神社稷宗庙佑助之福,公卿大夫士民同心将率虓虎之力也。⑧予甚嘉之。其更名高句骊为下句骊,布告天下,令咸知焉。"于是貉人愈犯边,东北与西南夷皆乱云。

①师古曰:"邯,句町王之名也,音下甘反。"

②师古曰:"假令驺有恶心,亦当且慰安。"

③师古曰:"猥,多也,厚也。被,加也,音皮义反。"

④师古曰:"和,应也,音胡卧反。"

⑤师古曰:"共读曰恭。"

⑥师古曰:"绌音与抽同。"

⑦张晏曰:"是岁在壬申,刑在东方。"

⑧师古曰:"虓音火交反。"

莽志方盛,以为四夷不足吞灭,专念稽古之事,复下书曰:"伏念予之皇始祖考虞帝,受终文祖,在璇玑玉衡以齐七政,遂类于上帝,禋于六宗,望秩于山川,遍于群神,巡狩五岳,群后四朝,敷奏以言,明试以功。①予之受命即真,到于建国五年,已五载矣。阳九之阨既度,百六之会已过。岁在寿星,填在明堂,仓龙癸酉,德在中宫。②观晋掌岁,龟策告从,③其以此年二月建寅之节东巡狩,具礼仪调度。"④群公奏请募吏民人马布帛绵,又请内郡国十二买马,发帛四十五万匹,输常安,前后毋相须。⑤至者过半,莽下书曰:"文母太后体不安,其且止待后。"

①师古曰:"解并在前。"

②服虔曰:"仓龙,太岁也。"张晏曰:"太岁起于甲寅为龙,东方仓。癸德在中宫也。"晋灼曰:"寿星,角亢也。东宫仓龙,房心也。心为明堂,填星所在,其国昌。莽自谓土也,土行主填星。癸德在中宫,宫又土也。"

③孟康曰:"观辰星进退。掌,主也。"晋灼曰:"《国语》晋文公以卯出酉入,过五鹿得土,岁在寿星,其日戊申。莽欲法之,以为吉祥。正以二月建寅之节东巡狩者,取万物生之始也。视晋识太岁所在,宿度所合,卜筮皆吉,故法之。"

④师古曰:"调音徒钓反。"

⑤师古曰:"须,待也。"

是岁,改十一公号,以"新"为"心",后又改"心"为"信"。

五年二月,文母皇太后崩,葬渭陵,与元帝合而沟绝之。①立庙于长安,新室世世献祭。元帝配食,坐于床下。莽为太后服丧三年。

①如淳曰:"葬于司马门内,作沟绝之。"

大司马孔永乞骸骨,赐安车驷马,以特进就朝位。同风侯逯并为大司马。

是时,长安民闻莽欲都雒阳,不肯缮治室宅,①或颇彻之。莽曰:"玄龙石文曰'定帝德,国雒阳'。符命著明,敢不钦奉! 以始建国八年,岁缠星纪，②在雒阳之都。其谨缮修常安之都，勿令坏败。敢有犯者，辄以名闻，请其罪。"

①师古曰："缮，补也。"

②孟康曰："缠，居也。星纪在斗、牵牛间。"师古曰："缠，践历也，音直连反。"

是岁，乌孙大小昆弥遣使贡献。大昆弥者，中国外孙也。其胡妇子为小昆弥，而乌孙归附之。莽见匈奴诸边并侵，意欲得乌孙心，乃遣使者引小昆弥使置大昆弥使上。保成师友祭酒满昌劾奏使者曰："夷狄以中国有礼谊，故讻而服从。大昆弥，君也，今序臣使于君使之上，非所以有夷狄也。奉使大不敬！"莽怒，免昌官。

西域诸国以莽积失恩信，焉耆先畔，杀都护但钦。

十一月，彗星出，二十馀日，不见。

是岁，以犯挟铜炭者多，除其法。

明年改元曰天凤。

天凤元年正月，赦天下。

莽曰："予以二月建寅之节行巡狩之礼，太官赍糒乾肉，内者行张坐卧，①所过毋得有所给。②予之东巡，必躬载耒，每县则耕，以劝东作。③予之南巡，必躬载耨，每县则薅，以劝南伪。④予之西巡，必躬载铚，每县则获，以劝西成。予之北巡，必躬载拂，每县则粟，以劝盖藏。⑤毕北巡狩之礼，即于土中居雒阳之都焉。敢有趢谨犯法，辄以军法从事。"⑥群公奏言："皇帝至孝，往年文母圣体不豫，躬亲供养，衣冠稀解。因遭弃群臣悲哀，颜色未复，饮食损少。今一岁四巡，道路万里，春秋尊，非糒乾肉之所能堪。且无巡狩，须阕大服，以安圣体。⑦臣等尽力养牧兆民，奉称明诏。"⑧莽曰："群公、群牧、群司、诸侯、庶尹愿尽力相帅养牧兆民，欲以称予，繇此敬听，⑨其勖之哉！毋食言焉。更以天凤七年，岁在大梁，仓龙庚辰，行巡狩之礼。厥明年，岁在实沈，仓龙辛巳，即土之中雒阳之都。"乃遣太傅平晏、大司空王邑之雒阳，营相宅兆，图起宗庙、社稷、郊兆云。

①师古曰："糒,干饭也。张坐卧,谓帷帐茵席也。糒音备。"

②师古曰："言自赍食及帷帐以行,在路所经过,不须供费也。"

③师古曰："耒,耕曲木也,音力对反。"

④师古曰："耨,钼也。薅,耘去草也。耨音奴豆反。薅音火高反。伪读曰讹。讹,化也。"

⑤师古曰："拂音佛,所以击治禾者也,今谓之连枷。粟谓治粟。"

⑥刘德曰："趋谨,走呼也。"

⑦师古曰："阕,尽也,音口决反。"

⑧师古曰："称,副也。"

⑨师古曰："繇读与由同。"

三月壬申晦,日有食之。大赦天下。策大司马逯並曰:"日食无光,干戈不戢,其上大司马印韨,就侯氏朝位。太傅平晏勿领尚书事,省侍中诸曹兼官者。以利苗男訢为大司马。"①

①如淳曰:"利苗,邑名。"

莽即真,尤备大臣,抑夺下权,朝臣有言其过失者,辄拔擢。孔仁、赵博、费兴等以敢击大臣,故见信任,①择名官而居之。公卿入宫,吏有常数,太傅平晏从吏过例,掖门仆射苛问不逊,②戊曹士收系仆射。③莽大怒,使执法发车骑数百围太傅府,捕士,即时死。大司空士夜过奉常亭,亭长苛之,告以官名,亭长醉曰:"宁有符传邪?"④士以马箠击亭长,⑤亭长斩士,亡,郡县逐之。家上书,⑥莽曰:"亭长奉公,勿逐。"大司空邑斥士以谢。国将哀章颇不清,莽为选置和叔,⑦敕曰:"非但保国将闺门,当保亲属在西州者。"诸公皆轻贱,而章尤甚。

①师古曰:"费音扶味反。"

②师古曰:"仆射苛问平晏,其言不逊。"

③应劭曰:"莽自以土行,故使太傅置戊曹士。士,掾也。"苏林曰:"士者,曹掾,属公府,诸曹次第之名也。"师古曰:"应说是。"

④师古曰:"传音张恋反。"

⑤师古曰:"箠,策也,音止絷反。"

⑥师古曰:"亭长家上书自治。"

⑦师古曰："特为置此官。"

四月，阴霜，杀屮木，①海濒尤甚。②六月，黄雾四塞。七月，大风拔树，飞北阙直城门屋瓦。③雨雹，杀牛羊。

①师古曰："屮，古草字。"

②师古曰："边海之地也。濒音频，又音宾。"

③师古曰："北阙直城门瓦皆飞也。直城门，长安城门名也。解在《成纪》。"

莽以《周官》、《王制》之文，置卒正、连率、大尹，职如太守；属令、属长，职如都尉。置州牧、部监二十五人，见礼如三公。监位上大夫，各主五郡。公氏作牧，侯氏卒正，伯氏连率，子氏属令，男氏属长，皆世其官。其无爵者为尹。分长安城旁六乡，置帅各一人。分三辅为六尉郡，①河东、河内、弘农、河南、颍川、南阳为六队郡，②置大夫，职如太守；属正，职如都尉。更名河南大尹曰保忠信卿。益河南属县满三十。置六郊州长各一人，人主五县。及它官名悉改。大郡至分为五。郡县以亭为名者三百六十，以应符命文也。缘边又置竟尉，以男为之。③诸侯国閒田，为黜陟增减云。④莽下书曰："常安西都曰六乡，众县曰六尉。义阳东都曰六州，众县曰六队。粟米之内曰内郡，⑤其外曰近郡。有鄣徼者曰边郡。合百二十有五郡。九州之内，县二千二百有三。公作甸服，是为惟城；诸在侯服，是为惟宁；在采、任诸侯，是为惟翰；⑥在宾服，是为惟屏；⑦在揆文教，奋武卫，是为惟垣；在九州之外，是为惟藩：⑧各以其方为称，总为万国焉。"其后，岁复变更，一郡至五易名，而还复其故。吏民不能纪，每下诏书，辄系其故名，曰："制诏陈留大尹、太尉：其以益岁以南付新平。⑨新平，故淮阳。以雍丘以东付陈定。陈定，故梁郡。以封丘以东付治亭。治亭，故东郡。以陈留以西付祈隧。祈隧，故荥阳。陈留已无复有郡矣。大尹、太尉，皆诣行在所。"其号令变易，皆此类也。

①师古曰："《三辅黄图》云：'渭城、安陵以西，北至枸邑、义渠十县，属京尉大夫府，居故长安寺；高陵以北十县，属师尉大夫府，居故廷尉府；新丰以东，至湖十县，属翊尉大夫府，居城东；霸陵、杜陵，东至蓝田，西至武功、郁夷十县，属光尉大夫府，居城南；茂陵、槐里以西，至汧十县，属扶尉大夫府，居城

西;长陵、池阳以北,至云阳、祋祤十县,属列尉大夫府,居城北。'"

②师古曰:"队音遂。"

③师古曰:"竟音曰境。"

④师古曰:"閒音闲。以拟有功封赐,有罪黜陟也。"

⑤师古曰:"《禹贡》去王城四百里纳粟,五百里纳米,皆在甸服之内。"

⑥师古曰:"采,采服也。任,男服也。"

⑦师古曰:"宾服即古卫服也,取诸侯宾服以为名。"

⑧师古曰:"凡此惟城以下,取《诗·大雅·板》之篇云'价人惟藩,大师惟垣,大邦惟屏,大宗惟翰,怀德惟宁,宗子惟城',以为名号也。解在《诸侯王表》。"

⑨苏林曰:"陈留圉县,莽改曰益岁。"

令天下小学,戊子代甲子为六旬首。冠以戊子为元日,①昏以戊寅之旬为忌日。②百姓多不从者。

①师古曰:"冠音工唤反。元,善也。"

②师古曰:"昏谓娶妻也。"

匈奴单于知死,弟咸立为单于,求和亲。莽遣使者厚赂之,诈许还其侍子登,因购求陈良、终带等。单于即执良等付使者,槛车诣长安。莽燔烧良等于城北,令吏民会观之。

缘边大饥,人相食。谏大夫如普行边兵,①还言:"军士久屯塞苦,边郡无以相赡。今单于新和,宜因是罢兵。"校尉韩威进曰:"以新室之威而吞胡虏,无异口中蚤虱。臣愿得勇敢之士五千人,不赍斗粮,饥食虏肉,渴饮其血,可以横行。"莽壮其言,以威为将军。然采普言,征还诸将在边者。免陈钦等十八人,又罢四关填都尉诸屯兵。会匈奴使还,单于知侍子登前诛死,发兵寇边,莽复发军屯。于是边民流入内郡,为人奴婢,乃禁吏民敢挟边民者弃市。

①师古曰:"行音下更反。"

益州蛮夷杀大尹程隆,三边尽反。遣平蛮将军(马)〔冯〕茂将兵击之。〔13〕

宁始将军侯辅免，讲《易》祭酒戴参为宁始将军。

二年二月，置酒王路堂，公卿大夫皆佐酒。① 大赦天下。

　　①师古曰："助行酒。"

是时，日中见星。

大司马苗䜣左迁司命，以延德侯陈茂为大司马。

讹言黄龙堕死黄山宫中，百姓奔走往观者有万数。莽恶之，① 捕系问语所从起，不能得。

　　①师古曰："莽自谓黄德，故有此妖。"

单于咸既和亲，求其子登尸，莽欲遣使送致，恐咸怨恨害使者，乃收前言当诛侍子者故将军陈钦，是他罪系狱。钦曰："是欲以我为说于匈奴也。"① 遂自杀。莽选儒生能颛对者② 济南王咸为大使，五威将琅邪伏黯等为帅，使送登尸。敕令掘单于知墓，棘鞭其尸。又令匈奴却塞于漠北，责单于马万匹，牛三万头，羊十万头，及稍所略边民生口在者皆还之。莽好为大言如此。咸到单于庭，陈莽威德，责单于背畔之罪，应敌从横，单于不能诎，遂致命而还之。入塞，咸病死，封其子为伯，伏黯等皆为子。

　　①师古曰："说，解说也。托言以其前建议诛侍子，今故杀之。"
　　②师古曰："颛与专同。专对，谓应对无方，能专其事。"

莽意以为制定则天下自平，故锐思于地里，制礼作乐，讲合六经之说。公卿旦入暮出，议论连年不决，不暇省狱讼冤结民之急务。县宰缺者，数年守兼，① 一切贪残日甚。中郎将、绣衣执法在郡国者，并乘权势，传相举奏。又十一公士分布劝农桑，班时令，案诸章，冠盖相望，交错道路，召会吏民，逮捕证左，郡县赋敛，递相赇赂，白黑纷然，② 守阙告诉者多。莽自见前颛权以得汉政，故务自揽众事，③ 有司受成苟免。④ 诸宝物名、帑藏、钱谷官，皆宦者领之；⑤ 吏民上封事书，宦官左右开发，尚书不得知。其畏备臣下如此。又好变改制度，政令烦多，当（奏）〔奉〕行者〔14〕,辄质问乃以从事,⑥前后相乘,愦眊不渫。⑦莽常御灯火至明,犹不能胜。尚书因是为奸寝事,上书待报者连年不得去,拘系郡县者逢赦而后出,卫卒不交代三岁矣。谷常贵,边兵二十馀万人仰衣食,县官愁苦。⑧五原、代郡尤被其毒,起为盗贼,数千人为辈,转入旁郡。莽遣捕盗将军孔仁将兵与郡县合击,岁馀乃定,边郡亦略将尽。⑨

①师古曰:"不拜正官,权令人守兼。"

②师古曰:"白黑谓清浊也。纷然,乱意也,言清浊不分也。"

③师古曰:"擥与揽同,其字从手。"

④师古曰:"莽事事自决,成熟乃以付吏,吏苟免罪责而已。"

⑤师古曰:"帑音他莽反,又音奴。"

⑥师古曰:"质,正也。"

⑦师古曰:"乘,积也,登也。愦眊,不明也。渫,散也,彻也。愦音工内反。眊音莫报反。"

⑧师古曰:"仰音牛向反。"

⑨师古曰:"言其逃亡,结为盗贼,在者少也。"

邯郸以北大雨雾,水出,深者数丈,流杀数千人。

立国将军孙建死,司命赵闳为立国将军。宁始将军戴参归故官,南城将军廉丹为宁始将军。

三年二月乙酉,地震,大雨雪,①关东尤甚,深者一丈,竹柏或枯。大司空王邑上书言:"视事八年,功业不效,司空之职尤独废顿,至乃有地震之变。愿乞骸骨。"莽曰:"夫地有动有震,震者有害,动者不害。《春秋》记地震,《易系·坤》动,动静辟胁,万物生焉。②灾异之变,各有云为。天地动威,以戒予躬,公何辜焉,而乞骸骨,非所以助予者也。使诸吏散骑司禄大卫脩宁男遵谕予意焉。"

①师古曰:"雨音于具反。"

②师古曰:"辟音闢。闢,开也。胁,收敛也。《易·上系》之辞曰:'夫《坤》,其动也闢,其静也翕,是以广生焉。'故莽引之也。翕胁之声相近,义则同。"

五月，莽下吏禄制度，曰：“予遭阳九之阸，百六之会，国用不足，民人骚动，自公卿以下，一月之禄十缳布二匹，①或帛一匹。予每念之，未尝不戚焉。今阸会已度，府帑虽未能充，略颇稍给，其以六月朔庚寅始，赋吏禄皆如制度。”四辅公卿大夫士，下至舆僚，凡十五等。僚禄一岁六十六斛，稍以差增，上至四辅而为万斛云。莽又曰：“‘普天之下，莫非王土；率土之宾，莫非王臣。’②盖以天下养焉。《周礼》膳羞百有二十品，今诸侯各食共同、国、则；③辟、任、附城食其邑；④公、卿、大夫、元士食其采。⑤多少之差，咸有条品。岁丰穰则充其礼，⑥有灾害则有所损，与百姓同忧喜也。其用上计时通计，天下幸无灾害者，太官膳羞备其品矣；即有灾害，以什率多少而损膳焉。东岳太师立国将军保东方三州一部二十五郡；南岳太傅前将军保南方二州一部二十五郡；西岳国师宁始将军保西方一州二部二十五郡；北岳国将卫将军保北方二州一部二十五郡；大司马保纳卿、言卿、仕卿、作卿、京尉、扶尉、兆队、右队、中部左泪前七部；⑦大司徒保乐卿、典卿、宗卿、秩卿、翼尉、光尉、左队、前队、中部、右部，有五郡；大司空保予卿、虞卿、共卿、工卿、师尉、列尉、祈队、后队、中部泪后十郡；⑧及六司，六卿，皆随所属之公保其灾害，亦以十率多少而损其禄。郎、从官、中都官吏食禄都内之委者，以太官膳羞备损而为节。⑨诸侯、辟、任、附城、群吏亦各保其灾害。几上下同心，⑩劝进农业，安元元焉。”莽之制度烦碎如此，课计不可理，吏终不得禄，各因官职为奸，受取赇赂以自共给。⑪

①孟康曰：“缳，八十〔缕〕也。”[15]师古曰：“缳音子公反。”

②师古曰：“莽引《小雅·北山》之诗也。”

③师古曰：“谓公食同，侯伯食国，子男食则也。”

④师古曰：“辟，君也。任，公主也。辟音璧。任音壬。”

⑤师古曰：“谓因官职而食地也。”

⑥师古曰：“穰音人掌反。”

⑦服虔曰：“大司马保此官，皆如郡守也。”晋灼曰：“左与前故特七部。”师古曰：“泪亦暨字也。暨，及也。队音遂。此下并同。”

⑧师古曰：“共读曰龚。”

⑨师古曰:"言随其多少。"

⑩师古曰:"几音曰冀。"

⑪师古曰:"共读曰供。"

是月戊辰,长平馆西岸崩,邕泾水不流,毁而北行。①遣大司空王邑行视,②还奏状,群臣上寿,以为《河图》所谓"以土填水",③匈奴灭亡之祥也。乃遣并州牧宋弘、游击都尉任萌等将兵击匈奴,至边止屯。

①师古曰:"邕读曰壅。"

②师古曰:"行音下更反。"

③师古曰:"填读与镇同。"

七月辛酉,霸城门灾,民间所谓青门也。①

①师古曰:"《三辅黄图》云长安城东出南头名霸城门,俗以其色青,名曰青门。"

戊子晦,日有食之。大赦天下。复令公卿大夫诸侯二千石举四行各一人。①大司马陈茂以日食免,武建伯严尤为大司马。②

①师古曰:"依汉光禄之四科。"

②如淳曰:"莽之伯、子、男号也。"

十月戊辰,王路朱鸟门鸣,昼夜不绝,崔发等曰:"虞帝辟四门,通四聪。①门鸣者,明当修先圣之礼,招四方之士也。"于是令群臣皆贺,所举四行从朱鸟门入而对策焉。

①师古曰:"《虞书》叙舜之德也,'辟四门,明四目,达四聪',故引之。"

平蛮将军冯茂击句町,士卒疾疫,死者什六七,赋敛民财什取五,益州虚耗而不克,征还下狱死。更遣宁始将军廉丹与庸部牧史熊击句町,颇斩首,有胜。莽征丹、熊,丹、熊愿益调度,必克乃还。复大赋敛,就都大尹冯英不肯给,上言:"自越巂遂久仇牛、同亭邪豆之属反畔以来,积且十年,①郡县距击不已。续用冯茂,苟施一切之政。僰道以南,山险高深,茂多殴众远居,②费以亿计,吏士离毒气死者什七。③今丹、熊惧于自诡期会,④调发诸郡兵谷,复訾民取其十四,⑤空破梁州,功终不遂。⑥

宜罢兵屯田，明设购赏。"莽怒，免英官。后颇觉寤，曰："英亦未可厚非。"复以英为长沙连率。

①服虔曰："遂久，县也。仇牛等越巂旁夷。"

②师古曰："敺读与驱同。"

③师古曰："离，遭也。"

④师古曰："诡，责也。自以为忧责。"

⑤师古曰："发人訾财，十取其四也。"

⑥师古曰："遂，成也。"

翟义党王孙庆捕得，莽使太医、尚方与巧屠共刳剥之，①量度五藏，②以竹筳导其脉，知所终始，③云可以治病。④

①师古曰："刳，剖也，音口胡反。"

②师古曰："度音徒各反。"

③师古曰："筳，竹挺也，音庭。"

④师古曰："以知血脉之原，则尽攻疗之道也。"

是岁，遣大使五威将王骏、西域都护李崇将戊己校尉出西域，诸国皆郊迎贡献焉。诸国前杀都护但钦，骏欲袭之，命佐帅何封、戊己校尉郭钦别将。①焉耆诈降，伏兵击骏等，皆死。钦、封后到，袭击老弱，从车师还入塞。莽拜钦为填外将军，②封剿胡子，③何封为集胡男。西域自此绝。

①师古曰："别领兵在后也。将音子亮反。"

②师古曰："填音竹刃反。"

③师古曰："剿音子小反。"

【校勘记】

〔１〕　东(狱)〔岳〕太师　　景祐、殿本都作"岳"，此误。

〔２〕　(欲)〔敢〕谏之鼓。　　景祐本作"敢"。王念孙说作"敢"是。

〔３〕　烈，馀业(反)〔也〕。　　景祐、殿本都作"也"，此误。

〔４〕　所以辅刘延期之(述)〔术〕，　　景祐、殿、局本都作"术"，此误。

〔５〕　长三(尺)〔寸〕,广一寸,四方,或用(五)〔玉〕，　景祐、殿、局本"尺"都作
　　　　"寸",通鉴注同。"五"都作"玉",此误,下同。

〔６〕　以采丝(茸)〔茸〕其底，　殿本作"茸"。王先谦说殿本是。

〔７〕　(是岁)四月，　景祐本无"是岁"二字。

〔８〕　故是日天复决(其)以勉书。　李慈铭说"其"字衍。

〔９〕　命(堂)〔掌〕威侯王奇曰：　王念孙说"堂"当作"掌"。按下文"堂威",《通
　　　　鉴》作"掌威"。

〔１０〕　大司空邑弟左(阙)〔关〕将军(堂)〔掌〕威侯奇，　钱大昭说"阙"当作"关"。
　　　　按景祐、殿本都作"关"。王先谦说"堂"当作"掌"。《通鉴》并同。

〔１１〕　(据)〔操〕持万物，　景祐、殿本都作"操"。王先谦说作"操"是。

〔１２〕　厌难将军陈(歆)〔钦〕　杨树达说上下文都作"钦","歆"是误字。

〔１３〕　遣平蛮将军(马)〔冯〕茂将兵击之。　景祐、殿本都作"冯"。

〔１４〕　当(秦)〔奉〕行者，　景祐、殿本都作"奉"。王先谦说"秦"字误。

〔１５〕　橐,八十(缕)〔缕〕也。　景祐、殿、局本都作"缕"。

汉书卷九十九下

王莽传第六十九下

四年五月,莽曰:"保成师友祭酒唐林、故谏议祭酒琅邪纪逡,①孝弟忠恕,敬上爱下,博通旧闻,德行醇备,至于黄发,靡有愆失。②其封林为建德侯,逡为封德侯,位皆特进,见礼如三公。③赐弟一区,钱三百万,授几杖焉。"

①师古曰:"逡音千旬反,字或从彳,其音同耳。"

②师古曰:"黄发,老称,谓白发尽落,更生黄者。"

③师古曰:"朝见之礼。"

六月,更授诸侯茅土于明堂,曰:"予制作地理,建封五等,考之经艺,合之传记,通于义理,论之思之,至于再三,自始建国之元以来九年于兹,乃今定矣。予亲设文石之平,陈菁茅四色之土,①钦告于岱宗泰社后土、先祖先妣,以班授之。②各就厥国,养牧民人,用成功业。其在缘边,若江南,非诏所召,遣侍于帝城者,纳言掌货大夫且调都内故钱,予其禄,③公岁八十万,侯伯四十万,子男二十万。"然复不能尽得。莽好空言,慕古法,多封爵人,性实遴啬,④托以地理未定,故且先赋茅土,用慰喜封者。

①师古曰:"《尚书·禹贡》'苞匦菁茅',儒者以为菁,菜名也,茅,三脊茅也。而莽此言以菁茅为一物,则是谓善茅为菁茅也。土有五色,而此云四者,中央之土不以封也。菁音精。"

②师古曰:"钦,敬也。班,布也。"

③师古曰:"调谓发取之,音徒钓反。次下亦同。"

④师古曰:"遴读与吝同。"

是岁,复明六筦之令。每一筦下,为设科条防禁,犯者罪至死,吏民抵罪者浸众。又一切调上公以下诸有奴婢者,率一口出钱三千六百,天下愈愁,盗贼起。纳言冯常以六筦谏,莽大怒,免常官。置执法左右刺奸。选用能吏侯霸等分督六尉、六队,[①] 如汉刺史,与三公士郡一人从事。

①师古曰:"督,察也。队音遂。"

临淮瓜田仪等为盗贼,依阻会稽长州,[①] 琅邪女子吕母亦起。初,吕母子为县吏,为宰所冤杀。[②] 母散家财,以酤酒买兵弩,[③] 阴厚贫穷少年,得百余人,遂攻海曲县,杀其宰以祭子墓。引兵入海,其众浸多,后皆万数。莽遣使者即赦盗贼,还言:"盗贼解,辄复合。问其故,皆曰愁法禁烦苛,不得举手。力作所得,不足以给贡税。闭门自守,又坐邻伍铸钱挟铜,奸吏因以愁民。民穷,悉起为盗贼。"莽大怒,免之。其或顺指,言"民骄黠当诛",及言"时运适然,且灭不久",莽说,辄迁之。[④]

①服虔曰:"姓瓜田,名仪。"师古曰:"长州即枚乘所云长州之苑。"

②师古曰:"宰,县令。"

③师古曰:"酤音姑。"

④师古曰:"说读曰悦。"

是岁八月,莽亲之南郊,铸作威斗。威斗者,以五石铜为之,[①] 若北斗,长二尺五寸,欲以厌胜众兵。[②] 既成,令司命负之,莽出在前,入在御旁。铸斗日,大寒,百官人马有冻死者。

①李奇曰:"以五色药石及铜为之。"苏林曰:"以五色铜矿冶之。"师古曰:"李说是也。若今作鍮石之为。"

②师古曰:"厌音一叶反。"

五年正月朔,北军南门灾。

以大司马司允费兴为荆州牧,见,问到部方略,兴对曰:"荆、扬之民率依阻山泽,以渔采为业。[①] 间者,国张六筦,税山泽,妨夺民之利,连年久旱,百姓饥穷,故为盗贼。兴到部,欲令明晓告盗贼归田里,假贷犁牛种食，②阔其祖赋，③几可以解释安集。"④莽怒，免兴官。

> ①师古曰："渔谓捕鱼也。采谓采取蔬果之属。"
> ②师古曰："贷音土戴反。"
> ③师古曰："阔，宽也。"
> ④师古曰："几读曰冀。"

天下吏以不得奉禄，并为奸利，郡尹县宰家累千金。莽下诏曰："详考始建国二年胡虏猾夏以来，诸军吏及缘边吏大夫以上为奸利增产致富者，收其家所有财产五分之四，以助边急。"公府士驰传天下，考覆贪饕，①开吏告其将，奴婢告其主，几以禁奸，②奸愈甚。

> ①师古曰："传音张恋反。饕音吐高反。"
> ②师古曰："几读曰冀。"

皇孙功崇公宗坐自画容貌，被服天子衣冠，刻印三：一曰"维祉冠存己夏处南山臧薄冰"，①二曰"肃圣宝继"，②三曰"德封昌图"。③又宗舅吕宽家前徙合浦，私与宗通，发觉按验，宗自杀。莽曰："宗属为皇孙，爵为上公，知宽等叛逆族类，而与交通，刻铜印三，文意甚害，不知厌足，窥欲非望。《春秋》之义，'君亲毋将，将而诛焉。'④迷惑失道，自取此辜，乌呼哀哉！宗本名会宗，以制作去二名，今复名会宗。贬厥爵，改厥号，赐谥为功崇缪伯，以诸伯之礼葬于故同榖城郡。"⑤宗姊妨为卫将军王兴夫人，祝诅姑，杀婢以绝口。事发觉，莽使中常侍䜭恽责问妨，⑥并以责兴，皆自杀。事连及司命孔仁妻，亦自杀。仁见莽免冠谢，莽使尚书劾仁："乘《乾》车，驾《巛》马，左苍龙，右白虎，前朱雀，后玄武，右杖威节，左负威斗，号曰赤星，非以骄仁，乃以尊新室之威命也。仁擅免天文冠，大不敬。"有诏勿劾，更易新冠。其好怪如此。⑦

> ①文颖曰："祉，福祚也。冠存己，欲袭代也。"应劭曰："夏处南山，就阴凉也。臧薄冰，亦以除暑也。"
> ②应劭曰："莽自谓承圣舜后，能肃敬，得天宝龟以立。宗欲继其绪。"
> ③苏林曰："宗自言以德见封，当遂昌炽，受天下图籍。"
> ④师古曰："《春秋公羊传》之辞也。以公子牙将为杀逆而诛之，故云然也。亲

　　谓父母也。"

　　⑤师古曰:"同者,宗所封一同之地。"

　　⑥师古曰:"薶音带,又音徒盖反。"

　　⑦师古曰:"言莽性好为鬼神怪异之事。"

　　以直道侯王涉为卫将军。涉者,曲阳侯根子也。根,成帝世为大司马,荐莽自代,莽恩之,①以为曲阳非令称,②乃追谥根曰直道让公,涉嗣其爵。

　　①师古曰:"怀其旧恩也。"

　　②师古曰:"令,善也。曲阳之名,非善称也。"

　　是岁,赤眉力子都、樊崇等以饥馑相聚,起于琅邪,转钞掠,众皆万数。遣使者发郡国兵击之,不能克。

　　六年春,莽见盗贼多,乃令太史推三万六千岁历纪,六岁一改元,布天下。下书曰:"《紫阁图》曰'太一、黄帝皆僊上天,①张乐昆仑虔山之上。后世圣主得瑞者,当张乐秦终南山之上。'②予之不敏,奉行未明,乃今谕矣。复以宁始将军为更始将军,以顺符命。《易》不云乎? '日新之谓盛德,生生之谓易。'③予其飨哉!"欲以诳耀百姓,销解盗贼。众皆笑之。

　　①师古曰:"僊,古仙字。上,升也。"

　　②服虔云:"长安南山,《诗》所谓终南,故秦地,故言秦也。"

　　③李奇曰:"《易》道生诸当生者也。"师古曰:"《下系》之辞。体化合变,故曰日新。"

　　初献《新乐》于明堂、太庙。群臣始冠麟韦之弁。①或闻其乐声,曰:"清厉而哀,非兴国之声也。"

　　①李奇曰:"鹿皮冠。"

　　是时,关东饥旱数年,力子都等党众寖多。①更始将军廉丹击益州不能克,征还。更遣复位后大司马护军郭兴、庸部牧李晔击蛮夷若豆等,太傅牺叔士孙喜清洁江湖之盗贼。而匈奴寇边甚。莽乃大募天下

丁男及死罪囚、吏民奴,名曰猪突豨勇,以为锐卒。一切税天下吏民,赀
三十取一,缣帛皆输长安。令公卿以下至郡县黄绶皆保养军马,②多少
各以秩为差。又博募有奇技术可以攻匈奴者,将待以不次之位。言便
宜者以万数:或言能度水不用舟楫,③连马接骑,济百万师;或言不持斗
粮,服食药物,三军不饥,或言能飞,一日千里,可窥匈奴。莽辄试之,取
大鸟翮为两翼,④头与身皆著毛,通引环纽,飞数百步堕。莽知其不可
用,苟欲获其名,皆拜为理军,赐以车马,待发。

　　①师古曰:"寖,渐也。"

　　②师古曰:"保者,言不许其有死失。"

　　③师古曰:"楫,所以刺舟也,音集,其字从木。"

　　④师古曰:"羽本曰翮,音胡隔反。"

　　初,匈奴右骨都侯须卜当,其妻王昭君女也,尝内附。莽遣昭君兄
子和亲侯王歙诱呼(尝)〔当〕至塞下[1],胁将诣长安,强立以为须卜善于
后安公。①始欲诱迎当,大司马严尤谏曰:"当在匈奴右部,兵不侵边,单
于动静,辄语中国,此方面之大助也。于今迎当置长安槁街,一胡人
耳,②不如在匈奴有益。"莽不听。既得当,欲遣尤与廉丹击匈奴,皆赐
姓征氏,号二征将军,当诛单于舆而立当代之。③出车城西横厩,未发。
尤素有智略,非莽攻伐西夷,数谏不从,著古名将乐毅、白起不用之意及
言边事凡三篇,奏以风谏莽。④及当出廷议,尤固言匈奴可且以为后,先
忧山东盗贼。莽大怒,乃策尤曰:"视事四年,蛮夷猾夏不能遏绝,寇贼
奸宄不能殄灭,不畏天威,不用诏命,皃很自臧,持必不移,⑤怀执异心,
非沮军议。⑥未忍致于理,其上大司马武建伯印韨,⑦归故郡。"以降符伯
董忠为大司马。

　　①师古曰:"善于者,匈奴之号也。后安公者,中国之爵。两加之。"

　　②师古曰:"槁街,蛮夷馆所在也,解在《陈汤传》。槁音工早反。"

　　③师古曰:"舆者,时见为单于之名。"

　　④师古曰:"风读曰讽。"

　　⑤师古曰:"皃,古貌字也。皃很,言其很戾见于容貌也。臧,善也。自以为

善,而固持其所见,不可移易。"

⑥师古曰:"沮,坏也,音材汝反。"

⑦师古曰:"靫者,印之组。"

翼平连率田况奏郡县訾民不实,①莽复三十税一。以况忠言忧国,进爵为伯,赐钱二百万。众庶皆晋之。青、徐民多弃乡里流亡,老弱死道路,壮者入贼中。

①师古曰:"举百姓訾财,不以实数。"

夙夜连率韩博上言:"有奇士,长丈,大十围,来至臣府,曰欲奋击胡虏。自谓巨毋霸,出于蓬莱东南,五城西北昭如海濒,①辒车不能载,三马不能胜。即日以大车四马,建虎旗,载霸诣阙。霸卧则枕鼓,以铁箸食,此皇天所以辅新室也。愿陛下作大甲高车,贲育之衣,遣大将一人与虎贲百人迎之于道。京师门户不容者,开高大之,以视百蛮,②镇安天下。"博意欲以风莽。③莽闻恶之,留霸在所新丰,④更其姓曰巨母氏,谓因文母太后而霸王符也。⑤征博下狱,以非所宜言,弃市。

①师古曰:"昭如,海名也。濒,涯也,音频,又音宾。"

②晋灼曰:"视音曰示。"

③晋灼曰:"讽言毋得篡盗而霸。"

④师古曰:"在所,谓其见到之处。"

⑤师古曰:"莽字巨君,若言文母出此人,使我致霸王。"

明年改元曰地皇,从三万六千岁历号也。

地皇元年正月乙未,赦天下。下书曰:"方出军行师,敢有趋谨犯法者,辄论斩,毋须时,①尽岁止。"②于是春夏斩人都市,百姓震惧,道路以目。

①师古曰:"趋谨,谓趋走而谨哗也。须,待也。"

②师古曰:"至此岁尽而止。"

二月壬申,日正黑。莽恶之,下书曰:"乃者日中见昧,阴薄阳,黑气为变,百姓莫不惊怪。兆域大将军王匡遣吏考问上变事者,欲蔽上之明，是以適见于天，①以正于理，塞大异焉。"

①师古曰："適音谪。谪，责也，音徒厄反。见音胡电反。"

莽见四方盗贼多，复欲厌之，①又下书曰："予之皇初祖考黄帝定天下，将兵为上将军，建华盖，立斗献，②内设大将，外置大司马五人，大将军二十五人，偏将军百二十五人，裨将军千二百五十人，校尉万二千五百人，司马三万七千五百人，候十一万二千五百人，当百二十二万五千人，③士吏四十五万人，士千三百五十万人，④应协于《易》'弧矢之利，以威天下'。⑤予受符命之文，稽前人，将条备焉。"⑥于是置前后左右中大司马之位，赐诸州牧号为大将军，郡卒正、连帅、大尹为偏将军，属令长裨将军，县宰为校尉。乘传使者经历郡国，日且十辈，⑦仓无见谷⑧以给，传车马不能足，赋取道中车马，⑨取办于民。

①师古曰："厌音一叶反。"

②师古曰："献音牺。谓斗魁及杓末，如勺之形也。"

③晋灼曰："当亦官名也。"师古曰："当百，官名，百非其数。"

④晋灼曰："自五大司马至此皆以五乘之也。"师古曰："晋说非也。从上计之，或五或十，或两或三。"

⑤师古曰："《易·下系辞》曰：'弦木为弧，剡木为矢，弧矢之利，以威天下。'言所立将率，以合此意。木弓曰弧。"

⑥师古曰："稽，考也，考法于前人也。"

⑦师古曰："传音张恋反。次下亦同。"

⑧师古曰："见谓见在也。"

⑨师古曰："于道中行者，即执取之，以充事也。"

七月，大风毁王路堂。复下书曰："乃壬午餔时，有列风雷雨发屋折木之变，①予甚弁焉，予甚栗焉，予甚恐焉。②伏念一旬，迷乃解矣。③昔符命文立安为新迁王，④临国雒阳，为统义阳王。是时予在摄假，谦不敢当，而以为公。其后金匮文至，议者皆曰：'临国雒阳为统，谓据土中为新室统也，宜为皇太子。'自此后，临久病，虽瘳不平，朝见挈茵舆行。⑤见王路堂者，张于西厢及后阁更衣中，⑥又以皇后被疾，临且去本就舍,妃妾在东永巷。⑦壬午,列风毁王路西厢及后阁更衣中室。昭宁堂池东南榆树大十围,东僵,击东阁,阁即东永巷之西垣也。皆破折瓦坏,发屋拔木,予甚惊焉。又候官奏月犯心前星,厥有占,予甚忧之。伏念《紫阁图》文,太一、黄帝皆得瑞以仙,后世褒主当登终南山。⑧所谓新迁王者,乃太一新迁之后也。⑨统义阳王乃用五统以礼义登阳上迁之后也。临有兄而称太子,名不正。宣尼公曰:'名不正,则言不顺,至于刑罚不中,民无错手足。'⑩惟即位以来,阴阳未和,风雨不时,数遇枯旱蝗螟为灾,谷稼鲜耗,百姓苦饥,⑪蛮夷猾夏,寇贼奸宄,人民正营,无所错手足。⑫深惟厥咎,在名不正焉。其立安为新迁王,临为统义阳王,几以保全二子,⑬子孙千亿,外攘四夷,内安中国焉。"

①师古曰:"列风,暴列之风。"

②师古曰:"弁,疾也。一曰弁,抚手也,言惊惧也。"

③师古曰:"先言列风雷雨,后言迷乃解矣,盖取舜'纳于大麓,列风雷雨不迷'
　　以为言也。"

④服虔曰:"安,莽第三子也。迁音仙。莽改汝南新蔡曰新迁。"师古曰:"迁犹
　　仙耳,不劳假借音。"

⑤服虔曰:"有疾以执茵舆之行也。"晋灼曰:"《汉仪注》皇后、婕妤乘辇,馀者
　　以茵,四人举以行。岂今之板舆而铺茵乎?"师古曰:"晋说非也。此直谓坐
　　茵褥之上,而令四人对举茵之四角,舆而行,何谓板舆乎?"

⑥李奇曰:"张,帐也。"晋灼曰:"更衣中,谓朝贺易衣服处,室屋名也。"

⑦师古曰:"言临侍疾,故去其本所居,而来就此止息,是以妃妾在东永巷也。"

⑧李奇曰:"褒主,大主也。"

⑨服虔曰:"太一、黄帝欲令安追继其后也。"

⑩师古曰:"《论语》载孔子对子路之言。错,安置也,音千故反。莽追谥孔子
　　为褒成宣尼公。"

⑪师古曰:"鲜,少也。耗,虚也。鲜音先践反。耗音火到反。"

⑫师古曰:"正营,惶恐不安之意也。正音征。"

⑬师古曰:"几读曰冀。"

是月,杜陵便殿乘舆虎文衣废臧在室匣中者①出,自树立外堂上,②

良久乃委地。吏卒见者以闻,莽恶之,下书曰:"宝黄厮赤,③其令郎从官皆衣绛。"

①师古曰:"匨,匮也,音狎。"

②师古曰:"树,竖也。"

③服虔曰:"以黄为宝,自用其行气也。厮赤,厮役贱者皆衣赤,贱汉行也。"

望气为数者多言有土功象,莽又见四方盗贼多,欲视为自安能建万世之基者,①乃下书曰:"予受命遭阳九之厄,百六之会,府帑空虚,百姓匮乏,宗庙未修,且祫祭于明堂太庙,夙夜永念,非敢宁息。深惟吉昌莫良于今年,予乃卜波水之北,郎池之南,惟玉食。②予又卜金水之南,明堂之西,亦惟玉食。予将(新)〔亲〕筑焉[2]。"于是遂营长安城南,③提封百顷。九月甲申,莽立载行视,④亲举筑三下。司徒王寻、大司空王邑持节,及侍中常侍执法杜林等数十人将作。⑤崔发、张邯说莽曰:"德盛者文缛,⑥宜崇其制度,宣视海内,⑦且令万世之后无以复加也。"莽乃博征天下工匠诸图画,以望法度算,乃吏民以义入钱谷助作者,骆驿道路。⑧坏彻城西苑中建章、承光、包阳、大台、储元宫及平乐、当路、阳禄馆,凡十馀所,⑨取其材瓦,以起九庙。是月,大雨六十馀日。令民入米六百斛为郎,其郎吏增秩赐爵至附城。九庙:一曰黄帝太初祖庙,二曰帝虞始祖昭庙,三曰陈胡王统祖穆庙,四曰齐敬王世祖昭庙,五曰济北愍王王祖穆庙,凡五庙不堕云;⑩六曰济南伯王尊祢昭庙,七曰元城孺王尊祢穆庙,八曰阳平顷王戚祢昭庙,九曰新都显王戚祢穆庙。殿皆重屋。太初祖庙东西南北各四十丈,高十七丈,馀庙半之。为铜薄栌,⑪饰以金银雕文,⑫穷极百工之巧。带高增下,⑬功费数百钜万,卒徒死者万数。

①师古曰:"视音示。"

②刘德曰:"长安南也。"晋灼曰:"《黄图》波、浪,二水名也,在甘泉苑中。"师古曰:"晋说非也。《黄图》有西波池、郎池,皆在石城南上林中。玉食,谓龟为玉兆之文而墨食也。波音(波)〔彼〕皮反。"[3]

③师古曰:"盖所谓金水之南,明堂之西。"

④师古曰:"立载谓立而乘车也。行音下更反。"

⑤师古曰:"将领筑作之人。"

⑥师古曰:"文,礼文也。缛,繁也,音辱。"

⑦师古曰:"视读曰示。"

⑧师古曰:"骆驿,言不绝。"

⑨师古曰:"自建章以下至阳禄,皆上林苑中馆。"

⑩师古曰:"堕,毁也,音火规反。"

⑪师古曰:"薄栌,柱上枅,即今所谓楂也。栌音卢。"

⑫师古曰:"雕字与彫同。"

⑬师古曰:"本因高地而建立之,其旁下者更增筑。"

钜鹿男子马适求等谋举燕赵兵以诛莽,①大司空士王丹发觉以闻。莽遣三公大夫逮治党与,②连及郡国豪杰数千人,皆诛死。封丹为辅国侯。

①师古曰:"马适,姓也。求,名也。"

②师古曰:"逮,逮捕之也。已解于上。"

自莽为不顺时令,百姓怨恨,莽犹安之,又下书曰:"惟设此壹切之法以来,常安六乡巨邑之都,桴鼓稀鸣,盗贼衰少,①百姓安土,岁以有年,此乃立权之力也。今胡虏未灭诛,蛮僰未绝焚,江湖海泽麻沸,盗贼未尽破殄,②又兴奉宗庙社稷之大作,民众动摇。今复壹切行此令,尽二年止之,以全元元,救愚奸。"

①师古曰:"巨,大也。桴,所以击鼓者也,音孚,其字从木。"

②师古曰:"麻沸,言如乱麻而沸涌。"

是岁,罢大小钱,更行货布,长二寸五分,广一寸,直货钱二十五。货钱径一寸,重五铢,枚直一。两品并行。敢盗铸钱及偏行布货,伍人知不发举,皆没入为官奴婢。①

①师古曰:"伍人,同伍之人,若今伍保者也。"

太傅平晏死,以予虞唐尊为太傅。尊曰:"国虚民贫,咎在奢泰。"乃身短衣小袖,乘牝马柴车,①藉稿,瓦器,②又以历遗公卿。③出见男女不异路者,尊自下车,以象刑赭幡污染其衣。④莽闻而说之,⑤下诏申敕公卿思与厥齐。⑥封尊为平化侯。

①师古曰:"柴车即栈车。"

②师古曰:"藉槀,去蒲蒻也。瓦器,以瓦为食器。"

③师古曰:"以瓦器盛食,遗公卿也。"

④师古曰:"赭幡,以赭汁渍巾幡。"

⑤师古曰:"说读曰悦。"

⑥师古曰:"令与尊同此操行也。《论语》称孔子曰'见贤思齐',故莽云然。"

是时,南郡张霸、江夏羊牧、王匡等起云杜绿林,号曰下江兵,①众皆万馀人。武功中水乡民三舍垫为池。②

①晋灼曰:"本起江夏云杜县,后分西上,入南郡,屯蓝田,故号下江兵也。"

②师古曰:"垫,陷也,音丁念反。"

二年正月,以州牧位三公,刺举怠解,①更置牧监副,秩元士,冠法冠,行事如汉刺史。

①师古曰:"解读曰懈。"

是月,莽妻死,谥曰孝睦皇后,葬渭陵长寿园西,令永侍文母,名陵曰亿年。初莽妻以莽数杀其子,涕泣失明,莽令太子临居中养焉。莽妻旁侍者原碧,莽幸之。后临亦通焉,恐事泄,谋共杀莽。临妻愔,国师公女,①能为星,语临宫中且有白衣会。临喜,以为所谋且成。后贬为统义阳王,出在外第,愈忧恐。会莽妻病困,临予书曰:"上于子孙至严,前长孙、中孙年俱三十而死。②今臣临复适三十,诚恐一旦不保中室,则不知死命所在!"③莽候妻疾,见其书,大怒,疑临有恶意,不令得会丧。既葬,收原碧等考问,具服奸、谋杀状。莽欲秘之,使杀案事使者司命从事,埋狱中,家不知所在。赐临药,临不肯饮,自刺死。使侍中票骑将军同说侯林赐魂衣玺韨,④策书曰:"符命文立临为统义阳王,此言新室即位三万六千岁后,为临之后者乃当龙阳而起。前过听议者,以临为太子,有烈风之变,辄顺符命,立为统义阳王。在此之前,自此之后,不作信顺,弗蒙厥佑,夭年陨命,呜呼哀哉！迹行赐谥,谥曰缪王。"又诏国师公:"临本不知星,事从愔起。"愔亦自杀。

①师古曰:"愔音一寻反。"

②师古曰:"中读曰仲。"

③李奇曰:"中室,临之母也。"晋灼曰:"长乐宫中殿也。"师古曰:"二说皆非也。中室,室中也。临自言欲于室中自保全,不可得耳。"

④师古曰:"说读曰悦。"

是月,新迁王安病死。初,莽为侯就国时,幸侍者增秩、怀能、开明。怀能生男兴,增秩生男匡、女晔,开明生女捷,皆留新都国,以其不明故也。①及安疾甚,莽自病无子,为安作奏,使上言:"兴等母虽微贱,属犹皇子,不可以弃。"章视群公,②皆曰:"安友于兄弟,③宜及春夏加封爵。"于是以王车遣使者迎兴等,封兴为功脩公,匡为功建公,晔为睦脩任,捷为睦逮任。孙公明公寿病死,旬月四丧焉。莽坏汉孝武、孝昭庙,分葬子孙其中。

①师古曰:"言侍者或与外人私通所生子女,不可分明也。"

②师古曰:"视读曰示。以所上之章遍示之。"

③师古曰:"友,爱也。善兄弟曰友。"

魏成大尹李焉与卜者王况谋,况谓焉曰:"新室即位以来,民田奴婢不得卖买,数改钱货,征发烦数,军旅骚动,四夷并侵,百姓怨恨,盗贼并起,汉家当复兴。君姓李,李音徵,徵火也,①当为汉辅。"因为焉作谶书,言:"文帝发忿,居地下趣军,北告匈奴,南告越人。②江中刘信,执敌报怨,复续古先,四年当发军。江湖有盗,自称樊王,姓为刘氏,万人成行,③不受赦令,欲动秦、雒阳。十一年当相攻,太白扬光,岁星入东井,其号当行。"④又言莽大臣吉凶,各有日期。会合十馀万言。焉令吏写其书,吏亡告之。莽遣使者即捕焉,狱治皆死。

①师古曰:"徵音竹里反。"

②师古曰:"趣读曰促。"

③师古曰:"行音胡郎反。"

④师古曰："号谓号令也。"

三辅盗贼麻起,①乃置捕盗都尉官,令执法谒者追击长安中,建鸣鼓攻贼幡,而使者随其后。遣太师牺仲景尚、更始将军护军王党将兵击青、徐,国师和仲曹放助郭兴击句町。转天下谷币诣西河、五原、朔方、渔阳,每一郡以百万数,欲以击匈奴。

①师古曰："言起者如乱麻也。"

秋,陨霜杀菽,关东大饥,蝗。

民犯铸钱,伍人相坐,没入为官奴婢。其男子槛车,儿女子步,以铁锁琅当其颈,传诣钟官,以十万数。①到者易其夫妇,②愁苦死者什六七。孙喜、景尚、曹放等击贼不能克,军师放纵,百姓重困。③

①师古曰："琅当,长锒也。钟官,主铸钱之官也。"

②师古曰："改相配匹,不依其旧也。"

③师古曰："重音直用反。"

莽以王况谶言荆楚当兴,李氏为辅,欲厌之,①乃拜侍中掌牧大夫李棽为大将军、扬州牧,赐名圣,②使将兵奋击。

①师古曰："厌音一叶反。"

②师古曰："改其旧名,以圣代谶。棽音所林反。"

上谷储夏自请愿说瓜田仪,①莽以为中郎,使出仪。②仪文降,未出而死。③莽求其尸葬之,为起冢、祠室,谥曰瓜宁殇男,几以招来其馀,④然无肯降者。

①服虔曰："储夏,人姓也。"

②师古曰："说之令自出。"

③师古曰："上文书言降,而身未出。"

④师古曰："几读曰冀。"

闰月丙辰,大赦天下,天下大服民私服在诏书前亦释除。①

①张晏曰："莽妻本以此岁死,天下大服也。私服,自丧其亲。皆除之。"

郎阳成脩献符命,言继立民母,又曰:"黄帝以百二十女致神仙。"莽于是遣中散大夫、谒者各四十五人分行天下,①博采乡里所高有淑女者上名。

①师古曰:"行音下更反。"

莽梦长乐宫铜人五枚起立,莽恶之,念铜人铭有"皇帝初兼天下"之文,即使尚方工镌灭所梦铜人膺文。①又感汉高庙神灵,②遣虎贲武士入高庙,拔剑四面提击,③斧坏户牖,④桃汤赭鞭鞭洒屋壁,⑤令轻车校尉居其中,又令中军北垒居高寝。⑥

①师古曰:"镌,凿也,音子全反。"

②师古曰:"谓梦见谴责。"

③师古曰:"提,掷也,音徒计反。"

④师古曰:"以斧斫坏之。"

⑤师古曰:"桃汤洒之,赭鞭鞭之也。赭,赤也。"

⑥师古曰:"徙北军垒之兵士于高庙寝中屯居也。"

或言黄帝时建华盖以登仙,莽乃造华盖九重,高八丈一尺,金瑵羽葆,①载以秘机四轮车,②驾六马,力士三百人黄衣帻,车上人击鼓,挽者皆呼"登仙"。莽出,令在前。百官窃言"此似輀车,非仙物也。"③

①师古曰:"瑵读曰爪。谓盖弓头为爪形。"

②服虔曰:"盖高八丈,其杠皆有屈膝,可上下屈申也。"师古曰:"言潜为机关,不使外见,故曰秘机也。"

③师古曰:"輀车,载丧车,音而。"

是岁,南郡秦丰众且万人。平原女子迟昭平能说(经博)〔博经〕以八投,①〔4〕亦聚数千人在河阻中。莽召问群臣禽贼方略,皆曰:"此天囚行尸,命在漏刻。"故左将军公孙禄征来与议,②禄曰:"太史令宗宣典星历,候气变,以凶为吉,乱天文,误朝廷。太傅平化侯饰虚伪以偷名位,'贼夫人之子'。③国师嘉信公颠倒《五经》,毁师法,令学士疑惑。明学男张邯、地理侯孙阳造井田,使民弃土业。牺和鲁匡设六筦,以穷工商。说符侯崔发阿谀取容,令下情不上通。宜诛此数子以尉天下!"又言:"匈奴不可攻,当与和亲。臣恐新室忧不在匈奴,而在封域之中也。"莽怒，使虎贲扶禄出。然颇采其言，左迁鲁匡为五原卒正，以百姓怨非故。六筦非匡所独造，莽厌众意而出之。④

①服虔曰："博奕经，以八箭投之。"

②师古曰："与读曰豫。"

③师古曰："《论语》称子路使子羔为费宰，孔子曰'贼夫人之子'，言羔未知政道，而使宰邑，所以为贼害也。故禄引此而言。"

④师古曰："厌，满也，音一艳反。"

初，四方皆以饥寒穷愁起为盗贼，稍稍群聚，常思岁熟得归乡里。众虽万数，宣称巨人、从事、三老、祭酒，①不敢略有城邑，转掠求食，日阕而已。②诸长吏牧守皆自乱斗中兵而死，③贼非敢欲杀之也，而莽终不谕其故。④是岁，大司马士按章豫州，⑤为贼所获，贼送付县。士还，上书具言状。莽大怒，下狱以为诬罔。因下书责七公曰："夫吏者，理也。宣德明恩，以牧养民，仁之道也。抑强督奸，捕诛盗贼，义之节也。⑥今则不然。盗发不辄得，至成群党，遮略乘传宰士。⑦士得脱者，又妄自言'我责数贼"何故为是？"⑧贼曰"以贫穷故耳"。贼护出我。'今俗人议者率多若此。惟贫困饥寒，犯法为非，大者群盗，小者偷穴，不过二科，⑨今乃结谋连党以千百数，是逆乱之大者，岂饥寒之谓邪？七公其严敕卿大夫、卒正、连率、庶尹，谨牧养善民，急捕殄盗贼。有不同心并力，疾恶黜贼，而妄曰饥寒所为，辄捕系，请其罪。"于是群下愈恐，莫敢言贼情者，亦不得擅发兵，贼由是遂不制。

①师古曰："宣读曰但。言不为大号。"

②师古曰："阕，尽也。随日而尽也。阕音空穴反。"

③师古曰："中，伤也。"

④师古曰："不晓此意也。"

⑤师古曰："有上章相告者，就而按治之。"

⑥师古曰："督谓察视也。"

⑦师古曰："传音张恋反。"

⑧师古曰："数音所具反。"

⑨师古曰："穴谓穿墙为盗也。"

　　唯翼平连率田况素果敢,发民年十八以上四万馀人,授以库兵,与刻石为约。赤糜闻之,不敢入界。①况自劾奏,莽让况:②"未赐虎符而擅发兵,此弄兵也,厥罪乏兴。③以况自诡必禽灭贼,故且勿治。"④后况自请出界击贼,所向皆破。莽以玺书令况领青、徐二州牧事。况上言:"盗贼始发,其原甚微,非部吏、伍人所能禽也。咎在长吏不为意,县欺其郡,郡欺朝廷,实百言十,实千言百。朝廷忽略,不辄督责,遂至延曼连州,⑤乃遣将率,多发使者,传相监趣。⑥郡县力事上官,应塞诘对,⑦共酒食,具资用,以求断斩,⑧不给复忧盗贼治官事。⑨将率又不能躬率吏士,战则为贼所破,吏气寖伤,徒费百姓。⑩前幸蒙赦令,贼欲解散,或反遮击,恐入山谷,转相告语,故郡县降贼,皆更惊骇,恐见诈灭,因饥馑易动,旬日之间更十馀万人,此盗贼所以多之故也。今雒阳以东,米石二千。窃见诏书,欲遣太师、更始将军,二人爪牙重臣,多从人众,道上空竭,少则亡以威视远方。⑪宜急选牧、尹以下,明其赏罚,收合离乡。小国无城郭者,徙其老弱置大城中,积藏谷食,并力固守。贼来攻城,则不能下,所过无食,势不得群聚。如此,招之必降,击之则灭。今空复多出将率,郡县苦之,反甚于贼。宜尽征还乘传诸使者,以休息郡县。委任臣况以二州盗贼,必平定之。"莽畏恶况,阴为发代,遣使者赐况玺书。使者至,见况,因令代监其兵。况随使者西,到,拜为师尉大夫。况去,齐地遂败。

　　①师古曰:"糜,眉也。以朱涂眉,故曰赤眉。古字通用。"
　　②师古曰:"让,责也。"
　　③师古曰:"擅发之罪,与乏军兴同科也。"
　　④师古曰:"诡,责也。自以为忧责。"
　　⑤师古曰:"延音弋战反。曼与蔓同。"
　　⑥师古曰:"趣读曰促。"
　　⑦师古曰:"力,勤也。塞,当也。"
　　⑧师古曰:"交惧斩死之刑也。共读曰供。"
　　⑨师古曰:"给,暇也。"
　　⑩师古曰:"寖,渐也。"

⑪师古曰："视读曰示。"

三年正月，九庙盖构成，纳神主。莽谒见，大驾乘六马，以五采毛为龙文衣，著角，长三尺。①华盖车，元戎十乘在前。因赐治庙者司徒、大司空钱各千万，侍中、中常侍以下皆封。封都匠仇延为邯淡里附城。②

①师古曰："以被马上也。"

②师古曰："都匠，大匠也。邯音胡敢反。淡音大敢反。丰盛之意。"

二月，霸桥灾，数千人以水沃救，不灭。莽恶之，下书曰："夫三皇象春，五帝象夏，三王象秋，五伯象冬。皇王，德运也；伯者，继空续乏以成历数，故其道驳。①惟常安御道多以所近为名。乃二月癸巳之夜，甲午之辰，火烧霸桥，从东方西行，至甲午夕，桥尽火灭。大司空行视考问，②或云寒民舍居桥下，③疑以火自燎，为此灾也。④其明旦即乙未，立春之日也。予以神明圣祖黄虞遗统受命，至于地皇四年为十五年。正以三年终冬绝灭霸驳之桥，欲以兴成新室统壹长存之道也。又戒此桥空东方之道。今东方岁荒民饥，道路不通，东岳太师亟科条，⑤开东方诸仓，赈贷穷乏，以施仁道。其更名霸馆为长存馆，霸桥为长存桥。"

①师古曰："伯皆读曰霸。"

②师古曰："行音下更反。"

③师古曰："舍，止宿也。"

④师古曰："燎谓炙令腍也。"

⑤师古曰："亟，急也，音己力反。"

是月，赤眉杀太师牺仲景尚。关东人相食。

四月，遣太师王匡、更始将军廉丹东，①祖都门外，②天大雨，沾衣止。长老叹曰："是为泣军！"莽曰："惟阳九之阸，与害气会，究于去年。枯旱霜蝗，饥馑荐臻，③百姓困乏，流离道路，于春尤甚，予甚悼之。今使东岳太师特进褒新侯开东方诸仓，赈贷穷乏。太师公所不过道，分遣大夫谒者并开诸仓，以全元元。太师公因与廉丹大使五威司命位右大司马更始将军平均侯之兖州，填抚所掌，④及青、徐故不轨盗贼未尽解散,后复屯聚者,皆清洁之,期于安兆黎矣。"⑤太师、更始合将锐士十馀万人,所过放纵。东方为之语曰:"宁逢赤眉,不逢太师! 太师尚可,更始杀我!"卒如田况之言。

①师古曰:"东谓东出也。"

②师古曰:"祖道送匡、丹于都门外。"

③师古曰:"荐读曰荐。荐,仍也。"

④师古曰:"之,往也。填音竹刃反。"

⑤师古曰:"黎,众也。"

莽又多遣大夫谒者分教民煮草木为酪,酪不可食,重为烦费。①莽下书曰:"惟民困乏,虽溥开诸仓以赈赡之,②犹恐未足。其且开天下山泽之防,诸能采取山泽之物而顺月令者,其恣听之,勿令出税。至地皇三十年如故,是王光上戊之六年也。③如令豪吏猾民辜而攉之,小民弗蒙,非予意也。④《易》不云乎? '损上益下,民说无疆。'⑤《书》云:'言之不从,是谓不艾。'⑥咨乎群公,可不忧哉!"⑦

①师古曰:"重音直用反。"

②师古曰:"溥与普同。"

③孟康曰:"戊,土也,莽所作历名。"

④师古曰:"辜攉谓独专其利,而令它人犯者得罪辜也。"

⑤师古曰:"《益卦》象辞也。言损上以益下,则人皆欢悦无穷竟。"

⑥师古曰:"《洪范》之言。艾读曰乂。乂,治也。"

⑦师古曰:"咨者,叹息之言。"

是时下江兵盛,新市朱鲔、平林陈牧等皆复聚众,攻击乡聚。莽遣司命大将军孔仁部豫州,纳言大将军严尤、秩宗大将军陈茂击荆州,各从吏士百馀人,乘船从渭入河,至华阴乃出乘传,到部募士。尤谓茂曰:"遣将不与兵符,必先请而后动,是犹绁韩卢而责之获也。"①

①师古曰:"绁,系也。韩卢,古韩国之名犬也。黑色曰卢。"

夏,蝗从东方来,蜚蔽天,①至长安,入未央宫,缘殿阁。莽发吏民设购赏捕击。

①师古曰："蜚，古飞字也。"

莽以天下谷贵，欲厌之，①为大仓，置卫交戟，名曰"政始掖门"。

①师古曰："厌音一叶反。"

流民入关者数十万人，乃置养赡官禀食之。①使者监领，与小吏共盗其禀，饥死者十七八。先是，莽使中黄门王业领长安市买，贱取于民，民甚患之。业以省费为功，赐爵附城。莽闻城中饥馑，以问业。业曰："皆流民也。"乃市所卖粱饭肉羹，持入视莽，②曰："居民食咸如此。"莽信之。

①师古曰："禀，给也。食读曰饲。"

②师古曰："视读曰示。"

冬，无盐索卢恢等举兵反城。①廉丹、王匡攻拔之，斩首万馀级。莽遣中郎将奉玺书劳丹、匡，进爵为公，封吏士有功者十馀人。

①师古曰："索卢，姓也。恢，名也。反城，据城以反也。一曰，反音幡。今语贼犹曰幡城。索音先各反。"

赤眉别校董宪等众数万人在梁郡，王匡欲进击之，廉丹以为新拔城罢劳，①当且休士养威。匡不听，引兵独进，丹随之。合战成昌，②兵败，匡走。丹使吏持其印韨符节付匡曰："小儿可走，吾不可！"遂止，战死。校尉汝云、王隆等二十馀人别斗，闻之，皆曰："廉公已死，吾谁为生？"驰犇贼，皆战死。③莽伤之，下书曰："惟公多拥选士精兵，众郡骏马仓谷帑藏皆得自调，④忽于诏策，离其威节，骑马呵噪，⑤为狂刃所害，乌呼哀哉！赐谥曰果公。"

①师古曰："罢读曰疲。"

②师古曰："成昌，地名也。"

③师古曰："犇，古奔字也。"

④师古曰："谓发取也，音徒钓反。"

⑤师古曰："忽谓怠忘也。噪，群呼也，音先到反。"

国将哀章谓莽曰："皇祖考黄帝之时，中黄直为将，破杀蚩尤。今臣居中黄直之位,愿平山东。"莽遣章驰东,与太师匡并力。又遣大将军阳浚守敖仓,司徒王寻将十馀万屯雒阳填南宫,①大司马董忠养士习射中军北垒,大司空王邑兼三公之职。司徒寻初发长安,宿霸昌厩,②亡其黄钺。寻士房扬素狂直,乃哭曰:"此经所谓'丧其齐斧'者也!"③自刭去。莽击杀扬。

①师古曰:"填音竹刃反。"

②师古曰:"霸昌观之厩也。《三辅黄图》曰在城外也。"

③应劭曰:"齐,利也。亡其利斧,言无以复断斩也。"师古曰:"此《易·巽卦》上九爻辞。"

四方盗贼往往数万人攻城邑,杀二千石以下。太师王匡等战数不利。莽知天下溃畔,事穷计迫,乃议遣风俗大夫司国宪等分行天下,①除井田奴婢山泽六筦之禁,即位以来诏令不便于民者皆收还之。待见未发,会世祖与兄齐武王伯升、宛人李通等②帅舂陵子弟数千人,招致新市平林朱鲔、陈牧等合攻拔棘阳。是时严尤、陈茂破下江兵,成丹、王常等数千人别走,入南阳界。

①师古曰:"行音下更反。"

②师古曰:"世祖谓光武皇帝。"

十一月,有星孛于张,东南行,五日不见。莽数召问太史令宗宣,诸术数家皆缪对,言天文安善,群贼且灭。莽差以自安。

四年正月,汉兵得下江王常等以为助兵,击前队大夫甄阜、属正梁丘赐,皆斩之,杀其众数万人。初,京师闻青、徐贼众数十万人,讫无文号旌旗表识,①咸怪异之。好事者窃言:"此岂如古三皇无文书号谥邪?"②莽亦心怪,以问群臣,群臣莫对。唯严尤曰:"此不足怪也。自黄帝、汤、武行师,必待部曲旌旗号令,今此无有者,直饥寒群盗,犬羊相聚,不知为之耳。"莽大说,③群臣尽服。及后汉兵刘伯升起,皆称将军,攻城略地,既杀甄阜,移书称说。莽闻之忧惧。

①师古曰:"文谓文章;号谓大位号也。一曰,号谓号令也。识读与帜同,音

（㦸）〔式〕志反。"〔5〕

②师古曰："欲其事成，故云然也。"

③师古曰："说读曰悦。"

汉兵乘胜遂围宛城。初，世祖族兄圣公先在平林兵中。三月辛巳朔，平林、新市、下江兵将王常、朱鲔等共立圣公为帝，改年为更始元年，拜置百官。莽闻之愈恐。欲外视自安，①乃染其须发，进所征天下淑女杜陵史氏女为皇后，聘黄金三万斤，车马奴婢杂帛珍宝以巨万计。莽亲迎于前殿两阶间，成同牢之礼于上西堂。备和嫔、美御、和人三，位视公；嫔人九，视卿；美人二十七，视大夫；御人八十一，视元士：凡百二十人，皆佩印韨，执弓韣。②封皇后父谌为和平侯，拜为宁始将军，谌子二人皆侍中。是日，大风发屋折木。群臣上寿曰："乃庚子雨水洒道，辛丑清靓无尘，③其夕穀风迅疾，从东北来。④辛丑，《巽》之宫日也。《巽》为风为顺，后谊明，母道得，温和慈惠之化也。《易》曰：'受兹介福，于其王母。'⑤《礼》曰：'承天之庆，万福无疆。'⑥诸欲依废汉火刘，皆沃灌雪除，殄灭无馀杂矣。百谷丰茂，庶草蕃殖，⑦元元欢喜，兆民赖福，天下幸甚！"莽日与方士涿郡昭君等于后宫考验方术，纵淫乐焉。大赦天下，然犹曰："故汉氏春陵侯群子刘伯升与其族人婚姻党与，妄流言惑众，悖畔天命，及手害更始将军廉丹、前队大夫甄阜、属正梁丘赐，及北狄胡虏逆舆（洎）〔洎〕南僰虏若豆、孟迁，〔6〕不用此书。⑧有能捕得此人者，皆封为上公，食邑万户，赐宝货五千万。"

①师古曰："视读曰示。"

②师古曰："《礼记·月令》'仲春之月玄鸟至之日，以太牢祠于高禖，天子亲往，后妃率九嫔御，乃礼天子所御。带以弓韣，授以弓矢，于高禖之前'。韣，弓衣也。带之者，求男子之祥也，故莽依放之焉。韣音独。"

③师古曰："靓即静字也。"

④师古曰："穀风即谷风。"

⑤师古曰："《晋卦》六二爻也。介，大也。王母，君母。"

⑥师古曰："《礼》之祝词。"

⑦师古曰："蕃，滋也。殖，生也。"

⑧师古曰：“舆，匈奴单于名也。洎，及也。若豆、孟迁，蛮夔之名也。言伯升已下，孟迁以上，不在赦令之限也。”

又诏：“太师王匡、国将哀章、司命孔仁、兖州牧寿良、卒正王闳、扬州牧李圣亟进所部州郡兵①凡三十万众，迫措青、徐盗贼。②纳言将军严尤、秩宗将军陈茂、车骑将军王巡、左队大夫王吴亟进所部州郡兵凡十万众，迫措前队丑虏。明告以生活丹青之信，③复迷惑不解散，皆并力合击，殄灭之矣！大司空隆新公，宗室戚属，前以虎牙将军东指则反虏破坏，西击则逆贼靡碎，④此乃新室威宝之臣也。如黠贼不解散，将遣大司空将百万之师征伐剿绝之矣！”⑤遣七公干士隗嚣等七十二人分下赦令晓谕云。嚣等既出，因逃亡矣。

①师古曰：“亟，急也。”

②师古曰：“措读与笮同，音庄客反。下亦放此。”

③师古曰：“生活，谓来降者不杀之也。丹青之信，言明著也。”

④师古曰：“靡，散也，音武皮反。”

⑤师古曰：“剿，截也，音(予)〔子〕小反。”〔7〕

四月，世祖与王常等别攻颍川，下昆阳、郾、定陵。①莽闻之愈恐，遣大司空王邑驰传之洛阳，②与司徒王寻发众郡兵百万，号曰“虎牙五威兵”，平定山东。得颙封爵，政决于邑，除用征诸明兵法六十三家术者，各持图书，受器械，备军吏。倾府库以遣邑，多赍珍宝猛兽，欲视饶富，用怖山东。③邑至洛阳，州郡各选精兵，牧守自将，定会者四十二万人，馀在道不绝，车甲士马之盛，自古出师未尝有也。

①师古曰：“三县之名也。郾音一扇反。”

②师古曰：“传音张恋反。”

③师古曰：“视读曰示。”

六月，邑与司徒寻发洛阳，欲至宛，道出颍川，过昆阳。昆阳时已降汉，汉兵守之。严尤、陈茂与二公会，二公纵兵围昆阳。严尤曰：“称尊号者在宛下，宜亟进。①彼破，诸城自定矣。”邑曰：“百万之师，所过当灭，今屠此城，喋血而进，②前歌后舞，顾不快邪！”遂围城数十重。城中请降,不许。严尤又曰:"'归师勿遏,围城为之阙',③可如兵法,使得逸出,以怖宛下。"邑又不听。会世祖悉发郾、定陵兵数千人来救昆阳,寻、邑易之,④自将万馀人行陈,⑤敕诸营皆按部毋得动,独迎,与汉兵战,不利。大军不敢擅相救,汉兵乘胜杀寻。昆阳中兵出并战,邑走,军乱。(天)〔大〕风蜚瓦,⑥〔8〕雨如注水,大众崩坏号呼,⑦虎豹股栗,⑧士卒奔走,各还归其郡。邑独与所将长安勇敢数千人还洛阳。关中闻之震恐,盗贼并起。

①师古曰:"亟,急也。"

②师古曰:"喋音牒。"

③师古曰:"此兵法之言也。遏,遮也。阙,不合也。"

④师古曰:"轻易之也。易音亦豉反。"

⑤师古曰:"巡行军陈也。行音下更反。"

⑥师古曰:"蜚,古飞字。"

⑦师古曰:"呼音火故反。"

⑧师古曰:"言战惧甚。"

又闻汉兵言,莽鸩杀孝平帝。莽乃会公卿以下于王路堂,开所为平帝请命金縢之策,泣以视群臣。①命明学男张邯称说其德及符命事,因曰:"《易》言:'伏戎于莽,升其高陵,三岁不兴。'②'莽',皇帝之名。'升'谓刘伯升。'高陵'谓高陵侯子翟义也。言刘升、翟义为伏戎之兵于新皇帝世,犹殄灭不兴也。"群臣皆称万岁。又令东方槛车传送数人,言"刘伯升等皆行大戮"。(臣)〔民〕知其诈也。〔9〕

①师古曰:"视读曰示。"

②师古曰:"《同人卦》九三爻辞也。莽,平草也。言伏兵戎于草莽之中,升高陵而望,不敢前进,至于三岁不能起也。"

先是,卫将军王涉素养道士西门君惠。君惠好天文谶记,为涉言:"星孛扫宫室,刘氏当复兴,国师公姓名是也。"涉信其言,以语大司马董忠,数俱至国师殿中庐道语星宿,①国师不应。后涉特往,对歆涕泣言:"诚欲与公共安宗族,②奈何不信涉也!"歆因为言天文人事,东方必成。

涉曰:"新都哀侯小被病,功显君素耆酒,③疑帝本非我家子也。④董公主
中军精兵,涉领宫卫,伊休侯主殿中,如同心合谋,共劫持帝,东降南阳
天子,可以全宗族;不者,俱夷灭矣!"伊休侯者,歆长子也,为侍中五官
中郎将,莽素爱之。歆怨莽杀其三子,又畏大祸至,遂与涉、忠谋,欲发。
歆曰:"当待太白星出,乃可。"忠以司中大赘起武侯孙伋亦主兵,复与伋
谋。伋归家,颜色变,不能食。妻怪问之,语其状。妻以告弟云阳陈邯,
邯欲告之。七月,伋与邯俱告,莽遣使者分召忠等。时忠方讲兵都
肄,⑤护军王咸谓忠谋久不发,恐漏泄,不如遂斩使者,勒兵入。忠不
听,遂与歆、涉会省户下。莽令蕫恽责问,皆服。中黄门各拔刃将忠等
送庐,忠拔剑欲自刭,侍中王望传言大司马反,黄门持剑共格杀之。省
中相惊传,勒兵至郎署,皆拔刃张弩。更始将军史谌行诸署,⑥告郎吏
曰:"大司马有狂病,发,已诛。"皆令弛兵。⑦莽欲以厌凶,⑧使虎贲以斩
马剑挫忠,⑨盛以竹器,传曰"反虏出"。下书赦大司马官属吏士为忠所
诖误,谋反未发觉者。收忠宗族,以醇醯毒药、尺白刃丛(棷)〔棘〕[10]并一
坎而埋之。刘歆、王涉皆自杀。莽以二人骨肉旧臣,恶其内溃,⑩故隐
其诛。伊休侯叠又以素谨,歆讫不告,⑪但免侍中中郎将,更为中散大
夫。后日殿中钩盾土山仙人掌旁有白头公青衣,⑫郎吏见者私谓之国
师公。衍功侯喜素善卦,莽使筮之,曰:"忧兵火。"莽曰:"小儿安得此左
道?是乃予之皇祖叔父子侨欲来迎我也。"

①师古曰:"庐者,宿止之处。道谓说之也。"

②师古曰:"诚,实也。"

③师古曰:"耆读曰嗜。"

④如淳曰:"言莽母雉薄嗜酒,淫逸得莽耳,非王氏子也。设此诈欲以自别不
　受诛。"

⑤师古曰:"肄,习也,大习兵也。肄音亦二反。"

⑥师古曰:"行音下更反。"

⑦师古曰:"弛,放也。"

⑧师古曰:"厌,当也,音一叶反。"

⑨师古曰:"挫读曰锉,音千卧反。"

⑩师古曰：“王涉，骨肉也。刘歆，旧臣。”

⑪师古曰：“讫犹竟也。歆竟不以所谋告之。”

⑫郑氏曰：“仙人以掌承（露）承（盛）〔露盘〕也。”〔11〕

莽军师外破，大臣内畔，左右亡所信，不能复远念郡国，欲谬邑与计议。①崔发曰：“邑素小心，今失大众而征，恐其执节引决，宜有以大慰其意。”于是莽遣发驰传谕邑：②“我年老毋適子，③欲传邑以天下。敕亡得谢，见勿复道。”邑到，以为大司马。大长秋张邯为大司徒，崔发为大司空，司中寿容苗䜣为国师，同说侯林为卫将军。莽忧懑不能食，④亶饮酒，啖鳆鱼。⑤读军书倦，因冯几寐，不复就枕矣。⑥性好时日小数，及事迫急，亶为厌胜。遣使坏渭陵、延陵园门罘罳，曰：“毋使民复思也。”又以墨洿色其周垣。⑦号将至曰“岁宿”，申水为“助将军”，右庚“刻木校尉”，前丙“耀金都尉”，又曰：“执大斧，伐枯木；流大水，灭发火。”如此属不可胜记。

①师古曰：“谬音呼。”

②师古曰：“谓谕告之。传音张恋反。”

③师古曰：“適读曰嫡。”

④师古曰：“懑音满，又音闷。”

⑤师古曰：“亶音但。下亦类此。鳆，海鱼也，音鼊。”

⑥师古曰：“冯读曰凭。”

⑦师古曰：“洿染之变其旧色也。洿音一故反。”

秋，太白星流入太微，烛地如月光。

成纪隗崔兄弟共劫大尹李育，①以兄子隗嚣为大将军，攻杀雍州牧陈庆、安定卒正王旬，并其众，移书郡县，数莽罪恶万于桀纣。

①师古曰：“成纪，陇西之县。”

是月，析人邓晔、于匡起兵南乡百余人。①时析宰将兵数千屯鄡亭，备武关。②晔、匡谓宰曰：“刘帝已立，君何不知命也！”宰请降，尽得其众。晔自称辅汉左将军，匡右将军，拔析、丹水，攻武关，都尉朱萌降。进攻右队大夫宋纲，杀之，西拔湖。③莽愈忧，不知所出。崔发言：“《周

礼》及《春秋左氏》,国有大灾,则哭以厌之。④ 故《易》称'先号啕而后
笑'。⑤ 宜呼嗟告天以求救。"莽自知败,乃率群臣至南郊,陈其符命本
末,仰天曰:"皇天既命授臣莽,何不殄灭众贼? 即令臣莽非是,愿下雷
霆诛臣莽!"因搏心大哭,气尽,伏而叩头。又作告天策,自陈功劳千馀
言。诸生小民会旦夕哭,为设飧粥,⑥ 甚悲哀及能诵策文者除以为郎,
至五千馀人。豊悻将领之。

①师古曰:"析,南阳之县。南乡,析县之乡名。析音先历反。"

②师古曰:"鄡音口尧反。"

③师古曰:"湖,弘农之县也,本属京兆。"

④师古曰:"《周礼》春官之属女巫氏之职曰:'凡邦之大灾,歌哭而请。'哭者所
　以告哀也。《春秋左氏传》宣十二年'楚子围郑,旬有七日,郑人卜行成,不
　吉;卜临于太宫,且巷出车,吉。国人大临,守陴者皆哭。'故发引之以为言
　也。厌音一叶反。"

⑤师古曰:"《同人》九五爻辞。号啕,哭也。啕音逃。"

⑥师古曰:"飧,古餐字,音千安反。"

莽拜将军九人,皆以虎为号,号曰"九虎",将北军精兵数万人东,内
其妻子宫中以为质。时省中黄金万斤者为一匮,尚有六十匮,黄门、钩
盾、臧府、中尚方处处各有数匮。长乐御府、中御府及都内、平准帑藏钱
帛珠玉财物甚众,① 莽愈爱之,赐九虎士人四千钱。众重怨,无斗意。②
九虎至华阴回溪,距隘,北从河南至山。于匡持数千弩,乘堆挑战。邓
晔将二万馀人从阌乡南出枣街、作姑,③ 破其一部,北出九虎后击之。
六虎败走。史熊、王况诣阙归死,莽使使责死者安在,皆自杀;其四虎
亡。④ 三虎郭钦、陈翚、成重收散卒保京师仓。⑤

①师古曰:"御府有令丞,少府之属官也,掌珍物。中御府者,皇后之府藏也。
　平准令丞属大司农,亦珍货所在也。"

②师古曰:"重音直用反。"

③师古曰:"阌读与闻同。作姑,邪道所由也。"

④师古曰:"六人败走,二人诣阙自杀,四人亡。"

⑤师古曰:"九人之中,六人败走,三人保仓也。京师仓在华阴灌北渭口也。

翚音晖。"

邓晔开武关迎汉,丞相司直李松将二千馀人至湖,与晔等共攻京师仓,未下。晔以弘农掾王宪为校尉,将数百人北度渭,入左冯翊界,降城略地。李松遣偏将军韩臣等径西至新丰,与莽波水将军战,波水走。韩臣等追奔,遂至长门宫。王宪北至频阳,所过迎降。① 大姓栎阳申砀、下邽王大皆率众随宪。属县盩厔严春、② 茂陵董喜、蓝田王孟、槐里汝臣、盩厔王扶、阳陵严本、杜陵屠门少之属,③ 众皆数千人,假号称汉将。

①师古曰:"所至之处,人皆来迎而降附也。"

②师古曰:"属县,三辅诸县也。盩属右扶风。盩读与邹同。其人姓严,名春。"

③师古曰:"姓屠门,名少。"

时李松、邓晔以为京师小小仓尚未可下,何况长安城,当须更始帝大兵到。即引军至华阴,治攻具。而长安旁兵四会城下,闻天水隗氏兵方到,皆争欲先入城,贪立大功卤掠之利。

莽遣使者分赦城中诸狱囚徒,皆授兵,杀豨饮其血,与誓曰:"有不为新室者,社鬼记之!"更始将军史谌将度渭桥,皆散走。谌空还。众兵发掘莽妻子父祖冢,烧其棺椁及九庙、明堂、辟雍,火照城中。或谓莽曰:"城门卒,东方人,不可信。"莽更发越骑士为卫,门置六百人,各一校尉。

十月戊申朔,兵从宣平城门入,民间所谓都门也。① 张邯行城门,逢兵见杀。② 王邑、王林、王巡、䜌恽等分将兵距击北阙下。汉兵贪莽封力战者七百馀人。③ 会日暮,官府邸第尽奔亡。二日己酉,城中少年朱弟、张鱼等恐见卤掠,趋讙并和,④ 烧作室门,斧敬法闼,⑤ 呼曰:"反虏王莽,何不出降?"⑥ 火及掖廷承明,黄皇室主所居也。莽避火宣室前殿,火辄随之。宫人妇女谪呼曰:"当奈何!"时莽绀袀服,⑦ 带玺韨,持虞帝匕首。天文郎桉栻于前,⑧ 日时加某,莽旋席随斗柄而坐,曰:"天生德于予,汉兵其如予何!"⑨ 莽时不食,少气困矣。

①师古曰:"长安城东出北头第一门。"

②师古曰："行音下更反。"

③师古曰："获莽当得封，故贪之而力战。"

④师古曰："众群行谨而自相和也。和音呼卧反。"

⑤师古曰："敬法，殿名也。闼，小门也。谓斧斫之也。"

⑥师古曰："呼音火故反。其下亦同。"

⑦师古曰："譃，古啼字也。绀，深青而扬赤色也。袀，纯也。纯为绀服也。袀音均，又弋旬反。"

⑧师古曰："栻，所以占时日。天文郎，今之用栻者也。音式。"

⑨师古曰："《论语》称孔子曰：'天生德于予，桓魋其如予何？'故莽引之以为言也。"

三日庚戌，晨旦明，群臣扶掖莽，自前殿南下椒除，①西出白虎门，和新公王揖奉车待门外。莽就车，之渐台，欲阻池水，犹抱持符命、威斗，公卿大夫、侍中、黄门郎从官尚千馀人随之。王邑昼夜战，罢极，②士死伤略尽，驰入宫，间关至渐台，③见其子侍中睦解衣冠欲逃，邑叱之令还，父子共守莽。军人入殿中，谯曰："反虏王莽安在？"有美人出房曰："在渐台。"众兵追之，围数百重。台上亦弓弩与相射，稍稍落去。矢尽，无以复射，短兵接。王邑父(平)〔子〕[12]、䜣恽、王巡战死，莽入室。下铺时，众兵上台，王揖、赵博、苗䜣、唐尊、王盛、中常侍王参等皆死台上。商人杜吴杀莽，取其绶。校尉东海公宾就，故大行治礼，④见吴问绶主所在。曰："室中西北陬间。"⑤就识，斩莽首。军人分裂莽身，支节肌骨脔分，争相杀者数十人。⑥公宾就持莽首诣王宪。宪自称汉大将军，城中兵数十万皆属焉，舍东宫，⑦妻莽后宫，乘其车服。

①服虔曰："邪行阁道下者也。"师古曰："除，殿陛之道也。椒，取芬香之名也。"

②师古曰："罢读曰疲。"

③师古曰："间关犹言崎岖展转也。"

④师古曰："公宾，姓也；就，名也。以先经治礼，故识天子绶也。"

⑤师古曰："陬，隅也，音子侯反，又音邹。"

⑥师古曰："《三辅旧事》云，脔，切千段也。"

⑦师古曰："舍，止宿也。"

六日癸丑，李松、邓晔入长安，将军赵萌、申屠建亦至，以王宪得玺绶不辄上，多挟宫女，建天子鼓旗，收斩之。传莽首诣更始，县宛市，百姓共提击之，①或切食其舌。

①师古曰："提，掷也，音徒计反。"

莽扬州牧李圣、司命孔仁兵败山东，圣格死，仁将其众降，已而叹曰："吾闻食人食者死其事。"拔剑自刺死。及曹部监杜普、陈定大尹沈意、九江连率贾萌皆守郡不降，为汉兵所诛。赏都大尹王钦及郭钦守京师仓，闻莽死，乃降，更始义之，皆封为侯。太师王匡、国将哀章降雒阳，传诣宛，斩之。严尤、陈茂败昆阳下，走至沛郡谯，自称汉将，召会吏民。尤为称说王莽篡位天时所亡圣汉复兴状，茂伏而涕泣。闻故汉钟武侯刘圣聚众汝南称尊号，尤、茂降之。以尤为大司马，茂为丞相。十馀日败，尤、茂并死。郡县皆举城降，天下悉归汉。

初，申屠建尝事崔发为《诗》，①建至，发降之。后复称说，②建令丞相刘赐斩发以徇。史谌、王延、王林、王吴、赵闳亦降，复见杀。初，诸假号兵人人望封侯。申屠建既斩王宪，又扬言三辅黠共杀其主。吏民惶恐，属县屯聚，建等不能下，驰白更始。

①师古曰："就发学《诗》。"
②师古曰："妄言符命，不顺汉。"

二年二月，更始到长安，下诏大赦，非王莽子，他皆除其罪，故王氏宗族得全。三辅悉平，更始都长安，居长乐宫。府藏完具，独未央宫烧攻莽三日，死则案堵复故。更始至，岁馀政教不行。明年夏，赤眉樊崇等众数十万人入关，立刘盆子，称尊号，攻更始，更始降之。赤眉遂烧长安宫室市里，害更始。民饥饿相食，死者数十万，长安为虚，①城中无人行。宗庙园陵皆发掘，唯霸陵、杜陵完。六月，世祖即位，然后宗庙社稷复立，天下艾安。②

①师古曰："虚读曰墟。"

②师古曰：“艾读曰义。”

　　赞曰：王莽始起外戚，折节力行，以要名誉，宗族称孝，师友归仁。及其居位辅政，成、哀之际，勤劳国家，直道而行，动见称述。岂所谓“在家必闻，在国必闻”，“色取仁而行违”者邪？①莽既不仁而有佞邪之材，又乘四父历世之权，遭汉中微，国统三绝，而太后寿考为之宗主，故得肆其奸慝，以成篡盗之祸。②推是言之，亦天时，非人力之致矣。及其窃位南面，处非所据，颠覆之势险于桀纣，而莽晏然自以黄、虞复出也。乃始恣睢，奋其威诈，③滔天虐民，穷凶极恶，④毒流诸夏，乱延蛮貉，犹未足逞其欲焉。是以四海之内，嚣然丧其乐生之心，⑤中外愤怨，远近俱发，城池不守，支体分裂，遂令天下城邑为虚，⑥丘垅发掘，害遍生民，辜及朽骨，自书传所载乱臣贼子无道之人，考其祸败，未有如莽之甚者也。昔秦燔《诗》《书》以立私议，莽诵《六艺》以文奸言，⑦同归殊涂，俱用灭亡，皆炕龙绝气，非命之运，⑧紫色蛙声，馀分闰位，⑨圣王之驱除云尔！⑩

　　①师古曰：“《论语》载孔子对子张之言也。不仁之人假仁者之色，而所行则违之。朋党比周，故能在家在国皆有名誉。故赞引之。”

　　②师古曰：“肆，放也，极也。”

　　③师古曰：“睢音呼季反。”

　　④师古曰：“滔，漫也。”

　　⑤师古曰：“嚣然，众口愁貌也。音五高反。”

　　⑥师古曰：“虚读曰墟。”

　　⑦师古曰：“以《六经》之事文饰奸言。”

　　⑧服虔曰：“《易》曰‘亢龙有悔’，谓无德而居高位也。”苏林曰：“非命，非天命之命也。”

　　⑨应劭曰：“紫，间色；蛙，邪音也。”服虔曰：“言莽不得正王之命，如岁月之馀分为闰也。”师古曰：“蛙者，乐之淫声，非正曲也。近之学者，便谓蛙之鸣，已失其义。又欲改此赞蛙声为蝇声，引《诗》‘匪鸡则鸣，苍蝇之声’，尤穿凿矣。”

⑩苏林曰："圣王,光武也。为光武驱除也。"师古曰:"言驱逐躅除,以待圣人也。"

【校勘记】

〔1〕　莽遣昭君兄子和亲侯王歙诱呼(尝)〔当〕至塞下,　景祐、殿、局本都作"当",此误。

〔2〕　予将(新)〔亲〕筑焉。　景祐、殿本都作"亲"。王先谦说作"亲"是。

〔3〕　波音(波)〔彼〕皮反。　景祐、殿本都作"彼",此误。

〔4〕　平原女子迟昭平能说(经博)〔博经〕以八投,　王念孙说,"经博"当为"博经",故服注云"博奕经,以八箭投之"。

〔5〕　识读与帜同,音(弍)〔式〕志反。　景祐、殿本都作"式"。

〔6〕　及北狄胡虏逆舆(洎)〔洍〕南粤虏若豆、孟迁,　景祐、殿、局本都作"洍",此误。

〔7〕　剟,截也,音(予)〔子〕小反。　景祐、殿本都作"子",此误。

〔8〕　(天)〔大〕风蜚瓦,　殿、局本都作"大"。王先谦说作"大"是。

〔9〕　(臣)〔民〕知其诈也。　景祐、殿、局本都作"民"。王先谦说作"民"是。

〔10〕　丛(棘)〔棘〕　景祐、殿、局本都作"棘",此误。

〔11〕　仙人以掌承(露)承(盛)〔露盘〕也。　景祐、殿本都作"仙人以掌承承露盘",此误。

〔12〕　王邑父(平)〔子〕、　景祐、殿本都作"子"。王先谦说"平"字误。

2924

汉书卷一百上

叙传第七十上

师古曰："自叙《汉书》以后分为下卷。"

班氏之先，与楚同姓，令尹子文之后也。子文初生，弃于�艹中，而虎乳之。①楚人谓乳"榖"，谓虎"於檡"，②故名榖於檡，字子文，楚人谓虎"班"，其子以为号。③秦之灭楚，迁晋、代之间，因氏焉。④

①师古曰："薯，云薯泽也。《春秋左氏传》曰：'楚若敖娶于䢵，生斗伯比。若敖卒，从其母畜于䢵，淫于䢵子之女，生子文焉。䢵人使弃诸薯中，兽乳之。䢵子田，见之，惧而归，夫人以告，遂使收之。'薯与梦同，并音莫凤反，又音莫凤反。"

②如淳曰："榖音构。牛羊乳汁曰构。"师古曰："榖读如本字，又音乃苟反。於音乌。檡字或作茋，并音涂。"

③师古曰："子文之子斗班，亦为楚令尹。"

④师古曰："遂以班为姓。"

始皇之末，班壹避墜于楼烦，①致马牛羊数千群。值汉初定，与民无禁，当孝惠、高后时，以财雄边，②出入弋猎，旌旗鼓吹，年百馀岁，以寿终，故北方多以"壹"为字者。③

①师古曰："墜，古地字。楼烦，雁门之县。"

②师古曰："国家不设衣服车旗之禁，故班氏以多财而为边地之雄豪。"

③师古曰："马邑人聂壹之类也。今流俗书本多改此传壹字为懿，非也。"

壹生孺。孺为任侠，州郡歌之。孺生长，官至上谷守。长生回，以茂材为长子令。①回生况，举孝廉为郎，积功劳，至上河农都尉，②大司农奏课连最，入为左曹越骑校尉。成帝之初，女为婕妤，致仕就第，赀累千金,徙昌陵。昌陵后罢,大臣名家皆占数于长安。③

①师古曰:"上党之县。长读如本字。"

②师古曰:"上河,地名。农都尉者,典农事。"

③师古曰:"占,度也。自隐度家之(日)〔口〕数[1]而著名籍也。占音之赡反。"

况生三子:伯、斿、穉。伯少受《诗》于师丹。大将军王凤荐伯宜劝学,召见宴昵殿,①容貌甚丽,诵说有法,拜为中常侍。时上方乡学,②郑宽中、张禹朝夕入说《尚书》、《论语》于金华殿中,③诏伯受焉。既通大义,又讲异同于许商,迁奉车都尉。数年,金华之业绝,出与王、许子弟为群,在于绮襦纨绔之间,非其好也。④

①张晏曰:"亲戚宴饮会同之殿。"

②师古曰:"乡读曰向。"

③师古曰:"金华殿在未央宫。"

④晋灼曰:"白绮之襦,冰纨之绔也。"师古曰:"纨,素也。绮,今细绫也。并贵戚子弟之服。"

家本北边,志节慷慨,数求使匈奴。河平中,单于来朝,上使伯持节迎于塞下。会定襄大姓石、李群辈报怨,杀追捕吏,①伯上状,因自请愿试守期月。②上遣侍中中郎将王舜驰传代伯护单于,③并奉玺书印绶,即拜伯为定襄太守。④定襄闻伯素贵,年少,自请治剧,畏其下车作威,吏民竦息。伯至,请问耆老父祖故人有旧恩者,⑤迎延满堂,日为供具,⑥执子孙礼。郡中益弛。⑦诸所宾礼皆名豪,怀恩醉酒,共谏伯宜颇摄录盗贼,具言本谋亡匿处。伯曰:"是所望于父师矣。"⑧乃召属县长吏,选精进掾史,⑨分部收捕,⑩及它隐伏,旬日尽得。郡中震栗,咸称神明。⑪岁馀,上征伯。伯上书愿过故郡上父祖冢。有诏,太守都尉以下会。⑫因召宗族,各以亲疏加恩施,散数百金。北州以为荣,长老纪焉。⑬道病中风,⑭既至,以侍中光禄大夫养病,⑮赏赐甚厚,数年未能起。

①师古曰:"报私怨而杀人,吏追捕之,又杀吏。"

②师古曰:"欲守定襄太守。期音基。"

③师古曰:"传音张恋反。"

④师古曰："即,就也,就其所居而拜。"

⑤师古曰："请,召也。"

⑥师古曰："酒食之具也。供音居用反。"

⑦师古曰："弛,解也。见伯不用威刑,故自解纵。"

⑧师古曰："齿为诸父,尊之如师,故曰父师。"

⑨师古曰："精明而进趋也。"

⑩师古曰："分音扶问反。"

⑪师古曰："桌,古粟字。"

⑫师古曰："同赴其所。"

⑬师古曰："纪,记也。"

⑭师古曰："中,伤也,为风所伤。"

⑮师古曰："受其秩俸而在家自养也。"

会许皇后废,班婕妤供养东宫,①进侍者李平为婕妤,而赵飞燕为皇后,伯遂称笃。久之,上出过临候伯,伯惶恐,起眡事。②

①李奇曰："元后,成帝母。"

②师古曰："眡,古视字。"

自大将军薨后,①富平、定陵侯张放、淳于长等始爱幸,出为微行,行则同舆执辔;入侍禁中,设宴饮之会,及赵、李诸侍中皆引满举白,②谈关大噱。③时乘舆幄坐张画屏风,④画纣醉踞妲己作长夜之乐。上以伯新起,数目礼之,⑤因顾指画而问伯:"纣为无道,至于是乎?"伯对曰:"《书》云'乃用妇人之言',⑥何有踞肆于朝?⑦所谓众恶归之,不如是之甚者也。"⑧上曰:"苟不若此,此图何戒?"伯曰:"'沈湎于酒',微子所以告去也;⑨'式号式呼',《大雅》所以流连也。⑩《诗》《书》淫乱之戒,其原皆在于酒。"上乃喟然叹曰:"吾久不见班生,今日复闻谠言!"⑪放等不怿,⑫稍自引起更衣,因罢出。时长信庭林表适使来,闻见之。⑬

①师古曰："王凤。"

②服虔曰："举满杯,有馀白沥者,罚之也。"孟康曰："举白,见验饮酒尽不也。"师古曰："谓引取满觞而饮,饮讫,举觞告白尽不也。一说,白者,罚爵之名也。饮有不尽者,则以此爵罚之。魏文侯与大夫饮酒,令曰:'不醵者,浮以

大白。'于是公乘不仁举白浮君者也。"

③师古曰："关,古笑字也。噱噱,笑声也。音其略反。或曰,噱谓唇口之中,
大笑则见,此说非。"

④师古曰："坐音材卧反。"

⑤师古曰："目视而敬之。"

⑥师古曰："今文《尚书·泰誓》之辞。"

⑦师古曰："肆,放也,陈也。"

⑧师古曰："《论语》称孔子曰:'纣之不善,不如是之甚也。是以君子恶居下
流,天下之恶皆归焉。'故伯引此为言。"

⑨师古曰："微子,殷之卿士,封于微,爵称子也。殷纣错乱天命,微子作诰,告
箕子、比干而去纣。其诰曰:'用沈酗于酒,用乱败厥德于下。我其发出狂,
吾家耄逊于荒。'事见《尚书·微子篇》。"

⑩师古曰："《大雅·荡》之诗曰:'式号式呼,俾昼作夜。'言醉酒号呼,以昼为
夜也。流连,言作诗之人嗟叹,而泣涕流连也。而说者乃以流连为荒亡,盖
失之矣。《大雅》所以流连,不谓饮酒之人也。呼音火故反。"

⑪师古曰："谖言,善言也,音党。"

⑫师古曰："怿,悦也,音亦。"

⑬孟康曰："长信,太后宫名也。庭林表,宫中妇人官名也。"师古曰："长信宫
庭之林表也。林表官名耳,庭非官称也。"

后上朝东宫,太后泣曰:"帝间颜色瘦黑,①班侍中本大将军所举,
宜宠异之,益求其比,以辅圣德。②宜遣富平侯且就国。"上曰:"诺。"车
骑将军王音闻之,以风丞相御史③奏富平侯罪过,上乃出放为边都尉。
后复征入,太后与上书曰:"前所道尚未效,④富平侯反复来,其能默
乎?"⑤上谢曰:"请今奉诏。"是时许商为少府,师丹为光禄勋,上于是引
商、丹入为光禄大夫,伯迁水衡都尉,与两师并侍中,⑥皆秩中二千石。
每朝东宫,常从;及有大政,俱使谕指于公卿。上亦稍厌游宴,复修经书
之业,太后甚悦。丞相方进复奏,富平侯竟就国。会伯病卒,年三十八,
朝廷愍惜焉。

①师古曰："间谓比日也。"

②师古曰:"比,类也,音必寐反。"

③师古曰:"风读曰讽。"

④张晏曰:"谓上所言'班侍中本大将军所举,宜宠异之'。"

⑤如淳曰:"富平侯张放复来,太后安能默然不以为言。"

⑥如淳曰:"两师,许商、师丹。"

斿博学有俊材,左将军(师)〔史〕丹[2]举贤良方正,以对策为议郎,迁谏大夫、右曹中郎将,与刘向校秘书。每奏事,①斿以选受诏进读群书。②上器其能,赐以秘书之副。时书不布,③自东平思王以叔父求《太史公》、诸子书,大将军白不许。语在《东平王传》。④斿亦早卒,有子曰嗣,显名当世。

①师古曰:"谭每奏校书之事。"

②师古曰:"于天子前读书。"

③师古曰:"谓不出之于群下。"

④师古曰:"此言东平王求书不得,而谭获赐秘书,明见宠异。"

稚少为黄门郎中常侍,方直自守。成帝季年,立定陶王为太子,数遣中盾请问近臣,①稚独不敢答。②哀帝即位,出稚为西河属国都尉,迁广平相。

①师古曰:"盾读曰允。《百官表》云詹事之属官也。《汉(书)〔旧〕仪》云秩四百石,[3]主徼巡宫中。"

②师古曰:"言其慎。"

王莽少与稚兄弟同列友善,兄事斿而弟畜稚。①斿之卒也,修緦麻,赙赗甚厚。②平帝即位,太后临朝,莽秉政,方欲文致太平,③使使者分行风俗,采颂声,④而稚无所上。⑤琅邪太守公孙闳言灾害于公府,大司空甄丰遣属驰至两郡讽吏民,⑥而劾闳空造不祥,稚绝嘉应,嫉害圣政,皆不道。太后曰:"不宣德美,宜与言灾害者异罚。且后宫贤家,我所哀也。"⑦闳独下狱诛。稚惧,上书陈恩谢罪,愿归相印,入补延陵园郎,太后许焉。食故禄终身。由是班氏不显莽朝,亦不罹咎。⑧

①师古曰:"事谭如兄,遇稚如弟。"

②师古曰："送终者布帛曰赙,车马曰赗。赙音附。赗音芳凤反。"

③师古曰："言欲以文教致太平。"

④师古曰："行音下更反。"

⑤师古曰："不称符瑞及歌颂。"

⑥师古曰："遣言祥应而隐除灾害。"

⑦师古曰："班婕妤有贤德,故哀闵其家。"

⑧师古曰："雁,遭也。"

初,成帝性宽,进入直言,是以王音、翟方进等绳法举过,①而刘向、杜邺、王章、朱云之徒肆意犯上,②故自帝师安昌侯,诸舅大将军兄弟及公卿大夫、后宫外属史许之家有贵宠者,莫不被文伤诋。③唯谷永尝言"建始、河平之际,许、班之贵,倾动前朝,熏灼四方,赏赐无量,空虚内臧,女宠至极,不可尚矣;今之后起,天所不飨,什倍于前。"永指以驳讥赵、李,亦无间云。④

①师古曰："论天子之过失。"

②师古曰："肆,极也。"

③师古曰："诋,毁也,音丁礼反。"

④师古曰："虽谷永尝有此言,而意专在赵、李耳。自馀刘向之徒,又皆不论班氏也。间,非也,音居苋反。"

稚生彪。彪字叔皮,幼与从兄嗣共游学,家有赐书,内足于财,好古之士自远方至,父党扬子云以下莫不造门。①

①师古曰："造,至也,音千到反。"

嗣虽修儒学,然贵老严之术。①桓生欲借其书,②嗣报曰："若夫严子者,绝圣弃智,修生保真,清虚澹泊,归之自然,③独师友造化,而不为世俗所役者也。渔钓于一壑,则万物不奸其志;④栖迟于一丘,则天下不易其乐。不绁圣人之罔,⑤不齅骄君之饵,⑥荡然肆志,谈者不得而名焉,⑦故可贵也。今吾子已贯仁谊之羁绊,系名声之缰锁,⑧伏周、孔之轨躅,⑨驰颜、闵之极挚,⑩既系挛于世教矣,何用大道为自眩曜?⑪昔有学步于邯郸者,曾未得其仿佛,又复失其故步,遂匍匐而归耳!⑫恐似此类，故不进。"⑬嗣之行己持论如此。

　　①师古曰："老，老子也。严，庄周也。"

　　②师古曰："桓谭。"

　　③师古曰："澹泊，安静也。澹音徒滥反。泊音步各反，又音魄。"

　　④师古曰："奸，犯也，音干。"

　　⑤师古曰："絓读与挂同。圣人谓周、孔也。"

　　⑥应劭曰："觽音六畜之畜。"师古曰："觽，古唤字也。饵谓爵禄。君所以制使
　　　　其臣，亦犹钓鱼之设饵也。"

　　⑦师古曰："肆，放也。"

　　⑧师古曰："缰，如马缰也，音姜。"

　　⑨郑氏曰："躅，迹也。三辅谓牛蹄处为躅。"师古曰："躅音丈欲反。"

　　⑩刘德曰："挚，至也，人行之所极至。"

　　⑪师古曰："言用老子、庄周之道何为？但欲以名自炫曜耳。眩音州县之县。"

　　⑫师古曰："匍音扶。匐音蒲北反。"

　　⑬师古曰："言不与其书。"

　　叔皮唯圣人之道然后尽心焉。①年二十，遭王莽败，世祖即位于冀
州。时隗嚣据垄拥众，招辑英俊，②而公孙述称帝于蜀汉，天下云扰，③
大者连州郡，小者据县邑。嚣问彪曰："往者周亡，战国并争，天下分裂，
数世然后乃定，其抑者从横之事复起于今乎？④将承运迭兴在于一人
也？⑤愿先生论之。"对曰："周之废兴与汉异。昔周立爵五等，诸侯从
政，⑥本根既微，枝叶强大，⑦故其末流有从横之事，其势然也。汉家承
秦之制，并立郡县，主有专己之威，臣无百年之柄，至于成帝，假借外
家，⑧哀、平短祚，国嗣三绝，危自上起，伤不及下。故王氏之贵，倾擅朝
廷，能窃号位，而不根于民。⑨是以即真之后，天下莫不引领而叹，十馀
年间，外内骚扰，远近俱发，假号云合，咸称刘氏，不谋而同辞。方今雄
桀带州城者，皆无七国世业之资。《诗》云：'皇矣上帝，临下有赫，鉴观
四方，求民之莫。'⑩今民皆讴吟思汉，乡仰刘氏，已可知矣。"⑪嚣曰："先
生言周、汉之势，可也，至于但见愚民习识刘氏姓号之故，而谓汉家复
兴，疏矣！昔秦失其鹿，刘季逐而掎之，⑫时民复知汉乎！"既感嚣言，又

愍狂狡之不息，乃著《王命论》以救时难。其辞曰：

①张晏曰："固不欲言父讳，举其字耳。"

②师古曰："辑与集同。"

③师古曰："言盗贼扰乱如云而起。"

④师古曰："抑，语辞。"

⑤师古曰："迭，互也，音大结反。"

⑥师古曰："言诸侯之国各别为政。"

⑦师古曰："本根谓王室也。枝叶谓诸侯。"

⑧师古曰："假音工暇反。借音子夜反。"

⑨师古曰："言无据援。"

⑩师古曰："《大雅·皇矣》之诗也。皇，大也。上帝，天也。莫，定也。言大矣天之视下，赫然甚明，监察众国，求人所定而授之。"

⑪师古曰："乡读曰向。"

⑫师古曰："掎，偏持其足也，音居蚁反。"

昔在帝尧之禅曰："咨尔舜，天之历数在尔躬。"舜亦以命禹。①暨于稷契，咸佐唐虞，②光济四海，奕世载德，③至于汤武，而有天下。虽其遭遇异时，禅代不同，至于应天顺民，其揆一也。④是故刘氏承尧之祚，氏族之世，著乎《春秋》。⑤唐据火德，而汉绍之，始起沛泽，则神母夜号，以章赤帝之符。由是言之，帝王之祚，必有明圣显懿之德，丰功厚利积累之业，⑥然后精诚通于神明，流泽加于生民，故能为鬼神所福飨，天下所归往，未见运世无本，功德不纪，⑦而得屈起在此位者也。⑧世俗见高祖兴于布衣，不达其故，以为适遭暴乱，得奋其剑，游说之士至比天下于逐鹿，幸捷而得之，不知神器有命，不可以智力求也。⑨悲夫！此世所以多乱臣贼子者也。若然者，岂徒暗于天道哉？又不睹之于人事矣！

①师古曰："事见《论语》。"

②师古曰："挈读与卨同，字本作偰。"

③师古曰："载，乘也。言相因不绝。"

④师古曰："言尧舜以文德相禅，汤武以征伐代兴，各上应天命，下顺人心。"

⑤师古曰："谓士会归晋,其处者为刘氏。"

⑥师古曰："累,古累字。"

⑦师古曰："不纪,不为人所记。"

⑧师古曰："屈起,特起也。屈音其勿反。"

⑨刘德曰："神器,玺也。"李奇曰："帝王赏罚之柄也。"师古曰："李说是也。"

　　夫饿馑流隶,饥寒道路,①思有短褐之亵,儋石之畜,②所愿不过一金,然终于转死沟壑。何则?贫穷亦有命也。况乎天子之贵,四海之富,神明之祚,可得而妄处哉?故虽遭罹阸会,窃其权柄,③勇如信、布,强如梁、籍,成如王莽,然卒润镬伏质,亨醢分裂,④又况幺麽,尚不及数子,⑤而欲暗奸天位者乎!⑥是故驽蹇之乘不骋千里之涂,燕雀之畴不奋六翮之用,楶棁之材不荷栋梁之任,⑦斗筲之子不秉帝王之重。⑧《易》曰"鼎折足,覆公𫗧",⑨不胜其任也。

①师古曰："隶,贱隶。"

②师古曰："亵谓亲身之衣也,音先列反。一说云衣破坏之馀曰亵。儋石,解在《蒯通传》,音丁滥反。畜读曰蓄。"

③师古曰："罹亦遭也,音离。"

④师古曰："质,锧也,伏于锧上而斩之也。锧音竹林反。"

⑤郑氏曰："麽音麼,小也。"晋灼曰："此骨偏麽之麽也。"师古曰："郑音是也。幺、麽,皆微小之称也。幺音一尧反。麽音莫可反。骨偏麽自音麻,与此义不相合。晋说失之。"

⑥师古曰："奸音干。"

⑦师古曰："楶即薄栌,所谓枅也。棁,梁上短柱也。楶音节,字亦或作节。棁音之说反。"

⑧师古曰："斗筲,言小器也,解在《公孙刘田传》。筲音山交反。"

⑨师古曰："《鼎卦》九四爻辞也。𫗧,食也,音速。"

　　当秦之末,豪桀共推陈婴而王之,婴母止之曰："自吾为子家妇,而世贫贱,①卒富贵不祥,不如以兵属人,②事成少受其利,不成祸有所归。"婴从其言,而陈氏以宁。王陵之母亦见项氏之必亡,而刘氏之将兴也。是时陵为汉将,而母获于楚,有汉使来,陵母见之,

谓曰："愿告吾子,汉王长者,必得天下,子谨事之,无有二心。"遂对
汉使伏剑而死,以固勉陵。其后果定于汉,陵为宰相封侯。夫以匹
妇之明,③犹能推事理之致,探祸福之机,而全宗祀于无穷,垂策书
于春秋,④而况大丈夫之事乎! 是故穷达有命,吉凶由人,婴母知
废,陵母知兴,审此四者,帝王之分决矣。⑤

①师古曰："而,汝也。"

②师古曰："属,委也,音之欲反。"

③师古曰："凡言匹夫匹妇,谓凡庶之人,一夫一妇当相配匹。"

④师古曰："春秋,史书记事之总称。"

⑤师古曰："分音扶问反。"

　　盖在高祖,其兴也有五:①一曰帝尧之苗裔,二曰体貌多奇异,
三曰神武有征应,四曰宽明而仁恕,五曰知人善任使。加之以信诚
好谋,达于听受,见善如不及,用人如由己,从谏如顺流,趣时如向
赴;②当食吐哺,纳子房之策;拔足挥洗,揖郦生之说;寤戍卒之言,
断怀土之情;③高四皓之名,割肌肤之爱;④举韩信于行陈,收陈平
于亡命,英雄陈力,群策毕举:此高祖之大略,所以成帝业也。若乃
灵瑞符应,又可略闻矣。初刘媪任高祖而梦与神遇,⑤震电晦冥,
有龙蛇之怪。及其长而多灵,有异于众,是以王、武感物而折券,吕
公睹形而进女;秦皇东游以厌其气,吕后望云而知所处;⑥始受命
则白蛇分,西入关则五星聚。故淮阴、留侯谓之天授,非人力也。

①师古曰："《王命论》叙高祖之德,及班氏《汉书》叙目所称引,事皆具见本书,
　不须更解,以秽篇籍。其有辞句隐互,寻览难知者,则具释焉。浮泛之说盖
　无取也。"

②师古曰："向读曰响。如响之赴声也。"

③师古曰："洛阳近沛,高祖来都关中,故云断怀土之情也。断音丁唤反。"

④晋灼曰："不立戚夫人子。"

⑤师古曰："任谓怀任也。"

⑥师古曰："厌音一叶反。"

　　历古今之得失,验行事之成败,稽帝王之世运,考五者之所谓,取舍不厌斯位,符瑞不同斯度,①而苟昧于权利,越次妄据,②外不量力,内不知命,则必丧保家之主,失天年之寿,遇折足之凶,伏铁钺之诛。③英雄诚知觉寤,畏若祸戒,④超然远览,渊然深识,收陵、婴之明分,绝信、布之觊觎,⑤距逐鹿之瞽说,审神器之有授,毋贪不可几,为二母之所笑,⑥则福祚流于子孙,天禄其永终矣。

①刘德曰:"厌,当也。"师古曰:"音一涉反。"

②师古曰:"昧,贪也。"

③师古曰:"铁音方于反。"

④师古曰:"若,顺也。"

⑤师古曰:"分音扶问反。觊音冀。觎音逾。"

⑥师古曰:"不可几,谓不可庶几而望也。一说,几读曰冀。"

　　知隗嚣终不寤,乃避墬于河西。①河西大将军窦融嘉其美德,访问焉。②举茂材,为徐令,以病去官。后数应三公之召。仕不为禄,所如不合;③学不为人,博而不俗;言不为华,述而不作。

①师古曰:"墬,古地字。"

②师古曰:"每事皆与谋。"

③师古曰:"如,往也。不苟得禄,故所往之处,不合其意。"

　　有子曰固,弱冠而孤,①作《幽通之赋》,以致命遂志。②其辞曰:

①师古曰:"谓年二十也。"

②刘德曰:"致,极也。陈吉凶性命,遂明己之意。"

　　系高顼之玄胄兮,氏中叶之炳灵,①繇凯风而蝉蜕兮,雄朔野以飏声。②皇十纪而鸿渐兮,有羽仪于上京。③巨滔天而泯夏兮,考遘愍以行谣,④终保己而贻则兮,里上仁之所庐。⑤懿前烈之纯淑兮,穷与达其必济,⑥咨孤蒙之眇眇兮,将圮绝而罔阶,⑦岂余身之足殉兮?怖世业之可怀。⑧

①应劭曰:"系,连也。胄,绪也。言己高阳颛顼之连绪也。颛顼北方水位,故称玄。中叶,谓令尹子文也。虎乳,故曰炳灵。"

②应劭曰："凯风，南风也。朔，北方也。言先祖自楚迁北，若蝉之蜕也。"师古曰："繇读与由同。由，从也。蜕音税。飔读与扬同。"

③应劭曰："十纪，汉十世也。"张晏曰："《易》曰'鸿渐于陆，其羽可以为仪'。成帝时，班况女为婕妤，父子并在京师为朝臣也。"晋灼曰："皇，汉皇也。"

④应劭曰："巨，王莽字巨君也。"张晏曰："彪遇王莽之败，忧思歌谣也。"师古曰："滔，漫也，言不畏天也。泯，灭也。夏，诸夏也。考，班固自言其父也。遭，遇也。慇，忧也。徒歌曰谣。"

⑤师古曰："言其父遭时浊乱，以道自安，终遗盛法而处仁者所居也。《论语》称孔子曰：'里仁为美，择不处仁，焉得智？'故引以为辞。"

⑥师古曰："固自言美前人之余业，穷则独善，达能兼济也。济合韵音子齐反。"

⑦师古曰："眇眇，微细也。圯，毁也。固自言孤弱，惧将毁绝先人之迹，无阶路以自成。"

⑧师古曰："殉，营也。讳字与题同。题，是也。怀，思也。讳音于匪反。"

　　靖潜处以永思兮，经日月而弥远，匪党人之敢拾兮，庶斯言之不玷。①魂茕茕与神交兮，精诚发于宵寐，梦登山而迥眺兮，觌幽人之仿佛，②搎葛藟而授余兮，眷峻谷曰勿隧。③昒昕寤而仰思兮，心蒙蒙犹未察，④黄神邈而靡质兮，仪遗谶以臆对。⑤曰乘高而遄神兮，道遐通而不迷，⑥葛绵绵于樛木兮，咏《南风》以为绥，⑦盖惴惴之临深兮，乃《二雅》之所祗。⑧既谇尔以吉象兮，又申之以炯戒：⑨盍孟晋以迨群兮？辰倏忽其不再。⑩

①〔师古〕〔苏林〕曰[4]："拾音负拾之拾。"应劭曰："拾，更也。自谦不敢与乡人更进也。"师古曰："靖，古静字也。拾音其业反。玷，缺也。更音工衡反。"

②张晏曰："幽人，神人也。"师古曰："觌，见也，音迪。"

③师古曰："搎，执取也。言入峻谷者当攀葛藟，可以免于颠坠，犹处时俗者当据道义，然后得用自立。故设此喻，托以梦也。葛藟，蔓也。一说，藟，葛属也。葛之与藟，皆有蔓焉。搎音揽。其字从手。藟音力水反。"

④孟康曰："昒昕，早旦也。觉寤思念，未知其吉凶也。"师古曰："昒音忽。昕音欣。"

⑤应劭曰："黄帝善占梦，久远无从得问，准其谶书，以意求其象也。贾谊曰

‘谶言其度’。”应劭曰：“臆，胸臆也。”师古曰：“对，合韵音丁忽反。”[5]

⑥师古曰：“登山见神，故曰乘高也。�逯，遇也，音五故反，又音五各反。”

⑦应劭曰：“《周南·国风》其诗曰：‘南有樛木，葛藟累之，乐只君子，福履绥之。’”师古曰：“樛木，下垂之木也。绥，安也。樛音居虬反。藟音力追反。”

⑧师古曰：“《诗·小雅·小宛》之篇曰：‘惴惴小心，如临于谷。’惴惴，恐惧之貌也。《小旻篇》曰：‘战战兢兢，如临深渊，如履薄冰。’言恐坠陷也。故云《二雅》之所祇。惴音之瑞反。”

⑨师古曰：“诤，告也。炯，明也。诤音碎。炯音公迥反。”

⑩服虔曰：“盍，何不也。孟，勉也。晋，进也。迨，及也。何不早进仕以及辈也？”师古曰：“辰，时也。倏忽，疾也。言时疾过，不再来也。倏音式六反。”

　　承灵训其虚徐兮，仁盘桓而且俟，①惟天墬之无穷兮，蠡生民之脄在。②纷屯亶与蹇连兮，何艰多而智寡！③上圣寤而后拔兮，岂群黎之所御！④昔卫叔之御昆兮，昆为寇而丧予。⑤管弯弧欲毙雠兮，雠作后而成己。⑥变化故而相诡兮，孰云豫其终始！⑦雍造怨而先赏兮，丁繇惠而被戮；⑧橐取吊于迨吉兮，王膺庆于所戚。⑨畔回冗其若兹兮，北叟颇识其倚伏。⑩单治里而外凋兮，张修襮而内逼，⑪欨中龢为庶几兮，颜与冉又不得。⑫溺招路以从己兮，谓孔氏犹未可，安惛惛而不菢兮，卒陨身乎世祸。⑬游圣门而靡救兮，顾覆醢其何补？⑭固行行其必凶兮，免盗乱为赖道；⑮形气发于根柢兮，柯叶汇而灵茂。⑯恐网蛃之责景兮，庆未得其云已。⑰

①孟康曰：“虚徐，怀疑也。”张晏曰：“仁，久也。俟，待也。”

②晋灼曰：“蠡，古鲜字也。”应劭曰：“脄，无几也。”师古曰：“墬，古地字也。蠡，少也。言天地长久而人寿短促也。蠡音先践反。”

③孟康曰：“世艰难多，智者少，故遇祸也。”师古曰：“《易·屯卦》六二爻辞曰‘屯如亶如’，《蹇卦》六四爻辞曰‘往蹇来连’，皆谓险难之时也。亶音竹延反。连音力善反。”

④师古曰：“黎，众也。言上圣之人犹遇纷难，睹机能寤，然后自拔。文王羑里，孔子于匡是也。至于众庶，岂能豫御之哉？”

⑤孟康曰：“御，迎也。昆，兄也。卫叔武迎兄成公，成公令前驱，射杀之。”师

古曰:"御音五驾反。卫叔,解在《五行志》。"

⑥师古曰:"谓管仲射桓公中带钩,桓公反国,以为相也。"

⑦师古曰:"诡,违也。"

⑧师古曰:"雍,雍齿也。丁,丁公也。繇读与由同。"

⑨应劭曰:"栗,孝景姬也,有子而以妒见废。王,宣帝王婕好也,以无子为忧,而以谨敕得母元帝也。"师古曰:"逌,古攸字也。攸亦所也。"

⑩师古曰:"畔,乱貌也。回冘,转旋之意。叟,老人称也。《淮南子》曰:'北塞上之人,其马无故亡入胡中,人皆吊之。其父曰:"此何诅不为福?"居数月,其马将胡骏马而归,人皆贺之。对曰:"此何诅不为祸?"家富马良,其子好骑,堕而折髀,人皆吊之。'对曰:"此何诅不为福?"居一年,胡夷大入,丁壮者皆控弦而战,塞上之人死者十九,此独以跛之故,父子相保。'老子《德经》曰:'祸兮福所倚,福兮祸所伏。'故颇识其倚伏。倚音於绮反。"

⑪应劭曰:"单,单豹也,静居其所,以理五内,处深山,为虎所食。张,张毅也,外修恭敬,斯徒马围皆与亢礼,不胜其劳,内热而死。"师古曰:"褾,表也。单音善。褾音布谷反。"

⑫师古曰:"旼,古旻字也。龢,古和字也。旻,日也。日中和之道可以庶几免于祸难,而颜回早死,冉耕恶疾,为善之人又不得其报也。"

⑬邓展曰:"慆慆,乱貌也。脆,避也。"师古曰:"溺,桀溺也。路,子路也。《论语》称'长沮、桀溺耦而耕,孔子过之,使子路问津焉。桀溺曰:"子,孔丘之徒欤?"对曰:"然。"曰:"慆慆者,天下皆是也。而谁以易之? 且而与其从避人之士,岂若从避世之士哉?"'言天下皆乱,汝将用谁变易之乎? 避人之士谓孔子,避世之士溺自谓也。而子路安之,卒不能避,乃遇蒯聩之乱,身死故也。慆音土高反。脆音扶味反,字本作腓,其音同。"

⑭师古曰:"《礼记》曰:'孔子哭子路于中庭。既哭,进使者而问故。使者曰:"醢之矣。"遂命覆醢。'赋言子路游于圣人之门,而孔子不能救之以免于难,虽为覆醢,无所补益。"

⑮师古曰:"《论语》称'闵子侍侧,訚訚如也;子路,行行如也。子乐,曰:"若由也,不得其死然。"'又称'子路曰:"君子尚勇乎?"曰:"君子义以为上。君子有勇而无义为乱,小人有勇而无义为盗。"'赋言子路禀行行之性,其凶必也,所以免为于乱盗者,赖闻道于孔子也。行行,刚强之貌。行音胡浪反。"

⑯师古曰:"祗,本也。汇,盛也。灵,善也。言草木本根气强,则枝叶盛而善

美;人之先祖有大功德,则胤绪亦蕃昌也。柢音丁计反。茂合韵音莫口反。"

⑰师古曰:"庆,发语辞,读与羌同。已,止也。《庄子》云:'网两问景曰:"曩子行,今子止,曩子坐,今子起,何其无持操欤?"景曰:"吾有待而然。吾所待,又有待而然。"'赋言景之行止皆随于形,草木枝叶各禀根柢,人之馀庆资以积善,亦犹此也。"

  黎淳耀于高辛兮,芈强大于南汜;①嬴取威于百仪兮,姜本支乎三止:②既仁得其信然兮,卬天路而同轨。③东丛虐而歼仁兮,王合位乎三五;④戎女烈而丧孝兮,伯祖归于龙虎:⑤发还师以成性兮,重酲行而自耦。⑥《震》鳞漦于夏庭兮,匜三正而灭(周)〔姬〕;⑦[6]《巽》羽化于宣宫兮,弥五辟而成灾。⑧

①应劭曰:"黎,楚之先也。(醇)〔淳〕,美也。高辛,帝喾之号。芈,楚姓。汜,(崖)〔涯〕也。"[7]师古曰:"言黎在高辛之时为火正,有美光耀,故其后嗣霸有楚国于南方也。汜,江水之别也,音祀。《召南》之诗曰'江有汜'。芈音弭。"

②应劭曰:"嬴,秦姓也,伯益之后也。伯益为虞,有仪鸟兽百物之功,秦所由取威于六国也。姜,齐姓也。止,礼也。齐,伯夷之后。伯夷为秩宗,典天地人鬼之礼也。"

③刘德曰:"人道既然,仰视天道,又同法也。"师古曰:"仁得,谓求仁而得仁。卬读曰仰。"

④应劭曰:"东丛,纣也。歼,尽也。王,武王也。欲合五位三所,即《国语》岁日月星辰之所在也。"师古曰:"丛,古邻字也。仁即三仁也。《国语》称泠州鸠对景王曰:'昔武王伐殷,岁在鹑火,月在天驷,日在析木之津,辰在斗柄,星在天鼋。星与日辰之位皆在北维,颛顼之所建也,我姬氏出自天鼋。又析木者,有建星及牵牛焉,则我皇妣大姜之姓。伯陵之后,逢公之所凭神也。岁之所在,则我有周之分野也。月之所在,辰为农祥也,我太祖后稷之所经纬也。王欲合是五位三所而用之。'五位,谓岁日月辰星也。三所,谓逢公所凭神,周分野所在,后稷所经纬也。"

⑤孟康曰:"伯,晋文公也。岁在卯出,历十九年,过一周,岁在酉入;卯为龙,酉为虎也。"师古曰:"戎女,骊戎之女,谓骊姬也。烈,酷也。孝谓太子申生

也。伯读曰霸,言文公霸诸侯也。徂,往也。言以龙往出,以〔兽〕〔虎〕归入也。"〔8〕

⑥师古曰:"发,武王名也。性,命也。武王初观兵于孟津,八百诸侯不期而会,皆曰纣可伐矣。武王曰:'尔未知天性。'还师二年,纣杀比干,囚箕子,武王乃伐克之,于是成天命也。重谓重耳,晋文公名也。耦,合也。文公初出奔至齐,齐桓公妻之,有马二十乘。文公欲安之,齐姜乃与子犯谋,醉而遣之。后遂反国,与时会也。"

⑦应劭曰:"《易·震》为龙,鳞虫之长也。蝥,沫也。"师古曰:"谓褒姒也,解在《五行志》。三正,历夏、殷、周也。蝥音丑之反。正音之盈反。"

⑧应劭曰:"《易·巽》为鸡,羽虫也。宣帝时,未央宫路轺厩中雌鸡化为雄,元后统政之祥也。至平帝,历五世而王莽篡位。"

　　道悠长而世短兮,夐冥默而不周,①胥仍物而鬼谋兮,乃穷宙而达幽。②妫巢姜于孺筮兮,旦算祀于挈龟。③宣、曹兴败于下梦兮,鲁、卫名谥于铭谣。④姬聆呱而刻石兮,许相理而鞠条。⑤道混成而自然兮,术同原而分流。⑥神先心以定命兮,命随行以消息。⑦斡流迁其不济兮,故遭罹而赢缩。⑧三栾同于一体兮,虽移盈然不忒。⑨洞参差其纷错兮,斯众兆之所惑。⑩周、贾荡而贡愤兮,齐死生与祸福,⑪抗爽言以矫情兮,信畏牺而忌服。⑫

①刘德曰:"夐,远也。周,至也。冥默,玄深不可通至也。"

②应劭曰:"胥,须也。仍,因也。谋,谋也。《易》曰:'人谋鬼谋,百姓与能。'往古来今曰宙。圣人须因卜筮,然后谋鬼神,极古今,通幽微也。"

③应劭曰:"妫,陈姓也。巢,居也。姜,齐姓也。孺,少也。陈完少时,其父厉公使周史卜,得居有齐国之卦也。"李奇曰:"算,数也。祀,年也。周公卜居洛,得世三十,年七百也。"师古曰:"挈,刻也。《诗·大雅·绵绵》之篇曰'爰挈我龟',言刻开之,灼而卜之。挈音口计反。"

④应劭曰:"周宣王牧人梦众鱼与旐旟之祥,而中兴。曹伯阳国人梦众君子立于社宫,谋亡曹,而曹亡也。"孟康曰:"鲁文成之世,童谣言'稠父丧劳,宋父以骄'。后昭公名稠,遂死于野井。定公名宋,即位而骄。卫灵公掘地得石椁,其铭曰'灵公',遂以为谥。"

⑤应劭曰:"姬,叔向之母也。石,叔向之子也。听其啼声刻,知其后必灭羊舌

氏。许负相周亚夫,从理入口,当饿死。鞠,穷也。条,亚夫所封也。"师古
曰:"鞠,告也。"

⑥师古曰:"大道混壹,归于自然,人之所趋虽有流别,本则同耳。"

⑦师古曰:"言神明之道,虽在人心之前已定命矣,然亦随其所行,以致祸福。"

⑧师古曰:"幹,转也。言人之生,各有遭遇,不能必济,免于困厄,各随其所逢
以致赢亏也。"

⑨孟康曰:"晋大夫栾书,书子黡,黡子盈。书贤而覆黡,黡恶而害盈也。"师古
曰:"栾书,栾武子也。黡,栾桓子也。盈,栾怀子也。《春秋左氏传》称秦伯
问于士鞅曰:'晋大夫其谁先亡?'对曰:'其栾氏乎!栾黡汰虐已甚,犹可以
免。其在盈乎!武子之德在人,如周人之思邵公,爱其甘棠,况其子乎?栾
黡死,盈之善未能及人。武子所施没矣,黡之恶实彰,将于是乎在。'其后至
襄公二十一年,终为范宣子所逐,而出奔楚,自楚适齐。二十三年,自齐入
于晋,晋人遂灭栾氏也。"

⑩师古曰:"众兆,兆庶也。"

⑪孟康曰:"庄周、贾谊也。贡,惑也。愤,乱也。放荡惑乱死生祸福之正也。"

⑫孟康曰:"庄周不欲为牺牛,贾谊恶鵩服鸟也。"师古曰:"抗,举也。爽,差
也。谓二人虽举言齐死生,壹祸福,而心实不然,是差谬也。"

　　所贵圣人之至论兮,顺天性而断谊。①物有欲而不居兮,亦有
恶而不避,②守孔约而不贰兮,乃谦德而无累。③三仁殊而一致兮,
夷、惠舛而齐声。④木偃息以蕃魏兮,申重茧以存荆。⑤纪焚躬以卫
上兮,皓颐志而弗营。⑥侯少木之区别兮,苟能实而必荣。要没世
而不朽兮,乃先民之所程。⑦

①师古曰:"断谊,谓以谊断之。断音丁唤反。"

②师古曰:"言富贵人之所欲,不以其道则君子不居;死亡人之所恶,处得其节
则君子不避也。"

③师古曰:"孔,甚也。辐,轻也。言守其甚约,执心不贰,举德至轻,无所累
惑,斯为可矣。《诗·大雅·烝人》之篇曰:'德辐如毛,人鲜克举之。'辐音
弋九反,又音犹。"

④师古曰:"三仁,纣贤臣也。《论语》称'微子去之,箕子为之奴,比干谏而
死'。孔子曰:'殷有三仁焉。'夷,伯夷也。惠,柳下惠也。《论语》又称'逸

人伯夷、叔齐、虞仲、夷逸、朱张、柳下惠、少连'。赋言微子、箕子、比干所行各异，而并称仁。伯夷不义武王伐殷，至于不食周粟而死。柳下惠三黜不去，恋父母之邦。志执乖舛，俱有令名。"

⑤师古曰："木，段干木也。客居魏，魏文侯敬而礼之，过其间未尝不轼也。秦欲伐魏，或谏曰：'魏君贤者是礼，国人称（人）〔仁〕，[9]未可图也。'秦遂止兵。申谓申包胥。荆即楚也。茧，足下伤起如茧也。楚昭王时，吴师入郢，昭王出奔。申包胥如秦乞师，逾越险阻，曾茧重胝，立于秦庭，号哭七日。秦哀公出师救楚，而败吴师。昭王反国，将赏包胥。包胥辞曰：'吾所以重茧，为君耳，非为身也。'逃不受赏。"

⑥师古曰："纪，纪信也，脱汉王于难而为项羽所烧。皓，四皓也，处商洛深山，高祖求之不得，自养其志，无所营屈。"

⑦应劭曰："侯，维也。"张晏曰："苟能有仁义之道，必有荣名也。"师古曰："侯，发语辞也。《尔雅》曰：'伊、惟，侯也。'程，正也。言人之操行，所尚不同，立德立言，期于不朽，亦犹兰蕙松栝，各有本性，馨烈材干，并擅贞芳。此乃古昔贤人以为正道也。《论语》称子夏曰'君子之道，譬诸草木，区以别矣'，故《赋》引之。"

　　观天罔之纮覆兮，实棐谌而相顺，①谟先圣之大繇兮，亦仦德而助信。②虞《韶》美而仪凤兮，孔忘味于千载。③素文信而底鳞兮，汉宾祚于异代。④精通灵而感物兮，神动气而入微。养游睇而猿号兮，李虎发而石开。⑤非精诚其焉通兮，苟无实其孰信！⑥操末技犹必然兮，矧湛躬于道真！⑦

①应劭曰："棐，辅也。谌，诚也。相，助也。"师古曰："《尚书·大诰》曰：'天棐谌辞。'《诗·大雅·荡》之篇曰：'天生烝人，其命匪谌。'《易·上系辞》曰：'天之所助者，顺也。'赋言天道惟诚是辅，唯顺是助，故引以为辞也。棐读与匪同。谌音上林反。"

②刘德曰："仦，近也。"师古曰："谟，谋也。繇，道也。仦，古邻字。《诗·小雅·巧言》之篇曰：'秩秩大繇，圣人谟之。'《论语》称孔子曰：'德不孤，必有邻。'《易·上系辞》曰：'人之所助者信也。'赋言若能谋圣人之大道，有德者必为同志所依，履信者必获他人之助。谟者摹，又音莫。"

③师古曰："《韶》，舜乐名也。《虞书·舜典》曰：'箫《韶》九成，凤皇来仪。'《论

语》云:'孔子在齐闻《韶》,三月不知肉味。'赋言孔子去舜千岁也。"

④应劭曰:"厎,致也。孔子作《春秋》素王之文,有视明礼修之信,而致麟。汉封其后为褒成,又绍嘉公系殷后,为二代之客。"

⑤师古曰:"养,养由基也,楚之善射者。游睉,流眄也。楚王使由基射猿,操弓而眄之,猿抱木而号,知其必见中也。李,李广也,夜遇石,以为猛兽而射之,中石没羽也。"

⑥师古曰:"信,合韵音新。"

⑦师古曰:"刟,况也。湛读曰眈。躬,亲也。射者微技,犹能精诚感于猿石,况立身种德,亲眈大道而不倦者乎!"

　　登孔、颢而上下兮,纬群龙之所经,①朝贞观而夕化兮,犹喧己而遗形,②若胤彭而偕老兮,诉来哲以通情。③

①应劭曰:"颢,太颢也。孔,孔子也。群龙喻群圣也。自伏羲下讫孔子,终始天道备矣。"孟康曰:"孔,甚也。颢,大也。圣人作经,贤者纬之也。"师古曰:"应说孔、颢,是也。孟说经纬,是也。颢音胡老反。"

②应劭曰:"贞,正也。观,见也。喧,忘也。《易》曰:'天地之道,贞观者也。'"张晏曰:"言朝观大道而夕死可也。"师古曰:"形己尚可遗忘,况外物者哉?喧音许元反,又音许远反。"

③师古曰:"彭,彭祖也。老,老聃也。言有继续彭祖之志,升蹑老聃之迹者,则可与言至道而通情也。"

　　乱曰:天造屮昧,立性命兮,①复心弘道,惟贤圣兮。②浑元运物,流不处兮,③保身遗名,民之表兮。舍生取谊,亦道用兮,④忧伤夭物,忝莫痛兮!⑤昊尔太素,曷渝色兮?⑥尚粤其几,沦神域兮!⑦

①应劭曰:"天道始造万物,草创于冥昧之中,皆立其性命也。"师古曰:"《易·屯卦》象辞曰'天造草昧',故赋引之。"

②应劭曰:"《易》曰:'复其见天地之心乎!'《论语》曰:'人能弘道。'"师古曰:"复音扶目反。"

③师古曰:"浑元,天地之气也。处,止也。浑音胡昆反。"

④应劭曰:"孟子曰:'生,我所欲也;义,我所欲也。二者不可得兼,舍生而取义也。'"师古曰:"舍,置也。"

⑤晋灼曰："忝，没也，言死莫痛于是也。"师古曰："此说非也。忝，辱也。言不
　　达性命，自取忧伤，为物所夭，既辱且痛，莫过于是。"

⑥服虔曰："守死善道，不染流俗，是为浩尔太素，何有变渝者哉？"师古曰："渝
　　音逾。"

⑦应劭曰："尚，上也。粤，于也。《易》曰：'知几，其神乎！'沦，入也。"师古曰：
　　"尚，庶几也，愿也。"

永平中为郎，典校秘书，专笃志于博学，以著述为业。或讥以无功，
又感东方朔、扬雄自谕以不遭苏、张、范、蔡之时，曾不折之以正道，明君
子之所守，故聊复应焉。其辞曰：

宾戏主人曰："盖闻圣人有壹定之论，列士有不易之分，亦云名
而已矣。①故太上有立德，其次有立功。夫德不得后身而特盛，功
不得背时而独章，是以圣哲之治，栖栖皇皇，②孔席不煗，墨突不
黔。③由此言之，取舍者昔人之上务，著作者前列之馀事耳。④今吾
子幸游帝王之世，躬带冕之服，⑤浮英华，湛道德，⑥龥龙虎之文，旧
矣。⑦卒不能摅首尾，奋翼鳞，振拔涝涂，跨腾风云，⑧使见之者景
骇，闻之者向震。⑨徒乐枕经籍书，纡体衡门，⑩上无所蒂，下无所
根。独摅意乎宇宙之外，锐思于豪芒之内，潜神默记，恒以年岁。⑪
然而器不贾于当己，用不效于一世，⑫虽驰辩如涛波，摛藻如春
华，⑬犹无益于殿最。⑭意者，且运朝夕之策，定合会之计，使存有显
号，亡有美谥，不亦优乎？"

①如淳曰："唯贵得名也。"

②师古曰："不安之意也。"

③师古曰："孔，孔子；墨，墨翟也。突，灶突也。黔，黑也。言志在明道，不暇
　　安居。"

④刘德曰："取者，施行道德；舍者，守静无为也。"

⑤师古曰："带，大带也。冕，冠也。"

⑥师古曰："湛读曰沈。英华，谓名誉也。言外则有美名善誉，内则履道崇
　　德也。"

⑦孟康曰："龥，被也。《易》曰'大人虎变，其文炳也'，言文章之盛久也。"晋灼

曰:"矕,视也。言目厌见其文久矣。"师古曰:"寻其下句,孟说是也。矕音莫限反。"

⑧师古曰:"摅,申也。洿,停水也。涂,泥也。以龙为喻也。洿音一故反,又音乌。"

⑨师古曰:"向读曰响。见景则骇,闻向则震。合韵音之人反。"

⑩师古曰:"纡,屈也。衡门,横一木于门上。"

⑪如淳曰:"恒音亘竟之亘。"师古曰:"宇宙之外,言宏广也。豪芒之内,喻纤微也。恒音工赠反。"

⑫刘德曰:"贾,雠也。"师古曰:"当己,谓及己身尚在,犹言当年也。贾音古,又音工暇反。雠音上究反。"

⑬师古曰:"大波曰涛。摛,布也。藻,文辞也。"

⑭师古曰:"殿音丁见反。"

　　主人逌尔而笑曰:①"若宾之言,斯所谓见势利之华,暗道德之实,守突奥之荧烛,未卬天庭而睹白日也。②曩者王涂芜秽,周失其御,侯伯方轨,战国横骛,于是七雄虓阚,分裂诸夏,③龙战而虎争。游说之徒,风飚电激,并起而救之,④其馀焱飞景附,煜霅其间者,盖不可胜载。⑤当此之时,搦朽摩钝,铅刀皆能壹断,⑥是故鲁连飞一矢而蹶千金,虞卿以顾眄而捐相印也。⑦夫啾发投曲,感耳之声,合之律度,淫蛙而不可听者,非《韶》、《夏》之乐也;⑧因势合变,偶时之会,风移俗易,乖忤而不可通者,非君子之法也。⑨及至从人合之,衡人散之,⑩亡命漂说,羁旅骋辞,⑪商鞅挟三术以钻孝公,李斯奋时务而要始皇,⑫彼皆蹑风云之会,履颠沛之势,⑬据徼乘邪以求一日之富贵,⑭朝为荣华,夕而焦瘁,⑮福不盈眦,祸(益)〔溢〕于世,⑯[10]凶人且以自悔,况吉士而是赖乎!⑰且功不可以虚成,名不可以伪立,韩设辩以徼君,吕行诈以贾国。⑱《说难》既酋,其身乃囚;秦货既贵,厥宗亦隧。⑲是故仲尼抗浮云之志,孟轲养浩然之气,⑳彼岂乐为迂阔哉? 道不可以贰也。㉑方今大汉洒埽群秽,夷险芟荒,㉒廓帝纮,恢皇纲,基隆于羲、农,规广于黄、唐;其君天下也,炎之如日,威之如神,函之如海,养之如春。㉓是以六合之内,莫不同原共流,沐浴玄德,㉔禀卬太和,枝附叶著,㉕譬犹屮木之殖山林,鸟鱼之毓川泽,㉖得气者蕃滋,失时者苓落,㉗参天墬而施化,岂云人事之厚薄哉?㉘今子处皇世而论战国,耀所闻而疑所觌,㉙欲从旄敦而度高乎泰山,怀氿滥而测深乎重渊,亦未至也。"㉚

① 师古曰:"逌,古攸字也。攸,笑貌也。"

② 应劭曰:"《尔雅》,东南隅谓之突,西南隅谓之奥。"师古曰:"突、奥,室中之二隅也。荧烛,荧荧小光之烛也。卬读曰仰。突音乌了反,其字从穴天声也。"

③ 应劭曰:"七雄,秦及六国也。"师古曰:"虓音呼交反。阚音呼敢反。"

④ 师古曰:"飏读与扬同。"

⑤ 师古曰:"猋,疾风也。煜霅,光貌也。煜音于及反。霅音下甲反。煜又音育。"

⑥ 师古曰:"搦,按也,音女角反。断音丁焕反。"

⑦ 应劭曰:"鲁连,齐人也。齐围燕,燕将保于聊城。鲁连系帛书于矢射与之,为陈利害。燕将得之,泣而自杀。讥切魏新垣衍,使不尊秦为帝。秦时围邯郸,为却五十里,赵遂以安。赵王以千金为鲁连寿,不受。魏齐为秦所购,迫急走赵,赵相虞卿与齐有故,然愍其穷,于是解相印,间行与奔魏公子无忌也。"李奇曰:"�擪,蹋也,距也。"师古曰:"�擪音厥,又音其月反。"

⑧ 李奇曰:"蛙,不正之音也。"师古曰:"啾发,啾啾小声而发也。投曲,趣合屈曲也。感耳,动应众庶之耳也。然而不合律度,君子所不听也。淫蛙,非正之声也,不谓蛙黾之鸣也。啾音子由反。"

⑨ 师古曰:"虽偶当时之会,而不可以移风易俗。"

⑩ 师古曰:"从音子庸反。"

⑪ 师古曰:"漂,浮也,音匹遥反。"

⑫ 应劭曰:"王、霸、富国强兵,为三术也。"师古曰:"王一也,霸二也,富国强兵三也。"

⑬ 师古曰:"颠沛,僵仆也。"

⑭ 师古曰:"徼,要也。据可以要迎之时也。徼音工尧反。徼字或作激。激,发也。"

⑮ 师古曰:"焦音在消反。瘁与悴同。"

⑯ 李奇曰:"当富贵之间,视不满目,故言不盈眦也。"

⑰师古曰：“赖，利也。”

⑱师古曰：“贾，市贾也，音古。”

⑲应劭曰：“茴音茴豪之茴。茴，雄也。《说难》，《韩非》书篇名也。吕不韦效千金于秦，立子楚为王，封十万户侯，以阴事自杀也。”师古曰：“吕不韦初见子楚在赵，而云‘此奇货可居’，故班氏谓子楚为秦货耳。安说效千金乎？应说失之矣。”

⑳张晏曰：“孔子云：‘不义而富且贵，于我如浮云。’孟子曰：‘我善养吾浩然之气，而无害，则塞乎天地之间也。’”师古曰：“浩然，纯壹之气也。”

㉑师古曰：“迂，远也，音于。”

㉒师古曰：“洒音所蟹反，汛也。汛音信。”

㉓师古曰：“函，容也，读与含同。”

㉔师古曰：“原，水泉之本也。流者，其末流也。”

㉕师古曰：“印读曰仰。著音直略反。”

㉖师古曰：“殖，生也，长也。毓与育同。”

㉗师古曰：“苓与零同。”

㉘师古曰：“墬，古地字。”

㉙师古曰：“觌，见也，音徒历反。”

㉚应劭曰：“《尔雅》，前高曰旄丘，如覆敦者敦丘，侧出曰沈泉，正出曰滥泉。”师古曰：“敦音丁回反。度音徒各反。沈音轨。”

宾曰：“若夫轶、斯之伦，衰周之凶人，既闻命矣。敢问上古之士，处身行道，辅世成名，可述于后者，默而已乎？”

主人曰：“何为其然也！昔咎繇谟虞，箕子访周，①言通帝王，谋合圣神；殷说梦发于傅岩，周望兆动于渭滨，②齐甯激声于康衢，汉良受书于邳沂，③皆俟命而神交，匪词言之所信，④故能建必然之策，展无穷之勋也。近者陆子优繇，《新语》以兴；⑤董生下帷，发藻儒林；刘向司籍，辩章旧闻；扬雄覃思，《法言》、《大玄》：⑥皆及时君之门闱，究先圣之壶奥，⑦婆娑乎术艺之场，休息乎篇籍之囿，以全其质而发其文，用纳乎圣听，列炳于后人，斯非其亚与！⑧若乃夷抗行于首阳，惠降志于辱仕，⑨颜耽乐于箪瓢，孔终篇于西狩，⑩声盈塞于天渊,真吾徒之师表也。且吾闻之:壹阴壹阳,天墜之方;⑪乃文乃质,王道之纲,有同有异,圣哲之常。故曰:慎修所志,守尔天符,委命共已,味道之腴,⑫神之听之,名其舍诸!⑬宾又不闻龢氏之璧韫于荆石,⑭随侯之珠藏于蟂蛤乎?⑮历世莫眠,不知其将含景耀,吐英精,旷千载而流夜光也。应龙潜于潢污,鱼鼋媟之,⑯不睹其能奋灵德,合风云,超忽荒,而躔颢苍也。⑰故夫泥蟠而天飞者,应龙之神也;先贱而后贵者,和、隋之珍也;时暗而久章者,君子之真也。⑱若乃牙、旷清耳于管弦,离娄眇目于豪分;⑲逢蒙绝技于弧矢,班输榷巧于斧斤;⑳良、乐轶能于相驭,乌获抗力于千钧;㉑和、鹊发精于针石,研、桑心计于无垠。㉒仆亦不任厕技于彼列,故密尔自娱于斯文。"㉓

①师古曰:"访亦谋。"

②师古曰:"说,傅说也。解已在前。望谓太公望,即吕尚也。钓于渭水,文王将出猎,卜之曰:'所得非龙非螭、非豹非罴,乃帝王之辅。'果遇吕尚于渭阳,与语大悦,曰:'吾太公望子久矣。'故号曰太公望。"

③郑氏曰:"五达曰康,四达曰衢。"晋灼曰:"沂,崖也。下邳水之崖也。"师古曰:"齐宵,宵戚也。声激,谓叩角所歌也。沂音牛斤反。"

④师古曰:"信合韵音新。"

⑤郑氏曰:"优繇,不仕也。"师古曰:"繇读与由同。"

⑥师古曰:"覃,大也,深也。"

⑦应劭曰:"宫中门谓之闱,宫中巷谓之壶。"师古曰:"壶音苦本反。"

⑧师古曰:"亚,次也。与读曰欤。"

⑨师古曰:"夷,伯夷也。惠,柳下惠。辱仕谓为士师三黜也。"

⑩师古曰:"谓作《春秋》止于获麟也。狩合韵音守。"

⑪师古曰:"墜,古地字。"

⑫师古曰:"共读曰恭。腴,肥也。"

⑬师古曰:"舍,废也。诸,之也。言修志委命,则明神听之,祐以福禄,自然有名,永不废也。"

⑭师古曰:"龢,古和字也。韫亦藏也,音於粉反。"

⑮师古曰："蜯即蚌字也,音平项反。蛤音工合反。"

⑯师古曰:"应龙,龙有翼者。潢污,停水也。蝶谓侮狎之也。潢音黄。污音乌。"

⑰师古曰:"躨,以足据持也。颢,颢天也。元气颢污,故曰颢天。其色苍苍,故曰苍天。躨音戟。"

⑱师古曰:"时暗,有时而暗也。"

⑲师古曰:"牙,伯牙也。旷,师旷也。离娄,明目者也。眇,细视也。"

⑳师古曰:"逢蒙,古善射者也。班输即鲁公输班也。一说,班,鲁班也,与公输氏为二人也,皆有巧艺也。《古乐府》云:'谁能为此器,公输与鲁班。'榷,专也,一曰竞也。榷音角。"

㉑师古曰:"良,王良也。乐,伯乐也。轶与逸同。相,相马也。驭,善驭也。乌获,壮士也。"

㉒孟康曰:"研,古之善计也。桑,桑弘羊也。"师古曰:"和,秦医和也。鹊,扁鹊也。研,计研也,一号计倪,亦曰计然。垠,厓也。"

㉓师古曰:"密,静也,安也。"

【校勘记】

〔1〕　自隐度家之(曰)〔口〕数　景祐、殿本都作"口",此误。

〔2〕　左将军(师)〔史〕丹　景祐、殿本都作"史丹"。王先谦说非"师丹"。

〔3〕　《汉(书)〔旧〕仪》云秩四百石,　景祐、殿本都作"旧",此误。

〔4〕　(师古)〔苏林〕曰:　景祐、殿本都作"苏林",此误。

〔5〕　应劭曰:　王先谦说两"应劭"有一误。

〔6〕　匝三正而灭(周)〔姬〕;　《文选》作"姬",与下"灾"字协韵。此盖涉注文而误。

〔7〕　(醇)〔淳〕,美也。氾,(崖)〔涯〕也。　殿本作"淳""涯"。王先谦说殿本是。

〔8〕　以(兽)〔虎〕归入也。　殿本作"虎"。

〔9〕　国人称(人)〔仁〕,　景祐、殿、局本都作"仁",此误。

〔10〕　祸(益)〔溢〕于世,　景祐、殿本都作"溢"。王先谦说"益"字误。

汉书卷一百下

叙传第七十下

固以为唐虞三代,《诗》《书》所及,世有典籍,故虽尧舜之盛,必有典谟之篇,然后扬名于后世,冠德于百王,① 故曰:"巍巍乎其有成功,焕乎其有文章也!"② 汉绍尧运,以建帝业,至于六世,史臣乃追述功德,私作本纪,③ 编于百王之末,厕于秦、项之列。太初以后,阙而不录,故探篡前记,缀辑所闻,④ 以述《汉书》,起元高祖,终于孝平王莽之诛,十有二世,二百三十年,综其行事,旁贯《五经》,上下洽通,⑤ 为春秋考纪、表、志、传,凡百篇。⑥ 其叙曰:⑦

①师古曰:"德为百王之上也。"

②师古曰:"此篇《论语》载孔子美尧舜之言也。"

③师古曰:"谓武帝时司马迁作《史记》。"

④师古曰:"篡与撰同。辑与集同。"

⑤师古曰:"固所撰诸表序及志,经典之义在于是也。"

⑥师古曰:"春秋考纪,谓帝纪也。而俗之学者不详此文,乃云《汉书》一名春秋考纪,盖失之矣。"

⑦师古曰:"自'皇矣汉祖'以下诸叙,皆班固自论撰《汉书》意,此亦依放《史记》之叙目耳。史迁则云为某事作某本纪、某列传。班固谦,不言(然)〔作〕而改言述[1],盖避作者之谓圣,而取述者之谓明也。但后之学者不晓此为《汉书》叙目,见有述字,因谓此文追述《汉书》之事,乃呼为'汉书述',失之远矣。挚虞尚有此惑,其馀曷足怪乎!"

皇矣汉祖,篡尧之绪,实天生德,聪明神武。秦人不纲,罔漏于楚,① 爰兹发迹,断蛇奋旅。神母告符,朱旗乃举,粤蹈秦郊,婴来稽首。

革命创制,三章是纪,应天顺民,五星同晷。②项氏畔换,黜我巴、汉,③西土宅心,战士愤怨。④乘衅而运,席卷三秦,割据河山,保此怀民。⑤股肱萧、曹,社稷是经,爪牙信、布,腹心良、平,龚行天罚,赫赫明明。述《高纪》第一。

> ①师古曰:"言秦失纲维,故高祖因时而起。冈漏于楚,谓项羽虽有害虐之心,终免于惠也。一说,楚王陈涉初起,后又破灭也。"
>
> ②师古曰:"晷,景也。"
>
> ③孟康曰:"畔,反也。换,易也。不用义帝要,换易与高祖汉中也。"师古曰:"此说非也。畔换,强恣之貌,犹言跋扈也。《诗·大雅·皇矣》篇曰'无然畔换'。"
>
> ④刘德曰:"宅,居也。西方人皆居心于高祖,犹系心也。《书》曰'惟众宅心'。"晋灼曰:"西土,关西也。高祖入关,约法三章,秦民大悦,皆宅心高祖。"
>
> ⑤师古曰:"保,安也。怀民,怀德之人也。"

孝惠短世,《高后》称制,冈顾天显,吕宗以败。①述《惠纪》第二,《高后纪》第三。

> ①刘德曰:"冈,无也。顾,念也。显,明也。言吕氏无念天之明道者,徒念王诸吕,以至于败亡。"

太宗穆穆,允恭玄默,化民以躬,帅下以德。农不供贡,罪不收孥,①宫不新馆,陵不崇墓。②我德如风,民应如屮,③国富刑清,登我汉道。④述《文纪》第四。

> ①张晏曰:"除民田租之税,是不供贡也。"
>
> ②师古曰:"墓,合韵音谟。"
>
> ③师古曰:"《论语》称孔子曰:'君子之德风,小人之德屮也。'故引以为辞。"
>
> ④师古曰:"登,成也。"

孝景莅政,诸侯方命,①克伐七国,王室以定。匪怠匪荒,务在农桑,著于甲令,民用宁康。②述《景纪》第五。

> ①孟康曰:"《尚书》云'方命圮族',言鲧之恶,坏其族类。吴楚七国亦然。"

②师古曰："甲令，即《景纪》令甲也。"

世宗晔晔，思弘祖业，①畴咨熙载，髦俊并作。②厥作伊何？百蛮是攘，③恢我疆宇，外博四荒。④武功既抗，亦迪斯文，⑤宪章六学，统壹圣真。封禅郊祀，登秩百神；协律改正，飨兹永年。⑥述《武纪》第六。

①师古曰："晔晔，盛貌也。"

②师古曰："畴，谁也。咨，谋也。熙，兴也。载，事也。谋于众贤，谁（能）〔可〕任用[2]，故能兴其事业也。作，起也。"

③师古曰："攘，却也。"

④师古曰："恢，广也。博，大也。"

⑤刘德曰："迪，进也。"

⑥张晏曰："改正谓从建寅之月也。"

孝昭幼冲，冢宰惟忠。燕、盖诰张，实睿实聪，①罪人斯得，邦家和同。述《昭纪》第七。

①如淳曰："诰音辂。"应劭曰："诰张，诳也。"

中宗明明，寅用刑名，①时举傅纳，听断惟精。②柔远能迩，焯耀威灵，③龙荒幕朔，莫不来庭。④丕显祖烈，尚于有成。⑤述《宣纪》第八。

①邓展曰："寅，敬也。"

②李奇曰："时，是也。于是时也，选用贤者。"师古曰："傅读曰敷。《虞书·舜典》曰'敷纳以言'。敷，陈也，谓有陈言者则纳而用之。"

③师古曰："《虞书·舜典》曰'柔远能迩'。柔，安也。能，善也。故引之云。焯，炽也，音充善反。"

④孟康曰："谓白龙堆荒服沙幕也。"师古曰："龙，匈奴祭天龙城，非谓白龙堆也。朔，北方也。"

⑤师古曰："丕，大也。烈，业也。"

孝元翼翼，高明柔克，①宾礼故老，优繇亮直。②外割禁圃，内损御服，离宫不卫，山陵不邑。③阉尹之呰，秽我明德。④述《元纪》第九。

①师古曰："翼翼，敬也。《尚书·洪范》云'高明柔克'，谓人虽有高明之度，而当执柔，乃能成德也。叙言元帝有柔克之姿也。"

②师古曰："故老谓贡禹、薛广德也。优繇谓宽容也。亮直谓朱云也。繇读与
　　由同。"

③张晏曰："不徙民著县也。"

④如淳曰："任弘恭、石显使为政，以病其治也。"师古曰："谓宫人为阉者，言其
　　精气奄闭不泄也，一曰（王）〔主〕奄闭门者[3]。尹，正也。啙与疵同。"

孝成煌煌，临朝有光，威仪之盛，如圭如璋。壶闱恣赵，朝政在
王，①炎炎燎火，亦允不阳。②述《成纪》第十。

①师古曰："赵谓赵皇后及昭仪也。王谓外家王凤、王音等。"

②张晏曰："天子盛威，若燎火之阳，今委政王氏，不炎炽矣。"师古曰："允，
　　信也。"

孝哀彬彬，克揽威神，①凋落洪支，底剧鼎臣。②婉娈董公，惟亮天
功，《大过》之困，实桡实凶。③述《哀纪》第十一。

①师古曰："彬彬，文质备也。言哀帝恣孝成之时权在臣下，故自揽持其威神
　　也。揽，执取也，其字从手。"

②服虔曰："凋落洪支，废退王氏也。底，致也。《周礼》有屋诛，诛大臣于屋
　　下，不露也。《易》曰'鼎折足，其形渥，凶'，谓诛朱博、王嘉之属也。"晋灼
　　曰："剧，刑也。"师古曰："剧者，厚刑，谓重诛也，音握。服言屋下，失其
　　义也。"

③应劭曰："以董贤为三公，乃欲共成天功也。《易·大过卦》'栋桡，凶'，言以
　　小材而为栋梁，不堪其任，至于折桡而凶也。"师古曰："婉娈，美貌。亮，助
　　也。《尚书·舜典》曰'寅亮天功'，故引之也。桡，曲也，音女教反。"

孝平不造，新都作宰，不周不伊，丧我四海。①述《平纪》第十二。

①师古曰："造，成也。遭家业不成。《周颂》曰'闵予小子，遭家不造'，故引之
　　也。言其自号（宁）〔宰〕衡[4]，而无周公、伊尹之忠也。"

汉初受命，诸侯并政，制自项氏，十有八姓。述《异姓诸侯王表》
第一。

太祖元勋，启立辅臣，支庶藩屏，侯王并尊。述《诸侯王表》第二。

侯王之祉，祚及宗子，公族蕃滋，支叶硕茂。①述《王子侯表》第三。

①师古曰："茂，合韵音莫口反。"

受命之初，赞功剖符，奕世弘业，爵土乃昭。①述《高惠高后孝文功臣侯表》第四。

①师古曰："赞功，佐命之功也。奕，大也。"

景征吴楚，武兴师旅，后昆承平，亦有绍土。①述《景武昭宣元成哀功臣侯表》第五。

①师古曰："言景、武之时以军功，故封侯者多，昭、宣以后虽承平，尚有以勋获爵土者。"

亡德不报，爰存二代，①宰相外戚，昭媸见戒。②述《外戚恩泽侯表》第六。

①应劭曰："二代，二王后也。"师古曰："二代，谓殷、周也。言德泽深远，故至汉朝其子孙又受茅土，以奉祭祀。"

②张宴曰："媸，是也。明其是者，戒者非也。"

汉迪于秦，有革有因，①粗举僚职，并列其人。②述《百官公卿表》第七。

①刘德曰："迪，至也。"

②晋灼曰："粗音麁粗之粗。"师古曰："粗音才户反，谓大略也。"

篇章博举，通于上下，略差名号，九品之叙。述《古今人表》第八。

元元本本，数始于一，①产气黄钟，造计秒忽。②八音七始，五声六律，③度量权衡，历算逌出。④官失学微，六家分乖，⑤壹彼壹此，庶研其几。述《律历志》第一。

①张宴曰："数之元本，起于初九之一也。"

②刘德曰："秒，禾芒也。忽，蜘蛛网细者也。"师古曰："秒音眇，其字从禾。"

③刘德曰："七始，天地四方人之始也。"师古曰："解在《礼乐志》。"

④师古曰："逌，古攸字也。攸，所也。"

⑤刘德曰："六家，谓黄帝、颛顼、夏、殷、周、鲁历也。"

上天下泽，春霝奋作，①先王观象，爰制礼乐。厥后崩坏，郑卫荒淫，风流民化，湎湎纷纷。②略存大纲，以统旧文。述《礼乐志》第二。

　　①刘德曰："《兑》下《乾》上《履》，《坤》下《震》上《豫》。履，礼也。豫，乐也。取
　　　《易》象制礼作乐。"师古曰："《易》象曰'上天下泽《履》，雷出地奋《豫》'，故
　　　具引其文。"

　　②师古曰："言上风既流，下人则化也。湎湎，流移也。纷纷，杂乱也。湎音莫
　　　践反。"

　　靁电皆至，天威震耀，五刑之作，是则是效，①威实辅德，刑亦助教。
季世不详，背本争末，②吴孙狙诈，申商酷烈。③汉章九法，太宗改作，④
轻重之差，世有定籍。述《刑法志》第三。

　　①刘德曰："《震》下《离》上，《噬嗑》，利用狱。雷电，取象天威也。"师古曰：
　　　"《易》象辞曰'雷电，《噬嗑》，先王以明罚敕法'，故引之。"

　　②师古曰："不详谓不尽用刑之理也。《周书·吕刑》曰'告尔详刑'。"

　　③师古曰："狙音千豫反。"

　　④张晏曰："改，除肉刑也。"

　　厥初生民，食货惟先。割制庐井，定尔土田，什一供贡，下富上尊。
商以足用，茂迁有无，货自龟贝，至此五铢。扬榷古今，监世盈虚。①述
《食货志》第四。

　　①师古曰："扬，举也。榷，引也。扬榷者，举而引之，陈其趣也。榷音居
　　　学反。"

　　昔在上圣，昭事百神，类帝禋宗，望秩山川，明德惟馨，永世丰年。
季末淫祀，营信巫史，①大夫胪岱，侯伯僭畤，②放诞之徒，缘间而起。③
瞻前顾后，正其终始。述《郊祀志》第五。

　　①邓展曰："营，惑也。"

　　②郑氏曰："胪岱，季氏旅于太山是也。"应劭曰："僭畤，秦文公造（四）〔西〕畤祭
　　　天是也。"[5]师古曰："旅，陈也。胪亦陈也。胪旅声相近，其义一耳。"

　　③师古曰："谓方士言神仙之术也。"

　　炫炫上天，县象著明，①日月周辉，星辰垂精。百官立法，宫室混
成，②降应王政，景以烛形。③三季之后，厥事放纷，④举其占应，览故考

新。述《天文志》第六。

①师古曰:"炫炫,光耀之貌,音胡眪反。昗,古晃字。"

②张晏曰:"星辰有宫室百官,各应其象以见咎征也。"

③张晏曰:"王政失于此,星辰变于彼,犹景之象形。"

④师古曰:"三季,三代之末也。放,失也。纷,乱也。"

《河图》命庖,《洛书》赐禹,八卦成列,九畴迺叙。①世代实宝,光演文武,《春秋》之占,咎征是举。告往知来,王事之表。述《五行志》第七。

①李奇曰:"《河图》即八卦也。《洛书》即《洪范》九畴也。"师古曰:"庖,庖牺也。迺,古攸字。"

《坤》作墬势,高下九则,①自昔黄、唐,经略万国,(变)〔燮〕定东西,[6]疆理南北。②三代损益,降及秦、汉,革划五等,制立郡县。③略表山川,彰其剖判。述《地理志》第八。

①张晏曰:"《易》曰'地势《坤》'。"刘德曰:"九则,九州土田上中下九等也。"师古曰:"墬,古地字。《易》象曰:'地势《坤》,君子以厚德载物。'高下谓地形也。一曰,地之肥瘠。"

②师古曰:"(变)〔燮〕,和也。疆理谓立封疆而统理之。"

③晋灼曰:"划音划削之划。"师古曰:"音初限反。"

夏乘四载,百川是导。①唯河为艰,灾及后代。商竭周移,秦决南涯,②自兹距汉,北亡八支。③文堙枣野,武作《瓠歌》,④成有平年,后遂滂沱。⑤爰及沟渠,利我国家。述《沟洫志》第九。

①师古曰:"四载,解在《沟洫志》。"

②服虔曰:"河竭而商亡。移亦河移徙也。"如淳曰:"《秦始皇本纪》决河灌大梁,遂灭之,通为沟,入淮、泗。"

③服虔曰:"本有九河,今塞,馀有一也。"

④服虔曰:"堙音因。文帝塞河于酸枣也。"张晏曰:"河决瓠子,武帝亲临,悼功不成而作歌。"

⑤刘德曰:"成帝治河已平,改元曰河平元年。"

虑羲画卦,书契后作,①虞夏商周,孔纂其业,篹《书》删《诗》,缀

《礼》正《乐》，②象系大《易》，因史立法。③六学既登，遭世罔弘，④群言纷乱，诸子相腾。⑤秦人是灭，汉修其缺，刘向司籍，九流以别。⑥爰著目录，略序洪烈。⑦述《艺文志》第十。

　　①师古曰："虑读与伏同。"

　　②师古曰："𦈡与撰同。"

　　③师古曰："谓修《春秋》定帝王之文。"

　　④师古曰："罔，无也。无能弘大正道也。"

　　⑤师古曰："腾，驰也。"

　　⑥应劭曰："儒、道、阴阳、法、名、墨、从横、杂、农，凡九家。"

　　⑦师古曰："洪，大也。烈，业也。"

上嫚下暴，惟盗是伐，①胜、广熛起，梁、籍扇烈。②赫赫炎炎，遂焚咸阳。宰割诸夏，命立侯王，诛婴放怀，诈虐以亡。述《陈胜项籍传》第一。

　　①师古曰："《易·上系辞》云：'小人而乘君子之器，盗思夺之矣；上嫚下暴，盗思伐之矣。'引此言者，谓秦胡亥之时。"

　　②师古曰："飞火曰熛。扇，炽也。烈，猛也。言陈胜初起而项羽（益）〔烈〕盛也。[7]熛音必遥反。"

张、陈之交，�470如父子，携手遂秦，拊翼俱起。①据国争权，还为豺虎，②耳（谏）〔谋〕甘公[8]，作汉藩辅。述《张耳陈馀传》第二。

　　①应劭曰："徕，逃也。"师古曰："徕，古遁字也。拊翼，以鸡为喻，言知将旦，则鼓击其翼而鸣也。"

　　②师古曰："言反相吞噬也。"

三枿之起，本根既朽，①枯杨生华，曷惟其旧！②横虽雄材，伏于海坞，沐浴尸乡，北面奉首，旅人慕殉，义过《黄鸟》。③述《魏豹田儋韩信传》第三。

　　①刘德曰："《诗》云'包有三枿'。《尔雅》曰'烈、枿，馀也'。谓木斫黜而复枿生也。喻魏、齐、韩皆灭而复起，若黜木更生也。"师古曰："枿音五葛反。"

　　②应劭曰："《易》云'枯杨生华'，暂贵之意也。曷惟其旧，言不能久也。"师古曰："枯杨生华，《大过卦》九五爻辞也。旧，合韵音白。"

　　③刘德曰："《黄鸟》之诗刺秦穆公要人从死，言今横不要而有从者，故曰

过之。"

信惟饿隶,布实黥徒,越亦狗盗,芮尹江湖。① 云起龙襄,化为侯王,② 割有齐、楚,跨制淮、梁。③ 绾自同闬,镇我北疆,④ 德薄位尊,非胙惟殃。吴克忠信,胤嗣乃长。述《韩彭英卢吴传》第四。

①张晏曰:"吴芮为番阳令,在江湖之间。尹,主也。"

②师古曰:"襄,举也。"

③张晏曰:"韩信前王齐,徙楚。英布王淮南,彭越王梁也。"

④应劭曰:"闬音捍。卢绾与高祖同里,楚名里门为闬。"师古曰:"《左氏传》云'高其闬闳',旧通语耳,非专楚也。"

贾廑从旅,为镇淮、楚。① 泽王琅邪,权激诸吕。濞之受吴,疆土逾矩,② 虽戒东南,终用齐斧。③ 述《荆燕吴传》第五。

①张晏曰:"刘贾晚乃从军也。"晋灼曰:"廑,无几也。"师古曰:"二说皆非也。廑,古以为勤字。言贾从军,有勤劳也。"

②师古曰:"矩,法制也。"

③张晏曰:"齐斧,越斧也,以整齐天下也。"晋灼曰:"虽戒勿反而反,竟用此斧于吴也。"师古曰:"《易》云'丧其齐斧',故引以为辞。"

太上四子:伯兮早夭,仲氏王代,斿宅于楚。① 戊实淫缺,平陆乃绍。② 其在于京,奕世宗正,③ 劬劳王室,用侯阳成。子政博学,三世成名,④ 述《楚元王传》第六。

①师古曰:"《诗·卫风》云'伯兮朅兮',《鄘风》又曰'仲氏任只'。此序方论高祖兄伯及仲,故引二句为之辞也。"

②师古曰:"楚王戊为薄太后服奸,削东海郡,遂与吴共反而诛。景帝更立平陆侯礼,续元王之后也。"

③师古曰:"正,合韵音征。"

④师古曰:"谓刘德、刘向、刘歆,俱有名闻。"

季氏之诎,辱身毁节,信于上将,议臣震栗。① 栾公哭梁,田叔殉赵,见危授命,谊动明主。布历燕、齐,叔亦相鲁,民思其政,或金或社。② 述《季布栾布田叔传》第七。

①张晏曰："申意于上将。上将,樊哙也,欲以十万众横行匈奴中,布曰:'哙可
　斩也。'时议臣皆恐。"师古曰："信读曰申。"

②李奇曰："鲁人爱田叔,死,送之以金。齐贵栾布,为生立社。"

高祖八子,二帝六王。三赵不辜,淮厉自亡,燕灵绝嗣,齐悼特昌。
掩有东土,自岱徂海,支庶分王,前后九子。六国诛毙,适齐亡祀。城
阳、济北,后承我国。①赳赳景王,匡汉社稷。②述《高五王传》第八。

①张宴曰："济北王志,吴楚反后徙王菑川。元朔中,齐国绝,悼惠王后唯有城
　阳、菑川,武帝乃割临菑环悼惠王冢,以与菑川,令奉祀也。"师古曰："适读
　曰嫡。"

②师古曰："赳赳,武貌,音纠。"

猗与元勋,包汉举信,①镇守关中,足食成军,营都立宫,定制修文。
平阳玄默,继而弗革,②民用作歌,化我淳德。汉之宗臣,是谓相国。述
《萧何曹参传》第九。

①刘德曰："包,取也。"师古曰："包汉,谓劝高祖且王汉中也。举信,举韩信
　也。信合韵音新。"

②师古曰："革,改也。言曹参为相,守静无为,一遵萧何约束,不变改也。"

留侯袭秦,作汉腹心,①图折武关,解阨鸿门。②推齐销印,殴致越、
信;③招宾四老,惟宁嗣君。陈公扰攘,归汉乃安,④毙范亡项,走狄擒
韩,⑤六奇既设,我罔艰难。⑥安国廷争,致仕杜门。绛侯矫矫,诛吕尊
文。亚夫守节,吴楚有勋。述《张陈王周传》第十。

①刘德曰："袭秦,椎始皇于博浪沙中。"

②师古曰："图折武关,谓从沛公入武关,说令为疑兵,又啖秦将以利,劝因其
　急懈击之类也。"

③师古曰："殴与驱同。越,彭越也。信亦韩信也。谓于垓下围项羽时也。信
　合韵音新。"

④师古曰："攘音人养反。"

⑤师古曰："走狄谓解平城之围也。禽韩,伪游云梦也。"

⑥师古曰："罔,无也。"

舞阳鼓刀，滕公厩驺，①颍阴商贩，曲周庸夫，攀龙附凤，并乘天衢。②述《樊郦滕灌傅靳周传》第十一。

①师古曰："鼓刀谓屠狗也。"

②师古曰："乘，登也。"

北平志古，司秦柱下，定汉章程，律度之绪。①建平质直，犯上干色；②广阿之厘，食厥旧德。③故安执节，责通请错，蹇蹇帝臣，匪躬之故。④述《张周赵任申屠传》第十二。

①师古曰："志，记也，谓多记古事也。司，主也。"

②师古曰："周昌先封建成侯，盖谓此也。平字当为成，传写误耳。"

③张晏曰："任教也。吏遇吕后不谨，教击伤主吏也。"师古曰："厘亦勤字也。《易·讼卦》六三爻辞曰'食旧德'，食犹饷也。"

④师古曰："《易·蹇卦》六二爻辞曰'王臣蹇蹇，匪躬之故'。此言申屠嘉召责邓通，请诛朝错，皆不为己身，实有蹇蹇之节也。"

食其监门，长揖汉王，画袭陈留，进收敖仓，塞隘杜津，王基以张。①贾作行人，百越来宾，从容风议，博我以文。②敬蝝役夫，迁京定都，③内强关中，外和匈奴。叔孙奉常，与时抑扬，税介免胄，礼义是创。④或哲或谋，观国之光。⑤述《郦陆朱娄叔孙传》第十三。⑥

①师古曰："杜亦塞也。谓说令塞白马津。"

②李奇曰："作《新语》也。"师古曰："《论语》称颜回喟然叹曰'夫子博我以文'，谓以文章开博我也。此言陆贾尝之越也。从音千容反。风读曰讽。"

③师古曰："蝝读与由同。言刘敬由戍卒而来纳说。"

④师古曰："税，舍也。介，甲也。创，始造之也。创，合韵音初良反。"

⑤师古曰："《诗·小雅·小旻》之篇曰'或哲或谋'，言有智者，有谋者。《易·观卦》六四爻辞曰'观国之光，利用宾于王'。故合而为言。"

⑥师古曰："本传作朱、刘，终书其赐姓也。此言朱、娄，本其旧族耳。"

淮南僭狂，二子受殃。安辩而邪，赐顽以荒，敢行称乱，窨世荐亡。①述《淮南衡山济北传》第十四。

①师古曰："窨，仍也。荐读曰荐。荐，再也。长迁死雍，其子安又自杀也。"

蒯通壹说，三雄是败，覆郦骄韩，田横颠沛。被之拘系，乃成患害。①充、躬罔极，交乱弘大。②述《蒯伍江息夫传》第十五。

①师古曰："言伍被初不从王反，王系其父母，乃进邪谋，终以遇害也。"

②师古曰："《小雅·青蝇》之诗云'谗言罔极，交乱四国'。此叙言江充、息夫躬之恶，引以为辞也。"

万石温温，幼寤圣君，①宜尔子孙，夭夭伸伸，②庆社于齐，不言动民。③卫、直、周、张，淑慎其身。④述《万石卫直周张传》第十六。

①邓展曰："《尔雅》'寤、逢，遇也'。"师古曰："此说非也。言万石幼而恭谨，感寤高祖，以见识拔也。《尔雅》云'逻，遇(之)也'，〔9〕非谓寤也。《诗·小雅·小宛》之篇曰'温温恭人'。"

②师古曰："《诗·周南·螽斯》之篇曰'宜尔子孙振振兮'，《论语》称孔子'燕居，伸伸如也，夭夭如也'，谓和舒之貌。此言万石子孙既多，又皆和睦，故引以为辞也。夭音於骄反。"

③邓展曰："庆为齐相，齐为立社也。"

④师古曰："《卫诗·燕燕》之篇曰'终温且惠，淑慎其身'。淑，善也。引此诗言以美四人也。"

孝文三代，代孝二梁，①怀折亡嗣，孝乃尊光。②内为母弟，外捍吴楚，怙宠矜功，僭欲失所，思心既霿，牛祸告妖。③帝庸亲亲，厥国五分，④德不堪宠，四支不传。⑤述《文三王传》第十七。

①师古曰："代孝王参及梁孝王武、梁怀王揖。"

②师古曰："折谓夭也。孝亦谓梁孝王也。"

③师古曰："霿，僭霿也，音莫候反。解在《五行志》。"

④师古曰："庸，用也。用亲亲之道，故分梁为五国，立孝王男五人为王。太子买为梁王，次子明为济川王，彭离为济东王，定为山阳王，不识为济阴王。"

⑤晋灼曰："(子)〔支〕，父母之四支也。"〔10〕师古曰："此说非也。谓孝王支子四人封为王者皆绝于身，不传胤嗣，唯梁恭王买有后耳。其事具在本传。"

贾生矫矫，弱冠登朝。①遭文睿圣，屡抗其疏，暴秦之戒，三代是据。建设藩屏，以强守围，②吴楚合从，赖谊之虑。③述《贾谊传》第十八。

①师古曰："矫矫，高举之貌也，合韵音骄。"

②师古曰："围合韵音御。"

③师古曰："劝文帝大封梁、淮阳。梁卒距吴楚，不得令西也。从音子庸反。"

子丝慷慨，激辞纳说，①摲譬正席，显陈成败。②错之琐材，智小谋大，③祸如发机，先寇受害。④述《爰盎朝错传》第十九。

①师古曰："爰盎字丝。此加子者，子是嘉称，以偶句耳。"

②师古曰："摲，执取也。其字从手，亦或作挈。"

③师古曰："《易·下系辞》曰'德薄而位尊，智小而谋大，力少而任重，鲜不及矣。'此叙言朝错所以及祸。"

④师古曰："发机，言其速也。吴楚未败之前，错已诛死。"

释之典刑，国宪以平。冯公矫魏，增主之明。①长孺刚直，义形于色，下折淮南，上正元服。②庄之推贤，于兹为德。述《张冯汲郑传》第二十。

①张晏曰："矫辞以免魏尚也。"师古曰："张说非也。矫，正也，正言其事。"

②师古曰："淮南王谋反，惮黯正直。武帝不冠不见黯。故云下折淮南，上正元服也。元，首也，故谓冠为元服。"

荣如辱如，有机有枢，①自下摩上，惟德之隅。②赖依忠正，君子采诸。③述《贾邹枚路传》第二十一。

①刘德曰："《易》曰'枢机之发，荣辱之主也。'"张晏曰："乍荣乍辱，如辞也。"

②师古曰："《诗·大雅·抑》之篇曰'抑抑威仪，惟德之隅'，言有廉隅也。此叙言贾山直词刺上，亦为方正也。一曰，隅谓得道德之一隅也。"

③师古曰："诸，之也。"

魏其翩翩，好节慕声，①灌夫矜勇，武安骄盈，凶德相挺，祸败用成。②安国壮趾，王恢兵首，③彼若天命，此近人咎。④述《窦田灌韩传》第二十二。

①师古曰："翩翩，自喜之貌。"

②师古曰："挺谓柔挺也，音式延反。"

③孟康曰："《易》'壮于趾，征凶'。安国临当为丞相，堕车，蹇。后为将，多所伤失而忧死。此为不宜征行而有凶也。"师古曰："'壮于趾'，《大壮》初九爻

辞也。壮,伤也。趾,足也。直谓堕车塞耳,不言不宜征行也。"

④师古曰:"彼,韩安国也。此,王恢也。壮趾,天命也。谋兵,人咎也。"

景十三王,承文之庆。①鲁恭馆至,江都诊轻;②赵敬险诐,中山淫
酱;③长沙寂漠,广川亡声;胶东不亮,常山骄盈。④四国绝祀,河间贤
明,⑤礼乐是修,为汉宗英。述《景十三王传》第二十三。

①师古曰:"言景帝庸主耳,所以子皆得王者,由文帝之德庆流子孙也。庆合
韵音卿。"

②师古曰:"诊谓轻狡也,音初教反。"

③师古曰:"诐,辩也,一曰佞也。酱,酝酒也,音咏,合韵音荣。"

④师古曰:"亮,信也。闻淮南谋反,作战具守备,后辞及之,发病死,是为不信
于汉朝。"

⑤李奇曰:"临江哀王阏、临江闵王荣、胶西于王端、清河哀王乘皆无子,
国除。"

李广恂恂,实获士心,控弦贯石,威动北邻,①躬战七十,遂死于军。
敢怨卫青,见讨去病。陵不引决,忝世灭姓。②苏武信节,不诎王命。③述
《李广苏建传》第二十四。

①师古曰:"北邻谓匈奴也。"

②师古曰:"忝,辱也。"

③师古曰:"信读曰申。"

长平桓桓,上将之元,①薄伐猃允,恢我朔边,②戎车七征,冲辀闲
闲,③合围单于,北登阗颜。票骑冠军,猋勇纷纭,④长驱六举,电击雷
震,⑤饮马翰海,封狼居山,西规大河,列郡祁连。⑥述《卫青霍去病传》第
二十五。

①师古曰:"桓桓,武貌也。元,首也。"

②师古曰:"恢,广也。"

③邓展曰:"辀,兵车名也。"师古曰:"辀音彭。"

④师古曰:"如猋之勇,纷纭然盛也。"

⑤师古曰:"六举,凡六出击匈奴也。震合韵音之人反。"

⑥张晏曰:"置郡至祁连山。"

抑抑仲舒,再相诸侯,① 身修国治,致仕县车,下帷覃思,论道属书,② 说言访对,为世纯儒。③ 述《董仲舒传》第二十六。

①师古曰:"《尔雅》云'抑抑,密也'。"

②师古曰:"属音之欲反。"

③师古曰:"说,善言也。访对,谓对所访也。说音党。"

文艳用寡,子虚乌有,寓言淫丽,托风终始,① 多识博物,有可观采,蔚为辞宗,赋颂之首。② 述《司马相如传》第二十七。

①师古曰:"寓,寄也。风读曰讽。"

②师古曰:"蔚,文彩盛也,音郁。"

平津斤斤,晚跻金门,① 既登爵位,禄赐颐贤,② 布衾疏食,用俭饬身。③ 卜式耕牧,以求其志,忠癯明君,乃爵乃试。儿生亹亹,束发修学,④ 偕列名臣,从政辅治。述《公孙弘卜式儿宽传》第二十八。

①师古曰:"斤斤,明察也。跻,升也。金门,金马门也。"

②师古曰:"颐,养也,谓引招贤人而养之。"

③师古曰:"饬,整也,读与敕同。"

④师古曰:"亹亹,勉也。"

张汤遂达,用事任职,媚兹一人,日旰忘食,① 既成宠禄,亦罗咎殛。安世温良,塞渊其德,② 子孙遵业,全祚保国。述《张汤传》第二十九。

①师古曰:"《诗·大雅·下武》之篇曰'媚兹一人,应侯慎德'。一人,天子也。媚,爱也。此叙言张汤见爱于武帝。"

②师古曰:"《诗·邶风·燕燕》之篇曰'仲氏任只,其心塞渊'。渊,深也。塞,实也。谓其德既实且深也。此叙言子孺亦有之。"

杜周治文,唯上浅深,① 用取世资,幸而免身。延年宽和,列于名臣。钦用材谋,有异厥伦。② 述《杜周传》第三十。

①师古曰:"言观天子之意。"

②师古曰:"伦,类也。言异其本类。"

博望杖节,收功大夏;贰师秉钺,身衅胡社。① 致死为福,每生作祸。② 述《张骞李广利传》第三十一。

①李奇曰："李广利,胡杀之以血涂社也。"师古曰："衅者,以血祭耳,非涂之血也。"

②师古曰："每,贪也。张骞致死封侯,李广利求生而死也。"

乌呼史迁,薰胥以刑!①幽而发愤,乃思乃精,错综群言,古今是经,勒成一家,大略孔明。②述《司马迁传》第三十二。

①晋灼曰："《齐》、《韩》、《鲁诗》作薰。薰,帅也,从人得罪相坐之刑也。"师古曰："晋说近是矣。《诗·小雅·雨无正》之篇曰'若此无罪,沦胥以铺'。胥,相也。铺,遍也。言无罪之人,遇于乱政,横相率率,遍得罪也。《韩诗》沦字作薰。薰者,谓相薰蒸,亦渐及之义耳。此叙言史迁因坐李陵,横得罪也。"

②师古曰："孔,甚也。"

孝武六子,昭、齐亡嗣。①燕刺谋逆,广陵祝诅。昌邑短命,昏贺失据。戾园不幸,宣承天序。②述《武五子传》第三十三。

①如淳曰："昭帝及齐王无嗣也。"师古曰："嗣合韵音祚。"

②师古曰："序合韵音似豫反。"

六世眈眈,其欲㳬㳬,①文武方作,是庸四克。②助、偃、淮南,数子之德,不忠其身,善谋于国。③述《严朱吾丘主父徐严终王贾传》第三十四。

①师古曰："六(者)谓武帝也。[11]《易·颐卦》六四爻辞曰'虎视眈眈,其欲㳬㳬'。眈眈,威视之貌也。㳬㳬,欲利之貌也。眈音丁含反。㳬音涤。今《易》㳬字作逐。"

②晋灼曰："方,并也。"师古曰："言并任文武之臣,是用克开四方也。"

③师古曰："淮南,谓淮南王安谏武帝不宜兴兵讨越也。"

东方赡辞,诙谐倡优,①讥苑捍偃,正谏举邮,②怀肉污殿,弛张沈浮。述《东方朔传》第三十五。

①师古曰："诙音恢。"

②师古曰："邮与尤同。尤,过也。"

葛绎内宠,屈氂王子。①千秋时发,宜春旧仕。②敞、义依霍,庶几云已。③弘惟政事,万年容己。咸睡厥诲,孰为不子? 述《公孙刘田杨王蔡陈郑传》第三十六。

①师古曰:"公孙贺妻,卫皇后姊,故云内宠也。"

②张晏曰:"千秋讼卫太子冤,发言值时也。"师古曰:"宜春侯,王䜣也。"

③如淳曰:"若此人等无益于治,可为庶几而已也。"师古曰:"敞,杨敞。义,蔡义。"

王孙裸葬,建乃斩将。云廷讦禹,福逾刺凤,①是谓狂狷,敞近其衷。②述《杨胡朱梅云传》第三十七。

①师古曰:"逾,远也。"

②师古曰:"衷,中也。《论语》称孔子曰:'不得中行而与之,必也狂狷乎!'此言朱云以上盖狂狷耳,云敞之操近于中行也。衷音竹仲反。"

博陆堂堂,受遗武皇,①拥毓孝昭,末命导扬。②遭家不造,立帝废王,权定社稷,配忠阿衡。怀禄耽宠,渐化不详,阴妻之逆,至子而亡。③秺侯狄挈,虔恭忠信,④奕世载德,眙于子孙。⑤述《霍光金日䃅传》第三十八。

①师古曰:"《论语》称孔子曰'堂堂乎张也',盖美子张仪形盛也,故引之。"

②刘德曰:"武帝临终之命,(也)〔霍〕光能导达显扬也。"〔12〕

③师古曰:"阴谓覆蔽之也。"

④师古曰:"匈奴休屠王之子,故曰狄挈。秺音妒。信,合韵音新。"

⑤师古曰:"眙,延也,音弋豉反。"

兵家之策,惟在不战。营平皤皤,立功立论,①以不济可,上谕其信。②武贤父子,虎臣之俊。述《赵充国辛庆忌传》第三十九。

①师古曰:"皤皤,白发貌也,音蒲何反。"

②师古曰:"《春秋左氏传》晏子对齐景公曰:'君所谓可,而有不焉;臣献其不,以成其可。'此叙言宣帝令击西羌,充国不从,固上屯田之策也。"

义阳楼兰,长罗昆弥,安远日逐,义成郅支。陈汤诞节,救在三哲;①会宗勤事,疆外之桀。述《傅常郑甘陈段传》第四十。

①郑氏曰:"三哲,谓刘向、谷永、耿育皆讼救汤也。"师古曰:"诞节,言其放纵不拘也。"

　　不疑肤敏，应变当理，①辞霍不婚，遂遁致仕。②疏克有终，散金娱老。定国之祚，于其仁考。广德、当、宣，近于知耻。③述《隽疏于薛平彭传》第四十一。

①刘德曰："肤，美也。敏，疾也。言于阙下卒变，定方遂诈，非卫太子也。"师古曰："《诗·大雅·文王》之篇曰'殷士肤敏'，谓微子也，故引以为辞。"

②师古曰："遁读与巡同。"

③晋灼曰："当宣帝时始仕，至元帝时以岁恶民流，便乞骸骨去。此为知耻。"师古曰："此说非也。当为平当也。宣，彭宣也。言广德、平当、彭宣三人不苟于禄位，并为知耻也。本传赞曰：'薛广德保悬车之荣，平当逡巡有耻，彭宣见险而止：异乎苟患失之者矣。'"

　　四皓遁秦，古之逸民，不营不拔，严平、郑真。①吉困于贺，涅而不缁；禹既黄发，以德来仕。②舍惟正身，胜死善道；郭钦、蒋诩，近遁之好。③述《王贡两龚鲍传》第四十二。

①应劭曰："爵禄不能营其志，威武不能屈其身也。《易》曰'不可荣以禄'，又曰'确乎不可拔也'。"

②师古曰："《论语》称孔子曰：'不曰白乎？涅而不缁。'涅，污泥也。可以染皂。缁，黑色也。言天性洁白者，虽处污涅之中，其色不变也。缁，合韵音侧仕反。"

③应劭曰："《易》曰'好遁君子吉'，言遭暴乱之世，好以和顺遁去，不离其害也。"

　　扶阳济济，闻《诗》闻《礼》。玄成退让，仍世作相。①汉之宗庙，叔孙是谟，革自孝元，诸儒变度。②国之诞章，博载其路。③述《韦贤传》第四十三。

①师古曰："仍，(类)〔频〕也。"〔13〕

②如淳曰："造迭毁之(义)〔议〕也。"〔14〕师古曰："谟，谋也，合韵音慕。"

③师古曰："诞，大也。谓宪章之大者，故广载之。"

　　高平师师，惟辟作威，图黜凶害，天子是毗。①博阳不伐，含弘光大，天诱其衷，庆流苗裔。述《魏相丙吉传》第四十四。

①邓展曰："师师，相师法也。"师古曰："《尚书·洪范》云'惟辟作威'，言威权者，唯人君得作之耳。《诗·小雅·节南山》之篇曰：'尹氏太师，惟周之氐，秉国之钧，四方是维，天子是毗。'言大臣之职，辅佐天子者也。此叙言魏相欲崇君道而黜私权，故引《书》《诗》以为言也。"

占往知来，幽赞神明，①苟非其人，道不虚行。②学微术昧，或见仿佛，疑殆匪阙，违众迕世，③浅为尤悔，深作敦害。④述《眭两夏侯京翼李传》第四十五。

①师古曰："《易·上系辞》曰'神以知来，知以藏往'，言蓍卦之德兼神知也。《说卦》曰'昔者圣人之作《易》也，幽赞于神明而生蓍'，言欲深致神明之道，助以成教，故为蓍卜也。"

②师古曰："《下系》之辞也。言人能弘道，非其人则不能传。"

③师古曰："《论语》称孔子曰：'多闻阙疑，慎言其馀则寡尤；多见阙殆，慎行其馀则寡悔。'殆，危也。谓有疑则阙之也。此叙言术士不阙疑殆，故遭祸难也。"

④师古曰："尤，过也。敦，厚也。"

广汉尹京，克聪克明；延寿作翊，既和且平。矜能讦上，俱陷极刑。翁归承风，帝扬厥声。①敞亦平平，文雅自赞；②尊实赳赳，邦家之彦；③章死非罪，士民所叹。述《赵尹韩张两王传》第四十六。

①张晏曰："受任为右扶风，卒，宣帝下诏褒扬，赐金百斤。"

②师古曰："平读曰便。便，辩也。赞，助也，以文雅助治（述）〔术〕也。[15] 一说，赞，进也，以文雅自进也。"

③师古曰："赳赳，材劲貌也，音纠。"

宽饶正色，国之司直。丰繄好刚，辅亦慕直。①皆陷狂狷，不典不式。②崇执言责，隆持官守。③宝曲定陵，并有立志。④述《盖诸葛刘郑毋将孙何传》第四十七。⑤

①师古曰："繄，是也，音乌奚反。"

②师古曰："典，经也。式，法也。"

③如淳曰："崇为尚书仆射，是言责之官也。哀帝及傅太后欲封从弟商，崇谏不听也。"晋灼曰："隆谏武库兵不宜以给董贤家，此为持官守也。"

④邓展曰：“孙宝曲桡定陵侯淳于长也。”晋灼曰：“何并斩侍中王林卿奴，是立志也。”

⑤师古曰：“本传毋将隆在孙宝下。今此叙云毋将孙何，是叙误也。”

长倩翂翂，觌霍不举，①遇宣乃拔，傅元作辅，不图不虑，见颠石、许。②述《萧望之传》第四十八。

①苏林曰：“翂翂，行步安舒也。”师古曰：“不肯露索而见霍光，故不得大官也。翂音弋于反。”

②师古曰：“《诗·小雅·雨无正》之篇云‘旻天疾威，不虑不图’也。虑，思也。图，谋也。言幽王见天之威，不思谋也。此叙言望之思谋不详，卒为石显及许史所颠踬也。踬音竹二反。”

子明光光，发迹西疆，列于御侮，厥子亦良。述《冯奉世传》第四十九。

宣之四子，淮阳聪敏，①舅氏蔫荪，几陷大理。②楚孝恶疾，东平失轨，③中山凶短，母归戎里。④元之二王，孙后大宗，⑤昭而不穆，大命更登。⑥述《宣元六王传》第五十。

①师古曰：“敏，疾也，合韵音美。”

②师古曰：“蔫荪，口柔，观人颜色而为辞佞者也。言淮阳宪王舅张博为谄辞，几陷王于大罪也。蔫音渠。荪音除。几音钜依反。”

③师古曰：“恶疾谓眚病也。轨，法则也。”

④张晏曰：“戎氏女归戎氏之里也。”

⑤孟康曰：“谓哀、平帝。”

⑥邓展曰：“昭而不穆，有父无子。”张晏曰：“大命，帝位也。”师古曰：“更音工衡反。”

乐安襃襃，古之文学，①民具尔瞻，困于二司。②安昌货殖，朱云作娱。③博山惇慎，受莽之疚。④述《匡张孔马传》第五十一。

①师古曰：“襃襃，盛貌也，音弋（叙）〔敉〕反。[16] 学，合韵音下教反。”

②师古曰：“《诗·小雅·节南山》之篇曰‘赫赫师尹，民具尔瞻’，言师尹之任，位尊职重，下所瞻望，而乃为不善乎，深责之也。此叙言匡衡失德，不终相位，故引以为辞耳。二司者，司隶校尉王尊劾奏衡追奏石显扬著先帝任用

倾覆之臣，司隶校尉王骏劾奏衡专地盗土也。司，合韵音先寺反。"

③晋灼曰："娸，丑也。"师古曰："朱云廷言欲斩张禹，是为丑恶之娸，音欺，合韵音丘吏反。"

④师古曰："疢，病也。孔光后更曲意从莽之欲，以病其德行也。"

乐昌笃实，不桡不诎，遘闵既多，是用废黜。①武阳殷勤，辅导副君，既忠且谋，飨兹旧勋。高武守正，因用济身。②述《王商、史丹、傅喜传》第五十二。

①师古曰："《诗·邶·柏舟》曰'遘闵既多，受侮不少'。遘，遇也。闵，病也。谓见病害甚众也。此叙言王商深为王凤所排陷也。"

②师古曰："言傅喜不阿附傅太后，故得免祸。"

高阳文法，扬乡武略，政事之材，道德惟薄，位过厥任，鲜终其禄。①博之翰音，鼓妖先作。②述《薛宣朱博传》第五十三。

①师古曰："鲜，少也，音先践反。"

②刘德曰："《易》曰'翰音登于天，贞凶'。上九处非其位，亢极，故'何可长也？'位在上高，故曰翰音。博拜时闻有鼓声也。"师古曰："'翰音登于天'，《中孚卦》上九爻辞也。翰音高飞而且鸣，喻居非其位，声过其实也。"

高陵修儒，任刑养威，用合时宜，器周世资。义得其勇，如虎如貔，进不跬步，宗为鲸鲵。①述《翟方进传》第五十四。

①师古曰："半步曰跬，音空橥反。"

统微政缺，灾眚屡发。永陈厥咎，戒在三七。郁指丁、傅，略窥占术。述《谷永杜郁传》第五十五。

哀、平之恤，丁、傅、莽、贤。武、嘉戚之，乃丧厥身。高乐废黜，咸列贞臣。述《何武王嘉师丹传》第五十六。

渊哉若人！实好斯文。初拟相如，献赋黄门，辍而覃思，草《法》篹《玄》，①斟酌《六经》，放《易》象《论》，②潜于篇籍，以章厥身。③述《扬雄传》第五十七。

①师古曰："辍，止也。篹与撰同。言止不复作赋，草创《法言》及撰《太玄经》也。"

②师古曰："放音甫往反。《论》,《论语》也。"

③师古曰："章,明也。"

犷犷亡秦,灭我圣文,①汉存其业,六学析分。是综是理,是纲是纪,师徒弥散,著其终始。②述《儒林传》第五十八。

①师古曰："犷犷,粗恶之貌。言无亲也。犷音矿,又音九永反。"

②师古曰："散谓分派也。"

谁毁谁誉,誉其有试。①泯泯群黎,化成良吏。②淑人君子,时同功异。没世遗爱,民有馀思。述《循吏传》第五十九。

①师古曰："《论语》称孔子曰:'吾之于人,谁毁谁誉,如有所誉,其有所试。'此叙言人之从政,可试而知,故引以为辞也。"

②师古曰："黎,众也。言群众无知,从吏之化而成俗也。"

上替下陵,奸轨不胜,猛政横作,刑罚用兴。曾是强圉,掊克为雄,①报虐以威,殃亦凶终。②述《酷吏传》第六十。

①师古曰："《诗·大雅·荡》之篇曰'曾是强圉,曾是掊克'。强圉,强梁御善也。掊克,好聚敛,克害人也。言任用此人为虐于下也。掊音平侯反。"

②师古曰："《尚书·吕刑》曰'皇帝哀矜庶戮之不辜,报虐以威',言哀闵不辜之人横被杀戮,乃报答为虐者以威而诛绝也。"

四民食力,罔有兼业,大不淫侈,细不匮乏,盖均无贫,遵王之法。①靡法靡度,民肆其诈,②逼上并下,荒殖其货。③侯服玉食,败俗伤化。④述《货殖传》第六十一。

①师古曰："《论语》称孔子曰'盖均无贫',言为政平均不相陵夺,则无贫匮之人也,故引之。"

②师古曰："肆,极也。"

③师古曰："荒,大也。"

④张晏曰："玉食,珍食也。"

开国承家,有法有制,家不臧甲,国不专杀。①矧乃齐民,作威作惠,②如台不匡,礼法是谓!③述《游侠传》第六十二。

①师古曰："杀,合韵音所例反。"

②师古曰："翎，况也。齐民，齐等之人也。"

③如淳曰："台，我也。我，国家也。"师古曰："匡，正也。台音怡。"

彼何人斯，窃此富贵！营损高明，作戒后世。①述《佞幸传》第六十三。　①师古曰："《诗·小雅·巧言》之篇，刺谗人也。其诗曰：'彼何人斯？居河之麋。'贱而恶之也。此叙亦深疾佞幸之人。故引诗文以讥之。营，惑也。"

於惟帝典，戎夷猾夏；①周宣攘之，亦列《风》《雅》。②宗幽既昏，淫于褒女，③戎败我骊，遂亡酆鄗。④大汉初定，匈奴强盛，围我平城，寇侵边境。⑤至于孝武，爰赫斯怒，王师雷起，霆击朔野。⑥宣承其末，乃施洪德，震我威灵，五世来服。⑦王莽窃命，是倾是覆，备其变理，为世典式。述《匈奴传》第六十四。

①师古曰："於，叹辞也。帝典，《虞书·舜典》也。载舜命咎繇作士，戒之曰：'蛮夷猾夏。'猾，乱也。夏，诸夏也。於读曰乌。"

②师古曰："攘，却也。"

③师古曰："宗幽，幽王居宗周也。"

④张晏曰："申侯与戎共伐周，败于骊山下，遂杀幽王。平王东徙都成周。"

⑤师古曰："境合韵音竟。"

⑥师古曰："霆，疾雷也，音廷。"

⑦师古曰："自宣至平凡五帝。"

西南外夷，种别域殊。南越尉佗，自王番禺。攸攸外寓，闽越、东瓯。①爰洎朝鲜，燕之外区。汉兴柔远，与尔剖符。②皆恃其岨，乍臣乍骄，孝武行师，诛灭海隅。述《西南夷两越朝鲜传》第六十五。

①师古曰："攸攸，远貌。"

②师古曰："柔，安也。剖符，谓封之也。"

西戎即序，夏后是表。①周穆观兵，荒服不旅。②汉武劳神，图远甚勤。王师骈骈，致诛大宛。③媟媟公主，乃女乌孙，④使命乃通，条支之濒。⑤昭、宣承业，都护是立，总督城郭，三十有六，修奉朝贡，各以其职。述《西域传》第六十六。

①张晏曰:"表,外也。禹就叙以为外国也。"师古曰:"此说非也。表,明也,明以德化也。"

②张晏曰:"观,示也。旅,陈也。犬戎终王而朝周,穆王以不享征之,是以荒服不陈于廷也。"

③郑氏曰:"骍骍,盛也。"师古曰:"此说非也。《小雅·四牡》之诗曰:'四牡骓骓,骍骍骆马。'骍骍,喘息之貌。马劳则喘,此叙言汉远征西域,人马疲弊也。骍音它丹反。"

④孟康曰:"姼音题。姼姼、惕惕,爱也。"师古曰:"此说非也。姼音上支反。姼姼,好貌也。《魏诗·葛屦》之篇曰'好人提提',音义同耳。女,妻也,音乃据反。言汉以好女配乌孙也。"

⑤师古曰:"濒,涯也,音频,又音宾。"

诡矣祸福,刑于外戚。①高后首命,吕宗颠覆。薄姬磔魏,宗文产德。②窦后违意,考盘于代。③王氏仄微,世武作嗣。子夫既兴,扇而不终。④钩弋忧伤,孝昭以登。上官幼尊,类颣厥宗。⑤史娣、王悼,身遇不祥,及宣飨国,二族后光。恭哀产元,夭而不遂。邛成乘序,履尊三世。⑥飞燕之妖,祸成厥妹。丁、傅僭恣,自求凶害。中山无辜,乃丧冯、卫。⑦惠张、景薄,武陈、宣霍,成许、哀傅,平王之作,事虽歆羡,非天所度。⑧怨咎若兹,如何不恪!⑨述《外戚传》第六十七。

①师古曰:"诡,违也。言祸福相违,终始不一也。"

②如淳曰:"薄姬在魏,许负相,当生天子。魏豹闻负言,不与汉,遂禽而死也。"师古曰:"磔,古坠字。"

③师古曰:"《诗·卫风》曰'考盘在涧'。考,成也。盘,乐也。此叙言窦姬初欲适赵,而向代,违其本意,卒以成乐也。"

④师古曰:"扇,炽也。"

⑤应劭曰:"《诗》云'是类是祸'。礼,将征伐,告天而祭谓之类,告以事类也。至所征伐之地,表而祭之谓之祸。祸者,马也。马者兵之首,故祭其先神也。言上官后虽幼尊贵,家族以恶逆诛灭也。"师古曰:"祸音莫暇反。"

⑥张晏曰:"至成帝乃崩也。"师古曰:"乘序,谓登至尊之处也。"

⑦师古曰:"冯昭仪,中山孝王母也,为傅氏所陷。卫姬,中山孝王后也,为王莽所灭。"

⑧师古曰："作,起也。度,居也。言惠帝至平帝王皇后七人,时虽处尊位,人心羡慕,以非天意所居,故终用不昌也。度音徒各反。"

⑨师古曰："恪,敬也。"

元后娠母,月精见表。① 遭成之逸,政自诸舅。② 阳平作威,诛加卿宰。③ 成都煌煌,假我明光。④ 曲阳(敳敳)〔歊歊〕,〔17〕亦朱其堂。⑤ 新都亢极,作乱以亡。述《元后传》第六十八。

①师古曰："娠音身。"

②师古曰："言成帝贪自逸乐,而委政于王氏。"

③师古曰："谓王商及王章也。"

④师古曰："煌煌,炽貌。"

⑤师古曰："(敳敳)〔歊歊〕,气盛也,音许骄反。"

咨尔贼臣,篡汉滔天,行骄夏癸,虐烈商辛。① 伪稽黄、虞,缪称典文,② 众怨神怒,恶复诛臻。③ 百王之极,究其奸昏。述《王莽传》第六十九。

①张晏曰："桀名癸,纣名辛。"

②师古曰："稽,考也。"

③张晏曰："复,周也。臻,至也。十二岁岁星一复,莽称帝十三岁而见诛也。《左氏传》曰'美恶周必复'。"师古曰："复音扶目反。"

凡《汉书》,叙帝皇,① 列官司,建侯王。② 准天地,统阴阳,③ 阐元极,步三光。④ 分州域,物土疆,⑤ 穷人理,该万方。⑥ 纬《六经》,缀道纲,⑦ 总百氏,赞篇章。⑧ 函雅故,通古今,⑨ 正文字,惟学林。⑩ 述《叙传》第七十。

①张晏曰："十二纪也。"

②张晏曰："《百官表》及《诸侯王表》也。"

③张晏曰："准天地,《天文志》也。统,合也。阴阳,《五行志》也。"

④张晏曰："阐,大也。元,始也。极,至也。三光,日月星也。大推上极元始以来,及星辰度数,谓《律历志》。"

⑤张晏曰："《地理》及《沟洫志》也。"

⑥张晏曰："人理,《古今人表》。万方,谓《郊祀志》有日月星辰天下山川人鬼之神。"

⑦张晏曰:"《艺文志》也。"

⑧师古曰:"赞,明也。"

⑨张晏曰:"包含雅训之故,及古今之语。"

⑩师古曰:"信惟文学之林薮也。凡此总说帝纪、表、志、列传,备有天地鬼神
　　人事,政治道德,术艺文章。泛而言之,尽在《汉书》耳,亦不皆如张氏所
　　说也。"

【校勘记】

〔1〕　不言(然)〔作〕而改言述,　景祐本作"作"。

〔2〕　谁(能)〔可〕任用,　景祐、殿本都作"可"。王先谦说作"可"是。

〔3〕　一曰(王)〔主〕奄闭门者。　景祐、殿本都作"主",此误。

〔4〕　言其自号(宁)〔宰〕衡,　景祐、殿、局本都作"宰",此误。

〔5〕　秦文公造(四)〔西〕畤祭天是也。　殿本作"西"。王先谦说作"西"是。

〔6〕　(变)〔樊〕定东西,　钱大昭说"变"当作"恺"。按景祐、殿、局本都作
　　　"恺"。注同。

〔7〕　言陈胜初起而项羽(益)〔烈〕盛也。　景祐、殿本都作"烈"。

〔8〕　耳(谏)〔谋〕甘公,　钱大昭说"谏"当作"谋"。按景祐、殿本都作"谋"。

〔9〕　邅,遇(之)也。　景祐、殿本都无"之"字。

〔10〕　(子)〔支〕,父母之四支也。　殿本作"支"。王先谦说作"支"是。

〔11〕　六(者)谓武帝也。　王先谦说"六者"当为"六世"。按景祐本无"者"字。

〔12〕　武帝临终之命,(也)〔霍〕光能导达显扬也。　殿本"也"作"霍"。王先谦
　　　说殿本是。

〔13〕　仍,(类)〔频〕也。　景祐、殿本都作"频",此误。

〔14〕　造迭毁之(义)〔议〕也。　景祐本作"义",殿本作"议"。王先谦说作
　　　"议"是。

〔15〕　以文雅助治(述)〔术〕也。　景祐、殿、局本都作"术",此误。

〔16〕　音弋(叙)〔救〕反。　景祐、殿本都作"救",此误。

〔17〕　曲阳(歜歜)〔歆歆〕,　景祐、殿本都作"歆",此误。